Boller
Schuster

Volkswirtschaft

kompetenzorientiert & praxisnah

Boller
Schuster

Volkswirtschaft

kompetenzorientiert & praxisnah

Allgemeine
Hochschul-
Reife

Merkur
Verlag Rinteln

Wirtschaftswissenschaftliche Bücherei für Schule und Praxis
Begründet von Handelsschul-Direktor Dipl.-Hdl. Friedrich Hutkap †

Verfasser:

Dr. Eberhard Boller
Studiendirektor in Siegen

Dipl.-Hdl. Dietmar Schuster
Gießen

Umschlagfotos:

Bild links: www.colourbox.de

Bild rechts oben: www.colourbox.de

Bild rechts unten: Pressmaster – www.colourbox.de

* * *

1. Auflage 2019

Gesamtherstellung:
MERKUR VERLAG RINTELN Hutkap GmbH & Co. KG, 31735 Rinteln

E-Mail: info@merkur-verlag.de
lehrer-service@merkur-verlag.de
Internet: www.merkur-verlag.de

ISBN 978-3-8120-**0680-4**

Vorwort

Bei dem vorliegenden Lehr- und Lernbuch ist der **Titel** gleichzeitig auch die **zentrale Zielsetzung** der Autoren und somit prägend für dessen gesamten **Aufbau** und **Inhalt.** Was konkret bedeutet es für ein Buch, das sich die **Kompetenzorientierung** auf die Fahnen schreibt und somit einen wesentlichen Beitrag für einen derart ausgelegten Unterricht leisten möchte? Kurz gesagt: Beim kompetenzorientierten Unterrichten geht es darum, dass die Lehrkraft den **Unterricht vom Ende her plant,** d. h., sie stellt sich zu **Beginn** die Frage, welche **Kompetenzen** die Lernenden mit **Abschluss** des **Lern- bzw. Handlungsfeldes** erreicht haben sollen.

Zunächst gilt es also festzulegen, welche **Kenntnisse** die Lernenden erworben haben, welche **Fähigkeiten** und **Fertigkeiten** sie entwickelt haben und welche **Einstellungen, Haltungen** und **Motivationen** gefördert werden sollten. Ausgehend von diesen Zielen haben die Autoren Handlungssituationen kreiert und kompetenzorientierte Aufgabenstellungen formuliert, die im Regelfall die Erstellung komplexer Handlungsergebnisse abverlangen.

Die **Kompetenzorientierung** und der damit einhergehende **Aufbau dieses Buches** zielt darauf ab, dass die Lernenden:

- sich **anwendungsbereites Wissen** aneignen, also Kenntnisse, Fähigkeiten und Fertigkeiten, die **Handeln** ermöglichen;
- ihre **Einstellungen** und **Werte** bewusst **reflektieren;**
- befähigt werden, **Problemstellungen** zielführend zu **bewältigen;**
- einen **differenzierenden** Unterricht erleben können, der **individuelle Lernwege** ermöglicht;
- einen **Lernerfolg** erleben können, der sie auch zum **Weiterlernen motiviert;**
- durch die **Praxis- und Lebensnähe** die oft theoretischen Inhalte wesentlich **leichter gedanklich durchdringen** können;
- in ihrer **sprachlichen Bildung** unterstützt werden;
- befähigt werden, **Prüfungssituationen** besser zu bewältigen;
- in die Lage versetzt werden, **selbstständiger** zu **lernen.**

Wir wünschen Ihnen einen guten Lehr- und Lernerfolg!

Frühjahr 2019

Die Verfasser

Handlungssituation

Jedes Kapitel beginnt mit einer Handlungssituation, die darauf abzielt, die **Thematik** in der **Lebenswirklichkeit** der Lernenden zu **verorten,** um die **Lernmotivation** zu fördern.

Der Handlungssituation schließen sich umfangreiche **kompetenzorientierte Arbeitsaufträge** an, die die Lernenden sowohl zum Thema hinführen als auch theoretisches Wissen auf praktische Anwendung lenken oder durch **vollständige Handlungen** im Kontext von Lebenswirklichkeit ein Handlungsergebnis verlangen.

Handlungssituation 4.1

Der 18-jährige Schüler Max Schlaumeier verdient sich gerne ein wenig Geld zusätzlich. Da Max schon recht früh in seinem Leben für sich erkannt hat, dass er gerne „sein eigenes Ding macht", kam für ihn kein normaler Job infrage, sodass er sich vor drei Monaten selbstständig machte. Zu diesem Zweck hat er gemeinsam mit seinem Vater den Kleinwohnwagen des Großvaters zu einem schönen „Marktstand" umgebaut und mit tollen Graffitis versehen. Mit dem mobilen Verkaufsstand fährt er dann zu verschiedenen Festen ... gebühr von 150,00 EUR entrichten. Max verkauft die Crêpes zurzeit mit drei verschiedenen Belägen. Nach seiner Berechnung betragen die Kosten pro Crêpe inklusive Crêpetüte und Serviette unabhängig vom Belag ca. 1,00 EUR. Den Verkaufspreis hat Max seit Beginn seiner Geschäftstätigkeit auf 2,50 EUR festgelegt.

Da Max für das Backen eines Crêpes nur eine Herdplatte zur Verfügung steht, kann er während des zehnstündigen Stadtfestes maximal 300 Crêpes herstellen und verkaufen. Dieser ...

Kompetenzorientierte Arbeitsaufträge:

1. Angenommen, Sie wollen bei herrlichem Sonnenschein dieses Stadtfest besuchen. Bestimmen Sie, welche Faktoren konkret Ihr Einkaufsverhalten an den einzelnen Ständen bzw. in den Geschäften beeinflussen!
2. Erläutern Sie beispielhaft, wie sich Preisänderungen auf Ihr Nachfrageverhalten auswirken!

Inhalt des Kapitels

Die jeweiligen Kapitel im Anschluss an die Handlungssituation sind zu klar abgegrenzten Lerneinheiten zusammengefasst. **Merksätze** sowie zahlreiche praxis- und lebensnahe **Beispiele, Übersichten** und **Grafiken** veranschaulichen die Lerninhalte und erhöhen die **Einprägsamkeit** der Informationen.

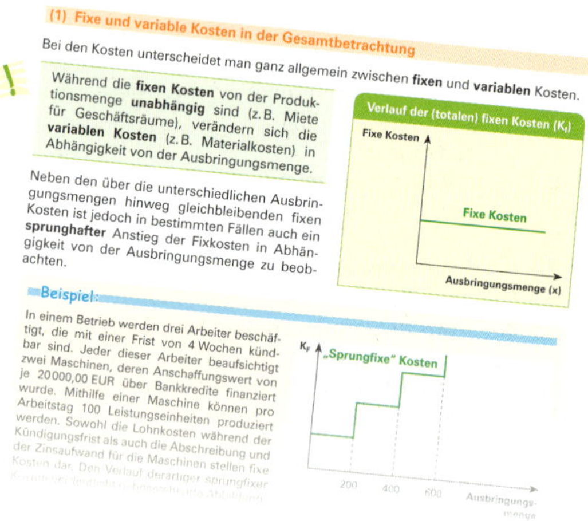

(1) Fixe und variable Kosten in der Gesamtbetrachtung

Bei den Kosten unterscheidet man ganz allgemein zwischen **fixen** und **variablen** Kosten.

Während die **fixen Kosten** von der Produktionsmenge **unabhängig** sind (z. B. Miete für Geschäftsräume), verändern sich die **variablen Kosten** (z. B. Materialkosten) in Abhängigkeit von der Ausbringungsmenge.

Neben den über die unterschiedlichen Ausbringungsmengen hinweg gleichbleibenden fixen Kosten ist jedoch in bestimmten Fällen auch ein **sprunghafter** Anstieg der Fixkosten in Abhängigkeit von der Ausbringungsmenge zu beobachten.

Beispiel:

In einem Betrieb werden drei Arbeiter beschäftigt, die mit einer Frist von 4 Wochen kündbar sind. Jeder dieser Arbeiter beaufsichtigt zwei Maschinen, deren Anschaffungswert von je 20000,00 EUR über Bankkredite finanziert wurde. Mithilfe einer Maschine können pro Arbeitstag 100 Leistungseinheiten produziert werden. Sowohl die Lohnkosten während der Kündigungsfrist als auch die Abschreibung und der Zinsaufwand für die Maschinen stellen fixe Kosten dar. Den Verlauf derartiger sprungfixer ...

Kompetenztraining

Am Ende eines jeweiligen Abschnitts finden sich umfangreiche Möglichkeiten für die Lernenden, die angestrebten Kompetenzen zu trainieren. Dabei bieten die Autoren ein **breites Spektrum** an Aufgabenstellungen und legen besonders großen Wert auf die **Anwendung** der Inhalte.

Dies reicht von programmierten Aufgaben für einen **weniger zeitintensiven** Kompetenzcheck bis hin zu Aufgabenstellungen, die **umfangreiche Handlungsergebnisse** abverlangen.

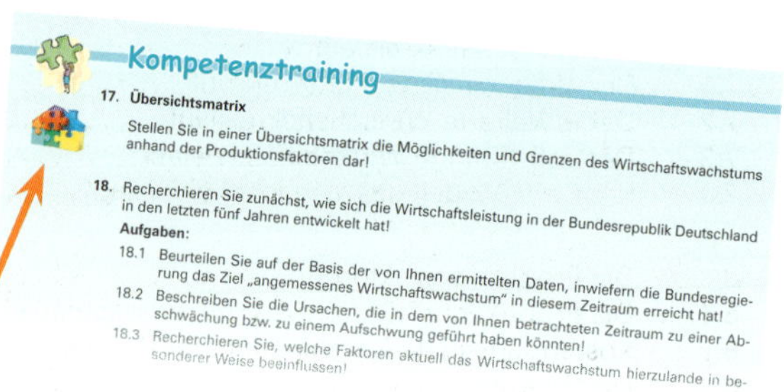

Kompetenztraining

17. **Übersichtsmatrix**

    Stellen Sie in einer Übersichtsmatrix die Möglichkeiten und Grenzen des Wirtschaftswachstums anhand der Produktionsfaktoren dar!

18. Recherchieren Sie zunächst, wie sich die Wirtschaftsleistung in der Bundesrepublik Deutschland in den letzten fünf Jahren entwickelt hat!

    Aufgaben:

    18.1 Beurteilen Sie auf der Basis der von Ihnen ermittelten Daten, inwiefern die Bundesregierung das Ziel „angemessenes Wirtschaftswachstum" in diesem Zeitraum erreicht hat!

    18.2 Beschreiben Sie die Ursachen, die in dem von Ihnen betrachteten Zeitraum zu einer Abschwächung bzw. zu einem Aufschwung geführt haben könnten!

    18.3 Recherchieren Sie, welche Faktoren aktuell das Wirtschaftswachstum hierzulande in besonderer Weise beeinflussen!

Um die Erarbeitung zu erleichtern, stehen für eine Vielzahl der Aufgaben **Vorlagen im PDF-Format** zur Verfügung. Diese können Sie über die Mediathek des Verlages (www.merkur-verlag.de, Suche: „0680") einfach herunterladen. Im Buch sind diese Aufgaben mit dem Symbol DOWNLOAD gekennzeichnet.

Anhang zu Methoden und Handlungsergebnissen

Ein kompetenzorientierter Unterricht verlangt bestimmte **Methoden** und **Handlungsergebnisse.** In diesem Teil des Buches stellen die Autoren ausgewählte Methoden sowie Hinweise zur Erstellung **abiturrelevanter** Handlungsergebnisse vor.

Inhaltsverzeichnis

1 Einordnung und Methoden der Volkswirtschaftslehre

2 Grundlagen des Handelns in Wirtschaftsmodellen

3 Wirtschaftsprozesse in der sozialen Marktwirtschaft

4 Wirtschaftliches Handeln auf Gütermärkten

12 Umweltpolitik

13 Internationale Wirtschaftsbeziehungen und Währungspolitik

14 Wirtschaftspolitik in der EU: Harmonisierung des Wettbewerbs und der Aussenwirtschaftspolitik

15 Globalisierung und aktuelle Problemfelder der weltwirtschaftlichen Entwicklung

Anhang: Methoden und Handlungsergebnisse

Bilderverzeichnis

S. 3: www.colourbox.de • **S. 3:** pressmaster – www.colourbox.de • **S. 3:** www.colourbox.de • **S. 52:** www.colourbox.de • **S. 68:** drubig-foto – fotolia.com • **S. 71:** Tashatuvango – www.colourbox.de • **S. 78:** PetraD – www.colourbox.de • **S. 195:** Bundeskartellamt • **S. 245:** AUDI AG https:\\www.audi-media-center.com/de/fotos/album/techday-smart-factory-721 • **S. 254:** Syda Produktion – www.colourbox.de • **S. 419:** Bundesagentur für Arbeit • **S. 421:** Bundesagentur für Arbeit • **S. 535:** Phovoir – www.colourbox.de • **S. 588:** oneinchpunch – stock.adobe.com • **S. 588:** Robert Kneschke – Fotolia.com • **S. 592:** www.colourbox.de

1 Einordnung und Methoden der Volkswirtschaftslehre

1 Begriff und Einordnung der Volkswirtschaftslehre

- Bei der **Volkswirtschaftslehre** handelt es sich um eine Disziplin, deren **Erkenntnisobjekt** die Wirtschaft ist, wobei sämtliche Überlegungen grundsätzlich auf dem **„Phänomen der Güterknappheit"** basieren.
- Unter dem Begriff **„Wirtschaften"** versteht man ganz allgemein den Bereich menschlichen Handelns, der in **planvollen** Verfügungen über diese **knappen Mittel** zur Erfüllung der menschlichen Bedürfnisse besteht.

Im Kern beschäftigt sich die Volkswirtschaftslehre damit, Phänomene und Probleme des gesellschaftlichen Wirtschaftsprozesses mithilfe **wissenschaftlicher** Methoden zu klären.

Einordnung der Volkswirtschaftslehre in die wissenschaftlichen Disziplinen

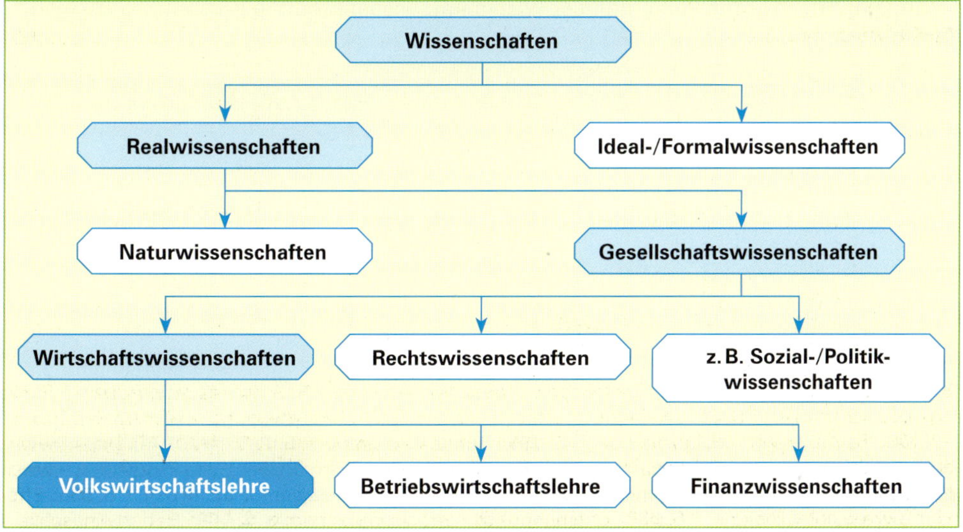

Auffällig ist, dass sich insbesondere im deutschen Sprachbereich eine Systematik der Wirtschaftswissenschaft herauskristallisiert hat, die eine strikte **Trennung** zwischen **Volkswirtschaftslehre** auf der einen und **Betriebswirtschaftslehre** auf der anderen Seite vornimmt. Die **Abgrenzung** dieser beiden Disziplinen erfolgt im Wesentlichen über die **Betrachtungsperspektive** der wirtschaftlichen Probleme und Phänomene.

- Während bei der **Betriebswirtschaftslehre** der Schwerpunkt der Betrachtung auf der Sichtweise eines einzelnen Betriebes (**mikroökonomische** Betrachtung) liegt, der bestimmte Interessen verfolgt,
- untersucht die **Volkswirtschaftslehre** überwiegend **gesamtwirtschaftliche** Zusammenhänge (**makroökonomische** Betrachtung).

Bildlich gesprochen lässt sich der Unterschied beider Disziplinen wie folgt umschreiben: Betrachtet der **Betriebswirt** die wirtschaftlichen Geschehnisse, indem er von Einzelwirtschaften und ihren internen Abläufen ausgeht, quasi aus der **Froschperspektive,** so „schwebt" der **Volkswirt** gewissermaßen einem Adler gleich über dem gesamtwirtschaftlichen Geschehen und beobachtet den Wirtschaftsprozess aus der **Vogelperspektive.**

Mit dem Begriff der **Volkswirtschaft** wird insbesondere hervorgehoben, dass die Perspektive nicht auf Einzelwirtschaften beschränkt bleiben soll, sondern das Hauptaugenmerk vielmehr auf das **Zusammenspiel der Einzelwirtschaften** innerhalb einer **Gesamtwirtschaft** gelegt wird.

Volkswirtschaftslehre **im engeren Sinne** beschränkt sich dabei auf die Betrachtung des Zusammenspiels von Einzelwirtschaften **innerhalb nationaler** Grenzen. Volkswirtschaftslehre **im weiteren Sinne** hingegen beschäftigt sich mit gesamtwirtschaftlichen Zusammenhängen **unabhängig von nationalen** Grenzen im Sinne einer Weltwirtschaft.

Wesentlich bedeutsamer als die historisch – vor allem durch das deutsche Universitätssystem – bedingte Unterscheidung von Betriebs- und Volkswirtschaftslehre ist die Unterteilung nach den **Grundproblemen** der **Wirtschaftswissenschaft** in Wirtschaftsgeschichte, Wirtschaftstheorie und Wirtschaftspolitik.

Bei der **Festlegung wirtschaftspolitischer Ziele** (z. B. Förderung bestimmter Branchen durch Zahlung von Investitionszulagen) ist eine **rein wissenschaftliche Vorgehensweise,** die den Kriterien der Wertfreiheit und Allgemeingültigkeit genügt, allerdings **nicht möglich.** Vielmehr handelt es sich um **Werturteile** (normative Aussagen), über die man verschiedener Meinung sein kann und deren Formulierung bzw. Festlegung somit letztlich durch politisch legitimierte Organe (z. B. Parlament) im Sinne eines **gesamtgesellschaftlichen Konsenses** erfolgen sollte.

Im Gegensatz zu **wertfreien** Aussagen (auch „positive" Aussagen genannt), die den Charakter einer „Allgemeinverbindlichkeit" aufweisen, können die unterschiedlichen Auffassungen bei Werturteilen nicht durch den Rückgriff auf die Regeln der Logik (z. B.: Aus der Allaussage: „Alle Menschen sind sterblich." und der Einzelaussage: „Cäsar war ein Mensch." kann den Regeln der Logik folgend

Beispiel:

- **Wertfreie Aussage:** „Die Einkommen in der Bundesrepublik Deutschland sind ungleich verteilt."
- **Normative Aussage (Werturteil):** „Es gibt zu viele Reiche in der Bundesrepublik Deutschland.

die Aussage abgeleitet werden: „Cäsar war sterblich.") oder durch erfahrungswissenschaftliche Aussagen auf eine allgemeingültige Auffassung reduziert werden.

Da Werturteile **keine wissenschaftlichen** Aussagen darstellen und es eine reine wertfreie Wissenschaft nicht gibt, sollte es die Wirtschaftswissenschaft allerdings als dringliche Aufgabe ansehen, diese **kenntlich** zu machen (z.B. durch bekenntnishafte oder hypothetische Formulierung), um Werturteile somit von den wertfreien Aussagen zu trennen. Letztlich geht es in der Volkswirtschaftspolitik um **wissenschaftliche Aussagen** auf der Basis **normativer Werturteile.**

Beispiel:

Die Bundesregierung gibt eine wirtschaftswissenschaftliche Studie in Auftrag, die sich mit den Wirkungen möglicher Instrumente zur Einkommensumverteilung auseinandersetzen soll. Eine wissenschaftliche Formulierung auf der Basis eines normativen Werturteils wäre beispielsweise folgende Aussage: „Wenn man egalitäre Einkommensverhältnisse erreichen möchte, dann müssen folgende Maßnahmen ergriffen werden: ..." Nicht wissenschaftlich hingegen wäre folgende Formulierung: „Egalitäre Einkommensverteilung ist wünschenswert, also müssen folgende Maßnahmen ergriffen werden: ..."

2 Methoden der Volkswirtschaftslehre

Bevor die wichtigsten Methoden der Volkswirtschaftslehre kurz umrissen werden, ist noch einmal deutlich hervorzuheben, dass die Methodik bzw. Vorgehensweise dieser Disziplin – wie der Wissenschaft überhaupt – nach herrschender Auffassung vor allem darauf gerichtet sein sollte, **geeignete** Aussagen abzuleiten, die unsere Kenntnisse verbessern. Des Weiteren sollten diese wissenschaftlichen Aussagen – und diese Besonderheit teilt die Volkswirtschaftslehre mit anderen wissenschaftlichen Disziplinen – eine **zuverlässige** Basis für **Vorhersagen** bilden.

(1) Beobachtung ökonomischer Sachverhalte

Wirtschaftswissenschaftliche Erkenntnisse werden sowohl durch die **Beobachtung der Wirklichkeit** mit dem Ziel der Erkennung von Gesetzmäßigkeiten wie auch durch **Laborversuche**,[1] zum Beispiel hinsichtlich des Verhaltens der wirtschaftlich handelnden Personen, gewonnen.

Beobachtung geschieht vor allem durch **Aufzeichnungen** des Wirtschaftsgeschehens in Form von **Statistiken**, die eine wesentliche Grundlage zur **Überprüfung** wirtschaftswissenschaftlicher Theorien (Hypothesen) darstellen.

Beispiel:

Statistiken werden z.B. durch das Statistische Bundesamt in Wiesbaden, die Bundesagentur für Arbeit, die Deutsche Bundesbank und die Europäische Zentralbank erstellt.

1 Vgl. Handlungssituation 2.2, Kapitel 6.2.3.

NKR

(2) Modellbildung

Mit Blick auf die Komplexität des Wirtschaftsgeschehens ist es nahezu unmöglich, alle Facetten der Realität bei der Gewinnung von Erkenntnissen mit zu berücksichtigen. Somit vollzieht sich ökonomisches Denken nicht nur im vorliegenden Schulbuch, sondern typischerweise in Form von Modellen, die lediglich einen Teil der komplexen Realität abbilden.

- **Modelle** sind eine **gedankliche Hilfskonstruktion** zur **vereinfachten** Abbildung der Realität.
- Einfache Modelle abstrahieren die Wirklichkeit und werden anschließend dem **Prinzip der abnehmenden Abstraktion** folgend durch schrittweise Einführung zusätzlicher, realitätsnaher Annahmen nach und nach verbessert.

Beispiel:

Untersucht man in der Volkswirtschaftslehre den Verlauf der nachgefragten Menge, so beschränkt sich diese Betrachtung beispielsweise auf die Änderung der Nachfragemenge bei Variation des Preises des nachgefragten Gutes.

Dabei bleiben andere Faktoren, z. B. die Einkommensentwicklung, die Veränderung der Qualität des nachgefragten Produktes, die Bedeutung dieses Produktes innerhalb der Bedürfnishierarchie des Nachfragers oder gar die Preisentwicklung anderer Güter, zunächst außen vor. Erst nach und nach werden in das vereinfachte Ausgangsmodell auch diese Faktoren mit einbezogen, um komplexere Zusammenhänge zu veranschaulichen und gedanklich zu durchdringen.

Als weiteres typisches Beispiel für die Vorgehensweise nach dem Prinzip der abnehmenden Abstraktion kann der Übergang vom Modell des einfachen Wirtschaftskreislaufs zum erweiterten Wirtschaftskreislauf angeführt werden (vgl. Kapitel 7.2).

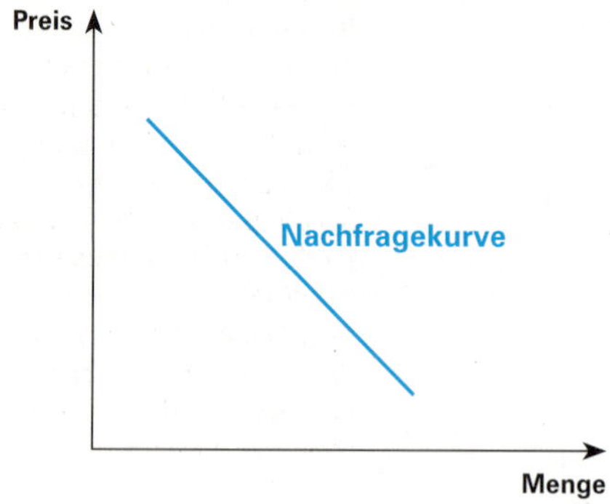

(3) Ceteris-paribus-Klausel

Ein wertvolles Hilfsmittel bei der Konstruktion von Modellen ist die **Ceteris-paribus-Klausel** („unter sonst gleichen Bedingungen"), die es im Kern ermöglicht, den Einfluss einer Größe als **Ursache** (in vorgenanntem Beispiel die Preisänderung) auf eine andere Größe im Sinne einer **Wirkung** (in obigem Beispiel die nachgefragte Menge) isoliert unter Konstanz der übrigen Bedingungen zu untersuchen.

Beispiel:

Die Ceteris-paribus-Klausel ermöglicht beispielsweise eine Aussage darüber zu treffen, wie sich die nachgefragte Menge nach Gut X ändert, wenn der Preis für dieses Gut fällt und alle anderen Bedingungen (z. B. Qualität dieses Gutes, Einkommen der Haushalte, Preise anderer Güter) unverändert bleiben.

(4) Prämissen

Für die Modellbildung unerlässlich ist die Aufstellung von Prämissen, die zumeist in Form von Definitionen, Verhaltensannahmen oder Bedingungen in das Modell mit einfließen.

Prämissen können ganz allgemein als **Annahmen** umschrieben werden, welche die **Variablen** des Modells möglichst fehlerlos und widerspruchsfrei umschreiben.

Folgende Typen von Prämissen lassen sich unterscheiden:

Axiom	Hierbei handelt es sich um eine in der Theoriebildung nicht beweisbare oder nicht bewiesene **Grundannahme,** die jedoch allgemein als **plausibel** angesehen wird (z. B. das in Kapitel 6.1 beschriebene ökonomische Prinzip).
Datum	Gemeint ist hiermit eine Modellgröße, die für die durchzuführende Untersuchung als **Vorgabe** definiert wird und durch ökonomische Einflüsse **nicht verändert** werden kann.
Hypothese	Sie gilt als notwendiges Element bei der Bildung von Theorien durch Modelle. Hierbei handelt es sich um eine verbal, grafisch oder als Gleichung oder Ungleichung formulierte Aussage über den **Zusammenhang** von **Ursache** und **Wirkung.** Sie wird in der Form einer **generellen Aussage** aufgestellt mit dem Anspruch, **wahr** zu sein. Da nur solche Hypothesen zum Bestand der Wissenschaft gehören, die im empirischen Test noch nicht **falsifiziert** (widerlegt) sind, müssen sie nach dem Verständnis des „Kritischen Rationalismus"[1] so formuliert werden, dass sie durch Beobachtung widerlegt werden können (Kriterium der **Falsifizierbarkeit**). Eine Hypothese gilt demzufolge so lange als richtig, bis sie nicht falsifiziert ist. Eine **Verifizierung** (Beweis durch Richtigkeit auf der Basis einer „begrenzten" Zahl von **Beobachtungen**) ist nicht möglich, da grundsätzlich nicht ausgeschlossen werden kann, dass zukünftige Beobachtungen im Widerspruch zu dieser Aussage stehen.
Fiktion	Hierbei handelt es sich um Annahmen, die zur **Vereinfachung** eines Modells herangezogen werden und von denen man im Vorfeld weiß, dass sie in dieser Form **nicht** der Wahrheit entsprechen (z. B. die Annahme, dass sich **alle** Wirtschaftssubjekte nach dem Rationalprinzip verhalten).

Je nachdem, ob sich eine Untersuchung nur auf einen Ausschnitt der Volkswirtschaft oder auf das vollständige System bezieht, spricht man entweder von einer **Partialanalyse** oder **Totalanalyse.**

Beschränkt sich die Analyse auf bereits realisierte ökonomische Abläufe oder Zustände (z. B. die volkswirtschaftliche Gesamtrechnung), handelt es sich um eine **Ex-post-Untersuchung.**

Sollen hingegen Aussagen über zukünftige Verhaltensweisen der Wirtschaftssubjekte formuliert werden, liegt eine **Ex-ante-Analyse** vor. Diese wird vor allem in der Makroökonomik angewandt.

1 Hierbei handelt es sich um eine Grundrichtung des philosophisch-erkenntnistheoretischen Denkens, die auf der Einsicht prinzipieller Fehlbarkeit menschlicher Erkenntnis und des Verhaltens bei Problemlösungen beruht und somit eine kritische Prüfung gewonnener Lösungen fordert. Dieser als Konvention in der Wissenschaft mittlerweile durchweg anerkannten Grundrichtung folgend, sollten Werturteile bei der wissenschaftlichen Erkenntnisgewinnung auf ein notwendiges Mindestmaß begrenzt werden.

Handlungssituation 2.1

Der Schüler Maximilian Mutschke sitzt abends gemeinsam mit seinen Eltern und seiner Schwester im Wohnzimmer, um den in einigen Monaten anstehenden Familienurlaub zu planen. Gleich zu Beginn des Gesprächs wird jedoch deutlich, dass die Wünsche und Interessen der vier Familienmitglieder weit auseinanderliegen.

So bevorzugt Maximilian einen etwa zweiwöchigen Urlaub in einem großen Luxushotel, mit „All-inclusive-Verpflegung" und funktionsfähigem WLAN, damit er auch während des Urlaubs über seine sozialen Netzwerke ausgiebig kommunizieren kann. Als Reiseziel kommt für ihn nur ein sonniger Urlaubsort auf einer spanischen Insel mit vielfältigen Möglichkeiten zum abendlichen Ausgehen in Betracht.

Dieser Wunsch stößt jedoch sogleich bei seiner Schwester Karla auf erheblichen Widerstand. Sie legt ihrem Bruder einen im Internet recherchierten Artikel vor, in dem auf die durch den Massentourismus verursachten Folgen hingewiesen wird und lehnt deshalb eine solche Reise kategorisch ab.

Negative Auswirkungen des Massentourismus für die betroffenen Länder

Längst ist es nicht mehr nur Mallorca oder Ibiza. Seit Öffnung des Eisernen Vorhangs [. . .] und der damit verbundenen Erweiterung der Reiseziele für westliche Staaten, haben auch immer mehr osteuropäische Länder mit den negativen Auswirkungen des Massentourismus zu kämpfen. Die einen mussten es schon live erleben, die anderen kennen es aus den Medienberichten, die in Boulevard-Magazinen über heimische Bildschirme flimmern: Urlaubszeit bedeutet für einen gewissen Anteil der Bevölkerung jedes Jahr das Gleiche: in den Süden zu fahren, um in „All-Inclusive-Resorts" mit absoluter Hemmungslosigkeit der heutigen Spaßgesellschaft zu frönen. Dies bedeutet nicht selten, tägliches „Saufen bis zum Umfallen". Die Kehrseite dieser Feier-Orgien ist dann häufig am nächsten Morgen sichtbar. Die Urlaubsgäste liegen volltrunken am Strand neben ihrem Erbrochenen und einem Haufen leerer Bierflaschen. Ein nicht gerade appetitlicher Anblick, der sowohl am Image des Gastlandes als auch am Image der Gäste nagt.

Neben diesen unmittelbaren Auswirkungen ergeben sich mittelfristig auch indirekte Konsequenzen für das Gastland. Jeder Massentourismus, seien es die Wintersport-Gebiete in den Alpen oder die Badeorte am Mittelmeer, braucht eine gewisse Infrastruktur.[1] Übernachtungsmöglichkeiten und Freizeitangebote schießen wie Pilze aus dem Boden und verdrängen das über Jahrhunderte gewachsene Bild der Altstädte oder machen aus einem abgeschiedenen Bergdorf ein Luxustouristik-Hotel, in dem die Preise in den Einkaufsmärkten und die Wohnungsmieten nur noch für Leute bezahlbar bleiben, die dorthin kommen, um in den zwei Wochen ihres Urlaubs so richtig auf den Putz zu hauen und bestimmt nicht um jeden Euro zweimal umzudrehen.

Dies hat gravierende Folgen: Über die Jahre und Jahrzehnte wird sich in diesen Orten die Bevölkerungsstruktur ändern. [. . .] Weiterhin wird sich die gewachsene lokale Kultur den eingeschleppten Gepflogenheiten mit der Zeit unterordnen und diese an manchen Stellen ganz ersetzen. Das liegt daran, dass es den Urlaubsgästen weniger um die Entdeckung der Kultur der Einheimischen geht, als vielmehr auch in der „Fremde" die aus der Heimat gewohnten Strukturen vorzufinden.

Dass man auf Mallorca oder Ibiza Urlaub machen kann, ohne ein Wort Spanisch zu sprechen, ist vielleicht noch das Normalste. Der Trend geht aber mittlerweile dahin, dass sich regelrechte Parallelwelten entwickeln, in denen die Urlauber beim deutschen Metzger oder Bäcker einkaufen, sich vom deutschen Arzt behandeln lassen oder durch den deutschen Anwalt juristisch vertreten lassen können. Hier wurden bereits die Einheimischen aus dem Markt gedrängt. Die negativen Folgen des Massentourismus sind unübersehbar. [. . .]

Quelle: www.technihima.in-team.biz

1 **Infrastruktur**: notwendige wirtschaftliche und organisatorische Struktur (z. B. Verkehrsnetz).

Karla wünscht sich eher eine einwöchige Urlaubsreise in eine ruhige und abgelegene Pension an einem See; vorzugsweise in einem skandinavischen Land. Dort hätte man dann vor allem ganz viel Ruhe zum Lesen.

Die Mutter äußert den Wunsch, eine speziell auf Familien zugeschnittene Bildungsreise nach Ägypten anzutreten, wobei in den drei Wochen mindestens zehn verschiedene historische Orte bereist werden sollten.

Der Vater hingegen würde einen 10-tägigen Urlaub im Wohnmobil bevorzugen. Als mögliches Ziel nennt er die italienischen Dolomiten, vor allem wegen der vielfältigen Möglichkeiten von Outdoor-Aktivitäten, die er zum Stressabbau dringend benötigt. Bezüglich der Dauer des Urlaubs weist er darauf hin, dass ihm im Zuge der Urlaubsplanung und -absprachen im Betrieb nur zwei Urlaubswochen in den Ferien zustehen würden. Diese wolle er nicht komplett für eine Reise einplanen. Schließlich müsse er sich im Anschluss an die Urlaubsreise noch ein paar Tage zu Hause erholen, bevor es mit der Arbeit wieder losgeht.

Urlaubswünsche der Familie Mutschke

Kompetenzorientierte Arbeitsaufträge:

1. Nennen Sie vor dem Hintergrund der vorangestellten Handlungssituation mögliche Wirtschaftsteilnehmer, die Einfluss auf die Urlaubsplanung der Familie haben!
2. Stellen Sie sich vor, Sie gewinnen eine „Traumreise Ihrer Wahl" bei einem Radiosender. Formulieren Sie ausführlich Ihre eigenen Wünsche, Bedürfnisse und Interessen für eine solche Urlaubsreise!
3. Zeigen Sie auf, inwiefern Sie bei Ihrer in Aufgabe 2 durchgeführten Urlaubsplanung die Interessen Ihres gesellschaftlichen Umfeldes (Familie, Freunde, Schule ...) berücksichtigen würden!
4. Erläutern Sie ausführlich, welche Wirkungen Ihre persönliche wirtschaftliche Situation konkret auf die in Aufgabe 2 zusammengestellte Urlaubsplanung hat, falls Sie diesen Urlaub selbst oder durch Ihre Eltern finanzieren müssten! Formulieren Sie abschließend zu Ihren Erläuterungen einen Zusammenhang zwischen dem Bedarf und den Bedürfnissen!
5. **Übersichtsmatrix**

   Stellen Sie sich vor, ein Tourismusexperte würde Sie über negative Auswirkungen Ihrer in Aufgabe 2 geplanten Traumreise informieren. Lösen Sie die drei nachfolgenden Aufgabenstellungen in Form einer Übersichtsmatrix!

   5.1 Erläutern Sie zunächst drei mögliche negative Auswirkungen Ihres unter 2. geplanten Urlaubs, die Sie auf gar keinen Fall davon abhalten würden, Ihren „Traumurlaub" anzutreten!

   5.2 Formulieren Sie mindestens drei negative Auswirkungen, die Sie in einem solchen Fall dazu veranlassen würden, Ihre Traumreise so umzuplanen, dass diese Auswirkungen vermieden würden!

   5.3 Ziehen Sie anschließend ein Fazit!
6. **Übersichtsmatrix**

   Notieren Sie zehn Bedürfnisse, die Sie sich im Laufe dieses Tages erfüllen möchten! Sortieren Sie diese anschließend in einer Übersichtsmatrix nach Existenz- und Luxusbedürfnissen!

1 Bedürfnisse

> Das Gefühl eines **Mangels** und der Wunsch, diesen Mangel zu **beseitigen,** wird als Bedürfnis bezeichnet.

Diese Begriffserläuterung lässt sich anhand eines einfachen Beispiels aus dem täglichen Leben verdeutlichen.

Beispiel:

Der 17-jährige Nils hat nach einer ausgiebigen Fahrt mit seinem Skateboard in der Halfpipe Durst. Insgeheim verspürt er einen Mangel an Flüssigkeit. Dieses **„Mangelempfinden"** möchte er nunmehr schnellstmöglich durch ein erfrischendes Getränk beseitigen. Allgemein formuliert hat er also das Bedürfnis, etwas zu trinken.

Im Zusammenhang mit den Bedürfnissen unterstellt die Wirtschaftswissenschaft, dass die Bedürfnisse der Menschen **unersättlich** sind, sie also fortwährend bestrebt sind, einen **immer höheren Versorgungsgrad** zu erreichen. Auch diese Annahme lässt sich mithilfe der Alltagserfahrung unterlegen.

Beispiel:

Die 17-jährige Jessica wünscht sich dringend ein neues Smartphone. Wird ihr dieser Wunsch von ihren Eltern erfüllt, so bedeutet dies mit Sicherheit nicht das Ende ihrer Bedürfnisse. Denn kaum ist mit dem Smartphone ihr zu diesem Zeitpunkt sehnlichster Wunsch befriedigt, sehnt sie sich beispielsweise nach dem Führerschein, danach nach einem Urlaub. Sollten ihr auch diese Bedürfnisse erfüllt werden, so dürften als nächstes ein größeres Zimmer oder ein eigenes Auto auf ihrer Wunschliste auftauchen. Und auch wenn ihr dies früher oder später ermöglicht werden sollte, findet sich für Jessica mit Sicherheit im Anschluss daran wiederum ein neuer Mangel, den es schnellstmöglich zu beseitigen gilt.

Das Bestreben nach Bedürfnisbefriedigung lässt sich nach dem amerikanischen Psychologen Abraham Maslow in verschiedene **Motivklassen** unterteilen, wobei sich die von ihm aufgestellte **Hierarchie der Bedürfnisse** an der unterschiedlichen **Dringlichkeit** der Bedürfnisbefriedigung orientiert. Maslow geht davon aus, dass die Befriedigung eines höherrangigen Bedürfnisses erst dann von einem Wirtschaftssubjekt angestrebt wird, wenn die Bedürfnisse der **vorgelagerten** Dringlichkeitsstufe befriedigt sind.

Bedürfnispyramide nach Maslow

Beispiel:

Ein Schüler kauft einen Pullover und erfüllt damit ein **Grundbedürfnis,** weil er nicht frieren möchte. Fordert er bewusst eine gute Faserqualität, so erreicht er damit das **Sicherheitsbedürfnis.** Mit der Auswahl von Farbe und Design befriedigt er das **soziale Bedürfnis** und zum Teil das Geltungsbedürfnis. Beim Einkauf erwartet er Beratung und Anregung zum Kombinieren mit Hemd, Tuch, Schal oder Jacke und befriedigt damit sein **Geltungsbedürfnis.** Indem er eine besondere Marke kauft (der Pullover trägt das Zeichen einer Premiummarke) in der Absicht, einen Lebensstil zu erreichen, wird ein Statuskauf vorgenommen. So trägt der Pullover durch die Selbststilisierung zur **Selbstverwirklichung** bei.

Ökonomisch von Bedeutung sind nur jene Bedürfnisse, die von **knappen** Gütern befriedigt werden, also von solchen Gütern, die lediglich in **begrenztem** Umfang zur Verfügung stehen.

Die Bedürfnisse können nach unterschiedlichen **Kriterien** eingeteilt werden:

- nach der **Dringlichkeit,**
- nach dem **Bedürfnisträger,**
- nach der **Bewusstheit der Bedürfnisse.**

(1) Gliederung der Bedürfnisse nach der Dringlichkeit

Bedürfnisse	Erläuterungen	Beispiele
Existenzbedürfnisse	Sie sind körperliche Bedürfnisse. Sie müssen befriedigt werden. Ihre Befriedigung ist lebensnotwendig.	■ Hunger bzw. Durst stillen wollen. ■ Das Bedürfnis, sich vor Kälte schützen zu wollen.
Kulturbedürfnisse	Sie entstehen mit zunehmender kultureller, also auch technischer, wirtschaftlicher oder künstlerischer Entwicklung, weil die Ansprüche, die der Einzelne an das Leben stellt, wachsen.	■ Sich modisch kleiden wollen. ■ Der Wunsch nach einer Ferienreise. ■ Ein eigenes Auto fahren wollen.
Luxusbedürfnisse	Von Luxusbedürfnissen spricht man, wenn sich die Bedürfnisse auf Sachgüter oder Dienstleistungen richten, die sich in einer bestimmten Gesellschaft nur besonders Wohlhabende leisten können.	■ Eine sehr teure Luxusuhr tragen. ■ Eine Villa mit Swimmingpool und/oder ■ eine Segeljacht besitzen wollen.

Eine **genaue Abgrenzung** zwischen Kultur- und Luxusbedürfnissen ist nicht immer ohne Weiteres möglich. Gemeinsam ist ihnen, dass ihre Befriedigung **nicht** unbedingt **lebensnotwendig** ist.

(2) Gliederung der Bedürfnisse nach dem Bedürfnisträger

Bedürfnisse	Erläuterungen	Beispiele
Individualbedürfnisse[1]	Sie richten sich auf Güter, die der **Einzelne** für sich allein (bzw. innerhalb seiner Familie) konsumieren kann.	Die Wünsche, Pizza zu essen, Getränke zu sich zu nehmen, ein eigenes Smartphone oder Auto zu besitzen.
Kollektivbedürfnisse[2]	Sie werden mit Gütern befriedigt, die **allen** Mitgliedern der Gesellschaft zur Nutzung zur Verfügung stehen sollten.	Die Wünsche, auf einer Landstraße Motorroller zu fahren, ein öffentliches Verkehrsmittel zu benutzen, eine Schule zu besuchen, an einer staatlichen Universität zu studieren. Das Bedürfnis, in einer sauberen Umwelt zu leben.

Mit **zunehmendem Wohlstand** ist zu beobachten, dass die **Kollektivbedürfnisse anwachsen.** Die Ansprüche an den Staat werden immer umfangreicher (z.B. Forderungen nach besseren Schulen, mehr Universitäten, mehr Umweltschutz, besseren Straßen).

(3) Gliederung der Bedürfnisse nach der Bewusstheit der Bedürfnisse

Bedürfnisse	Erläuterungen	Beispiele
Offene Bedürfnisse	Bei offenen Bedürfnissen handelt es sich um solche Mangelempfindungen, die dem Einzelnen **bewusst** sind.	Im Anschluss an eine Doppelstunde Sport verspürt ein Schüler den Wunsch, etwas zu trinken, um seinen Durst zu löschen.
Latente[3] **Bedürfnisse**	Sie sind beim Einzelnen **unterschwellig** vorhanden und müssen erst noch durch die Umwelt geweckt werden. Die Bewusstwerdung dieser im Unterbewusstsein bereits existenten Wünsche wird durch einen „äußeren Reiz" ausgelöst.	So hat gewiss jeder schon einmal die Erfahrung gemacht, dass er beim Shopping – angelockt von einer Schaufensterauslage oder einem herrlichen Essensduft – etwas gekauft hat, was bis zu diesem Zeitpunkt nicht auf seiner „Einkaufsliste" stand.
Manipulierte[4] **Bedürfnisse**	Bei manipulierten Bedürfnissen handelt es sich um ein Mangelempfinden, das gezielt von Werbung, Politik, Medien oder anderen Manipulatoren erzeugt wird. Dabei spricht insbesondere die Werbung nicht nur (latent) vorhandene Bedürfnisse an, sie erzeugt vielmehr bei den Zielgruppen auch **neuartige** Bedürfnisse.	Das Image der aktuellen „Stars" (Musiker, Sportler, Schaupieler, Youtuber etc.) und die damit verbundene Art, sich zu schminken oder zu kleiden, wird regelmäßig von gewissen Medien zur Mode stilisiert und infolge millionenfach verkauft. Zudem wird häufig beim Kauf eines Produktes eine Elitezugehörigkeit unterstellt oder ein Produkt mit Sexualität verknüpft, um es auf diese Weise attraktiv zu machen („sex sells"). Weitere Beispiele sind Modetrends bei Frisuren, Schönheitsidealen, Körperschmuck.

1 **Individualbedürfnisse**: Bedürfnisse des Einzelnen (von Individuum: Einzelwesen).

2 **Kollektivbedürfnisse**: Bedürfnisse der Gesamtheit, Gemeinschaft.

3 **Latent**: versteckt.

4 **Manipulieren**: Menschen bewusst und gezielt beeinflussen oder lenken.

2 Bedarf

Da die Bedürfnisse der Menschen unbegrenzt sind, können sie mit Blick auf die nur **begrenzt** vorhandenen (finanziellen) **Mittel** nicht alle befriedigt werden.

Der **Teil** der Bedürfnisse, der sich von dem **verfügbaren** Taschengeld oder Einkommen bzw. den Ersparnissen realisieren lässt, wird als **Bedarf** bezeichnet.

Beispiel:

Der 17-jährige Philipp, der sein monatliches Taschengeld schon aufgebraucht hat, würde sich gerne den neuesten James-Bond-Film im Kino ansehen. Leider bleibt dieser Wunsch zunächst ein Bedürfnis. Erst wenn er zu Beginn des neuen Monats von seinen Eltern seine 50,00 EUR Taschengeld erhält, könnte er sich den Film im Kino anschauen. Das Bedürfnis wird nunmehr zum konkreten Bedarf.

Welcher Teil der mannigfaltigen Bedürfnisse des Einzelnen zum Bedarf wird, setzt voraus, dass sich der Mensch **entscheiden** muss, welche der Bedürfnisse er sich erfüllen möchte. Diese Entscheidung, welche seiner vielen Bedürfnisse er **zuerst** befriedigt, welche später und auf welche er wegen fehlender (finanzieller) Mittel vielleicht ganz verzichtet, ist nicht einfach.

Im Allgemeinen versucht er deshalb, die vorhandenen Bedürfnisse nach **Dringlichkeit** geordnet in eine **Reihenfolge** zu bringen, um diese Wahlentscheidung treffen zu können. Ziel ist es, mit den vorhandenen (finanziellen) Mitteln einen möglichst großen **Nutzen,** also einen möglichst hohen **Grad an Bedürfnisbefriedigung,** zu erzielen. Der Einzelne versucht somit für sein Geld möglichst **viele** Güter zu bekommen und dadurch entsprechend viele seiner vorhandenen Bedürfnisse zu befriedigen.

3 Nachfrage

Der Bedarf muss **nicht** in vollem Umfang mit der am Markt tatsächlich nachgefragten Gütermenge übereinstimmen. Unterschiedliche Gründe können dazu führen, dass Güter, die in den Bedarfskreis des Einzelnen fallen, letztlich nicht nachgefragt werden.

Die **Nachfrage** ist der Teil des Bedarfs, der **tatsächlich** am Markt an Gütern und Dienstleistungen **nachgefragt** wird.

Beispiel:

Der Schüler Carsten Clever verspürt in der ersten Pause großen Hunger auf eine Pizzaschnecke, ein Eis und Schokolade.

An der Preistafel des Schulkiosks informiert er sich über das aktuelle Angebot.

Bei Durchsicht seiner Geldbörse stellt er allerdings fest, dass er nur über 1,80 EUR Bargeld verfügt, sodass er nicht alle seine Bedürfnisse mit den ihm zur Verfügung stehenden finanziellen Mitteln befriedigen kann. Zwar könnte er sich theoretisch zwei Schokoriegel und eine Eiskugel kaufen, aufgrund der nach seinem Empfinden zu hohen Preisforderung für eine Eiskugel entscheidet er sich jedoch für drei Schokoriegel, sodass ihm 0,30 EUR verbleiben. Der Bedarf, also die mit Kaufkraft ausgestatteten Bedürfnisse, wurde nicht in vollem Umfang als Nachfrage am Markt (Schulkiosk) wirksam.

Preisliste

Kakao	0,60 EUR
Kaffee	0,75 EUR
Limonade	0,90 EUR
Orangensaft	1,10 EUR
belegte Brötchen	0,75 EUR
Nussecke	1,25 EUR
Pizzaschnecke	2,50 EUR
Kleiner Salat	2,75 EUR
Müsliriegel	0,60 EUR
Schokoriegel	0,50 EUR
Eiskugel	0,80 EUR

Kompetenztraining

1. Ein Vergleich der im Einzelhandel nachgefragten Warengruppen ergab in Bezug auf ihre Anteile an den Gesamtausgaben folgende Veränderungen in %:

Milch, Milcherzeugnisse, Speisefette und -öle sowie Eier	+ 1
Tabakwaren	− 17
Kartoffeln, Gemüse, Obst und Marmelade	+ 3
Getränke	± 0
Fische und Fischwaren	+ 2
Bekleidung	+ 2
Waren für Körperpflege	− 3
Schuhe und Schuhwaren	− 7
Kraftstoffe	+ 9
Arzneimittel (innere Anwendung)	+ 11
Brennstoffe	+ 16

Aufgaben:

1.1 Erläutern Sie, welche Ursachen diese Veränderungen haben könnten!

1.2 Erklären Sie, wodurch die Bedürfnisse des Einzelnen und die der Gesellschaft beeinflusst werden können!

DOWNLOAD

2. Vervollständigen Sie das nachfolgende Schaubild, indem Sie die folgenden Begriffe sachlogisch korrekt in die vorgegebenen Felder einfügen!

- Nachfrage
- Bedarf
- Deckung (eines Teils) des Bedarfs
- Bedürfnis
- Kaufkraft

Vom Bedürfnis zur Nachfrage:

[ ]
↓ konkretisiert sich im
[ ]
↓ benötigt
[ ]
↓ wird zur
[ ]
↓ führt zur
[ ]

3. Bedürfnisse lassen sich nach unterschiedlichen Kriterien einteilen. Prüfen Sie, welche der nachfolgenden Aussagen falsch ist! Ist keine der Aussagen falsch, tragen Sie eine ⑨ ein!

① Bei den latenten Bedürfnissen handelt es sich um ein Mangelempfinden, das gezielt von Werbung, Politik, Medien oder anderen Manipulatoren erzeugt wird. ☐

② Individualbedürfnisse richten sich auf Güter, die der Einzelne für sich allein bzw. innerhalb seines privaten Haushalts konsumieren kann.

③ Von Luxusbedürfnissen spricht man, wenn sich die Bedürfnisse auf Sachgüter oder Dienstleistungen richten, die sich in einer bestimmten Gesellschaft nur wenige Begüterte leisten können.

④ Existenzbedürfnisse sind körperliche Bedürfnisse, deren Befriedigung lebensnotwenig ist.

⑤ Kulturbedürfnisse entstehen mit zunehmender kultureller, also auch technischer, wirtschaftlicher oder künstlerischer Entwicklung, weil die Ansprüche, die der Einzelne an das Leben stellt, wachsen.

⑥ Das Bedürfnis, an einer Universität zu studieren, zählt zu den Kollektivbedürfnissen.

4. Bedürfnisse sind ein Mangelempfinden der Menschen, verbunden mit dem Wunsch, diesen Mangel zu beseitigen. Letztlich sind sie der Antrieb für das wirtschaftliche Handeln der Menschen und lassen sich nach unterschiedlichen Gesichtspunkten untergliedern.

Ordnen Sie den nachstehenden Bedürfnissen die jeweilige Bedürfnisart unter Verwendung folgender Kennziffern zu:

① Existenzbedürfnis,

② Kulturbedürfnis,

③ Luxusbedürfnis,

④ eine genaue Zuordnung ist nicht möglich.

4.1	Der Schüler Marvin Meiners träumt seit vielen Jahren davon, eines Tages eine große Segeljacht zu fahren.	
4.2	Julia, Schülerin des beruflichen Gymnasiums, verspürt in der Pause großen Hunger.	
4.3	Max wünscht sich von seinen Eltern Fahrstunden für die Vorbereitung auf den Führerschein.	
4.4	Sarah besucht jeden Sonntag den Gottesdienst in der Kirche, weil es ihr besonders wichtig ist.	
4.5	Selda hat des Öfteren Streit mit ihren Eltern, da ihr die von der Mutter gekaufte Kleidung nicht modisch genug erscheint.	
4.6	Nils wünscht sich zum Geburtstag gefütterte Handschuhe, da er im Winter häufig kalte Finger hat.	

Handlungssituation 2.2

Michel Knappstein besucht zurzeit das berufliche Gymnasium mit dem Ziel, anschließend eine Ausbildung zum Industriekaufmann zu beginnen. Bis zum Erwerb der Hochschulreife in knapp drei Jahren wohnt er nach wie vor bei seinen Eltern. Neben der Annehmlichkeit eines großen Zimmers mit eigenem Bad und Balkon erhält er von seinen Eltern ein monatliches Taschengeld in Höhe von 80,00 EUR.

Da Michel aber mit diesem Geld selten auskommt, hat er seit nunmehr drei Monaten einen Aushilfsjob in einem Supermarkt angenommen, wo er zweimal die Woche stundenweise Regale einräumt. Für diese Tätigkeit bekommt er 120,00 EUR monatlich.

Von dem ihm zur Verfügung stehenden Geld muss Michel im Wesentlichen seine Kleidung, sein Pre-paid-Handy sowie seine Freizeitaktivitäten bestreiten. Am Wochenende geht Michel gerne mit seinen Freunden ins Kino, Restaurant oder in eine gemütliche Musikkneipe, wobei er an solchen Abenden durchschnittlich 25,00 EUR ausgibt.

In dem nun folgenden Monat steht Michel mal wieder vor großen Problemen, was seine geplanten Ausgaben anbelangt. Da Michel vor einer Woche endlich volljährig geworden ist, möchte er ab nächsten Monat endlich einen eigenen Vertrag für ein neues Smartphone abschließen, ebenso wie viele seiner Freunde und Klassenkameraden. Ein solcher Vertrag muss nach seinen Vorstellungen nicht nur ein ganz bestimmtes Smartphone beinhalten, sondern auch die Flatrate-Komponenten einschließen. Außerdem möchte Michel eine Versicherung zu dem Smartphone abschließen. Insgesamt betragen die monatlichen Gesamtkosten für das Tarifpaket einschließlich der Versicherung ca. 30,00 EUR, wobei jedoch im ersten Monat zusätzlich einmalig ca. 100,00 EUR zu zahlen sind.

Für den nächsten Monat hat Michel zudem einen Friseurbesuch vorgesehen, der ihn ca. 25,00 EUR kosten wird. Auch für die Schule benötigt er dringend neue Schreibutensilien und ein im Internet noch entgeltlich herunterzuladendes Softwarepaket, Gesamtkosten hierfür ca. 30,00 EUR. Des Weiteren haben zwei seiner besten Freunde in den nächsten drei Wochen Geburtstag, für Geschenke sind mindestens 40,00 EUR einzuplanen, da sie sich jeweils einen Gutschein fürs Kino inklusive Popcorn und Getränk gewünscht haben.

Zu allem Überfluss veröffentlicht sein Lieblingssänger zu Beginn des nächsten Monats auch noch sein neues Album, ein absolutes Muss für Michel, auch wenn die CD 15,00 EUR kosten soll. Schließlich hat er nach sehr langer Zeit im nächsten Monat endlich einmal wieder die Gelegenheit mit einem seiner Freunde und dessen Vater zu einem Heimspiel seines Bundesligavereins zu fahren. Die Eintrittskarte würde ihn 25,00 EUR kosten. Auf diese Gelegenheit wartet Michel seit fast einem Jahr vergebens, da die Heimspiele seines Lieblingsvereins stets ausverkauft sind. Es ist wohl unnötig zu erwähnen, dass Michel natürlich auch im nächsten Monat mit seinen Freunden am Wochenende gerne ausgehen möchte.

Kompetenzorientierte Arbeitsaufträge:

1. Definieren Sie die unterschiedlichen Güterarten, die Michel im nächsten Monat kaufen möchte!

2. **Übersichtsmatrix**
   Ordnen Sie Michels konkrete Wünsche den Güterarten (Sachgüter, Dienstleistungen und Rechte) zu! Erstellen Sie hierzu eine Übersichtsmatrix!
3. Formulieren Sie das Problem, mit dem sich Michel im nächsten Monat auseinandersetzen muss!
4. Versetzen Sie sich in die Situation von Michel. Erarbeiten Sie selbstständig mögliche Handlungsansätze zum Umgang mit diesem „Knappheitsproblem“!
5. Erläutern Sie den in diesem Zusammenhang wichtigen Ansatz des „Homo oeconomicus“!
6. Nehmen Sie kritisch Stellung, inwiefern das alltägliche menschliche Verhalten von dem Konzept des „Homo oeconomicus“ tatsächlich bestimmt wird! Zeigen Sie zudem an einem konkreten Beispiel aus der vorangestellten Handlungssituation, bei welcher Entscheidung dieses Konzept möglicherweise in den Hintergrund rücken könnte!

4 Güter

Da Güter der Bedürfnisbefriedigung des Menschen dienen, stiften sie einen **Nutzen**. Güter, die **keinen** Nutzen stiften (z. B. zur Endlagerung vorgesehene Atombrennstäbe), werden als **Ungut** bzw. „Schlecht“ bezeichnet. Güter lassen sich nach verschiedenen Gesichtspunkten einteilen.

> Die Mittel zur **Bedürfnisbefriedigung** werden als Güter bezeichnet.

Güterarten nach deren Verfügbarkeit

Freie Güter

Diese von der Natur bereitgestellten Güter sind für jedermann nahezu **unbegrenzt** und **unentgeltlich** verfügbar. Die Anzahl der freien Güter ist mittlerweile stark zurückgegangen, da viele ursprünglich freie Güter heutzutage wirtschaftliche Güter sind (z. B. Trinkwasser).

Zu den freien Gütern zählen beispielsweise noch die Luft, das Regenwasser, die Sonnenstrahlen oder der Wind. Allerdings ist anzumerken, dass auch für diese scheinbar freien Güter **teilweise** bereits **indirekt** etwas gezahlt werden muss. So verursacht z. B. die Zuführung von Frischluft in U-Bahnschächte entsprechende Stromkosten, die über die Fahrpreise indirekt von den Fahrgästen gezahlt werden.

Wirtschaftliche Güter

Diese Güter stehen nur in **begrenztem** Umfang zur Verfügung, sie sind **knapp**. Da ihre Gewinnung bzw. Herstellung Kosten verursacht, werden sie gegen Entgelt am Markt angeboten.

- **Sachgüter** (materielle Güter)
- **Dienstleistungen**
- **Immaterielle Güter** (Rechte, digitale Güter)

Digitale Güter lassen sich als Binärdaten mittels IT-Systemen entwickeln, vertreiben und anwenden. Sie umfassen ein breites Spektrum von einfach **strukturierten Gütern** (z. B. aktuelle Informationen zu Börsenkursen, Sportnachrichten) über **komplexe Dienstleistungen** (z. B. elektronische Abwicklung von Vertriebsvorgängen wie die Logistikabwicklung von DHL) bis hin zu **Substitutionsgütern** (z. B. Onlinebanking, Herunterladen von Musik oder Software).

4.1 Sachgüterarten untergliedert nach dem Verwendungszusammenhang

Die Sachgüter lassen sich ihrerseits nach der wirtschaftlichen Verwendung weiter unterteilen in **Konsumgüter** und **Produktionsgüter**.

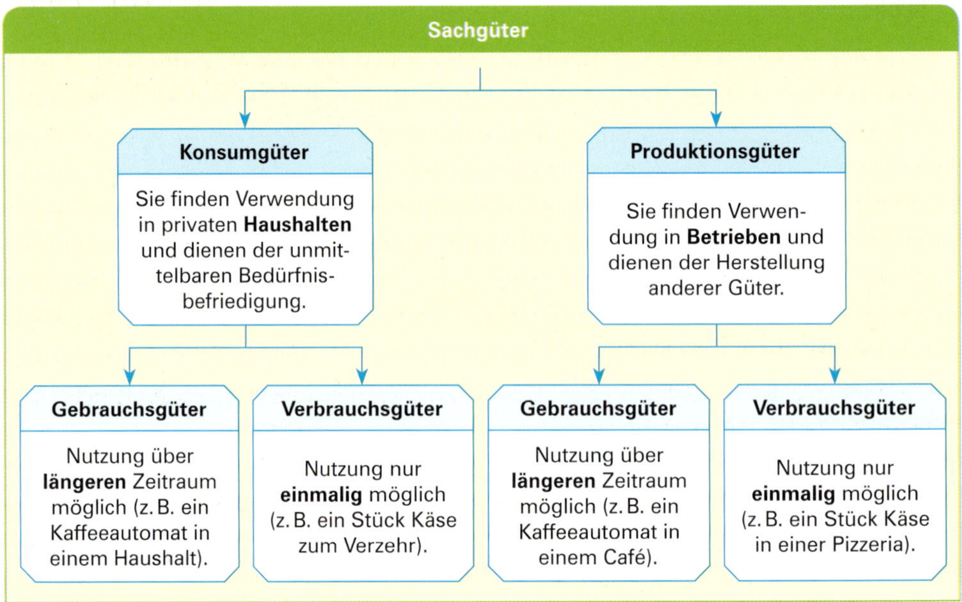

4.2 Güterarten untergliedert nach deren Beziehung zueinander

Wenngleich viele Güter in keinem direkten oder indirekten Verhältnis zueinander stehen (z. B. Taschenlampe und Schere), gibt es dennoch wichtige Beziehungsstrukturen.

So spricht man im Allgemeinen von **Komplementärgütern,** wenn sich die beiden Güter gegenseitig **ergänzen,** die Nutzung des einen Gutes also ohne den Einsatz des anderen Gutes wenig sinnvoll erscheint (z. B. Toner und Kopierer, Auto und Benzin, Tinte und Füllfederhalter).

Sind hingegen beide Güter gegeneinander **austauschbar**, so bezeichnet man sie als **Substitutionsgüter** (z. B. Feuerzeug und Streichhölzer, Laptop und PC, Brille und Kontaktlinsen).

Wie **bedeutsam** derartige Güterbeziehungen im alltäglichen Leben sein können, verdeutlichen nachfolgende Beispiele.

Beispiele:

- Die 17-jährige Tabea möchte sich einen neuen Drucker für ihren PC kaufen. Besonders günstig erscheint ihr ein Angebot eines örtlichen Discounters, der einen Tintenstrahldrucker zum Preis von 39,00 EUR anbietet. Leider vergisst sie, den Händler danach zu fragen, wie viel die Ersatzpatronen für diesen Druckertyp kosten. Bereits nach drei Monaten benötigt Tabea eine neue Patrone. Bei einem Preisvergleich stellt sie fest, dass die für diesen Drucker erforderlichen Patronen fast ebenso viel kosten wie der Drucker selbst.

- Der 16-jährige Oliver telefoniert viel über sein Handy. Wegen der gestiegenen Handytarife versucht Oliver künftig einen Großteil seiner Gespräche über das Festnetz zu erledigen, da das Telefonieren dort günstiger ist.

4.3 Güterarten untergliedert nach deren Eigenschaft in Bezug auf Rivalität und Ausschließbarkeit

Die wirtschaftlichen Güter lassen sich nach deren Eigenschaften in Bezug auf Rivalität und Ausschließbarkeit unterteilen.

Rivalitätsprinzip	■ Kann ein Gut **stets von nur einem** Konsumenten oder Produzenten genutzt werden, so herrscht Rivalität in **Bezug auf die Nutzung** des Gutes. ■ Ist ein Gut hingegen nur kollektiv nutzbar, so spricht man von fehlender Rivalität im Konsum.
Ausschlussprinzip	■ Bei einem Teil der Güter werden alle von der **Inanspruchnahme** ausgeschlossen, die nicht bereit sind, den geforderten Preis zu zahlen. ■ Bei dem anderen Teil der Güter wird die Nutzung nicht von der Zahlung eines Entgelts abhängig gemacht, da dies entweder technisch nicht möglich ist (z. B. Straßenbeleuchtung, Leuchtturm, äußere Sicherheit) oder nicht zweckmäßig erscheint (z. B. Schulbildung, innere Sicherheit).

Auf der Basis dieser Eigenschaften lassen sich die wirtschaftlichen Güter – wie nachfolgende Übersicht verdeutlicht – in **vier** Gruppen unterteilen.

		Rivalitätsprinzip möglich	
		Ja	**Nein**
Ausschlussprinzip möglich	**Ja**	**private Güter** Beispiele: ■ Smartphone ■ Motorroller ■ verstopfte Mautstraße	**Kollektivgüter** Beispiele: ■ Feuerwehr ■ Kabelfernsehen ■ unverstopfte Mautstraße
	Nein	**gesellschaftliche Güter (Allmendegüter)** Beispiele: ■ Umwelt ■ Meeresfische ■ verstopfte öffentliche Straße	**(reine) öffentliche Güter** Beispiele: ■ Alarmsirene ■ Landesverteidigung ■ nicht verstopfte öffentliche Straße

Private Güter sind dadurch gekennzeichnet, dass **sowohl Konkurrenz** in Bezug auf deren Nutzung besteht als auch **alle** von der **Inanspruchnahme ausgeschlossen** werden können, die **nicht** den geforderten Preis zu zahlen bereit sind.

Alle anderen Güter haben **„öffentlichen Charakter"**, da ihnen **entweder** die Ausschließbarkeit **und/oder** die Rivalität im Konsum fehlen. Funktionieren weder das Rivalitäts- noch das Ausschlussprinzip, spricht man von **rein öffentlichen** Gütern.

Da bei den **privaten** Gütern das Ausschluss- und Rivalitätsprinzip funktioniert, werden diese über den **Markt** bereitgestellt. Der Konsument kann nur dann den Nutzen aus dem Gut ziehen, wenn er den Marktpreis zu zahlen bereit ist. Der Anbieter kann also davon ausgehen, dass sein Gut – eine entsprechende Nutzenstiftung vorausgesetzt – von den Interessenten zum Marktpreis gekauft wird.

Das Ausschlussprinzip ist nicht anwendbar, wenn ein Anbieter nicht allen, die an dem Gut interessiert sind, den Nutzen des Gutes bis zum Kauf vorenthalten kann. In diesem Fall liegt **Wettbewerbsversagen** vor.[1] Der Einzelne neigt dazu, möglichst **ohne Zahlung** des Marktpreises am Konsum des Gutes zu partizipieren.

Beispiel:

Wird beispielsweise das Gut äußere oder innere Sicherheit durch Militär und Polizei für eine bestimmte Region produziert, erhöht sich die Sicherheit aller dort wohnenden Menschen. Einzelne Personen können bereits aus technischen Gründen (äußere Sicherheit) bzw. mangels Zweckmäßigkeit (innere Sicherheit) nicht vom Nutzen des Gutes „Sicherheit" ausgeschlossen werden. Entsprechend ist es für den einzelnen Bürger vorteilhaft, die Dringlichkeit seiner Nachfrage nach solchen Gütern nicht offenzulegen. Vielmehr wird der Einzelne versuchen, am Konsum des Gutes teilzuhaben, ohne einen Preis zu bezahlen (Trittbrettfahren).

1 Vgl. hierzu und im Folgenden Bartling, H. und Luzius, F.: Grundzüge der Volkswirtschaftslehre, 15. Auflage 2004.

Aus Sicht des Individuums ist es mit Blick auf die kostenlose Nutzung geradezu **rational,** die Beteiligung an den Kosten für Sicherheit abzulehnen. Dadurch wird eine Finanzierung dieses Gutes auf **freiwilliger** Basis **unmöglich**. Wegen dieses **Trittbrettfahrerverhaltens** ist ein Anbieten des Gutes für einen **privaten** Unternehmer also uninteressant. Gelöst werden kann das Trittbrettfahrerproblem u. a. durch die **Bereitstellung** der Güter **durch den Staat** und die **Finanzierung** der Güter **über staatlichen Zwang** (Gebühren, Beiträge, Steuern).

Die Abgrenzung zwischen Gütern mit funktionierendem und nicht funktionierendem Ausschlussprinzip ist allerdings oft willkürlich.

Beispiele:

So gibt es private und öffentliche Schulen bzw. Universitäten, private und öffentliche Straßen sowie private und öffentliche Verkehrsmittel.

Eine ökonomisch besondere Problematik entsteht, wenn das Ausschlussprinzip zwar technisch und rechtlich verwirklicht werden könnte, aber die organisatorischen Vorkehrungen dafür zu teuer sind.

Beispiel:

Nach dem Straßenbau-Finanzierungsgesetz können an Zufahrtstellen Mautgebühren u. a. für die Benutzung von neu errichteten Brücken, Tunneln und Gebirgspässen erhoben werden. Bei den verflochtenen Straßennetzen lässt sich das aber wegen der Kosten des Einziehens der Gebühren, des Verhinderns von Schwarzfahrten sowie der Möglichkeit, kostenlose Ausweichrouten zu benutzen, nur in seltenen Fällen rentabel gestalten. Entsprechend gering ist das Interesse privater Anbieter an derartigen Gütern.

Weitere Gründe für ein staatliches Güterangebot lassen sich bei Vorliegen von Nicht-Rivalität im Konsum sehen. Der Konsum des Gutes durch ein Individuum beeinträchtigt nicht den Konsum des gleichen Gutes durch andere Individuen, sodass der Sinn des Ausschlusses Einzelner von der Nutzung eines einmal produzierten Gutes – zumindest bis zur Erreichung der Kapazitätsgrenze – infrage gestellt ist.

Beispiele:

Öffentliches Schwimmbad, Grünflächen als Parkanlagen, öffentlicher Spielplatz.

Öffentliche Güter werden vom Staat bzw. in dessen Auftrag von Dritten produziert und der Öffentlichkeit zur Verfügung gestellt. Wegen des **Trittbrettfahrerverhaltens** kommt es allerdings zu unerwünschten **externen Effekten,** die sich aus dem Spannungsfeld zwischen **individueller** und **kollektiver Rationalität** ergeben. So ist es aus Sicht des Individuums nur allzu vernünftig möglichst viele kostenlose Güter zu konsumieren, aus Sicht der Gemeinschaft hingegen wäre ein sparsamer Umgang mit den knappen Gütern wünschenswert.

Das Trittbrettfahrerverhalten führt häufig zu einer **Unterversorgung** (im Extremfall sogar zu einer „Nullversorgung") mit öffentlichen Gütern bzw. einem Überkonsum von Allmendegütern.

Beispiel:

Unterstellen wir, dass der Staat einigen hauptberuflichen Fischern ein größeres Gewässer zum Fischfang kostenlos zur Verfügung stellt. Individuell rational handelt der einzelne Fischer, wenn er zur Steigerung seines Einkommens möglichst viele Fische in dem Gewässer fängt.

Durch dieses Verhalten kommt es allerdings zu einer Abnahme des Fischbestandes, sodass die Fischerei in diesem Gewässer eventuell eingestellt werden muss. Jeder Fischer schädigt also durch sein individuell rationales Verhalten seine Kollegen. Unter dem Aspekt der kollektiven Rationalität wäre also eine andere Handlungsweise wünschenswert.

Weiten wir das Beispiel auf den weltweiten Fischfang aus, so tritt als externer Effekt die Überfischung der Weltmeere auf und damit ein Problem für die Nahrungsmittelversorgung der Weltbevölkerung.

Maßnahmen zur **Reduzierung dieses Allmendeproblems** können sein:

- **Nutzungs- oder Mengenbeschränkungen:** Es wird eine Lizenzgebühr verlangt oder es werden Mengenkontingente festgelegt.
- **Privatisierung:** Verkauf der Gewässer an einen Privatmann, der gegen ein Nutzungsentgelt den Fischern Fangrechte verkauft.
- **Kooperation der Betroffenen:** Jedem Fischer wird ein bestimmter Seeabschnitt zugeteilt. Weil die Abschnitte unterschiedliche Fischbestände haben, rotieren die jeweiligen Seegebiete zwischen den Betroffenen.

So hat die Vergangenheit eindrucksvoll gezeigt, dass es zu enormen Schäden an **gesellschaftlichen Ressourcen,** insbesondere der Umwelt, gekommen ist (vgl. Handlungssituation 12).

Kompetenztraining

DOWNLOAD

5. 5.1 Füllen Sie das Schaubild mit jeweils zwei Beispielen aus!

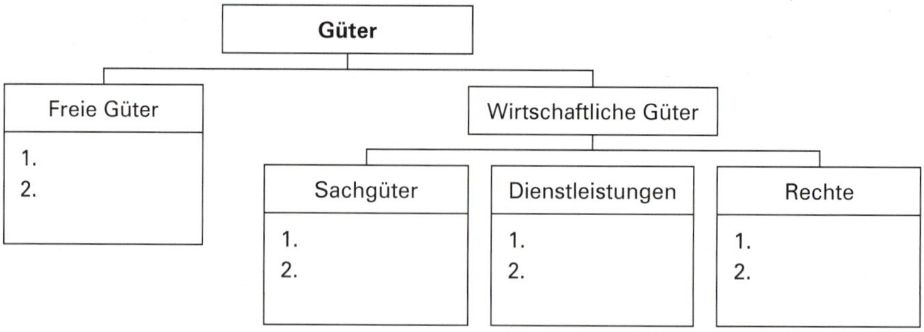

5.2 Erläutern Sie, worin der Unterschied zwischen einem freien und einem wirtschaftlichen Gut liegt!

5.3 Nennen Sie jeweils zwei weitere Beispiele für

- Konsumgüter,
- Produktivgüter!

Geben Sie zu den gefundenen Beispielen an, ob es sich jeweils um ein Verbrauchs- oder Gebrauchsgut handelt!

6. Wirtschaftliche Güter lassen sich nach deren Eigenschaften in Bezug auf Rivalität und Ausschließbarkeit unterteilen. Auf der Basis dieser Kriterien lassen sich die wirtschaftlichen Güter in vier Gruppen unterteilen.

Aufgaben:

6.1 Erläutern Sie das Rivalitäts- und das Ausschlussprinzip!

6.2 Vervollständigen Sie die **Übersichtsmatrix** auf der Folgeseite, indem Sie nachfolgende Beispiele in die Übersicht eintragen!

- Straßenbeleuchtung
- Laptop
- MP3-Player
- Bauland in Ballungsgebieten
- saubere Luft
- Telefonfestnetz
- überfüller städtischer Kindergarten
- terrestrische Rundfunkübertragung
- Fußballübertragung im „pay-per-view-Verfahren"
- öffentliches Schwimmbad
- Warnsignal eines Leuchtturms
- verstopfte öffentliche Straßen

DOWNLOAD

		Rivalitätsprinzip möglich	
		ja	**nein**
Ausschlussprinzip möglich	**ja**	**private Güter** ■ ■ ■	**Kollektivgüter** ■ ■ ■
	nein	**gesellschaftliche Güter (Allmendegüter)** ■ ■ ■	**(reine) öffentliche Güter** ■ ■ ■

7. Entscheiden Sie, welche Güterarten in den folgenden Fällen angesprochen sind. Tragen Sie die zutreffende Bezeichnung in das vorgesehene Feld ein! Folgende Ziffern stehen zur Auswahl:

① Freie Güter, ③ Dienstleistungen, ⑤ Ungut.
② Sachgüter, ④ Rechte,

7.1 Ein Automobilkonzern kauft ein Patent zur Herstellung eines mit Wasserstoff betriebenen Pkw.	
7.2 Der Hobbygärtner Jens Pütz gießt seine Blumen und sein Gemüse ausschließlich mit Regenwasser.	
7.3 Der Angestellte Frank Rost eröffnet beim Bankhaus Siegen ein Girokonto.	
7.4 Der Kunde Peter Pump nimmt seinen eingeräumten Dispositionskredit in Anspruch.	
7.5 Familie Meier sammelt Plastikmüll im gelben Sack und stellt diesen einmal monatlich zur Abholung an die Straße.	
7.6 Um Geld zu sparen, verbrennt Herr Knauser jeden Samstag seinen Hausmüll auf seinem Grundstück.	
7.7 Zur Vorbereitung auf die Prüfung belegt der Bankauszubildende Matthias Schlappner einen Prüfungsvorbereitungskurs eines privaten Bildungsträgers für 350,00 EUR.	

8. A: Entscheiden Sie, bei welchen der nachfolgenden Sachverhalte es sich um ein
① Konsumgut oder
② Produktionsgut handelt und

B: welche Nutzung mit diesem Produkt verbunden ist:
③ Gebrauchsgut oder
④ Verbrauchsgut!

Tragen Sie die entsprechende Lösung in die jeweilige Lösungsspalte ein! Sollte keine Zuordnung möglich sein, tragen Sie eine ⑨ ein!

Sachverhalt	A	B
8.1 Der Bankangestellte Hans Spurt fährt jeden Morgen mit seinem neuen Mountainbike zur Arbeit.		
8.2 Die Sparkasse Siegerland kauft für 5 000,00 EUR Kopierpapier.		
8.3 Der Angestellte Fritz Fischer nimmt sich nach Geschäftsschluss den Laptop seines Arbeitgebers mit nach Hause, um dort in aller Ruhe weiterzuarbeiten.		
8.4 Die Car Concept AG hält in ihrer Kantine täglich etwa 1 000 Mittagessen für die Mitarbeiter bereit.		
8.5 Die Sparkasse Neuhausen stattet die beiden Vorstandszimmer mit jeweils einem Kühlschrank aus.		
8.6 Die Büroangestellte Kerstin Meier tankt morgens für 10,00 EUR Super plus, um zur Arbeit fahren zu können.		
8.7 Der Rechtsanwalt Ralf Klug kauft sich für seinen privaten PC einen WLAN-Stick, um das Internet nutzen zu können.		

Sachverhalt	A	B
8.8 Seit dieser Anschaffung surft Herr Klug allabendlich ca. drei Stunden im Internet.		

9. Entscheiden Sie, in welcher Beziehung die jeweiligen Güterpaare zueinander stehen! Tragen Sie eine
① für Komplementärgüter,
② für Substitutionsgüter oder eine
⑨ ein, wenn kein Beziehungszusammenhang besteht!

9.1 Pfeffer und Salz	
9.2 Wasser und Feuerwehrschlauch	
9.3 Deckenlampe und LED-Leuchtmittel	
9.4 Zucker und Süßstoff	
9.5 Girokonto und Sparkonto	
9.6 Kreditkarte und Sparkarte	
9.7 Geldausgabeautomat und Girocard	

5 Nutzentheorie

5.1 Die Gossen'schen Gesetze

(1) Begriff Nutzen

In der ökonomischen Theorie versteht man unter dem Nutzen das Maß für die Fähigkeit eines Gutes oder einer Gütergruppe, die Bedürfnisse eines wirtschaftlichen Akteurs (z.B. eines Privathaushalts) zu befriedigen.

Der **Nutzen** ist ein **Maß für die Bedürfnisbefriedigung,** die ein Konsument durch den **Konsum von Gütern** erzielt.

(2) Grenznutzenanalyse

Die ältere Nutzentheorie aus der Mitte des 19. Jahrhunderts unterstellt, dass der durch den Konsum eines Gutes entstehende Nutzen auf einer **Kardinalskala** (Skalenwerte sind reelle Zahlen; zudem besitzt diese Skala alle Ordnungseigenschaften der reellen Zahlen) messbar ist. Demnach lässt sich die Nutzenstiftung bei steigendem Konsum dieses Gutes wie folgt umschreiben: Mit zunehmendem Konsum eines Gutes pro Zeiteinheit nimmt der

Nutzen der zuletzt verbrauchten Einheit **(Grenznutzen)** ab und kann ab einer bestimmten Menge **(Sättigungsmenge)** sogar negativ werden (vgl. nachfolgende Abbildung).

(3) Das erste Gossen'sche Gesetz

Durch den von Konsumeinheit zu Konsumeinheit geringer werdenden Grenznutzen steigt die Gesamtnutzenkurve degressiv und nimmt – bedingt durch den ab der Sättigungsmenge negativ werdenden Nutzen – schließlich wieder ab. Vor diesem Hintergrund sollte bei **ökonomisch rationalem** Verhalten die Sättigungsmenge **nicht** überschritten werden.

Zusammenhang zwischen Grenznutzen und Gesamtnutzen

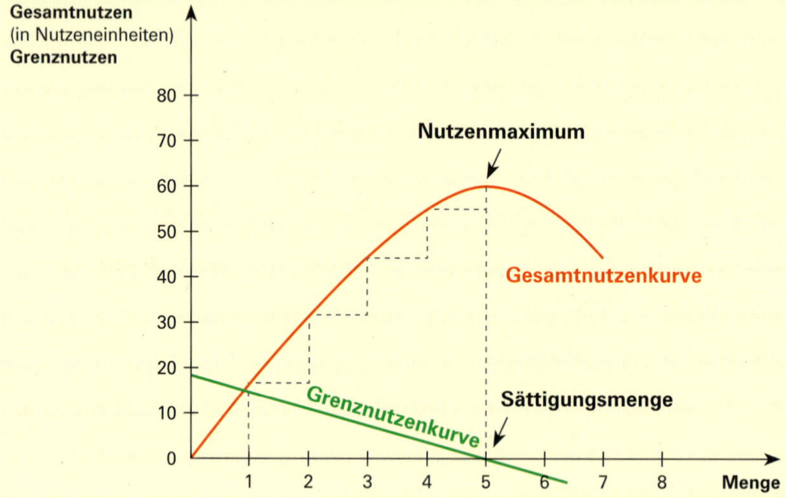

Beispiel:

Ein Schüler verspürt nach Erledigung der Hausaufgaben einen großen Hunger. Zur Befriedigung dieses Bedürfnisses fährt er mit seinem Motorroller zu einer großen amerikanischen Fastfood-Kette. Dort verspeist er zunächst mit Heißhunger einen Hamburger, der zwar sein größtes Hungergefühl vorübergehend stillt, aber eine Sättigung tritt nicht ein. Aufgrund des nach wie vor bestehenden Bedürfnisses nach Essen kauft er sich weitere Hamburger. Beim Verzehr stellt er unweigerlich fest, dass mit jedem weiteren Hamburger der Nutzenzuwachs zum Gesamtnutzen (Grenznutzen) abnimmt. Wenn er sich nach dem Verzehr des sechsten Hamburgers durch eine sich allmählich einstellende Übelkeit schlechter fühlt als nach dem Verzehr des fünften Hamburgers, so hat beim Übergang auf die zuletzt konsumierte Einheit der Gesamtnutzen durch den negativen Grenznutzen sogar abgenommen (vgl. obenstehende Abbildung). Das „Überschreiten der Sättigungsmenge" führt zu negativem Grenznutzen und somit zu einem insgesamt abnehmenden Gesamtnutzen.

Der im Beispiel erläuterte Zusammenhang zwischen dem fortlaufenden Konsum eines Gutes und der Nutzenentwicklung wurde von Hermann Heinrich Gossen als Erster formuliert und im Jahr 1854 veröffentlicht.

Das **erste Gossen'sche Gesetz** lautet: Mit **zunehmender Bedürfnisbefriedigung** durch ein Gut nimmt der **Grenznutzen ab.**

(4) Das zweite Gossen'sche Gesetz

Während das erste Gossen'sche Gesetz darstellt, wie sich Gesamt- und Grenznutzen beim Konsum **eines** Wirtschaftsgutes entwickeln, umschreibt das **zweite Gossen'sche Gesetz,** wie sich der Konsument verhalten sollte, wenn er bei **gegebener** Konsumsumme die Auswahl zwischen **mehreren Gütern** treffen muss. Nach der obigen Darstellung befindet sich der Konsument dann im Nutzenmaximum, wenn der Grenznutzen **aller** in seinen Begehrskreis fallenden Güter gleich **null** ist.

Diese Konsumstruktur ist allerdings für den Konsumenten nur dann realisierbar, wenn er über eine nahezu unbegrenzte Konsumsumme verfügt, er also in einer Art „Schlaraffenland" lebt. In der Realität besteht jedoch ein Spannungsverhältnis zwischen den unbegrenzten Bedürfnissen des Menschen auf der einen Seite und seinem begrenzten Einkommen auf der anderen Seite.

Dem **zweiten Gossen'schen Gesetz** folgend erreicht der Konsument dann sein Nutzenmaximum, wenn er seine Konsumsumme so auf die in seinen Begehrskreis fallenden Güter verteilt, dass die verschiedenen **Konsumakte pro Geldeinheit** jeweils den **gleich hohen Grenznutzen** erbringen.

Beispiel:

In den Begehrskreis des Konsumenten A fallen die Güter Brot, Milch, Kleidung, Energie, Körperpflegemittel und Genussmittel mit folgendem in Tabellenform dargestelltem Grenznutzen je verbrauchter Einheit. Wie aus der Tabelle ersichtlich, sinkt der Grenznutzen je verbrauchter Einheit bei den einzelnen Güterkategorien.

Güter / Menge	Brot	Milch	Kleidung	Energie	Körperpflege	Genussmittel
1	200	175	130	120	**100**	45
2	190	160	120	**100**	55	35
3	170	140	**100**	55	5	5
4	140	**100**	55	5		
5	**100**	55	5			
6	55	5				

Unterstellen wir aus Gründen der Vereinfachung des Weiteren, dass der Haushalt über eine Konsumsumme in Höhe von 15,00 EUR verfügt und jede Gütereinheit 1,00 EUR kostet. Der Haushalt befindet sich dann im Nutzenmaximum, wenn er sich von der ihm zur Verfügung stehenden Summe fünf Einheiten Brot, vier Einheiten Milch, drei Einheiten Kleidung, zwei Einheiten Energie und eine Einheit Körperpflegemittel kauft. Keine andere Kombination von Gütereinheiten stiftet ihm einen größeren Gesamtnutzen, da nur bei dieser Kombination die **Grenznutzen pro Geldeinheit** gleich groß sind.

5.2 Die Grenzrate der Substitution

(1) Indifferenzkurvenanalyse

Die Grenznutzenanalyse geht davon aus, dass der Konsument hinsichtlich der Konsumalternativen angeben kann, um wie viel der Grenznutzen des einen Gutes zu dem eines anderen Gutes **absolut** differiert. Dies ist jedoch in der Realität so **nicht** möglich.

Vor diesem Hintergrund basiert die **moderne Nutzentheorie** auf der Vorstellung, dass Nutzen allenfalls in einer **Ordinalskala** messbar ist, d. h., der Konsument ist lediglich in der Lage, den Nutzen einzelner Güter in eine **natürliche Rangfolge** zu bringen. So kann der Konsument durchaus entscheiden, ob er in einer bestimmten Situation von zwei Gütern eines dem anderen vorzieht oder sie als **„nutzenindifferent"** bezeichnet. Dies ermöglicht ihm, seine knappen finanziellen Mittel so aufzuteilen, dass er sich Tag für Tag bzw. Monat für Monat entscheiden kann, welche Güter ihm im Vergleich zu anderen einen höheren Nutzen stiften und welche Güter er somit am Markt nachfragt.

- Bei **Nutzenindifferenz** stiften die Güter einen gleich hohen Nutzen.
- Unterstellt man, dass ein Konsument zwischen zwei Gütern auswählen kann, so gibt eine **Indifferenzkurve** alle möglichen **Mengenkombinationen** dieser beiden Güter an, bei denen der Nutzen aus seiner Sicht **gleich groß** ist.

Indifferenzkurven

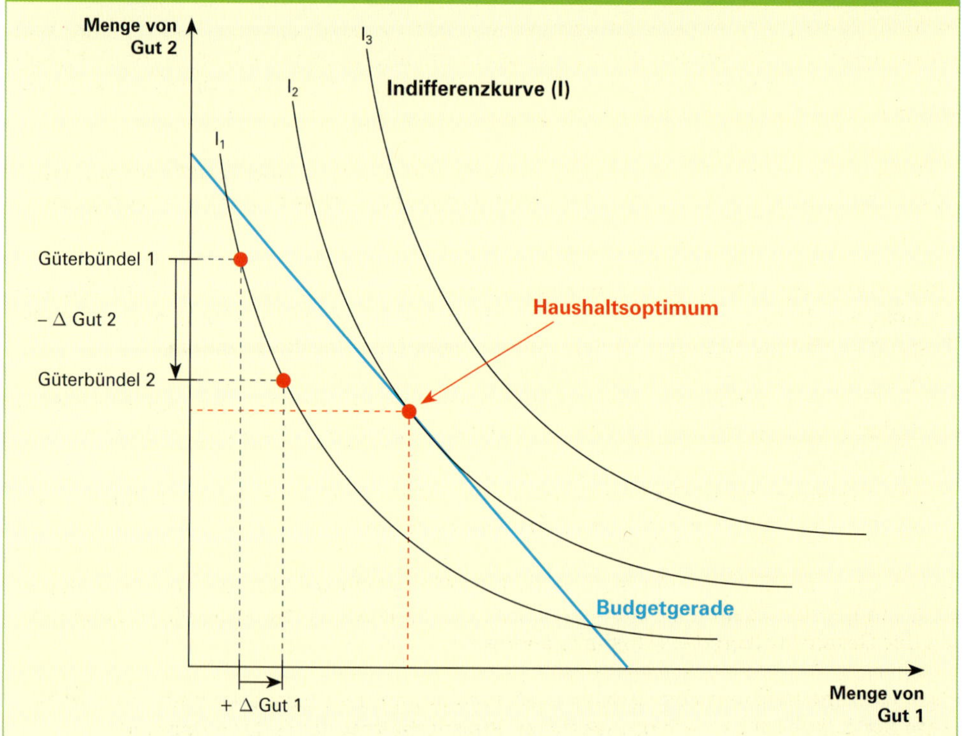

Betrachtet man beispielsweise die Indifferenzkurve 1 (I_1) in vorangestellter Abbildung, so erreicht der Haushalt bei Güterbündel 1 einen ebenso hohen Nutzen wie bei Güterbündel 2. Möchte der Haushalt also eine im Vergleich zu Güterbündel 1 größere Menge von Gut 1 (+ Δ Gut 1) konsumieren, so muss er hierfür auf den Konsum einer entsprechenden Menge des Gutes 2 (– Δ Gut 2) verzichten.

Da normalerweise – Nichtsättigung vorausgesetzt – eine mengenmäßig höhere Versorgung zu einem höheren Nutzen führt, gilt allgemein:

Je **weiter** eine **Indifferenzkurve** vom **Ursprung** des Koordinatensystems **entfernt** liegt, desto **höher** ist das **Nutzenniveau**, das sie verkörpert.

(2) Haushaltsoptimum

Unterstellt man, dass sich die Nachfrage eines Haushaltes auf zwei Güter beschränkt, so lässt sich mithilfe der Indifferenzkurvenanalyse das **Haushaltsoptimum** bestimmen. Theoretisch kann der Haushalt all jene Güterkombinationen realisieren, die **auf** bzw. **links** von der Budgetgeraden liegen.

Die **Budgetgerade** (auch Bilanz- oder Haushaltsgerade genannt) ist der geometrische Ort **aller maximal erwerbbaren** alternativen Güterbündelkombinationen bei **gegebenem Einkommen** und **gegebenen Preisen.**

Die Indifferenzkurve I_1 in der vorangestellten Abbildung zeigt, dass der Haushalt, um sein Nutzenniveau zu erhalten, nur dann bereit sein wird, eine bestimmte Menge von Gut 2 aufzugeben, wenn er dafür mehr von Gut 1 erhält. Reduziert sich also die Menge eines Gutes, erhöht sich gleichzeitig die Menge des anderen Gutes.

Der Haushalt erreicht bei gegebener Budgetgerade dort sein **Nutzenmaximum,** wo die Bilanzgerade die am **„weitesten"** vom **Ursprung entfernte** Indifferenzkurve **tangiert.**

In der Abbildung auf S. 40 läge das **Nutzenmaximum** des Haushalts also im **Tangentialpunkt** von **Budgetgerade** und **Indifferenzkurve 2** (I_2). In diesem Punkt **entspricht** die **Steigung der Budgetgerade** also dem **Steigungsmaß der Indifferenzkurve.**

- Indifferenzkurven haben eine **negative** Steigung. Die Steigung zeigt das **Güterverhältnis,** zu dem der Haushalt bereit sein wird, das eine Gut durch das andere Gut zu **ersetzen.**
- Die **Steigung** der Indifferenzkurven an einem bestimmten Punkt bezeichnet man allgemein als die **Grenzrate der Substitution (GRS).**

Die Grenzrate der Substitution repräsentiert die Menge eines Gutes, die der Haushalt verlangt, um bereit zu sein, eine Mengeneinheit des anderen Gutes aufzugeben, **ohne** dass sich der **Gesamtnutzen** des Haushalts **ändert.**

Das **Nutzenmaximum** des Haushalts ist gegeben an dem **Punkt,** an dem die **Grenzrate der Substitution** dem **umgekehrten Preisverhältnis** der Güter **entspricht.**

In der Regel sind Haushalte **eher** bereit, **Güter aufzugeben,** von denen sie **viel** haben, und **weniger** bereit, Güter aufzugeben, von denen sie **wenig** haben.

Die Präferenzen der Haushalte kennzeichnen eine **sinkende Grenzrate der Substitution,** weil immer weniger Mengeneinheiten eines Gutes geopfert werden, um eine Mengeneinheit des anderen Gutes mehr zu erhalten.

Beispiel:

Nachfrage eines Haushaltes nach Restaurantbesuchen und Kurzurlauben.

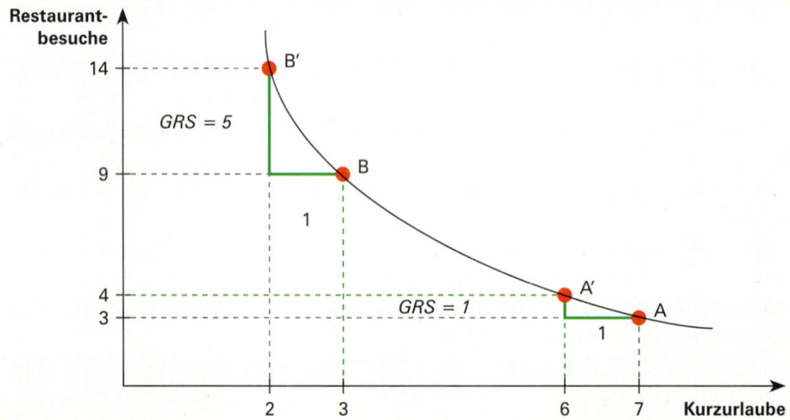

Wie die Grafik verdeutlicht, ist der Haushalt im ersten Fall (von A nach A′) bereit, einen Kurzurlaub für einen zusätzlichen Restaurantbesuch herzugeben, ohne dass sich der **Gesamtnutzen** für ihn verändert, da er sich **entlang der Indifferenzkurve** bewegt.

Begründung:

Er tauscht aus seiner Sicht relativ viel Kurzurlaub gegen aktuell vergleichsweise wenig Restaurantbesuche.

Mit **fortschreitendem Substitutionsprozess** (von B nach B′) ist er jedoch **immer weniger** bereit, auf Kurzurlaube **zu verzichten.** Jetzt verlangt er schon fünf zusätzliche Restaurantbesuche für den Verzicht auf einen weiteren Kurzurlaub.

Begründung:

In der Zwischenzeit ist die Anzahl der Kurzurlaube im Verhältnis zu Restaurantbesuchen vergleichsweise gering. Somit sinkt die Bereitschaft auf Verzicht von Kurzurlauben im Tausch gegen Restaurantbesuche massiv.

(3) Verschiebung der Budgetgerade

Steigt das Haushaltseinkommen oder fallen die Preise für beide nachgefragten Güter, so verschiebt sich die **Budgetgerade** weiter nach **rechts,** sodass eine weiter vom Ursprung entfernte Indifferenzkurve und somit ein höheres Nutzenniveau realisiert werden kann.

Sinkt der Preis von **Gut 2,** so dreht sich die **Budgetgerade** im Uhrzeigersinn **vom Ursprung weg** (von BG_1 nach BG_2); das **Steigungsmaß** der Budgetgerade wird **größer**.

Verschiebung der Budgetgerade

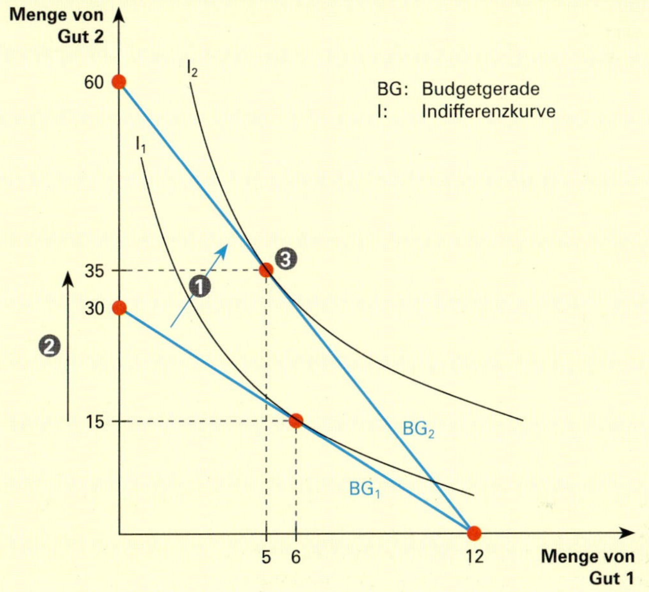

Erläuterungen:

❶ Ein Absinken des Preises für Gut 2 lässt die Budgetgerade nach außen rotieren (von BG_1 nach BG_2), weil mit dem gleichen Einkommen jetzt mehr von Gut 2 nachgefragt werden kann.

❷ Der Konsum von Gut 2 steigt von 15 auf jetzt 35 Einheiten.

❸ Insgesamt kann durch die Preissenkung von Gut 2 nunmehr ein höheres Nutzenniveau erreicht werden (I_2 statt I_1).

Hinweis:

Bei einer **Preissteigerungung** von **Gut 2** verhält es sich genau **umgekehrt.** Die Budgetgerade dreht sich dann **gegen** den Uhrzeigersinn nach **links;** das **Steigungsmaß** wird **kleiner.**

Bei einer **Preissenkung** von **Gut 1** dreht sich die **Budgetgerade gegen** den Uhrzeigersinn – also nach rechts – vom **Ursprung weg;** das **Steigungsmaß** wird **kleiner.** Bei einer **Preissteigerung** von **Gut 1** verhält es sich genau **umgekehrt.** Die Budgetgerade dreht sich dann **mit** dem Uhrzeigersinn nach **links;** das **Steigungsmaß** wird **größer.**

Die **Steigung der Budgetgerade** zeigt den **relativen Preis** der beiden Güter, d.h. den Preis eines Gutes im Verhältnis zum Preis des anderen Gutes.

6 Notwendigkeit des Wirtschaftens

(1) Güterknappheit

Da nur noch sehr **wenige** Güter **freie** Güter sind, handelt es sich bei den **meisten** Gütern, die Haushalte und Unternehmen benötigen, um **knappe** Güter. Dieses **„Phänomen der Knappheit"** der Güter gilt es zu überwinden.

Gleichzeitig ergibt sich ein Spannungsverhältnis daraus, dass den unendlich großen Bedürfnissen der Menschen nur **begrenzte** finanzielle Mittel zu deren Befriedigung zur Verfügung stehen. Zur Überwindung der Knappheit der Güter auf der einen Seite und der Knappheit der Kaufmittel auf der anderen Seite sind die Wirtschaftssubjekte gezwungen, zu wirtschaften.

Wirtschaften bedeutet letztlich nichts anderes, als die aufgezeigten Spannungen durch **planvolles Handeln** so weit wie möglich zu verringern und somit einen **größtmöglichen Nutzen** zu realisieren.

(2) Opportunitätskosten

Beim Wirtschaften gilt es allerdings zu berücksichtigen, dass jede **wirtschaftliche Entscheidung** mit Blick auf die generelle Knappheit ihren Preis hat: den **Nutzenentgang** der **zweitbesten** Lösung. Diesen Nutzenentgang bezeichnet man in der Volkswirtschaftslehre auch als **Opportunitätskosten** („Alternativkosten" = entgangener Nutzen für die **zweitbeste,** nicht gewählte Alternative). Wie derartige Kosten bei **alltäglichen** Entscheidungen anfallen, verdeutlicht nachfolgendes Beispiel.

Beispiel:

Die 17-jährige Sophie verfügt aufgrund verschiedener Ferienjobs über insgesamt 1 500,00 EUR. Mit diesem Geld könnte nunmehr entweder einer der beiden seit längerer Zeit gehegten Wünsche – eine dreiwöchige Urlaubsreise in die USA anzutreten bzw. einen neuen Laptop anzuschaffen – realisiert werden oder das angesparte Kapital für den in naher Zukunft geplanten Kauf eines Autos erhöht werden. Unabhängig davon, für welche Verwendung sich Sophie letztlich auch entscheiden mag, auf die beiden anderen Alternativen muss sie dann (zunächst einmal) verzichten. Dieser Verzicht beziffert dann die Opportunitätskosten ihrer Entscheidung.

Die **Opportunitätskosten (Alternativkosten)** geben an, auf wie viele Einheiten eines Gutes beim Konsum eines anderen Gutes **verzichtet** werden muss.

Überträgt man vorgenanntes Beispiel auf die **Gesamtwirtschaft,** so lässt sich verdeutlichen, dass innerhalb einer Volkswirtschaft immer wieder Entscheidungen anstehen, die mit derartigen **Alternativkosten** verbunden sind.

Unterstellen wir beispielsweise, dass mithilfe des gesamtwirtschaftlichen Produktionspotenzials grundsätzlich zwei verschiedene Güterkategorien – Konsum- oder Produktionsgüter – hergestellt werden können, lassen sich die denkbaren Produktionskombinationen in einem Koordinatensystem mithilfe nebenstehend abgebildeter **Produktionsmöglichkeitenkurve** (auch Transformationskurve genannt) darstellen.

Transformationskurve

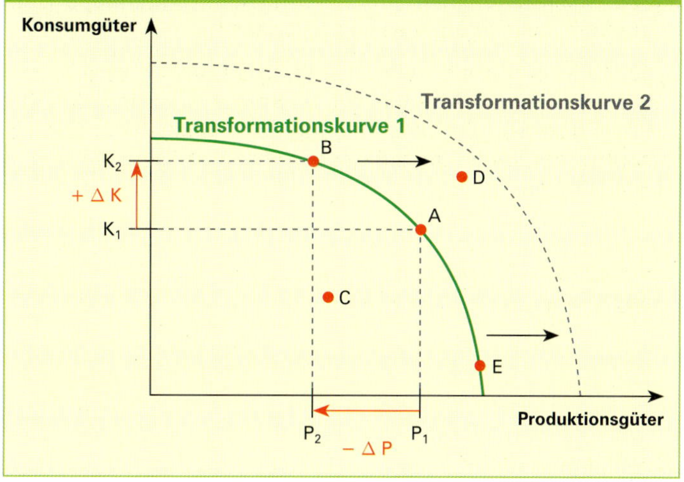

Die grün gekennzeichnete Transformationskurve 1 repräsentiert alle möglichen Kombinationen von Konsum- und Investitionsgütern, die unter Auslastung sämtlicher Faktorkapazitäten alternativ produziert werden können. Wird eine Güterkombination unterhalb der Transformationskurve realisiert (z. B. die Kombination in Punkt C), so deutet dies darauf hin, dass entweder **nicht alle** vorhandenen Produktionsfaktoren (siehe hierzu Kapitel 8) eingesetzt oder diese **nicht optimal** ausgelastet sind.

Eine rechts von der Transformationskurve liegende Güterkombination (z. B. Punkt D) kann bei gegebenem Bestand an Produktionsfaktoren und technisch-organisatorischem Wissen hingegen nicht verwirklicht werden.

Wird in einer Volkswirtschaft die in Punkt A markierte Güterkombination realisiert, so verfügt diese am Ende der Produktionsperiode über die Menge K_1 an Konsumgütern und die Menge P_1 an Produktionsgütern. Soll nunmehr künftig eine höhere Menge an Konsumgütern produziert werden (z. B. Menge K_2), so lässt sich dies nur unter Verzicht auf eine bestimmte Menge an Investitionsgütern realisieren. Dieser **Substitutionsvorgang** entlang der Transformationskurve kann mithilfe der Opportunitätskosten gemessen werden. Dieses Messkonzept gibt beispielsweise an, auf welche Menge an Produktionsgütern verzichtet werden muss, wenn die Menge an Konsumgütern um eine Mengeneinheit steigen soll.

$$\text{Opportunitätskosten} = \frac{\text{Verringerung der Menge des Gutes P}}{\text{Erhöhung der Menge des Gutes K}}$$

Mit **fortwährender Substitution** eines Gutes durch das andere Gut lässt sich – wie nachfolgende Abbildung verdeutlicht – beobachten, dass die hierbei anfallenden Opportunitätskosten **stetig ansteigen.**

> Das **Gesetz der zunehmenden Opportunitätskosten** beruht auf der Überlegung, dass der **Verzicht** auf die Gütermengen der substituierten Alternative (hier Produktionsgüter) mit zunehmendem Substitutionsprozess **immer höher** bewertet wird.

!

Gesetz der zunehmenden Opportunitätskosten

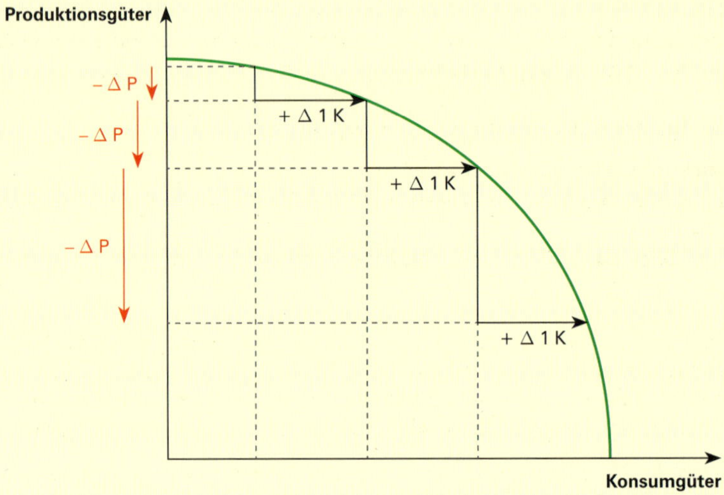

Dieses Phänomen lässt sich auch anhand eines Beispiels aus dem täglichen Leben verdeutlichen.

Beispiel:

Die 16-jährige Theresia isst für ihr Leben gern Schokolade. So hat sie es sich zur Angewohnheit gemacht, täglich mindestens eine halbe Tafel dieser Leckerei zu verspeisen. Da dieser Genuss auf Dauer nicht gesund ist, möchte sie nunmehr den Verzehr von Schokolade stufenweise gegen den Verzehr von Obst austauschen. Von Woche zu Woche soll jeweils ein weiterer Tag mit Schokoladenverzehr gegen einen mit Obstverzehr ersetzt werden. Der Austausch von Obst gegen Schokolade an einem von sieben Wochentagen dürfte ihr sicherlich ohne allzu große Mühen gelingen. Mit jeder weiteren Woche jedoch dürfte ihr die Substitution von Schokolade gegen Obst verhältnismäßig immer schwerer fallen. Die Opportunitätskosten steigen also mit fortwährendem Austauschprozess.

(3) Strategien zur Milderung des Knappheitsproblems

Der Güterknappheit kann man grundsätzlich mit **zwei verschiedenen Strategien** begegnen:

- der **Rationierung** knapper Güter in Form eines Zuteilungssystems oder eines Verzichts sowie
- der **Rationalisierung.**

Allerdings sei an dieser Stelle angemerkt, dass **beide** Strategien das Problem der Knappheit allenfalls **mildern, nicht** aber vollständig **beseitigen** können.

Unter **Rationalisierung** versteht man die **Erhöhung** der **Produktivität** und die Vergrößerung der **Produktionsmöglichkeiten** einer Volkswirtschaft.

Dabei können folgende **drei** Prinzipien angewendet werden:

- die **Spezialisierung** im Sinne einer Arbeitsteilung,
- die **Investierung** im Sinne eines Konsumverzichts mit der Aussicht auf eine steigende Produktion sowie
- die **Ökonomisierung** im Sinne eines Handelns nach dem ökonomischen Prinzip (siehe hierzu Kapitel 6.1).

Zu der Investierung ist anzumerken, dass in jeder Produktionsperiode ein Teil der Produktionsgüter abgenutzt oder gar verbraucht wird. Will man auch zukünftig über die gleichen Produktionsmöglichkeiten verfügen, ist dieser „Verlust" durch die Produktion entsprechender Produktionsgüter als **Ersatz- oder Reinvestition** wieder auszugleichen.

Wird in einer Volkswirtschaft durch **Verzicht auf Konsumgüter** aber eine entsprechend große Menge an Produktionsgütern hergestellt (vgl. die Güterkombination in Punkt E in der Abbildung zur Transformationskurve), so ermöglicht diese Kombination nicht nur den Ersatz der verbrauchten bzw. abgenutzten Produktionsgüter, sondern darüber hinaus sogar eine **Ausweitung** der Produktionsmöglichkeiten für **künftige** Perioden. Die Transformationskurve verschiebt sich nach **rechts** (Verschiebung von Transformationskurve 1 hin zur Transformationskurve 2) und ermöglicht somit eine höhere Güterproduktion.

Durch **Konsumverzicht** in der laufenden Produktionsperiode können die Produktionsmöglichkeiten ausgeweitet und somit ein höherer Konsum in der nächsten Periode realisiert werden.

Dieses Beispiel veranschaulicht nochmals die bereits eingangs hervorgehobene Bedeutung derartiger Entscheidungen innerhalb einer Volkswirtschaft.

6.1 Ökonomisches Prinzip

6.1.1 Grundlagen

Eines der **zentralen Ausgangsprobleme der Wirtschaftswissenschaft** lässt sich mit der Frage umschreiben: Was reduziert die relative Knappheit der Güter? Eine mögliche Antwort zur Bewältigung dieses Problems ist das ökonomische Prinzip.

Aufgrund der Knappheit der Mittel sind die Wirtschaftssubjekte zum Wirtschaften gezwungen. Bei **vernünftigem** (rationalem) Verhalten geschieht dieses Bewirtschaften nach dem sogenannten **ökonomischen Prinzip.** Zur Umsetzung dieses Wirtschaftlichkeitsprinzips sind zwei Handlungsalternativen denkbar.

Ökonomisches Prinzip

Maximalprinzip	Minimalprinzip
Mit einem **vorgegebenen Einsatz** an Mitteln versuchen die Wirtschaftssubjekte einen **größtmöglichen** (maximalen) **Erfolg** (Nutzen) anzustreben.	Die Wirtschaftssubjekte versuchen einen **vorgegebenen Erfolg** mit möglichst **geringem** (minimalem) **Einsatz** an Mitteln zu erreichen.
Beispiele: ■ Die Schülerin Claudia möchte mit ihren 100,00 EUR Taschengeld bei einem Einkaufsbummel möglichst viele Artikel der neuen Sommerkollektion kaufen. ■ Die Compudata GmbH setzt sich zum Ziel, mit der vorhandenen Anzahl an Mitarbeitern den größtmöglichen Gewinn zu erreichen.	**Beispiele:** ■ Markus – Schüler der Jahrgangsstufe 12 – macht zurzeit den Führerschein und hat sich vorgenommen, möglichst wenig Fahrstunden zu nehmen. ■ Eine Fastfood-Kette möchte das Umsatzniveau des vergangenen Geschäftsjahres beibehalten. Zugleich soll allerdings die Mitarbeiterzahl drastisch reduziert werden.

Unsinnig, d. h. logisch nicht umsetzbar, wäre die Formulierung des ökonomischen Prinzips in der Form, dass mit geringstmöglichen Mitteln ein größtmöglicher Erfolg angestrebt werden soll. So ist es beispielsweise undenkbar, ohne jeglichen Lernaufwand alle Prüfungsaufgaben richtig zu beantworten.

6.1.2 Nutzenmaximierung bei Haushalten und Kosten-Nutzen-Analyse bei Unternehmen und Staat

(1) Private Haushalte

Ein **privater Haushalt** (z. B. ein einzelner Verbraucher [Einpersonenhaushalt] oder eine Familie [Mehrpersonenhaushalt]) handelt dann nach dem ökonomischen Prinzip, wenn er sein Nettoeinkommen (gegebene Mittel) so verwendet, dass er einen höchstmöglichen Nutzen erzielt **(Nutzenmaximierung)** oder ein geplantes Einkommen mit dem geringstmöglichen Arbeitsaufwand erreichen möchte **(Aufwandsminimierung).**

Beispiel:

Kauft eine Person für ihren Haushalt „blindlings" ein, ohne auf Preise und Qualitäten zu achten, verschwendet sie ihr Haushaltsgeld. Auf diese Weise wird sie für sich und ihre Familie nicht den höchstmöglichen Nutzen erzielen, der mit dem gegebenen Budget (geplante Ausgabensumme) erreichbar wäre.

Nach dem ökonomischen Prinzip, und zwar nach dem Maximalprinzip, handelt die Person dann, wenn sie die Preise vergleicht und die jeweils günstigsten Kaufmöglichkeiten wahrnimmt, um so mit dem vorhandenen Budget möglichst viele Güter einkaufen zu können.

(2) Unternehmen

Unternehmen, die nach dem **ökonomischen Prinzip** handeln, bieten Güter und Dienstleistungen vor dem Hintergrund an, dass sie eine **Maximierung des Gewinns** anstreben. Alle geschäftlichen Maßnahmen werden deshalb so getroffen, dass das **investierte Kapital** unter Berücksichtigung der Risiken und Ausnutzung der Marktchancen einen möglichst hohen Gewinn erbringt.

Anders formuliert: Jede **neue Investition** wird seitens des Unternehmens nur dann durchgeführt, wenn diese voraussichtlich Gewinn abwirft. Für die Investitionsentscheidung wird deshalb eine **Kosten-Nutzen-Analyse** durchgeführt. Dabei werden den **Kosten** der Investition der **voraussichtliche Nutzen** (z.B. erwartete Umsatzerlöse) **gegenübergestellt.** Ergibt sich dabei mit hoher Wahrscheinlichkeit ein positives Ergebnis, wird die Investition realisiert.

Beispiel:

Eine Spedition hat seit längerer Zeit mehr Auftragsanfragen, als sie mit den aktuell vorhandenen Fahrzeugen bewältigen kann. Die Anschaffung eines neuen Fahrzeuges würde jährliche Kosten in Höhe von 125 000,00 EUR verursachen. Nach vorsichtigen Schätzungen könnten durch diese Investition pro Jahr mindestens zusätzliche Transportaufträge im Wert von 150 000,00 EUR abgewickelt werden. Vor dem Hintergrund dieser Daten auf der Basis einer Kosten-Nutzen-Analyse könnte der Gesamtgewinn der Spedition gesteigert werden, sodass die Investition durchgeführt werden sollte.

Ein Unternehmen handelt auch dann nach dem ökonomischen Prinzip, wenn es einen geplanten Gewinn mit dem geringstmöglichen Mitteleinsatz erreichen möchte **(Kostenminimierung).**

Beispiel:

Ein Handwerksmeister, der nicht darauf achtet, dass sparsam mit Material und sorgfältig mit Maschinen und Werkzeug umgegangen wird, verstößt gegen das ökonomische Prinzip, in diesem Fall gegen das Sparprinzip (Minimalprinzip).

(3) Staat

Eine besondere Bedeutung spielt die Kosten-Nutzen-Analyse bei **staatlichen Investitionen.** Im Mittelpunkt der Betrachtung steht dabei der **Grundsatz der Wirtschaftlichkeit.**

Diesem Grundsatz folgend, sollten die **öffentlichen Mittel** seitens der Entscheidungsträger so eingesetzt werden, dass das mit der Investition angestrebte Ziel möglichst optimal erreicht wird.

Das Problem bei öffentlichen Investitionsentscheidungen ist, dass – im Gegensatz zu privatwirtschaftlichen Investitionen – die wirtschaftlichen Ergebnisse der geplanten Investition sich nicht immer **quantitativ** über **Erfolgskennziffern** wie Rentabilität oder Produktivität abbilden lassen. Vielmehr spielen bei diesen Entscheidungen auch **qualitative** Faktoren eine Rolle.

Beispiel:

Für den geplanten Bau einer neuen Autobahn durch den Staat lassen sich die Kosten für den Bau sowie die voraussichtlichen Einnahmen durch die Maut als quantitative Größen relativ einfach ermitteln. Allerdings gibt es eine Vielzahl qualitativer Faktoren, die im Rahmen der Kosten-Nutzen-Analyse zu berücksichtigen sind.

So dürften als positive Effekte ganz sicher geringere Stauzeiten auf den Nebenstrecken, eine bessere Verkehrsanbindung der betroffenen Region und damit einhergehend ein wirtschaftlicher Aufschwung dieser Region sowie eine Zeitersparnis für die Nutzer der Autobahn anzuführen sein.

Demgegenüber stehen jedoch auch negative Effekte, wie etwa die Lärmbelästigung der Anwohner, die „Zerschneidung" einer gewachsenen Kulturlandschaft oder die zunehmende Verunreinigung der Atemluft.

Das vorangestellte Beispiel verdeutlicht, dass bei Investitionsentscheidungen der öffentlichen Hand **keine rein rechnerisch** nachprüfbare Kosten-Nutzen-Analyse möglich ist. Vielmehr werden verschiedene Alternativen auf der Basis von quantitativen und qualitativen Kosten- und **Nutzenabwägungen** miteinander verglichen. Letztlich ist dann das Projekt auszuwählen, bei dem die **Differenz** aus dem gesamtwirtschaftlichen Nutzen und den gesamtwirtschaftlichen Kosten am größten ist.

6.2 Kritische Betrachtung des ökonomischen Prinzips

6.2.1 Begriff Homo oeconomicus

Die Wirtschaftstheorie unterstellt in ihren Modellen grundsätzlich, dass die Wirtschaftssubjekte immer nach dem ökonomischen Prinzip handeln.

Wirtschaftssubjekte, die ihr **gesamtes** Handeln ausschließlich an dem **ökonomischen Prinzip** ausrichten, bezeichnet man als **„Homo oeconomicus"**.

Wirtschaftssubjekte sind die wirtschaftlich handelnden Einzelpersonen, Gruppen und Organisationen (z. B. Betriebe, staatliche Stellen, Gewerkschaften, Unternehmensverbände).

Handlungsbestimmend für den Homo oeconomicus ist das Streben nach **Nutzenmaximierung (Konsumenten)** bzw. nach **Gewinnmaximierung (Produzenten)**. Viele Modelle der Volkswirtschaftslehre basieren auf dieser Fiktion[1] des Homo oeconomicus.

6.2.2 Begriff Präferenzen

In der Realität zeigt sich, dass Wirtschaftssubjekte ihr Handeln **nicht** ausschließlich an dem ökonomischen Prinzip ausrichten, sondern häufig andere Motive oder Präferenzen das Handeln des Einzelnen prägen.

- **Präferenzen** bedeuten, dass es **Bevorzugungen** (Vorlieben) der Nachfrager für bestimmte Anbieter bzw. der Anbieter für bestimmte Nachfrager gibt.
- Die Bevorzugungen können sich auf den **Anbieter/Nachfrager selbst** und/oder deren **Erzeugnisse** beziehen.

In der nachfolgenden Tabelle sind verschiedene Formen von Präferenzen zusammengefasst.

Formen	Erläuterungen	Beispiele
Sachliche Präferenz	Die Käufer haben sachliche Präferenzen, wenn die **Güte** (Qualität) oder **äußere Aufmachung** (Verpackung) der angebotenen Waren unterschiedlich sind. Vielfach spielt auch die persönliche Meinung der Kunden eine erhebliche Rolle, obwohl die angebotenen Güter objektiv gleichwertig sind.	Eine Gruppe von Bierliebhabern „schwört" auf das „Gänsebier", die andere auf das „Felsenbier". In diesem Fall besitzen die beiden Bierhersteller ein „Meinungsmonopol", das ihnen gestattet, für ihre Biere unterschiedliche Preise zu verlangen.
Persönliche Präferenz	Ein Käufer bevorzugt einen Anbieter, den er privat kennt, oder ein Erzeugnis aus persönlichen Gründen.	Der Anbieter ist dem Kunden persönlich bekannt und besonders sympathisch; die Bedienung ist sehr geschickt; der Service ist einwandfrei.
Räumliche Präferenz	Hier ziehen die Käufer den **nächstliegenden** Anbieter aus Bequemlichkeit, aus Gründen der Zeit- und Transportkostenersparnis oder wegen der Besichtigungsmöglichkeit der Waren vor.	▪ Der „Laden um die Ecke" ist bequemer erreichbar als der möglicherweise preisgünstigere Supermarkt am Rand der Stadt. ▪ Für ein Hotel in Strandnähe zahlt man mehr als für ein Hotel weiter weg vom Strand.
Zeitliche Präferenz	In diesem Fall ist ein Anbieter deshalb für eine Vielzahl von Kunden attraktiv, weil er **schneller** und/oder **pünktlicher** als seine Mitbewerber liefern kann.	▪ Im Elektromarkt am Ort kann man den gekauften Laptop gleich mitnehmen, auf den im kleinen Fachgeschäft bestellten Laptop muss man unter Umständen einige Tage warten. ▪ Für einen Kinofilm am Wochenende zahlt man mehr als für den gleichen Film am „Kinotag" in der Woche.

1 **Fiktion:** Vorstellung, Vermutung.

6.2.3 Spieltheorie

Mit der wissenschaftlichen Untersuchung rationalen Verhaltens beschäftigt sich unter anderem die **Spieltheorie,** die ein besonderes Gewicht auf das Studium menschlicher Interaktionen legt. Die spieltheoretische Modellbildung geht von einem allgemeinen Entscheidungsproblem für mehrere Individuen aus und betont die Aspekte von Konflikt und Kooperation, die sich aus der konkurrierenden Zielsetzung der einzelnen Individuen ergeben.

Wie derartige Untersuchungen den „Homo oeconomicus" widerlegen, soll am Beispiel des **„Ultimatum-Spiels"** verdeutlicht werden.

Beispiel:

Bei diesem Spiel handelt es sich um die Simulation einer ökonomischen Entscheidung. Die Grundidee des Spiels besteht darin, dass ein feststehender Betrag (z.B. 1 000,00 EUR) unter zwei Personen (A und B) aufgeteilt werden soll. Dabei muss Spieler A dem Spieler B unter Angabe eines Ultimatums ein Angebot unterbreiten, wie viel Letzterer erhalten soll. Die strengen Spielregeln sehen vor, dass beide Personen nicht miteinander kommunizieren dürfen, sodass keine Verhandlungen im eigentlichen Sinne stattfinden. Des Weiteren gilt, dass das Spiel nicht wiederholbar ist. Spieler B hat nach Unterbreitung des Angebots nunmehr zwei Optionen (Möglichkeiten):

- Er nimmt dieses Angebot an mit der Konsequenz, dass der Betrag dann entsprechend dem Vorschlag des Spielers A zwischen beiden Personen aufgeteilt wird.
- Lehnt B das Angebot ab, so gehen beide Parteien leer aus; der Geldbetrag ist unwiderruflich verloren.

Der Wirtschaftstheorie folgend müsste eigentlich gelten, dass Spieler A im Sinne der Nutzenmaximierung dem Spieler B einen möglichst geringen Betrag anbietet, um sein Einkommen zu maximieren. Spieler B hingegen müsste dem ökonomischen Prinzip folgend jeden Betragsvorschlag akzeptieren. So bedeutet beispielsweise ein Angebot von 1,00 EUR, dass Spieler B bei Annahme des Angebots diesen Euro erhält, wohingegen er im Falle einer Ablehnung nichts erhalten würde.

Tatsächlich aber zeigen die Ergebnisse dieses spieltheoretischen Versuchs, dass im Gegensatz zur bloßen Maximierung des Nutzens (hier Einkommens) die meisten Menschen hohen Wert auf Fairness legen. So haben nur wenige Spieler in der Rolle der Person A eine stark „ungleiche" Verteilung vorgeschlagen. Gleichzeitig war zu beobachten, dass die Bereitschaft der Spieler B, einen Verteilungsvorschlag zu akzeptieren, abnahm, je schlechter der Verteilungsschlüssel für ihn ausfiel.

Wie die **Spieltheorie** belegt, richten Menschen ihr gesamtes Handeln nicht ausschließlich an dem ökonomischen Prinzip aus, vielmehr scheinen andere Werte – wie beispielsweise **Solidarität, Fairness** und **Gerechtigkeit** – ihnen gleichfalls von Bedeutung zu sein.

Grenzen rationaler Nutzenmaximierung

Im realen Leben stößt das Prinzip der Nutzenmaximierung an seine Grenzen: Es scheint geradezu ihr Gegenteil zu bewirken. Der permanente Vergleich und die rastlose Suche nach der besten Option führen bei ständig sich ändernden Möglichkeiten dazu, das Gegebene kaum genießen zu können, dauernd Verzichtskosten zu spüren und noch nicht einmal verlässliches Routineverhalten zu entwickeln. Somit kann die Nutzenmaximierung geradezu als Voraussetzung zum Unglücklichsein dienen. Die rationale Entscheidung für den größten Vorteil hat insofern ihre Grenzen, als Kosten und Nutzen der Entscheidungsalternativen oft ungewiss und für die Zukunft schwer vorauszusehen sind. Informationen müssen nicht nur angemessen ausgewählt, wahrgenommen und berücksichtigt, sondern auch bewertet und gewichtet werden. Dabei sind die eigenen Präferenzen oft gar nicht bewusst, vielmehr scheint das Gespür für die eigenen Bedürfnisse so begrenzt wie für die notwendigen Mittel.

Angesichts der Vielfalt der Möglichkeiten scheinen Wahlentscheidungen des Nutzenmaximierers heute vor allem eins zu erzeugen: Stress. Es wird zunehmend deutlich, dass Menschen sich weder ständig rational verhalten können noch wollen. Sie neigen zu systematischen Wahrnehmungsfehlern und Fehleinschätzungen, bilden Automatismen aus, wägen Entscheidungen nicht lange ab und stellen sie oft nachträglich in einen Vernunftzusammenhang.

- Menschen neigen zu Unterschätzungen und Überschätzungen, vermeiden gerne aktive Entscheidungen und entwickeln Daumenregeln, um den Entscheidungsdruck zu senken.
- Sie vergleichen in der Regel sehr wohl, suchen dabei aber – vor allem, wenn sie sich über den Wert eines Gutes unsicher sind – nach bestimmten Ankern wie zum Beispiel Marken oder Preisen, die nicht unbedingt etwas mit der gegebenen Entscheidung zu tun haben müssen.
- Ihre Angst vor Verlusten ist größer als die Freude über Gewinne. So halten sie an Entscheidungen fest, wenn „versunkene" Kosten durch frühere Entscheidungen damit verbunden sind. Kreditkarten und Flatrates lindern den Schmerz des Bezahlens, da sie die Vorstellung erzeugen, „etwas umsonst" zu bekommen. Die Konsumnachfrage reagiert sensibler auf Preiserhöhungen als auf Preissenkungen.
- Aus Gründen der Fairness sind Menschen auch bereit zu Opfern. Wenn sie negative Handlungen anderer sanktionieren, reagiert das Belohnungszentrum im Gehirn positiv.
- Auch Kooperation wirkt sich als Nutzen aus. So scheinen Menschen eher bereit, umsonst Hilfe zu leisten als gegen Bezahlung. Monetäre Anreize berücksichtigen eben nur einen Teil der zugrundeliegenden Motive. Sie können auch das Gegenteil bewirken und freiwillige Kooperation verdrängen.

Für ein gutes Leben, für Glück und Zufriedenheit ist der absolute materielle Wohlstand oft weniger bedeutsam als angenommen, wichtiger sind Veränderungen in Wohlfahrt und Besitz sowie der Vergleich mit anderen.

Quelle: Informationen zur politischen Bildung, Heft 308.

6.3 Weitere Prinzipien des Wirtschaftens

Neben dem ökonomischen Prinzip werden in neuerer Zeit verstärkt auch andere Prinzipien genannt. Diese weiteren Prinzipien sind – im Unterschied zu den ökonomischen Prinzipien – allesamt geprägt von einer **wirtschaftsethischen**[1] Grundhaltung. Im Zentrum dieser Prinzipien stehen also Werte wie etwa **Verantwortung, Solidarirät** oder **Humanität.**

---

1 **Ethik:** Normen und Leitsätze (Maximen) der Lebensführung, die sich aus der Verantwortung gegenüber anderen herleiten.

Die Rechtfertigung derartiger wirtschaftsethischer Normen ergibt sich aus den Folgen wirtschaftlichen Handelns für andere Menschen und die Umwelt. Die zugrunde liegenden Maßstäbe des Handelns im Sinne dieser Prinzipien orientieren sich in erster Linie an **Gerechtigkeit** und einem **verantwortungsvollen Umgang** mit der Knappheit natürlicher Ressourcen.[1]

Beispiele für **weitere Prinzipien des Wirtschaftens** sind:

Ökologisches Prinzip	Mit der zunehmenden **Umweltbelastung** durch die Industriestaaten und der gleichzeitigen Erkenntnis der **Endlichkeit der Rohstoffvorräte** rückten in den letzten Jahrzehnten verstärkt ökologische Aspekte in den Fokus des wirtschaftlichen Handelns, die lange Zeit außer Acht gelassen bzw. vernachlässigt wurden. Ziel des Handelns nach dem ökologischen Prinzip sollte es sein, bei allen (wirtschaftlichen) Handlungen die **Umweltbelastungen** und den **Ressourcenverbrauch** möglichst auf ein Minimum zu **reduzieren.** Als Beispiele für einen schonenden Umgang mit dem Leistungsfaktor Natur (Umwelt) können angeführt werden:  ■ umweltfreundliche Produktionstechniken (Reduzierung des Ressourcenverbrauchs, Einbau von Filteranlagen), ■ Produktion umweltfreundlicher Produkte (Mehrwegflaschen bzw. -verpackungen, Produkte aus nachwachsenden Rohstoffen), ■ Recycling von gebrauchten Rohstoffen. Im Rahmen des Handelns nach dem ökologischen Prinzip ist es durchaus möglich, dass die Umsetzung umweltbewusster Maßnahmen mit höheren Kosten einhergehen kann. Nicht zuletzt deshalb versucht der Staat in einigen Bereichen unter ökologischen Gesichtspunkten auf die Entscheidungen der Wirtschaftssubjekte Einfluss zu nehmen, z.B. über Aufklärungsbroschüren, Umweltschutzgesetze, Steuern (höhere Besteuerung umweltschädlicher Güter) oder Subventionen (Zuschuss für Solaranlagen, verbilligte Kredite für energetische Sanierung von Wohnhäusern).
Angemessenheitsprinzip	Viele kleinere Betriebe (z.B. Einzelhandelsbetriebe, Handwerker) handeln nach dem **Angemessenheitsprinzip**. Sie sind zufrieden, wenn der Betrieb nach Ansicht der Geschäftsinhaber einen **angemessenen Gewinn** abwirft.
Humanprinzip	Das Humanprinzip zielt auf den Leistungsfaktor Arbeit ab. Es besagt, dass die Arbeit der **Selbstverwirklichung und -bestätigung** dient und sich unter humanen Bedingungen vollziehen soll.
Prinzip der gerechten Güterverteilung	Im Rahmen dieses Zieles wird eine **„angemessene" Verteilung von materiellen Gütern und Ressourcen** angestrebt. Dabei ist jedoch nicht nur der Zugang zu den Gütern der Befriedigung von Grundbedürfnissen wie Ernährung, Kleidung oder Wohnung gemeint, sondern auch eine Chancengleichheit bzw. Chancengerechtigkeit in Bezug auf medizinische Versorgung oder Zugang zu Bildung.

1 Vgl. hierzu Handlungssituation 12, Kapitel 4.

Kompetenztraining

10. Das Gesetz vom abnehmenden Grenznutzen erlaubt Aussagen über das Konsum- und Nachfrageverhalten von Wirtschaftssubjekten.

Erläutern Sie verbal und grafisch die Kurvenverläufe von Gesamt- und Grenznutzenfunktion! Bestimmen und erläutern Sie in diesem Zusammenhang auch die Sättigungsmenge und das Nutzenmaximum!

11. Angenommen ein Haushalt verfügt über ein Budget in Höhe von 100,00 EUR. Des Weiteren wird angenommen, dass die Preise für die beiden Güter x_1 und x_2, die in den Begehrskreis des betrachteten Haushaltes fallen, $p_1 = 2{,}00$ EUR und $p_2 = 4{,}00$ EUR seien.

Bei Darstellung der Budgetgeraden wird x_2 auf die y-Achse und x_1 auf die x-Achse gesetzt.

Beschreiben Sie, wie sich die Lage der Budgetgerade verändert, wenn der Preis von x_2 sinkt!

12. Der Langzeitstudent Kevin ist leidenschaftlicher Gin-Tonic-Trinker. Er nimmt immer ein Mischungsverhältnis von Gin zu Tonic von 1:3. Sein monatliches Budget für Gin und Tonic beträgt 120,00 EUR. In seinem Lieblingsgetränkeladen kostet 1 Liter Gin 12,00 EUR, für einen Liter Tonic muss er 6,00 EUR zahlen.

Ermitteln Sie, wie viel Liter Gin bzw. Tonic Kevin pro Monat trinken wird!

13. Betrachten Sie nebenstehende Indifferenzkurve sowie die Güterkombinationen A,B,C,D.

Bringen Sie die Güterkombinationen (A,B,C,D) in eine Nutzenrangfolge!

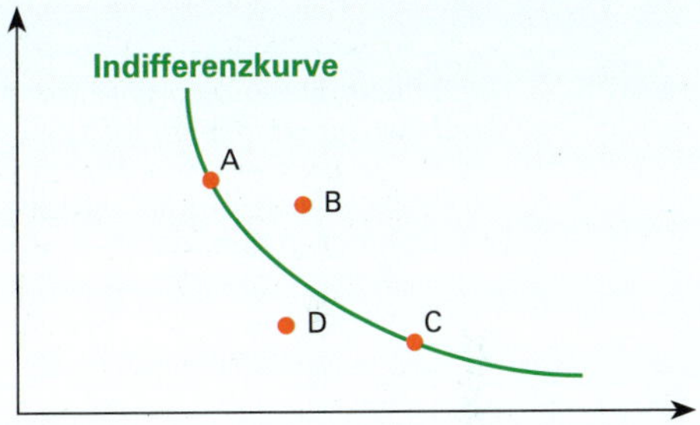

14. Erläutern Sie nachfolgende Abbildung!

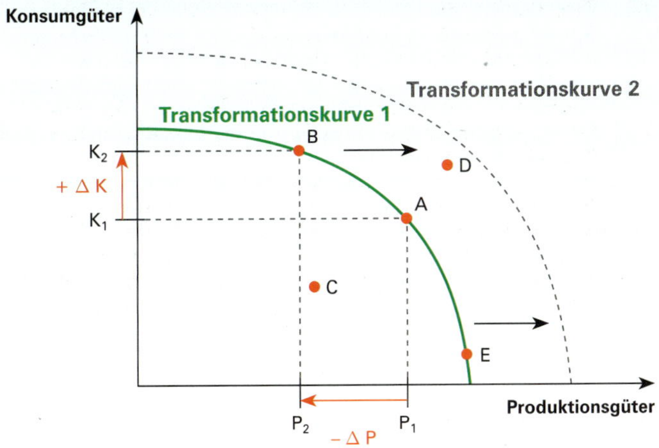

15. Erklären Sie, welche grundlegenden Strategien zur Milderung des Phänomens der Güterknappheit angewandt werden können!

16. Entscheiden Sie, nach welchem Prinzip sich die Handelnden in den folgenden Fällen verhalten und worin sich dieses Verhalten zeigt!

16.1 Die Auszubildende Ingrid Schick hat monatlich 250,00 EUR zu ihrer freien Verfügung. Sie führt bei ihren Ausgaben Preisvergleiche durch.

16.2 Das Bauunternehmen A. Schneider beteiligt sich an der Ausschreibung für die Rohbauarbeiten zum Bau einer Schule. Es ist sehr an diesem Auftrag interessiert.

16.3 Die Stahlbau GmbH möchte das Außenlager mit Verbundsteinen pflastern lassen. Hierzu holt der Geschäftsführer Angebote ein.

16.4 Der Landwirt Emil Haas hat ein jährliches Nettoeinkommen von 20000,00 EUR. Als Arbeiter könnte er ein Nettoeinkommen von 25000,00 EUR erzielen.

16.5 Ein Auktionator versteigert auf einer Kunstauktion ein Gemälde.

17. Beurteilen Sie diese Formulierung des ökonomischen Prinzips:

„Mit möglichst geringem Aufwand an Mitteln soll der größtmögliche Erfolg erzielt werden."!

Unsinnig

18. Kennzeichnen Sie nachfolgende Fälle mit einer

①, wenn es sich um ein Vorgehen nach dem Minimalprinzip handelt,

②, wenn es sich um ein Vorgehen nach dem Maximalprinzip handelt,

⑨, wenn es sich weder um ein Vorgehen nach dem Minimal- noch nach dem Maximalprinzip handelt.

18.1	Der Schüler Stefan Schlonz möchte mit möglichst wenig Lernaufwand die beste Abiturklausur schreiben.	1
18.2	Die Clever & Smart GmbH setzt sich als Ziel, mit den zurzeit fünf Angestellten den Umsatz im nächsten Jahr zu steigern.	2
18.3	Thorsten Schumacher möchte einen neuen Porsche 911 zu einem möglichst günstigen Preis kaufen.	1
18.4	Aus mehreren Angeboten wählt Thorsten (vgl. Aufgabe 18.3) das teuerste aus.	9
18.5	Die Spar GmbH möchte den Vorjahresumsatz wieder erreichen, wobei allerdings die Kosten deutlich gesenkt werden sollen.	1
18.6	Mit einem festgelegten Werbeetat soll bei der Car Concept AG ein möglichst großer Werbeerfolg erreicht werden.	2
18.7	Der Schüler Hansi Fleiß möchte mit insgesamt 14 Stunden Lernaufwand eine möglichst gute BWL-Klausur schreiben.	2
18.8	Der Auszubildende Steven möchte für seine Ausbildungsvergütung möglichst wenig arbeiten.	1
18.9	Bei gleicher Servicequalität entscheidet sich ein Bankkunde bei der Kontoeröffnung aus persönlichen Gründen nicht für das preisgünstigste Institut.	9

Handlungssituation 2.3

Melek Ünver strebt eine Ausbildung zur Industriekauffrau an und absolviert als Schülerin des beruflichen Gymnasiums zurzeit ein Praktikum bei der Solartech Müller KG. Nach einigen Tagen im Betrieb nimmt sich Herr Kunz, einer der Geschäftsführer, ausgiebig Zeit für Melek und erklärt ihr, von wie vielen Akteuren der Erfolg des Unternehmens abhängt.

Quelle: TÜV SÜD

Dabei führt er zunächst an, wie wichtig es für die Zukunft des Unternehmens sei, auch in den nächsten Jahren hinreichend motivierte und gut ausgebildete Fachkräfte zu bekommen. Nicht umsonst investiere das Unternehmen sehr viel Geld in die Ausbildung der Mitarbeiter, da ohne sie der Erfolg der vergangenen Jahre so nicht möglich gewesen wäre. Herr Kunz lässt nicht unerwähnt, dass die Mitarbeiter des Unternehmens übertariflich bezahlt werden und zudem eine erfolgsabhängige Prämie erhalten.

Weiterhin führt Herr Kunz an, dass auch dem Staat eine wesentliche Rolle für den künftigen Erfolg des Unternehmens zukommt. Nur wenn die Regierung auch in Zukunft die Solarenergie fördere, könnten die Absatzerfolge auf dem heutigen Niveau gefestigt werden. Ohne diese staatlichen Förderungen würden viele Abnehmer von einer Investition in Solarparks absehen, da diese sich dann nicht mehr für sie lohnen würde. Auch die Rolle des Staates als Geldgeber lässt Herr Kunz nicht außen vor, da der Staat dem Unternehmen unter bestimmten Voraussetzungen zinsgünstige Investitionsdarlehen oder gar Subventionen zukommen lässt.

Als wichtige Partner bezeichnet Herr Kunz die Banken, die das Unternehmen seit der Existenzgründung vor etwa zehn Jahren begleitet haben. Herr Kunz weist vor allem darauf hin, dass es dem Unternehmen ohne die Finanzierung durch die Banken gar nicht möglich gewesen wäre, derartige Investitionen durchzuführen, geschweige denn die seit Gründung stark verbesserte Auftragslage zu bewältigen. Schließlich habe das Unternehmen durch die Absatzsteigerungen der letzten Jahre nicht nur neu investieren müssen, auch der vermehrte Material- und Lohnaufwand musste finanziell bewältigt werden. Zudem musste das Unternehmen neue Fertigungshallen pachten, um die eingehenden Aufträge zeitnah zu bearbeiten.

Sorge macht Herrn Kunz die zunehmende Konkurrenz aus dem Ausland, die bei der Herstellung von Solaranlagen nicht nur technisch aufholt, sondern vor allem mit niedrigeren Preisen den Wettbewerb auf den Märkten anheizt. Dies habe bereits dazu geführt, dass einige kleinere Konkurrenten der Solartech Müller KG im Inland aus dem Markt gedrängt wurden, was nicht zuletzt zum Verlust der Arbeitsplätze geführt hat. Dies belaste nicht nur die Sozialversicherung, sondern führe auch zu geringeren Steuereinnahmen des Staates. Herr Kunz weist zudem darauf hin, dass durch die Schließung dieser heimischen Betriebe auch die Existenz einer Vielzahl von Zulieferbetrieben massiv betroffen ist. Abschließend führt er jedoch auch an, dass die Solartech Müller KG mittlerweile wichtige Zulieferer im Ausland hat, die zuverlässig und pünktlich wichtige Komponenten zu sehr günstigen Preisen liefern.

Kompetenzorientierte Arbeitsaufträge:

1. Bestimmen Sie, welche Wirtschaftssubjekte in der vorangestellten Handlungssituation aufgeführt sind!
2. Erläutern Sie beispielhaft die in der Handlungssituation aufgezeigten Beziehungen der Wirtschaftssubjekte untereinander!
3. Beschreiben Sie an zwei Beispielen, wie sich veränderte Aktivitäten eines Wirtschaftssubjektes auf die monetären und realen Ströme im Wirtschaftskreislauf auswirken!
4. Diskutieren Sie die Grenzen der Erklärungsbedürftigkeit von ökonomischen Modellen in Bezug auf realwirtschaftliche Prozesse!

7 Der Wirtschaftskreislauf

7.1 Der einfache Wirtschaftskreislauf

Das Zusammenspiel der Wirtschaftseinheiten in einer Volkswirtschaft lässt sich durch eine Kreislaufdarstellung abbilden.

- Beim **einfachen Wirtschaftskreislauf** wird unterstellt, dass in dieser Wirtschaft nur **Haushalte** und **Unternehmen** am Wirtschaftsleben teilnehmen.
- Die **ökonomischen** Beziehungen zum **Staat** oder zum **Ausland** bleiben bei dieser Betrachtung **außen vor.**

Sämtliche Ersteller von Gütern und Dienstleistungen in einer Volkswirtschaft werden in dem **Sektor „Unternehmen"** zusammengefasst, während sämtliche Verbraucher den **Sektor „Private Haushalte"** bilden.

Zur Erstellung von Gütern und Dienstleistungen werden von den Unternehmen Arbeitskräfte, Boden und Kapital benötigt. Diese sogenannten **Produktionsfaktoren** kaufen sie von den privaten Haushalten. Die „Kaufpreise" fließen diesen z. B. in Form von Arbeitseinkommen, Pachten, Mieten, Zinsen oder Dividenden zu. Die privaten Haushalte geben wiederum – im einfachsten Falle – ihre Einkommen **vollständig** zum Kauf von Gütern und Dienstleistungen aus.

Aus diesen Vorgängen lässt sich unmittelbar ableiten, dass innerhalb des Wirtschaftskreislaufes zwei unterschiedliche Ströme fließen: der **Geldkreislauf** und der **Güterkreislauf.**

Betrachtet man beide Ströme, stellt man fest, dass Geld- und Güterstrom **entgegengesetzt** verlaufen. **Wertmäßig** sind sie jedoch **gleich.**

Geldkreislauf	■ Die Unternehmen zahlen an die Haushalte Entgelte für die Bereitstellung der Produktionsfaktoren. ■ Dieses Geld fließt den Unternehmen durch den Verkauf von Gütern und Dienstleistungen an die Haushalte wieder zu.
Güterkreislauf	■ Die Haushalte stellen den Unternehmen Produktionsfaktoren zur Verfügung. ■ Die Unternehmen liefern an die Haushalte die von ihnen produzierten bzw. bereitgestellten Güter und Dienstleistungen.

Einfacher Wirtschaftskreislauf

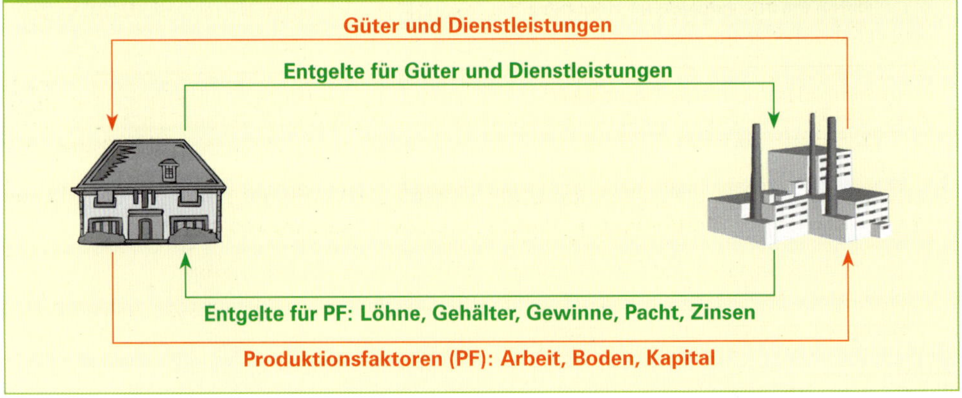

7.2 Der erweiterte Wirtschaftskreislauf

Das einfache Modell zeigt eine Wirtschaft, in der die privaten Haushalte ihr gesamtes Einkommen je Zeitabschnitt (Periode, z. B. ein Jahr) verbrauchen. Eine Wirtschaft aber, die **alles verbraucht,** was sie erzeugt, kann **nicht wachsen.** Sie ist **stationär.** Soll eine Wirtschaft wachsen, d. h. mehr als bisher produzieren, müssen ihre Produktionsanlagen erweitert bzw. neue Produktionsanlagen geschaffen werden.

Eine **wachsende** Wirtschaft, also eine Wirtschaft, die von Jahr zu Jahr mehr erzeugt, bezeichnet man als **evolutorische**[1] (sich entwickelnde) Wirtschaft.

Wird das Modell des „einfachen Wirtschaftskreislaufs" um den **Sektor „Banken"** (Kreditinstitute) erweitert und wird der **Sektor Unternehmen** in die **Investitionsgüterindustrie** und in die **Konsumgüterindustrie** (einschließlich Handel) aufgeteilt, treten zu den bisher genannten gesamtwirtschaftlichen Strömen folgende hinzu:

1. Die privaten Haushalte **sparen (S)** einen Teil ihrer Einkommen und führen die gesparten Mittel den Banken (Kreditinstituten) zu.

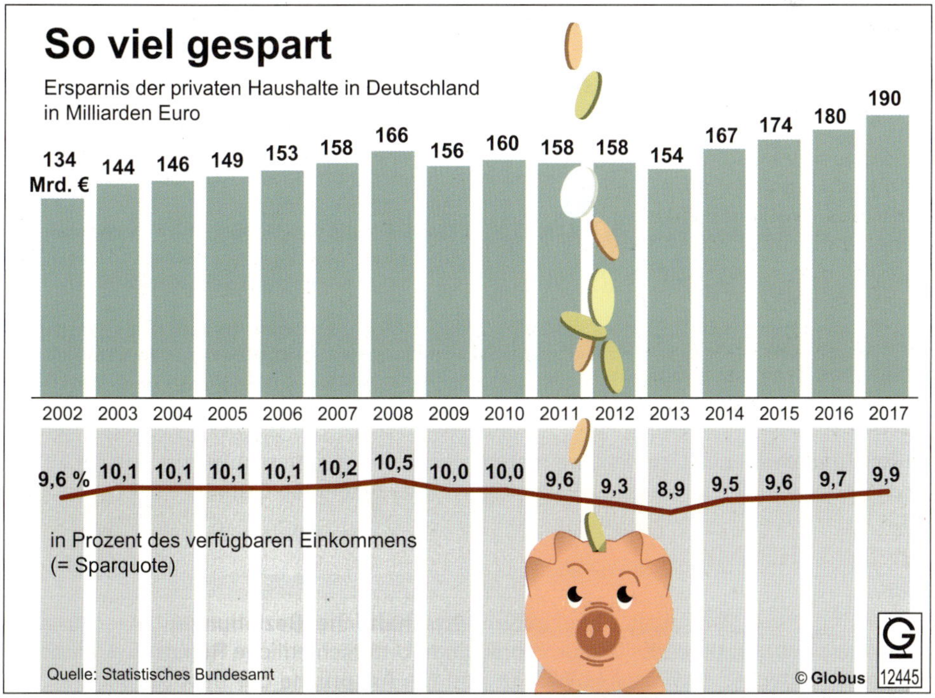

2. Die Banken stellen die Mittel den Unternehmen zur Verfügung, die ihre Produktionsanlagen erweitern und/oder ihre Vorräte aufstocken, also **investieren (I).**

1 **Evolution** (lat.): Entwicklung.

3. Die Investitionsgüterindustrie verkauft die von ihr hergestellten **Investitionsgüter** an die Konsumgüterindustrie. Die Verkaufserlöse aus diesen Lieferungen fließen der Investitionsgüterindustrie zu **(Investitionsgütermärkte).**

In der nebenstehenden Abbildung wurden die Güterströme nicht eingezeichnet, um die Übersichtlichkeit zu wahren. Im Übrigen stellen auch die Dienstleistungen der **Kreditinstitute** „Güter" im wirtschaftlichen Sinne dar (z.B. Verwaltung der eingelegten Gelder, Kreditgewährung). Der Ausgleich von Kreditangebot und Kreditnachfrage vollzieht sich auf den **Finanzmärkten.**

Der um den Sektor „Banken" erweiterte Wirtschaftskreislauf

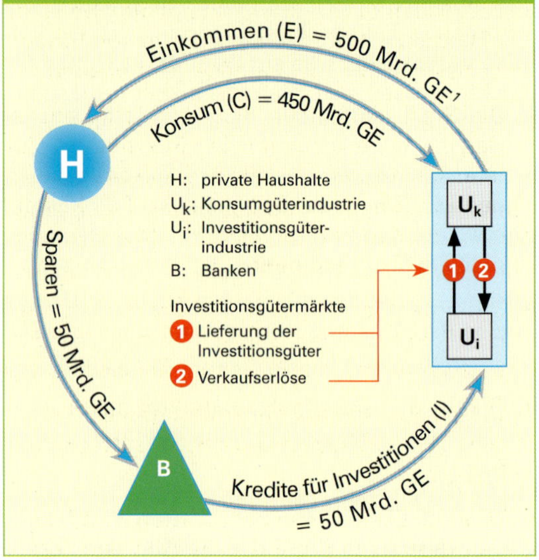

7.3 Der vollständige Wirtschaftskreislauf

(1) Der Sektor Staat

Eine Volkswirtschaft ohne **Staat** ist nicht denkbar. Dem Staat fällt unter anderem die Aufgabe zu, mit wirtschafts- und gesellschaftspolitischen Maßnahmen den **Wirtschaftsablauf** zu **steuern.**

In der Bundesrepublik Deutschland fließen durch den staatlichen Sektor[2] **knapp 50 %** des Bruttoinlandsprodukts, also des Gesamtwerts aller erzeugten Güter.[3]

(2) Der Sektor Ausland

Eine moderne Wirtschaft ohne **außenwirtschaftliche Beziehungen** (geschlossene Volkswirtschaft) ist ebenfalls kaum vorstellbar. Unterschiedliche **Rohstoffvorkommen,** unterschiedliches **technisches Wissen** und die **Ansprüche** der Bevölkerung zwingen dazu, Güter einzuführen (zu importieren) und auszuführen (zu exportieren).

Der binnenwirtschaftliche Wirtschaftskreislauf wird um den **außenwirtschaftlichen** Kreislauf **erweitert** (offene Volkswirtschaft).

1 GE: Geldeinheiten (z.B. EUR, US-$, £, Rubel).

2 Zum Sektor „Staat" gehören vor allem der Bund, die Länder, die Kreise, die Gemeinden und die Sozialversicherungsträger.

3 Das **Bruttoinlandsprodukt** ist der in Geld gemessene Wert der Gesamterzeugung einer Volkswirtschaft einschließlich des durch die Produktion verursachten Wertverlusts der Produktionsanlagen (Abschreibungen).

Zu den bereits bekannten Kreislaufströmen treten nunmehr noch folgende Geldströme (auf die Darstellung entsprechender Güterströme wird verzichtet) hinzu:

1. Ein Teil der Einkommen der privaten Haushalte und Unternehmen wird vom **Staat** (den **öffentlichen Haushalten**) in Form von **Steuern** und anderen gesetzlichen **Abgaben** (z. B. Sozialversicherungsbeiträge) einbehalten.
2. Die Staatseinnahmen werden wieder ausgegeben. Sie fließen zum Teil den privaten Haushalten in Form von **Gehältern** und **Löhnen** für die Staatsbediensteten zu. Ein weiterer Teil wird für die Vergabe von **Staatsaufträgen** an die Unternehmen verwendet, die dadurch **Umsatzerlöse** erzielen. Für besonders förderungswürdige Zwecke erhalten die Unternehmen (oft auch Private) Geldbeträge, die nicht mehr zurückgezahlt werden müssen **(Subventionen).**
3. Die Unternehmen verkaufen Dienstleistungen und Sachgüter an das **Ausland (Export).** Hierfür erhalten sie Geldeinnahmen oder Forderungen. Ihre Umsatzerlöse nehmen zu. Eine Wirtschaft mit **Außenhandelsbeziehungen** heißt **„offene Wirtschaft".**
4. Umgekehrt kaufen die Unternehmen Dienstleistungen und Sachgüter von ausländischen Unternehmen und/oder Staatsbetrieben **(Import).** Ein entsprechender Geldstrom fließt ins Ausland.
5. Teile der Einkommen der privaten Haushalte sowie der Gewinne der Unternehmen werden **gespart** und bei den Banken angelegt. Diese gewähren den privaten Haushalten Konsumkredite und den Unternehmen **Investitionskredite.**

Der vollständige Wirtschaftskreislauf

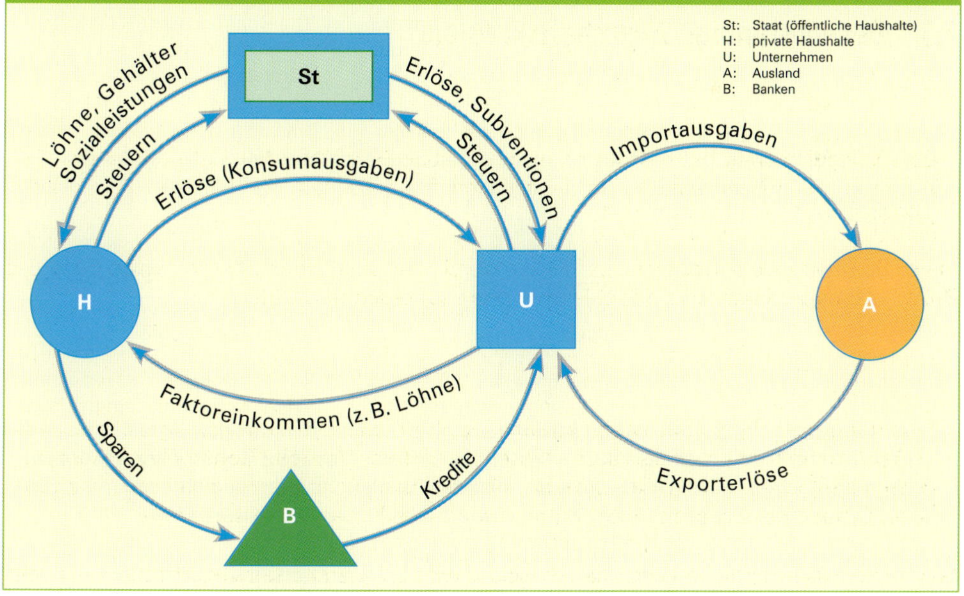

Zu den **Auswirkungen auf die monetären und realen Ströme** im vollständigen Wirtschaftskreislauf sind in nachfolgender Tabelle Beispiele aufgeführt.

Beziehung zwischen	Geldkreislauf	Güterkreislauf
Haushalt und Staat	■ Der Auszubildende Carsten Clever bezahlt von seinem Weihnachtsgeld die Kfz-Steuer. ■ Familie Müller erhält Kindergeld.	■ Hans Schmidt arbeitet als Lehrer an einer staatlichen Schule. ■ Die Stadt München baut eine neue Spielstraße.
Haushalt und Banken	■ Der vermögende Daniel Geissen erhält eine Zinsgutschrift für sein Sparguthaben. ■ Der Angestellte Ralf Schupp zahlt an seine Bank Kontoführungsgebühren.	■ Der Immobilienbesitzer Hans Becker vermietet sein Geschäftshaus an die Sparkasse Schwaben. ■ Die Volksbank Konstanz verkauft einem Münzsammler eine Goldmünze.
Haushalt und Ausland	■ Dem in Luxemburg arbeitenden Egon Kling wird sein Gehalt an die Sparkasse Mannheim überwiesen. ■ Die preisbewusste Tanja Spar bezahlt ihren in Italien gekauften Kleinwagen.	■ Der Spekulant Bodo Bostellani legt einen Teil seines Vermögens in den USA an. ■ Ein kalifornischer Winzer versendet eine Kiste Wein an einen deutschen Weinliebhaber.
Unternehmen und Staat	■ Die Hinkelstein AG überweist ihre Körperschaftsteuer an das zuständige Finanzamt. ■ Der Staat tätigt Subventionszahlungen an deutsche Unternehmen.	■ Die Hochbau GmbH erstellt ein neues Berufsschulgebäude im Auftrag eines Landkreises. ■ Die städtische Müllabfuhr entsorgt den Müll der Ballast GmbH.
Unternehmen und Banken	■ Die Computer GmbH erhält eine Gutschrift für gelieferte Hardware. ■ Die Stuttgarter Bank eG belastet die Fritz Verzug AG mit Sollzinsen.	■ Die Paper GmbH beliefert die örtliche Sparkasse mit Büromaterial. ■ Die Volksbank Köln eG verkauft der Second-Hand KG ausrangierte Büromöbel.
Unternehmen und Ausland	■ Die Maschinenbau AG erhält eine Dividendenzahlung auf ausländische Aktien. ■ Die Mannheimer Möbel Import GmbH überweist eine Rechnung an einen italienischen Zulieferer.	■ Die Konstanzer Wassertechnik OHG entsendet einen Ingenieur in den Sudan. ■ Ein deutsches Maschinenbauunternehmen mietet ein Betriebsgebäude in Portugal.

7.4 Kritik am Modell des Wirtschaftskreislaufs

In dem Modell wird unterstellt, dass sich die realen und monetären Ströme entsprechen. Dies gilt allerdings nur dann, wenn die Haushalte ihr **gesamtes** Einkommen (Y = yield) konsumieren. In der Realität haben die Haushalte bezüglich der **Verwendung** ihres Einkommens **zwei** Möglichkeiten: **Konsum** (C = consumption) oder Konsumverzicht in Form von **Sparen** (S = save). Konsumverzicht bedeutet zunächst einmal, dass verfügbare Einkommensteile nicht für Konsum verwendet werden. Bezüglich der Einkommensverwendung privater Haushalte gilt also:

Y = C + S (Einkommensverwendungsgleichung)

Durch den geringeren Konsum der Haushalte werden Produktionskapazitäten nicht in Anspruch genommen, die nunmehr statt für die Herstellung von Konsumgütern für die Produktion von **Produktionsgütern** genutzt werden können. Das so **gebildete Sachkapital** steht den Unternehmen im Rahmen des Produktionsprozesses **langfristig** zur Verfügung (Investition). Hierdurch erhöhen sich die volkswirtschaftlichen Produktionskapazitäten, was letztlich mit einem **Anstieg des „volkswirtschaftlichen Vermögens"** gleichzusetzen ist. Unternehmen können also entweder Konsum- oder Produktionsgüter herstellen. Für die Entstehung von Einkommen gilt also:

Y = C + I (Einkommensentstehungsgleichung)

Da sich beide Wertströme in ihrer Größe entsprechen, kann man sie gleichsetzen und nach mathematischen Grundregeln wie folgt umformen:

$$C + I = C + S$$
$$I = S$$

In dem Modell des einfachen Wirtschaftskreislaufs fehlt also dieser Prozess des Vermögenszuwachses (Geldvermögen bei den Haushalten, Realvermögen bei den Unternehmen) innerhalb einer Volkswirtschaft, der sich auch auf einem „Vermögensänderungskonto" darstellen lässt.

Vermögensänderungskonto

Investitionen	Ersparnis

Kompetenztraining

19. 19.1 Stellen Sie die Beziehungen zwischen den Sektoren „Unternehmen" und „Haushalte" in einer Skizze dar! Beachten Sie dabei, dass es Geld- und Güterströme gibt!

DOWNLOAD

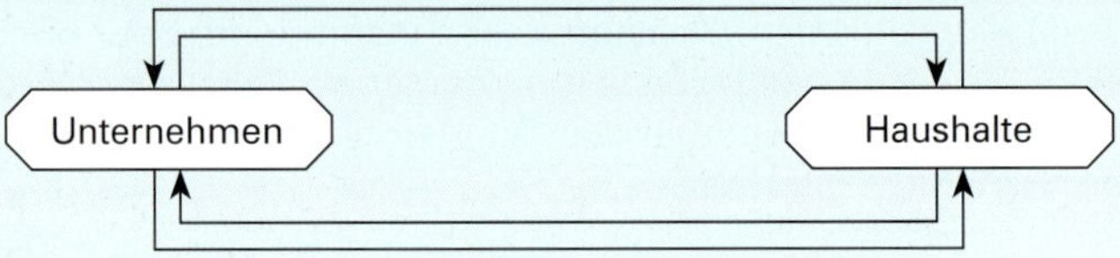

19.2 Beschreiben Sie, wie sich Güter- und Geldkreislauf zueinander verhalten!

19.3 Beurteilen Sie, welcher der beiden Kreisläufe wertmäßig größer ist!

19.4 Erläutern Sie, welche Annahmen über das Konsumverhalten der Haushalte in diesem Modell gemacht werden!

19.5 Geben Sie Auskunft, welche Arten von Unternehmen bei der Erstellung von Gütern und Dienstleistungen unterschieden werden können!

20. Der Wirtschaftskreislauf ist ein Modell, das die Beziehungen der Teilnehmer einer Volkswirtschaft darstellt. Zu einigen Kreislaufströmen sind nachfolgend Beispiele aufgeführt. Nennen Sie die Beziehung zwischen den Wirtschaftssubjekten (z.B. Haushalt und Staat) und entscheiden Sie, ob die Beziehung in Form eines Geld- oder Güterstroms besteht.

20.1 Die Familie Ümür erhält für ihre beiden Kinder jeden Monat eine Kindergeldzahlung.

20.2 Manfred Koslowski arbeitet als Hausmeister an einem beruflichen Gymnasium für Wirtschaft und Verwaltung.

20.3 Die Bürowelt Meier KG liefert dem Finanzamt Freiburg neue Rechner und Monitore.

20.4 Einem Bundesligaverein werden aus Sicherheitsgründen bei den Heimspielen regelmäßig Polizisten unentgeltlich zur Verfügung gestellt.

20.5 Ein deutscher Bundesligaprofi und Nationalspieler spielt für einen Verein im Breisgau.

20.6 Die Stahlwerke Ditzingen AG überweist die Körperschaftsteuer an das Finanzamt.

20.7 Jennifer, Schülerin des beruflichen Gymnasiums, arbeitet am Wochenende in einem Discounter und räumt dort Regale ein.

21. Die Beziehungen der Wirtschaftssubjekte werden modellhaft als Wirtschaftskreislauf dargestellt. Dieser Wirtschaftskreislauf zeigt die Güter- und Geldströme zwischen den beteiligten Wirtschaftssubjekten. Der Geldkreislauf einer offenen Volkswirtschaft mit staatlicher Aktivität weist folgende Werte aus (Angaben in Mrd. EUR):

Einkommen der privaten Haushalte vom Staat	700
Einkommen der privaten Haushalte von den Unternehmen	1 700
Ersparnisse der privaten Haushalte	240
Einnahmen des Staates von privaten Haushalten	850
Einnahmen des Staates von den Unternehmen	650
Exporte der Unternehmen	500

Aufgaben:

21.1 Erläutern Sie, worin sich die offene von der geschlossenen Volkswirtschaft unterscheidet!

21.2 Berechnen Sie die Konsumausgaben der privaten Haushalte!

21.3 Ermitteln Sie die von den Unternehmen in Anspruch genommenen Kredite!

21.4 Ermitteln Sie die Importausgaben der Unternehmen bei ausgeglichener Handelsbilanz!

21.5 Nennen Sie drei Formen von Einkommen, die den privaten Haushalten von den Unternehmen zufließen!

21.6 Nennen Sie vier Formen von Einnahmen des Staates von privaten Haushalten und von Unternehmen!

21.7 Nennen Sie zwei Formen von Transferzahlungen des Staates an die privaten Haushalte!

22. Der Wirtschaftskreislauf einer Volkswirtschaft weist folgende Werte aus: DOWNLOAD

– Einkommen der privaten Haushalte vom Staat (Lohn, Gehälter, Sozialleistungen)	300 Mrd. GE
– Von den Unternehmen bezogene Einkommen der privaten Haushalte	700 Mrd. GE
– Sparen der privaten Haushalte	200 Mrd. GE
– Von den privaten Haushalten an den Staat abgeführte Steuern und Sozialabgaben	250 Mrd. GE
– Von den Unternehmen an den Staat abgeführte Steuern, Abgaben und Gebühren	150 Mrd. GE
– Vom Staat von den Unternehmen gekaufte Sachgüter und Dienstleistungen	100 Mrd. GE
– Von den Unternehmen in Anspruch genommene Kredite der Banken	200 Mrd. GE
– Die Ex- und Importe der Unternehmen gleichen sich aus und betragen je	80 Mrd. GE

Aufgaben:

22.1 Zeichnen Sie einen vollständigen Wirtschaftskreislauf und tragen Sie die Geldströme ein.

22.2 Berechnen Sie die Höhe der Konsumausgaben der privaten Haushalte und zeichnen Sie diesen Geldstrom in Ihr Kreislaufschema ein!

23. In einer Volkswirtschaft finden im Geldkreislauf im Laufe eines Kalenderjahres nachfolgende Vorgänge zwischen Haushalten, Unternehmen, Staat, Banken und Ausland statt. Die Angaben sind jeweils in Milliarden Geldeinheiten (Mrd. GE) aufgeführt:

– Von den Unternehmen bezogene Einkommen der privaten Haushalte	1 400
– Der Staat erhält Subventionszuschüsse aus dem Ausland	100
– Der Staat zahlt Zinsen an die Banken	50
– Von den Haushalten an den Staat abgeführte Abgaben, Steuern und Gebühren	500
– Die privaten Haushalte erzielen Einkünfte aus dem Ausland	300
– Von den Unternehmen in Anspruch genommene Kredite	400
– Die Ex- und Importe der Unternehmen betragen jeweils	160
– Die privaten Haushalte sparen bei den Banken	400
– Der Staat kauft von den Unternehmen Sachgüter und Dienstleistungen	200
– Die privaten Haushalte beziehen Güter und Dienstleistungen aus dem Ausland	200
– Die Unternehmen führen Steuern und Abgaben an den Staat ab	300
– Die Banken zahlen Steuern und Abgaben an den Staat	40
– Die privaten Haushalte erhalten vom Staat Einkommen und Sozialleistungen	600
– Der Staat überweist Entwicklungshilfezahlungen an das Ausland	200
– Konsumausgaben der Haushalte fließen den Unternehmen zu	?

Aufgabe:

Berechnen Sie das Defizit des Staatshaushalts, das dieser auf dem ausländischen Kapitalmarkt finanzieren muss!

☐☐☐ Mrd. GE

24. In einer Fernsehsendung stellt der Moderator das Zusammenspiel der Wirtschaftseinheiten einer Volkswirtschaft anhand des Wirtschaftskreislaufs dar. Prüfen Sie, welche der nachfolgenden Erklärungen jedoch infrage zu stellen ist! Tragen Sie die entsprechende Ziffer in den nebenstehenden Kasten ein!

① Der Wirtschaftskreislauf spiegelt die Realität des Wirtschaftslebens nicht in vollem Umfang wider.

② Der Geldstrom verläuft im Vergleich zum Güterstrom immer entgegengesetzt.

③ Der Wirtschaftskreislauf ist eine modellhafte Abbildung der Arbeitsteilung zwischen den Wirtschaftssektoren.

④ Im erweiterten Wirtschaftskreislauf konsumieren die Haushalte nicht ihr gesamtes Einkommen.

⑤ Im erweiterten Wirtschaftskreislauf stellen die Haushalte auch dem Staat Produktionsfaktoren zur Verfügung.

[3]

25. Der einfache Wirtschaftskreislauf bildet das Zusammenwirken der Sektoren Haushalte und Unternehmen ab. Entscheiden Sie, welche der folgenden Aussagen zum einfachen Wirtschaftskreislauf falsch ist! Sind alle Aussagen richtig, tragen Sie eine ⑨ ein!

① Die privaten Haushalte stellen den Unternehmen ihre Arbeitskraft oder auch Boden zur Verfügung.

② Für die geleistete Arbeit und die den Unternehmen zur Verfügung gestellten sonstigen Produktionsfaktoren erhalten die privaten Haushalte Einkommen in Form von Löhnen, Gehältern, Gewinnen, Mieten, Zinsen oder Pachten.

③ Dem realen Strom bzw. Güterstrom steht ein monetärer Strom gegenüber. Geld- und Güterstrom laufen in die gleiche Richtung.

④ Der Markt, auf dem Konsumgüter angeboten und nachgefragt werden, heißt Konsumgütermarkt.

⑤ Der in Geld gemessene Wert der an die privaten Haushalte verkauften Güter stellt für die Unternehmen Verkaufserlöse dar.

⑥ Bei dem einfachen Wirtschaftskreislauf gibt es keinen Staat und auch keine Außenhandelsbeziehungen.

[3]

26. Entscheiden Sie, welche der folgenden Aussagen zum erweiterten Wirtschaftskreislauf falsch ist! Sind alle Aussagen richtig, tragen Sie eine ⑨ ein!

① Eine wachsende Wirtschaft, also eine Wirtschaft, die von Jahr zu Jahr mehr erzeugt, bezeichnet man als stationäre Wirtschaft.

② Die privaten Haushalte sparen einen Teil ihrer Einkommen und führen die gesparten Mittel den Banken zu.

③ Die Banken stellen die Mittel den Unternehmen zur Verfügung, die ihre Produktionsanlagen erweitern und/oder ihre Vorräte aufstocken, also investieren.

④ Die Investitionsgüterindustrie verkauft die von ihnen hergestellten Investitionsgüter an die Konsumgüterindustrie. Die Verkaufserlöse aus diesen Lieferungen fließen der Investitionsgüterindustrie zu.

⑤ Der Ausgleich von Kreditangebot und Kreditnachfrage vollzieht sich auf den Kapital- bzw. Finanzmärkten.

[1]

Handlungssituation 2.4

Im Rahmen Ihres Besuchs des beruflichen Gymnasiums hat Ihre Klassenlehrerin eine Betriebsbesichtigung bei einem großen deutschen Automobilhersteller organisiert. Nach Ihrer Ankunft mit dem Bus werden Sie zunächst auf dem Werksgelände von einem eigens hierfür abgestellten Mitarbeiter begrüßt. Vor der noch anstehenden Werksführung wird Ihnen dann zunächst in einem speziell dafür vorgesehenen Raum ein Film über wichtige betriebliche Abläufe des von Ihnen besuchten Produktionsstandortes gezeigt.

Im Mittelpunkt dieses Films steht die Entwicklung und Fertigung einer gerade auf dem Genfer Autosalon neu vorgestellten Modellreihe des Unternehmens.

Im Laufe des Filmbeitrags wird Ihnen deutlich, wie hoch der Forschungs- und Entwicklungsaufwand für ein neues Automodell ist. Auch die Tatsache, aus wie vielen verschiedenen Ländern die einzelnen Komponenten für das Endprodukt geliefert werden, beeindruckt Sie. Dabei verteilen sich die Zulieferbetriebe des Unternehmens rund um den Globus.

In dem Film wird auch deutlich, dass der Automobilhersteller selbst mehrere Produktionsstandorte in der ganzen Welt unterhält. An diesen Standorten fertigt der Hersteller andere Modellreihen mit unterschiedlichen Antriebstechnologien, die weltweit ihren Absatz finden.

Kompetenzorientierte Arbeitsaufträge:

1. Nennen Sie die bedeutsamsten Faktoren, die für die Herstellung von Autos notwendig sind!
2. Formulieren Sie beispielhaft, inwiefern die Produktion unterschiedlicher Güter auch schwerpunktmäßig unterschiedliche Faktoren für die Produktion erfordert!
3. Begründen Sie, warum ein Automobilkonzern mehrere Modellreihen mit unterschiedlichen Antriebstechnologien, teilweise auch unter verschiedenen Markennamen, herstellt!
4. Versuchen Sie einen Erklärungsansatz dafür zu finden, dass die Automobilhersteller an hoch qualifizierten Nachwuchskräften interessiert sind!
5. Erläutern Sie, welche Ursachen es haben könnte, dass ein Autohersteller weltweit Produktionsstandorte unterhält!
6. In den letzten Jahrzehnten hat die Automatisierung der Fertigung in der Automobilindustrie stark zugenommen. Zeigen Sie mögliche Gründe für diese Entwicklung auf sowie die sich hieraus ergebenden Folgen für die Arbeitnehmer!
7. **Thesenpapier**

   Formulieren Sie in Form von fünf Thesen, welche Folgen sich aus diesen Entwicklungen ganz konkret für Sie als zukünftigen Arbeitnehmer ergeben!

8 Die Produktionsfaktoren

Die **Produktion** wirtschaftlicher Güter geschieht durch die **Kombination** von Produktionsfaktoren.

Als **Produktionsfaktor** werden alle **materiellen** und **immateriellen Güter** bezeichnet, deren Einsatz für die **Hervorbringung anderer wirtschaftlicher Güter** aus technischen oder wirtschaftlichen Gründen erforderlich sind.

8.1 Die Produktionsfaktoren aus volkswirtschaftlicher Sicht

Aus volkswirtschaftlicher (gesamtwirtschaftlicher) Sicht unterteilt man die für die Produktion eingesetzten Güter in **Arbeit, Boden** und **Kapital.**

(1) Produktionsfaktor Arbeit

Begriff Arbeit

- Unter dem Produktionsfaktor **Arbeit** im volkswirtschaftlichen Sinne versteht man die **Tätigkeiten des Menschen,** die er gegen **Entgelt** ausführt.
- Privat geleistete Arbeit (z. B. Arbeiten im Haushalt) oder Freizeitbetätigungen finden keine Berücksichtigung.

Der Produktionsfaktor Arbeit lässt sich in vielfältiger Art und Weise differenzieren nach der:

- **Art der Tätigkeit:** körperliche und geistige Arbeit;
- **Intensität der Ausbildung:** ungelernte Arbeit, angelernte Arbeit, gelernte Arbeit;
- **Selbstbestimmtheit der Tätigkeit:** selbstständige Arbeit, unselbstständige Arbeit;
- **Leitungsfunktion:** leitende (dispositive) Arbeit, ausführende (exekutive) Arbeit.

Träger des Faktors Arbeit ist der **einzelne** Mensch. Die Natur stellt in aller Regel keine gebrauchsfertigen Güter zur Verfügung, sondern nur Rohstoffe bzw. Energiequellen, die der Mensch erst gewinnen oder erschließen muss. Die zu diesem Zweck vom Menschen aufzuwendende Arbeit hat eine **quantitative** (die Zahl der Arbeitskräfte) und eine **qualitative** Seite (der Ausbildungsstand der Arbeitskräfte).

Wissen und Bildung

Spätestens seit der ersten industriellen Revolution hat das **Wissen** um die Herstellung von Gütern stark an Gewicht zugenommen. Deshalb rechnet man heute das Wissen entweder als **vierten Produktionsfaktor** zu den drei klassischen Produktionsfaktoren hinzu oder ordnet es dem Faktor Arbeit zu. Eine **gute Ausbildung** ist eine **Investition** in die eigene Arbeitskraft, die zu besserer Entlohnung führen kann. Zudem hat man in zahlreichen Studien nachweisen können, dass ein höherer Bildungsabschluss das **Risiko von Arbeitslosigkeit verringert.**

Vor diesem Hintergrund ist **Bildung** für breite Bevölkerungsschichten die beste **Investition** in die **Zukunft** jedes **Einzelnen** und somit auch eines Staates. Dies erklärt zudem, warum das **Recht auf Bildung** zu den Grundrechten unseres Landes zählt. Heute versteht man unter „Recht auf Bildung" auch die Weiter- und Höherbildung.

In den Entwicklungsländern ist die Bedeutung des Produktionsfaktors Wissen längst erkannt worden, aber ökonomische, gesellschaftliche und politische Strukturen verhindern noch eine breite Ausbildung der Bevölkerung und somit auch einen stärker ansteigenden Wohlstand.

Die Industriestaaten können deshalb vergleichsweise hochwertigere Güter als Entwicklungsländer herstellen, weil sie unter anderem über ein höheres Maß an Bildung im weitesten Sinne, vor allem aber **technischem Wissen** (Know-how, Human Capital) verfügen. Umfang und Qualität der Produktion hängen somit nicht nur von den Produktionsfaktoren Boden, Arbeit und Kapital, sondern auch vom **technischen Fortschritt** der wirtschaftenden Menschen ab.

Da Bildung und Ausbildung dem Menschen nicht von vornherein gegeben sind, sondern oft mühevoll erworben werden müssen, handelt es sich bei der Bildung um einen **abgeleiteten** (derivativen) **Produktionsfaktor.** Mit Blick auf die Bedeutung der Bildung für den **wachsenden Wohlstand** einer Volkswirtschaft haben **Investitionen in Bildung** einen besonders starken Einfluss auf die künftige wirtschaftliche Entwicklung eines Landes.

(2) Produktionsfaktor Boden

Zu dem **Produktionsfaktor Boden** zählen neben der **Erdoberfläche** auch **alle von der Natur bereitgestellten Ressourcen** (z. B. Bodenschätze, Wind, Sonne).

Ein Wesensmerkmal dieses Produktionsfaktors ist die **Begrenztheit**, die ihn mit Blick auf die **zunehmende Weltbevölkerung**[1] zu einem besonders knappen Gut werden lässt.

Boden

Der Boden ist für die Produktion in unterschiedlicher Weise nutzbar. So dient er als:

Abbauboden
dem Abbau von Rohstoffen,

Standortboden
den Betrieben als Basis für den Vollzug der Produktion,

Anbauboden
der land- und fortwirtschaftlichen Produktion.

1 Die Weltbevölkerung hat sich von 1960 mit 3 Milliarden bis Juli 2018 mit 7,6 Milliarden Menschen mehr als verdoppelt.

(3) Produktionsfaktor Kapital

Der **Produktionsfaktor Kapital** umfasst alle in einem Produktionsprozess eingesetzten (produzierten) **Produktionsmittel** wie beispielsweise Gebäude, Maschinen oder Werkzeuge.

Der Produktionsfaktor Kapital bezieht sich ausschließlich auf das **Realkapital** und nicht auf das Geldkapital. Im volkswirtschaftlichen Sinne erleichtert das **Geld(-kapital)** als allgemeines Tauschmittel lediglich die **Geschäftsabwicklung.**

Da Kapital erst durch die Kombination der beiden „ursprünglichen" Produktionsfaktoren Arbeit und Boden hergestellt werden kann, bezeichnet man diesen Faktor auch als **abgeleiteten Produktionsfaktor.**[1] Eine Produktion unter Einsatz von Kapital führt zu einer höheren Ausbringungsmenge als eine Produktion ohne Einsatz von Kapital.

Die Bildung von Realkapital setzt das **Sparen** (Konsumverzicht) voraus.

Die Anlage von Geld- und Sachkapital in Produktivvermögen bezeichnet man als **Investition**. Bei den Investitionen unterscheidet man allgemein folgende Arten:

Bruttoinvestitionen
(Summe aller Investitionen)

Anlageinvestitionen

Investitionen in Anlagevermögen (Ausrüstungen, Bauten) und immaterielle Anlagen.

Vorratsinvestitionen

Vermehrung oder Verminderung (Desinvestition) in Umlaufvermögen (z. B. Bestand an fertigen und unfertigen Erzeugnissen).

Ersatzinvestitionen
(Anlagereinvestition)

Mittels dieser Investition wird der Anlagebestand erhalten. Ersatzinvestitionen können allerdings zu Verbesserungen der Produktion führen, sodass eine Produktionssteigerung auch dann möglich ist, wenn die Nettoinvestitionen gleich null sind.

Nettoinvestitionen
(Anlageneuinvestition)

Diese die Anlageersatzinvestition übersteigenden Investitionen führen zu einer Kapitalneubildung und erhöhen die Leistungskraft einer Volkswirtschaft.

1 Vielfach bezeichnet man diesen Produktionsfaktor auch als **derivativen** Produktionsfaktor.

(4) Daten als „4. Produktionsfaktor"

Neueren Ansätzen folgend gelten – wie auch nachfolgender Artikel verdeutlicht – **Informationen** (Daten) als **4. Produktionsfaktor.**

Daten als Produktionsfaktor

Geschäftliche Transaktionen sind eingebunden in Informations- und Telekommunikationstechnologien. Die dabei generierten, transformierten, transportierten und gespeicherten Daten haben hierbei einen eigenen wirtschaftlichen Wert. Daten sind zu einem wesentlichen Produktionsfaktor geworden und ermöglichen u. a. Kostenersparnisse, Produktivitätserhöhungen sowie effektivere und effizientere Prognosen. Weiterhin bieten Daten die Basis für die Entwicklung neuer Produkte und Dienstleistungen bis hin zu neuen Geschäftsideen und Geschäftsmodellen.

Unternehmen verfügen bereits seit Jahrzehnten über Massendaten, die mit Business Intelligence und Data-Warehousing ausgewertet werden. „Big Data" geht dabei über den Begriff der Massendaten hinaus. „Big Data" bezeichnet mehr eine Sammlung von entwickelten Methoden und Technologien zur Erfassung, Speicherung und Auswertung unterschiedlich strukturierter Daten. [...]

Quelle: http://www.roedl.de/themen/management-reporting/daten-als-produktionsfaktor, Auszug [17.08.2018].

8.2 Kostengünstigste Kombination der Produktionsfaktoren (Minimalkostenkombination)

- Bei der Minimalkostenkombination wird diejenige Kombination der Produktionsfaktoren gesucht, die bei **gegebenem** Kostenbudget den **höchsten** Output erbringt bzw. bei **gegebener** Ausbringungsmenge die **geringsten** Kosten verursacht. Die Preise der einzelnen Produktionsfaktoren sind dabei ebenso vorgegeben wie die Technologie.
- Eine **Minimalkostenkombination** ist die Umsetzung des **ökonomischen Prinzips** im **Produktionsbereich** einer Unternehmung.

Voraussetzung für das Auffinden der **Minimalkostenkombination** ist, dass die Produktionsfaktoren **untereinander austauschbar** (substituierbar) sind. Durch die Substitution besteht die Möglichkeit, eine bestimmte Ausbringungsmenge durch verschiedene, technisch gleich effiziente Kombination von Produktionsfaktoren zu erstellen.

Beispiel:

Angenommen, ein Unternehmen muss für seine Kunden täglich 50 hochwertige Stanzteile fertigen. Unterstellen wir weiterhin, dass diese Produktionsmenge – wie in nachfolgender Tabelle dargestellt – durch unterschiedliche Kombinationen der Produktionsfaktoren Arbeit (in Stunden) und Kapital (Zahl der Maschinen) erreicht werden kann.

Arbeit in Stunden	3	4	5	6	10
Zahl der Maschinen	10	7	5	4	3

Welche Kombination das Unternehmen tatsächlich wählt, hängt von den Kosten der Produktionsfaktoren ab.

Beträgt der Stundenlohn 40,00 EUR und die Maschinenkosten 60,00 EUR je Maschine, erhält man folgende Werte:

Arbeitskosten (Löhne) in EUR	120,00	160,00	200,00	240,00	400,00
Maschinenkosten in EUR	600,00	420,00	300,00	240,00	180,00
Gesamtkosten in EUR	720,00	580,00	500,00	480,00	580,00

Bei einem Stundenlohn von 40,00 EUR und Kosten von 60,00 EUR je Maschine wird der Betrieb die Faktorkombination 6 Arbeitsstunden (6 · 40,00 EUR) und 4 Maschinen (4 · 60,00 EUR) wählen, weil dies die kostengünstigste Faktorkombination **(Minimalkostenkombination)** ist, um 50 Stanzteile herzustellen.

8.3 Die Produktionsfaktoren aus betriebswirtschaftlicher Sicht

In Abgrenzung zur Volkswirtschaftslehre untergliedern sich die betriebswirtschaftlichen Produktionsfaktoren in den **dispositiven** Leistungsfaktor (leitende Arbeit) und die **elementaren** Leistungsfaktoren. Zu den elementaren Leistungsfaktoren zählen die ausführende Arbeit, das Sachvermögen (Gebäude, Werkstoffe und Betriebsmittel), Rechte (immaterielle Leistungsfaktoren) und auch das Geldvermögen.

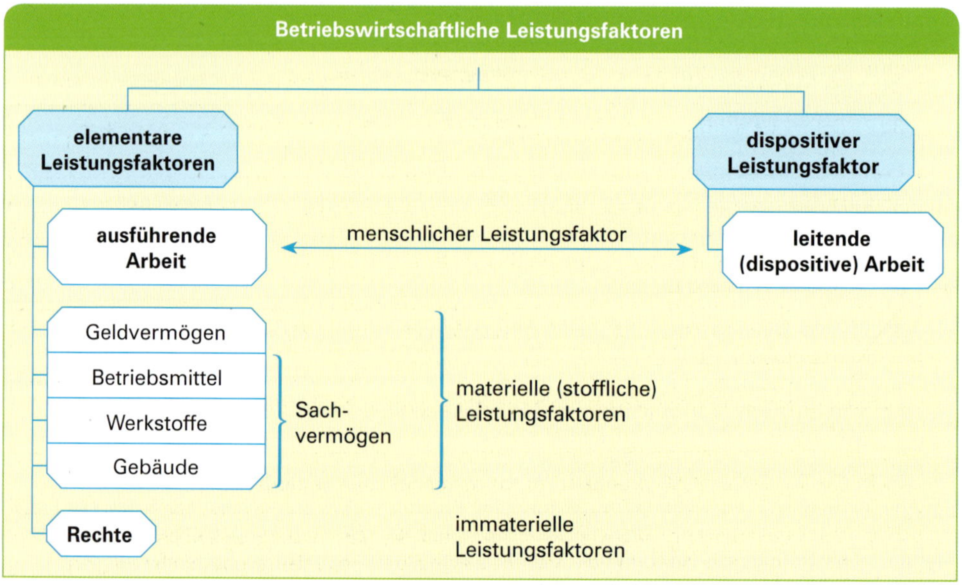

Kompetenztraining

27. Vor vielen Jahrhunderten lebte ein Mann mit seiner Frau und einer vielköpfigen Familie in der Nähe eines Weihers. Die Arbeit des Mannes bestand darin, seine Familie zu ernähren. Dies tat er durch das Sammeln von Früchten in der Natur. Die meiste Zeit wandte er dafür auf, mit bloßen Händen Fische im Weiher zu fangen.

Nennen Sie die Faktoren, die der Mann zur Deckung seiner Bedürfnisse einsetzte!

28. Nach einem arbeitsreichen Tag kam der Mann aus dem vorigen Fall zu dem Schluss, dass es so nicht weitergehen könne.

Er entschloss sich, einen Weg zu finden, wie er das sehr mühsame Fischen ändern könne. Nach einigem Nachdenken kam ihm die Idee, aus den Weidenruten vor seiner Höhle ein Fanggerät zu bauen, mit dem das Fischen leichter würde. Da er an diesem Tag ein gutes Fangergebnis hatte, sagte er zu seiner Frau, dass sie einige Fische für den nächsten und übernächsten Tag aufheben solle, da er ein Gerät zum Fischfang bauen wolle. Es gelang ihm, eine Technik zu entwickeln, mit der er die Weidenruten zu einem Fangkorb flechten konnte. Als er am dritten Tag mit seinem Fangkorb fischte, konnte er in kurzer Zeit mehr Fische fangen als vorher.

Beschreiben Sie, welche Mittel der Mann einsetzte, um das bessere Fangergebnis zu erreichen!

29. 29.1 Erläutern Sie, wodurch es dem Mann in Aufgabe 28 möglich wurde, Kapital zu bilden!

29.2 Entscheiden Sie, welche volkswirtschaftlichen Produktionsfaktoren ursprünglich (originär) vorhanden waren und welcher Produktionsfaktor erst nachträglich (derivativ) entstanden ist!

30. Entscheiden Sie, welche volkswirtschaftlichen Produktionsfaktoren in den unten stehenden Fällen hauptsächlich zur Produktion herangezogen werden. Tragen Sie die zutreffende Bezeichnung in das vorgesehene Feld ein! Folgende Ziffern stehen zur Auswahl:

① Arbeit,
② Boden,
③ Kapital,
⑨ wenn keine eindeutige Zuordnung möglich ist.

30.1	Das Bankhaus Wucher & Co. KG eröffnet eine SB-Zweigstelle.	3
30.2	Die Möbelschreinerei Hobel GmbH hat sich auf das Restaurieren antiker Möbel spezialisiert.	
30.3	Der ehemalige Rennfahrer Nicki Lauda betreibt eine eigene Fluggesellschaft.	
30.4	Der ostfriesische Fischereibetrieb Olaf Olafson e. K. betreibt seit vielen Generationen die Hochseefischerei.	
30.5	Heidi Klum eröffnet auf der Düsseldorfer Königsallee eine Modeboutique für Designeranzüge.	
30.6	Eine deutsche Großbank betreibt ein Beratungscenter für vermögende Anlagekunden.	
30.7	Die Car Concept AG produziert Autos der gehobenen Mittelklasse.	
30.8	Das Ingenieurbüro GPS GmbH hat sich auf die Vermessung weltweiter Großprojekte spezialisiert, für die sie gut ausgebildete Ingenieure und hochwertige Technologie einsetzt.	

31. Sie sollen im Unterricht ein Kurzreferat über die drei Produktionsfaktoren halten. Ein Mitschüler hat Ihr Referat auf inhaltliche Fehler hin überprüft und die fünf nachfolgenden Sachdarstellungen am Rand mit einem Fragezeichen versehen. Entscheiden Sie, welche Erklärung Sie gegebenenfalls abändern müssen!

Tragen Sie die Ziffer ⑨ ein, wenn die von Ihnen gemachten Ausführungen alle korrekt sind!

① Die Produktionsfaktoren werden im Wirtschaftskreislauf dem Güterstrom zugeordnet. ☐

② Produktionsfaktoren sind knappe Güter.

③ Das Meer zählt zum Produktionsfaktor Boden.

④ Konsumverzicht ist eine Grundvoraussetzung zur Bildung des Produktionsfaktors Kapital.

⑤ Die Kombination von Produktionsfaktoren bezeichnet man als Produktion.

32. Drei Freunde treffen sich bei einer Feier, zu der Oskar nach bestandener Prüfung zum Betriebswirt eingeladen hatte.

Mit Willi und Eberhard unterhält sich Oskar über seine Zukunftspläne.

Er meint, dass er sich möglichst bald selbstständig machen will. Die Herstellung von Wärmepumpen wäre in dieser Zeit das Richtige. „Das wäre auch etwas für mich", sagt Willi, „als gelernter Elektromechaniker mit Elektronikkenntnissen könnte ich die Produktion leiten. Du übernimmst den kaufmännischen Teil."

Eberhard will in seinem bisherigen Beruf als Krankenpfleger bleiben. Er bietet den beiden Freunden aber an, sie könnten sich ihr Unternehmen in seinem Haus einrichten. Sein Onkel hatte dort früher eine Schlosserei betrieben. Das Grundstück sei groß genug, um eine Erweiterung der vorhandenen Werkstatt durchzuführen. Das Grundstück mit dem Gebäude könnte er als Sacheinlage in das Unternehmen einbringen. Er sei aber auch bereit, ihnen das Anwesen zu verpachten.

Jetzt mischt sich auch Heike, die Freundin von Oskar, in das Gespräch ein. „Woher wollt ihr denn das Geld nehmen, das zum Betreiben eines solchen Unternehmens erforderlich ist? Wer gibt euch denn das Wissen, wie eine Wärmepumpe gebaut wird? Ihr braucht auch noch Arbeitskräfte, Maschinen und was weiß ich noch alles!"

Das Gespräch kommt jetzt erst richtig in Gang.

Aufgaben:

32.1 Nennen Sie die in diesem Gespräch erwähnten Produktionsfaktoren, die zum Betreiben eines Unternehmens erforderlich sind!

32.2 Entscheiden Sie, welche Leistungsfaktoren außer den oben genannten noch erforderlich sein werden!

32.3 Beschreiben Sie, in welche Gruppen sich diese Leistungsfaktoren zusammenfassen lassen!

33. In der Volkswirtschaft von Lummerland werden unter anderem Hemden hergestellt. Dabei kann die Produktion entweder durch Näherinnen erfolgen oder maschinell. Die nachfolgende Tabelle zeigt verschiedene Kombinationen für den möglichen Einsatz der Produktionsfaktoren Arbeit und Kapital, die eine Produktion von 100 Hemden ermöglichen.

Kombination	①	②	③	④	⑤
Arbeitseinheiten	20	16	12	8	4
Kapitaleinheiten	4	6	10	16	24

In Lummerland belaufen sich die Kosten für eine Einheit des Produktionsfaktors Arbeit auf 40,00 Geldeinheiten (GE), die Kosten für eine Einheit Kapital betragen 25,00 GE.

Aufgaben:

33.1 Ermitteln Sie die Minimalkostenkombination und die Höhe der dort anfallenden Gesamtkosten!

Minimalkostenkombination ☐ Gesamtkosten ☐☐☐ GE

33.2 Durch eine Neustrukturierung der Arbeitsabläufe kann die Anzahl der benötigten Arbeitseinheiten um jeweils 25 % gesenkt werden. Ermitteln Sie unter dieser neuen Voraussetzung die Minimalkostenkombination und die Höhe der insgesamt anfallenden Kosten!

Minimalkostenkombination ☐ Gesamtkosten ☐☐☐ GE

33.3 Kurze Zeit nach der Neustrukturierung der Arbeitsabläufe stiegen die Kosten für eine Einheit Arbeit, nicht zuletzt durch neue Tarifabschlüsse und höhere Sozialabgaben, um 8,00 GE je Einheit. Ermitteln Sie unter dieser neuen Voraussetzung die Minimalkostenkombination und die Höhe der insgesamt anfallenden Kosten!

Minimalkostenkombination ☐ Gesamtkosten ☐☐☐ GE

33.4 Erläutern Sie, zu welchem Ergebnis Ihre Entscheidung hinsichtlich des Anteils der verschiedenen betrieblichen Produktions-(Leistungs-)faktoren an der Leistungserstellung führt!

33.5 Nennen Sie mindestens vier weitere Beispiele für den gegenseitigen Austausch (Substitution) von Leistungsfaktoren!

33.6 Geben Sie an, nach welchem Prinzip Sie Ihre Entscheidungen getroffen haben!

34. Unterrichtsvorschlag: Rollenspiel

Freudenberg, ein hübscher Luftkurort in der Siegerländer Mittelgebirgslandschaft mit einer eindrucksvollen Kulisse alter Fachwerkhäuser, liegt ganz in der Nähe der Autobahn A 45, nur 15 km von Siegen entfernt. Die Bürger des Ortes sind seit einigen Wochen sehr beunruhigt, denn eine Zementfabrik plant, sich in ihrer Stadt, die über große Kalksteinvorkommen verfügt, niederzulassen.

Die Manager der Zementfabrik haben den Gemeinderat von Freudenberg gebeten, einen Teil des Gemeinde-

grundes, auf dem zurzeit viele kleine Schrebergärten angelegt sind, zu verkaufen. Darüber hinaus wurden auch mehrere Kleinlandwirte angesprochen, ihren Grund und Boden teilweise zu verkaufen, damit das neue Zementwerk möglichst in der Nähe der Kalksteinvorkommen gebaut werden kann. Zudem muss ein Teil des an die Schrebergärten angrenzenden Waldes, in dem sich eines der wenigen Brutgebiete des Siegerländer „Gebirgsadlers“ befindet, abgeholzt werden.

In Freudenberg herrschen unterschiedliche Auffassungen über die geplante Errichtung der Fabrik. Da sich die Bewohner in Befürworter und Gegner gespalten haben, wurden unterschiedliche Interessengruppen gebildet.

Um sich über die verschiedenen Meinungen der Bürger zu informieren, hat der Gemeinderat vor der endgültigen Entscheidung über den geplanten Bau der Zementfabrik die Interessengruppen zu einer öffentlichen Gemeinderatssitzung im Dorfgasthof „Alte Schmiede" eingeladen.

Die Interessengruppen treffen sich bereits **20 Minuten vor** der anstehenden Sitzung, um eine gemeinsame Linie festzulegen. Als Interessengruppen vertreten sind:

- die Mitglieder des Gemeinderates,
- Arbeitsuchende,
- Umweltschützer und
- die Unternehmensmanager.

Überlegen Sie, in welcher Interessengruppe Sie gerne mitarbeiten möchten und finden Sie sich am jeweiligen „Stammtisch" ein. Nach ca. 20 Minuten Vorbereitungszeit sollte die Gemeinderatssitzung beginnen.

Rollenkarten:

Mitglieder des Gemeinderates

Sie sind **Mitglied des Gemeinderates** und wurden von den Zementwerkmanagern bereits im Vorfeld gefragt, ob Sie den kalksteinhaltigen Gemeindegrund, auf dem zurzeit die Schrebergärten stehen, verkaufen würden.

In den vergangenen Tagen mussten Sie allerdings feststellen, dass es nicht nur Befürworter für die Errichtung des Zementwerkes innerhalb der Bevölkerung gibt.

Um die Situation nicht weiter eskalieren zu lassen, haben Sie die Einberufung einer öffentlichen Gemeinderatssitzung beschlossen, an der die unterschiedlichen Interessenvertreter (z. B. Zementwerkmanager, Naturschützer, Arbeitsuchende) teilnehmen.

Umweltschützer

Als Bürger Freudenbergs sind Sie von Geburt an eng mit Ihrer Heimat verwurzelt. Dabei lieben Sie vor allem die reizvolle Landschaft dieses Luftkurortes und sind zudem sehr naturverbunden.

Mit großem Entsetzen haben Sie deshalb in den vergangenen Tagen die Nachricht verfolgt, dass unweit Ihres Wohnhauses auf dem Schrebergartengelände ein Zementwerk errichtet werden soll. Um dies zu verhindern, haben Sie sich sofort der Bürgerinitiative **„Naturfreunde Freudenberg"** angeschlossen, deren Ziel es ist, die Errichtung des Zementwerks – zumindest unter den derzeitig geplanten Bedingungen – zu verhindern.

Arbeitsuchende

Nach Beendigung Ihrer Ausbildung möchten Sie sich beruflich verändern und als kaufmännischer Angestellter zu einem Großunternehmen wechseln. Wie Ihnen die Arbeitsagentur Siegen mitteilte, sind die Aussichten auf eine gut dotierte Stelle in dieser Region allerdings gering. Mit großem Interesse haben Sie deshalb die Nachrichten von der geplanten Errichtung des Zementwerkes verfolgt, da hierdurch 500 Arbeitsplätze im kaufmännischen Bereich entstehen sollen.

Um Ihre Interessen zu wahren, haben Sie sich deshalb der neu gegründeten Bürgerinitiative **„Arbeit für Freudenberg"** angeschlossen, die eine Errichtung des Zementwerkes befürwortet.

Unternehmensmanager

Als Unternehmensmanager und Mitinhaber eines der weltweit führenden Zementherstellers planen Sie die Errichtung einer Zementfabrik in Freudenberg. Nach ersten Untersuchungen handelt es sich um eines der größten Kalksteinvorkommen Deutschlands, welches leicht zugänglich ist und somit entsprechend geringe Abbaukosten verursacht.

Nachdem Ihnen sowohl der Gemeinderat als auch die angesprochenen Bauern bereits Bereitschaft für den Verkauf des Geländes signalisiert haben, werden Sie vom Bürgermeister zu einer öffentlichen Gemeinderatssitzung bestellt, da sich Widerstand innerhalb der Bevölkerung breitgemacht hat.

Handlungssituation 2.5

Adam Smith (1723–1790), der Begründer der klassischen Volkswirtschaftslehre, hat am Beispiel einer Stecknadel deutlich gemacht, wie durch arbeitsteilige Produktion in kurzer Zeit eine wesentlich größere Menge der gleichen Güter erzeugt werden kann.

Anstatt einer entstehen 4 800 Stecknadeln

Ein Arbeiter, der noch niemals Stecknadeln gemacht hat und auch nicht dazu angelernt ist [...], könnte, selbst wenn er sehr fleißig ist, täglich höchstens eine, sicherlich aber keine zwanzig Nadeln herstellen. Aber so, wie die Herstellung von Stecknadeln heute betrieben wird, ist sie nicht nur als Ganzes ein selbstständiges Gewerbe. Sie zerfällt vielmehr in eine Reihe getrennter Arbeitsgänge, die zumeist zur fachlichen Spezialisierung geführt haben. Der eine Arbeiter zieht den Draht, der andere streckt ihn, ein dritter schneidet ihn, ein vierter spitzt ihn zu, ein fünfter schleift das obere Ende, damit der Kopf aufgesetzt werden kann. Auch die Herstellung des Kopfes erfordert zwei oder drei getrennte Arbeitsgänge. Das Ansetzen des Kopfes ist eine eigene Tätigkeit, ebenso das Weißglühen der Nadel, ja, selbst das Verpacken der Nadeln ist eine Arbeit für sich. Um eine Stecknadel anzufertigen, sind somit etwa 18 verschiedene Arbeitsgänge notwendig, die in einigen Fabriken jeweils verschiedene Arbeiter besorgen, während in anderen ein einzelner zwei oder drei davon ausführt. Ich selbst habe eine kleine Manufaktur dieser Art gesehen, in der nur 10 Leute beschäftigt waren, sodass einige von ihnen zwei oder drei solcher Arbeiten übernehmen mussten. Obwohl sie nun sehr arm und nur recht und schlecht mit dem nötigen Werkzeug ausgerüstet waren, konnten sie zusammen am Tage doch etwa 12 Pfund Stecknadeln anfertigen, wenn sie sich einigermaßen anstrengten. Rechnet man für ein Pfund über 4 000 Stecknadeln mittlerer Größe, so waren die 10 Arbeiter imstande, täglich etwa 48 000 Nadeln herzustellen, jeder also ungefähr 4 800 Stück. Hätten sie indes alle einzeln und unabhängig voneinander gearbeitet, noch dazu ohne besondere Ausbildung, so hätte der einzelne gewiss nicht einmal 20, vielleicht sogar keine einzige Nadel am Tag zustande gebracht. Mit anderen Worten, sie hätten mit Sicherheit nicht den zweihundertvierzigsten, vielleicht nicht einmal den viertausendachthundertsten Teil von dem produziert, was sie nunmehr infolge einer sinnvollen Teilung und Verknüpfung der einzelnen Arbeitsgänge zu erzeugen imstande waren.

Adam Smith, Der Wohlstand der Nationen (1776), München 1978, S. 11 f.

Quelle: Informationen zur politischen Bildung Nr. 293.

Kompetenzorientierte Arbeitsaufträge:

1. Markieren Sie zunächst die Begriffe in dem Text, deren Verständnis Ihnen Probleme bereitet. Recherchieren Sie anschließend die Bedeutung dieser Begriffe!
2. **Arbeitsvorschlag: Referat**

   Adam Smith gilt als Begründer der klassischen Volkswirtschaftslehre. Informieren Sie sich ausgiebig über Adam Smith und sein Wirken. Stellen Sie im Rahmen eines Referats Ihren Mitschülerinnen und Mitschülern die wichtigsten Erkenntnisse seiner vor knapp 300 Jahren durchgeführten Forschungsarbeiten vor! Gehen Sie dabei auch darauf ein, inwiefern seine Erkenntnisse aus der damaligen Zeit heutzutage noch von Bedeutung sind!

3. Adam Smith beschreibt in diesem Artikel sehr beeindruckend die Arbeitsteilung am Beispiel der Stecknadelproduktion.

   Erläutern Sie, was man unter Arbeitsteilung versteht!
4. Erläutern Sie drei Arten der Arbeitsteilung!
5. **Pro- und Kontra-Diskussion**

   Führen Sie jeweils vier Vor- und Nachteile der Arbeitsteilung an! Gewichten Sie die jeweiligen Vor- und Nachteile und nehmen Sie begründet dazu Stellung, ob die positiven oder negativen Aspekte überwiegen!

9 Die Arbeitsteilung

In den meisten Fällen geschieht die Produktion und Bereitstellung wirtschaftlicher Güter durch Arbeitsteilung.

- Unter **Arbeitsteilung** versteht man die Auflösung des Herstellungsprozesses in **Teilverrichtungen,** die von verschiedenen Wirtschaftseinheiten ausgeführt werden.
- Diese Arbeitsteilung ist letztlich eine **Strategie,** um durch **bestmögliche Verteilung** der Güter und Produktionsfaktoren die Auswirkungen der Knappheit der Güter auf den Menschen zu mildern.

9.1 Arbeitsteilung zwischen den Wirtschaftssektoren

Untergliedert man die verschiedenen Zweige einer arbeitsteiligen Wirtschaft in **vertikaler** Richtung, so lassen sich folgende Wirtschaftsstufen unterscheiden: Erzeugung (primärer Sektor), Weiterverarbeitung (sekundärer Sektor) und Verteilung (tertiärer Sektor). Unterstützt werden diese drei **Wirtschaftssektoren** von den Dienstleistungsbetrieben, die ebenfalls dem tertiären Sektor zugerechnet werden.

Wirtschaftsbereiche	Erläuterungen	
Erzeugung (primärer Sektor)	Die Funktion dieses Sektors ist die **Bereitstellung** von Rohstoffen. Hierzu zählen beispielsweise land- und forstwirtschaftliche Betriebe, Fischereien, Bergbauunternehmen, Kiesgruben, Erdöl und Erdgas fördernde Betriebe.	
Weiterverarbeitung (sekundärer Sektor)	Gegenstand dieser Unternehmen ist die **Umwandlung** der Rohstoffe in Investitions- und Konsumgüter.	
Verteilung (tertiärer Sektor)	Unternehmen dieser Wirtschaftsstufe übernehmen die **Verteilung** der Güter vom Produzenten bis zum Endverbraucher. Hierzu zählen in erster Linie Handelsbetriebe.	
Sonstige Dienstleistungsbetriebe	Die Übernahme von **Hilfsfunktionen** bei der Erzeugung, Weiterverarbeitung und Verteilung von Gütern obliegt den Dienstleistungsunternehmen, die ebenfalls dem **tertiären** Sektor zugerechnet werden (z. B. Kreditinstitute, Versicherungen, Verkehrsbetriebe).	

Die Bedeutung der einzelnen Wirtschaftssektoren verändert sich im Zeitablauf. Wie die nachfolgende Abbildung verdeutlicht, hat sich auch in Deutschland in den letzten zweihundert Jahren eine deutliche Verlagerung vom primären zum sekundären und schließlich zum tertiären Sektor vollzogen. Nicht ohne Grund spricht man hierzulande nicht mehr von der Industrie-, sondern **Dienstleistungsgesellschaft,** da mittlerweile in etwa drei Viertel aller Arbeitsplätze im tertiären Sektor angesiedelt sind. Die Ursachen für diesen Strukturwandel sind sehr vielschichtig, wie beispielsweise Veränderung der Nachfrage, neue Technologien oder Produktivitätsfortschritte.

Prozentuale Aufteilung der Erwerbstätigen in Deutschland gegliedert nach den drei Sektoren

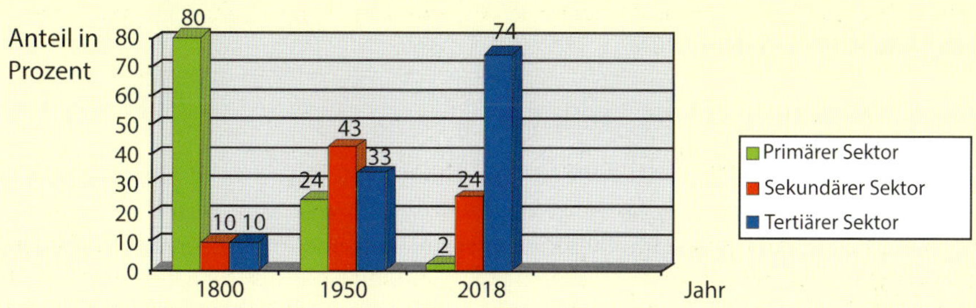

Neben der **Arbeitsteilung** zwischen den einzelnen Sektoren lassen sich im Wesentlichen noch zwei weitere Formen der Arbeitsteilung unterscheiden: die innerbetriebliche und die internationale Arbeitsteilung.

9.2 Innerbetriebliche Arbeitsteilung

Im Rahmen der **innerbetrieblichen Arbeitsteilung** wird die Gesamtaufgabe eines Betriebes in **Teilaufgaben** zerlegt und bestimmten betrieblichen **Funktionsbereichen** (z. B. Beschaffung, Produktion, Vertrieb und Verwaltung) zugewiesen.

Ziel dieser innerbetrieblichen Arbeitsteilung ist vor allem eine **Steigerung der Produktivität.**

Beispiel:

Innerhalb der Buchhaltungsabteilung wird die Arbeit auf verschiedene Mitarbeiter aufgeteilt, z. B.:

Belege sortieren → Belege kontieren → Kontrollieren → Buchen → Belege ablegen

Stufen innerbetrieblicher Arbeitsteilung	
1. Stufe	Schaffung von **betrieblichen Aufgabenbereichen (Funktionen)** wie etwa Beschaffung, Lagerung, Produktion, Verwaltung und Vertrieb (Absatz).
2. Stufe	**Zerlegung** ursprünglich **zusammengehöriger Tätigkeiten** in einzelne **Teilverrichtungen.** Diese „Arbeitszerlegung" erfolgt sowohl im verwaltenden Bereich als auch in der Produktion. Der Arbeitszerlegung kommt (und kam) vor allem die fortschreitende Technik zu Hilfe. Ein Musterbeispiel ist das Fließband, an dem der einzelne Arbeiter lediglich die sich immer wiederholenden gleichen Handgriffe vorzunehmen hat. Man spricht daher auch von der **technischen Arbeitsteilung.**

Innerbetrieblich führt die **Technisierung** zu immer enger werdenden Tätigkeitsbereichen der Arbeitenden, bis schließlich am Fließband nur noch wenige Handgriffe notwendig sind. Erst die **Automation** bringt die Ablösung dieser in kleinste Handgriffe zerlegten Arbeit durch elektronisch gesteuerte und sich selbst kontrollierende Maschinen.

Die Aufteilung eines Arbeitsvorgangs unter dem Gesichtspunkt der technischen Möglichkeiten bzw. des zweckmäßigen Maschineneinsatzes nennt man **technische Arbeitsteilung.**

9.3 Internationale Arbeitsteilung

Die internationale Arbeitsteilung geht auf die Erkenntnis zurück, dass jedes Land diejenigen Erzeugnisse im Tauschweg international anbieten wird, die es mit den vergleichsweise (relativ) niedrigsten Kosten erzeugt. Diese Erkenntnis wurde von **David Ricardo** in dem **Gesetz der komparativen Kostenvorteile** formuliert.

Beispiel:

Portugal würde die Erzeugung einer bestimmten Menge Textilien 90 Arbeitstage kosten, die Erzeugung einer bestimmten Menge Wein 80 Arbeitstage.

England benötigt für die gleichen Mengen 100 bzw. 120 Arbeitstage.

Kosten/ Güter — Länder	Kosten für z. B. 10 t Textilien (T) in Arbeitstagen	Kosten für z. B. 10 hl Wein (W) in Arbeitstagen	komparative (vergleichsweise) Kostenvorteile T : W
Portugal	90	80	1 : 0,88
England	100	120	1 : 1,2

Obwohl Portugal beide Güter billiger produzieren kann, lohnt sich die Arbeitsteilung für beide Länder, wenn sich jedes Land auf das Gut spezialisiert, das es mit den relativ geringsten Kosten herstellen kann. In dem Beispiel sollte sich Portugal auf Wein, England auf Textilien beschränken, obwohl England beide Produkte mit höheren absoluten Kosten erzeugt.

Beweis unter der Annahme, dass jedes Land 10 t Textilien und 10 hl Wein produziert hat.

Länder Güter	Portugal		England		Gesamtkosten in Arbeitstagen
	Textilien	Wein	Textilien	Wein	
Kosten **ohne** internationale Arbeitsteilung in Arbeitstagen	90	80	100	120	390
Kosten **mit** internationaler Arbeitsteilung in Arbeitstagen	–	160	200	–	360
Kostenersparnis in Arbeitstagen	10		20		30

Kompetenztraining

35. Innerhalb einer Volkswirtschaft lassen sich drei Sektoren unterscheiden. Schreiben Sie hinter die nachfolgenden Betriebe, ob es sich um ein Unternehmen aus dem

① primären,
② sekundären oder
③ tertiären Sektor handelt!

35.1	Diskothek Galaxy 2000	3
35.2	Ökolandwirt Fridolin Fritz	1
35.3	Schreinerei Eder	2
35.4	Reisebüro Fernweh	3
35.5	Modegeschäft Designerklamotte	3
35.6	Frankfurt School of Finance & Mangement Frankfurt	3
35.7	Krabbenfischerei Hans Hansen	1
35.8	Beerdigungsinstitut Pietät	3
35.9	Sägewerk Karl Schnitzler GmbH	2
35.10	Bundeswehr	3

36. Im Anschluss an ein Expertenreferat zum Thema „Deutschland auf dem Weg zur Dienstleistungsgesellschaft" unterhalten sich fünf Zuhörer über den Inhalt des Vortrags. Entscheiden Sie, welche Äußerung Sie auf jeden Fall in Zweifel ziehen würden!

① Der primäre Sektor verliert in Industriegesellschaften zunehmend an Bedeutung.
② Die Wirtschaftssektoren sind das Ergebnis volkswirtschaftlicher Arbeitsteilung.
③ Der Verkauf von Sorten durch Kreditinstitute zählt zu den Dienstleistungen und ist somit dem tertiären Sektor zuzuordnen.
④ Da Kreditinstitute durch Kreditvergabe an der „Geldproduktion" beteiligt sind, ist dieser Bereich dem sekundären Sektor zuzuordnen.
⑤ In Deutschland sind annähernd zwei von drei Beschäftigten im tertiären Sektor tätig.

[4]

37. Beurteilen Sie, welcher der nachfolgenden Sachverhalte vor allem den primären Sektor kennzeichnet!

① Dieser Sektor zählt in den Industriegesellschaften zu dem Wachstumssektor.
② In diesem Sektor werden Sachgüter als Realkapital hergestellt.
③ Für diesen Sektor ist der Produktionsfaktor Boden von herausragender Bedeutung.
④ In diesem Sektor wird der Produktionsfaktor Kapital eingesetzt.
⑤ In diesem Sektor werden gewöhnlich nur zwei Produktionsfaktoren eingesetzt.

[3]

6 Boller, Schuster - ISBN 978-3-8120-0680-4

38. In einer Schokoladenfabrik sollen jeweils zwölf verschiedene Pralinen nach einem festgelegten Schema in einen Pralinenkasten gelegt werden. Jeder Kasten wird mit einer Cellophanbanderole verschlossen. Es stehen 14 Hilfskräfte zur Verfügung.

Aufgabe:

Erarbeiten Sie einen Vorschlag, wie die Ausführung dieser Arbeit sinnvoll organisiert werden kann!

39. Ein Fertigungsbetrieb hat diesen Organisationsaufbau:

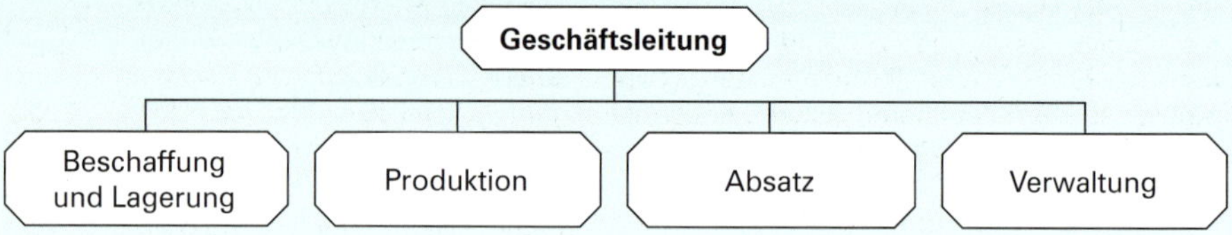

Aufgaben:

39.1 Erläutern Sie, warum es diese unterschiedlichen Abteilungen gibt!

39.2 Beurteilen Sie, ob die Geschäftsleitung auf diese Gliederung verzichten könnte!

40. Unterrichtsvorschlag: Kartenabfrage

Bei dem Produktionsfaktor Arbeit brachte die „Industrialisierung" eine zunehmende Arbeitsteilung mit sich. Erarbeiten Sie mittels Kartenabfrage mögliche Vor- und Nachteile aus Sicht der Arbeitgeber und aus Sicht der Arbeitnehmer!

41. Die Länder A und B sind in der Lage, jeweils 6000 Lkw und 6000 Bagger herzustellen. Die Gesamtkapazität beträgt alternativ 12000 Stück.

Die Herstellungskosten betragen pro Stück:

	Lkw	**Bagger**
Land A	50000,00 EUR	55000,00 EUR
Land B	70000,00 EUR	60000,00 EUR

Aufgaben:

41.1 Ermitteln Sie, in welchem Verhältnis die komparativen Kosten beider Länder stehen!

41.2 Entscheiden Sie, welches Gut Land A und welches Land B bei internationaler Arbeitsteilung herstellen sollte!

DOWNLOAD

41.3 Ermitteln, Sie, wie viel Euro Kosten
- für jedes Land einzeln,
- für beide Länder zusammen entstehen,

wenn jeweils je Land 5000 Lkw und 5000 Bagger produziert werden und keine internationale Arbeitsteilung besteht!

DOWNLOAD

41.4 Berechnen Sie, wie viel Euro Kosten für jedes Land im Falle der Aufgabe 41.3 entstehen, wenn sich die beiden Länder zum Warenaustausch entschließen und jedes Land das Gut mit den vergleichsweise geringsten Produktionskosten herstellt!

DOWNLOAD

41.5 Ermitteln Sie, wie viel Euro Kosten die beiden Länder einzeln und insgesamt durch die Arbeitsteilung sparen können!

41.6 Beurteilen Sie, welche Konsequenzen sich ergeben, wenn die internationale Arbeitsteilung vollständig durchgeführt würde!

41.7 Beschreiben Sie, wo die Grenzen der internationalen Arbeitsteilung liegen!

42. Mindmap

Erstellen Sie zur Wiederholung eine Mindmap zum Kapitel „Grundlagen des Handelns in Wirtschaftsmodellen", aus der die wesentlichsten Inhalte erkennbar hervorgehen!

Handlungssituation 3.1

An einem Samstagabend treffen sich die beiden Freundinnen Meike und Karla in einem Bistro in Hannover, um in aller Ruhe den weiteren Verlauf des Abends zu planen. Nachdem Karla ausführlich über ihren heutigen Shoppingstress beim Kauf neuer Schuhe und einer Lederjacke mit einer dazu passenden Handtasche berichtet hat, fragt sie Meike, wie sie denn den heutigen Tag verbracht habe.

Die 17-jährige Meike berichtet, dass sie schon ganz früh am Morgen mit ihrer Mutter zunächst beim Bäcker Brötchen und Croissants besorgt hat. Anschließend hätten sie dann noch beim Metzger etwas Wurstaufschnitt sowie für die morgen geplante Grillparty ihrer Eltern verschiedenartiges Grillgut gekauft. Auf dem Rückweg wären sie noch beim Getränkehändler vorbeigefahren, um einige Getränke zu besorgen.

Nach dem Frühstück sei sie dann in die Stadt gefahren. Hier hätte sie neben einem dringend benötigten Paar Joggingschuhen noch einige T-Shirts, zwei Hosen und eine Smartphone-Hülle eines bekannten Modedesigners gekauft. Anschließend hätte sie sich noch einen Besuch beim Friseur und einen Espresso in einem italienischen Eiscafé gegönnt.

Nachdem sich Karla und Meike ausführlich über die Ereignisse des heutigen Tages und ihre umfangreichen Shoppingerlebnisse ausgetauscht haben, beschließen beide spontan einen Kinobesuch. Sie informieren sich über ihr Smartphone über das aktuelle Kinoprogramm und einigen sich schnell über einen Film, den sich beide unbedingt ansehen möchten. Da die nächste Filmvorführung schon in einer knappen Stunde beginnt, möchte Meike zwei Kinokarten mit dem Smartphone vorbestellen. Bei dem Versuch, die Karten zu reservieren, muss sie jedoch feststellen, dass diese Vorführung bereits ausverkauft ist. Verärgert über diesen Fehlversuch sagt Meike: *„Da plant man mal ausnahmsweise spontan einen Kinobesuch und schon geht es daneben. Wie viel Pech kann man eigentlich an einem Wochenende noch haben?"*

Karla sieht ihre Freundin erstaunt an, schüttelt den Kopf und entgegnet: *„Jetzt übertreibst du aber maßlos. Ärger dich doch nicht darüber, was nicht geklappt hat, sondern freu dich vielmehr darüber, was alles gut gelaufen ist. Überleg doch mal, was wir beide heute alles gekauft haben. Und immer haben wir das bekommen, was wir uns so vorgestellt haben. Hast du eigentlich schon einmal darüber nachgedacht, wie das sein kann, dass Millionen von Menschen Tag für Tag eigene Einkaufspläne schmieden und von wenigen Ausnahmen abgesehen, ist das, was die Menschen kaufen möchten, immer in den Läden vorhanden, ohne dass sie diese Güter oder Dienstleistungen im Vorfeld bestellt haben? Wer plant das Ganze eigentlich? Ich habe mir diese Frage schon öfter gestellt, aber bis heute habe ich keine Antwort darauf gefunden."*

Meike schaut ihre Freundin fragend an und antwortet: *„Du hast ja vollkommen Recht, und wenn ich ehrlich bin, habe ich mir diese interessante Frage noch nie gestellt. Eine Antwort darauf habe ich allerdings spontan auch nicht parat!"*

Kompetenzorientierte Arbeitsaufträge:

1. Fassen Sie die zentrale Frage von Karla zusammen!
2. Erläutern Sie, was man unter einer Wirtschaftsordnung versteht!
3. Grenzen Sie die Begriffe Individualismus und Kollektivismus voneinander ab!
4. **Übersichtsmatrix**

   Vergleichen Sie die beiden idealtypischen Wirtschaftsordnungen mittels sechs von Ihnen gewählter Kriterien! Fertigen Sie hierzu eine Übersichtsmatrix an!

1 Begriff der Wirtschaftsordnung

Eine Volkswirtschaft kann nur funktionieren, wenn eine **sinnvolle Planung** betrieben wird. Gegensätzlich sind jedoch die Auffassungen darüber, **wer** dieses komplexe Geschehen planen soll. Hierbei bestehen grundsätzlich **zwei Möglichkeiten**: Entweder man lässt die einzelnen Wirtschaftssubjekte, also die Konsumenten und die Produzenten, **selber planen und entscheiden** oder man überträgt die Planungen auf eine übergeordnete **zentrale Behörde.**

- Fällt die Entscheidung über die Organisation der Gesamtwirtschaft zugunsten **jedes Einzelnen** aus, so erhält man ein System **dezentraler Planung.**
- Will man die Lenkung durch eine **zentrale Entscheidungsbehörde,** so liegt ein System **zentraler Planung** vor.

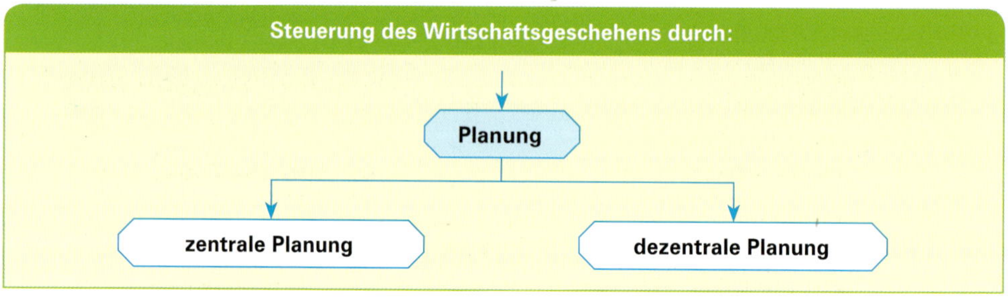

Unabhängig davon, wie die Entscheidung ausfallen mag, handelt es sich in beiden Fällen um ein Ordnungsgefüge, welches das Wirtschaftsgeschehen steuert.

Unter **Wirtschaftsordnung** versteht man die Herstellung von Rahmenbedingungen im Sinne eines **Ordnungsgefüges,** das die **Beziehungen der Wirtschaftssubjekte untereinander regelt** und die **wirtschaftlichen Handlungen** der Wirtschaftssubjekte miteinander **koordiniert.**

Die Aufgabe einer solchen Ordnung besteht vor allem darin, die zentralen Grundfragen jeder Gesellschaft im Bereich des Wirtschaftslebens zu beantworten:

- **Welche Güterarten** und **Gütermengen** sollen produziert werden?
- **Wie** sollen diese Güter produziert werden?
- **Wann** und **für wen** sollen diese Güter produziert werden?

Die Wirtschaftsordnung ist somit Grundvoraussetzung für die knappheitsmindernde Wirkung einer arbeitsteiligen Volkswirtschaft und fester Bestandteil der **Gesellschaftsordnung.**

2 Idealtypen von Wirtschaftsordnungen

Bei den beiden idealtypischen Wirtschaftsordnungen der **Marktwirtschaft** und **Zentralverwaltungswirtschaft** handelt es sich um die beiden **ideellen** (gedanklichen) **Grundmodelle** aller Wirtschaftsordnungen, die in ihrer reinen Ausprägung so jedoch in keiner Volkswirtschaft vorkommen.

Als Modell zeigen diese Idealtypen wesentliche Strukturen auf, die als Vergleichskriterien (z. B. Planungssystem, Koordinationssystem, Eigentumsordnung, Motivationssystem) zur Einordnung aller in der Wirklichkeit vorkommenden Wirtschaftsordnungen (Realtypen) herangezogen werden können.

Die Ausgestaltung der vielen **real existierenden** Wirtschaftsordnungen mit all ihren Besonderheiten und somit deren Nähe zu den beiden Idealtypen ist im Wesentlichen durch einen langen **historischen Evolutionsprozess** bedingt. Die Wirtschaftsordnungen der einzelnen Volkswirtschaften sind ganz entscheidend durch das **Wertesystem** einer Gesellschaft geprägt.

So liegt es nahe, dass Gesellschaften mit traditionell **liberalem** (freiheitlichem) Hintergrund, bei denen das **Individualprinzip** dominiert, die Freiheit und Selbstverwirklichung des Individuums in der Werteskala ganz vorne ansiedeln. Diese Volkswirtschaften setzen verstärkt auf die **dezentrale** Planung und Steuerung der Wirtschaft sowie auf **Privateigentum** und verfügen somit über eine eher marktwirtschaftlich ausgerichtete Wirtschaftsordnung.

Der Antriebsmotor für die **Selbststeuerung des Wirtschaftsgeschehens** liegt in den **Wünschen** und **Bestrebungen** der **einzelnen** Wirtschaftssubjekte. Diese versuchen, ihre „egoistischen" Vorstellungen am Markt durchzusetzen, wobei sie allerdings in Rivalität zu den anderen Wirtschaftseinheiten stehen. Der Wettbewerb „zwingt" sie schließlich zu Leistungsangeboten, die außer ihren eigenen Zielen auch dem Allgemeinwohl im Sinne einer günstigen Verbraucherversorgung dienen.

!

Der **Eigennutz** als **Antriebsmotor** für das wirtschaftliche Handeln dient zwangsläufig dem **Gemeinnutz.**

Unsichtbare Hand

„Nicht von dem Wohlwollen des Fleischers, Brauers oder Bäckers erwarten wir unsere Mahlzeit, sondern von ihrer Bedachtnahme auf ihr eigenes Interesse. Wir wenden uns nicht an ihre Humanität, sondern an ihren Egoismus und sprechen ihnen nie von unseren Bedürfnissen, sondern von ihrem Vorteil. [...] Jeder Einzelne bemüht sich darum, sein Kapital so einzusetzen, dass es den größten Ertrag bringt. Im Allgemeinen wird er wenig bestrebt sein, das öffentliche Wohl zu fördern, noch wird er wissen, inwieweit er es fördert. Er interessiert sich nur für seine eigene Sicherheit und seinen eigenen Gewinn. Und gerade dabei wird er, wie von unsichtbarer Hand geleitet, ein Ziel fördern, das er von sich aus gar nicht anstrebt; indem er seine eigenen Interessen verfolgt, fördert er das Wohl der Gesellschaft häufig wirksamer, als wenn er es direkt beabsichtigt hätte."

Quelle: Adam Smith, Untersuchung über Wesen und Ursachen des Reichtums der Völker, hg. v. Erich W. Streissler, übers. v. Monika Streissler, Tübingen 2005, S. 98.

Andere Gesellschaften hingegen betonen vor allem das **Sozial- bzw. Kollektivprinzip** und richten ihr Wertesystem seit jeher verstärkt darauf aus, das Wohl des Einzelnen dem Wohl der Gesamtheit unterzuordnen. Als Folge hieraus werden Planungsprozesse durch „kollektive" Willensbildung zentral gesteuert und **Eigentumsrechte** überwiegend der **Gemeinschaft zugewiesen,** was dem Idealtyp der Zentralverwaltungswirtschaft nahekommt.

Wie **gegensätzlich** von den Befürwortern der beiden idealtypischen Wirtschaftsordnungen beispielsweise das Bild der **privatwirtschaftlichen Unternehmer** gezeichnet wird, verdeutlichen nachfolgende Ausführungen.

So verschieden kann das Bild der Unternehmer sein:

... als Ausbeuter bei Karl Marx

Die moderne Industrie hat die kleine Werkstube des patriarchalischen Meisters in die große Fabrik des industriellen Kapitalisten verwandelt. Arbeitermassen, in der Fabrik zusammengedrängt, werden soldatisch organisiert. [...] Sie sind nicht nur Knechte der Bourgeoisklasse, des Bourgeoisstaates, sie sind täglich und stündlich geknechtet von der Maschine, von dem Aufseher und vor allem von den einzelnen fabrizierenden Bourgeois selbst. [...] Ist die Ausbeutung des Arbeiters durch den Fabrikanten so weit beendigt, dass er seinen Arbeitslohn bar ausgezahlt erhält, so fallen die anderen Teile der Bourgeoisie über ihn her, der Hausbesitzer, der Krämer, der Pfandleiher usw. Die bisherigen kleinen Mittelstände, die kleinen Industriellen, Kaufleute und Rentiers, die Handwerker und Bauern, alle diese Klassen fallen ins Proletariat hinab, teils dadurch, dass ihr kleines Kapital für den Betrieb der großen Industrie nicht ausreicht und der Konkurrenz mit den größeren Kapitalisten erliegt, teils dadurch, dass ihre Geschicklichkeit von neuen Produktionsweisen entwertet wird. [...] Man hat eingewendet, mit der Aufhebung des Privateigentums werde alle Tätigkeit aufhören und eine allgemeine Faulheit einreißen. Hiernach müsste die Bürgerliche Gesellschaft längst an ihrer Tätigkeit zugrundegegangen sein; denn die in ihr arbeiten, erwerben nicht, und die in ihr erwerben, arbeiten nicht [...]

Karl Marx/Friedrich Engels, Manifest der Kommunistischen Partei (1848), Berlin 1980, S. 53 ff.

... als Innovatoren bei Joseph Schumpeter

Einkommenserzielung und -verwendung sind solange stationäre Prozesse, bis dynamische Unternehmer Neuerungen entdecken und durchsetzen, das sind z. B.

1. Herstellung eines neuen, d. h. dem Konsumentenkreise noch nicht vertrauten Gutes oder einer neuen Qualität eines Gutes.
2. Einführung einer neuen, d. h. dem betreffenden Industriezweig noch nicht praktisch bekannten Produktionsmethode, [...]
3. Erschließung eines neuen Absatzmarktes [...]
4. Eroberung einer neuen Bezugsquelle von Rohstoffen oder Halbfabrikaten [...]
5. Durchführung einer Neuorganisation, wie Schaffung einer Monopolstellung [...] oder Durchbrechen eines Monopols [...]

[...] Der typische Unternehmer [...] schafft rastlos, weil er nicht anders kann, er lebt nicht dazu, um sich des Erworbenen genießend zu erfreuen. [...]

Seine Motivationen sind: [...] der Traum und der Wille, ein privates Reich zu gründen, [...] der Siegerwille [...] und die [...] Freude am Gestalten. [...]

Joseph Schumpeter, Theorie der wirtschaftlichen Entwicklung (1912), Berlin 1997, S. 100 ff.

Quelle: Informationen zur politischen Bildung Nr. 293.

Zwischen der **wirtschaftlichen** und **politischen** Ordnung eines Landes bestehen häufig **Abhängigkeiten.** Wie eng die Zusammenhänge zwischen dem Idealtyp einer Wirtschaftsordnung und dem politischen System einer Volkswirtschaft sind, zeigt die nachfolgende Übersicht. So lassen sich die Staatsform einer Demokratie und die Zentralverwaltungswirtschaft dauerhaft ebenso wenig miteinander vereinbaren wie totalitäre Staatsformen und die Marktwirtschaft. Wie die Übersicht verdeutlicht, wird sich in **demokratischen** Staaten langfristig eine eher **marktwirtschaftliche** Wirtschaftsordnung durchsetzen, wohingegen **totalitäre** politische Systeme auf lange Sicht zu einer **Zentralverwaltungswirtschaft** neigen.

Interdependenzen zwischen Wirtschaftsordnung und politischem System

Wirtschaftsordnung \ politisches System	demokratisch	totalitär
Marktwirtschaft	stabil	labil
Zentralverwaltungswirtschaft	labil	stabil

3 Die Marktwirtschaft als idealtypische Wirtschaftsordnung

Das wesentliche Merkmal einer Marktwirtschaft besteht in der **dezentralen Planung,** d. h., alle Haushalte und Unternehmen stellen ihre Konsum- und Produktionspläne **selbstständig** auf.

Die angestrebten Zielsetzungen der Haushalte und Unternehmen sind unterschiedlich. Zwar planen und handeln beide Wirtschaftssubjekte nach dem ökonomischen Prinzip, während die **Haushalte** aber bei ihren Plänen eine **Nutzenmaximierung** anstreben, verfolgen die **Unternehmen** das Ziel der **Gewinnmaximierung**.

Beispiel:

Haushalte versuchen, mithilfe der ihnen zur Verfügung stehenden finanziellen Mittel möglichst viele preisgünstige Güter zu erwerben.

Die Unternehmen sind im Rahmen der Gewinnmaximierung bestrebt, möglichst hohe Preise am Markt durchzusetzen.

Wichtige Ordnungsmerkmale der freien Marktwirtschaft sind:

- Konsumfreiheit,
- Produktionsfreiheit,
- Freihandel sowie
- Vertragsfreiheit.

Auch die **freie Berufswahl bzw. Arbeitsplatzwahl** muss garantiert sein. Dies schließt die Freiheit ein, sich gewerblich zu betätigen **(Gewerbefreiheit).**

Die Abstimmung der Vielzahl an Einzelplänen und der Ausgleich der gegenläufigen Interessen erfolgt über den Markt, wobei der Ablauf der Wirtschaftsprozesse von staatlichen Eingriffen weitestgehend frei bleiben soll **(„Nachtwächterstaat“).** Die **Aufgabe des Staates** beschränkt sich bei dieser Wirtschaftsordnung darauf, die **„Spielregeln“** im Sinne eines **Ordnungsrahmens** festzulegen, um die wettbewerbliche Selbststeuerung des Marktes – beispielsweise durch eine entsprechend wettbewerbspolitische Ordnung – nachhaltig zu schützen, damit die wettbewerbliche Koordination der Einzelpläne wirksam erfolgen kann.

Wie aber kann verhindert werden, dass es nicht durch zunehmende Konzentration und Monopolisierung zu Kräfteverschiebungen kommt, welche die wettbewerbliche Selbststeuerung dauerhaft gefährden?

Walter Eucken gibt darauf eine Antwort: „Es geschieht, indem die **Herstellung eines funktionsfähigen Preissystems vollständiger Konkurrenz** zum wesentlichen Kriterium jeder wirtschaftspolitischen Maßnahme gemacht wird. (...) Von diesem Satz gibt es keine Ausnahme."[1]

Die **Entscheidungen der Wirtschaftssubjekte** orientieren sich bei vollständiger Konkurrenz an den jeweiligen Preisen bzw. den Preisentwicklungen. **Preise** bilden sich am Markt.

Am Markt sollen „... die wirtschaftenden Personen aufgrund freiwilliger Entschlüsse miteinander in vertragliche Beziehungen treten, um Güter und Dienstleistungen zu kaufen und zu verkaufen."[2] Dies ist das Wesen der Marktwirtschaft.

An diesen Markt stellte Eucken die Bedingungen, dass dort **vollständige Konkurrenz** herrschen solle. Dies wäre unter den folgenden **Prämissen** der Fall:

- Es sind so viele Anbieter und Nachfrager vorhanden, dass keiner von ihnen den Markt entscheidend beeinflussen kann **(zweiseitiges Polypol).**
- Anbieter und Nachfrager handeln **unabhängig** voneinander, d. h., sie sprechen sich nicht untereinander mit dem Ziel der Marktbeeinflussung ab, z. B. über Preise.
- Es werden gleiche oder gleichartige Güter angeboten. Man spricht auch von **homogenen Gütern** (Homogenitätsbedingung), z. B. Milch, Benzin.
- Der Markt ist für die Marktteilnehmer überschaubar **(Markttransparenz)** und ohne Behinderung zugänglich **(keine Marktzutrittsschranken).**
- Die Marktteilnehmer haben keine **sachlichen, zeitlichen, räumlichen** oder **persönlichen Vorzüge** (Präferenzen).
- Die **Anbieter** streben nach **maximalem Gewinn,** die **Nachfrager** nach dem **maximalen Nutzen.**

Die **Grenzen des Marktes** und somit die **Notwendigkeit staatlichen Handelns** verdeutlicht nachfolgender Artikel.

Grenzen des Marktes

[...]

Das Problem der Kollektivgüter

Vor allem bei Kollektivgütern ist nicht zwangsläufig gewährleistet, dass die Verfolgung des individuellen Interesses dem Gesamtinteresse zu Gute kommt.

Kollektivgüter sind Güter, von deren Nutzung niemand ausgeschlossen werden kann und über die niemand ein privates Verfügungsrecht hat. Solche Güter drohen übernutzt zu werden, da die Versuchung groß ist, seinen eigenen Vorteil auf Kosten der anderen zu erhöhen. Dies muss nicht einmal mit böser Absicht geschehen. Das Verhalten im Umgang mit fast allen natürlichen Ressourcen liefert dafür vielfältige Beispiele. Die Fischfangflotten einzelner Länder versuchen möglichst viele Fische zu fangen, ohne dabei auf die Regeneration der Fischbestände zu achten. Die Autofahrer belasten die Atmosphäre mit klimaschädlichen Emissionen, ohne für die Folgen der Klimaerwärmung zur Rechenschaft gezogen zu werden. Auf diese Weise führt die Verfolgung des Eigeninteresses zum Ruin der Gemeingüter, wie es der Biologe Garrett Hardin mit der „Tragik der Allmende" beschrieb. [...]

Das Problem der externen Effekte

Durch den Wettbewerb soll der sparsame Einsatz knapper Güter erzwungen werden und die Ausrichtung der Produktion in Menge und Qualität den Bedürfnissen der Konsumenten entsprechen. Dies gelingt aber nicht bei allen Gütern. Aufgrund ihrer speziellen Eigenschaften wird von ihnen mehr oder weniger produziert als gesellschaftlich erwünscht.

1 Vgl. Eucken, Walter: Grundsätze der Wirtschaftspolitik, Reinbek, rororo Bd. 81, S. 160ff.

2 Vgl. Preiser, Erich: Die Zukunft unserer Wirtschaftsordnung, Göttingen, o. J., S. 50ff.

Gelingt es den Produzenten, Kosten auf andere auszulagern, kann das Gut billiger verkauft werden, als wenn die durch seine Herstellung verursachten Schäden berücksichtigt werden. So können landwirtschaftliche oder industrielle Abwassereinleitungen die Nahrungsmittelproduktion flussabwärts beeinträchtigen. Abgase können Renovierungs- und Gesundheitskosten an anderer Stelle erhöhen. Würden die auf andere ausgelagerten Kosten bei der Produktion berücksichtigt, müsste das Gut teurer verkauft werden, in der Folge würden die Konsumenten weniger davon nachfragen.

Die Möglichkeit, „soziale Kosten“ zu erzeugen, also Kosten bei Dritten entstehen zu lassen, führt dazu, dass mehr von dem Gut produziert wird als unter Bedingungen erwünscht wäre, die alle Kosten einbezögen. Hier sind gesellschaftliche oder politische Regeln erforderlich, die solche „externen Effekte internalisieren“, also dem Verursacher zuordnen und Über- oder Unterproduktion verhindern.

■ Das Problem des Freifahrerverhaltens

Um Gemeingüter entstehen zu lassen oder zu erhalten, müssten eigentlich viele Individuen nur einen kleinen Beitrag leisten. Dafür erhalten sie gleichzeitig die Leistungen anderer gratis. In einer solchen Situation befindet man sich allerdings in einem Dilemma: Wie soll man sich verhalten?

Das Gut (zum Beispiel das Klima), von dessen Nutzung niemand ausgeschlossen werden kann, lässt sich nur erhalten, wenn viele dazu beitragen oder zumindest an dessen Zerstörung gehindert werden. Trägt man selbst höhere Kosten für emissionsmindernde Technologien oder gewisse Unbequemlichkeiten, während die anderen weiterhin die Atmosphäre belasten wie bisher, wird der Klimawandel trotz der eigenen höheren Kosten nicht aufgehalten.

Das ist nicht sehr motivierend. Individuen hingegen, die nichts tun, ersparen sich die Kosten und profitieren vielleicht trotzdem von den Bemühungen anderer. Es gibt also einen Anreiz, sich als Trittbrettfahrer – man könnte auch sagen Schwarzfahrer – zu verhalten, der kontraproduktiv wirkt, wenn es nicht zu gesellschaftlichen oder politischen Regeln kommt.

■ Das Problem des Moral Hazard

Doch selbst wenn Menschen zu einem Gemeingut beitragen, können sie geneigt sein, sich daran schadlos zu halten. Ein Beispiel ist die Absicherung gegen künftige Risiken. Diese Leistung wird von Versicherungen angeboten. Hier zahlen viele Versicherte kleine Beiträge und erwarten dafür, dass die Versicherung die Schäden begleicht, wenn sie eintreten. Würden nun bei allen Versicherten hohe Schäden entstehen, müssten die Beiträge so angehoben werden, dass sie für den Einzelnen unerschwinglich wären. Blieben die Beiträge aber niedrig und könnten sie die entstehenden Schadenskosten nicht abdecken, würden sich kaum Versicherungen finden, die solche Verlustrisiken eingehen. Für die einzelnen Versicherten stellt sich die Situation dagegen anders dar. Sie zahlen regelmäßig unterschiedlich hohe Beiträge, von denen sie ohne Schadensfall scheinbar nichts haben. Dies kann Einzelne dazu verleiten, sich durch vorsätzliche Verursachung eines Versicherungsfalls einen Teil der Beiträge zurückzuholen oder durch risikoreicheres Verhalten den Eintritt des Versicherungsfalls in Kauf zu nehmen. So kann die Kollektivrationalität zugunsten des eigenen Interesses untergraben werden. Für die Versicherungen erhöhen sich die Kosten, für die Versicherten die Beiträge. Es bedarf also Mechanismen, die Versicherungsbetrug auf Kosten der Allgemeinheit verhindern. [...]

■ Das Problem der Einkommensverteilung

Die bisherigen Argumente verdeutlichten, warum der Markt nicht immer in der Lage ist, bestimmte Güter effizient in der richtigen Menge und Qualität herzustellen. Berücksichtigt werden dabei aber nur die Bedürfnisse der kaufkräftigen Konsumenten bzw. derjenigen, deren Leistungsfähigkeit durch den Markt honoriert wird. Unberücksichtigt bleiben Menschen, deren Einkommen zu niedrig sind oder die am Arbeitsmarkt nicht teilhaben. „Marktwirtschaften sind zwar effizient und leistungsfähig bei der Produktion von Reichtum, aber dabei können einige Leute sehr reich werden und die anderen verhungern“, so der Nobelpreisträger Joseph Stiglitz. Er führt weiter aus, dass, abhängig von seltenen, aber vom Markt als wertvoll gedeuteten Begabungen, die einen hohe Einkommen erhalten, während diejenigen mit weiter verbreiteten Fähigkeiten sich teilweise mit einem Lohn knapp über dem Existenzminimum zufrieden geben müssen. Da dies den sozialen Frieden gefährdet, ist Einkommensumverteilung eine wichtige staatliche Aufgabe.

Quelle: Informationen zur politischen Bildung, Heft 308.

4 Abgrenzung der Marktwirtschaft als idealtypische Wirtschaftsordnung zur Zentralverwaltungswirtschaft

Die beiden theoretischen Modelle von Wirtschaftsordnungen lassen sich anhand bestimmter Vergleichskriterien – den sogenannten Ordnungselementen – voneinander abgrenzen.

Vergleichskriterien	Marktwirtschaft	Zentralverwaltungswirtschaft
Planungssystem	dezentrale Planung	zentrale Planung
Koordinationssystem	Märkte mittels Preismechanismus	Salden der Planbilanzen
Motivationssystem	*Haushalte:* Nutzen *Unternehmen:* Gewinn	*Haushalte:* Bedarfsdeckung *Unternehmen:* Grad der Planerfüllung
Eigentumsordnung	Privateigentum	Kollektiveigentum
Vertragsfreiheit	ja	nein
Gewerbefreiheit	ja	nein
Konsumfreiheit	ja	stark eingeschränkt
Funktion des Staates	Festlegung eines Ordnungsrahmens	umfangreiche Planungs- und Steuerungsfunktion
Festsetzung der Löhne und Gehälter	Einzel- bzw. Kollektivverträge (Tarifverträge)	Festsetzung durch Plan

Kompetenztraining

1. Begründen Sie, ob Sie eine Volkswirtschaft für denkbar halten, bei der die Bedürfnisse der Bevölkerung ohne Planung gedeckt werden könnten!
2. Nennen Sie die grundsätzlichen Möglichkeiten zur Lösung der Fragen, was, wie, wann und für wen produziert werden soll!
3. Erklären Sie, wodurch die Steuerung der Marktwirtschaft erfolgt!
4. Nennen Sie die Voraussetzungen, die für eine funktionsfähige Lenkung des Wirtschaftsprozesses in der Marktwirtschaft erfüllt sein müssen!
5. Nehmen Sie kritisch Stellung zu den Bedingungen der vollständigen Konkurrenz!
6. Beurteilen Sie, ob eine Marktwirtschaft ohne Privateigentum an Produktionsmitteln realistisch ist!
7. Erläutern Sie, wie die Wirtschaftssubjekte in einer Marktwirtschaft erfahren, ob ein Gut knapp ist!

8. Erläutern Sie, wodurch in der Marktwirtschaft vermieden wird, dass es zu wirtschaftlicher Macht kommt!

9. Prüfen Sie, ob es die Marktwirtschaft unter den aufgeführten Bedingungen in der Wirklichkeit gibt!

10. Lesen Sie die Ausführungen zum Modell der Zentralverwaltungswirtschaft und bearbeiten Sie die anschließenden Aufgaben!

Das Modell der Zentralverwaltungswirtschaft ist durch die zentrale Planung gekennzeichnet.

Die Pläne der zentralen Planungsbehörde entscheiden darüber, was, wann, wo, wie und in welcher Menge hergestellt wird und wie die Verteilung der erzeugten Güter und Dienstleistungen erfolgt.

Auch in einer zentralverwaltungswirtschaftlich orientierten Wirtschaft sind Güter wegen ihrer Knappheit zu bewirtschaften. Als Gradmesser dieser Knappheit dienen aber **nicht** Marktpreise.

Die Knappheit zeigt sich in den Plansalden, die sich in den zentralen Güterbilanzen der einzelnen Güterarten als Differenz zwischen dem geplanten Bedarf und der geplanten Produktion in der Planperiode ergeben.

Als Schwierigkeit der zentralen Planung zeigt sich das Erfassen der Bedürfnisse und der Produktionsmöglichkeiten. Die Qualität der Planung ist abhängig von der Genauigkeit des zur Verfügung stehenden statistischen Materials.

Die Planperioden können mittelfristig (5 bis 7 Jahre) oder langfristig (15 bis 20 Jahre, sogenannte Perspektivpläne) liegen.

Wie erfolgt die Planerstellung?

Ausgangspunkt eines Planes ist die allgemeine Zielvorgabe durch die politische Führung, wie z. B. Erhöhung der Industrialisierung oder Verbesserung der Grundversorgung der Bevölkerung um einen bestimmten Prozentsatz.

Die Zentrale Planbehörde entwirft den vorläufigen Volkswirtschaftsplan. In diesem findet eine Aufschlüsselung in Einzelpläne, z. B. Landwirtschaft, Bergbau, Schwerindustrie usw., statt. Von Fachministerien werden die Einzelpläne für die Betriebe detailliert und diesen die Ergebnisse zur Beratung vorgelegt. Damit ist die 1. Phase der Vorgabeplanung abgeschlossen.

In der 2. Phase, der Phase der Gegenvorschläge, können Betriebe Gegenvorschläge vorbringen und diese den Fachministerien mitteilen. Dort werden diese Gegenvorschläge überprüft, koordiniert und der Zentralen Planbehörde weitergeleitet.

Unter Berücksichtigung der Änderungsvorschläge der Fachministerien erstellt die Zentrale Planbehörde den endgültigen Volkswirtschaftsplan. Dieser ist der politischen Führung zur Billigung vorzulegen.

Mit der Billigung des Planes (3. Phase, Entscheidung und Durchsetzung) erhält er Gesetzeskraft. Die Zentralbehörde beauftragt die Fachministerien mit der Durchführung der Einzelpläne. Die Fachministerien detaillieren die Einzelpläne für die Durchführung in den Betrieben und leiten sie an diese weiter. Die Betriebe und Betriebszusammenschlüsse haben die Pläne auszuführen.

Für die Funktionsfähigkeit eines zentralen Planungssystems ist die Aufhebung der Verfügungsmacht von Privaten über Produktionsmittel Voraussetzung. Ein förmliches Weiterbestehen von Privateigentum wäre zwar möglich, Staatseigentum und genossenschaftliches Eigentum erleichtern die zentrale Planung, da eine an Individualinteressen orientierte Verfügung über Produktionsmittel entfällt. Aufgabe der Produzenten ist allein die betriebliche Planerfüllung.

Leistungsanreize für Betriebsleiter und Beschäftigte in Form von Prämien werden an den Grad der Planerfüllung geknüpft.

Quelle: Nach Bundeszentrale für politische Bildung, Bonn (Hrsg.): Wirtschaft 4, Wirtschaftsordnungen im Vergleich. Informationen zur politischen Bildung, Nr. 180.

Aufgaben:

10.1 Nennen Sie das Hauptkennzeichen einer Zentralverwaltungswirtschaft!

10.2 Erläutern Sie, wodurch in einer Zentralverwaltungswirtschaft der Grad der Knappheit der Güter festgestellt wird!

10.3 Erläutern Sie, welche Pläne nach der Dauer der Planperiode unterschieden werden!

10.4 Nennen Sie die Phasen der Planerstellung!

10.5 Stellen Sie den Planungsprozess durch das Vervollständigen des folgenden Schaubildes dar!

Planungs- und Entscheidungsebene	1. Phase	2. Phase	3. Phase
Politische Führung	Allgemeine Zielvorgabe		
Zentrale Planbehörde			
Fachministerien			
Betriebe und Betriebszusammenschlüsse			

DOWNLOAD

11. Die Marktwirtschaft wird auch als „Mehrplanwirtschaft" bezeichnet. Erläutern Sie diesen Begriff!

12. Lesen Sie den folgenden Zeitungsausschnitt und bearbeiten Sie die anschließenden Aufgaben!

Verstaatlichung – ein neues Patentrezept

Die konjunkturellen und strukturellen Krisen der vergangenen Jahre und ihre Folgen (Unternehmenspleiten, Betriebsstilllegungen, die rapide Zunahme der Zahl der Arbeitslosen) haben auch Ideen und Rezepten wieder Aufwind gegeben, die lange Zeit in Vergessenheit geraten waren: Besonders in den Reihen der Gewerkschaften und bei ihren wissenschaftlichen Ratgebern werden immer lauter Forderungen nach einer verstärkten staatlichen Wirtschaftslenkung bis hin zu einer Verstaatlichung der von der Krise besonders gebeutelten Großunternehmen vorgebracht. Wäre dies ein Patentrezept zur Lösung unserer Probleme? Sind etwa die Manager eines staatlichen Unternehmens prinzipiell besser in der Lage, eine Unterauslastung der sachlichen und menschlichen Kapazitäten mit dadurch drohender Arbeitslosigkeit zu verhindern, als ihre Kollegen in einem privatwirtschaftlichen Unternehmen? Können sie allein aufgrund des staatlichen Eigentums an ihrem Unternehmen eine bessere Absatz-, Einkaufs-, Finanz-, Produktionspolitik usw. betreiben?

Aufgaben:

12.1 Nehmen Sie Stellung zu den am Ende dieses Artikels gestellten Fragen!

12.2 Beschreiben Sie, welche Auswirkungen es auf den Markt hätte, wenn Großunternehmen verstaatlicht würden!

12.3 Erläutern Sie, welche Konsequenzen eine Verstaatlichung von Großunternehmen für Klein- und Mittelbetriebe hätte!

12.4 Erläutern Sie, welche Konsequenzen eine Verstaatlichung von Großunternehmen für die Verbraucher hätte!

12.5 Begründen Sie, für wen eine Verstaatlichung von Großunternehmen Vorteile brächte!

13. Erläutern Sie den Zusammenhang zwischen der Wirtschaftsordnung eines Landes und der jeweiligen Staatsform!

14. Unterrichtsvorschlag: Brainwriting

Sammeln Sie mittels **Brainwriting** mögliche Vor- und Nachteile der beiden Grundformen von Wirtschaftsordnungen und diskutieren Sie, welches dieser Modelle für das Wirtschaften am geeignetsten ist!

15. Unterrichtsvorschlag: Brainstorming

Betrachten Sie nebenstehende Karikatur und nehmen Sie kritisch Stellung!

Karikatur: Gerhard Mester, Wiesbaden

16. Beurteilen Sie, welche der nachfolgenden Aussagen zur Wirtschaftsordnung richtig sind!

Tragen Sie eine

① ein, wenn die Aussage richtig ist,

⑨ ein, wenn die Aussage falsch ist!

16.1	Die Wirtschaftsordnung ermöglicht jedem Wirtschaftssubjekt das freie Handeln nach dem ökonomischen Prinzip.	9
16.2	Wirtschaftsordnungen garantieren immer eine sinnvolle Planung aller Wirtschaftssubjekte.	9
16.3	Die idealtypischen Wirtschaftsmodelle sind insbesondere in entwickelten Volkswirtschaften anzutreffen.	9
16.4	Die Wirtschaftsordnung koordiniert die Handlungen der Wirtschaftssubjekte untereinander.	1
16.5	Die Wirtschaftsordnung übernimmt die Planung der Wirtschaftsprozesse, sodass die einzelnen Wirtschaftssubjekte nicht mehr planen müssen.	9
16.6	Die Wirtschaftsordnung ist Bestandteil der Gesellschaftsordnung.	1
16.7	Es gibt zwei Grundmodelle von Wirtschaftsordnungen, die idealtypische und die realtypische Wirtschaftsordnung.	9
16.8	Die freie Berufswahl wird durch Wirtschaftsordnungen garantiert.	9
16.9	In einer arbeitsteiligen Volkswirtschaft ist die Wirtschaftsordnung Grundvoraussetzung für die Überwindung der Intransparenz des wirtschaftlichen Geschehens.	1
16.10	Die Staatsform einer Volkswirtschaft hat – zumindest langfristig – keinerlei Auswirkungen auf die Wirtschaftsordnung eines Landes.	9

17. Entscheiden Sie, welche der nachfolgenden Aussagen für die Grundmodelle von Wirtschaftsordnungen zutreffen!

Tragen Sie eine

① ein, wenn diese Aussage nur für das Modell der Marktwirtschaft gilt,

② ein, wenn diese Aussage nur für das Modell der Zentralverwaltungswirtschaft gilt,

③ ein, wenn diese Aussage für beide Modelle gilt,

④ ein, wenn diese Aussage für keines der beiden Modelle gilt!

17.1	Die Produktionsmittel befinden sich zum größten Teil in staatlicher Hand.	2
17.2	Diese Wirtschaftsordnung ist gekennzeichnet durch eine Mehrplanwirtschaft mit Wettbewerbssteuerung.	1
17.3	Die individuelle Freiheit des Einzelnen findet besondere Beachtung.	1
17.4	Löhne und Gehälter werden zwischen Arbeitgeber und Arbeitnehmer grundsätzlich individuell vereinbart.	1
17.5	Der Import ausländischer Güter ist jedem Unternehmen freigestellt.	1
17.6	Die Regierungen können Rechtsnormen erlassen, die das wirtschaftliche Miteinander regeln.	3
17.7	Diese Wirtschaftsordnung stellt sicher, dass jedes Wirtschaftssubjekt seine Pläne erfüllen kann.	4
17.8	Eigentum des Staates ist bei dieser Wirtschaftsordnung nicht vorgesehen.	4
17.9	Unternehmen verfügen über eine Unternehmensleitung.	3
17.10	Oberstes Ziel der Unternehmen ist die Gewinnmaximierung.	1
17.11	Der Staat garantiert eine erstklassige Versorgung der Haushalte mit allen Produkten des alltäglichen Bedarfs.	3
17.12	Die Wünsche und Vorstellungen des Einzelnen sind nicht so wichtig wie das Wohl der Gemeinschaft.	1
17.13	Im Wesentlichen werden die Preise staatlich fixiert.	2
17.14	Die Planung der Produktion erfolgt in den Unternehmen.	1

18. Beide idealtypischen Wirtschaftsordnungen bringen Vor- und Nachteile mit sich.

Kennzeichnen Sie nachfolgende Aussagen mit einer

①, wenn es sich um einen Vorteil der Marktwirtschaft handelt,

②, wenn es sich um einen Nachteil der Marktwirtschaft handelt,

③, wenn es sich um einen Vorteil der Zentralverwaltungswirtschaft handelt,

④, wenn es sich um einen Nachteil der Zentralverwaltungswirtschaft handelt!

Tragen Sie eine ⑨ ein, wenn keine Zuordnung möglich erscheint!

18.1	Die Durchsetzung individueller Interessen kann zulasten des Gemeinwohls gehen.	2
18.2	Die Eigeninitiative der Wirtschaftssubjekte ist kaum vorhanden.	4
18.3	Die Produktionsfaktoren werden in gewinnbringende Sektoren gelenkt.	1
18.4	Die tatsächliche Knappheit der Güter spiegelt sich kaum mehr in den Preisen wider.	2
18.5	Für die Mitglieder der Gesellschaft besteht die Möglichkeit zur Selbstverwirklichung.	1
18.6	Die Machtbefugnisse des Staates im Wirtschaftsleben sind sehr umfangreich.	4
18.7	Die Entscheidung zur bedarfsdeckenden Versorgung orientiert sich nicht ausschließlich am Gewinn.	3
18.8	„Schwächere" Wirtschaftssubjekte werden durch den fehlenden Wettbewerb nicht an den Rand ihrer Existenz gedrängt.	3
18.9	Jedes Mitglied der Gesellschaft handelt nach dem Minimalprinzip.	9
18.10	Die Handlungen der Wirtschaftssubjekte werden durch einen Ordnungsrahmen koordiniert.	9
18.11	Es werden wenig öffentliche Güter angeboten.	2
18.12	Das Risiko der Arbeitslosigkeit ist – insbesondere bei schlechter Konjunkturlage – sehr hoch.	2
18.13	Der technische Fortschritt kann sich nicht voll entfalten.	4
18.14	Es kommt zu einer Überforderung von Zentralbehörden.	4
18.15	Ein wesentliches Ordnungsmerkmal dieser Wirtschaftsordnung ist die Konsumfreiheit.	1
18.16	Es kann zu Machtkonzentrationen und Monopolisierungen und somit zumindest kurzfristig zur Ausbeutung schwächerer Marktteilnehmer kommen.	2
18.17	Für breite Bevölkerungskreise besteht – wenn auch auf einem vergleichsweise niedrigen Niveau – Versorgungssicherheit.	1

19. Als eine Bedingung für „vollständige Konkurrenz" nennt Walter Eucken, dass die Marktteilnehmer keine sachlichen, zeitlichen, räumlichen oder persönlichen Vorzüge (Präferenzen) haben.

Kennzeichnen Sie die nachfolgenden Fälle mit einer

①, wenn sachliche Präferenzen vorliegen,

②, wenn zeitliche Präferenzen vorliegen,

③, wenn räumliche Präferenzen vorliegen,

④, wenn persönliche Präferenzen vorliegen,
⑨, wenn keine Präferenzen vorliegen!

19.1	Karl Müller möchte 100 000,00 EUR als Tagesgeld anlegen. Aus mehreren Angeboten entscheidet er sich für das Institut, das ihm die beste Verzinsung garantiert.	1
19.2	Die Schülerin Anke Engelke möchte sich einen neuen Pkw kaufen. Dabei entscheidet sie sich wegen der längeren Lieferzeit nicht für das günstigste Angebot.	2
19.3	Die Autoversicherung für ihr neues Fahrzeug schließt Frau Engelke – ohne weitere Informationen einzuholen – bei ihrem Bekannten ab.	4
19.4	Fritz Schwabe beauftragt ein Maklerbüro mit dem Kauf einer Eigentumswohnung.	9
19.5	Aufgrund seiner Bewerbungen für eine Ausbildung zum Bankkaufmann erhält Carsten Clever mehrere Zusagen. Um Fahrtkosten zu sparen, entscheidet er sich für den Ausbildungsbetrieb in seinem Wohnort.	3
19.6	Lars Meier möchte seine Bankgeschäfte von zu Hause aus erledigen. Aus mehreren Angeboten, die alle den gleichen Service bieten, wählt er das kostengünstigste aus.	1
19.7	Nachdem Christian seine Ausbildungsstelle bei der Volksbank Göttingen angetreten hat, eröffnen seine Eltern dort ein Depot.	4

20. Sie sollen die Wirtschaftsordnung einer „Marktwirtschaft" erklären. Entscheiden Sie, welche nachfolgenden Erläuterungen Sie in Ihren Ausführungen nicht verwenden sollten!

① Durch die wettbewerbliche Koordination der Einzelpläne über den Markt sind Unternehmenskonzentrationen ausgeschlossen.

② Die Marktwirtschaft ist eine in sich geschlossene Wirtschaftsordnung.

③ Die Notwendigkeit staatlichen Eingreifens beschränkt sich auf die Festlegung eines Ordnungsrahmens.

④ Die Koalitionsfreiheit der Tarifparteien lässt sich mit dem System der Marktwirtschaft vereinbaren.

⑤ In einer Marktwirtschaft werden nicht alle von den Wirtschaftssubjekten aufgestellten Pläne realisiert.

[1]

21. Prüfen Sie, welcher der nachfolgenden Sachverhalte gegen ein funktionsfähiges Preissystem der vollständigen Konkurrenz verstößt!

① Anbieter und Nachfrager handeln nach dem ökonomischen Prinzip.

② Es gibt keine Monopolstellungen einzelner Unternehmen.

③ Eine unabhängige Gesellschaft testet vergleichbare Produkte und veröffentlicht die Ergebnisse kostenlos.

④ Eine generelle Vertragsfreiheit erlaubt es Unternehmen, Produktionsquoten festzulegen und untereinander aufzuteilen.

⑤ Für sein Wohlergehen ist jeder Einzelne selbst verantwortlich.

[4]

5 Die Grundidee der sozialen Marktwirtschaft

Handlungssituation 3.2

Lesen Sie zunächst den nachfolgenden Artikel!

Soziale Marktwirtschaft

Die deutsche Wirtschaftspolitik orientiert sich seit Mitte des 20. Jahrhunderts am Konzept der Sozialen Marktwirtschaft. Es geht zurück auf Ludwig Erhard, der von 1949 bis 1963 der erste Bundeswirtschaftsminister der Bundesrepublik Deutschland war. Die zentrale Idee besteht darin, die Freiheit aller, die als Anbieter oder Nachfrager am Markt teilnehmen, zu schützen und gleichzeitig für sozialen Ausgleich zu sorgen. Erstmals schriftlich erwähnt wurde der Begriff „Soziale Marktwirtschaft" von Erhards Mitstreiter Alfred Müller-Armack, 1952 Leiter der wirtschaftspolitischen Grundsatzabteilung im BMWi [Bundesministerium Wirtschaft] und ab 1958 Staatssekretär für Europapolitik.

Die Soziale Marktwirtschaft ist ein wesentlicher Teil unserer freiheitlichen, offenen und solidarischen Gesellschaft. Mit ihr gibt es einen bewährten Kompass, der Wohlstand und Vollbeschäftigung ermöglicht und zugleich den sozialen Ausgleich und den gesellschaftlichen Zusammenhalt in unserem Land festigt.

Der erste Grundsatz in der Sozialen Marktwirtschaft ist, dass die Märkte über den Preismechanismus für den Ausgleich von Angebot und Nachfrage sorgen: Sind besonders begehrte Güter knapp, steigt deren Preis. Das drängt Nachfrage zurück und bietet zugleich Gewinnmöglichkeiten für zusätzliche Anbieter. Anbieter werden versuchen, die Produktion so kostengünstig wie möglich zu gestalten. So kommt es zu einer effizienten Verwendung der Produktionsmittel und zu günstigen Preisen für die Verbraucher. Dafür ist wichtig, dass Wettbewerb mit offenem Marktzugang herrscht und Marktmacht verhindert wird. Der Marktmechanismus erhöht dann die Konsummöglichkeiten, motiviert die Anbieter zu Innovationen und technischem Fortschritt und verteilt Einkommen und Gewinn nach individueller Leistung. Es ist eine wichtige Aufgabe des Staates, den Rahmen für einen funktionierenden Wettbewerb zu schaffen und zu erhalten. Gleichzeitig muss er die Bereitschaft und die Fähigkeit der Menschen zu eigenverantwortlichem Handeln und mehr Selbstständigkeit fördern.

Der zweite Grundsatz der Sozialen Marktwirtschaft neben dem freien Markt ist der soziale Ausgleich. Dieser soll eine soziale Absicherung für diejenigen bereitstellen, die aufgrund von Alter, Krankheit oder Arbeitslosigkeit keine Markteinkommen erzielen können. Zu einer Sozialen Marktwirtschaft gehören zudem nicht nur gute Wettbewerbsbedingungen und ein gutes Investitionsklima, sondern auch soziale Teilhabe sowie Chancengerechtigkeit.

Rechtliche Grundlage

Die Soziale Marktwirtschaft wurde nie namentlich als Wirtschaftssystem Deutschlands im Grundgesetz verankert, weil das Grundgesetz keinen eigenen Abschnitt zur Wirtschaft enthält. Allerdings legen zentrale Elemente unserer Rechtsordnung, wie u. a. die Grundrechte, die Vertrags- und Koalitionsfreiheit oder das Recht auf eine freie Berufs- und Arbeitsplatzwahl die Grundlage für die Soziale Marktwirtschaft und schließen die Extreme einer reinen Zentralverwaltungswirtschaft oder einer schrankenlosen Marktwirtschaft aus.

Im Mai 1990 wurde die Soziale Marktwirtschaft im Vertrag über die Schaffung einer Währungs-, Wirtschafts- und Sozialunion zwischen der Bundesrepublik und der ehemaligen DDR rechtlich als gemeinsame Wirtschaftsordnung verankert.

Textquelle: www.bmwi.de.

Kompetenzorientierte Arbeitsaufträge:

1. Notieren Sie sich zunächst die Begriffe in dem vorangestellten Text, die Ihnen unverständlich erscheinen und recherchieren Sie diese anschließend im Internet!
2. Nennen Sie die zentrale Idee der sozialen Marktwirtschaft und legen Sie kurz dar, wo die soziale Marktwirtschaft in der Bundesrepublik Deutschland verankert ist!
3. Erläutern Sie in wenigen Worten die aus dieser Idee (vgl. Aufgabe 2) resultierende Zielsetzung der sozialen Marktwirtschaft!
4. Ein Grundsatz der sozialen Marktwirtschaft betont den sogenannten „sozialen Ausgleich". Erläutern Sie, was man hierunter versteht und führen Sie konkrete Beispiele an, wie dieser Grundsatz im Alltag anzutreffen ist!
5. **Forderungskatalog**

   Nicht wenige Kritiker führen immer wieder an, dass der „soziale Ausgleich" ein wesentlicher Grund für die zunehmende Belastung der öffentlichen Haushalte darstellt.

   Recherchieren Sie im Internet, wie hoch die Sozialausgaben aktuell die öffentlichen Haushalte belasten. Erstellen Sie anschließend für die Regierung einen Forderungskatalog, wie diese Ausgaben künftig einzudämmen sind!

5.1 Grundlagen

(1) Begriff „soziale Marktwirtschaft"

Wird in der öffentlichen Diskussion von „sozialer Marktwirtschaft" gesprochen, ist immer die in der Realität der Bundesrepublik Deutschland bestehende Wirtschaftsordnung gemeint. „Vater" der sozialen Marktwirtschaft ist Ludwig Erhard.[1]

Die soziale Marktwirtschaft prägt bereits seit der Währungsreform im Jahr 1948 das wirtschaftliche Geschehen in der Bundesrepublik Deutschland und entstand vor dem Hintergrund **negativer Erfahrungen** der jüngeren Vergangenheit. So waren einerseits die negativen Auswirkungen eines Systems der **staatlichen Wirtschaftslenkung** aus den Jahren 1933–1945 noch allgegenwärtig, andererseits waren die Nachteile (z. B. starke Konzentrationstendenzen setzten den Wettbewerb weitgehend außer Kraft, soziale Probleme blieben ungelöst) einer staatslosen **liberalen Wirtschaftsordnung** aus dem Beginn der Weltwirtschaftskrise in den 20er-Jahren hinreichend bekannt.

Es handelt sich weniger um ein in sich geschlossenes Konzept, als vielmehr um eine **Leitidee,** die **durch Wirtschaftspolitik** mit Leben gefüllt werden muss.

Freiheit und Verantwortung sind miteinander gekoppelt. Die **Verantwortung** umfasst die Verantwortung des **Einzelnen** für sich **selbst** und auch für **andere**.

1 **Ludwig Erhard,** der erste Wirtschaftsminister der Bundesrepublik Deutschland, verwendete den Begriff der „sozialen Marktwirtschaft", als er nach 1948 die Marktwirtschaft in der Bundesrepublik einführte und damit die Zwangswirtschaft der ersten Nachkriegsjahre ablöste. Der Begriff „soziale Marktwirtschaft" selbst stammt von seinem Mitarbeiter, dem Staatssekretär Alfred Müller-Armack.

Sinne einer **Hilfe zur Selbsthilfe** erst dann eingeschaltet werden sollen, wenn dezentrale Entscheidungsträger (z. B. Haushalte und Unternehmen) ein Problem allein nicht mehr bewältigen können. Das Konzept der sozialen Marktwirtschaft ist **nicht** auf einen **Versorgungsstaat** ausgelegt, der den Einzelnen **zeitlich unbegrenzt** und **ohne jegliche Eigenverantwortung** unterstützt.

Grundziel dieser Wirtschafts- und Gesellschaftsordnung ist: **„So viel Freiheit wie möglich, so viel staatlichen Zwang wie nötig"**, wobei man sich freilich immer darüber streiten kann, was möglich bzw. was nötig ist.

Die **soziale Marktwirtschaft** ist eine **Wirtschaftsordnung,** die grundsätzlich den **freien** Markt bejaht, **ohne** die **Nachteile** der freien Marktwirtschaft in Kauf nehmen zu wollen.

Um der Gefahr vorzubeugen, dass **staatliche Eingriffe** die **Leistungsfähigkeit** des marktwirtschaftlichen Systems erheblich **beeinträchtigen** können, sollen diese grundsätzlich **marktkonform** erfolgen.

Marktinkonforme Eingriffe des Staates liegen beispielsweise dann vor, wenn

- durch staatliche Interventionen die Preise verfälscht würden und somit die Knappheit der einzelnen Güter durch die Preise nicht mehr korrekt angezeigt würde oder
- Produktionsfaktoren durch dauerhafte staatliche Steuerungsimpulse (z. B. Subventionen) in unproduktiven Bereichen gebunden (z. B. Kohlebergbau, Landwirtschaft) bzw. in solche Bereiche gelenkt würden.

Die soziale Marktwirtschaft ist also so angelegt, dass gesellschaftspolitische, überwirtschaftliche Erwägungen den marktwirtschaftlichen Vorgängen nicht widersprechen, sondern die **Funktionsfähigkeit der Märkte gewahrt** bleibt.

(2) Einschränkungen von Freiheitsrechten

In einem Rechtsstaat muss die Wirtschaftsordnung in eine Rechtsordnung eingebunden sein, die sich wiederum an der Verfassung, in der Bundesrepublik Deutschland also am Grundgesetz [GG],[1] auszurichten hat.

Das **Grundgesetz** schreibt ausdrücklich **keine bestimmte Wirtschaftsform** vor, sondern lässt einen weiten Spielraum für denkbare Wirtschaftsordnungen. Das Grundgesetz enthält deshalb neben **garantierten Freiheitsrechten** auch eine Vielzahl von **Einschränkungen** dieser Rechte, damit das Gemeinwohl nicht zu kurz kommt.

Nachfolgende Tabelle zeigt beispielhaft einige dieser Einschränkungen von ausgewählten Freiheitsrechten.

1 Grundgesetz für die Bundesrepublik Deutschland [GG] vom 23. Mai 1949. Das GG ist kein Paragrafengesetz, sondern ein Artikelgesetz.

Freiheitsrecht	Einschränkungen
Gewerbe-, Vertrags- und Konsumfreiheit [Art. 2 GG]	■ Zum Schutze des Verbrauchers, der Nachbarschaft und der Allgemeinheit ist die **Gewerbefreiheit eingeschränkt.** So ist u. a. für erlaubnispflichtige Gewerbe eine behördliche Zulassung erforderlich. Beispiele: Handel mit frei verkäuflichen Arzneimitteln, Handel mit Waffen und Munition, Automatenaufstellung, Betrieb von Schank- und Speisewirtschaften. ■ **Gefährliche Anlagen** und **bestimmte Gewerbezweige** werden staatlich überwacht. Hierzu zählen z. B. Braunkohlekraftwerke, Gasturbinenanlagen, Windkraftanlagen, Anlagen zur Herstellung von Arzneimitteln, Pflanzenschutzmittel, Mineralölraffinerien. ■ Zum Schutz der Umwelt wird die Gewerbefreiheit durch **Umweltgesetze** eingeschränkt. ■ Die **Vertragsfreiheit** wird dort **begrenzt,** wo die Rechte anderer verletzt werden. – Wucherische und sittenwidrige Rechtsgeschäfte (z. B. überhöhte Zinsforderungen, Kauf von Rauschgift und Drogen) sind verboten. – Umfangreiche Arbeitsschutzrechte schützen den einzelnen Arbeitnehmer (z. B. Kündigungsschutzgesetz, Jugendarbeitsschutzgesetz, Arbeitsschutzgesetze). ■ Die **Konsumfreiheit** ist in manchen Branchen **eingeengt.** So dürfen bestimmte Arzneimittel von den Apotheken nur gegen ärztliches Rezept abgegeben werden.
Berufsfreiheit [Art. 12 GG]	■ In der sozialen Marktwirtschaft besteht das Recht auf **freie Wahl des Berufs,** des Arbeitsplatzes und der Ausbildungsstätte.[1] ■ Das Recht auf freie Berufs-, Arbeitsplatz- und Ausbildungsstättenwahl ist dort begrenzt, wo es an Arbeits- und Ausbildungsplätzen fehlt. Ein **gerichtlich durchsetzbares „Recht auf Arbeit"** gibt es nach dem Grundgesetz **nicht.** ■ Die Aussage des Art. 12 GG stellt eine Aufforderung an den Staat dar, dafür Sorge zu tragen, dass **genügend Arbeits- und Ausbildungsplätze** zur Verfügung stehen.
Eigentum, Erbrecht [Art. 14 GG]	Das Grundgesetz gewährt dem Gesetzgeber jedoch weitgehende Eingriffsrechte in das Privateigentum. Einmal soll das Eigentum dem Wohle der Allgemeinheit dienen **(„soziale Bindung des Eigentums"),** zum anderen ist eine **Enteignung ausdrücklich erlaubt.** Produktionsmittel, Grund und Boden und Naturschätze können verstaatlicht werden [Art. 15 GG].

1 Die Berufsausbildung ist im Regelfall durch Gesetz geregelt.
Beispiele: Ärzte und Apotheker benötigen die Approbation (vom Staat verliehenes Recht zur Berufsausübung). Bei Handwerkern ist (noch) in vielen Fällen die Meisterprüfung (der „große Befähigungsnachweis") erforderlich, wenn sie z. B. Auszubildende beschäftigen, Lehrer müssen staatliche Prüfungen bestehen.

5.2 Wirtschaftspolitische Funktionen des Staates in der sozialen Marktwirtschaft

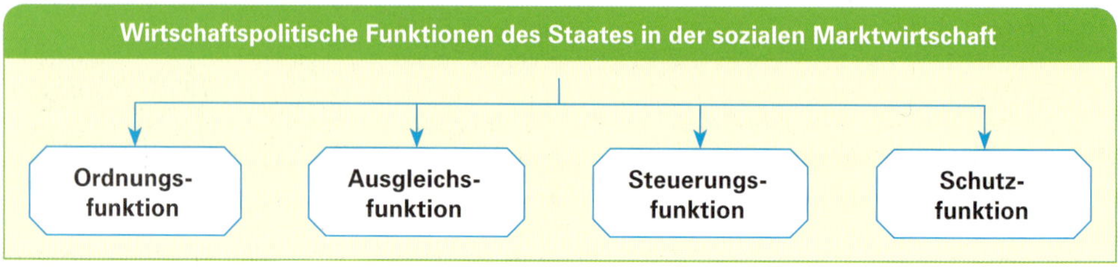

(1) Ordnungsfunktion

Der Nutzen eines freien Marktes für die Marktteilnehmer stellt sich nur unter ganz bestimmten Voraussetzungen ein. Diese ergeben sich nicht automatisch, sondern durch die **Schaffung eines Ordnungsrahmens**.

Zu der **Ordnungsfunktion** des Staates gehört die Schaffung einer **funktionsfähigen und freiheitlichen Wettbewerbsordnung** zur Erhaltung der wettbewerblichen Selbststeuerung.

Die Aufgabe der staatlichen **Wettbewerbspolitik** besteht letztlich darin, dass die Regeln eines fairen Leistungswettbewerbs eingehalten werden. Ein zügelloser Schädigungs- und Vernichtungswettbewerb ist zur langfristigen Sicherung des Wettbewerbs zu vermeiden.

(2) Ausgleichsfunktion

Das Konzept der sozialen Marktwirtschaft ist nicht auf einen **Versorgungsstaat** ausgelegt, da vor allem **Eigeninitiative und -vorsorge** gefragt sind. Das viel zitierte Ziel Ludwig Erhards „Wohlstand für alle" soll also **nicht durch Umverteilung** erreicht werden, sondern durch eine **aktive Teilnahme** möglichst vieler am Leistungserstellungsprozess.

Ein sozialer **Ausgleich** hat dort zu erfolgen, wo der Einzelne aus Gründen, die er nicht zu vertreten hat, kein (ausreichendes) Einkommen erzielen kann.

Die Hilfe des Staates sollte nur ergänzenden Charakter haben und als **Hilfe zur Selbsthilfe** ausgestaltet sein (sogenanntes Subsidiaritätsprinzip).

Die Ausgleichsfunktion des Staates in der sozialen Marktwirtschaft besteht zudem darin, sozial **unerwünschte Marktergebnisse** zu **korrigieren,** ohne allerdings die Motivation zur Selbstverantwortung und -versorgung der Wirtschaftssubjekte zu zerstören. Hierzu zählt die Sicherstellung von **Startgerechtigkeit** und **Durchlässigkeit.**

Startgerechtigkeit bedeutet, dass jeder die **seinen Anlagen und Fähigkeiten** entsprechenden Startbedingungen erhalten soll, ohne **natürliche** Ausgangsunterschiede künstlich einzuebnen.

Beispiele:

- Jedem soll – unabhängig von den finanziellen Voraussetzungen – die Möglichkeit offenstehen, über den Besuch öffentlicher Bildungseinrichtungen (z. B. Schulen, Fachhochschulen, Universitäten) seinen Fähigkeiten entsprechende Qualifikationen zu erwerben.
- Für Unternehmen hingegen müssen der Wettbewerb garantiert und Wettbewerbsverfälschungen verhindert werden.

Weiterhin ist die Durchlässigkeit der Strukturen zu sichern, d. h., eine Privilegien-Hierarchie ist zugunsten einer **Leistungs-Hierarchie** abzubauen.

(3) Steuerungsfunktion

Des Weiteren nimmt der Staat eine Steuerungsfunktion innerhalb des Ordnungsrahmens wahr.

- Ein wichtiger Pfeiler dieser Steuerungsbemühungen des Staates ist die **Konjunkturpolitik.** Sie hat die Aufgabe, konjunkturelle Schwankungen möglichst auszugleichen.
- Daneben hat der Staat für eine ausreichende **Infrastruktur** zu sorgen.
- Auch Hilfen für die Privatwirtschaft und die Arbeitnehmer zur **marktkonformen Anpassung an Strukturveränderungen** werden akzeptiert.
- Schließlich kann der **Staat als Nachfrager** die Struktur von Unternehmen beeinflussen.

Der Staat hat sich allerdings mit seiner **Haushaltspolitik,** unter Berücksichtigung der gesamtwirtschaftlichen Ziele, der Marktentwicklung anzupassen.

(4) Schutzfunktion

Die Schutzfunktion des Staates zielt vor allem auf den Schutz schwächerer Marktteilnehmer sowie der Lebensgrundlage ab, da die Marktsteuerung in diesen Bereichen weitestgehend versagt. Wichtige Pfeiler zur Umsetzung dieser Vorstellungen sind beispielsweise die **Verbraucherschutzpolitik** oder die **Umweltschutzpolitik.**

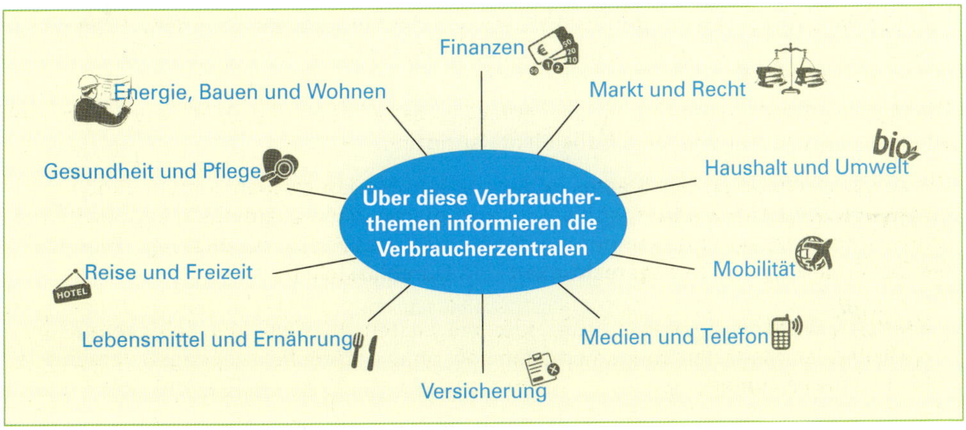

Kompetenztraining

22. Nennen Sie zwei Theoretiker des Konzepts der sozialen Marktwirtschaft!

23. Geben Sie an, in welcher Funktion Ludwig Erhard das Konzept der sozialen Marktwirtschaft politisch umgesetzt hat!

24. Stellen Sie dar, in welcher Beziehung Freiheit und Verantwortung in der sozialen Marktwirtschaft zueinander stehen!

25. Erklären Sie, was man unter dem Subsidiaritätsprinzip versteht!

26. Nennen Sie die Funktionen, die dem Staat in der sozialen Marktwirtschaft zufallen! Ordnen Sie jeder Funktion eine bestimmte Politik zu!

27. Erläutern Sie, welche Unterschiede zwischen der Marktwirtschaft und der sozialen Marktwirtschaft bestehen!

28. Erklären Sie anhand von Beispielen, wie in der sozialen Marktwirtschaft

28.1 die Vertragsfreiheit und

28.2 die Gewerbefreiheit eingeschränkt werden!

29. Unterrichtsvorschlag: Brainstorming und Expertengespräch

Einige Wirtschaftswissenschaftler behaupten, dass seit Mitte der 60er-Jahre die eigentlich geforderte Wirtschaftspolitik zur Wahrung des Subsidiaritätsprinzips zunehmend durch eine Umverteilungspolitik verdrängt wurde, die mehr und mehr die Anreize zur Eigeninitiative zerstört.

Recherchieren Sie nach konkreten Beispielen staatlicher Wirtschafts- und Sozialpolitik, welche die vorgenannte These untermauern bzw. widerlegen! Entwickeln Sie mittels **Brainstorming** mögliche wirtschaftspolitische Handlungsmöglichkeiten zur Gestaltung dieser Politikfelder!

Laden Sie einen **Experten** (z.B. Politiker, Wirtschaftswissenschaftler, Bankenvorstand) ein, um Ihre selbst entwickelten Vorstellungen zu diskutieren!

30. Begründen Sie, ob die folgenden Regelungen des Staates mit den Prinzipien der sozialen Marktwirtschaft vereinbar sind!

30.1 Das Steuersystem wird so geordnet, dass jeder Steuerpflichtige über das gleiche Nettoeinkommen verfügen kann.

30.2 Jeder Einwohner erhält das Recht, in Notfällen seinen Anspruch auf Unterstützung durch den Staat gerichtlich einklagen zu können.

30.3 Der Staat erhält das Recht, zum Wohle der Allgemeinheit Enteignungen gegen Entschädigung vornehmen zu dürfen.

30.4 Zur Erhaltung von 40000 Arbeitsplätzen räumt der Staat dem Unternehmen X auf Dauer eine Ermäßigung der Umsatz- und Gewerbesteuer ein.

30.5 Zur Ankurbelung der Konjunktur gewährt der Staat Sonderabschreibungen für Anlageinvestitionen, die innerhalb eines bestimmten Zeitraums durchgeführt werden.

30.6 Der Staat verbietet durch Gesetz den Zusammenschluss von Unternehmen, wenn diese dadurch eine Marktbeherrschung erreichen wollen.

30.7 Der Staat zahlt Unternehmen einer Branche Zinszuschüsse für Anpassungsinvestitionen, die durch den technischen Fortschritt notwendig wurden, obwohl die Unternehmensleitungen diese Anpassungen in der Vergangenheit fahrlässig unterlassen haben.

30.8 Der Staat gewährt nach sozialen Gesichtspunkten gestaffelte Prämien für Arbeitnehmer, die einen Teil ihres Einkommens vermögenswirksam anlegen.

30.9 Der Staat schreibt Preise für Grundnahrungsmittel und Mietwohnungen vor.

30.10 Der Staat zahlt Umschulungsbeihilfen für Arbeitnehmer, die ihre Arbeitsplätze infolge technologischer Entwicklungen verloren haben.

31. In der sozialen Marktwirtschaft sollen die Eingriffe des Staates „marktkonform" erfolgen. Entscheiden Sie bei nachfolgenden Maßnahmen, inwieweit diese Forderung erfüllt wird!

Tragen Sie eine

① ein, wenn die Maßnahme marktkonform wirkt,

② ein, wenn die Maßnahme marktinkonform wirkt,

⑨ ein, wenn eine genaue Zuordnung nicht möglich ist!

31.1	Der Staat fördert den Bau von privaten Eigenheimen durch die Zahlung einer zeitlich begrenzten Eigenheimzulage.	
31.2	Staatliche Betriebe werden privatisiert.	2
31.3	Das Privateigentum an Produktionsmitteln wird abgeschafft.	
31.4	Bei der Zahlung von Arbeitslosengeld II werden die familiären Unterstützungsmöglichkeiten mit berücksichtigt.	
31.5	Das Niveau des Arbeitslosengeldes II wird erhöht und übersteigt in starkem Maße die tariflichen Mindestlöhne.	2
31.6	Zur Unterstützung landwirtschaftlicher Betriebe werden staatliche Mindestpreise garantiert.	
31.7	Aus konjunkturpolitischen Überlegungen heraus werden zeitlich begrenzte Investitionszuschüsse gezahlt.	
31.8	Der Staat führt eine Einheitsrente für alle Bürger ein.	2
31.9	Zum Aufbau einer privaten Altersvorsorge werden bestimmte Vermögensanlagen staatlich gefördert.	
31.10	Die Löhne und Gehälter werden nach Aufhebung der Koalitionsfreiheit staatlich festgelegt.	
31.11	Zur Sicherung von Arbeitsplätzen werden unproduktiv arbeitende Unternehmen dauerhaft subventioniert.	2
31.12	Der Staat verabschiedet im Rahmen der Ordnungspolitik neue Gesetze gegen Kartellbestrebungen von Unternehmen.	

32. Ein wichtiger Pfeiler der sozialen Sicherung in der Bundesrepublik Deutschland ist die Sozialversicherung. Kennzeichnen Sie nachfolgende Versicherungen mit einer

①, wenn es sich um eine Säule der Sozialversicherung handelt,

⑨, wenn es sich nicht um eine Säule der Sozialversicherung handelt!

32.1	Private Unfallversicherung	9
32.2	Gesetzliche Krankenversicherung	1
32.3	Gesetzlich vorgeschriebene Kraftfahrzeughaftpflichtversicherung	9
32.4	Gesetzliche Pflegeversicherung	9
32.5	Steuerlich geförderte „Riester-Rente“	1
32.6	Gesetzliche Unfallversicherung	9

33. Im Rahmen der sozialen Marktwirtschaft übernimmt der Staat unterschiedliche Funktionen. Ordnen Sie nachfolgenden Sachverhalten eine

① zu, wenn die Ordnungsfunktion angesprochen wird,
② zu, wenn die Ausgleichsfunktion angesprochen wird,
③ zu, wenn die Schutzfunktion angesprochen wird,
④ zu, wenn die Steuerungsfunktion angesprochen wird,
⑨ zu, wenn keine Funktion angesprochen wird!

33.1	Der Staat zahlt Wohngeld an kinderreiche Familien.	2
33.2	Die Zusammenschlüsse von Unternehmen mit marktbeherrschender Stellung werden untersagt.	
33.3	Zur Stärkung kleiner mittelständischer Unternehmen werden Steuererleichterungen beschlossen.	
33.4	Es wird eine Verordnung zur Verwertung von Altautos erlassen.	
33.5	Es wird gesetzlich festgelegt, dass zum Schutz des Verbrauchers die Kreditinstitute bei Kreditverträgen den anfänglich effektiven Jahreszinssatz angeben müssen.	
33.6	Zur Belebung der Nachfrage im Bereich der Automobilindustrie gewährt der Staat ein Jahr lang einen Zuschuss von 2500,00 EUR beim Kauf eines Neuwagens.	
33.7	Der Steuerfreibetrag für Ehepaare mit Kindern wird erhöht.	
33.8	Zur Reduzierung der Jugendarbeitslosigkeit werden 100000 Ausbildungsplätze bei privaten Bildungsträgern staatlich gefördert.	
33.9	Der Staat verlängert die gesetzlichen Kündigungsfristen für Mietwohnungen im Falle einer Nutzung bei Eigenbedarf.	
33.10	Die Zahlungen für Entwicklungshilfe an südamerikanische Staaten werden um 10 % angehoben.	
33.11	Mit Blick auf die gesamtwirtschaftliche Situation beschließt die Bundesregierung die Zahlung eines einmaligen „Kinderbonus“ in Höhe von 200,00 EUR pro Kind.	

34. Die soziale Marktwirtschaft unterscheidet sich insbesondere durch staatliche Eingriffe zur Schaffung eines „sozialen Ausgleichs" von dem Idealtyp der Marktwirtschaft. Dabei wird allerdings das Kriterium der Marktkonformität an die staatlichen Interventionen gestellt.

Entscheiden Sie, welche der nachfolgenden „Leitlinien" staatlichen Eingreifens gegen diese zentrale Forderung verstößt!

① Der Staat legt nicht nur einen Ordnungsrahmen fest.
② In einer sozialen Marktwirtschaft werden Marktergebnisse teilweise korrigiert.
③ Anreize zur Selbstversorgung sollen erhalten bleiben.
④ Der Staat übernimmt die Rolle eines Versorgungsstaates.
⑤ Transferzahlungen des Staates sind in der sozialen Marktwirtschaft durchaus erlaubt.

35. Beurteilen Sie, welche der folgenden Erläuterungen zur sozialen Marktwirtschaft falsch ist!

① Die soziale Marktwirtschaft versucht das Prinzip der Freiheit auf dem Markt mit dem des sozialen Ausgleichs zu verbinden.
② Die soziale Marktwirtschaft ist eine in sich geschlossene Wirtschaftsordnung.
③ Über die Notwendigkeit staatlichen Eingreifens sollte nach dem Subsidiaritätsprinzip entschieden werden.
④ Die Vertragsfreiheit ist ein wichtiger Bestandteil des Ordnungsrahmens der sozialen Marktwirtschaft.
⑤ Für sein Wohlergehen ist zunächst jeder Einzelne selbst verantwortlich.

Handlungssituation 4.1

Der 18-jährige Schüler Max Schlaumeier verdient sich gerne ein wenig Geld zusätzlich. Da Max schon recht früh in seinem Leben für sich erkannt hat, dass er gerne „sein eigenes Ding macht", kam für ihn kein normaler Job infrage, sodass er sich vor drei Monaten selbstständig machte. Zu diesem Zweck hat er gemeinsam mit seinem Vater den Kleinwohnwagen des Großvaters zu einem schönen „Marktstand" umgebaut und mit tollen Graffitis versehen. Mit dem mobilen Verkaufsstand fährt er dann zu verschiedenen Festen in der näheren Umgebung seines Wohnortes, um frisch zubereitete Crêpes zu verkaufen.

Zurzeit überlegt Max, ob er seinen Crêpestand für das eintägige Stadtfest seines Wohnortes am Sonntag anmelden soll, an dem vielfältige Marktstände die Einkaufspassage bereichern und zudem alle örtlichen Geschäfte geöffnet haben. Nach Auskunft der Organisatoren dieses Festes müsste er für den Stand eine Tagesgebühr von 150,00 EUR entrichten. Max verkauft die Crêpes zurzeit mit drei verschiedenen Belägen. Nach seiner Berechnung betragen die Kosten pro Crêpe inklusive Crêpetüte und Serviette unabhängig vom Belag ca. 1,00 EUR. Den Verkaufspreis hat Max seit Beginn seiner Geschäftstätigkeit auf 2,50 EUR festgelegt.

Da Max für das Backen eines Crêpes nur eine Herdplatte zur Verfügung steht, kann er während des zehnstündigen Stadtfestes maximal 300 Crêpes herstellen und verkaufen. Dieser „Engpass" ist Max schon seit Längerem ein Dorn im Auge. Grundsätzlich wäre er in der Lage, zwei Herdplatten gleichzeitig zu bedienen und somit die oft langen und auch geschäftsschädigenden Warteschlangen an seinem Stand zu vermeiden. Die Anschaffung einer zweiten Herdplatte hat Max jedoch bisher noch zurückgestellt, da diese Spezialplatten sehr teuer sind.

Kompetenzorientierte Arbeitsaufträge:

1. Angenommen, Sie wollen bei herrlichem Sonnenschein dieses Stadtfest besuchen. Bestimmen Sie, welche Faktoren konkret Ihr Einkaufsverhalten an den einzelnen Ständen bzw. in den Geschäften beeinflussen!
2. Erläutern Sie beispielhaft, wie sich Preisänderungen auf Ihr Nachfrageverhalten auswirken!
3. Angenommen, Crêpes zählen zu Ihren absoluten Lieblingsspeisen. Kurz bevor Sie den Marktstand von Max erreichen, sehen Sie, wie er den Preis pro Crêpe um 1,00 EUR erhöht. Erläutern Sie, welche Auswirkung diese Preiserhöhung auf Ihre Kaufentscheidung hat, wenn es keinen anderen Crêpestand gibt und Sie über ausreichend Taschengeld verfügen! Geben Sie an, wie Ihre Entscheidung ausfallen würde, wenn Crêpes nicht Ihre einzige Lieblingsspeise wäre!
4. Erläutern Sie, wie Sie sich verhalten würden, wenn es weitere Crêpestände auf dem Markt geben würde und Sie unbedingt Crêpes essen möchten!
5. Diskutieren Sie, welche Auswirkungen es auf die Preisgestaltung von Max hat, ob es Konkurrenzanbieter gibt oder nicht!
6. Angenommen, Max hätte mit einem Verkaufspreis von 2,00 EUR kalkuliert. Nunmehr stellt er aber fest, dass die beiden anderen Crêpeanbieter 2,50 EUR pro Crêpe nehmen. Erläutern Sie kurz, welche Auswirkungen sich für Max ergeben, wenn er sich den anderen Anbietern anpassen möchte!
7. Aus den Erfahrungen der Vergangenheit heraus ist Ihnen bei Crêpes ein Preis von 4,00 EUR in Erinnerung. Erläutern Sie, was konkret die in Aufgabe 6 formulierte preisliche Ausgangssituation für Sie bedeutet!

8. Max hat noch immer keine Entscheidung getroffen, ob er für das Stadtfest seinen Stand anmelden möchte. Von den Organisatoren erfährt er, dass er der einzige Anbieter von Crêpes sein wird. Unterstellen Sie, dass Max einen Verkaufspreis von 2,50 EUR für realistisch hält. Berechnen Sie, wie viele Crêpes er verkaufen müsste, damit er keinen Verlust erleidet; bei welcher Verkaufsmenge also seine „Gewinnschwelle" läge! Ermitteln Sie, wie hoch der für ihn maximal auf dem Stadtfest erzielbare Gewinn wäre!

1 Der Begriff des Marktes

In einer marktwirtschaftlich orientierten Wirtschaftsordnung stellen alle Wirtschaftssubjekte – also die **Haushalte** (in der Regel als **Nachfrager**) sowie die **Unternehmen** (zumeist in der Rolle der **Anbieter**) – ihrem **Eigeninteresse** folgend **selbstständig** Wirtschaftspläne auf. Dabei versuchen die **Anbieter** (Unternehmen) ihre Pläne am Ziel der **Gewinnmaximierung** auszurichten, wohingegen sich die **Nachfrager** (Haushalte) bei ihren Planungen überwiegend an dem Ziel der **Nutzenmaximierung** orientieren.

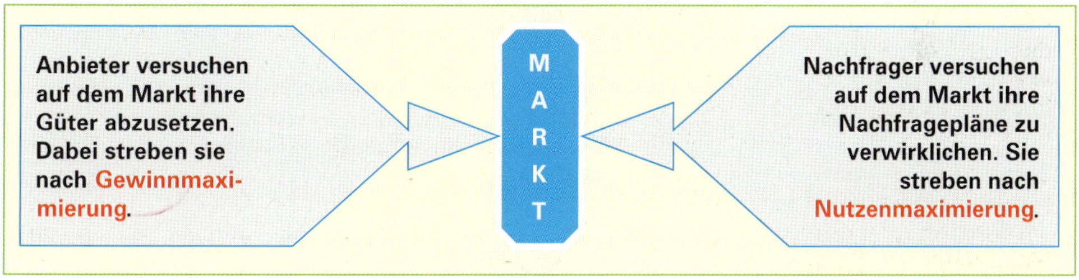

Die **Gegensätzlichkeit** dieser Planungsgrundlage wird deutlich, wenn man sich vor Augen führt, dass die **Anbieter** im Rahmen ihrer Zielsetzung bemüht sein werden, entsprechend **hohe Preise** durchzusetzen. Die **Nachfrager** demgegenüber versuchen, mit den ihnen zur Verfügung stehenden Mitteln (Budgetgerade) ein möglichst hohes Nutzenniveau zu realisieren, also zu möglichst **niedrigen Preisen** ihren Bedarf zu decken.

Beide „Parteien" sind nunmehr bestrebt, ihre individuellen Planungen am Markt zu realisieren.

- So ermöglicht der Markt den Anbietern, ihre Güter entsprechend ihren Zielvorstellungen anzubieten und sich über die Nachfrage zu informieren.
- Den Nachfragern hingegen bietet der Markt die Möglichkeit, sich über das Angebot zu informieren und ihre Kaufentscheidung unter Berücksichtigung der Nutzenmaximierung zu treffen.

!

- Ökonomisch betrachtet versteht man unter **Markt** den Ort, an dem Angebot und Nachfrage aufeinandertreffen.
- Über den Markt erfolgt ein **Ausgleich** zwischen den **entgegengesetzten** Interessen von Anbietern und Nachfragern, da sich als Ergebnis des Marktgeschehens ein **Preis** (Gleichgewichtspreis) bildet, über den die unterschiedlichen Zielsetzungen der Marktteilnehmer „ausbalanciert" werden.

Dieser sogenannte **„Selbststeuerungsmechanismus des Marktes“,** der auf den Gesetzen von Angebot und Nachfrage basiert, stimmt die Vielzahl der von den Wirtschaftssubjekten aufgestellten Wirtschaftspläne aufeinander ab und sorgt – ganz nebenbei – dafür, dass das Gesamtinteresse einer Volkswirtschaft bestmöglich wahrgenommen wird.

2 Die Unterscheidung von Märkten

In einer Volkswirtschaft gibt es allerdings nicht nur einen Markt, sondern eine **Vielzahl** von Märkten, die sich nach verschiedenen Kriterien untergliedern.[1]

Kriterium	Erläuterungen
Vollkommenheitsgrad	■ **Vollkommene Märkte:** Für das Vorliegen eines vollkommenen Marktes müssen nachfolgende Voraussetzungen erfüllt sein: – Die auf dem Markt gehandelten **Güter** müssen **vollkommen gleichartig** (homogen) sein. **Beispiele:** Banknoten, Aktien einer bestimmten Aktiengesellschaft, Edelmetalle mit einem bestimmten Feinhalt, Vollmilch mit einem bestimmten Fettgehalt. – Angebot und Nachfrage müsen gleichzeitig an einem bestimmten Ort aufeinandertreffen **(Punktmarkt).** **Beispiel:** Nur die an einem bestimmten Tag bei einem Börsenmakler zusammenlaufenden Kauf- und Verkaufsaufträge bestimmen den Kurs (den Preis) des Tages. – Anbieter und Nachfrage müssen eine **vollständige Marktübersicht** (Markttransparenz) besitzen.. **Beispiel:** Ein Verbraucher hat dann eine vollständige Marktübersicht, wenn er die Preise und Qualitäten aller angebotenen Waren kennt. – Anbieter und Nachfrager müssen **sofort** auf Änderungen der Marktsituation **reagieren können.** **Beispiel:** Erhöht ein Telefonanbieter seine Tarifpreise, wechselt der Verbraucher unverzüglich den Anbieter.

1 Zur Unterscheidung der Marktformen nach der Anzahl der Marktteilnehmer siehe Kapitel 5.4.

Kriterium	Erläuterungen
	– Anbieter und Nachfrager handeln nach dem **Rationalprinzip**. **Beispiel:** Die Anbieter streben ausschließlich nach Gewinnmaximierung, die Nachfrager ausschließlich nach Nutzenmaximierung. – Käufer und Verkäufer dürfen sich nicht gegenseitig bevorzugen (**Abwesenheit von Präferenzen:** Bevorzugungen). **Beispiele:** Bevorzugungen liegen etwa vor, wenn ein Käufer den Lieferer A bevorzugt, weil dieser schnell liefern kann (zeitliche Präferenz), in unmittelbarer Nähe zum Käufer liegt (räumliche Präferenz) oder wenn ein Kunde ein Geschäft aufgrund besonders kulanter und freundlicher Bedienung bevorzugt (persönliche Präferenz). ■ **Unvollkommene Märkte:** Ist **eine** der Voraussetzungen für den vollkommenen Markt **nicht** gegeben, handelt es sich um einen **unvollkommenen** Markt.
Marktobjekt	■ **Gütermärkte:** Auf diesen Märkten werden Sachgüter und Dienstleistungen gehandelt. ■ **Faktormärkte:** Marktobjekte sind die Produktionsfaktoren Arbeit (Arbeitsmarkt), Boden (Immobilienmarkt) und Geldkapital als Vorstufe zum Realkapital (Finanzmarkt).
Organisationsgrad	■ **Organisierte Märkte:** Das Marktgeschehen verläuft nach bestimmten, festgelegten Regeln, wobei Zeit und Ort ebenfalls determiniert sind (z. B. Börse, Auktion, Messe). ■ **Nicht organisierte Märkte:** Das Marktgeschehen ist nicht an einen festen Ort oder eine bestimmte Zeit gebunden. 
Marktzutritt	■ **Offene Märkte:** Anbieter wie Nachfrager haben freien Zugang zu diesem Markt. Es bestehen keinerlei Zugangsbeschränkungen. ■ **Beschränkte Märkte:** Der Marktzutritt ist an die Erfüllung bestimmter Voraussetzungen (z. B. Konzessionen, Befähigungsnachweise) gebunden. ■ **Geschlossene Märkte:** Der Marktzutritt ist nur einem bestimmten Teilnehmerkreis vorbehalten (z. B. Staat als Nachfrager von Rüstungsgütern).

3 Das Güterangebot

3.1 Das Anbieterverhalten in Abhängigkeit vom Preis

(1) Angebotsgesetz

- Das Verhalten der Anbieter folgt dem **Angebotsgesetz,** wonach die am Markt angebotene Menge eines Gutes umso **größer** ist, je **höher** der Preis für dieses Gut ist.
- Umgekehrt sinkt die am Markt angebotene Menge, wenn der Preis für dieses Gut sinkt.

Das Verhalten der Anbieter lässt sich mithilfe eines **Preis-Mengen-Diagramms** veranschaulichen. Zum besseren Verständnis sei darauf hingewiesen, dass es sich bei dem **Preis** um die **Ursache (unabhängige** Variable) und bei der **Menge** um die **Wirkung** (**abhängige** Variable) handelt. Die nachfolgend abgebildete Angebotskurve resultiert letztlich daraus, dass jedem **denkbaren** Preis die entsprechende Angebotsmenge zugeordnet ist.

Die **Angebotskurve** ist der geometrische Ort **aller** Kombinationen von **Preisen** als **Ursache** und **Angebotsmengen** als **Wirkung**.

Beispiel:

Liegt der Preis für ein Kilogramm Spargel bei 8,00 EUR, so werden nur wenige Spargelbauern bereit sein, für diesen Preis den Spargel zu stechen, zu waschen, zu sortieren und zum Verkaufsstand zu transportieren, sodass die am Markt angebotene Menge entsprechend gering ausfällt.

Lässt sich allerdings auf dem Wochenmarkt für ein Kilogramm Spargel ein Preis in Höhe von 16,00 EUR erzielen, so lohnt es sich für eine weitaus größere Anzahl von Anbietern, Spargel anzubieten. Die am Markt angebotene Menge an Spargel steigt.

Wie die Grafik verdeutlicht, **steigt** die **angebotene Menge** von 1000 kg auf 2000 kg, **wenn** der **Preis** von 8,00 EUR auf 16,00 EUR **steigt.**

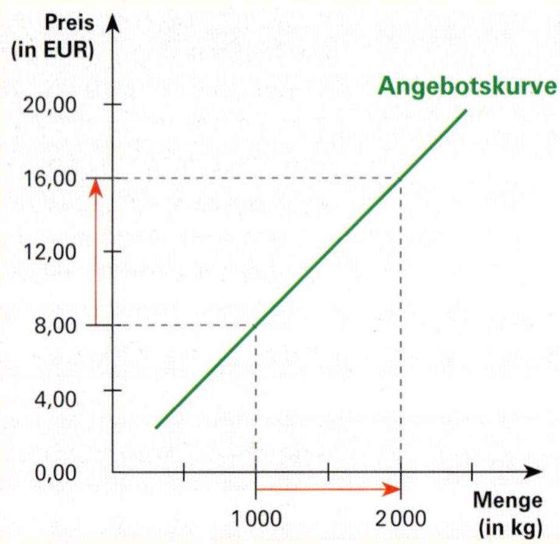

(2) Preiselastizität des Angebots

Die aus einer Preisänderung resultierende Mengenänderung des Angebots lässt sich mithilfe der Preiselastizität des Angebots messen.

Die **Preiselastizität des Angebots** gibt an, um **wie viel Prozent** sich die angebotene **Menge (Wirkung)** ändert, wenn der **Preis (Ursache)** um **ein Prozent** geändert wird.

Diese Ursache-Wirkungs-Beziehung lässt sich wie folgt errechnen:

$$\textbf{Preiselastizität des Angebots} = \frac{\textbf{relative Mengenänderung in Prozent}}{\textbf{relative Preisänderung in Prozent}}$$

Beispiel:

Für das vorangestellte Spargelangebot errechnet sich die Preiselastizität wie folgt:

$$\text{Preiselastizität des Angebots} = \frac{100\,\%}{100\,\%} = 1$$

Das Ergebnis lässt sich wie folgt interpretieren: **Erhöht** sich der **Preis** für Spargel um **ein** Prozent, so **steigt** die angebotene **Menge** ebenfalls um **ein** Prozent. Das Angebot reagiert proportional elastisch auf die Preisänderung.

Bei den Preiselastizitäten des Angebots lassen sich folgende Fälle unterscheiden:

Elastizitäten	Erläuterungen
Normale (proportionale) Elastizität (E = 1)	Die Änderung der angebotenen Menge fällt **gleich** hoch aus wie die Preisänderung; sie verhält sich **proportional** zur Preisänderung. 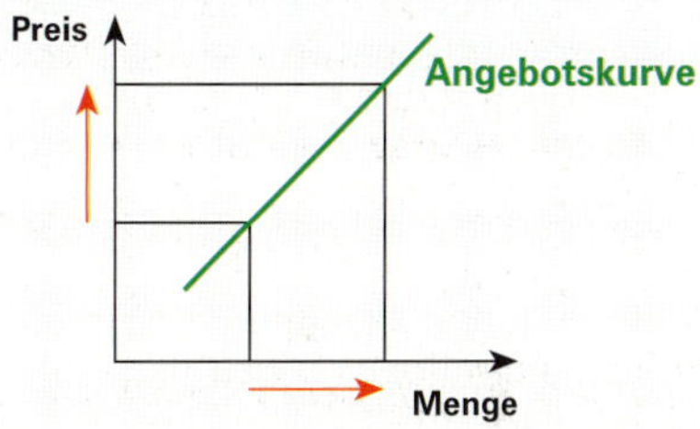
Hohe Elastizität (E > 1)	Die Änderung der angebotenen Menge fällt **größer** aus als die Preisänderung (**überproportionales** Verhalten). 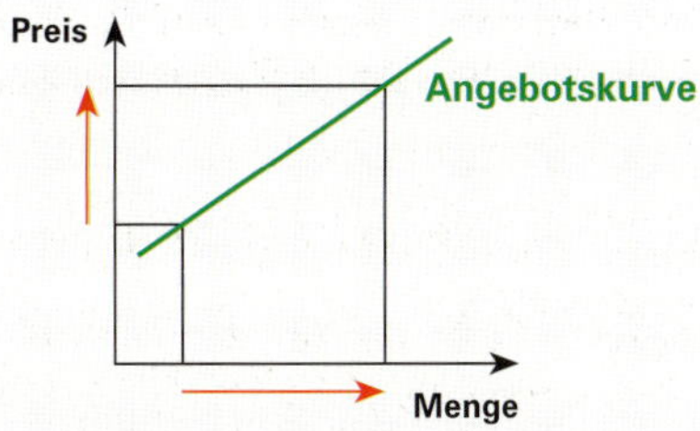
Niedrige Elastizität (E <1)	Die Änderung der angebotenen Menge fällt **geringer** aus als die Preisänderung (**unterproportionales** Verhalten). 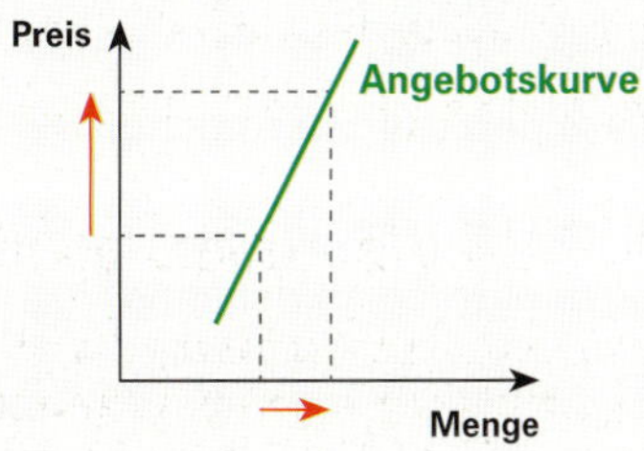

Elastizitäten	Erläuterungen
Starre Elastizität (E = 0)	Die Preisänderung bewirkt **keine** Änderung der angebotenen Menge. 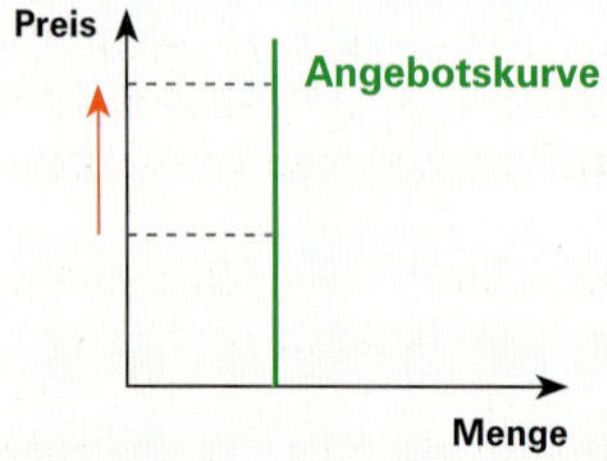
Vollkommen elastisches Angebot (E = ∞)	Bei gleichbleibenden Preisen kommt es zu enormen Mengenausweitungen. Dies ist insbesondere dann der Fall, wenn die Betriebe unterbeschäftigt sind. 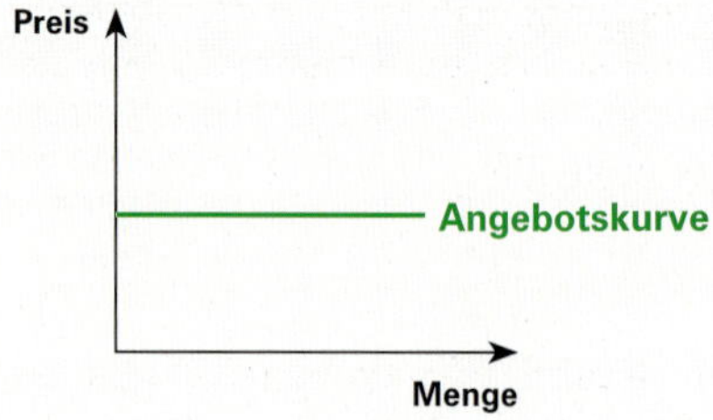

3.2 Weitere Bestimmungsfaktoren des Angebotsverhaltens

Neben dem zu erzielenden Preis beeinflussen auch andere Faktoren die von den Anbietern am Markt bereitgestellte Gütermenge.

Zu diesen **weiteren Bestimmungsfaktoren** zählen vor allem:

- die Kosten der Produktion (vgl. Kapitel 3.2.1),
- die Preise der Konkurrenten (vgl. Kapitel 3.2.2),
- die Gewinnerwartungen der Anbieter (vgl. Kapitel 3.2.3),
- die Nachfragesituation (vgl. Kapitel 3.2.4) sowie
- der technische Fortschritt (vgl. Kapitel 3.2.5).

Grundsätzlich gilt für all diese sonstigen Faktoren:

- Kommt es durch diese Einflussfaktoren zu einer **Ausweitung** der Angebotsmenge, so verschiebt sich die Angebotskurve unter sonst gleichen Bedingungen nach **rechts.**
- **Verringert** sich die Angebotsmenge, verschiebt sich die Angebotskurve nach **links.**

Da den **Kosten der Produktion** eine besondere Bedeutung zukommt, wird diese Größe im Folgenden ausführlich behandelt.

3.2.1 Die Kosten der Produktion

Unter **Kosten** versteht man den **in Geld bewerteten Verzehr von Produktionsfaktoren** zur **Erstellung** und zum **Absatz** betrieblicher Leistungen sowie der zur **Aufrechterhaltung** hierfür notwendigen Kapazitäten.

Der „Kostenverlauf" eines Unternehmens in Abhängigkeit von seinen produzierten Leistungen lässt sich mittels einer Kostenfunktion darstellen.

Eine **Kostenfunktion** beschreibt das **Ursache-Wirkungs-Verhältnis** zwischen der **Ausbringungsmenge** (x) als **Ursache** und den aufzuwendenden **Kosten** des mit Marktpreisen bewerteten Verzehrs an Produktionsfaktoren als **Wirkung.**

Allgemein gilt:

$$K = f(x)$$

Die **Ausbringungsmenge** eines Unternehmens – und somit auch deren Kostenverlauf – hängt jedoch ganz entscheidend von der zugrunde liegenden **Produktionsfunktion** ab.

Beispiel:

Steigt bei einem Automobilhersteller die Anzahl der pro Jahr hergestellten Fahrzeuge, so benötigt das Unternehmen u.a. entsprechend mehr Roh-, Hilfs- und Betriebsstoffe und es kommt – ceteris paribus – zu einer Kostensteigerung.

3.2.1.1 Die Produktionsfunktion

Die **Produktionsfunktion** beschreibt den **funktionalen** Zusammenhang **zwischen** der **hergestellten Gütermenge** (Output) und der Menge der in den Produktionsprozess eingehenden **Produktionsfaktoren** (Input).

Bezüglich ihrer Eigenschaften lassen sich die Produktionsfunktionen in vielerlei Hinsicht unterscheiden, so auch dahingehend, inwieweit die eingesetzten Produktionsfaktoren austauschbar (Produktionsfunktion Typ A) oder nicht substituierbar (Produktionsfunktion Typ B) sind.

(1) Die limitationale Produktionsfunktion

Bei der **limitationalen Produktionsfunktion** – auch Produktionsfunktion vom **Typ B** genannt – sind die für die Herstellung der betrieblichen Leistung eingesetzten Produktionsfaktoren **nicht austauschbar.** Sie müssen vielmehr in einem ganz bestimmten Verhältnis zueinander eingesetzt werden.

Beispiel:

Der Kölner Kurierdienst Blitz-Bike GmbH hat sich auf den Transport von Briefen und Paketen mit einem Gewicht zwischen 100 und 2000 Gramm im innerstädtischen Bereich mittels Fahrrad spezialisiert. Die Transportdienstleistung wird täglich zwischen 08:00 und 17:00 Uhr angeboten. Den Fahrern stellt das Unternehmen neben wetterfester Kleidung auch jeweils ein Spezialfahrrad zur Verfügung. Ein Fahrer schafft pro Arbeitstag im Durchschnitt die Abwicklung von 25 Transportaufträgen.

Zur Produktion der Unternehmensleistung ist also der Einsatz beider Produktionsfaktoren – Fahrer als Produktionsfaktor Arbeit sowie Fahrräder als Produktionsfaktor Kapital – erforderlich. Dabei stehen diese beiden Faktoren in einem festen Verhältnis zueinander: pro Fahrer wird ein Fahrrad benötigt. Eine Substitution der Produktionsfaktoren ist nicht möglich. Will das Unternehmen seine „Ausbringungsmenge" von derzeit ca. 100 Transportleistungen ausweiten, so muss es neben weiteren Fahrern auch die gleiche Anzahl von zusätzlichen Fahrrädern anschaffen. Mit zunehmender Ausbringungsmenge kommt es zu einem **proportionalen** Anstieg der beiden Einsatzfaktoren.

Das Verhältnis zwischen den eingesetzten Produktionsfaktoren (Input in Form von Arbeit und Kapital) sowie den hergestellten Leistungen (Output in Form von Transportleistungen) verdeutlichen nachfolgende Tabelle und Abbildung.

Einsatz der Produktionsfaktoren (Arbeit und Kapital)	Ausbringungsmenge (Stück Transportleistungen)
1 Fahrer – 1 Fahrrad	25
2 Fahrer – 2 Fahrräder	50
3 Fahrer – 3 Fahrräder	75
4 Fahrer – 4 Fahrräder	100
5 Fahrer – 5 Fahrräder	125
6 Fahrer – 6 Fahrräder	150
7 Fahrer – 7 Fahrräder	175
8 Fahrer – 8 Fahrräder	200
⋮	⋮

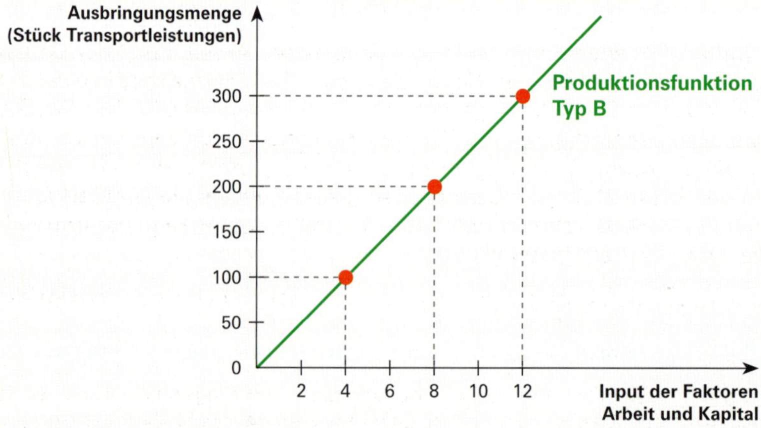

(2) Die substitutionale Produktionsfunktion

Bei der **Produktionsfunktion** vom **Typ A** – auch substitutionale oder klassische Produktionsfunktion genannt – sind die für die Herstellung der betrieblichen Leistungen eingesetzten Produktionsfaktoren **austauschbar.**

Die klassische Produktionsfunktion basiert auf dem **Gesetz abnehmender Ertragszuwächse,** welches von A.R.J. Turgot, einem französischen Ökonom und Finanzminister unter König Ludwig dem XVI., aus im landwirtschaftlichen Bereich gewonnenen Erkenntnissen entwickelt wurde.

Diese dem **Ertragsgesetz** folgende Produktionsfunktion basiert auf folgenden **Prämissen:**

- Die Einsatzmenge **eines** Produktionsfaktors bleibt **konstant** (z.B. die landwirtschaftlich genutzte Fläche);
- der **andere** Produktionsfaktor wird hinsichtlich der Menge **variiert** (z.B. der Einsatz von Landarbeitern).

Wird also eine landwirtschaftliche Nutzfläche von einer bei null beginnenden zunehmenden Anzahl von Landarbeitern bewirtschaftet, die das Feld bestellen, Unkraut jäten, hacken und schließlich die Ernte einbringen, so lassen sich folgende Beobachtungen machen:

Phase 1

Mit zunehmender Anzahl der Landarbeiter steigt der Gesamtertrag (z.B. Ernteerfolg in Zentnern) zunächst **überproportional**, was mit einem steigenden **Grenzertrag** (Zuwachs des Gesamtertrages aufgrund der Beschäftigung eines zusätzlichen Landarbeiters) verbunden ist.

Phase 2 + 3

Bei weiterer Ausdehnung des Produktionsfaktors Arbeit steigt der **Gesamtertrag** jedoch nur noch **unterproportional.** Zwar sind die Grenzerträge in diesem Stadium immer noch positiv, allerdings gehen sie sukzessive zurück. Der **Durchschnittsertrag,** also das Verhältnis von der Ausbringungsmenge zum Einsatz des Produktionsfaktors Arbeit (Ausbringungsmenge : Einsatzfaktor Arbeit), steigt bis zum Ende der Phase 2. Da ab Überschreiten dieses Punktes die Grenzerträge **geringer** ausfallen als die Durchschnittserträge, kommt es mit Beginn der dritten Phase zu **sinkenden** Durchschnittserträgen.

Dieser Tatbestand lässt sich anhand eines einfachen Beispiels wie folgt erklären:

Beispiel:

Stellen wir uns vor, ein Mehrpersonenaufzug fährt vom Erdgeschoss bis in die 10. Etage eines Bürogebäudes, wobei in jedem Stockwerk ein neuer Mitfahrer zusteigt, ohne dass ein anderer aussteigt. Die Fahrt beginnt im Erdgeschoss mit einer Person, die über ein Körpergewicht von 40 kg verfügt.

Bis zum einschließlich 5. Stockwerk steigt jeweils eine Person zu, wobei das Körpergewicht dieser Personen um jeweils 10 kg gegenüber dem zuletzt Eingestiegenen zunimmt.

1. Etage: + 50 kg,
2. Etage: + 60 kg,
3. Etage: + 70 kg,
4. Etage: + 80 kg,
5. Etage: + 90 kg.

Insgesamt transportiert der Fahrstuhl ab dem 5. Stock ein Gesamtgewicht von 390 kg, was einem Durchschnittsgewicht von 65 kg pro Person entspricht. Wenn nun in der 6. bis 9. Etage Personen einsteigen, deren Körpergewicht jeweils geringer ist als das Durchschnittsgewicht (z.B. 6. Etage: 60 kg, 7. Etage: 55 kg, 8. Etage: 50 kg und 9. Etage: 45 kg), dann kommt es zu einem insgesamt geringeren Durchschnittsgewicht (60 kg pro transportierter Person).

Phase 4

Schließlich wird mit Beginn der vierten Phase das **Maximum des Gesamtertrages** erreicht. Wird die Zahl der Landarbeiter nunmehr weiter erhöht, kommt es in der Gesamtbetrachtung zu einem **geringeren** Ernteerfolg mit der Konsequenz, dass ab diesem Punkt die **Grenzerträge** – also die Ertragszuwächse, die durch den Einsatz eines zusätzlichen Landarbeiters entstehen – negativ werden. Dieses Phänomen lässt sich u.a. dadurch erklären, dass die Zahl der Arbeiter mittlerweile so weit angestiegen ist, dass sie sich bei der Arbeit gegenseitig behindern, oder dass beim Bestellen des Feldes durch die hohe Anzahl der Landarbeiter viele Pflanzen zertreten werden. Jeder zusätzlich eingesetzte Landarbeiter würde nunmehr zu einer weiteren Verringerung des Gesamtertrages beitragen.

Das **Gesetz vom abnehmenden Grenzertrag** lässt sich auch anhand eines weiteren Beispiels aus dem landwirtschaftlichen Bereich verdeutlichen.

Beispiel:

Hält man den Produktionsfaktor Boden konstant und erhöht den Produktionsfaktor Kapital in Form von Kunstdünger, so lässt sich zunächst ein überproportionaler Ertragszuwachs feststellen. Mit zunehmender Düngung des Bodens kommt es allerdings zu immer geringeren Ertragszuwächsen bis schließlich der Gesamtertrag aufgrund von Überdüngung und daraus resultierenden negativen Grenzerträgen zurückgeht.

- Der **Grenzertrag** ist der Zuwachs des Ertrages, der durch den Einsatz **einer** jeweils **weiteren** Einheit eines Produktionsfaktors erzielt wird.
- Nach dem **Ertragsgesetz** werden die Grenzerträge zunächst **zunehmen** und von einem bestimmten Punkt an **abnehmen (Gesetz vom abnehmenden Grenzertrag).**

Den **typischen Ertragsverlauf** der Produktionsfunktion vom Typ A verdeutlichen nachfolgende Abbildungen.

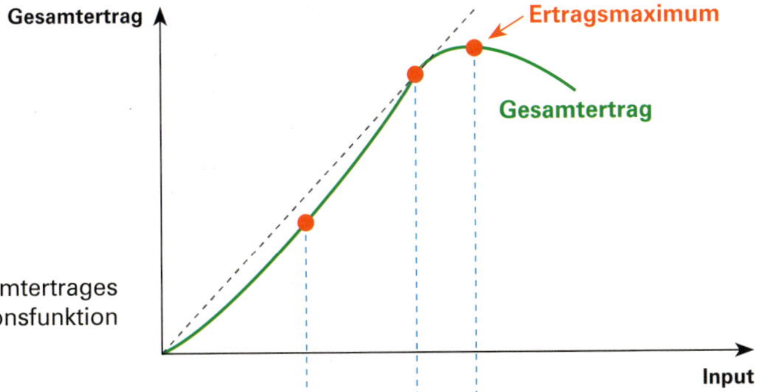

Abbildung 1: Verlauf des Gesamtertrages bei der Produktionsfunktion Typ A

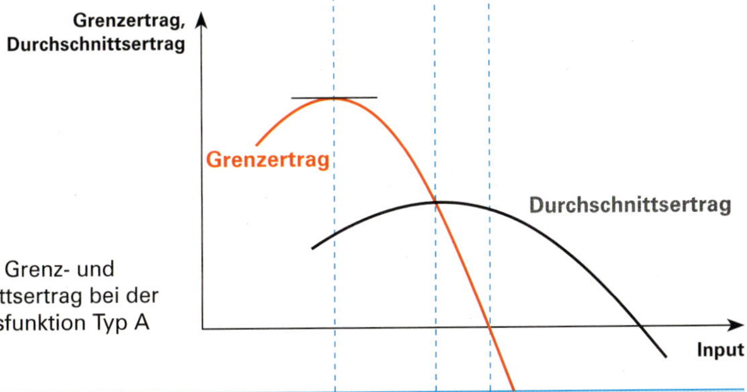

Abbildung 2: Verlauf von Grenz- und Durchschnittsertrag bei der Produktionsfunktion Typ A

Phase	1	2	3	4
Gesamtertrag	+	+	+	+
Veränderung des Gesamtertrages in der Gesamtbetrachtung (Abbildung 1)	↑ überproportional	↑ unterproportional	↑ unterprop.	↓ überproportional
Durchschnittsertrag (Abbildung 2)	+ ↑	+ ↑	+ ↓	+ ↓
Grenzertrag (Abbildung 2)	+ ↑	+ ↓	+ ↓	− ↓

3.2.1.2 Typische Kostenverläufe

Inzwischen haben empirische Untersuchungen gezeigt, dass die **Bedeutung** der Produktionsfunktion vom **Typ A** in der industriellen Produktion lediglich auf solche Fälle **beschränkt** ist, in denen die als **normal** angesehene **Kapazität** eines Unternehmens **überschritten** wird. Werden hingegen – wie in den meisten Industriebetrieben üblich – die Einsatzmengen der Produktionsfaktoren **innerhalb normaler Kapazitäten** verändert, so folgt der **Ertragsverlauf eher der limitationalen Produktionsfunktion,** sodass es zu **linear** verlaufenden Ertragszuwächsen kommt.

Vor diesem Hintergrund entspricht der **Verlauf der Kostenkurven,** bei denen die Ausbringungsmenge nicht mehr als Wirkung eines bestimmten Faktoreinsatzes, sondern nunmehr **umgekehrt** als ursächliche Variable für Kostenveränderungen erfasst wird, aufgrund der Abhängigkeit der zugrunde liegenden Produktionsfunktion ebenfalls überwiegend **einer Geraden.**[1]

Nicht zuletzt mit Blick auf die empirische Relevanz derartiger Kostenverläufe sollen sich die weiteren Ausführungen im Wesentlichen auf **solche** Kostenkurven konzentrieren, die auf einer **linearen** Produktionsfunktion (Typ B) basieren.

(1) Fixe und variable Kosten in der Gesamtbetrachtung

Bei den Kosten unterscheidet man ganz allgemein zwischen **fixen** und **variablen** Kosten.

> Während die **fixen Kosten** von der Produktionsmenge **unabhängig** sind (z. B. Miete für Geschäftsräume), verändern sich die **variablen Kosten** (z. B. Materialkosten) in Abhängigkeit von der Ausbringungsmenge.

Verlauf der (totalen) fixen Kosten (K_f)

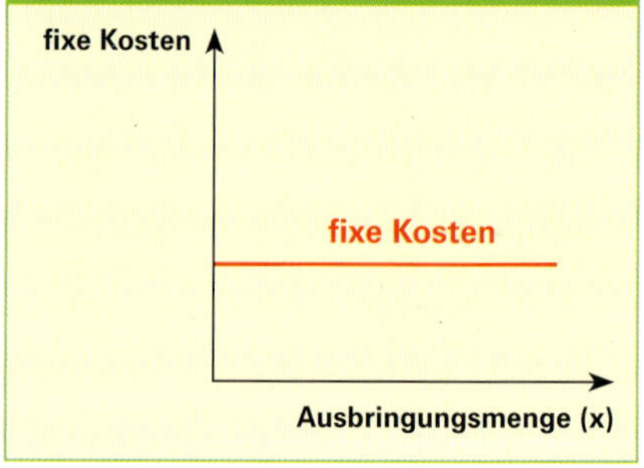

Neben den über die unterschiedlichen Ausbringungsmengen hinweg gleichbleibenden fixen Kosten ist jedoch in bestimmten Fällen auch ein **sprunghafter** Anstieg der Fixkosten in Abhängigkeit von der Ausbringungsmenge zu beobachten.

Beispiel:

In einem Betrieb werden drei Arbeiter beschäftigt, die mit einer Frist von 4 Wochen kündbar sind. Jeder dieser Arbeiter beaufsichtigt zwei Maschinen, deren Anschaffungswert von je 20 000,00 EUR über Bankkredite finanziert wurde. Mithilfe einer Maschine können pro Arbeitstag 100 Leistungseinheiten produziert werden. Sowohl die Lohnkosten während der Kündigungsfrist als auch die Abschreibung und der Zinsaufwand für die Maschinen stellen fixe Kosten dar. Den Verlauf derartiger sprungfixer Kosten verdeutlicht nebenstehende Abbildung.

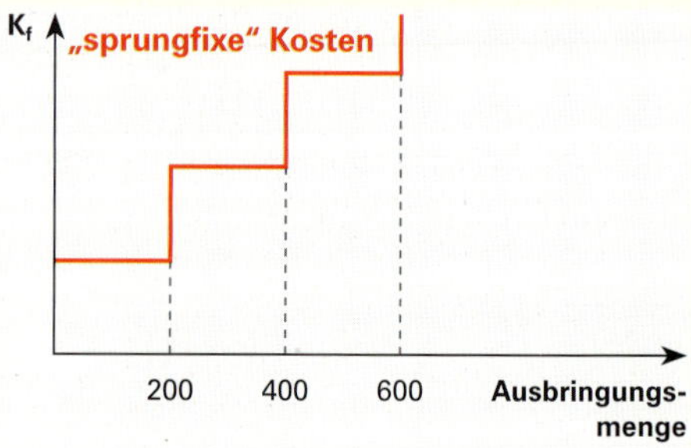

1 Vgl. Bartling, H. und Luzius, F.: Grundzüge der Volkswirtschaftslehre, 14. Auflage, München 2002.

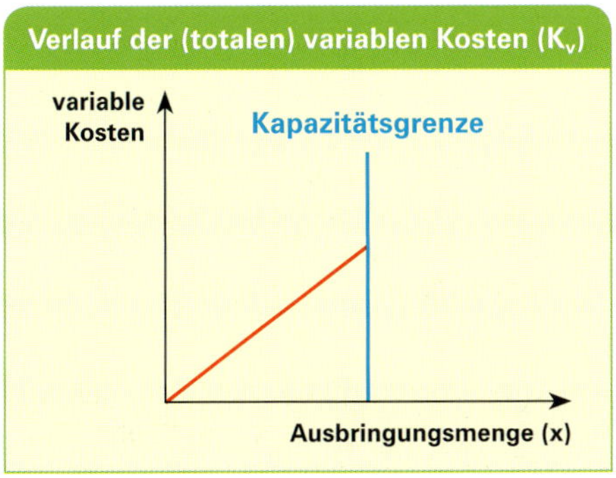

Für die **variablen Kosten** gilt allgemein: Je **höher** (niedriger) die Ausbringungsmenge, desto **höher** (niedriger) sind die variablen Kosten.

(2) Die Gesamtkostenbetrachtung

Allgemein gilt:

$$K_G(x) = K_f + K_v(x)$$

wobei sich die variablen Gesamtkosten aus der Multiplikation der variablen Kosten pro Stück (k_v) und der Ausbringungsmenge ergeben:

$$K_v(x) = k_v \cdot x$$

Die **Gesamtkosten** (K_G) eines Unternehmens setzen sich aus der Summe von fixen Kosten (K_f) und variablen Kosten (K_v) zusammen und hängen vor allem von der **Ausbringungsmenge** ab.

Wie sich der Verlauf der Gesamtkosten im Einzelnen darstellt, hängt im Wesentlichen davon ab, inwiefern das Unternehmen innerhalb oder außerhalb der normalen Betriebskapazität produziert.

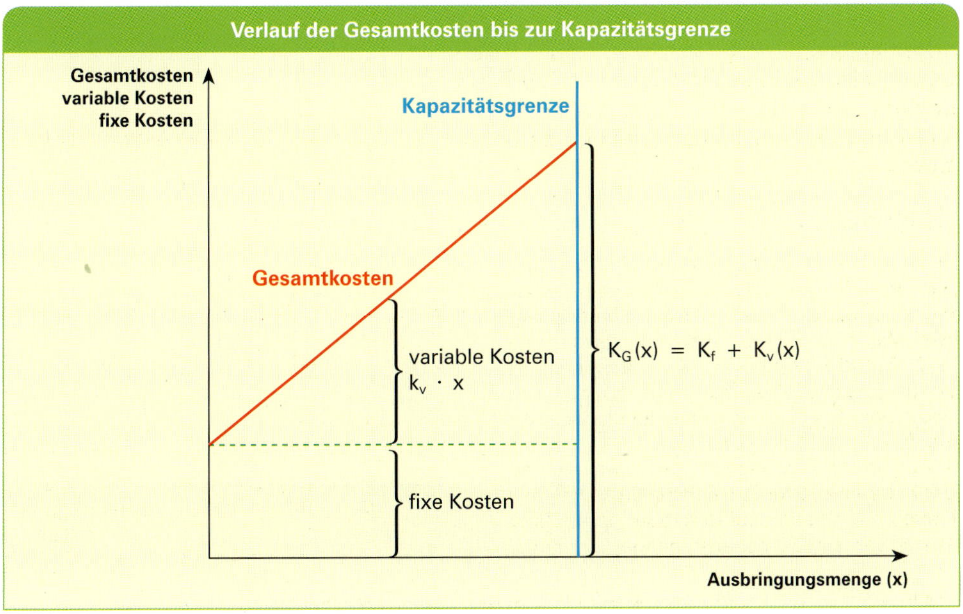

Hinweis:

Im Folgenden beschränken wir uns auf die Darstellung der Gesamtkosten **innerhalb der Kapazitätsgrenze.**

Folgt das Unternehmen dem Ziel der **Gewinnmaximierung,** so wird es bei **linearem** Kostenverlauf und mindestens die Stückkosten abdeckenden Marktpreisen die Menge am Markt **anbieten,** die bei **Vollauslastung** der vorhandenen Produktionskapazität hergestellt werden kann.

Wie nachfolgende Abbildung verdeutlicht, übersteigen bei einer **niedrigen** Ausbringungsmenge die Gesamtkosten die Gesamterlöse, also das Produkt von Menge und Preis **(Erlösfunktion).** Es wird **kein Gewinn** erzielt. Erst ab einer bestimmten Absatzmenge – auch **„Break-even-Point"** oder **„Gewinnschwelle"** genannt – gelangt das Unternehmen in die Gewinnzone.

Da ab diesem Punkt der Gewinn umso höher ausfällt, je größer die produzierte Absatzmenge ist, wird das Unternehmen den **maximalen Gewinn** (Differenz zwischen Kosten und Erlösen) dann erreichen, wenn es bis zur Kapazitätsgrenze produziert, da in diesem Punkt der **Abstand** zwischen der Erlös- und der Kostengeraden am größten ist.

Zusammenhang zwischen Kosten und Angebotsmenge bei linearem Kostenverlauf

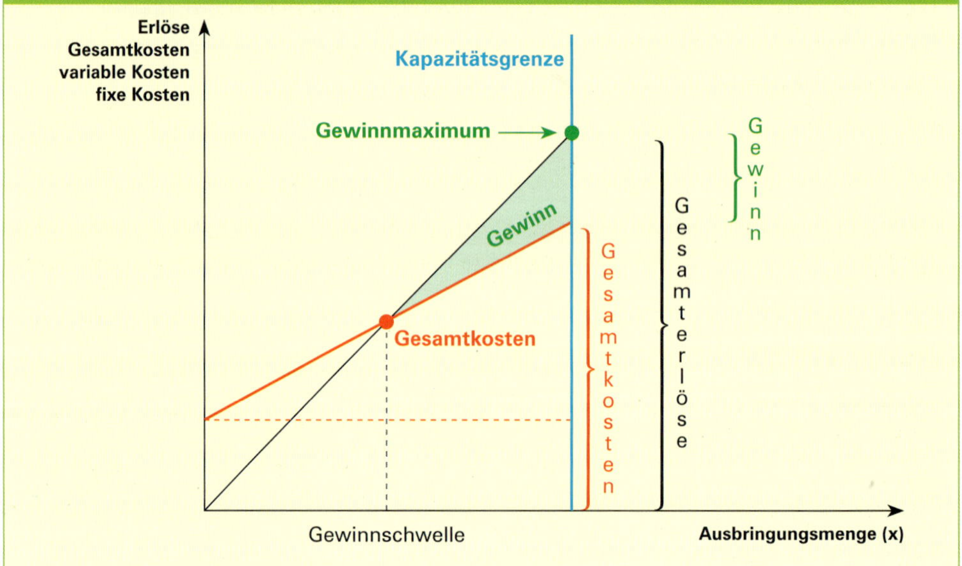

Die **Gewinnschwelle** (Break-even-Point) wird dann erreicht, wenn die **Erlöse** und die **Kosten gleich hoch** sind.

Rechnerisch lässt sich die **Gewinnschwelle** wie folgt ermitteln:

$$\text{Gewinnschwelle (x)} = \frac{K_f}{p - k_v}$$

Beispiel:

Ein Landwirt verkauft auf dem Wochenmarkt Bioeier zu einem Preis von 3,50 EUR pro Packung mit 10 Eiern. Nach seinen Berechnungen verursacht die Produktion einer solchen Packung variable Kosten in Höhe von 1,50 EUR. Zudem muss er an jedem Markttag eine Standgebühr von 50,00 EUR entrichten. Im vorliegenden Fall liegt die Gewinnschwelle bei 25 Packungen Bioeiern.

$$\text{Gewinnschwelle} = \frac{50}{3{,}50 - 1{,}50} = 25 \text{ Packungen.}$$

(3) Die Stückkostenbetrachtung

Wie sich diese Kosten- und Erlössituation in der **Stückbetrachtung** bei Produktion **innerhalb** der normalen **Betriebskapazität** darstellt, soll nachfolgend mithilfe eines Beispiels näher beschrieben werden.

Beispiel:

Die Kosten eines Unternehmens entsprechen in ihrem Verlauf folgender Funktion:

$K_G(x) = 5 + 4x.$

Die Erlösfunktion lautet:

$E(x) = 6x.$

Die Kapazitätsgrenze des Unternehmens liegt bei 10 Gütereinheiten.

Ausbringungsmenge (Stück)	**0**	**1**	**2**	**3**	**4**	**5**	**6**	**7**	**8**	**9**	**10**
Gesamte fixe Kosten K_f (in GE)	5,00	5,00	5,00	5,00	5,00	5,00	5,00	5,00	5,00	5,00	5,00
Gesamte variable Kosten K_v (in GE)	0,00	4,00	8,00	12,00	16,00	20,00	24,00	28,00	32,00	36,00	40,00
Gesamtkosten K_G (in GE)	5,00	9,00	13,00	17,00	21,00	25,00	29,00	33,00	37,00	41,00	45,00
Gesamterlöse E (in GE)	0,00	6,00	12,00	18,00	24,00	30,00	36,00	42,00	48,00	54,00	60,00
Fixe Kosten pro Stück k_f (in GE)	0,00	5,00	2,50	1,67	1,25	1,00	0,83	0,71	0,63	0,56	0,50
Variable Kosten pro Stück k_v (in GE)	0,00	4,00	4,00	4,00	4,00	4,00	4,00	4,00	4,00	4,00	4,00
Gesamtkosten pro Stück k_g (in GE)	0,00	9,00	6,50	5,67	5,25	5,00	4,83	4,71	4,63	4,56	4,50
Erlöse pro Stück (in GE)	0,00	6,00	6,00	6,00	6,00	6,00	6,00	6,00	6,00	6,00	6,00
Verlust in Gewinn (in GE)	–5,00	–3,00	–1,00	+ 1,00	+ 3,00	+ 5,00	+ 7,00	+ 9,00	+ 11,00	+ 13,00	+ 15,00

Zunächst gilt ganz allgemein für alle **erwerbswirtschaftlichen** Unternehmen: Die anfallenden **Gesamtkosten** pro Stück bilden die **unterste Preisgrenze,** die ein Anbieter **langfristig** akzeptieren kann.

Wenn der **Absatzpreis** für die vom Unternehmen hergestellten Leistungen also **genauso hoch** ist wie die für deren Produktion anfallenden **totalen Stückkosten** (k_g = Gesamtkosten : Ausbringungsmenge), arbeitet das Unternehmen kostendeckend. Es befindet sich dann im sogenannten **Betriebsoptimum.** Dies hat – fallende Stückkosten vorausgesetzt – zur Folge, dass **mindestens so viele Leistungseinheiten** hergestellt werden müssen, dass die Gesamtkosten pro Stück so hoch sind wie der Marktpreis. Nur wenn es ihm gelingt, seine Kosten – also den in Geld bewerteten Verzehr an Produktionsfaktoren – durch entsprechende Erlöse zu decken, kann er seine Anbieterstellung am Markt langfristig halten.

Im **Betriebsoptimum** gilt:

$$k_g(x) = p$$

Kurzfristig könnte der Unternehmer seine Produktion auch dann aufrechterhalten, wenn ihm über den Marktpreis zumindest die **variablen Stückkosten** (k_v = gesamte variable Kosten : Ausbringungsmenge) vergütet werden. Wie lange das Unternehmen allerdings in der Lage sein wird, eine derartige Marktsituation durchzustehen, hängt in erster Linie von seiner **Finanzkraft** ab, da es die **nicht** über den Markt vergüteten **Fixkosten** selbst finanzieren muss. Diese **kurzfristige Preisuntergrenze** – in unserem Beispiel 4,00 GE – wird auch als **Betriebsminimum** bezeichnet. In vorliegendem Beispiel existiert allerdings **kein** Betriebsminimum, da bei linearem Kostenverlauf die variablen Stückkosten, die den **Grenzkosten** (Kosten für die zuletzt produzierte Einheit) entsprechen, bezüglich der einzelnen produzierten Einheit konstant sind.

Beispiel:

In vorigem Beispiel (siehe S. 123) läge das **Betriebsoptimum** – beliebige Teilbarkeit des Produktionsgutes vorausgesetzt – bei:

$$\frac{5 + 4x}{x} = 6$$
$$5 + 4x = 6x$$
$$2x = 5$$
$$x = \textbf{2,5 Mengeneinheiten.}$$

- Im **Betriebsoptimum** erreicht das Verhältnis zwischen Gesamtkosten und Produktionsmenge den günstigsten Wert. Der **Marktpreis** im Betriebsoptimum **deckt** gerade die **Gesamtkosten (langfristige** Preisuntergrenze).
- Die **kurzfristige** Preisuntergrenze wird auch als **Betriebsminimum** bezeichnet.

Fallen die Preise allerdings **unter** die variablen Stückkosten (in vorliegendem Beispiel also unter 4,00 GE), ist es für den Unternehmer günstiger, seine **Produktion einzustellen,** da er mit jeder für diesen Marktpreis produzierten Leistungseinheit seinen Verlust **vergrößert.** An diesem Beispiel wird deutlich, wie sehr die variablen Stückkosten die von einem Unternehmen produzierte und am Markt angebotene Menge beeinflussen.

Beispiel:

Wie aus vorigem Beispiel (siehe S. 123) ersichtlich, produziert das Unternehmen ab einer Menge von 2,5 Mengeneinheiten mit Gewinn, d. h., es werden Produktionsmengen jenseits des Betriebsoptimums hergestellt. Die **Gewinnschwelle** (Gesamterlöse = Gesamtkosten) liegt – beliebige Teilbarkeit der produzierten Leistungen vorausgesetzt – bei:

$$\mathbf{E(x) = K_G(x)}$$
$$p \cdot x = K_f + k_v \cdot x$$
$$6x = 5 + 4x$$
$$2x = 5$$
$$x = \textbf{2,5 Mengeneinheiten.}$$

Bei einer Produktionsmenge von 2,5 Mengeneinheiten werden die Kosten durch die Erlöse gedeckt. Wird die Produktionsmenge über diesen Punkt hinaus weiter ausgedehnt, so führt dies zu einem sukzessiv ansteigenden Gewinn.

Dies ist u.a. darauf zurückzuführen, dass die totalen Stückkosten mit zunehmender Produktionsmenge ständig abnehmen, wohingegen die Grenzerlöse wegen der konstanten Preise von 6,00 GE gleich bleiben. Die bis zur Kapazitätsgrenze zu beobachtende **Abnahme der Stückkosten** (in obigem Beispiel von 9,00 GE/Stück auf 4,50 GE/Stück) ist damit zu begründen, dass sich die **Fixkosten auf immer mehr Produktionseinheiten verteilen.**

Dies führt bei **gleichbleibenden** Grenzkosten zu einer **Stückkostendegression.** Der in nachfolgender Abbildung dargestellte typische Verlauf der Stückkostenkurve basiert auf dem **„Gesetz der Massenproduktion"** (auch „Bücher'sches Gesetz" genannt) und ist insbesondere in der industriellen Massenfertigung zu beobachten.

Stückkostendegression nach dem Gesetz der Massenproduktion

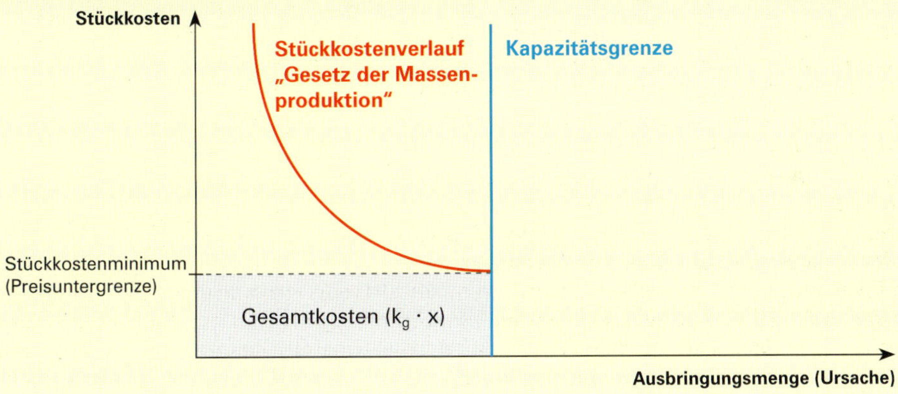

Eine **Stückkostendegression** liegt vor, wenn mit zunehmender Produktionsmenge die Stückkosten sinken, da sich die **fixen** Kosten auf eine **größere** Menge verteilen **(Gesetz der Massenproduktion).**

3.2.1.3 Das individuelle Güterangebot unter Kostengesichtspunkten

Wie die vorangestellten Ausführungen gezeigt haben, **beeinflussen die Kosten** in **starkem** Maße die von den Unternehmen produzierte und letztlich am Markt **angebotene Menge.**

Die im Rahmen der Produktion anfallenden Kosten bilden dabei eine Art **Preisuntergrenze.**

Werden über den Marktpreis lediglich die **variablen** Stückkosten gedeckt, so ist es den Anbietern – in Abhängigkeit von ihrer Finanzkraft – allenfalls über einen **begrenzten** Zeitraum möglich, ihr Angebot aufrechtzuerhalten. Da sie die fixen Kosten der Herstellung selbst tragen müssen, produzieren sie mit Verlust.

Langfristig kann ein Unternehmer nur dann erfolgreich am Markt agieren, wenn über den Marktpreis zumindest seine **gesamten** Kosten vergütet werden.

Die **totalen Stückkosten** stellen die **langfristige Preisuntergrenze** dar.

Wie sich der **Verlauf der Stückkosten** auf die vom Unternehmen am Markt **angebotene Menge** auswirkt, verdeutlicht nachfolgende Abbildung.

Angebotsmenge bei gegebener Kostenstruktur und alternativen Preisen

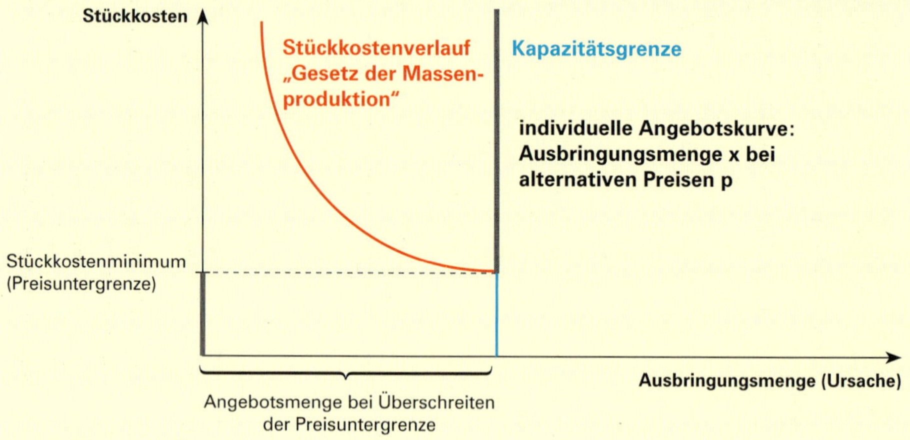

Erläuterungen:

- Bei gegebenem Kostenverlauf **innerhalb** der normalen Betriebskapazität – es gilt die Produktionsfunktion vom Typ B – wird der Anbieter bei einem Preis unterhalb des Stückkostenminimums (dauerhaft) **keine** Leistungen am Markt anbieten.
- Bei einem Marktpreis in Höhe des Stückkostenminimums oder gar darüber wird das Unternehmen – Gewinnmaximierung vorausgesetzt – **bis zur Kapazitätsgrenze** produzieren und die entsprechende Menge am Markt anbieten.

Steigen beispielsweise die Kosten für die eingesetzten Produktionsfaktoren (z.B. durch Lohnerhöhungen) nachhaltig, würde dies unter sonst gleichen Bedingungen (ceteris-paribus) zu einer Gewinnschmälerung oder gar einer Verlustproduktion führen.

Nur wenn es dem Unternehmen gelingen würde, die Kostenerhöhung an die **Nachfrager** weiterzugeben **oder** die **Stückkosten** durch entsprechende Maßnahmen wieder unter den Marktpreis zu **senken,** könnte er das Marktangebot **dauerhaft** aufrechterhalten.

Andernfalls würden zumindest einige **Anbieter ausscheiden,** was einem **Angebotsrückgang** gleichkommt.

3.2.1.4 Das Gesamtangebot unter Kostengesichtspunkten

Das **Gesamtangebot** eines bestimmten Gutes am Markt ergibt sich aus dem Angebot **aller** Unternehmen, die dieses Produkt für den Markt produzieren.

Diese **insgesamt** am Markt angebotene Menge ist letztlich die **Summe** der bei unterschiedlichen Preisen individuell von den Unternehmen angebotenen Mengen.

Die **Gesamtangebotskurve** ergibt sich somit aus der **Aggregation** (Queraddition) der **individuellen** Angebotskurven. Sie gibt an, welche Mengen zu alternativen Preisen angeboten werden.

Das Prinzip der Aggregation soll nachfolgend grafisch veranschaulicht werden. Dabei beschränkt sich die Queraddition auf den Fall der Produktion **innerhalb** der Kapazitätsgrenzen.

Die Aggregation individueller Angebotskurven zum Gesamtangebot

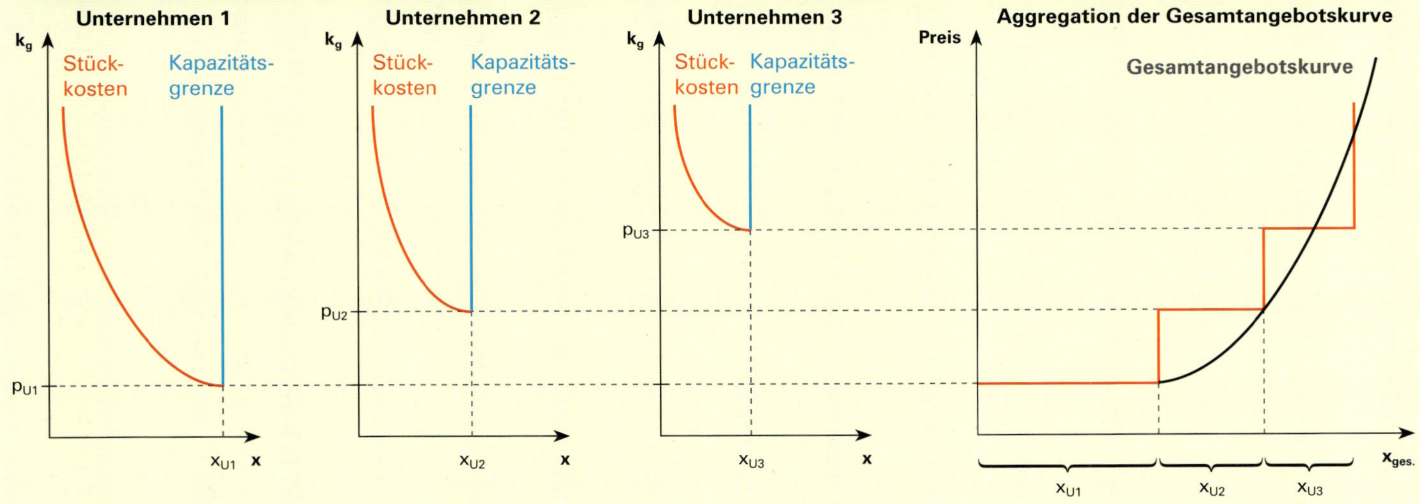

Erläuterungen:

- Die ersten drei Abbildungen zeigen den Stückkostenverlauf und die jeweilige Betriebskapazität von drei Unternehmen. Die Gesamtangebotskurve leitet sich nunmehr aus der Queraddition der individuellen Angebotskurven ab. Dies geschieht, indem jedem Preis (Ursache) die von den drei Unternehmen jeweils angebotene Menge (Wirkung) zugeordnet wird.
- Wie aus der Abbildung der Gesamtangebotskurve ersichtlich, kommt es bei einem Marktpreis **unterhalb** von p_{U1} – zumindest **langfristig** betrachtet – zu **keinem** Angebot, da alle drei Unternehmen bei einem geringeren Preis nur mit Verlust produzieren würden.
- Wird hingegen am Markt ein Preis in Höhe von p_{U1} erreicht, so bietet Unternehmen 1 die Menge x_{U1} an. Steigt der Marktpreis weiter bis zu p_{U2}, so bietet neben Unternehmen 1 auch Unternehmen 2 in Höhe seiner gesamten Kapazität an, sodass die Gesamtangebotsmenge am Markt weiter ansteigt. Kommt es zu weiteren Preissteigerungen und wird sogar p_{U3} erreicht, so dehnt sich das Gesamtangebot am Markt um die Menge x_{U3} aus.

Geht man nunmehr davon aus, dass für die meisten Produkte mehr als drei Anbieter am Markt sind, so werden die „Treppenstufen" der Gesamtangebotskurve immer kleiner. Das Gesamtangebot lässt sich als eine **kontinuierlich ansteigende** Linie darstellen, deren **Ursprung** auf Höhe der **Preisuntergrenze des kostengünstigsten** Unternehmens beginnt.

3.2.2 Die Preise der Konkurrenz

In den meisten Fällen treten die Anbieter nicht allein am Markt auf, sondern stehen im Wettbewerb mit ihren Konkurrenten, die gleiche oder in ihrer Verwendung ähnliche Güter (Substitutionsgüter) anbieten.

Die **Preise der Mitanbieter** beeinflussen die von einem Unternehmen am Markt angebotene Menge.

Beispiele:

- Senken einige Spargelanbieter ihre Preise, so müssen die anderen Anbieter nachziehen, um ihre Marktanteile nicht zu verlieren. Eine solche Preisreduzierung kann allerdings dazu führen, dass ein Teil der Anbieter nicht mehr kostendeckend arbeiten kann und somit keinen Spargel mehr anbietet. Die Angebotsmenge **verringert** sich. Die **Gesamtangebotskurve** verschiebt sich nach **links**.
- Steigen die Preise für Margarine, kann dies zu Angebotsausweitungen der Molkereien bei Butter führen, da sie mit Ausweichreaktionen der Nachfrager rechnen. Die angebotene Menge an Butter **erhöht** sich. Die **Gesamtangebotskurve** verschiebt sich nach **rechts**.

3.2.3 Die Gewinnerwartung

Bestehen auf einem Markt für die Zukunft positive Aussichten auf gute Gewinne, so werden die Unternehmen in ihrem Streben nach Gewinnmaximierung durch entsprechende Investitionen ihre vorhandene Kapazität **ausweiten**, um über eine höhere Angebotsmenge an diesen Gewinnen zu partizipieren. Die Angebotskurve verschiebt sich nach **rechts**.

3.2.4 Nachfragesituation

Bei geringer Nachfrage werden die Unternehmen – beispielsweise zur Vermeidung unnötiger Lagerkosten – ihre Angebotsmenge reduzieren. Gestaltet sich die Nachfragesituation hingegen positiv, werden die Unternehmen durch **Ausweitung** der Angebotsmenge bestrebt sein, ihren Absatz zu erhöhen. Es kommt zu einer **Rechtsverschiebung** der Angebotskurve.

3.2.5 Technischer Fortschritt

Zunehmender technischer Fortschritt und eine damit einhergehende höhere Produktivität ermöglicht den Unternehmen eine **Ausweitung** ihrer Angebotsmenge. Die Angebotskurve verschiebt sich nach **rechts.**

Kompetenztraining

1. Erklären Sie die „Ausgleichsfunktion“ des Marktes!

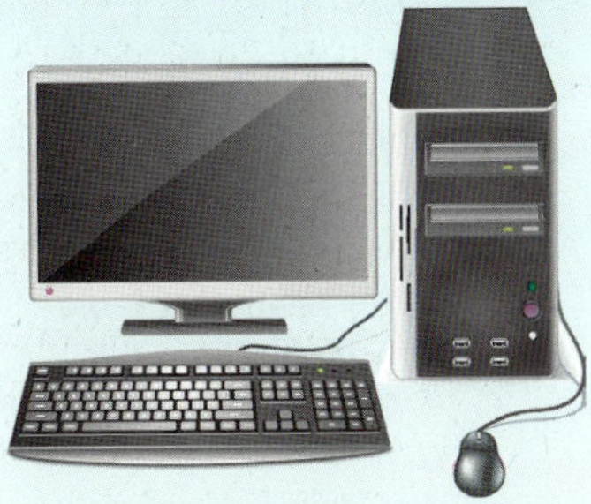

2. Hans Heller will sich einen neuen PC kaufen. Bei einem Preisvergleich bei den vier Computerhändlern am Ort stellt er folgende Preise fest:

Händler	Preis
A	897,00 EUR
B	950,00 EUR
C	999,00 EUR
D	1 050,00 EUR

Aufgaben:

2.1 Erklären Sie diese Preisunterschiede unter dem Gesichtspunkt der Vollkommenheit des Marktes!

2.2 Erläutern Sie, welche Aussage sich über die Preisforderungen für ein bestimmtes Gut auf einem unvollkommenen Markt formulieren lässt!

3. Nachdem die Preise für Rindfleisch von 4,00 EUR je kg auf 3,00 EUR je kg gesunken sind, reagierten die Landwirte mit einer Reduzierung der Angebotsmenge um 25 %.

Aufgaben:

3.1 Berechnen Sie die Preiselastizität des Angebots!

3.2 Interpretieren Sie das Ergebnis!

4. Nennen Sie die beiden Prämissen, auf denen die substitutionale Produktionsfunktion basiert!

5. Erläutern Sie das Gesetz vom abnehmenden Grenzertrag anhand eines selbst gewählten Beispiels!

6. Beschreiben Sie den Verlauf von Gesamt-, Durchschnitts- und Grenzertrag in den einzelnen Verlaufsphasen der ertragsgesetzlichen Produktionsfunktion!

7. Im Rahmen einer Dienstbesprechung bei der Siegerländer Flanschenfabrik GmbH erläutert der Geschäftsführer Heuch, dass für einen Zeitraum von ca. vier Wochen eine kurzfristige Ausweitung der Produktion über die normale Betriebskapazität hinaus erfolgen soll.

Entwickeln Sie zwei mögliche Vorschläge, wie eine solche kurzfristige Kapazitätsausweitung erfolgen kann!

8. Ein mittelständisches Unternehmen, das sich auf die Herstellung unterschiedlicher Tuning-Zubehörteile für hochwertige Motorräder spezialisiert hat, produzierte im April des laufenden Jahres in einer ihrer auf die Felgenproduktion ausgelegten Betriebsstätte bei einem Auslastungsgrad von 90 % insgesamt 1 800 Leichtmetall-Motorradfelgen.

Wie die Buchhaltung ermittelte, betrugen die Gesamtkosten – K_G (x) – für den Betrachtungsmonat April 150 000,00 EUR. Darin enthalten sind auch die variablen Kosten pro Felge in Höhe von 40,00 EUR.

Berechnen Sie die fixen Kosten (K_f) des Produktionsbereichs „Leichtmetall-Motorradfelgen“ pro Jahr!

9. Der Einzelhändler Karl Mayer bietet in der Spargel-Saison wöchentlich dreimal Spargel auf dem Wochenmarkt an. Marktzeit ist von 07:00–13:00 Uhr.

Am 5. Juni 20.. hat er auf einem 50 km entfernten Großmarkt 30 Körbe Spargel à 10 kg je Korb, Handelsklasse I, zum Verkauf für den nächsten Tag ersteigert.

9 Boller, Schuster - ISBN 978-3-8120-0680-4

Je Korb musste er auf dem Großmarkt 45,00 EUR bezahlen. Für Transportkosten rechnet er 1,25 EUR je Lkw-km. Sein Standgeld auf dem Markt beträgt 15,00 EUR pro Tag. Die Personalkosten für die Verkäuferin betragen 10,00 EUR je Marktstunde. Seine eigenen Kosten für den Zeitaufwand beim Einkauf der Ware setzt er mit 50,00 EUR an.

Aufgaben:

9.1 Ermitteln Sie, mit welchem Preis (einschließlich 7 % Mehrwertsteuer) der Einzelhändler am 6. Juni 1 kg Spargel mindestens verkaufen müsste, damit er seine Kosten deckt!

9.2 Am Morgen des 6. Juni stellt Herr Mayer fest, dass zwei andere Händler ihren Spargel der Handelsklasse I für 8,50 EUR bzw. 8,30 EUR je kg anbieten.

Begründen Sie, welchen Preis Sie Herrn Mayer an diesem Tag als Verkaufspreis vorschlagen würden!

9.3 Bei einer Kontrolle seines Verkaufsstandes um 10:00 Uhr stellt Herr Mayer fest, dass erst 60 kg verkauft wurden. Seine Konkurrenten haben ihre Preise inzwischen auf 7,50 EUR je kg gesenkt.

Unterbreiten Sie Herrn Mayer einen Handlungsvorschlag unter der Annahme, dass der bisher von ihm verlangte Preis darüberlag!

9.4 Beurteilen Sie, mit welchen Reaktionen seiner Konkurrenten Herr Mayer rechnen muss, wenn er seinen Preis in der von Ihnen vorgeschlagenen Form ändert!

9.5 Bis 12:00 Uhr wurden 250 kg Spargel verkauft. Seine Konkurrenten haben ihren Spargel bereits verkauft. Da am nächsten Markttag wieder frische Ware angeboten werden soll, muss Herr Mayer eine neue Preisentscheidung treffen.

Ermitteln Sie, welchen Preis er mindestens fordern wird, wenn sein bisheriger Gewinn nicht geschmälert werden soll!

9.6 Prüfen Sie, ob es u. U. auch sinnvoll wäre, die restliche Menge von 50 kg zu einem Preis von 5,00 EUR/kg zu verkaufen, wenn dafür Nachfrage vorhanden wäre!

9.7 Fassen Sie die Gesichtspunkte (Kriterien) zusammen, an denen sich Herr Mayer bei seinen Preisforderungen orientiert hat!

10. Ein Unternehmer fertigt Tennisbälle. Die Kosten für die Betriebsmittel betragen, unabhängig von der Produktionsmenge, 250 000,00 EUR. Die für jeden produzierten Tennisball entstehenden Werkstoff- und Lohnkosten betragen 2,35 EUR.

Aufgaben:

10.1 Erklären Sie, worin sich die beiden Gruppen von Kosten unterscheiden!

10.2 Berechnen Sie, wie viel Euro die Produktionskosten **je Stück** (k) betragen, wenn der Unternehmer

10.2.1 100 000 Tennisbälle;

10.2.2 2 000 000 Tennisbälle bei gleichbleibendem Betriebsmittelbestand produziert!

10.3 Erläutern Sie, worauf die unterschiedlichen Stückkosten zurückzuführen sind!

10.4 **Bücher** formulierte diesen Zusammenhang in seinem **„Gesetz der Massenproduktion"**. Formulieren Sie dieses „Gesetz der Massenproduktion"!

11. Die Mockenhaupt Cross-Run KG, ein mittelständischer Hersteller für maßgefertigte Cross-Laufschuhe, hat im letzten Geschäftsjahr insgesamt 6 200 Schuhe auf Bestellung hergestellt und zu einem Preis von 400,00 EUR pro Stück direkt an die Endverbraucher absetzen können. Die fixen Kosten des Unternehmens beliefen sich auf 450 000,00 EUR, der Betriebsgewinn betrug 480 000,00 EUR.

Aufgabe:

Ermitteln Sie, bei welcher Menge das Unternehmen den Break-even-Punkt (Gewinnschwelle) erreicht!

12. Die Zackspeed GmbH ist ein bedeutender Zulieferbetrieb für die gesamte Automobilindustrie Deutschlands. Besonders engagiert ist das Unternehmen für drei namhafte Betriebe dieser Branche im norddeutschen Raum. Neben der Herstellung von Spezialfedern ist das Hauptstandbein des Unternehmens die Herstellung von verchromten Abgasanlagen. Die Fertigung erfolgt auf sechs Hydroforming Press- und Schweißanlagen gleichen Typs. Eine dieser Maschinen hat eine Monatskapazität von 2000 Stück. Die Kapazitätsauslastung schwankt sehr stark. Die variablen Kosten (K_v) verlaufen proportional,

- bei 50 % iger Auslastung betragen die gesamten Stückkosten 250,00 EUR,
- bei 100 % iger Auslastung betragen die gesamten Stückkosten 200,00 EUR.

Aufgaben:

12.1 Berechnen Sie die variablen Kosten je Stück, die Fixkosten pro Monat und geben Sie die Kostenfunktion an!

12.2 Ermitteln Sie die Gewinnschwelle, wenn der Stückpreis 210,00 EUR beträgt!

12.3 Die Abnehmer der Zackspeed GmbH sind nur noch bereit 200,00 EUR je Stück zu zahlen. Die zu erwartenden Bestellungen sind auf 9000 Stück pro Monat zurückgegangen. Berechnen Sie das Betriebsergebnis pro Monat!

12.4 Ermitteln Sie den Preis, den die Zackspeed GmbH bei zu erwartenden Bestellungen von 9000 Stück pro Monat gerade noch akzeptieren könnte, und erläutern Sie die Situation!

12.5 Die Zackspeed GmbH will eine zusätzliche computergesteuerte Hydroforming Press- und Schweißanlage anschaffen. Diese Maschine hat die doppelte Kapazität einer alten Maschine, verursacht aber dreimal so hohe fixe Kosten. Die variablen Kosten sinken auf 100,00 EUR je Stück. Berechnen Sie durch Kostenvergleich der neuen Maschine mit zwei Maschinen des alten Typs, ab wie viel Stück die neue Maschine kostengünstiger arbeitet!

12.6 Nachdem die neue Maschine angeschafft wurde, muss entschieden werden, in welcher Reihenfolge die sieben Maschinen eingesetzt werden sollen. Es stehen folgende Alternativen zur Wahl:

A: Erst Vollauslastung der neuen Maschine, danach Einsatz der alten Maschinen.

B: Erst Vollauslastung der alten Maschinen, danach Einsatz der neuen Maschine.

Der Verkaufspreis beträgt in beiden Fällen 210,00 EUR.

Ermitteln Sie das jeweilige Betriebsergebnis in der vorgegebenen Tabelle und begründen Sie die Entscheidung der Zackspeed GmbH, wenn diese weiterhin mit schwankender Nachfrage rechnen muss!

DOWNLOAD

Stück gesamt	Stückzahl pro Maschine		K_f in EUR	K_v in EUR	K_G in EUR	Erlöse in EUR	Betriebsergebnis in EUR	Betriebsergebnis in EUR gesamt
16000	A	4000						
		12000						
	B	4000						
		12000						
14000	A							
	B							
12000	A							
	B							

13. Ein Klavierhändler verkauft nur Klaviere eines Herstellers. Für seine Verkaufsräume hat er monatlich 1000,00 EUR Miete und 400,00 EUR sonstige Raumkosten zu zahlen. Das Gehalt für den Verkäufer kostet ihn monatlich 2200,00 EUR.

Ein Klavier kauft er vom Hersteller für 5000,00 EUR ein.

Aufgaben:

13.1 Ermitteln Sie die festen Kosten (fixen Kosten), die dem Klavierhändler im Monat entstehen, wenn er kein einziges Klavier einkauft und verkauft!

13.2 Ermitteln Sie, welche zusätzlichen Kosten (sogenannte variable Kosten) der Klavierhändler hat, wenn er in einem Monat 1 bis 5 Klaviere einkauft!

13.3 Berechnen Sie, welche Kosten dem Klavierhändler insgesamt (Gesamtkosten) entstehen, wenn er bis zu 5 Klaviere im Monat einkauft!

13.4 Tragen Sie die Ergebnisse der Aufgaben 13.1–13.3 in dieses Schema ein:

Eingekaufte Menge	Fixe Kosten pro Monat/EUR	Variable Kosten pro Monat/EUR	Gesamtkosten pro Monat/EUR	Stückkosten EUR
0				
1				
2				
3				
4				
5				

13.5 Berechnen Sie, wie viel Euro dem Klavierhändler ein Klavier kostet, wenn er im Monat 1 bis 5 Klaviere einkauft!

Tragen Sie die Ergebnisse in die letzte Spalte der vorhergehenden Tabelle ein!

13.6 Stellen Sie dar, welche Aussage sich über den Verlauf der Stückkosten treffen lässt, wenn die eingekaufte Menge erhöht bzw. gesenkt wird!

13.7 Nennen Sie die Kostenart, die den von Ihnen festgestellten Verlauf der Stückkosten verursacht!

14. Vier Hersteller von Fahrrädern konkurrieren mit je einem Fahrrad nahezu gleicher Qualität und Form.

Jeder Anbieter orientiert sich bei seiner Produktionsmenge am voraussichtlichen Absatzpreis.

Absatzpreis	Angebotsmengen (Stück) je Anbieter A	B	C	D	Gesamtangebot in Stück
110,00 EUR	1500	1300	500	–	
120,00 EUR	2000	1600	1000	500	
130,00 EUR	2500	1800	1300	600	
140,00 EUR	3000	2100	1700	800	
150,00 EUR	3600	2500	2100	1100	

Aufgaben:

14.1 Ermitteln Sie das Gesamtangebot an Fahrrädern bei den verschiedenen Absatzpreisen!

14.2 Stellen Sie das Gesamtangebot in Abhängigkeit vom Preis in einem Koordinatensystem grafisch dar! Maßstab: Preis 10,00 EUR = 1 cm (Ordinatenachse); Menge 1000 Stück = 1 cm (Abszissenachse).

14.3 Erläutern Sie, welcher Zusammenhang sich für das Verhältnis von Preis und Angebotsmenge (Produktionsmenge) aus dem Kurvenverlauf ableiten lässt!

4 Die Güternachfrage

4.1 Das Nachfrageverhalten in Abhängigkeit vom Preis

(1) Nachfragegesetz

- Das Verhalten der Nachfrager folgt dem **Nachfragegesetz,** wonach die am Markt nachgefragte Menge eines Gutes umso **kleiner** ist, je **höher** der Preis für dieses Gut ist.
- Umgekehrt **steigt** die am Markt nachgefragte Menge, wenn der Preis für dieses Gut **sinkt.**

Das Verhalten der Nachfrager lässt sich ebenso wie das Verhalten der Anbieter mithilfe eines **Preis-Mengen-Diagramms** veranschaulichen.

Beispiel:

Liegt der Preis für ein Kilogramm Spargel bei 4,00 EUR, so werden viele Nachfrager bereit sein, für diesen Preis den Spargel zu kaufen, sodass die am Markt nachgefragte Menge entsprechend hoch ausfällt.

Wird jedoch das Kilo Spargel für 8,00 EUR angeboten, dürfte die am Markt nachgefragte Menge an Spargel sinken.

Wie die Grafik verdeutlicht, **sinkt** die **nachgefragte Menge** von 2000 kg auf 1000 kg, **wenn** der **Preis** von 4,00 EUR auf 8,00 EUR **steigt.**

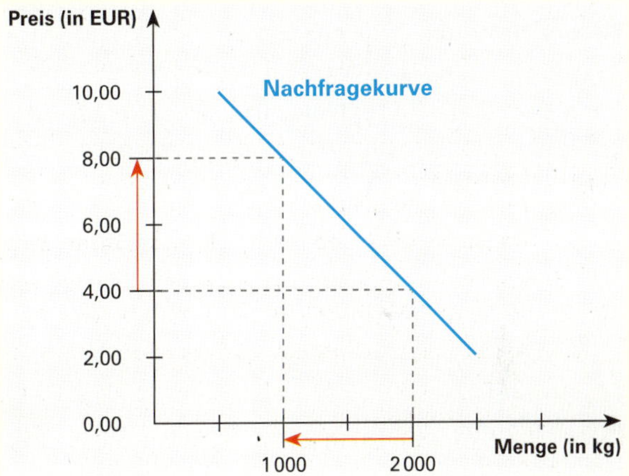

(2) Preiselastizität der Nachfrage

Die aus einer Preisänderung resultierende Mengenänderung der Nachfrage lässt sich mithilfe der Preiselastizität der Nachfrage messen.

Die **Preiselastizität der Nachfrage** gibt an, um wie viel Prozent sich die nachgefragte **Menge (Wirkung)** ändert, wenn der **Preis (Ursache)** um **ein** Prozent geändert wird.

Diese Ursache-Wirkungs-Beziehung lässt sich wie folgt errechnen:

$$\text{Preiselastizität der Nachfrage} = \frac{\text{relative Mengenänderung in Prozent}}{\text{relative Preisänderung in Prozent}}$$

Beispiel:

Für den vorangestellten Fall (siehe S. 133) errechnet sich die Preiselastizität demzufolge:

$$\text{Preiselastizität der Nachfrage} = \frac{-50\,\%}{100\,\%} = -0{,}5.$$

Das Ergebnis lässt sich wie folgt interpretieren:

Erhöht sich der **Preis** für Spargel um **1 %,** so **sinkt** die nachgefragte **Menge** um **0,5 %.** Die Nachfrage reagiert **unterproportional elastisch** auf die Preisänderung.

Bei den Preiselastizitäten der Nachfrage lassen sich folgende Fälle unterscheiden (die Elastizität wird nachfolgend nur betragsmäßig betrachtet, also **ohne** das für die Preiselastizität der Nachfrage **typische negative Vorzeichen):**

Normale Elastizität (E = 1)	Die Änderung der nachgefragten Menge verhält sich **proportional** zur Preisänderung (isoelastische Nachfrage).
Hohe Elastizität (E > 1)	Die Änderung der nachgefragten Menge fällt **größer** aus als die Preisänderung (überproportionales Verhalten).
Niedrige Elastizität (E < 1)	Die Änderng der nachgefragten Menge fällt **geringer** aus als die Preisänderung (unterproportionales Verhalten).
Starre Elastizität (E = 0)	Die Preisänderung bewirkt **keine** Änderung der nachgefragten Menge.

(3) Anomales Nachfrageverhalten

Ein Nachfrageverlauf, bei dem es bei **steigenden Preisen** zu **steigender Nachfrage** kommt, bezeichnet man als **anomale** Nachfrage.

Verlauf bei anomaler Nachfrage

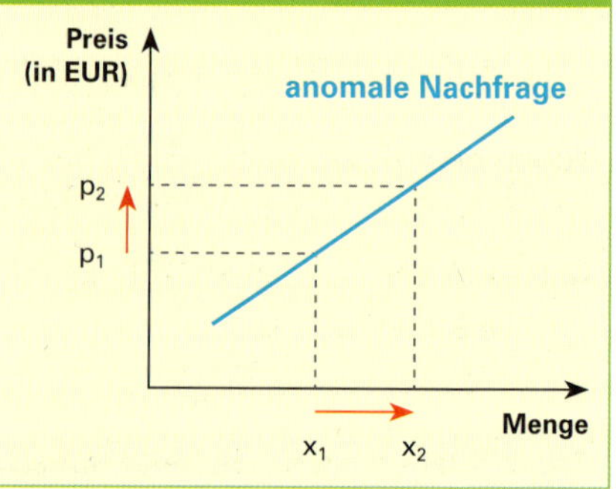

Wie die nebenstehende Abbildung zeigt, **erhöht** sich die nachgefragte Menge nach dem betrachteten Gut von x_1 nach x_2, wenn der Preis von p_1 nach p_2 **steigt.**

Diese Umkehrung des „Nachfragegesetzes" lässt sich in der Realität im Wesentlichen auf **drei Ursachen** zurückführen:

1. **Qualitätsvermutungseffekt.** Die Nachfrager **schließen von dem Preis direkt auf die Qualität eines Produktes,** sodass bei einem höheren Preis wegen der vermuteten höheren Qualität mehr von dem betreffenden Gut nachgefragt wird.
2. **Snob-Effekt.** Die Nachfrager kaufen ein teures Markenprodukt, um sich von der Masse abzuheben. Dieses Phänomen lässt sich u. a. bei Bekleidung beobachten.

Beispiel:

Einem bisher eher unbekannten Unternehmen gelingt es, sein Modelabel durch Marketingmaßnahmen mit Sportstars zu einer sehr begehrten Modemarke zu machen. Obwohl die Textilien um mehr als das Doppelte teurer werden, steigt der Absatz deutlich an.

3. **Giffen-Fall.** Entdeckt wurde das „anomale" Nachfrageverhalten allerdings nicht bei reichen, sondern bei besonders armen Haushalten, und zwar schon im 19. Jahrhundert von dem englischen Nationalökonomen Robert Giffen. Nicht zuletzt deshalb wird die anomale Nachfragereaktion auch als Giffen-Fall bezeichnet. So stellte Giffen in Londoner Armenvierteln fest, dass bei Haushalten mit sehr geringem Einkommen der Brotkonsum bei steigenden Preisen anstieg. Als Erklärung fand er heraus, dass die Haushalte auf die vor dem Brotpreisanstieg teilweise gekauften höherwertigen Güter wie Fleisch oder Fisch verzichteten. Um satt zu werden, kauften die Haushalte von dem eingesparten Geld trotz Brotpreisanstieg mehr Brot; denn im Brot blieben die sättigenden Kalorien immer noch verhältnismäßig billig.

   Mit Zunahme des Brotpreises musste die ärmere Bevölkerung jedoch zur Deckung des täglichen Kalorienbedarfs ihr Einkommen mehr und mehr auf das lebensnotwendige Brot verwenden und auf den Konsum von höherwertigen Gütern gänzlich verzichten. Die durch den Verzicht auf höherwertige Güter entstandenen Einschnitte bei der Sättigung mussten durch eine entsprechende Ausweitung der täglichen Brotnachfrage ausgeglichen werden.

   Derartiges Verhalten kann heute noch in **Kriegs- und Krisengebieten** beobachtet werden, wo die Haushalte trotz steigender Lebensmittelpreise mehr Lebensmittel einkaufen.

4.2 Weitere Bestimmungsfaktoren des Nachfrageverhaltens

Neben dem zu zahlenden Preis beeinflussen allerdings auch andere Faktoren die von den Nachfragern am Markt nachgefragte Gütermenge.

Zu diesen **weiteren Bestimmungsfaktoren** zählen vor allem

- die Bedürfnisstruktur,
- die Preise anderer Güter,
- die Konsumsumme sowie
- die Zukunftserwartungen.

Grundsätzlich gilt für all diese sonstigen Faktoren:

- Kommt es durch diese Einflussfaktoren zu einer **Ausweitung** der Nachfragemenge, so **verschiebt** sich die Nachfragekurve unter sonst gleichen Bedingungen nach **rechts.**
- **Verringert** sich die Nachfragemenge, **verschiebt** sich die Nachfragekurve nach **links.**

4.2.1 Die Bedürfnisstruktur

Die relative Intensität, mit der ein Haushalt ein bestimmtes Gut wünscht, hat großen Einfluss darauf, welche Güter er in welchen Mengen nachfragt und welchen Preis der Haushalt hierfür bereit ist, zu zahlen. Aufgrund der **Verschiedenartigkeit** individueller Bedürfnisstrukturen kommt es zu unterschiedlichem Nachfrageverhalten.

Beispiele:

- Steigt bei Jugendlichen das Bedürfnis nach Energy-Drinks, so wird die Nachfrage nach diesen Getränken spürbar zunehmen (Rechtsverschiebung der Nachfragekurve).
- Kommen Rucksäcke als Schultaschen aus der Mode, wird deren Nachfrage deutlich zurückgehen (Linksverschiebung der Nachfragekurve).

4.2.2 Die Preise anderer Güter

Auch die Preise anderer Güter haben Einfluss auf die Nachfrage.

Welche Wirkung von Preisänderungen anderer Güter ausgeht, hängt nicht zuletzt auch von möglichen **Beziehungen** der Güter untereinander ab:

Beispiel:

Steigen beispielsweise die Preise für Grundnahrungsmittel, steht weniger Kaufkraft für nicht lebensnotwendige Güter zur Verfügung. Die Nachfrage nach diesen Gütern **sinkt** (**Linksverschiebung** der Nachfragekurve).

<table>
<tr><th>Substitutionsgüter</th><th>Komplementärgüter</th></tr>
<tr><td>Steigt z. B. der Preis von Heizöl, dürfte die Nachfragemenge nach Brennholz steigen.
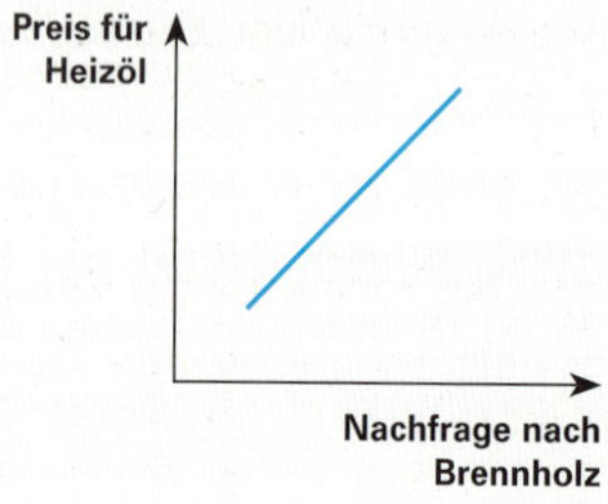
</td><td>Steigt beispielsweise der Preis für Erdgas, dürfte die Nachfrage nach Gasheizungen zurückgehen.
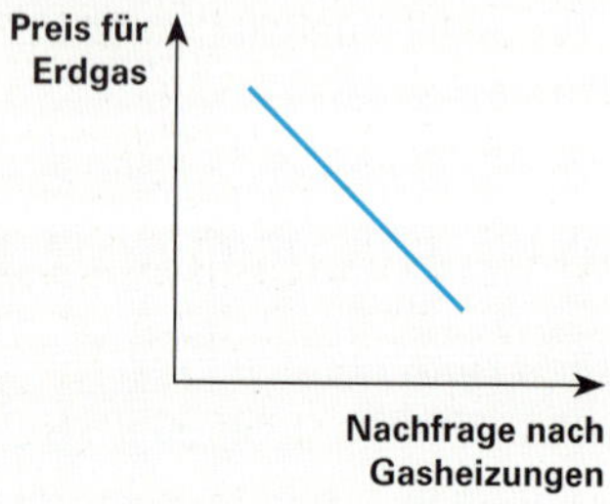
</td></tr>
</table>

Diese Wirkung einer Preisänderung eines **Gutes B** auf die nachgefragte Menge eines **Gutes A** lässt sich mittels der **indirekten** Preiselastizität der Nachfrage messen.

Die **indirekte Preiselastizität der Nachfrage (Kreuzpreiselastizität)** ist das Verhältnis einer prozentualen Nachfrageänderung für ein **Gut A** zu einer prozentualen Preisänderung für ein **Gut B.**

$$\text{Indirekte Preiselastizität der Nachfrage} = \frac{\text{relative Mengenänderung in Prozent für das Gut A}}{\text{relative Preisänderung in Prozent für das Gut B}}$$

Das **Vorzeichen** der Kreuzpreiselastizität lässt eine Aussage über die Art der Beziehung der beiden betrachteten Güter zu.

- Ist der Elastizitätskoeffizient der Nachfrage **negativ,** handelt es sich um **Komplementärgüter.**
- Ein positives Vorzeichen der Kreuzpreiselastizität hingegen kennzeichnet **Substitutionsgüter.**

Arten der indirekten Preiselastizität	Erläuterungen
Komplementär-elastizität	Anbieter, die Komplementärgüter herstellen bzw. vertreiben (z. B. Smartphone – Handytarife), müssen die Preisentwicklung der Komplementärgüter beobachten. **Steigen** die Preise der **Komplementärgüter,** sind unter sonst gleichen Bedingungen **Nachfragerückgänge** nach dem eigenen Produkt zu erwarten. Für Anbieter von Komplementärgütern ist es demnach lebenswichtig, den **langfristigen Trend** (Entwicklungsrichtung) auf dem Komplementärgütermarkt zu beobachten. **Beispiel:** Steigt der Preis für Benzin von 1,00 GE auf 1,10 GE, nimmt – so sei angenommen – die Nachfrage nach Autos mit hohem Benzinverbrauch von 2000 auf 1600 Stück je Periode ab. Die Komplementärelastizität beträgt –2. Dies besagt, dass der Prozentsatz der Nachfrageverringerung beim Gut A (Autos) doppelt so groß ist wie der Prozentsatz der Preiserhöhung beim Gut B (Benzin).
Substitutions-elastizität	Für Anbieter ist es nicht nur wichtig, die Reaktionen der Käufer bei eigenen Preisänderungen vorauszuschätzen, sondern auch die Preisentwicklung bei **Konkurrenzprodukten,** die in der Regel den Charakter von Substitutprodukten besitzen (Autos verschiedener Hersteller, Getränke mit unterschiedlichen Inhalten), zu beobachten. Bei Preiserhöhungen der Substitutionsgüter kann es daher sinnvoll sein, eigene Preiserhöhungen zu unterlassen, um einen größeren Marktanteil zu gewinnen. Eigene Preiserhöhungen führen hingegen dazu, dass die Kunden auf Konkurrenzprodukte (Substitute) ausweichen. Die steigende Zahl eng verwandter Produkte bringt so eine **Schwächung der Marktmacht** der **Anbieter** und eine **Stärkung der Marktmacht** der **Verbraucher** mit sich. **Beispiel:** Steigt der Preis für Rindfleisch von 10,00 GE auf 12,00 GE je kg, nimmt die Nachfrage nach Brathähnchen – so sei unterstellt – von 1 000 Stück auf 1 100 Stück je Periode zu. Die Substitutionselastizität beträgt + 0,5. Dies besagt, dass die Haushalte in dem betreffenden Gebiet auf Hühnerfleisch ausweichen, falls dessen Preis konstant bleibt. Der Prozentsatz der Nachfrageerhöhung nach dem Gut A (Hähnchen) ist halb so groß (0,5) wie der Prozentsatz der Preiserhöhung des Gutes B (Rindfleisch).

4.2.3 Die Konsumsumme

Da nur die mit Kaufkraft ausgestatteten Bedürfnisse zu konkreter Nachfrage am Markt führen können, hängt das Nachfrageverhalten entscheidend davon ab, welcher Geldbetrag für den Kauf von Gütern zur Verfügung steht.

- **Sinkt** die Konsumsumme, **verringert** sich die Nachfrage (**Linksverschiebung** der Nachfragekurve),
- **steigt** hingegen die Konsumsumme, so **erhöht** sich die Nachfrage (**Rechtsverschiebung** der Nachfragekurve).

Wie sich die nachgefragte Menge eines Gutes in Abhängigkeit von der Einkommensentwicklung der Haushalte ändert, lässt sich mittels der **Einkommenselastizität** messen.

Die **Einkommenselastizität** der Nachfrage gibt an, um wie viel Prozent sich die nachgefragte Menge (Wirkung) ändert, wenn das Einkommen der Haushalte (Ursache) um **ein** Prozent variiert.

$$\text{Einkommenselastizität der Nachfrage} = \frac{\text{relative Mengenänderung in Prozent}}{\text{relative Einkommensänderung in Prozent}}$$

Das **Vorzeichen** der Einkommenselastizität macht eine Aussage über die Art der Nachfrageänderung in Abhängigkeit von der Einkommensentwicklung.

- Ist die Einkommenselastizität der Nachfrage **negativ,** handelt es sich zumeist um ein **inferiores Gut** (auch „Sättigungsgut" genannt). Einfache Güter der Lebenshaltung (z. B. Wasser) werden mit steigendem Einkommen von den Konsumenten durch höherwertige Güter (z. B. Softdrinks, Apfelsaftschorle, Traubensaft) ersetzt.
- Ein **positives** Vorzeichen der Einkommenselastizität hingegen kennzeichnet **superiore Güter** (auch „Nichtsättigungsgüter" genannt).

Beispiel:

Das Einkommen eines Haushaltes steigt aufgrund einer Beförderung des Hauptverdieners von 3000,00 EUR auf 3600,00 EUR. Der Haushalt kauft nunmehr statt der bisherigen 8 Brote im Monat nur noch 6 Brote.

Die Einkommenselastizität der Nachfrage errechnet sich wie folgt:

$$\text{Einkommenselastizität der Nachfrage} = \frac{-25\,\%}{20\,\%} = -1{,}25$$

Das Ergebnis lässt sich wie folgt interpretieren:

Die **Einkommenselastizität** ist im vorliegenden Fall **negativ.** Es handelt sich somit um ein **inferiores Gut.** Einfache Güter zur Lebenshaltung – wie das hier zugrunde gelegte Brot – sind ein typisches Beispiel für inferiore Güter, da sie bei steigendem Einkommen von den Konsumenten durch höherwertige Güter (z. B. Brötchen, Croissants) ersetzt werden.

4.2.4 Die Zukunftserwartungen

Das Nachfrageverhalten der Haushalte wird zudem stark durch die Zukunftserwartungen geprägt.

- Rechnet man beispielsweise für die Zukunft mit einem **steigenden** Einkommen, so kann diese Erwartung bereits im Vorfeld zu höheren Konsumausgaben der Haushalte führen (**Rechtsverschiebung** der Nachfragekurve).
- Sieht man hingegen die Sicherheit seines Arbeitsplatzes zukünftig gefährdet, kann dies durchaus eine zurückhaltendere Nachfrage bewirken. Es kommt zu einer **Linksverschiebung** der Nachfragekurve.

Kompetenztraining

15. Stellungnahme

Lesen Sie nachfolgenden Artikel zum Kaufverhalten der Zukunft!

Vernetztes Einkaufen im „Supermarkt der Zukunft"

Wenn es ums Einkaufen geht, werden wir in Zukunft wohl noch weniger selbst erledigen müssen, weil vieles das Smartphone oder Tablet übernimmt. Ein Kölner Unternehmen, das Technik für Supermärkte entwickelt, hat [...] eine Art „Supermarkt der Zukunft" vorgestellt, in dem man die neusten Ideen ausprobieren kann.

Der Kühlschrank wird gescannt

Schon zu Hause hilft ein computergesteuertes Programm dabei, Termine für das Abendessen auszumachen, diese mit der Partnerin abzustimmen und sich auf ein Rezept fürs Kochen zu einigen. Der Kühlschrank wird gescannt, fehlende Lebensmittel auf einer digitalen Einkaufsliste gespeichert. Außerdem zeigt das Programm an, welcher Supermarkt in der Nähe die gewünschten Artikel vorrätig hat.

Durch den Supermarkt läuft man dann nur noch mit dem Smartphone oder Tablet. Eine Innovation: Die Produkte haben QR-Codes, die man einscannt. Sie liefern Informationen zum Beispiel zu Herkunft und Produktionsbedingungen der Artikel. Hier kann man lesen, welche Tomate beispielsweise zu einer besonders aromatischen Sorte gehört oder woher die Eier stammen, die man in der Hand hält. Allerdings: Die Produkte in seinen Einkaufswagen legen, das muss man noch selbst.

Kassen hingegen werden irgendwann überflüssig sein. Wer den Supermarkt verlässt, zahlt seinen Einkauf automatisch per App. Einen noch besseren Service sollen Kunden auch bekommen, wenn ein Artikel ausverkauft ist. Hier kann man den QR-Code einscannen und sich den Artikel nach Hause liefern lassen – und das noch am selben Tag. Zu Hause soll es dann eine Art Paketbox geben, in die der Lieferdienst den Artikel hineinlegt. Damit das auch mit Milch und Co. klappt, gibt es diese neue Art der Briefkästen sogar klimatisiert.

Kassenloser Einkauf noch nicht greifbar

Wer beim Einkaufen möglichst wenig Zeit aufwenden will, kann auf speziell zusammengestellte Einkaufstüten zurückgreifen. Sie enthalten alles, was man zur Zubereitung eines Gerichts braucht – ein Produkt, das es teils jetzt schon gibt. Andere Innovationen wie das kassenlose Einkaufen sind eher Zukunftsmusik. Dennoch: Die Kölner Entwickler glauben, dass es einige der Techniken in wenigen Jahren in vielen Supermärkten geben wird. Die neuen Ideen sollen das digitale Einkaufen und den Einkauf im Geschäft immer stärker miteinander vernetzen.

Quelle: www1.wdr.de/verbraucher/ernaehrung/supermarkt-der-zukunft-koeln-100.html (Zugriff am 23.08.2018).

Nehmen Sie Stellung zur Entwicklung hin zum Supermarkt der Zukunft und deren Auswirkungen auf Ihr Einkaufsverhalten!

16. Der europaweit agierende Snowboardhersteller Fun & Sun GmbH hat in den letzten Monaten mit spürbaren Absatzrückgängen zu kämpfen. Vor diesem Hintergrund diskutiert die Unternehmensleitung darüber, ob eine 8 %ige Absenkung des derzeitigen Verkaufspreises von 150,00 EUR zu einer entsprechenden Absatzsteigerung führen könnte.

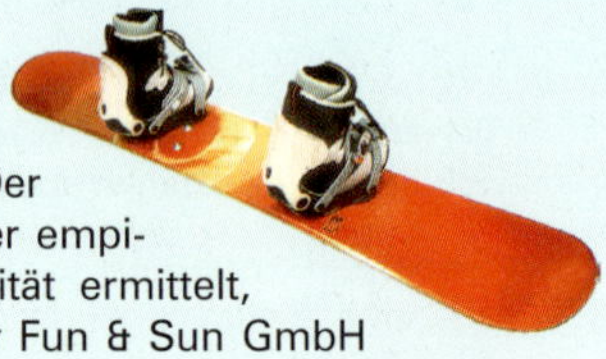

Die durchschnittlichen Verkaufszahlen der vergangenen Monate lagen bei ca. 18 000 Stück pro Monat. Bei der Produktion der Snowboards fallen 90,00 EUR variable Kosten pro Stück an. Die fixen Kosten belaufen sich auf 960 000,00 EUR pro Monat. Der Leiter der Marketingabteilung hat erst kürzlich im Rahmen einer empirischen Studie in Zusammenarbeit mit der örtlichen Universität ermittelt, dass die Preiselastizität der Nachfrage für die Snowboards der Fun & Sun GmbH –3,0 beträgt. Die Unternehmensleitung möchte eine Preissenkung zur Absatzsteigerung jedoch nur dann durchführen lassen, wenn die Umsatzrentabilität mindestens 5 % beträgt.

Aufgabe:

Entscheiden Sie unter Angabe des Rechenweges, ob die Preissenkung durchgeführt werden sollte!

17. Auf einem Markt werden die Güter A und B angeboten. Es wurden bei verschiedenen Preisen die folgenden Nachfragemengen der Nachfrager festgestellt:

Gut A

Preis/EUR	Nachfrage in Stück/Nachfrager				Gesamtnachfrage in Stück
	A	B	C	D	
12,00 EUR	1	–	–	–	
10,00 EUR	2	1	–	–	
8,00 EUR	3	2	1	–	
6,00 EUR	4	3	2	1	
4,00 EUR	6	4	3	2	
2,00 EUR	7	6	5	3	

Gut B

Preis/EUR	Nachfrage in Stück/Nachfrager				Gesamtnachfrage in Stück
	A	B	C	D	
20,00 EUR	2	1	1	1	
18,00 EUR	2	1	1	1	
16,00 EUR	2	1	1	1	
14,00 EUR	2	2	1	1	
12,00 EUR	2	2	2	1	
10,00 EUR	2	2	2	2	

Aufgaben:

DOWNLOAD
17.1 Ermitteln Sie für die Güter A und B die jeweilige Gesamtnachfrage aller Marktteilnehmer je Preisforderung!

DOWNLOAD
17.2 Stellen Sie in je einem Koordinatensystem den Verlauf der Gesamtnachfrage in Abhängigkeit vom Preis für die Güter A und B grafisch dar (Ordinatenachse: Preis 2,00 EUR = 1 cm; Abszissenachse: 1 Stück = 0,5 cm; Millimeterpapier verwenden)!

17.3 Erklären Sie den unterschiedlichen Verlauf der Gesamtnachfragekurven für die beiden Güter!

17.4 Fassen Sie zusammen, welche Grundaussagen man über den Verlauf der Gesamtnachfrage bei steigenden bzw. fallenden Preisen machen kann!

18. Durch eine Erhöhung ihrer Einkommen steigern die Nachfrager ihre Nachfragemenge in Aufgabe 17 für das Gut A, bei gleichbleibenden Preisen, um jeweils 20 %.

Aufgaben:

18.1 Ermitteln Sie, welche Gesamtnachfrage in Stück jetzt bei den jeweiligen Preisen besteht! DOWNLOAD

18.2 Zeichnen Sie die neue Gesamtnachfrage für das Gut A in das Koordinatensystem zu Aufgabe 17 ein! DOWNLOAD

18.3 Erläutern Sie, in welche Richtung sich die Gesamtnachfragekurve durch diese Nachfragesteigerung verschoben hat!

18.4 Entscheiden Sie, wie sich der Verlauf der Nachfragekurve verändert, wenn bei gleichbleibenden Preisen die Nachfragemenge sinkt!

19. Die Siegener Bank AG erhöht die monatliche Grundpauschale für Girokonten von 10,00 EUR auf 15,00 EUR. Nach der Preiserhöhung musste der Marktbereichsleiter feststellen, dass aufgrund dieser Veränderung ca. 100 der ursprünglich 5000 Kunden ihre Girokonten zu Konkurrenzinstituten verlagerten.

Aufgaben:

19.1 Berechnen Sie die Preiselastizität der Nachfrage!

19.2 Interpretieren Sie das Ergebnis! Gehen Sie hierbei insbesondere auf mögliche Gründe für das Verhalten der Nachfrager ein!

20. Für die Anbieter ist die Reaktion der Nachfrager auf Preisänderungen des jeweils nachgefragten Gutes von großer Bedeutung.

Aufgaben:

20.1 Prüfen Sie, welches Nachfrageverhalten in folgenden Fällen vorliegt!

20.1.1 Eine Preissteigerung von 50 % bewirkt keine Mengenänderung bei dem betreffenden Gut.

20.1.2 Eine Preissteigerung von 10 % führt zu einer Mengenzunahme von 15 % bei dem betreffenden Gut.

20.2 Erläutern Sie, was man unter einer starren Preiselastizität der Nachfrage versteht! Nennen Sie Beispiele, in denen mit einer derartigen Reaktion der Nachfrager zu rechnen ist!

20.3 Nach einer Einkommenserhöhung um 412,50 EUR auf nunmehr 3162,50 EUR monatlich erhöht der Haushalt seinen Konsum von Wurst- und Fleischwaren vom Biolandwirt von 8,0 kg auf 11,6 kg monatlich. Gleichzeitig sinkt der Konsum abgepackter Wurst- und Fleischwaren vom Discounter um 5,4 kg auf 3,6 kg.

Berechnen Sie die jeweilige Einkommenselastizität der Nachfrage! Erläutern Sie das Ergebnis Ihrer Berechnungen!

21. Neben dem Preis des nachgefragten Gutes beeinflussen allerdings auch die Preise anderer Güter die nachgefragte Menge.

Aufgaben:

21.1 Erklären Sie diese Zusammenhänge anhand der Wirkung von Preisänderungen von Substitutions- und Komplementärgütern!

21.2 Nennen Sie jeweils ein konkretes Beispiel für Substitutions- und Komplementärgüter und stellen Sie die jeweilige Beziehung grafisch dar!

21.3 Entscheiden Sie, um welche Güterarten es sich in den nachfolgenden Fällen handelt!

21.3.1 Eine Preissteigerung bei Gut A von 30 % bewirkt eine Nachfragemengenzunahme bei Gut B um 15 %.

21.3.2 Eine Preissteigerung bei Gut A von 50 % bewirkt eine Nachfragemengenabnahme bei Gut B um 25 %.

22. Kevin Vettel und Jennifer Rossberg fahren zur Tankstelle. Sie nennen dem Tankwart ihre Bestellungen, ohne auf die Preistafel zu schauen. Kevin Vettel bestellt wie immer 50 Liter Super Plus. Jennifer Rossberg verlangt stets Super Plus für 50,00 EUR.

Aufgabe:

Erläutern Sie, welche Preiselastizitäten der Nachfrage sich aus dem unterschiedlichen Tankverhalten ableiten lassen!

23. Gemäß einer aktuellen Marktstudie liegt die Preiselastizität der Nachfrage nach Alkopops in einem Land bei 0,4. Die Regierung dieses Staates hat sich das Ziel gesetzt, den Konsum derartiger Getränke durch die Einführung einer Sondersteuer um 20 % einzudämmen, um so die Gefahr für Jugendliche, dem Alkohol zu verfallen, zu verringern. Eine Flasche dieses Getränkes kostet derzeit durchschnittlich 3,00 EUR.

Aufgabe:

Ermitteln Sie rechnerisch, wie hoch die Steuerabgabe pro Flasche ausfallen muss, damit die Regierung ihr Ziel erreicht!

24. Der Studienabbrecher Moritz Meier hat es sich angewöhnt, bei seinem wöchentlichen Besuch in der Stammkneipe fünf Gläser Rotwein zu trinken und dazu zwei kubanische Zigarren für jeweils 10,00 EUR das Stück zu rauchen. Der Betreiber der Stammkneipe, Diplomsoziologe Dr. Müller-Lüdenscheid, erhöht wegen der gestiegenen Energiepreise den Preis für das Glas Rotwein um 1,00 EUR auf nunmehr 6,00 EUR. Moritz raucht daraufhin nur noch eine Zigarre.

Aufgabe:

Berechnen Sie, wie groß die Kreuzpreiselastizität der Nachfrage nach Zigarren ist!

25. Angenommen, die Einkommen aller privaten Haushalte einer Volkswirtschaft sind in einem bestimmten Jahr um 8 % gestiegen. Die Einkommenselastizität für Anzüge beträgt 0,8, die für Kaffee 0,75 und die für Wirsinggemüse – 0,1. Im Jahr zuvor wurden 1 Mio. Anzüge, 20 Mio. kg Kaffee und 50 Mio. kg Wirsing gekauft.

Aufgabe:

Entscheiden Sie, welche der folgenden Aussagen zur Entwicklung des Absatzes bei den drei Güterarten richtig ist!

① Der Absatz der Anzüge steigt um 64 % auf insgesamt 1,64 Mio. Anzüge. ☐

② Der Absatz von Kaffee steigt um 6 % auf insgesamt 21,2 Mio. kg Kaffee.

③ Der Absatz der Anzüge geht um 6,4 %, also um 64 000 Stück zurück.

④ Der Absatz von Wirsing steigt um 0,8 % auf 50,4 Mio. kg.

⑤ Der Absatz von Kaffee sinkt um 1,2 Mio. kg.

⑥ Andere Lösung.

5 Die Preisbildung am Markt

5.1 Die Preisbildung bei unveränderten Angebots- und Nachfragebedingungen

Wie bereits im Abschnitt „Markt“ (Kapitel 1) erläutert, erfolgt über den Markt ein **Ausgleich** zwischen den **entgegengesetzten** Interessen von **Anbietern** (Gewinnmaximierung) und **Nachfragern** (Nutzenmaximierung), wobei sich als Ergebnis des Marktgeschehens ein **Preis** bildet.

(1) Preismechanismus (Marktmechanismus)

Der Ablauf des **Preisbildungsprozesses** zum Ausgleich der unterschiedlichen Interessen lässt sich wie folgt erklären.

Preisbildungsprozess

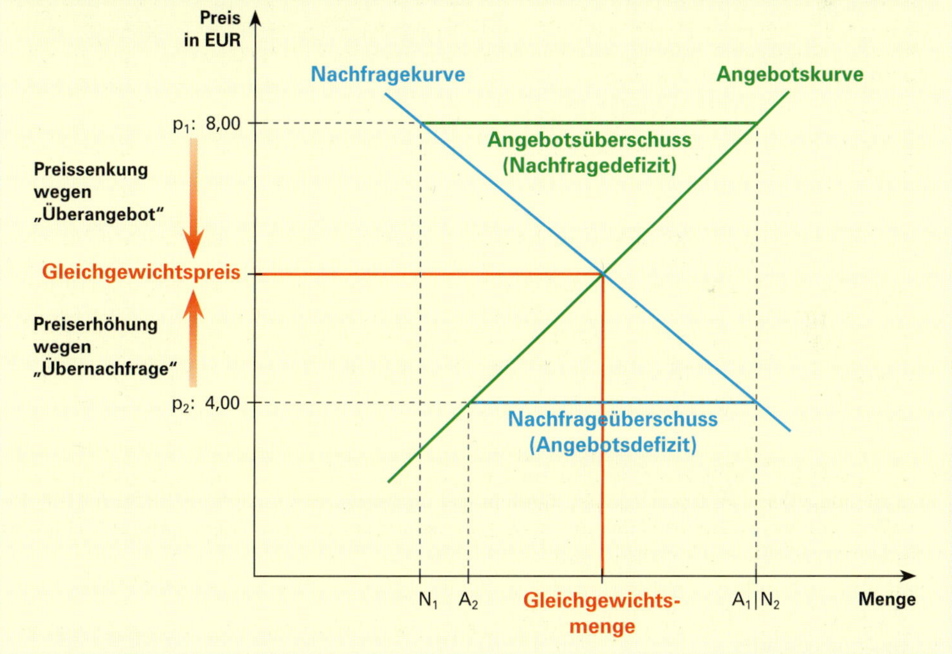

Erläuterungen:

Bei einem relativ hohen Preis (z. B. p_1: 8,00 EUR) werden die Unternehmen große Gütermengen am Markt anbieten, wohingegen die Haushalte – abgeschreckt durch die hohen Preise – nur bereit sind, eine geringe Menge nachzufragen (N_1). Aufgrund dieser unterschiedlichen Mengenvorstellungen von Anbietern und Nachfragern kommt es zu einem **Angebotsüberschuss** (Nachfragedefizit), d. h., die am Markt angebotene Menge ist größer als die am Markt nachgefragte Menge. Der Markt befindet sich im **Ungleichgewicht**.

- In einem Markt, in dem einer **großen Angebotsmenge** eine verhältnismäßig **geringe Nachfrage** gegenübersteht, hat der Käufer die bessere Verhandlungsposition und somit die größere **Marktmacht.**
- Bei einer derartigen Konstellation spricht man von einem **Käufermarkt.**

Da jedoch die Anbieter bestrebt sein werden, ihre gesamte Produktion zu verkaufen, werden sie in der Hoffnung auf einen höheren Absatz den Preis auf p_2 senken. Sollte diese Preissenkung sehr stark ausfallen (z. B. auf 4,00 EUR), kann dies allerdings dazu führen, dass plötzlich die nachgefragte Menge N_2 die angebotene Menge A_2 übersteigt.

Der Markt befindet sich wiederum im Ungleichgewicht, wobei im Gegensatz zur vorherigen Situation nunmehr die **größere Macht** aufseiten der **Verkäufer** liegt, sodass von einem **Verkäufermarkt** gesprochen werden kann.

Sobald der **Nachfrageüberschuss** (Angebotsdefizit) für die Anbieter erkennbar wird, werden sie bestrebt sein, ihre Güter zu einem höheren Preis abzusetzen. Diese Reaktion führt bei einer Ausweitung der Angebotsmenge zu einem gleichzeitigen Rückgang der Nachfragemenge.

Der vorgenannte Prozess kommt erst dann zum Stillstand, wenn die angebotene Menge der nachgefragten Menge entspricht **(Gleichgewichtsmenge),** sodass sich am Markt weder ein Angebotsüberschuss (Nachfragedefizit) noch ein Nachfrageüberschuss (Angebotsdefizit) ergibt. Der Markt befindet sich also im **Gleichgewicht.**

- Der über Preis- und Mengenanpassungen bis zum Erreichen des Marktgleichgewichts beschriebene **Prozess,** der den Gesetzen von Angebot und Nachfrage folgt, wird als **Preismechanismus** oder **Marktmechanismus** bezeichnet.
- Der **Gleichgewichtspreis** bringt Angebot und Nachfrage zum **Ausgleich**. Er **„räumt** den Markt".

(2) Produzenten- und Konsumentenrente

Die Gleichgewichtsmenge wird zum **Gleichgewichtspreis** abgesetzt. **Jeder Anbieter,** der bereit war, zum Gleichgewichtspreis (Grenzanbieter) **oder** einem **niedrigeren** Preis seine Güter zu verkaufen, kommt zum Zuge. Gleichzeitig erhält **jeder Nachfrager,** der bereit war, dieses Gut **zum** Gleichgewichtspreis (Grenznachfrager) **oder** einem **höheren** Preis zu kaufen, die von ihm gewünschte Gütermenge.

Im Umkehrschluss bedeutet dies, dass die Anbieter, die auch zu einem niedrigeren Preis als dem Gleichgewichtspreis bereit gewesen wären, ihre Produkte zu verkaufen, einen über ihren Planungen liegenden „Mehrerlös" erzielen. Diesen Mehrerlös **multipliziert** mit der **abgesetzten** Menge bezeichnet man als **Produzentenrente.** Mit Ausnahme des Grenzanbieters erzielen alle Anbieter, die zum Zuge kommen, diesen Mehrerlös.

Die **Produzentenrente** ist die **Differenz** zwischen dem vom Anbieter aufgrund seiner **Kostensituation** mindestens verlangten Preis und dem tatsächlich erzielten **Marktpreis.**

Die Nachfrager, die auch zu einem höheren Preis als dem Gleichgewichtspreis bereit gewesen wären, die Güter zu kaufen, erzielen – mit Ausnahme des Grenznachfragers – aufgrund der „Minderausgaben" einen Nutzengewinn **(Konsumentenrente).**

Die **Konsumentenrente** ist die **Differenz** zwischen der **Zahlungsbereitschaft** eines Nachfragers und dem tatsächlichen **Marktpreis.**

Konsumenten- und Produzentenrente

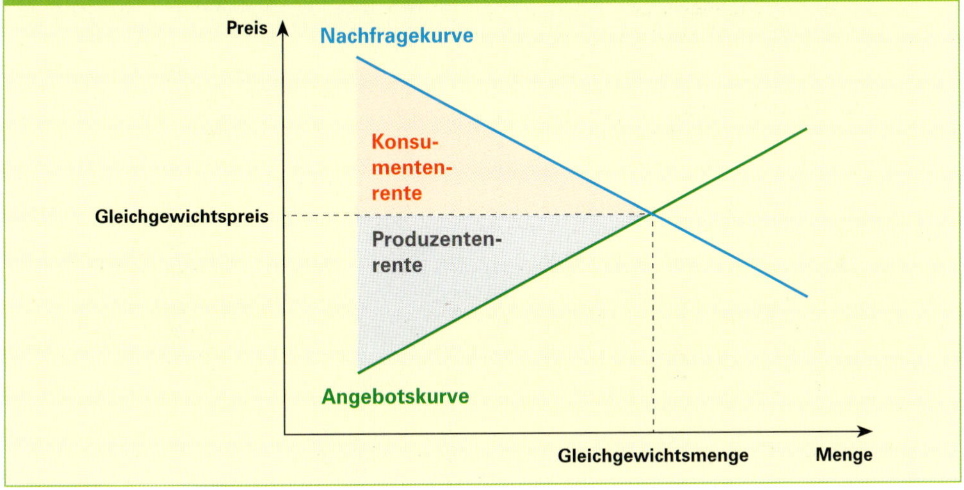

Die hinsichtlich Preis und Menge bestehende Gleichheit von Angebot und Nachfrage wird grafisch durch den Schnittpunkt von Angebots- und Nachfragekurve veranschaulicht. Nur in diesem Punkt kann der **mengenmäßig größte Umsatz** stattfinden, da bei Preisen unterhalb dieses Gleichgewichts die Tauschmenge durch das geringere Angebot beschränkt wird, wohingegen sie bei einem über diesem Gleichgewicht liegenden Preis durch die geringere Nachfrage begrenzt wird.

(3) Funktionen des Preises

Im Rahmen des Marktmechanismus übernimmt der Preis verschiedene **Funktionen.**

Funktionen des Preises	Erläuterungen
Lenkungsfunktion (Signalfunktion) 	Der Preis eines Gutes zeigt den Marktteilnehmern die **Knappheit** eines Gutes an (Informationsfunktion des Preises), da knappe Güter am Markt zu hohen Preisen angeboten werden, wohingegen weniger knappe Güter zu niedrigeren Preisen verkauft werden. Die Märkte, in denen aufgrund der Knappheit von Gütern hohe Preise zu erzielen sind, signalisieren den Unternehmen, ihre Produktion in diesen Bereich zu verlagern bzw. auszudehnen, sodass in diesem Sektor in zunehmendem Maße Produktionsfaktoren zum Einsatz kommen. Der Preis der Güter lenkt die Produktionsfaktoren also aus weniger profitablen Verwendungen in Märkte, in denen Güter knapp sind.

<table>
<tr><th>Funktionen des Preises</th><th>Erläuterungen</th></tr>
<tr><td>

Anreizfunktion

</td><td>

Der Preis bildet ein Anreizsystem für die Unternehmen, durch **Innovation** und **Imitation** ihre Kosten zu senken, um entweder am Markt neu als Anbieter auftreten zu können oder – falls bisher bereits in diesem Markt tätig – ihren Gewinn zu erhöhen. Hierdurch verbessert sich auf Dauer betrachtet die Güterversorgung hinsichtlich Preis **und** Menge.

Wie sich die Anreizfunktion **langfristig** auf das Angebotsverhalten auswirkt, verdeutlicht nachfolgende Abbildung.

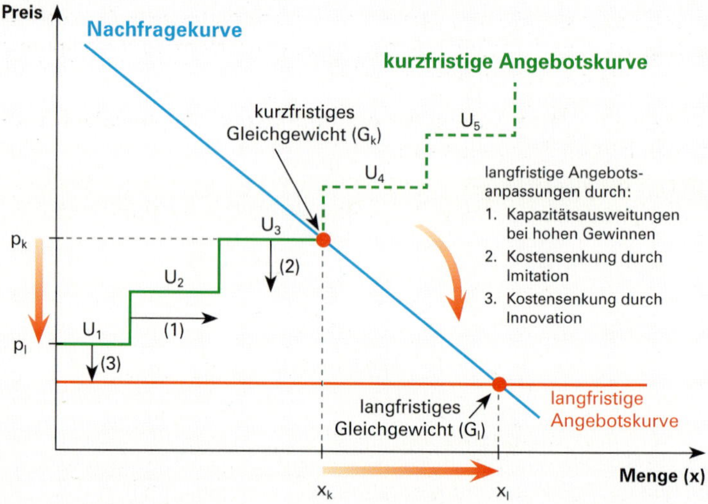

Bei einem Gleichgewichtspreis von p_k kämen lediglich die Unternehmen U_1 bis U_3 zum Zuge, wohingegen die Anbieter U_4 und U_5 aus dem Markt **ausscheiden** würden, da ihre **Stückkosten höher** sind als der am Markt zu erzielende **Preis.**

Mit Blick auf die Stückkostendegression würden die Anbieter U_1 und U_2 versuchen, ihre **Kapazität auszuweiten,** um bei **gleichbleibendem** Stückgewinn einen höheren Gesamtgewinn zu erzielen (**Rechtsverschiebung** der Angebotskurve).

Die Unternehmen, die keinen oder nur einen geringen Gewinn erzielen (z. B. U_3, U_4) würden hingegen mittels **Imitation** kostengünstigerer Produktionsverfahren versuchen, ihre Stückkosten zu senken, um den Gewinn zu erhöhen bzw. Verluste zu vermeiden. Die Angebotskurve verlagert sich – zumindest längerfristig betrachtet – nach **unten** und wird immer flacher.

Schließlich haben die Unternehmen, die am kostengünstigsten produzieren, einen ständigen Anreiz, ihren **Kostenvorteil** durch **Innovation** neuer Produktionsverfahren zu sichern oder auszubauen. Die Angebotskurve verschiebt sich nach **unten,** sie wird immer flacher.

Insgesamt kommt es langfristig betrachtet zu einer neuen Gleichgewichtsbildung, die den Markt hinsichtlich Menge und Preis **besser** versorgt, der **Preis sinkt** von p_k nach p_l und die am Markt angebotene **Menge steigt** von x_k nach x_l.

</td></tr>
<tr><td>

Ausgleichsfunktion

</td><td>

Über den Preis kommen die unterschiedlichen Interessen von Anbietern und Nachfragern zum Ausgleich. Im Gleichgewicht entspricht die angebotene Menge der nachgefragten Menge, sodass der Markt „geräumt“ wird.

</td></tr>
</table>

5.2 Die Preisbildung in der dynamischen Betrachtung

5.2.1 Auswirkungen von Angebotsänderungen auf den Preisbildungsprozess

Der Umstand, dass in der Realität Marktgleichgewichte nur selten erreicht werden bzw. – falls zustande gekommen – kaum über einen längeren Zeitraum erhalten bleiben, ist vor allem auf die ständige Veränderung von Marktdaten zurückzuführen.

Diese Änderungen werden im Wesentlichen durch die auf Angebot und Nachfrage wirkenden Einflussfaktoren hervorgerufen und führen zu **Verschiebungen** von Angebots- bzw. Nachfragekurven. Zwar steuern die Märkte fortwährend neue Marktgleichgewichte an, doch bevor diese erreicht werden, gelten bereits andere Bedingungen, die den Marktprozessen eine neue Ausrichtung geben.

Wie sich eine Verschiebung der **Angebotskurve** bei **gleichbleibender Nachfrage** auswirkt, verdeutlicht nachfolgende Grafik.

Verschiebung der Angebotskurve

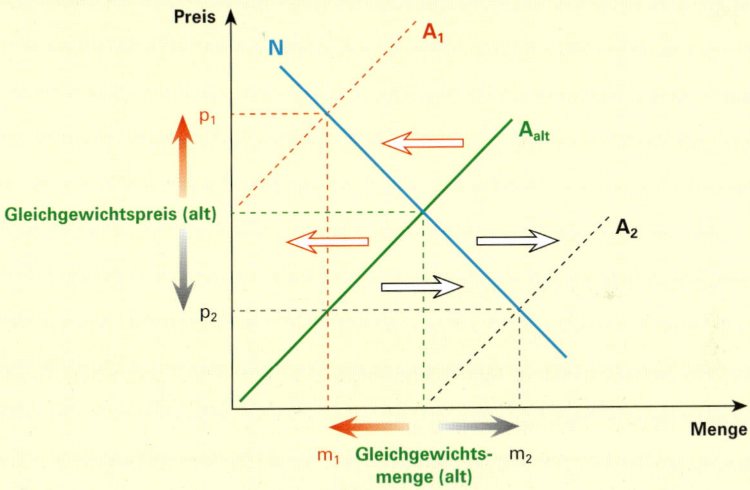

Erläuterungen:

- Eine **Verringerung des Angebots** (z.B. hervorgerufen durch steigende Produktionskosten, schlechte Gewinnerwartungen) und eine damit einhergehende **Linksverschiebung** der Angebotskurve (von A_{alt} nach A_1) führt zu einem Angebotsdefizit (Nachfrageüberhang). Als Reaktion auf die mit dem Angebotsrückgang verbundene Preiserhöhung geht auch die Nachfragemenge zurück. Insgesamt zeichnet sich das neue Marktgleichgewicht im Vergleich zum bisherigen Gleichgewicht durch einen **höheren Gleichgewichtspreis** (p_1) und eine **geringere Gleichgewichtsmenge** (m_1) aus.
- Eine **Ausweitung des Angebots** (z.B. hervorgerufen durch technischen Fortschritt) und eine damit einhergehende **Rechtsverschiebung** der Angebotskurve (von A_{alt} nach A_2) führt zu einem Angebotsüberhang (Nachfragedefizit). Als Reaktion auf die mit der Angebotsausweitung verbundene Preissenkung steigt auch die Nachfragemenge. Insgesamt zeichnet sich das neue Marktgleichgewicht im Vergleich zum bisherigen Gleichgewicht durch einen **niedrigeren Gleichgewichtspreis** (p_2) und eine **höhere Gleichgewichtsmenge** (m_2) aus.

5.2.2 Auswirkungen von Nachfrageänderungen auf den Preisbildungsprozess

Wie sich eine Verschiebung der **Nachfragekurve** bei **gleichbleibendem Angebot** auf die Preisbildung am Markt auswirkt, veranschaulicht nachfolgende Grafik.

Verschiebung der Nachfragekurve

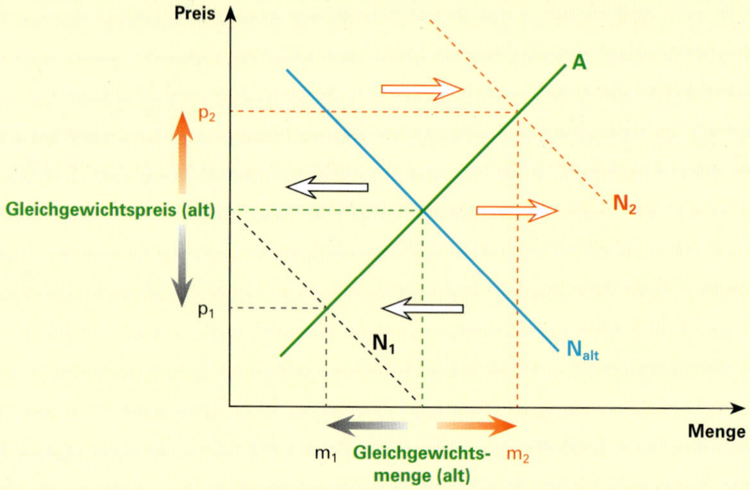

Erläuterungen:

- Eine **Verringerung der Nachfrage** (z. B. hervorgerufen durch eine Veränderung in der Bedürfnisstruktur) und eine damit einhergehende **Linksverschiebung** der Nachfragekurve (von N_{alt} nach N_1) führt zu einem Nachfragedefizit (Angebotsüberhang). Als Reaktion auf die mit dem Nachfragerückgang verbundene Preissenkung geht auch die Angebotsmenge zurück. Das neue Marktgleichgewicht zeichnet sich im Vergleich zum bisherigen Gleichgewicht durch einen **niedrigeren Gleichgewichtspreis** (p_1) und eine **geringere Gleichgewichtsmenge** (m_1) aus.
- Eine **Ausweitung der Nachfrage** (z. B. hervorgerufen durch eine höhere Konsumsumme, bessere Zukunftserwartungen) und eine damit einhergehende **Rechtsverschiebung** der Nachfragekurve (von N_{alt} nach N_2) führt zu einem Nachfrageüberhang (Angebotsdefizit). Als Reaktion auf die mit der Nachfrageausweitung verbundene Preiserhöhung steigt auch die Angebotsmenge. Insgesamt ist das neue Marktgleichgewicht im Vergleich zum bisherigen Gleichgewicht durch einen **höheren Gleichgewichtspreis** (p_2) und eine **höhere Gleichgewichtsmenge** (m_2) gekennzeichnet.

Kompetenztraining

26. Erläutern Sie, welche Aufgaben der Marktpreis für Anbieter und Nachfrager zu erfüllen hat!

27. Auf einem Markt für ein Gut orientieren sich die vielen Anbieter an dem Ziel, den größtmöglichen Gewinn zu erzielen, die zahlreichen Nachfrager dagegen an dem Ziel, mit ihrem verfügbaren Einkommen den größtmöglichen Nutzen zu erzielen, d. h. möglichst viele Güter damit kaufen zu können.

Anbieter und Nachfrager sind zu jeder Zeit über das Verhältnis von Angebot und Nachfrage auf dem Markt informiert. Beide reagieren unverzüglich auf Veränderungen am Markt. Weder Anbieter noch Nachfrager bevorzugen bestimmte Marktteilnehmer aus persönlichen Gründen. Das angebotene Gut wird von sämtlichen Anbietern in gleicher Qualität am selben Ort angeboten.

Angebot und Nachfrage haben, grafisch dargestellt, nachfolgenden Verlauf.

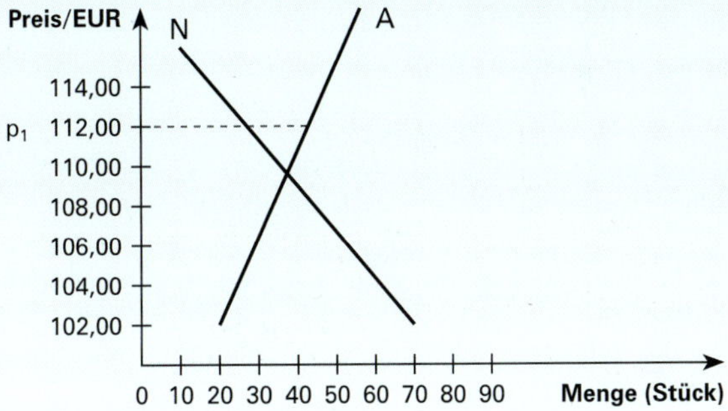

Die Anbieter verlangen zuerst einen Preis von p_1 = 112,00 EUR pro Stück.

Aufgaben:

27.1 Stellen Sie in einem Koordinatensystem, ausgehend von einem Preis von 112,00 EUR, für fünf Anpassungsprozesse DOWNLOAD

27.1.1 die jeweilige Marktsituation mengenmäßig dar (z. B.
Angebot > Nachfrage
Angebot = Nachfrage
Angebot < Nachfrage)!

27.1.2 Geben Sie an, ob bei dem jeweiligen Preis Angebot oder Nachfrage überwiegen!

27.1.3 Erläutern Sie die Preisreaktion der Anbieter, wenn zu dem jeweiligen Preis die gesamte angebotene Menge verkauft bzw. welche Menge in der nächsten Periode angeboten werden soll!

27.2 Tragen Sie die Veränderungen in die grafische Darstellung zu Aufgabe 27.1 ein! DOWNLOAD

27.3 Ermitteln Sie, bei welchem Preis die Angebots- und Nachfragemenge zum Ausgleich kommen!

27.4 Nennen Sie die Bedingungen, unter denen dieser sogenannte Gleichgewichtspreis zustande kam!

DOWNLOAD **28.** An der Frankfurter Wertpapierbörse besteht am 8. April 20.. für Continental-Aktien folgende Angebots- und Nachfragesituation:

Käufe (Nachfrage)	Kurs (EUR)	Verkäufe (Angebot)	Kurs (EUR)	Kurs	Umsatz
20 Stück	billigst[1]	10 Stück	bestens[2]		
20 Stück	116,00	15 Stück	113,00		
30 Stück	115,00	20 Stück	114,00		
10 Stück	114,00	25 Stück	115,00		
20 Stück	113,00	5 Stück	116,00		

Aufgaben:

28.1 Stellen Sie fest, bei welchem Preis (Kurs) welche Mengen angeboten bzw. nachgefragt werden!

28.2 Stellen Sie das Angebots- bzw. Nachfrageverhalten grafisch dar!

28.3 Ermitteln Sie, bei welchem Preis und bei welcher Menge der Marktausgleich zustande kommt!

29. Begründen Sie, warum in der Realität Marktgleichgewichte nur sehr selten erreicht werden bzw. – falls zustande gekommen – nicht von langer Dauer sind!

30. Erklären Sie, welche Anpassungsprozesse eine Verringerung des Angebots auslöst!

31. Beschreiben Sie die Anpassungsprozesse, die sich durch eine Ausweitung des Angebots ergeben!

32. Erläutern Sie, welche Anpassungsprozesse eine Verringerung der Nachfrage auslöst!

33. Beschreiben Sie die Anpassungsprozesse, die von einer Ausweitung der Nachfrage ausgehen!

34. Auf dem Markt für den nachwachsenden Rohstoff A liegen dem Makler die nachfolgend in Tabellenform dargestellten Nachfrage- und Angebotsmengen vor. Bei den einzelnen Preisen ist die jeweils insgesamt am Markt wirksam werdende Menge angegeben.

Preis in EUR	Gesamtnachfragemenge in Tonnen	Gesamtangebotsmenge in Tonnen
300,00	60	180
290,00	140	170
280,00	160	160
270,00	205	80
260,00	217	30

Aufgaben:

34.1 Berechnen Sie die auf diesem Markt insgesamt erzielbare Produzentenrente!

34.2 Berechnen Sie die auf diesem Markt insgesamt erzielbare Konsumentenrente!

1 **Billigst:** Kauf zu jedem sich ergebenden Preis (Kurs).

2 **Bestens:** Verkauf zu jedem sich ergebenden Preis (Kurs).

35. Überprüfen Sie nachfolgende Aussagenpaare auf ihre Richtigkeit! Tragen Sie eine
① ein, wenn nur Aussage A richtig ist,
② ein, wenn nur Aussage B richtig ist,
③ ein, wenn die Aussagen A und B richtig sind,
④ ein, wenn keine der beiden Aussagen richtig ist!

35.1	**A:** Finanzmärkte zählen ebenso zu den Faktormärkten wie der Immobilien- und Arbeitsmarkt. **B:** Alle Anbieter, die bereit wären, zum Gleichgewichtspreis zu verkaufen, erzielen eine Produzentenrente.	
35.2	**A:** Gemäß Angebotsgesetz sinkt die angebotene Menge bei fallenden Preisen. **B:** Eine Preiselastizität des Angebots von 3 besagt, dass bei einer 3 %igen Preiserhöhung die angebotene Menge nur um 1 % steigt.	
35.3	**A:** Bei einer niedrigen Elastizität fällt die Preisänderung geringer aus als die Mengenänderung. **B:** Entspricht die relative Mengenänderung der relativen Preisänderung, so spricht man von einer starren Elastizität.	
35.4	**A:** Steigen die Produktionskosten für die Produktionsfaktoren unter sonst gleichen Bedingungen, so verschiebt sich die Angebotskurve nach rechts. **B:** Technischer Fortschritt kann zu einer Rechtsverschiebung der Angebotskurve führen.	
35.5	**A:** Sinkt die Nachfragemenge nach dekorativen Spardosen als Folge einer Preiserhöhung von 10,00 EUR auf 10,25 EUR um 5 %, so beträgt die Preiselastizität der Nachfrage –2. **B:** Insbesondere bei teuren Markenprodukten kann es zu einer anomalen Nachfrage kommen.	
35.6	**A:** Liegt der Marktpreis über dem Gleichgewichtspreis, kommt es zu Angebotsdefiziten. **B:** Aufgrund positiver Zukunftserwartungen von Verbrauchern kann es zu einer Rechtsverschiebung der Nachfragekurve kommen.	
35.7	**A:** Der Marktmechanismus sorgt prinzipiell in allen Bereichen für ein Marktgleichgewicht. **B:** Ein Nachfragedefizit führt tendenziell zu einem Absenken der Preise, damit die Unternehmen ihre überschüssig produzierte Ware absetzen können.	

36. Entscheiden Sie bei den nachfolgenden Sachverhalten, ob diese

① nur die Nachfrage,
② nur das Angebot,
③ Angebot und Nachfrage gleichzeitig,
④ weder das Angebot noch die Nachfrage beeinflussen!

36.1	Nach langwierigen Koalitionsverhandlungen zwischen den Regierungsparteien wurden die Einkommensteuersätze über alle Progressionsstufen hinweg um durchschnittlich 5 % gesenkt.	
36.2	Durch langjährige Forschungsarbeiten konnten neuere Erkenntnisse in die Entwicklung verbesserter Produktionsanlagen umgesetzt werden.	
36.3	Nach Veröffentlichungen des Statistischen Bundesamtes geht die Sparquote bei gleichbleibendem Einkommen deutlich zurück.	
36.4	Durch Produktivitätsfortschritt im produzierenden Gewerbe konnten die Unternehmen vorhandene Lieferengpässe abbauen.	
36.5	Nach Einführung der Ökosteuer kam es zu spürbaren Verteuerungen der nicht regenerierbaren Energie.	
36.6	Die fünf führenden Wirtschaftsforschungsinstitute Deutschlands prognostizieren für die nächsten Jahre erheblich verbesserte Gewinnchancen im Konsumgüterbereich.	
36.7	Die Bedürfnisse innerhalb der Bevölkerung haben sich in den letzten 10 Jahren stark verändert.	
36.8	Die Zulassungsvoraussetzungen für die Teilnahme an geschlossenen Märkten wurden im abgelaufenen Jahr nicht geändert.	

37. Ordnen Sie den nachfolgenden Begriffen die im Schaubild aufgeführten Ziffern zu!

37.1	Preis	
37.2	Menge	
37.3	Nachfragekurve	
37.4	Angebotskurve	
37.5	Angebotsdefizit	
37.6	Nachfragedefizit	
37.7	Gleichgewichtspreis	
37.8	Gleichgewichtsmenge	
37.9	Produzentenrente	

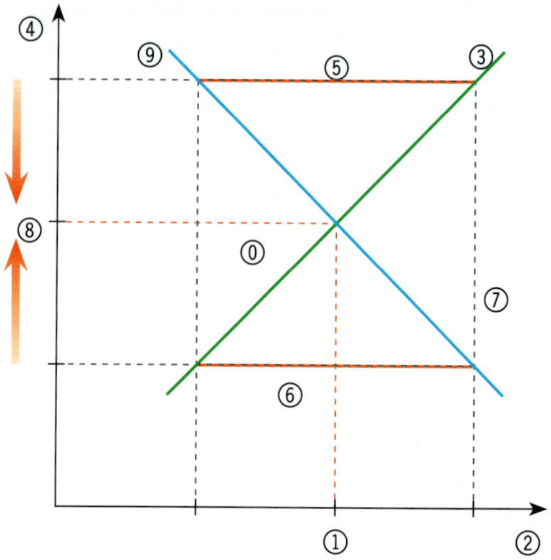

38. Ordnen Sie den nachfolgenden Aussagen die jeweilige Abbildung zu!

Tragen Sie eine ⑨ ein, wenn die Aussage keiner Abbildung zugeordnet werden kann! Ein anomaler Verlauf der Nachfragekurve wird ausgeschlossen.

38.1 Eine Änderung des Preises bewirkt keine Änderung der angebotenen Menge.	
38.2 Eine Preiserhöhung führt zu einer überproportionalen Ausweitung der angebotenen Menge.	
38.3 Trotz Preiserhöhung weiten die Anbieter ihre Angebotsmenge kaum aus.	
38.4 Eine Preiserhöhung um 2 % bewirkt eine Ausweitung der Angebotsmenge in gleicher Größenordnung.	
38.5 Trotz Preissenkung bleibt die nachgefragte Menge gleich.	
38.6 Preisänderungen bewirken eine proportional elastische Reaktion der Nachfrager.	

Abbildung ①

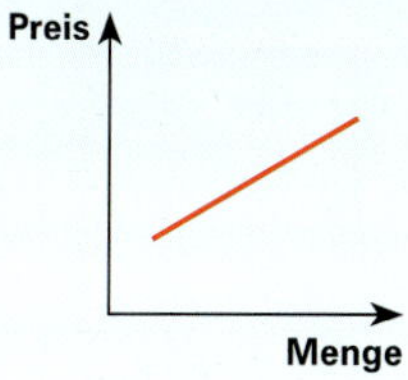

Abbildung ②

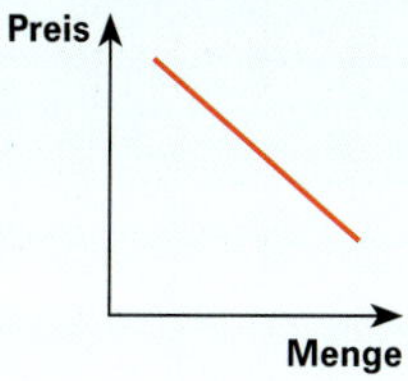

Abbildung ③

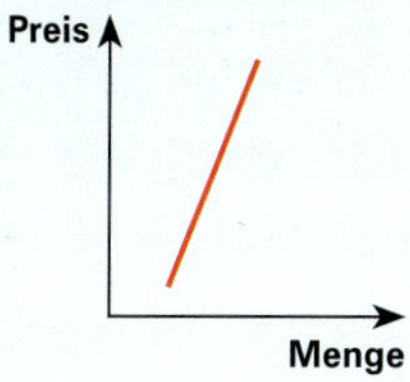

Abbildung ④

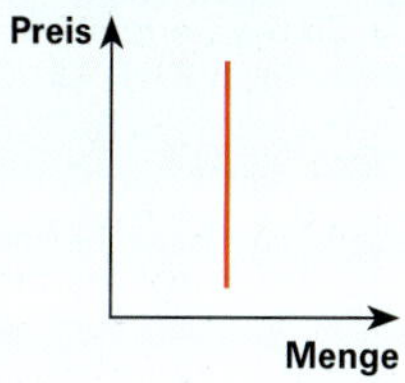

39. Entscheiden Sie, welcher Begriff die farblich markierte Fläche kennzeichnet!

Tragen Sie eine ⑨ ein, wenn keine der Bezeichnungen zutrifft!

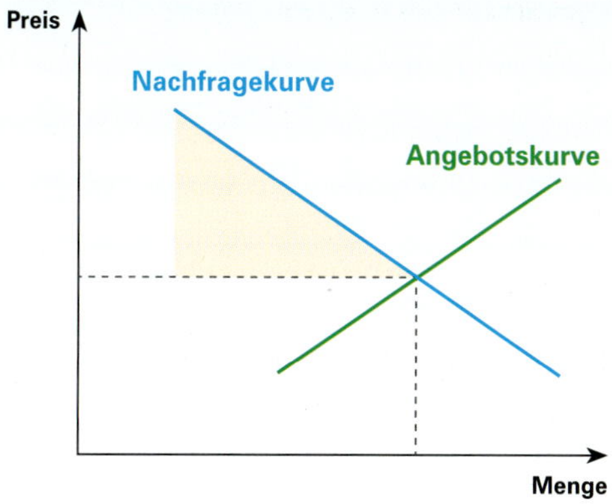

① Nachfrageüberschuss
② Nachfragedefizit
③ Konsumentenrente
④ Produzentenrente
⑤ Nicht zum Zuge gekommene Nachfrage beim Gleichgewichtspreis

40. Ein Bekannter möchte von Ihnen einige allgemeine Erklärungen zur Preisbildung auf Märkten und speziell zur Preisbildung an der Wertpapierbörse. Entscheiden Sie, welche der nachfolgenden Auskünfte Sie nicht auswählen!

① Ist die angebotene Menge größer als die nachgefragte Menge, besteht eine Neigung der Anbieter zu Preissenkungen.

② Die Wertpapierbörsen entsprechen in jeder Hinsicht den Anforderungen eines vollkommenen Marktes.

③ Kommt es trotz Preiserhöhungen zu keiner mengenmäßigen Veränderung der am Markt umgesetzten Mengen, spricht man von einer starren Preiselastizität der Nachfrage.

④ Kauft man eine Aktie zu einem Kurs unterhalb des gesetzten Limits, erzielt man eine „Konsumentenrente".

⑤ Bei einem Nachfragedefizit liegt ein Käufermarkt vor.

☐

41. Sie wollen einem Bekannten einige Erklärungen zum Thema Preis geben. Entscheiden Sie, welche der nachfolgenden Auskünfte Sie wählen!

① Der Preis als Ergebnis des Marktgeschehens bringt auf allen Märkten die unterschiedlichen Interessen von Anbietern und Nachfragern zum Ausgleich.

② Durch den Preis werden die Produktionsfaktoren in den profitablen Bereich gelenkt, wobei staatliches Eingreifen diesen Prozess nicht behindern kann.

③ Beim Gleichgewichtspreis entsprechen sich die am Markt nachgefragte und angebotene Menge.

④ Der Grenzanbieter erzielt beim Gleichgewichtspreis eine Produzentenrente.

⑤ Liegt der Marktpreis unter dem Gleichgewichtspreis, kommt es zu Nachfragelücken.

☐

42. Entscheiden Sie bei den nachfolgenden Sachverhalten, ob diese

① zu einer Rechtsverschiebung der Angebotskurve,

② zu einer Linksverschiebung der Angebotskurve,

③ zu einer Rechtsverschiebung der Nachfragekurve oder

④ zu einer Linksverschiebung der Nachfragekurve führen!

Tragen Sie eine ⑨ ein, wenn sich der Sachverhalt nicht genau zuordnen lässt!

42.1	Nach langwierigen Koalitionsverhandlungen zwischen den Regierungsparteien wurden die Einkommensteuersätze über alle Progressionsstufen hinweg um durchschnittlich 5 % gesenkt.	
42.2	Durch langjährige Forschungsarbeiten konnten neuere Erkenntnisse in die Entwicklung verbesserter Produktionsanlagen umgesetzt werden.	
42.3	Nach Veröffentlichungen des Statistischen Bundesamtes ist bei gleichbleibendem Einkommen die Sparquote deutlich zurückgegangen.	
42.4	Durch Produktivitätsfortschritt im produzierenden Gewerbe konnten die Unternehmen vorhandene Lieferengpässe abbauen.	
42.5	Nach Einführung der Ökosteuer kam es zu deutlichen Verteuerungen der nicht regenerierbaren Energie.	
42.6	Die fünf führenden Wirtschaftsforschungsinstitute Deutschlands prognostizieren für die nächsten Jahre deutlich verbesserte Gewinnchancen für Unternehmen.	
42.7	Im vergangenen Jahr sind die Produktionskosten der Unternehmen deutlich angestiegen.	
42.8	Wegen der schlechten Zukunftsaussichten auf dem Arbeitsmarkt halten sich die Haushalte momentan mit ihrer Nachfrage spürbar zurück.	

Handlungssituation 4.2

Melissa ist im Anschluss an ihre Ausbildung zur Köchin von Hannover nach Bernau am Chiemsee gezogen. Dort arbeitet sie seit nunmehr drei Monaten in einem kleinen Ausflugslokal. Da sie an Wochenenden zumeist arbeiten muss, freut sie sich umso mehr, dass sie nun endlich einmal ein freies Wochenende hat und ihre alte Schulfreundin Jule aus Hannover zu Besuch kommt.

Nachdem es sich die beiden Freundinnen in einem schönen Biergarten gemütlich gemacht haben, erzählt Jule ausgiebig von ihrem anstrengenden Studium in Hannover. Dabei klagt sie über die vielen Vorlesungen und das äußerst anstrengende Lernen. Zudem seien die Hörsäle viel zu voll, die Uni – vor allem die Bibliothek – viel zu schlecht ausgestattet. Hier müsse der Staat viel mehr machen. Vor allem beschwert sie sich aber darüber, wie schwierig es ist, mit ca. 850,00 EUR BAföG[1] und eigener Wohnung in Hannover bei wahrscheinlich künftig stark steigenden Mieten finanziell klarzukommen. Schließlich meint Jule, dass es Melissa da ja wohl viel besser getroffen habe. Einerseits wohne sie nicht in einer teuren Großstadt und gleichzeitig würde sie ja bestimmt Einiges mehr verdienen als sie.

Melissa, die bisher geduldig zugehört hat, schüttelt energisch den Kopf und antwortet: *„Da hast du aber vollkommen falsche Vorstellungen. Hier in Bernau ist die Miete sehr hoch und wegen der vielen Touristen ist auch alles ziemlich teuer. Tja, und was mein Chef mir so zahlt, davon kann ich auch nicht reich werden. Ich arbeite jede Woche mindestens 40 Stunden und bekomme dafür 1 200,00 EUR brutto im Monat. Zieht man die Sozialversicherung ab, habe ich netto nicht sehr viel mehr als du."*

Jule sieht Melissa verständnislos an und behauptet: *„Das kann ja wohl überhaupt nicht sein. Dann bekommst du ja weniger als 8,00 EUR brutto die Stunde, und das ist doch mittlerweile in Deutschland gesetzlich verboten. Ich denke, dass dein Chef dich da gehörig über den Tisch zieht! Du solltest gleich am Montag mal eine kräftige Gehaltserhöhung und eine Nachzahlung einfordern. Hast du das denn wirklich nicht gewusst?"*

Melissa entgegnet: *„Du hast gut reden. Du weißt ja gar nicht, wie froh ich damals war, überhaupt einen Job zu bekommen. Und als mein Chef mir beim Vorstellungsgespräch die Lohnhöhe nannte, fügte er gleich hinzu: ‚Wenn Sie den Job nicht machen wollen, nehme ich halt jemand anderen. Es stehen genug Jobsuchende Schlange!'"*

Nachdem Jule kurz nachgedacht hat, antwortet sie: *„Das kann der doch nicht machen, das ist doch total ungerecht!"*

Daraufhin platzt Melissa der Kragen und sie entgegnet: *„Du redest von ungerecht? Du jammerst darüber, dass der Staat mehr Geld für die Unis ausgeben soll und beklagst dich vollkommen zu Unrecht über künftig stark steigende Mieten in Hannover. Dabei hat mir mein Papa erst kürzlich erzählt, dass er für die vermietete Wohnung in seinem Haus in Hannover die Miete nicht wie geplant um 20 % erhöhen durfte, weil der Staat das verbietet. Tja und deshalb kann er jetzt nur meine Schwester im Studium und nicht noch mich finanziell unterstützen."*

Kompetenzorientierte Arbeitsaufträge:

1. Recherchieren Sie, seit wann es in der Bundesrepublik Deutschland einen gesetzlichen Mindestlohn gibt und wie hoch dieser aktuell ist!
2. Begründen Sie, ob es sich bei der staatlichen Festsetzung des Mindestlohns um einen marktkonformen oder um einen marktkonträren Staatseingriff handelt!

[1] **BAföG** ist die Abkürzung für „Bundesausbildungsförderungsgesetz". Mit dem BAföG stellt der Staat Mittel für eine Ausbildung zur Verfügung, soweit weder die Eltern/Ehepartner/Partner noch die/der Studierende selbst für den Lebensunterhalt und die Ausbildungskosten aufkommen können. BAföG-Zahlungen werden grundsätzlich zu 50 % als Zuschuss und zu 50 % als unverzinsliches Darlehen gewährt.

3. Beurteilen Sie die Situation von Melissa bezüglich ihres Arbeitsverhältnisses unter marktwirtschaftlichen und rechtlichen Gesichtspunkten!
4. **Pro- und Kontra-Diskussion**

   Nennen Sie Argumente pro und kontra Mindestlohn! Formulieren Sie im Anschluss ein persönliches Fazit zu diesem Thema!
5. Jule fordert eine bessere Ausstattung der Universität. Beurteilen Sie, um welche Form des Markteingriffes es sich bei dieser Forderung handelt!
6. Erläutern Sie, warum Melissas Vater die Miete nicht beliebig erhöhen darf und beurteilen Sie diese Form des Markteingriffes!

5.3 Staatliche Eingriffe in die Preisbildung

Funktioniert der Marktmechanismus, bildet sich ein Gleichgewichtspreis. Wer als Anbieter nicht bereit ist, zu diesem Preis seine Güter zu verkaufen, wird ebenso vom Marktgeschehen ausgeschlossen wie die Nachfrager, die nicht bereit sind, den Gleichgewichtspreis zu zahlen. Dieser durch den **Marktmechanismus** verursachte **Ausschluss** von Anbietern oder Nachfragern wird – zumindest in Teilbereichen (z. B. Wohnungsmarkt, Arbeitsmarkt, Landwirtschaft) – als **ungerecht** empfunden.

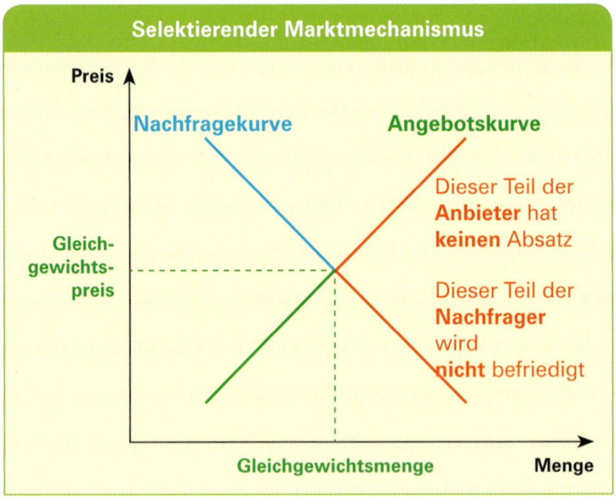

Der Marktpreis kann nicht „sozial", nicht „gerecht" sein. Er ist eine **objektive** Größe. Deswegen greift in der sozialen Marktwirtschaft der Staat indirekt oder direkt in das Marktgeschehen ein. Auf diese Weise werden Nachfrager und/oder Anbieter geschützt.

5.3.1 Marktkonforme Staatseingriffe

Staatseingriffe, die den **Preismechanismus nicht außer Kraft setzen,** bezeichnet man als **marktkonform** (systemkonform).[1]

Marktkonforme Eingriffe liegen vor, wenn der Staat die Nachfrage und/oder das Angebot erhöht oder senkt, die Preisbildung aber dem Markt überlässt. Man spricht daher auch von **indirekter Marktlenkung.**

1 **Konform** sein: in Einklang stehen mit etwas; marktkonforme Maßnahmen sind also solche, die mit der Idee der Marktwirtschaft in Einklang stehen.

(1) Erhöhung der Nachfrage

Der Staat kann selbst als **Nachfrager** auftreten, wenn er z. B. eine unterbeschäftigte Wirtschaft aus der Depression[1] herausführen möchte. Zahlreiche Möglichkeiten sind gegeben: Erteilung zusätzlicher Forschungsaufträge, Aufträge an die Bauwirtschaft (Bau von Straßen, Krankenhäusern, Schulen, Kindergärten, Ausgaben für Kanalisation, für militärische Zwecke usw.) oder auch zusätzliche Einstellungen von Personal. Die Wirkung wird sein, dass die Beschäftigung zunimmt. Die Gefahr von Preis- und Lohnsteigerungen besteht (vgl. nebenstehendes Beispiel).

Beispiel:

Der Staat **erhöht** die **Nachfrage** nach Bauleistungen um 1 Mio. m³ umbauten Raums. Bei normalem Angebot und gleichbleibendem technischem Stand steigen Beschäftigung und Preise.

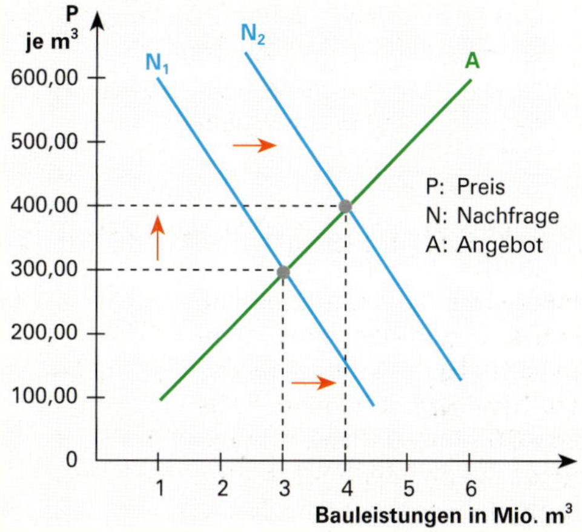

Wenn der Staat die Nachfrage erhöhen will, selbst aber **nicht** als Nachfrager auftreten möchte (z. B. weil er bestimmte Wirtschaftsgüter gar nicht braucht), kann er die möglichen Nachfrager **subventionieren.**[2] Auch hier gibt es in der Bundesrepublik Deutschland zahlreiche Beispiele: Wohngeld (Erhöhung der Nachfrage nach Neubauwohnungen), Zinssubventionen für energetische Sanierungen,[3] Steuerermäßigungen (Abschreibungsmöglichkeiten für Unternehmer), Förderung der Klein- und Mittelbetriebe (Mittelstandsförderung).

Beispiel:

Der Staat **verringert** seine **Nachfrage** nach Bauleistungen um 1 Mio. m³ umbauten Raums. Bei normalem Angebot gehen Preise und Beschäftigung zurück.

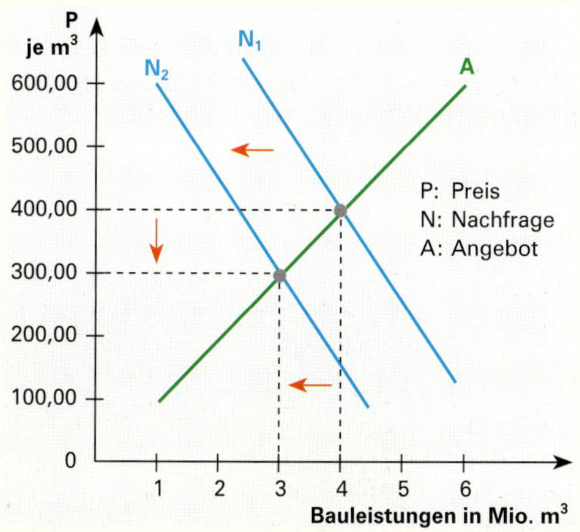

(2) Senkung der Nachfrage

Will der Staat die Nachfrage (und damit die Preisentwicklung) dämpfen, kann er die Staatsnachfrage einschränken, indem er geplante Staatsaufträge streicht oder aufschiebt. Auch **Steuererhöhungen** wirken in die gleiche Richtung, weil in der Regel weniger gekauft wird, wenn die Nettoeinkommen sinken (vgl. nebenstehendes Beispiel).

Weitere Möglichkeiten zur Verringerung der Nachfrage sind die Streichung von Subventionen und von Abschreibungsvergünstigungen.

1 **Depression:** wörtl. Niedergeschlagenheit; hier: eine Wirtschaft, die strukturell unterbeschäftigt ist, z. B. Arbeitslosigkeit aufweist.

2 **Subvention:** Zuschuss (von staatlichen Geldern).

3 **Energetische Sanierung:** Modernisierung eines Gebäudes zur Verringerung des Energieverbrauchs.

(3) Erhöhung des Angebots

In seltenen Fällen hat der Staat die Möglichkeit, das Angebot unmittelbar zu erhöhen, dann nämlich, wenn er selbst Eigentümer wirtschaftlicher Betriebe ist. Hierher gehören z. B. erhöhte Leistungen öffentlicher Verkehrsbetriebe, staatlicher Forschungsanstalten oder städtischer Wohnungsbaugesellschaften. Der indirekten Einflussnahme auf das Angebot kommt jedoch größere Bedeutung zu. Beispiele sind: **Zollsenkungen,** um das Angebot ausländischer Waren auf dem Inlandsmarkt zu erhöhen, oder **Subventionen** an die Produzenten (z. B. an die Landwirte), damit diese in die Lage versetzt werden, Kostensteigerungen aufzufangen, d. h. zum gleichen Preis mehr anzubieten.

Beispiel:

Das Angebot an Elektroautos nimmt um 10 000 Stück zu, weil die Elektromobilität vom Staat subventioniert wird. Die Versorgung der Bevölkerung nimmt bei sinkenden Preisen zu.

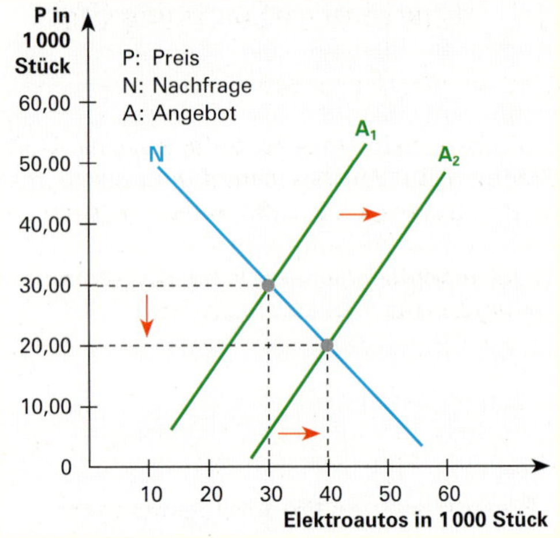

(4) Senkung des Angebots

Die Verringerung des staatlichen Angebots an Sachgütern und Dienstleistungen ist nur bei Staatsbetrieben möglich (z. B. Schließung von staatlichen Krankenhäusern, Beratungsstellen und Forschungsanstalten). Mittelbare Maßnahmen sind häufiger. Beispiele sind: **Zollerhöhungen,** um das Güterangebot im Inland zu verringern, **Streichung von Subventionen** an Produzenten oder **Erhöhung von Kostensteuern** (z. B. Gewerbesteuer, Verbrauchsteuern, vgl. nebenstehendes Beispiel).

Beispiel:

Der Staat erhöht die Sektsteuer um 1,00 GE. Der Absatz nimmt bei steigenden Preisen ab.

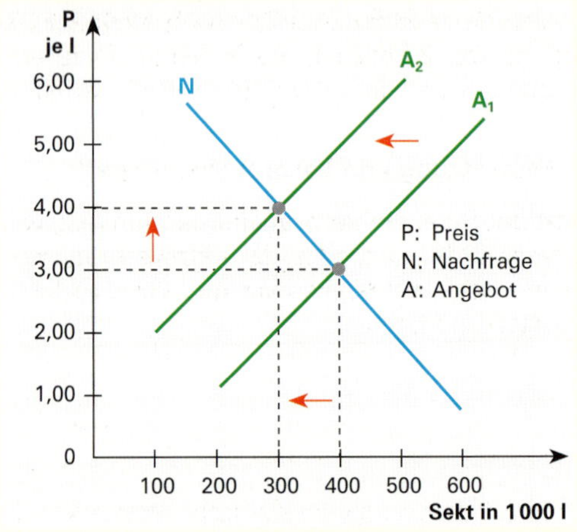

Die genannten Maßnahmen stellen lediglich Beispiele für marktkonforme Maßnahmen in der sozialen Marktwirtschaft dar. In den Arbeitsmarkt wird z. B. indirekt eingegriffen, wenn der Staat die Schulpflicht verlängert und/oder das Rentenalter herabsetzt (Verknappung des Arbeitsangebots). Die Vergabe von Forschungsaufträgen durch den Staat erhöht langfristig die Produktivität. Die **Sonderbesteuerung umweltschädlicher Produkte** und die **Steuerbegünstigung umweltfreundlicher Erzeugnisse** verändern das Angebot. Darüber hinaus beeinflussen die Maßnahmen der Europäischen Zentralbank das Verhalten der Wirtschaftssubjekte. Gemeinsam ist allen marktkonformen Maßnahmen, dass sie die Wirtschaftssubjekte nicht zu bestimmten Verhalten zwingen, sondern lediglich **Anreize** geben.

5.3.2 Marktkonträre Staatseingriffe

(1) Begriff marktkonträre Staatseingriffe

Der Preismechanismus wird dann außer Kraft gesetzt, wenn der Staat entweder die Produktions- bzw. Verbrauchsmengen durch Gesetz festlegt oder den Preis unmittelbar vorschreibt. Derartige Eingriffe **widersprechen** dem **Wesen einer Marktwirtschaft.**

Staatseingriffe, die den **Preismechanimus außer Kraft setzen,** bezeichnet man als **marktkonträr**[1] (systeminkonform).

(2) Festsetzung von Produktions- und Verbrauchsmengen

Festsetzung von Produktionsmengen[2]

Die staatliche Festsetzung von Produktionsmengen kann den Zweck haben, die **Mindestversorgung der Bevölkerung** zu sichern. Hierbei geht es der Regierung darum, die bisherigen Produktionsmengen möglichst zu erhalten oder zu erhöhen. Die Produzenten werden unter Strafandrohung gezwungen, ihre Produktionsmengen den entsprechenden staatlichen Behörden zu melden und an diese bzw. an die gesetzlich vorgeschriebenen Stellen abzuliefern.

Die staatliche Mengenpolitik kann auch zum Ziel haben, die **Produktionsmengen zu verringern.** Der Zweck ist, das Preisniveau zu erhöhen. Es sollen die Produzenten vor Überproduktion und damit vor einem Preisverfall geschützt werden.

Festsetzung von Verbrauchsmengen[2]

Setzt der Staat die Verbrauchsmengen fest, will er eine gleichmäßige Versorgung der Wiederverwender und/oder der Letztverbraucher sichern. Die Festsetzung von Verbrauchsmengen ist – wie die Festsetzung von Produktionsmengen auch – vor allem in **Kriegswirtschaften** zu finden.

(3) Staatliche Preisfestsetzung

Die vom Staat vorgeschriebenen Preise können **Höchstpreise, Mindestpreise** oder **Festpreise** sein.

1 **Konträr:** entgegengesetzt.

2 Die Festsetzung von Produktions- und Verbrauchsmengen bezeichnet man als **Kontingentierung.**

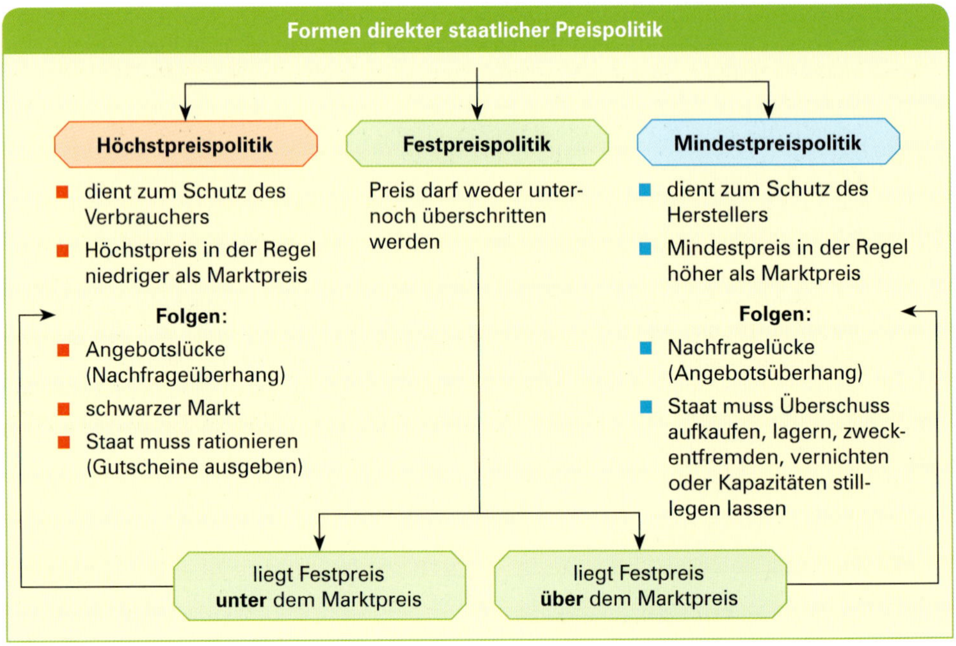

Höchstpreise

Sollen die **Nachfrager** bessergestellt werden, kann der Staat sogenannte Höchstpreise anordnen.

Der Höchstpreis liegt **unter** dem Gleichgewichtspreis. Er soll die zum Gleichgewicht drängenden Marktkräfte aufhalten und somit einen **höheren** Preis **verhindern.**

Der Höchstpreis wird besonders in Kriegs- bzw. Krisengebieten für lebensnotwendige Güter angeordnet.

Wie allerdings aus der nebenstehenden Grafik ersichtlich, führt der Höchstpreis regelmäßig zu einem **Nachfrageüberschuss,** sodass viele Nachfrager leer ausgehen.

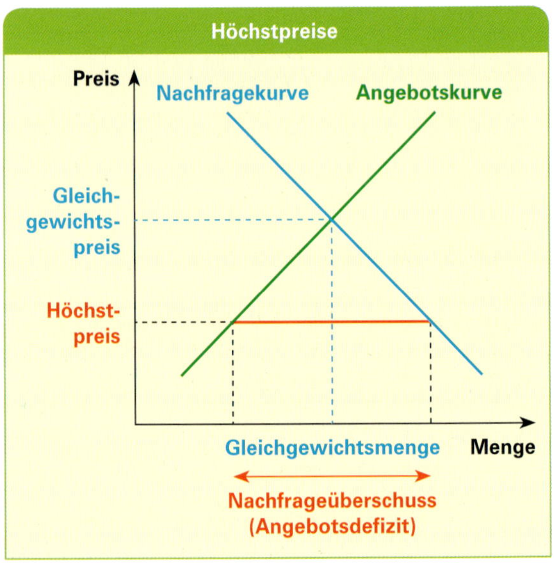

Dies zwingt den Staat zu einer Reihe weiterer Maßnahmen zur Beeinflussung der Güterverteilung, wie beispielsweise die Einführung eines **administrativen Zuteilungssystems** (z. B. durch Bezugsscheine, Wartelisten). Des Weiteren muss der Staat versuchen, die aus der Unterversorgung der Nachfrager typischerweise resultierende Gefahr des **Schwarzmarkthandels** einzudämmen.

Bei dem **Schwarzmarkt** handelt es sich um einen **ungesetzlichen** Markt, der dann entstehen kann, wenn die vorhandene Nachfrage nach Gütern auf legalen Märkten durch **Rationierungen oder staatlich festgelegte Höchstpreise** nicht befriedigt wird (z. B. Benzinrationierung, Rationierung von Wohnraum). Bei Höchstpreisen sind viele Käufer aufgrund des entstandenen Nachfrageüberhangs bereit, solche Waren und Erzeugnisse zu einem **höheren** Preis als dem staatlich festgesetzten Preis zu kaufen.

Mindestpreise

Mit der Einführung von Mindestpreisen sollen hingegen die **Anbieter** bessergestellt werden.

Der Mindestpreis liegt **über** dem Gleichgewichtspreis und soll die zum Gleichgewicht drängenden Marktkräfte blockieren, um so einen **niedrigeren** Marktpreis zu verhindern.

Eingesetzt wird der Mindestpreis vorzugsweise dort, wo sich für ganze **Branchen** – beispielsweise durch Nachfragerückgang bedingt – **Absatzschwierigkeiten** ergeben und mit einem **gravierenden Preisverfall** zu rechnen ist (z. B. Landwirtschaft, Kohlebergbau).

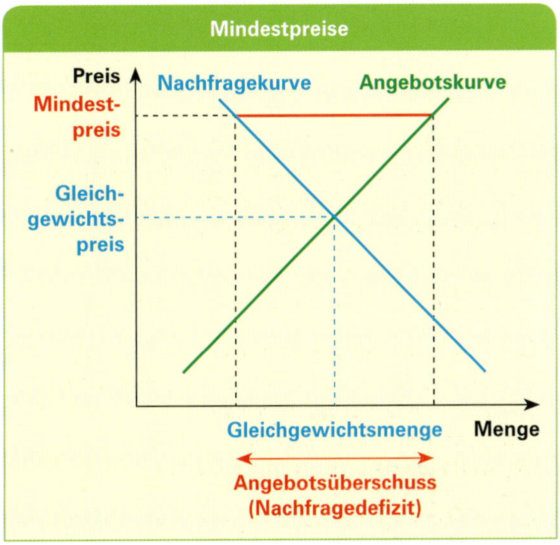

Wie aus der Grafik ersichtlich, führt der Mindestpreis regelmäßig zu einem Angebotsüberschuss, da viele Anbieter aufgrund der durch die über dem Gleichgewichtspreis liegenden Preise angeregt werden, mehr zu produzieren.

Auch bei den Mindestpreisen ist der Staat zu einer Reihe weiterer Maßnahmen zur Verringerung der überschüssigen Güterproduktion gezwungen. So kann er beispielsweise bei lagerfähigen Gütern den **Angebotsüberschuss aufkaufen und einlagern.** Hierdurch entstehen allerdings **Güterberge** (z. B. Milchberg, Butterberg, Kohleberg), die zudem wegen der Lagerung weitere Kosten verursachen. Des Weiteren könnte der Staat aufgekaufte **Angebotsüberschüsse** – insbesondere von verderblicher Ware – **vernichten** oder die **Überproduktion durch Prämien** (z. B. Stilllegungs- oder Abschlachtprämien) bzw. die Einführung von **Mengenkontingenten** im Sinne einer maximalen Abgabemenge pro Anbieter **drosseln.** Bei der letztgenannten Maßnahme besteht allerdings die Gefahr, dass sich ein **grauer Markt** bildet, auf dem die Mehr- bzw. Überschussproduktion angeboten wird. So könnten illegale Marktanbieter auftreten, die bereit wären, das zu Mindestpreisen und Mengenkontingenten gehandelte Produkt zu einem verbotenen **niedrigeren** Preis abzugeben (z. B. der Verkauf von Milch ab Hof unterhalb des üblichen Handelspreises).

Festpreise

Festpreise können über oder unter dem Preis liegen, der sich bei freier Preisentwicklung ergeben würde. Liegt der **Festpreis über dem Gleichgewichtspreis,** wirkt er wie ein **Mindestpreis; liegt er darunter,** wirkt er wie ein **Höchstpreis.**

Kompetenztraining

43. In nebenstehender Abbildung wird der Markt für Getreide dargestellt. Der Preis P_0 darf nicht unterschritten, wohl aber überschritten werden.

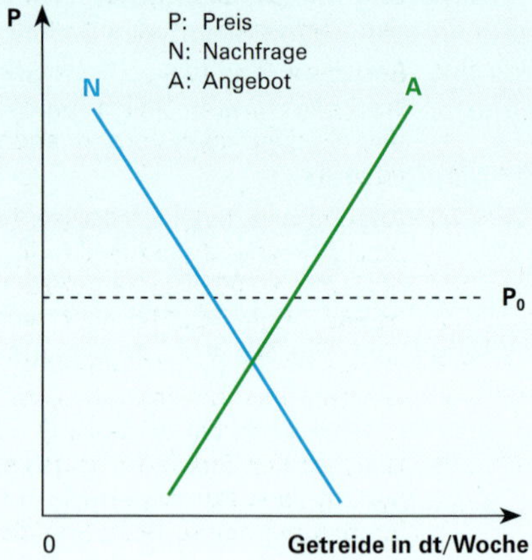

Aufgaben:

43.1 Begründen Sie, ob es sich um eine marktkonforme oder marktkonträre Maßnahme des Staates handelt!

43.2 Erläutern Sie, welcher Art der Preis P_0 ist!

43.3 Erklären Sie, welche Marktsituation vorliegt und welche Konsequenzen sich langfristig ergeben!

44. In nebenstehender Abbildung wird der Markt für Sozialwohnungen dargestellt. Der Mietsatz P_0 darf nicht überschritten, wohl aber unterschritten werden.

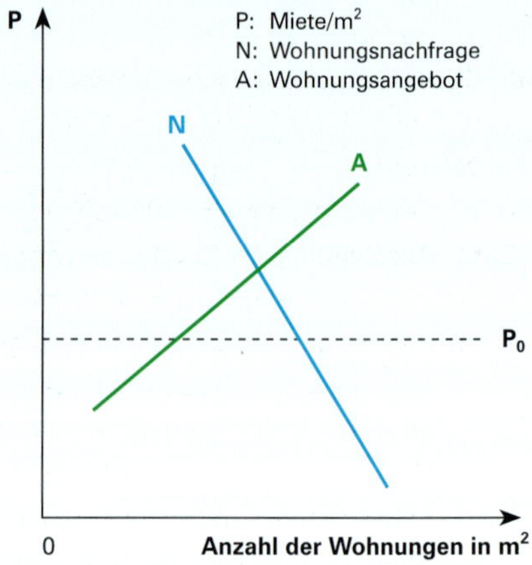

Aufgaben:

44.1 Begründen Sie, ob es sich um eine marktkonforme oder marktkonträre Maßnahme des Staates handelt!

44.2 Erklären Sie, welcher Art der Preis P_0 ist!

44.3 Begründen Sie, welche Marktsituation vorliegt und welche Konsequenzen sich langfristig ergeben!

45. Auf dem europäischen Markt herrscht für ein bestimmtes Agrarprodukt nebenstehende Angebots- und Nachfragesituation.

Die EU-Kommission setzt einen Mindestpreis fest, der pro Tonne um 300,00 EUR vom Gleichgewichtspreis entfernt ist.

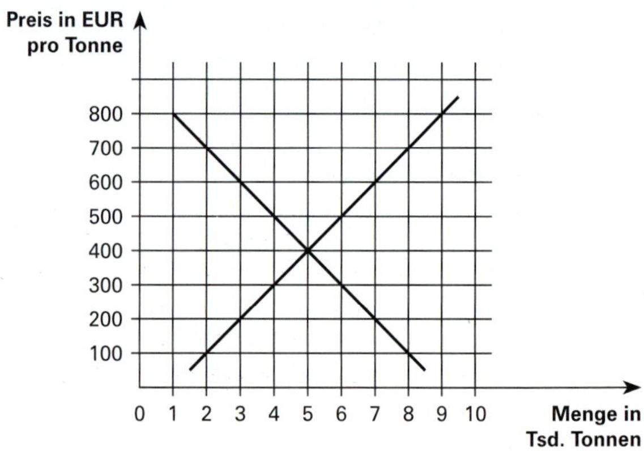

Aufgaben:

45.1 Erläutern Sie das Motiv, das die EU-Kommission zu dieser Intervention veranlasst haben könnte!

45.2 Berechnen Sie, wie hoch der von der EU-Kommission festgesetzte Mindestpreis pro Tonne ist!

45.3 Ermitteln Sie den Aufwand der Europäischen Union, wenn diese die gesamte jährliche Angebotsmenge zum garantierten Mindestpreis aufkauft!

45.4 Berechnen Sie, wie hoch der Verlust der EU pro Jahr ist, wenn diese die auf dem europäischen Markt zum Gleichgewichtspreis absetzbare Menge zu eben diesem Preis verkauft und die dann noch vorhandenen Überschüsse auf dem Weltmarkt für 200,00 EUR pro Tonne absetzt!

45.5 Angenommen, der Europäischen Union gelänge es, durch die Einführung entsprechender Produktionskontingente den jährlichen Angebotsüberschuss des betrachteten Agrarproduktes um 2000 Tonnen abzusenken. Ermitteln Sie die unter den Annahmen der Aufgabenstellungen 45.2 bis 45.4 hieraus resultierende jährliche Ersparnis!

45.6 In Abwandlung der Aufgabenstellung 45.5 soll nunmehr davon ausgegangen werden, dass die EU-Kommission plant, die Reduzierung der Angebotsmenge um 2000 Tonnen jährlich durch die Einführung einer sogenannten Flächenstilllegungsprämie zu erreichen. Langjährigen Studien zufolge liegt der Ernteertrag pro Hektar bei durchschnittlich 0,5 Tonnen im Jahr. Berechnen Sie, wie hoch eine solche zur Produktionsreduzierung geplante Einmalzahlung pro Hektar an die Produzenten maximal ausfallen dürfte, wenn diese durch die Ersparnisse der ersten 15 Folgejahre gegenfinanziert werden sollte!

46. Ökosteuern und -abgaben, Verbote und die Vorgabe von Grenzwerten sollen zu einem umweltverträglichen Wirtschaften beitragen.

Beispiele:

a) Erhebung einer Abwasserabgabe, die mit zunehmendem Reinheitsgrad der Abwässer sinkt.
b) Abschaffung der Kraftfahrzeugsteuer und Erhöhung der Mineralölsteuer.
c) Verbot umweltschädlicher Produkte (z. B. umweltschädlicher Treibgase in Sprühdosen).
d) Begrenzung der zulässigen Rußzahlen bei Ölfeuerungsanlagen.
e) Fahrverbot für Dieselfahrzeuge.
f) Stromsteuer auf Atomstrom und Strom aus Verbrennungskraftwerken.
g) Vorgabe von Abgasgrenzwerten (z. B. für Kraftwerke, Autos).
h) Subventionen zur Gewinnung von Erdwärme.
i) Steuererleichterung für Elektrofahrzeuge.
j) Herstellungsverbot asbesthaltiger Werkstoffe.
k) Einführung des Dosenpfands.
l) Importverbot für genmanipulierte Lebensmittel.

Aufgaben:

46.1 Begründen Sie, welche der genannten Maßnahmen als marktkonform und welche als marktkonträr zu bezeichnen sind!

46.2 Angebot und Nachfrage nach einem umweltschädlichen Gut A verhalten sich normal. Das Gut A wird mit einer Ökosteuer belegt. Stellen Sie mithilfe der Angebots- und Nachfragekurve dar, wie sich Preis und Absatzmenge des Gutes A verändern!

46.3 Erklären Sie, wie sich die Ökosteuer auf das Produkt A auf die Nachfrage nach dem Substitutionsgut (Ersatzgut) B auswirken könnte!

46.4 Bilden Sie zwei Beispiele für den unter 46.3 beschriebenen Substitutionseffekt!

47. Entscheiden Sie in den nachfolgenden Fällen, ob sich die Aussagen

① nur auf Mindestpreise,
② nur auf Höchstpreise,
③ sowohl auf Mindest- als auf Höchstpreise,
④ weder auf Mindest- noch auf Höchstpreise beziehen!

47.1	Die Preise werden staatlich fixiert.	
47.2	Es entsteht ein Angebotsüberhang.	
47.3	Es handelt sich um einen marktinkonformen Eingriff des Staates.	
47.4	Der Marktmechanismus wird außer Kraft gesetzt.	
47.5	Der Preis liegt unterhalb des Gleichgewichtspreises.	
47.6	Die Festlegung dieses Preises soll verhindern, dass sich ein niedrigerer Gleichgewichtspreis bildet.	
47.7	Die Festsetzung dieses Preises geschieht im Interesse des Staates.	
47.8	Bei dieser Form der Preisfixierung wird seitens des Staates der sich ohnehin durch den Preismechanismus einstellende Gleichgewichtspreis nur vorweggenommen.	
47.9	Der Staat muss weitere Eingriffe zur Mengenregulierung vornehmen.	
47.10	Bei diesem Preis sollen die Marktteilnehmer vor nicht kostendeckenden Preisen geschützt werden.	

48. Eine Möglichkeit staatlicher Preisinterventionen ist der Höchstpreis. Prüfen Sie, welche der nachfolgenden Erläuterungen auf diese Form staatlichen Eingreifens in den Marktprozess nicht zutrifft!

① Durch die Höchstpreise sollen Anbieter bessergestellt werden.
② Der Höchstpreis liegt unter dem Gleichgewichtspreis.
③ Nach Festlegung eines Höchstpreises kann es zu einer Unterversorgung der Nachfrage kommen.
④ Höchstpreise erfordern in der Regel weitere staatliche Interventionen in Form administrativer Zuteilungssysteme.
⑤ Bei Höchstpreisen besteht eine Tendenz zur Schwarzmarktbildung.

49. Wir unterstellen einen Markt mit einem Nachfrageverlauf (N) und einem Angebotsverlauf (A) wie nachfolgend dargestellt. Angenommen der Staat legt zum Schutz der Anbieter einen Mindestpreis (p_m) fest und garantiert den Produzenten dazu noch die Annahme der gesamten Angebotsmenge.

Bestimmen Sie die staatlichen Kosten für diese Abnahmegarantie, indem Sie aus den folgenden Lösungen die entsprechende Fläche für diese Kosten auswählen!

① Es handelt sich um die Flächen 1 und 6.

② Es handelt sich um die Flächen 6 und 7.

③ Es handelt sich um die Flächen 5 und 7.

④ Es handelt sich um die Flächen 2, 3, 4 und 5.

⑤ Es handelt sich um die Flächen 2, 3, 4, 5 und 7.

⑥ Es handelt sich um die Flächen 1 bis 7.

⑦ Keine der angegebenen Lösungen ist richtig.

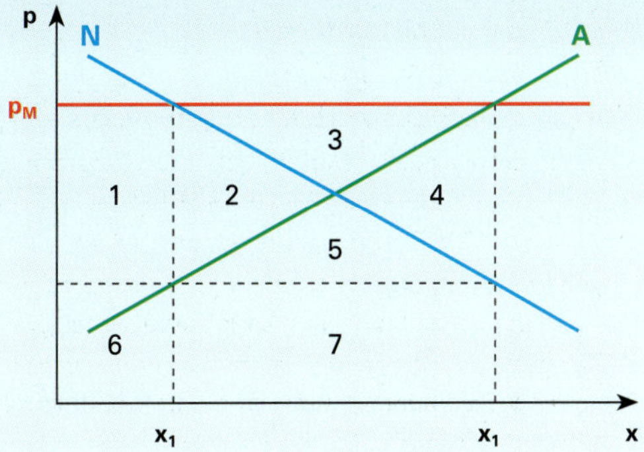

50. Vernetzungsdiagramm

Angenommen der Staat führt zum Schutz der Landwirte für bestimmte Agrarprodukte einen Mindestpreis ein. Stellen Sie auf der Basis nachfolgender Vorlage eines Vernetzungsdiagramms acht mögliche Ursache-Wirkungs-Beziehungen dar, indem Sie die einzelnen Felder mit Pfeilen verbinden! Versehen Sie die Pfeile mit einem Plus- oder Minuszeichen, wobei gilt:

- **Pluszeichen**: gleichgerichtete (verstärkende) Wirkung. Es gilt: je mehr (höher) – desto mehr (höher); je weniger (niedriger) – desto weniger (niedriger).
- **Minuszeichen**: entgegengesetzte (abschwächende) Wirkung. Es gilt: je mehr (höher) – desto weniger (niedriger) bzw. je weniger (niedriger) – desto mehr (höher).

DOWNLOAD

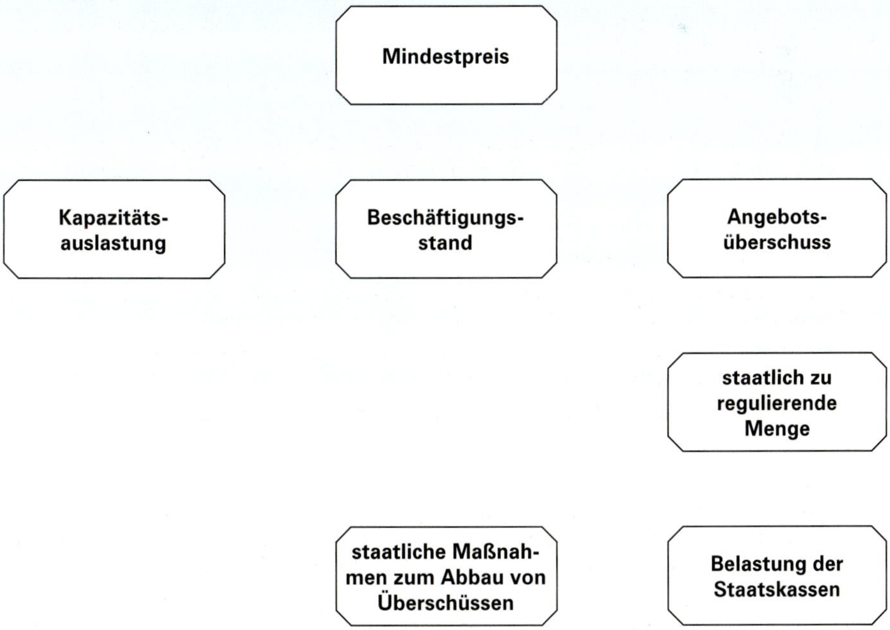

Handlungssituation 4.3

Mehrere Schüler der Fachoberschule Wirtschaft stehen an einem Montag in der ersten Pause gemeinsam auf dem Schulhof und unterhalten sich über die gerade geschriebene Klausur. Aus dem Hintergrund nähert sich Kevin, den man von Weitem bereits lauthals vor sich hin schimpfen hört.

Als er bei der Gruppe angekommen ist, lässt er seinem Ärger freien Lauf. Kevin erzählt, dass er sich gerade in der Schulkantine ein Schnitzelbrötchen gekauft hat und im Vergleich zur Vorwoche 0,50 EUR mehr zahlen musste. Dies sei aus seiner Sicht eine totale Abzocke; aber was bleibe einem Schüler in der 15-minütigen Pause auch anderes übrig, als in der Schulkantine etwas zu kaufen, wenn man sein Frühstück mal wieder zu Hause hat liegen lassen.

Der im Klassenverband stets besonnene Hendrik hält die Aufregung von Kevin für vollkommen übertrieben und führt an, Kevin solle sich bloß nicht so aufregen. Schließlich habe er ständig mit einer solchen Abzockerei zu tun. Seit ihm seine Eltern einen gebrauchten Kleinwagen vorfinanziert haben, müsste er beim Tanken aufpassen wie ein Luchs. In der näheren Umgebung seines Wohnortes gäbe es drei unterschiedliche Tankstellen, die täglich mehrfach ihre Preise ändern – teilweise um bis zu 0,10 EUR pro Liter, was insgesamt verhältnismäßig mehr ausmacht als die Preiserhöhung beim Schnitzelbrötchen. Was ihn besonders ärgert, ist die Tatsache, dass die unterschiedlichen Tankstellenbetreiber die Preise immer nahezu zeitgleich ändern; danach könne man quasi die Uhr stellen.

Sarah-Marie mischt sich in das Gespräch ein. Sie sagt, dass sie das Ganze nicht verstehen kann. Schließlich wäre Benzin doch gleich Benzin, so wie beim Telefonieren die verkaufte Leistung doch auch die gleiche sei. In diesem Markt allerdings würden sich die Anbieter bei den Preisen schon seit Langem gegenseitig ständig unterbieten. Erst diese Woche sei sie deshalb mit ihrem Smartphone zu einem wesentlich günstigeren Anbieter gewechselt. Dadurch würde sie jetzt monatlich mehr als 10,00 EUR einsparen und das, obwohl sie nunmehr sogar noch mehr Highspeed-Volumen für das Internet zur Verfügung hätte als bei dem vorherigen Anbieter.

Kevin erwidert daraufhin, dass er sich ja genau aus diesem Grund so aufregt. In der Stadt gäbe es viele Bäckereien und dort würden die Schnitzelbrötchen teilweise viel günstiger angeboten als in der Schulkantine.

Kevins Nachfrage nach Schnitzelbrötchen[1]

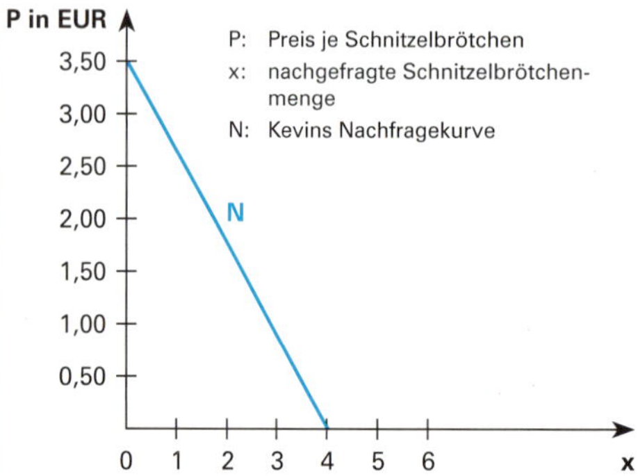

1 Der Verlauf der Nachfragekurve unterstellt eine „beliebige Teilbarkeit" der Schnitzelbrötchen.

Kompetenzorientierte Arbeitsaufträge:

1. Betrachten Sie zunächst Kevins Nachfragekurve nach Schnitzelbrötchen und interpretieren Sie deren Verlauf!
2. **Übersichtsmatrix**
   Vergleichen Sie die hier angesprochenen Marktformen und untersuchen Sie diese unter dem Aspekt der Verteilung von Marktmacht und Wettbewerb! Fertigen Sie zur Lösung eine Übersichtsmatrix an!
3. Finden Sie heraus, welche Präferenzen in der vorangestellten Handlungssituation beim Benzin und den Schnitzelbrötchen eine Rolle spielen könnten!
4. Nennen Sie jeweils zwei weitere Beispiele für Märkte, auf denen der Wettbewerb aufgrund des „Preiskampfes" erkennbar funktioniert, und solche, auf denen mangels Preiskampf augenscheinlich kein Wettbewerb herrscht!
5. Erläutern Sie, was Unternehmen dazu veranlassen könnte bezüglich der Preise „zu kooperieren", statt sich auf einen Preiskampf einzulassen!
6. Beurteilen Sie die Notwendigkeit, inwiefern der Staat Regelungen zum Schutz des Wettbewerbs einführen sollte!

5.4 Die Preisbildung in Abhängigkeit von der Marktform

5.4.1 Begriff der Marktform

(1) Abgrenzung der Märkte nach der Zahl der Marktteilnehmer

Die einzelnen Märkte lassen sich nicht nur nach qualitativen Gesichtspunkten untergliedern (Marktarten), sondern auch nach der **Anzahl** der jeweiligen **Marktteilnehmer**. Strukturiert man die Zahl der Anbieter und Nachfrager auf einem Markt in quantitativer Hinsicht in die Kategorien „einer", „wenige" und „viele", so erhält man folgendes **morphologisches Grundschema** mit insgesamt neun verschiedenen Marktformen.

Marktformen nach der Zahl der Marktteilnehmer

Nachfrager / Anbieter	einer	wenige	viele
einer	zweiseitiges Monopol	beschränktes Angebotsmonopol	Angebotsmonopol
wenige	beschränktes Nachfragemonopol	zweiseitiges Oligopol	Angebotsoligopol
viele	Nachfragemonopol	Nachfrageoligopol	zweiseitiges Polypol

Wie aus dem Schema ersichtlich, ergeben sich aus dieser Untergliederung in erster Linie Konsequenzen für die **Verteilung von Marktmacht** zwischen Anbietern und Nachfragern.

Beispiel:

Die Marktmacht zwischen Anbietern und Nachfragern dürfte bei einem Angebotsmonopol anders verteilt sein als bei einem Nachfragemonopol.

Während im ersten Fall die stärkere Verhandlungsposition wegen fehlender Alternativen für die Nachfrager aufseiten des Anbieters liegt **(Verkäufermarkt)**, ist bei der zweiten Marktform der Nachfrager in der besseren Position **(Käufermarkt)**.

Diese ungleiche Verteilung von Marktmacht bleibt nicht ohne Folgen für den sich am Markt durch Angebot und Nachfrage bildenden **Preis**.

Die grundlegenden Auswirkungen unterschiedlicher Machtverhältnisse auf den Preisbildungsprozess, sollen anhand der Anzahl der jeweiligen Anbieter verdeutlicht werden.

Marktformen	Handlungsspielräume auf der Angebotsseite
Angebotsmonopol	In einem **Angebotsmonopol** kann der alleinige Anbieter sein Marktangebot – und somit seine Preise – nach seinen Zielvorstellungen (Gewinnmaximierung) gestalten. Er agiert konkurrenzlos und wird somit von keinem Wettbewerber zu Preiszugeständnissen gezwungen. Die ihm gegenüberstehenden Nachfrager haben nur die Möglichkeit, die von dem Monopolisten vorgegebenen Bedingungen (z. B. den Preis) zu akzeptieren oder auf den Kauf des Produktes zu verzichten. Der **preispolitische Handlungsspielraum** des Monopolisten ist allerdings **nicht unbeschränkt**. ■ So muss er bei mit üppigen Gewinnzuschlägen kalkulierten Preisen ständig damit rechnen, dass andere **potenzielle Anbieter** – angelockt von den Gewinnen – auf den Markt drängen, um ihm seine etablierte Position streitig zu machen. ■ Außerdem konkurrieren letztlich **alle** Anbieter (also auch die Anbieter auf anderen Märkten) miteinander um die Kaufkraft der einzelnen Nachfrager. ■ Schließlich haben die Nachfrager aufgrund der vielfältigen **Substitutionsbeziehungen** der Konsumgüter untereinander die Möglichkeit, auf andere Produkte auszuweichen.
Angebotsoligopol	Im **Angebotsoligopol** verfügen wenige Anbieter über jeweils relativ große Marktanteile. Die Aktion eines Oligopolisten (z. B. Preissenkungen) führt zu spürbaren Auswirkungen auf die Absatzmenge der übrigen Anbieter. Bei nur wenigen Anbietern sind die Nachfrager – beispielsweise durch Preisvergleiche – eher in der Lage, ihre Kaufentscheidungen entsprechend zu steuern. Dieses Verhalten der Nachfrager zwingt die übrigen Anbieter ebenfalls zu entsprechenden Reaktionen, wenn sie ihre Marktanteile nicht an den agierenden Konkurrenten verlieren wollen. Solange diese **Rivalität um Geschäftsabschlüsse** und somit um Marktanteile in Form der beschriebenen Aktion-Reaktion-Verbundenheit anhält und nicht durch **aufeinander abgestimmtes Verhalten** im Sinne einer „Gruppensolidarität“ unterbunden wird, kommt es nicht zu einem Einheitspreis für die von Oligopolisten angebotenen Güter.
Angebotspolypol	Im **Angebotspolypol** verfügt jeder Anbieter nur über einen sehr geringen Marktanteil. Aufgrund der hieraus resultierenden untergeordneten Bedeutung seines Angebots im Verhältnis zum Gesamtangebot dürften seine Aktivitäten (z. B. Preissenkungen) kaum zu spürbaren Auswirkungen am Gesamtmarkt führen. Wegen dieses nur geringen Einflusses seines Handelns arbeiten die Anbieter im Polypol meist nebeneinander her.

(2) Abgrenzung der Märkte nach dem Vollkommenheitsgrad

Wie sich die Preisbildung in den einzelnen Marktformen vollzieht, ist jedoch auch stark abhängig von den **qualitativen** Komponenten eines Marktes und hierbei insbesondere von dem **Vollkommenheitsgrad.**[1] Die quantitativen und qualitativen Kriterien zur Markteinteilung lassen sich miteinander kombinieren, wodurch eine Vielzahl unterschiedlicher Märkte gegeneinander abgegrenzt werden kann.

Um den Preisbildungsprozess bei unterschiedlichen Marktformen differenzierter zu betrachten, soll der Grad der Vollkommenheit eines Marktes nachfolgend mit in die Überlegungen zur Preisbildung einbezogen werden.

Abgrenzung der Märkte nach quantitativen und qualitativen Kriterien

Zahl der Anbieter / Vollkommenheitsgrad	einer	wenige	viele
vollkommener Markt	vollkommenes Angebotsmonopol	vollkommenes Angebotsoligopol	vollkommen polypolistische Konkurrenz
unvollkommener Markt	unvollkommenes Angebotsmonopol	unvollkommenes Angebotsoligopol	unvollkommene polypolistische Konkurrenz

5.4.2 Die Preisbildung im Angebotsmonopol unter Berücksichtigung des Vollkommenheitsgrades des Marktes

Im Angebotsmonopol steht ein Anbieter vielen Nachfragern gegenüber. Die Gründe für das Vorhandensein eines Angebotsmonopols können unterschiedlich sein:

natürliche Monopole	Sie entstehen dadurch, dass ein Anbieter **exklusiv** über einen bestimmten **Rohstoff** verfügt, z. B. über eine besondere Weinanbaulage oder den alleinigen Zugang zu einer Mineralwasserquelle von herausragender Qualität.
rechtliche Monopole	Sie sind entweder auf **staatliche Hoheitsrechte** zurückzuführen (z. B. Branntweinmonopol) oder durch **gesetzliche Regelungen** geschützt (z. B. Patente, Marken- und Musterschutz).
wirtschaftliche Monopole	Hierbei unterscheidet man zwischen den **originären** Monopolen (z. B. Kunstwerke) und den durch vertragliche Vereinbarungen **künstlich** geschaffenen Monopolen (z. B. Kartelle).

Im Rahmen der Betrachtung der Preisbildung im Angebotsmonopol ist der Vollkommenheitsgrad zu berücksichtigen, da er die Handlungsweise des Anbieters unmittelbar beeinflusst.

1 Zu den **Voraussetzungen eines vollkommenen Marktes** siehe Kapitel 2, S. 110 f.

5.4.2.1 Die Preisbildung im vollkommenen Angebotsmonopol

(1) Grundlagen

In einem vollkommenen Angebotsmonopol stehen dem Anbieter grundsätzlich **zwei Handlungsalternativen** zur Verfügung.

- Entweder legt der Monopolist die Menge an Gütern fest, die er am Markt anbieten will **(Mengenfixierer),** und die Nachfrager entscheiden durch ihr Verhalten über den Preis der angebotenen Güter (Versteigerungsverhalten)
- oder der Monopolist legt den Preis für sein Gut fest **(Preisfixierer)** und die Nachfrager entscheiden durch ihre Kaufbereitschaft über die absetzbare und somit zu produzierende Gütermenge.

Grundsätzlich kann der einzelne Anbieter aufgrund der Vollkommenheit des Marktes allerdings nur **einen** Preis für sein Gut verlangen, da die Nachfrager mangels **fehlender Präferenzen** und der bestehenden **Homogenität** der Güter immer nur dort kaufen, wo das Produkt am günstigsten ist. Eine **Preisdifferenzierung** des Monopolisten zur Steigerung seines Gewinns ist also wegen der Vollkommenheit des Marktes **nicht** möglich.

Allgemein gilt: Im **vollkommenen** Angebotsmonopol erreicht der Monopolist sein **Gewinnmaximum,** wenn die **Grenzkosten** genauso hoch sind wie die **Grenzerlöse.**

Bei dem klassischen Modell der Gewinnmaximierung im Monopol geht man allgemein davon aus, dass

- die **Nachfrage- und Kostenfunktion** des Unternehmens **bekannt sind,**
- der Monopolist das Ziel der **Gewinnmaximierung** verfolgt und weder **finanzielle Restriktionen** noch **Kapazitätsbeschränkungen** vorhanden sind.

Die gewinnmaximale Preisforderung lässt sich sowohl grafisch als auch algebraisch bestimmen. Da der französische Nationalökonom Augustin **Cournot** (1838) als erster eine **mathematische** Lösung für die Gewinnmaximierung eines Monopolisten formulierte, ist die gewinnmaximale Ausbringungsmenge eines Monopolisten nach ihm benannt (zur Cournot'schen Menge siehe S. 175).

(2) Preis-Absatz-Funktion des Monopolisten

Ausgangspunkt der Ermittlung der gewinnmaximalen Preisforderung ist die als bekannt unterstellte **Preis-Absatz-Funktion (PAF),** also die **funktionale** Beziehung zwischen Preis und Absatzmenge eines Gutes, die der Nachfragefunktion entspricht.

- Die **Preis-Absatz-Funktion** zeigt an, welche Mengen des betrachteten Gutes bei jeweils unterschiedlich hohen Preisforderungen absetzbar sind.
- Allgemein gilt für absetzbare Menge: $\mathbf{x = f(p)}$

Wie die nachfolgende Abbildung verdeutlicht, hat die **linear fallende** Preis-Absatz-Funktion ihren Ursprung auf der Ordinate in Höhe des sogenannten **Prohibitivpreises** (auch Höchstpreis genannt), also des Preises, zu dem die **nachgefragte Menge** gleich **null** beträgt.

Der Schnittpunkt mit der x-Achse (Abszisse) markiert die sogenannte **Sättigungsmenge.** Hierbei handelt es sich um die nachgefragte Menge eines Gutes beim **Preis von null.**

Preis-Absatz-Funktion

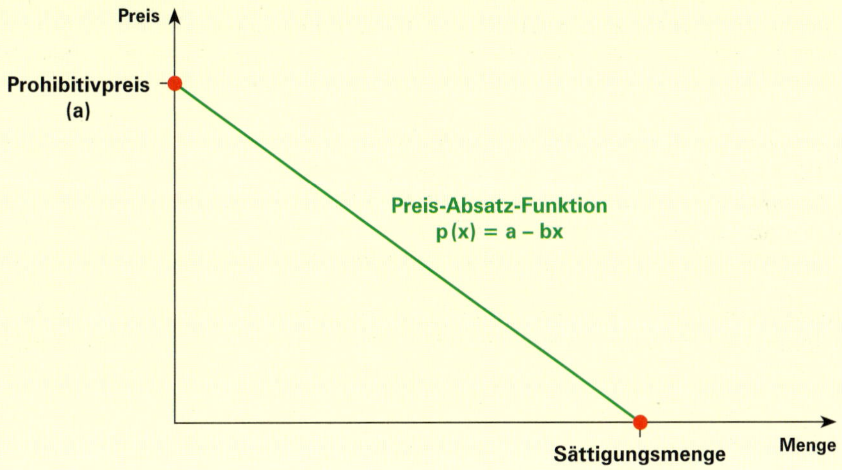

In den meisten Fällen betrachtet das Unternehmen jedoch nicht den Angebotspreis als **Aktionsparameter,** sondern die **Absatzmenge.** Allgemein gilt:

$$p = g(x)$$

Die Preis-Absatz-Funktion als **linear fallende** Funktion lässt sich algebraisch wie folgt umschreiben:

$$p(x) = a - bx$$

Die PAF mit ihrem **negativen** Steigungsmaß **b** hat also ihren **Ursprung** auf der Ordinate in Höhe des Prohibitivpreises **a.** Setzt man für die Nachfragemenge x den Wert null in die allgemein formulierte Preis-Absatz-Funktion ein, so erhält man für y den Wert a, also den Preis, bei dem die nachgefragte Menge gleich null ist.

Ausgehend von dem Höchstpreis verläuft die PAF mehr oder weniger stark fallend zur Abszisse und endet dort beim Preis von null. Reduziert der Monopolist, ausgehend vom Schnittpunkt mit der Ordinate, den Preis, so erhöht sich die nachgefragte Menge bis zum Maximum, also bis zu dem Punkt, wo beim Preis von null die Sättigungsmenge erreicht wird.

(3) Bestimmung des Gewinnmaximums im Monopol

Auf der Basis der Preis-Absatz-Funktion wird durch **Multiplikation** der möglichen Preisforderungen mit den entsprechenden zugehörigen Absatzmengen die **Gesamterlöskurve** ermittelt.

Allgemein gilt: Je niedriger der vom Monopolisten am Markt geforderte Preis, desto höher ist die nachgefragte und somit absetzbare Menge.

Der **Verlauf der Gesamterlöskurve** (vgl. Abbildung des gewinnmaximalen Preises im vollkommenen Angebotsmonopol auf S. 174) erklärt sich wie folgt: Die durch **Preissenkung** in Kauf genommenen „Erlösschmälerungen" sind zunächst geringer als die durch die höhere Absatzmenge bedingten Erlöszuwächse, sodass die Gesamterlöse wegen der in der Summe positiven **Grenzerlöse** (Erlöszunahme bzw. -abnahme, die durch den Mehrabsatz einer zusätzlichen Gütereinheit entsteht) zunächst ansteigen. Dieser Prozess kehrt sich in dem Moment ins Gegenteil, in dem die Grenzerlöse **negativ** werden; die durch Preissenkungen in Kauf genommenen Erlösschmälerungen also die durch die damit einhergehenden Erlöszuwächse aufgrund der höheren Absatzmenge übersteigen.

Der **„Cournot'sche Punkt"** zur Bestimmung der gewinnmaximalen Absatzmenge liegt auf der **Preis-Absatz-Funktion** und ergibt sich aus der **vertikalen** Projektion des **Schnittpunktes** zwischen der **Grenzkosten- und Grenzerlöskurve** – da in diesem Punkt die Grenzkosten in ihrer Höhe den Grenzerlösen entsprechen – auf die PAF.

Allgemein gilt die **Gewinnmaximierungsbedingung**:

Grenzerlöse (E') = Grenzkosten (K')

Zur **mathematischen** Bestimmung der gewinnmaximalen Menge im vollkommenen Angebotsmonopol muss die **Gewinnfunktion maximiert** werden, d. h., die erste Ableitung der Gewinnfunktion wird gleich null gesetzt. Anders formuliert: Die **erste Ableitung der Erlösfunktion** ist also gleich der ersten Ableitung der Kostenfunktion zu setzen, wodurch sich die vorgenannte Gewinnmaximierungsbedingung (E' = K') ergibt.

Aus der Abbildung auf S. 174 wird deutlich, dass bei der Cournot'schen Menge der Abstand zwischen der Gesamterlös- und Gesamtkostenkurve am größten ist. Jede andere Produktions- bzw. Angebotsmenge führt zu einem kleineren Gesamtgewinn. Würden beispielsweise **über** die Cournot-Menge hinaus Leistungen angeboten, so wären bei jeder weiteren Verkaufseinheit die **Grenzerlöse kleiner als die Grenzkosten,** was unmittelbar mit einer Schmälerung des Gesamtgewinns einhergeht. Wird hingegen eine kleinere Menge als die Cournot-Menge angeboten, so ließe sich der Gesamtgewinn weiter steigern, da bis zur Cournot-Menge die Grenzerlöse größer sind als die Grenzkosten.

Diesen Zusammenhang verdeutlicht auch nachfolgendes Beispiel.

Beispiel:

Für ein Unternehmen gilt folgende Absatz- und Kostensituation: Der Prohibitivpreis des Produktes beträgt 10,00 Geldeinheiten (GE). Die Sättigungsmenge liegt bei 10 Mengeneinheiten.

Somit gilt die folgende **Preis-Absatz-Funktion $p(x) = 10 - x$** bzw. die folgende **Erlösfunktion $E(x) = 10x - x^2$.** Die Fixkosten des Unternehmens (K_f) belaufen sich auf 5,00 GE, die variablen Stückkosten (K_v) betragen 2,00 GE.

Preis (p) in GE	Nachgefragte Menge (x)	Erlös (E) in GE	Fixe Kosten (K_f) in GE	Variable Kosten (K_v) in GE	Gesamtkosten (K_G) in GE	Gewinn (G) in GE	Grenzerlöse (E') in GE	Grenzkosten (K') in GE
10,00	0	0,00	5,00	0,00	5,00	−5,00	—	2,00
9,00	1	9,00	5,00	2,00	7,00	2,00	8,00	2,00
8,00	2	16,00	5,00	4,00	9,00	7,00	6,00	2,00
7,00	3	21,00	5,00	6,00	11,00	10,00	4,00	2,00
6,00	**4**	**24,00**	**5,00**	**8,00**	**13,00**	**11,00**	**2,00**	**2,00**
5,00	5	25,00	5,00	10,00	15,00	10,00	0,00	2,00
4,00	6	24,00	5,00	12,00	17,00	7,00	−2,00	2,00
3,00	7	21,00	5,00	14,00	19,00	2,00	−4,00	2,00
2,00	8	16,00	5,00	16,00	21,00	−5,00	−6,00	2,00
1,00	9	9,00	5,00	18,00	23,00	−14,00	−8,00	2,00

Zu dem Preis von 10,00 GE ist das Produkt unverkäuflich (Prohibitivpreis). Senkt man den Preis auf 9,00 GE, lässt sich eine Einheit verkaufen. Dem Erlös von 9,00 GE steht jedoch eine Erlösminderung von 1,00 GE gegenüber. Der Erlöszuwachs (Grenzerlös) beträgt also nicht 9,00 GE, sondern 8,00 GE.

Exkurs zur Bestimmung der Grenzerlöse

Der Betrag, um den sich der Erlös verändert, wenn ein Anbieter eine Mengeneinheit mehr als vorher verkauft, nennt man **Erlöszuwachs.** Wie aus der Preis-Absatz-Funktion des vorangestellten Beispiels $p(x) = 10 - x$ hervorgeht, kann der Monopolist ein Stück für 9,00 EUR verkaufen; sein Erlös beträgt dann ebenfalls 9,00 EUR. Will er hingegen **zwei Stück** absetzen, muss er den Preis auf 8,00 EUR senken; sein Erlös erhöht sich auf nunmehr 16,00 EUR. Der **Erlöszuwachs** beträgt **7,00 EUR.** Eine weitere Absatzsteigerung auf **drei Stück** zum Preis von 7,00 EUR pro Stück würde den Erlös auf 21,00 EUR steigern und – verglichen mit dem vorherigen Preis – einen **Erlöszuwachs** von **5,00 EUR** erbringen. Der **Grenzerlös (E')** ist – streng genommen – gleich der Erlösänderung bei einer **unendlich kleinen Variation der Absatzmenge.**

Der **Grenzerlös** lässt sich auf unterschiedlichen Wegen bestimmen, von denen nachfolgend zwei kurz dargestellt werden sollen:

1. Der Grenzerlös lässt sich als **Mittelwert der Erlöszuwächse** bestimmen. Im vorangestellten Beispiel betrug der Erlöszuwachs von einem auf zwei Stück 7,00 EUR und von zwei auf drei Stück 5,00 EUR. Der Mittelwert der Erlöszuwächse beträgt somit 12,00 EUR : 2 = 6,00 EUR.
2. Der Grenzerlös lässt sich auch mithilfe der Differentialrechnung ermitteln. Hierzu bildet man die **erste Ableitung der Erlösfunktion** – im Beispiel $E(x) = 10x - x^2$ – und setzt dann in diese **Grenzerlösfunktion $E'(x)$** die entsprechenden x-Werte ein. Für das obige Beispiel gilt die Grenzerlösfunktion $E'(x) = 10 - 2x$
   $E'(2) = 10 - 2 \cdot 2$
   $E'(2) = 6$

Grafisch lässt sich das Gewinnmaximum durch die **Parallelverschiebung** der Gesamtkostenkurve (K_G) nach oben bis zum **Tangentialpunkt** mit der Erlöskurve bestimmen. Das Gewinnmaximum liegt also in dem Punkt, wo die parallel verschobene Gesamtkostenkurve die Erlöskurve gerade noch tangiert.

In diesem Punkt ist das **Steigungsmaß** von Gesamterlös- und Gesamtkostenkurve, das sich durch mathematisches **Ableiten** der beiden Funktionen ermitteln lässt, **gleich**. Die Grenzerlöse entsprechen den Grenzkosten.

Gewinnmaximaler Preis im vollkommenen Angebotsmonopol (Cournot'scher Punkt)

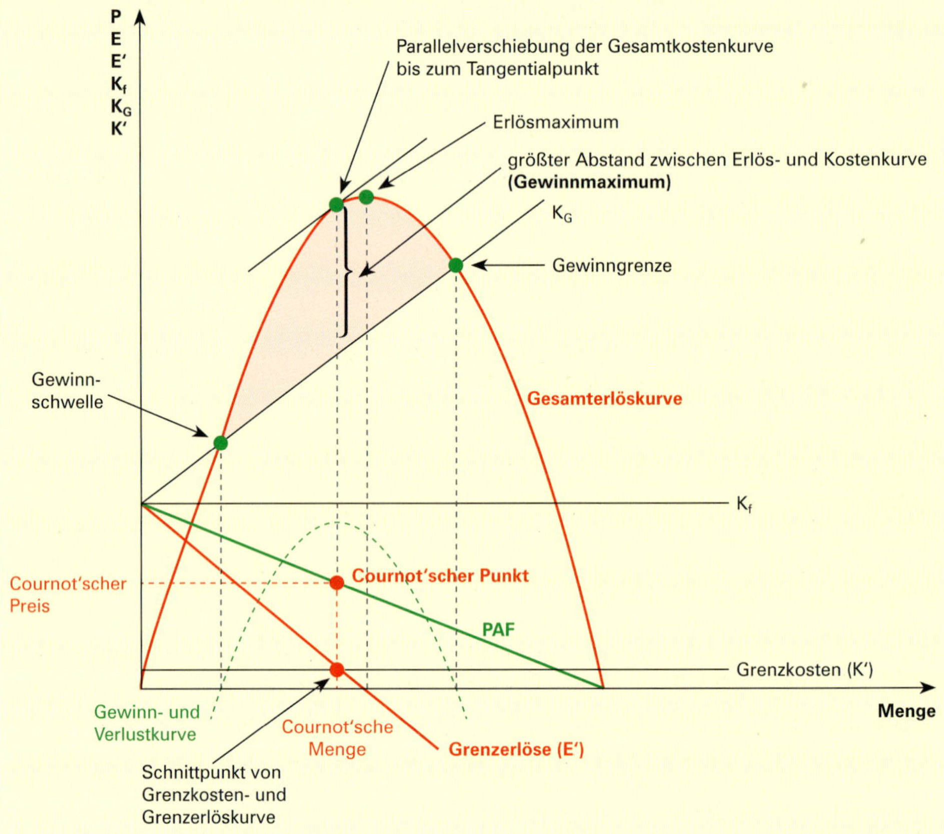

Da sich das Steigungsmaß der Gesamtkostenkurve aus dem Verlauf der variablen Kosten ergibt, wird deutlich, dass eine **Veränderung der fixen Kosten keinerlei Auswirkungen** auf die Cournot'sche Menge hat. Fallen hingegen bei der Produktion **ausschließlich** fixe Kosten an, dann sind **Gewinn- und Erlösmaximum** identisch, da eine Parallelverschiebung der **nur** aus **Fixkosten** bestehenden Gesamtkostenkurve automatisch zu einem Tangentialpunkt am Maximum der Gesamterlöskurve führt.

(4) Cournot-Formeln

Aussagen darüber, wie sich die **Cournot'sche Menge** und der **Cournot'sche Preis** im Einzelnen verändern, wenn sich die Absatzsituation verbessert (Rechtsverschiebung der PAF) bzw. verschlechtert (Linksverschiebung der PAF) oder die Kostensituation variiert, lassen sich mithilfe der sogenannten **„Cournot-Formeln"** treffen.

Im Folgenden sollen deshalb diese beiden allgemeinen Cournot-Formeln für die Cournot'sche Menge (x_c) und den Cournot'schen Preis (p_c) kurz hergeleitet werden.

$$\text{Gewinn} = \text{Erlöse} - \text{Kosten}$$

wobei die Erlöse definiert sind als:

$$E(x) = p \cdot x$$

Setzt man für p nunmehr die Preis-Absatz-Funktion ein, so erhält man folgende Gewinnfunktion:

$$G(x) = (a - bx) \cdot x - K$$
$$G(x) = ax - bx^2 - K$$

Zur Bestimmung des Gewinnmaximums muss die 1. Ableitung der Gewinnfunktion (G) gebildet und diese gleich null gesetzt werden:

$$G'(x) = a - 2bx - K' = 0$$
$$a - 2bx - K' = 0$$
$$2bx = a - K'$$

Formel für die Cournot'sche Menge: $x_c = \dfrac{a - K'}{2b}$

Die Cournot'sche Menge berechnet sich also aus der **Differenz zwischen Prohibitivpreis und Grenzkosten, dividiert** durch das **doppelte Steigungsmaß** der PAF.

Die gewinnmaximale Preisforderung (p_c) erhält man durch Einsetzen von x_c in die PAF:

① $$p_c = a - b \cdot \left(\frac{a - K'}{2b}\right)$$

② $$p_c = a - \left(\frac{ba - bK'}{2b}\right)$$

③ $$p_c = a - \left(\frac{b(a - K')}{2b}\right)$$

④ $$p_c = a - \frac{1}{2}a + \frac{1}{2}K'$$

⑤ $$p_c = \frac{1}{2}a + \frac{1}{2}K'$$

Formel für den Cournot'schen Preis: $p_c = \dfrac{a + K'}{2}$

Wie sich mithilfe dieser beiden allgemeinen Cournot-Formeln beispielsweise Aussagen zu Veränderungen der Nachfragesituation treffen lassen, verdeutlichen die zwei nachfolgenden **Beispiele**.

Beispiele:

1. Verbessert sich die Nachfragesituation am Markt durch eine parallele Rechtsverschiebung der PAF, so hat dies zur Folge, dass der Prohibitivpreis (a) steigt, wohingegen das Steigungsmaß (b) und die Kostensituation (und somit auch die Grenzkosten K') unverändert bleiben. Betrachtet man nunmehr die allgemeine Cournot-Formel für die gewinnmaximale Menge (x_c), so wird deutlich, dass diese bei einem Anstieg des Prohibitivpreises a ebenfalls gestiegen sein muss. Der Cournot'sche Preis (p_c) steigt bei der vorgenannten Veränderung der Absatzsituation ebenfalls, da sich der Zähler der allgemeinen Formel zur Bestimmung dieses gewinnmaximalen Preises erhöht.
2. Erhöhen sich hingegen die Fixkosten eines Monopolisten, so hat dies weder Auswirkungen auf die Cournot'sche Menge noch auf die Cournot'sche Preisforderung, da die Fixkosten bei der Bestimmung dieser beiden Größen – wie die allgemeinen Formeln verdeutlichen – keine Rolle spielen.

Schließlich sei an dieser Stelle angemerkt, dass diese beiden Formeln selbstverständlich ebenso **zur Berechnung der gewinnmaximalen Preis-Mengen-Kombination** genutzt werden können, wie die weiter oben beschriebene Bestimmung dieser Größen durch Maximierung der Gewinnfunktion.

5.4.2.2 Die Preisbildung im unvollkommenen Angebotsmonopol

Wegen der Unvollkommenheit des Marktes kann der Angebotsmonopolist nunmehr für ein Gut **unterschiedliche** Preise verlangen **(Preisdifferenzierung)**, indem er durch die Schaffung von Präferenzen den Gesamtmarkt in einzelne Teilmärkte untergliedert. Eine Aufspaltung des Gesamtmarktes und eine damit einhergehende Preisdifferenzierung kann anhand folgender Kriterien erfolgen:

Preisdifferenzierungen	Erläuterungen
räumliche Preisdifferenzierung	Das Produkt wird an verschiedenen **Orten** zu unterschiedlichen Preisen angeboten (z. B. Inland – Ausland).
zeitliche Preisdifferenzierung	Die Güter werden in Abhängigkeit vom **Zeitpunkt** der Nachfrage zu unterschiedlichen Preisen angeboten (z. B. Hauptsaison – Nebensaison).
persönliche Preisdifferenzierung	Der Preis des Gutes ist abhängig von der **Person des Nachfragers** (z. B. Schüler – Erwachsene).
sachliche Preisdifferenzierung	Die Güter werden in unterschiedlichen **Ausführungen** zu verschiedenen Preisen angeboten (z. B. Standardausführung – Luxusausführung).

5.4.3 Die Preisbildung im Angebotsoligopol unter Berücksichtigung des Vollkommenheitsgrades des Marktes

Im Angebotsoligopol stehen **„wenige“** Anbieter der Nachfrage gegenüber, wobei im Rahmen der Preisbildung mit Blick auf den Vollkommenheitsgrad des Marktes zwei Fälle unterschieden werden müssen.

(1) Preisbildung im vollkommenen Angebotsoligopol

In einem **vollkommenen** Angebotsoligopol (vollkommene oligopolistische Konkurrenz) führt die **Aktion** eines Anbieters (z. B. Preissenkung) wegen der bestehenden Markttransparenz, der Homogenität der Güter und dem Fehlen von Präferenzen zu unmittelbaren **Reaktionen** bei den Nachfragern.

Somit kann ein Oligopolist durch eine Preissenkung die gesamte Nachfrage auf sich ziehen und – freie Kapazitäten vorausgesetzt – seinen Marktanteil ausdehnen. Diese Konstellation zwingt die übrigen Anbieter zu entsprechenden Gegenreaktionen, sodass **eine enge Aktions-Reaktions-Verbundenheit** zwischen den einzelnen Anbietern besteht und es verstärkt zu **Preiskämpfen** kommt.

Der durch die enormen Auswirkungen solcher Aktionen bestehende Wettbewerb kann die Anbieter jedoch dazu verleiten, durch Absprachen eine derart scharfe Rivalität untereinander auszuschalten **(„Schlafmützenwettbewerb")**.

(2) Preisbildung im unvollkommenen Angebotsoligopol

Im **unvollkommenen** Angebotsoligopol sind die einzelnen Anbieter **nicht** unbedingt gezwungen, auf Aktionen ihrer Konkurrenten **unmittelbar** zu **reagieren,** da **unterschiedliche Preise** für **eine Güterart** vorstellbar sind.

Besondere Bedeutung kommt in diesem Zusammenhang der **Produktdifferenzierung** zu, die häufig mit einer Preisdifferenzierung gekoppelt wird. So versuchen die Anbieter beispielsweise, ihr Produkt durch technische Veränderungen oder eine andersartige Ausstattung (z. B. Größe, Farbe) bzw. Verpackung von den Produkten der Konkurrenz abzugrenzen und somit einen im Vergleich zu den Mitanbietern höheren Preis gegenüber den Nachfragern zu rechtfertigen. Für **ein** Produkt kommen am Markt **unterschiedliche** Preise zustande.

5.4.4 Die Preisbildung im Angebotspolypol unter Berücksichtigung des Vollkommenheitsgrades des Marktes

(1) Preisbildung bei vollkommener polypolistischer Konkurrenz

Bei einer derartigen Konstellation des Marktes hat der einzelne Anbieter mit seinem relativ geringen Marktanteil keinen direkten Einfluss auf das Marktgeschehen und somit auf den Preis. Würde ein Anbieter den Preis im vollkommenen Markt erhöhen, würde er seine gesamte Nachfrage **sofort** an die Konkurrenz verlieren. Würde er hingegen seinen Preis senken, würde er die gesamte Marktnachfrage auf sich ziehen, könnte diese aber wegen seiner **begrenzten** Kapazität nicht befriedigen. Diese Situation zeigt, dass ein Polypolist in einem vollkommenen Markt den Preis, den der Markt diktiert, akzeptieren muss. Der **Preis** stellt somit für ihn ein **Datum** dar. Er hat lediglich die Möglichkeit, mit seiner angebotenen Menge auf den Preis zu reagieren.

Ein polypolistischer Anbieter auf einem **vollkommenen** Markt ist ein **Mengenanpasser,** da die Produktionsmenge sein alleiniger **Aktionsparameter** ist.

Er erreicht sein Gewinnmaximum, wenn er bis an die Kapazitätsgrenze produziert. Allerdings übersteigen seine **Erlöse** erst ab einer bestimmten Absatzmenge seine Kosten **(Gewinnschwelle).** Kann er aufgrund der Nachfragesituation nur **unterhalb** der Gewinnschwelle liegende Produktionsmengen absetzen, **scheidet** er (unter sonst gleichbleibenden Bedingungen) aufgrund der damit verbundenen **Verluste** über kurz oder lang aus dem **Markt aus.**

Preisbildung bei vollkommener polypolistischer Konkurrenz

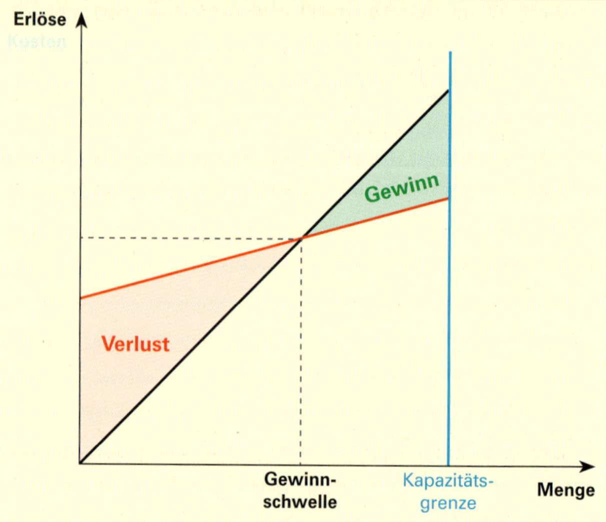

(2) Preisbildung bei unvollkommener polypolistischer Konkurrenz

Unter der Bedingung der **Unvollkommenheit des Marktes** versuchen die Anbieter im Polypol, sich eben diese Unvollkommenheit für ihre **Preisgestaltung** zunutze zu machen.

Sollte es ihnen gelingen, durch Produktdifferenzierung bei den Nachfragern Präferenzen zu erzeugen und sich somit von den Mitanbietern abzusetzen, schaffen sie sich einen **„monopolistischen Spielraum"** (**rot** unterlegte Fläche in der nebenstehenden Abbildung), in dem sie ihre Preise relativ **autonom** gestalten können, ohne größere Nachfrageeinbußen hinnehmen zu müssen.

Innerhalb dieses **begrenzten** Spielraums reagiert die Nachfrage auf Preisänderungen relativ unelastisch. Außerhalb dieses Bereichs **(Konkurrenzbereich)** hingegen ist bei Preisänderungen mit entsprechend starken Mengenreaktionen der Nachfrager zu rechnen, d.h., die **Preiselastizität der Nachfrage** ist hoch.

Preisbildung bei unvollkommener polypolistischer Konkurrenz

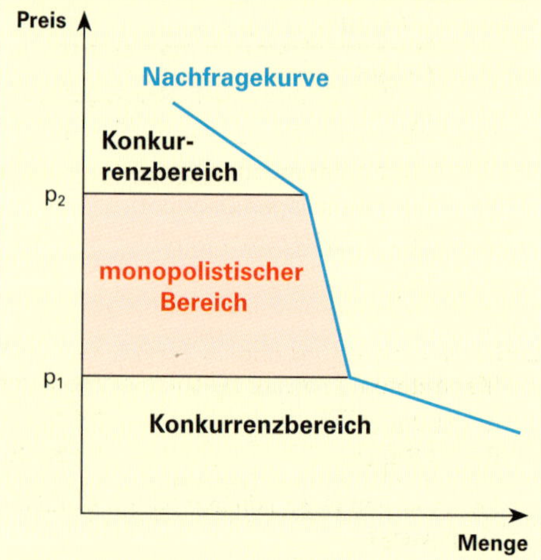

Kompetenztraining

51. Nach der Anzahl der jeweiligen Marktteilnehmer werden sogenannte Marktformen gebildet.

Tragen Sie in die unten stehende Tabelle ein, welche Unterschiede auf den folgenden Märkten in Bezug auf die Zahl der Marktteilnehmer (z. B. einer, wenige, viele) jeweils auf der Anbieter- bzw. Nachfragerseite bestehen!

① Markt für Speisekartoffeln in der Bundesrepublik Deutschland.

② Markt für Personenkraftwagen in der Bundesrepublik Deutschland.

③ Markt für Trinkwasser für die Bewohner einer Stadt in der Bundesrepublik Deutschland.

Markt	Zahl der Anbieter	Zahl der Nachfrager
①		
②		
③		

52. Ein Markt, bei dem viele Anbieter und Nachfrager auftreten, wird als **polypolistisch** (poly = viel) bezeichnet. Es herrscht dort polypolistische Konkurrenz. Dabei können die Bedingungen eines vollkommenen oder eines unvollkommenen Marktes vorliegen. Treffen wenige Anbieter auf viele Nachfrager, so liegt ein **Angebotsoligopol** vor. Trifft dagegen nur ein einziger Anbieter auf viele Nachfrager, so spricht man von einem **Angebotsmonopol.**

Aufgaben:

52.1 Entscheiden Sie, welchen Marktformen die drei Beispiele in der Aufgabe 51 zugeordnet werden können!

52.2 Ergänzen Sie das Schema möglicher Marktformen, indem Sie auch die unterschiedliche Zahl der Marktteilnehmer auf der Nachfragerseite mit berücksichtigen!

DOWNLOAD

Nachfrager / Anbieter	einer	wenige	viele
einer			
wenige			
viele			

52.3 Nennen Sie je ein Beispiel für ein

① Nachfrageoligopol,
② zweiseitiges Oligopol,
③ Nachfragemonopol,
④ zweiseitiges Monopol,
⑤ Angebotsmonopol,
⑥ beschränktes Angebotsmonopol,
⑦ beschränktes Nachfragemonopol!

53. Es bieten 5 Unternehmen Fertighäuser auf dem Markt an. Die maximalen Produktionsmengen (Kapazitäten) pro Jahr belaufen sich bei den Unternehmen auf folgende Stückzahlen:

A 35 Stück
B 13 Stück
C 75 Stück
D 60 Stück
E 23 Stück

Im laufenden Geschäftsjahr hatten sämtliche Anbieter ihre Kapazitäten zwischen 95 % und 100 % ausgelastet.

Der Bauinteressent Lehmann erhielt vom Unternehmen A ein Angebot für ein Fertighaus über 185 000,00 EUR. Lieferfrist: 9 Monate. Herr Lehmann wäre bereit, auf das Angebot einzugehen, wenn der Preis um 10 % ermäßigt und die Lieferfrist auf 6 Monate verkürzt wird.

Aufgaben:

53.1 Beurteilen Sie die Verhandlungsposition Lehmanns gegenüber dem Anbieter A!

53.2 Beurteilen Sie die Aussichten, inwiefern Herr Lehmann seine Wünsche bei den Konkurrenten des Unternehmens A durchsetzen kann!

54. Wegen der relativ starken Inflationsrate von 6,5 % im Jahr verknappt die Europäische Zentralbank im folgenden Geschäftsjahr die Möglichkeiten der Kreditinstitute, sich zusätzliches Geld zu beschaffen. Der Zins für langfristige Darlehen für Baufinanzierungen steigt deshalb auf 12–14 %.

Aufgaben:

54.1 Erläutern Sie, welche Auswirkungen die Zinspolitik der Europäischen Zentralbank wahrscheinlich auf die Nachfrage nach Fertighäusern haben wird!

54.2 Begründen Sie, in welcher Verhandlungsposition sich Herr Lehmann jetzt gegenüber den Fertighausanbietern befände, wenn er sein Fertighaus weitgehend aus Eigenkapital finanzieren könnte!

54.3 Je nach der Stärke der Marktposition von Nachfragern oder Anbietern wird vom Käufer- bzw. Verkäufermarkt gesprochen. Entscheiden Sie, wie die Märkte in den Aufgaben 53 und 54 nach diesem Gesichtspunkt zuzuordnen sind!

54.4 Stellen Sie fest, wie sich zurzeit der Heizölmarkt nach diesem Unterscheidungsmerkmal zuordnen lässt!

55. In einer Stadt werden von vielen Händlern Kühlschränke der Marke „Frostolux 2000" angeboten. Ein Preisvergleich ergab, dass die Preise dieser Kühlschränke bei den einzelnen Händlern zwischen 478,00 EUR und 624,00 EUR lagen.

Aufgaben:

55.1 Beurteilen Sie, welche Aussage sich über die Preisforderungen der einzelnen Händler machen lässt!

55.2 Begründen Sie, welche Gründe es für die unterschiedlichen Preisforderungen gibt!

55.3 Fassen Sie zusammen, an welchen Gesichtspunkten sich ein einzelner Händler bei der Festlegung seines Angebotspreises orientieren wird!

56. Beurteilen Sie, welche der folgenden Erklärungen zu den Marktformen falsch ist!

Tragen Sie eine ⓪ bzw. ⑨ ein, wenn alle Aussagen richtig bzw. alle Aussagen falsch sind!

① Es handelt sich um eine quantitative Einteilung der Märkte.

② Die Marktformen haben Auswirkung auf den Preisbildungsprozess.

③ Stehen wenige Anbieter einem Nachfrager gegenüber, so spricht man von einem beschränkten Nachfrageoligopol.

④ Beim Angebotsoligopol treffen viele Nachfrager auf wenige Anbieter.

⑤ Die Marktformen geben auch Aufschluss über die Verteilung von Marktmacht.

57. Beschreiben Sie die Gründe für das Vorhandensein von Angebotsmonopolen und nennen Sie je ein Beispiel!

58. Beschreiben Sie, welche beiden grundsätzlichen Handlungsalternativen einem Angebotsmonopolisten auf einem vollkommenen Markt zur Verfügung stehen!

59. Nur die Stadtwerke Gießen bieten im Bereich der Stadt Gießen Erdgas zu Heizzwecken an.

Aufgaben:

59.1 Entscheiden Sie, in welcher Marktposition sich in Gießen der Anbieter mit seinem Gut Erdgas befindet!

59.2 Hans Niemeyer will in sein Einfamilienhaus eine Gasheizung einbauen lassen. Er muss deshalb bei den Stadtwerken einen Antrag auf Genehmigung einer derartigen Heizungsanlage stellen.

Prüfen Sie, welche Größe ihres Absatzes die Stadtwerke durch den Genehmigungszwang steuern können!

59.3 Die Stadtwerke erhöhen zum 1. Januar ihre Abgabepreise für Erdgas um 8 %.

Erläutern Sie, welche Auswirkungen diese Preiserhöhung voraussichtlich auf die Nachfrage nach Erdgas haben wird!

59.4 Nennen Sie mögliche Gesichtspunkte, nach denen die Stadtwerke ihre Abgabepreise für Erdgas orientieren werden!

Die Stadtwerke entschließen sich, ihre Abgabepreise für Erdgas nach drei Tarifgruppen zu differenzieren:

Tarif I: Gewerbliche Großabnehmer,
Tarif II: Private Großabnehmer (Heizungen),
Tarif III: Private Kleinabnehmer.

59.5 Begründen Sie, warum eine derartige Preisdifferenzierung möglich ist!

59.6 Entscheiden Sie, welchen Abgabepreis für einen m^3 Erdgas Sie bei den drei Tarifen am niedrigsten ansetzen würden!

60. Erklären Sie, wodurch der preispolitische Handlungsspielraum eines Angebotsmonopolisten beschränkt ist!

61. Lesen Sie folgenden Zeitungsartikel!

Preisschlacht geht weiter

Der Preis ist heiß, bei Discountern wie Einzelhändlern. Trotz aller Kritik reißen die „ruinösen Rabattaktionen" nicht ab. Jetzt sind Einzelhändler, darunter Drogerie- und Supermarktketten, auch noch wegen Preisabsprachen ins Visier der Wettbewerbshüter geraten.

Die Preisschlacht bei den Discountern geht auch im neuen Jahr weiter. Marktführer Aldi und Konkurrent Penny bieten ab sofort Frühstücksflocken, Pflanzenöle, Nüsse und Schoko-Riegel dauerhaft günstiger an, wie die Unternehmen mitteilten. Den Preissenkungen beim Marktführer Aldi folgen die Wettbewerber in aller Regel unmittelbar. Im vergangenen Jahr hatten die Lebensmittel-Discounter insgesamt zwölf Mal die Preise gesenkt. Die Billig-Supermarktketten versuchen damit, ihre Marktanteile auszuweiten.

Die Bundesvereinigung der Deutschen Ernährungsindustrie (BVE) hatte den „ruinösen Preiswettbewerb" im Lebensmitteleinzelhandel erst am Vortag scharf kritisiert und die „unverzügliche Beendigung" angemahnt. Die Preissenkungsspielräume durch die günstiger gewordenen Rohstoffe seien „längst ausgereizt" und die Verbraucher zeigten sich fast unbeeindruckt von den Billigangeboten.

Das Bundeslandwirtschaftsministerium hatte angesichts des harten Wettbewerbs der Discounter vor wenigen Tagen vor einem Qualitätsverlust bei Lebensmitteln gewarnt. Wenn nur noch der niedrigste Preis regiere, „geht das nicht nur zulasten der Landwirte, sondern früher oder später auch zulasten der Qualität und damit der Verbraucher".

Laut BVE vertreiben die Billig-Supermärkte 44 Prozent der Lebensmittel in Deutschland. Die hohe Konzentration im Lebensmitteleinzelhandel sei im vergangenen Jahr weiter angestiegen. Den mittelständischen Lieferanten der Ernährungsindustrie stünden nur noch fünf große Lebensmittelhändler mit einem Marktanteil von 70 Prozent gegenüber. [...]

Quelle: www.n-tv.de.

Erklären Sie den Begriff der „Aktion-Reaktion-Verbundenheit" im Oligopol anhand einer Preissenkung und erläutern Sie in diesem Zusammenhang den Begriff des ruinösen Wettbewerbs!

62. Erläutern Sie, was man unter einem „Schlafmützenwettbewerb“ versteht!

63. Erklären Sie, warum bei vollkommen polypolistischer Konkurrenz der Preis für den einzelnen Anbieter ein Datum ist!

64. Erläutern Sie, warum und durch welche Vorgehensweise sich ein Polypolist auf einem unvollkommenen Markt einen „monopolistischen Spielraum“ schafft!

65. Der europaweit agierende Tabakkonzern Flavour Tobacco Limited hat nach langjähriger Forschungs- und Entwicklungsarbeit eine „gesundheitsunschädliche“ Zigarette entwickelt und diese durch ein weltweit gültiges Patent vor Nachahmung schützen lassen. Dieses Produkt – so zeigen unabhängige Studien verschiedener Unikliniken – setzt beim Konsum keine für die Gesundheit bedenklichen Stoffe frei und garantiert einen nahezu unverfälschten Tabakgenuss für „gesundheitsbewusste“ Raucher. Der Tabakkonzern Flavour Tobacco Limited verfügt somit über ein Monopol für ein Produkt, dass zwei wichtige und bisher scheinbar unvereinbare Eigenschaften zusammenführt: Diese Zigarette ermöglicht den Genuss am Rauchen, ohne dass sich hierbei erkennbare Schäden für die Gesundheit des Konsumenten ergeben.

Eine in Auftrag gegebene Marktforschungsstudie kommt zu dem Ergebnis, dass nachfolgende Absatzmengen in Abhängigkeit vom gewählten Preis am Zigarettenmarkt erzielt werden könnten.

DOWNLOAD

Absetzbare Menge in Mio. Packungen	Preis je Packung in EUR	Umsatz in Mio. EUR	Fixe Kosten in Mio. EUR	Variable Kosten in Mio. EUR	Gesamtkosten in Mio. EUR	Verlust bzw. Gewinn in Mio. EUR
50	10,00	500	200	250	450	50
60	9,50		200			
70	9,00		200			
80	8,50		200			
90	8,00		200			
100	7,50		200			
110	7,00		200			
120	6,50		200			
130	6,00		200			
140	5,50		200			

Aufgaben:

65.1 Vervollständigen Sie die oben stehende Tabelle und bestimmen Sie die Preis-Absatz-Funktion des Monopolisten! Die variablen Kosten pro Stück (k_f) betragen 5,00 EUR.

65.2 Ermitteln Sie, welchen Verkaufspreis die Flavour Tobacco Limited wählen sollte, wenn sie

65.2.1 das Ziel der Gewinnmaximierung anstrebt,

65.2.2 das Ziel der Umsatzmaximierung verfolgt!

65.3 Erläutern Sie, welcher Umstand es der Flavour Tobacco Limited ermöglicht, eine eigenständige Preispolitik zu betreiben!

65.4 Stellen Sie dar, wie sich

65.4.1 eine Preissenkung auf den Umsatz auswirkt,

65.4.2 eine Preiserhöhung auf den Umsatz auswirkt!

65.5 Nennen Sie die beiden Möglichkeiten, wie ein Monopolist auf Veränderungen seines Marktes reagieren kann!

65.6 Legen Sie dar, warum der Gewinn auch dann abnehmen kann, wenn durch Preissenkungen ein höherer Absatz erzielt wird!

66. In einem Dorf befinden sich die Zweigstelle einer Volksbank und die einer Sparkasse. Beide Kreditinstitute bieten für Spareinlagen mit vereinbarter Kündigungsfrist von einem Jahr 0,5 % Zinsen. Der Vorstand der Volksbank beschließt, den Sparzins auf 0,75 % zu erhöhen, um zusätzliche Spareinlagen zu bekommen.

Aufgaben:

66.1 Beurteilen Sie, wie der Vorstand der Sparkasse wahrscheinlich auf diese Zinserhöhung reagieren wird!

66.2 Beide Kreditinstitute bieten den Inhabern von Lohn- und Gehaltskonten an, das am Monatsende verbleibende Guthaben auf dem Gehaltskonto automatisch kostenfrei auf ein Sparkonto umbuchen zu lassen. Die Volksbank wirbt für diese Leistung mit dem Begriff „Überschusssparen", die Sparkasse nennt dies „Plussparen".

Erläutern Sie, welche Gründe die beiden Kreditinstitute für die unterschiedliche Kennzeichnung dieser Dienstleistung haben!

66.3 Die Volksbank führt Lohn- und Gehaltskonten zu folgenden Bedingungen: monatlich 5 Freibuchungen; jede weitere Buchung kostet 1,00 EUR.

Die Sparkasse verlangt eine monatliche Kontoführungsgebühr von 4,00 EUR. Jeder Buchungsposten kostet zusätzlich 0,20 EUR.

66.3.1 Prüfen Sie, ob Unterschiede bei den mit der Kontoführung zusammenhängenden Leistungen bestehen!

66.3.2 Ermitteln Sie, bei welcher monatlichen Postenzahl für einen Kunden die Volksbank bzw. die Sparkasse günstiger ist!

66.3.3 Erläutern Sie, welche Gründe die beiden Kreditinstitute haben können, keine einheitliche Buchungsgebühr zu verlangen!

66.3.4 Ein drittes Kreditinstitut will an diesem Ort eine Filiale eröffnen. Es bietet völlig kostenlose Kontoführung an. Beurteilen Sie, mit welchem Verhalten der Wettbewerber das neue Kreditinstitut wahrscheinlich rechnen muss!

66.3.5 Erläutern Sie, welche Folgerungen das dritte Kreditinstitut aus den zu erwartenden Reaktionen der Wettbewerber ziehen wird!

67. Ein Unternehmen hat Fixkosten in Höhe von 1 000,00 EUR. Die variablen Kosten pro Stück betragen 200,00 EUR, der Verkaufspreis liegt bei 400,00 EUR je Stück.

Aufgaben:

67.1 Ermitteln Sie grafisch die Gewinnschwelle! DOWNLOAD

67.2 Berechnen Sie den Gesamtgewinn, wenn die Kapazitätsgrenze bei 10 Mengeneinheiten liegt und diese aufgrund der Marktsituation alle abgesetzt werden können!

68. Ermitteln Sie für ein Unternehmen grafisch DOWNLOAD

68.1 Gewinnmaximum,

68.2 Gewinnschwelle,

68.3 Gewinngrenze und

68.4 Betriebsminimum,

wenn auf dem Markt vollkommene Konkurrenz herrscht und das Unternehmen folgende Kosten- und Erlösverläufe hat (Kapazität 10 Einheiten):

$K_G(x) = 6 + 3x$; $E(x) = 8x$!

Anmerkung: Errechnen Sie Gesamtkosten, Fixkosten, Stückkosten, Grenzkosten, Gesamterlöse und Grenzerlöse!

DOWNLOAD **69.** Ermitteln Sie für ein Unternehmen grafisch

69.1 Gewinnmaximum,

69.2 Gewinnschwelle,

69.3 Gewinngrenze und

69.4 Betriebsminimum,

wenn auf dem Markt vollkommene Konkurrenz herrscht und das Unternehmen folgende Kosten- und Erlösverläufe hat (Kapazität 10 Einheiten):

$K_G(x) = 5 + 4x$; $E(x) = 6x$!

Anmerkung: Errechnen Sie Gesamtkosten, Fixkosten, Stückkosten, Grenzkosten, Gesamterlöse und Grenzerlöse!

DOWNLOAD **70.** Auf einem Markt herrscht vollkommene Konkurrenz. Ein Betrieb hat folgenden Kostenverlauf:

hergestellte Menge	0	1	2	3	4	5	6	7	8	9	10
Gesamtkosten	20	31	38	42	44	45	46	48	52	59	72

Aufgaben:

70.1 Bestimmen Sie die Stückkosten (DK), die durchschnittlichen variablen Kosten und die Grenzkosten!

70.2 Tragen Sie die erhaltenen Werte in ein Koordinatensystem ein!
Anmerkung: Grenzkostenwerte bei 0,5; 1,5; 2,5 usw. einzeichnen.

70.3 Tragen Sie die Gewinnschwelle und Gewinngrenze des Unternehmens ein! Der Marktpreis beträgt 7,00 EUR/Stück. Erläutern Sie die Bedeutung dieser beiden Punkte!

70.4 Tragen Sie das Gewinnmaximum (Q) in das Schaubild ein!

70.5 Tragen Sie die langfristige Preisuntergrenze (L) bei sinkendem Marktpreis in das Schaubild ein!

70.6 Erläutern Sie, wovon es abhängt, ob und wie lange der Betrieb zu der in 70.5 aufgezeigten Preisuntergrenze am Markt bleiben kann!

70.7 Ermitteln Sie, wo das Betriebsminimum (M) liegt!

DOWNLOAD **71.** Auf dem Markt herrscht vollkommene Konkurrenz. Ein Betrieb hat folgenden Kostenverlauf:

hergestellte Menge	0	1	2	3	4	5	6	7	8	9	10
Gesamtkosten	25	36	43	47	49	50	51	53	57	64	75

Aufgaben:

71.1 Bestimmen Sie die Stückkosten (DK), die durchschnittlichen variablen Kosten und die Grenzkosten!

71.2 Stellen Sie die in 71.1 errechneten Werte grafisch dar!

71.3 Der Marktpreis beträgt 7,50 EUR. Tragen Sie die Grenzerlöse in die Grafik ein!

71.4 Ermitteln Sie folgende Punkte:

71.4.1 Gewinnschwelle und Gewinngrenze,

71.4.2 kurzfristige Preisuntergrenze bei konstantem (L) und fallendem (M) Marktpreis,

71.4.3 langfristige Preisuntergrenze bei konstantem (N) und fallendem (O) Marktpreis,

71.4.4 Gewinnmaximum (Q)!

72. Nachdem Sie Ihr Studium nach Hamburg verlagert haben, betreiben Sie nebenberuflich im Hamburger Hafen einen Fischbrötchenstand. Nachstehende Informationen sind über Ihre Kosten bekannt.

DOWNLOAD

Menge	Gesamtstückkosten (Durchschnittskosten)
9	0,70 EUR
10	0,80 EUR
11	0,90 EUR

Entscheiden Sie, zu welchen der nachfolgenden Preise Sie einem Kunden das 10. Fischbrötchen verkaufen, wenn Sie Gewinnmaximierung betreiben!

① 0,60 EUR
② 0,80 EUR
③ 1,00 EUR
④ 1,20 EUR
⑤ 1,40 EUR
⑥ 1,60 EUR
⑦ 1,80 EUR

73. 73.1 Bestimmen Sie den Cournot'schen Punkt

DOWNLOAD

73.4.1 grafisch (zwei Arten) und
73.4.2 rechnerisch!

Gehen Sie von folgenden Funktionen aus:

Erlös-(Absatz-)kurve: $p(x) = 18 - 2x$
Gesamtkostenkurve: $K_G(x) = 5 + {}^1/_2 x$

Berechnen Sie:

Gesamterlös (Umsatz), Gesamtkosten, Gewinn, Grenzkosten, Erlöszuwächse, Grenzerlöse!

73.2 Erläutern Sie, welche Bedeutung der Cournot'sche Punkt für den Monopolisten hat!

73.3 Begründen Sie, wie sich der Cournot'sche Punkt verändert, wenn die fixen Kosten um 20 % steigen!

73.4 Erläutern Sie, welche Grenzen für die Preispolitik eines Monopolisten bestehen!

73.5 Beschreiben Sie, welcher Größenzusammenhang zwischen Erlös- und Gewinnmaximum des Monopolisten besteht!

73.6 Erläutern Sie, wodurch sich die gewinnmaximalen Punkte bei vollkommener Konkurrenz und monopolistischem Markt unterscheiden!

73.7 Beurteilen Sie die Tendenz zur Monopolbildung in der Bundesrepublik Deutschland!

74. Der weltweit einzige Anbieter von gesundheitsunschädlichen Zigaretten ermittelt mittels Marktforschung seine Preis-Absatz-Funktion $p(x) = 30 - 0{,}5x$. Seine Gesamtkostenfunktion lautet $K_G(x) = 1\,500\,000{,}00 + x$. Der Monopolist strebt nach maximalem Gewinn.

Aufgaben:

74.1 Ermitteln Sie die kurzfristige Preisuntergrenze!

74.2 Erläutern Sie die Bedeutung der kurzfristigen Preisuntergrenze im Monopol!

75. Auf einem vollkommen polypolistischen Markt lässt sich der Verlauf der Angebotsfunktion wie folgt umschreiben: $p(x) = 20 + 0{,}4x$.

Die Nachfragefunktion lautet: $p(x) = 40 - 0{,}1x$.

Aufgaben:

Bestimmen Sie rechnerisch

75.1 die Gleichgewichtsmenge,

75.2 den Gleichgewichtspreis sowie

75.3 den am Markt zustande kommenden Umsatz!

76. Ein Monopolist ermittelt mittels Marktforschung seine Preis-Absatz-Funktion $p(x) = 10 - 0{,}5x$. Seine Gesamtkosten entsprechen der Funktion $K_G(x) = 4 + 1{,}5x$.

Aufgaben:

76.1 Bestimmen Sie mathematisch die erlösmaximale Preis-Mengen-Kombination und ermitteln Sie für diese Kombination den Gesamtgewinn!

76.2 Bestimmen Sie mathematisch die gewinnmaximale Preis-Mengen-Kombination und ermitteln Sie den Gesamtgewinn!

76.3 Erläutern Sie, wie sich die gewinnmaximale Absatzmenge verändert, wenn nur Fixkosten anfallen!

76.4 Erklären Sie, wie sich die gewinnmaximale Absatzmenge verändert, wenn sich die Fixkosten auf 6 GE erhöhen!

77. Die Marktforschungsabteilung eines Monopolisten ermittelt, dass bei einem Preis von 150,00 EUR das Produkt des Unternehmens am Markt keinen Absatz mehr finden würde. Bei dem derzeitigen Preis von 75,00 EUR werden laut Absatzstatistik 150 000 Stück verkauft.

Aufgaben:

77.1 Ermitteln Sie die Preis-Absatz-Funktion!

77.2 Berechnen Sie die erlösmaximale Preis-Mengen-Kombination des Monopolisten!

78. Die linear fallende Preis-Absatz-Funktion eines Monopolisten hat sich aufgrund von Nachfragerückgängen um den Prohibitivpreis zum Ursprung hin gedreht. Die gewinnmaximale Menge ist von 40 Mengeneinheiten auf 30 Mengeneinheiten gesunken. Der ursprüngliche Preis betrug 12,00 EUR. Durch gezielte Marketingaktivitäten wäre der Monopolist in der Lage, die Absatzverschlechterung zu kompensieren. Dadurch erhöhen sich die bisherigen Grenzkosten um 4,00 EUR und es treten zusätzliche fixe Kosten in Höhe von 6,00 EUR pro Periode auf. Die bisherige Kostenfunktion lautete $K_G(x) = 20 + 6x$.

Aufgaben:

78.1 Bestimmen Sie die Preis-Absatz-Funktion vor und nach Durchführung der Marketingaktivitäten!

78.2 Entscheiden Sie, ob der Monopolist die Maßnahmen durchführen soll, falls er nach Gewinnmaximierung strebt (bitte analytisch nachweisen)!

79. Betrachten Sie die Grafik zum Monopol!

Überprüfen Sie die nachfolgenden Aussagen zum Monopol auf ihre Richtigkeit und wählen Sie die richtigen Aussagen!

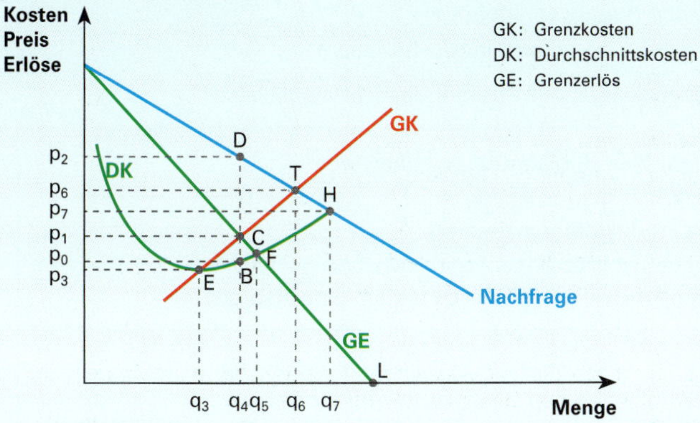

① Der Monopolist bietet zum Preis p_2 an, der Anbieter bei vollständiger Konkurrenz bietet zum Preis p_6 an.

② Der Monopolist bietet die Menge q_4 an, der Anbieter bei vollständiger Konkurrenz bietet die Menge q_7 an.

③ Auf dem Monopolmarkt entsteht gegenüber einem Markt mit vollständiger Konkurrenz ein Nettowohlfahrtsverlust im Umfang der Fläche des Dreiecks DBH. ☐

④ Der Monopolist wählt für sein Angebot die Preis-/Mengenkombination in C.

⑤ Der Monopolist wählt für sein Angebot die Preis-/Mengenkombination in T.

⑥ Ab der Ausbringungsmenge q_3 steigen die Durchschnittskosten wieder an, da der Anstieg der durchschnittlichen variablen Kosten die Verringerung der durchschnittlichen Fixkosten überkompensiert. ☐

80. Mindmap

Erstellen Sie zur Wiederholung (und zur Vorbereitung auf eine eventuelle Klausur) ein Mindmap zum Thema „Preisbildung auf Märkten"!

81. Unterrichtsvorschlag: Projekt

Untersuchen Sie die unterschiedlichen Märkte Ihrer Stadt und stellen Sie fest, in welchen Bereichen ein Angebotsoligopol vorliegt!

Versuchen Sie anschließend durch Umfragen unter den Anbietern herauszufinden, wie sie ihre Preise festlegen! Stellen Sie die Ergebnisse Ihrer Untersuchung der Klasse vor!

82. Entscheiden Sie in den nachfolgenden Fällen, ob sich die Aussagen
① nur auf das vollkommene Angebotsmonopol,
② nur auf das unvollkommene Angebotsmonopol,
③ nur auf das vollkommene Angebotsoligopol,
④ nur auf das unvollkommene Angebotsoligopol beziehen!

Tragen Sie eine ⑨ ein, wenn eine genaue Zuordnung nicht möglich ist!

82.1	Es besteht die Gefahr des „Schlafmützenwettbewerbs“.	
82.2	Anbieter betreiben Produktdifferenzierung.	
82.3	Es bildet sich für ein Produkt grundsätzlich nur ein Einheitspreis.	
82.4	Hier kommt es zu einer engen Aktions-Reaktions-Verbundenheit.	
82.5	Die Anbieter müssen auf Aktionen ihrer Konkurrenz nicht mehr unbedingt reagieren.	
82.6	Die Nachfrager entscheiden letztlich, ob sie das Produkt kaufen oder nicht.	
82.7	Anbieter konkurrieren um die Kaufkraft der Nachfrage.	

83. Anbieter können unterschiedliche Formen der Preisdifferenzierung betreiben. Stellen Sie in den folgenden Fällen fest, ob es sich um
① räumliche Preisdifferenzierung,
② zeitliche Preisdifferenzierung,
③ persönliche Preisdifferenzierung oder
④ sachliche Preisdifferenzierung handelt!

83.1	Eine weltweit agierende Fastfood-Kette bietet ihre Produkte nicht zu Einheitspreisen an.	
83.2	Bei einem Kreditkartenanbieter werden Ihnen drei Kartenkategorien mit unterschiedlichen Preisen angeboten.	
83.3	Ein Schüler eröffnet ein Girokonto zu anderen Konditionen als ein Angestellter.	
83.4	Nach einem ausgiebigen Preisvergleich buchen Sie Ihren Urlaub aus Kostengründen für die Nebensaison.	
83.5	Mineralölkonzerne bieten ihren Kraftstoff innerhalb Deutschlands zu unterschiedlichen Preisen an.	
83.6	Beim Besuch eines Bundesligaspiels legen Sie Ihren Schülerausweis vor.	
83.7	Für Medikamente, die am Wochenende gekauft werden, müssen Sie einen Zuschlag zahlen.	

84. Ordnen Sie den nachfolgenden Begriffen die im Schaubild aufgeführten Ziffern zu!

84.1 Preis	
84.2 Menge	
84.3 Nachfragekurve	
84.4 Monopolistischer Bereich	
84.5 Konkurrenzbereich	
84.6 Oberste Grenze des monopolistischen Spielraums	
84.7 Unterste Grenze des monopolistischen Spielraums	

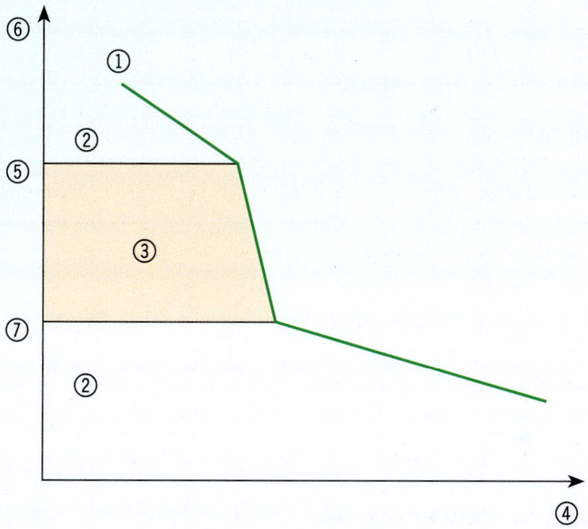

85. Welche der folgenden Aussagen zur Preisbildung in unterschiedlichen Märkten ist richtig?

Tragen Sie bitte eine ⓪ bzw. ⑨ ein, wenn alle Aussagen richtig bzw. alle Aussagen falsch sind!

① Angebotsmonopolisten schaffen sich einen „monopolistischen Preisspielraum".
② Für den Oligopolisten im vollkommenen Markt ist der Preis ein Datum.
③ Monopolisten sind reine Preisfixierer.
④ Der Anbieter im unvollkommenen Polypol produziert grundsätzlich bis zur Kapazitätsgrenze.
⑤ Der Beginn des Konkurrenzbereichs wird auch als „Break-even-Point" bezeichnet.

5 Aufrechterhaltung des Wettbewerbs als Voraussetzung für eine marktwirtschaftliche Ordnung

Handlungssituation 5

Lesen Sie zunächst den nachfolgenden Artikel!

Die verordnete Solidarität

Wettbewerb war selbst unter Zunftmitgliedern verboten – Verstöße dagegen wurden sogar mit dem Tod bestraft

Am 29. September 1615 zogen die Kölner Handwerker aus, ihren Lebensunterhalt zu verteidigen. Mit Äxten, Pickeln und Pferdewagen setzten Zimmerleute, Dachdecker und Maurer über den Rhein und marschierten unter dem Schutz von 500 Soldaten gegen die Festung Mülheim. Sie rissen die Festungsmauern ein, zerstörten Häuser und Gewerbebetriebe. In der zum Herzogtum Berg gehörenden „Freiheit" Mülheim hatte sich in den vergangenen Jahrzehnten eine für die stadtkölnischen Zunfthandwerker ruinöse Konkurrenz entwickelt.

All jene Protestanten und aufstrebenden Manufakturbetreiber, denen im katholischen Köln das Produzieren verboten war, wurden in Mülheim kostenlos in den Bürgerstand aufgenommen. Sie statteten ihre Betriebe mit modernen mechanischen Hilfsmitteln aus, deren Gebrauch den Zunftmeistern verboten war, und sie stellten zur Arbeit ein, wer arbeiten wollte und konnte – ohne Rücksicht auf Gesellenbrief und Zunftfähigkeit. Die dynamischen Mülheimer Unternehmer erdrückten das zünftige Handwerk auf der anderen Rheinseite. Sie nahmen ihm die Märkte und kauften ihm die Rohstoffe vor der Nase weg. Der Feldzug von 1615 hat den Siegeszug des freien Gewerbes allerdings nicht aufhalten können. [...]

Quelle: DIE ZEIT vom 05. 12. 1997.

Quelle: Gästeamt Wangen im Allgäu.

Kompetenzorientierte Arbeitsaufträge:

1. Nennen Sie Gründe, die die Kölner Handwerker dazu bewegt haben, gegen die Festung Mülheim zu ziehen! Gehen Sie dabei insbesondere auf die im Text genannten Ursachen ein!
2. Erläutern Sie, warum es im Rahmen der sozialen Marktwirtschaft eine wichtige Aufgabe des Staates ist, den Rahmen für einen funktionierenden Wettbewerb zu schaffen und zu erhalten!
3. **Übersichtsmatrix**

   Vielfach muss das Bundeskartellamt namhafte Unternehmen mit Strafen belegen, weil sie gegen geltendes Wettbewerbsrecht verstoßen, indem sie versuchen, den Wettbewerb auszuschalten. Recherchieren Sie hierzu aktuelle Fälle und präsentieren Sie die Ergebnisse Ihrer Recherche Ihren Mitschülern in Form einer Übersichtsmatrix!

1 Die Notwendigkeit zur Sicherstellung eines funktionsfähigen Wettbewerbs

1.1 Merkmale des Wettbewerbs

Den hohen Stellenwert eines funktionierenden Wettbewerbs verdeutlicht nachfolgender Artikel.

Die Bedeutung des Wettbewerbs

Konkurrenz belebt das Geschäft, heißt es im Volksmund. Dieses Sprichwort kennzeichnet auch die Funktion des Wettbewerbs. Wenn mehrere Anbieter das gleiche Ziel haben und außenstehende Dritte darüber entscheiden, wer das Ziel am besten erreicht hat, besteht zwischen den Wettbewerbern Rivalität und ein gegenseitiges Abhängigkeitsverhältnis. Dies resultiert daraus, dass der eine Wettbewerber sein besseres Ergebnis in der Regel zulasten des Mitbewerbers erreicht, wenn nicht insgesamt neue Nachfragepotenziale erschlossen werden. Insofern galt der Wettbewerb dem Ökonomen Joseph Schumpeter auch als Prozess der „schöpferischen" Zerstörung. Der Wettbewerb ist als **dynamisches Ausleseverfahren** für die Anbieter mühsam und unbequem, weil er ihnen permanente Verhaltensänderung abverlangt: Entweder müssen sie neue Produkte oder Verfahren entwickeln **(Innovation)** oder einem erfolgreichen Wettbewerber folgen **(Imitation).** Insofern bestehen für die Anbieter Anreize, den Wettbewerb über Verhaltensabstimmung, Absprachen oder Zusammenschlüsse zu beschränken.

Der Wettbewerb zwingt zur beständigen Überprüfung des eigenen Angebots im Blick auf die anderen Wettbewerber und auf die Nachfrage. Er nötigt dazu, beständig die Leistung bzw. das Produkt zu verbessern, über die Existenz und die Vorzüge des eigenen Produktes oder auch des eigenen Unternehmens zu informieren, bessere Absatzwege und -formen zu suchen, Preise zu senken oder Konditionen und Rabatte zu geben. Um die Kosten für solche marktorientierten Strategien zu tragen, sind die Wettbewerber auch beständig gezwungen, die Produktionsverfahren und die Kombination der Produktionsfaktoren auf ihre Effizienz zu überprüfen. So soll der Wettbewerb dafür sorgen, dass

- die Einkommensverteilung nach Marktleistung erfolgt **(Verteilungsfunktion),**
- die Produktion nach den Präferenzen der Käufer erfolgt **(Steuerungsfunktion)** und
- die Produktionsfaktoren in ihre günstigsten Einsatzmöglichkeiten gelenkt werden **(Allokationsfunktion).**

Der Wettbewerb soll zudem die Dynamik ermöglichen, dass

- sich Produktion und Produktionskapazitäten beständig an Veränderungen der Angebots- und Nachfragebedingungen anpassen **(Anpassungsfunktion)** und
- der technische Fortschritt sich durchsetzt **(Innovationsfunktion).**

Schließlich soll er verhindern, dass es zu dauerhaften wirtschaftlichen und politischen Machtpositionen kommt. Die Konsumenten sollen vom Wettbewerb durch günstigere Preise und eine bessere Qualität profitieren. Da der Wettbewerb für die Anbieter unbequem und lästig ist, muss der Staat für seine Erhaltung sorgen.

Quelle: Informationen zur politischen Bildung, Heft 308.

Statische und dynamische Funktionen des Wettbewerbs	
Wettbewerbsfunktionen	**Erläuterungen**
Statische Funktion (Steuerungsfunktion)	Der Wettbewerb sorgt dafür, dass ■ sich einerseits die Zusammensetzung des Güterangebots an den **Präferenzen der Konsumenten** orientiert und ■ andererseits die Produktionsfaktoren über die Preise in die **effizienteste Verwendung** gelenkt werden, um eine optimale Allokation der Produktionsfaktoren zu erreichen.
Dynamische Funktion (Anreizfunktion)	Durch die Rivalität der Anbieter untereinander besteht ein ständiger Anreiz für die Unternehmen, sich mittels **Innovation und Imitation** und damit einhergehenden Produktverbesserungen sowie Kostensenkungen einen Wettbewerbsvorteil zu verschaffen. Dies trägt insgesamt zu einer Förderung des **technischen Fortschritts** und damit Maximierung des Sozialprodukts bei.

1.2 Gefährdung des Wettbewerbs

Beim wirtschaftlichen **Wettbewerb** der Anbieter auf Märkten geht es speziell um das **Rivalisieren um Geschäftsabschlüsse** (Marktanteile), d. h., die konkurrierenden Anbieter versuchen ihren Geschäftspartnern (Nachfragern) möglichst **günstige Geschäftsbedingungen** einzuräumen.

Hierzu steht ihnen eine Vielzahl von **Aktionsparametern** zur Verfügung, wie der Preis, die Produktqualität, die Lieferungs- und Zahlungsbedingungen, der Service oder die Werbung.

Allerdings stellten bereits die klassischen Nationalökonomen im 18. Jahrhundert fest, dass die Anbieter bestrebt sind, eine **gegenseitige Entmachtung** im Rahmen des Wettbewerbs **zu umgehen.**

So schrieb beispielsweise **Adam Smith** im Jahr 1776: „Geschäftsleute des gleichen Gewerbes kommen selten, selbst zu Festen und zur Zerstreuung, zusammen, ohne dass das Gespräch in einer Verschwörung gegen die Öffentlichkeit endet oder irgendein Plan ausgeheckt wird, wie man die Preise erhöhen kann."[1]

Zur **Verhinderung von Wettbewerb** bieten sich für die in Konkurrenz zueinander stehenden Unternehmen grundsätzlich zwei **Möglichkeiten**:

- Entweder sie versuchen ihre Marktmacht durch eine entsprechende **wettbewerbsbeschränkende Zusammenarbeit** mit den Konkurrenten zu festigen
- oder sie versuchen die Konkurrenten – beispielsweise durch **unlautere Praktiken** – vom Markt zu verdrängen und somit die alleinige Beherrschung des Marktes zu übernehmen.

1 Adam Smith, Der Wohlstand der Nationen, München 1974, S. 112.

1.3 Staatliche Maßnahmen zur Aufrechterhaltung des Wettbewerbs

Der Wettbewerb bedarf einerseits der **Förderung und Erhaltung,** damit er das Marktgeschehen steuert und andererseits der **Zügelung** durch das Recht, damit er nicht ausartet.

Beispiel:

Während eine vorab getroffene Vereinbarung über den Ausgang eines Boxkampfes mit einer „Wettbewerbsbeschränkung" gleichzusetzen ist, würde ein regelwidriger Kopfstoß, mit dem ein Boxer seinen Gegner niederstreckt, als „unlauterer Wettbewerb" gelten.

Dieses Beispiel veranschaulicht, dass ein sich selbst überlassener Wettbewerb ohne ein Eingreifen des Staates als „Schiedsrichter" bald in seinen Keimen ersticken würde.

Die staatliche Wettbewerbspolitik zielt vor allem darauf ab, einen **funktionsfähigen** Wettbewerb als **Steuerungsprinzip einer Marktwirtschaft** zu sichern, indem sie **wettbewerbsbeschränkende Verhaltensweisen** und **unlautere Wettbewerbspraktiken** der Anbieter zu verhindern sucht.

Nur wenn dies gelingt, kann der Wettbewerb auf Dauer seine ihm zugedachten Funktionen erfüllen.

Das **zentrale Ziel** der Wettbewerbspolitik sollte darin bestehen, ein **wettbewerbliches Verhalten** der Anbieter auf den Märkten durch eine **ursachenadäquate** Politik sicherzustellen, damit die **Wettbewerbsfunktionen** realisiert werden können.

Voraussetzung für das Wettbewerbsverhalten der Anbieter ist eine entsprechende **Marktstruktur,** die ihrerseits als Ursache für mögliche Wettbewerbsbeschränkungen dem Staat als Wettbewerbshüter anzeigt, welche Instrumente zum Schutz des Wettbewerbs geeignet sind. Nur wenn die **Ursachen** für mangelndes Wettbewerbsverhalten erkannt und entsprechend behoben werden, ist eine **erfolgreiche** Wettbewerbspolitik möglich. Schließlich erfordern unterschiedliche Ursachen auch den Einsatz verschiedener Instrumente zu deren Bekämpfung. Bildlich gesprochen: Unterschiedliche Krankheiten erfordern auch verschiedenartige Behandlungen, wobei das Erkennen der Krankheitsursache mittels Diagnose die wesentliche Grundlage für eine erfolgreiche Behandlung darstellt.

Die vorgenannten Zusammenhänge verdeutlicht nachfolgende Abbildung, wobei anzumerken bleibt, dass der **staatliche Abbau strukturbedingter** Wettbewerbsbeschränkungen zur Rückkopplung „verfestigt vermachteter" Märkte hierzulande seitens der Wettbewerbshüter nach wie vor **keine** Anwendung findet, obwohl nur sie geeignet wäre, auch in solchen Märkten den Wettbewerb wiederherzustellen.

Als mögliche Instrumente für **Marktstruktureingriffe** eignen sich:

- das **Absenken von Marktzutrittsschranken,** um Newcomern die Chance einzuräumen, in diese Märkte einzutreten und die Rivalität zu beleben,
- der Abbau von Marktmacht durch eine zeitlich begrenzte **Förderung Marktschwacher** und/oder in Einzelfällen sogar die **Entflechtung** von Unternehmen mit überragender Marktmacht.[1]

1 Vgl. Bartling, H. und Luzius, F., Grundzüge der Volkswirtschaftslehre, 12. Auflage, München 2000.

Ursachenadäquate Wettbewerbspolitik im Überblick

Wettbewerbsfunktion →

Wettbewerbsfunktionen sind sogenannte Marktergebniskategorien, wobei **alle** Funktionen angestrebt werden. Die **drei wichtigsten Wettbewerbsfunktionen** sind:

1. eine **optimale Allokation** (Verteilung) der Produktionsfaktoren;
2. Zusammensetzung des Güterangebots nach **Konsumpräferenzen;**
3. die **dynamischen** Funktionen der **Innovation und Imitation,** die im Wettbewerb u. a. zu Stückkosten- und somit zu Preissenkungen führen.

Voraussetzung für das Erreichen der Wettbewerbsfunktionen ist das Bestehen von Wettbewerbsverhalten (Wettbewerb = f [Rivalität]).

↑

Wettbewerbsverhalten →

Ein solches Verhalten bedeutet „Rivalisieren um Geschäftsabschlüsse" durch Einräumen günstiger Bedingungen bei Preisen, Produktqualitäten, Absatz- und Vertriebsmethoden gegenüber Tauschpartnern im Rahmen der gesetzlichen und gewohnheitsmäßigen Grenzen. Rivalität ihrerseits wiederum ist **abhängig** von der **marktstrukturellen Ausgangssituation** und den vorhandenen wettbewerbspolitischen Instrumenten zur Rivalitätserhaltung.

↑

Wettbewerbsvoraussetzungen: Marktstruktur als Ausgangssituation

wettbewerblich	**vermachtet**	**verfestigt vermachtet**
Polypol – weites Oligopol	enges Oligopol – Monopol	enges Oligopol – Monopol
Aktion bewirkt Reaktion	**ohne** hohe Marktzutrittsschranken (Rivalität immer vorhanden wegen potenzieller Konkurrenz)	**mit** hohen Marktzutrittsschranken (Rivalität beschränkt sich in erster Linie auf die etablierten Anbieter)

Polypol kann überführt werden durch formale Bindungen wie Kartelle →

Oligopol kann überführt werden durch wettbewerbsbeschränkende Informationskontakte, z. B. aufeinander abgestimmte Verhaltensweisen, vertikale Preisempfehlung →

Rückkopplung durch **ursachenadäquate** Politik = Verhaltensverbote

Rückkopplung durch **Marktstruktureingriffe** ←

1.4 Träger der Wettbewerbspolitik

Der Wettbewerb ist ein **wesentliches Gestaltungsmerkmal** der sozialen Marktwirtschaft und sorgt für die **bestmögliche Verwendung der knappen Produktionsfaktoren**. Seine Erhaltung ist deshalb von zentraler Bedeutung.

Die Wettbewerbspolitik bedient sich **unterschiedlicher gesetzlicher Regelungen** wie des **Gesetzes gegen Wettbewerbsbeschränkungen** (Kartellverbot, Missbrauchsaufsicht, Fusionskontrolle) oder des **Gesetzes gegen den unlauteren Wettbewerb** (Verbot unlauterer geschäftlicher Handlungen, irreführender geschäftlicher Handlungen, vergleichender Werbung, unzumutbarer Belästigungen etc.), um auf die Wettbewerbssituation Einfluss zu nehmen, die Unternehmenskonzentration und eventuelle Marktmacht zu begrenzen. Die Einhaltung dieser Regelungen muss sichergestellt werden.

- **Träger** der **Wettbewerbspolitik** in der Bundesrepublik Deutschland sind letztlich das **Parlament** und die **Regierung.**
- Als Träger im weiteren Sinne können die sogenannten **Kartellbehörden** bezeichnet werden, welche die gesetzlichen Vorschriften auszulegen und anzuwenden haben. Dies sind auf europäischer Ebene die **Europäische Kommission,** auf Bundesebene das **Bundeskartellamt** und auf Landesebene die **Landeskartellbehörden.**

Bedeutendste Kartellbehörde hierzulande ist das Bundeskartellamt mit Sitz in Bonn als **selbstständige Bundesoberbehörde,** die jedoch zum Geschäftsbereich des Bundesministers für Wirtschaft und Energie gehört. Somit ist das Bundeskartellamt **weisungsgebunden,** wobei das Gesetz den Umfang dieser Weisungsgebundenheit nicht detailliert festlegt, was durchaus zu Unstimmigkeiten führen kann.

Sitz des Bundeskartellamts in Bonn

Im Wesentlichen ist das **Bundeskartellamt zuständig** für:

- die **Missbrauchsaufsicht** über zulässige Preisbindungen und -empfehlungen,
- die **Zusammenschlusskontrolle** mit Ausnahme der Ministererlaubnis,
- alle **Wettbewerbsbeschränkungen,** die über das Gebiet eines **Bundeslandes** hinausreichen, sowie
- **alle Aufgaben,** die den Behörden der EU-Mitgliedsstaaten übertragen wurden, insbesondere **Amtshilfe** bei Verfahren der Europäischen Kommission.

Alle übrigen Fälle obliegen der **Europäischen Kommission** bzw. den **Landeskartellbehörden,** die in den jeweiligen Wirtschaftsministerien der Bundesländer agieren.

Die Entscheidungen der deutschen und europäischen Kartellbehörden unterliegen einer **gerichtlichen Kontrolle.** Dafür sind in der Bundesrepublik Deutschland die **Oberlandesgerichte** und der **Bundesgerichtshof** zuständig, in der Europäischen Union das **Europäische Gericht Erster Instanz** und der **Europäische Gerichtshof** in Luxemburg.

Neben den Kartellbehörden besteht noch die **Monopolkommission** als **unabhängige Instanz,** die sich aus fünf Mitgliedern zusammensetzt. Die Mitglieder müssen über besondere volkswirtschaftliche, betriebswirtschaftliche, sozialpolitische, technologische oder wirtschaftsrechtliche Kenntnisse und Erfahrungen verfügen und werden auf Vorschlag der Bundesregierung durch den Bundespräsidenten für die Dauer von **vier Jahren** berufen. Traditionell besteht die Monopolkommission aus zwei Professoren (einem Juristen und einem Ökonomen) und drei Experten aus der Wirtschaftspraxis.

Zentrale Aufgabe der Monopolkommission ist es, alle zwei Jahre **Gutachten** zum Stand und zur Entwicklung der Unternehmenskonzentration sowie zur Anwendung der Zusammenschlusskontrolle vorzulegen. Des Weiteren hat die Monopolkommission bei Anträgen auf eine Ministererlaubnis für einen vom Bundeskartellamt abgelehnten Zusammenschluss eine **gutachterliche Stellungnahme** abzugeben, auf deren Grundlage der Bundeswirtschaftsminister dann endgültig über das Zustandekommen der Fusion entscheidet.

Mit Blick auf die zunehmende **Globalisierung** der Weltwirtschaft, kommt es auch über die Grenzen der Europäischen Union hinweg immer wieder zu wettbewerbsrechtlichen Streitigkeiten, die ebenfalls einer Lösung zugeführt werden müssen. Als **zuständiger Träger** für derartige Streitigkeiten hat sich die **Welthandelsorganisation** (WTO: World Trade Organization) etabliert.

2 Kooperation und Konzentration als Auslöser staatlicher Wettbewerbspolitik

2.1 Begriffe Kooperation und Konzentration

In einer Marktwirtschaft stehen die Unternehmen in einem mehr oder weniger **harten Wettbewerb um die Käufer ihrer Leistungen** (Sachgüter und Dienstleistungen). Um den **Konkurrenzdruck** zu **mildern,** arbeiten (kooperieren) sie häufig mit anderen Unternehmen zusammen, wobei sich die Zusammenarbeit (die Kooperation) auf den verschiedensten Gebieten vollziehen kann, beispielsweise im Einkauf (z. B. gemeinsame Beschaffung), in der Produktion (z. B. Schaffung gemeinsamer Normen) oder im Absatz (z. B. Gemeinschaftswerbung).

!

- **Kooperation** (Unternehmenskooperation) ist jede Zusammenarbeit zwischen Unternehmen, wobei die einzelnen Kooperationsformen als **Unternehmenszusammenschlüsse** oder **Unternehmensverbindungen** bezeichnet werden.
- Unternehmenszusammenschlüsse können zur **Machtzusammenballung** („Monopolisierung“) führen. Man spricht in diesem Fall von **Konzentration.**

2.2 Ursachen für die Entstehung von Monopolen

Ein **Individualmonopol** (Einzelmonopol) entsteht z. B.

- aufgrund einer bahnbrechenden **Erfindung**, die eine besondere Marktstellung sichert;
- aufgrund des **Alleineigentums** an seltenen Rohstoffen;

- aufgrund der Tatsache, dass ein Unternehmen (z. B. durch geschickte Unternehmensführung) **schneller** wächst als seine Konkurrenten, sodass es diese schließlich aus dem Markt verdrängt **(unternehmensinternes Wachstum)**;
- aufgrund von **Aufkäufen** der Konkurrenzunternehmen mit dem Ziel, diese entweder in das eigene Unternehmen einzugliedern oder aufzulösen;
- aufgrund eines **Gesetzes,** das einem Unternehmen (das sich häufig vollständig oder teilweise in staatlichem Eigentum befindet) eine Monopolstellung verschafft und sichert („Staatsmonopol").

2.3 Ziele der Kooperation und Konzentration

Aus der Sicht der beteiligten Unternehmen sprechen z. B. folgende Gründe für die Konzentration:

Beschränkung des Wettbewerbs	Die Einschränkung der Konkurrenz ermöglicht es den monopolistischen Anbietern, ihre Preise so zu gestalten, dass Gewinne erzielt werden. Monopolistische Nachfrager können die Preise ihrer Zulieferer drücken, um ihre eigenen Gewinne zu erhöhen.
Beschaffungssicherung	Durch Verträge, Beteiligungen oder durch den Aufkauf von Zulieferbetrieben wird die Zulieferung von Rohstoffen und/oder Fertigteilen gesichert.
Absatzsicherung	Durch Verträge, Beteiligungen oder durch den Aufkauf von nachgelagerten Unternehmen lässt sich der Absatz der eigenen Erzeugnisse oder Waren sichern.
Absatzförderung	Der Absatz lässt sich z. B. durch gemeinsame Werbung, einheitliche Ausgestaltung von Verkaufsstätten sowie durch vereinheitlichte Qualität der angebotenen Produkte ausweiten.
Förderung der Forschung	Die Finanzierung kostspieliger Forschungsvorhaben wird erleichtert oder erst durch die gemeinsame Finanzierung (z. B. einer Forschungs-GmbH) ermöglicht.
Steigerung der Wirtschaftlichkeit	Durch Rationalisierungsmaßnahmen[1] wie z. B. Typisierung, Normung und Spezialisierung lässt sich die Wirtschaftlichkeit erhöhen.
Kapazitätsauslastung	Durch die Übernahme von Großaufträgen, die die Leistungskraft der einzelnen Unternehmen übersteigen würden, lässt sich die Beschäftigung der zusammenarbeitenden (kooperierenden) Unternehmen sichern. **Beispiele:** ■ Mehrere europäische Unternehmen sind am Bau eines Flugzeugs beteiligt. ■ Mehrere Bauunternehmen erstellen in einer Arbeitsgemeinschaft ein Outlet-Center.

1 **Rationalisierung** (lat.): vernünftig, kostengünstig gestalten. Ratio (lat.): Vernunft.

Sicherung der Konkurrenzfähigkeit auf dem Weltmarkt	Die Absatzsicherung auf den internationalen Märkten kann z.B. durch gemeinsame Rationalisierungsmaßnahmen mit dem Ziel der Kostensenkung, durch gemeinsame Werbung und/oder durch die Gründung gemeinsamer Absatzeinrichtungen (Absatzsyndikate)[1] geschehen.
Ausschaltung der Konkurrenz	Das konkurrierende Unternehmen wird aufgekauft. Dessen Rechte (z.B. Patente), technisches Wissen (Know-how) und sein Ruf auf dem Markt (Firmenwert, Goodwill) gehen auf den Käufer über.
Gewinnabschöpfung	Die Anteilsmehrheit an einem gutgehenden Unternehmen wird erworben, dessen Gewinne müssen dann an die „Muttergesellschaft" abgeführt werden.

2.4 Arten der Kooperation und Konzentration durch Unternehmenszusammenschlüsse

2.4.1 Die Kooperation von Unternehmen

Die Kooperationen lassen sich – je nach zugrunde gelegtem Kriterium – in folgende Formen unterscheiden.

(1) Unterscheidung der Kooperationsformen nach betrieblicher Funktion, Marktgebiet und Dauer

Kriterien	Kooperationsformen und Beispiele
Betriebliche Funktion der Kooperation	■ **Beschaffungskooperation:** Einzelhändler bilden eine Einkaufsgemeinschaft. ■ **Produktionskooperation:** Landwirte nutzen gemeinsam einen Mähdrescher. ■ **Absatzkooperation:** Biolandwirte verkaufen ihre Produkte über eine zentrale Vertriebsgesellschaft. ■ **Verwaltungskooperation:** Mehrere Kleingewerbetreibende richten ein gemeinsames Rechnungswesen ein. ■ **Finanzkooperation:** Bauunternehmen gründen eine Arbeitsgemeinschaft und nutzen somit ihre gebündelte Finanzkraft zur Abwicklung von Großaufträgen.
Marktgebiet	■ **Regionale Kooperation:** Mehrere kleine regionale Sparkassen organisieren im Rahmen einer Arbeitsgemeinschaft die betriebsinterne Aus- und Weiterbildung. ■ **Überregionale Inlandskooperation:** Inländische Brauereien starten eine gemeinschaftliche Werbung zur „Deutschen Braukunst". ■ **Internationale Kooperation:** Volks- und Raiffeisenbanken kooperieren mit einem ausländischen Kreditinstitut.

1 **Syndikat** (lat.): vom einzelnen Produzenten unabhängige Verkaufseinrichtung.

Kriterien	Kooperationsformen und Beispiele
Dauer der Kooperation	■ **Auftragskooperation:** Mehrere Bauunternehmen kooperieren für ein Großprojekt zusammen. ■ **Kooperation auf „längere" Sicht:** Unternehmen kooperieren nicht fallbezogen, sondern zeitlich begrenzt kurz-, mittel- oder langfristig.

(2) Unterscheidung der Kooperationsformen nach Organisationsform

Je nach Organisation lassen sich folgende Kooperationsformen unterscheiden:

1. Unternehmensverbände

- Hierbei handelt es sich meist um Vereinigungen von Unternehmen des gleichen fachlichen Wirtschaftszweiges, deren Ziel es ist, die gemeinsamen **wirtschaftlichen Interessen ihrer Mitglieder zu fördern.**
- Zumeist vertreten die Verbände auch die Interessen ihrer Mitglieder gegenüber der Öffentlichkeit, Regierungen, Gesetzgebungs- und Verwaltungsorganen. Des Weiteren übernehmen Verbände häufig weitere (Stabs-)Aufgaben für die Mitglieder wie z.B. Sammlung, Auswertung und Verteilung von Informationen, Durchführung von Aus- und Weiterbildungsmaßnahmen, Vereinheitlichung von Lieferungs- und Zahlungsbedingungen usw.

Beispiele:

Verbände aus der Kreditwirtschaft: Bundesverband der Deutschen Banken, Deutscher Sparkassen- und Giroverband, Bundesverband der Deutschen Volks- und Raiffeisenbanken e.V., Verband deutscher Hypothekenbanken, Verband deutscher Schiffsbanken, Verband der Auslandsbanken in Deutschland.

2. Interessengemeinschaft

- Die kooperationswilligen Unternehmen schließen sich auf horizontaler Ebene zu einem gemeinsamen wirtschaftlichen Zweck zusammen.
- Zumeist wird diese Arbeitsgemeinschaft in der Rechtsform einer BGB-Gesellschaft oder eines eingetragenen Vereins geführt.

3. Arbeitsgemeinschaft

- Die Zusammenarbeit der kooperierenden Unternehmen beschränkt sich auf die **Durchführung eines bestimmten Projekts,** beispielsweise den Bau einer Brückenanlage, eines Gebäudekomplexes oder einer Autobahn.
- Im Bereich der Kreditwirtschaft kommt der Vereinigung mehrerer Banken **(Konsortium)**[1] zur gemeinsamen Durchführung eines Konsortialgeschäfts (z.B. Emissions-Konsortium zur Aktien- oder Anleiheemission) besondere Bedeutung zu.

1 Das Wort Konsortium (Mehrzahl: Konsortien) hängt mit dem lateinischen Wort Konsorte (Genosse, Mitglied) zusammen. Ein **Konsortium** ist ein vorübergehender, loser Zweckverband von Unternehmen zur Durchführung von Geschäften, die mit großem Kapitaleinsatz und hohem Risiko verbunden sind.

4. Syndikate

- Bei einem Syndikat gründen die beteiligten Unternehmen eine Absatzgesellschaft, über die sämtliche Verkäufe der von den Vertragspartnern produzierten Güter abgewickelt werden.
- Die zentrale Absatzorganisation bietet sich insbesondere in Bereichen an, in denen weitestgehend homogene Güter hergestellt werden (z.B. Kohle).

5. Aufeinander abgestimmte Verhaltensweisen

- Diese Form der **wettbewerbsbeschränkenden Kooperation** findet zumeist in **oligopolistischen** Märkten statt.
- Die Verhaltensweise zeichnet sich dadurch aus, dass **formlose** Informationsketten, wie brancheninterne Telefonate oder Tagungen zwischen den Wettbewerbern stattfinden, um die Marktaktivitäten aufeinander abzustimmen und somit die Rivalität am Markt auszuschalten.
- Zumeist übernimmt einer der Teilnehmer eine Art Führungsfunktion. Ändert dieser einen Aktionsparameter (z.B. Preis, Qualität, Verpackungseinheit), so ziehen die übrigen Anbieter mit kurzer Verzögerung nach. Beobachtet wird dieses Verhalten zumeist bei Preisänderungen von Kraftstoffen.

6. Kartelle

Bei einem Kartell wird der solidarische Einsatz eines oder mehrerer Aktionsparameter zwischen **rechtlich selbstständigen** Konkurrenzunternehmen **vertraglich** vereinbart, mit dem Ergebnis, dass der **Wettbewerb** auf dem Markt **beschränkt** wird und die beteiligten Unternehmen ihre **wirtschaftliche Selbstständigkeit** in dem Bereich der vertraglichen Vereinbarung **freiwillig begrenzen.**

(3) Unterscheidung der Kooperationsformen nach Vertragsinhalt

Unternehmenszusammenschlüsse (Unternehmensverbindungen) können auf **vertraglicher Basis** beruhen. Die Unternehmen bleiben dabei **rechtlich selbstständig, schränken** ihre **wirtschaftliche Selbstständigkeit** jedoch mehr oder weniger stark **ein.**

Je nach **Vertragsinhalt** lässt sich eine Vielzahl von Kartellarten unterscheiden:

Kartellarten	Vertragsinhalte
Preiskartell	Gegenstand der vertraglichen Absprache ist der **Preis**. Eine Sonderform des Preiskartells ist das **Submissionskartell**. Die beteiligten Unternehmen dieses Kartells vereinbaren bei ihren Angeboten zu (öffentlichen) Ausschreibungen, dass sie einen intern bestimmten Preis nicht unterschreiten oder nur ein ausgewähltes Mitglied des Kartells ein Angebot abgibt.
Konditionenkartell	Die Absprache der Kartellmitglieder beschränkt sich auf einheitliche Anwendung von **Geschäfts-, Lieferungs- und Zahlungsbedingungen** einschließlich der Gewährung von Skonti.

Kartellarten	Vertragsinhalte
Quotenkartell	Bei dieser Form der vertraglichen Absprache wird der Absatz der Kartellmitglieder in Form von **Kontingenten** einheitlich organisiert und festgelegt (Kontingentierungskartell).
Gebietskartell	Die Unternehmen teilen sich das **Absatzgebiet** untereinander auf, um innerhalb dieser Flächen Konkurrenz zu vermeiden (Kontingentierungskartell).
Normen- und Typenkartell	Bei dieser Form des Kartells vereinbaren die Teilnehmer die **einheitliche Anwendung** von Normen oder Typen.
Spezialisierungskartell	Diese Form des Kartells zielt auf eine **Rationalisierung** wirtschaftlicher Vorgänge durch Spezialisierung ab, indem eine Konzentration der beteiligten Unternehmen auf eine bestimmte Produktion bzw. auf die Erbringung einer bestimmten Dienstleistung vereinbart wird.
Mittelstandskartell	Sie umfassen Vereinbarungen und Beschlüsse **mittelständischer** Unternehmen, welche die Rationalisierung wirtschaftlicher Vorgänge durch eine zwischenbetriebliche Zusammenarbeit (keine Spezialisierung) zum Ziel haben (§ 3 GWB).
Strukturkrisenkartell	Führt eine **nachhaltige** Änderung der Nachfrage zu einem dauerhaften Absatzrückgang, so vereinbaren die beteiligten Unternehmen dieses Wirtschaftszweiges eine planmäßige Anpassung der Kapazität an den Bedarf.

2.4.2 Die Konzentration durch Unternehmenszusammenschlüsse

!

Unternehmenszusammenschlüsse, bei denen ein oder mehrere Partner ihre **wirtschaftliche** und/oder **rechtliche Selbstständigkeit** verlieren, bezeichnet das Aktiengesetz als **verbundene Unternehmen.** Zu ihnen gehören z.B. die **Konzerne** und die **Trusts.**

Verbundene Unternehmen und Trusts können vertikal, horizontal oder anorganisch sein.

Arten	Erläuterungen	Beispiele
Vertikaler Zusammenschluss	Ein solcher Zusammenschluss liegt vor, wenn sich Unternehmen verschiedener Produktionsstufen zusammenschließen.	Forstwirt – Sägewerk – Möbelfabrik – Möbelfachgeschäft.
Horizontaler Zusammenschluss	Hiervon spricht man, wenn es sich um Unternehmen der gleichen Branche handelt.	Bank – Bausparkasse – Versicherung.
Anorganischer Zusammenschluss	An diesem Zusammenschluss sind Unternehmen unterschiedlichster Branchen beteiligt.	Parfümerie – Brauerei – Lebensmittelfabrik – Maschinenhersteller.

- **Konzerne** sind horizontale, vertikale oder anorganische Zusammenschlüsse von Unternehmen, die **rechtlich selbstständig** sind, ihre **wirtschaftliche Selbstständigkeit** aber **aufgeben,** indem sie sich einer **einheitlichen Leitung** unterstellen.[1]
- **Trusts** sind horizontale, vertikale oder anorganische Zusammenschlüsse mehrerer Unternehmen, die ihre **rechtliche und wirtschaftliche Selbstständigkeit aufgeben.**

Die Trusts entstehen durch **Verschmelzung (Fusion).** Von Fusionen erhofft man sich u. a. **Synergieeffekte,**[2] d. h. Kosteneinsparungen durch Zusammenlegung von Abteilungen (z. B. Forschung, Marketing, Konstruktion, Vertrieb).

Beispiel:

Beispiele für die größten Übernahmen von US-Unternehmen durch deutsche Unternehmen:[3]

- Das Darmstädter Unternehmen **Merck** (Produzent von Arzneimitteln und Chemikalien) übernahm 2014 den US-Laborausstatter **Sigma-Aldrich** für 16,499 Milliarden Dollar.
- Die deutsche **Telekom AG** kaufte im Jahr 2000 die **VoiceStream Wireless Cooperation** für 50,7 Milliarden Dollar.
- Der Chemiekonzern **Bayer** übernahm 2018 den US-Saatgutriesen **Monsanto** für 63 Milliarden Dollar.

3 Notwendigkeit und Auswirkungen einer Wettbewerbskontrolle

3.1 Grundlagen der Wettbewerbspolitik

Die Unternehmen haben aufgrund der zunehmenden Fixkostenbelastung das Ziel, vor allem bei wirtschaftlichen Schwierigkeiten einem freien Wettbewerb durch Zusammenschlüsse auszuweichen. Deshalb muss der Staat den Wettbewerb durch eine **aktive Wettbewerbspolitik (Ordnungspolitik)** fördern und alle Unternehmenszusammenschlüsse, die erkennbar gegen die Prinzipien eines freien Wettbewerbs verstoßen, verbieten und unter Strafe stellen.

- Das **Kartellrecht** schafft die Voraussetzungen für einen **funktionierenden** Wettbewerb der auf den Märkten auftretenden Unternehmen. Insbesondere will es der **Entstehung** von **zu viel Marktmacht** eines Unternehmens **vorbeugen.**
- In Deutschland finden sich die kartellrechtlichen Regelungen vor allem im **Gesetz gegen Wettbewerbsbeschränkungen** (GWB).

1 Das herrschende Unternehmen kann auch eine **„Dachgesellschaft"** sein. Bei diesen sogenannten Dachgesellschaften **(Holding-Companies)** übertragen die Konzernunternehmen ihre Aktien (oder zumindest deren Mehrheit) auf eine übergeordnete Gesellschaft, die lediglich Aufgaben der Verwaltung und Finanzierung übernimmt.

2 **Synergie** (griech.): Mitwirkung, Kräfte sparendes Zusammenwirken.

3 Handelsblatt vom 11. 08. 2017: http://www.handelsblatt.com/finanzen/anlagestrategie/trends/bayer-merck-siemens-die-groessten-uebernahmen-von-us-unternehmen-durch-deutsche-firmen/20164466.html [Zugriff am 04. 10. 2017].

3.2 Kartellkontrolle

(1) Grundsätzliches Kartellverbot

Vereinbarungen zwischen Unternehmen, **Beschlüsse** von Unternehmensvereinigungen sowie aufeinander **abgestimmte Verhaltensweisen** zur Verhinderung, Einschränkung oder Verfälschung des Wettbewerbs sind **verboten** (§ 1 GWB).

Von diesem Verbot sind sowohl Beschränkungen des Wettbewerbs von Marktteilnehmern auf der gleichen Wirtschaftsstufe (**horizontale** Beschränkungen) als auch solche von Wettbewerbern verschiedener Wirtschaftsstufen (**vertikale** Beschränkungen) erfasst.

Vereinbarungen	Vereinbarungen sind **Verträge,** durch die sich eine oder mehrere (natürliche oder juristische) Personen zu einem Tun oder Unterlassen verpflichten (z. B. Preise zu erhöhen, bestimmte Personengruppen nicht zu beliefern, Produktionsquoten einzuhalten). Unter das Verbot fallen mündliche oder schriftliche Vereinbarungen.
Beschlüsse	Beschlüsse sind einstimmig oder mehrheitlich mit Rechtsfolgewillen getroffene **Entscheidungen** der zuständigen Gremien (Organe) von Unternehmensvereinigungen. Sie binden die Mitglieder der Vereinigung.
Abgestimmte Verhaltensweisen	Abgestimmte Verhaltensweisen sind dadurch gekennzeichnet, dass eine **verbindliche Übereinkunft** zwischen den sich am Markt gleichförmig verhaltenden Unternehmen **fehlt.** Dies kann bereits durch gegenseitige **Information** über ihr künftiges Marktverhalten oder die Befolgung einer Empfehlung der Fall sein. (Beispiel: Alle führenden Mineralölgesellschaften erhöhen ohne formale Absprache innerhalb weniger Tage ihre Absatzpreise.)

Grundsätzlich verboten sind somit auch die sogenannten **Preisbindungen,** bei denen durch vertikale Vereinbarungen die Käufer daran gehindert werden, ihre Verkaufspreise selbst festzulegen.

§ 1 GWB gilt jedoch **nicht** für Zeitungen, Zeitschriften und Bücher (Näheres siehe § 30 GWB und § 3 BuchPrG).

Beispiel:

Die Teigwarenfabrik Mehlert GmbH in Karlsruhe verpflichtet ihre Abnehmer (die Lebensmitteleinzelhändler) dazu, die Mehlert-Erzeugnisse nur zu den von der Mehlert GmbH festgelegten Preise zu verkaufen.

(2) Ausnahmen

Freigestellte Vereinbarungen

Vom Kartellverbot des § 1 GWB **freigestellt** sind **Vereinbarungen zwischen** Unternehmen, die unter **angemessener Beteiligung** der **Verbraucher** an dem entstehenden Gewinn[1] zur Verbesserung der Warenerzeugung oder -verteilung oder zur Förderung des technischen oder wirtschaftlichen Fortschritts beitragen.

Die freigestellten Kartellabsprachen dürfen lediglich solche Beschränkungen enthalten, die für die Erreichung der oben genannten Ziele unerlässlich sind. Sie dürfen den beteiligten Unternehmen nicht die Möglichkeit eröffnen, für einen wesentlichen Teil der betreffenden Waren den Wettbewerb auszuschalten.

Voraussetzung für die Freistellung gemäß § 2 GWB ist also das **kumulative Vorliegen** folgender zwei **„positiven"** und zwei **„negativen"** Bedingungen:

„Positive" Voraussetzungen		„Negative" Voraussetzungen
1. Es muss ein **Beitrag zur Verbesserung** der Warenerzeugung oder -verteilung oder zur Förderung des technischen oder wirtschaftlichen Fortschritts geleistet werden.	+	1. Die auferlegten Wettbewerbsbeschränkungen müssen für die Verwirklichung der Ziele **unerlässlich** sein.
2. Es muss eine **angemessene Beteiligung** der **Verbraucher** an dem durch die Vereinbarung erzielten wirtschaftlichen Vorteil **(„Gewinn")** gewährleistet sein.		2. Die Vereinbarung darf **nicht** dazu führen, dass für einen **wesentlichen** Teil der betreffenden Waren der **Wettbewerb ausgeschaltet** werden kann.

Mittelstandskartelle

Vereinbarungen zwischen miteinander im Wettbewerb stehenden Unternehmen und Beschlüsse von Unternehmensvereinigungen, die die **Rationalisierung** wirtschaftlicher Vorgänge durch zwischenbetriebliche Zusammenarbeit zum Gegenstand haben **(„Rationalisierungskartelle")**, sind ebenfalls vom Kartellverbot **nicht betroffen,** wenn

- dadurch der Wettbewerb auf dem Markt **nicht wesentlich beeinträchtigt** wird und
- die Vereinbarung oder der Beschluss dazu dient, die **Wettbewerbsfähigkeit** kleinerer oder mittlerer Unternehmen, also von sogenannten **Mittelstandsunternehmen, zu verbessern.**

Diese Regelung ist für die deutsche Wirtschaft von großer Bedeutung, denn sie lässt den mittelständischen Unternehmen bei ihren Vereinbarungen und Beschlüssen einen verhältnismäßig breiten Gestaltungsspielraum. Der **„Mittelstand"** umfasst über 99 % der Unternehmen in Deutschland.

1 Unter **„Gewinn"** ist hier nicht der in der Gewinn- und Verlustrechnung ausgewiesene Reingewinn zu verstehen, sondern der Vorteil der Unternehmen (z. B. Verbesserung der Produktqualität, Exportvorteile), den sie durch die Vereinbarungen, Beschlüsse und/oder abgestimmte Verhaltensweisen erlangen.

3.3 Missbrauchsaufsicht

Über bestehende marktbeherrschende Unternehmen besteht eine Missbrauchsaufsicht durch das Bundeskartellamt.

Eine **missbräuchliche** Ausnutzung einer **marktbeherrschenden** Stellung durch ein oder mehrere Unternehmen ist **verboten.**[1]

(1) Formen des Missbrauchs

Ein **Missbrauch** liegt z. B. dann vor, wenn ein marktbeherrschendes Unternehmen

- die Wettbewerbsmöglichkeiten anderer Unternehmen erheblich ohne sachlich gerechtfertigten Grund beeinträchtigt,
- Entgelte oder sonstige Geschäftsbedingungen fordert, die sich bei einem wirksamen Wettbewerb mit hoher Wahrscheinlichkeit nicht ergeben würden, oder
- sich weigert, einem anderen Unternehmen gegen ein angemessenes Entgelt Zugang zu den eigenen Netzen oder anderen Infrastruktureinrichtungen zu gewähren.[2]

Ein Missbrauch ist auch dann gegeben, wenn es dem anderen Unternehmen aus rechtlichen oder tatsächlichen Gründen ohne die Mitbenutzung nicht möglich ist, auf dem vor- oder nachgelagerten Markt als Wettbewerber des marktbeherrschenden Unternehmens tätig zu werden.[3]

(2) Begriff der Marktbeherrschung

- **Marktbeherrschend** ist **ein** Unternehmen, wenn es auf dem relevanten Markt ohne Wettbewerber ist oder keinem wesentlichen Wettbewerb ausgesetzt ist **oder** im Verhältnis zu seinen Wettbewerbern eine überragende Marktstellung hat.
- **Marktbeherrschend** sind z. B. **zwei oder mehr** Unternehmen, wenn zwischen ihnen für eine bestimmte Art von Waren oder von gewerblichen Leistungen kein wesentlicher Wettbewerb besteht.

Vermutet wird eine Marktbeherrschung, wenn ein Unternehmen einen **Marktanteil** von **mindestens 40 %** hat. Eine **Gesamtheit** von Unternehmen gilt als marktbeherrschend, wenn **drei oder weniger Unternehmen** zusammen einen Marktanteil von **mindestens 50 %** oder **fünf oder weniger Unternehmen** zusammen einen Marktanteil von **mindestens zwei Dritteln** erreichen. Diese Vermutung gilt nicht, wenn die Unternehmen z. B. nachweisen, dass sie im Verhältnis zu den übrigen Wettbewerbern **keine überragende** Marktstellung haben.

---

1 Die Unternehmen haben deshalb die Möglichkeit, unmittelbar bei einem Zivilgericht zu klagen (z. B. wenn ein Unternehmen aufgrund seiner Marktstellung wesentlich überhöhte Preise verlangt). Das Bundeskartellamt oder eine andere Behörde muss somit nicht vorher tätig werden.

2 Zweck dieser gesetzlichen Regelung ist z. B., den Wettbewerb auf früheren monopolistischen Märkten dadurch zu fördern, dass bedeutende Netze bzw. Infrastrukturen wie z. B. Leitungsnetze für Strom und Nachrichten, Flughäfen und Medien grundsätzlich von allen Wettbewerbern genutzt werden können.

3 Dies gilt nicht, wenn das marktbeherrschende Unternehmen nachweist, dass die Mitbenutzung aus betriebsbedingten oder sonstigen Gründen nicht möglich oder unzumutbar ist (§ 19 IV GWB).

3.4 Fusionskontrolle (Zusammenschlusskontrolle)

(1) Zusammenschlüsse

Unternehmenszusammenschlüsse liegen z. B. in folgenden Fällen vor:

- Erwerb des gesamten oder eines wesentlichen Teils des Vermögens eines anderen Unternehmens;
- Erwerb der unmittelbaren oder mittelbaren Kontrolle über andere Unternehmen durch Rechte, Verträge oder andere Mittel;
- Erwerb von Anteilen an einem anderen Unternehmen, wenn diese Anteile allein oder zusammen mit sonstigen, dem Unternehmen bereits gehörenden Anteilen a) 50 % oder b) 25 % des Kapitals oder der Stimmrechte des anderen Unternehmens erreichen.

(2) Anmelde- und Anzeigepflicht

Alle Unternehmenszusammenschlüsse sind **vor ihrem Vollzug** beim Bundeskartellamt **anzumelden**. Sie unterliegen bis zur Freigabe durch das Bundeskartellamt dem **Vollzugsverbot**. Die zur Anmeldung verpflichteten einzelnen Unternehmen müssen in ihrer Anmeldung dem Bundeskartellamt die **Form des Zusammenschlusses mitteilen.** Weitere Angaben sind von den beteiligten Unternehmen z. B. zur Firma, zum Niederlassungsort, zur Art ihres Geschäftsbetriebs, zu ihren Umsatzerlösen im Inland sowie in der Europäischen Union und über ihre Marktanteile zu machen.

(3) Geltungsbereich der Zusammenschlusskontrolle

Die Vorschriften des GWB über die Zusammenschlusskontrolle gelten, wenn im letzten Geschäftsjahr vor dem Zusammenschluss die beteiligten Unternehmen **insgesamt weltweit** Umsatzerlöse von **mehr als 500 Millionen EUR** und mindestens ein beteiligtes Unternehmen im **Inland** Umsatzerlöse von **mehr als 25 Millionen EUR** erzielt haben.

(4) Verfahren der Zusammenschlusskontrolle

Die Untersagung von Unternehmenszusammenschlüssen ist grundsätzlich nur innerhalb einer Frist von **4 Monaten** seit Eingang der vollständigen Fusionsanmeldung möglich.

(5) Ministererlaubnis

Auf Antrag kann der **Bundesminister für Wirtschaft und Energie** die Erlaubnis zu einem vom Bundeskartellamt untersagten Zusammenschluss erteilen, wenn dieser von gesamtwirtschaftlichem Vorteil ist oder durch ein **überragendes Interesse der Allgemeinheit** gerechtfertigt ist. Die Erlaubnis darf nur erteilt werden, wenn der Zusammenschluss die marktwirtschaftliche Ordnung nicht gefährdet.

3.5 Die Bekämpfung unlauteren Wettbewerbs

Die Bekämpfung unlauterer geschäftlicher Handlungen und somit der **Schutz** der **Mitbewerber,** der **Verbraucher** und der Interessen der **Allgemeinheit** steht im Zentrum des Gesetzes gegen den unlauteren Wettbewerb (UWG).

Das Gesetz dient dem Schutz der Verbraucher vor unlauteren geschäftlichen Handlungen und schafft einen angemessenen **Ausgleich** zwischen den **Interessen** der **Wirtschaft** und denen der **Verbraucher.**

Da es wegen des großen **„Erfinderreichtums"** der rivalisierenden Anbieter unmöglich ist, **alle** Formen unfairen Verhaltens mit Einzeltatbeständen gesetzlich festzulegen, wird in § 3 UWG eine sogenannte **Generalklausel** vorangestellt, auf deren Basis die **Rechtsprechung** Verhaltensnormen herausarbeiten kann und entscheiden muss, was als „unlauter" im Sinne der Generalklausel zu werten ist. Das Wettbewerbsrecht ist somit zu großen Teilen **„Richterrecht".**

Einen Überblick über die **wichtigsten Regelungen des Gesetzes gegen unlauteren Wettbewerb** geben nachfolgende Auszüge aus dem Gesetzestext.

Gesetz gegen den unlauteren Wettbewerb

Kapitel 1 – Allgemeine Bestimmungen (§§ 1 – 7)

[...]

§ 2 Definitionen

(1) Im Sinne dieses Gesetzes bedeutet

1. **„geschäftliche Handlung"** jedes Verhalten einer Person zugunsten des eigenen oder eines fremden Unternehmens vor, **bei oder nach einem Geschäftsabschluss,** das mit der Förderung des Absatzes oder des Bezugs von Waren oder Dienstleistungen oder mit dem Abschluss oder der Durchführung eines Vertrags über Waren oder Dienstleistungen objektiv zusammenhängt; als Waren gelten auch Grundstücke, als Dienstleistungen auch Rechte und Verpflichtungen;

2. „Marktteilnehmer" neben Mitbewerbern und Verbrauchern **alle Personen,** die als **Anbieter oder Nachfrager** von Waren oder Dienstleistungen tätig sind [...]

§ 3 Verbot unlauterer geschäftlicher Handlungen

(1) **Unlautere** geschäftliche Handlungen sind **unzulässig.**

(2) Geschäftliche Handlungen, die sich an Verbraucher richten oder diese erreichen, sind unlauter, wenn sie **nicht der unternehmerischen Sorgfalt** entsprechen und dazu geeignet sind, das wirtschaftliche **Verhalten des Verbrauchers wesentlich zu beeinflussen.**

(3) Die **im Anhang dieses Gesetzes aufgeführten geschäftlichen Handlungen** gegenüber Verbrauchern sind **stets** unzulässig.

(4) Bei der Beurteilung von geschäftlichen Handlungen gegenüber Verbrauchern ist auf den **durchschnittlichen** Verbraucher oder, wenn sich die geschäftliche Handlung an eine bestimmte Gruppe von Verbrauchern wendet, auf ein durchschnittliches Mitglied dieser Gruppe abzustellen [...]

§ 5 Irreführende geschäftliche Handlungen

(1) Unlauter handelt, wer eine irreführende geschäftliche Handlung vornimmt, die geeignet ist, den Verbraucher oder sonstigen Marktteilnehmer **zu einer geschäftlichen Entscheidung zu veranlassen,** die er **andernfalls nicht getroffen** hätte. Eine geschäftliche Handlung ist irreführend, wenn sie **unwahre Angaben** enthält oder sonstige zur **Täuschung geeignete Angaben** [...]

(4) Es wird vermutet, dass es irreführend ist, mit der **Herabsetzung eines Preises zu werben,** sofern der Preis nur für eine **unangemessen kurze Zeit gefordert** worden ist. Ist streitig, ob und in welchem Zeitraum der Preis gefordert worden ist, so trifft die **Beweislast** denjenigen, der mit der Preisherabsetzung geworben hat.

§

§ 6 Vergleichende Werbung

(1) Vergleichende Werbung ist jede Werbung, die **unmittelbar oder mittelbar einen Mitbewerber** oder die von einem Mitbewerber angebotenen Waren oder Dienstleistungen erkennbar macht.

(2) Unlauter handelt, wer vergleichend wirbt, wenn der Vergleich

[...]

2. **nicht objektiv** auf eine oder mehrere wesentliche, relevante, nachprüfbare und typische Eigenschaften oder den Preis dieser Waren oder Dienstleistungen bezogen ist, [...]

5. die Waren, Dienstleistungen, Tätigkeiten oder persönlichen oder geschäftlichen Verhältnisse eines Mitbewerbers **herabsetzt oder verunglimpft** [...]

§ 7 Unzumutbare Belästigungen

(1) Eine geschäftliche Handlung, durch die ein Marktteilnehmer in unzumutbarer Weise belästigt wird, ist unzulässig. Dies gilt insbesondere für **Werbung,** obwohl erkennbar ist, dass der angesprochene **Marktteilnehmer diese Werbung nicht wünscht.**

(2) Eine unzumutbare Belästigung ist **stets** anzunehmen

1. bei Werbung unter Verwendung eines in den Nummern 2 und 3 nicht aufgeführten, für den Fernabsatz geeigneten Mittels der kommerziellen Kommunikation, durch die ein Verbraucher **hartnäckig angesprochen** wird, obwohl er dies **erkennbar nicht wünscht;**

2. bei Werbung mit einem **Telefonanruf** gegenüber einem Verbraucher **ohne dessen vorherige ausdrückliche Einwilligung** oder gegenüber einem sonstigen Marktteilnehmer ohne dessen zumindest mutmaßliche Einwilligung,

3. bei Werbung unter Verwendung einer automatischen Anrufmaschine, eines Faxgerätes oder **elektronischer Post,** ohne dass eine **vorherige ausdrückliche Einwilligung** des Adressaten vorliegt, [...]

§

Auszug aus dem Anhang (zu § 3 Abs. 3 UWG)

Unzulässige geschäftliche Handlungen im Sinne des § 3 Abs. 3 sind [...]

2. die **Verwendung** von **Gütezeichen, Qualitätskennzeichen** oder Ähnlichem **ohne** die erforderliche Genehmigung [...]
5. Waren- oder Dienstleistungsangebote im Sinne des § 5a Abs. 3 zu einem bestimmten Preis, wenn der Unternehmer nicht darüber aufklärt, dass er hinreichende Gründe für die Annahme hat, er werde nicht in der Lage sein, diese oder gleichartige Waren oder Dienstleistungen für einen angemessenen Zeitraum in angemessener Menge zum genannten Preis bereitzustellen oder bereitstellen zu lassen **(Lockangebote).** Ist die Bevorratung kürzer als **zwei Tage,** obliegt es dem Unternehmer, die Angemessenheit nachzuweisen; [...]
7. die unwahre Angabe, bestimmte Waren oder Dienstleistungen seien allgemein oder zu bestimmten Bedingungen nur für einen sehr begrenzten Zeitraum verfügbar, um den **Verbraucher zu einer sofortigen geschäftlichen Entscheidung zu veranlassen,** ohne dass dieser Zeit und Gelegenheit hat, sich auf Grund von Informationen zu entscheiden; [...]
13. **Werbung** für eine Ware oder Dienstleistung, die der Ware oder Dienstleistung **eines bestimmten Herstellers ähnlich** ist, wenn dies in der Absicht geschieht, über die betriebliche Herkunft der beworbenen Ware oder Dienstleistung zu **täuschen** [...]
15. die **unwahre** Angabe, der Unternehmer werde demnächst sein **Geschäft aufgeben** oder seine **Geschäftsräume verlegen;** [...]
18. die unwahre Angabe, eine Ware oder Dienstleistung könne **Krankheiten, Funktionsstörungen** oder **Missbildungen heilen** [...]
29. die **Aufforderung** zur **Bezahlung nicht bestellter, aber gelieferter Waren** oder erbrachter Dienstleistungen oder eine **Aufforderung zur Rücksendung** oder Aufbewahrung nicht bestellter Sachen und
30. die ausdrückliche Angabe, dass der **Arbeitsplatz** oder Lebensunterhalt des Unternehmers **gefährdet** sei, wenn der Verbraucher die Ware oder Dienstleistung **nicht** abnehme.

4 Grenzen staatlicher Wettbewerbspolitik

Die vorgenannten Maßnahmen (Kartellkontrolle, Fusionskontrolle, Missbrauchsaufsicht und Bekämpfung unlauteren Wettbewerbs) zählen zu den wichtigsten Instrumenten des Staates, einen **funktionsfähigen** Wettbewerb als **Steuerungsprinzip einer Marktwirtschaft** zu sichern. Allerdings weist dieses Instrumentarium auch gewisse Schwächen auf, sodass der Staat nicht selten mit stumpfen Waffen seine Wettbewerbspolitik betreiben muss.

Einige Grenzen der staatlichen Wettbewerbspolitik sollen nachfolgend beispielhaft dargestellt werden:

(1) Vielzahl von Ausnahmeregelungen

Die Gesetze enthalten sehr viele Ausnahmeregelungen. So wird beispielsweise zunächst das **generelle Kartellverbot** durch die **Gruppenfreistellungsmöglichkeiten** partiell wieder **aufgehoben.**

Auch bei der **Fusionskontrolle** sind die **Rechtsnormen sehr großzügig** festgelegt. So sind Fusionen **bis zur Grenze der Marktbeherrschung uneingeschränkt erlaubt,** was das Instrument der Fusionskontrolle als solches in seiner Bedeutung bereits im Vorfeld stark herabsetzt.

Zudem gibt es weitere Einengungen, die das Unterbinden wettbewerbsbeschränkender Fusionen äußerst schwierig gestalten. Abgesehen von **„Toleranzklauseln",** die gesamtwirtschaftlich uninteressante Fusionen ausnehmen, muss die Kartellbehörde auch hier zahlreiche Ausnahmefälle zulassen. So reicht es beispielsweise aus, wenn die Unternehmen nachweisen können, dass durch die Fusion auch Verbesserungen der Wettbewerbsbedingungen eintreten, die die Nachteile der Marktbeherrschung überwiegen **(„Abwägungsklausel").** Selbst wenn die Kartellbehörde dennoch die Erlaubnis verweigert, besteht für die fusionswilligen Unternehmen – wie bei den Kartellen – immer noch die Möglichkeit, die **Erlaubnis vom Bundeswirtschaftsminister** zu erhalten.

(2) Problem der Marktabgrenzung

Bei vielen Entscheidungen spielt das Kriterium der „marktbeherrschenden" Stellung eine Rolle, wobei im Gesetz Vermutungstatbestände in Form von Marktanteilen angestellt werden, wann eine solche Stellung erreicht ist. Die Berechnung von Marktanteilen bedarf allerdings der **Festlegung eines Gesamtmarktes** als Bezugsgröße, sodass dieser zunächst abgegrenzt werden muss, was jedoch in der Praxis mit erheblichen Problemen verbunden ist.

Beispiel:

Wollen zwei große Brauereien fusionieren, so stellt sich die Frage, ob der Gesamtmarkt eng abzugrenzen ist (im Sinne eines Biermarktes) oder ob Bier nicht sogar im Wettbewerb zu allen alkoholischen Getränken steht. Eine noch weitere Abgrenzung wäre die Zugrundelegung des gesamten Getränkemarktes als Bezugsgröße, da Bier durchaus auch in Konkurrenz zu Softdrinks oder Mineralwasser steht.

Unter dem Gesichtspunkt der **Globalisierung** kann der **relevante Markt** wesentlich über den nationalen Markt hinausgehen.

14 Boller, Schuster - ISBN 978-3-8120-0680-4

(3) Problem der Operationalisierbarkeit der Rechtsbegriffe

Bei der Beurteilung von Marktbeherrschung in § 18 GWB finden beispielsweise Begriffe Anwendung, die wenig präzise sind. So gelten Unternehmen als marktbeherrschend, soweit sie als Anbieter oder Nachfrager keinem **„wesentlichen"** Wettbewerb ausgesetzt sind oder wenn sie im Vergleich zu den Konkurrenten über eine **„überragende"** Marktstellung verfügen. Es ist sehr schwierig, diese Begrifflichkeiten zu einer objektiven Beurteilung tatsächlich auszulegen und zu präzisieren.

(4) Schwierige Beweisführung und komplexe Rechtsvorschriften

Häufig scheitern Verfahren zum Schutz des Wettbewerbs auch an der schwierigen Beweisführung. So ist es beispielsweise kaum möglich, Preisabsprachen zwischen den Wettbewerbern nachzuweisen, wenn diese auf informellem Wege durchgeführt werden.

Beispiel:

So erhöhten drei deutsche Großbanken 1979 ihre Sollzinsen am gleichen Tag um denselben Prozentsatz und wenige Tage später die Habenzinsen einheitlich. Trotz dieses Parallelverhaltens musste das Bundeskartellamt seinerzeit das Verfahren mangels Beweisen einstellen.

Kompetenztraining

1. Erläutern Sie, welche Instrumente im Sinne einer ursachenadäquaten Wettbewerbspolitik zum Einsatz kommen müssten, um verfestigt vermachtete Märkte wieder in wettbewerbliche Strukturen zu überführen!

2. Ludwig Erhard schrieb 1957 in seinem Buch „Wohlstand für alle" unter anderem folgende Passage: „Das erfolgversprechendste Mittel zur Erreichung und Sicherung jeden Wohlstands ist der Wettbewerb." Erhard bezeichnete den Wettbewerb als tragenden Pfeiler der sozialen Marktwirtschaft und erklärte: „Die soziale Marktwirtschaft verpflichtet mich mithin, den Kartellbestrebungen wie überhaupt allen auf Einschränkung des Wettbewerbs hinzielenden Bestrebungen in den verschiedensten Schattierungen meine ganze Aufmerksamkeit zu widmen und den Kampf anzusagen." Nicht zuletzt vor dem Hintergrund dieser Zitate erklärt sich, warum unter seiner Regie u.a. im Jahr 1957 das Gesetz gegen Wettbewerbsbeschränkungen verkündet wurde.

   Aufgaben:

   2.1 Nennen Sie die drei Wettbewerbsfunktionen sowie die für deren Erreichen notwendige Voraussetzung!

   2.2 Geben Sie an, welche Bundesoberbehörde mit Sitz in Bonn nach dem GWB „Hüterin des Wettbewerbs" ist. Erläutern Sie drei Aspekte, die den Einfluss dieser Behörde begrenzen!

3. Erläutern Sie die Bedeutung der Marktstruktur als Voraussetzung für eine erfolgreiche Wettbewerbspolitik!

4. Erläutern Sie, welche grundsätzliche Regelung das Gesetz gegen Wettbewerbsbeschränkungen (GWB) bezüglich wettbewerbsbeschränkender Verträge, Beschlüsse oder abgestimmter Verhaltensweisen trifft!

5. Die Unternehmen der deutschen Automobilindustrie vereinbaren eine gemeinsame Forschungseinrichtung zur Entwicklung eines neuen Filters für Dieselfahrzeuge. Nur gemeinsam ließen sich die Entwicklungsarbeiten in kürzester Zeit bewältigen. Die zu entwickelnden Filter sollen den beteiligten Unternehmen zu einem einheitlichen Preis je Fahrzeugtyp zum Kauf angeboten werden. Durch die gemeinsame Entwicklung soll auch erreicht werden, dass die Entwicklungskosten für die Filter wesentlich verringert werden können.

Aufgabe:

Prüfen Sie, ob diese Vereinbarung gegen die Vorschriften des GWB verstößt!

6. Mehrere Lebensmitteleinzelhändler in einer Stadt vereinbaren, in Zukunft gemeinsam Obst und Gemüse im Großmarkt einzukaufen. Durch diese Maßnahme wollen die Einzelhändler im Konkurrenzkampf mit Kaufhauskonzernen, Einkaufsketten und Supermärkten überleben.

Der Marktanteil, den die beteiligten Einzelhändler beim Marktsegment Obst und Gemüse haben, liegt bei ca. 5 %.

Aufgabe:

Beurteilen Sie diese Kooperation!

7. Lesen Sie zunächst nachfolgenden Artikel!

Fusionen bedrohen freien Markt

fo – Die Bilder gleichen sich: Shake-hands-Fotos gehen um die Welt und signalisieren, „wir werden die Zukunft ab heute gemeinsam meistern und die Konkurrenz auf die Plätze verweisen." „Kostenvorteile, **Synergieeffekte, Globalisierung** und Liberalisierung – mit diesem kurzen und einprägsamen Schlagwortkatalog werden fast alle **Fusionen** begründet.

Hilflos wirken Politik und staatliche Wettbewerbskontrolleure. Denn bei vielen großen **Zusammenschlüssen** haben die Fusionsaufseher wenig bis nichts zu melden. Ob DaimlerChrysler oder Telekom – bis auf kleine Details können die Wettbewerbshüter dieser Welt wenig ausrichten. Vor allem die langfristigen Folgen solcher Megafusionen entziehen sich ihrer gesetzlich begrenzten Zuständigkeit.

Das liegt wohl auch daran, dass die großen Deals der letzten Zeit grenzüberschreitend waren. [...]

Es gilt, den langfristigen Trend zu beobachten und sich vor allem für die Folgen einer weiter voranschreitenden **Konzentration** zu rüsten. [...]

Bis heute scheint sich aber vor allem die Politik – und nicht nur die nationale – herzlich wenig für das Thema zu interessieren. Das soll sich ändern. [...]

Der Kartellamtspräsident warnt mit Nachdruck davor, den Konzentrationsprozess zu unterschätzen. Denn im Gegensatz zu Kartellen, die zwar auch wettbewerbsfeindlich, aber in der Regel zeitlich begrenzt sind, seien Fusionen wesentlich stabiler und damit weitaus „gefährlicher".

Der Präsident hofft darauf, dass sich in absehbarer Zeit zumindest ein „Kern von Industriestaaten auf ein Fusionskontrollregime" einigt, dem sich dann weitere Staaten anschließen könnten. Diese Staaten müssten sich dann verpflichten, den von allen Beteiligten als weltmarktbeherrschend erkannten Unternehmen „den Rechtsschutz zu verweigern". Dieses Instrument reicht nach seiner Meinung weit über die Wirkung eines Bußgeldes hinaus.

Das Problem seien weniger Fusionen wie DaimlerChrysler, weil davon Länder mit einer wirksamen Wettbewerbskontrolle berührt sind. Aber man stelle sich einmal vor, zwei große Banken aus Europa und Japan schlössen sich zu einer Megabank mit Sitz auf den Bermudas zusammen. Keines der davon massiv betroffenen Länder habe dann noch einen rechtlichen Zugriff. Der Präsident des Bundeskartellamts: „Da wird's einem unbehaglich."

Quelle: Handelsblatt, Wirtschafts- und Finanzzeitung vom 10. Mai 1999, zitiert in: Deutsche Bundesbank, Auszüge aus Presseartikeln, Nr. 31 vom 10. Mai 1999, S. 19.

Aufgaben:

7.1 Recherchieren Sie die hervorgehobenen Begriffe und erläutern Sie diese kurz!

7.2 Erklären Sie die Begriffe Kooperation und Konzentration!

7.3 Erläutern Sie stichwortartig, welche Ziele die Unternehmen durch Kooperation und Konzentration verfolgen!

Der Präsident des Bundeskartellamts hält Fusionen für „gefährlicher" als Kartelle.

7.4 Erklären Sie den Begriff Kartell!

7.5 Beurteilen Sie, worin die „Gefährlichkeit" der Konzentration bestehen kann!

7.6 Erklären Sie, warum der Präsident des Bundeskartellamts Fusionen für „gefährlicher" als Kartelle hält!

In der Bundesrepublik Deutschland soll das Gesetz gegen Wettbewerbsbeschränkungen (GWB) die Konzentration kontrollieren.

7.7 Nennen Sie die Bereiche, die durch das GWB geregelt werden!

7.8 Erläutern Sie, warum nationale Vorschriften zur Erhaltung des Wettbewerbs die internationale Konzentration nur in geringem Maß kontrollieren können!

8. Auch die Verbraucherschutzgesetzgebung ist Teil der staatlichen Wettbewerbspolitik. Nennen Sie mindestens fünf Beispiele für Gesetze aus dem Bereich des Verbraucherschutzes!

Lösungshinweis: Nehmen Sie gegebenenfalls Ihre Gesetzessammlung zu Hilfe!

9. Lesen Sie zunächst nachfolgenden Artikel!

Universal darf EMI übernehmen

Europas Musikindustrie steht vor einer Megafusion. Die Universal Music Group darf das Musikgeschäft von Konkurrent EMI übernehmen. Allerdings macht die EU-Kommission dem neuen Plattenriesen einige Auflagen.

Brüssel – Auf dem Musikmarkt entsteht ein neuer Riese: Die EU-Kommission hat Universal Music unter Auflagen die Übernahme des Konkurrenten EMI erlaubt. Der gemeinsame Marktanteil liegt laut EU-Wettbewerbskommissar Joaquín Almunia bei knapp unter 40 Prozent in Europa. Damit der neue Gigant nicht zu stark die Preise beeinflussen kann, müssen unter anderem das EMI-Plattenlabel Parlophone und andere Vermögenswerte weltweit verkauft werden, wie die Brüsseler Behörde am Freitag mitteilte.

Parlophone hat bekannte Künstler wie Coldplay, Pink Floyd und Tina Turner unter Vertrag. Der Katalog der Beatles – das Kronjuwel des britischen Traditionshauses – ist aber von dieser Verkaufsauflage ausgenommen. Universal muss der Kommission zufolge aber die Töchter EMI France (David Guetta-Katalog), Chrysalis (u.a. The Ramones) und Mute (u. a. Depeche Mode, Moby) verkaufen, ebenso die Klassiksparten von EMI sowie weitere Labels und viele lokale EMI-Unternehmen.

Die Brüsseler Wettbewerbshüter wollen mit ihren Auflagen verhindern, dass das neue Unternehmen die Preise erhöhen und Vertragsbedingungen im Großhandel diktieren kann. Die US-Behörden müssen die Übernahme ebenfalls noch genehmigen. [...] Universal versprach zudem, den 50-prozentigen Anteil von EMI an den Sammelalben von „Now! That's What I Call Music" zu verkaufen. Die EU-Kommission verlangt, dass die Käufer entweder Plattenfirmen sind oder bereits erfolgreich im Musikgeschäft tätig.

Die vorgeschriebenen Verkäufe entsprächen zwei Dritteln des EMI-Geschäfts in Europa, sagte Almunia. Der Preis für die zum Verkauf gestellten Label könne nach verschiedenen Schätzungen zwischen 350 Millionen Euro und 400 Millionen Pfund (500 Mio Euro) liegen, berichteten die „Financial Times" und die Finanznachrichtenagentur Bloomberg am Freitag.

„Durch die überaus umfangreichen Zusagen von Universal ist sichergestellt, dass der Wettbewerb in der Musikbranche gewahrt bleibt und die europäischen Verbraucher weiterhin sämtliche Vorteile nutzen können", sagte EU-Wettbewerbskommissar Almunia. Universal Music begrüßte die Entscheidung am Freitag.

Bei ihrer Prüfung hatte die EU-Kommission vor allem den wachsenden Markt für digitale Musik ins Visier genommen. Zwischenhändler wie Apple oder Amazon sind hier ebenso aktiv wie Telekommunikations-Anbieter, die Musik als Teil von Paketleistungen verkaufen. [...]

Nach der Übernahme bestimmen nur noch drei statt bisher vier große Musikfirmen das globale Geschäft: Neben Marktführer Universal Music (mit EMI) sind dies Sony Music und Warner Music. Allerdings müssen auch die US-Behörden noch zustimmen. [...]

Quelle: www.handelsblatt.de vom 21.09.2012.

Aufgaben:

9.1 Informieren Sie sich über die Europäische Kommission!

9.2 Beurteilen Sie, welche kritischen Bedenken die Kommission gegen die „Megafusion" gehabt haben könnte!

9.3 Entscheiden Sie, welcher Hauptgrund die Kommission veranlasste, der Fusion zuzustimmen!

9.4 Nehmen Sie begründet zu der Frage Stellung, ob die positiven oder die negativen Aspekte der Fusion überwiegen!

10. Die Handels AG überlegt, wie den rückläufigen Umsätzen entgegengewirkt werden kann. Sie forderte daher ihre Betriebsangehörigen in einem innerbetrieblichen Ideenwettbewerb auf, neue Möglichkeiten der Kundengewinnung vorzuschlagen. Dabei soll vom Leitbild eines durchschnittlich informierten und verständigen Verbrauchers ausgegangen werden, der das Werbeverhalten mit einer der Situation angemessenen Aufmerksamkeit verfolgt.

Die Mitarbeiter haben auch die folgenden Vorschläge gemacht:

Nr.	Vorschlag
1	Die Werbemaßnahmen sollen Ausländern in der jeweiligen Landessprache angeboten werden.
2	Die wöchentliche Werbezeitung soll ausnahmslos an die Haushalte im Umkreis von 4 km um das Verkaufslokal in deren Briefkästen verteilt werden.
3	Systematisch sollen alle Privathaushalte im Einzugsgebiet telefonisch auf das Angebot aufmerksam gemacht werden.
4	Verbraucher, die im Warenwert von über 100,00 EUR einkaufen, sollen die Möglichkeit erhalten, sich die Ware nach Hause bringen zu lassen.

Aufgabe:

Prüfen Sie, ob diese Vorschläge unter Beachtung der Vorschriften des UWG umgesetzt werden können!

11. Der überregional bekannte Orientteppichhändler Fathmir Mewallhalla erhält einmal im Monat spät nach Geschäftsschluss Neuware. Diese Neuware zeichnet er immer nach dem gleichen Muster aus. Zunächst schreibt er auf das Etikett auf der Rückseite des neu eingetroffenen Teppichs einen Preis in schwarzer Farbe. Gleich im Anschluss daran streicht er diesen Preis mit einem roten Stift durch und schreibt mit roter Farbe einen um ca. 35 % niedrigeren Preis auf das Etikett. In der Ver-

gangenheit hat der Umgang mit den Kunden gezeigt, dass eine Nachfrage von Interessenten auf Preisnachlass – beispielsweise bei Barzahlung oder Abnahme von mehreren Teppichen – problemlos damit beantwortet werden kann, dass es sich ja bereits um einen Vorzugspreis handelt und somit eine weitere Preissenkung leider nicht möglich sei. Des Weiteren erläutert er diesen Kaufinteressenten, dass bei seiner „Nachlassstrategie" alle Kunden gleichermaßen profitierten und Ungleichbehandlungen somit vermieden würden. Der Geschäftserfolg gibt Herrn Mewallhalla Recht; viele Kunden lassen sich durch den optisch hervorgehobenen Preisnachlass regelrecht zum Kauf animieren und beharrlichere Nachfragen bezüglich eines Preisnachlasses bleiben in der Regel ebenfalls aus.

Aufgabe:

Beurteilen Sie die Vorgehensweise von Fathmir Mewallhalla auf der Grundlage des Gesetzes gegen den unlauteren Wettbewerb! Geben Sie auch die Vorschrift an, auf die Sie sich bei Ihrer Beurteilung stützen!

12. Der Getränkehändler Egon Schlaumann klagt über sinkenden Absatz, seit in unmittelbarer Nähe seines Getränkehandels ein Konkurrenzunternehmen eine Filiale eröffnet hat. Um wieder verstärkt Kunden in seinen Laden zu ziehen, beschließt Herr Schlaumann, allwöchentlich eine Sonderaktion über Zeitungsinserate durchzuführen. So platziert er im örtlichen Sonntagsanzeiger jeweils eine Anzeige, in der er das „Bier der Woche" ab Montag zum halben Preis anbietet. Für die Sonderaktion bevorratet er von der beworbenen Biermarke für die gesamte Woche 10 Kisten. Diese Anzahl entstammt seiner langjährigen Erfahrung, da er festgestellt hat, dass an gewöhnlichen Tagen der Absatz unabhängig von der Marke ca. 10 Kisten pro Tag beträgt.

Aufgabe:

Beurteilen Sie das Vorgehen von Herrn Schlaumann nach dem UWG! Geben Sie bei Ihren Ausführungen auch die Vorschrift an, auf die Sie sich bei Ihrer Entscheidung stützen!

13. Erläutern Sie, was man unter dem „Problem der Marktabgrenzung" versteht! Verdeutlichen Sie das Problem anhand eines Beispiels!

14. Beurteilen Sie bei nachfolgenden Fällen, ob ein Eingreifen im Sinne der

① Kartellrechtsregelungen,
② Fusionskontrolle,
③ Missbrauchsaufsicht,
④ Bekämpfung unlauteren Wettbewerbs

erforderlich ist!

Form:

Verwenden Sie eine ⑨, wenn keine wettbewerbsbeschränkende Verhaltensweise vorliegt und somit auch kein staatliches Eingreifen notwendig ist!

14.1	Unternehmen wollen ihre Abnehmer verpflichten, die gelieferten Waren nur einer ganz bestimmten Verwendung zuzuführen.	
14.2	Das Reisebüro Ballermann GmbH verspricht Kunden einen kostenlosen Urlaub auf Mallorca, wenn es ihnen gelingt, zehn Reisen nach dem „Schneeballsystem" zu verkaufen.	
14.3	Eine deutsche Großbank möchte 50 % der Kapitalanteile einer anderen Privatbank erwerben.	
14.4	Mehrere kleine mittelständische Bauunternehmen führen gemeinsam den Bau eines großen Einkaufszentrums durch.	

14.5	Einige Finanzdienstleister mit einem Marktanteil von insgesamt 35 % wollen sich im Rahmen einer Zusammenarbeit auf bestimmte Produkte spezialisieren.	
14.6	Eine Fastfood-Kette wirbt mit dem Slogan: „Unsere Pommes schmecken doppelt so gut wie die der Konkurrenz."	

15. Entscheiden Sie, welche der folgenden Erläuterungen zur Bekämpfung unlauteren Wettbewerbs richtig ist!

① Die Bekämpfung unlauteren Wettbewerbs dient nur dem Schutz der Verbraucher.

② Die Fälle, wann unlauterer Wettbewerb vorliegt, sind im UWG genauestens festgelegt.

③ Irreführende Angaben zum Ursprung des Produkts sind nicht verboten.

④ Umworbene Waren muss der Anbieter in ausreichender Stückzahl vorrätig haben; in der Regel reicht ein Vorrat für einen Tag.

⑤ Werden über die Werbung Geschenke versprochen, so müssen die Bedingungen für deren Inanspruchnahme genau angegeben werden.

16. Nennen Sie wichtige Ursachen der Unternehmenskonzentration!

17. Dem Bundeskartellamt obliegt auch die Aufgabe der Fusionskontrolle.

Aufgaben:

17.1 Erklären Sie den Begriff Fusion!

17.2 Begründen Sie die Bedeutung der Fusionskontrolle in einer sozialen Marktwirtschaft!

18. Die Lebensmittelwerke AG schließt sich mit der Handelskette Gut & Fein GmbH zusammen.

Aufgaben:

18.1 Nennen Sie zwei Gründe, die für diesen Entschluss maßgebend gewesen sein könnten!

18.2 Nennen Sie den Begriff für diese Art von Zusammenschluss!

18.3 Nennen Sie zwei Vorteile und zwei Nachteile, die dieser Zusammenschluss für den Verbraucher mit sich bringen kann!

18.4 Das Bundeskartellamt in Bonn verweigert den Zusammenschluss. Führen Sie an, auf welches Gesetz sich die Ablehnung gründet!

19. Erklären Sie jeweils zwei (mögliche) gesamtwirtschaftliche Vorteile und Nachteile (negative Auswirkungen) von Unternehmenszusammenschlüssen! Begründen Sie, ob Ihrer Ansicht nach die Vor- oder Nachteile überwiegen!

20. Erläutern Sie, warum der Staat in der sozialen Marktwirtschaft dazu aufgerufen ist, Wettbewerbspolitik zu betreiben, und welche Ziele der Staat damit verfolgt!

Handlungssituation 6

Nadine, Jennifer, Sarah und Meike – allesamt Schülerinnen an einem Gymnasium – sind seit vielen Jahren eine typische Mädchenclique, die viel Zeit miteinander verbringt. Alle vier sind in den letzten acht Monaten volljährig geworden und dürfen nun erstmals bei der in Kürze stattfindenden Bundestagswahl wählen. Als sogenannte Erstwählerinnen wollen sie auf jeden Fall an der Wahl teilnehmen und außerdem nicht irgendeiner Partei ihre Stimme geben, nur weil deren Kandidat oder Kandidatin sympathisch wirkt. Vielmehr haben sie sich fest vorgenommen, sich genauer darüber zu informieren, wofür die einzelnen Parteien wirklich stehen und welche Ziele sie konkret verfolgen. Vor diesem Hintergrund haben sich alle vier in den letzten Wochen mehr oder weniger intensiv für die Ziele der Parteien interessiert und öfter als früher Nachrichten und politische Diskussionsrunden angeschaut.

An einem Wochenende treffen sich die vier Freundinnen mal wieder nach einer ausgiebigen Shoppingtour in ihrem Lieblingscafé, um den Tag in gemütlicher Runde langsam ausklingen zu lassen. Im Laufe der schon länger andauernden Unterhaltung werden auch die in Kürze anstehenden Wahlen zum Gesprächsthema. Jennifer, die eine Ausbildung zur Kauffrau für Büromanagement absolvieren möchte, führt an, dass ihr heute beim Shoppen mal wieder aufgefallen sei, dass in letzter Zeit doch alles recht teuer geworden ist. Auch ihre Eltern würden sich schon länger über diese Entwicklung total aufregen. Gestern habe sie dann in einer Talkshow einen Politiker gehört, der sich im Falle eines Wahlsieges seiner Partei vor allem für einen stabileren Euro und somit auch für eine Eindämmung des spürbaren Preisanstiegs einsetzen möchte. Er habe sogar ausdrücklich darauf hingewiesen, dass dem Großteil der arbeitenden Bevölkerung diese Entwicklung dauerhaft nicht mehr zuzumuten sei und deshalb dringend politischer Handlungsbedarf bestehe. Das habe ihr sehr imponiert und sie würde deshalb wahrscheinlich dieser Partei ihre Stimme geben.

Meike erklärt, dass ihr aufgefallen sei, dass die einzelnen Parteien recht unterschiedliche Ziele formuliert hätten, wobei ihr die Sache mit dem Euro noch nicht begegnet sei. Vielmehr ist ihr ein Werbespot in Erinnerung, wo die betreffende Partei sich im Falle einer Regierungsbeteiligung für mehr Wachstum und somit auch für mehr Ausbildungs- und Arbeitsplätze einsetzen möchte. Da sie nach Beendigung der Schule im kommenden Jahr eine Ausbildung bei einem Kreditinstiut anstrebt und von Bekannten weiß, wie schwierig es zurzeit ist, einen solchen Ausbildungsplatz bei einer Bank oder Sparkasse zu bekommen, hält sie diese Zielsetzung aus ihrer Sicht für besonders wichtig. Daher kann sie sich durchaus vorstellen, genau diese Partei zu wählen.

Jennifer:
„... vor allem ein stabilerer Euro ...“

Meike:
„... mehr Wachstum und somit auch mehr Ausbildungs- und Arbeitsplätze ...“

Sarah:
„... total begeistert, wie die Zukunft unseres Planeten in den Mittelpunkt gestellt wird ...“

Jetzt schaltet sich auch Sarah in das Gespräch ein und ist spürbar verärgert über Meike. Sie kann nicht verstehen, wie man eine Partei wählen kann, die ganz offensichtlich die Industrie noch stärker fördern möchte und damit wahrscheinlich auch noch mehr Industriegebiete entstehen ließe. Und mehr Industriegebiete bedeuten auch mehr Straßen und Autobahnen, mehr Lkw-Verkehr, mehr Lärm und mehr Abgase. Dies würde doch die Natur und somit die Umwelt noch weiter zerstören und die Zukunft der jungen Menschen stark gefährden. Eine solche Partei würde sie niemals wählen. Vielmehr habe sie in letzter Zeit immer wieder Politiker einer bestimmten Partei darüber sprechen hören, dass sie im Falle eines Wahlsieges genau das nicht mehr weiter zulassen werden. Daraufhin habe sie sich im Internet deren Parteiprogramm angesehen und sei total begeistert, wie die Politiker dieser Partei die Zukunft unseres Planeten in den Mittelpunkt ihrer Politik stellen – das sei eine Partei, die man als junger Mensch wählen müsse.

Nadine:
„... Diskussion erübrigt sich. Fast alle Parteien sind für soziale Gerechtigkeit ...“

Nadine kann die ganze Aufregung ihrer Freundinnen überhaupt nicht verstehen und sagt, dass sie sich doch gar nicht streiten müssten, schließlich wäre es doch letztlich völlig egal, welcher Partei man seine Stimme gibt. Auf die Frage, wie sie denn darauf kommt, antwortet Nadine, dass ihr aufgefallen sei, dass auf den Wahlplakaten fast aller Parteien immer das Gleiche steht: „Für mehr soziale Gerechtigkeit“. Und wenn doch alle Parteien ganz offensichtlich das gleiche Ziel verfolgen, erübrige sich wohl jegliche Diskussion.

Kompetenzorientierte Arbeitsaufträge:

1. Formulieren Sie, welche Ziele die Parteien in der vorangestellten Handlungssituation konkret verfolgen! Erläutern Sie anschließend, mit welchen Messgrößen das Erreichen dieser jeweiligen Ziele überprüft werden kann!
2. In der Handlungssituation wird erkennbar, dass zumindest zwei der angesprochenen Ziele miteinander in Konflikt stehen. Erklären Sie, um welche Ziele es sich handelt, und beschreiben Sie anschließend anhand eines eigenständig gewählten Beispiels diesen Zielkonflikt!
3. Erläutern Sie, was man unter „sozialer Gerechtigkeit“ versteht! Überprüfen Sie dabei auch kritisch die Frage, inwiefern tatsächlich alle Parteien das Gleiche meinen, wenn sie von mehr sozialer Gerechtigkeit sprechen!
4. Nennen Sie die vier Ziele nach dem Stabilitätsgesetz und recherchieren Sie jeweils deren politisch akzeptierten Zielerreichungsgrad!
5. **Maßnahmenplan**

   Zeichnen Sie das „magische Sechseck der Wirtschaftspolitik“ und entwickeln Sie für jedes einzelne Ziel des „magischen Sechsecks“ jeweils zwei mögliche wirtschaftspolitische Maßnahmen, die zu einem höheren Zielerreichungsgrad beitragen könnten! Erstellen Sie hierzu eine Übersicht in Form eines Maßnahmenplans!

1 Begriff der Wirtschaftspolitik

Die Wirtschaftspolitik versucht Antworten auf die Fragen zu finden:

- **Welche** Ziele sind realisierbar?
- **Wie** lassen sich die festgelegten Ziele erreichen?

Am Anfang der Wirtschaftspolitik steht ein **Ziel,** das realisiert werden soll. Die Festlegung solcher Ziele und Normen, also dessen, was sein sollte, lässt sich wissenschaftlich allgemeingültig nicht vornehmen.

Da man folglich über die Ziele der Wirtschaftspolitik **unterschiedlicher Meinung** sein kann, sollte deren Festlegung bzw. Formulierung letztlich über politisch legitimierte Organe im Sinne eines gesamtgesellschaftlichen Konsenses[1] erfolgen. Die anzustrebenden Ziele sind im Wesentlichen politisch durch die **Träger der Wirtschaftspolitik,** etwa durch das Parlament, zu bestimmen.

Unter **Wirtschaftspolitik** versteht man die Beeinflussung der Wirtschaft durch politische Maßnahmen, mit denen der **Staat regelnd** und **gestaltend** in die Wirtschaft eingreift.

Die staatliche Wirtschaftspolitik kann grundsätzlich in **drei** große Bereiche untergliedert werden:

Bereiche der Wirtschaftspolitik	Erläuterungen	Beispiele
Ordnungspolitik	Sie gibt den **Rahmen** und die **Ziele** der angestrebten Wirtschaftsordnung vor.	■ Wettbewerbspolitik ■ Eigentumsordnung ■ Gewerbeordnung
Prozesspolitik	Sie greift in den **Wirtschaftsprozess** ein, um die vorgegebenen Ziele soweit wie möglich zu erreichen.	■ Konjunkturpolitik ■ Arbeitsmarktpolitik ■ Geldpolitik
Strukturpolitik	Sie dient der Beeinflussung der **regionalen** und/oder der **sektoralen** Strukturen.	■ Verbesserung der Infrastruktur ■ Subventionen zur Modernisierung bzw. Anpassung einzelner Branchen ■ finanzielle Förderung von Forschung

2 Träger der Wirtschaftspolitik und Einflussnahme von Interessengruppen auf wirtschaftspolitische Entscheidungsprozesse

(1) Parlament und Regierung

Wichtigster Träger der Wirtschaftspolitik ist der **„Staat".** In **demokratischen** Wirtschafts- und Gesellschaftsordnungen ist seine politische Entscheidungsbefugnis auf die staatlichen Organe **Parlament** (Legislative), **Regierung** mit nachgeordneter Verwaltung (Exekutive) und **Rechtsprechung** (Judikative) verteilt.

1 **Konsens:** Zustimmung, Einwilligung, Übereinstimmungen der Meinungen.

Die Regierung wird von der **Regierungsfraktion** getragen und von der **Opposition** kontrolliert.

(2) Regierungsunabhängige Institutionen

Außerdem wird in der Bundesrepublik Deutschland politische Macht an mehr oder weniger regierungsunabhängige (autonome) staatliche Institutionen abgetreten.

Beispiele:

- Deutsche Bundesbank
- Bundesagentur für Arbeit
- Rentenversicherungsträger
- Gesetzliche Krankenkassen
- Industrie- und Handelskammern

(3) Europäische Zentralbank

Die Europäische Zentralbank (EZB) beeinflusst mittelbar und auch unmittelbar wirtschaftspolitische Entscheidungen in den Mitgliedsländern der **Wirtschafts- und Währungsunion (WWU).** So signalisiert bereits die Vorgabe eines **Geldmengenziels,** dass die EZB eine eher expansive[1] oder eine eher restriktive[2] Geldpolitik zu betreiben beabsichtigt.

Beispiel:

Steigen die EZB-Leitzinssätze, werden die Staatshaushalte mit zusätzlichen Zinszahlungen belastet. Sollen die Staatsschulden nicht weiter erhöht werden, müssen die Ausgaben gekürzt und die Einnahmen (z. B. die Steuern) erhöht werden.

(4) Verbände

Unter einem Verband wird eine **Personenvereinigung** zu einem **bestimmten Zweck** verstanden, die durch eine Verfassung (Satzung) zur Bildung eines gemeinschaftlichen Willens begründet wird. Falls eine juristische Person vorliegt, ist diese Vereinigung rechtsfähig, d. h. selbst Träger von Rechten und Pflichten.

Formen der Verbände		
Interessenverbände		**Politische Parteien**
Gelegenheits-Interessenverbände	**Reine Interessenverbände**	
■ Karitative Verbände ■ Gesangvereine ■ Sportvereine ■ Schützenvereine ■ Kleingärtnervereine ■ Reitvereine	■ Tarifpartner ■ Gewerkschaften – Arbeitgeber bzw. Arbeitgeberverbände – Umweltschutzverbände ■ Steuerzahlerverbände	■ Volksparteien (Parteien, die alle Schichten der Bevölkerung vertreten wollen) ■ Interessenparteien (Parteien, die bestimmte soziale Gruppen vertreten wollen, z. B. Arbeitnehmer, Rentner) ■ Bauernparteien, Flüchtlingsparteien, Autofahrerparteien usw.
Bürgerinitiativen		

1 **Expansiv** (lat.): ausdehnend, erweiternd. Durch eine expansive Geldpolitik wird die Gelmenge z. B. aufgrund von Zinssatzsenkungen erhöht (ausgeweitet).

2 **Restriktiv** (lat.): zusammenziehend, einschränkend.

Der klassische Adressat der Verbandstätigkeit ist das **Parlament.**[1] In der Bundesrepublik Deutschland haben die Verbandsvertreter die Möglichkeit, ihre Vorstellungen (Ziele, Interessen) in dem Bundestagsausschuss einzubringen, in dem gemäß § 73 III der Geschäftsordnung des Deutschen Bundestags in sogenannten **„Hearings"** neben Sachverständigen auch Interessenvertreter (z.B. der deutschen Wirtschaft) gehört werden können. Daneben werden natürlich zahlreiche **informelle**[2] **Kontakte** zwischen den Verbandsvertretern und Abgeordneten gepflegt.

Darüber hinaus lassen die Verbände ihre Vertreter (z.B. Vertreter des Mittelstands, der Landwirtschaft, der Unternehmer) von den politischen Parteien aufstellen und in die Parlamente (den Deutschen Bundestag und die Länderparlamente) wählen.

(5) Devisenausland

Wirtschaftspolitische Entscheidungen des Devisenauslands wirken sich auf die Binnenwirtschaft aus. Gegenmaßnahmen werden dann erforderlich, wenn die Eingriffe des Devisenauslands den eigenen wirtschaftspolitischen Zielen entgegenstehen.

Beispiele:

- Erhöhung oder Senkung von Zöllen
- Inflations- oder Deflationspolitik
- Erhöhung oder Senkung von Rüstungsausgaben

(6) Internationale Konzerne

Nach Meinung vieler Autoren dominieren nicht mehr einzelne Länder oder Regionen die Weltwirtschaft, sondern multinationale[3] Unternehmen. Höchste Flexibilität (Anpassungsfähigkeit an neue Bedingungen) und **räumliche Mobilität** (Beweglichkeit) gestatten es ihnen, in Windeseile ganze Produktionszweige zu verlagern und neue Märkte zu erobern. Die Konsequenz ist ein zunehmender **Bedeutungsverlust der Politik** und damit auch der Wirtschaftspolitik.

(7) Supranationale[4] Organisationen

In besonderem Maße greift die **Europäische Union** in die Rechte der Mitgliedstaaten ein, indem z.B. die Richtlinien des Europäischen Rats von den EU-Ländern in nationales Recht umgesetzt werden müssen.

Darüber hinaus gibt es EG-Recht, das dann Anwendung findet, wenn durch nationales Recht auch andere Mitgliedstaaten der Europäischen Union nachteilig betroffen werden.

1 Die Verbandsvertreter werden auch als **Lobbyisten** bezeichnet. Der Ausdruck stammt aus den USA und bezeichnet diejenigen Interessenvertreter, die im 19. Jahrhundert in der Wandelhalle des Parlaments (in der **„Lobby"**) die Abgeordneten in ihrem Sinne zu beeinflussen suchten.

2 Ohne Formalitäten, nicht offiziell.

3 **Multi** (abgeleitet von lat. „multus"): viel. Multinationale Konzerne (auch „Multis" genannt) sind Konzerne, die in vielen Ländern (Staaten) tätig sind.

4 **Supranational** (lat.): übernational, mehrere Nationen betreffend.

Beispiel:

Das deutsche Wettbewerbsrecht ist durch zahlreiche Ausnahmen stark „durchlöchert". Die EU setzt staatlichen Versuchen, den Wettbewerb einzuschränken (z. B. durch eine „Ministererlaubnis"), gewisse Grenzen. Das europäische Wettbewerbsrecht richtet sich nach Art. 101 und 102 AEU-Vertrag. Es kennt weniger Ausnahmen als das deutsche Wettbewerbsrecht. Anwendbar ist es dann, wenn der zwischenstaatliche Handel (der Handel zwischen den EU-Ländern = Intrahandel) betroffen ist. In diesem Fall gilt der Grundsatz, dass das europäische Recht dem deutschen Recht vorgeht. Damit sind Bundesregierung und Bundestag nicht völlig frei in ihren wettbewerbspolitischen Entscheidungen. Sie dürfen z. B. Anbieter aus anderen EU-Ländern nicht willkürlich am Marktzugang hindern.

(8) Internationale Verträge

Auch internationale Verträge wie z. B. mit der **Welthandelsorganisation** begrenzen – durchaus im positiven Sinne – die politischen Gestaltungsmöglichkeiten der Regierungen und anderer Entscheidungsträger der Wirtschaftspolitik, indem sie z. B. Normen für den internationalen Handel aufstellen, die durch nationale Entscheidungen nicht umgangen werden dürfen.

Beispiel:

Die Mitgliedschaft in der Welthandelsorganisation beinhaltet u. a. die Verpflichtung, das Prinzip der Reziprozität (Gegenseitigkeit) anzuwenden. Nach diesem Grundsatz müssen alle Staaten, denen von anderen Staaten im Außenhandel Vergünstigungen eingeräumt werden, gleichwertige Gegenleistungen erbringen (Wechselseitigkeit der Bedingungen im Außenhandel).

3 Zusammenhang zwischen der Wirtschaftspolitik und den gesamtwirtschaftlichen Zielen

Nach § 1 des Gesetzes zur Förderung der Stabilität und des Wachstums der Wirtschaft vom 8. Juni 1967 **(„Stabilitätsgesetz")** haben Bund und Länder bei ihren wirtschafts- und finanzpolitischen Maßnahmen die Erfordernisse des gesamtwirtschaftlichen Gleichgewichts zu beachten.

Gesamtwirtschaftliches Gleichgewicht liegt vor, wenn **alle** Produktionsfaktoren vollbeschäftigt sind und sich **alle** Märkte (z. B. Arbeits-, Kredit-, Gütermärkte) ausgleichen.

Aus diesem **Oberziel** leitet das Stabilitätsgesetz **vier Unterziele (magisches Viereck)** ab:

- hoher Beschäftigungsstand (vgl. Handlungssituation 7),
- stetiges und angemessenes Wirtschaftswachstum (vgl. Handlungssituation 8),
- Stabilität des Preisniveaus (vgl. Handlungssituation 9),
- außenwirtschaftliches Gleichgewicht (vgl. Handlungssituation 13).

Die vier genannten Ziele sind **quantitative Ziele,** weil sie sich in Zahlen erfassen lassen.

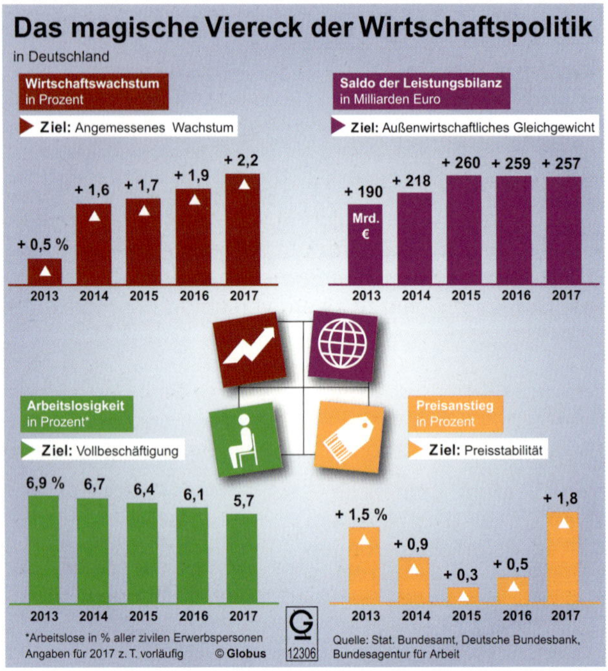

Zwei weitere wichtige, nicht ausdrücklich im Stabilitätsgesetz erwähnte **qualitative Ziele** sind:

- sozial verträgliche Einkommens- und Vermögensverteilung und
- Erhaltung der natürlichen Lebensgrundlagen (Umweltschutz).

Werden die **quantitativen** und **qualitativen Ziele** gleichzeitig verfolgt, so spricht man von einem **magischen Sechseck.**

4 Zielbeziehungen als Ausgangspunkt für „vernetztes Denken" im Rahmen der Wirtschaftspolitik

(1) Ursache-Wirkungs-Denken und dynamische Komplexität

Ob Euro- und Wirtschaftskrise, Klimawandel oder demografische Entwicklungen, die Herausforderungen unserer Zeit zeichnen sich durch sogenannte **„dynamische Komplexität"** aus. Neben dem simplen **Ursache-Wirkungs-Denken (lineares Denken),** das sich an scheinbar unabhängigen (getrennten) Einzelproblemen orientiert, brauchen wir heute den Blick für dynamische Strukturen – hin zu einem Verständnis komplexer Systeme und ihres Verhaltens.

Lineares Denken betrachtet Beziehungen in nur **eine** Richtung und zieht nur einzelne Ursachen und Wirkungen in Betracht. Im Gegensatz hierzu geht es der **Methode des vernetzten Denkens** darum, auch die **indirekten** Beziehungen und deren **Rückwirkungen** zu berücksichtigen und das ganze System (Netz) von Ursache-Wirkungs-Beziehungen zu verstehen.

Das vernetzte Denken gewinnt in der heutigen Zeit vor allem durch die steigende Komplexität immer weiter an Bedeutung. Im Fokus dieser Methode steht allerdings nicht die Problemlösung.

Ziel der Methode des vernetzten Denkens ist es, **Probleme** in komplexen Systemen umfassend zu **identifizieren,** zu **diagnostizieren** und dadurch die **Entwicklung von Lösungen** zu erleichtern.

Die Forderung, dass die Wirtschaftspolitik gleichzeitig Vollbeschäftigung, Preisniveaustabilität (Geldwertstabilität), außenwirtschaftliches Gleichgewicht und stetiges Wirtschaftswachstum anzustreben habe, ist leicht zu erheben, aber schwierig zu erfüllen. Je nach Ausgangslage besteht **Zielharmonie** oder **Zielkonflikt.**

Die **gleichzeitige Verfolgung und Erreichung** aller genannten Ziele ist mit Blick auf deren **wechselseitige Abhängigkeiten unmöglich.** Vor dem Hintergrund dieses Zielkonflikts bezeichnet man diese vier Ziele auch als **„magisches Viereck",** da es wohl der „Fähigkeiten eines Magiers" bedarf, alle vier Ziele mit einem 100%igen Realisierungsgrad zu erreichen.

(2) Zielharmonie

Von **Zielharmonie** spricht man, wenn bestimmte wirtschaftspolitische **Maßnahmen** der Erreichung **mehrerer** Ziele dienlich sind.

Beispiel:

Unternehmen investieren nicht, um Arbeitsplätze zu schaffen. Unternehmen investieren nur, wenn es sich für sie lohnt, wenn also die Geschäftserwartungen gut sind und sie Gewinne erwarten können. Es gibt also eine enge Verknüpfung von Konjunkturlage, Investitionsklima und Arbeitsplätzen. Läuft es mit der Wirtschaft reibungslos und sind zufriedenstellende

Überschüsse zu erwarten, dann stecken die Unternehmen auch mehr Geld in neue Maschinen, Anlagen und Gebäude. Dann wächst – allerdings mit einer gewissen zeitlichen Verzögerung – auch die Zahl der Arbeitsplätze. In der Flaute dagegen, wenn die Betriebe sparen und ihre Investitionslust schwindet, gehen in der Regel auch Arbeitsplätze verloren.

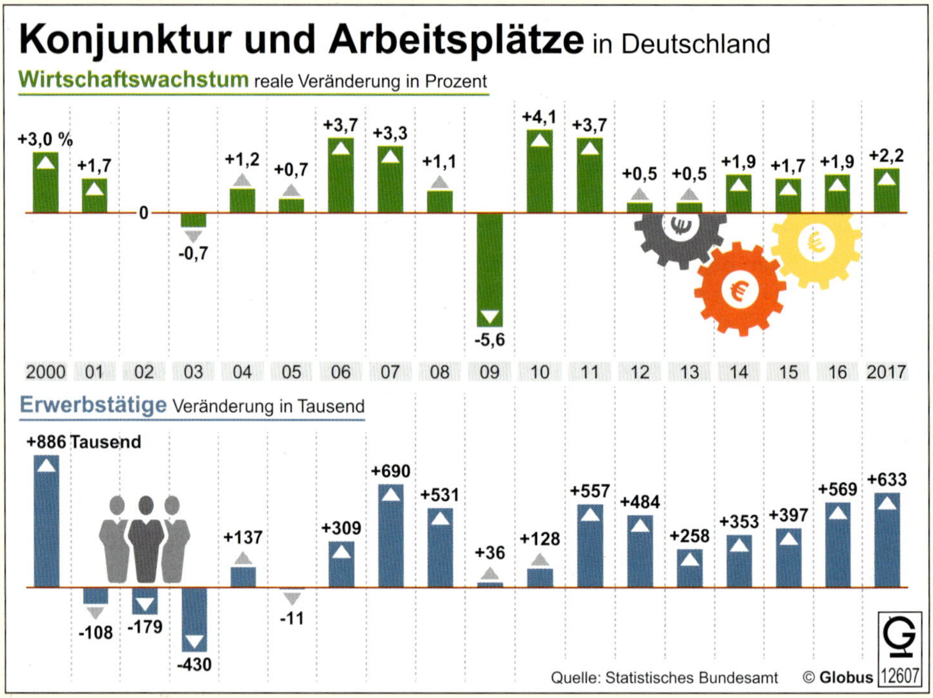

(3) Zielkonflikte

Ein **Zielkonflikt** liegt vor, wenn die Ergreifung einer bestimmten **Maßnahme** die Wirtschaft zwar **einem** Ziel näher bringt, sie dafür aber von anderen Zielen entfernt.

Die Realität hat gezeigt, dass es bei der Verfolgung eines noch nicht realisierten Ziels häufig zu unerwünschten Veränderungen bei den anderen Zielen kommt. Beispielhaft sollen im Folgenden einige Zielkonflikte zwischen den wirtschaftspolitischen Zielen dargestellt werden.

Fall 1: Eine Volkswirtschaft ist unterbeschäftigt	
Ausgangssituation	Die Zahl der Arbeitslosen übersteigt die Anzahl der offenen Stellen. Der Preisauftrieb ist gedämpft. Die Investitionsneigung der Unternehmen ist gering, weil der entsprechende Absatz fehlt. Die Steuereinnahmen des Staates reichen nicht aus, um die Staatsausgaben zu finanzieren. Die Zahlungsbilanz ist ausgeglichen.

Fall 1: Eine Volkswirtschaft ist unterbeschäftigt	
Wirtschaftspolitische Maßnahme	Die Wirtschaft soll mithilfe von **Exportförderungsmaßnahmen** (z. B. Exportsubventionen) belebt werden.
Auswirkungen auf die wirtschaftspolitischen Ziele	Das Ziel der **Vollbeschäftigung** wird **gefördert.** Das Ziel der **Preisniveaustabilität** ist **nicht gefährdet,** weil die unterbeschäftigte Wirtschaft zunächst zu konstanten Preisen anbieten kann. Durch die Exportförderung entsteht jedoch ein Exportüberschuss und damit ein Zahlungsbilanzungleichgewicht, d. h., das Ziel des **außenwirtschaftlichen Gleichgewichts wird verletzt.**

Fall 2: Eine Volkswirtschaft ist vollbeschäftigt	
Ausgangssituation	Das Preisniveau steigt verhältnismäßig schnell. Die Staatseinnahmen decken die Ausgaben, sodass auch die Parlamente ausgabefreudig sind. Es bestehen Zahlungsbilanzüberschüsse.
Wirtschaftspolitische Maßnahme	Die Inflationsrate soll durch **Ausgabenkürzungen des Staates** gesenkt werden.
Auswirkungen auf die wirtschaftspolitischen Ziele	Das Ziel **Preisniveaustabilität** wird **gefördert.** Durch die Ausgabenkürzungen des Staates nimmt die Nachfrage ab und die Beschäftigung geht zurück. Durch die Politik der Preisniveaustabilisierung wird die **Vollbeschäftigung gefährdet.** Durch die Preisniveaustabilität kann es außerdem zu Exportüberschüssen kommen, sodass das Ziel des **außenwirtschaftlichen Gleichgewichts nicht erreicht** werden kann.

Fall 3: Soziale Schieflage der Einkommens- und Vermögensverteilung	
Ausgangssituation	Die Kräfte des Marktes haben zu einer ungerechten Einkommens- und Vermögensverteilung geführt.
Wirtschaftspolitische Maßnahme	Einführung eines Steuertarifs, der besser verdienende Einkommensbezieher stärker belastet.
Auswirkungen auf die wirtschaftspolitischen Ziele	Eine Änderung der Einkommens- und Vermögensverteilung ist dann am leichtesten erreichbar, wenn die Volkswirtschaft regelmäßig wächst. Dann nämlich können die Zuwächse an Vermögen und Einkommen zugunsten der Arbeitnehmer verlagert (umverteilt) werden, ohne dass die Investitionstätigkeit leidet. In einer stagnierenden Wirtschaft bei Unterbeschäftigung führen die Lohnerhöhungen lediglich zu einer Erhöhung der Stückkosten in allen Bereichen, was zu weiteren Preissteigerungen beiträgt. Zwar mag eine Lohnerhöhung bei der Konsumgüterindustrie zu höheren Umsätzen (bei steigenden Preisen) beitragen, in der Investitionsgüterindustrie wird sich jedoch der Konsumzuwachs kaum als höhere Nachfrage nach Investitionsgütern bemerkbar machen, solange die Konsumgüterindustrie selbst unterbeschäftigt ist; denn kein Unternehmen wird Erweiterungsinvestitionen vornehmen, wenn seine Kapazität ohnehin nicht ausgelastet ist. Zwischen den Zielen **„Wachstum"**, **„Preisniveaustabilität"** und **„sozial verträgliche Einkommens- und Vermögensverteilung"** können somit **erhebliche Zielkonflikte** bestehen.

Fall 4: Steigende Umweltverschmutzung	
Ausgangssituation	Mit dem industriellen Wachstum steigt auch der Verschmutzungsgrad. Die Folgen sind verkürzte Lebenserwartung, Zerstörung der Erholungsgebiete, Vernichtung des ökologischen Gleichgewichts und Rückgang der land-, fisch- und forstwirtschaftlichen Produktion.
Wirtschaftspolitische Maßnahme	Der Energieverbrauch wird mit einer speziellen Ökosteuer verteuert. Produktionsabfälle müssen fachgerecht entsorgt werden. Der Staat legt Grenzwerte für Schadstoffe in Lebensmitteln, Kosmetika, Autoabgasen usw. fest.
Auswirkungen auf die wirtschaftspolitischen Ziele	Zwischen dem wirtschaftspolitischen Ziel der **„Erhaltung einer lebenswerten Umwelt"** und dem **Wachstumsziel** besteht somit ein **unauflöslicher Zielkonflikt,** soweit sich das Wachstum auf die materielle Produktion bezieht. Wird hingegen das **Wachstum gebremst,** um die Umwelt zu schonen, geraten das **Vollbeschäftigungsziel** und eventuell das **außenwirtschaftliche Gleichgewicht in Gefahr.**

Schlussfolgerungen aus Fall 1 bis Fall 4: Es wird deutlich, dass alle wirtschafts- und sozialpolitischen Ziele miteinander zusammenhängen **(magisches Sechseck):**[1]

Vernetztes Denken im magischen Sechseck der Wirtschaftspolitik

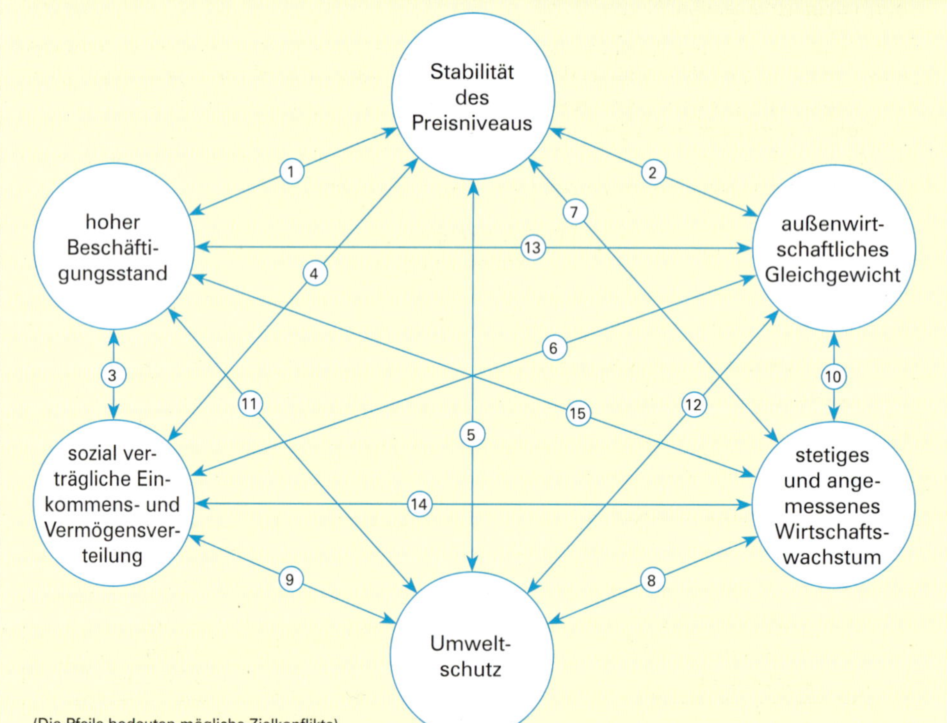

(Die Pfeile bedeuten mögliche Zielkonflikte)

1 Diese Konfliktbeziehungen bestehen nur, wenn gleichzeitig alle sechs Ziele verfolgt werden. Werden nur einzelne Zielpaare betrachtet, ist auch Zielharmonie möglich, z. B. zwischen hohem Beschäftigungsstand und stetigem Wirtschaftswachstum.

Kompetenztraining

1. Betrachten Sie die folgende Karikatur!

Aufgaben:

1.1 Arbeiten Sie die in der Karikatur angesprochenen wirtschaftspolitischen Ziele heraus.

1.2 Begründen Sie, in welcher Beziehung die Ziele zueinander stehen.

2. Vernetzungsdiagramm

Unterstellen wir, dass die führenden Wirtschaftsforschungsinstitute der Bundesrepublik Deutschland für die nächsten Jahre – sowohl national als auch weltweit – eine sehr positive Konjunkturentwicklung prognostizieren und erste Anzeichen in diese Richtung bereits zum jetzigen Zeitpunkt deutlich erkennbar sind.

Die nachfolgende Vorlage eines Vernetzungsdiagramms zeigt neun mögliche Ursache-Wirkungs-Beziehungen! Versehen Sie die Pfeile mit einem Plus- oder Minuszeichen, wobei gilt:

- **Pluszeichen**: gleichgerichtete (verstärkende) Wirkung. Es gilt: je mehr (höher) – desto mehr (höher); je weniger (niedriger) – desto weniger (niedriger).
- **Minuszeichen**: entgegengesetzte (abschwächende) Wirkung. Es gilt: je mehr (höher) – desto weniger (niedriger) bzw. je weniger (niedriger) – desto mehr (höher).

DOWNLOAD

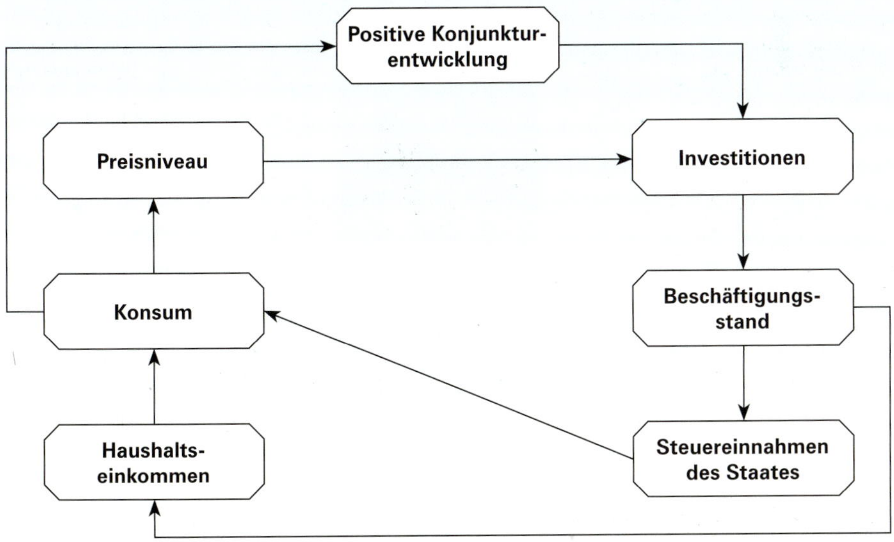

Handlungssituation 7

Zur einführenden Auseinandersetzung mit dem Thema Arbeitslosigkeit lesen Sie zunächst nachfolgenden Artikel:

Arbeitslosigkeit erhöht die Depressionsgefahr

Die Arbeit ist ein wichtiger Pfeiler des menschlichen Daseins. Bricht dieser Pfeiler weg und man wird arbeitslos, steigt für Betroffene die Gefahr einer psychischen Krankheit wie Depression. Häufig werden die Erkrankungen aber nicht erkannt.

In der EU waren im Februar dieses Jahres 24,55 Millionen Menschen arbeitslos. Die Arbeitslosenquote von 10,2 Prozent ist die höchste seit 1997. In Spanien und Griechenland war jeder zweite Jugendliche unter 25 Jahren ohne Arbeit. Auch in Deutschland waren im März über drei Millionen Menschen von Arbeitslosigkeit betroffen, die Quote betrug 7,2 Prozent. [...]

Arbeitslosigkeit: Ein großer Einschnitt ins Leben

Nicht für alle dieser Menschen ist die Arbeitslosigkeit gleich schlimm. Die staatliche Unterstützung ist unterschiedlich und es gibt Menschen, die die Zuversicht nicht verlieren, die in der Arbeitslosigkeit auch die Chance für einen Neuanfang sehen. Für ganz viele Betroffene ist sie aber ein großer Einschnitt. Oft sind psychische Erkrankungen wie eine Depression die Folge.

Arbeit als Mittelpunkt des Lebens

Ein Grund für die Probleme, die Arbeitslosigkeit mit sich bringt, ist in unserer Einstellung zur Arbeit zu suchen. In der Antike war Arbeit noch verpönt. Und auch im Mittelalter wurde Arbeit bis zur Reformation noch als Mühsal, ja eigentliche Strafe aufgefasst. Erst viel später entwickelte sich die sogenannte protestantische Arbeitsethik. Sie ist gekennzeichnet durch die Vorstellung von Arbeit als Pflicht und von der Arbeit als Mittelpunkt des Lebens, um den herum die Freizeit gestaltet wird.

Als Grundmodell dienen diese Vorstellungen heute noch, aber natürlich ist die Entwicklung fortgeschritten. Arbeit muss heute nicht Pflicht sein und einzig dem Broterwerb dienen. Sie kann mit Leidenschaft erfüllt werden, sie kann Spaß und Freude machen. Sie kann spannend und herausfordernd sein. Arbeitszeitmodelle ermöglichen heute mehr Flexibilität. Und Unternehmen sind heute sehr oft auch ein Teil des sozialen Lebens der Beschäftigten. [...]

Arbeitslose häufiger von einer Depression betroffen

Die Arbeit ist also ein Hauptpfeiler des menschlichen Daseins. Und entsprechend dramatisch können die Folgen sein, wenn dieser Pfeiler wegbricht, oft von einem Tag auf den anderen. So haben Studien ergeben, dass Arbeitslose häufiger von psychischen Krankheiten wie einer Depression betroffen sind als Erwerbstätige. [...]

Laut der Psychologin Gisela Mohr von der Universität Leipzig belastet viele Arbeitslose der Zwang, möglichst schnell wieder eine Arbeit und zurück zur oben erwähnten protestantischen Arbeitsethik zu finden. „Je höher die Arbeitsorientierung bei einem Menschen ist, umso stärker sind die Auswirkungen auf die psychische Gesundheit in der Situation der aussichtslosen Arbeitslosigkeit." [...]

Wenn das soziale Umfeld wegbricht

Auch die Anforderung, dass Betroffene für eine neue Stelle bereit sein sollten, ihren Wohnort zu wechseln, wirkt sich nach Mohrs Einschätzung negativ auf die psychische Gesundheit aus. „Vor allem, wenn man eine Familie hat, ist das ein großes Problem", schätzt Mohr. „Bei jedem Umzug verliert man sein soziales Umfeld und muss sich ein neues aufbauen", warnt sie. Dabei sei ein gutes soziales Netz wichtig für Arbeitslose. Es könne ihnen helfen, eine neue Arbeit zu finden.

Ablehnung schwächt das Selbstwertgefühl

Der psychischen Gesundheit ebenfalls nicht förderlich ist nach Ansicht Mohrs die Anforderung, möglichst viele Bewerbungen in einem definierten Zeitraum zu verschicken. Werden die Vorgaben nicht eingehalten, droht eine Leistungskürzung. Dabei ist gemäß der Psychologin kein Zusammenhang feststellbar, dass viele Bewerbungen die Erfolgsaussichten verbessern würden. Hingegen würden viele erfolglose Bewerbungen die psychische Gesundheit gefährden. Jede Ablehnung oder Absage gelte als Misserfolg und schwäche das Selbstwertgefühl. [...]

Textquelle: Myhandicap.de, Text: Patrick Gunti – 04/2012.

Kompetenzorientierte Arbeitsaufträge:

1. Markieren Sie zunächst die Begriffe, deren Verständnis Ihnen Probleme bereitet. Recherchieren Sie – eventuell unter Zuhilfenahme des Internets – anschließend die Bedeutung dieser Begriffe!

2. Erläutern Sie die Gefahr der Arbeitslosigkeit, die im Mittelpunkt des vorangestellten Artikels steht!

3. Erläutern Sie den Stellenwert der Arbeit in unserer modernen Gesellschaft! Gehen Sie anschließend auch darauf ein, welchen Stellenwert Arbeit in Ihrem künftigen Leben einnehmen soll!

4. Führen Sie an, welche Kriterien eine Arbeitsstelle nach Ihren Vorstellungen erfüllen müsste, damit Sie Ihren künftigen Beruf über viele Jahre hinweg mit Spaß und Freude ausüben könnten!

5. Analysieren Sie für sich persönlich, wie sich die Ausübung eines Berufes, mit dem Sie nicht glücklich wären, auf Ihr persönliches Leben auswirken würde!

6. Erläutern Sie drei Entstehungsarten der Arbeitslosigkeit!

7. **Arbeitsvorschlag mit regionalem Bezug: Maßnahmenplan**

   Eine kleine Gruppe aus der Klasse sollte in Form eines Referates die wichtigsten Informationen über den Arbeitsmarkt in Ihrer Region vorbereiten! Im Fokus der Präsentation sollte neben den üblichen Arbeitsmarktdaten (Anzahl der Arbeitslosen, Arbeitslosenquote, Entwicklung des Arbeitsmarktes in den vergangenen Jahren/Monaten) vor allem stehen, welcher Personenkreis und welche Berufsgruppen besonders von der Arbeitslosigkeit in Ihrer Region betroffen sind. Hilfreich bei der Vorbereitung wären nicht nur Informationsunterlagen der örtlichen Agentur für Arbeit, auch andere Institutionen (z. B. IHK, Gewerkschaften, Verbände) könnten Ihre Arbeit unterstützen.

   Diskutieren Sie im Anschluss an die Präsentation als Klassengemeinschaft darüber, welche Maßnahmen konkret dazu beitragen könnten, die Arbeitslosigkeit in Ihrer Region zu verringern!

   Tragen Sie die Maßnahmen in Form eines Maßnahmenplanes zusammen! Nutzen Sie dabei folgende Übersicht als Vorlage!

<table>
<tr><th colspan="4">Maßnahmenplan zur Bekämpfung der Arbeitslosigkeit in unserer Region</th></tr>
<tr><th colspan="4">Ausgangslage</th></tr>
<tr><td colspan="4">■ Anzahl der Arbeitslosen:</td></tr>
<tr><td colspan="4">■ Arbeitslosenquote in der Region:</td></tr>
<tr><td colspan="4">■ Anzahl der offenen Stellen in der Region:</td></tr>
<tr><td colspan="4">■ Weitere wichtige Arbeitsmarktdaten der Region:</td></tr>
<tr><th>Maßnahmen</th><th>Erhoffte Wirkungen</th><th>Mögliche Probleme</th><th>Träger der Aktivität</th></tr>
<tr><td>■
■
■</td><td></td><td></td><td></td></tr>
</table>

1 Begriff der Vollbeschäftigung

(1) Grundlegende Begriffe und Zusammenhänge

Im Rahmen der staatlichen Wirtschaftspolitik wird ein **hoher Beschäftigungsstand** angestrebt.

- Im **umfassenden Sinne** versteht man unter **Vollbeschäftigung** die **Auslastung der Produktionsfaktoren** Arbeit, Boden und Kapital.
- In der aktuellen Diskussion wird die Beschäftigung des Produktionsfaktors Arbeit in den Vordergrund gestellt, sodass sich das Ziel der Vollbeschäftigung im **engeren Sinne** auf den Produktionsfaktor **Arbeit** konzentriert.

Als **Vollbeschäftigung** wird eine Arbeitslosenquote von etwa **1–2%** in der Bundesrepublik Deutschland angesehen.

Bei **Überbeschäftigung** liegt die Arbeitslosenquote unter 1%, bei **Unterbeschäftigung** über etwa 2%.

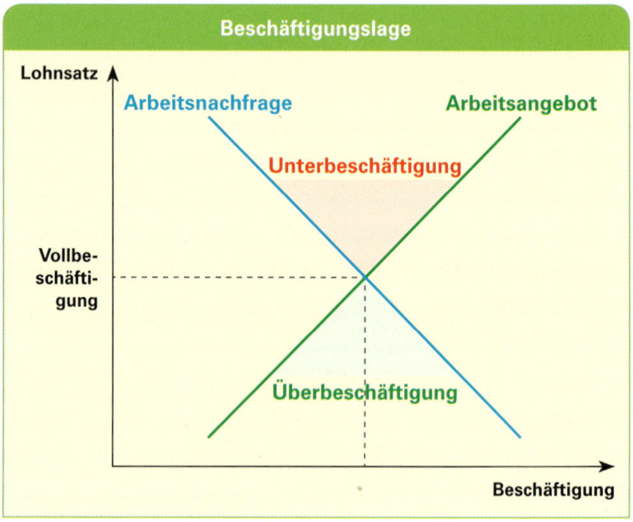

Die Zahl der offenen Stellen und die der Kurzarbeiter ist bei der Beurteilung des Arbeitsmarktes mit zu berücksichtigen. Wenn in einer Volkswirtschaft **Vollbeschäftigung** vorliegt, so befindet sich der Arbeitsmarkt im **Gleichgewicht,** bei **Arbeitslosigkeit** (Unterbeschäftigung) hingegen liegt ein **Ungleichgewicht** vor.

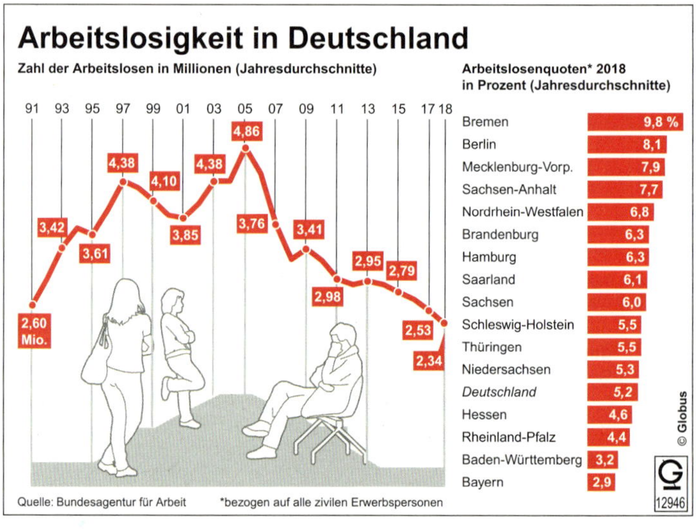

Arbeitslosigkeit ist das **Fehlen einer Beschäftigungsmöglichkeit** für einen Teil der **arbeitsfähigen** und beim herrschenden Lohnniveau **arbeitsbereiten** Arbeitnehmer.

(2) Berechnung der Arbeitslosenquote (ALQ)

Im Allgemeinen misst man die **Beschäftigungslage** in einer Volkswirtschaft an der **Zahl der Arbeitslosen** und der **Arbeitslosenquote.**

Bei der Arbeitslosenquote werden hierzulande zwei verschiedene Werte gemessen:

1. der Anteil der **„registrierten Arbeitslosen"** (Erwerbslosen) an der „Gesamtzahl der **unselbstständigen** Erwerbspersonen in Prozent".

$$ALQ = \frac{\text{Zahl der Arbeitslosen} \cdot 100}{\text{Anzahl der unselbstständigen Erwerbspersonen}}$$

2. der Anteil der **„registrierten Arbeitslosen"** an der „Gesamtzahl **aller** Erwerbspersonen in Prozent".

$$ALQ = \frac{\text{Zahl der Arbeitslosen} \cdot 100}{\text{Anzahl aller Erwerbspersonen}}$$

Hinweis:

Die Erwerbspersonen setzen sich zusammen aus den **Erwerbstätigen** und den **Erwerbslosen.**

(3) Weitere arbeitsmarktpolitische Messgrößen

Neben diesen beiden wohl wichtigsten Größen werden von der Agentur für Arbeit im Rahmen der monatlichen Berichte zur **Lage auf dem Arbeitsmarkt** noch weitere arbeitsmarktpolitische Größen veröffentlicht, die für die **Messung** und die **Beurteilung** der Entwicklung der Arbeitslosigkeit von großer Bedeutung sind.

1. Zahl der Erwerbstätigen und sozialversicherungspflichtig Beschäftigten

- Diese arbeitsmarktpolitische Messgröße ist bedeutsam für die **Beurteilung** der Entwicklung der Arbeitslosigkeit.

Beispiel:

- **Periode 1:** Die Zahl der Erwerbstätigen sinkt um 50 000 Personen, die Zahl der Arbeitslosen steigt um 50 000 Personen.
- **Periode 2:** Die Zahl der Erwerbstätigen steigt um 20 000 Personen, die Zahl der Arbeitslosen steigt um 50 000 Personen.

Während in beiden Perioden die Arbeitslosenzahl in gleicher Größenordnung gestiegen ist, war die Entwicklung auf dem Arbeitsmarkt in Periode 2 insgesamt sehr viel positiver. Wie dieses Beispiel verdeutlicht, sind Zahlen zur Entwicklung der Erwerbspersonen und Beschäftigung also entscheidend, um die Entwicklung der Arbeitslosenzahlen zu bewerten.

Erwerbstätige und sozialversicherungspflichtig Beschäftigte

in Millionen
Deutschland
2012 bis 2018

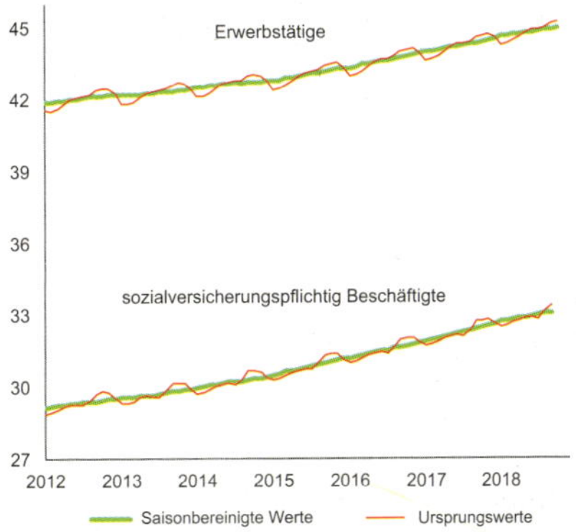

Vorläufige hochgerechnete Werte der Erwerbstätigen (Inlandskonzept) und der sozialversicherungspflichtig Beschäftigten am aktuellen Rand mit einem bzw. zwei Monaten Wartezeit.

Quelle: Bundesagentur für Arbeit, Monatsbericht zum Arbeits- und Ausbildungsmarkt in Deutschland, Nov. 2018

2. Konjunkturell bedingte Kurzarbeit

Hierunter versteht man die **Herabsetzung** der **betrieblichen Arbeitszeit** bei entsprechender **Kürzung** des **Arbeitsentgelts.** Diese Maßnahme wird eingeleitet, um betriebsbedingte Entlassungen zu vermeiden, indem durch vorübergehende Arbeitsstreckung die geringe Auslastung auf die vorhandenen Arbeitnehmer verteilt wird.

Beispiel:

- **Periode 1:** Die Zahl der Kurzarbeiter sinkt um 50000 Personen, die Zahl der Arbeitslosen steigt um 60000 Personen.
- **Periode 2:** Die Zahl der Kurzarbeiter steigt um 20000 Personen, gleichzeitig steigt die Zahl der Arbeitslosen um 60000 Personen.

Während in beiden Perioden die Arbeitslosenzahl in gleicher Größenordnung gestiegen ist, ist die Entwicklung auf dem Arbeitsmarkt in Periode 1 insgesamt sehr viel positiver zu bewerten.

Konjunkturell bedingte Kurzarbeit

in Tausend
Deutschland
2012 bis 2018

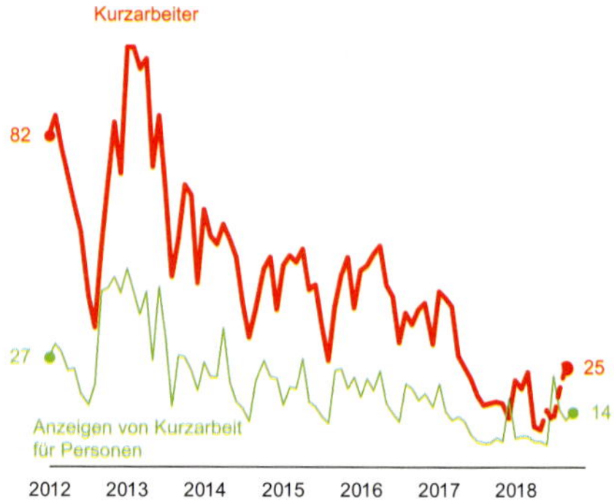

Kurzarbeiterzahlen gem. § 170 SGB III auf Basis der Abrechnungslisten der Betriebe; für die letzten vier Monate vorläufige hochgerechnete Werte mit zwei Monaten Wartezeit.

Quelle: Bundesagentur für Arbeit, Monatsbericht zum Arbeits- und Ausbildungsmarkt in Deutschland, Nov. 2018

3. Gemeldete offene Stellen

Gemeldete Stellen sind **Beschäftigungsmöglichkeiten,** die der Arbeitsagentur oder den Trägern der Grundsicherung für Arbeitsuchende zur Besetzung gemeldet wurden mit einer vorgesehenen Beschäftigungsdauer von mehr als 7 Kalendertagen.

Beispiel:

- **Periode 1:** Die Zahl der gemeldeten offenen Stellen sinkt um 20000, die Zahl der Arbeitslosen steigt um 40000 Personen.
- **Periode 2:** Die Zahl der gemeldeten offenen Stellen steigt um 10000, die Zahl der Arbeitslosen steigt um 40000 Personen.

Während in beiden Perioden die Arbeitslosenzahl in gleicher Größenordnung gestiegen ist, war die Entwicklung auf dem Arbeitsmarkt in Periode 2 insgesamt sehr viel positiver.

Gemeldete Arbeitsstellen und Vakanzen

Angaben in Tausend
Deutschland
November 2018

	November 2018	Anteil in %	Veränderung zum Vorjahresmonat absolut	Veränderung zum Vorjahresmonat in %
Bestand	807	100	35	4,5
darunter: Vakanzen	765	94,8	41	5,6
Zugang	182	100	-21	-10,4
darunter: Vakanzen	118	64,6	-19	-14,0
Abgang	199	100	-12	-5,5
darunter: ohne Vakanzzeit	9	4,4	-1	-5,7
über drei Monate	91	45,7	7	8,7
durchschnittliche Vakanzzeit [1]	119	-	16	15,7

1) Zeitspanne vom Besetzungstermin bis zum Stellenabgang in Tagen.
Quelle: Statistik der Bundesagentur für Arbeit

Quelle: Bundesagentur für Arbeit, Monatsbericht zum Arbeits- und Ausbildungsmarkt in Deutschland, Nov. 2018

2 Ursachen und Arten der Arbeitslosigkeit

Zur **wirksamen Bekämpfung** der Arbeitslosigkeit ist es erforderlich, die verschiedenen Ursachen zu untersuchen, die dazu führen, dass das Ziel der Vollbeschäftigung nicht erreicht wird. Denn nur wenn es gelingt, die Ursachen für die bestehende Unterbeschäftigung zu beseitigen, lässt sich auch das Problem der Arbeitslosigkeit dauerhaft lösen.

Die Ursachen der Arbeitslosigkeit eignen sich zudem als Unterscheidungskriterium für die verschiedenen Arten der Arbeitslosigkeit.

(1) Registrierte Arbeitslosigkeit

Bei der von den Agenturen für Arbeit **erfassten** Arbeitslosigkeit lassen sich folgende Arten unterscheiden:

Arten der Arbeitslosigkeit	Erläuterungen
1. Freiwillige („unechte") Arbeitslosigkeit	Bei dieser Art der Arbeitslosigkeit sind die hiervon betroffenen Arbeitnehmer zwar **arbeitsfähig,** aber nicht **arbeitswillig.**
2. Unfreiwillige („echte") Arbeitslosigkeit	Bei den unfreiwillig Arbeitslosen handelt es sich um Arbeitslose, die **arbeitsfähig und arbeitswillig** sind, jedoch keinen passenden Arbeitsplatz finden. Im Rahmen der echten Arbeitslosigkeit ist zu unterscheiden, ob für die hiervon Betroffenen **grundsätzlich Arbeitsplätze vorhanden** sind (friktionelle, saisonale, konjunkturelle und „Mismatch"-Arbeitslosigkeit), diese jedoch aus verschiedenen Gründen nicht besetzt werden, oder ob ein generelles **Defizit an Arbeitsplätzen** besteht (strukturelle und institutionelle Arbeitslosigkeit).
2.1 Friktionelle Arbeitslosigkeit	Die Ursache der friktionellen Arbeitslosigkeit ist ein **Arbeitsplatzwechsel.** Zwischen der Beendigung des bisherigen Arbeitsverhältnisses (z.B. durch Kündigung seitens des Arbeitnehmers oder des Arbeitgebers, Insolvenz des Arbeitgebers) und der Aufnahme des neuen Beschäftigungsverhältnisses tritt eine **zeitliche Verzögerung** auf, sodass der Betroffene kurzfristig als arbeitslos registriert ist.
2.2 Saisonale Arbeitslosigkeit	Bei dieser Form der Arbeitslosigkeit ist die Ursache auf **jahreszeitlich bedingte Beschäftigungsschwankungen** zurückzuführen. Betroffen sind vor allem Beschäftigungsverhältnisse, die von **Witterungsbedingungen** abhängen (z.B. Landwirtschaft, Baugewerbe) oder **saisonal konzentrierten Nachfrageschwankungen** unterliegen (z.B. Fremdenverkehrsgewerbe, Getränkehandel).
2.3 Konjunkturelle Arbeitslosigkeit	Die Ursache dieser Arbeitslosigkeit ist auf **Beschäftigungsschwankungen im Konjunkturverlauf** zurückzuführen. Zwar sind die Arbeitsplätze grundsätzlich eingerichtet; allerdings kommt es in Zeiten des konjunkturellen Abschwungs – beispielsweise aufgrund der schlechten Auftragslage – zur Freisetzung von Arbeitskräften.

Arbeitsplätze vorhanden

Arten der Arbeitslosigkeit	Erläuterungen	
2.4 „Mismatch“-Arbeitslosigkeit	Zwar sind die Arbeitsplätze im Prinzip vorhanden, die Ursache für die dennoch bestehende Arbeitslosigkeit liegt jedoch darin, dass diese „offenen Stellen“ aufgrund bestehender **Diskrepanzen** („Mismatch“) **zwischen dem Arbeitsangebot und der Arbeitsnachfrage** nicht besetzt werden. Als mögliche Diskrepanzen zwischen den Profilen von Arbeitskräfteangebot und Arbeitskräftenachfrage lassen sich folgende Punkte anführen: ■ **Berufliche oder sektorale Unterschiede:** Infolge technischen Fortschritts werden in bestimmten Berufen Arbeitskräfte freigesetzt, die erst durch entsprechende Umschulungen wieder in den Arbeitsprozess eingegliedert werden können. Bei den sektoralen Unterschieden lässt sich der Kohlebergbau anführen, der zunehmend an Bedeutung verliert. Die hier freigesetzten Arbeitskräfte sind für andere Sektoren nur bedingt geeignet. ■ **Regionale Unterschiede:** Das Arbeitskräfteangebot und die Arbeitskräftenachfrage fallen **räumlich** auseinander. Der für die Aufnahme der Tätigkeit erforderliche Wohnortwechsel wird aufgrund fehlender Mobilität der Arbeitskräfte nicht in Kauf genommen.	Arbeitsplätze vorhanden
2.5 Strukturelle Arbeitslosigkeit	Diese Art der Arbeitslosigkeit entsteht durch den **Niedergang bestimmter Wirtschaftszweige,** z. B. durch den Wegfall von Kostenvorteilen, Bevölkerungsbewegungen oder Nachfrageverschiebungen.	Arbeitsplätze nicht vorhanden
2.6 Institutionelle Arbeitslosigkeit	Die Ursache dieser Art der Arbeitslosigkeit beruht auf bestimmten **Hemmnissen** wie: ■ **tarifvertragliche Hemmnisse:** Werden beispielsweise die Mindestlöhne im Tarifvertrag zu hoch angesetzt, kann dies dazu führen, dass die Arbeitgeber aufgrund des aus ihrer Sicht zu „hohen Preises“ für den Produktionsfaktor Arbeit keine Arbeitskräfte in diesem Bereich nachfragen. In Deutschland gibt es **einen** allgemeinen, für **alle Arbeitsverhältnisse** gültigen, **durch Gesetz verordneten Mindestlohn.** ■ **betriebsorganisatorische Hemmnisse:** Fehlt beispielsweise betriebsbedingt die Möglichkeit zur Teilzeitarbeit, kann dies dazu führen, dass Arbeitsplatzangebote nicht angenommen werden. ■ **gesetzliche Hemmnisse:** Die angebotenen Stellen können nicht besetzt werden, da beispielsweise gesetzliche Vorschriften (z. B. Arbeitsschutzvorschriften für Jugendliche, Behinderte oder Frauen) dies verhindern.	

(2) Nicht registrierte Arbeitslosigkeit

Bei der nicht registrierten Arbeitslosigkeit handelt es sich um das **Arbeitskräftepotenzial,** das **nicht** in der Arbeitslosenstatistik erfasst ist.

Beispiel:

Nicht in der Arbeitslosenstatistik erfasst sind z. B.:

- Bezieher von Vorruhestandsgeld,
- Bezieher von vorgezogener Altersrente,
- Erwerbstätige, die vorübergehend an Umschulungsmaßnahmen teilnehmen sowie die sogenannten „Ein-Euro-Jobber",
- Nichterwerbstätige, die sich ohne Einschaltung der Agenturen für Arbeit einen Arbeitsplatz suchen,
- Personen, die wegen der schlechten Beschäftigungslage auf eine (geringe) Beschäftigung verzichten und dem Arbeitsmarkt somit fernbleiben.

Auch die nicht registrierte bzw. **„versteckte"** Arbeitslosigkeit ist Teil des gesamten volkswirtschaftlichen Arbeitskräftepotenzials. Der gesamtwirtschaftlich produzierte Güterberg könnte ceteris-paribus größer ausfallen,

- wenn **alle** in einem Beschäftigungsverhältnis stehenden Erwerbstätigen ihren **Qualifikationen** entsprechend eingesetzt und nicht aus tarifvertraglichen oder sozialen Gründen an weniger ergiebigen Arbeitsplätzen bleiben würden. Allgemein bezeichnet man diese Form der Arbeitslosigkeit als **qualitativ versteckte** Arbeitslosigkeit.
- durch Beschäftigung von Personen, die bei den Arbeitsagenturen **nicht** als Arbeit suchend gemeldet sind, grundsätzlich aber arbeitsfähig und latent arbeitsbereit sind (**quantitativ versteckte** Arbeitslosigkeit oder **„stille Reserve"**).

  Hierbei handelt es sich sowohl um Nichterwerbstätige, die ohne Einschaltung der Arbeitsagenturen selbst einen Arbeitsplatz suchen (**aktiver Teil** der „stillen Reserve"), als auch um Nichtbeschäftigte im erwerbsfähigen Alter, die sich erst dann nach einem Arbeitsplatz umsehen würden, wenn sie sich Chancen ausrechnen, einen solchen zu finden (**vorerst inaktiver Teil** der „stillen Reserve").

Zur Abschätzung des Umfangs der „stillen Reserve" wird davon ausgegangen, dass in Hochkonjunkturzeiten das Arbeitskräftepotenzial weitgehend ausgeschöpft ist und in konjunkturellen Abschwungphasen nicht nur die registrierte Arbeitslosigkeit, sondern auch die „stille Reserve" ansteigt.

Als **wichtige Gruppen** der „stillen Reserve" gelten verheiratete Frauen mittlerer Jahrgänge, Frührentner und teils auch Jugendliche.

Die nicht registrierte Arbeitslosigkeit führt zu einer Unterschätzung des Problems der tatsächlichen Arbeitslosigkeit, weshalb auch die **Arbeitslosenquote als Messkonzept** der Arbeitslosigkeit **häufig kritisiert** wird.

3 Folgen der Arbeitslosigkeit

Bei den Folgen der Arbeitslosigkeit lassen sich grundsätzlich zwei Kategorien unterscheiden:

Kategorien	Erläuterungen
Folgen für den Einzelnen	Für den Arbeitslosen selbst ergeben sich zunächst **finanzielle** Folgen. So verringert sich durch die Arbeitslosigkeit sein verfügbares Einkommen. Gleichzeitig erhöht sich sein Rentenanspruch nicht in dem Maße, wie dies bei Fortbestehen des Beschäftigungsverhältnisses der Fall wäre. Neben den finanziellen Folgen hat die Arbeitslosigkeit **soziale** Auswirkungen. So verliert der Arbeitslose nicht nur die sozialen Kontakte zu den Arbeitskollegen. Meist sinkt auch sein gesellschaftliches Ansehen. Die mangelnde gesellschaftliche Anerkennung und die fehlende Selbstverwirklichung im Beruf können ebenfalls zu psychischen Belastungen führen. Bei längerer Arbeitslosigkeit findet zudem eine **Entwertung der Qualifikation** des Betroffenen statt.
Folgen für die Gesamtheit	Zunächst bedeutet Arbeitslosigkeit eine erhebliche **Belastung des Staatshaushaltes** (fehlende Einnahmen aus der Lohn- und Einkommensteuer) und **der Sozialsysteme** in zweierlei Hinsicht. So erhöhen sich durch die zu leistenden Transferzahlungen in Form von Arbeitslosengeld I oder Arbeitslosengeld II nicht nur die Ausgaben der Arbeitslosenversicherung bzw. des Bundes, vielmehr sinkt gleichzeitig auch das **Beitragsaufkommen der Sozialversicherung.** Die aus sinkenden Beitragseinnahmen bei gleichzeitig steigenden Ausgaben entstehende Finanzierungslücke bei den Sozialsystemen kann häufig nur durch einen höheren **Zuschuss** aus dem Bundeshaushalt geschlossen werden. 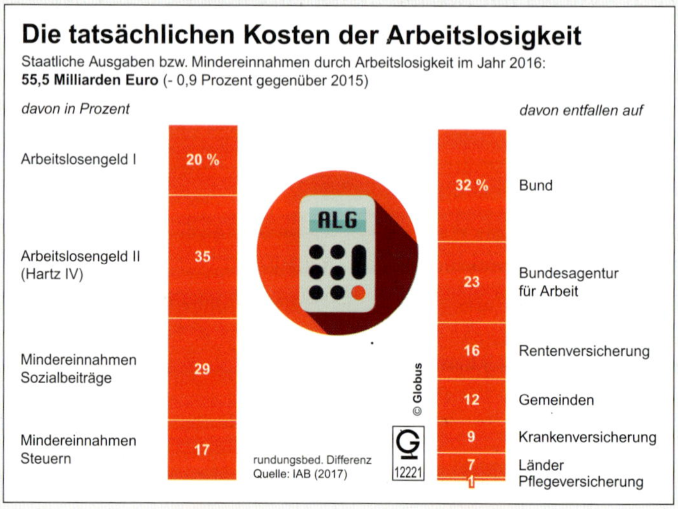 Durch das Absinken des verfügbaren Einkommens bei den Arbeitslosen **verringert** sich auch die **Inlandsnachfrage.** Dies wiederum kann eine weitere Arbeitskräftefreisetzung zur Folge haben; zudem **sinkt** das **Steueraufkommen.** Schließlich stehen vielen Beziehern von Arbeitslosengeld II aufgrund des geringen Einkommens weitere staatliche Hilfen zu (z. B. Wohngeld, Kinderzuschlag für bedürftige Familien), die die öffentlichen Kassen zusätzlich belasten.

4 Maßnahmen zur Bekämpfung der Arbeitslosigkeit

4.1 Grundlagen: neutralisierende und ursachenadäquate Maßnahmen

Zu unterscheiden ist zunächst zwischen den Instrumenten einer neutralisierenden und den Instrumenten einer ursachenadäquaten Arbeitsmarktpolitik.

- Die **neutralisierenden** (passiven) Instrumente dienen lediglich dazu, die finanziellen Folgen der Arbeitslosigkeit teilweise abzufedern. Bei dieser sogenannten **passiven Arbeitsmarktpolitik** stehen in erster Linie die Entgeltersatzleistungen wie Arbeitslosengeld I und Arbeitslosengeld II im Vordergrund.
- Bei der **ursachenadäquaten** (aktiven) **Arbeitsmarktpolitik** hingegen geht es vor allem darum, die Ursachen der Arbeitslosigkeit zu beseitigen, um die ungleichgewichtige Situation am Arbeitsmarkt wieder in ein Gleichgewicht zu überführen. Ziel dieser Politik ist es also, möglichst viele freigesetzte Arbeitsuchende wieder in den Beschäftigungsprozess zu integrieren und somit einen hohen Beschäftigungsstand zu erreichen.

4.2 Träger der Arbeitsmarktpolitik und (mögliche) Maßnahmen im Überblick

Für die Bekämpfung der Arbeitslosigkeit ist in erster Linie die **Bundesagentur für Arbeit (BA)** in Nürnberg als Träger der Arbeitsmarktpolitik verantwortlich.[1] Neben der Bundesagentur für Arbeit ist die **Bekämpfung** des Problems **der Arbeitslosigkeit** aber unter anderem auch **Aufgabe der Regierung, der Arbeitgeber, der Arbeitnehmer und der Tarifparteien.**

Diesen Beteiligten steht eine Vielzahl möglicher Maßnahmen zur Verfügung, die im Sinne einer ursachenadäquaten Arbeitsmarktpolitik zur Bekämpfung der Arbeitslosigkeit geeignet sind.

Beteiligte	(mögliche) Maßnahmen
Regierung	■ Senkung der Lohnnebenkosten ■ staatliche Beschäftigungsprogramme ■ Förderung von Existenzgründungen (z. B. durch einen Gründungszuschuss) ■ Investitionsförderprogramme ■ Zahlung zeitlich befristeter Lohnzuschüsse für die Neueinstellung von Langzeitarbeitslosen („Kombilohn") ■ Sonderprogramme zur Bekämpfung von Jugendarbeitslosigkeit ■ Organisation von Gesprächsrunden zwischen Regierung, Arbeitgeber- und Gewerkschaftsvertretern ■ Änderung gesetzlicher Regelungen (z. B. Regelungen zum Kündigungsschutz oder zur Entgeltfortzahlung im Krankheitsfalle, Änderung der Rentengesetzgebung: Senkung/Erhöhung des Renteneintrittsalters, Vorruhestands- oder Altersteilzeitregelungen)

1 Zu den einzelnen Instrumenten der Bundesagentur für Arbeit siehe Handlungssituation 11, S. 421 ff.

Beteiligte	(mögliche) Maßnahmen
	■ Erhöhung von Bildungs- und Forschungsinvestitionen ■ staatliche Konjunkturprogramme zur Belebung der Nachfrage
Arbeitgeber	■ Ausweitung der Teilzeitarbeitsmöglichkeiten ■ Neueinstellungen durch Überstundenabbau ■ Durchführung bisher zurückgestellter Investitionen
Arbeitnehmer	■ berufliche Weiterbildung ■ Erhöhung der regionalen Mobilität ■ Bereitschaft zur Annahme einer Beschäftigung mit geringeren Qualifikationsanforderungen und/oder niedrigerer Bezahlung als vorher
Tarifpartner	■ Arbeitszeitverlängerung bei gleichem Lohn ■ produktivitätsorientierte bzw. moderate Lohnerhöhungen ■ Öffnung von Tarifverträgen

Einige ausgewählte Maßnahmen werden im Folgenden vertiefend behandelt.

4.3 Kurzfristig wirksame Maßnahmen

(1) Beschäftigungspolitik aus keynesianischer Sicht

Anhänger des **Keynesianismus**[1] sehen in dieser Form der **nachfrageorientierten Beschäftigungspolitik** jedoch ein wichtiges Instrument zur Bekämpfung der Arbeitslosigkeit.

Nach Keynes liegt der Grund für konjunkturelle Einbrüche begleitet von Arbeitslosigkeit in einer **zu geringen Nachfrage** nach Gütern, vor allem nach **Investitionsgütern.** Um nun wieder Vollbeschäftigung zu erreichen, muss die **gesamtwirtschaftliche Güternachfrage steigen.**

(2) Weitere Beispiele

Die staatliche Wirtschaftspolitik kann durch die Geld- und Währungspolitik der Zentralbank unterstützt werden, indem diese z. B. die **Zinssätze senkt.**

In diesem Zusammenhang sind auch die sogenannten **staatlichen Beschäftigungsprogramme** zu nennen. Hierbei handelt es sich um einmalige Ausgaben für solche Wirtschaftszweige, von denen starke nachfragewirksame Impulse auf die Gesamtwirtschaft ausgehen. Eine solche „Schlüsselindustrie" ist z. B. die Bauwirtschaft. Die Wirkung solcher zusätzlichen **„Konjunkturspritzen"** ist jedoch zweifelhaft. Kritiker meinen, dass sie allenfalls ein Strohfeuer auslösen. Sie können sogar von Nachteil sein, wenn der Staat verschuldet ist.

1 Zum Keynesianismus siehe Kapitel 5.3.4, S. 298.

In dieser Situation ist nach Ansicht von Keynes **der Staat gefragt,** der dafür sorgen muss, dass die **fehlende private Nachfrage durch staatliche Nachfrage ersetzt** und so die Wirtschaft aus der Krise (Unterbeschäftigungsgleichgewicht) herausgeführt wird. Indem der Staat die gesamtwirtschaftliche Nachfrage **direkt** durch **Erhöhung seiner Ausgaben** z. B. für öffentliche Aufträge wie den Bau von Straßen, Schienenwegen oder öffentlichen Gebäuden, oder **indirekt,** z. B. durch **Steuervergünstigungen für Investitionen,** steuert, trägt er zur Belebung der Wirtschaft bei. Das schafft neue Arbeitsplätze und Einkommen bei den privaten Haushalten, die wiederum mehr Konsumgüter nachfragen, was wieder Investitionen der Unternehmen bewirkt und weitere Arbeitsplätze schafft.

4.4 Langfristig wirksame Instrumente

Nachfolgend werden beispielhaft langfristig wirksame Instrumente zur Bekämpfung von Arbeitslosigkeit dargestellt.

(1) Senkung der Lohnnebenkosten (Lohnzusatzkosten)

Der Staat kann dazu beitragen, die Arbeitskosten zu senken, indem er dafür sorgt, dass die **gesetzlichen Lohnnebenkosten** (z. B. die Sozialversicherungsbeiträge der Arbeitgeber) gesenkt werden.

(2) Kombilöhne[1] an Arbeitnehmer

Liegen die Marktlöhne **unter dem Niveau der sozialen Grundsicherung,** können an die Arbeitgeber **Lohnkostenzuschüsse** aus den staatlichen Kassen bezahlt werden. Man erwartet aufgrund der sinkenden Lohnkosten eine Zunahme der Nachfrage nach Arbeitskräften.

Eine weitere Form des Kombilohns ist die unmittelbare **Aufstockung von Niedriglöhnen** mit Mitteln aus öffentlichen Kassen: Wenn das Einkommen von Erwerbstätigen nicht ausreicht, ihren Grundbedarf zu decken, haben sie Anspruch auf Arbeitslosengeld II bis zur Höhe der Grundsicherung.[2]

(3) Förderung öffentlicher Beschäftigung

Mit der Förderung öffentlicher Beschäftigung finanziert die Allgemeinheit (durch den Staat) die Einstellung von Arbeitskräften, die ohne diese Hilfe keinen Arbeitsplatz erhalten können. Dazu gehören z. B. die Arbeitsgelegenheiten mit Mehraufwandsentschädigung (sogenannte Ein-Euro-Jobber).

1 **Kombilöhne**: Abkürzung von Kombinationslohn. Kombination (lat.): Zusammenstellung.

2 Die betroffenen Personen werden als „Aufstocker" bezeichnet.

(4) Investitionen in Bildung zur Vermeidung von Arbeitslosigkeit

Wie Studien mittlerweile belegen, besteht bei Personen mit **geringer Qualifikation** ein wesentlich **höheres Risiko,** arbeitslos zu werden, als bei Personen mit weiterführender Ausbildung. Bei Jugendlichen ist das Risiko der Arbeitslosigkeit aufgrund mangelnder Bildung sogar um ein Vielfaches höher, als bei Erwachsenen. So verwundert es nicht, dass der Bildungspolitik im Zusammenhang mit der Bekämpfung der Arbeitslosigkeit eine besondere Rolle zufällt.

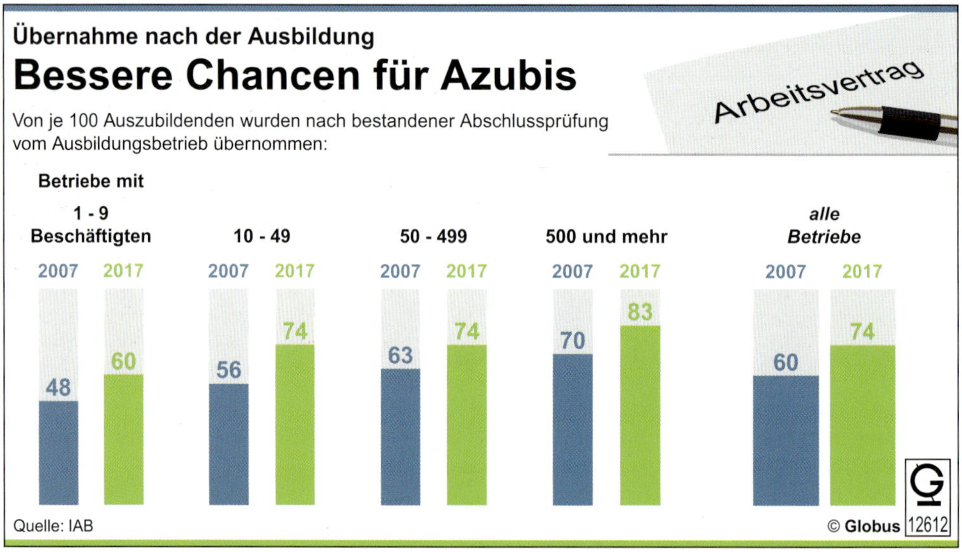

Bildungskosten sind keine Kosten, sondern letztlich eine **Investition** in die Zukunft, die sich für den Einzelnen, für die Unternehmen, für den Staat und die Sozialkassen rechnet.

Vor diesem Hintergrund sind in Deutschland immer mehr Eltern auch bereit, in die Bildungsqualität ihrer Kinder Geld zu investieren (z.B. Ausgaben für zusätzliche Bücher, Kurse, Nachhilfestunden). Da aber nicht alle Bürger über die privaten Mittel verfügen, um verstärkt in das Bildungsvermögen ihrer Kinder zu investieren, ist vor allem die Verantwortung des Staates gefordert. Er muss die Investitionen in Bildung erhöhen, um die künftigen Herausforderungen des **demografischen Wandels** und der **Digitalisierung der Arbeitswelt** erfolgreich bewältigen zu können.

Hierzu muss es der Politik gelingen, alle Erwerbsfähigen durch möglichst **hohe Qualifikationen** zu **höherer Wertschöpfung** zu befähigen. Zudem müssen bildungspolitische Weichenstellungen vorgenommen werden, die für einen breiten Nachschub an Hochqualifizierten – weit über das heutige Niveau hinaus – sorgen. Andernfalls wird man international nicht **wettbewerbsfähig** sein und weder Innovationen hervorbringen noch jenes Wachstum erzielen, das Deutschland zur Finanzierung seiner bisherigen staatlichen Leistungen braucht.

5 Lohnfindung in der Bundesrepublik Deutschland

5.1 Grundlagen der Lohnfindung

Welche Bedeutung den Tarifpartnern bei der Bekämpfung der Arbeitslosigkeit zukommt, verdeutlicht der Tatbestand, dass die **Festlegung der Lohnhöhe** in der Bundesrepublik Deutschland weitestgehend den **Tarifparteien** – also den Gewerkschaften und Arbeitgeberverbänden – obliegt. In den zwischen beiden Seiten abgeschlossenen Tarifverträgen legen sie unter anderem den **„Preis" für den Produktionsfaktor Arbeit** fest und beeinflussen somit ganz wesentlich das **„Gleichgewicht" des Arbeitsmarktes.**

Der Abschluss neuer Tarifverträge erfolgt nach Verhandlungen und eventuellen Arbeitskämpfen im Rahmen der **Tarifautonomie,** wobei die Verhandlungspartner **unterschiedliche** Zielsetzungen verfolgen.

- **Tarifautonomie** ist das Recht der Tarifpartner, selbstständig und **ohne staatliche Einmischung** Arbeitsbedingungen (z. B. Arbeitsentgelte, Urlaubszeit, Arbeitszeit) vereinbaren zu können.
- Der **Tarifvertrag** ist ein **Kollektivvertrag**[1] zwischen den Tarifparteien, in dem die Arbeitsbedingungen für die Berufsgruppen eines Wirtschaftszweiges einheitlich für eine bestimmte Dauer festgelegt werden. Er bedarf der **Schriftform** (§ 1 TVG).

Während die **Gewerkschaften** überwiegend eine Veränderung der **Einkommensverteilung zugunsten ihrer Mitglieder** anstreben, betonen die **Arbeitgeberverbände** die **Bedeutung des Lohnes als Kostenfaktor** und somit als wichtige Entscheidungsgrundlage für die Anzahl der von ihnen angebotenen Arbeitsplätze.

Als Rechtsgrundlage für die unter anderem zur Festlegung der Löhne stattfindenden Tarifverhandlungen dient das **Tarifvertragsgesetz (TVG).**

1 **Kollektiv** (lat. collectivus): Ansammlung. Hier: Personengruppe.

16 Boller, Schuster - ISBN 978-3-8120-0680-4

Tarifvertrag

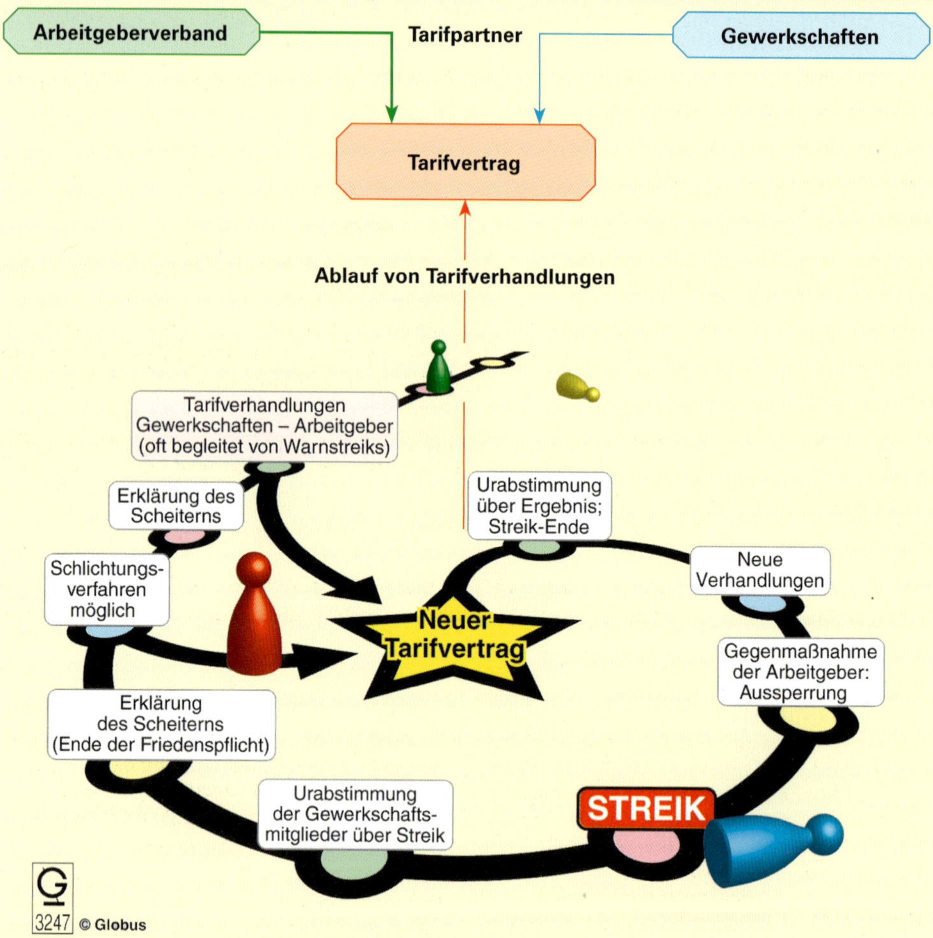

Die Tarifrunden ähneln einem Ritual: Die Gewerkschaften fordern mehr, als sie durchsetzen können; die Arbeitgeber bieten weniger an, als sie schließlich zugestehen müssen. [...] Der normale Ablauf sieht so aus: Wenn die Tarifverhandlungen zu keinem Ergebnis führen und eine Seite sie für gescheitert erklärt, kann (muss aber nicht) versucht werden, den Streit mithilfe von einem **unbeteiligten Dritten** zu schlichten. Nach dem Scheitern der Verhandlungen oder der Schlichtung setzt die Gewerkschaft eine **Urabstimmung** über einen **Streik** an, dem in der Regel **mindestens drei Viertel der Mitglieder** zustimmen müssen. Auf einen Streik können die Arbeitgeber mit **Aussperrung** (vorübergehende Freistellung von Arbeitnehmern von der Arbeitspflicht durch einen Arbeitgeber ohne Fortzahlung des Arbeitslohnes) reagieren. Der Streik endet, wenn in neuen Verhandlungen ein Kompromiss gefunden wird und in einer **zweiten Urabstimmung** mindestens **ein Viertel der Gewerkschaftsmitglieder** zustimmt.

5.2 Tarifverträge als Instrument zur Bekämpfung der Arbeitslosigkeit

Das Angebot von Arbeitsplätzen hängt u.a. auch von dem **Lohnniveau** ab. Deshalb haben in Deutschland nicht nur der Staat, sondern auch die **Tarifverbände**, nämlich die Gewerkschaften einerseits und die Arbeitgeber bzw. ihre Verbände andererseits, Einfluss auf die jeweilige Beschäftigungslage.

Wichtige Ziele der Gewerkschaften sind, zum einen den Anteil der Arbeitnehmer am Volkseinkommen (die Lohnquote) zu sichern oder zu erhöhen und zum anderen die Arbeitslosigkeit zu bekämpfen.

(1) Produktivitätsorientierte Lohnpolitik

Soll die bisher erreichte Lohnquote erhalten bleiben, werden sich die Gewerkschaften zum Ziel setzen, Lohnerhöhungen in Höhe der jährlichen Produktivitätssteigerung der Volkswirtschaft (zuzüglich eines Inflationsausgleichs) durchzusetzen.

Die **produktivitätsorientierte Lohnpolitik** hat folgende Vorteile: Die Verteilung des Volkseinkommens ändert sich nicht, der **materielle Lebensstandard** der Arbeitnehmer **steigt** entsprechend der **volkswirtschaftlichen Gesamtleistung** und die Preise bleiben unter sonst gleichen Bedingungen stabil.

!

Eine Gefahr für die Arbeitsplätze besteht von dieser Seite her deswegen nicht, weil die Konsumgüternachfrage entsprechend der Mehrproduktion (des Produktivitätsfortschritts) steigen kann.

Beispiel:

Angenommen, eine Volkswirtschaft produziert mit einem Kapitalstock von 5000 Mrd. GE und mit 25 Mio. unselbstständigen Arbeitskräften Güter im Wert von 500 Mrd. GE. Die Ersparnis und die Nettoinvestition sei null. Wenn wir eine Lohnquote von 50 % voraussetzen, entfallen vom Volkseinkommen in Höhe von 500 Mrd. GE je 250 Mrd. GE auf die Arbeitnehmer und die Unternehmen bzw. die Unternehmerhaushalte. Steigt aufgrund von Verbesserungsinvestitionen das reale Volkseinkommen auf 550 Mrd. GE, so bedeutet dies bei gleichem Einsatz von Arbeitskräften eine Produktivitätssteigerung von 10 %. (Vor der Produktivitätserhöhung betrug die Produktivität 500 Mrd. GE : 25 Mio., nunmehr 550 Mrd. : 25 Mio.)

Um die bisherige Lohnquote in Höhe von 50 % zu halten, müssen die Löhne ebenfalls um 10 % angehoben werden, d.h. auf 275 Mrd. GE. Dies ist allein schon zur Erhaltung der Vollbeschäftigung notwendig. Andernfalls bleiben die Unternehmen auf ihrer Mehrproduktion „sitzen" und sehen sich zu Produktionseinschränkungen oder Preissenkungen gezwungen.

Sind indessen die Preise aus irgendwelchen Gründen bei gleicher Ausbringung um 10 % gestiegen, oder mit anderen Worten: ist das nominelle Volkseinkommen bei Konstanz des realen Volkseinkommens gestiegen, so bleibt zwar der **Nominallohn** erhalten (250 Mrd. GE), die **Reallöhne** aber sinken: Die Arbeitnehmer nämlich können nunmehr statt bisher 50 % nur noch 45,5 % der gesamtwirtschaftlichen Leistung kaufen. Soll also die Lohnquote und damit der Reallohn erhalten bleiben, müssen die Löhne um ebenfalls 10 % auf 275 Mrd. GE erhöht werden.

Die **produktivitätsorientierte Lohnpolitik** trägt unter sonst gleichen Bedingungen zur **Sicherung der Beschäftigung** bei.

!

(2) Expansive Lohnpolitik

Erstreben die Gewerkschaften hingegen eine Erhöhung der Lohnquote, müssen sie eine **expansive Lohnpolitik** betreiben, d. h., sie müssen Lohnerhöhungen durchsetzen, die **über** den **Produktivitätszuwachs** und die Preissteigerungsrate hinausgehen. Haben sie Erfolg, so muss unterschieden werden, ob die Wirtschaft vollbeschäftigt ist oder nicht. Ist die Wirtschaft **unterbeschäftigt,** werden die Gewerkschaften ihre Forderungen kaum durchsetzen können. Kräftige Lohnsteigerungen würden zu **weiteren Arbeitsplatzverlusten** führen. Ist die Wirtschaft **vollbeschäftigt** und steigen die Löhne schneller als die Preise und der Produktivitätszuwachs, sind aus diesem Grunde zwar keine Arbeitsplätze in Gefahr; jedoch nimmt die Konsumgüternachfrage schneller als das Angebot von Gütern und Leistungen zu, sodass die **Preise steigen.** Die Inflation frisst sozusagen die Lohnsteigerungen wieder auf.

Beispiel:

Das lässt sich mithilfe des vorigen Zahlenbeispiels verdeutlichen. Beträgt das Volkseinkommen im Ausgangszeitpunkt 500 Mrd. GE und ist die Lohnquote 50 %, steigt bei einer 20 %igen Lohnerhöhung das Arbeitnehmereinkommen kurzfristig auf 300 Mrd. GE an. Beläuft sich der Produktionszuwachs jedoch nur auf 10 % und geben die Arbeitnehmer ihr gesamtes Zusatzeinkommen – was vereinfachend unterstellt sein soll – wieder aus, werden die Unternehmer ihre Preise um 10 % erhöhen. Das Volkseinkommen ist um real 50 Mrd. GE, nominell aber um 100 Mrd. GE gestiegen. Nach Ablauf einer bestimmten Zeit ist die alte Einkommensverteilung wieder hergestellt.

Nicht ganz so leicht fallen Preiserhöhungen, wenn entweder das zusätzliche Arbeitnehmereinkommen teilweise gespart wird, oder aber wenn billigere Auslandswaren importiert werden. Dann nämlich würden die Preissteigerungen nicht mit der Lohnentwicklung Schritt halten und die Einkommensverteilung würde sich zugunsten der Arbeitnehmer verschieben. In diesem Fall entsteht jedoch ein neues Problem: Die höheren Lohnkosten ziehen stagnierende oder gar abnehmende Gewinne nach sich. Dies aber bewirkt, dass die Unternehmen ihre Investitionspläne überprüfen und Investitionsvorhaben streichen. Unter Umständen führt das dazu, dass das Volkseinkommen real nicht mehr wächst, während Löhne und Preise weiter steigen (Stagnation bei Inflation oder kurz **„Stagflation"** genannt). Falls die Nettoinvestitionen zurückgehen, ist sogar mit zunehmender Arbeitslosigkeit zu rechnen.

!

- Ziel der **expansiven Lohnpolitik** ist, die Lohnquote (den prozentualen Anteil des Arbeitnehmerentgelts) zu erhöhen.
- Bei Unterbeschäftigung führt die (erfolgreiche) expansive Lohnpolitik zu **Arbeitsplatzverlusten.**
- Die expansive Lohnpolitik kann bei Vollbeschäftigung eine **Lohn-Preis-Spirale** auslösen, sodass auf längere Sicht ebenfalls Arbeitsplätze gefährdet sind.

(3) Arbeitszeitverkürzung

Die Gewerkschaften in vielen Ländern Europas haben in den letzten Jahrzehnten erhebliche Verkürzungen der Arbeitszeiten (vor allem kürzere Wochenarbeitszeiten, mehr

Urlaub) durchgesetzt. Die These: Das Arbeitsangebot wird verknappt, die Durchsetzung von Lohnforderungen wird erleichtert und die Arbeitslosigkeit verringert.

Die Arbeitszeitverkürzung kann jedoch nur unter bestimmten **Bedingungen** zum Abbau der Arbeitslosigkeit beitragen, nämlich dann, wenn die Arbeitszeitverkürzung mit einer entsprechenden **Lohnkürzung** einhergeht und auf dem Arbeitsmarkt genügend **geeignete Bewerber** zur Verfügung stehen.

Muss jedoch der gleiche Lohn für weniger Arbeit gezahlt werden **(Arbeitszeitverkürzung bei vollem Lohnausgleich)**, werden die Unternehmen die teuer gewordene Arbeit durch den Einsatz von Maschinen ersetzen.

Wird die Arbeitszeit in Berufsfeldern verkürzt, bei denen nicht genügend Arbeitsuchende vorhanden sind, muss die vorhandene Belegschaft die Arbeit z. B. durch intensiveren Einsatz oder durch Mehrarbeit übernehmen. Ein möglicherweise vorhandener Mangel an Fachkräften verstärkt sich. Die Unternehmen werden gezwungen, den Arbeitskräfteausfall durch Personal aus dem Ausland zu ersetzen. Die Arbeitslosigkeit wird nicht verringert.

(4) Öffnung der Tarifverträge

Noch vor wenigen Jahren waren die meisten Tarifverträge **starr**, d. h., sie galten für jedes tarifgebundene Unternehmen, gleichgültig, in welcher wirtschaftlichen Lage es sich befand. Angesichts der hohen Arbeitslosigkeit wurden die Tarifverträge zunehmend **flexibler** (beweglicher) gestaltet.

Tariföffnungsklauseln sollen es den Betrieben, denen es **nicht** besonders gut geht, ermöglichen, ihre Belegschaft für eine bestimmte Zeit (z. B. für ein Jahr) bis zu einem vereinbarten Prozentsatz **unter** Tarif zu bezahlen **(Entgeltkorridor)**.

Die konkreten Vereinbarungen zu dieser sogenannten **Härteklausel** werden dann zwischen **Betriebsrat** und **Arbeitgeber** ausgehandelt.

6 Aktuelle Entwicklungen auf dem Arbeitsmarkt

Vor allem die Entwicklung neuer Technologien wird in Zukunft das Arbeitsleben und den Arbeitsmarkt gravierend verändern. Die sogenannte **vierte industrielle Revolution** bringt eine große Vielfalt an Neuerungen. Intelligente Roboter, **innovative Fertigungsmethoden** und **neue Job-Profile** sind das Markenzeichen dieser einschneidenden Entwicklung. Die zunehmend **vernetzte, digitale Produktion** eröffnet neue Möglichkeiten und riesige Chancen für die deutsche Wirtschaft.[1]

1 Vgl. hierzu auch Handlungssituation 10, Kapitel 3.3.

So erobert eine neue Generation der **Roboter** die Fabrikhallen: Intelligente Maschinen, die Hand in Hand mit dem Menschen arbeiten und stetig dazulernen. Neue **intelligente Produktionstechniken** erobern die Fabrikhallen, wie beispielsweise der 3D-Druck, der neue Produkte mit neuen Eigenschaften ermöglicht und somit den Kreislauf von Konzeption, Prototypentwicklung und Produktion beschleunigt. Bei der weltweit größten Industrieschau, der Hannover Messe, stehen diese Entwicklungen seit mehreren Jahren im Mittelpunkt des Interesses.

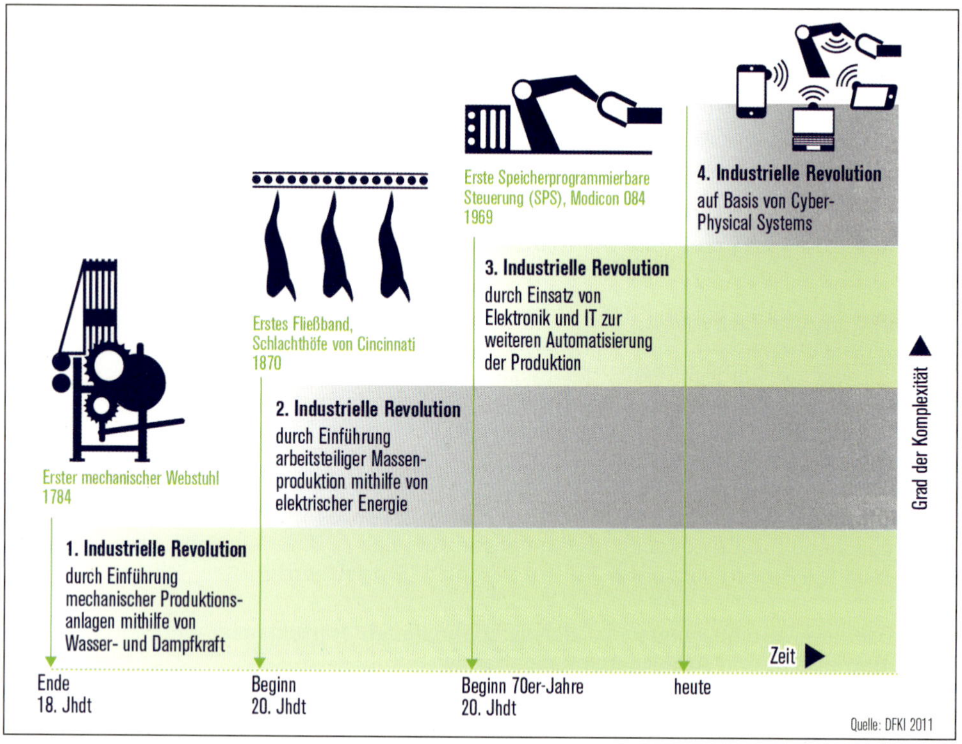

Quelle: https://www.bmbf.de/files/Umsetzungsempfehlungen_Industrie4_0.pdf, S. 17 [Zugriff am 04.09.2018].

In der Frage, ob Roboter und Maschinen bald dem Menschen die Arbeit wegnehmen, sind sich viele Experten in der Verneinung dieser Frage einig. Allerdings werden sich die **Berufsbilder** und Anforderungen an die Mitarbeiter von Morgen sehr stark **verändern.** Denn die **Grenzen** zwischen **real** und **digital** verschwimmen zunehmend, sodass in der Arbeitswelt von morgen Maschinen mitdenken und Berufsbilder sich als Folge hieraus wandeln.

Die Arbeitswelt befindet sich im Wandel. Nachdem Deutschland jahrelang als klassisches Industrieland galt, gewinnt inzwischen der Dienstleistungsbereich immer mehr an Bedeutung. Arbeiteten im Jahr 2005 28,53 Mio. Erwerbstätige in Dienstleistungsberufen, waren es 2015 bereits 31,85 Mio. Insgesamt machten sie 2015 74 % aller Erwerbstätigen aus. Nach einer Prognose des Instituts für Arbeitsmarkt- und Berufsforschung wird ihr Anteil bis zum Jahr 2025 auf rund 76 % steigen. Den höchsten Zuwachs wird es nach dieser Prognose im Vergleich zum Jahr 2005 im Bereich „sonstige wirtschaftliche Unternehmensdienstleister" geben, hinter dem sich unter anderem die Vermittler von Arbeitskräften, Reiseveranstalter, Wach- und Sicherheitsdienste sowie Gebäudebetreuer verbergen. Ebenfalls hohe Wachstumsraten verzeichnen die Bereiche „freiberufliche, wissenschaftliche und technische Dienstleister" und „Gesundheits- und Sozialwesen".

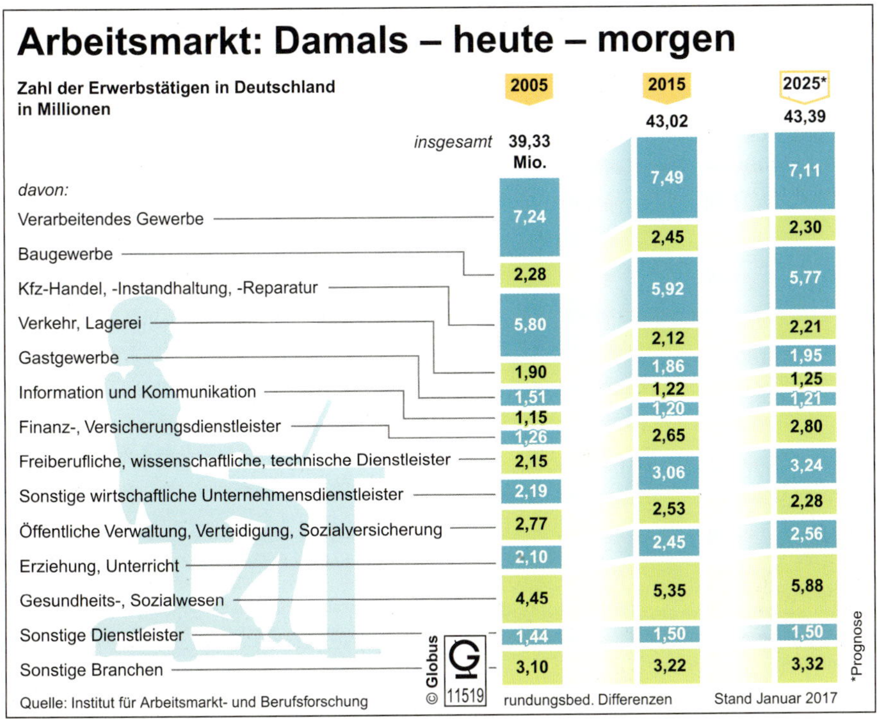

Kompetenztraining

1. Grenzen Sie den Begriff der Vollbeschäftigung im umfassenden Sinn zu dem Begriff der Vollbeschäftigung im engeren Sinn ab!

2. Erläutern Sie die Begriffe Vollbeschäftigung, Überbeschäftigung und Unterbeschäftigung! Stellen Sie die Beschäftigungssituationen anschließend grafisch dar!

3. Erläutern Sie, welche Personengruppen in der Arbeitslosenstatistik nicht registriert werden und welche Konsequenzen sich hieraus ergeben!

4. Beschreiben Sie die Folgen der Arbeitslosigkeit für die Volkswirtschaft als Ganzes!

5. Nach langen Diskussionen wurde in der Bundesrepublik Deutschland im Juli 2015 der gesetzliche Mindestlohn eingeführt!

   Aufgaben:

   5.1 Erläutern Sie, was man unter einem gesetzlichen Mindestlohn versteht!

   5.2 Stellen Sie in einem Koordinatensystem den Mindestlohn grafisch dar! Achten Sie auf vollständige Beschriftung der Zeichnung!

6. Zeichnen Sie eine normale Arbeitsangebotskurve und eine normale Arbeitsnachfragekurve nach dem Preisbildungsmodell des vollkommenen Polypols und beantworten Sie folgende Aufgabenstellungen.

Aufgaben:

6.1 Erläutern Sie, wie sich eine normale Arbeitsangebotskurve bzw. eine normale Arbeitsnachfragekurve erklären lässt!

6.2 Erläutern Sie, welche Folgen sich ergeben, wenn der Mindestlohn

6.2.1 unter dem Gleichgewichtslohn (Marktpreis der Arbeit) und

6.2.2 über dem Gleichgewichtspreis liegt!

6.3 Stellen Sie grafisch dar, wie sich eine Verkürzung der Arbeitszeit (z. B. der Wochenarbeitszeit) auf den Marktlohn auswirkt!

7. Pro- und Kontra-Diskussion

Wie die nebenstehende Abbildung verdeutlicht, gibt es in 22 der 28 EU-Staaten einen gesetzlichen – also vom Staat festgesetzten – Mindestlohn. Er reicht von Bulgarien mit 1,57 EUR pro Stunde bis zu Luxemburg mit 11,55 EUR Stundenlohn.

Diskutieren Sie mögliche Gründe, die für bzw. gegen einen allgemeinen, für alle Arbeitsverhältnisse gültigen, durch Gesetz verordneten Mindestlohnes sprechen!

Ziehen Sie abschließend ein persönliches Fazit!

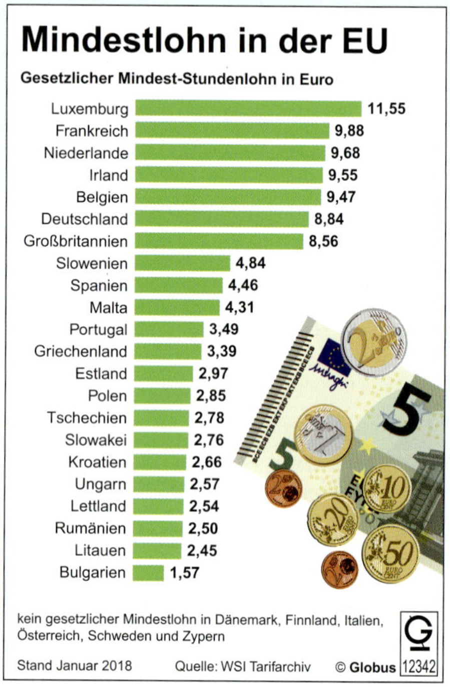

8. Als Gründe der Arbeitslosigkeit werden

- konjunkturelle,
- strukturelle,
- friktionelle und
- saisonale

Ursachen unterschieden.

Aufgaben:

8.1 Erläutern Sie, was unter diesen Ursachen zu verstehen ist!

8.2 Nennen Sie zu jeder dieser Ursachen ein aktuelles Beispiel!

8.3 Beurteilen Sie, welche dieser Ursachen am leichtesten zu beseitigen ist!

8.4 Inga war als Angestellte beschäftigt. Sie hat eine neue Arbeitsstelle gefunden. Bis zum Antritt der neuen Stelle will sie vier Monate „feiern“. Sie trifft mit dem bisherigen Arbeitgeber eine Übereinkunft, dass sie von diesem entlassen wird, um Arbeitslosengeld beanspruchen zu können.

Nennen Sie die hier vorliegende Art von Arbeitslosigkeit und beurteilen Sie Ingas Handeln!

8.5 Als eine Ursache der Diskrepanz von Arbeitskräfteangebot und Arbeitskräftenachfrage wird die fehlende oder unzureichende Mobilität der Arbeitnehmer angesehen.

Erläutern Sie, was die geringe bzw. fehlende Mobilität der Arbeitnehmer in Deutschland verursacht haben kann!

9. Im Zusammenhang mit der Arbeitslosigkeit wird auf die Notwendigkeit der Mobilität der Arbeitskräfte verwiesen.

Nach Wallraff (SJ) lassen sich vier Kategorien der Mobilität unterscheiden:

1. Regionale Mobilität (Wohnortswechsel),
2. innerbetriebliche Mobilität (Einsatz an neuen Maschinen, Aufstieg auf einen höherwertigen Arbeitsplatz),
3. vertikale Mobilität (Aufstieg der nachfolgenden Generation in eine höhere gesellschaftliche Stufe) und
4. interprofessionelle Mobilität (Berufswechsel).

Aufgaben:

9.1 Begründen Sie, welche Arten der Mobilität bei der Bekämpfung der Arbeitslosigkeit eine besondere Bedeutung zukommt!

9.2 Nennen Sie Gründe, welche die Mobilität eines Arbeitnehmers beeinträchtigen können!

9.3 Erläutern Sie, was der Staat unternehmen könnte, um die Mobilität der Arbeitnehmer zu erhöhen!

10. Die nachfolgende Tabelle listet eine Auswahl an Berufen mit dem höchsten bzw. niedrigsten Automatisierungsrisiko auf. (Dabei bezeichnet 0 das geringste Automatisierungsrisiko, 1 dagegen das höchstes Risiko.)

Höchstes Automatisierungsrisiko	
Wahrscheinlichkeit	Beruf
0,99	Telefonverkäufer
0,99	Steuerberater
0,98	Versicherungssachverständiger, Kfz-Schäden
0,98	Schiedsrichter und andere Sportoffzielle
0,98	Anwaltsgehilfen
0,97	Servicekräfte in Restaurant, Bar und Café
0,97	Immobilienmakler
0,97	Zeitarbeiter im Agrarsektor
0,96	Sekretäre und Verwaltungsassistenten, außer in den Bereichen Recht, Medizin und Führungsebene von Unternehmen
0,94	Kuriere und Boten

Geringstes Automatisierungsrisiko	
Wahrscheinlichkeit	Beruf
0,0031	Sozialarbeiter im Bereich psychische Gesundheit und Substanzmissbrauch
0,0040	Choreographen
0,0042	Mediziner
0,0043	Psychologen
0,0055	Personalmanager
0,0065	Computer-Systemanalytiker
0,0077	Anthropologen und Archäologen
0,0100	Schiffs- und Schiffbauingenieure
0,0130	Vertriebsleiter
0,0150	Leitende Angestellte

Quelle: Klaus Schwab, Die Vierte Industrielle Revolution, München, 2016, S. 61 (Auszug).

10.1 Geben Sie an, welche persönlichen Entscheidungen und Schlussfolgerungen sich für Sie daraus ergeben!

10.2 **Pro- und Kontra-Diskussion**

Die Diskussion um ein bedingungsloses Grundeinkommen, d. h. ein Einkommen, das eine politische Gemeinschaft bedingungslos jedem ihrer Mitglieder gewährt, dringt mehr und mehr in das Bewusstsein der Gesellschaft. Erstellen Sie zu diesem Thema eine Gegenüberstellung mit Pro- und Kontra-Argumenten und entscheiden Sie begründet, ob Sie ein bedingungsloses Grundeinkommen einführen würden oder nicht!

11. Über die aktuelle Situation am Arbeitsmarkt wird die Bevölkerung in der Bundesrepublik Deutschland jeden Monat nachrichtlich informiert.

Erläutern Sie, welche Angaben in den Veröffentlichungen zur Arbeitslosenstatistik von der Bundesagentur für Arbeit in Nürnberg jeden Monat gemeldet werden!

12. Die Bundesagentur für Arbeit veröffentlicht nachfolgende Daten der Arbeitsmarktstatistik:

	1. Jahr	2. Jahr	3. Jahr
Erwerbspersonen in Tsd.	39587	39704	39645
Arbeitnehmer in Tsd.	32251	31883	31937
Arbeitslose in Tsd.	3498	3907	3710
Offene Stellen in Tsd.	327	337	422

Aufgaben:

12.1 Ermitteln Sie die Arbeitslosenquoten auf der Basis der Erwerbspersonen für das 2. und 3. Jahr!

12.2 Ermitteln Sie, um wie viel Prozentpunkte die Arbeitslosenquote vom 3. Jahr gegenüber dem 1. Jahr gestiegen ist!

12.3 Begründen Sie, warum sich trotz der gestiegenen Zahl der Arbeitslosen die Anzahl der offenen Stellen erhöht hat und diese nicht durch Neueinstellungen von Arbeitslosen besetzt werden konnten!

13. Die kaufmännische Angestellte Ingrid Schäfer schließt mit dem Kaufhaus Schneider GmbH einen Arbeitsvertrag, in dem auch auf die Regelungen im Tarifvertrag hingewiesen wird.

Beantworten Sie nachfolgende Fragen unter Berücksichtigung des Tarifvertragsgesetzes! Recherchieren Sie hierzu im Internet![1]

Aufgaben:

13.1 Erläutern Sie, für

13.1.1 wen die im Tarifvertrag getroffenen Regelungen gelten,

13.1.2 wen die zwischen dem Kaufhaus Schneider GmbH und Frau Schäfer getroffenen Vereinbarungen gelten!

13.2 Beschreiben Sie, was ein Tarifvertrag regelt!

13.3 Erklären Sie, wer berechtigt ist, Tarifverträge abzuschließen!

13.4 Erläutern Sie, für wen die Regelungen eines Tarifvertrages gelten!

13.5 Beschreiben Sie, was man unter Allgemeinverbindlichkeit eines Tarifvertrages versteht!

13.6 Recherchieren Sie, wo man Auskunft über die in der Bundesrepublik Deutschland abgeschlossenen Tarifverträge erhalten kann!

13.7 Erläutern Sie, wo Tarifverträge ausgelegt werden müssen!

1 https://www.gesetze-im-internet.de/bundesrecht/tvg/gesamt.pdf

14. 14.1 Beschreiben Sie die nebenstehende Karikatur!

14.2 Erklären Sie, welcher Zielkonflikt in der Karikatur dargestellt wird!

14.3 Erläutern Sie, auf welche Weise ein Interessenausgleich herbeigeführt werden kann!

15. Beurteilen Sie aufgrund der nachfolgenden Sachdarstellungen, welche Form der Arbeitslosigkeit vorliegt und tragen Sie die entsprechende Ziffer in das Lösungsfeld ein:

① freiwillige Arbeitslosigkeit,
② friktionelle Arbeitslosigkeit,
③ saisonale Arbeitslosigkeit,
④ konjunkturelle Arbeitslosigkeit,
⑤ „Mismatch"- Arbeitslosigkeit,
⑥ strukturelle Arbeitslosigkeit,
⑦ institutionelle Arbeitslosigkeit!

Sollte keine eindeutige Zuordnung möglich sein, tragen Sie eine ⑨ ein!

15.1	Aufgrund der schlechten Wirtschaftslage werden in vielen Urlaubsgebieten Deutschlands Hotelmitarbeiter entlassen.	3
15.2	Im Berufsfeld der Informationstechnologie sind trotz der hohen Arbeitslosigkeit in Deutschland nach wie vor viele Stellen unbesetzt.	5
15.3	Durch Kürzungen bei dem Arbeitslosengeld II soll diese Form der Arbeitslosigkeit bekämpft werden.	7
15.4	Viele Eisdielenbesitzer in Deutschland entlassen zum Winter hin ihre Angestellten.	
15.5	Gegen den geplanten Abbau der Kohlesubventionen wird seitens der Gewerkschaften mit dem Hinweis auf einen weiteren Anstieg der Arbeitslosigkeit protestiert.	
15.6	Durch die Schließung eines Unternehmens, das sich auf die Herstellung von Schreibmaschinen spezialisiert hatte, fallen 150 Arbeitsplätze weg.	
15.7	Durch die Verschärfung von Kündigungsschutzgesetzen stellen Unternehmen ihre geplanten Neueinstellungen vorerst zurück.	
15.8	Die mittels Streik erkämpften deutlichen Lohnerhöhungen veranlassen die Arbeitgeber zum Abbau von Arbeitsplätzen.	
15.9	Trotz ausreichender Anzahl von Lehrstellen steigt die Quote der Jugendlichen ohne Ausbildungsplatz.	

16. Im Rahmen der politischen Diskussion zur Bekämpfung der Arbeitslosigkeit werden unterschiedliche Maßnahmen vorgeschlagen, wobei die jeweiligen Wirkungen dieser Instrumente im Mittelpunkt des Interesses stehen.

Entscheiden Sie, welche der nachfolgenden Standpunkte Sie für fragwürdig halten!

① Die Ausweitung der Staatsnachfrage im Falle einer Rezession kann den weiteren Abbau von Arbeitsplätzen verhindern.

② Durch Investitionszuschüsse können für Unternehmen Anreize zur Expansion und somit zu Neueinstellungen geschaffen werden.

③ Durch ein gesetzlich vorgeschriebenes Überstundenverbot können in gleichem Umfang Arbeitsplätze geschaffen werden, wie Überstunden abgebaut werden.

④ Durch zusätzliche Umschulungsmaßnahmen wird es Arbeitslosen ermöglicht, sich für den Arbeitsmarkt zu qualifizieren.

⑤ Moderate Tarifabschlüsse können dazu beitragen, dass der Substitutionsprozess zwischen Arbeit und Kapital langsamer verläuft.

17. Die Regierung diskutiert mögliche Änderungen in der Rentengesetzgebung. Entscheiden Sie, welches der nachfolgenden Argumente Sie für falsch halten!

① Durch die Senkung des Renteneintrittsalters können Arbeitslose eingestellt werden.

② Die Finanzierung dieser neuen Arbeitsplätze wird von der Arbeitslosenversicherung auf die Rentenversicherung verlagert.

③ Durch die gesetzliche Möglichkeit der Altersteilzeit können zusätzliche Arbeitsplätze geschaffen werden.

④ Eine Erhöhung des Rentenbeitrages führt zu einer Erhöhung der Kosten für den Produktionsfaktor Arbeit und kann somit das Problem der Arbeitslosigkeit zusätzlich verschärfen.

⑤ Die Einführung der Altersteilzeit dient der Bekämpfung der strukturellen Arbeitslosigkeit.

Handlungssituation 8.1

Lesen Sie folgenden Artikel!

Glück statt Wachstum – Die Grenzen der wirtschaftlichen Produktivität

Im Kapitalismus ist das Bruttoinlandsprodukt das Maß aller Dinge. Und obwohl die sogenannte Erste Welt nach wie vor reicher und produktiver ist als die Dritte, sind die Menschen hier nicht glücklich. Woran liegt das?

Bereits in den 1970ern erkannte der Club of Rome die Grenzen des Wachstums. Wirtschaftliche Produktivität sei kein alleiniger Gradmesser von Lebensqualität und Wohlstand – wichtig seien auch andere Dinge wie Gesundheit, Bildung, das persönliche Umfeld oder eine ökologische Umwelt.

Durch die unsichtbare Hand, die Selbstregulierung des Marktes, werde gleichzeitig auch das allgemeine, gesellschaftliche Glück erhöht – so wollte es der Begründer der modernen Marktökonomie, Adam Smith. Viele unsichtbare Hände stürzten gut 230 Jahre später die Welt in die Krise. Die Wirtschaft wuchs wild, die Finanzwelt wucherte – bis zum Overkill. Wachstum, so das Mantra, soll nun sogar wieder aus der Krise führen. „Wir haben das fast aus dem Auge verloren, kulturell und kollektiv, dass eigentlich Glück der Indikator ist und nicht Wachstum", sagt der Soziologe Hartmut Rosa. […] Längst gehe es bei unserer Produktion nicht mehr darum, Mangel zu beheben. Das einzige, was steige, sei das Tempo. „Inzwischen ist Wachstum zu einem derart unerbittlichen Zwang geworden, dass es uns alle wie in ein Hamsterrad setzt, das uns jedes Jahr zwingt, ein bisschen schneller zu laufen, ein bisschen höher die Wettbewerbsfähigkeit zu steigern", so Rosa. […]

Je höher das Bruttosozialprodukt, desto mehr Wohlstand – diese Rechnung geht für moderne Industriestaaten nicht mehr auf. Hier läuft die Suche nach neuen Gradmessern für Lebensqualität, zum Beispiel dem Bruttoinlands-Glück. Den jüngsten Vorstoß wagten die Nobelpreisträger Joseph Stiglitz und Amartya Sen. […] „Arbeit etwa hat einen Einfluss auf unser Wohlbefinden, der jenseits des Einkommens liegt. Gesundheit, Bildung, Sicherheit und soziale Beziehungen machen Lebensqualität aus, aber werden nicht vom Bruttosozialprodukt erfasst", so Stiglitz.

Das statistische Maß ist blind gegen Leid und Wohl. Es zeigt die Welt im Zerrspiegel: Ganz gleich, ob eine Ölpest Arbeit schafft, Staus den Benzinverbrauch steigern oder Katastrophen Aufräumarbeiten bedingen, das Bruttosozialprodukt wird dadurch gesteigert. Wie aber lassen sich Wohl- und Missstand überhaupt bestimmen? „Der Bettler, der sich am Wegesrand sonnt", schrieb Adam Smith, „hat eine Zufriedenheit, für welche die Könige kämpfen müssen." Das kleine Land Bhutan, ökonomisch betrachtet nicht der Rede wert, ist beim Bruttosozialglück Vorreiter. Das kleine Königtum im Himalaya misst seit gut 40 Jahren Lebensqualität: Spirituelle Wohlfahrt zählt wie auch Fertigkeiten im Handwerk. Kann uns Bhutan Vorbild sein?

[…] Was wir sehen wollen, berechnen wir. Ein realistisches Maß für Wohlstand würde abwägen, mit welchen Umwelt- und Sozial-Kosten wir unsere Produktivität bezahlen. […] „Die Krise hat vor Augen geführt, wie wichtig unsere Bedenken sind", sagt Joseph Stiglitz. „Das Finanzwesen ist das Mittel einer produktiven Wirtschaft und kein Selbstzweck. Die Wirtschaft soll unserem Wohlergehen dienen – auch sie ist nicht Selbstzweck." Politik müsste Wirtschaft zum Allgemeinwohl verpflichten. So könnte der durchaus vorhandene Reichtum gerechter verteilt werden. Keine Gesellschaft kann gedeihen und glücklich sein, in der der weitaus größte Teil ihrer Mitglieder arm und elend ist.

Quelle: www.3sat.de/kulturzeit/themen/141024/index.html, 2012/3sat, Donya Ravasani.

Kompetenzorientierte Arbeitsaufträge:

1. Notieren Sie sich zunächst die Begriffe in dem vorangestellten Text, die Ihnen unverständlich erscheinen, recherchieren Sie diese anschließend im Internet und halten Sie die Ergebnisse schriftlich fest!
2. Nennen Sie fünf allgemeine Bestimmungsfaktoren für den Wohlstand eines Landes!
3. Versuchen Sie Argumente dafür zu finden, warum im Falle von Wirtschaftswachstum in Deutschland nicht alle Einwohner gleichermaßen davon profitieren! Gehen Sie dabei insbesondere auf mögliche Ursachen für diese Ungleichverteilung ein!
4. **Forderungskatalog**

   Entwickeln Sie abseits der Umverteilung von Einkommen mögliche Lösungsansätze zur dauerhaften Beseitigung solcher Ungleichverteilungen! Erstellen Sie hierzu einen Forderungskatalog!
5. Erläutern Sie anhand von drei Beispielen, inwiefern Wirtschaftswachstum hierzulande auch negative Auswirkungen für die Bevölkerung haben kann!
6. Veranschaulichen Sie anhand eines konkreten Beispiels, wie sich Wirtschaftswachstum und Umweltschutz miteinander verbinden lassen!
7. Erläutern Sie, auf welchen Wegen das Bruttoinlandsprodukt ermittelt wird und welche Fragen dabei im Zentrum der jeweiligen Ermittlung stehen!
8. **Unterrichtsvorschlag zum Reflektieren des persönlichen Glücks mittels Kartenabfrage**

   8.1 Notieren Sie in Einzelarbeit, was Sie ganz persönlich aktuell glücklich macht bzw. was Sie sich für Ihre Zukunft wünschen, um glücklich zu leben!

   8.2 Überlegen Sie anschließend, was konkret Sie in Zukunft tun können, um die von Ihnen notierten Voraussetzungen für Ihr persönliches Glück zu erreichen!

   8.3 Präsentieren Sie Ihre Ergebnisse anschließend vor der Klasse! Dabei sollten von allen Schülerinnen und Schülern zumindest Stichworte auf Karteikarten visualisiert werden!

   8.4 Ordnen Sie danach diese Karten nach thematischen Schwerpunkten! Dabei sollten Karten zu gleichen Teilaspekten untereinander, Karten zu unterschiedlichen Aspekten nebeneinander angeordnet werden! Karten mit gleichen Begriffen sollten aussortiert werden!

   8.5 Versuchen Sie anschließend zu unterschiedlichen Aspekten Überschriften zu finden, welche die Teilaspekte „zusammenfassen“!

   8.6 Diskutieren Sie schließlich im Klassenverband, inwiefern Ihre Wünsche bzw. Aspekte von Glück mit den in diesem Lernbereich vorgestellten Wohlstandsindikatoren übereinstimmen!

1 Begriff des Wirtschaftswachstums

Unter **Wirtschaftswachstum** versteht man die **Erhöhung** des innerhalb einer Periode (gewöhnlich für ein Jahr) erzielten **Bruttoinlandsprodukts**, also die Zunahme der produzierten Menge an **Gütern und Dienstleistungen** innerhalb einer Volkswirtschaft.

Wenn die Menge der zur Verfügung stehenden Güter und Dienstleistungen zunimmt, so bedeutet Wirtschaftswachstum zugleich eine **Steigerung des Wohlstandes** einer Volkswirtschaft.

Erhöht (verringert) sich das Bruttoinlandsprodukt innerhalb einer Periode im Vergleich zur Vorperiode, so spricht man von positivem (negativem) Wirtschaftswachstum, bleibt es hingegen gleich, bezeichnet man diesen Zustand als **„Nullwachstum"**.

Grundsätzlich lassen sich **zwei Arten** von **Wirtschaftswachstum** unterscheiden:

Arten	Erläuterungen
Quantitatives Wachstum	Ist die **rein mengenmäßige Erhöhung** des Bruttoinlandsprodukts.
Qualitatives Wachstum	Ist die **Verbesserung der Umwelt- und Lebensbedingungen.** Das qualitative Wachstum findet seinen Ausdruck z.B. in der Entwicklung **sparsamer und umweltschonender** Produktionsverfahren, größerer Freizeit oder qualifizierteren Ausbildungen.

Das Wachstum einer Volkswirtschaft wird durch den **Bestand und die Auslastung der Produktionsfaktoren** bestimmt. Daraus lässt sich das gesamtwirtschaftliche Produktionspotenzial ermitteln. Wird dieses Potenzial nicht voll ausgenutzt, so wird auf mögliches Wachstum **verzichtet.**

Das Stabilitätsgesetz stellt **zwei Anforderungen** an das Wirtschaftswachstum:

- **Stetigkeit** des Wirtschaftswachstums bedeutet ein **störungsfreies** und **kontinuierliches** Wachstum ohne größere Schwankungen. Die Stetigkeit des Wachstums wird beeinträchtigt durch Beschleunigungs- und Verzögerungswirkungen von Konjunkturschwankungen.
- **Angemessenheit**: Derzeit wird ein jährliches Wirtschaftswachstum von 3% als Erfolg angesehen.

2 Messung von Wirtschaftswachstum

2.1 Bruttoinlandsprodukt (BIP) und Bruttonationaleinkommen (BNE)

Die wirtschaftliche Leistung einer Volkswirtschaft und deren Veränderung (Wirtschaftswachstum) wird von Statistischen Ämtern gemessen und in den Größen **Bruttoinlandsprodukt** (BIP) und **Bruttonationaleinkommen** (BNE) ausgedrückt.

Messung des Wirtschaftswachstums

Bruttoinlandsprodukt (BIP)	Bruttonationaleinkommen (BNE)
Das **BIP** misst die Produktion von Waren und Dienstleistungen in einem **bestimmten Gebiet** (Inland, Arbeitsort) für einen **bestimmten Zeitraum,** meist ein Jahr, **unabhängig** davon, ob diejenigen, von denen die Produktionsfaktoren bereitgestellt werden (Erwerbstätige, Kapitaleigner), ihren ständigen Wohnsitz in diesem Gebiet haben oder nicht.	Das **BNE** bezieht sich auf die Güter, die mithilfe der Produktionsfaktoren der **Einwohner** eines bestimmten Gebietes (Inland, Wohnort) produziert wurden, **unabhängig** davon, ob diese Leistung **im Inland oder in der übrigen Welt erbracht wurde.** Das BNE zeigt daher stärker die **Einkommen,** die den **Bewohnern eines bestimmten Gebietes** während einer bestimmten Periode zufließen.

Umfassendster Wert ist das **Bruttoinlandsprodukt** (BIP). Es spiegelt die wirtschaftliche Gesamtleistung eines Landes wider. Die Arbeit des kleinen Handwerksbetriebs ist darin ebenso enthalten wie die Produktion des großen Industrieunternehmens, die Leistungen des Transportgewerbes, der Dienstleistungsbetriebe, des Handels, der Banken und Versicherungen, der Landwirtschaft, des Staates, der Kirchen, der Gewerkschaften und der privaten Haushalte.

2.2 Reales und nominales BIP

Das BIP lässt sich sowohl **nominal** (in **jeweiligen Preisen**) als auch **preisbereinigt (real)** darstellen. Auf Vorjahrespreisbasis wird die „reale" Wirtschaftsentwicklung im Zeitablauf **frei von Preiseinflüssen** dargestellt. Die **Veränderungsrate** des **preisbereinigten** BIP dient als **Messgröße** für das **Wirtschaftswachstum** einer Volkswirtschaft. Das BIP ist damit die **wichtigste Größe** der volkswirtschaftlichen Gesamtrechnungen.

Hinweis:

Ein steigendes Bruttoinlandsprodukt bedeutet noch nicht, dass die Volkswirtschaft tatsächlich im angezeigten Umfang mehr produziert hat. Das Wachstum kann vielmehr ganz oder teilweise auf **gestiegene Preise** zurückzuführen sein.

Das zu jeweiligen (im Betrachtungsjahr aktuellen) Preisen bewertete Bruttoinlandsprodukt bezeichnet man als **nominales Bruttoinlandsprodukt.** Zur Ermittlung des nominalen Bruttoinlandsproduktes werden die produzierten Güter und Dienstleistungen eines Jahres mit den tatsächlich gezahlten Preisen multipliziert und die Einzelergebnisse dann addiert.

Beispiel:

In einer Volkswirtschaft werden im Jahr 01 von einem Sportwagenhersteller 20 exklusive Nobel-Karosserien hergestellt und zu einem Preis von 1 Mio. EUR pro Stück verkauft. Im Jahr 02 werden vom gleichen Modell 15 Wagen hergestellt und zu einem Preis von 2 Mio. EUR pro Stück verkauft. Obwohl 5 Autos weniger hergestellt wurden, hat sich das nominelle Bruttoinlandsprodukt – einzig wegen der gestiegenen Preise – um 10 Mio. EUR erhöht.

Will man die **tatsächliche** Mehrleistung einer Volkswirtschaft im Vergleich zum Vorjahr ermitteln, muss man das **reale** (preisbereinigte) **Bruttoinlandsprodukt** berechnen. Dies geschieht im Kern dadurch, dass man aus dem nominalen Bruttoinlandsprodukt die **Preissteigerungen herausrechnet.**

2.3 Entstehung, Verwendung und Verteilung des BIP

Die Ergebnisse des Wirtschaftsprozesses einer Volkswirtschaft für eine bestimmte Periode (z. B. ein Jahr) werden von der **volkswirtschaftlichen Gesamtrechnung (VGR)** erfasst. Sie liefern den Trägern der Wirtschaftspolitik wichtige Informationen u. a. darüber, was die eingeleiteten wirtschaftspolitischen Maßnahmen bewirkt haben.

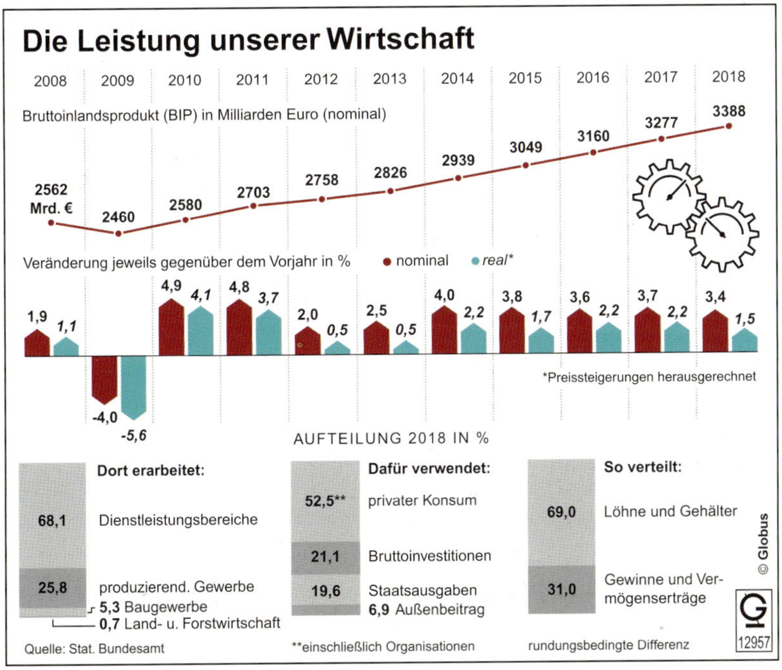

Die deutsche Wirtschaft befand sich auch 2018 auf Wachstumskurs, allerdings fiel das Plus nicht ganz so groß aus wie in den Jahren zuvor: Unter Berücksichtigung des Preisanstiegs – das ist der entscheidende Wert – lag das reale Bruttoinlandsprodukt um 1,5 % höher als im Vorjahr. In den beiden Jahren zuvor hatte das BIP real noch um je 2,2 % zulegen können. Betrachtet man die nominale Wirtschaftsleistung – rechnet die Inflation also nicht heraus –, kommt das Statistische Bundesamt laut ersten Berechnungen für 2018 auf ein Plus von 3,4 %.

In der volkswirtschaftlichen Gesamtrechnung gibt es **drei verschiedene Ansätze** zur Berechnung des Bruttoinlandsproduktes:

- **Entstehungsrechnung:** **Wo** ist das Bruttoinlandsprodukt **entstanden?**
- **Verwendungsrechnung:** **Wie** wird das Bruttoinlandsprodukt **verwendet?**
- **Verteilungsrechnung:** **Wie** werden die bei der Entstehung des Bruttoinlandsproduktes erzielten Einkommen **verteilt?**

2.3.1 Die Entstehungsrechnung

Die Entstehungsrechnung erfasst die wirtschaftliche Leistung einer Periode nach ihren Quellen, d.h. nach den **Wirtschaftsbereichen** (Produktionsansatz). Die Wirtschaftsbereiche, die Güter produzieren, werden in drei Gruppen untergliedert:

Primärer Sektor	Land- und Forstwirtschaft, Fischerei
Sekundärer Sektor	Produzierendes Gewerbe
Tertiärer Sektor	Dienstleistungen mit den Bereichen ■ Handel, Gastgewerbe und Verkehr ■ Finanzierung, Vermietung und Unternehmensdienstleister ■ Öffentliche und private Dienstleister

Die Summe der wirtschaftlichen Leistungen der einzelnen Wirtschaftsbereiche (Produktionswert – Vorleistungen) ergibt die **Bruttowertschöpfung.**

Werden anschließend die Gütersteuern hinzugezählt und die Gütersubventionen abgezogen,[1] so erhält man das **Bruttoinlandsprodukt.**

Um den **tatsächlichen Wertzuwachs/Wertverlust** der Wirtschaftsbereiche feststellen zu können, muss der **Wertverlust (Abschreibungen),** der durch die Nutzung der Produktionsmittel entstanden ist, abgezogen werden **(Nettowertschöpfung).**

Nettowertschöpfung = Bruttowertschöpfung – Abschreibungen

Werden die Abschreibungen vom Bruttoinlandsprodukt abgezogen, so erhält man das **Nettoinlandsprodukt.**

Entstehung des Bruttoinlandsprodukts in der Bundesrepublik Deutschland 2018 (in Mrd. EUR)

	Land- und Forstwirtschaft, Fischerei	22,9
+	Produzierende Gewerbe ohne Baugewerbe	788,2
+	Baugewerbe	160,8
+	Handel, Gastgewerbe und Verkehr	496,3
+	Finanzierung, Vermietung und Unternehmensdienstleister[2]	768,2
+	Öffentliche und private Dienstleister[3]	819,0
=	Bruttowertschöpfung	3 055,4
+ / –	Gütersteuern / Gütersubventionen	Saldo + 332,8
=	Bruttoinlandsprodukt	3 388,2
–	Abschreibungen	599,9
=	Nettoinlandsprodukt	2 788,3

Quelle: Statistisches Bundesamt (Hrsg.): VGR 2018, Wiesbaden 2019.

Nettoinlandsprodukt = Bruttoinlandsprodukt – Abschreibungen

Die **Entstehungsrechnung** macht den Anteil der einzelnen Wirtschaftsbereiche am Bruttoinlandsprodukt deutlich.

1 Der Saldo zwischen den Gütersteuern und den -subventionen heißt **Nettoproduktionsabgabe.**

2 Die Position **„Finanzierung, Vermietung und Unternehmensdienstleister"** beinhaltet folgende Positionen: Finanz- und Versicherungsdienstleister, Grundstücks- und Wohnungswesen, Unternehmensdienstleister.

3 Die Position **„Öffentliche und private Dienstleister"** umfasst folgende Positionen: Information und Kommunikation, Öffentliche Dienstleister, Erziehung und Gesundheit, Sonstige Dienstleister.

2.3.2 Die Verwendungsrechnung

Eine andere Möglichkeit, das BIP zu errechnen, setzt an der **Nachfrageseite** an. Dabei wird untersucht, wofür die hergestellten Güter und Dienstleistungen verwendet wurden. So kann beispielsweise ein PC in einer Volkswirtschaft für den privaten Konsum verwandt werden, er könnte allerdings auch in Form einer Investition in einem Unternehmen zum Einsatz kommen oder gar in das Ausland exportiert werden. Im Rahmen der Verwendungsrechnung (Ausgabenansatz) werden die **Ausgaben** für die **Endverwendung von Waren und Dienstleistungen** ermittelt, d.h. private und staatliche Konsumausgaben, Investitionen sowie Außenbeitrag (Exportüberschuss = Exporte minus Importe).

Verwendung des Bruttoinlandsprodukts in der Bundesrepublik Deutschland 2018 (in Mrd. EUR)

	Private Konsumausgaben		1 777,5
+	Konsumausgaben des Staates		663,0
+	Bruttoinvestitionen		
	Ausrüstungen	226,0	
	Bauten	352,6	
	Sonstige Anlagen	127,1	
	Vorratsveränderungen	8,3	714,0
+	Außenbeitrag		
	(Exporte minus Importe)		233,7
=	Bruttoinlandsprodukt		3 388,2

Quelle: Statistisches Bundesamt, Bruttoinlandsprodukt 2018 für Deutschland, Begleitmaterial zur Pressekonferenz, Frankfurt a.M. 2019.

Die **Verwendungsrechnung** zeigt, wofür die Güter des Bruttoinlandsprodukts verwendet werden.

2.3.3 Die Verteilungsrechnung

Die dritte Möglichkeit, das Bruttoinlandsprodukt zu berechnen, setzt an der Verteilungsseite an. Sie ermittelt die **Aufteilung des Volkseinkommens** auf das **Arbeitnehmerentgelt** und das **Unternehmer- und Vermögenseinkommen** (z.B. Zinsen, Dividenden, Gewinne, Miet- und Pachterträge).

Der **prozentuale Anteil** des **Arbeitnehmerentgelts** am Volkseinkommen wird als **Lohnquote** bezeichnet. Sie stellt jedoch die materielle Einkommenslage der Arbeitnehmer schlechter dar als sie ist, weil in Deutschland rund die Hälfte aller Vermögenseinkommen den Arbeitnehmern zufließen.

Die Berechnung der **Lohnquote** erfolgt nach folgender Formel:

$$\text{Lohnquote} = \frac{\text{Arbeitnehmerentgelt} \cdot 100}{\text{Volkseinkommen}}$$

Verteilung des Volkseinkommens in der Bundesrepublik Deutschland 2018 und die Berechnung des Bruttoinlandsprodukts 2018 (in Mrd. EUR)

	Arbeitnehmerentgelt (Inländer)	1 746,5
+	Unternehmens- und Vermögenseinkommen	785,6
=	Volkseinkommen	2 532,1
+	Produktions- und Importabgaben an den Staat abzüglich Subventionen	328,4
+	Abschreibungen	599,9
=	Bruttonationaleinkommen	3 460,4
–	Primäreinkommen, die Inländer aus dem Ausland beziehen	
+	Primäreinkommen, die Ausländer aus dem Inland beziehen	
	Saldo	–72,2
=	Bruttoinlandsprodukt	3 388,2

Quelle: Statistisches Bundesamt, Bruttoinlandsprodukt 2018 für Deutschland, Begleitmaterial zur Pressekonferenz, Frankfurt a.M. 2019.

Für das Jahr 2018 ergibt sich folgende Lohnquote:

$$\text{Lohnquote} = \frac{1\,746{,}5 \cdot 100}{2\,532{,}1} = \underline{\underline{69{,}0\,\%}}$$

Den prozentualen Anteil der Unternehmens- und Vermögenseinkommen am Volkseinkommen bezeichnet man als **Gewinnquote.**

$$\textbf{Gewinnquote} = \frac{\textbf{Unternehmens- und Vermögenseinkommen} \cdot \textbf{100}}{\textbf{Volkseinkommen}}$$

Für das Jahr 2018 ergibt sich folgende Gewinnquote:

$$\text{Gewinnquote} = \frac{785{,}6 \cdot 100}{2\,532{,}1} = \underline{\underline{31{,}0\,\%}}$$

Die **Verteilungsrechnung** zeigt die Aufteilung des Volkseinkommens auf die beiden Einkommensarten Arbeitnehmerentgelt einerseits sowie Unternehmens- und Vermögenseinkommen andererseits.

Schematische Darstellung des deutschen Bruttonationaleinkommens 2018

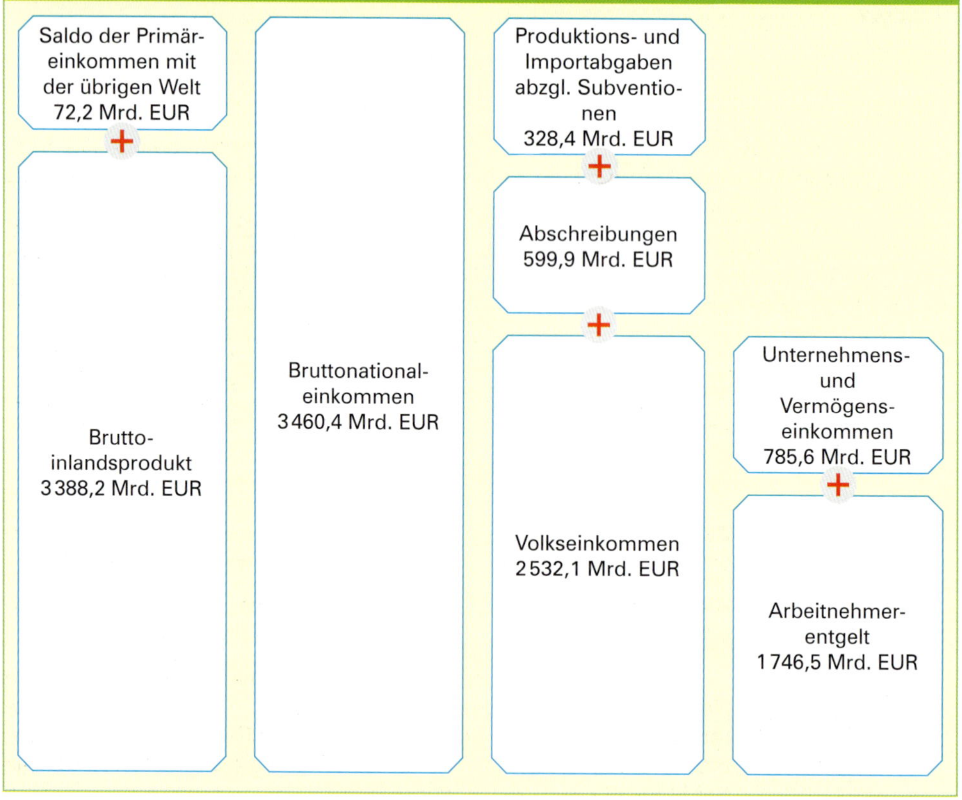

Quelle: Statistisches Bundesamt, Bruttoinlandsprodukt 2018 für Deutschland, Begleitmaterial zur Pressekonferenz, Wiesbaden 2019, und statistische Anpassungen aus den neueren Veröffentlichungen des Statistischen Bundesamtes.

2.4 Kritik am Modell des BIP als Wohlstandsindikator

(1) Erfassungs- und Bewertungsprobleme

Die Ermittlung der volkswirtschaftlichen Leistung stößt auf Erfassungs- und Bewertungsprobleme, sodass **Schätzungen** erforderlich werden, die auf mehr oder weniger willkürlichen **Annahmen** beruhen.

Beispiele:

- Die Leistungen des Staates werden nicht auf dem Markt gehandelt. Viele staatliche Leistungen sind unentgeltlich. Deshalb gibt es für die staatlichen Leistungen keine Marktpreise. Bei der Berechnung der volkswirtschaftlichen Gesamtleistung werden deshalb die staatlichen Leistungen mit den Herstellungspreisen bewertet.
- Die Höhe der verschiedenen Messzahlen gesamtwirtschaftlicher Leistung hängt u.a. davon ab, ob Abschreibungen nachgewiesen und wie diese berechnet werden. Abschreibungen sind keine direkt messbare Größe, sondern ein kalkulatorischer Posten, der nach festgelegten Grundsätzen bewertet wird. Die Berechnung der volkswirtschaftlichen Abschreibungen unterscheidet sich daher von den Berechnungs- und Bewertungsgrundsätzen im einzelwirtschaftlichen Rechnungswesen. Die volkswirtschaftlichen Abschreibungen gehen vom Wiederbeschaffungswert aus; sie stellen deshalb eine fiktive (angenommene) Größe dar.

(2) Gesamtleistung ist teilweise zu hoch bewertet

Die volkswirtschaftliche Gesamtleistung (z.B. das Bruttonationaleinkommen und das Bruttoinlandsprodukt) ist vor allem deshalb **zu hoch** berechnet, weil die **sozialen Kosten,** die abgesetzt werden müssten, nicht erfasst werden.

Die Gesamtleistung wird auch deswegen zu hoch wiedergegeben, weil Teile der sozialen Kosten der Gesamtleistung hinzugerechnet werden, so z.B. die Behandlungskosten von Unfallopfern und Berufskranken, die Reparaturen an Unfallfahrzeugen oder -maschinen sowie die Neuanschaffungen von Fahrzeugen und Maschinen, die aufgrund von Unfällen erforderlich werden.

(3) Gesamtleistung ist teilweise zu niedrig bewertet

Zu niedrig ist die Gesamtleistung insofern, als die nicht auf den Märkten in Erscheinung tretenden Leistungen unberücksichtigt bleiben.

Hierzu rechnen z.B. die Kindererziehung, die Arbeitsleistungen im privaten Haushalt oder die Leistungen der Kleingärtner.

Zu diesen legalen[1] Vorgängen der **Schattenwirtschaft** kommen die illegalen[2] wie z.B. Schwarzarbeit, Beschäftigung illegaler Einwanderer sowie Lieferungen und Leistungen ohne Rechnung. Die im Rahmen der Schattenwirtschaft geschaffenen Leistungen finden **nur als Schätzgröße** Berücksichtigung.

1 **Legal:** gesetzlich, erlaubt.

2 **Illegal:** ungesetzlich, verboten.

Zudem sind die Leistungen des Staates nicht ausreichend bewertet. Da es für staatliche Leistungen keine „Marktpreise" gibt (z. B. Dienstleistungen der Justiz, der Behörden, der Schulen und Universitäten), müssen diese zu Herstellungspreisen bewertet werden.

Der Gesamtleistung hinzugerechnet werden sollten auch die **sozialen Leistungen** (der „soziale Nutzen").

Zu den **sozialen Leistungen** rechnen alle der gesamten Gesellschaft zugutekommenden Nutzeffekte, wie z. B. die Umwelt erhaltende Tätigkeit der Landwirtschaft, der Erholungswert rekultivierter Industrielandschaften, die Ausbildungsleistungen der Unternehmen oder die Nutzung der Infrastruktur.[1]

2.5 Alternative Wohlstandsindikatoren

Das durch Mehr- oder Wenigerrechnung bereinigte Bruttonationaleinkommen bzw. Bruttoinlandsprodukt bleibt nach wie vor ein **eindimensionaler Wohlstandsmaßstab,** da lediglich quantitativ (zahlenmäßig) erfassbare Größen berücksichtigt werden können.

Qualitative Dimensionen, die sogenannte **Lebensqualität** (Gesamtheit aller Lebensumstände in einer Gesellschaft), werden nicht berücksichtigt. Die Lebensqualität kann nur mithilfe **sozialer** oder **ökologischer Indikatoren** beschrieben werden, die sich meist einer Bewertung in Geld entziehen. Soziale und ökologische Indikatoren sind qualitative Größen, die wesentliche Tatbestände der Gesellschaft wiedergeben.

Beispiele:

- Die Qualität der medizinischen Versorgung lässt sich z. B. ablesen an der Geburtensterblichkeit, der Müttersterblichkeit, der Zahl der Krankenbetten oder an den Wartezeiten zwischen dem Auftreten einer Krankheit und der Aufnahme in ein Krankenhaus.
- Die Qualität des Arbeitslebens spiegelt sich z. B. in den Arbeitslosenzahlen, in der Zahl der offenen Stellen oder in der Zahl der Arbeitsunfälle und Berufskrankheiten wider.

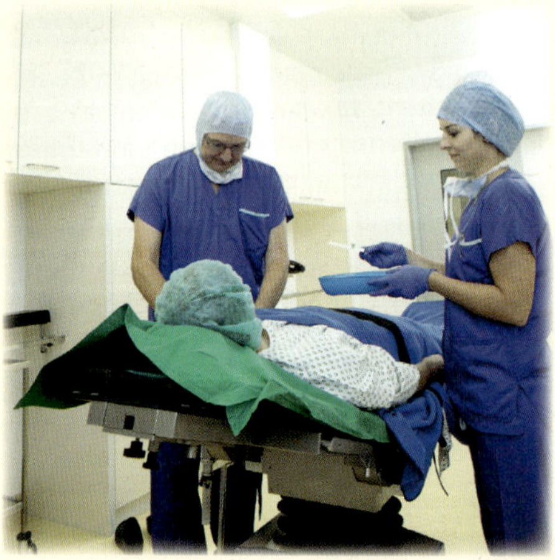

Zu den Indikatoren, die soziale und ökologische Aspekte berücksichtigen, zählen z. B. der Wohlstandsmaßstab Net Economic Welfare (NEW) oder der Human Development Index (HDI).

1 Unter **Infrastruktur** sind alle der Allgemeinheit dienlichen öffentlichen und privaten Einrichtungen zu verstehen (z. B. private und öffentliche Straßen, Eisenbahnen, Krankenhäuser, Schulen, Kindergärten, Versorgungseinrichtungen).

2.5.1 Net Economic Welfare (NEW)

Für einen neuen verbesserten Wohlstandsindikator trat der Nobelpreis-Ökonom Samuelson vom berühmten Massachusetts Institute of Technology in Cambridge (USA) ein. In seinem klassischen Lehrbuch „Economics" stellte Samuelson in den 70er-Jahren erstmals den Wohlstandsmaßstab Net Economic Welfare (NEW) als „korrigierte Version des realen Bruttoinlandsprodukts" vor.

Einen Ansatz zur Wohlstandserfassung bietet der sogenannte **Net Economic Welfare (NEW).** Dieser Index geht zuerst von dem Bruttoinlandsprodukt aus, welches um die **sozialen Kosten bereinigt** und um die **privaten Dienste erweitert** wird.

Bei der Berechnung dieses Indikators werden **Sozialkosten** wie verschmutzte Gewässer und verdreckte Luft, gleichgültig ob sie den Verursachern angelastet werden oder nicht, zu messen versucht und vom Sozialprodukt einer Volkswirtschaft **subtrahiert.** Nach diesem Maßstab sind z. B. die Wohlstandsunterschiede zwischen Großstadt- und Landbevölkerung geringer als in der üblichen Statistik, da höhere Kosten für Müllabfuhr, Verbrechensbekämpfung, Verkehrsregelung und andere städtische Dienste sowie der längere Weg zum Arbeitsplatz als wohlstandsmindernd berücksichtigt werden.

Bruttoinlandsprodukt
– soziale Kosten
– Ausgabe für staatliche Verwaltung und Verteidigung
+ private Dienste ohne Marktpreis
+ immaterielle Werte
= Net Economic Welfare

Andererseits werden **positive Beiträge** zum Volkswohlstand, die wegen fehlenden Marktpreisen nicht in der Berechnung des Bruttoinlandsprodukts enthalten sind, zum Net Economic Welfare einer Volkswirtschaft hinzugerechnet. Hierzu zählt die Hausarbeit, die mit dem Durchschnittsgehalt berufstätiger Personen bewertet wird, oder der Wert zusätzlicher Freizeit, der Stunden- oder Wochenlohnsätzen gleichgesetzt werden kann. Staatsausgaben für Verteidigung oder Verwaltung gehen nicht als positiver Beitrag in das NEW ein, da mehr Soldaten oder Beamte noch keine bessere Gesellschaft bedeuten.

Kritiker des Net-Economic-Welfare-Ansatzes halten das Konzept allerdings für einen Versuch, das nicht Messbare zu messen. Dieser Kritik entgegnet Samuelson jedoch, dass es besser sei, eine ungenaue Vorstellung von dem zu haben, was man wolle, als eine genaue Vorstellung von dem, was man nicht wolle.

2.5.2 Human Development Index (HDI)

Der **Human Development Index** (Index der menschlichen Entwicklung) versucht seit 1990 mit einer Messzahl den Stand der menschlichen Entwicklung in den Ländern der Welt abzubilden. Dieser Index wird jährlich im Weltentwicklungsbericht (Human Development Report, HDR) veröffentlicht, welchen das United Nations Development Programme (UNDP), das Entwicklungsprogramm der Vereinten Nationen, herausgibt.

Der **Human Development Index** als Messzahl für den Entwicklungsstand eines Landes setzt sich aus **drei Komponenten** zusammen:

- **Lebenserwartung** bei der Geburt,
- **Ausbildung** (Alphabetisierung der erwachsenen Bevölkerung, Einschulungsrate in Grund-, Sekundär- und Hochschulen) und
- **Kaufkraft** (Bruttoinlandsprodukt pro Kopf).

Darüber hinaus enthält der Human Development Report eine Vielzahl zusätzlicher Daten aus dem ökonomischen, sozialen und politischen Bereich.

Als wesentliche **Kritikpunkte** am HDI werden angeführt, dass gewisse Elemente wie beispielsweise Einkommensunterschiede innerhalb eines Landes oder zwischen Geschlechtern, sowie die politische Freiheit des Landes keine Berücksichtigung finden. Auch unterscheidet der HDI nicht zwischen Städten und ländlichen Gebieten.

Hinweis:

Abschließend ist festzuhalten, dass **alle existierenden Indikatoren** zur Wohlstandserfassung eines Landes (also auch der NEW und der HDI) **nur einzelne Teile** dessen erfassen, was den Wohlstand als Ganzes ausmacht. Es wird lediglich versucht, die Mängel des Bruttoinlandsprodukts durch einzelne Aspekte zu ergänzen. Eine **ganzheitliche Lösung** für das Problem der Wohlstandserfassung **gibt es jedoch noch nicht.**

In Norwegen genießen die Menschen weltweit die besten Lebensbedingungen. Das geht aus dem Weltentwicklungsbericht der Vereinten Nationen hervor. Dieser gibt den sogenannten Index der menschlichen Entwicklung (HDI = Human Development Index) wieder, der die Fortschritte misst. Dabei werden Lebenserwartung, Gesundheit, Bildung und Lebensstandard eingerechnet. Die zweitbesten Bedingungen finden sich in der Schweiz, gefolgt von Australien und Irland. Deutschland landet auf dem fünften Platz. Auf den letzten fünf Plätzen im Index stehen nur afrikanische Staaten. Schlusslicht auf Rang 189 ist Niger, das weltweit die schlechtesten Lebensbedingungen hat. Der Abstand zwischen dem erstplatzierten Norwegen und Niger ist riesig: Ein Kind, das heute in Norwegen geboren wird, hat eine Lebenserwartung von 82 Jahren und wird fast 18 Jahre in die Schule gehen. Im westafrikanischen Niger wird ein Kind durchschnittlich 60 Jahre alt und geht nur fünf Jahre zur Schule.

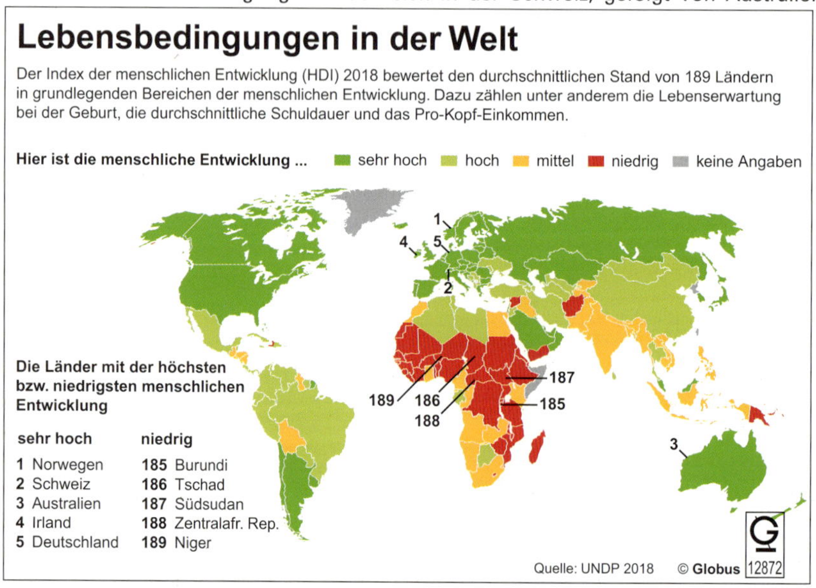

Kompetenztraining

1. Nutzen Sie zur Lösung der nachfolgenden Aufgabenstellung das folgende Material zur Entstehung und Verwendung des Inlandsprodukts sowie zur Verteilung des Volkseinkommens!

Position	Jahr 01	Jahr 02
	Index 20.. = 100	
Preisbereinigt, verkettet		
I. Entstehung des Inlandsprodukts		
Produzierendes Gewerbe (ohne Baugewerbe)	108,1	110,4
Baugewerbe	104,0	103,8
Handel, Verkehr, Gastgewerbe	105,2	106,9
Information und Kommunikation	125,5	129,1
Erbringung von Finanz- und Versicherungsdienstleistungen	99,8	98,8
Grundstücks- und Wohnungswesen	103,6	105,0
Unternehmensdienstleister	106,6	109,6
Öffentliche Dienstleister, Erziehung und Gesundheit	103,7	105,0
Sonstige Dienstleister	98,5	98,9
Bruttowertschöpfung	106,0	107,7
Bruttoinlandsprodukt	106,1	107,9
... ...		...

Position	Jahr 01	Jahr 02
	Index 20.. = 100	
In jeweiligen Preisen (Mrd EUR)		
III. Verwendung des Inlandsprodukts		
Private Konsumausgaben	1 592,2	1 632,7
Konsumausgaben des Staates	564,0	589,2
Ausrüstungen	189,8	197,3
Bauten	291,8	297,2
Sonstige Anlagen	103,5	108,5
Vorratsveränderungen	– 22,0	– 35,2
Inländische Verwendung	2 719,3	2 789,7
Außenbeitrag		
Exporte	1 333,2	1 419,0
Importe	1 136,8	1 182,0
Bruttoinlandsprodukt	2 915,7	3 026,6
IV. Preise (20.. = 100)		
Privater Konsum	105,9	106,6
Bruttoinlandsprodukt	106,6	108,8
Terms of Trade	99,7	102,5
V. Verteilung des Volkseinkommens		
Arbeitnehmerentgelt	1 485,3	1 542,8
Unternehmens- und Vermögenseinkommen	690,9	722,3
Volkseinkommen	2 176,2	2 265,1
Nachr.: Bruttonationaleinkommen	2 982,4	3 093,8

Aufgaben:

1.1 Ermitteln Sie, um wieviel Prozent das nominale Bruttoinlandsprodukt von Jahr 01 auf Jahr 02 gestiegen ist; runden Sie das Ergebnis auf eine Stelle hinter dem Komma!

1.2 Berechnen Sie die prozentuale Veränderung des realen Bruttoinlandsprodukts von Jahr 01 auf Jahr 02 (Ergebnis auf eine Stelle nach dem Komma runden)!

1.3 Ermitteln Sie den Außenbeitrag für das Jahr 02 in Mrd. Euro!

1.4 Berechnen Sie die prozentuale Veränderung des nominalen Außenbeitrags im Vergleich zum Jahr 01!

1.5 Berechnen Sie die Lohnquote für das Jahr 02 (Ergebnis auf eine Stelle nach dem Komma runden)!

1.6 Ermitteln Sie, wie hoch die Bruttoinvestitionen im Jahr 02 waren! Die Bruttoinvestitionen setzen sich zusammen aus Bauten, Ausrüstungen, sonstigen Anlagen und Vorratsveränderungen.

2. Erläutern Sie, welche Anforderungen das Stabilitätsgesetz an das gesamtwirtschaftliche Ziel Wirtschaftwachstum stellt!

3. Erklären Sie den Begriff des Bruttoinlandsprodukts! Gehen Sie dabei auch auf dessen Berechnung ein!

4. 4.1 Stellen Sie fest, welche Leistungen **nicht** in die Nationaleinkommensrechnung eingehen!

① Ein Gartenbaubetrieb schneidet vor einem Altenwohnheim gegen Entgelt den Rasen.
② Eine im Haushalt arbeitende Person backt einen Kuchen.
③ Ein Arzt untersucht bei einem Hausbesuch einen Kranken.
④ Ein Nachbar hilft beim Setzen eines neuen Zaunes.
⑤ Der städtische Straßendienst reinigt die Bürgersteige.
⑥ Die Bürger einer Gemeinde reinigen wöchentlich einmal den Bürgersteig selbst.
⑦ Die Verkehrswacht erteilt kostenlosen Verkehrsunterricht für Schulanfänger.

4.2 Nehmen Sie kritisch Stellung zur Errechnung des Nationaleinkommens!

5. Lesen Sie zunächst den nachfolgenden Artikel zur Schwarzarbeit!

Schwarzarbeit

Rat plant breit angelegte Offensive gegen Schwarzarbeit

Schwarzarbeit soll in Hagen künftig strenger und systematischer bekämpft werden

Hagen. Zur Bekämpfung der Schwarzarbeit möchte der Hagener Rat neue Wege gehen. Es soll eine neue, behördenübergreifende Systematik entwickelt werden.

Die Hagener Politik möchte eine neue Offensive zur Bekämpfung der Schwarzarbeit initiieren. Einhellig folgten die Vertreter aller Parteien am Donnerstag in der ersten Ratssitzung nach der Sommerpause einem Vorstoß von CDU und SPD, der ein konsequenteres, gemeinsames Vorgehen von Zoll, Polizei und Sozialleistungsträgern vorsieht. Selbst der Einsatz von privaten Ermittlern ist für beide Parteien kein Tabuthema mehr.

„Schwarzarbeit ist kein Kavaliersdelikt, sondern stellt eine massive Schädigung unserer Sozialsysteme dar und verlagert die Soziallasten auf solche Unternehmen und Beschäftigte, die rechtstreu ihre Beiträge zum System leisten", betonte CDU-Fraktionschef Wolfgang Röspel. „Dadurch entsteht also eine doppelte Wettbewerbsverzerrung." Einerseits würden den sozialen Sicherungssystemen in Deutschland wichtige Einnahmen vorenthalten, andererseits würden die in der Schwarzarbeit Beschäftigten um die gesetzlich vorgeschriebenen Sozialleistungen gebracht.

Die Kontrolloffensive zielt dabei weniger auf Putzkräfte und Babysitter, sondern vor allem auf die gewerblichen Bereiche. So gebe es immer mehr Branchen, in denen ungeniert gewerbsmäßige Schwarzarbeit praktiziert werde, beschrieben Sprecher aller Fraktionen den Ist-Zustand. „Es geht uns nicht darum, eine Denunziationsstelle für streitende Nachbarn zu schaffen", betonte Röspel die Stoßrichtung. Parallel forderte die SPD den Oberbürgermeister auf, auch SIHK, Handwerkskammer und Gewerkschaften an der Offensive zu beteiligen. […]

Quelle: Westfalenpost vom 22.08.2015.

Aufgaben:

5.1 Erläutern Sie, was man unter Schwarzarbeit versteht!

5.2 Nennen Sie wirtschaftliche Aktivitäten, die nicht in der Nationaleinkommensberechnung erscheinen!

5.3 Nennen Sie Ursachen, die zum Entstehen und zur Ausweitung einer Schattenwirtschaft (der Schwarzarbeit) führen können!

5.4 Unterbreiten Sie der Stadt Hagen einen Vorschlag zur Eindämmung der Schattenwirtschaft!

6. Die **Entstehung des Bruttoinlandsprodukts** in einer Volkswirtschaft ist für einige Jahre aus der folgenden Tabelle zu entnehmen.

Position	Jahr 1	Jahr 2	Jahr 3	Jahr 4	Jahr 5
Land- und Forstwirtschaft	40,38	42,31	45,46	45,10	46,23
Produzierendes Gewerbe ohne Baugewerbe	826,07	835,52	825,97	853,31	897,76
Baugewerbe	226,52	222,42	213,32	207,66	197,69
Handel, Gastgewerbe und Verkehr	584,21	586,41	582,08	596,62	615,84
Finanzierung, Vermietung und Unternehmensdienstleister	862,54	907,21	954,98	997,30	1031,77
Öffentliche und private Dienstleister	704,48	720,63	730,13	728,83	732,77
Bruttowertschöpfung	3244,20	3314,50	3351,94	3428,82	3522,06
Wirtschaftsbereiche bereinigt	3111,90	3177,40	3203,00	3266,50	3344,80
Bruttoinlandsprodukt	3463,20	3523,80	3550,40	3612,60	3694,00

Aufgaben:

6.1 Beurteilen Sie, welcher Unternehmensbereich am meisten und welcher am wenigsten zum Bruttoinlandsprodukt dieser Volkswirtschaft beiträgt!

6.2 Entscheiden Sie, welcher Bereich seinen relativen Anteil am Inlandsprodukt seit dem Jahr 1 stetig vergrößert hat!

6.3 Erläutern Sie, durch welche Position sich das Bruttoinlandsprodukt vom Bruttonationaleinkommen unterscheidet!

6.4 Nehmen Sie kritisch zu der Behauptung Stellung, dass das Inlandsprodukt Ausdruck zunehmenden Wohlstands der Gesellschaft sei!

7. Die wirtschaftliche Leistung einer Volkswirtschaft und deren Veränderung (Wirtschaftswachstum) wird von statistischen Ämtern gemessen und in den Größen Bruttoinlandsprodukt (BIP) und Bruttonationaleinkommen (BNE) ausgedrückt.

Aufgaben:

7.1 Grenzen Sie das Bruttoinlandsprodukt gegenüber dem Bruttonationaleinkommen im Hinblick darauf ab, was jeweils erfasst wird!

7.2 Entscheiden Sie in den nachfolgenden Fällen, welche der beiden Größen im Inland und im Ausland durch die beschriebenen Vorgänge ansteigt!

7.2.1 Gebietsfremde mit erstem Wohnsitz in den Niederlanden arbeiten in Deutschland.

7.2.2 Deutsche vermieten ihre Ferienwohnungen an der portugiesischen Küste. Die Mieteinkünfte fließen nach Deutschland.

7.2.3 Amerikanische Investmentgesellschaften beteiligen sich an deutschen Unternehmen aus dem Bereich der Umwelttechnologie. Aus diesen Beteiligungen fließen ihnen Kapitalerträge zu.

8. Ermitteln Sie das Bruttonationaleinkommen

8.1 nach seiner Verwendung und

8.2 nach seiner Verteilung aus folgenden Zahlen (in Mrd. EUR)!

Außenbeitrag	61,3
Konsumausgaben des Staates	701,8
Arbeitnehmerentgelt	1999,8
Land- und Forstwirtschaft, Fischerei	46,2
Private Konsumausgaben (inkl. private Organisationen ohne Erwerbszweck)	2068,8
Baugewerbe	197,7
Vorratsveränderungen	59,9
Unternehmens- und Vermögenseinkommen	848,5
Abschreibungen	553,2
Ausrüstungen	295,5
Produktions- und Importabgaben abzüglich Subventionen	367,1
Sonstige Anlagen	42,2
Saldo der Primäreinkommen aus der übrigen Welt	74,6
Bauten	464,5

9. Das reale Bruttoinlandsprodukt dient als wichtigster Indikator für die Messung des Wohlstandes einer Volkswirtschaft.

Aufgaben:

9.1 Begründen Sie, warum das reale Nettoinlandsprodukt in Bezug auf die Versorgung der Bevölkerung mit Gütern und Dienstleistungen aussagefähiger ist als das reale Bruttoinlandsprodukt!

9.2 Erläutern Sie, welche Art des Nationaleinkommens durch das Volkseinkommen dargestellt wird und worin sich dieses vom Nettonationaleinkommen zu Marktpreisen unterscheidet!

9.3 Ergänzen Sie folgende Aussage: *In jeder geschlossenen Volkswirtschaft entspricht der Wert der Nettoinvestition der Höhe der ...!*

9.4 Nehmen Sie kritisch Stellung zu der Aussage, dass die Steigerung des realen Bruttoinlandsprodukts in jedem Fall auch zu einer Steigerung der Lebensqualität der Bevölkerung führt!

10. 10.1 Ergänzen Sie in der nachfolgenden Übersicht die fehlenden Größen der volkswirtschaftlichen Gesamtrechnung (die Ziffern ② bis ⑤ können in beliebiger Reihenfolge genannt werden)!

<table>
<tr><th colspan="2">Entstehung des BIP</th><th colspan="2">Verwendung des BIP</th></tr>
<tr><td rowspan="4">= Bruttowertschöpfung aller Wirtschaftsbereiche</td><td>Abschreibungen auf Sachkapital</td><td>②</td><td rowspan="4">= Bruttoinlandsprodukt</td></tr>
<tr><td>①</td><td>③</td></tr>
<tr><td rowspan="2">Nettoinlandsprodukt zu Faktorkosten</td><td>④</td></tr>
<tr><td>⑤</td></tr>
</table>

10.2 Nennen Sie den Unterschied zwischen der Bruttowertschöpfung aller Wirtschaftsbereiche und dem Bruttoproduktionswert!

10.3 Erläutern Sie, unter welcher Voraussetzung das nominale Bruttoinlandsprodukt gleich dem realen Bruttoinlandsprodukt ist!

10.4 Stellen Sie dar, warum das reale Bruttoinlandsprodukt allein kein geeigneter Wohlstandsmaßstab ist!

11. Das statistische Amt eines Landes veröffentlichte die folgenden Zahlen (in Mrd. EUR).

Konsumausgaben des Staates	750
Bruttoinvestitionen	850
Abschreibungen	620
Produktionsabgaben an den Staat abzüglich Subventionen	480
Konsumausgaben der privaten Haushalte	2750
Exporte	840
Importe	780
Saldo der Primäreinkommen aus der übrigen Welt	(+) 48

Aufgaben:

11.1 Ermitteln Sie das Bruttoinlandsprodukt!

11.2 Berechnen Sie das Volkseinkommen!

11.3 Erläutern Sie mittels eines Beispiels, wie es zu dem Unterschied zwischen Bruttonationaleinkommen und Bruttoinlandsprodukt kommen konnte!

11.4 Beschreiben Sie die Entwicklung einer Volkswirtschaft für die beiden nachfolgenden Fälle:

Jahr	Abschreibungen	Bruttoinvestitionen
01	850 Mrd. EUR	890 Mrd. EUR
02	780 Mrd. EUR	720 Mrd. EUR

11.5 Beurteilen Sie, ob eine sinkende Lohnquote bei gleichbleibendem Volkseinkommen zwangsläufig zu einer Verschlechterung des Lebensstandards der abhängig Beschäftigten geführt haben muss!

11.6 Nennen Sie neben dem Bruttoinlandsprodukt zwei weitere nichtökonomische Größen für die Beurteilung des Wohlstandes eines Landes!

12. Das Bruttoinlandsprodukt kann – je nachdem, welcher Untersuchungsaspekt im Vordergrund steht – auf drei unterschiedlichen Wegen berechnet werden. Die Ergebnisse dieser Berechnung stellen eine wichtige Basis für wirtschaftspolitische Entscheidungen der Bundesregierung dar.

Aufgaben:

12.1 Erläutern Sie, worüber die Entstehungsrechnung und die Verwendungsrechnung des Bruttoinlandsprodukts Auskunft geben und verdeutlichen Sie jeweils anhand eines Beispieles, in welchen Bereichen der Wirtschaftspolitik diese Rechnung als Grundlage für wirtschaftspolitische Entscheidungen herangezogen werden!

12.2 Erklären Sie, was man im Rahmen der Entstehungsrechnung unter der „Bruttowertschöpfung" eines Unternehmens versteht!

13. An einem vereinfachten Modell soll gezeigt werden, wie sich eine Steigerung des Wirtschaftswachstums ergibt. Ausgangspunkt sei ein Volkseinkommen von 300 Mrd. EUR in der Periode I. Das Volkseinkommen soll zu 80 % konsumiert werden (240 Mrd. EUR), die restlichen 20 % werden gespart (60 Mrd. EUR). Die Ersparnisse werden zu $^1/_6$ = 10 Mrd. EUR den Investoren direkt zugeführt, die restlichen $^5/_6$ sollen bei Kreditinstituten gespart werden.

Die Investoren beurteilen die zukünftige Wirtschaftsentwicklung positiv und treffen Investitionsentscheidungen in Höhe von 80 Mrd. EUR. 70 Mrd. EUR sollen durch Kreditaufnahme bei Kreditinstituten finanziert werden.

DOWNLOAD

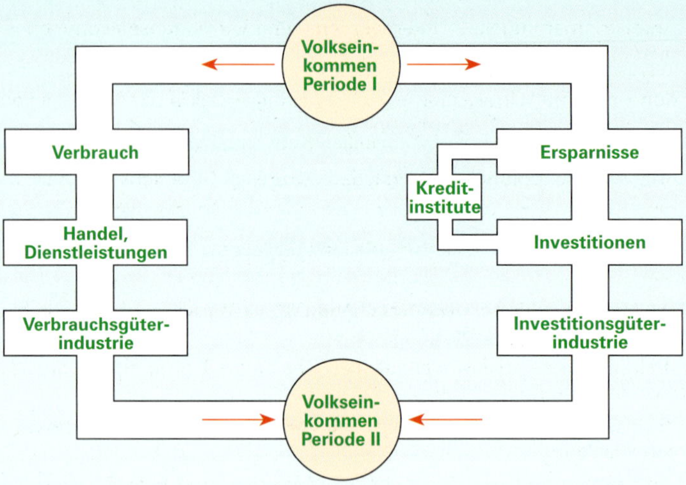

Aufgaben:

13.1 Tragen Sie die Wertangaben in das Schaubild ein!

13.2 Beurteilen Sie, ob eine Gleichheit zwischen den Sparentscheidungen der Haushalte und den Investitionsentscheidungen der Unternehmer besteht!

13.3 Erläutern Sie, welche Möglichkeiten es gibt, die evtl. bestehende Lücke zwischen den Ersparnissen und den Investitionen zu schließen!

13.4 Ermitteln Sie, welches Volkseinkommen sich in diesem Beispiel in der Periode II ergibt!

13.5 Berechnen Sie, wie hoch das Wirtschaftswachstum in diesem Fall war!

13.6 Prüfen Sie, wie sich das Volkseinkommen in der Periode II entwickelt hätte, wenn die Investoren nur zu Investitionen von 50 Mrd. EUR bereit gewesen wären!

13.7 Erläutern Sie, wer jeweils die Spar- und Investitionsentscheidungen in einer Marktwirtschaft trifft!

13.8 In der politischen Diskussion wird die Forderung nach einer Investitionslenkung vorgebracht. Erläutern Sie, was darunter zu verstehen ist und beurteilen Sie eine solche Maßnahme!

14. Kennzeichnen Sie das Ergebnis nachfolgender Werte mit einer

①, wenn es sich um das Nettonationaleinkommen,

②, wenn es sich um das Volkseinkommen,

③, wenn es sich um das Bruttonationaleinkommen,

④, wenn es sich um das Bruttoinlandsprodukt,

⑤, wenn es sich um keinen der vorgenannten Werte handelt.

14.1 Konsum + Bruttoinvestition+ Außenbeitrag	
14.2 Konsum + Bruttoinvestition + Außenbeitrag + Saldo der Primäreinkommen aus der übrigen Welt	
14.3 Arbeitnehmerentgelt + Unternehmens- und Vermögenseinkommen	

14.4	Arbeitnehmerentgelt + Unternehmens- und Vermögenseinkommen + Produktions- und Importabgaben	
14.5	Konsum+ Bruttoinvestition + Außenbeitrag + Saldo der Primäreinkommen aus der übrigen Welt – Abschreibungen	
14.6	Bruttowertschöpfung + Gütersteuern abzüglich Gütersubventionen	

15. Entscheiden Sie, welche der nachfolgenden Aussagen zur volkswirtschaftlichen Gesamtrechnung falsch ist!

① Die volkswirtschaftliche Gesamtrechnung ist eine wichtige Basis zur Beurteilung des Wirtschaftswachstums.

② Im Rahmen der volkswirtschaftlichen Gesamtrechnung spielt das qualitative Wachstum keine Rolle.

③ Zur Ermittlung der Bruttowertschöpfung müssen zu dem Produktionswert die Vorleistungen addiert werden.

④ Die Differenz zwischen dem Bruttoinlandsprodukt und dem Bruttonationaleinkommen ist der Saldo der Primäreinkommen aus der übrigen Welt.

⑤ Der Außenbeitrag ergibt sich aus dem Saldo der Exporte und Importe von Waren und Dienstleistungen.

16. Das Bruttoinlandsprodukt (BIP) als Wachstums- und Wohlstandsindikator steht immer mal wieder in der Kritik. Kritiker werfen dem BIP-Konzept vor, dass z. B. das verheerende Erdbeben, der dadurch ausgelöste Tsunami und die folgende Fukushima-Katastrophe nach Berechnungen der Bank of Japan Schäden von 3 bis 5 % des japanischen BIP verursacht haben. Zwar hat die Bank of Japan für das Katastrophenjahr ihre Wachstumsprognose reduziert, jedoch bereits für das Folgejahr um fast einen Prozentpunkt auf 2,9 % angehoben.

Erläutern Sie, ob die Kritiker mit der Behauptung Recht haben, dass Schäden das BIP erhöhen und dass das BIP als Wohlstandsindikator damit ungeeignet ist!

3 Grenzen des Wirtschaftswachstums

Wirtschaftswachstum ist definiert als die **Zunahme** der Summe aller in einer Volkswirtschaft in einer bestimmten Periode **produzierten Güter**.

Die Höhe dieses „Güterberges" ist in erster Linie abhängig von dem **Produktionspotenzial** und somit von den für die Herstellung von Waren und Dienstleistungen notwendigen Produktionsfaktoren Arbeit, Boden und Kapital.

Wenn also die **gesamtwirtschaftliche Ausbringungsmenge (Output)** unmittelbar von den **Produktionsfaktoren als Input** des gesamtwirtschaftlichen Produktionsprozesses **abhängt,** so ist die Frage nach den Grenzen des Wirtschaftswachstums eng mit der Frage verknüpft:

Welche Möglichkeiten bieten die einzelnen **Produktionsfaktoren,** das gesamtwirtschaftliche Output zu erhöhen und worin bestehen die Grenzen dieser Produktionsfaktoren, einen weiteren Beitrag für dieses Wachstum zu leisten?

Produktionsfaktoren	Wachstumsmöglichkeiten	Wachstumsgrenzen
Arbeit	■ **Quantitatives Wachstum:** Die Quantität der im Produktionsprozess eingesetzten Arbeit lässt sich durch **Bevölkerungswachstum** erhöhen. Eine größere Anzahl von Arbeitskräften führt unter sonst gleichen Bedingungen zu **einem größeren Output** und ermöglicht somit Wachstum. ■ **Qualitatives Wachstum:** Eine Steigerung der Qualität des Produktionsfaktors Arbeit – etwa durch entsprechende Ausbildungsmaßnahmen – ermöglicht Wachstum.	Zwar steigt bei einem quantitativen Wachstum des Produktionsfaktors Arbeit die Ausbringungsmenge. Fällt jedoch die Bevölkerungszunahme größer aus als die im Gegenzug erreichte Steigerung der Ausbringungsmenge, kommt es – anders als beim qualitativen Wachstum – zu einer **Schlechterversorgung** innerhalb der Volkswirtschaft, da der Pro-Kopf-Anteil am Nationaleinkommen sinkt. Außerdem sind dem Bevölkerungswachstum natürliche Grenzen gesetzt (z. B. Geburtenhäufigkeit, begrenzte Erdoberfläche).
Boden	■ **Abbauboden:** Die Entwicklung neuer Verfahren ermöglicht den Zugang zu „neuem" Abbauboden (z. B. Ölförderung oder Manganabbau tief unter der Meeresoberfläche) und bietet somit (eng begrenzte) Möglichkeiten für weiteres Wachstum. ■ **Anbauboden:** Er lässt sich nur ganz begrenzt ausweiten (Landgewinnung vom Meer, Urbarmachung bisher nicht genutzter Flächen). Zumeist beschränken sich die Wachstumschancen auf intensivere Bodennutzung. ■ **Standortboden:** Wachstum vom Standortboden geht zulasten von Anbau- oder Abbauboden (z. B. Erschließung eines Industriegebietes auf vormals landwirtschaftlicher Nutzfläche).	Beim Produktionsfaktor Boden liegt wohl die **Hauptbegrenzung für ein Wirtschaftswachstum,** da **Boden** als solcher **nicht vermehrbar** ist. Zudem geht der **Vorrat** an einigen **nicht regenerierbaren Rohstoffen** wohl noch in diesem Jahrhundert **zu Ende** (z. B. Erdöl, Kupfer, Zink, Blei, Zinn). Des Weiteren zeigen die Erfahrungen in den USA, dass intensiv landwirtschaftlich genutzte Flächen sich zunehmend in **unfruchtbare Steppen** verwandeln **(„Versteppungseffekt")**. Die Grenzen bei dem Standort Boden bestehen darin, dass ein **Mindestlebensraum** für Konsumzwecke verbleiben muss, um zu wohnen, sich auf Straßen fortbewegen zu können und um den Abfall zu beseitigen.

Produktionsfaktoren	Wachstumsmöglichkeiten	Wachstumsgrenzen
Kapital	■ **Qualitätsverbesserung:** Hiermit ist vor allem der technische Fortschritt angesprochen, der Wachstum ermöglicht. ■ **Ausweitung der Quantität des Kapitals:** Das Realkapital kann ausgeweitet werden, wodurch sich die Produktionsmöglichkeiten einer Volkswirtschaft erhöhen. Der Förderung dieses Wachstumsfaktors kommt deshalb in der Realität besondere Bedeutung zu.	Die **Grenzen der Qualitätsverbesserung** und somit des Wachstums liegen zunächst einmal darin, dass technischer Fortschritt **kaum planbar** ist, da er in erheblichem Maße auf Zufall basiert. Bei der **quantitativen Ausweitung** muss man berücksichtigen, dass diese zwar geplant werden kann, allerdings **ausreichende Investitionsneigung und Investitionsmöglichkeiten** (setzt das Vorhandensein von Geldkapital und somit Sparen voraus) **vorhanden** sein müssen.

Neben den Produktionsfaktoren werden die Möglichkeiten und Grenzen des Wirtschaftswachstums von **weiteren Bestimmungsgrößen** beeinflusst.

Weitere Bestimmungsgrößen	Beispiele für Wachstumsmöglichkeiten bzw. -grenzen
Politisches Umfeld	(Wirtschafts-)politische Entscheidungen können dazu beitragen, das Wachstum zu fördern, z. B. durch ■ staatliche Ausbildungsförderung zur Erhöhung der Qualität des Produktionsfaktors Arbeit, ■ staatliche Förderung von Investitionen zur Ausweitung der Quantität des Produktionsfaktors Kapital, ■ staatliche Unterstützung von Forschungsvorhaben zur Förderung des technischen Fortschritts. Ebenso kann die Politik aber auch das Wachstum blockieren, indem beispielsweise ■ durch Steuererhöhungen für Unternehmen die Investitionsbereitschaft nachlässt oder ■ der Bau von Industrieanlagen durch entsprechend hohe Auflagen blockiert wird.
Umweltbedingungen	Auch die Umweltbedingungen können das Wirtschaftswachstum fördern oder blockieren. Beispielhaft zu nennen sind hier die klimatischen Verhältnisse oder die Bodenbeschaffenheit, die einen entscheidenden Einfluss auf den Output einer Volkswirtschaft haben.
Wertvorstellungen der Bevölkerung	Hierzu zählen beispielsweise ■ die Aufgeschlossenheit gegenüber dem technischen Fortschritt (z. B. Offenheit für Gentechnologie im Produktionsprozess für Lebensmittel) oder ■ die Einstellung der Menschen zur Arbeit.

Kompetenztraining

17. Übersichtsmatrix

Stellen Sie in einer Übersichtsmatrix die Möglichkeiten und Grenzen des Wirtschaftswachstums anhand der Produktionsfaktoren dar!

18. Recherchieren Sie zunächst, wie sich die Wirtschaftsleistung in der Bundesrepublik Deutschland in den letzten fünf Jahren entwickelt hat!

Aufgaben:

18.1 Beurteilen Sie auf der Basis der von Ihnen ermittelten Daten, inwiefern die Bundesregierung das Ziel „angemessenes Wirtschaftswachstum" in diesem Zeitraum erreicht hat!

18.2 Beschreiben Sie die Ursachen, die in dem von Ihnen betrachteten Zeitraum zu einer Abschwächung bzw. zu einem Aufschwung geführt haben könnten!

18.3 Recherchieren Sie, welche Faktoren aktuell das Wirtschaftswachstum hierzulande in besonderer Weise beeinflussen!

19. Unterrichtsvorschlag: Rollenspiel

An der Notwendigkeit, aber auch an den Grenzen des Wirtschaftswachstums scheiden sich häufig die Geister. Bilden Sie drei Gruppen und bearbeiten Sie den jeweiligen Arbeitsauftrag:

- **Gruppe 1: Moderatoren der Sendung „Pro und Kontra – Die heiße Runde".**
  Sie bereiten sich auf die Sendung mit dem Thema: „Grenzenloses Wachstum – Wachstum Richtung Abgrund?" vor. Überlegen Sie mögliche kritische Fragestellungen an die Vertreter der Befürworter und Gegner grenzenlosen Wachstums!
- **Gruppe 2: Befürworter des grenzenlosen Wirtschaftswachstums.**
  Überlegen Sie mögliche Argumente für ein grenzenloses Wirtschaftswachstum! Bestimmen Sie zwei Gruppensprecher, die ihren Standpunkt anschließend in der Diskussion vertreten werden!
- **Gruppe 3: Gegner des grenzenlosen Wirtschaftswachstums.**
  Überlegen Sie mögliche Argumente gegen ein grenzenloses Wirtschaftswachstum! Bestimmen Sie zwei Gruppensprecher, die ihren Standpunkt anschließend in der Diskussion vertreten werden!

Während der Diskussionsrunde sollten die nicht direkt an der „Sendung" Beteiligten als Beobachter fungieren.

20. Entscheiden Sie in den folgenden Fällen, welcher Bestimmungsgröße die jeweilige Situation zugeordnet werden kann! Tragen Sie eine

① ein, wenn es sich um eine Wachstumsgrenze beim Produktionsfaktor Arbeit,

② ein, wenn es sich um eine Wachstumsgrenze beim Produktionsfaktor Boden,

③ ein, wenn es sich um eine Wachstumsgrenze beim Produktionsfaktor Kapital,

④ ein, wenn es sich um außerökonomische Faktoren handelt!

Sollte keine eindeutige Zuordnung möglich sein, tragen Sie eine ⑨ ein!

20.1	Nach neuesten Prognosen werden die Ölquellen rund um den Erdball in ca. 40 Jahren versiegen.	2
20.2	Widerstände gegen die Anwendung neuester gentechnologischer Erkenntnisse in Deutschland verhindern größeren Ernteertrag in der Landwirtschaft.	4
20.3	Obwohl die großen Pharmakonzerne viel Geld in die Forschung und Entwicklung gesteckt haben, konnten bislang noch keine Medikamente gegen AIDS entwickelt werden.	9
20.4	Obwohl die Rahmenbedingungen für Investitionen in Deutschland allgemein als gut beurteilt werden, halten sich die Unternehmen spürbar zurück.	3
20.5	Viele Experten sehen die Ursachen für fehlendes Wirtschaftswachstum in dem Mangel an Fachkräften. Dies gilt insbesondere für den Bereich der zukunftsträchtigen Informationstechnologie.	1
20.6	Die hohe Arbeitslosigkeit bedeutet letztlich auch Verzicht auf Wirtschaftswachstum.	3

21. Im Rahmen einer politischen Auseinandersetzung streiten die Parteien um mögliche Konzepte, die zum Erreichen eines angemessenen Wirtschaftswachstums beitragen können. Prüfen Sie, welcher der nachfolgenden Vorschläge Ihrer Meinung nach am ehesten der Förderung von Wirtschaftswachstum schadet!

① Die Entscheidungsverfahren zur Erschließung neuer Industrieflächen sollen beschleunigt werden.

② Durch die regelmäßige Beurteilung von Hochschulprofessoren soll die Qualität der Lehre an deutschen Universitäten gesteigert werden.

③ Durch eine engere Kooperation zwischen den Ausbildungsbetrieben und den Berufsschulen soll die Ausbildung optimiert werden.

④ Betriebe, die über Bedarf ausbilden, sollen einige Steuervergünstigungen erhalten.

⑤ Nach einem Regierungswechsel werden viele ordnungspolitische Gesetze wieder geändert und anschließend mehrfach überarbeitet.

4 Die Konjunktur

Handlungssituation 8.2

Jennifer und Nils besuchen zurzeit das berufliche Gymnasium. Vor Unterrichtsbeginn treffen sich beide zufällig in der Cafeteria der Schule. Nach einem kurzen belanglosen Gespräch kommen sie auf den gestrigen Unterrichtstag zu sprechen. Nils ist immer noch stocksauer auf einen Lehrer, der nach einer Auseinandersetzung mit der Klasse wegen des – aus seiner Sicht mal wieder unerträglichen – Lärmpegels auf die wenig erfreulichen Perspektiven der Schüler hingewiesen hat. Konkret führte der Lehrer an, dass mit Blick auf die Konjunkturprognosen die Anzahl der Übernahmen von Auszubildenden zukünftig stark zurückgehen würde. Die Folge sei, dass die meisten hier in der Klasse bei den bisher gezeigten Leistungen wohl eher Stammkunden bei der Agentur für Arbeit würden.

Jennifer versucht Nils zu beruhigen und deutet an, dass der Lehrer halt ziemlich genervt war und dann aus der Emotion heraus so ein Ding losgelassen hätte. Außerdem müsste Nils doch eigentlich wissen, wie dieser Typ von Lehrer in solchen Situationen tickt. Nils aber lässt sich nicht beruhigen. Schließlich habe er gestern Abend noch mit seinen Eltern über den Vorfall gesprochen und selbst sein Vater, Bankkaufmann von Beruf, hätte angedeutet, dass dieser Lehrer, zumindest was die Konjunkturprognosen betrifft, wohl Recht hätte.

In diesem Moment setzt sich ihr Mitschüler Arne an den Tisch. Er grinst über das ganze Gesicht und deutet an, dass die Äußerungen ihres Lehrers von gestern alles nur hohles Gequatsche seien. Vor allem die Sache mit den besagten Konjunkturprognosen wäre nichts als heiße Luft. Da müsse man nur mal ein wenig im Internet stöbern und schon hätte man in der Beziehung Klarheit. Um seine Äußerung zu untermauern, legt Arne demonstrativ ein Papier mit folgendem Text auf den Tisch:

Das zarte Pflänzchen Konjunktur

von Mag. Oliver Pohl

Konjunkturprognosen haben die Trefferwahrscheinlichkeit von Wettervorhersagen. Das hat nicht nur mit den mathematischen Formeln zu tun, sondern auch viel mit der Wirtschaftstheorie, die zugrunde gelegt wird.

[…]

Kaum ein Wort beflügelt die Fantasie von Wirtschaftstreibenden und Politikern mehr als „Konjunktur“. Gebannt starren sie auf die prognostizierten Vorzeichen des Auf- und Abschwungs der Welle der wirtschaftlichen Entwicklung. Die Stimmung hellt sich auf, wenn es nach oben geht, oder verfinstert sich, wenn die Gegenrichtung eingeschlagen wird. Es ist ein permanentes Auf und Ab der Gefühle, die in der Ökonomie über Investitionen, Stellenabbau oder Aufbruch in neue Märkte entscheiden.

Dabei ist die Sache längst nicht so klar, wie es den Anschein hat, nur weil alle Welt davon redet. Unbestritten ist, dass es Zyklen gibt. Aber wie lange dauern sie? Und wann ist welche Stufe erreicht? Den ersten Rückschlag, und der saß, erlebte die damals noch junge Konjunkturforschung in den USA, als der Börsencrash und die Weltwirtschaftskrise von 1929 nicht vorausgesagt werden konnte. Die Ökonomen Arthur F. Burns und Wesley Clair Mitchell, die Urväter der amerikanischen Konjunkturforschung, hatten in den 1920er Jahren den Harvard-Indikator geschaffen, aber kläglich versagt. Daraufhin wurde es über mehrere Jahre ziemlich ruhig um die Vorhersage der wirtschaftlichen Entwicklung.

Schließlich hatte die Welt auch andere Sorgen, nachdem die Menschen im und nach dem Zweiten Weltkrieg um das nackte Überleben kämpften. Als in den 1950er Jahren sich die Lage langsam wieder zu entspannen begann, kehrte auch das Interesse zurück, sich wieder mit den Wellen der Wirtschaft zu beschäftigen. Konjunkturforschungsinstitute wurden gegründet, die, staatlich finanziert, den Blick in die Glaskugel der Zukunft der Volkswirtschaften werfen. Dabei bedient man sich aus dem Vergleich von Daten aus der Vergangenheit über die Zinsentwicklung und daraus resultierenden Investitionen bzw. dem Zusammenhang von Steuern und dem privaten Konsum. Daraus werden Konjunkturindikatoren abgeleitet.

In der Zusammenführung mit den mathematischen Formeln, die auf die volkswirtschaftliche Gesamtrechnung abstellen, ergibt sich daraus ein Wert, der im Periodenvergleich anzeigen soll, wohin die Reise geht. Das macht die Geschichte nicht unbedingt einfacher, weil oftmals noch Daten aus der staatlichen Statistik bei der Erstellung schlicht fehlen und deshalb geschätzt werden, aber das Gesamtbild wesentlich beeinflussen können. Dazu kommen dann noch zusätzlich eingefügte Faktoren zum Tragen, die die erwarteten Auswirkungen von politischen Entscheidungen in die mathematische Berechnung mit einfließen lassen sollen. Am Ende steht das erwartete Bruttoinlandsprodukt (BIP).

Und das ist meistens falsch, wie einschlägige Untersuchungen über die Treffsicherheit von Konjunkturprognosen feststellen. Seit die Branche sich im Wettlauf um die beste Prognose seit einigen Jahren auch noch bis auf die Kommastellen festlegen will, ist es überhaupt vorbei mit den Volltreffern. Dazu kommt, dass sich die Konjunkturforscher gegenseitig fest im Visier haben, weil keiner Gefahr laufen will, aus dem eingestimmten Gesamtkanon auszubrechen und sich damit dem Spott der Kollegen auszusetzen. Dafür haben nicht zuletzt auch die finanzierenden staatlichen Stellen gesorgt, die einmal im Jahr eine Gemeinschaftsprognose aller Institute fordern.

In das Reich der wirtschaftspolitischen Märchen gehört übrigens auch die These, dass die staatlichen Konjunkturforscher wegen der angenommenen Unabhängigkeit bessere Prognosen liefern als die private Konkurrenz von Banken, Versicherungen oder Verbänden. […]

Quelle: www.wianet.at, Zugriff vom 16.11.2012.

Kompetenzorientierte Arbeitsaufträge:

1. Markieren Sie zunächst die Begriffe, deren Verständnis Ihnen Probleme bereitet. Recherchieren Sie – eventuell unter Zuhilfenahme des Internets – anschließend die Bedeutung dieser Begriffe!
2. Nennen Sie die in dem Artikel aufgeführten Konjunkturindikatoren!
3. Beurteilen Sie auf der Basis des vorangestellten Artikels die Konjunkturindikatoren hinsichtlich ihrer Diagnose- und Prognosefähigkeit!
4. Erläutern Sie, welche Folgen aus den Konjunkturindikatoren abgeleitet werden können und welchen Stellenwert sie für Unternehmen wie für die Politik haben!
5. **Projekt mit regionalem Bezug: Maßnahmenkatalog**

   Durch die örtlichen Industrie- und Handelskammern sowie lokalen Verbände werden regionale Konjunkturdaten und Konjunkturerwartungen ermittelt und veröffentlicht. Recherchieren Sie zunächst, welche Institutionen in Ihrer Region derartige Konjunkturdaten erheben und veröffentlichen. Informieren Sie sich anschließend bei diesen Stellen über die aktuellsten Datensätze und stellen Sie diese für eine Präsentation vor Ihrer Klasse zusammen!

   Entwickeln Sie anschließend auf der Basis dieser Daten gemeinschaftlich qualifizierte Empfehlungen zu Investitionsentscheidungen örtlich ansässiger Unternehmen sowie für wirtschaftspolitische Maßnahmen in Ihrer Region!

6. Beschreiben Sie die Wirtschaftsschwankungen als Konjunkturzyklus, unterscheiden Sie dabei vor allem deren Phasen!
7. Erläutern Sie vier mögliche Ursachen für die Wirtschaftsschwankungen!
8. **Projektvorschlag mit regionalem Bezug: Fragenkatalog**
   Entwickeln Sie gemeinsam einen möglichen Fragenkatalog zur künftigen (wirtschaftlichen) Entwicklung Ihrer Region (z.B. Kreis, Stadt)! Zur Aufstellung dieses Fragenkatalogs könnten mögliche inhaltliche Themenschwerpunkte von arbeitsteiligen Gruppen zusammengestellt, der Klasse vorgetragen und dann zu einem endgültigen Arbeitspapier zusammengeführt werden.

4.1 Idealtypischer[1] Konjunkturverlauf

- Die Entwicklung der Wirtschaft (das Wachstum des **realen Bruttoinlandsprodukts**) verläuft nicht gradlinig, sondern in Wellenbewegungen, die als **Konjunkturschwankungen** bezeichnet werden.
- **Konjunkturschwankungen** sind **politisch unerwünscht,** weil Rezessionen z.B. zu sinkenden Steuereinnahmen führen, weniger finanzstarke Unternehmen zum Aufgeben zwingen und zu konjunktureller Arbeitslosigkeit führen. Die **Wirtschaftspolitik** versucht daher, **Konjunkturschwankungen abzuflachen.**

Die nachfolgende Grafik stellt einen **idealtypischen Konjunkturzyklus**[2] dar:

Idealtypischer Konjunkturzyklus

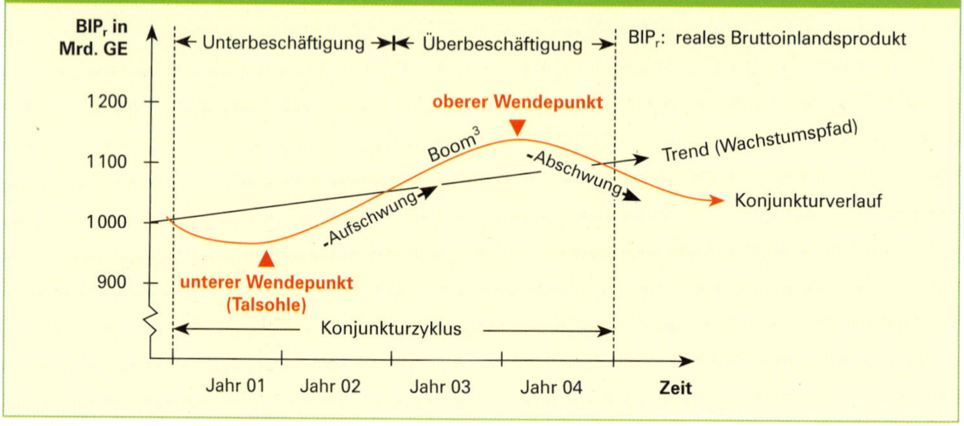

1 **Idealtypisch** (griech.-lat.): ein nur in der Vorstellung vorkommendes Modell bestimmter sich ähnelnder oder sich wiederholender Ereignisse oder Merkmale. So gab es z.B. bei den verschiedenen Konjunkturzyklen der Bundesrepublik Deutschland stets Aufschwünge, Hochkonjunkturen, Abschwünge (Rezessionen) und Tiefpunkte (untere Wendepunkte), die sich jedoch im Hinblick auf ihre Verläufe (Stärke, Dauer) unterschieden.

2 **Zyklus** (lat.): regelmäßig wiederkehrende Erscheinung, regelmäßige Folge; **zyklisch**: regelmäßig wiederkehrend.

3 **Boom** (engl.): kräftiger Aufschwung.

Erläuterungen:

Überblick über die Konjunkturphasen								
Konjunktur-phasen	**Auftrags-bestände/ Produktion**	**Konjunk-turelle Arbeits-losigkeit**	**Lohn-entwick-lung**	**Zinsen**	**Wert-papier-kurse**	**Preis-entwicklung**	**Spar-neigung**	**Zukunfts-erwartun-gen**
Unterer Wende-punkt (Talsohle)[1]	auf niedrigem Niveau verharrend	hoch	mäßige Lohnerhöhungen; geringe übertarifliche Leistungen	niedrig	hoch	geringere Preissteigerungsraten; Kosteninflation (Stagflation) jedoch möglich	hoch	abwartend oder vorsichtiger Optimismus
Auf-schwung	steigend	noch hoch	mäßige Lohnerhöhungen	noch niedrig	hoch	geringe Preissteigerungsraten	sinkend	optimistisch
Boom (Hoch-konjunktur, Überkon-junktur, Überbe-schäfti-gung)	bei Konsumgütern noch steigend; bei Investitionsgütern stagnierend oder sinkend	sinkend	(kräftige) Lohnerhöhungen	steigend	sinkend	hohe Preissteigerungsraten	niedrig	optimistisch
Oberer Wende-punkt (Konjunk-turgipfel)	bei Konsumgütern stagnierend; bei Investitionsgütern sinkend	gleichbleibend	kräftige Lohnerhöhungen („Lohnlag")[2]	hoch	niedrig kleau-typisch	hohe Preissteigerungsraten	niedrig	abwartend bis pessimistisch
Abschwung (Rezession, Nieder-gang)	sinkend	steigend	mäßige Lohnerhöhungen (Inflationsausgleich); u. U. Abbau übertariflicher Leistungen	langsam sinkend	langsam steigend	abnehmende Preissteigerungsraten (auf polypolistischen Märkten u. U. sinkende, auf oligopolistischen und monopolistischen Märkten weiter steigende Preise)	steigend	pessimistisch
			↑ Spät		↑ Frühindikator			↑ Früh

1 Ein lang anhaltender wirtschaftlicher Tiefstand wird als **Depression** (wörtl. Niedergeschlagenheit, traurige Stimmung) bezeichnet. Die Depression ist keine konjunkturelle Erscheinung, sondern Ausdruck einer tief greifenden strukturellen **Krise**.

2 **Lag** (engl.): Verschiebung, Verzögerung.

Wie die nachfolgende Grafik zeigt, ist die wirtschaftliche Entwicklung in Deutschland durch zyklische Schwankungen gekennzeichnet, deren Abfolge und Intensität sich an der **realen** (d. h. von Preiseinflüssen bereinigten) Veränderung des Bruttoinlandsprodukts ablesen lässt.

Langfristig folgte die Wirtschaftsentwicklung in Deutschland einem **aufsteigenden Trend**: Durch alle Zyklen hindurch setzte sich das reale Wachstum der Wirtschaftsleistung fort. Allerdings wurden die **Wachstumswellen** immer **flacher**, die wirtschaftliche Dynamik immer schwächer.[1] Auch gab es von Mal zu Mal tiefere Konjunktureinbrüche am Ende eines Zyklus.

Konjunkturzyklen in der Wirklichkeit

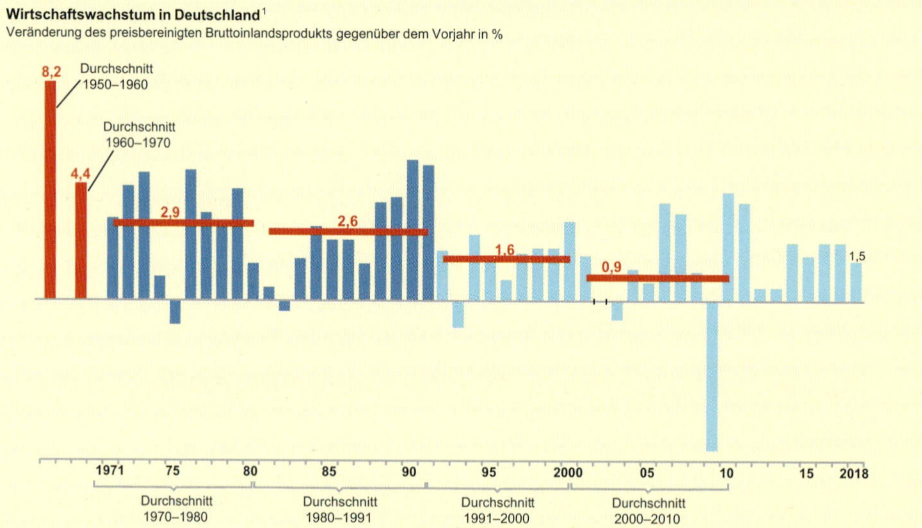

[1] Die Ergebnisse von 1950 bis 1970 (Früheres Bundesgebiet) sind wegen konzeptioneller und definitorischer Unterschiede nicht voll mit den Ergebnissen von 1970 bis 1991 (Früheres Bundesgebiet) und den Angaben ab 1991 (Deutschland) vergleichbar. Die preisbereinigten Ergebnisse von 1950 bis 1970 (Früheres Bundesgebiet) sind in Preisen von 1991 berechnet. Die Ergebnisse von 1970 bis 1991 (Früheres Bundesgebiet) sowie die Angaben ab 1991 (Deutschland) werden in Preisen des jeweiligen Vorjahres als Kettenindex nachgewiesen. Bei der VGR-Revision 2014 wurden zudem nur die Ergebnisse für Deutschland bis 1991 zurückgerechnet; Angaben vor 1991 sind unverändert geblieben.

Quelle: Statistisches Bundesamt, Bruttoinlandsprodukt 2018 für Deutschland, Begleitmaterial zur Pressekonferenz, Wiesbaden 2019.

4.2 Ursachen für Wirtschaftsschwankungen

Das Phänomen[2] ist dem Menschen seit jeher bekannt: Die wirtschaftliche Entwicklung vollzieht sich nicht regelmäßig, sondern in „Schwankungen". Selbst die Bibel berichtet von den „sieben fetten und den sieben mageren Jahren".

> Die heutige Volkswirtschaftslehre weiß, dass die wirtschaftlichen Wellenbewegungen **nicht** auf **eine Ursache allein** zurückgeführt werden können. Es gibt zahlreiche „Auslöser" für den Konjunkturauf- bzw. -abschwung.

1 Diese Entwicklung spiegelt sich vor allem in der seit 1950 ständigen Abnahme der durchschnittlichen Zehnjahreswachstumsrate wider.

2 **Phänomen** (lat.): Erscheinung.

Einen Überblick über die **wichtigsten Ursachen für Konjunkturschwankungen** gibt nachfolgende Übersicht.

Determinanten[1] des Konjunkturverlaufs	
Faktoren, die den **Konjunkturaufschwung** auslösen können:	Faktoren, die den **Konjunkturabschwung** auslösen können:
▪ Ausweitung des Geldangebots (Kreditangebots) durch die Zentralbank: sinkende Zinssätze – steigende Kreditnachfrage. ▪ Steigende private und staatliche Investitionsgüternachfrage. ▪ Steigende private und staatliche Konsumgüternachfrage. ▪ Steigender Außenbeitrag (Export > Import). ▪ Zahlungsbilanzüberschüsse. ▪ Optimistische Zukunftserwartungen der Wirtschaftssubjekte. ▪ Positive politische Ereignisse (z. B. Beendigung von Kriegen, Abschluss wichtiger Friedensverträge).	▪ Verknappung des Geldangebots (Kreditangebots) durch die Notenbank: steigende Zinssätze – sinkende Kreditnachfrage. ▪ Sinkende private und staatliche Investitionsgüternachfrage. ▪ Sinkende private und staatliche Konsumgüternachfrage. ▪ Sinkender Außenbeitrag (Export < Import). ▪ Zahlungsbilanzdefizite. ▪ Pessimistische Zukunftserwartungen der Wirtschaftssubjekte. ▪ Negative politische Ereignisse (z. B. Kriegsausbrüche, Aufstände, Generalstreiks, Terroranschläge).

4.3 Konjunkturindikatoren zur Prognose der wirtschaftlichen Entwicklung

Konjunkturindikatoren[2] sind Daten, die den Konjunkturverlauf messen und/oder Voraussagen (Prognosen) für künftige Entwicklungen zulassen.

!

Das wirtschaftliche Auf und Ab lässt sich mithilfe unterschiedlicher Größen messen. Bestimmte wirtschaftliche Erscheinungen lassen sogar Rückschlüsse auf die künftige Entwicklung zu, dienen also der Konjunkturprognose.[3]

4.3.1 Realwirtschaftliche Konjunkturindikatoren

Realwirtschaftliche Konjunkturindikatoren beziehen sich vor allem auf die Entwicklung der **volkswirtschaftlichen Gesamtnachfrage** (Inlandsnachfrage nach Konsum- und Investitionsgütern, Exportgüternachfrage) sowie auf den Arbeitsmarkt.

Entwicklung der Arbeitslosenzahlen und offenen Stellen	▪ **Steigende Arbeitslosenzahlen** und **sinkende offene Stellen** zeigen an, dass die Wirtschaft unterbeschäftigt ist. Die Unternehmen werden sich bei den **Investitionen zurückhalten,** weil sie eine stagnierende oder gar zurückgehende Konsumgüternachfrage erwarten.

1 **Determinanten:** Ursachen, (Bestimmungs-)Gründe.

2 **Indikator:** Anzeiger.

3 **Prognose:** Voraussage, Vorausschau.

	■ Die umgekehrte Reaktion tritt ein, wenn die Bundesagentur für Arbeit eine steigende Zahl offener Stellen meldet und wenn die Arbeitslosenzahlen zurückgehen.
Entwicklung der Konsumgüternachfrage	■ **Steigt** der **private Konsum** (angezeigt durch steigende Einzelhandelsumsätze), ist eine **positive Entwicklung** des wirtschaftlichen Geschehens zu erwarten, weil in der Folge die Großhandelsumsätze und schließlich die Umsätze der Herstellerbetriebe steigen werden. Ist die Wirtschaft vollbeschäftigt, werden **Preissteigerungen** eintreten. ■ Stagnierende oder sinkende Einzelhandelsumsätze bewirken das Gegenteil.
Entwicklung der Investitionsgüternachfrage	■ **Steigt** die **Investitionsgüternachfrage** (angezeigt durch steigende Umsätze und/oder Auftragsbestände in der Investitionsgüterindustrie), kann eine **Erhöhung der Beschäftigung** erwartet werden, die auch nicht ohne Einfluss auf die Arbeitsnachfrage bleiben wird. Bei Vollbeschäftigung können steigende Preise (zunächst in der Investitionsgüterindustrie) und steigende Löhne vorausgesagt werden. ■ Sinkende Investitionsgüternachfrage lässt den gegenteiligen Schluss zu.
Entwicklung des Außenhandels	■ **Nimmt** der **Export schneller als der Import zu,** ist auf eine **Belebung** der **Konjunktur** zu schließen. Eine vollbeschäftigte Wirtschaft muss mit Preissteigerungen rechnen, weil die Gesamtnachfrage (Auslands- und Inlandsnachfrage) das Gesamtangebot der Volkswirtschaft übersteigt. ■ Steigen die Importe indessen schneller als die Exporte, ist der gegenteilige Effekt wahrscheinlich.
Kapazitätsauslastung und Auftragsbestände	■ **Steigende Auftragsbestände** kündigen einen **Konjunkturaufschwung** an. Die Auslastung der Kapazität folgt der Entwicklung der Auftragsbestände. ■ Rückläufige Auftragsbestände kündigen einen Konjunkturabschwung an.
Entwicklung der Staatsausgaben und -einnahmen	■ Aus dem Staatshaushaltsplan kann entnommen werden, in welchem Verhältnis die Staatsausgaben zu den Staatseinnahmen stehen werden. Strebt der Staat große **zusätzliche Konsum- oder Investitionsvorhaben** an, ohne die Steuern zu erhöhen, ist eine **Belebung der Wirtschaftstätigkeit** wahrscheinlich. Auch in diesem Fall sind Preiserhöhungen zu erwarten, wenn die Wirtschaft vollbeschäftigt ist. ■ Voraussichtliche Steuererhöhungen indessen können die Investitionstätigkeit der Unternehmen vermindern.
Entwicklung der Lagerbestände	■ **Steigen** die **Lagerbestände** der Unternehmen über das saisonal übliche Maß, so liegt offenbar Überproduktion vor. Es kann der Schluss gezogen werden, dass die Unternehmen ihre Produktion drosseln werden, was einen **Konjunkturabschwung** bewirken kann. ■ Nehmen die Lagerbestände ab, ist das Gegenteil der Fall. Diese Aussage gilt jedoch nicht uneingeschränkt. Es mag nämlich sein, dass die Unternehmen ihre Lagerbestände bewusst abbauen, weil sie sinkende Umsatzzahlen erwarten, und ihre Lagerbestände aufstocken, weil ein Konjunkturanstieg eingesetzt hat.

Vertrauens-indikatoren	■ Für die Beurteilung zukünftiger Entwicklungen spielen die Erwartungen der Unternehmen und der Verbraucher eine große Rolle. **Nimmt** das **Vertrauen** in eine (positive) wirtschaftliche Entwicklung **zu,** ist mit einer **steigenden Konsum- und Investitionsgüternachfrage** zu rechnen. ■ Nimmt das Vertrauen der Unternehmer und der Verbraucher ab, ist mit einer fallenden Investitions- und Konsumnachfrage zu rechnen.

4.3.2 Finanzwirtschaftliche Konjunkturindikatoren

Geldpolitik	■ Als Konjunkturindikator zählt auch die (vermutete) künftige Geldpolitik einer Zentralbank. Aufgrund von **Zinssenkungen** kann die **Konjunktur belebt** werden. ■ Aufgrund von Zinserhöhungen wird ein „Überschäumen" der Konjunktur verhindert.
Wechselkurse	■ **Steigende Wechselkurse** verteuern die Binnenwährung. Der Export in Fremdwährungsländer wird gebremst, die **Konjunktur** wird **negativ** beeinflusst. ■ **Sinken** die **Wechselkurse,** wird die Binnenwährung für die Devisenausländer billiger. Es ist zu erwarten, dass die Exporte steigen und die **Konjunktur angekurbelt** wird.

4.3.3 Früh-, Präsenz- und Spätindikatoren

Die Indikatoren lassen sich auch hinsichtlich der zeitlichen Erkennbarkeit der jeweiligen Konjunkturphase unterscheiden.

Indikatoren	Erläuterungen	Beispiele
Früh-indikatoren	Sie sollen anzeigen, wie sich die Konjunktur in den **kommenden Monaten** entwickeln wird.	■ Entwicklung der Aktienmärkte ■ Auftragseingänge der verarbeitenden Industrie ■ Baugenehmigungen im Hochbau ■ Investitionsabsichten ■ Geschäftsklimaindex + Wertpapier-kurse ■ Konsumklimaindex
Präsenz-indikatoren	Sie beschreiben den **augenblicklichen** Stand der Konjunktur.	■ Kapazitätsauslastung ■ aktuelle Konsumdaten ■ Bruttoinlandsprodukt ■ Kurzarbeit ■ Lagerbestände ■ Zinsen
Spät-indikatoren	Sie hinken dem eigentlichen Konjunkturverlauf **hinterher.**	■ Steuereinnahmen des Staates ■ Insolvenzen ■ Arbeitslosenquote ■ Preisindizes ■ Zinsniveauentwicklung

Klausurrelevant

Die deutsche Konjunktur erhält einen deutlichen Dämpfer. Nach einem Wirtschaftswachstum von 2,2 % im vergangenen Jahr wird das Wachstum 2018 voraussichtlich nur 1,6 % betragen. Das geht aus dem Jahresgutachten 2018/19 des Sachverständigenrats zur Begutachtung der gesamtwirtschaftlichen Entwicklung hervor. Damit haben die fünf Top-Ökonomen ihre Prognose vom Frühjahr 2018 deutlich nach unten korrigiert: Damals erwarteten sie für 2018 noch ein Plus von 2,3 %; für 2019 gehen sie nun von 1,5 % aus. Die Wirtschaftsforscher sehen vor allem die außenwirtschaftlichen Rahmenbedingungen, beispielsweise die ungelösten internationalen Handelskonflikte, als wachstumshemmend an. Hinzu kommt noch die Unsicherheit rund um den Brexit, also das Ausscheiden Großbritanniens aus der EU. Der demografische Wandel und seine Folgen für die Volkswirtschaft gehören ebenfalls zu den Problemen, die künftig auf der wirtschaftspolitischen Tagesordnung weit oben stehen. – Dem Sachverständigenrat gehören fünf Wirtschaftsexperten an. Daher werden sie auch die „fünf Wirtschaftsweisen" genannt. Zur Zeit sind das die Professoren Christoph M. Schmidt (Vorsitzender), Peter Bofinger, Lars P. Feld, Isabel Schnabel und Volker Wieland.

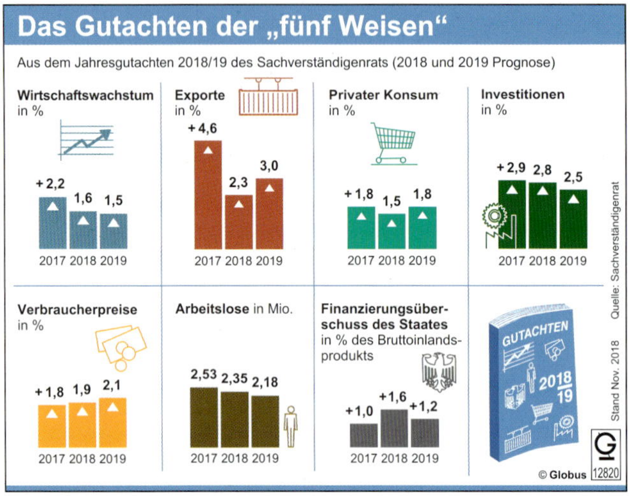

Kompetenztraining

22. Lesen Sie zunächst nachfolgenden Artikel!

Aktienkurse und Konjunktur

Während eines Börsenbooms, wenn die Aktienpreise durch das starke Vertrauen der Investoren hoch getrieben werden, hilft die Börse mit, einen wirtschaftlichen **Boom** zu erzeugen. Verbraucher, die Aktien besitzen, fühlen sich reicher und kaufen mehr. Auch nehmen sie Kredite auf, um neue Wohnungen, Autos und andere teure Güter zu kaufen.

Zudem ist es für Unternehmen einfach, Anleihen aufzunehmen oder neue Aktien auszugeben. Sie lösen damit einen Investitionsboom in der Wirtschaft aus. Die Banken gewähren Haushalten und Unternehmen zu günstigen Bedingungen Kredite, wenn sie hoch bewertete Aktien besitzen. Sie halten den Wertpapier-Reichtum für ausreichende Sicherheiten. Und ausländische Investoren bringen Geld ins Land, um sich ihren Anteil am Geschehen zu sichern.

Wenn ein Börsenboom zu Ende geht und die Preise einbrechen, kehren sich diese Verhaltensmuster um. Konsum und Investitionen sinken, ausländische Investoren ziehen sich zurück. Bankdarlehen werden knapper. Diese Faktoren bremsen die Wirtschaft ab.

Allerdings kann eine wirtschaftliche Beruhigung auch zu einer **Rezession** oder gar **Depression** werden: Zum einen kann der Einbruch der Aktienpreise [...] zu einer Bankenkrise führen. Zum anderen können Banken merken, dass sie während eines Börsensturzes ihre Forderungen nicht realisieren können. Sie dürften dann vor Zahlungsschwierigkeiten stehen und daher neue Kredite stark einschränken. In extremen Fällen bangen die Kontoinhaber um ihre Einlagen und ziehen ihr Geld ab. Dadurch wird eine Bankenkrise verschärft. Auch ausländische Investoren können sich zurückziehen. Das Land kann in eine Zahlungsbilanzkrise geraten, in der es ausländische Schulden nicht bedienen kann. Handel und Produktion werden unterbrochen. [...]

Quelle: Sachs, J.: Der Einbruch an den Börsen führt zu keiner Depression, in: Die Welt vom 1. August 2002.

Aufgaben:

22.1 Erklären Sie die hervorgehobenen Begriffe!

22.2 Stellen Sie dar, welchen Einfluss die Aktienkurse auf die Konjunktur haben können!

22.3 Erklären Sie, welchen Einfluss die Konjunkturentwicklung auf die Aktienkurse haben kann!

22.4 Beschreiben Sie mögliche Zusammenhänge zwischen einer von Ihnen genannten Rezessionsursache und den Folgen, die die Rezession weiter verstärken!

22.5 Nennen Sie Beispiele für „konjunkturelle Rahmenbedingungen"!

22.6 Begründen Sie, warum die Kfz-Zulassungszahlen ein Indikator für Konjunkturbewegungen sein können!

23. Betrachten Sie zunächst die beiden folgenden Konjunkturindikatoren:

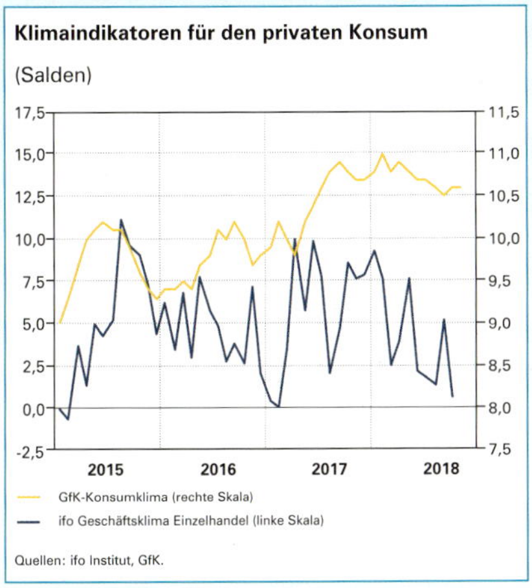

Quelle: Monatsbericht des BMWi, Dezember 2018.

Aufgaben:

23.1 Bestimmen Sie, ob es sich bei den dargestellten Konjunkturindikatoren um real- oder finanzpolitische Konjunkturindikatoren handelt!

23.2 Entscheiden Sie, ob es sich bei den dargestellten Konjunkturindikatoren um Frühindikatoren, Präsenzindikatoren oder um Spätindikatoren handelt!

24. In den folgenden Situationen sind mithilfe wichtiger Konjunkturindikatoren bestimmte konjunkturelle Situationen beschrieben. Ordnen Sie diese Situationen den entsprechenden Konjunkturphasen zu!

Aufgaben:

24.1 „Der Preisindex für die Lebenshaltung ist im vergangenen Halbjahr gesunken. Das reale Bruttoinlandsprodukt nahm um 0,5 % ab. Zugleich stieg die Arbeitslosenquote von 9,5 auf 9,8 % an. Die Kreditinstitute waren flüssig, das Zinsniveau war demzufolge niedriger als zuletzt. [...]"

24.2 „Aufgrund zunehmender Exportüberschüsse stieg im vergangenen Halbjahr das reale Bruttoinlandsprodukt um 2 %, während sich die Zahl der Arbeitslosen kaum veränderte. Die Löhne und Gehälter steigen leicht an. Die Preissteigerungsraten hielten sich in Grenzen (+ 1,8 %). Die Zinsen sind nach wie vor vergleichsweise niedrig. [...]"

24.3 „Die Europäische Zentralbank erhöhte den Leitzinssatz von 3 auf 3,5 %. Die Inflationsrate hat die 3 %-Grenze überschritten. Das Arbeitnehmerentgelt nahm brutto um 8 %, die Gewinne um 5 % zu. Die Zinssätze für Kredite sind deutlich gestiegen. [...]"

25. Für eine Volkswirtschaft liegen die folgenden Daten vor (Veränderungen in v. H. gegenüber dem Vorjahreszeitraum).

Indikatoren	Jahr 1	Jahr 2	Jahr 3
Verwendung des Inlandsprodukts			
Private Konsumausgaben	+ 5,7	+ 3	+ 1,5
Konsumausgaben des Staates	+ 7,3	+ 2	+ 2
Bruttoanlageinvestitionen	+ 5,1	– 4,5	– 1
Vorratsänderungen und Nettozugang an Wertsachen			
Außenbeitrag			
– Exporte	+ 4,7	– 7,5	+ 3
– Importe	+ 2,3	– 11	+ 1,5
Bruttoinlandsprodukt	+ 6	+ 1,5	+ 2,5
Preisentwicklung (Deflator)	+ 4,0	+ 3,5	+ 3
Gesamtwirtschaftliche Kennziffern			
Erwerbspersonen	+ 0,9	– 2	– 2
Arbeitszeit	+ 0,2	– 1	– 0,5
Produktivität	+ 0,5	+ 0,5	+ 2,5
Verteilung des Inlandsprodukts (Volkseinkommens)			
Arbeitnehmerentgelt (Inländer)	+ 6,0	+ 1	+ 0,5
Unternehmens- und Vermögenseinkommen	+ 1,2	– 3,5	+ 4,5
Volkseinkommen	+ 4,6	– 0	+ 1,5
Reales Einkommen	+ 0,7	– 3,5	– 1,5
Arbeitsmarkt			
Arbeitslosenquote bezogen auf			
– alle Erwerbspersonen	7,7	9	10,5
– die abhängigen Erwerbspersonen	8,4	10	11,5
Angaben in Tausend			
Kurzarbeiter	653	1 039	910
Beschäftigte in ABM	466	307	370
Teilnehmer an Vollzeitmaßnahmen zur beruflichen Weiterbildung	798	699	670
Personen im vorzeitigen Ruhestand	850	874	625

Aufgaben:

25.1 Begründen Sie mithilfe der obigen Angaben, in welcher Konjunkturphase sich diese Volkswirtschaft befindet!

25.2 Erläutern Sie, welches die Merkmale der anderen typischen Konjunkturphasen sind!

26. Beurteilen Sie aufgrund der nachfolgenden Sachdarstellungen, in welcher Phase des Konjunkturzyklus sich die Volkswirtschaft befindet! Tragen Sie eine

① für Aufschwung,

② für Boom,

③ für Abschwung und

④ für Talsohle ein!

Sollte keine eindeutige Zuordnung möglich sein, tragen Sie eine ⑨ ein!

26.1	Das Zinsniveau ist im Vergleich zu den letzten Jahren auf einem Tiefststand.	
26.2	Die Investitionsneigung der Unternehmen nimmt spürbar zu.	
26.3	Die Arbeitslosigkeit nähert sich einem Höchststand, die Investitionstätigkeit der Unternehmen ist extrem gering.	
26.4	Bei den Tarifverhandlungen sind die Gewerkschaften in diesem Jahr eindeutig in der stärkeren Verhandlungsposition.	

26.5	Im Vergleich zu der jüngeren Vergangenheit geht die Kapazitätsauslastung zurück.	
26.6	Die hohe Zahl der Arbeitslosen geht langsam zurück.	
26.7	Die Preise für Güter und Dienstleistungen steigen deutlich.	
26.8	Die Kreditinstitute stellen auch in diesem Jahr wieder viele Ausbildungsplätze zur Verfügung.	
26.9	Die Kreditinstitute klagen über die geringen Zuwächse im aktiven Firmenkundengeschäft sowie das steigende Volumen von Forderungsausfällen in diesem Bereich.	
26.10	Das Konjunkturbarometer zeigt eine optimistische Stimmung bei den Unternehmen an, die im Wesentlichen auf dem spürbaren Anstieg der Nachfrage basiert.	

27. Im Rahmen der politischen Diskussion zur Konjunkturbelebung werden unterschiedliche wirtschaftspolitische Maßnahmenbündel vorgeschlagen. Entscheiden Sie, welche der nachfolgenden Kombinationsmöglichkeiten unter dem Aspekt der Konjunkturbelebung am geeignetsten sind!

① Die Ausgaben des Staates deutlich zurückfahren, Subventionen für Unternehmen abbauen und soziale Leistungen kürzen.

② Neueinstellungen durch den Staat, Investitionszulagen kürzen, Kindergeld erhöhen, strengere Umweltauflagen für neue Industrieanlagen.

③ Staatliche Investitionsförderprogramme ausweiten, Exportsubventionen erhöhen, Steuersätze senken.

④ Unternehmenssteuern erhöhen, Lohn- und Einkommenssteuersätze senken, Konsumausgaben des Staates zurückfahren.

⑤ Keine Konjunkturpolitik betreiben.

28. Entscheiden Sie, welche der nachfolgenden Situationsanalysen auf die Konjunkturphase des Aufschwungs zutrifft!

① Die Produktionskapazitäten sind nahezu ausgelastet.

② Neueinstellungen sind aufgrund fehlenden Angebots nicht mehr möglich.

③ Die Preise für Güter und Dienstleistungen steigen deutlich.

④ Das Einkommen der Unternehmerhaushalte sinkt.

⑤ Die Zahl der offenen Stellen nimmt zu.

Handlungssituation 8.3

Die 20-jährige Studentin Lea hat nach einer Geburtstagsparty am Sonntagmorgen mal wieder länger geschlafen. Trotz einer gewissen Restmüdigkeit steht sie pünktlich zum Mittagessen auf, da es in ihrer Familie seit vielen Jahren üblich ist, zumindest an einem Sonntag gemeinsam zu Mittag zu essen. Als sie gut gelaunt und relativ ausgeschlafen das Esszimmer betritt, spürt sie sofort die leicht angespannte Stimmung zwischen ihren Eltern und ihrem Bruder. Anlass der wohl eher schlechten Laune der restlichen Familie ist ihr Bruder Dennis, der sich mal wieder ziemlich aufregt.

Dennis steckt gerade mitten in der Prüfungsvorbereitung zum Mechatroniker, hat aber vor zwei Wochen von seinem Ausbildungsbetrieb erfahren, dass er nach der Ausbildung nicht übernommen wird. Seither stellt er sich unentwegt die Frage, was die ganze Prüfungsvorbereitung überhaupt für einen Sinn hat, wenn er anschließend sowieso arbeitslos ist. Leas Mutter spricht Dennis seit dieser schlechten Nachricht vor zwei Wochen immer wieder Mut zu, indem sie versucht, ihn positiv zu stimmen und ihn ermuntert, nicht so negativ in die Zukunft zu blicken. Auch der Vater macht ihm immer wieder klar, dass er sich nun erst einmal auf die Prüfung konzentrieren soll. Danach könne er sich dann in aller Ruhe bei umliegenden Autohäusern als Mechatroniker bewerben. Er ist der Ansicht, dass eine gute Prüfung auch in wirtschaftlich schwierigen Zeiten eine sichere Eintrittskarte für das zukünftige Berufsleben ist. Dennis hingegen sieht das natürlich alles ganz anders. Sein Ausbilder habe ihm klar zu verstehen gegeben, dass es allen Autohäusern in Deutschland zurzeit eher schlecht ginge und immer mehr Betriebe sogar ganz schließen müssten. Die Absatzzahlen für Neufahrzeuge seien seit Monaten – unabhängig von der Automarke – im Sinkflug, da sich die Haushalte in Deutschland wegen der rückläufigen Konjunktur beim Kauf von Neufahrzeugen sehr zurückhielten.

Um die Stimmung an diesem Sonntagmittag zu verbessern, versucht nun auch Lea ihrem Bruder gut zuzureden. Sie erinnert Dennis an Oma, die bei größeren Problemen in der Familie immer sagte, dass nach jedem Tal auch wieder ein Berg komme. Lea fügt an, dass Oma zwar nicht ausdrücklich von der Konjunktur gesprochen habe, aber im übertragenen Sinne sei sie fest davon überzeugt, dass es mit der Wirtschaft sicher bald wieder bergauf gehen werde und es bis zum Ausbildungsende in vier Monaten für Dennis wieder besser aussieht. Außerdem solle er doch nur mal an eine ähnliche Situation vor ein paar Jahren denken, als der Staat der Autoindustrie mit der Zahlung einer Abwrackprämie in Höhe von 2500,00 EUR schon einmal massiv geholfen hätte.

Leider hat Lea mit dieser Äußerung genau das Gegenteil bei ihrem Bruder bewirkt. Dennis explodiert förmlich. Er wirft Lea vor, dass sie sich seit dem Besuch der Uni wohl für besonders klug hält. Vor allem regt er sich darüber auf, dass sie gut reden hätte. Schließlich würde der Staat Milliarden ausgeben, um marode Banken und Sparkassen vor dem finanziellen Kollaps zu retten. Und das Beste daran: Hauptsache seine kluge Schwester bekäme im Anschluss an das Studium den gewünschten Arbeitsplatz bei einer Bank. Und danach müsse sie sich wohl bis an ihr Lebensende keine Sorgen mehr um ihren Job machen, da der Staat ja, was Bankenrettung anbelangt, wohl eine Art unbegrenzten Freifahrtschein ausgestellt hätte. Da sei dann wohl leider kein Cent mehr für irgendwelche Autohäuser übrig.

Kompetenzorientierte Arbeitsaufträge:

1. Entwickeln Sie auf der Grundlage der Handlungssituation drei mögliche Maßnahmen des Staates, die zur Belebung der Nachfrage nach Neuwagen beitragen könnten!

2. Wie in der Handlungssituation dargelegt, hat der deutsche Staat die Automobilindustrie vor einigen Jahren schon einmal durch Zahlung einer Abwrackprämie unterstützt. Erläutern Sie kurz, welchen Beweggrund der Staat seinerzeit gehabt haben könnte, in konjunkturell schwierigen Zeiten ausgerechnet die Automobilindustrie hierzulande zu fördern!

3. In der Handlungssituation wird darauf hingewiesen, dass der Staat in der jüngeren Vergangenheit Banken durch entsprechende Finanzspritzen gerettet hat. Nennen Sie mögliche Ursachen, die den Staat dazu bewegt haben könnten, ausgerechnet diese Branche in Krisenzeiten zu stützen!

4. Erläutern Sie anhand eines selbst gewählten Beispiels, was man unter Konjunkturpolitik versteht! Gehen Sie dabei auch auf den Begriff „Konjunkturpaket“ ein!

5. Angenommen, der Staat würde die Automobilindustrie mit einem wirtschaftspolitischen Maßnahmenbündel stützen! Beurteilen Sie, welche positiven Wirkungen mit solchen Maßnahmen verbunden sein könnten! Gehen Sie dabei insbesondere auf Aspekte wie Beschäftigung, Sozialversicherung und Bundeshaushalt ein!

6. **Maßnahmenplan**

   Analysieren Sie die aktuelle wirtschaftliche Situation Deutschlands und stellen Sie die wichtigsten Eckdaten für eine Präsentation zusammen!

   Entwickeln Sie anschließend gemeinsam einen Maßnahmenplan staatlicher Wirtschaftspolitik für die aktuelle Konjunkturphase!

5 Die Finanzpolitik als Instrument zur Stabilisierung von Konjunktur und Wachstum

5.1 Ziele und Aufgaben der Finanzpolitik

Der Staat (Bund, Länder und Gemeinden) übernimmt vielfältige **Aufgaben,** die allesamt Ausgaben verursachen und somit von ihm finanziert werden müssen.

Zur **Verwirklichung dieser Aufgaben und Ziele** bedient sich die Finanzpolitik von Bund, Ländern und Gemeinden der **staatlichen Einnahmen und entscheidet über staatliche Ausgaben.**

Aufgaben und Ziele	Beispiele
Innere und äußere Sicherheit	■ Polizei ■ Bundeswehr
Bildung	■ Kindertagesstätten (Kitas) ■ Schulen ■ Universitäten
Infrastruktur	■ Straßen ■ Autobahnen ■ Brücken ■ Straßenbeleuchtung
Gesundheitswesen	■ Krankenhäuser ■ Rettungswachen
Soziale Absicherung der Bürger	■ Arbeitslosengeld II („Hartz IV“) ■ BAföG ■ Kindergeld ■ Rente
Stabilisierung von Konjunktur und Wachstum	■ Subventionen ■ Konjunkturpakete ■ Investitionsprogramme

19 Boller, Schuster - ISBN 978-3-8120-0680-4

Beispiel:

Die Finanzpolitik entscheidet, welche Haushaltspositionen aus konjunkturellen Gründen geändert werden, wie die angebotenen öffentlichen Güter zu finanzieren sind, wer die Finanzierungslasten übernimmt und wie über Steuern und Transfers Einkommen umverteilt werden.

- **Finanzpolitik** umfasst alle **Maßnahmen** des Staates, mit denen über die Veränderung der öffentlichen Einnahmen und Ausgaben die wirtschaftliche Entwicklung beeinflusst werden soll.
- Dazu zählen insbesondere die **Fiskalpolitik,** die **Konjunkturpolitik,** die **Wachstumspolitik,** die **Strukturpolitik** und die **Sozialpolitik.**

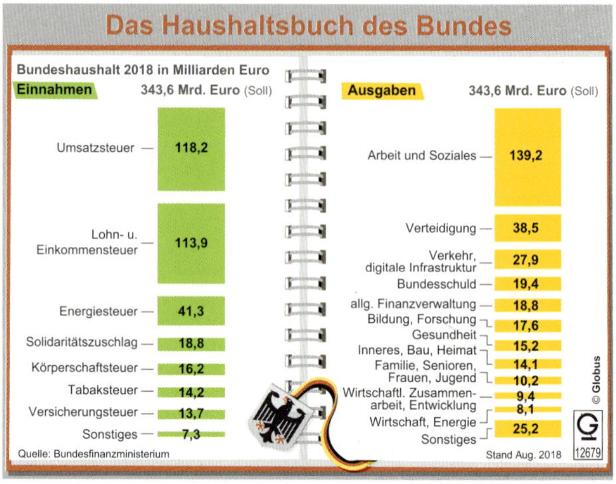

Zur Finanzierung werden im Rahmen der Finanzpolitik seitens des Staates **Abgaben** in Form von Steuern, Gebühren und Beiträgen erhoben. Diese müssen dem Grundgesetz folgend **gerecht, transparent** und **praktikabel** sein.

Abgrenzung der Steuern von Gebühren und Beiträgen

ABGABEN

Steuern

Kein direkter Zusammenhang zwischen Steuerzahlung und staatlicher Bereitstellung von Leistungen.

Kein Anspruch auf konkrete Gegenleistung.

Beispiele:

- Einkommensteuer
- Umsatzsteuer
- Kfz-Steuer

Gebühren

Unmittelbarer Zusammenhang von konkreter Leistung und Gegenleistung.

Beispiele:

Verwaltungsgebühren:
Ausstellung eines Personalausweises oder Führerscheins.

Benutzungsgebühren:

- Parkgebühren
- Müllgebühren

Beiträge

Staat stellt eine Leistung grundsätzlich bereit, ein Leistungsangebot liegt vor.

Zahlung ist unabhängig von Inanspruchnahme der Leistung durch den Beitragszahler.

Beispiele:

- Krankenkassenbeitrag
- Kurtaxe
- Rundfunkgebühren

Quelle: In Anlehnung an: Universität Bremen, Forschungsstelle Finanzpolitik.

5.2 Steuersystem und Finanzausgleich

(1) Steuersystem

Zu den **wichtigsten Einnahmequellen** des Staates zählen die **Steuern,** mit denen er seine Leistungen finanzieren und somit die Staatsausgaben decken möchte. Durch die Steuerpolitik greift der Staat in vielfältiger Art und Weise in unser alltägliches Leben ein.

- Grundsätzlich kann der Staat mit Steuern **Einfluss auf das Verhalten** seiner Bürger nehmen.
- In der Regel handelt es sich bei diesen sogenannten **Lenkungsteuern** um Verbrauchsteuern.

Beispiel:

Über Verbrauchsteuern, zu denen etwa die Tabaksteuer auf Zigaretten oder auch die Alkopopsteuer zählt, kann der Staat ein unerwünschtes Verhalten finanziell belasten. Durch die Alkopopsteuer werden Mixgetränke mit Wodka und Whiskey teurer. Der Staat möchte, dass Jugendliche möglichst darauf verzichten.

Umgekehrt gibt es bei manchen Steuerarten Vergünstigungen, um die Steuerzahler zu einem bestimmten Verhalten zu motivieren.

Beispiel:

So werden Lebensmittel, Zeitungen und Bücher mit einem ermäßigten Steuersatz besteuert, damit auch Menschen, die über wenig Geld verfügen, sich diese Dinge des täglichen Lebens leisten können.

Durch die Ausgestaltung der Steuerpolitik, konkret durch die **Einführung, Abschaffung, Erhöhung** oder **Senkung** der Steuersätze, kann der Staat finanz-, wirtschafts- sowie sozial- und verteilungspolitische Zwecke verfolgen.

Da Deutschland ein **föderal** aufgebauter Staat ist, übernehmen die unterschiedlichen Ebenen Bund, Länder und Gemeinden auch unterschiedliche Aufgaben.

Quelle: Stiftung Jugend und Bildung in Zusammenarbeit mit dem Bundesministerium der Finanzen (BMF), Berlin, Steuern & Finanzen, August 2017.

Vor diesem Hintergrund wird in der sogenannten **Finanzverfassung** festgelegt, wie die Steuern auf diese drei Ebenen verteilt werden.

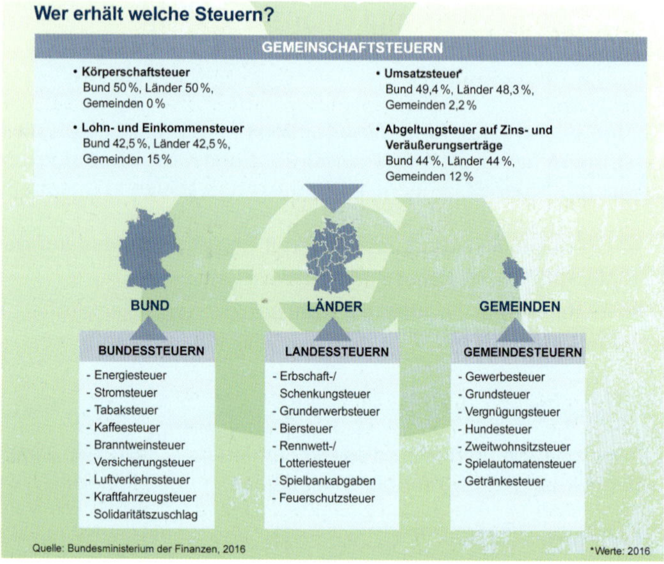

Quelle: Stiftung Jugend und Bildung in Zusammenarbeit mit dem Bundesministerium der Finanzen (BMF), Berlin, Steuern & Finanzen, August 2017.

Neben der Frage nach dem Empfänger der Steuern lassen sich diese nach weiteren Gesichtspunkten unterteilen:

Steuerarten nach den Erhebungsformen	Erläuterungen	Beispiele
Direkte Steuern	Sind von dem zu tragen, der sie bezahlen soll. Steuerzahler und Steuerträger sind identisch. **Steuerzahler** (Steuersubjekt) ist der gesetzlich zur Bezahlung der Steuer Verpflichtete. **Steuerträger** ist derjenige, der die Steuerlast – nach allen Überwälzungsvorgängen – endgültig trägt.	■ Einkommensteuer ■ Gewerbesteuer ■ Kirchensteuer ■ Kraftfahrzeugsteuer
Indirekte Steuern	Werden durch Hineinrechnen in den Preis überwälzt. Steuerzahler und Steuerträger sind verschieden.	■ Umsatzsteuer ■ Mineralölsteuer ■ Biersteuer ■ Tabaksteuer

Steuerarten nach dem Steuergegenstand	Erläuterungen	Beispiele	
Besitzsteuern ■ Personalsteuern ■ Realsteuern	Werden auf das Einkommen und das Vermögen erhoben.	**Personalsteuern:** ■ Einkommensteuer ■ Lohnsteuer ■ Kirchensteuer ■ Kapitalertragsteuer ■ Körperschaftsteuer ■ Schenkungsteuer ■ Erbschaftsteuer	**Realsteuern:** ■ Grundsteuer ■ Gewerbesteuer

Steuerarten nach dem Steuergegenstand	Erläuterungen	Beispiele	
Verkehrsteuern	Fallen bei einem wirtschaftlich-rechtlichen Verkehrsvorgang an.	▪ Umsatzsteuer ▪ Grunderwerbsteuer	▪ Versicherungsteuer ▪ Kraftfahrzeugsteuer
Verbrauchsteuern	Werden abhängig vom Verbrauch erhoben. Besteuert werden in der Hauptsache Genuss- und Nahrungsmittel.	▪ Biersteuer ▪ Kaffeesteuer	▪ Getränkesteuer ▪ Tabaksteuer

(2) Finanzausgleich

Da die einzelnen Bundesländer sehr unterschiedliche Voraussetzungen für Steuereinnahmen haben, bedürfen diese verschiedenartigen Ausgangslagen eines Ausgleichs.

Um **gleichwertige Lebensverhältnisse** für alle in Deutschland zu schaffen, gibt es den **Bund-Länder-Finanzausgleich.**

Beispiel:

So gibt es einerseits Bundesländer, in denen sich zahlreiche Unternehmen und gut verdienende Familien angesiedelt haben, wohingegen andererseits einige Bundesländer über sehr wenig Industrie und den Wegzug junger Familien klagen. Die führt insgesamt zu sehr unterschiedlichen Steuereinnahmen.

Mit der Neuordnung der Bund-Länder-Finanzbeziehungen wurden die Umverteilung der Steuereinnahmen zwischen dem Bund und den Ländern und verschiedene Änderungen bei der Aufgabenwahrnehmung im Bundesstaat beschlossen. Ab 2020 gelten unter anderem folgende Neuregelungen:

- Die Länder erhalten jährlich rund 10 Milliarden Euro mehr vom Bund.
- Der Bund erhält mehr Kompetenzen und Kontroll-, Steuerungs- sowie Prüfrechte bei der Gewährung von Finanzhilfen an die Länder.
- Bis 2022 werden alle Verwaltungsleistungen online angeboten.
- Gelockert wird das sogenannte **„Kooperationsverbot" im Bildungsbereich.** Wegen der Bildungshoheit der Länder ist es dem Bund versagt, die Bildungspolitik der Länder mitzubestimmen. Auch eine unmittelbare finanzielle Unterstützung der Länder bei der Erfüllung ihrer Bildungsaufgaben ist daher grundsätzlich ausgeschlossen. Nun darf der Bund in engen Grenzen Investitionen in die Bildungsinfrastruktur in finanzschwachen Gemeinden mitfinanzieren.
- Ab 2020 müssen die Bundesländer ohne Neuverschuldung auskommen. Das Saarland und Bremen erhalten dann vom Bund **Sanierungshilfen** von jeweils 400 Millionen Euro jährlich, damit sie die **Schuldenbremse** einhalten können.
- Ein Ausgleich der Finanzkraftunterschiede zwischen den Bundesländern erfolgt künftig im Wesentlichen über die Verteilung der Umsatzsteuer zwischen Bund und Ländern. Die Länder erhalten somit insgesamt höhere Anteile an der Umsatzsteuer, der Bund dagegen geringere als bisher. Finanzschwache Länder bekommen wiederum einen höheren Anteil an der Umsatzsteuer pro Einwohner als finanzstarke Länder. Der Länderfinanzausgleich in seiner heutigen Form, bei dem Geberländer den Nehmerländern einen finanziellen Ausgleich zahlen, fällt weg.
- Der Bund erhält die alleinige Verantwortung für Planung, Bau, Betrieb, Erhalten, Finanzierung und vermögensmäßige Verwaltung der Bundesautobahnen.

Quelle: www.bundesfinanzministerium.de (Bundesministerium der Finanzen).

Während es sich bei dem Bund-Länder-Finanzausgleich um eine Form des **vertikalen** Finanzausgleichs handelt, ist die Verteilung von Finanzmitteln **zwischen** den **Ländern** oder zwischen den Gemeinden eine Form des **horizontalen** Finanzausgleichs.

5.3 Grundlagen der antizyklischen Fiskalpolitik

5.3.1 Begriff der Fiskalpolitik

Die Fiskalpolitik ist ein **Teilbereich der Finanzpolitik** und im Wesentlichen ein Instrument der Konjunkturpolitik.

> Die **Fiskalpolitik** ist ein **wirtschaftspolitisches** Instrument des Staates, welches mittels der Beeinflussung von Einnahmen (Steuern) und Staatsausgaben die **konjunkturellen Schwankungen** auszugleichen versucht.

Weiterhin soll die Fiskalpolitik auch zur Erreichung der Ziele „hoher Beschäftigungsstand" und „Preisniveaustabilität" beitragen.

Wie § 1 des Stabilitätsgesetzes verdeutlicht, haben Bund und Länder bei ihren **finanzpolitischen Maßnahmen** die **Erfordernisse des gesamtwirtschaftlichen Gleichgewichts zu beachten.**

Im Zentrum der Fiskalpolitik geht es insbesondere um eine **antizyklische Fiskalpolitik** zur Beeinflussung der gesamtwirtschaftlichen Entwicklung. Das Konzept der antizyklischen Fiskalpolitik basiert auf der Forderung, dass der Staat (Fiskus) **seine Einnahmen- und Ausgabenpolitik** in den jeweiligen Konjunkturphasen genau **entgegengesetzt zum Verhalten der übrigen Wirtschaftssubjekte** gestaltet.

So muss sich der Staat in **Krisenzeiten verschulden,** um **fehlende private Nachfrage** zu **fördern** oder eventuell sogar zu **ersetzen**. Die aus den Zusatzausgaben resultierende (strukturelle) **Neuverschuldung** des Staates müsste **mit Beginn der Aufschwungphase** durch bewusste politische Entscheidungen wieder **abgebaut** werden.

Antizyklische Fiskalpolitik im Modell (Idealfall)

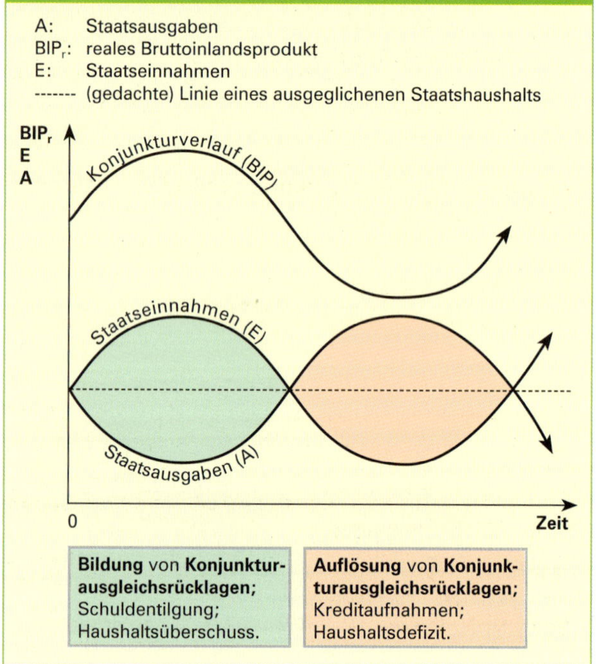

Im **Boom** hingegen sollte der Staat aufgrund der **privaten Übernachfrage** seine **Ausgaben zurückhalten** und **Kaufkraft abschöpfen.** Die hierbei erzielten Einnahmeüberschüsse sind stillzulegen und für wiederkehrende Krisenzeiten zu verwenden **(Konjunkturausgleichsrücklage)**.

5.3.2 Instrumente, Maßnahmen und Wirkungen der Fiskalpolitik

Im Einzelnen beeinflusst die antizyklische Fiskalpolitik der öffentlichen Haushalte die gesamtwirtschaftliche Nachfrage sowohl

- **direkt über Staatsausgaben für Waren und Dienstleistungen** als auch
- **indirekt,** indem auf die private Nachfrage durch **Steueränderungen** oder **Änderungen bei den Transferzahlungen** (Zahlungen ohne Gegenleistungen an private Haushalte, z.B. Sozialleistungen) und **Subventionen** (Zahlungen an Unternehmen) eingewirkt wird.

Beeinflussung der gesamtwirtschaftlichen Nachfrage durch antizyklische Fiskalpolitik

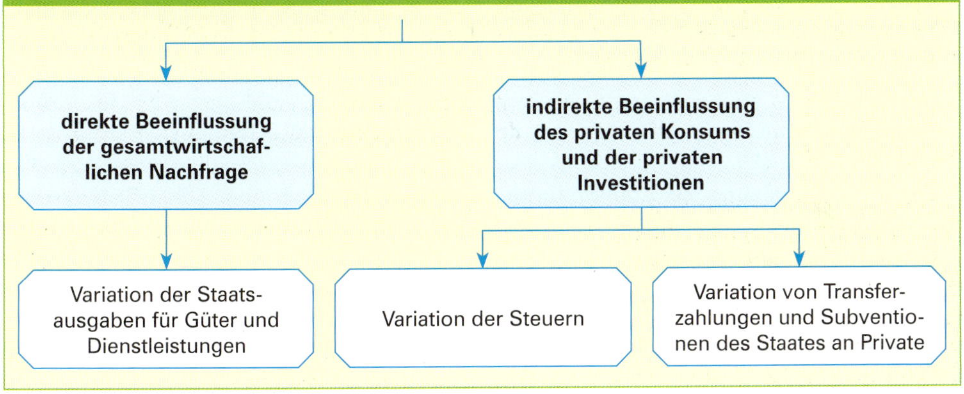

Eine wesentliche Rechtsgrundlage für den Einsatz des fiskalpolitischen Instrumentariums bildet das **Stabilitätsgesetz.**

(1) Variation der Staatsausgaben für Güter und Dienstleistungen

Die **Staatsausgaben** zur **direkten** Beeinflussung der gesamtwirtschaftlichen Nachfrage sind so zu variieren, dass sie die **konjunkturellen Schwankungen** der anderen Komponenten der Gesamtnachfrage **ausgleichen.**

Welche Maßnahmen in Abhängigkeit der konjunkturellen Situation zu ergreifen sind, zeigt nachfolgende Übersicht.

Staatsausgaben für Waren und Dienstleistungen		
Arten der Nachfrage	**Konjunktureller Aufschwung**	**Konjunktureller Abschwung**
Private Nachfrage	nimmt zu	nimmt ab
Staatliche Nachfrage	**Reduktion** der staatlichen Nachfrage durch **Ausgabenkürzung.** **Ziel:** Beseitigung des Nachfrageüberschusses (sogenannte **inflatorische Lücke**).	**Erhöhung** der staatlichen Nachfrage durch **Ausgabenausweitung.** **Ziel:** Beseitigung des Nachfragedefizits **(deflatorische Lücke).**

Damit diese Maßnahme antizyklischer Fiskalpolitik ihre Wirkung erzielt, darf der Staat seine **Ausgabenvariation nicht** – wie von privaten Wirtschaftssubjekten üblicherweise praktiziert – **durch gleichgerichtete Veränderungen bei den Einnahmen kompensieren.**

Würde der Staat in der **Aufschwungphase** neben den Ausgaben auch die Einnahmen (z.B. durch Steuersenkungen) in gleicher Höhe kürzen, bliebe die Gesamtnachfrage auf etwa gleich hohem Niveau. Der durch die Ausgabenreduzierung angestrebte Rückgang der Gesamtnachfrage würde durch die aufgrund von Steuersenkungen zunehmende private Kaufkraft aufgefangen. Bei einer Reduzierung der staatlichen Ausgaben sollten die Einnahmen also keineswegs gekürzt werden. Es empfiehlt sich vielmehr, die aus den bei reduzierten Ausgaben und gleichbleibenden Einnahmen erwirtschafteten „Kassenüberschüsse" als **Konjunkturausgleichsrücklage** bei der Bundesbank stillzulegen (§ 7 StabG).

In einer **Abschwungphase** hingegen sollten die zusätzlichen Staatsausgaben nicht durch Steuererhöhungen finanziert werden. Durch eine derartige Maßnahme würde die ohnehin zurückgehende private Nachfrage weiter geschwächt, wodurch die aufgrund der Ausgabenerhöhung des Staates angestrebte Stabilisierung der Gesamtnachfrage schwer zu realisieren sein dürfte. Stattdessen sind die für die Ausgabenausweitung erforderlichen Mittel durch **Auflösung der Konjunkturausgleichsrücklage** (§ 5 Abs. 2 StabG) bzw. über Kredite (Deficit-Spending) zu finanzieren (§ 6 Abs. 2 und 3 StabG).

(2) Variation der Steuern

Bei der **Variation der Steuern zur Beeinflussung des privaten Konsums und der privaten Investitionen** stehen dem Staat grundsätzlich zwei Möglichkeiten zur Verfügung:

- **Steuererhöhung zur Drosselung** des privaten Konsums und der privaten Investitionen.
- **Steuersenkungen zur Belebung** des privaten Konsums und der privaten Investitionen.

Variation der Steuern zur Beeinflussung von privatem Konsum und privater Investitionen

Merkmale	Konjunktureller Aufschwung	Konjunktureller Abschwung
Private Nachfrage (nach Konsum- und Investitionsgütern)	nimmt zu	nimmt ab
Steuerliche Variationsmöglichkeiten des Staates (Beispiele)	■ **Erhöhung der Einkommen- und Körperschaftsteuer** um maximal 10 v.H. für längstens ein Jahr. ■ **Einschränkung der steuerlichen Abschreibungsmöglichkeiten** für Wirtschaftsgüter (z.B. Aufhebung der degressiven Abschreibungsmöglichkeit bzw. des Rechts auf Sonderabschreibungen) und damit einhergehende „Steuererhöhungen". Ziel: **Drosselung** des privaten Konsums und der privaten Investitionen.	■ **Senkung der Einkommen- und Körperschaftsteuer** um maximal 10 v.H. für längstens ein Jahr. ■ **Ausweitung der steuerlichen Abschreibungsmöglichkeiten** für Wirtschaftsgüter (z.B. Abschreibungsvergünstigungen durch Sonderabschreibungen) und damit einhergehende „Steuersenkungen". Ziel: **Belebung** des privaten Konsums und der privaten Investitionen.

Inwiefern die vorgenannten Maßnahmen tatsächlich zur Drosselung bzw. Belebung des privaten Konsums und der privaten Investitionen führen, ist von vielen Faktoren abhängig. So ist durchaus vorstellbar, dass die durch Steuersenkungen geschaffene Ausweitung des verfügbaren Einkommens zu großen Teilen nicht für konsumtive Zwecke verwendet, sondern angespart wird. Desgleichen müssen die Abschreibungsvergünstigungen für Wirtschaftsgüter nicht zwangsläufig zu neuen Investitionen führen. Denn nicht zuletzt beeinflussen die **Zukunftserwartungen** sowohl in den Unternehmen als auch in den Haushalten das wirtschaftliche Handeln.

(3) Variation von Transferzahlungen und Subventionen

Schließlich kann der Staat durch **antizyklische Variation von Transferzahlungen und Subventionen** die gesamtwirtschaftliche Nachfrage indirekt beeinflussen. Auch hierzu stehen dem Staat – wie nachfolgende Übersicht verdeutlicht – **grundsätzlich zwei Möglichkeiten** zur Verfügung: die Reduzierung und die Ausweitung von Transferzahlungen und Subventionen.

Variation der Transferzahlungen und Subventionen in Abhängigkeit der Konjunktur

Merkmale	Konjunktureller Aufschwung	Konjunktureller Abschwung
Private Nachfrage	nimmt zu	nimmt ab
Variation der Transferzahlungen/ Subventionen	**Reduzierung der Transferzahlungen/Subventionen.** Ziel: **Drosselung** des privaten **Konsums** (z.B. Absenken der Sozialleistungen) bzw. der privaten **Investitionen** (z.B. Streichung von Subventionen für Investitionen).	**Ausweitung der Transferzahlungen/Subventionen.** Ziel: **Belebung** des privaten **Konsums** (z.B. Erhöhung der Sozialleistungen) bzw. der privaten **Investitionen** (z.B. Einführung von Subventionen für Investitionen).

5.3.3 Beurteilung der Fiskalpolitik zur Stabilisierung von Konjunktur und Wachstum

Bei einem Vergleich der drei Instrumente bleibt festzuhalten, dass die **antizyklische Variation der Staatsausgaben für Waren und Dienstleistungen** aufgrund des **direkten** Wirkungsweges **am geeignetsten** erscheint, Konjunkturschwankungen auszugleichen und Wachstum zu verstetigen. Dies gilt insbesondere vor dem Hintergrund, dass die **Variation der Steuern und Transferzahlungen** oft erst mit einer **zeitlichen Verzögerung** (time lag) **wirken.** Dies wiederum kann – bei dann veränderten Konjunkturdaten – zu einer **kontraproduktiven** Wirkung führen.

Allerdings müssen im Rahmen einer Beurteilung des Instruments der **antizyklischen Einnahmen- und Ausgabenpolitik** nachfolgende **Kritikpunkte** beachtet werden:

- Inwiefern die Ausweitung der staatlichen Ausgaben in einer Rezession tatsächlich zu einem Ausgleich des Nachfragedefizits beitragen kann, ist davon abhängig, ob durch die zusätzliche Staatsnachfrage nicht (weitere) **private Nachfrage zurückgedrängt** wird. Derartige Verdrängungseffekte **(Crowding-out-Effekte)** können z.B. dadurch entstehen, dass durch öffentliche Investitionen private Vorhaben verdrängt werden.

- Expansive Staatsausgaben können zwar in einer Rezession die Beschäftigung fördern, gleichzeitig jedoch zu einer **Gefährdung der Preisstabilität** führen.
- Aufgrund der **begrenzten finanziellen „Manövriermasse"**[1] der öffentlichen Hand sind auch der Wirksamkeit dieses Instruments enge Grenzen gesetzt. Schließlich können nicht alle Staatsausgaben antizyklisch geändert werden (z. B. Löhne und Gehälter der beim Staat Beschäftigten).
- Die **Ausweitung von Staatsausgaben** wird im folgenden Aufschwung nur **selten** von den Politikern **rückgängig gemacht.** Dies gilt insbesondere auch im Zusammenhang mit den beiden anderen – indirekt wirkenden – Instrumenten.

  Werden in Zeiten der Hochkonjunktur bestehende Schulden nicht ausreichend abgebaut und keine Konjunkturrücklagen gebildet, nehmen die Staatsschulden von Konjunkturrückgang zu Konjunkturrückgang zu. Die staatliche Konjunkturpolitik besteht dann nur noch aus einem immer umfangreicher werdenden **Deficit-Spending.** Der **wachsende Schuldendienst** (Zins- und Tilgungszahlungen) verkleinert dann zunehmend die finanzielle Manövriermasse, die zur Konjunkturförderung eingesetzt werden könnte.
- Fraglich ist, ob neben dem Bund auch die **Länder und Gemeinden** ihr bislang ausgeprägtes **prozyklisches Konjunkturverhalten** zur Unterstützung der staatlichen Maßnahmen **ändern.**

5.3.4 Nachfrageorientierte Wirtschaftspolitik (Fiskalismus)

(1) Grundlagen des Fiskalismus

Die zuvor dargestellte „antizyklische Fiskalpolitik" ist die konsequente Anwendung des von John Maynard Keynes[2] verbreiteten Gedankenguts. Nach Keynes und seinen Anhängern ist die **Einnahmen- und Ausgabenpolitik** der Regierung (d. h. die Politik des Fiskus = Fiskalpolitik) das **Hauptmittel,** mit dem man erfolgreich lenkend in den Konjunkturverlauf eingreifen kann **(Fiskalismus).**

- Durch die **Steigerung der Staatsausgaben** und/oder durch **Steuersenkungen** ist der Staat in der Lage, die Wirtschaft aus einem konjunkturellen Tal herauszuführen und die **Arbeitslosigkeit** zu **bekämpfen.**
- Auf der anderen Seite sehen die Fiskalisten in einer **Verringerung der Staatsausgaben** und/oder in **Steuererhöhungen** Möglichkeiten, **inflationäre Tendenzen** zurückzudrängen.

Da sich die so angewandte Fiskalpolitik hauptsächlich auf die gesamtwirtschaftliche Nachfrage auswirkt, spricht man auch von einer **nachfrageorientierten Wirtschaftspolitik.**

1 **Manövrieren** (frz.): geschickt zu Werke gehen; finanzielle Manövriermasse = Geldmittel, die der Staat frei je nach Bedarf einsetzen kann.

2 **John Maynard Keynes,** britischer Volkswirtschaftler (1883–1946), legte in seinem Hauptwerk „Die allgemeine Theorie der Beschäftigung, des Zinses und des Geldes" die Grundlagen der Fiskalpolitik.

Die (erhofften) **Wirkungen der nachfrageorientierten Wirtschaftspolitik** lassen sich wie folgt darstellen:

1. Es wird unterstellt, dass sich das gesamtwirtschaftliche **Güterangebot normal verhält:** Mit steigendem Preisniveau werden mehr Güter, mit sinkendem Preisniveau weniger Güter angeboten. In diesem Fall wirkt die Zunahme der gesamtwirtschaftlichen Güternachfrage **beschäftigungssteigernd,** aber auch **inflationär.** Das gesamtwirtschaftliche Güterangebot setzt sich aus der Produktion von Konsum-, Investitions- und Exportgütern zusammen. Volkswirtschaftliches Gleichgewicht herrscht, wenn die gesamtwirtschaftliche Nachfrage dem gesamtwirtschaftlichen Angebot entspricht.

2. Es wird unterstellt, dass sich das gesamtwirtschaftliche Güterangebot (z. B. aufgrund des Gesetzes der Massenproduktion)[1] **anomal** verhält. In diesem Fall wirkt die Zunahme der gesamtwirtschaftlichen Güternachfrage **beschäftigungssteigernd** und **preisdämpfend,** falls sich das Angebot nicht verändert.

Normales Güterangebot

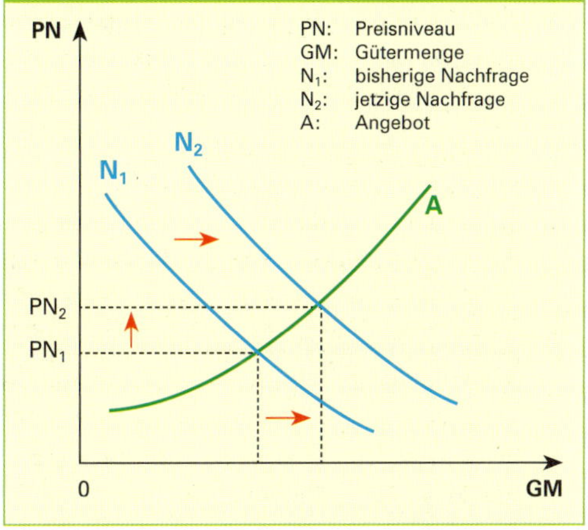

Anomales Güterangebot

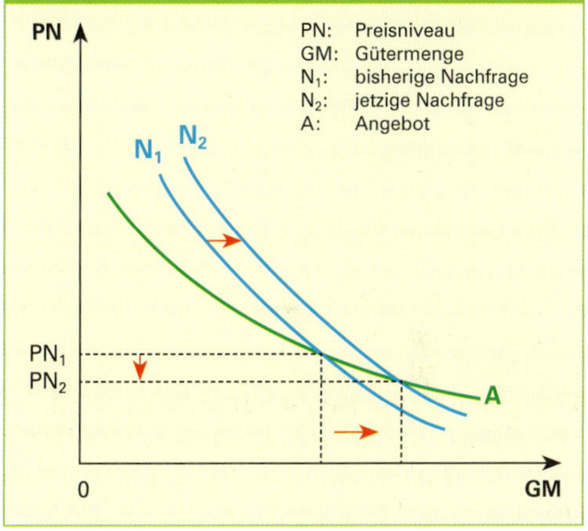

Die **Geldpolitik der Zentralbank** spielt in der fiskalistischen Theorie nur eine untergeordnete Rolle.

Sie soll lediglich die Wirtschaftspolitik des Staates unterstützen, indem sie durch eine entsprechende Gestaltung des Zinsniveaus (z. B. über die Offenmarktpolitik) die Kreditaufnahmebereitschaft der Wirtschaftssubjekte anregen (stimulieren) oder zurückdrängen soll. Zum anderen hat die Zentralbank die Aufgabe, die Überschussreserven und damit den Geldschöpfungsspielraum der Kreditinstitute zu beeinflussen (z. B. mithilfe der Mindestreservepolitik), um die Verwirklichung staatlicher Ziele zu erleichtern.

Die fiskalistische Theorie beeinflusste nach 1949 stark die wirtschaftspolitische Praxis der Bundesrepublik Deutschland. Auch die Inhalte des Stabilitätsgesetzes (Gesetz zur Förderung der Stabilität und des Wachstums [StabG] vom 8. Juni 1967) fußen weitgehend auf dem Gedankengut der Fiskalisten.

---

1 Das **Gesetz der Massenproduktion** besagt, dass die Gesamtkosten pro Stück mit zunehmender Produktionsmenge sinken. Dieses Phänomen ist darauf zurückzuführen, dass die Fixkosten der Produktion sich bei steigender Produktionsmenge auf immer mehr Einheiten verteilen, sodass die fixen Kosten pro Stück – und somit auch die Gesamtkosten pro Stück – sukzessive sinken.

(2) Kritik am Fiskalismus

Im Kern stützt sich die nachfrageorientierte Politik auf die Instrumente und Maßnahmen der Fiskalpolitik, deren Hauptansatzpunkt ebenfalls bei der gesamtwirtschaftlichen Nachfrage liegt. Schließlich soll sich der Staat, wie in Kapitel 5.3.2 näher beschrieben, im Rahmen der Fiskalpolitik in Krisenzeiten verschulden, um fehlende private Nachfrage zu fördern oder eventuell sogar zu ersetzen. Im Boom hingegen sollte der Staat aufgrund der privaten Übernachfrage seine Ausgaben zurückhalten und Kaufkraft abschöpfen.

Zur Beurteilung für eine solche Politik sind – in Anlehnung an die Fiskalpolitik – unter anderem folgende Kritikpunkte anzuführen:

- Konjunktursteuerungsmaßnahmen der Regierungen erfolgen in aller Regel zu spät. Wird im **Aufschwung** gebremst, tritt die dämpfende Wirkung erst ein, wenn der Abschwung bereits im Gang ist. Die Konjunkturdämpfungsmaßnahmen verschärfen somit noch die Rezession. Wird im **Abschwung** die Konjunktur gefördert, treten die anregenden Wirkungen erst dann ein, wenn der Aufschwung bereits eingesetzt hat. Die Konjunkturförderungsmaßnahmen verstärken somit den Boom und die Inflation.
- Die **„Stop-and-go-Politik"** der Fiskalisten richtet auch deswegen mehr Schaden an, als sie Gutes bewirkt, weil die bei jedem Konjunkturzyklus erforderlichen Bremsmaßnahmen Unternehmen zum Aufgeben zwingen, also volkswirtschaftliche Kapazitäten und damit Arbeitsplätze vernichten.
- Für die Regierungen ist es leichter, die öffentlichen Ausgaben zu erhöhen, als sie einzuschränken. Die Folge ist, dass die im Abschwung entstandene **Staatsverschuldung** nicht mehr oder nicht in vollem Umfang abgebaut wird. Auf diese Weise steigt die Staatsverschuldung von Konjunkturzyklus zu Konjunkturzyklus. Die Staatshaushalte werden immer mehr durch steigende Tilgungs- und Zinsleistungen belastet, sodass der Spielraum der Regierungen für fiskalpolitische Maßnahmen immer enger wird.
- Die erforderlichen Kreditaufnahmen durch die verschuldeten öffentlichen Haushalte erhöhen die Gesamtkreditnachfrage und damit das **Zinsniveau.** Die Investitionsneigung der Unternehmen nimmt ab, die Arbeitslosigkeit nimmt zu.

5.3.5 Angebotsorientierte Wirtschaftspolitik (Monetarismus)[1]

(1) Grundlagen des Monetarismus

Die These der **Monetaristen** ist, dass die Arbeitslosigkeit durch den Staat (genauer: durch die Regierungen) selbst verschuldet wird. Der Staat muss sich deshalb bei Eingriffen in den Wirtschaftsablauf zurückhalten, für bessere wirtschaftliche Rahmenbedingungen sorgen und den Abbau der Arbeitslosigkeit den Selbstheilungskräften des Marktes überlassen.

! Die **monetaristische Theorie** geht davon aus, dass eine **enge Beziehung** zwischen der Beschäftigung (der Entwicklung des realen Bruttoinlandsprodukts) einerseits und der Geldmenge andererseits besteht:

- **Steigt** die **Geldmenge,** wird über die zusätzlich finanzierte Nachfrage die Wirtschaft angekurbelt; das Bruttoinlandsprodukt steigt, die Arbeitslosigkeit nimmt längerfristig ab.

1 Hauptvertreter des Monetarismus ist der amerikanische Nobelpreisträger **Milton Friedmann.**

- Wird das **Geldmengenwachstum gestoppt,** kann die mögliche zusätzliche Nachfrage nicht finanziert werden; die Preissteigerungsraten werden geringer; die Güterproduktion stagniert oder geht zurück. Die Arbeitslosigkeit nimmt zu.

Aus diesen beiden Thesen folgt, dass eine **Verstetigung des Geldmengenwachstums** auch zu einer **Verstetigung des Wirtschaftswachstums** führen muss. Die führende Rolle in der Wirtschaftspolitik muss also die **Zentralbank** eines Landes bzw. eines Währungsgebiets haben.

Die Geldpolitik der Notenbank wird ergänzt durch eine **angebotsorientierte Wirtschaftspolitik** der Regierung: Um die Beschäftigung zu erhöhen, müssen die Kosten der Unternehmen (der Anbieter) gesenkt werden. Die Löhne und die Lohnnebenkosten (vor allem Sozialversicherungsbeiträge) dürfen nicht im selben Maße wie die Produktivität steigen.

Einzelmaßnahmen bzw. -forderungen sind z. B.:

- **Senkung der Kostensteuern** und **Verbesserung der Abschreibungsmöglichkeiten.**[1]
- **Verminderung der Staatsausgaben,** um den Staat zurückzudrängen und den privaten Wirtschaftssubjekten sowie den Marktkräften wieder mehr Spielraum zu verschaffen.
- **Deregulierung** (z. B. im Bereich des Arbeits-, Sozial-, Wettbewerbs- und Umweltrechts).
- **Beseitigung von Investitionshemmnissen** (hierzu zählen u. a. hohe Gewinnbesteuerung; Barrieren bei der Einführung neuer, wachstumsträchtiger Technologien; bürokratische Hemmnisse).
- **Privatisierung** staatlicher Unternehmen und Öffnung staatlicher Monopole zur Förderung des Wettbewerbs.
- **Stärkung des Subsidiaritätsprinzips** und Abbau des Versorgungsstaates.

Die **Wirkungen der angebotsorientierten Wirtschaftspolitik** lassen sich ebenfalls mithilfe der gesamtwirtschaftlichen Angebotskurve und der gesamtwirtschaftlichen Nachfragekurve darstellen:

1. Es wird unterstellt, dass sich das gesamtwirtschaftliche Angebot **normal** verhält. **Kostensenkungen** führen zu **steigender Beschäftigung** und (falls die Nachfrage unverändert bleibt) zu **sinkendem Preisniveau.**

   So einfach wie das Modell ist die Wirklichkeit nicht. Häufig werden die Anbieter aufgrund von Kostensenkungen ihre Preise nicht senken, sondern ihre Gewinne erhöhen. Ob dies zu einer Steigerung der Investitionsgüternachfrage führt, hängt von den Zukunftserwartungen der Anbieter ab.

Normales Angebot

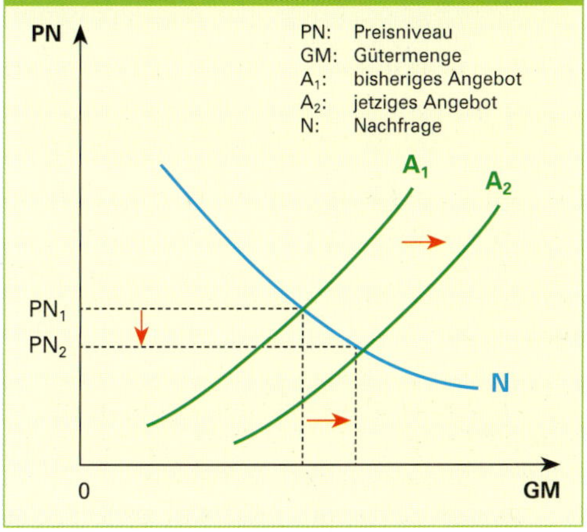

1 Diese Forderung geht auf den amerikanischen Wirtschaftswissenschaftler **Arthur B. Laffer** zurück, der die These vertritt, dass es zwei unterschiedlich hohe Steuersätze gibt, bei denen das gleich hohe Steueraufkommen erzielt wird. Wird eine bestimmte Steuersatzhöhe überschritten, geht sogar das Steueraufkommen zurück, weil die Leistungsbereitschaft der Steuerpflichtigen abnimmt, Steuerflucht (z. B. durch Kapitalflucht) einsetzt und Schwarzarbeit zu einer blühenden „Schattenwirtschaft" führt. Steuersenkungen sind angebracht.

2. Es wird unterstellt, dass sich das gesamtwirtschaftliche Angebot **anomal** aufgrund des Gesetzes der Massenproduktion verhält. **Kostensenkungen** führen ebenfalls zu **steigender Beschäftigung** und zu **sinkendem Preisniveau,** und zwar auch dann, wenn die Nachfrage steigen sollte.

   Auch in diesem Modell ist unterstellt, dass die Anbieter die Kostensenkungen an die Nachfrager weitergeben. Tun sie das nicht, ist das Ergebnis das gleiche wie im obigen Fall 1: Eine wirtschaftliche Belebung erfolgt nur, wenn die gestiegenen Gewinne für zusätzliche Investitionen verwendet werden, die gesamtwirtschaftliche Güternachfrage also zunimmt.

Anomales Angebot

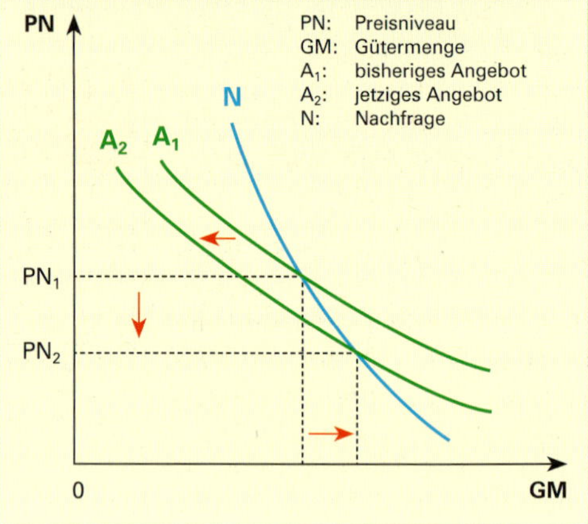

(2) Kritik am Monetarismus

An der monetaristischen Theorie sowie an der angebotsorientierten Wirtschaftspolitik wird z.B. aus folgenden Gründen Kritik geübt:

- Der Monetarismus in Verbindung mit der angebotsorientierten Wirtschaftspolitik bevorzuge – so wird gesagt – **einseitig** die **Anbieter.** Außerdem sei zweifelhaft, ob die Anbieter Kostensenkungen (z.B. Steuererleichterungen) an die Nachfrager (z.B. an die Verbraucher) weitergäben. Die monetaristische Wirtschaftspolitik sei daher unsozial.

- Der Monetarismus geht davon aus, dass eine Vermehrung der Geldmenge in jedem Fall das Wirtschaftswachstum (das Angebot) fördert. Dies muss jedoch nicht der Fall sein. Schlägt sich die Geldmengenerhöhung nicht in einem erhöhten Angebot nieder (z.B. weil die Unternehmen nicht in ausreichendem Maße Zusatzinvestitionen vornehmen wollen oder können), führt die Geldmengenvermehrung lediglich zur **Inflation** (steigende Nachfrage bei gleichbleibendem oder nicht in gleichem Maße steigendem Angebot).

  Die monetaristische Theorie, so wird spöttisch gesagt, gehe davon aus, dass man dicker werde, wenn man den Gürtel lockerer schnalle, nicht aber davon, dass man den Gürtel lockerer schnallen müsse, wenn man dicker wird.

- Der Monetarismus in Verbindung mit der angebotsorientierten Wirtschaftspolitik zeigt erst auf mittlere Sicht Auswirkungen. Die Begrenzung des Geldmengenwachstums zum Zweck der Inflationsbekämpfung führt dazu, dass unrentable Unternehmen ausscheiden müssen und dadurch die **Arbeitslosigkeit** erhöht wird.

  Dies aber führt zu Protesten politischer Parteien und Gewerkschaften, denen sich die Regierungen aufgrund der kurzen Wahlperioden (i.d.R. 4 Jahre) nicht entziehen können. Die angebotsorientierte Wirtschaftspolitik sei daher aus sozialpolitischen Gründen nicht wünschenswert und aus politischen Gründen nicht durchsetzbar.

5.3.6 Nachfrage- und angebotsorientierte Wirtschaftspolitik im Vergleich

Einen Überblick zu den wesentlichen Unterschieden zwischen dem Konzept der Nachfragepolitik und dem Konzept der Angebotspolitik zeigt die nebenstehende Übersicht.

Wirtschaftspolitische Konzepte

Nachfragepolitik: Keynesianische Nachfragesteuerung		Angebotspolitik: Angebotsorientierung mit Geldmengensteuerung
kurzfristige Beseitigung von Gleichgewichtsstörungen (= Symptombekämpfung)	**Ziele**	mittel- bis längerfristige Beseitigung gleichgewichtsstörender Auslösefaktoren (= Ursachenbekämpfung)
Stärkung der gesamtwirtschaftlichen Nachfrage durch Konsumsteigerung	**Ansatzpunkte**	• Stärkung des gesamtwirtschaftlichen Angebots durch Verbesserung der Produktionsbedingungen • Verstetigung des gesamtwirtschaftlichen Spielraums durch Geldmengensteuerung
• Stärkung der Massenkaufkraft durch Lohnerhöhung und/oder höhere staatliche Zuschüsse für bzw. geringere Abgaben der Privathaushalte • Erhöhung des Staatskonsums durch öffentliche Ausgabenprogramme • Ausweitung des öffentlichen Sektors • stärkere Regulierung • Schaffung verbrauchsfördernder Rahmenbedingungen	**Maßnahmen**	• Erhöhung der Unternehmensrentabilität durch Kostendämpfung (Lohnmäßigung und/oder Verringerung der Unternehmensteuerbelastung) • Verringerung des effizienzschwachen Staatskonsums • Ausweitung des privaten Sektors • Investitionsförderung • Deregulierung • Abbau von Subventionen • Schaffung leistungsanreizender, innovationsfördernder Rahmenbedingungen

Quelle: Bundesverband deutscher Banken,
Achim Pollert, u. a.: Das Lexikon der Wirtschaft, Bonn 2004, S. 158

Quelle: Informationen zur politischen Bildung, H. 294, S. 44.

Die **nachfrageorientierte Wirtschaftspolitik** geht davon aus, dass das privatwirtschaftliche Marktsystem von seinem Wesen her kurz- und langfristig zur Instabilität neigt. Diese Instabilität des Marktsystems ist nur durch Eingriffe des Staates auszugleichen. Die Hauptaufgabe einer diesem Konzept folgenden Wirtschaftspolitik wird darin gesehen, der gesamtwirtschaftlichen Entwicklung durch eine „Initialzündung" auf der Nachfrageseite wieder auf die Sprünge zu helfen.

Die **angebotsorientierte Wirtschaftspolitik** geht davon aus, dass eine auf Privateigentum basierende Marktwirtschaft zumindest mittel- und langfristig in sich stabil ist, d.h. zum Gleichgewicht tendiert. Augenblickliche Störungen des Gleichgewichts sind auf zu starke Eingriffe des Staates zurückzuführen. Daher muss der Staat dafür sorgen, dass der freie Entscheidungsspielraum der Wirtschaftssubjekte erhöht wird. Dem wirtschaftlichen Wachstum wird unter den wirtschaftspolitischen Zielen ein sehr hoher Stellenwert beigemessen. Die angebotsorientierte Strategie sieht den Aufgabenschwerpunkt in erster Linie in der Notwendigkeit, die Bedingungen auf der Angebotsseite zu verbessern.

Beide Grundkonzeptionen verstehen sich als **wirtschaftspolitische Programme,** die auf volkswirtschaftlichen Erkenntnissen beruhen und mit ihren Schlussfolgerungen eine rationale Wirtschaftspolitik und eine bestmögliche Erreichung der wirtschaftspolitischen Ziele gewährleisten wollen.

Obwohl in der Bundesrepublik Deutschland seit 1983 – wie vom **Sachverständigenrat** immer wieder gefordert – der wirtschaftspolitische Schwerpunkt verstärkt auf die angebotsorientierte Strategie gelegt wurde, kann aufgrund der mit beiden Strategien bisher gemachten Erfahrungen **keiner** der beiden unterschiedlichen Politikansätze eindeutig als die bessere Strategie eingestuft werden.

5.3.7 Staatsverschuldung

(1) Staatsschulden und Staatsdefizite

Quelle: www.steuerzahler.de vom 20.12.2018.

Ende des Jahres 2018 zeigte die **„Schuldenuhr"** des Bundes knapp 2 Billionen EUR an – je Einwohner ca. 23 300,00 EUR. Die Schulden müssen zurückgezahlt werden, und bis dahin fallen Jahr für Jahr Milliarden Euro Zinsen an. Dieses Geld fehlt an anderer Stelle des Bundeshaushalts, beispielsweise für Bildung und Investitionen. Die Arbeitnehmer tragen über ihre Steuern die Hauptlast der Zinsen und einer eventuellen Tilgung. Und weil die heute Erwachsenen den Schuldenberg aller Voraussicht nach nicht abtragen werden, bleibt er als Hypothek für die nächste Generation.

Vom Begriff Staatsverschuldung ist der Begriff **Staatsdefizit (Haushaltsdefizit)** zu unterscheiden). Das Staatsdefizit zeigt an, wie viel zusätzliche Schulden eine Regierung im vergangenen Haushaltsjahr aufgenommen hat, also wie hoch die „Nettoverschuldung" (Neuverschuldung) war.

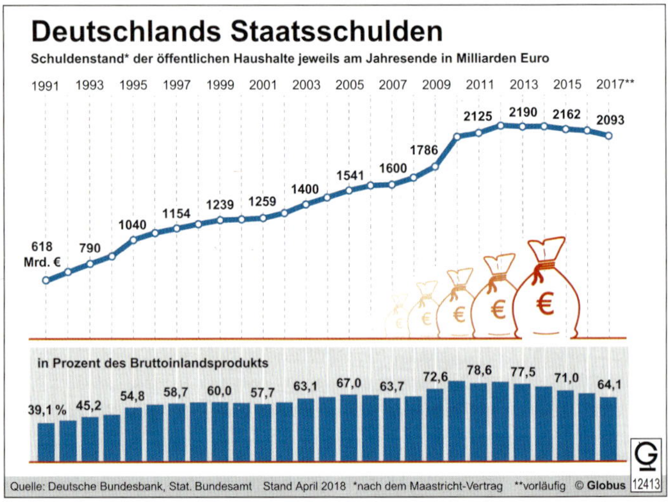

Hohe Staatsschulden und übermäßige Staatsdefizite sind für eine Volkswirtschaft gefährlich. Sie führen dazu, dass die Gläubiger (die Käufer der Staatsanleihen) immer mehr befürchten müssen, dass ein hochverschuldeter Staat künftig nicht mehr in der Lage sein wird, seine Schulden zurückzuzahlen. Der **Schuldnerstaat** muss somit wegen des für die Geldgeber **höheren Risikos** immer **höhere Zinsen** für neue Kredite aufwenden mit der Folge weiter steigender Staatsverschuldung. Die Rendite für die Geldanleger (sogenannte „Investoren") steigt. Damit setzt die Spekulation[1] *gegen* einen Schuldnerstaat ein.

(2) Entwicklung des Bundeshaushalts

Nachfolgende Übersichten zeigen die wichtigsten **Einnahmen- und Ausgabenpositionen** des Bundeshaushaltes für die Jahre 2017 und 2018.

1 **Spekulation** (lat.) = Geschäfte, die darauf abzielen, aus erwarteten Preisveränderungen Gewinne zu erzielen.

Entwicklung der Einnahmen des Bundes

	Ist 2017		Soll 2018		Ist-Entwicklung Januar bis Oktober 2017	Ist-Entwicklung Januar bis Oktober 2018	Unterjährige Veränderung gegenüber Vorjahr
	in Mio. €	Anteil in %	in Mio. €	Anteil in %	in Mio. €		in %
Steuern	**309.376**	**93,6**	**321.307**	**94,0**	**242.576**	**254.870**	**+5,1**
Bundesanteile an Gemeinschaftsteuern:	252.630	76,5	263.900	77,2	200.270	211.001	+5,4
Einkommen- und Körperschaftsteuer (einschließlich Abgeltungsteuer auf Zins- und Veräußerungserträge)	136.685	41,4	144.503	42,3	105.332	113.569	+7,8
davon:							
Lohnsteuer	83.121	25,2	87.741	25,7	64.447	68.715	+6,6
Veranlagte Einkommensteuer	25.256	7,6	26.173	7,7	18.854	19.116	+1,4
Nicht veranlagte Steuern vom Ertrag	10.451	3,2	10.950	3,2	8.921	10.148	+13,8
Abgeltungsteuer auf Zins- und Veräußerungserträge	3.227	1,0	3.474	1,0	2.604	2.684	+3,1
Körperschaftsteuer	14.629	4,4	16.165	4,7	10.506	12.906	+22,8
Steuern vom Umsatz	114.005	34,5	117.426	34,4	93.613	96.038	+2,6
Gewerbesteuerumlage	1.941	0,6	1.971	0,6	1.324	1.395	+5,4
Energiesteuer	41.022	12,4	41.300	12,1	29.036	29.060	+0,1
Tabaksteuer	14.399	4,4	14.160	4,1	11.148	11.270	+1,1
Solidaritätszuschlag	17.953	5,4	18.750	5,5	14.194	15.066	+6,1
Versicherungsteuer	13.269	4,0	13.670	4,0	11.793	12.213	+3,6
Stromsteuer	6.944	2,1	6.930	2,0	5.731	5.775	+0,8
Kraftfahrzeugsteuer	8.948	2,7	9.010	2,6	7.688	7.766	+1,0
Kernbrennstoffsteuer	-7.262	-2,2	0	0,0	-7.262	-0	X
Alkoholsteuer	2.096	0,6	2.102	0,6	1.734	1.757	+1,3
Kaffeesteuer	1.057	0,3	1.055	0,3	855	836	-2,2
Luftverkehrsteuer	1.121	0,3	1.175	0,3	884	940	+6,3
Abzugsbeträge							
Ergänzungszuweisungen an Länder	9.229	X	8.545	X	7 093	6 724	-5,2
BNE-Eigenmittel der EU	14.258	X	22.610	X	11.058	18.417	+66,5
Mehrwertsteuer-Eigenmittel der EU	2.362	X	2.510	X	1.968	2.184	+11,0
Zuweisungen an Länder für ÖPNV	8.348	X	8.498	X	6.956	7.082	+1,8
Zuweisung an die Länder für Kfz-Steuer und Lkw-Maut	8.992	X	8.992	X	6.744	6.744	+0,0
Sonstige Einnahmen	**21.025**	**6,4**	**20.360**	**6,0**	**17.656**	**21.163**	**+19,9**
Einnahmen aus wirtschaftlicher Tätigkeit	3.868	1,2	5.172	1,5	3.475	5.334	+53,5
Zinseinnahmen	344	0,1	309	0,1	255	262	+2,7
Darlehensrückflüsse, Beteiligungen, Privatisierungserlöse	1.786	0,5	1.939	0,6	1.316	1.947	+47,9
Einnahmen insgesamt[1]	**330.401**	**100,0**	**341.667**	**100,0**	**260.232**	**276.033**	**+6,1**

1 Ohne Einnahmen aus haushaltstechnischen Verrechnungen.

Quelle: Monatsbericht des BMF, November 2018, S. 62.

Entwicklung der Bundesausgaben nach Aufgabenbereichen

	Ist 2017		Soll 2018		Ist-Entwicklung Januar bis Oktober 2017	Ist-Entwicklung Januar bis Oktober 2018	Unterjährige Veränderung gegenüber Vorjahr
	in Mio. €	Anteil in %	in Mio. €	Anteil in %	in Mio. €	in Mio. €	in %
Allgemeine Dienste	**77.006**	**23,7**	**81.712**	**23,8**	**60.207**	**61.439**	**+2,0**
Wirtschaftliche Zusammenarbeit und Entwicklung	8.330	2,6	9.389	2,7	5.418	5.472	+1,0
Verteidigung	36.419	11,2	38.002	11,1	28.693	29.729	+3,6
Politische Führung, zentrale Verwaltung	15.858	4,9	17.388	5,1	13.655	14.481	+6,1
Finanzverwaltung	4.554	1,4	4.891	1,4	3.694	3.814	+3,2
Bildung, Wissenschaft, Forschung, Kulturelle Angelegenheiten	**22.984**	**7,1**	**24.207**	**7,0**	**16.314**	**16.318**	**+0,0**
Förderung für Schüler, Studierende, Weiterbildungsteilnehmende	3.603	1,1	3.993	1,2	2.824	2.734	-3,2
Wissenschaft, Forschung, Entwicklung außerhalb der Hochschulen	12.268	3,8	13.290	3,9	7.712	8.327	+8,0
Soziale Sicherung, Familie und Jugend, Arbeitsmarktpolitik	**168.801**	**51,9**	**173.006**	**50,4**	**146.673**	**150.515**	**+2,6**
Sozialversicherung einschließlich Arbeitslosenversicherung	111.703	34,3	115.063	33,5	99.507	102.400	+2,9
darunter:							
Allgemeine Rentenversicherung	82 381	25,3	85 316	24,8	74.270	76.971	+3,6
Arbeitsmarktpolitik	37.590	11,6	36.728	10,7	31.109	30.317	-2,5
darunter:							
Arbeitslosengeld II nach SGB II	21.423	6,6	20.400	5,9	18.195	17.487	-3,9
Leistungen des Bundes für Unterkunft und Heizung nach dem SGB II	6.753	2,1	6.900	2,0	5.632	5.783	+2,7
Familienhilfe, Wohlfahrtspflege u. ä.	8.296	2,5	8.946	2,6	6.940	7.554	+8,9
Soziale Leistungen für Folgen von Krieg und politischen Ereignissen	1.930	0,6	2.082	0,6	1.639	1.567	-4,4
Gesundheit, Umwelt, Sport, Erholung	**2.303**	**0,7**	**2.856**	**0,8**	**1.558**	**1.669**	**+7,1**
Wohnungswesen, Raumordnung und kommunale Gemeinschaftsdienste	**2.923**	**0,9**	**3.549**	**1,0**	**2.334**	**2.199**	**-5,8**
Wohnungswesen, Wohnungsbauprämie	2.267	0,7	2.580	0,8	2.091	1.928	-7,8
Ernährung, Landwirtschaft und Forsten	**1.068**	**0,3**	**1.233**	**0,4**	**577**	**457**	**-20,7**
Energie- und Wasserwirtschaft, Gewerbe, Dienstleistungen	**4.195**	**1,3**	**5.481**	**1,6**	**3.352**	**2.847**	**-15,1**
Regionale Förderungsmaßnahmen	726	0,2	910	0,3	477	398	-16,5
Bergbau, Verarbeitendes Gewerbe und Baugewerbe	1.532	0,5	1.491	0,4	1.427	1.266	-11,3
Verkehrs- und Nachrichtenwesen	**21.228**	**6,5**	**21.140**	**6,2**	**16.323**	**16.080**	**-1,5**
Straßen	9.484	2,9	10.081	2,9	7.011	7.827	+11,6
Eisenbahnen und öffentlicher Personennahverkehr	7.047	2,2	6.162	1,8	5.561	4.656	-16,3
Allgemeine Finanzwirtschaft	**30.532**	**9,4**	**30.416**	**8,9**	**22.917**	**23.940**	**+4,5**
Zinsausgaben und Ausgaben im Zusammenhang mit der Schuldenaufnahme	17.500	5,4	18.107	5,3	16.547	15.208	-8,1
Ausgaben insgesamt[1]	**325.380**	**100,0**	**343.600**	**100,0**	**269.970**	**275.184**	**+1,9**

1 Ohne Ausgaben durch haushaltstechnische Verrechnungen.

Quelle: Monatsbericht des BMF, November 2018, S. 60.

Kompetenztraining

29. Im Anschluss an das Fußballtraining sitzt Paul, Auszubildender bei einem Kreditinstitut, mit Freunden, dem Polier Karl Hansen und dem selbstständigen Schreinermeister Oskar Wilm, im Vereinslokal.

Dabei ergibt sich folgendes Gespräch:

Hansen: *„Hanne, bring mir doch noch ein Bier!“*

Hanne: *„Ja, gleich!“*

Paul: *„Das Bier ist ja auch wieder teurer geworden. Wegen einer Erhöhung der Biersteuer, sagt man!“*

Wilm: *„Ach, hör mir auf mit den Steuern. Gestern hat mein Steuerberater die Bilanz für das vergangene Jahr fertiggestellt. Ich werde noch Einkommen- und Gewerbesteuer nachzahlen müssen. Die Vorauszahlungen waren zu niedrig.“*

Hansen: *„Wer Steuern nachzahlen muss, hat auch gut verdient. Wenn ich mir meine Lohnabrechnung betrachte, wird mir ganz übel. Lohnsteuer, Kirchensteuer, Sozialversicherungsabgaben! Da bleibt fast nichts mehr übrig!“*

Paul: *„Nun übertreib mal nicht. Schließlich wird jeder entsprechend seinem Einkommen versteuert. Schlimm ist nur, dass ich für meine Ausbildungsvergütung auch schon zur Kasse gebeten werde. Es ist schon schlimm genug, dass ich für mein Auto Kraftfahrzeugsteuer, für das Benzin Mineralölsteuer und für meine Zigaretten Tabaksteuer zahlen muss!“*

Hansen: *„Na ja, der Staat nimmt's eben von den Armen! So, jetzt muss ich gehen. Morgen früh um sieben muss ich wieder auf der Baustelle sein.*
Hanne, zahlen!“

Hanne: *„16,50 EUR. Hier ist der Beleg!“*

Hanne übergibt den Beleg mit dem Vermerk: Einschließlich 19 % Mehrwertsteuer (Umsatzsteuer).

Hansen: *„17,00 EUR. Stimmt. Guten Abend noch!“*

Aufgaben:

29.1 Nennen Sie die im Gespräch erwähnten Steuern!

29.2 Nach dem Steuergegenstand werden Steuern in Besitz-, Verkehr- und Verbrauchsteuern unterschieden.

Ordnen Sie die in dem Gespräch erwähnten Steuerarten nach dem Steuergegenstand!

29.3 Wenn die Steuer unmittelbar vom Steuerschuldner, der auch letztendlich die Steuer tragen soll, erhoben wird, spricht man von einer **direkten Steuer**.

Von **indirekten Steuern** spricht man, wenn der Steuerschuldner die Steuer auf einen anderen Steuerträger überwälzen soll.

Ordnen Sie die in dem Gespräch erwähnten Steuerarten den beiden Erhebungsarten zu!

29.4 Bestimmen Sie, wer bei den folgenden Steuern Steuerschuldner und wer Steuerträger ist!

Steuerart	Steuerschuldner	Steuerträger
Grunderwerbsteuer		
Erbschaftsteuer		
Biersteuer		
Körperschaftsteuer		
Lotteriesteuer		

30. Arbeiten Sie aus nebenstehender Abbildung heraus, welche Möglichkeit staatlicher Konjunkturpoliltik veranschaulicht wird!

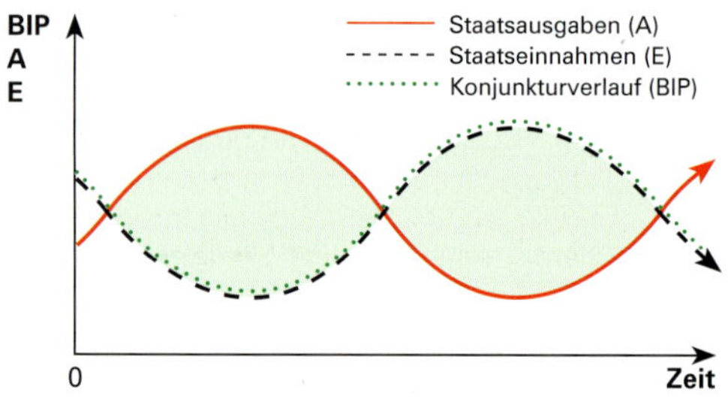

BIP: Bruttoinlandsprodukt
A: Ausgaben
E: Einnahmen

31. Der Versuch des Staates (der Regierung), durch Steuer- und Ausgabenpolitik den Konjunkturverlauf zu beeinflussen, wird als Fiskalpolitik bezeichnet. Die Fiskalpolitik sollte „antizyklisch" sein.

Aufgaben:

31.1 Begründen Sie die Forderung nach einer antizyklischen Fiskalpolitik (Finanzpolitik)!

31.2 Die antizyklische Fiskalpolitik setzt i.d.R. voraus, dass der Staat „Deficit-Spending" betreibt, wenn er die Konjunktur ankurbeln möchte. Erläutern Sie diese Aussage!

31.3 Während der Hochkonjunktur soll der Staat Konjunkturausgleichsrücklagen bilden oder Staatsschulden vorzeitig tilgen (zurückzahlen). Beschreiben Sie die Auswirkungen auf den Konjunkturverlauf, die diese Rücklagenpolitik haben kann! Begründen Sie Ihre Feststellungen!

DOWNLOAD **32.** Stellen Sie jeweils anhand eines Schaubilds dar, wie der Staat und die Zentralbank zusammenwirken müssten, wenn

32.1 die Konjunktur gefördert bzw.

32.2 die Konjunktur gebremst werden soll!

33. Entscheiden Sie, welche der nachstehenden wirtschafts- und geldpolitischen Maßnahmen primär „angebotsorientiert" und welche vorwiegend „nachfrageorientiert" sind:

33.1 Ausrichtung des Geldmengenwachstums am langfristigen realen Wirtschaftswachstum, um die Inflationsraten zurückzuführen.

33.2 Senkung der Steuerlastquote (prozentualer Anteil der Steuern am Einkommen der Wirtschaftssubjekte), besonders der Investoren.

33.3 Staatliches Beschäftigungsprogramm, um die Arbeitslosigkeit zu bekämpfen.

33.4 Abbau administrativer Hemmnisse (z.B. Vorschriften im Baubereich, Ladenschlusszeiten, Kündigungsvorschriften).

33.5 Kürzung von Subventionen.

33.6 Tilgung von Staatsschulden, um das Zinsniveau nicht in die Höhe zu treiben.

33.7 Senkung der Einkommen- und Körperschaftsteuer.

33.8 Staatliche Unterstützung bei Existenzgründungen.

33.9 Erhöhung der Umsatzsteuer.

33.10 Aufstockung der staatlichen Mittel für Bildung und Forschung.

34. Angenommen, die Regierung senkt im Rahmen ihrer antizyklischen Fiskalpolitik die Staatsausgaben. Die Staatseinnahmen sollen unverändert bleiben.

Aufgaben:

34.1 Prüfen Sie, wie sich die Ausgabenkürzung auf Beschäftigung und Preisniveau auswirkt, wenn unterstellt wird, dass sich das gesamtwirtschaftliche Angebot normal verhält!

34.2 Begründen Sie, wie sich die Ausgabenkürzung auf Beschäftigung und Preisniveau auswirkt, wenn unterstellt wird, dass sich das gesamtwirtschaftliche Angebot anomal verhält!

34.3 Erläutern Sie, welche Gründe für die Annahme sprechen, dass sich das gesamtwirtschaftliche Angebot normal bzw. anormal verhält!

35. In einem Industrieland herrscht hohe Arbeitslosigkeit. Die Regierung möchte das Wirtschaftswachstum anregen und die Arbeitslosigkeit verringern. Sie beschließt daher, die Ausgaben für Bildung, Forschung und Entwicklung erheblich aufzustocken. Um die zusätzlichen Ausgaben zu finanzieren, erhöht sie die Umsatzsteuer um 18,75 %. Der bisherige Umsatzsteuersatz betrug 16 %.

Aufgaben:

35.1 Prüfen Sie, ob die genannten Maßnahmen der Regierung ziel- und systemkonform sind!

35.2 Ermitteln Sie, um wie viel Prozentpunkte der Umsatzsteuersatz erhöht wurde!

36. Im Land A wurde seit Jahren eine Defizitpolitik betrieben, d. h., die Staatsschulden stiegen von Haushaltsperiode zu Haushaltsperiode. Inzwischen befindet sich das Land in finanziellen Schwierigkeiten, sodass es weitere Kredite nur noch zu hohen Zinsen erhalten kann.

Aufgaben:

36.1 Erläutern Sie, warum es für die Regierung schwierig ist, die Staatsverschuldung wieder abzubauen!

36.2 Entscheiden Sie, gegen welche finanzwirtschaftliche Grundregel, die sich auch im deutschen Stabilitätsgesetz findet, das Land A verstoßen hat!

36.3 Die Regierung beschließt, zunächst einmal das Staatsdefizit von 10 % auf 6 % abzubauen.

36.3.1 Erklären Sie die Begriffe Staatsdefizit und Staatsverschuldung!

36.3.2 Erläutern Sie, wie sich die Senkung des Staatsdefizits auf den Schuldenstand des Landes auswirkt!

36.4 Die Regierung beschließt ein drastisches Sparprogramm, das z. B. Lohnkürzungen im öffentlichen Dienst, Rentenkürzungen, Erhöhung des Rentenalters, Steuererhöhungen und die Verschiebung staatlicher Investitionsvorhaben umfasst. Begründen Sie, welche Folgen das Sparprogramm auf die Konjunktur hat!

36.5 Eine Tageszeitung schreibt: „Die Regierung des Landes A befindet sich in einem Dilemma: Entweder verfolgt sie ihre Sparpolitik weiter und das Land steht vor Streiks, Protestaktionen und vor einer schweren Rezession. Oder sie nimmt weiterhin teure Kredite auf, um die alten Schulden zu bezahlen." Beschreiben Sie, in welchem wirtschaftspolitischen Zielkonflikt sich das Land A befindet!

36.6 Das Land B hat hingegen einen ausgeglichenen Staatshaushalt. Während der vergangenen Hochkonjunktur hat es eine Konjunkturausgleichsrücklage angelegt.

36.6.1 Nennen Sie drei mögliche Maßnahmen, wie die Konjunktur „angekurbelt" werden kann!

36.6.2 Entscheiden Sie, mit welchem weiteren wirtschaftspolitischen Ziel Zielharmonie besteht! Begründung!

37. Projektvorschlag:

Sammeln Sie über einen längeren Zeitraum Zeitungsartikel oder Artikel aus dem Internet zu aktuellen wirtschaftspolitischen Entscheidungen der Bundesregierung mit folgender Aufgabenstellung:

37.1 Beurteilen Sie, inwieweit die getroffenen Entscheidungen der Bundesregierung den Zielen nachhaltigen Wachstums und der Sicherung des Marktmechanismus Rechnung tragen!

37.2 Analysieren Sie die möglichen Auswirkungen der getroffenen Entscheidungen auf Konjunktur und Wachstum!

Stellen Sie anschließend Ihre Ergebnisse in Form einer Präsentation Ihrer Lerngruppe vor!

38. Angenommen, die Wirtschaft der Bundesrepublik Deutschland befände sich in einer

A: Boomphase,

B: Rezessionsphase.

Ordnen Sie die nachfolgenden Maßnahmen den Begriffen A (Boomphase) bzw. B (Rezessionsphase) zu!

Nr.	Maßnahme	Phase
1	Erhöhung der direkten Steuern	A
2	Hinausschiebung öffentlicher Bauvorhaben	B
3	Aufhebung des Solidaritätszuschlages	B A
4	Einschränkung einer Investitionszulage	A
5	Aufnahme von Krediten am Kapitalmarkt	B
6	Bildung einer Konjunkturausgleichsrücklage	A
7	Aufhebung der degressiven AfA Absetzung für Abnutzung	A
8	Erhöhung der Umsatzsteuer	A
9	Anhebung des Grundfreibetrages für die Einkommensteuer	A
10	Senkung der Ökosteuer	B

39. Pro- und Kontra-Diskussion

Diskutieren Sie, ob eine Senkung der Einkommensteuer aus Sicht des Staates sinnvoll ist! Ziehen Sie abschließend ein eigenes Fazit!

40. Beurteilen Sie die nachfolgenden fiskalpolitischen Maßnahmen im Hinblick auf ihre Eignung zur Stabilisierung von Konjunktur und Wachstum! Tragen Sie bitte eine

① ein, wenn diese Maßnahme in einer Aufschwungphase eingesetzt werden sollte,

② ein, wenn diese Maßnahme in einer Abschwungphase eingesetzt werden sollte!

Sollte keine eindeutige Zuordnung möglich sein, tragen Sie eine ⑨ ein!

40.1	Erhöhung des steuerfreien Grundfreibetrages und der Kinderfreibeträge	2
40.2	Senkung der Einkommen- und Körperschaftsteuer	2
40.3	Aufhebung der degressiven Abschreibungsmöglichkeit	1
40.4	Streichung von Investitionszulagen	1
40.5	Reduzierung von Arbeitslosengeld II und Sozialgeld	1
40.6	Erstellen eines Jahreswirtschaftsberichts	9
40.7	Steuerfinanzierte Abwrackprämie für Altautos	2
40.8	Gewährung von Exportsubventionen	2

41. Entscheiden Sie, welches der nachfolgenden fiskalpolitischen Maßnahmebündel in einer Abschwungphase am ehesten zur Stabilität von Konjunktur und Wachstum beitragen kann!

① Ausweitung der Staatsausgaben bei gleichzeitiger Erhöhung der Steuersätze zur Finanzierung der Mehrausgaben.

② Senkung der Einkommen- und Körperschaftsteuer bei gleichzeitiger Einschränkung der steuerlichen Abschreibungsmöglichkeiten zur Schaffung von mehr Steuergerechtigkeit.

③ Einführung von Investitionsprämien, deren Finanzierung durch entsprechende Kürzung bei den Sozialtransfers sichergestellt wird.

④ Senkung der Abschreibungs- und Steuersätze.

⑤ Ausweitung der öffentlichen Aufträge und gleichzeitige Absenkung der Steuersätze.

[5]

42. Entscheiden Sie, welches der nachfolgenden fiskalpolitischen Maßnahmebündel in einer Aufschwungphase am ehesten zur Stabilität von Konjunktur und Wachstum beitragen kann!

① Reduzierung von Straßenbaumaßnahmen, Verringerung von Abschreibungsmöglichkeiten und Erhöhung von Verbrauchsteuern.

② Senkung der Staatsausgaben bei gleichzeitiger Senkung der Einkommen- und Körperschaftsteuer.

③ Abschaffung von Sonderabschreibungsmöglichkeiten und Auflösen der Konjunkturausgleichsrücklage.

④ Kürzung von Sozialtransfers und Investition der hierdurch eingesparten Gelder in den Ausbau der Infrastruktur.

⑤ Kreditaufnahme zur Ausweitung der Staatsausgaben, um somit die private Nachfrage vom Markt zu verdrängen.

[1]

43. Kausalkette

Skizzieren Sie mögliche Auswirkungen einer Steuersenkung auf die Einnahmen der Sozialversicherung! Nutzen Sie hierzu nachfolgendes Schema! Tragen Sie in die Felder folgende Begriffe ein:

- Konjunktur,
- Einkommen,
- Arbeitslosigkeit,
- Konsum und
- Einnahmen der Sozialversicherung.

Verwenden Sie außerdem jeweils einen der folgenden Pfeile:

↓ sinkt,

↑ steigt,

→ bleibt unverändert.

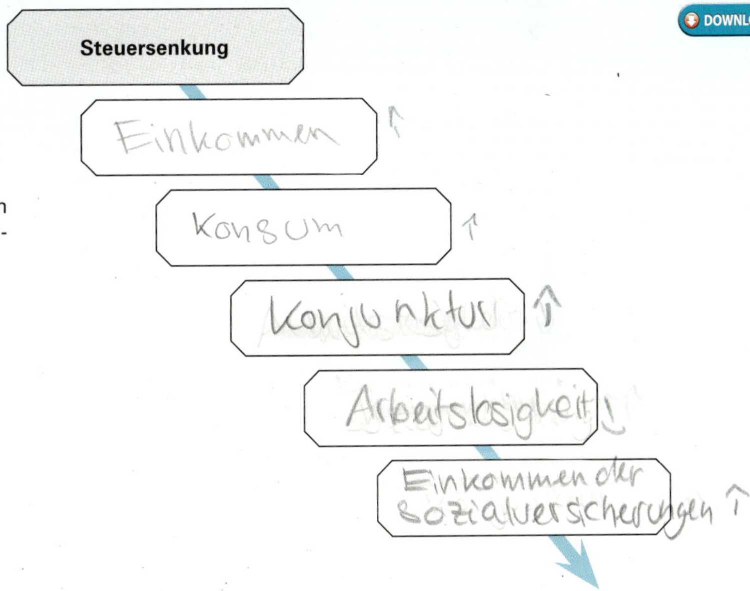

44. Vernetzungsdiagramm

Stellen Sie auf Basis nachfolgender Vorlage eines Vernetzungsdiagramms mögliche Ursache-Wirkungs-Beziehungen dar, indem Sie die einzelnen Felder an den Pfeilen mit einem Plus- oder Minuszeichen versehen.

- **Pluszeichen**: gleichgerichtete (verstärkende) Wirkung. Es gilt: je mehr (höher) – desto mehr (höher); je weniger (niedriger) – desto weniger (niedriger).
- **Minuszeichen**: entgegengesetzte (abschwächende) Wirkung. Es gilt: je mehr (höher) – desto weniger (niedriger) bzw. je weniger (niedriger) – desto mehr (höher).

DOWNLOAD

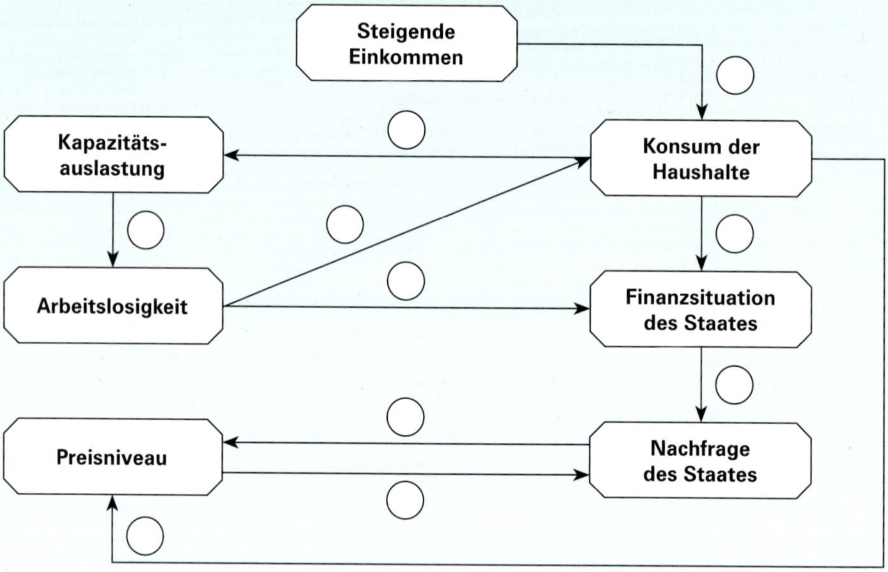

Handlungssituation 9.1

Lesen Sie zunächst folgenden Artikel!

Schreck-Gespenst Inflation:

In 16 Jahren ist Ihr Geld nur noch halb so viel wert

Läuft eigentlich super, oder? Die Wirtschaft wächst, immer mehr Leute haben einen Job. Wir sind ein reiches Land! Und alle werden immer reicher. Doch die Inflation frisst unser Geld und wenn es so weiter geht, ist es bald nur noch die Hälfte wert. […]

Schlechte Zeiten für Kleinsparer

„2017 könnte das allerschlechteste Jahr für Kleinsparer seit Langem werden“, sagt Clemens Fuest, Chef des Ifo-Instituts. Und Hans-Werner Sinn rechnet schon mal mit dem Schlimmsten und prophezeit 4,5 % Inflation. Damit wäre Ihr Geld nach 16 Jahren nur noch die Hälfte wert! Das Gespenst erwacht. Aber schön langsam.

Schauen wir uns erst mal die offiziellen Zahlen an. Im März lag die Inflation in Deutschland bei 1,6 %, klingt noch moderat. Doch die Teuerungsrate hat in den letzten Monaten ordentlich angezogen. Vor einem Jahr konnte man über steigende Preise noch lächeln. Im April 2016 sanken sie gar um 0,1 %. Doch von Deflation redet schon lange keiner mehr, die Folge für Sparer: In der Realität zahlen Sie selbst bei einer Mini-Inflation jetzt schon satt drauf.

Ohne Zinsen wird Ihr Geld immer weniger wert

Der Grund: Weil es keine Zinsen mehr gibt, wird Ihr Geld faktisch weniger wert. Aber warum schmilzt unser Vermögen überhaupt? […]

Brummende Wirtschaft klingt auf Anhieb super, aber für Sparer kann es schnell teuer werden. „Wachstum hat natürlich einen Zwillingsbruder. Und der heißt Inflation“, warnt Heller. „Was für eine absurde Situation. Noch letztes Jahr hatte EZB-Chef Mario Draghi die Deflation beschworen. Das hat natürlich einen Grund: Damit wollte er nur rechtfertigen, noch mehr Geld zu drucken.“ Und wo soll das enden? Die Geschichte ist schnell erzählt. „Zu viel Geld endet immer mit Inflation. Und genau so ist es wieder gekommen. In Amerika ist die Inflation sogar schon auf 2,5 % gesprungen“, sagt Heller.

Ihr Puls schlägt jetzt schon schneller?

Dann lesen Sie besser nicht weiter. Denn Sie werden selbst bei diesen Rechnungen noch hinter die Fichte geführt. Inflation ist immer ein monetäres Phänomen. So hat es auch schon Nobelpreisträger Milton Friedman erklärt. Steigt die Geldmenge in einer Volkswirtschaft, steigen früher oder später die Preise. Eigentlich sollte die Geldmenge durch die Wirtschaftsleistung gedeckt sein, aber das ist momentan nicht der Fall. Der US-Analyse-Dienst Shadowstats.com berechnet deshalb die wahre Inflation mit einer einfachen Faustformel. Sie entspricht dem Wachstum der Geldmenge minus dem Wirtschaftswachstum.

Und es wird immer schlimmer

Die EZB druckt Geld wie verrückt und hat Anfang April einen neuen Negativrekord aufgestellt: Ihre Bilanzsumme stieg über die Marke von vier Billionen Euro. So hoch wie nie! Doch nicht nur das Niveau nimmt Horror-Dimensionen an, sondern auch das Tempo der Expansion. Zum Quartalsende ist die Bilanz binnen einer Woche um 224 Milliarden Euro angeschwollen, der stärkste Zuwachs binnen fünf Jahren. Gut 208 Milliarden neue Euro haben die sogenannten Währungshüter ins System gefeuert. Auf Jahressicht hat die EZB ihre Bilanzsumme um knapp 1,2 Billionen Euro ausgeweitet.

Ein erschreckender Vergleich: Das sind mehr als 10 % der Wirtschaftsleistung der Euro-Zone. Wie leicht sich eine Währung zu Grunde richten lässt, zeigt der Euro-Chart. Im Vergleich zum stabilen Gold büßte die Weichwährung Euro seit 2000 satte 75 % an Wert ein. In Europa liegt die Inflation schon bei 2 %. Eigentlich genau jene rote Linie, bei der die EZB bremsen müsste. Sie definiert stabile Preise bei 2 %. Ohnehin eine Täuschung, denn stabil wären die Preise bei einer Inflation von 0 %.

Aber wird sich die EZB wenigstens an ihre eigene Fantasiemarke halten? „Sie wird viel zu spät reagieren!", schimpft Heller. „Die Südländer sind noch lange nicht bei 2 %. Bis sie diese Marke erreicht haben, sind wir schon locker bei 3 %." Die EZB hält das Klappergerüst Europa nur noch mit Gelddrucken zusammen. Robert Halver verweist darauf, dass Draghi Sozialpolitik betreibe. Und Sinn legt sogar einen drauf und prophezeit schon mal eine Inflation von 4,5 % in Deutschland. Für Sparer wäre es ein Desaster.

Eine kleine Rechnung:

Wer heute 100.000 Euro auf dem Konto liegen hat, dem blieben nach 16 Jahren nur noch 50.000 Euro übrig! Mehr Enteignung geht kaum. „Die Inflationskurve schießt senkrecht nach oben", warnt Sinn. Und es scheint keinen Ausweg zu geben. Das Problem: Politiker wie Donald Trump schimpfen darauf, dass Deutschland seine Währung durch den Euro künstlich abwertet, um beispielsweise deutsche Autos in den USA billiger verkaufen zu können. Die deutschen Preise sollen also hoch.

Die Möglichkeiten:

„Inflationieren wir? Gehen die Südländer in die Deflation? Oder machen wir es durch temporäre Euro-Austritte mit offener Abwertung?", fragt Sinn. Allerdings steigen die Reallöhne in Pleite-Ländern wie Griechenland. Die Folge scheint unausweichlich: Inflation in Deutschland! Denn Inflation geht leichter als Deflation. „Sie können Länder nicht deflationieren, die vorher Inflation hatten", erklärt Sinn. „Länder wie Griechenland haben Schulden über beide Ohren. Wenn Sie da Preise und Löhne senken, dann gehen Firmen und Haushalte pleite."

Ein warnendes Beispiel: „In Deutschland gingen Löhne und Preise von 1929 bis 1933 stark zurück. Aber diese Zerreißprobe spülte schließlich Hitler an die Macht", erklärt Sinn. Und Heller wettert: „Die deutschen Zinssparer werden schon seit sechs Jahren enteignet. Sie bekommen schon lange keine Zinsen mehr, und jetzt werden sie noch ärmer gemacht." Unser Geld schmilzt wie Eis in der Sonne!

Quelle: FOCUS-Money-Online vom 06.05.2017.

Kompetenzorientierte Arbeitsaufträge:

1. Notieren Sie zunächst die Begriffe, deren Verständnis Ihnen Probleme bereitet. Recherchieren Sie – eventuell unter Zuhilfenahme des Internets – anschließend die Bedeutung dieser Begriffe und halten Sie die Ergebnisse schriftlich fest!
2. Erläutern Sie, was man unter einer Inflation bzw. einer Deflation versteht! Gehen Sie dabei auch auf die unterschiedlichen Arten von Inflation und Deflation ein!
3. Nennen und beurteilen Sie die Auswirkungen von Inflation, die im Rahmen des Zeitungsartikels aufgeführt werden!
4. **Zeitungsartikel**

   Erläutern Sie, welche Auswirkungen eine mögliche Inflation des Euro ganz konkret auf Ihren Familienhaushalt hat! Gehen Sie dabei insbesondere auf mögliche Einflüsse der Inflation auf die persönliche Verwendung Ihrer finanziellen Mittel ein! Verfassen Sie hieraus anschließend einen Zeitungsartikel für eine Schülerzeitung!
5. Beurteilen Sie die Auswirkungen einer Deflation für eine Volkswirtschaft!

1 Grundlegendes zum Preisniveau

1.1 Funktionen des Geldes

In modernen Volkswirtschaften übt **Geld** eine Reihe wichtiger Funktionen aus.

Geld ist alles, was die Funktionen des Geldes erfüllt. Die wesentlichen Funktionen des Geldes sind in der nachstehenden Abbildung wiedergegeben:

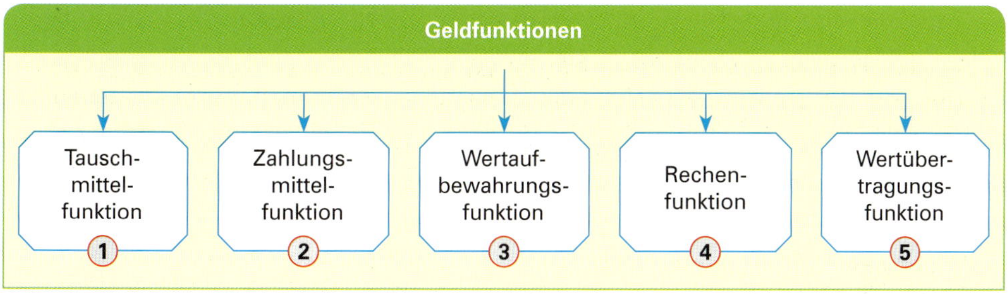

Erläuterungen:

① **Geld ist allgemeines Tauschmittel.** Als allgemein anerkanntes Tauschmittel ermöglicht es, den indirekten Tausch vorzunehmen, also Güter zu kaufen und zu verkaufen.

② **Geld ist Zahlungsmittel.** Auch andere Vorgänge als Tauschgeschäfte können mit Geld bewerkstelligt werden. So kann man mit Geld einen Kredit gewähren, Schulden tilgen, Steuern zahlen oder einen Strafzettel begleichen.

③ **Geld ist Wertaufbewahrungsmittel.** Geld muss man nicht sofort ausgeben, sondern man kann es „aufbewahren", also sparen. Diese Funktion hat das Geld natürlich nur dann, wenn sein Wert nicht durch Inflation aufgezehrt wird.

④ **Geld als Recheneinheit.** Das Geld ist der Maßstab (der Wertmesser) für die verschiedenartigsten Güter. Mithilfe der in Geld ausgedrückten Preise können diese addiert werden. Nur so ist es beispielsweise möglich, Bilanzen und Gewinn- und Verlustrechnungen zu erstellen, die Wirtschaftlichkeit und Rentabilität eines Betriebs zu errechnen.

⑤ **Geld ist Wertübertragungsmittel.** Das Geld macht es möglich, Vermögenswerte zu übertragen, ohne dass körperliche Gegenstände übereignet werden müssen. So kann man Geld verschenken oder vererben.

1.2 Begriff Stabilität des Preisniveaus

Neben dem angemessenen und stetigen Wirtschaftswachstum und dem hohen Beschäftigungsstand zählt die **Preisniveaustabilität** ebenfalls zu den **vier zentralen Zielen** staatlicher **Wirtschaftspolitik** in der Bundesrepublik Deutschland.

> Preisniveaustabilität bedeutet, dass **im Durchschnitt** die Preise in einer Volkswirtschaft und somit die **Kaufkraft** des Geldes **gleichbleiben** sollen.

Eine Geldwertverschlechterung (Inflation) bzw. Geldwertverbesserung (Deflation) wäre dann vermieden, wenn die Einzelpreise aller Produkte konstant bleiben. Da allerdings eine **marktwirtschaftlich ausgerichtete** Volkswirtschaft gerade davon lebt, dass sich Preise im

Zeitablauf verändern, und zwar sowohl nach oben, wenn die Güter „knapp" werden, als auch nach unten, wenn die Unternehmen zur Verbesserung ihrer Wettbewerbsposition die Preise senken, kann es bei der Forderung nach Preisniveaustabilität daher nur um eine **Stabilität eines durchschnittlichen Preisniveaus** gehen. Schließlich können Preissteigerungen bei einigen Gütern durch Preissenkungen bei anderen Gütern ausgeglichen werden.

Nach wie vor herrscht in der wirtschaftswissenschaftlichen Diskussion Einigkeit darüber, dass das gesamtwirtschaftliche Ziel der Preisniveaustabilität auch dann erreicht ist, wenn ein **gewisser Anstieg** der Preise zu verzeichnen ist. Die Meinungen darüber, wie hoch ein solcher Preisanstieg sein darf, gehen allerdings auseinander.

Mit Blick auf die Verantwortlichkeit für die Erreichung dieses Ziels soll im weiteren Verlauf dem **Zielverständnis der Europäischen Zentralbank (EZB)** gefolgt werden.

Nach der **EZB** ist Preisstabilität gegeben, wenn die **Preissteigerungsrate** im Durchschnitt mehrerer Jahre **nahe** oder knapp **unter 2 %** liegt.[1]

Diese **Definition** macht sehr deutlich, dass eine **Deflation** in keiner Weise mit dem Ziel Preisniveaustabilität vereinbar ist.

2 Inflation

2.1 Begriff der Inflation

!

Unter **Inflation** versteht man ein **anhaltendes Steigen** des Preisniveaus.

Steigen hin und wieder die Preise einzelner Güter bzw. Gütergruppen, so liegt noch keine Inflation vor.

Es ist **für eine Marktwirtschaft charakteristisch,** dass sich die Preise der einzelnen Güter im Zeitablauf in Abhängigkeit von ihrem **Knappheitsgrad** ändern.

Beispiele:

- Fällt die Spargelernte in Deutschland eher schlecht aus, so ist deutscher Spargel ein knappes Gut und der Preis dürfte entsprechend hoch sein.
- Ist hingegen im Folgejahr die Spargelernte besonders gut ausgefallen, so ist genügend Spargel auf dem Markt verfügbar und der Preis für deutschen Spargel dürfte – im Vergleich zum Vorjahr – entsprechend niedrig ausfallen.
- Steigt die Nachfrage nach Neuwagen einer bestimmten Marke, ohne dass die Produktionskapazitäten zeitnah angepasst werden können, sind diese Fahrzeuge knapp. Somit dürften die Preise für diese Neuwagen tendenziell eher steigen.
- Hat der Hersteller hingegen Überkapazitäten aufgebaut, sodass die produzierte Menge größer ist, als die nachgefragte Menge, dürfte das Preisniveau für diese Neuwagen eher sinken, zumindest sind höhere Preisnachlässe bei Neuwagenbestellungen vorstellbar.

1 Zur Messung des Preisniveaus siehe Kapitel 4, S. 329 ff.

Eine Einschränkung dieser Flexibilität dahingehend, dass **überwiegend Preiserhöhungen** auftreten, wohingegen Preissenkungen (äußerst) selten zu verzeichnen sind, führt zu einem **Absinken der Kaufkraft** des Geldes und somit zu einer **Geldentwertung**.

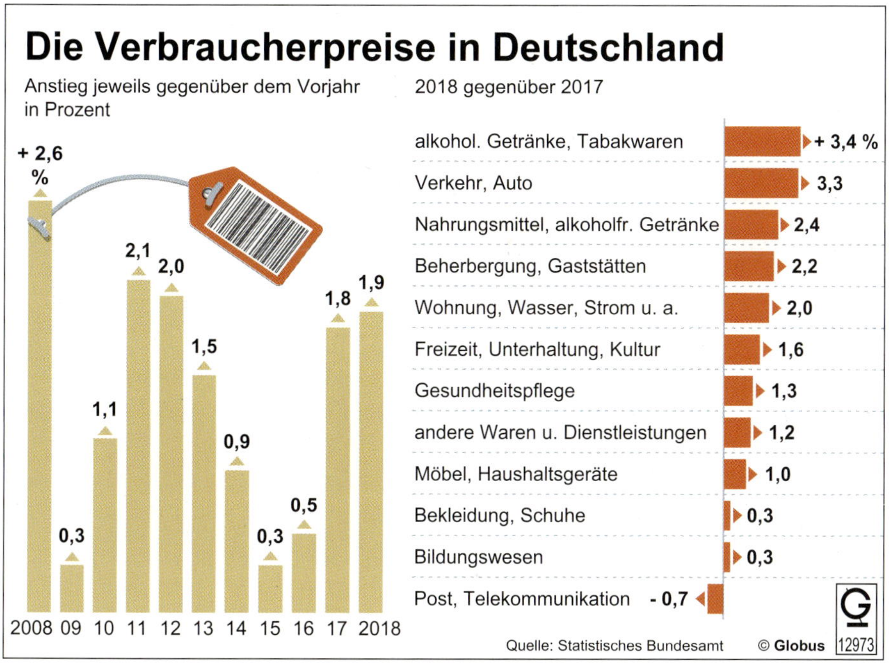

Die Inflation in Deutschland hat 2018 den höchsten Stand seit 2012 erreicht. Im Jahresdurchschnitt mussten die Verbraucher 1,9 % mehr für Waren und Dienstleistungen bezahlen als 2017. Schon 2017 waren die Verbraucherpreise um 1,8 % gestiegen. 2016 betrug die Inflationsrate nur 0,5 und 2015 nur 0,3 %. 2018 war laut Statistischem Bundesamt besonders der Preisanstieg bei Energie für die hohe Inflationsrate verantwortlich. Heizöl kostete demnach im Schnitt fast 22 % mehr als noch im Vorjahr, Kraftstoffe fast 8 %. Auch bei den Nahrungsmitteln verzeichneten die Statistiker mit 2,5 % überdurchschnittliche Preissteigerungen. Nimmt man Nahrungsmittel und Energie aus den Berechnungen heraus, so lag die Inflationsrate nur bei 1,6 %.

2.2 Arten der Inflation

Die Inflation als Störung der Stabilität des Preisniveaus lässt sich – je nach zugrunde gelegtem Kriterium – in **verschiedene Arten** einteilen.

Kriterien	Erläuterungen
Erkennbarkeit der Geldentwertung	Unter dem Gesichtspunkt der Erkennbarkeit der Inflation lassen sich **zwei** Arten unterscheiden: ■ **Offene Inflation:** Bei einer offenen Inflation sind die Preissteigerungen für jedermann erkennbar. ■ **Versteckte Inflation:** Durch staatlichen Preisstopp wird der Preissteigerungsprozess „zurückgestaut" und die Geldentwertung statistisch nicht erfasst.

Kriterien	Erläuterungen
Geschwindigkeit der Geldentwertung	Je nach Ausmaß der über einen längeren Zeitraum anhaltenden Preisniveausteigerung lassen sich drei Inflationsarten unterscheiden, wobei die Übergänge – in Abhängigkeit der gewählten quantitativen Grenzen – fließend sind: ■ **Schleichende Inflation:** Steigt das Preisniveau in **geringem** Umfang (z. B. um bzw. leicht über 2 % jährlich), so liegt eine schleichende Inflation vor. ■ **Trabende Inflation:** Fällt die Erhöhung des Preisniveaus „mäßig" aus (ca. 3–5 %), spricht man von einer trabenden Inflation. ■ **Galoppierende Inflation:** Diese Art der Inflation ist durch hohe Preissteigerungsraten (mehr als 6 %) gekennzeichnet. Liegt die Preissteigerungsrate über 50 %, handelt es sich um eine **Hyperinflation.**  *1923: Nach der verheerenden Inflation spielen Kinder mit wertlos gewordenen Geldbündeln.*
Subjektive Wahrnehmung	■ **Offizielle Inflation:** Hierunter versteht man die Inflationsarten, die von den statistischen Ämtern (z. B. dem Statistischen Bundesamt oder von Eurostat) ermittelt und veröffentlicht werden. ■ **Gefühlte Inflation:** Mit diesem Begriff wird zum Ausdruck gebracht, dass die Verbraucher in bestimmten Situationen die Preissteigerungen als viel stärker empfinden als die amtlichen Statistiken ausweisen. Dies liegt vor allen Dingen daran, dass zahlreiche Waren und Dienstleistungen, die im täglichen Leben gekauft werden (müssen), in den offiziellen „Warenkörben" nur eine geringe Bedeutung (Gewichtung) haben.

2.3 Ursachen der Inflation

Die ersten **Impulse** bei einer Inflation können entweder von der **Nachfrage-** oder der **Angebotsseite** ausgehen.

Ursachen der Inflation

nachfrageinduzierte Inflation	angebotsinduzierte Inflation
■ Konsuminflation ■ Staatsinflation ■ Investitionsinflation ■ importierte Inflation	■ Kosteninflation ■ Gewinninflation ■ Steuerinflation

(1) Nachfrageinduzierte Inflation

Bei der **nachfrageinduzierten Inflation** wird die Preissteigerung durch eine **überhöhte** Nachfrage im Verhältnis zum Güterangebot ausgelöst.

Den durch die Nachfrageausweitung (Rechtsverschiebung der Nachfragekurve von N_1 nach N_2) im Verhältnis zum Güterangebot entstehenden Nachfrageüberhang bezeichnet man als **inflatorische Lücke.**

Inflatorische Lücke

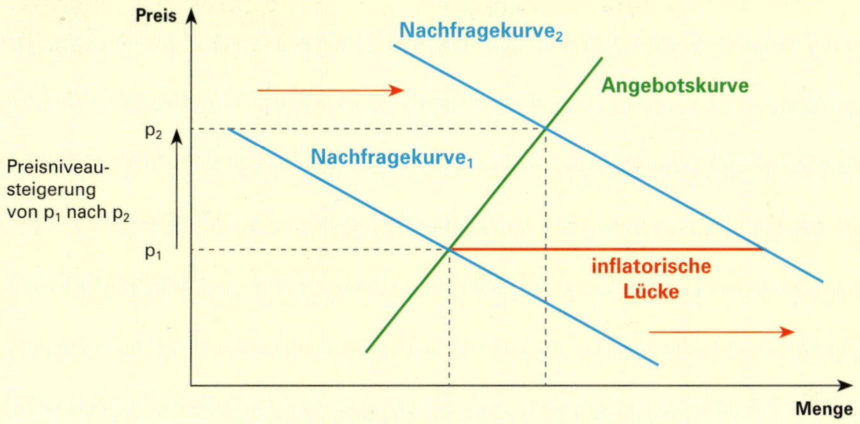

Erläuterungen:

Da der Nachfrageüberhang bei nicht ausgelasteten Kapazitäten erst zeitlich verzögert ausgeglichen bzw. bei Vollbeschäftigung der volkswirtschaftlichen Produktionsfaktoren real nicht befriedigt werden kann, erfolgt ein Ausgleich über eine Preisniveauerhöhung von p_1 nach p_2. Eine derartige Konstellation führt somit zu steigenden Preisen.

Die Ausweitung der Nachfrage ist nur möglich, wenn sich **die „nachfragewirksame" Geldmenge erhöht.** Dies kann bei einer Nachfragesteigerung von Haushalten **(Konsuminflation)** beispielsweise durch eine höhere Kreditaufnahme oder eine Verschiebung in der Einkommensverwendung zulasten des Sparens und zugunsten des Konsums geschehen. Außer von den Haushalten kann der **Nachfrageschub** allerdings auch vom **Staat (Staatsinflation),** den **Unternehmen (Investitionsinflation)** oder dem **Ausland** ausgehen. Übersteigen also die Exporte eines Landes dessen Importe, so spricht man von einer **importierten Inflation.**

Wie stark die Erhöhung des Preisniveaus im Einzelfall ausfällt, ist vor allem abhängig von der **Stärke** der Nachfrageausweitung und von dem **Auslastungsgrad** der volkswirtschaftlichen Kapazitäten.

Je **größer** der **Nachfrageschub** und je stärker die Auslastung der Kapazität, umso **höher** die **Preisniveausteigerung.**

(2) Angebotsinduzierte Inflation

Bei der angebotsinduzierten Inflation wird die Preissteigerung durch eine **über dem Produktivitätszuwachs hinausgehende Erhöhung der Kosten bzw. aufgrund von Marktmacht durchgesetzte überhöhte Gewinne** ausgelöst.

Bei dieser Form der Inflation gehen die ersten Impulse **statt von der Nachfrage- von der Angebotsseite** aus. Die Anbieter gleichen über die Preiserhöhungen entweder vorangegangene Kostensteigerungen aus **(Kosteninflation)** oder versuchen – entsprechende Marktmacht vorausgesetzt – mittels der Preissteigerung eine Verbesserung der Gewinnsituation durchzusetzen **(Gewinninflation).**

Sind die Erhöhungen des Marktpreises auf den Anstieg indirekter Steuern (z. B. Mineralölsteuer, Tabaksteuer, Biersteuer) zurückzuführen, bezeichnet man den hieraus resultierenden Anstieg des Preisniveaus als **Steuerinflation.**

Wie geschickt Unternehmen dabei vorgehen, **Preiserhöhungen** durch „Mogelpackungen" zu **verstecken,** verdeutlicht nachfolgender Artikel.

Mogelpackungen:

Tricks mit Luft und doppeltem Boden

Doppelte Böden, riesige Kartonagen oder viel Luft in der Verpackung – um größere Füllmengen vorzutäuschen, greifen Hersteller tief in die Trickkiste.

Ob bei Tee oder Keksen, ob bei Knäckebrot oder Schokoladensticks – Lebensmittel-Verpackungen, die durch schiere Größe mehr versprechen als sie geöffnet halten, finden sich vielerorts. In Folge dieser Tricksereien beschweren sich Verbraucher immer wieder, und auch die Stiftung Warentest hat keine Schwierigkeiten, jeden Monat neue „Mogelpackungen" vorzustellen. Und es fallen keineswegs nur Verpackungen von Lebensmitteln ärgerlich auf. Ob Kosmetika, Nahrungsergänzungsmittel, Haushaltsreiniger, Waschpulver oder Spiele: Unternehmen zeigen sich beständig immens kreativ, mit den Umhüllungen ihrer Produkte zu flunkern.

Mogelpackungen bei Lebensmitteln

Um mehr Inhalt vorzugaukeln, umgeben Lebensmittelhersteller ihre Produkte oftmals mit unverhältnismäßig viel Luft, operieren mit doppelten Böden, großen Deckeln, dicken Wandungen oder schlicht überdimensionierten Umkartons. Laut Eichgesetz sind solche Täuschungsmanöver verboten. Problem für Verbraucher jedoch: Im Gesetz fehlen konkrete Bestimmungen, ab wann eine Mogelpackung vorliegt. Lediglich eine interne Leitlinie gibt vor, dass nicht mehr als 30 Prozent Luft in der Packung sein sollten. Zwar untersagt auch das Lebensmittelrecht eine Irreführung in Bezug auf die enthaltene Menge, doch bei Reklamationen muss immer der Einzelfall beurteilt werden.

Quelle: https://www.verbraucherzentrale.de/mogelpackung-1 [Zugriff: 20.09.2018].

2.4 Folgen der Inflation

Die Folgen lang anhaltender Preissteigerungen führen im Allgemeinen zu **Wachstums- und Wohlstandsverlusten**.

Folgen	Erläuterungen
Fehlallokation der Produktionsfaktoren	Die sich ändernden Preise können nicht mehr als präzise Knappheitsmesser fungieren, wodurch sich die Lenkung der volkswirtschaftlichen Güterproduktion verschlechtert.
Einkommensverluste	Während sich die Preise der Güter fortlaufend erhöhen, bleiben die Arbeitseinkommen und Transferzahlungen (z. B. Rente, Arbeitslosengeld, Wohngeld, BAföG) über einen längeren Zeitraum konstant. Dies führt zu einem **Kaufkraftverlust** bei den Beziehern derartiger Geldleistungen, da sie sich aufgrund der Preissteigerungen immer geringere Gütermengen kaufen können. 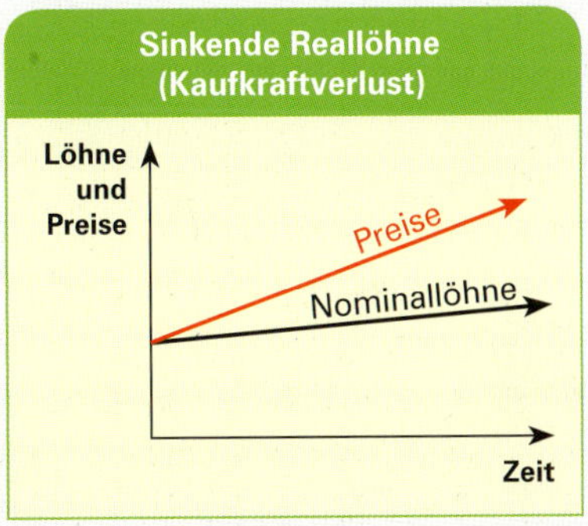
Zinsverluste	Die Empfänger von Zinserträgen werden benachteiligt, da die Zinszahlungen zunehmend durch die Inflation entwertet werden. Korrigiert man den **Nominalzins** um die Höhe der Inflationsrate, erhält man den **Realzins**, der im Fall einer über dem fest vereinbarten Nominalzins liegenden Inflationsrate sogar negativ ausfallen kann, wodurch die Wertaufbewahrungsfunktion des Geldes erheblich beeinträchtigt wird. **Beispiel:** Die 18-jährige Henrike legt zu Beginn des Jahres 2000,00 EUR auf einem Sparkonto mit einem Zinssatz von 2,0 % an. Am Jahresende möchte sie sich dann von diesem Geld nebst Zinsen einige seit längerem gehegte Wünsche erfüllen. Im Dezember desselben Jahres hört sie in den Nachrichten zufällig, dass sich die Inflationsrate in diesem Jahr auf einem Niveau von durchschnittlich 2,5 % eingependelt hat, d. h., die Güter und Dienstleistungen sind im Durchschnitt um ca. 2,5 % im Vergleich zum Vorjahr teurer geworden. Zwar wurde Henrikes Sparguthaben in diesem Zeitraum von der Bank mit „nominal" 2,0 % verzinst; gleichzeitig jedoch hat der Wert ihres Geldes durch die Inflation um 2,5 % abgenommen. Insgesamt betrachtet haben sich ihre Ersparnisse also „real" mit – 0,5 % verzinst. Allgemein lässt sich sagen, dass sich Henrike wahrscheinlich besser gestanden hätte, ihr Geld zu Beginn des Jahres auszugeben, da sie zu diesem Zeitpunkt wahrscheinlich für 2000,00 EUR mehr Güter hätte kaufen können als gegen Ende des Jahres für die nebst Zinsen nunmehr vorhandenen 2040,00 EUR.
Vermögensverluste	Durch die Inflation verliert Geldvermögen immer mehr an Wert. Dies führt häufig zu einer **„Flucht in die Sachwerte"**, d. h., die Wirtschaftssubjekte sind bestrebt, „schlechtes" Vermögen (Geldvermögen) in „gutes" Vermögen (Sachvermögen) umzutauschen.

Zu den dramatischen Folgen einer Inflation äußerte vor vielen Jahrzehnten schon Thomas Mann – einer von Deutschlands berühmtesten Schriftstellern – wie folgt:

„Eine echte Inflation ist die schlimmste der Revolutionen. [. . .] Denn die Enteignung und Neuverteilung des Besitzes, welche eine Inflation im Gefolge hat, geschieht ohne jedes System und ohne jede Gerechtigkeit. Da gilt nichts mehr als ein zynisches ‚Rette sich wer kann!' Aber bloß die Allermächtigsten und neben ihnen die Findigsten und Frechsten, [. . .], können sich retten. Es verliert die Masse derer, die der hergebrachten Ordnung vertraute; [. . .]. Ein solches Erlebnis ist Gift für die Moral einer Nation. Es geht ein gerader Weg von dem Wahnsinn der deutschen Inflation zum Wahnsinn des Dritten Reiches."

Quelle: Thomas Mann: Über mich selbst. Autobiographische Schriften [Erstveröffentlichung 1942]. Frankfurt am Main, S. 370.

Neben den Verlierern gibt es somit auch **Gewinner der Inflation.** Hierzu zählen in erster Linie **Sachvermögensbesitzer,** deren Position sich aufgrund der „Flucht in die Sachwerte" verbessert. Hiermit unmittelbar verbunden sind sogenannte **Umverteilungseffekte,** von denen in erster Linie Selbstständige und Unternehmen profitieren.

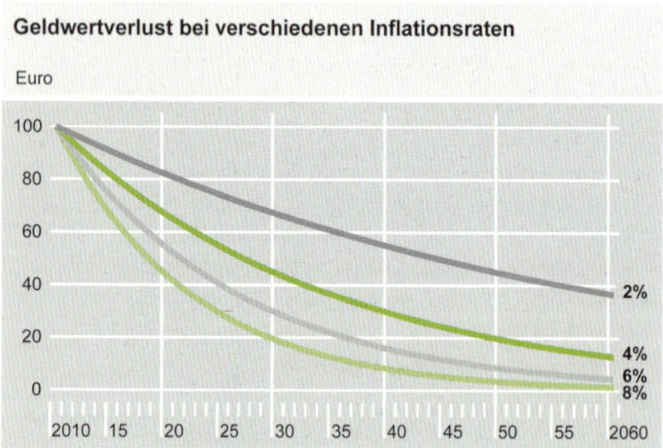

Quelle: Deutsche Bundesbank, Geld und Geldpolitik (Frühjahr 2017), S. 153.

Zu den Nutznießern der Inflation zählen des Weiteren auch **Schuldner.** Sie profitieren von der Inflation, da nach dem Prinzip „Euro ist gleich Euro" die Schulden mit „schlechterem" Geld zurückgezahlt werden können. Zum Zeitpunkt der Rückzahlung haben diese Euros im Vergleich zum Zeitpunkt der Kreditvergabe an **Kaufkraft verloren,** der **reale Wert** des Geldes ist somit gesunken. Wurde jedoch ein variabler Zins vereinbart, müssen sie mit Zinserhöhungen rechnen, über die der Gläubiger die Geldentwertung auszugleichen versucht.

Abschließend sei darauf hingewiesen, dass bei einer Inflation immer die Gefahr der **Geldillusion** besteht.

Unter **Geldillusion** versteht man die Unfähigkeit der Wirtschaftssubjekte, zwischen dem **nominalen** Wert und dem **realen** Wert des Geldes zu unterscheiden.

Im Allgemeinen neigt man dazu, den Wert des Geldes **nominal** zu bewerten. Dies ist besonders verheerend in Zeiten hoher Inflation, wo der nominale Wert des Geldes durch die Inflation aufgebläht wird.

3 Deflation

3.1 Begriff der Deflation

Unter **Deflation** versteht man ein **anhaltendes Sinken** des Preisniveaus über mehrere Jahre hinweg, verbunden mit zunehmender Unterbeschäftigung.

Die Deflation darf nicht mit der sogenannten **Disinflation** (auch Desinflation genannt) verwechselt werden. Disinflation liegt vor, wenn die Inflationsraten (Preissteigerungsraten) über mehrere Perioden (z. B. Jahre) hinweg sinken.

3.2 Arten der Deflation

Deflationen können in **zwei Haupttypen** unterschieden werden:

Deflation im traditionellen Sinne	Hauptmerkmal dieses Deflationstyps ist das **ständige Sinken des Preisniveaus.** Die Deflation im traditionellen Sinne (auch „klassische Deflation" genannt) ist der **Gegensatz zur Inflation.** Voraussetzung für diese Deflationsart ist, dass die Preise (Güterpreise, Arbeitsentgelte, Zinssätze) auf den Güter-, Arbeits- und Kapitalmärkten auch „nach unten" flexibel (beweglich) sind, sodass bei zurückgehender Nachfrage oder bei überhängendem Angebot die Preise sinken **können.**
Deflation im modernen Sinne (heutige Deflation)	Hauptmerkmal dieses Deflationstyps ist ein **ständiges Sinken der Beschäftigung.** Nachfragerückgänge bzw. Angebotsüberhänge bewirken auf den Märkten keine wesentlichen Preisrückgänge, weil sogenannte **institutionelle Starrheiten** bestehen. Zu den institutionellen Starrheiten zählen z. B. ■ tariflich oder gesetzlich festgelegte Mindestlöhne, ■ einkommensunabhängige Steuern (z. B. Grundsteuer, Kraftfahrzeugsteuer), ■ langfristig vereinbarte Miet- und Pachtzinsen, langfristige Lieferverträge mit Festpreisen, ■ national oder supranational festgelegte Mindestpreise (z. B. für landwirtschaftliche Produkte).

3.3 Ursachen der Deflation

Die deflatorische Lücke kann durch verschiedene Faktoren ausgelöst werden.

Ursachen	Erläuterungen
Rückgang der Binnennachfrage	Bei den inländischen Wirtschaftssubjekten geht die Kaufbereitschaft bzw. die Investitionsneigung spürbar zurück. Ein Grund für dieses Verhalten von Haushalten, Unternehmen und Staat könnten pessimistische Zukunftserwartungen sein, die dazu führen, dass sie sich beim Konsum bzw. bei Investitionen zurückhalten.
Rückgang der Auslandsnachfrage	Ein Absinken der Auslandsnachfrage könnte beispielsweise ursächlich auf dortige Wachstumsverlangsamungen zurückzuführen sein.
Erhöhung des Güterangebots	Der im Vergleich zur gesamtwirtschaftlichen kaufkräftigen Nachfrage bestehende Überhang des Güterangebots kann dadurch entstehen, dass verstärkt Güter aus dem Ausland im Inland zu niedrigeren Preisen angeboten werden. Insbesondere Konjunkturkrisen im Ausland – wie in den letzten Jahren in Asien zu beobachten – tragen verstärkt dazu bei, dass Länder dieser Region den Weltmarkt mit Billigprodukten überschwemmen.
Überkapazitäten	In vielen Bereichen (z. B. Automobil- und Computerindustrie) wurden in der jüngeren Vergangenheit die Kapazitäten weltweit stark ausgeweitet. Dies hat dazu geführt, dass in diesen Sektoren das Angebot schneller wächst als die Nachfrage. Diese Nachfragelücke sorgt für eine Verschärfung des Wettbewerbs der Anbieter untereinander, die ihrerseits versuchen, die bestehende Nachfragelücke durch Preissenkungen zu schließen.

3.4 Folgen der Deflation

Die Auswirkungen einer Deflation können für eine Volkswirtschaft verheerend sein, insbesondere wenn noch Faktoren wirken, die sich im Wirtschaftskreislauf gegenseitig verstärken und damit zu einer **Deflationsspirale** führen.

Über einen längeren Zeitraum andauernde Preisrückgänge führen bei den Unternehmen zu **sinkenden Gewinnen.** Können die Anbieter diesen Preisverfall nicht durch entsprechende Kostensenkungen auffangen, geraten sie alsbald in die Verlustzone und werden über kurz oder lang vom Markt verdrängt. Als Folge dieser Entwicklung **steigt die Arbeitslosigkeit,** der Konsum und die Investitionen gehen zurück, sodass die Nachfragelücke weiter zunimmt.

Dieser Effekt wird zudem verstärkt, wenn aufgrund des Kostendrucks der Unternehmen die Löhne weiter sinken. Zwar bleiben in diesem Fall die Arbeitsplätze (zunächst) erhalten, das **Kaufkraftniveau sinkt** jedoch weiter. Um Konsumanreize zu schaffen, müssten die Anbieter ihre Preise allerdings nochmals senken, was einen weiteren Anstieg der Deflation zur Folge hat.

Auch das Vermögen bleibt von der Deflation nicht verschont. So **sinken** wegen der zurückgehenden Unternehmensgewinne beispielsweise die **Aktienkurse.** Auch das sonstige **Sachvermögen** verliert aufgrund des anhaltenden **Preisverfalls** zusehends an Wert. Die **Verlierer** der Deflation sind somit die **Eigentümer** von **Sachvermögen.**

Nutznießer der Deflation sind die Besitzer von **Geldvermögen** und die Gläubiger, da sich der Realwert ihrer Geldforderungen erhöht.

Kompetenztraining

1. Die einzelnen Geldfunktionen können nicht isoliert betrachtet werden. Jede Geldtransaktion erfüllt mehrere oder gar alle Aufgaben des Geldes zugleich.

   Prüfen Sie, welche der nachfolgend genannten Geldfunktionen in den unten stehenden Beispielen jeweils erfüllt werden!

   ① Tauschmittelfunktion
   ② Zahlungsmittelfunktion
   ③ Wertaufbewahrungsfunktion
   ④ Rechenfunktion
   ⑤ Wertübertragungsfunktion

DOWNLOAD

Beispiele	Funktionen				
	①	②	③	④	⑤
Barkauf eines Taschenrechners in einem Kaufhaus.					
Ulf nimmt einen Bankkredit in Anspruch und hebt diesen in bar ab.					
Witwe Bolte steckt monatlich 10,00 EUR in ihr Sparschwein.					
Malermeister Maier erstellt einen Kostenvoranschlag.					
Onkel Otto schenkt seinem Neffen 100,00 EUR zum Geburtstag.					

2. Ein Land verhängt einen Preis- und Lohnstopp, um „die Inflation zu bekämpfen".

   Aufgaben:

   2.1 Beurteilen Sie diese Maßnahme!

   2.2 Erläutern Sie, wie sich die Anbieter von Gütern und Arbeit auf diese Situation einzustellen versuchen!

3. Bestimmen Sie, ob bei folgenden Situationen die Inflation nachfragebedingte oder angebotsbedingte Ursachen hat! Gehen Sie davon aus, dass die Zentralbank zusätzlich benötigtes Geld zur Verfügung stellt!

Situationen	Ursachen der Inflation
3.1 Der Staat erhöht die Ausgaben. Er finanziert diese bei gleichbleibenden Steuereinnahmen durch Kreditaufnahme bei der Zentralbank.	
3.2 Die Gewerkschaften setzen Lohnerhöhungen über den Produktivitätszuwachs hinaus durch. Die Unternehmen überwälzen die Mehrkosten auf ihre Kunden.	
3.3 Die Öl exportierenden Länder schließen sich zu einem Kartell zusammen und erhöhen ihre Rohölabgabepreise um 25 %.	
3.4 Die Exporte steigen stärker als die Importe.	
3.5 Inländische Unternehmen treffen in erheblichem Umfang Preisabsprachen mit dem Ziel erhöhter Gewinne.	

4. Als Inflationsursache wird häufig auch die sogenannte „Lohn-Preis-Spirale" oder „Preis-Lohn-Spirale" aufgeführt.

   Aufgaben:

   4.1 Erläutern Sie, was unter diesen Begriffen zu verstehen ist!

   4.2 Beurteilen Sie, unter welchen Bedingungen eine Lohn-Preis-Spirale Inflationsursache sein könnte!

5. Erläutern Sie, welche Auswirkungen eine Inflation in der Regel auf folgende Gruppen hat!

   5.1 Lohn- und Gehaltsempfänger,

   5.2 Sparer,

   5.3 Rentner und Pensionäre,

   5.4 Unternehmer,

   5.5 Eigentümer von Grundstücken,

   5.6 Schuldner.

6. Angenommen, in einer im Gleichgewicht befindlichen Volkswirtschaft würde der Staat mit einer ausgeprägten Ausgabeneinschränkung beginnen.

   Aufgaben:

   6.1 Beschreiben Sie, welche Auswirkungen auf das Preisniveau zu erwarten wären, falls alle anderen Nachfrager ihre Ausgaben nicht verändern würden!

   6.2 Erläutern Sie, welche Folgen sich für die Unternehmen ergäben!

   6.3 Begründen Sie, welche Konsequenzen für die Arbeitnehmer zu erwarten wären!

7. Nennen Sie Faktoren, die zu einer deflatorischen Entwicklung führen können!

8. Begründen Sie, welche tendenzielle Preisentwicklung in den Bereichen „industrielle Produktion" und „Dienstleistungen" gegeben sein müsste, damit das Preisniveau konstant bleibt!

9. In einer Zeitungsmeldung lesen Sie: „Für Sparer beginnt das Jahr mit einer guten Nachricht: Das Statistische Bundesamt meldet den niedrigsten Preisanstieg seit zehn Jahren."

   Beurteilen Sie den Aussagegehalt dieser Meldung in Bezug auf den Bereich der Geld- und Vermögensanlage!

10. Seit der Euroeinführung liegt in der Bundesrepublik Deutschland die „gefühlte Inflation" deutlich über der tatsächlich gemessenen Inflationsrate.

Aufgaben:

10.1 Erläutern Sie den Begriff der „gefühlten Inflation"!

10.2 Stellen Sie zwei mögliche Ursachen für diese Entwicklung dar!

11. Lesen Sie zunächst den nachfolgenden Artikel!

Aufgaben:

11.1 Entscheiden Sie, um welche Marktform es sich im vorliegenden Fall handelt!

11.2 Beschreiben Sie, wie sich nach Angaben des Artikels die Preise auf diesem Markt bilden!

11.3 Begründen Sie, welche Art von Inflation hier vorliegt!

Das Discounter-Paradox

Düsseldorf – Mindestens achtmal haben in diesem Jahr die großen deutschen Discounter mit groß annoncierten Preissenkungen Beben durch den deutschen Lebensmittel-Einzelhandel geschickt. Mal verbilligten Aldi, Lidl und Co. Fischstäbchen, Marmelade und Hundefutter, mal wurde Butter billiger, oder der Rotstift wurde bei Fertigpizza und Dosentomaten angesetzt. Und die Konkurrenz – egal, ob Edeka, Rewe, Netto, Penny oder Norma – musste folgen. Denn der Marktführer gilt in der Branche als Trendsetter, an dem sich alle im Preiseinstiegsbereich orientieren müssen.

Wer allerdings aus diesen Preissenkungen auf einen generellen Trend im Einzelhandel schließen will, muss sich vom Statistischen Bundesamt eines Besseren belehren lassen. Trotz aller lautstarken Werbung in Großanzeigen für Preissenkungen sind Lebensmittel in Deutschland in den vergangenen zwölf Monaten spürbar teurer geworden – mit Stand November um durchschnittlich 3,4 Prozent.

Tatsächlich beschränkt sich der Preiskampf nach einer Untersuchung der Gesellschaft für Konsumforschung (GfK) auf nur 40 von 275 gängigen Warengruppen. Der Grund ist einfach: Nur bei häufig gekauften Produkten wie Kaffee, Schokolade, Butter, Joghurt oder Fruchtsäften erkennen die Verbraucher Preisänderungen sofort und richten danach ihr Einkaufsverhalten aus. Hier ist der Preiskampf am härtesten. Bei seltener gekauften Produkten wie Reinigungsmitteln, Gewürzen oder Essiggurken dagegen können die Verbraucher oft nur raten, ob der Preis günstig ist. Das eröffnet dem Handel Spielräume für Preiserhöhungen.

Quelle: net-tribune.de vom 27.12.2010.

12. Unterrichtsvorschlag: Brainstorming und Interpretation

Betrachten Sie die beiden nachfolgenden Abbildungen. Beschreiben Sie jeweils entsprechende spontane Einfälle oder erläutern Sie mit den beiden Karikaturen in Verbindung stehendes Fachwissen. Tragen Sie diese Anmerkungen anschließend im Plenum vor und vervollständigen Sie Ihre Aufzeichnungen durch ergänzende Äußerungen Ihrer Mitschüler! Erstellen Sie anschließend eine umfassende Interpretation!

Schlangenbeschwörer

Kampfhunde

Quelle: UNSER GELD, Pädagogische Handreichung 2003/2004, Deutsche Bundesbank 2003.

13. Beurteilen Sie die Auswirkungen der nachfolgenden Situationsbeschreibungen auf die Preisniveaustabilität! Tragen Sie eine der folgenden Ziffern ein:

① für inflatorische Auswirkungen,

② für deflatorische Auswirkungen,

③ wenn weder eine inflatorische noch eine deflatorische Wirkung auftritt!

Sollte keine eindeutige Zuordnung möglich sein, tragen Sie eine ⑨ ein!

13.1	Aufgrund pessimistischer Zukunftserwartungen erhöhen die privaten Haushalte ihre Sparquote deutlich.	3
13.2	Der zunehmende Wettbewerb im Bereich der Kommunikation und Information zwingt die Anbieter zu deutlichen Preiszugeständnissen.	2
13.3	Um die Konjunktur anzukurbeln, verdoppelt der Staat seine Ausgaben im laufenden Kalenderjahr.	2
13.4	Aufgrund ihrer Marktmacht versuchen viele Unternehmen, die Gewinnspanne bei gleichbleibender Kostenstruktur auszuweiten.	1
13.5	Aufgrund optimistischer Einschätzungen investieren die Unternehmen mehr, als gesamtwirtschaftlich gespart wird.	9
13.6	Die Tarifabschlüsse des vergangenen Jahres entsprechen dem Produktivitätsfortschritt.	1
13.7	Es kommt zu einer Vermögensentwertung in der Bundesrepublik Deutschland.	3
13.8	Aufgrund der über alle Branchen hinweg schlechten Gewinnsituation vieler Unternehmen fallen die Aktienkurse.	1
13.9	Die Exporte übersteigen die Importe und führen zu einem Nachfrageboom bei ausgelasteten Kapazitäten.	1

14. Im Rahmen eines Gesprächs über Geldanlage konfrontiert Sie ein Bekannter mit der Fragestellung, inwiefern die Inflationsrisiken bei der Geldanlage eine Rolle spielen und ob diese durch entsprechende Anlagestrategien gemildert werden können.

Entscheiden Sie, welche Auskunft Sie ihm auf keinen Fall erteilen!

4

① Solange der vereinbarte Nominalzins die aktuelle Inflationsrate übersteigt, nimmt das reale Geldvermögen nicht ab, da in diesem Fall immer noch ein positiver Realzins erzielt wird.

② Selbst bei einer schleichenden Inflation ist der Realzins niedriger als der Nominalzins.

③ Bei einer Inflationsrate, die über dem vereinbarten Zinssatz für eine Forderung liegt, ist der Gläubiger grundsätzlich der Benachteiligte.

④ In Zeiten steigender Inflation sollten Geldanlagen in festverzinsliche Wertpapiere einer Anlage in Aktien grundsätzlich vorgezogen werden.

⑤ Auch in Zeiten einer schleichenden Inflation kann es durchaus zu einem negativen Realzins bei Geldanlagen kommen, was mit Vermögensverlusten verbunden ist.

Handlungssituation 9.2

Lisa, eine Schülerin des beruflichen Gymnasiums Wirtschaft, erwartet den Besuch ihrer besten Freundin Kathrin, die eine Ausbildung zur Friseurin absolviert. Im Vorfeld des Besuchs hat Kathrin bereits angedeutet, dass sie dringend mit Lisa über ein Problem sprechen müsse.

Nachdem es sich die beiden Freundinnen bei einer Tasse Latte Macchiato gemütlich gemacht haben, erzählt Kathrin, was sie so bedrückt. Seit sie vor einem Jahr die Ausbildung zur Friseurin begonnen hat, ist sie zu Hause ausgezogen und wohnt nun in einer Ein-Zimmer-Wohnung zur Miete. Mit der Ausbildungsvergütung, dem Trinkgeld der Kunden sowie dem Kindergeld, das ihre Eltern ihr auszahlen, war der Schritt in die „eigenen vier Wände" damals möglich, was Kathrin seit dieser Zeit auch sehr genießt.

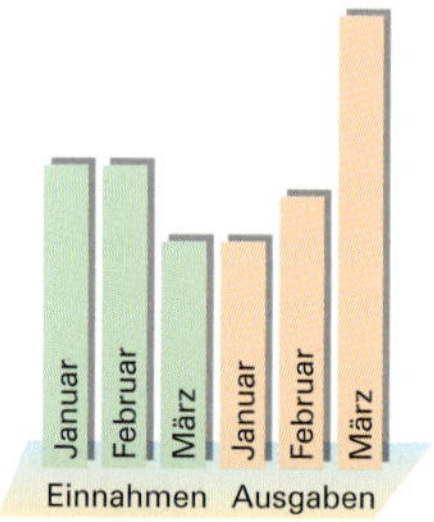

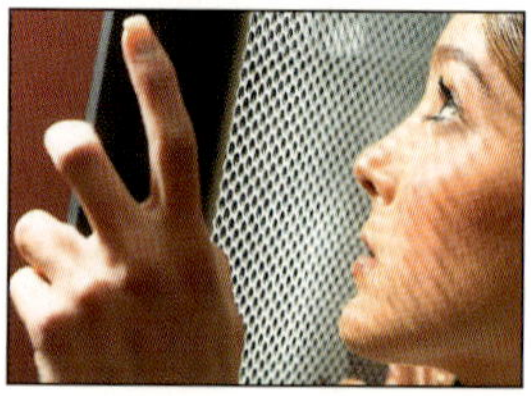

Doch in den letzten Monaten wächst ihr die finanzielle Belastung mehr und mehr über den Kopf. Kathrin führt dies vor allem auf die enormen Preissteigerungen bei Strom, Gas, Sprit für ihren Roller und bei den sonstigen Nebenkosten des Lebensunterhalts zurück. Nunmehr habe auch noch ihr Vermieter angekündigt, dass er die Kaltmiete ab nächsten Monat um 20,00 EUR anheben wird. Kathrin bestreitet auch nicht, dass sie in den letzten Monaten nicht immer so genau auf ihre Ausgaben beim Shoppen oder Ausgehen geachtet hat. Auch das neue Smartphone und der in diesem Zusammenhang abgeschlossene Vertrag habe sicher mit dazu beigetragen, dass ihr Girokonto mehr und mehr ins Soll geraten sei. Die finanzielle Schieflage hat sich zudem dadurch verschärft, dass bei den meisten Kunden das „Geld nicht mehr so locker sitzt", ihre Einnahmen aus Trinkgeldern somit deutlich zurückgegangen sind.

Kathrin macht sich nicht nur Gedanken darüber, wie sie die Wohnung während ihrer Ausbildung dauerhaft halten kann, auch die Rückzahlung ihrer Schulden bei der Bank belastet sie stark. Diese hat sich sogar schon schriftlich bei ihr gemeldet und um kurzfristige Rückmeldung gebeten, wie sie sich die Rückführung ihrer Kontoüberziehung konkret vorstellt. Abschließend betont Kathrin, dass sie sich immer größere Sorgen um ihre Zukunft macht. Als Friseurin ist das monatliche Einkommen auch nach der Ausbildung relativ gering und ihr stellt sich zunehmend die Frage, wie sie sich mit einem solchen Gehalt dauerhaft eine Wohnung oder gar ein Auto leisten kann, zumal in ihren Augen ja alles immer teurer wird. An einen Urlaub oder andere Annehmlichkeiten sei da ja später wohl gar nicht zu denken. Erstmals sei ihr nun richtig bewusst, wie sehr doch das Einkommen und somit das für die Lebensgestaltung zur Verfügung stehende Geld einem Menschen enorme Sorgen bereiten können und sie frage sich ernsthaft, wie das alles weitergehen soll. Kathrin geht in ihren Überlegungen sogar so weit, dass sie sich fragt, ob man das Geld nicht ganz einfach abschaffen sollte, zumal man ja in der früheren Menschheitsgeschichte wohl auch ohne Geld ausgekommen sei und damit doch auch ohne derlei Geldsorgen.

Lisa versteht die Probleme ihrer Freundin nur allzu gut und erzählt, dass ihre Eltern auch seit einiger Zeit heftig über das Thema Geld diskutieren. Das Ganze habe nunmehr dazu geführt, dass ihre Eltern sich entschlossen haben, die Stadtwohnung zu kündigen und gemeinsam mit ihr aufs Land zu ziehen, wo man ein Einfamilienhaus kaufen möchte. Der wesentliche Grund hierfür sei – soweit sie es verstanden habe – die Angst davor, dass die Ersparnisse eines Tages nichts mehr wert seien. Ihr Vater habe in den letzten Tagen immer wieder von seinen Großeltern erzählt, deren Geld auch quasi über Nacht für wertlos erklärt wurde. Lisa berichtet, dass sich ihr Vater mehr und mehr darüber aufregt, dass die Menschen in unserer heutigen Zeit trotz dieser Erfahrungen aus der Vergangenheit immer noch der Illusion unterliegen, dass Geld immer seinen Wert behalte. Mit Blick auf die ganze öffentliche Diskussion zur Eurokrise und die in den Euroländern ansteigenden Staatsschulden wollen Lisas Eltern nun das über Jahre angesparte Geld gegen ein bebautes Grundstück eintauschen. Da der Kaufpreis und die anstehende Renovierung der Immobilie die Ersparnisse jedoch übersteigen, wollen Lisas Eltern sogar noch einen entsprechenden Kredit zur Finanzierung des Einfamilienhauses aufnehmen. Ihr Vater würde an der Stelle immer wieder betonen, dass die Verschuldung wegen einer Immobilie für ihn kein allzu großes Problem darstelle, zumal sich der deutsche Staat ja auch seit vielen Jahrzehnten mehr und mehr verschulde. Und was der Staat kann, das könne er schließlich allemal.

Kompetenzorientierte Arbeitsaufträge:

1. Bestimmen Sie die in der Handlungssituation genannten Akteure und Betroffenen der Verschuldung!
2. Erläutern Sie mögliche Gründe für die zunehmende Verschuldung von Kathrin!
3. **Stellungnahme**
   Erarbeiten Sie in Form einer Stellungnahme die Tragweite einer zunehmenden Verschuldung von Kathrin und entwickeln Sie mögliche Auswege aus der individuellen Schuldenfalle!
4. Zählen Sie mögliche Funktionen auf, die Geld erfüllen muss!
5. Erläutern Sie, was man unter der „Geldillusion" versteht!
6. Beschreiben Sie das Verfahren, wie man die Veränderungen des Preisniveaus hierzulande misst! Nehmen Sie anschließend kritisch zu diesem Messverfahren Stellung!
7. Sammeln Sie gemeinsam mit Ihrem Sitzpartner mögliche Ursachen für die über Jahrzehnte zunehmende Verschuldung des deutschen Staates!
8. **Thesenpapier zu den Auswirkungen von Geldwertschwankungen auf Unternehmen**
   In der vorangestellten Handlungssituation werden mögliche Auswirkungen von Geldwertschwankungen auf private Haushalte in den Vordergrund gestellt. Recherchieren und sammeln Sie mögliche Auswirkungen von Geldwertschwankungen auf die Unternehmen! Unterscheiden Sie dabei zwischen inflationären und deflationären Schwankungen. Stellen Sie die Ergebnisse Ihrer Recherche in Form eines Thesenpapiers zusammen und präsentieren Sie diese vor der Klasse!

4 Messung der Geldwertstabilität

Zur Überprüfung der Verwirklichung des Ziels der Preisniveaustabilität bedarf es eines geeigneten **Messkonzepts,** mit dessen Hilfe **der Zielerreichungsgrad eines durchschnittlichen Preisniveaus** beurteilt werden kann.

Das Problem der Messung von Geldwertstabilität lässt sich somit auf die Frage reduzieren, **anhand welcher „Güterbündel" die Inflation bzw. Deflation gemessen werden kann.** In der Bundesrepublik Deutschland wird diese Messung mithilfe des **Verbraucherpreisindex** vorgenommen.

Der **Verbraucherpreisindex** misst die **durchschnittliche Preisveränderung** bestimmter Waren und Dienstleistungen, die von **privaten Haushalten** gekauft bzw. verbraucht werden.

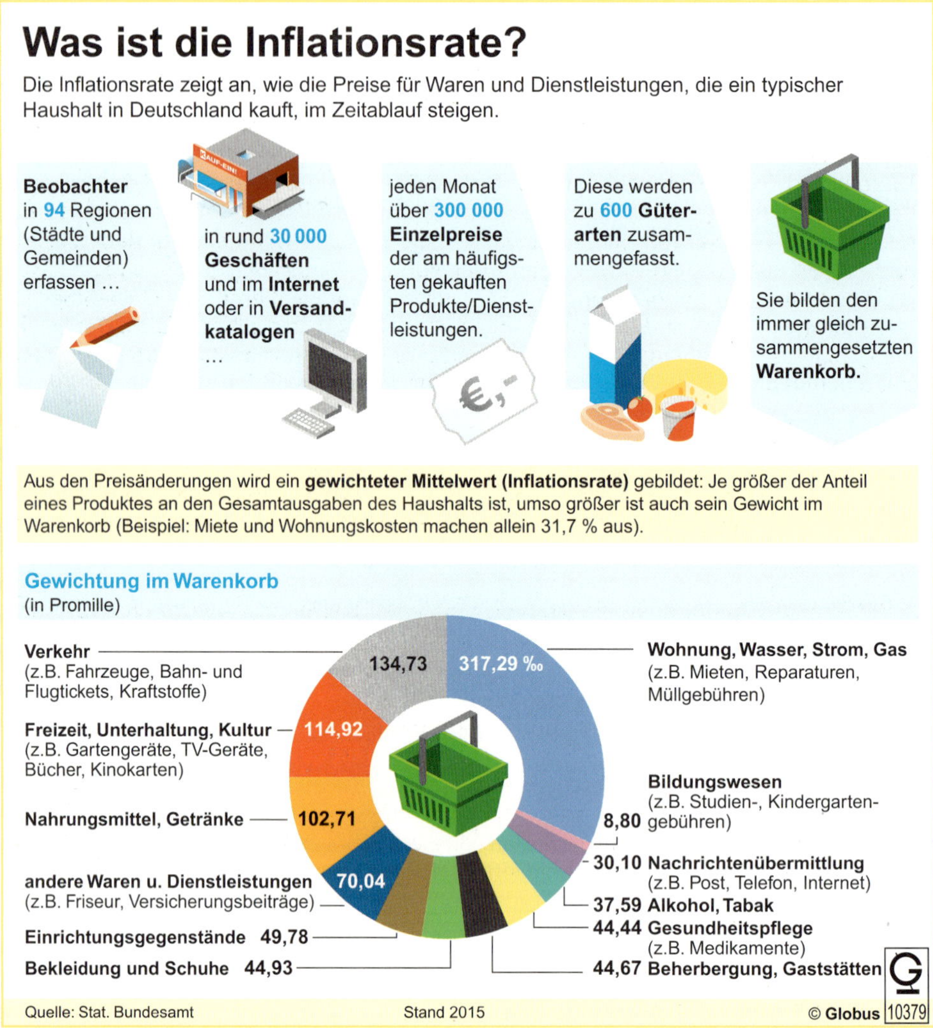

Jeden Monat ermittelt das Statistische Bundesamt den Anstieg des Preisniveaus in Deutschland (Inflation). Dabei spiegelt der Verbraucherpreisindex die Preisentwicklung für diejenigen Waren und Dienstleistungen wider, die ein durchschnittlicher Privathaushalt im Monat braucht. Dazu werden all diese Waren und Dienstleistungen in einen sogenannten Warenkorb gepackt; die Preise dieser Waren werden je nach Bedeutung für die Gesamtausgaben gewichtet. Das heißt: Weil Kosten für die Wohnung (Miete etc.) im Schnitt rund ein Drittel eines Haushaltsbudgets ausmachen, spielen Preissteigerungen hier auch eine besonders starke Rolle für den Gesamtindex. Andere Güter und Dienstleistungen wie Telefon- oder Portokosten haben ein vergleichsweise geringes Gewicht. Alle fünf Jahre wird die Gewichtung der Güterarten im Warenkorb den veränderten Kaufgewohnheiten der Verbraucher angepasst. Das nächste Mal wird das im Jahr 2018 der Fall sein.

Im Rahmen des Messkonzepts kommt **zwei Begriffen** eine Schlüsselrolle zu:

- dem Warenkorb und
- dem Wägungsschema.

(1) Warenkorb

Der Verbraucherpreisindex will ein möglichst umfassendes Bild der Preisentwicklung für von Haushalten nachgefragten Gütern und Dienstleistungen vermitteln. Daher ist es erforderlich, die **Verbrauchsgewohnheiten** der privaten Haushalte umfassend und sehr **detailliert** zu **erfassen** und bei den Berechnungen mit zu berücksichtigen. Wegen der Vielfalt an Gütern und Dienstleistungen ist es nicht möglich, die Preise aller Produkte mit in die Betrachtung einzubeziehen. Es genügt vielmehr, aus der Fülle des Angebots einige hundert Güter und Dienstleistungen auszuwählen, die stellvertretend sowohl den gesamten Verbrauch als auch die Preisentwicklung der von den Haushalten nachgefragten Güter und Dienstleistungen mit hinreichender Genauigkeit repräsentieren. Die Gesamtheit dieser ausgewählten Güter und Dienstleistungen bezeichnet man als **Warenkorb.** Der aktuelle Warenkorb in der Bundesrepublik Deutschland umfasst zurzeit ca. 600 Waren und Dienstleistungen und muss fortlaufend **aktualisiert** werden.

(2) Wägungsschema

Viel wichtiger als die Auswahl der einzelnen Preisrepräsentanten ist die Bestimmung des „Gewichts", mit dem die Preisentwicklung einzelner Güter und Dienstleistungen in den Gesamtindex eingeht.

Das **Wägungsschema** quantifiziert, **welchen Anteil bestimmte Ausgaben** (z.B. Ausgaben für Telefonieren) **an den Gesamtausgaben der privaten Haushalte haben.**

Im Rahmen der Gewichtung werden die Güter und Dienstleistungen nach einer international harmonisierten Klassifikation in zwölf Gruppen zusammengefasst. Ebenso wie die Zusammensetzung des Warenkorbs muss auch das Wägungsschema den **veränderten Verbrauchsgewohnheiten angepasst werden.**[1] Die Waren nämlich, die von einem durchschnittlichen Haushalt heute gekauft werden, sind nicht mehr die gleichen wie die im Jahr 2000 oder im Jahr 2005.

Beispiel:

Man braucht hier nur an Konsumgüter wie z.B. Streamingdienste, das Telefonieren mit Handys, Laptops, Digitalkameras, CD-Player, MP3-Player, Espresso-Maschinen oder die Internetnutzung zu denken.

(3) Ermittlung des Verbraucherpreisindexes

Die Veränderung des Preisniveaus in den verschiedenen Perioden wird dadurch ermittelt, dass die **Mengen** der Güter und Dienstleistungen des Warenkorbs im Basisjahr, hier 2010, **konstant** gehalten und nur die Preisänderungen berücksichtigt werden (Methode nach Laspeyres).

Im **Basisjahr** errechnet sich der **Preisindex** wie folgt:

$$\frac{\text{Summe aller Produkte aus Menge}_{2010} \cdot \text{Preis}_{2010}}{\text{Summe aller Produkte aus Menge}_{2010} \cdot \text{Preis}_{2010}} \cdot 100$$

Da Zähler und Nenner dieses Bruches im **Basisjahr** gleich sind, ergibt sich als Indexwert im Basisjahr der Wert **100.**

1 Die letzte Umstellung des Wägungsschemas auf neuere Verbrauchsverhältnisse erfolgte 2013. Neues Basisjahr ist das Jahr 2010 (Index = 100).

In den **Folgejahren** hingegen wird der Preisindex wie folgt ermittelt:

$$\frac{\text{Summe aller Produkte aus Menge}_{2010} \cdot \text{Preis}_{\text{Berichtsjahr}}}{\text{Summe aller Produkte aus Menge}_{2010} \cdot \text{Preis}_{2010}} \cdot 100$$

Um mithilfe des Verbraucherpreisindexes die **Teuerungsrate** der nachfolgenden Perioden zu messen, wird folgende Formel verwandt:

Inflationsrate!

$$\text{Allgemeine Teuerungsrate} = (\text{neuer Index} : \text{alter Index}) \cdot 100 - 100$$

Beispiel:

Im Jahr 01 lag der Verbraucherpreisindex bei 103,3. Im Folgejahr 02 steigt er auf 104,3. Hieraus ergibt sich folgende Rechnung:

Allgemeine Teuerungsrate = (104,3 : 103,3) · 100 – 100 = 0,97 Prozent

Im Jahr 02 beträgt die Teuerungsrate gegenüber dem Vorjahr also 0,97 Prozent.

Die **Kaufkraft** gegenüber dem Vorjahr errechnet sich wie folgt:

$$\text{Veränderung der Kaufkraft} = (\text{alter Index} : \text{neuer Index}) \cdot 100 - 100$$

Veränderung der Kaufkraft des Geldes = (103,3 : 104,3) · 100 – 100 = – 0,96 Prozent

Die Kaufkraft des Geldes hat also im Beobachtungszeitraum um 0,96 Prozent **abgenommen.**

Fazit: Mit steigendem Preisniveau **sinkt** die Kaufkraft des Geldes, denn mit einer Geldeinheit kann man jetzt **weniger** Güter kaufen.

(4) Kritik am Verfahren zur Messung von Preisniveauänderungen

Obwohl der Verbraucherpreisindex der am häufigsten gebrauchte Indikator zur Messung der Preisniveaustabilität ist, muss sein Aussagegehalt dennoch relativiert werden.

Zur **Kritik** dieses Messkonzepts können folgende Punkte angeführt werden:

- Bei der Messung findet einzig die **private** Bedürfnisbefriedigung Berücksichtigung. Sie erfasst allerdings nur einen Teil der volkswirtschaftlichen Produktion und spiegelt die Preisniveauänderungen somit nur unzureichend wider.
- Inwiefern jemand von der Geldwertveränderung betroffen ist, hängt im Wesentlichen von seiner **Einkommensverwendung** ab, also davon, ob sein Konsumverhalten tatsächlich durch den Warenkorb repräsentiert wird.
- **Kaufverträge bzw. Transaktionen zwischen Haushalten** finden **keine** Berücksichtigung. Das ist zum Beispiel bei Käufen von gebrauchten Fahrzeugen ebenso von Bedeutung wie bei allen Käufen auf privaten Flohmärkten oder bei Internetauktionen. Da derartige Transaktionen nicht in den Verbraucherpreisindex mit einfließen, führt dies zu Ungenauigkeiten bei der Messung der Preisniveaustabilität.
- Erfasst werden nur die **offiziellen Laden- oder Listenpreise;** Rabatte, Sonderaktionen (z.B. Preisnachlässe für Vereinsmitglieder, Personalkäufe) und Fabrikverkäufe bleiben unberücksichtigt.
- Preiserhöhungen können auf **Qualitätsverbesserungen** eines Produkts zurückzuführen sein. Streng genommen liegt dann keine Inflation vor. Derartige Qualitätsverbesserungen werden jedoch nur bei Gütern mit technischem Fortschritt im Preisindex angemessen berücksichtigt.

Kompetenztraining

15. Der Professor Theo Rettisch lehrt Volkswirtschaftslehre und ist immer bemüht, die wissenschaftlichen Theorien auch praktisch umzusetzen. Seine Tochter Leonie, die zurzeit noch eine Fachoberschule besucht, ist ebenfalls an ökonomischen Fragen sehr interessiert. Damit die jährlichen Verhandlungen zwischen Vater und Tochter bezüglich der Taschengelderhöhung etwas problemloser verlaufen, haben beide Folgendes vereinbart:

Leonie erhält eine Erhöhung ihres Taschengeldes in der Höhe der gestiegenen Preise der Güter und Dienstleistungen in ihrem „Warenkorb", d. h. der Güter und Dienstleistungen, die sie monatlich konsumiert. Sie erhält diese Erhöhung jedoch nicht automatisch, sondern sie muss jedes Jahr „berichten", um wie viel Prozent ihre Ausgaben gestiegen sind. Dabei bedient sie sich folgenden Schemas:

DOWNLOAD

„Warenkorb" von Leonie	Menge im Basisjahr Q_0	Preis je Einheit im Basisjahr P_0	Wert im Basisjahr $P_0 \cdot Q_0$	Preis je Einheit im Berichtsjahr 1 P_1	Wert im Berichtsjahr 1 $P_1 \cdot Q_0$	Preis je Einheit im Berichtsjahr 2 P_2	Wert im Berichtsjahr 2 $P_2 \cdot Q_0$
Zeitschriften	2	7,50		8,00		8,20	
Schokolade	20	1,00		1,10		1,20	
Handy	30	1,50		1,40		1,60	
Kosmetik	30	1,00		1,10		1,20	
Kino	2	6,00		6,00		6,50	
Wert des „Warenkorbs"							

Verbraucherpreisindex	100		
Preissteigerung/ Taschengelderhöhung	–		

Quelle: In Anlehnung an Geld & Geldpolitik, Deutsche Bundesbank, Frankfurt am Main 2006.

Formel zur Berechnung des Verbraucherpreisindexes:

$$\frac{\sum P_n \cdot Q_0}{\sum P_0 \cdot Q_0} \cdot 100$$

n = jeweiliges Berichtsjahr

Aufgaben:

15.1 Ermitteln Sie den Wert des „Warenkorbs" von Leonie und somit die Höhe des Taschengeldes im Basisjahr!

15.2 Angenommen, die Mengen in Leonies „Warenkorb" verändern sich nicht, d. h., dass Leonie in den beiden Berichtsjahren die gleiche Menge der Güter und Dienstleistungen konsumiert wie im Basisjahr. Ermitteln Sie den Wert des „Warenkorbs" für Leonies Berichtsjahre 1 und 2!

15.3 Ermitteln Sie, wie hoch der Verbraucherpreisindex im Berichtsjahr 1 ist!

15.4 Berechnen Sie, wie hoch die Preissteigerung bzw. Taschengelderhöhung für Berichtsjahr 1 gegenüber dem Basisjahr ist!

15.5 Ermitteln Sie, wie hoch der Verbraucherpreisindex im Berichtsjahr 2 ist!

15.6 Berechnen Sie, wie hoch die Preissteigerung bzw. Taschengelderhöhung für Berichtsjahr 2 gegenüber dem Berichtsjahr 1 ist!

15.7 Berechnen Sie die Veränderung der Kaufkraft für das Berichtsjahr 2 gegenüber dem Berichtsjahr 1!

16. Nehmen wir der Einfachheit halber an, dass ein repräsentativer Warenkorb für Jugendliche 50 Softdrinks und zwei Jeans umfasst. Im Jahr 01 beträgt der Preis eines Softdrinks 1,00 EUR und der Preis einer Jeans 80,00 EUR. Im Jahr 02 steigt der Preis für Softdrinks auf 1,20 EUR und der Preis einer Jeans auf 85,00 EUR.

Ermitteln Sie, um wie viel der Preis dieses Warenkorbs gestiegen ist! Berechnen Sie die absolute und relative Preissteigerung!

17. In einer Volkswirtschaft soll die Veränderung des Preisniveaus durch einen Preisindex ermittelt werden. Dies soll durch die folgenden fünf repräsentativen Güter A–E geschehen.

Über diese Güter liegen diese Angaben über Verbrauchsmenge und Preis pro Einheit vor:

DOWNLOAD

Güter	**Verbrauchsmengen**		**Preis pro Einheit**	
	Basisjahr$_{01}$	Berichtsjahr$_{02}$	Basisjahr$_{01}$	Berichtsjahr$_{02}$
A	500	530	30,00	31,00
B	300	270	45,00	44,00
C	60	100	200,00	206,00
D	400	250	140,00	130,00
E	200	290	40,00	60,00

Aufgaben:

17.1 Ermitteln Sie die Preisindizes für das Basisjahr und das Berichtsjahr! Erstellen Sie sich zur Lösung ein PC-Programm!

17.2 Berechnen Sie, um wie viel Prozentpunkte sich der Preisindex im Berichtsjahr gegenüber dem Basisjahr verändert hat!

17.3 Ermitteln Sie, wie sich die Kaufkraft gegenüber dem Basisjahr verändert hat!

17.4 Interpretieren Sie die festgestellte Veränderung des Preisindex! Gehen Sie dabei auch auf die Probleme mit dieser Art der Messung der Kaufkraft ein!

17.5 Beurteilen Sie, welche Auswirkungen die folgenden Vorgänge auf den zu ermittelnden Preisindex in der Periode 03 haben!

17.5.1 Durch erhöhten Wettbewerb wird der Preis für Gut A auf 29,00 EUR gesenkt.

17.5.2 Gut B erleidet einen drastischen Absatzrückgang wegen eines neuen Ersatzproduktes, das zum gleichen Preis, aber mit verbesserter Qualität angeboten wird. Die Absatzmenge wird halbiert. Der Preis bleibt unverändert.

17.5.3 Von Gut C werden 150 Einheiten verkauft. Wegen der verbesserten Auslastung der Maschinen bleibt der Preis unverändert.

17.5.4 Durch staatliche Umweltschutzmaßnahmen wird das Gut D mit einer Sonderabgabe belegt und jetzt zum Preis von 150,00 EUR verkauft. Die Nachfrage sinkt auf 150 Einheiten.

17.5.5 Gut E konnte durch eine Änderung des Fertigungsverfahrens qualitativ wesentlich verbessert werden. Trotzdem kann es zum unveränderten Preis angeboten werden.

18. Die Hamann AG, Düsseldorf, erhöht den Preis für den Kühlschrank „Marke Kalt 100" um 50,00 EUR auf 640,00 EUR.

Erläutern Sie, ob die Preiserhöhung dieses Kühlschrankes Einfluss auf den Preisindex in der Bundesrepublik Deutschland hat!

19. Beurteilen Sie die Eignung des Verbraucherpreisindex als Messinstrument für den Zielerreichungsgrad der Preisniveaustabilität!

20. Angenommen der Preis eines Gutes steigt von 20,00 EUR im Jahr 01 auf 22,50 EUR im Jahr 02.

Aufgaben:

20.1 Berechnen Sie den Preisindex der Lebenshaltung für den Fall, dass zur Messung des HVPI nur dieses Gut herangezogen wird!

20.2 Ermitteln Sie aus den obigen Zahlen die Höhe des Kaufkraftverlustes!

20.3 Angenommen die Preise steigen im Jahr 03 nochmals um 8,5 %. Berechnen Sie, um wie viel Prozent sich die Kaufkraft insgesamt in den Jahren 02 und 03 gegenüber dem Basisjahr verringert hat!

20.4 Erläutern Sie kurz zwei Möglichkeiten zur Einflussnahme des Staates auf die Entwicklung der Preissteigerungsrate!

20.5 Stellen Sie kurz den Zusammenhang zwischen Deflation und Arbeitslosigkeit in einer Wirkungskette dar!

21. Der Verbraucherpreisindex ab Januar 2010 kann notfalls auf die verschiedenen älteren Basisjahre umbasiert werden, indem der Index 2010 = 100 mit Faktoren multipliziert wird.

Die wichtigsten Faktoren für Preisindizes für das frühere Bundesgebiet enthält die unten stehende Tabelle.

Verbraucherpreisindex	2000	1995	1990
Alle privaten Haushalte	1,12399	1,24698	1,50706

Aufgaben:

21.1 Nehmen Sie eine Umbasierung der Preisindizes der privaten Haushalte vom Basisjahr 2010 vor!

21.2 Erläutern Sie, aus welchem Grund derartige Umbasierungen vorgenommen werden!

22. Unterrichtsvorschlag: Kartenabfrage

Überlegen Sie, welche Güter und Dienstleistungen bei einer neuerlichen Umstellung des Warenkorbes Berücksichtigung finden müssten, wenn die neuesten Veränderungen mit einbezogen würden! Clustern Sie die von Ihnen gesammelten Ideen nach den zwölf Klassen der Güter und Dienstleistungen!

23. Innerhalb eines Jahres veränderte sich das frei verfügbare Einkommen eines Bankkaufmanns von 1 600,00 EUR auf 1 680,00 EUR; seine Sparquote hingegen sank im gleichen Zeitraum von 12,0 % auf 11,8 %. Gleichzeitig stieg der Verbraucherpreisindex im Vergleich zum Vorjahr von 105,0 auf 107,0.

Entscheiden Sie, welche der nachfolgenden Auskünfte richtig ist!

① Im Beobachtungszeitraum ist die Kaufkraft des verfügbaren Einkommens um 3,0 % gestiegen. ☐

② Die Reallohnerhöhung beträgt 5,0 %.

③ Die Konsumausgaben dieses Haushalts sind real gesunken.

④ Die Kaufkraft des Geldes hat im Beobachtungszeitraum um 1,87 % abgenommen.

⑤ Eine Entwertung des Geldvermögens hat im Beobachtungszeitraum nicht stattgefunden.

5 Die Geldschöpfung

5.1 Begriff der Geldmenge

Bei der Sicherung der Stabilität des Preisniveaus wird davon ausgegangen, dass ein **Zusammenhang zwischen** der **Geldmenge und** der **Gütermenge** besteht. **Schwierig** ist allerdings, die **Finanz- und Vermögenswerte** zu bestimmen, die **Geldfunktionen** übernehmen können. Wegen dieser Schwierigkeiten werden von den Zentralbanken – je nach Zielsetzung – mehrere Geldmengen definiert.

Im Hinblick auf Geldschöpfung bzw. Geldhaltung unterscheidet die **Europäische Zentralbank (EZB) zwei Sektoren:**

Geld schöpfender Sektor (MFI-Sektor)

Dieser Sektor umfasst **alle** im **Euro-Währungsgebiet ansässigen monetären Finanzinstitute.**

Monetäre Finanzinstitute (Monetary Financial Institutions, abgekürzt MFIs) sind

- die **EZB,**
- die **nationalen Zentralbanken** der Länder des Euro-Währungsgebietes und
- die im Euroraum ansässigen **Kreditinstitute.** Diese sind **definiert** als Unternehmen, deren Tätigkeit darin besteht, Einlagen oder andere rückzahlbare Gelder des Publikums entgegenzunehmen und Kredite für eigene Rechnung zu gewähren.
- **Andere Finanzinstitute.** Dazu alle anderen im Euroraum ansässigen Finanzinstitute, deren wirtschaftliche Tätigkeit darin besteht, Einlagen bzw. Einlagensubstitute im engeren Sinn von anderen Wirtschaftssubjekten als MFIs entgegenzunehmen und auf eigene Rechnung (zumindest im wirtschaftlichen Sinn) Kredite zu gewähren und/oder in Wertpapiere zu investieren. Letztere Gruppe umfasst in erster Linie **Geldmarktfonds.**

Geld haltender Sektor (Nicht-MFI-Sektor)

Dieser Sektor besteht aus **allen** im **Euro-Währungsgebiet ansässigen Nicht-MFIs.**

Der **nichtfinanzielle Sektor** im Euro-Währungsgebiet umfasst

- die **öffentlichen Haushalte,**
- **nichtfinanzielle Kapitalgesellschaften** und
- **private Haushalte** einschließlich privater Organisationen ohne Erwerbscharakter.

Bei der Bestimmung der Geldmenge lässt sich die EZB von dem **Liquiditätsgrad** der **einbezogenen Vermögenswerte** leiten. Da die Geld haltenden Nicht-MFIs sehr schnell zwischen verschiedenen Anlageformen wechseln können, hat die EZB für das Eurosystem **drei Geldmengenaggregate** (M1; M2; M3) aus den **monetären Verbindlichkeiten der MFIs und der Zentralstaaten** (Post, Schatzämter) **gegenüber** im **Euro-Währungsgebiet ansässigen Nicht-MFIs** (ohne Zentralstaaten) definiert.

<table>
<tr><th colspan="5">Geldmengenaggregate im Eurosystem</th></tr>
<tr><th colspan="5">Verbindlichkeiten des MFI-Sektors gegenüber im Euro-Währungsgebiet ansässigen Nicht-MFIs (ohne Zentralstaaten)</th></tr>
<tr><th>Bargeldumlauf</th><th>Täglich fällige Einlagen</th><th>Einlagen mit einer vereinbarten Laufzeit von bis zu 2 Jahren</th><th>Einlagen mit einer vereinbarten Kündigungsfrist von bis zu 3 Monaten</th><th>Von gebietsansässigen MFIs ausgegebene marktfähige Finanzinstrumente</th></tr>
<tr><td>Mit Banknoten und Münzen kann unmittelbar bezahlt werden.
Zum Bargeld zählt auch „elektronisches Geld“ auf vorausbezahlten Karten (prepaid cards).</td><td>Diese Einlagen können ohne Weiteres in Bargeld umgewandelt oder zu bargeldlosen Zahlungen eingesetzt werden.
Sicht-einlagen</td><td>Diese Termineinlagen können spätestens nach 2 Jahren für Zahlungen eingesetzt werden.</td><td>Diese Einlagen sind teilweise sofort frei bzw. nach Zahlung eines Strafzinses verfügbar (z. B. Spareinlagen), spätestens aber nach Ablauf der Kündigungsfrist.</td><td>Damit werden Substitute für Einlagen in die Geldmenge einbezogen. Im Einzelnen sind das
■ Repogeschäfte
Das sind echte Pensionsgeschäfte, bei denen Kreditinstitute (= Pensionsgeber) von im Euroraum ansässigen Nicht-MFIs (= Pensionsnehmer) Wertpapiere ankaufen und diese zu einem späteren Termin wieder verkaufen.
■ Geldmarktfondsanteile
■ Bankschuldverschreibungen mit einer Laufzeit von bis zu 2 Jahren (einschließlich Geldmarktpapieren).</td></tr>
<tr><td colspan="5">Die aus diesen Vermögenswerten gebildeten Geldmengenaggregate werden unterschiedlich weit gefasst.</td></tr>
<tr><td colspan="2">Geldmengenaggregat M1 (enge Fassung)</td><td colspan="3"></td></tr>
<tr><td colspan="4">Geldmengenaggregat M2 (mittlere Fassung)</td><td></td></tr>
<tr><td colspan="5">Geldmengenaggregat M3 (weite Fassung)</td></tr>
</table>

Hinweis:

Der Geldmenge **M3** kommt im Rahmen der **Geldpolitik** als Steuerungsgröße die **größte Bedeutung** zu, da sich ein Wechsel zwischen den obigen Anlageformen durch Nicht-MFIs auf dieses Geldmengenaggregat nicht auswirkt.

5.2 Akteure des Geldangebots

Die Akteure des Geldangebots sind für die Geldschöpfung, also die **Produktion von Geld,** verantwortlich.

In der Bundesrepublik Deutschland zählen zu den **Akteuren des Geldangebots** das **Eurosystem** – bestehend aus der Europäischen Zentralbank (EZB) und den nationalen Zentralbanken derjenigen Mitgliedstaaten, deren Währung der Euro ist –, die **Bundesregierung** sowie die **Kreditinstitute.**

Der **Nichtbankensektor** wird **nicht** zu den Geldanbietern gerechnet. Er nimmt lediglich als **Geldnachfrager** im Zusammenwirken mit den Kreditinstituten – beispielsweise durch Kreditaufnahme – auf die Höhe des Geldangebots Einfluss.

Bei der Betrachtung des Geldangebots und somit der Produktion von Geld ist zwischen der Schöpfung von **Bargeld** (Münzen und Banknoten) und **Buchgeld** (Guthaben bei Banken) zu unterscheiden.

Mit Beginn der Stufe 3 der Wirtschafts- und Währungsunion (WWU) zum 1. Januar 1999 hat die **EZB** das **ausschließliche Recht,** die **Ausgabe von Banknoten** innerhalb der Gemeinschaft zu **genehmigen.**

Neben der Ausgabe von Banknoten bestimmt die EZB gemäß Artikel 128 des Vertrages über die Arbeitsweise der Europäischen Union (AEUV) zudem den **Umfang der Ausgabe von Münzen** durch die Mitgliedstaaten.

§

Auszug aus dem Vertrag über die Arbeitsweise der Europäischen Union

Artikel 128

(1) Die Europäische Zentralbank hat das ausschließliche Recht, die Ausgabe von Euro-Banknoten innerhalb der Union zu genehmigen. Die Europäische Zentralbank und die nationalen Zentralbanken sind zur Ausgabe dieser Banknoten berechtigt. Die von der Europäischen Zentralbank und den nationalen Zentralbanken ausgegebenen Banknoten sind die einzigen Banknoten, die in der Union als gesetzliches Zahlungsmittel gelten.

(2) Die Mitgliedstaaten haben das Recht zur Ausgabe von Euro-Münzen, wobei der Umfang dieser Ausgabe der Genehmigung durch die Europäische Zentralbank bedarf. Der Rat kann auf Vorschlag der Kommission und nach Anhörung des Europäischen Parlaments und der Europäischen Zentralbank Maßnahmen erlassen, um die Stückelung und die technischen Merkmale aller für den Umlauf bestimmten Münzen so weit zu harmonisieren, wie dies für deren reibungslosen Umlauf innerhalb der Union erforderlich ist.

5.3 Mechanismen der Geldschöpfung

Im Rahmen der Geldschöpfung lassen sich **in Abhängigkeit von dem Geldproduzenten** und der **Art** der durchgeführten Geldproduktion verschiedene **Formen** unterscheiden:

- Münzgeldschöpfung der Bundesregierung,
- Geldschöpfung durch die EZB und die Deutsche Bundesbank,
- Geldschöpfung durch Kreditinstitute,
- Giralgeldschöpfung bei Bargeldabfluss.

5.3.1 Münzgeldschöpfung der Bundesregierung

Das **alleinige** Recht zur Prägung von Münzen (**Münzregal**) liegt beim **Bund.**

Die von den **Münzprägeanstalten** im Auftrag der Bundesregierung hergestellten Münzen kommen dadurch in Umlauf, dass die Bundesregierung diese Münzen **zum Nennwert** an die Deutsche Bundesbank verkauft. Der beim Verkauf der Münzen aus der **Differenz** zwischen den **Produktionskosten** und dem **Nennwert** anfallende **Gewinn** steht der **Bundesregierung** zu.

- Die von der Bundesbank aufgekauften Münzen werden als Vermögenswerte in der Bilanz des Europäischen Systems der Zentralbanken (ESZB) **aktiviert,**
- wohingegen die aus dem Verkauf der Münzen entstandenen **Verbindlichkeiten** gegenüber der Bundesregierung auf der **Passivseite** der Bilanz ausgewiesen werden.

Durch den aus dem Münzverkauf resultierenden Anstieg der Forderungen eines Mitgliedes des Nicht-MFI-Sektors (Staat) gegenüber einem Mitglied des MFI-Sektors kommt es zu einer **Ausweitung der Geldmenge.**

- Der **Verkauf von Münzgeld** durch die Bundesregierung an die **Deutsche Bundesbank** ist also eine Form der **Geldproduktion.**
- Der **Umfang der Münzausgabe** und somit indirekt auch der Geldschöpfung bedarf allerdings der **Genehmigung durch die EZB.**

Die in der Bundesrepublik Deutschland umlaufenden **Euro-Münzen** sind allesamt **Scheidemünzen,** da ihr **Materialwert niedriger** ist als ihr **Nennwert.** Im Gegensatz zu diesen „unterwertig" ausgeprägten Münzen handelt es sich bei **Kurantmünzen** um solche, bei denen Material- und Nennwert übereinstimmen.

5.3.2 Geldschöpfung durch die EZB und die Deutsche Bundesbank

Im Zentrum der Geldpolitik der EZB steht die Steuerung der **nachfragewirksamen** Geldmenge zur Kontrolle des Preisniveauanstiegs (Inflationsbekämpfung) – hier genauer die Steuerung der Zentralbankgeldmenge.

Kauft die EZB **Wertpapiere** oder **Devisen** an bzw. räumt diese den Kreditinstituten **Kredite** ein (**Aktivseite** der EZB-Bilanz), so bezahlt die **Notenbank** mit selbst geschaffenem Geld **(Passivseite).** Dies entspricht einer Erhöhung der Sichtguthaben der Kreditinstitute bei der EZB. Diese „Monetisierung" von Aktiva (Aktivgeschäft der Zentralbank) entspricht einer **Verlängerung** der Notenbankbilanz. Die Geldmenge ist somit **gestiegen.**

Man spricht in diesem Zusammenhang von der Schaffung von **Zentralbankgeld:**

= Bargeldbestand der Nichtbanken + Guthaben der Geschäftsbanken bei der Notenbank.[1]

1 Der Kassenbestand der Geschäftsbanken ist ebenfalls Zentralbankgeld, wird aber aus Vereinfachungsgründen hier nicht näher betrachtet – die Nachfragewirksamkeit ist nur bedingt gegeben.

Die Geschäftsbanken können nun z. B. durch **Barverfügungen** über ihre Sichteinlagen bei der Zentralbank den **Umlauf der Banknoten** erhöhen. Dieser Vorgang ist unerheblich für die Betrachtung der Geldmenge im monetären System, es handelt sich lediglich um einen **Passivtausch.**

Die Deutsche Bundesbank hat das **alleinige** Recht, Banknoten auszugeben, wobei der **Ausgabeumfang** durch die EZB genehmigt werden muss.

Hinweis:

Der **Druck der Banknoten** als solche ist – ebenso wie im vorangestellten Fall der Münzprägung – noch **keine Geldschöpfung,** da die Banknoten so lange „wertlos" sind, bis sie nicht durch die Deutsche Bundesbank in Umlauf gebracht werden. Erst **nachdem** die Ausgabe der Banknoten erfolgt ist, werden sie in der Bilanz des Eurosystems unter der Position 1 „Banknotenumlauf" **passiviert.**

Die Euro-Banknotenproduktion erfolgt dezentral nach dem **Poolingprinzip,** demzufolge jede Nationale Zentralbank (NZB) jeweils für die Beschaffung des ihr zugewiesenen Anteils am Gesamtbedarf bestimmter Banknotenstückelungen zuständig ist.

Beispiel:

Die Banknoten in den Tresorräumen der Bundesbank in Frankfurt sind also so lange nur „bedrucktes Papier", bis sie z. B. durch die **Bargeldabhebungen** der Banken bei den Hauptverwaltungen und Filialen der Deutschen Bundesbank in Umlauf gebracht werden.

Der **Banknotenkreislauf** funktioniert im Prinzip wie folgt:

- Die **Druckereien** liefern in Deutschland die fertigen Noten in großen Paketen an die **Hauptverwaltungen** und die **Filialen der Deutschen Bundesbank.** Bei ihnen werden die Banknoten von den **Kreditinstituten abgeholt.**
- Über die Geschäftsbanken gelangt das Geld dann an die Unternehmen, die privaten Haushalte usw. Eine große Rolle spielen dabei die Bargeldautomaten.
- Das Bargeld wird von den Empfängern für eigene Auszahlungen eingesetzt oder als Einlage auf die Bank oder Sparkasse gebracht. Diese behalten es nur zu einem kleinen Teil für zu erwartende Barabhebungen in ihren Tresoren. Was sie entbehren können, bringen sie zur Bundesbank zurück, die es ihnen auf einem Girokonto gutschreibt. So schließt sich der Kreis.

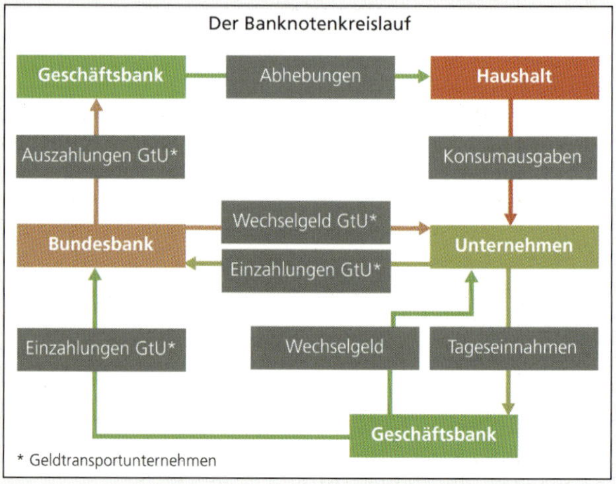

Quelle: www.bundesbank.de

Ergänzend sei darauf hingewiesen, dass die Deutsche Bundesbank nicht nur die Aufgabe übernimmt, Fälschungen aus dem Verkehr zu ziehen; sie ersetzt auch **beschädigte Banknoten.** Für stark beschädigte Geldscheine muss die Deutsche Bundesbank dem Inhaber Ersatz leisten. Voraussetzung ist, dass der Inhaber entweder Teile der Banknote vorlegt, die insgesamt **größer** sind als die Hälfte, **oder** dass er nachweisen kann, dass der Rest der Note, von der er nur die Hälfte oder einen noch kleineren Teil vorlegen kann, vernichtet ist. Wenn allerdings ein Geldschein so angebrannt, zerfetzt oder von einem Haustier angefressen ist (was gar nicht so selten vorkommt), dass ein einwandfreier Nachweis nicht mehr zu führen ist, dann muss die Deutsche Bundesbank den Schaden nicht ersetzen.

Hinweis:

Neben dem Prozess der Geldschöpfung kann die EZB (Bundesbank) dem monetären Sektor auch Geld **entziehen.** So führt z. B. der Verkauf von US-Dollar an den Geschäftsbankensektor im Rahmen einer Stützung des EURO-Wechselkurses gegenüber dem US-Dollar zu einer **Verringerung** der Geldmenge:

Aktivseite: Devisenbestand nimmt ab;

Passivseite: Sichtguthaben der Banken bei der EZB nimmt ab.

Im Ergebnis handelt es sich um eine **Bilanzverkürzung** – die **Geldmenge** ist **gesunken.**

5.3.3 Geldschöpfung durch Kreditinstitute

Für den weiteren Prozess der Geldschöpfung ist der Begriff der Geldmenge zu erweitern. Wie bereits oben dargestellt, sind dabei die unterschiedlichen **Geldmengenaggregate** zu beachten. Zentraler Gesichtspunkt ist in diesem Zusammenhang die **Nachfragewirksamkeit** der jeweiligen Geldmenge (M1–M3). Problematisch ist dabei die Gestaltungsmöglichkeit der Notenbank in Hinsicht auf eine aktive, schnell wirksame und unmittelbar umsetzbare Geldpolitik.

Die **Notenbank** kann nur **unmittelbar** die **Zentralbankgeldmenge** steuern und nur **indirekt** die **nachfragewirksame** Geldmenge beeinflussen („Politik des langen Hebels“). !

War die bisherige Darstellung im Prozess der Geldschöpfung nur auf die Notenbank beschränkt, so tritt nun ein weiterer wichtiger Akteur im Rahmen des **Geldangebotsprozesses** hinzu – der **Geschäftsbankensektor** (MFIs).

Der **Nichtbankensektor** (Privatleute, Unternehmen, Staat) verkörpert gleichsam die Gegenseite – die **Geldnachfrage** (Nicht-MFIs).

Kontrollgröße der EZB bezüglich der Geldmengensteigerung (Preisniveaustabilität) ist das oben beschriebene Geldmengenaggregat **M3.** Die Veränderung dieser Größe wird im Folgenden anhand des **Teilaggregats** M1 betrachtet.

Vereinfacht beschrieben umfasst die **Geldmenge M1** den Bargeldbestand der innerhalb der Euro-Zone ansässigen Nichtbanken und Sichteinlagen der innerhalb der Euro-Zone ansässigen Nichtbanken bei Banken der Euro-Zone.[1]

- Eine **Zunahme** der **Sichtguthaben der Nichtbanken** bei Banken führt zu einer **Erweiterung der Geldmenge M1.**
- Man spricht in diesem Zusammenhang auch von der **Giralgeldschöpfung** (Buchgeldschöpfung) im **engeren** Sinne, im Gegensatz zur Schöpfung von Zentralbankgeld durch die Notenbank (EZB).

5.3.3.1 Aktive Schaffung von Geschäftsbankengeld

- **Aktive Geldschöpfung** liegt vor, wenn **Aktiva des Nichtbankensektors** durch Kreditinstitute „monetisiert" werden.
- Aktive Geldschöpfung führt zu einer **Erhöhung** der Geldmenge.

Dieser Vorgang entspricht weitgehend dem Prozess der Schöpfung von Zentralbankgeld.

Beispiele	Erläuterung zur aktiven Geldschöpfung
■ Die Rheinbank AG erhöht im Firmenkundenbereich die Kontokorrentlinie der Blechwerke AG um 50 000,00 EUR. Die neue Kreditlinie wird voll in Anspruch genommen.	In beiden Fällen **erhöhen** sich die **Sichteinlagen** der Kunden bei ihrer Bank um 50 000,00 EUR, über die per Scheck oder Überweisung verfügt werden könnte. Die **Geldmenge** hat sich folglich insgesamt um 100 000,00 EUR **erhöht.** In beiden Fällen erfolgte die Schaffung des Geschäftsbankengeldes durch eine **Ausdehnung** des **Aktivgeschäftes** der betroffenen Banken.
■ Die Volksbank Südwestfalen e.G. kauft von einem Privatmann Schuldverschreibungen der Wittgensteiner Eisenwerke AG mit einer Laufzeit von 5 Jahren im Werte von 50 000,00 EUR an.	

Die **Rückzahlung eines Kredites** oder der **Kauf eines Wertpapiers** durch eine **Nichtbank** von einem Kreditinstitut führt dagegen zu einer **Vernichtung** von Geschäftsbankengeld.

5.3.3.2 Passive Schaffung von Geschäftsbankengeld

Im Falle der **passiven Geldschöpfung** durch den Geschäftsbankensektor ändert sich die Gesamtgeldmenge **nicht,** da hier lediglich eine **Umwandlung** einer Geldart in eine andere vorgenommen wird.

1 Problem: Bargeld in Form von Euro wird von türkischen Gastarbeitern bei türkischen Banken im Heimatland angelegt: Der Bargeldbestand ist als Zentralbankgeld bei der EZB erfasst und in der Notenbankbilanz enthalten, dieser wird aber erst nachfragewirksam, wenn das Bargeld in die Euro-Zone zurückfließt.

Im Vordergrund dieser Betrachtung steht die Umwandlung von Zentralbankgeld (Bargeld der Nichtbanken) in Geschäftsbankengeld (Sichtguthaben) und umgekehrt.

Beispiele	**Erläuterungen zur passiven Geldschöpfung**
■ Ein Geschäftsmann zahlt nach der Rückkehr von einer Geschäftsreise 10 000,00 EUR in bar auf sein Girokonto ein.	■ Die **Geldmenge des Nichtbankensektors** (Bargeld + Sichtguthaben) hat sich **nicht verändert**. Für das Kreditinstitut ist dieser Vorgang ein **Passivgeschäft**. Aus Sicht der Bank hat sich der **Bestand an Zentralbankgeld** um 10 000,00 EUR **erhöht**, gleichzeitig sind die **Sichtverbindlichkeiten** um 10 000,00 EUR **gestiegen**. Für den Geschäftsmann war dieser Vorgang ein Aktivtausch.
■ Überweisung von Kundengeldern auf Konten bei anderen Banken.	■ Die Gesamtgeldmenge bleibt gleich.
■ Überweisung von einem Girokonto auf ein Termin- oder Sparkonto.	■ Da die Sichtguthaben sinken, verringert sich zwar die Geldmenge M1, jedoch bleiben M2 und die zentrale Steuerungsgröße der Geldmengenpolitik M3 unverändert.

5.3.3.3 Der Prozess der multiplen Geldschöpfung

Neben den oben genannten Prozessen der Geldmengensteigerung durch Geschäftsbanken besteht noch eine weitere zusätzliche Möglichkeit für Kreditinstitute, Giralgeld zu schöpfen. Dies kann deshalb geschehen, weil die Kunden der Kreditinstitute erfahrungsgemäß **nur über einen Teil** ihrer Einlagen **bar verfügen,** sodass ein Großteil dieser Einlagen nicht als Kassenreserve gehalten werden muss.

Die einzelnen Kreditinstitute können vielmehr davon ausgehen, dass ihre Zahlungsbereitschaft auch dann noch ausreichend gewährleistet ist, wenn sie diese **Liquiditätsüberschüsse** – auch Überschussreserve genannt – an andere Kunden ausleihen. Dabei soll zunächst unterstellt werden, dass der zur Liquiditätssicherung nicht benötigte Teil als **Buchkredit** gewährt wird, über den die Kreditnehmer **bargeldlos** verfügen.

Beispiel:

Bezahlt der Kreditnehmer mit den ihm zur Verfügung gestellten Mitteln per Überweisung eine Rechnung, so führt dieser Zahlungseingang bei dem Kreditinstitut des Zahlungsempfängers zu einer neuen Einlage, die ihrerseits wiederum unter Berücksichtigung einer bestimmten Liquiditätsreserve zur Schaffung von neuem Giralgeld verwendet werden kann.

Die **Liquiditätsreserve** eines Kreditinstituts setzt sich zusammen aus der Mindestreserve, dem Bargeldbestand sowie den Guthaben bei der Deutschen Bundesbank.

!

Beispiel:

Ein Kunde zahlt 100,00 EUR bar auf sein laufendes Konto bei einem Kreditinstitut ein. Es sei angenommen, dass die Kreditinstitute eine Liquiditätsreserve von 20 % (einschließlich Mindestreserve) bereithalten müssen. Die Überschussreserve beträgt somit 80 %.

Weiterhin sei unterstellt, dass genügend Kreditnachfrage herrscht und dass die Kreditnehmer nur bargeldlos über die ihnen gewährten Kredite verfügen.

Wenn jeder Kreditnehmer den ihm eingeräumten Kredit zur Bezahlung von Rechnungen bei seinen Gläubigern verwendet, die ihre Konten bei anderen Kreditinstituten unterhalten, ergibt sich folgendes Bild:

Kredit-institut	Sichteinlage	Erhöhung der Reservehaltung	Überschussreserve = Neue Kreditgewährung
A	100,00 EUR	20,00 EUR	80,00 EUR
B	80,00 EUR	16,00 EUR	64,00 EUR
C	64,00 EUR	12,80 EUR	51,20 EUR
D	51,20 EUR	10,24 EUR	40,96 EUR
⋮	⋮	⋮	⋮
Summen	500,00 EUR	100,00 EUR	400,00 EUR

Wenn sich dieser Vorgang der Kreditgewährung unendlich oft wiederholt, dann könnten 400,00 EUR zusätzliches Giralgeld geschaffen werden. Der Bestand an Buchgeld wäre in unserem Beispiel 500,00 EUR, d. h. fünfmal größer als zu Beginn des Geldschöpfungsvorgangs.

Die **zusätzlich mögliche Giralgeldschöpfung** des Bankensystems lässt sich auch nach der Formel errechnen:

$$dM = dZ \cdot \frac{1}{1 - q}$$

Erläuterungen:

dM = zusätzliche Giralgeldschöpfung bzw. Giralgeldvernichtung bei negativer Veränderung der Überschussreserve

dZ = Überschussreserve

$$q = \frac{\text{Überschussreserve}}{\text{Bareinlage}}$$

Beispiel:

Für das obige Beispiel wird die zusätzlich mögliche Giralgeldschöpfung wie folgt berechnet:

$$dM = 80 \cdot \frac{1}{1 - \frac{80}{100}} = 80 \cdot \frac{1}{1 - \frac{4}{5}} = 80 \cdot 5 = 400{,}00 \text{ EUR}$$

Der Nenner des Bruches (1 – q) zeigt den Liquiditätsreservesatz an (20 % = 1 – $^4/_5$), sodass der **Kreditschöpfungsmultiplikator**

$$\frac{1}{R}$$

gleichzusetzen ist mit dem **Kehrwert des Liquiditätsreservesatzes.**

Die **maximale Kreditschöpfungsmöglichkeit** lässt sich demzufolge auch wie folgt berechnen:

$$dM = dZ \cdot \frac{1}{R} \qquad dM = \frac{dZ}{R}$$

Beispiel:

Für das Beispiel von S. 344 ergibt sich: $dM = \frac{80}{0,2}$ $dM = 400{,}00$ EUR

Allgemein gilt:

- **Erhöht** sich der **Reservesatz,** so **verringert** sich der **Kreditschöpfungsspielraum** der Kreditinstitute.
- **Verringert** sich der **Reservesatz,** so **erhöht** sich der **Kreditschöpfungsspielraum.**

5.3.4 Giralgeldschöpfung bei Bargeldabfluss

Bisher gingen wir von dem unrealistischen Fall aus, dass die Kreditnehmer nur unbar über die eingeräumten Kredite verfügen. Gehen wir jetzt davon aus, dass ein Teil der eingeräumten Kredite **bar abgehoben** wird und so dem Bankensystem Zentralbankgeld entzogen wird.

Beispiel:

Bareinlage – neu – 1 000,00 EUR, Pflichtreservehaltung der Kreditinstitute 10 %, Bargeldabzug bei neu gewährten Krediten 50 %.

Nachfolgende Tabelle zeigt den zusätzlichen Kreditgewährungsspielraum, der durch die Barzahlung im Bankensystem entsteht:

Kreditinstitut	Sichteinlage – neu –	Pflichtreservehaltung 10 %	Überschussreserve = zusätzliche Kreditgewährung	davon	
				Bargeldabfluss 50 %	Buchgeld 50 %
A	1 000,00 EUR	100,00 EUR	900,00 EUR	450,00 EUR	450,00 EUR
B	450,00 EUR	45,00 EUR	405,00 EUR	202,50 EUR	202,50 EUR
C	202,50 EUR	20,25 EUR	182,25 EUR	91,13 EUR	91,13 EUR
D	91,13 EUR	⋮	⋮	⋮	⋮
E	⋮				
Summen	1 818,18 EUR	181,82 EUR	1 636,36 EUR	818,18 EUR	818,18 EUR

Der Bestand an Buchgeld ist hier nur um das 1,8-fache gestiegen.

Der Kreditgewährungsspielraum des Bankensystems lässt sich auch in diesem Falle errechnen, und zwar nach der Formel:

$$dM = dZ \cdot \frac{1}{r + c\,(1 - r)}$$

Erläuterungen:

dM = zusätzliche (mögliche) Kreditschöpfung des Bankensystems

dZ = Überschussreserve

r = Reservehaltung der Kreditinstitute (Pflichtreserve)

c = Bruchteil der neu gewährten Kredite, der von den Kreditnehmern bar abgehoben wird und im Nichtbankensektor verbleibt

Beispiel:

Für das vorangestellte Beispiel lässt sich der zusätzliche Kreditschöpfungsspielraum wie folgt berechnen.

$$dM = 900 \cdot \frac{1}{\frac{1}{10} + \frac{1}{2}\left(1 - \frac{1}{10}\right)} = 900 \cdot \frac{20}{11} = 1\,636{,}36 \text{ EUR}$$

Hinweis:

Bei Geldvernichtung wird dZ negativ, die Formel bleibt sonst unverändert.

Ein abschließendes Beispiel zu der **aktiven Giralgeldschöpfung** des Bankensystems mit Reservehaltung und Bargeldabfluss soll die vorangestellten Sachzusammenhänge nochmals zusammenfassend veranschaulichen.

Beispiel:

Aktive Geldschöpfung durch Kreditvergabe

Ein Industrieunternehmen braucht 100 000,00 EUR, um die Rechnung eines Rohstofflieferanten zu bezahlen. Es nimmt bei seiner Bank – der Bank A – einen Kredit in dieser Höhe auf. Die Bank A überweist die Kreditsumme über die Deutsche Bundesbank bargeldlos auf das Konto des Rohstofflieferanten bei der Bank B. Die Guthaben der Bank A bei der Bundesbank nehmen ab, gleichzeitig steigen aber auch die Forderungen an das Industrieunternehmen. Bei der Bank B erhöhen sich einerseits die Einlagen ihrer Kunden (erster Geldschöpfungsschritt), andererseits ihre eigenen Zentralbankguthaben. Wenn die Bank B diese Guthaben nicht gerade benötigt, wird sie versuchen, die überschüssige Liquidität gewinnbringend weiter zu verleihen. Sie gewährt einen Kredit über 100 000,00 EUR an eine Großküche, die damit eine umfängliche Warenlieferung von einem Lebensmittelhändler bezahlt. Bank B überweist die Kreditsumme über die Deutsche Bundesbank bargeldlos an die Bank C, wo der Lebensmittelhändler sein Konto unterhält. Als Folge davon fließen der dritten Bank C Zentralguthaben über 100 000,00 EUR zu, wobei auch die Einlagen ihrer Kunden steigen (zweiter Geldschöpfungsschritt). Bezogen auf ihre Guthaben bei der Bundesbank steht die Bank C dann vor derselben Situation wie vorher die Bank B: Sie kann einen Kredit über 100 000,00 EUR vergeben, das heißt, der Prozess der Giralgeldschöpfung setzt sich fort. In unserem Beispiel geht das sogar endlos so weiter. Angenommen, der Rohstofflieferant hebt von seinem Konto sofort 30 000,00 EUR bar ab. Dann stehen der Bank B für die eigene Kreditgewährung nur noch 70 000,00 EUR (statt 100 000,00 EUR) zur Verfügung. An die Großküche kann sie also nur noch einen Kredit über 70 000,00 EUR geben. Wenn diese sich davon ebenfalls 30 Prozent, d. h. 21 000,00 EUR auszahlen lässt, um z. B. Löhne bar zu bezahlen, fließen der dritten Bank C nur noch Einlagen und Zentralbankguthaben über 49 000,00 EUR zu. Ihr stehen für die eigene Kreditschöpfung also nur noch 49 000,00 EUR (statt wie ursprünglich 100 000,00 EUR) zur Verfügung. Die Geld- und Kreditschöpfung läuft zwar weiter, wird aber immer kleiner, wenn die Banken Bargeld brauchen. Nehmen wir nun an, dass jeweils 30 Prozent der an eine Bank überwiesenen Summe gleich bar abgehoben werden und dass die Bank jeweils Mindestreserve im Umfang von zehn Prozent ihrer Kundeneinlagen bei der Bundesbank unterhalten muss. (Die Annahme von zehn Prozent ist unrealistisch hoch, dient hier aber der Veranschaulichung.)

Begrenzt durch Barauszahlung ...

Bei der Bank B hat der Rohstofflieferant von der überwiesenen Kreditsumme in Höhe von 100 000,00 EUR bar 30 000,00 EUR abgehoben. Somit verbleiben 70 000,00 EUR. Von diesen 70 000,00 EUR muss die Bank B zehn Prozent, also 7 000,00 EUR, bei der Bundesbank als Mindestreserve hinterlegen. Für ihre eigene Kreditgewährung stehen ihr also nicht mehr die vollen 100 000,00 EUR, sondern nur 63 000,00 EUR zur Verfügung.

... und Mindestreserve

Der Bank C fließen von der Bank B Zentralbankguthaben über 63 000,00 EUR zu. Der Großmarkt benötigt davon gleich 18 900,00 EUR als Bargeld. Von den restlichen 44 100,00 EUR sind bei der Bundesbank 4 410,00 EUR als Mindestreserve zu hinterlegen. Für die Kreditgewährung stehen der Bank C also nur noch 39 690,00 EUR zur Verfügung. So setzt sich das fort [...]

Begrenzung der Geldschöpfung durch Barauszahlung und Mindestreserve

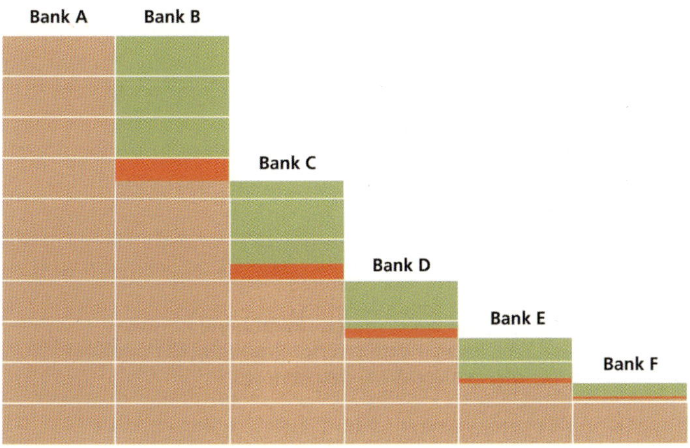

100.000,-	70.000,-	44.100,-	27.783,-	17.503,-	11.027,-	**70% Giralgeld**
	30.000,-	18.900,-	11.907,-	7.502,-	4.726,-	**30% Barauszahlung**
	7.000,-	4.410,-	2.778,-	1.750,-	1.103,-	**10% Mindestreserve***

* Die 10% bezieht sich auf das Giralgeld

Quelle: Deutsche Bundesbank, Geld & Geldpolitik; Frankfurt 2007.

Kompetenztraining

24. Beschreiben Sie, was man unter dem MFI-Sektor versteht!

25. Erläutern Sie die Münzgeldschöpfung der Bundesregierung!

26. Erläutern Sie die passive Schaffung von Geschäftsbankengeld!

27. Erläutern Sie den rechtlichen Hintergrund zur Ausgabe von Banknoten!

28. Erläutern Sie, warum das bloße Drucken von Banknoten noch keine Geldschöpfung darstellt!

29. Nennen Sie die Annahmen, welche bei aktiver Giralgeldschöpfung der Kreditinstitute gemacht werden!

30. Ein Kunde zahlt bei seiner Bank 2000,00 EUR auf sein Girokonto ein. Die Liquiditätsreserve betrage 40 %.

Aufgaben:

30.1 Tragen Sie die Kreditschöpfungsmöglichkeit der ersten fünf Kreditinstitute in das nachfolgende Schema ein!

30.2 Errechnen Sie die Summe der zusätzlich möglichen Kreditschöpfung des Bankensystems!

DOWNLOAD

Kredit-institut	Sichteinlage	Erhöhung der Reservehaltung	Überschussreserve = neue Kreditgewährung
A B C D E ⋮			
Summen			

31. Die Überschussreserve eines Kreditinstituts wird durch Barabhebung eines Kunden um 5000,00 EUR vermindert. Berechnen Sie, wie sich dadurch der Kreditgewährungsspielraum des Bankensystems verändert, wenn eine Reserve von 50 % gehalten wird!

32. Die Überschussreserve des Bankensystems betrage 1,2 Mrd. EUR. Ermitteln Sie, welchen Kreditgewährungsspielraum das Bankensystem hat, wenn die Reservehaltung 25 % beträgt!

33. Erläutern Sie, von welchen Faktoren die Giralgeldschöpfung des Bankensystems abhängig ist!

34. 34.1 Stellen Sie in nachfolgender Tabelle die Kreditschöpfungsmöglichkeiten des Bankensystems für die ersten vier Kreditinstitute dar, wenn folgende Bedingungen gelten:

Bareinlage bei Kreditinstitut A 5000,00 EUR, Pflichtreservehaltung der Kreditinstitute 25 %, Bargeldabzug 40 %.

DOWNLOAD

KI	Sichteinlage – neu –	Pflichtreserve-haltung 25 %	Überschussreserve = zusätzliche Kredit-gewährung	davon	
				Bargeld-abfluss 40 %	Buchgeld 60 %
A					
B					
C					
D					

34.2 Berechnen Sie, wie groß im obigen Fall der Kreditschöpfungsspielraum insgesamt ist!

35. Im Bankensystem beträgt die Überschussreserve 3,0 Mrd. EUR. Ermitteln Sie, welcher Kreditschöpfungsspielraum für das Bankensystem besteht, wenn der Pflichtreservesatz 20 % und der Bargeldabfluss 30 % betragen!

36. Die Kreditinstitute werden verpflichtet, die Pflichtreservehaltung um 1 Mrd. EUR zu erhöhen. Berechnen Sie, um wie viel Euro sich durch diese Maßnahme der Kreditgewährungsspielraum des Bankensystems einengt, wenn der Reservesatz nunmehr 15 % beträgt und mit einem Bargeldabfluss von 25 % zu rechnen ist!

37. Die EZB unterscheidet die Geldmengenbegriffe M1, M2 und M3. Prüfen Sie, wie sich die folgenden Geschäftsvorfälle auf die jeweiligen Geldmengen auswirken! Kennzeichnen Sie eine Vermehrung mit +, eine Verringerung mit –, bei keiner Veränderung vermerken Sie eine ⓪ in dem jeweiligen Kästchen in nachstehender Tabelle!

Vorgang	M1	M2	M3
Sparbriefe mit einer Laufzeit von 5 Jahren werden fällig. Der Gegenwert wird auf dem Girokonto gutgeschrieben.	+		
Sichteinlagen werden in Spareinlagen mit 3-monatiger Kündigungsfrist umgewandelt.		+	
Die Deutsche Bundesbank kauft Schuldverschreibungen des Bundes mit einer Restlaufzeit von 4 Jahren an. Der Gegenwert wird auf Girokonten überwiesen.	+		
Sparguthaben mit dreimonatiger Kündigungsfrist werden zum Erwerb von Sparbriefen mit 5-jähriger Laufzeit benutzt.		–	

DOWNLOAD

38. Entscheiden Sie in den nachfolgenden Fällen, um welche Art der Geldschöpfung es sich handelt und tragen Sie die entsprechende Lösung ein!

① Münzgeldschöpfung der Bundesregierung,
② Geldschöpfung durch die EZB,
③ aktive Schaffung von Geschäftsbankengeld,
④ passive Schaffung von Geschäftsbankengeld,
⑤ multiple Geldschöpfung,
⑨ keine Geldschöpfung.

38.1	Nach seinem Urlaub in den USA tauscht der Schüler Carsten Clever die restlichen 1 000,00 US-Dollar bei einer örtlichen Bundesbankfiliale in Euro um.	
38.2	Anschließend zahlt Carsten Clever den erhaltenen Euro-Gegenwert bar auf das bei seinem örtlichen Geldinstitut geführte Girokonto ein.	
38.3	Eine Münzprägeanstalt in Deutschland stellt im Auftrag der Bundesregierung für 150 000,00 EUR auf Cent lautende Münzen her.	
38.4	Ein Kunde der Sparkasse Siegerland verfügt bar über eine auf seinem Girokonto eingegangene Gehaltszahlung.	
38.5	Die Deutsche Bundesbank kauft von der Bundesregierung für 1 Mrd. EUR auf Cent lautende Münzen.	
38.6	Die Sparkasse Entenhausen räumt einem Firmenkunden einen Betriebsmittelkredit ein, der sogleich in Anspruch genommen wird.	
38.7	Die Hansa GmbH überzieht ihr laufendes Konto, um von der Möglichkeit des Skontoabzugs fälliger Lieferantenrechnungen Gebrauch machen zu können.	
38.8	Die Deutsche Bundesbank lässt neue Eurobanknoten drucken, um beschädigte Banknoten zu ersetzen.	

39. Beurteilen Sie, welcher der nachfolgenden Geschäftsfälle nicht zu einer Veränderung der Geldmenge M1 führt! Termineinlage

① Ein Kunde überträgt sein fälliges Festgeld auf sein Girokonto.

② Am Monatsende überträgt die Bankkauffrau Luise Leidig 500,00 EUR vom Girokonto auf ihr Sparkonto.

③ Ein Kunde kauft einen Sparbrief in Höhe von 50 000,00 EUR zulasten des Girokontos.

④ Einem Kunden werden fällige Zinsen aus Bundesschatzbriefen auf dem laufenden Konto gutgeschrieben.

⑤ Am Bankautomat lädt ein Kunde seine Geldkarte mit 300,00 EUR Bargeld auf.

[5]

40. Beurteilen Sie, in welchen der nachfolgenden Fälle es zu einer Minderung der Geldmenge M2 kommt!

① Der Bankauszubildende Ralf Schupp kauft am Postschalter eine Telefonkarte und bezahlt diese bar.

② Der Rentner Otto Hansen kauft am Postschalter eine Telefonkarte. Die Bezahlung erfolgt zulasten seines Postbankkontos.

③ Ein Kunde der Volksbank Weserland überträgt 50 000,00 EUR zulasten seines Sparbuchs auf sein Termingeldkonto.

④ Der Angestellte Rudi Pfiffig kauft zulasten des Sparkontos Schuldverschreibungen der Kölnbank AG mit einer Laufzeit von einem Jahr.

⑤ In der Bäckerei Kölsch zahlt ein Kunde seine Brötchen mit Geldkarte.

[ ]

Handlungssituation 9.3

Lesen Sie nachfolgenden Artikel!

Kalte Enteignung

Die Notenbanken überschwemmen die klammen Industriestaaten mit Geld. Das hilft den Regierungen, ihre Schulden zu senken, raubt aber den Bürgern ihre Ersparnisse. Die Geschichte einer perfiden Umverteilung – von unten nach oben.

Gleich neben ihrer Zentrale hat die Deutsche Bundesbank in Frankfurt am Main ein Geldmuseum eingerichtet. Hier werden Brutus-Münzen zur Erinnerung an die Ermordung Cäsars gezeigt oder die chinesische Kuan-Note aus dem 14. Jahrhundert. Vor allem wollen die Währungshüter mit der Ausstellung eine Botschaft transportieren: Nur stabiles Geld ist gutes Geld. Und gutes Geld wird nur durch Vertrauen geschaffen.

Kurz vor dem Ausgang, im Museumsshop, wird dieses Vertrauen der Besucher schwer erschüttert. Dort wird den Besuchern eine Viertelmillion Euro angeboten, kleingehäckselt und in Plastik eingeschweißt. 8,95 Euro kostet der Beutel. Das Ganze ist als Scherzartikel gedacht, doch der Haufen bunter Schnipsel lässt manchen zu einer so schlichten wie verstörenden Erkenntnis gelangen: Im Grunde ist ein Geldschein nichts anderes als ein Stück bedrucktes Papier.

Die Zweifel am Wert des Geldes waren in Deutschland schon lange nicht mehr so groß wie heute, in Zeiten der Staatsschuldenkrise. Eine Umfrage der Beratungsgesellschaft Faktenkontor und der Marktforschungsfirma Toluna ergab im September, dass bereits jeder vierte Deutsche versucht, sein Vermögen vor einer drohenden Inflation zu schützen, etwa durch Investitionen in Sachwerte. [...] Die Bundesbürger ahnen, dass diese Schuldenkrise, in der Politiker und Währungshüter auf Zeit spielen, am Ende von ihnen bezahlt wird – durch eine Inflation, die ihren Ersparnissen allmählich den Wert raubt. [...]

Und wer diesem Geldklau auf die Spur kommen will, kann bei Andrew Bosomworth beginnen. Wenn der Deutschland-Chef des weltgrößten Anleihen-Managers Pimco über das Unheil spricht, das die Schuldenkrise über die Menschen bringt, dann klingt er wie ein besorgter Arzt: „Die industrialisierte Welt steckt in einer schweren Schulden- und Wachstumskrise; die Notenbanken bekämpfen die Krankheit mit Geldinfusionen nie gekannten Ausmaßes; die Nebenwirkung ist eine langsame, aber gefährliche Entwertung des Geldes. [...]

Spätestens seit die Notenbanken der USA, der Euro-Zone, Großbritanniens und Japans im September gemeinsam ankündigten, noch mehr billiges Geld in die Finanzmärkte zu pumpen, wächst bei den Bürgern eine Erkenntnis: Der Einfluss der hochverschuldeten Regierungen auf die Notenbanken nimmt zu. Und die Staaten könnten höhere Inflation zumindest billigend in Kauf nehmen, um leichter von ihren Schulden herunterzukommen. [...]

Die Wahrheit ist: Die Inflation ist kein Gespenst. Sie ist schon da. Verhalten noch, aber unübersehbar und tückisch. Sie zeigt sich an den Zapfsäulen der Tankstellen. [...] Sie ist sichtbar in Immobilienanzeigen, die von teils gewaltigen Preissprüngen in Ballungszentren wie München, Hamburg und Berlin künden. Und sie hat die Edelmetallbörsen erreicht, wo Gold zum Rekordpreis von 1 775 Dollar pro Unze gehandelt wird. Inflation findet schon jetzt an den Finanzmärkten statt, es ist eine Inflation der Vermögenswerte. Die neuen Preisblasen werden gefüttert vom billigen Geld der Notenbanken. Die Flucht der Investoren und Sparer in vermeintlich sichere Sachwerte fördert das weiter. Denn noch etwas anderes haben die Menschen begriffen: Wenn ihre Ersparnisse nur noch mit Minizinsen oder gar nicht mehr belohnt werden, nagt schon ein Hauch von Inflation empfindlich an den Rücklagen.

Die Geldflut der Notenbanken

Ein Wort des Italieners Mario Draghi reicht am 6. September aus, um an den Finanzmärkten Jubel auszulösen. „Unbegrenzt", sagte der Chef der Europäischen Zentralbank (EZB) und lächelte etwas schief, wie er das häufig tut.

Ohne Limit werde seine Notenbank Staatsanleihen von Euro-Ländern kaufen, die einen Hilfsantrag beim europäischen Rettungsfonds ESM stellen und die Auflagen der Euro-Partner akzeptieren. Das hat der EZB-Chef vergangenen Donnerstag noch einmal bekräftigt. Mehr als 200 Milliarden Euro hat die EZB bereits in Staatsanleihen gesteckt. Nun könnte die Bilanz der Notenbank noch weiter anschwellen. […]

Viele Entwicklungen, die in der Vergangenheit zu Inflation führten, sind heute wieder zu beobachten: Die Notenbanken drucken Geld, hohe Rohstoffpreise treiben die Kosten, und Unternehmen wie Haushalte misstrauen der Stabilität der Banken und zum Teil auch der des politischen Systems. Nur wann aus dieser Melange wie viel Inflation erwächst, weiß niemand so genau. Noch gleichen die Notenbanken mit ihrer zurückhaltenden Geldschwemme vor allem die Zurückhaltung der Geschäftsbanken aus, Kredite zu vergeben. Irgendwann allerdings müssen sie die Schleusen schließen. Inflations-Optimisten wie der Wirtschaftsweise Bofinger glauben daran. Doch werden die Notenbanken wirklich bremsen?

Quelle: Der Spiegel Nr. 41 vom 08.10.2012.

Kompetenzorientierte Arbeitsaufträge:

1. Notieren Sie zunächst die Begriffe, deren Verständnis Ihnen Probleme bereitet. Recherchieren Sie – eventuell unter Zuhilfenahme des Internets – anschließend die Bedeutung dieser Begriffe und halten Sie die Ergebnisse schriftlich fest!
2. Erläutern Sie, auf welche Ursache die im vorangestellten Artikel beschriebene Inflationsgefahr in erster Linie zurückgeführt wird!
3. Erläutern Sie, welche Folgen in obigem Artikel beschrieben werden, die sich momentan aus dieser drohenden Inflation ergeben!
4. Beschreiben Sie den im Artikel dargestellten Zusammenhang von Geldmenge und Inflation!
5. Erläutern Sie, was die EZB unter Preisniveaustabilität versteht!

6. Erklären Sie die EZB als Institution und beschreiben Sie kurz deren Funktionen! Grenzen Sie dabei auch die Begriffe EZB und ESZB voneinander ab!
7. Nennen und erläutern Sie die Instrumente der Geldmengensteuerung!
8. Beschreiben und beurteilen Sie anhand eines konkreten Beispiels den situativen Einsatz eines geldpolitischen Instruments in Abhängigkeit der Wirtschaftslage!
9. Erarbeiten Sie selbstständig – eventuell in Kleingruppen unterteilt (für einzelne Instrumente jeweils eine Gruppe) – die mit dem Einsatz geldpolitischer Instrumente verfolgten Ziele. Diskutieren Sie dabei auch die Problematik einer einheitlichen Geldpolitik und leiten Sie mögliche Strategien zu ihrem Einsatz in unterschiedlichen volkswirtschaftlichen Situationen ab!
10. **Leserbrief**

    Verfassen Sie einen Leserbrief zu der Niedrigzinsspolitik der EZB!
11. **Unterrichtsvorschlag Referat**

    Sammeln Sie zunächst zu der aktuellen Geldpolitik journalistische Texte! Strukturieren Sie diese anschließend für ein Referat, indem Sie vor allem auf die derzeitig gültigen Beschlüsse zur Geldpolitik sowie die hierzu angeführten Begründungen durch den EZB-Rat eingehen!

6 Träger der Geldpolitik

> Die **Europäische Zentralbank (EZB)** und die **nationalen Zentralbanken (NZBen)** der **neunzehn** Mitgliedstaaten, deren Währung der **Euro** ist, bilden das **Zentralbankensystem des Euro-Währungsgebiets**: das **Eurosystem.**

Der EZB-Rat verständigte sich auf die Bezeichnung „Eurosystem", um die komplexe Struktur des Zentralbankensystems im Euroraum besser zu veranschaulichen. Dieser Begriff wurde auch in dem am 29. Oktober 2004 in Rom unterzeichneten Vertrag über eine Verfassung für Europa eingeführt.

> Das Gebiet der **EU-Länder,** die den **Euro als Währung** eingeführt haben, bezeichnet man als **Eurozone.**

Die Eurozone umfasst darüber hinaus auch drei Staaten mit sogenannten **Währungsvereinbarungen** mit den EU-Mitgliedern. Hierzu zählen: Monaco, San Marino und der Vatikan. **Zusätzlich** wird der Euro in folgenden Ländern als **gültiges Zahlungsmittel** akzeptiert, obwohl dort formal eine andere Währung gilt: Andorra, Kosovo und Montenegro. Welche Länder im Einzelnen zur Eurozone gehören und welche Mitgliedstaaten den Euro als Währung noch nicht eingeführt haben, verdeutlicht nachfolgende Übersicht.

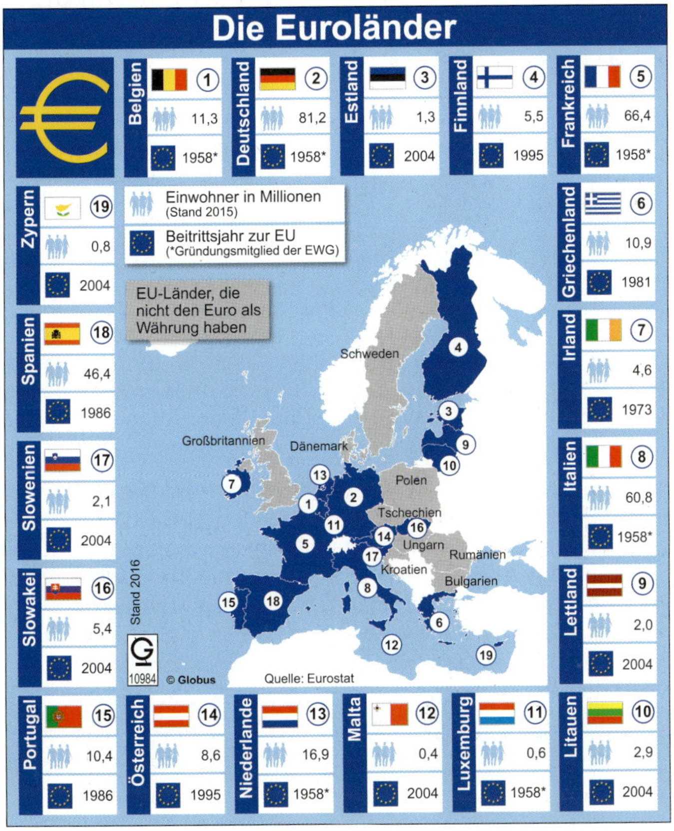

Das **Europäische System der Zentralbanken (ESZB)** setzt sich aus der **EZB** und den **NZBen aller EU-Mitgliedstaaten** zusammen, d. h., es sind auch die NZBen der Mitgliedstaaten, die den **Euro** noch **nicht** eingeführt haben, darin vertreten.

Die Unterscheidung zwischen Eurosystem und ESZB ist notwendig, solange der Euro nicht in allen Mitgliedstaaten eingeführt ist.

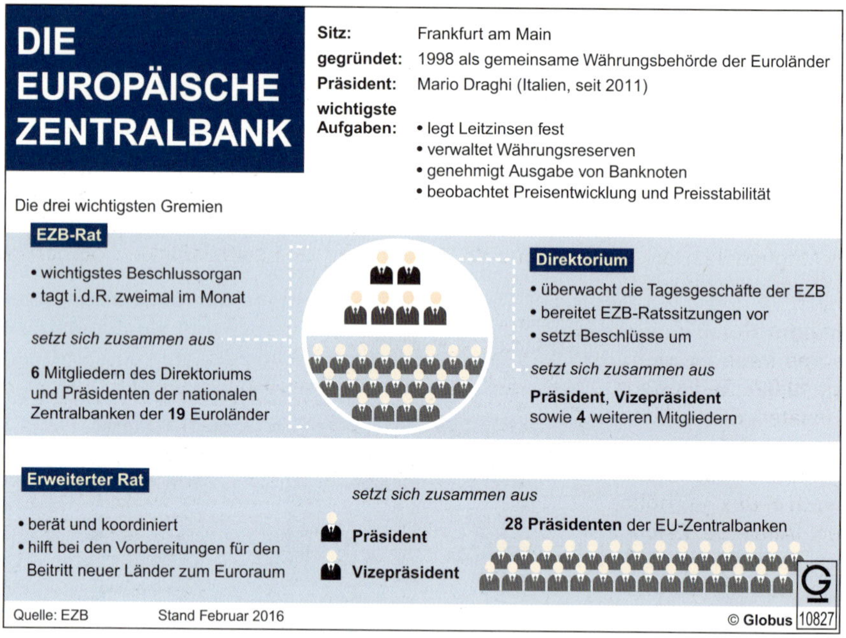

Die **EZB** besitzt Rechtspersönlichkeit im Sinne des Völkerrechts. Als zentrale Schaltstelle des Eurosystems **und** des ESZB stellt sie sicher, dass sämtliche Aufgaben der beiden Systeme entweder von ihr selbst oder von den NZBen erfüllt werden.

Jede NZB besitzt eine **eigenständige** Rechtspersönlichkeit gemäß dem **jeweils geltenden innerstaatlichen Recht,** wobei die NZBen der Euroländer **integraler Bestandteil des Eurosystems** sind und die dem Eurosystem übertragenen Aufgaben gemäß den von den Beschlussorganen der EZB erlassenen Vorschriften ausführen.

An der **Spitze** des Eurosystems **und** des ESZB stehen die **Beschlussorgane der EZB**: der **EZB-Rat** und das **EZB-Direktorium.** Innerhalb des Eurosystems und des ESZB ist die Entscheidungsfindung **zentralisiert.** Strategisch wie operativ trägt jedoch die EZB gemeinsam mit den NZBen des Eurogebietes – unter gebührender Berücksichtigung des in der ESZB-Satzung verankerten Grundsatzes der Dezentralisierung – zur Erreichung der gemeinsamen Ziele bei. Solange es Mitgliedstaaten gibt, die den Euro nicht eingeführt haben, fungiert der **Erweiterte Rat** als **drittes Beschlussorgan.** Die Zuständigkeit der Beschlussorgane ist im Vertrag über die Arbeitsweise der Europäischen Union, in der ESZB-Satzung und in den einschlägigen Geschäftsordnungen geregelt.

Das **Eurosystem** ist **Träger der Geldpolitik** mit dem **vorrangigen** Ziel der **Gewährleistung der Preisniveaustabilität.**

Soweit ohne Beeinträchtigung dieses vorrangigen Ziels möglich, ist das Eurosystem verpflichtet, zur Verwirklichung der Ziele der Gemeinschaft beizutragen (z. B. harmonische und ausgewogene Entwicklung des Wirtschaftslebens, beständiges und umweltverträgliches Wachstum, hohes Beschäftigungsniveau, hohes Maß an sozialem Schutz), wobei das **Preisstabilitätsziel** immer **absoluten Vorrang** vor den Zielen der Gemeinschaft genießt.

6.1 Institutioneller Rahmen des Eurosystems

Die **Europäische Zentralbank (EZB)** besitzt Rechtspersönlichkeit im Sinne des Völkerrechts und ist daher u. a. befugt, innerhalb ihres Zuständigkeitsbereichs völkerrechtliche Verträge abzuschließen und sich an der Arbeit von internationalen Organisationen (z. B. Internationaler Währungsfonds, OECD) zu beteiligen. Darüber hinaus besitzt die EZB in jedem Mitgliedstaat die weitestgehende Rechts- und Geschäftsfähigkeit, die juristischen Personen zuerkannt ist.

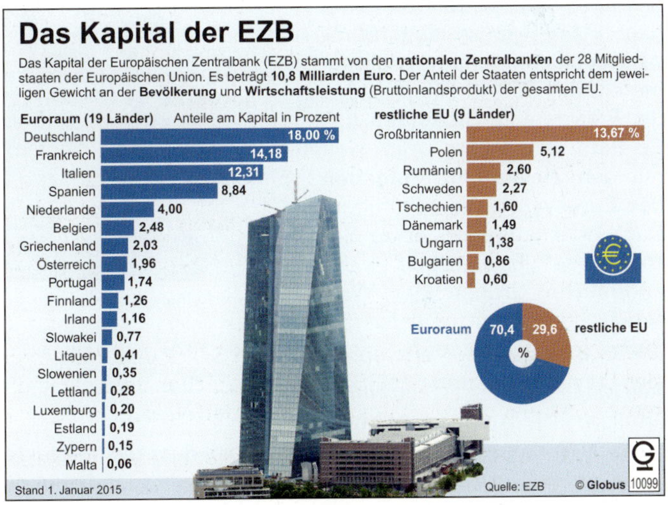

Das **Kapital der EZB** bei Aufnahme ihrer Tätigkeit beträgt **10,825 Milliarden ECU** (später Euro; Umrechnungskurs 1 : 1) und kann durch Beschluss des EZB-Rates erhöht werden. Alleinige **Zeichner** des Kapitals der EZB sind die **nationalen Notenbanken,** wobei sich der Schlüssel für die Kapitalzeichnung der nationalen Notenbanken sowohl an dem Bevölkerungsanteil des jeweiligen Mitgliedstaates an der Bevölkerung der Gemeinschaft als auch am anteiligen Bruttoinlandsprodukt orientierte. Der Kapitalanteil ist unter anderem bei der **Gewinnverteilung** von Bedeutung. Bis zu **20 % des Nettogewinns** der EZB wird dem allgemeinen **Reservefonds** bis zu einer Obergrenze von 100 % des Kapitals zugeführt, der verbleibende Gewinn wird an die **Anteilseigner** im Verhältnis ihrer eingezahlten Anteile **ausgeschüttet.**

Im Rahmen der Organisation des Eurosystems ist vor allem auf den für eine erfolgreiche Geldpolitik neben einem klaren Gesetzesauftrag unabdingbaren **Grundsatz der Unabhängigkeit** hinzuweisen, der bereits im Vorfeld der Einführung des Euro fest verankert wurde.

Trotz der **finanziellen und institutionellen Unabhängigkeit** muss das in einem demokratischen Umfeld operierende Eurosystem nicht nur offen und transparent sein und die Beweggründe für sein Handeln klar darlegen, es muss auch über seine Leistungen Rechenschaft ablegen. Diese Transparenz und **Rechenschaftspflicht der EZB** findet dort ihre Grenzen, wo die Unabhängigkeit gefährdet erscheint.

6.2 Beschlussorgane der EZB

Alle Entscheidungen werden zentral von den Beschlussorganen der EZB getroffen. Zu den Beschlussorganen zählen in erster Linie der **EZB-Rat** und das **Direktorium.** Daneben besteht – solange nicht alle Mitgliedstaaten den Euro eingeführt haben – als drittes Beschlussorgan der **Erweiterte Rat.**

(1) Direktorium

Dem **Direktorium** gehören der **Präsident,** der **Vizepräsident** und **vier weitere Mitglieder** an. Ihre Ernennung erfolgt einvernehmlich durch die Staats- und Regierungschefs der Mitgliedstaaten, die den **Euro eingeführt** haben. Der **Präsident der EZB** – bzw. in seiner Abwesenheit der Vizepräsident – führt den **Vorsitz** im EZB-Rat, im Erweiterten Rat und im Direktorium der EZB. Er **vertritt** die EZB nach **außen** und legt dem EU-Rat sowie dem Europäischen Parlament den **Jahresbericht der EZB** vor. Ferner wird der Präsident zu **Sitzungen des EU-Rats** eingeladen, die sich mit den **Zielen und Aufgaben des Eurosystems** beschäftigen. Darüber hinaus wird er zu Sitzungen der „Eurogruppe" – der informellen Gruppe der Wirtschafts- und Finanzminister des Euroraums – eingeladen.

Hintere Reihe (von links nach rechts): Yves Mersch, Peter Praet, Benoît Cœuré
Vordere Reihe (von links nach rechts): Sabine Lautenschläger, Mario Draghi (Präsident), Vitor Constâncio (Vizepräsident)

Quelle: EZB (www.ecb.int)

Alle Mitglieder des Direktoriums erfüllen ihre Aufgaben **hauptamtlich.** Voraussetzung für die Berufung ist, dass die Mitglieder aus dem Kreis der in Währungs- oder Bankfragen **anerkannten und erfahrenen Persönlichkeiten** stammen müssen. Die Amtszeit beträgt **acht Jahre;** eine **Wiederernennung** ist **nicht möglich.**

Das Direktorium tritt gewöhnlich jeden Dienstag zusammen. Jedes persönlich anwesende Mitglied ist stimmberechtigt und hat hierfür eine Stimme. Die Abstimmungen innerhalb des Direktoriums werden mit **einfacher** Mehrheit getroffen. Bei Stimmengleichheit gibt die Stimme des **Präsidenten** den Ausschlag. Das Direktorium ist beschlussfähig, wenn mindestens zwei Drittel seiner Mitglieder an der Abstimmung teilnehmen. Das Direktorium als **oberstes ausführendes Beschlussorgan** der EZB ist insbesondere verantwortlich für:

- die **Vorbereitung** der EZB-Ratssitzungen,
- die **Ausführung der Geldpolitik** im Euroraum gemäß den Leitlinien und Beschlüssen des EZB-Rats sowie die Erteilung diesbezüglicher Weisungen an die nationalen Zentralbanken des Euroraums,
- die Führung der **laufenden** Geschäfte der EZB,
- die Ausübung bestimmter, vom EZB-Rat übertragener Befugnisse (darunter auch **aufsichtsrechtliche** Kompetenzen).

(2) EZB-Rat

Der **EZB-Rat** setzt sich aus **allen Mitgliedern des Direktoriums** der EZB und den **Präsidenten der NZBen** derjenigen Mitgliedstaaten zusammen, deren **Währung der Euro** ist. Die **Hauptaufgaben** des EZB-Rats bestehen darin,

- die Leitlinien zu erlassen und die Beschlüsse zu fassen, die notwendig sind, um die Erfüllung der dem Eurosystem übertragenen Aufgaben zu gewährleisten,
- die Geldpolitik des Euro-Währungsgebiets festzulegen – gegebenenfalls durch Beschlüsse zur Festsetzung geldpolitischer Zwischenziele und der Leitzinssätze sowie zur Bereitstellung von Zentralbankgeld im Eurosystem – und die zur Umsetzung dieser Beschlüsse notwendigen Leitlinien zu erlassen.

Bei der Beschlussfassung in geldpolitischen Angelegenheiten und anderen Aufgaben der EZB und des Eurosystems agieren die Mitglieder des EZB-Rats nicht als Vertreter ihres jeweiligen Landes, sondern **vollkommen unabhängig** in persönlicher Funktion. Dies zeigt sich auch in dem Grundsatz, dass jedes Mitglied im EZB-Rat über eine **gleichberechtigte** Stimme verfügt.

Damit der EZB-Rat auch im Fall eines deutlich erweiterten Euro-Währungsgebiets noch in der Lage ist, Entscheidungen effizient und rechtzeitig zu treffen, hat der Rat der Europäischen Union Abstimmungsregeln beschlossen, die von den nationalen Parlamenten gebilligt wurden. Neben den Mitgliedern des Direktoriums sollen, sobald mindestens 19 Staaten Mitglied der Eurozone sind, **maximal 15 Präsidenten** nationaler Notenbanken stimmberechtigt sein. Übersteigt die Zahl der Zentralbankpräsidenten diese Grenze, üben sie ihr Stimmrecht auf Basis eines **Rotationssystems** aus. Dabei werden die Länder zunächst in **zwei Gruppen** eingeteilt: In die **fünf größten** Länder und in **die übrigen.** Für die Zuordnung der Teilnehmerländer ist besonders deren Wirtschaftskraft entscheidend, aber auch die Größe des Finanzsektors spielt eine Rolle. Von den so bestimmten fünf größten Ländern in Gruppe 1 sollen stets nur vier Zentralbankpräsidenten stimmberechtigt sein. Die übrigen Länder verfügen über elf Stimmen.

Rotationsprinzip im EZB-Rat bei 19-21 Mitgliedstaaten

(Beispiel hier mit 20 Mitgliedstaaten)

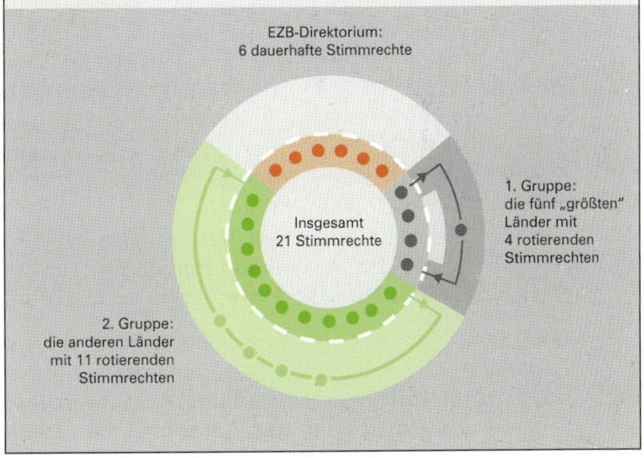

Quelle: Deutsche Bundesbank, Geld T& Geldpolitik; Frankfurt 2012.

(3) Erweiterter Rat

Der **Erweiterte Rat** besteht aus dem **Präsidenten** und dem **Vizepräsidenten** der EZB sowie den **Präsidenten aller EU-Mitgliedstaaten.** Die anderen Mitglieder des Direktoriums der EZB, der Präsident des EU-Rats und ein Mitglied der Europäischen Kommission können an den Sitzungen des Erweiterten Rats teilnehmen, sind jedoch nicht stimmberechtigt.

6.3 Die Rolle der nationalen Zentralbanken

Die nationalen Zentralbanken besitzen **Rechtspersönlichkeit gemäß dem jeweiligen geltenden innerstaatlichen Recht,** wobei die innerstaatliche Gesetzgebung an das Gemeinschaftsrecht angepasst ist. So muss beispielsweise bei allen Zentralbanken des Eurosystems die **Unabhängigkeit** gewährleistet sein.

Als **integraler Bestandteil des Eurosystems** sind die nationalen Zentralbanken die **operativen Organe des Eurosystems,** d. h., sie führen die dem Eurosystem übertragenen Aufgaben gemäß den von der EZB festgelegten Regeln aus.

Einen Überblick zu den **Kerngeschäftsfeldern** der Deutschen Bundesbank gibt folgende Abbildung.

Kerngeschäftsfelder der Bundesbank

Deutsche Bundesbank: Stabilität sichern				
Bargeld	Finanz- und Währungssystem	Geldpolitik	Bankenaufsicht	Unbarer Zahlungsverkehr
Effiziente Bargeldversorgung und -infrastruktur	Stabiles Finanz- und Währungssystem	Preisstabilität und Währungssystem	Funktionsfähigkeit der deutschen Kredit- und Finanzdienstleistungsinstitute	Sicherheit und Effizienz von Zahlungsverkehrs- und Abwicklungssystemen
Internationale Kooperation/Mitgliedschaft in internationalen Gremien				
Forschung/wirtschaftspolitische Analyse				

Quelle: Geld und Geldpolitik 2007, Deutsche Bundesbank, Frankfurt am Main 2007.

Bei der Entscheidung darüber, ob die jeweiligen Aufgaben des Eurosystems zentral oder dezentral umgesetzt werden, folgt die EZB dem **Grundsatz der Dezentralisierung,** d. h., dass die EZB die nationalen Zentralbanken zur Durchführung von Geschäften, die zu den Aufgaben des Eurosystems gehören, immer dann in Anspruch nimmt, wenn dies möglich und sachgerecht erscheint. Um sicherzustellen, dass der dezentrale Ansatz das reibungslose Funktionieren des Eurosystems nicht behindert, müssen die nationalen Zentralbanken bei der Aufgabenerfüllung als operative Organe der EZB gemäß den Leitlinien und Weisungen der EZB handeln.

Kompetenztraining

41. Im Dezember 2008 hat der EZB-Rat beschlossen, das Rotationsprinzip einzuführen, wenn mindestens 19 Länder dem Euroraum angehören.

Aufgaben:

41.1 Erläutern Sie, warum an der Zusammensetzung des EZB-Rates überhaupt Kritik geübt wird!

41.2 Beurteilen Sie das vorgesehene Rotationsprinzip unter dem Gesichtspunkt Ihrer Ausführungen in Aufgabe 41.1!

41.3 Unterbreiten Sie einen Vorschlag zur Änderung des geldpolitischen Entscheidungsgremiums unter Berücksichtigung Ihrer unter Aufgabe 41.1 und 41.2 angestellten Überlegungen!

42. Focus Money online berichtete am 18.11.2011 u.a. wie folgt über eine Rede des Präsidenten der Europäischen Zentralbank:

Draghi pocht auf Unabhängigkeit der EZB

Der Präsident der Europäischen Zentralbank (EZB), Mario Draghi, hat die Unabhängigkeit seiner Institution verteidigt. Die EZB verliere ihre Glaubwürdigkeit, wenn sie – wie vielfach gefordert – mit mehr Geld auf den Finanzmärkten eingreife, sagte Draghi am Freitag in Frankfurt am Main. Auch Bundesbank-Präsident Jens Weidmann warnte vor einer zu starken Vereinnahmung der EZB.

Die Glaubwürdigkeit der EZB sei im Erfolg ihrer Geldpolitik begründet, mit der sie die Inflation eindämme, sagte Draghi auf der Konferenz Euro Finance Week. Das sei der Beitrag, den die Währungshüter leisten könnten, um das Wachstum, die Schaffung von Arbeit und die Finanzstabilität zu unterstützen. „Und wir leisten diesen Beitrag in vollkommener Unabhängigkeit", sagte Draghi.

Auf Einkaufstour

Ungeachtet dessen hat die EZB seit Mai 2010 für fast 200 Milliarden Euro Staatsanleihen kriselnder Euro-Staaten gekauft. Diese Ankäufe sind in der Euro-Zone sehr umstritten, weil die Notenbank nach Ansicht vieler Experten damit ihre Kompetenzen überschreitet und Geld- mit Fiskalpolitik verknüpft.

Aufgaben:

42.1 Erläutern Sie kurz, warum die Unabhängigkeit der EZB eine wichtige Voraussetzung für die erfolgreiche Arbeit der Notenbank ist!

42.2 Beschreiben Sie, warum der Ankauf von Staatsanleihen kriselnder Euro-Staaten die Unabhängigkeit der EZB beeinträchtigen könnte!

43. Recherchieren Sie die Aufgaben des Eurosystems!

44. Erläutern Sie, inwiefern der Erweiterte Rat der EZB eine Brückenfunktion erfüllt!

45. Unterrichtsvorschlag: Referat

Untersuchen Sie, welche EU-Staaten bis dato noch nicht den Euro als offizielle Währung eingeführt haben. Gehen Sie in Ihrem Referat insbesondere auf die unterschiedlichen Ursachen ein, welche für die Nichteinführung des Euro genannt werden!

46. Unterrichtsvorschlag: Vorbereitung einer Exkursion

Bereiten Sie einen Besuch des Geldmuseums der Deutschen Bundesbank vor!

47. Beurteilen Sie, welche der nachfolgenden Aufgaben nicht in den Verantwortungsbereich des EZB-Rates fällt!

① Die Genehmigung der Ausgabe von Euro-Banknoten.
② Die Genehmigung des Ausgabevolumens der Euro-Münzen.
③ Die Festlegung der Geldpolitik.
④ Der Erlass von Verordnungen über die Berechnung und Bestimmung des Mindestreservesolls.
⑤ Die Berufung der Mitglieder des Direktoriums.

☐

48. Beurteilen Sie, in welcher der nachfolgenden Fälle es zu einer Verletzung des Grundsatzes der Unabhängigkeit der EZB kommen kann!

☐

① Im Rahmen der Pressekonferenz der EZB wird das Abstimmungsverhalten der Mitglieder über den Beschluss der Zinserhöhung nicht bekannt gegeben.
② Die Bücher der EZB werden von einem unabhängigen externen Rechnungsprüfer geprüft.
③ Ein Mitglied des EZB-Beschlussorgans wird seines Amtes enthoben, da unerlaubte Nebentätigkeiten ausgeübt wurden.
④ Die Bundesregierung appelliert vor dem Hintergrund der wirtschaftlichen Entwicklung massiv an den Präsidenten der Deutschen Bundesbank, die Zinsen endlich zu senken.
⑤ Das Kapital der EZB wird im Verhältnis der bestehenden Beteiligungen um 1 Mrd. EUR erhöht.

7 Ausgestaltung der Geldpolitik

7.1 Hauptelemente der geldpolitischen Strategie

Wenn die EZB ihr oberstes Ziel der Preisniveaustabilität erreichen will, muss sie **einerseits** per **Definition** festlegen, wann **Preisniveaustabilität** vorliegt und andererseits über ein geeignetes „Navigationssystem" verfügen, das es ihr erlaubt, den **Zielerreichungsgrad** ständig zu **kontrollieren** und – falls erforderlich – frühzeitig Kurskorrekturen einzuschlagen. Bezüglich dieses Navigationssystems geht es im Kern um die Frage, welche Strategie verfolgt werden soll, um die Gewährleistung von Preisniveaustabilität zu erreichen.

(1) Zwei-Säulen-Strategie

Das Eurosystem stützt sich bei seinem geldpolitischen Vorgehen nun auf Elemente des **Inflation Targeting** und der **Geldmengensteuerung.** Grundlage für die Zinspolitik bildet zum einen eine breit angelegte **Analyse der Preisperspektive.** Dabei versucht das Eurosystem, sich mit einem gesamtwirtschaftlichen Modell und einer Fülle von realwirtschaftlichen und finanziellen Einzelindikatoren ein umfassendes Bild über die **kurz- und mittelfristigen Inflationsaussichten** zu machen **(„wirtschaftliche Analyse").** Über die **längerfristigen** Preisrisiken soll dagegen vor allem die **Geldmengenentwicklung** im Euro-Gebiet Aufschluss geben **(„monetäre Analyse").** Die Strategie der EZB fußt also auf **zwei** einander ergänzenden **Ansätzen,** dem sogenannten **Zwei-Säulen-Konzept.**

Wirtschaftliche Analyse	Monetäre Analyse
Die **erste Säule** ist auf die Beurteilung der **kurz- bis mittelfristigen** Bestimmungsfaktoren der Preisentwicklung – mit Schwerpunkt auf **realwirtschaftlicher** Entwicklung und Finanzierungsbedingungen der Wirtschaft – ausgerichtet. Diese **ökonomische Analyse** trägt der Tatsache Rechnung, dass die Preisentwicklung über diese Zeithorizonte hinweg weitgehend vom Zusammenspiel von Angebot und Nachfrage an den Güter-, Dienstleistungs- und Faktormärkten beeinflusst wird.	Die **zweite Säule** konzentriert sich auf einen **längeren** Horizont und nutzt den langfristigen Zusammenhang zwischen Geldmenge und Preisen. Die monetäre Analyse dient hauptsächlich als Mittel zur Überprüfung – aus mittlerer bis langer Perspektive – der aus der wirtschaftlichen Analyse abgeleiteten kurz- bis mittelfristigen Hinweise für die Geldpolitik.

(2) Referenzwert für das Geldmengenwachstum

Um ihrer Verpflichtung zur monetären Analyse Ausdruck zu verleihen und eine **Orientierungsgröße** für die Beurteilung der monetären Entwicklung bereitzustellen, gab die EZB einen Referenzwert für das **Geldmengenwachstum** bekannt.

Bezüglich des **quantitativen Referenzwertes** für das **Geldmengenwachstum** legte der EZB-Rat folgende Regelungen fest:

- Der Referenzwert bezieht sich auf das breite monetäre Aggregat **M3.**
- Der **Referenzwert** für das Geldmengenwachstum **muss mit dem Ziel der Preisstabilität vereinbar sein** und der Erreichung dieses Ziels dienen.
- Bei der Festlegung des Referenzwertes für das Geldmengenwachstum unterstellt die EZB:
  - ein **Trendwachstum des Produktionspotenzials** gemessen am BIP von **2,0 bis 2,5 %,**

- eine erforderliche Ausweitung der Geldmenge wegen des trendmäßigen **Rückgangs der Umlaufgeschwindigkeit** des Geldes infolge verstärkter langfristiger Kapitalbindung von **0,5 bis 1,0 %** sowie
- eine **„geduldete" Inflationsrate** von **unter 2,0 %**.

- Der EZB-Rat hat beschlossen, diesen Referenzwert für das Geldmengenwachstum in Form einer **Rate** und nicht in Form eines „Korridors" bekannt zu machen. Damit will man verhindern, dass die Öffentlichkeit automatisch mit Zinsänderungen rechnet, falls die tatsächliche Wachstumsrate aus dem vorgegebenen Korridor ausbricht.
- Der EZB-Rat hat den ersten Referenzwert für das Jahr 1999 auf **4,5 % p.a.** festgesetzt und seither unverändert beibehalten.

(3) Quantitätsgleichung (Fishersche Gleichung)

Die so formulierte Strategie der Geldmengensteuerung knüpft an die sogenannte **Quantitätstheorie** an, wonach die Notenbank die Geldmenge genau in dem Maße ausweitet, wie sich das Produktionspotenzial und der Trend der Umlaufgeschwindigkeit entwickeln, wobei noch ein **Zuschlag für** die mit dem Ziel der Preisstabilität **zu vereinbarende Inflationsrate** vorgenommen wird. Die Basis für diese Theorie bildet die sogenannte **Quantitätsgleichung (Fishersche Gleichung),** wobei das Produkt aus Geldmenge (M) und Umlaufgeschwindigkeit (V) dem Produkt aus Preisniveau (P) und realem Sozialprodukt (Y) entsprechen muss.

Quantitätsgleichung: $M \cdot V = P \cdot Y$ bzw. $G \cdot U = H \cdot P$

Die **Umlaufgeschwindigkeit** gibt an, wie oft die Geldmenge in einer Periode umgeschlagen wird.

Beispiel:

In einer Volkswirtschaft besteht die Geldmenge aus 200 Geldeinheiten. Diese werden innerhalb eines Jahres 1,5-mal ausgegeben. Das reale Sozialprodukt besteht aus 100 Gütereinheiten, die vollständig verkauft werden. Wie viel Umsatz wäre möglich?

Bei dieser Umlaufgeschwindigkeit von 1,5 wären in dieser Periode Umsätze in Höhe von 200 · 1,5 = 300 Geldeinheiten möglich. Die Anbieter könnten eine Gütereinheit für 3,00 Geldeinheiten verkaufen.

Nehmen wir an, in der nächsten Periode werde die Produktionsmenge um 5 % erhöht. Die Geldmenge und die Umlaufgeschwindigkeit sollen unverändert bleiben.

Zu welchem Preis wäre eine Gütereinheit jetzt absetzbar?

$$300 : 105 = 2{,}8571 \text{ Geldeinheiten}$$

Die Unternehmer müssten Preisabschläge hinnehmen. Das Preisniveau würde sinken. Es käme zu einem deflatorischen Prozess.

Will man das Preisniveau stabil halten, so hätten entweder die Geldmenge oder die Umlaufgeschwindigkeit erhöht werden müssen. Bei konstanter Umlaufgeschwindigkeit und konstantem Preisniveau ergäbe sich für die Geldmenge folgende Veränderung:

$$M = \frac{105 \cdot 3{,}00}{1{,}5}$$

$$M = 210 \text{ Geldeinheiten}$$

Die Geldmenge müsste in diesem Fall von 200 auf 210 Geldeinheiten oder um 5 % erhöht werden. Dann bliebe das bisherige Preisniveau erhalten:

$$210 \cdot 1{,}5 = 105 \cdot 3{,}00$$
$$315 = 315$$

Eine Gütereinheit könnte weiterhin zum Preis von 3,00 Geldeinheiten verkauft werden.

(4) Wirkungen des Strategiekonzepts

Wie eine im Vergleich zur Gütermenge stärker ansteigende Geldmenge wirkt, verdeutlicht nachfolgender Artikel.

Es begann im vierten Jahrhundert mit Dionysios, dem Tyrannen von Syrakus. Er ließ, als er klamm war, sämtliche Münzen einsammeln und neu prägen. Aus einer Drachme wurden zwei, die Hälfte gab Dionysios zurück, mit der anderen beglich er seine Schulden.

Nach der Einführung von Papiergeld ließ sich der Geldwert später noch einfacher manipulieren. Nun genügte eine Druckerpresse, um die Geldmenge aufzublähen und die Währung abzuwerten. Auf diese Weise entging das Deutsche Reich, nach 1918 von Kriegsschulden und Reparationsleistungen erdrückt, dem Staatsbankrott – freilich um den Preis einer galoppierenden Inflation.

Diese historische Grenzerfahrung war für den amerikanischen Ökonomen Friedman später der beste Beweis dafür, dass es einen Zusammenhang zwischen der Geldmenge und Geldentwertung gebe: Wird das Volumen ausgeweitet, während das Güterangebot gleich bleibt, führe dies zwangsläufig zu Inflation, lautet die zentrale Botschaft der sogenannten Monetaristen. „Inflation", so Friedman, sei „immer und überall ein monetäres Phänomen".

Quelle: Der Spiegel Nr. 41 vom 08.10.2012.

Parallel zu dem Referenzwert für das Geldmengenwachstum fußt das **„Zwei-Säulen-Konzept"** zur Navigation der Geldmenge auf einem breiten Spektrum wirtschaftlicher und finanzieller Größen als Indikatoren. Diese Indikatoren werden als **„Projektionen"** vom volkswirtschaftlichen Ausschuss der Notenbanken des Eurosystems in einem **halbjährlichen** Rhythmus erstellt und auch veröffentlicht, wobei der **Inflationsprojektion** eine besondere Bedeutung zukommt.

Das Ziel der Preisniveaustabilität verfolgt das Eurosystem somit im Rahmen eines in Europa bisher **einzigartigen Strategiekonzepts,** das letztlich eine Kombination der beiden bislang in Europa verfolgten geldpolitischen Strömungen darstellt.

!

Das **auf zwei Säulen basierende „Navigationssystem"** ist eine **Mischform** aus der Strategie der Geldmengensteuerung und der Strategie eines direkten Inflationsziels.

7.2 Handlungsrahmen, Sicherheiten und Instrumente der Geldpolitik

7.2.1 Handlungsrahmen des Eurosystems

Zur Gewährleistung des Zieles der Preisstabilität im Eurogebiet benötigt das Eurosystem nicht nur ein geldpolitisches Konzept, sondern auch einen **Handlungsrahmen,** der die erforderlichen Maßnahmen für die Umsetzung geldpolitischer Entscheidungen bestimmt. Die Hauptbestandteile des Handlungsrahmens für die geldpolitischen Operationen des Eurosystems sind

- Offenmarktgeschäfte,
- ständige Fazilitäten und
- ein Mindestreservesystem.

Um seine geldpolitischen Zielsetzungen zu erreichen, benötigt das Eurosystem ein differenziertes geldpolitisches Instrumentarium. Schließlich kann die EZB zum Zweck der Zielerreichung **nicht direkt auf die Geldmenge oder die Preise einwirken.** Das Eurosystem muss sich vielmehr des Bankensystems als Übermittler seiner geldpolitischen Absichten bedienen und die Preisstabilität **über Zinssätze und Liquiditätsbereitstellung bzw. Liquiditätsabschöpfung** steuern.

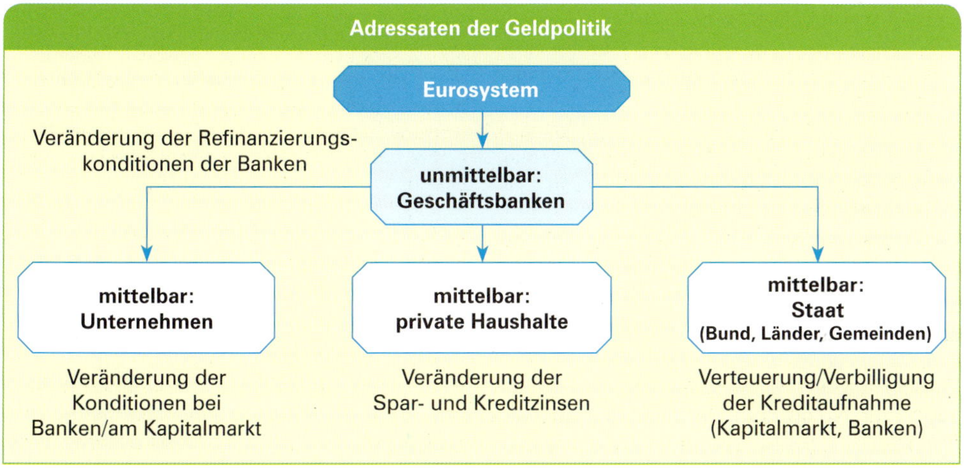

Quelle: Deutsche Bundesbank, Geld & Geldpolitik, Frankfurt 2010.

Geldpolitische Adressaten des Eurosystems sind die sogenannten **Geschäftspartner.** Hierzu zählen alle **mindestreservepflichtigen Kreditinstitute.**

Einen Überblick über das **geldpolitische Instrumentarium und die damit möglichen Maßnahmen des Eurosystems** gibt nachfolgende Zusammenstellung:

Geldpolitische Geschäfte	Transaktionsart		Laufzeit	Rhythmus	Verfahren
	Liquiditätsbereitstellung	Liquiditätsabschöpfung			
OFFENMARKTGESCHÄFTE					
Hauptrefinanzierungsinstrument	■ befristete Transaktionen	–	eine Woche	wöchentlich	Standardtender
Längerfristige Refinanzierungsgeschäfte	■ befristete Transaktionen	–	drei Monate	monatlich	Standardtender
Feinsteuerungsoperationen	■ befristete Transaktionen ■ Devisenswaps	■ Devisenswaps ■ Hereinnahme von Termineinlagen ■ befristete Transaktionen	nicht standardisiert	unregelmäßig; auch am letzten Tag der Mindestreserve-Erfüllungsperiode	Schnelltender bilaterale Geschäfte

Geldpolitische Geschäfte	Transaktionsart		Laufzeit	Rhythmus	Verfahren
	Liquiditätsbereitstellung	Liquiditätsabschöpfung			
Strukturelle Operationen	■ befristete Transaktionen	■ Emission von Schuldverschreibungen	standardisiert/nicht standardisiert	regelmäßig und unregelmäßig	Standardtender
	■ endgültige Käufe	■ endgültige Verkäufe	–	unregelmäßig	bilaterale Geschäfte
STÄNDIGE FAZILITÄTEN					
Spitzenrefinanzierungsfazilität	■ befristete Transaktionen	–	über Nacht	Inanspruchnahme auf Initiative der Geschäftspartner	
Einlagefazilität	–	Einlagenannahme	über Nacht	Inanspruchnahme auf Initiative der Geschäftspartner	
MINDESTRESERVESYSTEM					

Quelle: Europäische Zentralbank, Durchführung der Geldpolitik im Euro-Währungsgebiet – Allgemeine Regelungen für die geldpolitischen Instrumente und Verfahren des Eurosystems.

7.2.2 Sicherheiten

(1) Refinanzierungsfähige Sicherheiten

Alle Transaktionen, bei denen das Eurosystem den Geschäftspartnern Liquidität zur Verfügung stellt (Offenmarktgeschäfte und Übernachtkredite), müssen durch **ausreichende Sicherheiten** gedeckt sein. Das Eurosystem hat einen einheitlichen Rahmen für notenbankfähige Sicherheiten geschaffen.

Die EZB und die nationalen Zentralbanken können auf den Finanzmärkten tätig werden, indem sie Finanzaktiva **endgültig** oder im Rahmen von **Rückkaufsvereinbarungen (Pensionsgeschäften)** kaufen und verkaufen.

Dementsprechend werden alle liquiditätszuführenden Operationen des Eurosystems mit Sicherheiten unterlegt, die die Geschäftspartner zur Verfügung stellen, indem sie entweder das **Eigentum** an diesen Vermögenswerten übertragen (bei endgültigen Käufen oder Rückkaufsvereinbarungen) oder sie als **Pfand,** Abtretung oder sonstiges umfassendes Sicherungsrecht einsetzen (bei besicherten Krediten).

Befristete Transaktionen als

Pensionsgeschäfte	**Pfandkredite**
= Ankauf refinanzierungsfähiger Sicherheiten mit Rückkaufsvereinbarung	= Kredit gegen Verpfändung refinanzierungsfähiger Sicherheiten

Beispiel Wertpapierpensionsgeschäft:

Das Eurosystem bietet Pensionsgeschäfte an: Laufzeit 20 Tage, Pensionssatz 3 %.
Bank A verkauft Wertpapiere für 3 Mio. EUR.

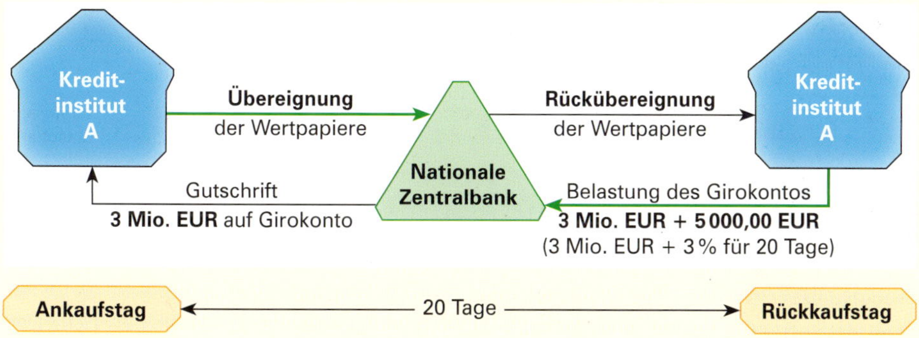

Um das Eurosystem gegen Verluste aus geldpolitischen Transaktionen abzusichern, die **Gleichbehandlung** der Geschäftspartner zu gewährleisten sowie die Effizienz und Transparenz der Geschäfte zu verbessern, müssen die **notenbankfähigen Sicherheiten** bestimmte **Voraussetzungen** erfüllen, damit sie für die geldpolitischen Operationen des Eurosystems geeignet sind. Das Eurosystem hat einen **einheitlichen Rahmen** für notenbankfähige Sicherheiten geschaffen, der für **alle Kreditgeschäfte** des Eurosystems gilt. Der einheitliche Rahmen umfasst **zwei Kategorien** von Sicherheiten, nämlich **marktfähige** und **nicht marktfähige Sicherheiten**.

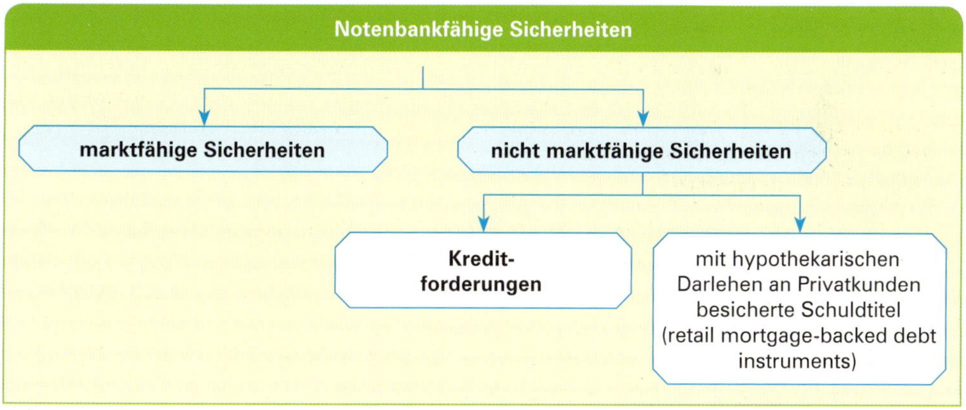

(2) Bewertung der Sicherheiten, Abschläge und Margen

Die Bundesbank nimmt auf Sicherheiten **Bewertungsabschläge** vor. Bei marktgängigen Wertpapieren erfolgt ein prozentualer Abschlag vom Marktwert, dessen Höhe sich nach einer von vier **Liquiditätskategorien,** der **Art der Verzinsung** und den **Restlaufzeiten** der Wertpapiere richtet. Die Abschläge betragen **zwischen 0,5 % und 18 %** des Marktwertes.

Für **Kreditforderungen** mit **variablem** Zinssatz beträgt der **Abschlag 7 %,** bei solchen mit **Festzinsvereinbarung** je nach Laufzeit zwischen **9 % und 41 %**.

Die in der **Praxis** von den Kreditinstituten **überwiegend** zur Refinanzierung für **befristete** Transaktionen eingesetzten **Wertpapiere** befinden sich meist in einem **Dispositionsdepot** bei der Deutschen Bundesbank. Dieses Depot wird in der Regel bei der **Clearstream Banking AG** unterhalten.

7.2.3 Geldpolitisches Instrumentarium

7.2.3.1 Überblick zur Geldpolitik der EZB

Quelle: In Anlehnung an: www.ecb.int

7.2.3.2 Offenmarktgeschäfte

Im Rahmen der geldpolitischen Strategie spielt die Offenmarktpolitik eine **zentrale Rolle bei der Zinssteuerung und der Bereitstellung von Liquidität** am Markt.

Offenmarktgeschäfte lassen sich in Abhängigkeit von der Zielsetzung, der Laufzeit und dem Rhythmus in **vier Varianten** unterteilen:

- Hauptrefinanzierungsinstrument („Haupttender"),
- längerfristige Refinanzierungsgeschäfte („Basistender"),
- Feinsteuerungsoperationen,
- strukturelle Operationen.

Bei den Offenmarktgeschäften geht die **Initiative von der EZB aus;** denn alle vier Varianten werden entweder in Form von **Tenderverfahren** oder als **bilaterale Geschäfte** durchgeführt.

(1) Grundlegende Verfahren bei der Durchführung von Offenmarktgeschäften

<table>
<tr><th>Verfahren</th><th>Erläuterungen</th></tr>
<tr><td>Tender-verfahren</td><td>Hierbei handelt es sich um ein Verfahren, bei dem durch öffentliche Ausschreibung den Geschäftspartnern die Möglichkeit eingeräumt wird, sich Zentralbankgeld auf dem Wege eines Versteigerungsverfahrens zu beschaffen.

Verfahrensschritte bei Tenderverfahren:

Schritt 1: Tenderankündigung
a) Ankündigung durch die EZB über Wirtschaftsinformationsdienste.
b) Ankündigung durch die nationalen Zentralbanken über nationale Wirtschaftsdienste und direkt gegenüber einzelnen Geschäftspartnern (falls dies notwendig erscheint).
↓
Schritt 2: Vorbereitung und Abgabe von Geboten durch die Geschäftspartner
↓
Schritt 3: Zusammenstellung der Gebote durch die EZB
↓
Schritt 4: Tenderzuteilung und Bekanntmachung der Tenderergebnisse
a) Zuteilungsentscheidung der EZB
b) Bekanntmachung des Zuteilungsergebnisses
↓
Schritt 5: Bestätigung der einzelnen Zuteilungsergebnisse
↓
Schritt 6: Abwicklung der Transaktionen

Bei den Tenderverfahren existieren zwei Varianten:
■ Standardtender: Sie sollen jedem geldpolitischen Geschäftspartner die Teilnahme ermöglichen und finden insbesondere bei der Durchführung regelmäßiger Offenmarktgeschäfte – Haupt- und längerfristige Refinanzierungsgeschäfte – sowie ggf. auch bei strukturellen Operationen Anwendung.
■ Schnelltender: Sie werden lediglich mit einem beschränkten Kreis von Geschäftspartnern durchgeführt und kommen bei den Feinsteuerungsoperationen zum Einsatz.</td></tr>
<tr><td>Bilaterale Geschäfte</td><td>Hierbei handelt es sich um Direktabschlüsse mit Geschäftspartnern ohne Tenderprozedur. Die bilateralen Geschäfte werden üblicherweise auf einen nochmals engeren Kreis von Geschäftspartnern beschränkt sein. Sie kommen für Feinsteuerungsoperationen, aber auch für strukturelle Operationen infrage.</td></tr>
</table>

Das Eurosystem kann Standardtender entweder als **Mengen- oder Zinstender** ausschreiben, wobei der Zinstender in Abhängigkeit von den Zuteilungsmodalitäten als **holländisches oder amerikanisches Zuteilungsverfahren** ausgestaltet sein kann.

Standardtender im Überblilck

Mengentender

Bei dem Mengentender wird der **Zinssatz** von der EZB **im Voraus festgelegt.** Die teilnehmenden **Geschäftspartner** bieten den Betrag, den sie zu diesem Festsatz übernehmen möchten.

Nach Vorliegen der Angebote teilt die EZB den Geschäftspartnern dann denjenigen Betrag zu, der ihren liquiditätspolitischen Vorstellungen entspricht. Übersteigt die Summe der Einzelgebote der Kreditinstitute die Vorstellungen der EZB, erfolgt eine gleichmäßige Quotierung aller Angebote.

Während das Eurosystem **bis Juni 2000** beim Hauptrefinanzierungsgeschäft **stets den Mengentender** einsetzte, benutzte es **bis 2008 den Zinstender.** Der Grund für den Wechsel lag darin, dass die Banken beim Mengentender so **hohe Gebote** abgaben, dass der Anteil der bedienten Gebote (Repartierungsquote) schließlich **unter ein Prozent** sank.

In der Zeit der Finanzkrise hat der EZB-Rat allerdings beschlossen, so lange wie nötig die Hauptrefinanzierungsgeschäfte wieder als Mengentender, jedoch mit **vollständiger** Zuteilung abzuwickeln, um dem Bankensektor so die benötigte Liquidität zuzuführen.

Beispiel:

Die EZB möchte dem Markt insgesamt 10 Mrd. EUR Liquidität zur Verfügung stellen.

Zinsvorgabe: 2,50 %

Gebote:

Geschäftspartner A:	4,0 Mrd. EUR
Geschäftspartner B:	7,0 Mrd. EUR
Geschäftspartner C:	2,0 Mrd. EUR
Geschäftspartner D:	4,0 Mrd. EUR
Geschäftspartner E:	3,0 Mrd. EUR
Gesamt:	**20,0 Mrd. EUR**

Quotierung: 50 %

Geschäftspartner A:	2,0 Mrd. EUR
Geschäftspartner B:	3,5 Mrd. EUR
Geschäftspartner C:	1,0 Mrd. EUR
Geschäftspartner D:	2,0 Mrd. EUR
Geschäftspartner E:	1,5 Mrd. EUR
Gesamt:	**10,0 Mrd. EUR**

Zinstender

Bei dem Zinstender bieten die Geschäftspartner des Eurosystems **sowohl** den von ihnen gewünschten **Betrag** als auch den Zinssatz, zu dem sie das Geschäft abzuschließen bereit sind. Wenn die Geschäftspartner **zu niedrige Zinsen** bieten, laufen sie Gefahr, bei der **Zuteilung leer auszugehen.** Umgekehrt haben sie bei **hohen Zinsgeboten** die Chance, **volle Zuteilung** des gewünschten Betrages zu erhalten. Die EZB setzt **intern** allerdings einen **Gesamtkreditbetrag** als Höchstgrenze fest. Gebote zu dem gerade noch zum Zuge gekommenen Zinssatz (marginaler Zinssatz) werden auch hier – falls erforderlich – quotiert.

Als **marginaler Zinssatz** wird der Satz bezeichnet, zu dem der Markt geräumt wird. Es handelt sich immer um den **letzten** Zins, zu dem noch **zugeteilt** wurde (hier: 3,50 %).

Holländisches Verfahren

Die **Zuteilung** bei diesem Verfahren erfolgt zu einem **Einheitszinssatz.**

Dieser Zuteilungssatz ist der niedrigste akzeptierte Bietungssatz, für alle zum Zuge kommenden Gebote.

Beispiel:

Die EZB gibt einen Mindestbietungssatz von 3,00 % bekannt. Der Gesamtkreditbetrag wird **intern** auf 15 Mrd. EUR festgelegt.

Gebote:

Geschäftspartner A:	4,0 Mrd. EUR zu 4,00 %
Geschäftspartner B:	6,0 Mrd. EUR zu 3,75 %
Geschäftspartner C:	3,0 Mrd. EUR zu 3,60 %
Geschäftspartner D:	2,0 Mrd. EUR zu 3,50 %
Geschäftspartner E:	2,0 Mrd. EUR zu 3,50 %
Geschäftspartner F:	3,0 Mrd. EUR zu 3,20 %
Gesamt:	**20,0 Mrd. EUR**

Zuteilung erfolgt einheitlich zu 3,50 %:

Geschäftspartner A:	4,0 Mrd. EUR
Geschäftspartner B:	6,0 Mrd. EUR
Geschäftspartner C:	3,0 Mrd. EUR
Geschäftspartner D:	1,0 Mrd. EUR
Geschäftspartner E:	1,0 Mrd. EUR
Gesamt:	**15,0 Mrd. EUR**

Bei den Geschäftspartnern D und E erfolgt eine Quotierung mit 50 %.

Amerikanisches Verfahren

Bei diesem Zuteilungsverfahren entspricht der **Zuteilungszinssatz** dem **individuellen Bietungssatz** des jeweiligen Geschäftspartners.

Vor allem die **Hauptrefinanzierungsgeschäfte** werden nach dem **amerikanischen** Zinstenderverfahren durchgeführt.

Beispiel:

Die EZB gibt einen Mindestbietungssatz von 3,00 % bekannt. Der Gesamtkreditbetrag wird **intern** auf 15 Mrd. EUR festgelegt.

Gebote:

Geschäftspartner A:	4,0 Mrd. EUR zu 4,00 %
Geschäftspartner B:	6,0 Mrd. EUR zu 3,75 %
Geschäftspartner C:	3,0 Mrd. EUR zu 3,60 %
Geschäftspartner D:	2,0 Mrd. EUR zu 3,50 %
Geschäftspartner E:	2,0 Mrd. EUR zu 3,50 %
Geschäftspartner F:	3,0 Mrd. EUR zu 3,20 %
Gesamt:	**20,0 Mrd. EUR**

Zuteilung erfolgt nach den individuellen Geboten:

Geschäftspartner A:	4,0 Mrd. EUR zu 4,00 %
Geschäftspartner B:	6,0 Mrd. EUR zu 3,75 %
Geschäftspartner C:	3,0 Mrd. EUR zu 3,60 %
Geschäftspartner D:	1,0 Mrd. EUR zu 3,50 %
Geschäftspartner E:	1,0 Mrd. EUR zu 3,50 %
Gesamt:	**15,0 Mrd. EUR**

Bei den Geschäftspartnern D und E erfolgt eine Quotierung mit 50 %.

(2) Arten von Offenmarktgeschäften

Offenmarkt-geschäfte	Erläuterungen
Hauptrefinanzierungsinstrument	Den **größten Teil der Liquidität** stellt das Eurosystem dem Bankensystem über das **Hauptrefinanzierungsinstrument** zur Verfügung, also Offenmarktgeschäfte, die **regelmäßig** im Wege von **Standardtendern** in **wöchentlichen Abständen** und einer **Laufzeit von einer Woche** (daher die Bezeichnung „befristete Transaktion") durchgeführt werden. Dem Grunde nach handelt es sich bei den „Haupttendern" um **Darlehensgeschäfte auf Pfandbasis**, d.h., die Geschäftspartner erhalten ein Darlehen und stellen im Gegenzug **refinanzierungsfähige Sicherheiten,** an denen zugunsten der jeweiligen nationalen Zentralbank ein **Pfandrecht** bestellt wird. Es findet also kein Kauf von Sicherheiten mit Rückkaufsvereinbarung (Pensionsgeschäfte) mehr statt. Der **Mindestbietungsbetrag** liegt bei **1 Million EUR,** darüber hinaus sind Schritte in Höhe von 100 000,00 EUR zugelassen.
Längerfristige Refinanzierungsgeschäfte	Längerfristige Refinanzierungsgeschäfte werden **regelmäßig** im Wege von **Standardtendern** in **monatlichen Abständen** und mit einer **Laufzeit von drei Monaten** (daher die Bezeichnung „befristete Transaktion") durchgeführt. Die längerfristige Mittelbereitstellung trägt zur Verstetigung des Geldmarktes und zur Dispositionssicherheit insbesondere kleinerer Banken bei. Dem Grunde nach handelt es sich bei dem „Basistender" ebenfalls um **Darlehensgeschäfte auf Pfandbasis,** d.h., die Geschäftspartner erhalten ein Darlehen und stellen im Gegenzug **refinanzierungsfähige Sicherheiten,** an denen zugunsten der jeweiligen nationalen Zentralbank ein **Pfandrecht** bestellt wird (keine Pensionsgeschäfte). Der **Mindestbietungsbetrag** liegt in Deutschland bei **10 000,00 EUR,** darüber hinaus sind Schritte in Höhe von 10 000,00 EUR zugelassen.
Feinsteuerungs-operationen	Im Gegensatz zu Haupt- und Basistender dienen die **nicht standardisierten** und **unregelmäßig eingesetzten Feinsteuerungsoperationen sowohl dem Zweck der Liquiditätsbereitstellung** als auch der **Liquiditätsabschöpfung.** Dieses Instrument wird **fallweise zur Steuerung der Marktliquidität** durchgeführt, und zwar insbesondere, um die Auswirkungen unerwarteter marktmäßiger Liquiditätsschwankungen auf die Zinssätze auszugleichen. Ihrem Zweck entsprechend werden sie bei Bedarf im Wege von **Schnelltendern** – Abwicklung von der Ankündigung bis zur Mitteilung der Zuteilungsergebnisse dauert lediglich **eine Stunde** – **oder** als **bilaterale Geschäfte** durchgeführt. Neben den befristeten Transaktionen sind bei diesem Instrument allerdings auch definitive Käufe bzw. Verkäufe sowie Devisenswaps und die Hereinnahme von Termineinlagen durch die Zentralbank vorgesehen.
Strukturelle Operationen	Strukturelle Operationen zur **Liquiditätsbereitstellung** oder **Liquiditätsabschöpfung** können in Form von definitiven Käufen bzw. Verkäufen (Abwicklung über **bilaterale Geschäfte**), befristeten Transaktionen oder durch die Begebung von Schuldverschreibungen (Abwicklung über **Standardtender**) erfolgen.

24 Boller, Schuster - ISBN 978-3-8120-0680-4

(3) Wirkungsweise der Offenmarktpolitik

Die möglichen Wirkungsketten durch die EZB verdeutlicht nachfolgende Abbildung.

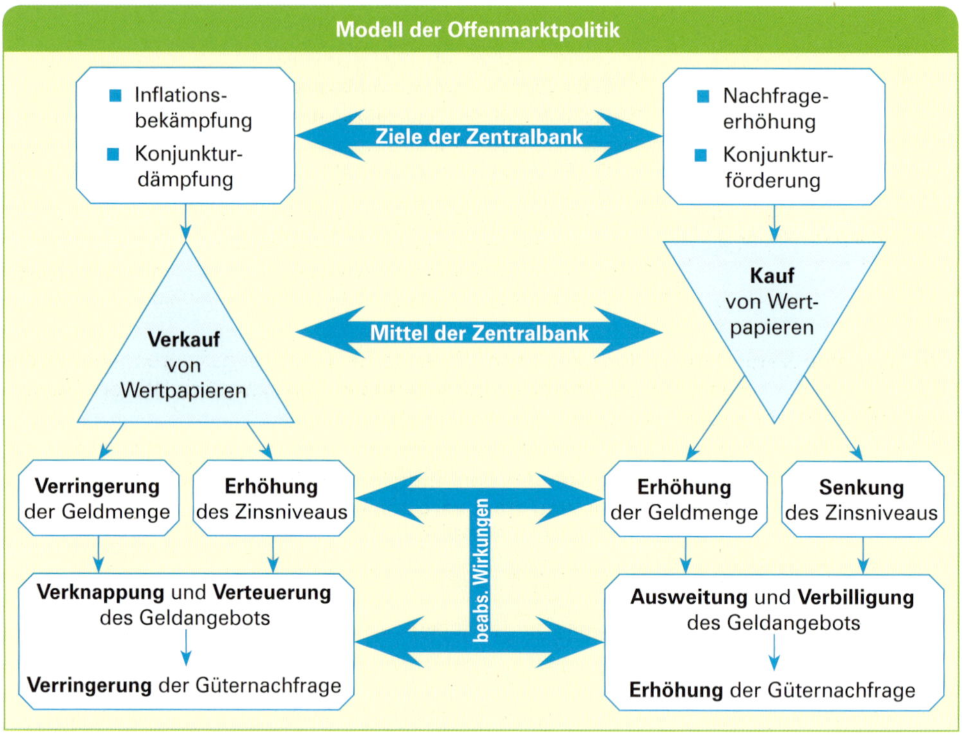

Wirkungen der Offenmarktinstrumente	
Beispiele	**Mögliche Wirkungskette**
Erhöhung des Zinssatzes (z. B. beim Haupttender) durch die EZB **im Vorgriff** auf **erwartete Preissteigerungen** (Inflation)	▪ Zinsniveau am Geldmarkt steigt. ▪ Refinanzierungskosten der Geschäftsbanken für kurzfristige Gelder steigen. ▪ Geschäftsbanken heben die Kundenzinssätze für kurzfristige Kredite/Einlagen an. ▪ Zinsanstieg springt auf Kredit- und Kapitalmärkte über (Voraussetzung: Erwartung langfristig steigender Zinssätze). ▪ Kreditaufnahme der Bankkunden sinkt, Sparneigung steigt. ▪ Geldmenge geht durch sinkende Kreditschöpfung und steigende Geldkapitalbildung zurück. ▪ Tendenziell sinkende monetäre Nachfrage führt bei gleichbleibendem Güterangebot zur Preisstabilisierung.

Wirkungen der Offenmarktinstrumente	
Beispiele	**Mögliche Wirkungskette**
Minderzuteilung von Liquidität beim **Zinstender**	▪ Verringerung des Zentralbankgeldes. ▪ Liquiditätsentzug im Bankensektor. ▪ Einengung des Kreditvergabespielraumes. ▪ Verknappung der Liquidität bewirkt tendenziell Anstieg der Zinssätze für Refinanzierung.
Liquiditätsabschöpfung (z. B. durch Emission von Schuldverschreibungen)	▪ Geldmenge sinkt. ▪ Liquiditätsentzug im Bankensektor. ▪ Einengung des Kreditvergabespielraumes. ▪ Verknappung der Liquidität bewirkt tendenziell Anstieg der Zinssätze für Refinanzierung.

Wie sich eine **Veränderung der Leitzinsen** (Zinssatz für Hauptrefinanzierungsgeschäfte) als Impuls im Sinne eines **Transmissionsmechanismus** auf die einzelnen **Wirtschaftssubjekte auswirkt,** verdeutlicht nachfolgende Abbildung.

Die Transmission geldpolitischer Impulse durch die Wirtschaft (Schematische und stark vereinfachte Darstellung)

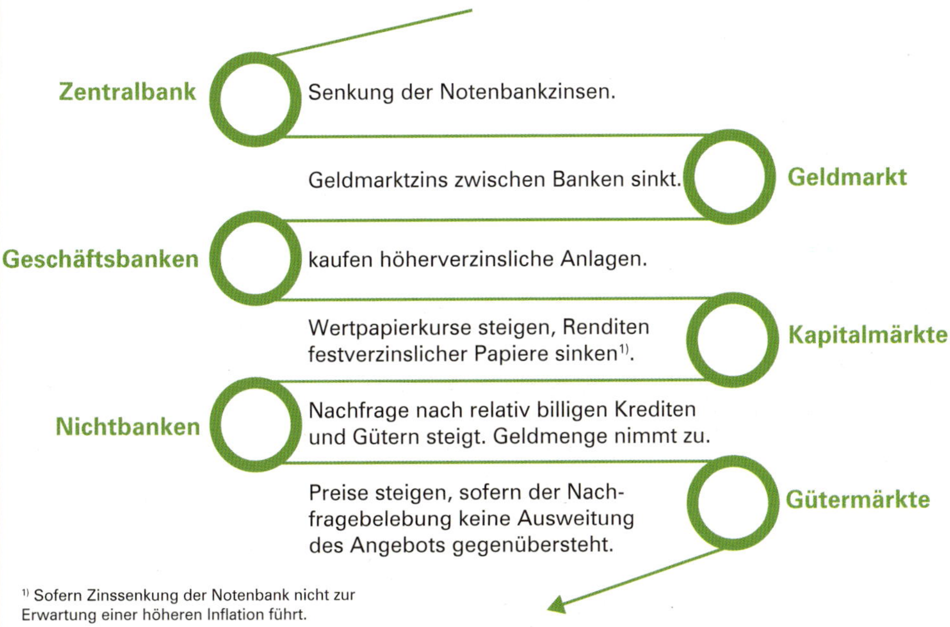

[1] Sofern Zinssenkung der Notenbank nicht zur Erwartung einer höheren Inflation führt.

Quelle: Deutsche Bundesbank, Geld & Geldpolitik 2007.

7.2.3.3 Ständige Fazilitäten

Die zinspolitische Schwankungsbreite für die laufende Geldmarktsteuerung im Eurosystem markieren zwei ständige Fazilitäten:

- die Spitzenrefinanzierungsfazilität und
- die Einlagefazilität.

Auf diese beiden Instrumente können die **Geschäftspartner in eigener Initiative** grundsätzlich **unbeschränkt und jeweils „über Nacht“,** d. h. nur für einen Geschäftstag, zurückgreifen.

> Die **Fazilitäten** dienen der **Zuführung bzw. Abschöpfung** von **Übernachtliquidität.**

1. EZB-Zinssätze

% p.a.

Gültig ab	Einlagefazilität	Hauptrefinanzierungsgeschäfte: Festsatz	Hauptrefinanzierungsgeschäfte: Mindestbietungssatz	Spitzenrefinanzierungsfazilität
2005 6. Dez.	1,25	–	2,25	3,25
2006 8. März	1,50	–	2,50	3,50
15. Juni	1,75	–	2,75	3,75
9. Aug.	2,00	–	3,00	4,00
11. Okt.	2,25	–	3,25	4,25
13. Dez.	2,50	–	3,50	4,50
2007 14. März	2,75	–	3,75	4,75
13. Juni	3,00	–	4,00	5,00
2008 9. Juli	3,25	–	4,25	5,25
8. Okt.	2,75	–	3,75	4,75
9. Okt.	3,25	3,75	–	4,25
12. Nov.	2,75	3,25	–	3,75
10. Dez.	2,00	2,50	–	3,00
2009 21. Jan.	1,00	2,00	–	3,00
11. März	0,50	1,50	–	2,50
8. April	0,25	1,25	–	2,25
13. Mai	0,25	1,00	–	1,75

Gültig ab	Einlagefazilität	Hauptrefinanzierungsgeschäfte: Festsatz	Hauptrefinanzierungsgeschäfte: Mindestbietungssatz	Spitzenrefinanzierungsfazilität
2011 13. April	0,50	1,25	–	2,00
13. Juli	0,75	1,50	–	2,25
9. Nov.	0,50	1,25	–	2,00
14. Dez.	0,25	1,00	–	1,75
2012 11. Juli	0,00	0,75	–	1,50
2013 8. Mai	0,00	0,50	–	1,00
13. Nov.	0,00	0,25	–	0,75
2014 11. Juni	–0,10	0,15	–	0,40
10. Sept.	–0,20	0,05	–	0,30
2015 9. Dez.	–0,30	0,05	–	0,30
2016 16. März	–0,40	0,00	–	0,25

1 Gemäß § 247 BGB.

Quelle: Bundesbank, Dezember 2018, S. 43*.

Während der Zinssatz für die **Spitzenrefinanzierungsfazilität** im Allgemeinen die **Obergrenze** für den Tagesgeldsatz am Interbankenmarkt vorgibt, bildet der Zinssatz der spiegelbildlich ausgestalteten **Einlagefazilität** die **Untergrenze** für den Tagesgeldsatz. Innerhalb dieses **„Zinskanals“** bewegt sich der Geldmarktleitzinssatz **(Reposatz)** des Haupttenders.

Ständige Fazilitäten	Erläuterungen
Spitzenrefinanzierungsfazilität	Geschäftspartner können sich **für einen Geschäftstag** (über Nacht) Liquidität **in beantragter Höhe** zu einem **vorgegebenen Zinssatz** bei den nationalen Zentralbanken **beschaffen.** Eine am Ende eines Geschäftstages bestehende **Kontoüberziehung** bei den nationalen Zentralbanken (z. B. resultierend aus dem Zahlungsverkehr) **gilt als Antrag auf Inanspruchnahme** eines Übernachtkredites. Bei Inanspruchnahme sind **Sicherheiten** in Form von **Pfandrechten** zu stellen.
Einlagefazilität	Geschäftspartner können **für einen Geschäftstag** (über Nacht) Liquiditätsüberschüsse zu einem **vorgegebenen Zinssatz** bei den nationalen Zentralbanken **anlegen.** Der Zugang zur Einlagefazilität ist bis 18:30 Uhr möglich, sodass in der Regel sämtliche Liquiditätsbewegungen des jeweiligen Geschäftstages vollständig disponiert werden können. Im **Juni 2014** beschloss die EZB erstmalig in ihrer Geschichte die Einführung eines **Negativzinssatzes** für die Einlagefazilität. Diese Maßnahme soll u. a. dazu beitragen, dass die Banken die vorhandene Liquidität in Form von Krediten an die Wirtschaft weiterleiten.

Geldpolitische Wirkungen der ständigen Fazilitäten

Spitzenrefinanzierungsfazilität	Einlagefazilität
Durch die kurzfristige Liquiditätsbereitstellung **erhöht** sich die **Geldmenge.**	Durch die kurzfristige Liquiditätsüberlassung **verringert** sich die **Geldmenge.**

7.2.3.4 Mindestreservepolitik

(1) Mindestreservepflicht

Das Eurosystem verlangt von im Euroraum niedergelassenen Kreditinstituten die Unterhaltung von Mindestreserven.

Bei Mindestreserven handelt es sich um **verzinsliche Guthaben,** die **Kreditinstitute** kraft Gesetz bei den **nationalen Zentralbanken** zu unterhalten haben.

Die Mindestreserven werden mit dem **Zinssatz für das Hauptrefinanzierungsinstrument** verzinst. Die Zinsgutschrift erfolgt jeweils am **zweiten Geschäftstag** der nationalen Notenbank nach Ende der betreffenden Mindestreserveerfüllungsperiode.

Die **EZB kann** in Liquidation oder Sanierung befindliche Kreditinstitute **von der Mindestreservehaltung freistellen.** Darüber hinaus kann die EZB weitere Institute von der Mindestreserve ausnehmen, wenn die Anwendung der Mindestreservepflicht auf diese Institute nicht zweckmäßig wäre. Anhaltspunkte für eine solche Freistellung können sein:

- Institute nehmen spezielle Aufgaben wahr (Spezialinstitute),
- sie üben keine aktiven Bankfunktionen im Wettbewerb mit anderen Instituten aus,
- Einlagen werden ausschließlich für regionale oder internationale Entwicklungshilfeprojekte gebildet.

Die EZB führt ein **Verzeichnis aller reservepflichtigen Institute** sowie ein Verzeichnis der Institute, die von der Mindestreservepflicht aus anderen Gründen als ihrer Sanierung befreit sind. Dieses Verzeichnis wird am letzten Geschäftstag eines Kalendermonats von der EZB im Internet veröffentlicht. Anhand dieser Liste können die Institute ihre Mindestreservebasis für die folgende Erfüllungsperiode berechnen.

(2) Mindestreservebasis und Reservesatz

Die **Mindestreservebasis** ist die Summe aller derjenigen **Bilanzpositionen,** die mindestreservepflichtig sind und somit die Grundlage für die Berechnung der zu haltenden Mindestreserve (Mindestreserve-Soll) bilden.

A. In die Mindestreserve einbezogene Verbindlichkeiten mit einem Reservesatz von 1 %

Einlagen:

- Täglich fällige Einlagen (einschließlich Geldkarten-Aufladungsgegenwerte)
- Einlagen mit einer vereinbarten Laufzeit von bis zu zwei Jahren
- Einlagen mit einer vereinbarten Kündigungsfrist von bis zu zwei Jahren

Ausgegebene Schuldverschreibungen:

- Schuldverschreibungen mit einer vereinbarten Laufzeit von bis zu zwei Jahren einschließlich Geldmarktpapiere

Verbindlichkeiten aus ausgegebenen Bankschuldverschreibungen und ausgegebenen Geldmarktpapieren, die nachweisbar von anderen mindestreservepflichtigen Instituten gehalten werden, können von den genannten Verbindlichkeiten abgezogen werden. Sofern ein Einzelnachweis nicht erbracht werden kann, besteht die Möglichkeit, dass der Emittent bei der Berechnung der Mindestreservebasis pauschale Abzugsbeträge von **30 %** seiner umlaufenden ausgegebenen Schuldverschreibungen und Geldmarktpapiere geltend machen kann.

B. In die Mindestreservebasis einbezogene Verbindlichkeiten mit einem Reservesatz von 0 %

Einlagen:

- Einlagen mit vereinbarter Laufzeit von über zwei Jahren (hierunter fallen beispielsweise Bauspareinlagen, wobei Bausparkassen grundsätzlich mindestreservepflichtig sind)
- Einlagen mit vereinbarter Kündigungsfrist von über zwei Jahren
- Repogeschäfte zwischen Kreditinstituten

Ausgegebene Schuldverschreibungen

- Schuldverschreibungen mit einer vereinbarten Laufzeit von länger als zwei Jahren

C. Nicht in die Mindestreserve einbezogene Verbindlichkeiten

- Verbindlichkeiten gegenüber Instituten, die selbst den Mindestreservevorschriften des Eurosystems unterliegen
- Verbindlichkeiten gegenüber der EZB und den nationalen Zentralbanken

(3) Berechnung der Mindestreserve

Berechnung des Mindestreserve-Solls

Grundlage für die Ermittlung des Mindestreserve-Solls ist die Höhe der **Monatsendbestände** der reservepflichtigen Verbindlichkeiten des vorletzten Monats vor dem Beginn der Erfüllungsperiode, die der Bundesbank im Rahmen der monatlichen Bilanzstatistik gemeldet werden müssen. Die so ermittelten Verbindlichkeiten werden mit den jeweiligen Mindestreservesätzen multipliziert. Das Produkt entspricht dem Mindestreserve-Soll für die folgende Erfüllungsperiode, wobei jedes Kreditinstitut einen **pauschalen Freibetrag von 100 000,00 EUR** in Abzug bringen kann.

Beispiel:

Die Bank in Neuhausen weist in ihrer Bilanzstatistik zum 30.04.20.. folgende Endbestände auf:

Verbindlichkeiten	Endbestand
Täglich fällige Einlagen	300 Mio. EUR
Einlagen mit einer Laufzeit von bis zu zwei Jahren	180 Mio. EUR
Einlagen mit einer Kündigungsfrist von bis zu zwei Jahren	150 Mio. EUR
Ausgegebene Schuldverschreibungen mit vereinbarter Laufzeit bis zu zwei Jahren (einschl. Geldmarktpapiere)	300 Mio. EUR
– abzüglich 30 % pauschaler Abzug	–90 Mio. EUR
Summe der reservepflichtigen Verbindlichkeiten	840 Mio. EUR

Berechnung des Mindestreserve-Solls:

Mindestreserve-Soll = (840 Mio. EUR · 0,01) – 100 000,00 EUR

Mindestreserve-Soll = 8,3 Mio. EUR

Berechnung des Mindestreserve-Ist:

Grundlage für die Ermittlung des Mindestreserve-Ist bilden die **Tagesendguthaben** auf den Reservekonten bei der jeweiligen nationalen Zentralbank bzw. den Zentralinstituten. Die Tagesendbestände werden addiert und durch die **Zahl der Kalendertage** des Erfüllungszeitraumes dividiert.

Die Erfüllungsperiode beginnt an dem Abwicklungstag des Hauptrefinanzierungsgeschäftes (Mittwoch), das dem **ersten** Donnerstag eines Monats, an dem der EZB-Rat für gewöhnlich geldpolitische Beschlüsse fasst, **folgt.** Der letzte Tag der Erfüllungsperiode hingegen wird auf einen Dienstag in der darauf folgenden **ersten** Monatshälfte gelegt. Auf der Grundlage der Sitzungstermine des EZB-Rates erstellt die EZB für das gesamte Jahr einen **„Mindestreservekalender“,** in dem jeweils der erste und der letzte Tag einer Erfüllungsperiode festgelegt werden. Die Tage der Erfüllungsperiode werden **kalendermäßig genau** gezählt.

Beispiel:

Die Summe der Tagesendguthaben der Bank in Neuhausen betrug in der Zeit vom 09.06. bis 13.07.20.. insgesamt 300 Mio. EUR.

Mindestreserve-Ist = 300 Mio. EUR : 35 Kalendertage
Mindestreserve-Ist = 8,57 Mio. EUR ≧ 8,3 Mio. (Mindestreserve-Soll)

Fazit: Die Bank in Neuhausen hat die Mindestreservepflicht erfüllt.

- Die **Mindestreservepflicht** ist **erfüllt,** wenn das **Mindestreserve-Ist ≧ Mindestreserve-Soll** ist.
- Die **Mindestreservepflicht** ist **nicht erfüllt,** wenn das **Mindestreserve-Ist < Mindestreserve-Soll** ist.

(4) Sanktionen bei Nichterfüllung der Mindestreserve

Bei Nichterfüllung der **Mindestreservepflicht** ist die EZB berechtigt, **Sanktionen** zu verhängen, und zwar:

- **Sonderzinsen** von bis zu **5 %** über dem Spitzenrefinanzierungssatz bzw. bis zu dessen doppelter Höhe für den Zeitraum der Nichterfüllung.
- Zwang zu **unverzinslichen Einlagen** bei der nationalen Zentralbank bis zur **dreifachen** Höhe des Fehlbetrages.
- **Aussetzung des Zugangs** zu den Offenmarktgeschäften und ständigen Fazilitäten.
- Zwang zur **täglichen Erfüllung** des Mindestreserve-Solls.

(5) Wirkungsweise der Mindestreservepolitik

Die **Mindestreservepolitik** beinhaltet die **Anhebung oder Absenkung der Mindestreservesätze** und erfüllt in erster Linie folgende geldpolitische Funktionen:

Geldpolitische Funktionen der Mindestreservepolitik

- **Stabilisierung der Geldmarktsätze** im Euro-Währungsraum durch die Mindestreserve als Liquiditätspuffer.
- **Herbeiführung oder Verstärkung der Liquiditätsknappheit** und dadurch bedingt eine Ausweitung der Nachfrage nach Zentralbankgeld.

Aus dem Beispiel von S. 375 folgt:

- Je **höher** die Mindestreservesätze, desto **geringer** sind die Geldschöpfungsmöglichkeiten der Kreditinstitute.
- Je **niedriger** die Mindestreservesätze, desto **höher** sind die Geldschöpfungsmöglichkeiten der Kreditinstitute.

Somit lässt sich Folgendes festhalten:

Mindestreservesätze	
Erhöhung: Ist die Wirtschaft vollbeschäftigt und besteht Inflationsgefahr, erhöht die EZB die Mindestreservesätze. Die Kreditinstitute können weniger Giralgeld anbieten. Kaufwünsche der Wirtschaftssubjekte können nur in geringerem Umfang erfüllt werden. Die Nachfrage nach Sachgütern und Dienstleistungen wird gebremst, die Inflationsgefahr verringert.	Senkung: Ist die Wirtschaft unterbeschäftigt und herrscht Preisstabilität, senkt die EZB die Mindestreservesätze. Die Kreditinstitute können mehr Giralgeld anbieten. Kaufwünsche der Wirtschaftssubjekte können erfüllt werden. Die Nachfrage nach Gütern wird gefördert. Die EZB hofft, dass die Wirtschaft angekurbelt wird.

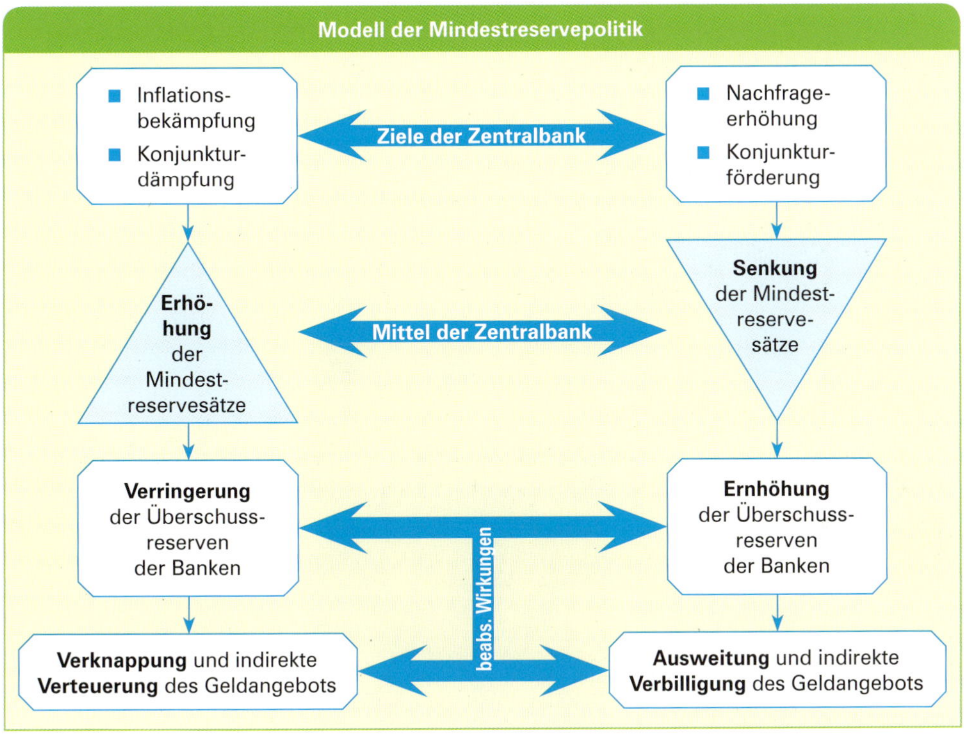

8 Probleme der Erhaltung der Stabilität des Eurosystems

Langfristiges Ziel innerhalb der **Europäischen Union** ist eine **einheitliche Währung.** Um deren Stabilität zu erhalten, ist eine **Angleichung (Harmonisierung) der Wirtschafts- und Fiskalpolitik** der Mitgliedsländer der EU erforderlich. Nur so lassen sich **Ungleichgewichte,** wie z. B. eine zu hohe Staatsverschuldung, **vermeiden.** Da zurzeit nur 19 EU-Mitgliedsländer auch Teilnehmer am Eurosystem sind, fehlt eine wesentliche Voraussetzung für eine einheitliche Wirtschafts- und Fiskalpolitik aller Mitgliedstaaten der EU. Als Folge der **Staatsschuldenkrise** haben die Mitglieder des Eurosystems Maßnahmen zur Vereinheitlichung dieser Politikfelder vereinbart, die aber zum Teil noch gesetzlich umgesetzt werden müssen.

Im Rahmen von Handlungssituation 14, Kapitel 5 wird auf diese Maßnahmen zur Harmonisierung innerhalb der EU bzw. des Eurosystems im Einzelnen eingegangen.

Kompetenztraining

49. Lesen Sie vor Beantwortung der Aufgabenstellungen zunächst den nachfolgenden Zeitungsartikel!

DEFLATIONSGEFAHR

Geldhistoriker warnt vor fataler Abwärtsspirale

Die Inflation in der Euro-Zone ist niedrig wie nie. Der Druck auf die EZB, die Geldschleusen zu öffnen, wird immer größer. Top-Ökonomen warnen vor einer Deflation – und kritisieren Deutschland scharf.

Deutschland muss in Davos einiges an Kritik aushalten. Wiederholt ist zu hören, dass ein stures Festhalten an der Stabilitätspolitik die Euro-Zone in eine Deflation, möglicherweise gar in eine Depression stürzen könnte.

Beinahe einhellig wird Berlin aufgefordert, der Europäischen Zentralbank (EZB) mehr Spielraum zu lassen, um eine solch fatale Abwärtsspirale zu stoppen. Gefühlt die Hälfte der Wirtschaftselite hält die Deflation und nicht die Inflation inzwischen für das deutlich größere Risiko in Europa, darunter etwa Deutsche-Bank-Chef Anshu Jain, Nobelpreisträger Joseph Stiglitz oder der Wirtschaftsprofessor Michael Porter.

Einer sieht die Deflation schon auf der Türschwelle angekommen. „Die EZB muss jetzt handeln, um ein Abgleiten zu verhindern", sagte Berkeley-Professor Barry Eichengreen der „Welt". „Ist die Abwärtsspirale erst einmal in Gang gekommen, ist es zu spät."

Eichengreen ist einer der weltweit führenden Geldhistoriker. „Golden Fetters", zu deutsch „Goldene Ketten", ist das Standardwerk zur großen Depression der 1930er-Jahre. Er hat sich mit der Analyse des Auf- und Abstiegs von Volkswirtschaften und ihrer Währungen einen Namen gemacht.

Seine Warnung ist unmissverständlich: „Der Internationale Währungsfonds hat die Gefahr einer Deflation in der Euro-Zone auf 20 bis 30 Prozent geschätzt. Das ist weit untertrieben." [...]

Von Holger Zschäpitz, Davos

Quelle: DIE WELT vom 14.01.2014.

Aufgaben:

49.1 Bereits kurz nach Vorstellung der Hauptelemente der stabilitätsorientierten geldpolitischen Strategie der EZB wurde von einigen Fachleuten der Vorwurf erhoben, dass man bei der Festlegung der Definition von Geldwertstabilität zwar eine Obergrenze von 2 %, jedoch keine Untergrenze definiert habe.

Nehmen Sie kritisch zu diesem Vorwurf Stellung!

49.2 Definieren Sie den Begriff Deflation und beschreiben Sie die Auswirkungen einer Deflation auf die Realwirtschaft!

49.3 Diskutieren Sie zwei Möglichkeiten der EZB, eine Deflation zu bekämpfen!

49.4 **Vernetzungsdiagramm**

Im Jahr 2016 senkte die EZB den Leitzins auf ein historisches Tief. Als Begründung wurde u. a. angeführt, dass die Zinssenkung zur Abschwächung einer drohenden Rezession diene. Die EZB wollte eine bessere Versorgung des Bankensystems mit Liquidität in Form zinsgünstiger Kredite sicherstellen.

Vervollständigen Sie vor diesem Hintergrund nachfolgend beabsichtigte Ursache-Wirkungs-Zusammenhänge, indem Sie

- die Wirkungsrichtung „Je mehr – desto mehr" bzw. „Je weniger – desto weniger" an der jeweiligen Pfeilspitze mit einem (+) kennzeichnen und
- die Wirkungsrichtung „Je mehr – desto weniger" bzw. „Je weniger – desto mehr" an der jeweiligen Pfeilspitze mit einem (−) kennzeichnen!

Begründen Sie die Wirkungszusammenhänge der Größen Produktion, Preisniveau und Beschäftigung!

DOWNLOAD

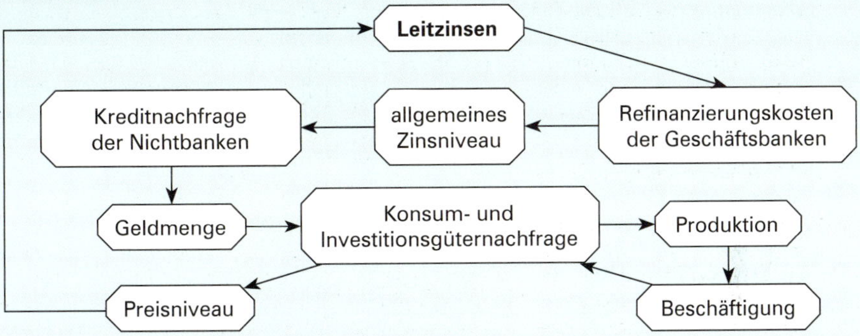

49.5 Im Zusammenhang mit Leitzinssenkungen wird nicht selten der Vorwurf laut, dass die „Waffen der EZB" stumpf seien.

Diskutieren Sie vor dem Hintergrund dieses Vorwurfs drei mögliche Wirkungshemmnisse, die dazu führen könnten, dass die Leitzinssenkung der EZB nicht die gewünschten Wirkungen zeigt!

49.6 Als ein geldpolitisches Instrument steht der EZB die Mindestreservepolitik zur Verfügung.

Erläutern Sie, welche Maßnahmen die EZB in nachfolgenden Fällen ergreifen sollte! Begründen Sie Ihre jeweilige Antwort und gehen Sie auf mögliche Zielkonflikte ein!

49.6.1 Die Wirtschaft befindet sich im Zustand der Unterbeschäftigung (Arbeitslosigkeit). Die Inflationsrate ist gering.

49.6.2 Die Wirtschaft befindet sich im Zustand der Überbeschäftigung mit hohen Preissteigerungsraten.

49.6.3 Die Importe übersteigen die Exporte. Die Inflationsrate ist hoch. Die Wirtschaft ist unterbeschäftigt.

49.6.4 In den USA sind die Zinssätze niedrig, in der WWU im Verhältnis dazu hoch. Die Inflationsrate in der WWU ist nach Ansicht der EZB zu hoch.

50. Begründen Sie mithilfe der Quantitätsgleichung, warum bei einer angenommenen Kapazitätsauslastung der Industrie von 70 % ein Steigen der nachfragewirksamen Geldmenge nicht zu einer Erhöhung des Preisniveaus führen muss!

51. Angenommen, eine Zentralbank wirft einen bestimmten Geldbetrag von einem Hubschrauber ab (sogenanntes „helicopter money", d. h., jeder bekommt den gleichen Geldbetrag) und erhöht damit die in Umlauf befindliche Geldmenge in der Volkswirtschaft.

Erläutern Sie, was die Konsequenzen auf kurze Sicht und was die langfristigen Auswirkungen wären!

52. In einer Volkswirtschaft ist mit einer Abnahme des Produktionspotenzials von 1 v. H. zu rechnen. Beschreiben Sie, welche Änderungen der Geldmenge die Notenbank bei Zugrundelegung der Quantitätsgleichung veranlassen sollte, wenn die Umlaufgeschwindigkeit unverändert bleibt!

53. In einer Volkswirtschaft ist in der folgenden Periode mit einem Potenzialwachstum von 2,75 %, einer als unvermeidbar angesehenen Preissteigerungsrate von 2 % und einer Abnahme der Geldumlaufgeschwindigkeit von 0,5 % auszugehen.

Berechnen Sie, mit welchem Prozentsatz das Geldmengenziel festgesetzt werden müsste, wenn keine Bandbreite berücksichtigt werden soll!

54. Ermitteln Sie mithilfe der Quantitätsgleichung anhand nachfolgender Daten die Veränderung des Preisniveaus in Prozent:

	Jahr 01	Jahr 02
Geldmenge in Geldeinheiten (GE)	250 GE	260 GE
Umlaufgeschwindigkeit	16	18
Handelsvolumen	4000	3744

55. Lesen Sie zunächst nachfolgende Geschichte!

Es war einmal ein höchst ehrenwerter und seriöser englischer Gentleman, der seinen Sommerurlaub regelmäßig auf einer netten kleinen Insel im Ägäischen Meer verbrachte. Er war dort Stammgast und seine Kreditwürdigkeit war bei den Inselbewohnern über jeden Zweifel erhaben. Die Inselbewohner hatten keinerlei Einwände dagegen, dass er alles per Scheck bezahlte. Man hatte ja aufgrund der langjährigen Erfahrung die Gewissheit, dass diese Schecks stets gedeckt waren. Der Engländer war auf der Insel schließlich allen so wohlbekannt und genoss ein so großes Vertrauen, dass die Inselbewohner sich sogar untereinander mit diesen Schecks bezahlten. Wenn zum Beispiel der Restaurantbesitzer einen Teil seiner Zahlungen an den Lebensmittelhändler mit einem Scheck, den er für ein Essen erhalten hatte, leisten wollte, war das dem Lebensmittelhändler nur recht. Er konnte dann mit dem Scheck seine Benzinrechnung begleichen, und auf diese Art und Weise zirkulierten die Schecks des Engländers auf der ganzen Insel. Das ging dann sogar so weit, dass sie nie die Londoner Bank des Engländers zur Einlösung erreichten.

Quelle: Maurice Levi, Ökonomie ohne Rätsel, Birkhäuser Verlag, Basel 1982.

Erläutern Sie, wer denn nun eigentlich die Ferien des Engländers bezahlt hat!

56. In dem kleinen Land „Nirwo" versorgen sich die Menschen selbst. Das einzige dort gehandelte Gut ist Reis. Im Jahr 00 wurden 600000 dt Reis angeboten und verkauft. Die Umlaufgeschwindigkeit des Geldes in diesem Land ist konstant 2, weil die Menschen nur zum Zeitpunkt der Frühjahrs- und zum Zeitpunkt der Herbsternte auf Vorrat kaufen. Als Geld dienen Kupfermünzen mit dem Nennwert 1. Das Kupfer wird in den nahe liegenden Bergen gefördert und unmittelbar darauf zu Münzen verarbeitet, sodass die Geldmenge je nach Umfang der Funde ständig zunimmt. Für eine gewisse Geldwertstabilität sorgt allerdings der Brauch, dass man den Toten einen Teil ihres Barvermögens ins Grab legt und nie wieder zutage fördert. Im Jahre 00 waren 450000 Münzen im Umlauf. Die nachfragewirksame Geldmenge betrug also 900000 Geldeinheiten, weil die 450000 Münzen zweimal zum Kauf von je 300000 dt Reis ausgegeben wurden.

Im Jahr 01 wurden wiederum 600 000 dt Reis gehandelt. Es wurden aber zusätzlich 50 000 Münzen geprägt, von denen allerdings 5 000 Münzen den zwischenzeitlich Verstorbenen als Grabbeigabe dienten.

Aufgaben:

56.1 Berechnen Sie mittels der Fisherschen Verkehrsgleichung das Preisniveau für eine dt Reis im Jahr 00 sowie im Jahr 01!

56.2 Ermitteln Sie die Inflationsrate des Landes „Nirwo" im Jahr 01 gegenüber dem Jahr 00!

57. Die Sätze, die in der linken Spalte beginnen, werden in der rechten Spalte fortgesetzt. Entscheiden Sie, was zusammen gehört!

Tragen Sie die Ziffer der jeweiligen Aussage von der linken Spalte in das Kästchen der dazugehörigen Aussage aus der rechten Spalte ein!

DOWNLOAD

Unabhängige Notenbanken sind besser in der Lage den Geldwert zu sichern, ...	1		... für das Funktionieren der Marktwirtschaft, für Wirtschaftswachstum und Beschäftigung.
Preisstabilität auf längere Sicht ist Voraussetzung ...	2		... vor der Entwertung ihres Geldvermögens und erhält die Kaufkraft der Einkommen.
Die institutionelle Unabhängigkeit des Eurosystems bedeutet, ...	3		... die Unterstützung der allgemeinen Wirtschaftspolitik der EU darf dieses Ziel nicht beeinträchtigen.
Geldwertstabilität schützt die Sparer ...	4		... dass nationale und europäische Stellen der Europäischen Zentralbank und den nationalen Notenbanken keine Weisung erteilen können.
Das vorrangige Ziel des Eurosystems ist die Gewährleistung der Preisstabilität, ...	5		... dass deren Mitglieder nicht vorzeitig aus ihrem Amt entlassen werden können.
Die funktionelle Unabhängigkeit des Eurosystems bedeutet, ...	6		... weil sie nicht den wahltaktischen Überlegungen der Regierungen unterliegen.
Der EZB-Rat besteht aus ...	7		... dass das Eurosystem für die Wahl seiner Methoden zur Erreichung der Preisstabilität allein verantwortlich ist.
Die personelle Unabhängigkeit der Europäischen Zentralbank bedeutet, ...	8		... dem EZB-Direktorium und den neunzehn Präsidenten der nationalen Zentralbanken.
Das Direktorium der EZB besteht aus ...	9		... haben ihren Sitz in Frankfurt am Main.
Der EZB-Rat trifft die geldpolitischen Entscheidungen ...	10		... das EZB-Direktorium ist für die Umsetzung der Entscheidungen des EZB-Rates verantwortlich.
Das Eurosystem besteht aus ...	11		... dem Präsidenten und dem Vizepräsidenten der EZB sowie aus vier weiteren Mitgliedern.
Die Deutsche Bundesbank und die Europäische Zentralbank ...	12		... die Geldpolitik in Deutschland durch.
Die Deutsche Bundesbank führt im Rahmen von Leitlinien und Weisungen der EZB ...	13		... der Europäischen Zentralbank und den neunzehn nationalen Zentralbanken der Teilnehmerländer.

Quelle: In Anlehnung an Geld & Geldpolitik, Frankfurt am Main 2005.

58. Angenommen, die EZB kündigt ein Programm zum Ankauf gedeckter Schuldverschreibungen an. Die ankaufsfähigen Schuldverschreibungen müssen u. a.:

- Als Sicherheiten für Kreditgeschäfte des Eurosystems zugelassen sein,
- einen Emissionsbetrag von mindestens 300 Mio. EUR aufweisen,
- über ein Mindestrating von BBB- oder ein diesem entsprechendes Rating von mindestens einer der großen Ratingagenturen verfügen,
- eine Restlaufzeit haben, die 10,5 Jahre nicht überschreitet und
- über zugrunde liegende Deckungswerte verfügen, die Forderungen gegen private und/oder öffentliche Stellen umfassen.

Aufgaben:

58.1 Erläutern Sie, warum gegen derartige Programme der Vorwurf der verdeckten Staatsfinanzierung erhoben wird!

58.2 Begründen Sie, warum durch ein derartiges Ankaufsprogramm versucht wird, die Liquidität für den Markt sicherzustellen!

59. Die EZB beschließt, dem Markt Liquidität in Höhe von 200 Mio. EUR über eine befristete Transaktion in Form eines Mengentenders zuzuführen. Die Zinsvorgabe beträgt 2,5 %. Daraufhin gehen bei der EZB folgende Gebote ein:

Geschäftspartner A:	136 Mio. EUR
Geschäftspartner B:	120 Mio. EUR
Geschäftspartner C:	160 Mio. EUR
Geschäftspartner D:	140 Mio. EUR
Geschäftspartner E:	180 Mio. EUR
Geschäftspartner F:	64 Mio. EUR

Ermitteln Sie die Zuteilungsbeträge für die einzelnen Geschäftspartner!

60. Die EZB beschließt, dem Markt Liquidität in Form eines Zinstenders zur Verfügung zu stellen. Als Mindestbietungssatz gibt sie 3,10 % bekannt.

Folgende Gebote in Mio. EUR gehen ein:

Zinssatz	A-Bank	B-Bank	C-Bank	Gebote insgesamt
3,20				
3,18			10	10
3,17		80	20	100
3,15		100	40	140
3,14	50	120	50	220
3,12	60	150	70	280
3,11	80	200	100	380
Insgesamt	**190**	**650**	**290**	**1 130**

Die EZB beschließt, ein Volumen von 610 Mio. EUR zuzuteilen.

Aufgaben:

60.1 Führen Sie die Zuteilung nach dem holländischen Verfahren durch!

DOWNLOAD

60.2 Nehmen Sie die Zuteilung nach dem amerikanischen Verfahren vor!

DOWNLOAD

60.3 Ermitteln Sie für die Zuteilung nach dem amerikanischen Verfahren

60.3.1 den marginalen Zinssatz!

60.3.2 den gewichteten Durchschnittszinssatz (auf drei Nachkommastellen runden)!

61. Erläutern Sie, was man unter dem „Zinskanal" versteht!

62. Die Bankhaus AG weist in ihrer Bilanzstatistik zum 30.06.20.. folgende Endbestände auf:

Verbindlichkeiten	Endbestand
Täglich fällige Einlagen	400 Mio. EUR
Einlagen von Kunden mit einer Laufzeit von bis zu zwei Jahren	110 Mio. EUR
Einlagen von Kunden mit einer Kündigungsfrist von bis zu zwei Jahren	120 Mio. EUR
Ausgegebene Schuldverschreibungen bis zu zwei Jahren einschließlich ausgegebener Geldmarktpapiere	350 Mio. EUR

Zusatzangabe: Von den ausgegebenen Schuldverschreibungen werden nachweisbar 65 Mio. EUR von anderen mindestreservepflichtigen Instituten gehalten.

Aufgaben:

62.1 Ermitteln Sie das Mindestreserve-Soll!

62.2 Überprüfen Sie, inwiefern die Mindestreservepflicht erfüllt wurde, wenn die Summe der Tagesendguthaben der Bankhaus AG für die Zeit 11.08. bis 14.09.20.. insgesamt 315,0 Mio. EUR betrug!

62.3 Beschreiben Sie die möglichen Sanktionen für die Geschäftspartner bei Nichterfüllung der Mindestreservepflicht!

63. Ein interessierter Mitschüler fragt Sie, was man unter dem Hauptrefinanzierungsinstrument des Eurosystems versteht. Entscheiden Sie, welche Auskünfte Sie ihm nicht geben!

① Den größten Teil der Liquidität stellt das Eurosystem dem Bankensystem über dieses Instrument zur Verfügung.

② Diese Geschäfte werden regelmäßig im Wege von Standardtendern angeboten.

③ Die Laufzeit dieser Geschäfte beträgt vier Wochen.

④ Dem Grunde nach handelt es sich um ein Darlehensgeschäft auf Pfandbasis.

⑤ Der Mindestbietungsbetrag liegt bei 1 Mio. EUR.

⑥ Dieses System stützt sich auf Informationen externer Ratingagenturen, interner Bonitätsbeurteilungsverfahren der nationalen Zentralbanken, interner Ratingverfahren der Geschäftspartner und Ratingtools externer Anbieter.

64. Die Prognoseberechnung eines Wirtschaftsforschungsinstitutes geht für das nächste Jahr von folgenden Annahmen aus:

- Umlaufgeschwindigkeit des Geldes – 1,0 %
- Unvermeidbare Preisentwicklung + 1,5 %
- Trendwachstum des realen BIP + 2,5 %.

Ermitteln Sie, welches der unten stehenden Ziele für das Geldmengenwachstum die EZB unter Berücksichtigung dieser Annahmen als Referenzwert für das kommende Jahr festsetzen müsste!

Tragen Sie die Ziffer der richtigen Lösung in nebenstehenden Kasten ein!

① Die Geldmenge M3 müsste um 5,0 % sinken.

② Die Geldmenge M3 müsste um 3,0 % steigen.

③ Die Geldmenge M3 müsste um 3,0 % sinken.

④ Die Geldmenge M3 müsste um 5,0 % steigen.

⑤ Die Geldmenge M3 könnte unverändert bleiben.

65. Beurteilen Sie, welches geldpolitische Instrument im Einzelfall angesprochen wird! Tragen Sie eine der folgenden Ziffern ein:

① Hauptrefinanzierungsinstrument,
② Längerfristige Refinanzierungsgeschäfte,
③ Feinsteuerungsoperationen,
④ Strukturelle Operationen,
⑤ Spitzenrefinanzierungsfazilität,
⑥ Einlagefazilität,
⑦ Mindestreserve.

Sollte keine eindeutige Zuordnung möglich sein, tragen Sie eine ⑨ ein!

65.1	Der Zinssatz dieses Instruments bildet die Untergrenze für den Tagesgeldsatz am Geldmarkt.	
65.2	Als Verfahren für dieses Instrument kann auch der Schnelltender herangezogen werden.	
65.3	Dieses Instrument wird auch als „Basistender" bezeichnet.	
65.4	Die Abrechnung dieser auf freiwilliger Basis abgewickelten Geschäfte erfolgt zum Reposatz.	
65.5	Der Zinssatz dieses geldpolitischen Instruments bildet die Obergrenze für den Tagesgeldsatz am Geldmarkt.	
65.6	Zur Liquiditätsabschöpfung werden seitens der EZB Schuldverschreibungen emittiert.	
65.7	Die Laufzeit dieser geldpolitischen Maßnahme beträgt einen Geschäftstag.	
65.8	Bei diesem Instrument existiert für jeden Geschäftspartner ein Freibetrag in Höhe von 100 000,00 EUR.	
65.9	Diese Geschäfte gehen ausschließlich auf die Initiative der Geschäftspartner zurück.	

Handlungssituation 10

Lesen Sie zunächst folgenden Artikel!

Heiles Dorfleben

Das Glücksrezept von Werpeloh

von Peter Maxwill

Der Strukturwandel bedroht die Provinz, viele Dörfer darben. In Werpeloh läuft es anders – und besser: Mit großem Engagement basteln die Einwohner an ihrer Zukunft. Warum funktioniert das hier so gut?

Wie frische Kuchenstreusel liegt die aufgelockerte Erde zwischen den Sträuchern und Blümchen gegenüber der Kirche, ansonsten: nichts. Kein Unkraut, kein Moos. Ein Beet wie aus dem Gartenkatalog. [...]

Ja, so ist das in Werpeloh, Samtgemeinde Sögel, Kreis Emsland: Nicht das Bauamt lässt die öffentlichen Blumenbeete aufhübschen, sondern die Werpeloher selbst machen das. Rund um die Kirche gärtnern regelmäßig die ehrenamtlichen „Franziskusgärtner", das Areal am Heimathaus ist Zuständigkeitsbereich der „Loofhakers", für die restlichen Grünflächen im Ort sorgen weitere „Beetpaten". Sie alle machen das freiwillig, unbezahlt, in ihrer Freizeit.

Der Zustand der Werpeloher Blumenbeete sagt viel über die Verfassung des Dorfes: Solidarität, Ordnung und Engagement, darauf legen die Einwohner Wert. Dass der Staat sich angesichts einer massiven Strukturkrise aus der Provinz zurückzieht, dass Dörfer aussterben und ganze Landstriche verfallen, dass immer mehr Arztpraxen, Läden und Schulen schließen – in Werpeloh ist nichts davon zu merken.

Was läuft in Werpeloh so anders als im Rest der Republik?

[...] Eine der Lebensadern der Region etwa, die Autobahn 31, bauten sie einfach selbst. 1.600 Privatleute und Firmen, darunter Hoteliers und Spediteure, spendeten 54 Millionen Euro. Das restliche Geld steuerten Kommunen, Landkreise und die benachbarten Niederlande bei. So schloss sich die 42 Kilometer lange Straßenlücke zwischen Lingen und dem Münsterland bereits 2004 – ein Jahrzehnt früher als ursprünglich geplant.

Es sind solche Kraftakte, die das Phänomen Emsland veranschaulichen. Eine aktuelle Studie [...] hat die Hintergründe genauer untersucht. Demnach war der dünn besiedelte Landstrich an der niederländischen Grenze noch vor wenigen Jahrzehnten eine karge Einöde, die von Landwirtschaft und Torfabbau lebte. Dann mauserte sich das Armenhaus der Nachkriegsrepublik, wie das Emsland genannt wurde, zum Vorzeigemodell für ländliche Regionen.

Heute gibt es einen soliden Mittelstand, nahezu Vollbeschäftigung, vergleichsweise wenig Abwanderung. Und die Gemeinde Werpeloh etwa, das sagt Bürgermeister [...] mit unüberhörbarem Stolz, hat keine Schulden. „Das ist gaaanz wichtig", murmelt der Mann. Aber nicht so wichtig wie die 21 Vereine, in denen die Einwohner organisiert sind.

Mittelpunkt dieses Netzwerks ist ein von Eichen flankierter Backsteinbau neben der Kirche. Im Obergeschoss hockt Holger Terhalle, Mitglied in fünf Vereinen. [...]

So gibt es im Mehrgenerationenhaus Bastelgruppen für Grundschüler, einen Treff für alleinstehende Frauen, Flohmärkte, Theaterproben, Schulspeisungen. Möglich ist all das, weil auch der 800.000-Euro-Neubau als Gemeinschaftsprojekt entstand: Bistum, Gemeinde und der Landkreis gaben Geld, alle Vereine unterstützten das Projekt, dutzende Bürger halfen bei den Bauarbeiten mit.

Warum die Werpeloher selbst dann anpacken, wenn ein Parkplatz gepflastert werden muss? Terhalle hat da eine Theorie: „In Berlin", sagt er, „wird überlegt und sondiert, welche Firma so etwas machen könnte. Und wir? Pflastersteine kaufen, Kasten Bier kalt stellen, die Nachbarn rufen. [...] Viele Hände, schnelles Ende."

Eine Erklärung für dieses Erfolgsmodell liegt wohl auch darin, dass sich globale Krisen höchstens in der Lokalzeitung niederschlagen. Deutschland diskutiert über den demografischen Wandel, eine Leitkultur, Fremdenhass. Und Werpeloh kümmert sich um Parkplätze und Blumenbeete.

Aus dem Obergeschoss eines Giebelhauses gegenüber dem Kindergarten schallt Gelächter. Ludwig Schmitz, Mitglied in fünf Vereinen [...] ist Vorsitzender des Musikvereins, in ein paar Tagen will er den neuen Probenraum einweihen. Von der Gemeinde gab es Geld, renoviert haben die rund 55 Musiker aber selbst, natürlich. [...] Jeder Werpeloher wachse so auf. [...]

Um Nachwuchs muss sich Schmitz derzeit ebenso wenig sorgen wie der Rest des Dorfes: Allein in den vergangenen zwei Jahren haben Mitglieder des Musikvereins zehn Kinder zur Welt gebracht, die Lokalzeitung bejubelte neulich einen „Babyboom". [...]

Wie bemerkenswert das ist, zeigt ein Vergleich mit anderen Dörfern in ähnlicher Lage: Im Harz oder in der Uckermark fehlt der Nachwuchs, [...] schrumpft das Engagement in Vereinen, der Lokalpolitik und privaten Initiativen immer weiter zusammen. Erst stirbt das Ehrenamt, dann das ganze Dorf.

Rita Hagenhoff, Mitglied in vier Vereinen, und Christian Schröer, Mitglied in acht Vereinen, wissen um diese Gefahr – spätestens seit [...] die Existenz der St.-Franziskus-Grundschule wegen der niedrigen Anmeldezahlen zur Debatte stand. Die beiden Lokalpolitiker [...] erzählen, wie sie damals mit anderen Mitstreitern den „Arbeitskreis Zukunft" gründeten. [...] Das Ziel laute: den tollen Ist-Zustand erhalten.

Bislang klappt das ganz gut. Die Grundschule gibt es noch heute – ebenso wie die freiwillige Feuerwehr, eine Bankfiliale, den Kindergarten, einen Bäcker, die Krippe, regelmäßige Gottesdienste, das Heimathaus. Wie das sein kann? Mal sind es Mütter, die in ihrer Mittagspause eine Mensa für die Grundschüler aufbauen. Mal ist es die Gemeinde, die angehenden Feuerwehrleuten den Führerschein bezahlt. Mal sind es Väter, die am Wochenende den Kindergarten renovieren.

Die Werpeloher wüssten, warum sie all das tun, sagt Hagenhoff. „Es muss sich viel verändern, damit alles so bleibt, wie es ist".

Quelle: http://www.spiegel.de/panorama/gesellschaft/werpeloh-im-emsland-ein-dorf-rettet-sich-selbst-a-1148403.html [Zugriff am 25.09.2018].

Kompetenzorientierte Arbeitsaufträge:

1. Markieren Sie zunächst die Begriffe, deren Verständnis Ihnen Probleme bereitet. Recherchieren Sie – eventuell unter Zuhilfenahme des Internets – anschließend die Bedeutung dieser Begriffe!

2. Nennen Sie die in dem Artikel aufgeführten Ursachen für die Notwendigkeit eines Strukturwandels in Werpeloh!

3. Erläutern Sie die in dem Artikel angeführten strukturpolitischen Maßnahmen der Bevölkerung von Werpeloh zur Bewältigung des notwendigen Strukturwandels!

4. **Maßnahmenplan**

   Entwickeln Sie fünf Vorschläge für weitere mögliche strukturpolitische Maßnahmen zur Realisierung eines erfolgreichen und zukunftsorientierten Strukturwandels von Werpeloh!

5. **Projektvorschlag mit regionalem Bezug**

   Eine kleine Gruppe aus der Klasse sollte in Form eines Referates die wichtigsten Strukturprobleme und -veränderungen in der Vergangenheit und die bisherigen strukturpolitischen Maßnahmen Ihrer Region aufgreifen! Im Fokus des Referates sollten dabei vor allem Vorzeigeprojekte Ihrer Region stehen. Anschließend könnte eine entsprechende Exkursion der gesamten Klasse zu diesen Projekten vorbereitet werden!

1 Begriff und Geschichte der Strukturpolitik

(1) Begriff Strukturpolitik

In marktwirtschaftlich ausgerichteten Volkswirtschaften ist die Strukturpolitik neben der **Ordnungspolitik** (legt die allgemein gültigen Wirtschaftsprinzipien fest, z. B. Wettbewerbsordnung, Gewerbefreiheit, Eigentumsgarantie) und der **Konjunkturpolitik** der dritte Parameter wirtschaftspolitischen Handelns.

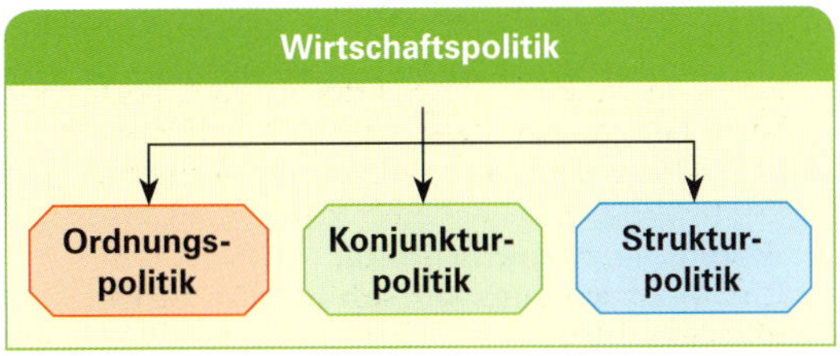

Im ökonomischen Sinne umfasst **Strukturpolitik** all jene **politischen** Aktivitäten, die bestimmte **strukturelle Aggregate** – insbesondere also die **regionale** und **sektorale** Wirtschaftsstruktur – einer Volkswirtschaft oder einer internationalen Wirtschaftsunion **beeinflussen.**

In Abhängigkeit davon, ob sich die strukturpolitischen Aktivitäten primär auf **Wirtschaftszweige oder Regionen** richten, wird üblicherweise zwischen **sektoraler** und **regionaler Strukturpolitik** unterschieden. Beide Arten der Strukturpolitik weisen jedoch häufig Verbindungen auf, insbesondere dann, wenn strukturelle Probleme von **Branchen** in monostrukturierten **Problemregionen** auftreten und staatliche Maßnahmen zur Förderung **gleichzeitig** die sektorale **und** regionale Wirtschaftsstruktur verbessern sollen.

Wichtigste **Instrumente der Strukturpolitik** seitens des Bundes sind, abgesehen von **Infrastrukturmaßnahmen, Subventionen** (Finanzhilfen und Steuerermäßigungen) an Unternehmen. Die **sektorale** Wirtschaftsstruktur kann außerdem durch die **Abschottung** der **nationalen Märkte** (Protektionismus) durch Zölle, **Einfuhrkontingente, Selbstbeschränkungsabkommen** oder **administrative Handelsbeschränkungen** beeinflusst werden.

Da die **meisten wirtschaftspolitischen Maßnahmen** – also auch jene ordnungs- und konjunkturpolitischer Art – in der einen oder anderen Weise und oft ungewollt **auf ökonomische Strukturen** oder den Strukturwandel **einwirken,** gibt es kaum eine **strukturneutrale** Wirtschaftspolitik.

(2) Geschichte der Strukturpolitik

Sektorale Strukturpollitik

In der Bundesrepublik Deutschland haben in der Vergangenheit alle Bundesregierungen seit 1949 Strukturpolitik betrieben. So wurden im Rahmen der **sektoralen** Förderung zunächst vor allem

- der Landwirtschaft,
- dem Wohnungsbau,
- dem Bergbau und Verkehr,
- der Stahlindustrie sowie
- der Stromerzeugung

entsprechende Förderungen zuteil.

Ab dem Jahr 1955 wurde die sektorale Förderung sukzessive ausgeweitet. Während zunächst die Kernenergie in den Fokus der Förderung rückte, war es in den 60er Jahren der Schiffbau sowie die Luft- und Raumfahrt. In den 70er Jahren wurde dann vor allem die Mikroelektronik staatlich gefördert.

Im Jahr 1966 versuchte die damalige Bundesregierung **Grundsätze** für die Vergabe von sektoralen Strukturhilfen aufzustellen, um so die drohende Ausuferung von Subventionen einzudämmen. Diese Grundsätze sind bis heute gültig, sie wurden in der Folge von den Nachfolgeregierungen allenfalls präzisiert.

Regionale Strukturpolitik

Neben der sektoralen Förderung profitierten von der **regionalen Förderung** zunächst Hilfsprogramme für **West-Berlin** sowie für die **Zonenrand- und Grenzgebiete.** Nach der Wiedervereinigung standen dann vor allem die **neuen Bundesländer** im Zentrum der Förderung.

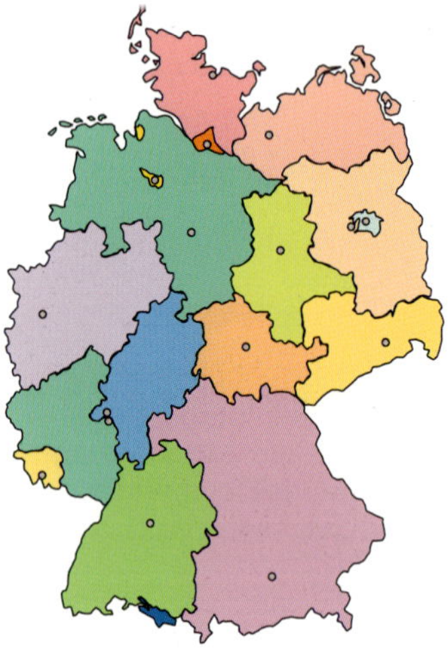

Grundlage der regionalen Strukturpolitik wurde 1969 das **Gesetz über die „Gemeinschaftsaufgabe Verbesserung der regionalen Wirtschaftsstruktur".** Nach diesem Gesetz wollen Bund und Länder gemeinsam die „Förderung der gewerblichen Wirtschaft bei Errichtung, Ausbau, Umstellung oder grundlegender Rationalisierung von Gewerbebetrieben" sowie die Förderung des Ausbaus der Infrastruktur übernehmen (§ 1 GRWG).

Förderungsmaßnahmen sollen vorrangig in **Gebieten** vorgenommen werden,

- in denen die **Wirtschaftskraft** erheblich unter dem Bundesdurchschnitt liegt
- oder in denen Wirtschaftszweige vorherrschen, „die vom **Strukturwandel** in einer Weise betroffen oder bedroht sind, dass negative Auswirkungen [...] in erheblichem Umfang eingetreten oder absehbar sind" (§ 1 Abs. 2 GRWG).

Während die Bundesregierung damals davon ausging, dass es möglich sei, „eine optimale regionale Wirtschaftsstruktur zu schaffen und in allen Gebieten dafür zu sorgen, dass ungenutzte [...] Produktionsfaktoren für das allgemeine wirtschaftliche Wachstum mobilisiert werden", war sie später wesentlich vorsichtiger und sprach lediglich von „übergroßen regionalen Disparitäten", denen entgegenzuwirken sei.

2 Ziele und Aufgaben der Strukturpolitik im Rahmen des Strukturwandels

!

Unter **Strukturwandel** versteht man ganz allgemein **dauerhafte** Veränderungen, die entweder stetig oder plötzlich als **„Entwicklungsbruch"** vor sich gehen und deren Aufwärts- und Abwärtstrend stabil und **unumkehrbar** ist.

Der ökonomische Strukturwandel kann sowohl zu volkswirtschaftlichen Produktivitäts- und Wachstumssteigerungen führen, gleichzeitig aber auch ökonomische Anpassungsprobleme und soziale Härten besonders in Schrumpfungsbereichen (z. B. Kohlebergbau, Landwirtschaft, Werftindustrie) mit sich bringen, die strukturpolitisches staatliches Handeln erforderlich machen können.

So kommt es beispielsweise selbst bei im Wesentlichen funktionierender Marktsteuerung gelegentlich in Teilbereichen wegen mangelnder Fähigkeit der Wirtschaftssubjekte, sich unverzüglich und vollständig allen Strukturwandlungen anzupassen, zu **hartnäckigen Ungleichgewichten** auf den sektoralen und regionalen **Arbeitsmärkten.**

Des Weiteren führt der Strukturwandel auf den Gütermärkten häufig zu **lang andauernden Überkapazitäten** infolge einer zu zögerlichen Umstellung der Produktion (z. B. im Kohlebergbau) sowie auch vereinzelt zu **Produktionsengpässen** bei zu schneller Produktionsverlagerung seitens der Unternehmen.

In den Fällen, in denen keine **Impulse des Marktes** das Erfordernis von Umstellungen rechtzeitig signalisieren oder das strukturwandelbedingte Marktgeschehen zu einem langwierigen und sozial zu schmerzhaften Anpassungsprozess führen würde, versucht häufig der Staat, die Anpassungsprozesse mittels Anpassungshilfen (z. B. Beihilfen zu Umschulungen oder Produktionsumstellungen) abzukürzen und für die vom Strukturwandel belasteten Wirtschaftssubjekte bewältigbar und sozial erträglich zu machen. Mitunter **bremst** der Staat auch den Strukturwandel, um den Anpassungszeitraum für die Wirtschaftssubjekte zu strecken, was jedoch in der Regel mit Wachstumseinbußen und somit Wohlfahrtsverlusten einhergeht.

Zur Strukturpolitik zählen demzufolge nur jene Maßnahmen und Bestrebungen wirtschaftspolitischer Instanzen, die **bewusst und gewollt** auf Wirtschaftsstrukturen oder wirtschaftsstrukturelle Entwicklungen abzielen, indem sie

- bestimmte **Strukturelemente oder strukturbestimmende Relationen** (wie z. B. die Wettbewerbsverhältnisse) von Wirtschaftszweigen und/oder Regionen **abweichend** von den allgemein gültigen Ordnungsprinzipien (z. B. dem Wettbewerbsprinzip) **regeln;**
- **Strukturwandlungen** innerhalb von und zwischen Wirtschaftszweigen und/oder Regionen in einer Gesamtwirtschaft **auslösen** und/oder **verstärken** oder **abschwächen** und/oder **unterbinden;**
- die **Fähigkeit und die Willigkeit** der Wirtschaftssubjekte, sich dem Strukturwandel in den Wirtschaftszweigen und Regionen anzupassen, **fördern.**

Mögliche **Ansatzpunkte der Strukturpolitik** können demzufolge **einzelne Wirtschaftssubjekte,** bestimmte **Branchen** oder ganze **Regionen** sein. Obgleich in entwickelten Marktwirtschaften mit **funktionsfähiger** Wettbewerbsordnung und **leistungsfähigem** Ausbildungssystem erfahrungsgemäß nur relativ wenig gravierende Strukturprobleme auftreten, hat sich die Strukturpolitik dennoch **exponentiell** ausgedehnt. Die Ursache hierfür ist im Wesentlichen darin zu sehen, dass sich diese Form der Wirtschaftspolitik mehr und mehr zum „Spielball der Parteien" im Kampf um politische Regierungsmacht entwickelt hat, um durch „Gruppenbegünstigungen" bestimmter Interessenverbände Wählerstimmen zu erhalten.

3 Formen der Strukturpolitik

3.1 Die sektorale Strukturpolitik

(1) Begriff und Instrumente der sektoralen Strukturpolitik

- Im Rahmen der sektoralen Strukturpolitik steht die staatliche Förderung **bestimmter Wirtschaftszweige** bzw. **Branchen** im Zentrum.
- Die **Instrumente** der sektoralen Strukturpolitik sind **vielfältig** und lassen sich im Wesentlichen ganz allgemein unter dem Begriff der **Subvention** fassen.

Beispiele:

- Kohlebergbau,
- Landwirtschaft,
- Werftindustrie,
- Wohnungsbau oder
- bestimmte Formen der Energiewirtschaft (rationelle bzw. erneuerbare Energie).

Subventionen gab es schon immer

Schon die Römer hatten ein Subventionssystem. Nur bestimmte Bevölkerungsgruppen wurden zu lukrativen Berufen zugelassen, wichtige Branchen wie die Rüstungsindustrie erhielten staatliche Hilfe in Form von Sklaven, anderen römischen Bürgern wurden die Steuern erlassen. In späteren Jahrhunderten hatten Adel und Kirche ausgeklügelte Unterstützungssysteme für einzelne Personen, Landstriche oder Branchen geschaffen. Damals waren die Zuwendungen Teil einer Günstlingswirtschaft und nicht – wie gegenwärtig – ein gesetzlich verankerter Rechtsakt. Subventionen hatten im 17. Jahrhundert ein solches Ausmaß angenommen, dass Adam Smith, schottischer Moralphilosoph und Vater der modernen Nationalökonomie, die Abschaffung einseitiger Förderung durch Prämien und Zölle forderte; jede sektorale und gruppenegoistische Interessenpolitik des Staates beeinträchtige den Wohlstand aller.

Die Begründung für Subventionen änderte sich mit dem Entstehen der Nationalstaaten im 19. Jahrhundert. Der Wettbewerb zwischen den Nationen führte dazu, dass der Staat die Wirtschaft immer mehr protegierte, weil „nationale Gründe" (Otto von Bismarck) dies erforderten. In den Genuss staatlicher Unterstützung kamen „Schlüsselindustrien". Die Landwirtschaft wurde unterstützt, weil sie die Versorgung der Bevölkerung sicherte und vor Hungersnöten bewahrte. Die Schwerindustrie – Bergbau, Stahl, Schiffbau und Rüstungsindustrie – wurden aus außen- und sicherheitspolitischen Gründen gefördert. Der Erste Weltkrieg und die Weltwirtschaftskrise der zwanziger Jahre des 20. Jahrhunderts veränderten die Rechtfertigung für Subventionen erneut. Im Mittelpunkt stand nun die Krisenbewältigung. Mit immensen Zahlungen, vor allem an Großbetriebe, sollten die Folgen von Arbeitslosigkeit und Not beseitigt werden.

Auch die Zerstörungen des Zweiten Weltkriegs, die Not der Bombengeschädigten, Flüchtlinge und Kriegsheimkehrer wurden über Subventionen gemildert. Staatliche Mittel flossen vor allem an Branchen, die Arbeitsplätze schufen und für den Wiederaufbau sorgten: Bauunternehmen und Landwirtschaft, aber auch die großen Bergwerke an Rhein und Ruhr, die Arbeitsplätze boten und die Energieversorgung sicherten. Teile der Subventionen kamen aus dem Fonds des „European Recovery Program", des amerikanischen „Marshallplans", der den Wiederaufbau Europas voranbringen sollte. Im Verlauf der fünfziger Jahre erstarkten die neu gegründeten Interessenverbände, sodass alsbald ein erbitterter Verteilungskampf entbrannte.

Quelle: Im Klartext, Das Magazin zur Sozialen Marktwirtschaft, Heft 27/2000.

(2) Begriff der Subvention

In welcher **Höhe** Subventionen im Rahmen der sektoralen Strukturpolitik fließen, ist **strittig,** da es bis heute – wie nachfolgender Artikel bestätigt – an einer **eindeutigen** Begriffsbestimmung dieses staatlichen Instruments der Alimentierung **fehlt.** Mitschuld an der fehlenden Eindeutigkeit des Subventionsbegriffs haben die verwendeten **Synonyme für Subventionen** wie: „Anschubfinanzierung", „Marktordnungsausgleich", „nationale Beihilfe", „Investitionszuschuss", „Produktionsstützung", „Stilllegungsprämie", „Strukturhilfe" – die Liste ließe sich beliebig fortsetzen.

Ergänzend sei an dieser Stelle noch angeführt, dass die **Wettbewerbsregeln** der **Europäischen Union** eigentlich die Gewährung nationaler Beihilfen verbieten. Diese dürfen nur in Ausnahmefällen von den Mitgliedstaaten beantragt und von der EU-Kommission genehmigt werden, um so einen **„Subventionswettlauf"** und somit **Wettbewerbsverzerrungen** zu vermeiden.

(3) Entwicklung der Subventionen

Der 26. Subventionsbericht beschreibt die Entwicklung der **Finanzhilfen** des Bundes und der **Steuervergünstigungen** im Zeitraum von 2015 bis 2018 und dokumentiert für jede einzelne Subvention, inwieweit sie den Subventionspolitischen Leitlinien gerecht wird.

Die Bundesregierung hat subventionspolitische Leitlinien festgelegt:

Auszug aus dem subventionspolitischen Leitlinien

(lt. Beschluss des Bundeskabinetts vom 28. Januar 2015)

- **Neue Subventionen** werden nur gewährt, wenn sie sich gegenüber sonstigen Maßnahmen als das am besten geeignete, auch unter **Kosten-Nutzen-Aspekten** effiziente Instrument darstellen.
- Neue Subventionen werden **vorrangig** als **Finanzhilfen** gewährt und sind durch **Einsparungen** an anderer Stelle zu finanzieren.
- Neue Finanzhilfen werden nur noch **befristet** und grundsätzlich **degressiv** ausgestaltet.
- Die Ziele der Finanzhilfen werden in einer Form festgehalten, die eine Erfolgskontrolle ermöglicht.
- Die Subventionspolitik der Bundesregierung orientiert sich an wachstums-, verteilungs-, wettbewerbs- und umweltpolitischen Wirkungen. Im Subventionsbericht der Bundesregierung wird dargelegt, ob die Subventionen nachhaltig sind.
- Alle Subventionen werden grundsätzlich **regelmäßig** in Bezug auf den **Grad der Zielerreichung** sowie auf **Effizienz** und **Transparenz** evaluiert.
- Es wird geprüft, inwieweit bestehende Steuervergünstigungen in Finanzhilfen oder andere, den Staatshaushalt weniger belastende Maßnahmen überführt werden können.
- Auch bei bestehenden und bisher nicht befristeten und/oder nicht degressiv ausgestalteten Finanzhilfen wird eine Befristung und grundsätzlich eine Degression eingeführt.

Quelle: Bundesministerium für Finanzen, 26. Subventionsbericht der Bundesregierung vom 23.08.2017.

Das Subventionsvolumen der Finanzhilfen und Steuervergünstigungen des Bundes steigt im Berichtszeitraum von 21,8 Mrd. EUR im Jahr 2015 auf 25,2 Mrd. EUR im Jahr 2018.

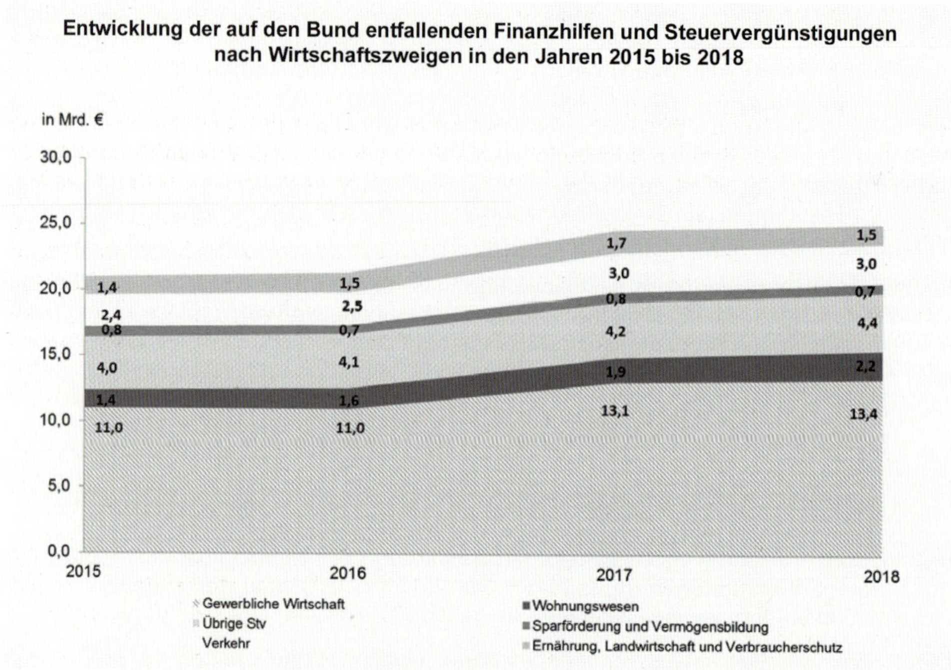

Quelle: Bundesministerium für Finanzen, 26. Subventionsbericht der Bundesregierung vom 30.09.2017, S. 9.

3.2 Die regionale Strukturpolitik

Die Aufgabe der regionalen Strukturpolitik – auch **Regionalpolitik** genannt – in der Bundesrepublik Deutschland ist es, **wirtschaftlich schwächeren Regionen dabei zu helfen, Standortnachteile abzubauen** und **Anschluss** an die **allgemeine Wirtschaftsentwicklung** zu halten.

Regionale Wirtschaftsförderung ist nach Art. 30 Grundgesetz Ländersache. Nach Art. 91 a Grundgesetz kann der Bund über die **Gemeinschaftsaufgabe „Verbesserung der regionalen Wirtschaftsstruktur" (GRW)** an der Regionalförderung der Länder mitwirken. Sie ist das zentrale Regionalförderinstrument von Bund und Ländern und widmet sich konkret der Entwicklung strukturschwacher Regionen, indem sie **Investitionszuschüsse** für den **Aus- und Aufbau der wirtschaftsnahen Infrastruktur** und für **Vorhaben der gewerblichen Wirtschaft** in strukturschwachen Regionen vergibt.

Die GRW ist jedoch mehr als ein Förderinstrument. Sie ist für die deutsche Regionalpolitik zugleich Strategie-, Ordnungs- und Koordinierungsrahmen:

- Die GRW setzt den Rahmen für die **nationale Regionalpolitik** und stellt die innerstaatlich abgestimmte Umsetzung europäischen Rechts, insbesondere der beihilferechtlichen Bestimmungen sicher.
- Im Rahmen der GRW legen **Bund und Länder** gemeinsam die **Fördergebiete** sowie die Förderhöchstsätze und damit auch das innerdeutsche Fördergefälle, die Fördertatbestände und die GRW-Mittelverteilung fest.

- Darüber hinaus bildet die GRW einen Koordinierungsrahmen für andere raumwirksame Politikbereiche, z. B. für den Einsatz der Mittel aus dem **Europäischen Fonds für die Regionale Entwicklung** (EFRE).

Die Regionalförderung erfolgt auf Basis des zwischen Bund und Ländern vereinbarten Koordinierungsrahmens. Der Koordinierungsrahmen enthält die grundsätzlichen Leitlinien der GRW; er legt die Instrumente, die Förderregeln und -sätze sowie das Fördergebiet fest.

In festen Abständen erfolgt eine Überarbeitung des GRW-Regelwerks sowie eine Neuabgrenzung der Fördergebiete. Dies garantiert die Umsetzung aktueller beihilferechtlicher Vorgaben der EU-Kommission sowie die Berücksichtigung der regionalen Entwicklungsprozesse (Fortschritte einiger Regionen bzw. Einbrüche anderer Regionen). Ein fairer Standortwettbewerb wird gewährleistet, Wettbewerbsverzerrungen so weit wie möglich eingeschränkt.

Die GRW ist **Ausgleichs- und Wachstumsinstrument** zugleich:

- Sie ist Ausgleichsinstrument, weil sie nach dem Prinzip der Subsidiarität auf strukturschwache Regionen begrenzt ist.
- Sie ist zugleich Wachstumsinstrument, weil sie einen investiven, nicht konsumtiven Ansatz verfolgt. Sie setzt gezielte Wachstumsimpulse in strukturschwachen Regionen.

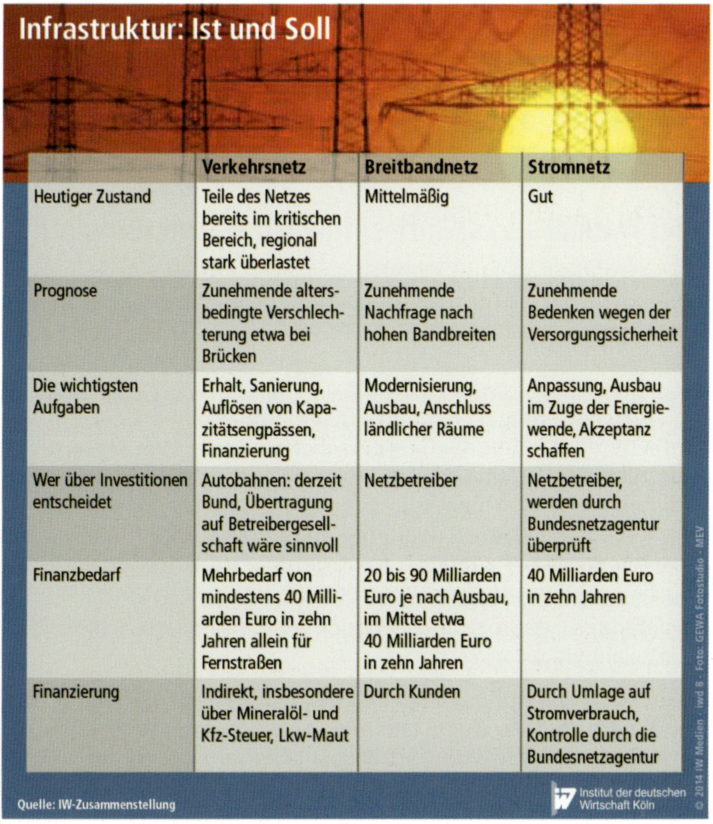

	Verkehrsnetz	Breitbandnetz	Stromnetz
Heutiger Zustand	Teile des Netzes bereits im kritischen Bereich, regional stark überlastet	Mittelmäßig	Gut
Prognose	Zunehmende altersbedingte Verschlechterung etwa bei Brücken	Zunehmende Nachfrage nach hohen Bandbreiten	Zunehmende Bedenken wegen der Versorgungssicherheit
Die wichtigsten Aufgaben	Erhalt, Sanierung, Auflösen von Kapazitätsengpässen, Finanzierung	Modernisierung, Ausbau, Anschluss ländlicher Räume	Anpassung, Ausbau im Zuge der Energiewende, Akzeptanz schaffen
Wer über Investitionen entscheidet	Autobahnen: derzeit Bund, Übertragung auf Betreibergesellschaft wäre sinnvoll	Netzbetreiber	Netzbetreiber, werden durch Bundesnetzagentur überprüft
Finanzbedarf	Mehrbedarf von mindestens 40 Milliarden Euro in zehn Jahren allein für Fernstraßen	20 bis 90 Milliarden Euro je nach Ausbau, im Mittel etwa 40 Milliarden Euro in zehn Jahren	40 Milliarden Euro in zehn Jahren
Finanzierung	Indirekt, insbesondere über Mineralöl- und Kfz-Steuer, Lkw-Maut	Durch Kunden	Durch Umlage auf Stromverbrauch, Kontrolle durch die Bundesnetzagentur

Quelle: IW-Zusammenstellung

Institut der deutschen Wirtschaft Köln

Quelle: iw-dienst Nr. 8, Februar 2014, S. 5.

Die GRW-Förderung ist auf ausgewählte, strukturschwache Regionen beschränkt. Ziel ist es, im Sinne von **Hilfe zur Selbsthilfe** über die Stärkung der regionalen Investitionstätigkeit dauerhaft wettbewerbsfähige Arbeitsplätze in der Region zu schaffen. Strukturschwache Regionen werden **aktiviert statt alimentiert.**

Auf die Förderung strukturstarker Regionen wird dagegen bewusst verzichtet. Die strukturstarken Regionen sind gefordert, aus eigener Kraft den Anschluss an die Wettbewerbsfähigkeit zu halten und notwendige Umstrukturierungsprozesse zu vollziehen.

Auch strukturschwache Regionen brauchen primär wachstumsorientierte Rahmenbedingungen. Wo dies nicht reicht, unterstützt die gezielte Förderung über die GRW strukturschwache Regionen dabei, dass die Menschen auch hier eine Perspektive haben.

Über die GRW werden gewerbliche Investitionen und Investitionen in die kommunale wirtschaftsnahe Infrastruktur sowie nichtinvestive Maßnahmen gefördert.

- Die Förderung gewerblicher Investitionen zielt darauf ab, die Investitionstätigkeit der gewerblichen Wirtschaft in den strukturschwachen Regionen zu stärken, um so den wachstumsnotwendigen Strukturwandel zu erleichtern und Arbeitsplatzversorgung und Einkommenslage vor Ort direkt zu verbessern.
- Der Ausbau einer leistungsfähigen kommunalen wirtschaftsnahen Infrastruktur schafft die Voraussetzungen für die Ansiedlung von Unternehmen und stärkt die Wettbewerbsfähigkeit strukturschwacher Regionen.
- Nichtinvestive Unternehmensaktivitäten zur Stärkung der Wettbewerbsfähigkeit und Innovationskraft von kleinen und mittleren Unternehmen (z. B. regionale Entwicklungskonzepte, Regional- und Clustermanagements) zielen auf die endogenen regionalen Wachstumskräfte und eine Aktivierung der Menschen vor Ort ab.

3.3 Digitaler Wandel als Zukunftsaufgabe der Strukturpollitik

Der digitale Wandel ist in vollem Gange. Die technologischen Entwicklungen sind rasant und verändern die Art, wie wir uns informieren, wie wir kommunizieren, wie wir konsumieren – kurz: wie wir leben.

Durch die **Digitalisierung** werden Maschinen in der Lage sein, viele **menschliche Aufgaben** zu **übernehmen** – jedoch zu **geringeren Kosten.**

Treiber sind eine Vielzahl von **innovativen Technologien** in unterschiedlichen Bereichen wie Datenverarbeitung, Internet, Sensorik, Robotik, 3-D-Druck, additive Fertigung etc., die in ihrer Kombination zu einer **weitergehenden Automatisierung** von Fertigungsprozessen und einer Verschiebung von Tätigkeiten führen. Auch wenn durch Wachstum und neue Märkte auch positive Arbeitsplatzeffekte zu erwarten sind, muss man davon ausgehen, dass durch die Veränderungsprozesse der Druck auf die etablierten Beschäftigungsmuster in mehrfacher Hinsicht wachsen wird.

Diese tiefgreifenden Veränderungen in der Struktur zu gestalten, ist die zukünftige **Schlüsselaufgabe der Strukturpolitik.** Zur Gestaltung des digitalen Wandels hat die **Bundesregierung** im Jahr 2018 die **Umsetzungsstrategie „Digitalisierung gestalten"** verabschiedet. Ziel dieser Strategie ist es, die **Lebensqualität** für die Menschen in Deutschland zu **steigern** und die **wirtschaftlichen und ökologischen Potenziale** der Digitalisierung zur **Sicherung des gesellschaftlichen Zusammenhalts** zu entfalten.

Die Schwerpunkte des Bundesministeriums für Wirtschaft und Energie

Als führende Wirtschaftsnation mit vitalem industriellen Kern und einem hervorragend aufgestellten Mittelstand hat Deutschland beste strukturelle Voraussetzungen für eine digitale Wirtschaftswelt. Die klassische Innovations- und Wirtschaftsstärke liegt darin begründet, dass Deutschland bisher häufig in der Lage war, disruptive Veränderungen frühzeitig zu erkennen, sie anzunehmen und ihre Chancen in Ideen und Wohlstand zu übersetzen. In diesem Sinne hat das Bundesministerium für Wirtschaft und Energie (BMWi) bei der Erarbeitung der Umsetzungsstrategie besonderen Wert darauf gelegt, dass digitale Innovationen und die künftige Wettbewerbsfähigkeit Deutschlands einen Schwerpunkt bilden.

Digitale Innovationen – insbesondere im Bereich Künstlicher Intelligenz – sollen ermöglicht werden mit der Maßgabe, unseren Wohlstand zu sichern und unsere Grundwerte in Deutschland und in Europa zu erhalten. Deutschland hat den Willen, die Fähigkeit und die Instrumente zur Innovation. Gleichzeitig wollen wir aber auch konkrete Produkte und praktische Lösungen fördern. Ziel ist, aus hervorragender technologischer Forschung auch hervorragende technologische Produkte „Made in Germany" und „Made in Europe" auf den Markt zu bringen.

Um den deutschen Mittelstand fit für die digitale Zukunft zu machen, hat das BMWi insbesondere Maßnahmen zur Unterstützung des Mittelstandes sowie junger und innovativer Unternehmen in die Umsetzungsstrategie eingebracht. Dazu gehören etwa die Fortführung und der Ausbau der Mittelstand 4.0-Kompetenzzentren, die Einführung eines neuen Förderprogramms „Investitionszuschuss Digitalisierung im Mittelstand" oder eine Reihe von Maßnahmen zur Verbesserung des Start-up-Ökosystems. [. . .]

Digitalkabinett und Digitalrat

Die Digitalpolitik der Bundesregierung – und damit auch die Umsetzungsstrategie – wird in dieser Legislaturperiode durch den Kabinettausschuss Digitalisierung (kurz: Digitalkabinett) gesteuert. Seine Mitglieder sind die Bundeskanzlerin, alle Bundesministerinnen und -minister sowie die Staatsministerinnen für Digitalisierung sowie für Kultur und Medien.

Ebenfalls neu in dieser Legislaturperiode ist die Einsetzung des Digitalrates. Aufgabe des Digitalrates ist es, einen engen Austausch zwischen Politik und nationalen sowie internationalen Experten zu ermöglichen. Er berät die Bundesregierung bei der Gestaltung des digitalen Wandels in Gesellschaft, Arbeitswelt, Wirtschaft und Verwaltung. Er kann auch Impulse zur Fortentwicklung und Umsetzung der Digitalstrategie geben. [. . .]

Quelle: Bundesministerium für Wirtschaft und Energie, Schlaglichter der Wirtschaftspolitik, Monatsbericht Dezember 2018, S. 9f.

3.4 Die Strukturpolitik der Europäischen Union

Einen umfassenden Überblick über die Strukturpolitik der Europäischen Union gibt nachfolgende Information des Bundesministeriums für Wirtschaft und Energie.

Die Europäischen Struktur- und Investitionsfonds (ESI-Fonds) – Was ist das eigentlich?

Die Mitgliedstaaten der Europäischen Union haben sich im Vertrag von Lissabon darauf verpflichtet, „eine harmonische Entwicklung der Union als Ganzes zu fördern". Dabei sollen besonders die Unterschiede im Entwicklungsstand der verschiedenen Regionen und der Rückstand der am stärksten benachteiligten Gebiete verringert werden.

Um dieses Ziel zu erreichen, benötigt man selbstverständlich Geld. [...] Deshalb wurden die Europäischen Struktur- und Investitionsfonds **(ESI-Fonds)** aufgelegt, die heute den **zweitgrößten Haushaltsposten im EU-Haushalt** ausmachen.

Die ESI-Fonds tragen zur Stärkung des wirtschaftlichen, sozialen und territorialen Zusammenhalts der Union bei und fördern Wachstum und Beschäftigung. Für die laufende Förderperiode von 2014 – 2020 stehen dafür aus diesen Fonds europaweit rund 454 Milliarden Euro zur Verfügung, von denen Deutschland knapp 30 Milliarden Euro erhält.

Oder anders ausgedrückt: Jeden Tag fließen zwölf Millionen Euro Fördermittel aus den Fonds nach Deutschland. Durch dieses Geld sollen die Regionen und Städte wettbewerbsfähiger werden, neue Arbeitsplätze entstehen, eine nachhaltige Entwicklung unterstützt und die Verbesserung der Lebensqualität der Bürgerinnen und Bürger gefördert werden.

Dazu tragen die fünf ESI-Fonds bei:

- der Europäische Fonds für regionale Entwicklung (EFRE)
- der Europäische Sozialfonds (ESF)
- der Kohäsionsfonds (KF)
- der Europäische Landwirtschaftsfonds für die Entwicklung des ländlichen Raums (ELER)
- der Europäische Meeres- und Fischereifonds (EMFF).

Der **EFRE** unterstützt **Regionen mit Entwicklungsrückstand und Strukturproblemen.** Er finanziert vor allem Investitionen zur Stärkung der betrieblichen Wettbewerbsfähigkeit und Schaffung von Arbeitsplätzen in kleinen und mittleren Unternehmen (KMU) und auch Maßnahmen, die der Energieeffizienz, der Forschung und technologischen Entwicklung sowie dem Schutz der Umwelt dienen. Deutschland erhält in der laufenden Förderperiode aus dem EFRE knapp elf Milliarden Euro.

Der **ESF** ist das wichtigste Instrument der Europäischen Union zur **sozialen Eingliederung** und zur **Armutsbekämpfung.** Sein Hauptanliegen besteht darin, Langzeitarbeitslose, Menschen mit Migrationshintergrund sowie benachteiligte Jugendliche bei der Integration in Gesellschaft und Arbeitsmarkt sowie kleine und mittlere Unternehmen, u. a. in Fragen der Wettbewerbsfähigkeit und Fachkräftesicherung sowie bei Existenzgründungen, zu unterstützen. Durch Bildungsmaßnahmen fördert er den Zugang zu besseren Arbeitsplätzen, bietet Qualifizierung und unterstützt so die soziale Integration. Deutschland erhält in der laufenden Förderperiode aus dem ESF rund 7,5 Milliarden Euro.

Der **KF** unterstützt ausschließlich Vorhaben in den Bereichen **Umwelt** und **transeuropäische Verkehrsnetze.** Er kommt nur den weniger entwickelten Mitgliedstaaten der Europäischen Union zugute. Deutschland erhält aus diesem Fonds aufgrund seiner wirtschaftlichen Entwicklung und Leistungsfähigkeit keine Fördermittel.

Die Verbesserung der **nachhaltigen Bewirtschaftung** der natürlichen Ressourcen und der **Klimaschutz** sowie die wirtschaftliche und soziale Entwicklung in den ländlichen Gebieten sind das Kernanliegen der Förderung durch den **ELER.** Deutschland erhält in der laufenden Förderperiode aus dem ELER rund 9,5 Milliarden Euro.

Der **EMFF** hilft den Fischern bei der Umstellung auf eine **nachhaltige Fischerei.** Er unterstützt Küstengemeinden bei der Erschließung neuer Wirtschaftstätigkeiten und finanziert Projekte, die neue Arbeitsplätze schaffen und die Lebensqualität an den europäischen Küsten verbessern. Deutschland erhält in der laufenden Förderperiode aus dem EMFF rund 220 Millionen Euro. [. . .]

Wer profitiert?

Das entscheiden in Deutschland ganz überwiegend die **Bundesländer.** Sie sind es im Regelfall, die die Förderrichtlinien festlegen und die Förderprogramme auflegen. Das ist auch vernünftig. Denn Regionalpolitik kann dort am besten wirken, wo genau bekannt ist, welchen Bedarf es gibt. [. . .]

Wer ist noch beteiligt?

Alle ESI-Fonds haben gemeinsam, dass nichts **ohne nationale Kofinanzierung** geht. Denn wer selbst Geld gibt, fühlt sich in besonderem Maße für die einzelnen Projekte verantwortlich. Nationale Kofinanzierung heißt in Deutschland im Regelfall: Das Bundesland investiert selbst in die Vorhaben, die aus den ESI-Fonds gefördert werden. Die Höhe der nationalen Kofinanzierung ist abhängig von der wirtschaftlichen Entwicklung der jeweiligen Region. Der nationale Beitrag zur Finanzierung schwankt daher zwischen 15 Prozent in weniger entwickelten Regionen und 50 Prozent in stärker entwickelten Regionen

Quelle: Bundesministerium für Wirtschaft und Energie, Die Europäischen Struktur- und Investitionsfonds für Deutschland – Europa in meiner Region, März 2017.

Kompetenztraining

1. Definieren Sie den Begriff der Strukturpolitik!
2. Nennen und erläutern Sie die beiden Formen der Strukturpolitik!
3. Erläutern Sie den Begriff des Strukturwandels!
4. Beschreiben Sie die beiden wesentlichen Arten der Subventionen!
5. Recherchieren Sie zum Thema der „Subventionierung" von Unternehmen durch die Übernahme staatlicher Ausfuhrgewährleistungen und fassen Sie die Ergebnisse zusammen!
6. Erklären Sie, inwiefern die Gewährung nationaler Beihilfen mit den Wettbewerbsregeln der EU-Kommission vereinbar sind!
7. Skizzieren Sie die Bedeutung der Infrastruktur im Rahmen der regionalen Strukturpolitik!
8. In den letzten Jahren wurde in der Politik immer wieder heftig über den Zeitplan für den Ausstieg aus dem subventionierten Steinkohlebergbau gestritten. Im Mittelpunkt der Diskussion standen die bei vorzeitigem Ausstieg möglichen Einsparungen von ca. 2,5 Mrd. EUR pro Jahr. Diesen Einsparungen stand jedoch der Verlust von 36 000 Arbeitsplätzen gegenüber.

   Aufgaben:

   8.1 Erläutern Sie drei mögliche Gründe für und gegen die Zahlung von Subventionen im Steinkohlebergbau!

   8.2 Nicht jede Form von Subventionszahlung ist aus volkswirtschaftlicher Sicht negativ zu bewerten. Schildern Sie drei Situationen, in denen Subventionen als volkswirtschaftlich sinnvolles Instrument eingesetzt werden können!
9. Recherchieren Sie die besondere Rolle der Förderbanken des Bundes im Rahmen der Regionalpolitik!

10. Recherchieren Sie die Aufgaben der Länder im Rahmen der GRW-Fördermaßnahmen!

11. Im Hinblick auf die Zielsetzung lassen sich Subventionen in drei Kategorien einteilen. Nennen und erläutern Sie diese!

12. In vielen Volkswirtschaften werden Subventionen des Staates nicht nur an Unternehmen, sondern auch an Privathaushalte gezahlt. Nennen Sie vier Beispiele für derartige Subventionen in der Bundesrepublik Deutschland!

13. Unterrichtsvorschlag: Kartenabfrage und Diskussion

Sammeln Sie zunächst mittels Kartenabfrage Beispiele für Subventionen an Unternehmen in der Bundesrepublik Deutschland!

Diskutieren Sie anschließend, welche dieser Subventionen insbesondere vor dem Hintergrund der angespannten Haushaltslage zukünftig gestrichen werden könnten und welche Konsequenzen hieraus zu erwarten sind!

Halten Sie die Argumente, die für bzw. gegen eine Streichung der auf Ihrer Liste aufgeführten Subventionen sprechen, fest!

14. Unterrichtsvorschlag: Referat und Expertengespräch

Zunächst sollten einige Schüler ein Referat über den aktuellen Stand der staatlichen Förderung in ihrer Wirtschaftsregion halten, wobei insbesondere die regionale Infrastruktur Berücksichtigung finden sollte.

Laden Sie anschließend einige Politiker unterschiedlicher Parteien Ihrer Region zu einem Expertengespräch ein! Gegenstand des Gesprächs sollte neben der aktuellen vor allem die zukünftige regionale Strukturpolitik sein.

15. Entscheiden Sie, welche der nachfolgenden Vorgehensweisen in Bezug auf Subventionen mit einer marktwirtschaftlichen Wirtschaftsordnung vereinbar wäre!

① Subventionen sollten grundsätzlich für einen unbegrenzten Zeitraum gewährt werden. ☐

② Subventionen sollten im Zeitverlauf – auch mit Blick auf einen Inflationsausgleich – stetig ansteigen.

③ Zur Sicherung von Arbeitsplätzen sollten grundsätzlich Subventionen gewährt werden.

④ Subventionen sollten der Gerechtigkeit wegen an alle Branchen verteilt werden.

⑤ Subventionen sollten nur in Ausnahmefällen, dann jedoch im Vorfeld zeitlich begrenzt und im Zeitverlauf abnehmend gewährt werden.

16. Entscheiden Sie, welche Aussage zur Strukturpolitik falsch ist!

① Im Rahmen der sektoralen Strukturpolitik steht die staatliche Förderung bestimmter Branchen im Mittelpunkt. ☐

② Im Grundsatz verbieten die Wettbewerbsregeln der Europäischen Union die Gewährleistung nationaler Beihilfen.

③ Die Schaffung einer geeigneten Infrastruktur ist Gegenstand der Regionalpolitik.

④ In der GRW tragen Bund, Länder und Kommunen die Finanzierung je zu einem Drittel.

⑤ Die GRW-Förderung kann nur im GRW-Fördergebiet gewährt werden.

Handlungssituation 11

Jan, Max, Philipp und Sebastian, allesamt noch Schüler bzw. Auszubildende, sind ziemlich beste Freunde. Sie treffen sich seit vielen Jahren sehr regelmäßig, zumeist am Wochenende, um etwas gemeinsam zu unternehmen. Das Besondere an dieser „Männerfreundschaft" ist, dass sie – anders als vielleicht viele andere Gleichaltrige – nicht nur gemeinsam viel Spaß miteinander haben, sondern auch ihre Sorgen und Probleme teilen, indem sie sehr offen darüber sprechen.

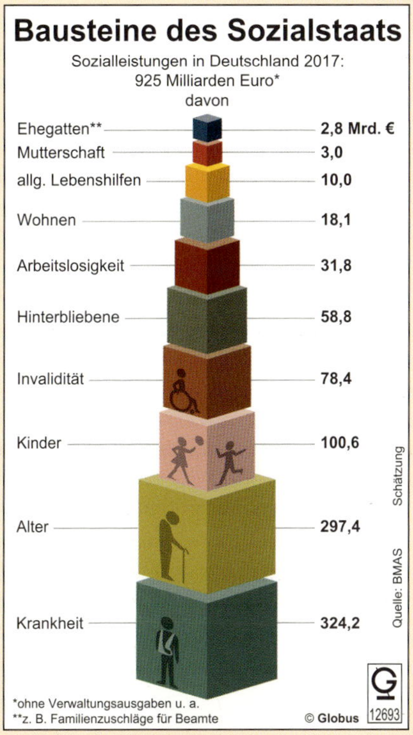

So auch an diesem Wochenende, an dem sich die vier Freunde verabredet haben, um zunächst gemeinsam eine Pizzeria aufzusuchen und anschließend noch etwas Trinken zu gehen. Kurz nachdem sie die Bestellung aufgegeben haben, sagt Philipp, dass er sich solche Abende wohl künftig nicht mehr allzu oft leisten kann. Seit Freitag habe sein Vater seinen Arbeitsplatz verloren, ihm wurde gekündigt. Da seine Familie erst vor wenigen Jahren neu gebaut hat und noch das Darlehen für das Eigenheim stemmen müsse, sei das Haushaltsbudget durch die – hoffentlich nur vorübergehende – Arbeitslosigkeit des Vaters stark eingeschränkt. Sein Vater habe gestern bereits angedeutet, dass er noch gar nicht absehen könne, wie es finanziell weitergehen soll, ob er überhaupt Arbeitslosengeld erhält und wenn ja, wie viel dies genau sei. Vor diesem Hintergrund müssten sich auch Philipp, der zurzeit das berufliche Gymnasium für Wirtschaft und Verwaltung besucht, und seine beiden Geschwister darauf einstellen, „den Gürtel enger zu schnallen", zumindest was das Taschengeld anbelangt.

Jan kann die Nöte von Philipp nur allzu gut verstehen. Auch in seiner Familie gibt es zurzeit ziemliche Sorgen. Seine Oma, die bei ihnen im Haus wohnt, ist vor zwei Wochen im Badezimmer ausgerutscht und hat sich dabei den Oberschenkelhals gebrochen. Seit dieser Zeit sitzt sie im Rollstuhl und kann nicht mehr laufen. Im Krankenhaus haben seine Eltern zudem darauf hingewiesen, dass die Oma schon vor dem Sturz nicht nur erkennbar unsicher auf den Beinen unterwegs war, sondern in den letzten Jahren auch einen zunehmend vergesslicheren Eindruck macht. So habe sie immer häufiger in kurzen Zeitabständen die gleichen Fragen gestellt. Daraufhin haben die Ärzte im Rahmen weitergehender Untersuchungen festgestellt, dass sie unter einer Demenz im fortgeschrittenen Stadium leidet. Die Sorgen der Eltern richten sich nun auf die Zeit, wenn die Oma aus dem Krankenhaus entlassen wird, da sie nicht genau wissen, wie sie die Pflege der nunmehr – zumindest für einen längeren Zeitraum – an den Rollstuhl gefesselten Oma sicherstellen sollen. Erste Erkundigungen bei einem örtlichen Pflegeheim haben ergeben, dass die monatlichen Kosten für einen Heimplatz die Rente der Oma bei Weitem übersteigen würden. Nunmehr hätten seine Eltern bei der Krankenversicherung einen Termin, um abzuklären, ob und wenn ja, in welchem Umfang hier mit Zuschüssen gerechnet werden könne oder ob sie die Kostendifferenz ganz allein tragen müssten.

Schnell stellen die vier Freunde im Gespräch fest, dass es eigentlich in all ihren Familien gleichartig gelagerte Sorgen gibt. Bei Sebastian ist es die ältere Schwester, die noch zu Hause wohnt und den Eltern arge finanzielle Probleme bereitet. Sebastian ist vor zwei Monaten erstmalig Onkel geworden. Eigentlich ein erfreuliches Ereignis, allerdings ist seine Schwester noch in der Ausbildung zur Einzelhandelskauffrau. Der Vater des Kindes hingegen wohnt nicht in Deutschland und hat auch nach derzeitigem Stand der Dinge kein Interesse, dies grundsätzlich ändern zu wollen. Zudem ist er noch Schüler und verfügt über kein eigenes Einkommen. Die Familie von Sebastian unterstützt die Schwester, wo sie nur kann und fängt die ganze Situation auch finanziell auf, da für das Kind kein Unterhalt vom Vater des Kindes gezahlt wird. Ihnen stellt sich nunmehr die Frage, inwiefern der Staat an dieser Stelle finanzielle Hilfen vorsieht.

Schließlich kann auch Max von ähnlichen Problemen berichten. Seine Mutter leidet seit längerer Zeit unter einer seltenen Krankheit und muss sich infolgedessen in besonderer Weise ernähren. Diese Form der Ernährung sei ziemlich kostenintensiv und die Krankenkasse habe noch nicht abschließend erklärt, ob und in welchem Umfang sie sich an den Kosten beteiligen werde. Erschwerend kommt hinzu, dass sich die finanzielle Situation seiner Mutter zugespitzt hat, seit die Ärzte sie aufgrund dieser Erkrankung vor einigen Wochen nach dem Verlust ihres Arbeitsplatzes für erwerbsunfähig erklärt hätten und sie nunmehr auf den endgültigen Rentenbescheid wartet.

Am Ende des Gesprächs sagt Philipp: „Es ist gut, wenn man Freunde hat, die einen verstehen, insbesondere in solchen Momenten, wenn man ernsthafte Sorgen hat. Erschreckend ist für mich nur, wie viele Familien anscheinend derartige Probleme haben. Dabei dachte ich immer, dass wir in einem Sozialstaat leben."

Kompetenzorientierte Arbeitsaufträge:

1. Notieren Sie, welche Bereiche bzw. welche Leistungen der Sozialpolitik in der vorliegenden Handlungssituation angesprochen werden!
2. Erläutern Sie, wozu Sozialpolitik erforderlich ist und welche Ziele sie verfolgen sollte!
3. **Stellungnahme**

   Die Einkommens- und Vermögensverteilung in der Bundesrepublik Deutschland wird immer wieder – nicht zuletzt auf der Basis neuer Studien – heftig diskutiert. Im Zentrum der Diskussion geht es dabei um die soziale Gerechtigkeit des bestehenden Systems. Nehmen Sie kritisch Stellung zur Einkommens- und Vermögensverteilung in der Bundesrepublik Deutschland!
4. Analysieren Sie, wie sich die demografische Entwicklung hierzulande auf die soziale Sicherheit auswirken wird. Gehen Sie dabei auch darauf ein, welche Konsequenzen sich zukünftig für Sie hieraus ergeben könnten und zeigen Sie Möglichkeiten auf, wie sich negative Auswirkungen des demografischen Wandels auffangen ließen!
5. **Arbeitsvorschlag mit regionalem Bezug**

   Die Klasse sollte in Kleingruppen eingeteilt werden, von denen jede Gruppe ein soziales Projekt aus ihrer Region vorstellt (z. B. eine örtliche Obdachlosenhilfe, eine regional aktive Jugendhilfe, eine örtliche Tafel). Im Fokus der Referate sollte vor allem stehen, welcher Kreis von sozial benachteiligten Menschen durch dieses Projekt unterstützt wird und welche Hilfen im Einzelnen geleistet werden. Diskutieren Sie im Anschluss an die vorgestellten Projekte als Klassengemeinschaft darüber, welches Projekt Sie als Klasse – eventuell unter Einbindung Ihrer Schule – ganz konkret unterstützen könnten!

Quelle: Bundesverband Deutsche Tafel e. V., Foto: Wolfgang Borrs.

1 Grundlagen der Sozialpolitik

Unter den Begriff der Sozialpolitik werden all jene **staatlichen** Handlungen gefasst, die darauf abzielen, durch den Einsatz **geeignet** erscheinender Mittel die **wirtschaftliche** und/oder die **gesellschaftliche** Stellung solcher Personengruppen, die absolut oder im Vergleich zu anderen Gruppen als „schwach" angesehen werden, zu **verbessern.**

Die **Art und Weise** sowie der **Umfang** des staatlichen Eingreifens im Rahmen der Sozialpolitik ist in erster Linie abhängig von den in einer Gesellschaft verfolgten wirtschaftlichen und sozialen **Grundzielen.**

Über das **wirtschaftliche Ziel** der **Einkommenssicherung** hinaus soll die staatliche Sozialpolitik den **sozialen Frieden** in der Gesellschaft aufrechterhalten.

Die gesellschafts- und wirtschaftspolitischen Ziele sind **langfristig** zu betrachten, wobei sich die **Rangfolge im Zeitablauf ändert,** sodass sie einer ständigen Interpretation bedürfen. Jedes Ziel der Wirtschaftspolitik hat in der Regel **ein Oberziel.**

Die wirtschaftspolitischen Oberziele sind identisch mit der Grundhaltung bzw. können als gesellschaftspolitische Oberziele bezeichnet werden. **Über** ihnen **allen** steht jedoch das **Freiheitsziel** und die **Menschenwürde.**

Beispiel:

Vollbeschäftigung und Geldwertstabilität sind nur aus den Oberzielen abgeleitete Unterziele und stellen das Ergebnis einer **politischen Willensbildung** dar.

Zusammenhang der gesellschafts- und wirtschaftspolitischen Ziele

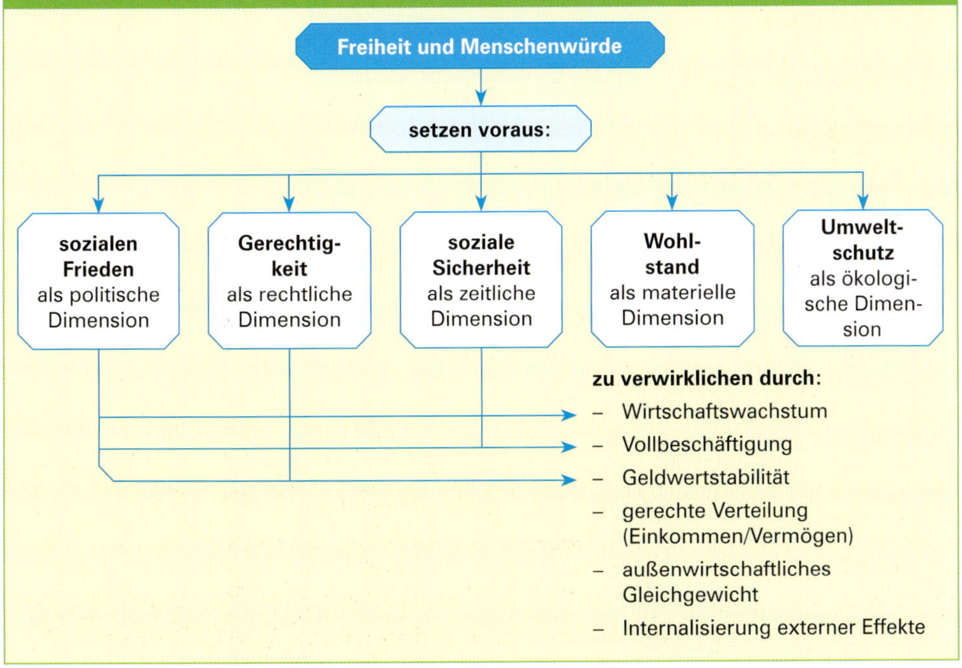

Die **Bereiche der Sozialpolitik** sind sehr **vielschichtig** und schließen neben den Systemen der sozialen Sicherung (Sozialversicherungssysteme), der Frage einer gerechten Einkommens- und Vermögensverteilung unter anderem auch die Arbeitnehmerschutzpolitik (z. B. Mutterschutz, Jugendarbeitsschutz, Behindertenschutz, Kündigungsschutz), Bereiche der Arbeitsmarktpolitik oder gar die Familien- und Bildungspolitik mit ein.

Vor dem Hintergrund dieser umfangreichen Fülle sozialpolitischer Inhalte soll im Folgenden eine **Fokussierung** auf die **zwei wesentlichen** Bereiche dieses Politikfeldes in der Bundesrepublik Deutschland erfolgen, und zwar auf:

- die Systeme der sozialen Sicherung sowie
- die „gerechte" Einkommens- und Vermögensverteilung.

2 Die Systeme der sozialen Sicherung als tragende Säule der sozialen Marktwirtschaft

2.1 Die aktuelle Situation der sozialen Sicherung in der Bundesrepublik Deutschland

Dass der Sozialstaat hierzulande zunehmend an seine **Grenzen** stößt und nicht zuletzt mit Blick auf die Bewältigung zukünftiger Herausforderungen unseres Landes ein **Umdenken** in der **Sozialpolitik** erforderlich ist, zeigt nebenstehende Grafik.

Die soziale Sicherheit in Deutschland kostete im vergangenen Jahr schätzungsweise 966 Milliarden Euro. Das geht aus dem Sozialbudget hervor, das regelmäßig vom Bundesministerium für Arbeit und Soziales (BMAS) veröffentlicht wird. In dieser riesigen Summe sind sämtliche Sozialleistungen enthalten, also beispielsweise Renten und Pensionen, Krankenversicherungsleistungen und Arbeitslosengeld, Jugend- und Sozialhilfe und vieles anderes mehr. Drei große Geldgeber sorgen dafür, dass das soziale Netz nicht zerreißt: der Staat (also Bund, Länder und Gemeinden), die Unternehmen und die privaten Haushalte, darunter vor allem die Arbeitnehmerhaushalte, die Sozialversicherungsbeiträge entrichten. Bedenkt man allerdings, wie Staat und Unternehmen ihren Teil finanzieren, so sind es am Ende die Bürger, die dafür aufkommen: Die Bürger nämlich bezahlen mit Steuern und Abgaben das staatliche soziale Engagement; und als Verbraucher kaufen sie Waren und Dienstleistungen, in deren Preise die Unternehmen ihre Sozialkosten bereits einkalkuliert haben. Fazit: Am Ende sind es die Steuerzahler und Konsumenten, die – direkt und indirekt – den Sozialstaat finanzieren.

Die **Systeme der sozialen Sicherung** stecken in einer tiefen **Krise** und verschlingen mittlerweile fast **ein Drittel** des Bruttoinlandsproduktes.

Bevor die einzelnen Sozialversicherungszweige als tragende Säule der Sozialpolitik in der Bundesrepublik Deutschland dargestellt werden, sollen im Folgenden zunächst mögliche Einflussfaktoren auf die Systeme der sozialen Sicherung aufgezeigt werden. Sie stellen zugleich mögliche Ursachen für die beschriebene Krise der sozialen Sicherungssysteme dar.

2.2 Einflussfaktoren auf die Systeme der sozialen Sicherung

Auf die sozialen Sicherungssysteme wirken viele unterschiedliche Einflussfaktoren, von denen Störungen **nicht nur** vorübergehender Natur ausgehen und schwerwiegende Krisen bei den einzelnen Systemen ausgelöst werden können.

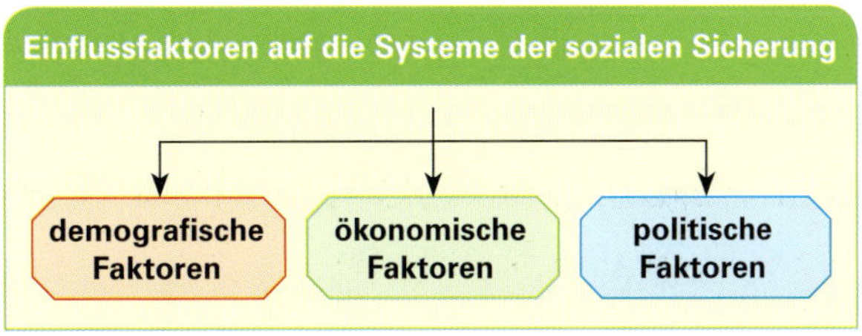

Die von den vielfältigen Einflussfaktoren ausgehenden Wirkungen lassen sich häufig **nicht eindeutig** einem bestimmten Faktor ursächlich zuordnen. Als Folge hieraus sind allgemein gültige Wirkungszusammenhänge nicht zweifelsfrei ableitbar. Trotz dieser Schwierigkeiten sollen einige ausgewählte Aspekte der einzelnen Einflussfaktoren vorgestellt und deren mögliche Auswirkungen auf die Sozialsysteme dargestellt werden.

2.2.1 Demografische Faktoren

(1) Lebenserwartung

Die **durchschnittliche Lebenserwartung** ist hierzulande in der Vergangenheit stark angestiegen und wird sich auch in Zukunft weiter erhöhen. Diese für den Einzelnen sicherlich erfreuliche Entwicklung führt jedoch zu **steigenden Ausgaben** der Sozialversicherung. So werden hierdurch nicht nur die Kranken- und Pflegeversicherung entsprechend stärker belastet. Die Verlängerung der Lebenserwartung hat auch eine Zunahme der **Rentenbezugsdauer** und somit einen Anstieg der Ausgaben der gesetzlichen Rentenversicherung zur Folge.

(2) Altersaufbau

Nachfolgende Abbildung zeigt die gravierende Veränderung des Altersaufbaus in der Bevölkerung der Bundesrepublik Deutschland. Die **Zunahme** der **älteren** bei gleichzeitiger **Abnahme** der **jüngeren Generation** führt dazu, dass immer **weniger** Beitragszahler eine steigende Anzahl von Rentnern finanzieren müssen. Die Schere zwischen Einnahmen und Ausgaben der gesetzlichen Rentenversicherung klafft immer weiter auseinander.

Diese Negativentwicklung wurde in den vergangenen Jahrzehnten auch dadurch noch verstärkt, dass der **Einstieg** in das **Berufsleben** und damit die Zahlung von Beiträgen im Durchschnitt immer **später** erfolgte. Parallel dazu schieden die Arbeitnehmer – beispielsweise durch Vorruhestandsregelungen – immer **früher** aus dem Erwerbsleben aus, wodurch nicht nur Beitragseinnahmen verloren gingen, sondern vielmehr sogar durch die vorgezogenen Rentenzahlungen die Rentenkasse zusätzlich belastet wurde.

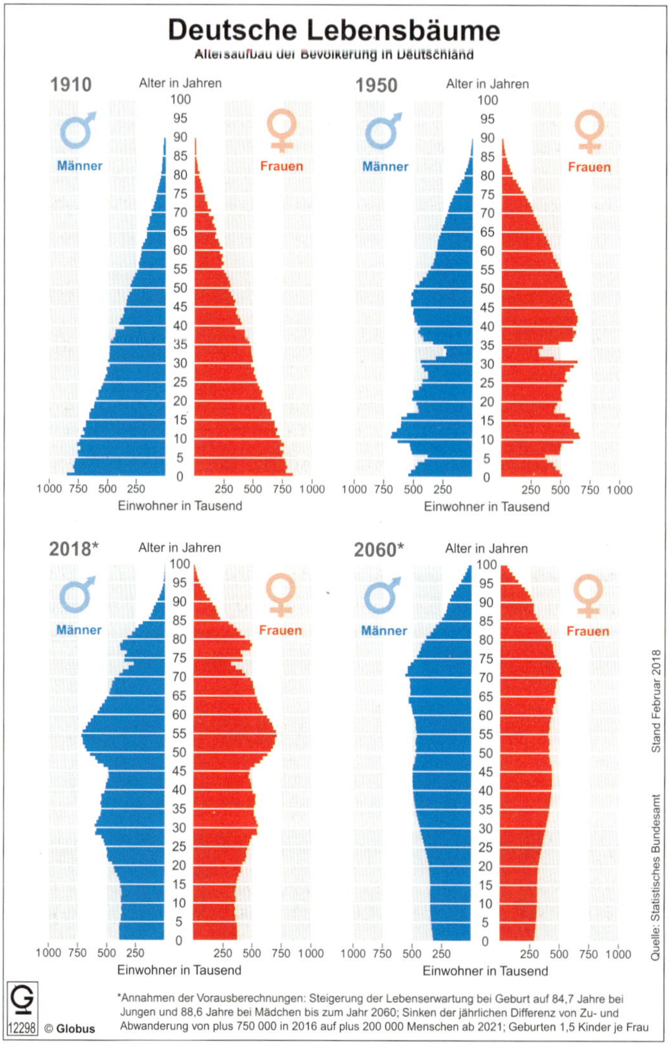

Neben der gesetzlichen Rentenversicherung sind auch die übrigen Sozialversicherungszweige von den vorgenannten Entwicklungen negativ betroffen, da ein Rückgang der „beitragszahlenden" Bevölkerungsschicht unweigerlich zu Einnahmeeinbußen führt.

Die Bevölkerung in Deutschland schrumpft immer mehr. Die Zahl der Gestorbenen wird die Zahl der Geborenen immer stärker übersteigen, und die Zuwanderung wird diese Lücke auf Dauer nach der 13. Bevölkerungsvorausberechnung des Statistischen Bundesamtes nicht schließen können. Lebten im Jahr 2015 – dem Basisjahr der aktualisierten Vorausberechnung – 82,2 Millionen Menschen in Deutschland, werden es im Jahr 2060 nur noch 76,5 Millionen sein. Besonders stark wird der Rückgang der Bevölkerung im erwerbsfähigen Alter sein. So wird die Zahl der 15- bis 64-Jährigen von 2015 bis 2060 um rund 20 Prozent sinken. Deutlich steigen wird dagegen die Zahl der Menschen ab 65 Jahren. Während 2015 etwa jeder Fünfte zu dieser Altersgruppe gehörte, wird es im Jahr 2060 gut jeder Dritte sein.

2.2.2 Ökonomische Faktoren

Die Sozialpolitik steht seit jeher im Spannungsfeld zwischen den sozialpolitisch angestrebten Zielvorstellungen und den unter den jeweiligen ökonomischen Rahmenbedingungen vorhandenen Umsetzungsmöglichkeiten. Aus diesem Spannungsfeld heraus können sich Grenzen für die Realisierung der sozialpolitischen Zielsetzungen ergeben. Dabei unterliegen die wirtschaftlichen Rahmenbedingungen – im Gegensatz zur demografischen Entwicklung – einem vergleichsweise **kürzeren** Wandel und sind **weniger gut prognostizierbar.**

(1) Entwicklungen auf dem Arbeitsmarkt

Durch bestimmte Entwicklungen auf dem Arbeitsmarkt können die Finanzierungsprobleme der Sozialversicherung verstärkt werden. Zu nennen ist in diesem Zusammenhang etwa die Tendenz zur **Verkürzung der Lebensarbeitszeit** durch späteren Eintritt in das Erwerbsleben und/oder früheren Austritt aus dem Erwerbsleben.

Zudem können **Veränderungen der Erwerbs- und Beschäftigungsformen** Einfluss auf die sozialen Sicherungssysteme nehmen, da diese zumeist auf Vollzeiterwerbstätigkeit aufbauen. Normale Arbeitsverhältnisse werden aber in steigendem Maße durch andere Formen der Erwerbstätigkeit – etwa der Teilzeitarbeit oder außerhalb der Arbeitsverhältnisse liegende Tätigkeiten – verdrängt, wodurch es zu atypischen oder unregelmäßigen Erwerbsverläufen kommt.

(2) Wirkungen der Inflation

Im Rahmen der ökonomischen Einflussfaktoren kommt neben den Entwicklungen auf dem Arbeitsmarkt vor allem der **Inflation** eine entscheidende Bedeutung zu, da auch von ihr nicht zu unterschätzende Wirkungen z. B. auf die Alterssicherungssysteme ausgehen. Im Gegensatz zum Beschäftigungsbereich, wo sich einige Auswirkungen primär auf bestimmte Alterssicherungssysteme konzentrieren (wie etwa auf die als Sozialversicherungsmodell organisierten öffentlichen Rentenversicherungen), sind durch die Inflation **alle** Alterssicherungssysteme gleichermaßen betroffen. Dabei beeinflusst die Inflation in erster Linie die Finanzierung der Sicherungssysteme und kann zu einer **Entwertung der Leistungen** und somit zu einem **Kaufkraftverlust** der Altersrenten führen, was sich aufgrund des **langen Planungshorizonts** im Bereich der Alterssicherung zu einem erheblichen Unsicherheitsfakor entwickeln kann, da Rentenleistungen inflationsbedingt teilweise unter das **Existenzminimum** sinken können.

2.2.3 Politische Faktoren

Grundsätzlich sind die Sozialsysteme nationalen Ursprungs und somit individuell geprägt. Dennoch werden sie aus dem Kontext eines bestimmten Landes herausgelöst und auf internationaler Ebene behandelt, da **Fragen der sozialen Sicherheit** als eine wesentliche **Voraussetzung** für eine **stabile Weltordnung** angesehen werden.

Beispiele:

Mit den internationalen Problemen der sozialen Sicherung beschäftigen sich unter anderem die Internationale Arbeiterorganisation (ILO), die Empfehlungen und Konventionen zur Altersversorgung formuliert, oder die Weltbank.

Auch auf regionaler Ebene gehen Institutionen – wie etwa die Europäische Union – derartigen Fragestellungen nach, sodass innerhalb der Sozialpolitik durchaus von **Globalisierungstendenzen** gesprochen werden kann. Wenn auch **kein direkter** Eingriff in nationale Alterssicherungssysteme vorgenommen wird, kann dennoch über **Empfehlungen oder Mindestnormen** zumindest indirekt auf politischem Wege Einfluss geltend gemacht werden.

Quelle: https://www.bundestag.de/parlament/plenum [Zugriff am 20. 10. 2018].

Weiterhin besteht die Gefahr seitens der Politik – insbesondere vor anstehenden Wahlen – die Sozialleistungen auszuweiten, ohne jedoch für eine **solide Gegenfinanzierung** Sorge zu tragen. Ein wesentlicher Grund hierfür ist darin zu sehen, dass sich die Regierung als **„Anbieter von Sozialleistungen"** einem ständigen Leistungsdruck ausgesetzt fühlt, sich durch die „Konkurrenzangebote" der Opposition nicht überbieten zu lassen.

2.3 Die Sozialversicherung in der Bundesrepublik Deutschland

In Deutschland hat sich ein umfangreiches System der sozialen Sicherung entwickelt.

Als Beginn der deutschen Sozialversicherung wird die Kaiserliche Botschaft Wilhelms I., Deutscher Kaiser, König von Preußen, vom 17. November 1881 bezeichnet.

„Schon im Februar d. J. haben Wir Unsere Überzeugung aussprechen lassen, daß die Heilung der sozialen Schäden nicht ausschließlich im Wege der Repression sozialdemokratischer Ausschreitungen, sondern gleichmäßig auf dem der positiven Förderung des Wohles der Arbeiter zu suchen sein werde. Wir halten es für Unsere Kaiserliche Pflicht, dem Reichstage diese Aufgabe von Neuem ans Herz zu legen, und würden Wir mit um so größerer Befriedigung auf alle Erfolge, mit denen Gott Unsere Regierung sichtlich gesegnet hat, zurückblicken, wenn es Uns gelänge, dereinst das Bewußtsein mitzunehmen, dem Vaterlande neue und dauernde Bürgschaften seines inneren Friedens und den Hilfsbedürftigen größere Sicherheit und Ergiebigkeit des Beistandes, auf den sie Anspruch haben, zu hinterlassen. In Unseren darauf gerichteten Bestrebungen sind Wir der Zustimmung aller verbündeten Regierungen gewiß und vertrauen auf die Unterstützung des Reichstages ohne Unterschied der Parteistellungen.

In diesem Sinne wird zunächst der von den verbündeten Regierungen in der vorigen Session vorgelegte Entwurf eines Gesetzes über die Versicherung der Arbeiter gegen Betriebsunfälle mit Rücksicht auf die im Reichstage stattgehabten Verhandlungen über denselben einer Umarbeitung unterzogen, um die erneute Berathung desselben vorzubereiten. Ergänzend wird ihm eine Vorlage zur Seite treten, welche sich eine gleichmäßige Organisation des gewerblichen Krankenkassenwesens zur Aufgabe stellt. Aber auch diejenigen, welche durch Alter oder Invalidität erwerbsunfähig werden, haben der Gesamtheit gegenüber begründeten Anspruch auf ein höheres Maß staatlicher Fürsorge, als ihnen bisher hat zu Theil werden können.

Für diese Fürsorge die rechten Mittel und Wege zu finden, ist eine schwierige, aber auch eine der höchsten Aufgaben jedes Gemeinwesens, welches auf den sittlichen Fundamenten des christlichen Volkslebens steht. Der engere Anschluß an die realen Kräfte dieses Volkslebens und das Zusammenfassen der letzteren in der Form kooperativer Genossenschaften unter staatlichem Schutz und staatlicher Förderung werden, wie Wir hoffen, die Lösung auch von Aufgaben möglich machen, denen die Staatsgewalt allein in gleichem Umfange nicht gewachsen sein würde. Immerhin aber wird auch auf diesem Wege das Ziel nicht ohne die Aufwendung erheblicher Mittel zu erreichen sein."

2.3.1 Überblick über das System der Sozialversicherung

(1) Zweige der gesetzlichen Sozialversicherung

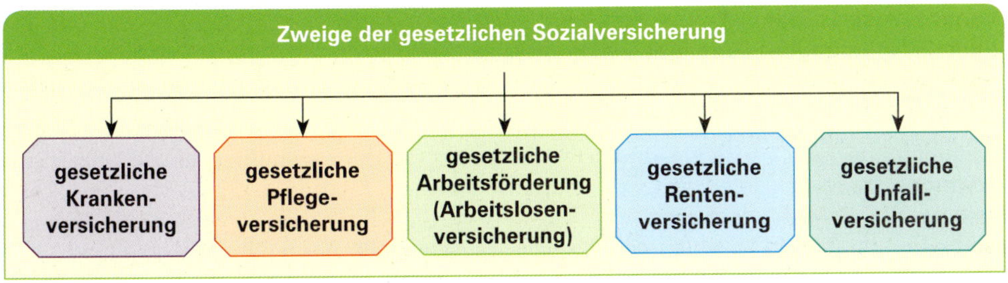

(2) Sozialversicherungsausweis

Seit 1991 erhalten die Arbeitnehmer einen **Sozialversicherungsausweis.** Den Ausweis erhält jede sozialversicherungspflichtige Person. Er wird bei der erstmaligen Beschäftigung – auch einer geringfügigen Beschäftigung – durch den zuständigen Rentenversicherungsträger ausgestellt. Der Ausweis enthält den Vor- und den Familiennamen, die von der Rentenversicherung vergebene Versicherungsnummer, das Ausstellungsdatum und die Anschrift des ausgebenden Rentenversicherungsträgers.

Quelle: www.deutsche-rentenversicherung.de [Zugriff: 26.09.2018].

Bei Beginn einer Beschäftigung hat der Arbeitnehmer den Sozialversicherungsausweis dem **Arbeitgeber** vorzulegen. In einigen Wirtschaftszweigen, wie z. B. im Bau-, Schausteller- und Gebäudereinigungsgewerbe, gilt eine **Sonderregelung**: Die Beschäftigten müssen bei der Arbeit ein Personaldokument (Personalausweis, Pass o. Ä.) mit sich führen.

Der **Arbeitgeber** hat die Mitarbeiter zur Sozialversicherung zu **melden**. Dabei sind An- und Abmeldungen, Unterbrechungsmeldungen, Jahresmeldungen usw. vorzunehmen.

(3) Sozialversicherungsbeiträge

Außer der **Unfallversicherung**, die der Arbeitgeber allein zu tragen hat, müssen Arbeitnehmer und Arbeitgeber je 50 % der Beiträge zur Kranken-, Pflege-, Renten- und Arbeitslosenversicherung zahlen. Die Beiträge für jeden Sozialversicherungszweig werden bis zur jeweiligen Beitragsbemessungsgrenze über einen festen Prozentsatz vom jeweiligen Bruttoverdienst berechnet. Über die Beitragsbemessungsgrenze hinaus werden keine Beiträge zur jeweiligen Sozialversicherung erhoben.

Nachfolgende Tabellen geben einen Überblick über die **Beitragsbemessungsgrenzen** und **Beitragssätze** der einzelnen Sozialversicherungszweige (Stand: 2019).

Beitragsbemessungsgrenzen		
	Alte Bundesländer	Neue Bundesländer
Rentenversicherung/ Arbeitslosenversicherung	Jahr 80 400,00 EUR Monat 6 700,00 EUR	Jahr 73 800,00 EUR Monat 6 150,00 EUR
Krankenversicherung/ Pflegeversicherung	Jahr 54 450,00 EUR Monat 4 537,50 EUR	
Geringfügige Beschäftigungen	Monat 450,00 EUR	
Geringverdienergrenze für Auszubildende	Monat 325,00 EUR	

Beitragssätze zur Sozialversicherung	Allgemeiner Beitragssatz	Verteilung bzw. Zusatzbeitrag
Krankenversicherung Individueller Zusatzbeitrag der Krankenkasse, z. B.	14,6 % 0,8 %	Der **allgemeine Beitragssatz von 14,6 %** ist festgeschrieben und je zur Hälfte von Arbeitgebern und Arbeitnehmern zu zahlen. Erhebt eine Krankenkasse einen individuellen **Zusatzbeitrag,** so ist dieser je zur Hälfte von Arbeitgebern und Arbeitnehmern zu tragen. **Beispiel: Zusatzbeitrag** 0,8 %-Punkte. **Arbeitgeberanteil:** 14,6 % : 2 = 7,3 % + 0,4 %-Punkte = 7,7 %, **Arbeitnehmeranteil:** 7,3 % + 0,4 %-Punkte = 7,7 %
Rentenversicherung	18,6 %	
Arbeitsförderung (Arbeitslosenversicherung)	2,5 %	
Pflegeversicherung* (ab 2018)	3,05 % (3,30 %)	

* **Kinderlose Arbeitnehmer** haben auf ihren Beitragsanteil einen Zuschlag von 0,25 %-Punkten zu zahlen. **Ausnahmen:** Der Beitragspflichtige ist vor dem 1. Januar 1940 geboren, hat das 23. Lebensjahr noch nicht vollendet oder ist Bezieher von Arbeitslosengeld II.

In Bundesländern, die zur Kompensation der Arbeitgeberbeiträge keinen stets auf einen Werktag fallenden Feiertag abschaffen, trägt der **Arbeitnehmer** 1 Prozentpunkt des allgemeinen Beitragssatzes. Der verbleibende Beitrag wird je zur Hälfte von Arbeitnehmer und Arbeitgeber getragen.

2.3.2 Die gesetzliche Krankenversicherung

(1) Versicherungspflicht

Seit dem Jahr 2009 besteht eine **Krankenversicherungspflicht für alle**. Je nach Voraussetzung kann diese Versicherungspflicht in der gesetzlichen Krankenversicherung (GKV) **oder** in der privaten Krankenversicherung (PKV) bestehen.

Die gesetzliche Krankenversicherung ist eine Versicherung zum **Schutze** des **Einzelnen** und der **Familie.** Sie tritt in erster Linie dann ein, wenn es gilt,

- die Gesundheit zu erhalten,
- wiederherzustellen oder
- den Gesundheitszustand zu verbessern.

Gesetzliche Grundlage ist das Fünfte Buch des Sozialgesetzbuches (SGB V).

(2) Arten der Mitgliedschaft

Es gibt drei Arten der **Mitgliedschaft,** und zwar entweder als

- Pflichtmitglied (Pflichtversicherter),
- Versicherungsberechtigter oder
- Familienversicherter.

Pflichtversicherter wird man ohne Rücksicht auf seinen eigenen Willen oder den des Arbeitgebers. Die Pflichtversicherung ist eine Zwangsversicherung.

Pflichtversichert sind u.a. die Arbeiter, die Angestellten, die Rentner, wenn sie während ihres Arbeitslebens hauptsächlich der gesetzlichen Krankenversicherung angehört haben, Studenten, Arbeitslose, selbstständige Landwirte; seit 1. April 2007 Personen ohne Absicherung im Krankheitsfall, die früher **gesetzlich** versichert waren. Personen ohne Absicherung, die früher **privat** versichert waren oder die bisher weder gesetzlich noch privat krankenversichert waren und, z.B. wegen selbstständiger Berufstätigkeit, der PKV zuzuordnen sind, können sich ohne Gesundheitsprüfung, das bedeutet ohne Risikozuschläge und Leistungsausschlüsse, im **PKV-Standardtarif** versichern.

Für **Arbeitnehmer endet die Versicherungspflicht** in der **gesetzlichen** Kranken- und Pflegeversicherung **mit Ablauf des Kalenderjahres,** in dem ihr Jahresarbeitsentgelt die **Jahresarbeitsentgeltgrenze** (Versicherungspflichtgrenze) **übersteigt** (§ 6 Satz 1 SGB V).

Bei **Neueinstellungen** ist die Überprüfung der Entgelthöhe aus dem Vorjahr nicht erforderlich. Wenn der Arbeitnehmer bei der Einstellung ein Entgelt oberhalb der Versicherungspflichtgrenze erzielt, besteht von Beginn an keine Krankenversicherungspflicht. Das gilt ebenfalls für Berufseinsteiger.

Für **Arbeitnehmer,** die bereits am 31. Dezember 2002 wegen Überschreitens der Jahresarbeitsentgeltsgrenze nicht mehr versicherungspflichtig und privat krankenversichert waren, gilt die besondere Jahresarbeitsentgeltgrenze.

Es gelten die folgenden Jahresarbeitsentgeltgrenzen:

Jahr	Allgemeine Jahresarbeitsentgeltgrenze	Besondere Jahresarbeitsentgeltgrenze
2019	60 750,00 EUR	54 450,00 EUR

Die Pflicht zur gesetzlichen Kranken- und Pflegeversicherung tritt grundsätzlich wieder ein, wenn die Jahresarbeitsentgeltgrenze unterschritten wird.

Die **PKV** versichern außerdem **Selbstständige** und Personen, die **Beamte** sind oder eine beamtenähnliche Versorgung haben. **Falls** Personen dieses Personenkreises arbeitslos werden sollten, **müssen** sie von einer PKV weiter zum Basistarif versichert werden. Beitragsreduzierungen sind unter bestimmten Bedingungen möglich.

Die **freiwillige Versicherung** ist weitgehend vom eigenen Willen abhängig. Zur freiwilligen Versicherung ist z. B. **nur berechtigt:**

- wer aus der Versicherungspflicht ausgeschieden ist und in den letzten fünf Jahren vor dem Ausscheiden mindestens 24 Monate oder unmittelbar vor dem Ausscheiden ununterbrochen mindestens 12 Monate versichert war,
- wer aus der Familienversicherung ausgeschieden ist,
- wer erstmals eine Beschäftigung aufnimmt und von Anfang an wegen Überschreitens der Jahresarbeitsentgeltgrenze versicherungsfrei ist.

Der freiwillige Beitritt ist der Krankenkasse innerhalb bestimmter Fristen anzuzeigen.

Die **Familienversicherung** begründet für den Ehegatten und die Kinder eines Mitglieds der gesetzlichen Krankenversicherung unter bestimmten Bedingungen eine eigene Mitgliedschaft. Familienversicherte zahlen **keine Beiträge**. Seit 2009 erfolgt für die **beitragsfrei** in der GKV mitversicherten Kinder eine **Mitfinanzierung aus Steuermitteln**.

(3) Finanzierung der Krankenversicherung

Die **Finanzierung** der Krankenversicherung erfolgt im Wesentlichen durch **Beiträge** der Versicherten und der Arbeitgeber sowie staatlichen Zuschüssen. Wer pflichtversichert ist, braucht seinen Beitrag nicht allein zu tragen. Der Beitragsanteil des Pflichtversicherten wird monatlich vom Lohn oder Gehalt abgezogen. Der Arbeitgeber legt seinen Anteil dazu. Die **Höchstbeiträge** sind durch die **Beitragsbemessungsgrenze** festgelegt.

Alle Pflichtversicherten zahlen den festgeschriebenen **allgemeinen Beitragssatz** von 14,6 %. Dieser Beitrag wird je zur Hälfte vom Arbeitnehmer und Arbeitgeber getragen.

Zusätzlich können die einzelnen Krankenkassen von ihren Mitgliedern **Zusatzbeiträge** erheben, die von den Arbeitgebern und Arbeitnehmern je zur Hälfte zu tragen sind. Bei einer Erhöhung des Zusatzbeitrages steht den Versicherten ein **Sonderkündigungsrecht** zu. Dadurch können diese zu einer günstigeren Krankenkasse wechseln. Vor einem Wechsel sollten die Versicherten aber neben den Beitragssätzen der Krankenkassen auch deren Leistungen vergleichen.

(4) Elektronische Gesundheitskarte

Leistungen dürfen nur erbracht werden, wenn der Versicherte die **elektronische Gesundheitskarte (eGK)** vorgelegt hat.

Die Karte enthält die Versichertenstammdaten: Name, Geburtsdatum, Anschrift, Versichertennummer und Versichertenstatus. In der **eGK** wird zudem das Geschlecht angegeben und sie erhält in der Regel ein **Lichtbild** des Versicherten, um die missbräuchliche Verwendung der Karte zu verhindern.

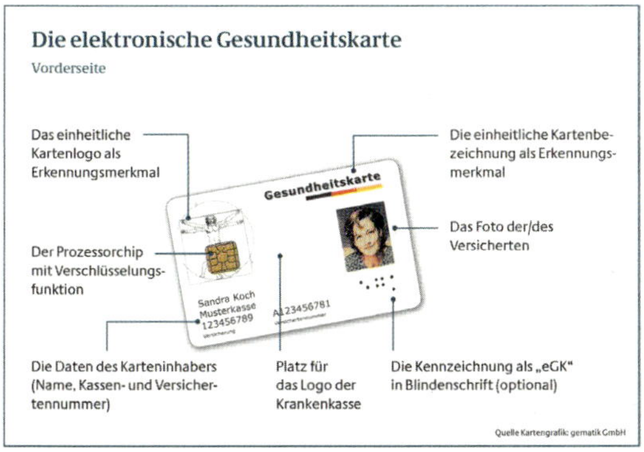

Bundesministerium für Gesundheit www.bundesgesundheitsministerium.de/egk

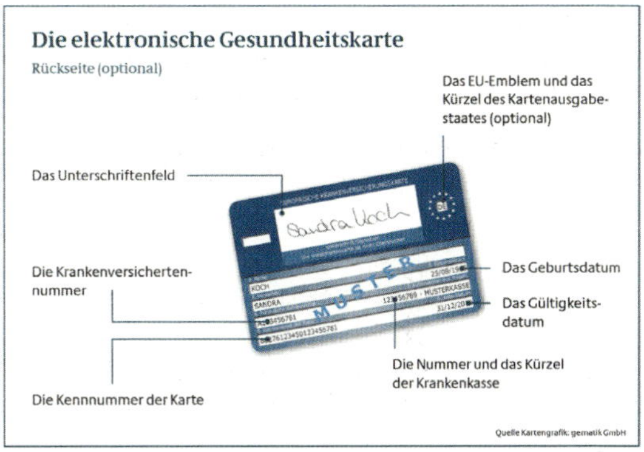

Bundesministerium für Gesundheit www.bundesgesundheitsministerium.de/egk

Langfristig ist geplant, dass durch die eGK auch **medizinische Informationen** über den Patienten für die **Notfallversorgung, ärztliche Verordnungen, Arztbriefe** und **Daten** über Befunde, Diagnosen, Therapiemaßnahmen, Behandlungsberichte sowie Impfungen für eine fall- und einrichtungsübergreifende Dokumentation über den Patienten **(elektronische Patientenkarte)** auf elektronischem Wege zur Verfügung gestellt werden. Nicht zuletzt **datenschutzrechtliche Gründe** haben dazu geführt, dass sich die flächendeckende Einführung der eGK immer wieder verzögert hat.

(5) Leistungen der gesetzlichen Krankenversicherung

Die **Leistungen** der gesetzlichen Krankenversicherung sind **gesetzlich vorgeschrieben,** wobei die Krankenkassen über diese Mindestleistungen hinaus in ihren **Satzungen** Mehrleistungen festlegen können. Einen Überblick über die wichtigsten Leistungen der gesetzlichen Krankenversicherung gibt nachfolgende Tabelle:

Leistungen werden erbracht
■ **zur Förderung der Gesundheit und Verhütung von Krankheiten:** Aufklärung und Beratung über Gesundheitsgefährdungen und die Verhütung von Krankheiten, z. B. Verhütung von Zahnerkrankungen.
■ **zur Früherkennung von Krankheiten:** – zur Früherkennung von Krebserkrankungen jährlich einmal Anspruch auf Untersuchung. – alle Versicherten haben ab dem 35. Lebensjahr alle zwei Jahre Anspruch auf eine Untersuchung zur Früherkennung von Herz-, Kreislauf- und Nierenerkrankungen sowie bei Zuckerkrankheit. – Kinderuntersuchungen

- **zur Behandlung einer Krankheit:**

  1. Leistungen für Krankenbehandlung
  - ärztliche Behandlung
  - zahnärztliche Behandlung – Versorgung mit Zahnersatz einschließlich Zahnkronen und Suprakonstruktionen (ersetzt wird nur ein „befundbezogener" Festzuschuss)
  - Versorgung mit Arznei-, Verband-, Heil- und Hilfsmitteln
  - häusliche Krankenpflege und Haushaltshilfe
  - Krankenhausbehandlung
  - Leistungen zur Rehabilitation.

  2. Krankengeld

  Zahlung bei Arbeitsunfähigkeit oder während einer stationären Behandlung in einem Krankenhaus oder einer Vorsorge- oder Rehabilitationseinrichtung. Keine zeitliche Begrenzung. Bei Arbeitsunfähigkeit wegen derselben Krankheit jedoch längstens 78 Wochen innerhalb von je drei Jahren.

- **bei Schwangerschaft und Mutterschaft:**

  ärztliche Betreuung und Hebammenhilfe; Vorsorge mit Arznei-, Verband- und Heilmitteln; stationäre Entbindung; häusliche Pflege; Haushaltshilfe; Mutterschaftsgeld.

- **sonstige Hilfen:**

  z. B. ärztliche Beratung über Fragen der Empfängnisregelung und Leistungen bei einer nicht rechtswidrigen Sterilisation und bei einem nicht rechtswidrigen Abbruch der Schwangerschaft.

(6) Zuzahlungen

Grundsätzlich wird von **gesetzlich Versicherten** bei allen Leistungen eine Zuzahlung erhoben. **Kinder** und **Jugendliche unter 18 Jahren** sind von den Zuzahlungen befreit.

Nicht verschreibungspflichtige Arzneimittel und die **Kosten für Sehhilfen** werden **grundsätzlich nicht mehr erstattet.**

Zuzahlungen im Einzelnen

Leistungen	Zuzahlungsregelungen
Arznei- und Verbandmittel	**Nicht verschreibungspflichtige** Medikamente und Verbandmittel, die lediglich der Verbesserung des persönlichen Wohlbefindens dienen, muss der Versicherte **selbst zahlen (Ausnahme: Verordnungen für Kinder bis zum 12. Lebensjahr).** Die Zuzahlung bei **verschreibungspflichtigen** Medikamenten beträgt **10 %** des Abgabepreises, **maximal 10 EUR** pro Arzneimittel, **mindestens 5 EUR,** jedoch **nicht mehr** als die Kosten des Arznei- bzw. Verbandmittels.
Hilfsmittel (z. B. Bandagen, Einlagen und Stützstrümpfe)	10 % des Abgabepreises, mindestens 5 EUR, maximal 10 EUR **pro Hilfsmittel.**
Heilmittel (z. B. Massagen, Krankengymnastik)	10 % der Kosten **und** zusätzlich 10 EUR pro Verordnung.

Leistungen	Zuzahlungsregelungen
Krankenhaus- und Kuraufenthalte	10 EUR pro Tag, höchstens jedoch für 28 Tage im Jahr.
Fahrkosten ■ zu und von stationären Behandlungen ■ Rettungswagen oder Krankenwagen	10 % der Kosten, mindestens 5 EUR, höchstens 10 EUR. Taxi- und Mietwagenfahrten in der ambulanten Versorgung werden nur erstattet, wenn „zwingende medizinische Gründe" vorliegen.

Belastungsgrenzen

Zuzahlungen dürfen **2 %** der **jährlichen (Familien-)Bruttoeinnahmen nicht** übersteigen.

Bei **schwerwiegend chronisch Kranken** beträgt diese Grenze **1 %** ihrer Bruttoeinnahmen.

Für **Familien** verringert sich die Belastungsgrenze durch die Kinderfreibeträge und gegebenenfalls den Freibetrag für den Ehepartner.

(7) Träger der Krankenversicherung

Träger der Krankenversicherung sind die Krankenkassen. Sie verwalten sich selbst durch ihre Organe (Vertreterversammlung und Vorstand). Diese Organe der Selbstverwaltung setzen sich je zur Hälfte aus ehrenamtlichen Vertretern der Versicherten und der Arbeitgeber zusammen.

Versicherungspflichtige und Versicherungsberechtigte sind an der Wahl der Krankenkasse **mindestens 18 Monate gebunden.** Eine Kündigung der Mitgliedschaft ist zum Ablauf des übernächsten Kalendermonats möglich, gerechnet von dem Monat, in dem das Mitglied die Kündigung erklärt. **Ausnahme:** Sonderkündigungsrecht bei Erhebung von Zusatzbeiträgen.

Für die **Allgemeinen Ortskrankenkassen** besteht eine **Kontrahierungspflicht.** Sie **müssen** jeden Versicherungspflichtigen aufnehmen. Zum Ausgleich erhalten Sie von den anderen Krankenkassen Ausgleichszahlungen, um strukturbedingte Belastungen zu mindern.

(8) Gesundheitsreform

Erstmals in der deutschen Sozialgeschichte besteht seit dem 1. Januar 2009 für **alle Einwohner** die **Pflicht, eine Krankenversicherung abzuschließen,** wenn kein ausreichender anderer Schutz besteht. Die gesetzlich Versicherten verfügen über eine Vielzahl neuer **Wahlmöglichkeiten.** Es werden spezielle Tarife angeboten, die stärker auf die individuellen Bedürfnisse der Versicherten eingehen. Die **Eigenverantwortung** des Versicherten ist gestärkt: So muss z. B. bei **selbst verschuldeter** Behandlungsbedürftigkeit in besonderen Fällen, wie z. B. bei Komplikationen durch Schönheitsoperationen, Piercing, Tätowierungen etc., in stärkerem Umfang von Regressmöglichkeiten zur Leistungsbeschränkung Gebrauch gemacht werden.

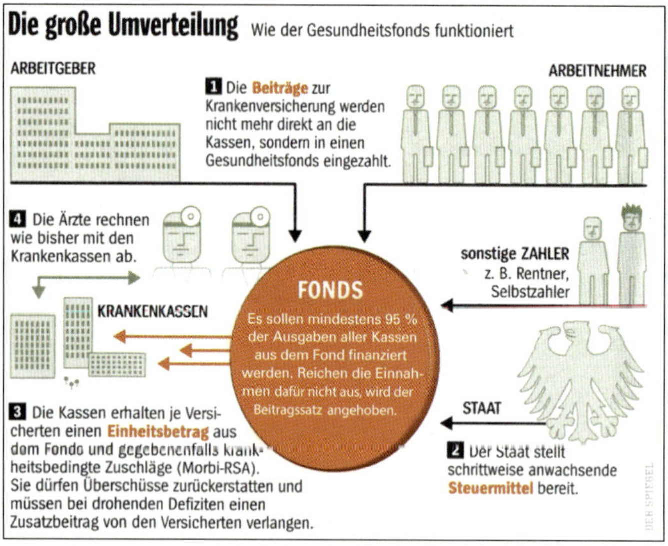

Quelle: DER SPIEGEL Nr. 15/2009 (modifiziert).

Das Kernstück der Reform bildet jedoch der **Gesundheitsfonds,** der dafür sorgt, dass die Versicherten in der gesetzlichen Krankenkasse gleichbehandelt werden. Seit 2009 fließen die Beiträge der Arbeitgeber, der Mitglieder und Zuschüsse des Bundes in einen **Gesundheitsfonds.** Aus dem Fonds erhalten die einzelnen Krankenkassen dann pro Versicherten eine **Pauschale** sowie **ergänzende Zu- und Abschläge** – Risikostrukturausgleich (RSA) genannt – je nach Alter, Geschlecht und Krankheit. Maßgeblich ist hierbei die Morbidität, also die Häufigkeit bestimmter Krankheiten in einer Versichertengruppe.

2.3.3 Die gesetzliche Pflegeversicherung

Die **soziale Pflegeversicherung** bietet Versicherungsschutz bei Pflegebedürftigkeit. Dabei soll vorrangig die häusliche Pflege gestärkt werden, andererseits soll die Rehabilitation Vorrang vor der Pflege haben.

(1) Versicherungspflicht

Der **Personenkreis der Versicherten** umfasst alle Personen, die in der gesetzlichen Krankenversicherung versichert sind, dies gilt auch für die in der gesetzlichen Krankenversicherung freiwillig Versicherten.

Personen, die bei einem **privaten Krankenversicherungsunternehmen** versichert sind und Anspruch auf allgemeine Krankenhausleistungen haben, müssen bei diesem Unternehmen grundsätzlich auch einen **Pflegeversicherungsvertrag** abschließen.

Unterhaltsberechtigte Kinder und Ehegatten, deren monatliches Einkommen die **Geringfügigkeitsgrenze** nicht übersteigt, sind im Rahmen der Familienversicherung beitragsfrei mitversichert. **Kinder** sind grundsätzlich

- bis zur Vollendung des 18. Lebensjahres,
- bis zur Vollendung des 23. Lebensjahres, wenn sie nicht erwerbstätig sind,
- bis zur Vollendung des 25. Lebensjahres, wenn sie sich in Schul- oder Berufsausbildung befinden oder ein freiwilliges soziales Jahr leisten,
- ohne Altersgrenze, wenn das Kind wegen körperlicher, geistiger oder seelischer Behinderung außerstande ist, sich selbst zu unterhalten

in der sozialen Pflegeversicherung mitversichert.

Wird die Schul- oder Berufsausbildung durch Erfüllung einer gesetzlichen Dienstpflicht des Kindes unterbrochen oder verzögert, verlängert sich die Mitversicherung um den entsprechenden Zeitraum über das 25. Lebensjahr hinaus.

(2) Begriff der Pflegebedürftigkeit

Pflegebedürftig sind Personen,

- die **gesundheitlich bedingte Beeinträchtigungen der Selbstständigkeit oder der Fähigkeiten** aufweisen und deshalb der **Hilfe durch andere bedürfen.**
- die körperliche, kognitive oder psychische Beeinträchtigungen oder gesundheitlich bedingte Belastungen oder Anforderungen nicht selbständig kompensieren oder bewältigen können.
- Die **Pflegebedürftigkeit** muss **dauerhaft** (mindestens sechs Monate) bestehen und die Schwere mindestens **einen Pflegegrad** erreichen.

Die **gesundheitlich bedingten Beeinträchtigungen der Selbständigkeit oder der Fähigkeiten** werden in **sechs Bereichen** an **pflegefachlichen Kriterien gemessen.** Dabei wird auch berücksichtigt, ob die **Haushaltsführung** nicht mehr ohne Hilfe bewältigt werden kann.

Bereiche (Gewichtung)	Kriterien sind zum Beispiel
1. Mobilität (10 %)	Positionswechsel im Bett, Halten einer stabilen Sitzposition, Umsetzen, Fortbewegen innerhalb des Wohnbereichs, Treppensteigen.
2. Kognitive und kommunikative Fähigkeiten	Erkennen von Personen aus dem näheren Umfeld, örtliche Orientierung, zeitliche Orientierung, Verstehen von Sachverhalten und Informationen, Erkennen von Risiken und Gefahren, Mitteilen von elementaren Bedürfnissen, Verstehen von Aufforderungen, Beteiligen an einem Gespräch.
3. Verhaltensweisen und psychische Problemlagen (2. und 3. zusammen 15 %)	Motorisch geprägte Verhaltensauffälligkeiten, selbstschädigendes und autoaggressives Verhalten, Beschädigen von Gegenständen, physisch aggressives Verhalten gegenüber anderen Personen, Wahnvorstellungen, Ängste.
4. Selbstversorgung (40 %)	Waschen, Duschen und Baden einschließlich Waschen der Haare, An- und Auskleiden des Ober- und Unterkörpers, mundgerechtes Zubereiten der Nahrung und Eingießen von Getränken, Essen, Trinken, Benutzen einer Toilette oder eines Toilettenstuhls.
5. Bewältigung von und selbstständiger Umgang mit krankheits- oder therapiebedingten Anforderungen und Belastungen (20 %)	In Bezug auf ■ Medikation, Injektionen, Versorgung intravenöser Zugänge, ■ Verbandswechsel und Wundversorgung, Versorgung mit Stoma, Therapiemaßnahmen in häuslicher Umgebung, ■ zeit- und technikintensive Maßnahmen in häuslicher Umgebung, Arztbesuche, ■ das Einhalten einer Diät oder anderer krankheits- oder therapiebedingter Verhaltensvorschriften.

Bereiche (Gewichtung)	Kriterien sind zum Beispiel
6. Gestaltung des Alltagslebens und sozialer Kontakte (15 %)	Gestaltung des Tagesablaufs und Anpassung an Veränderungen, Ruhen und Schlafen, sich beschäftigen, Vornehmen von in die Zukunft gerichteten Planungen, Interaktion mit Personen im direkten Kontakt, Kontaktpflege zu Personen außerhalb des direkten Umfelds.

(3) Pflegegrad

Die **Schwere** der Beeinträchtigung der Selbständigkeit oder der Fähigkeiten eines **Pflegebedürftigen** wird durch einen **Pflegegrad** ausgedrückt.

Der Pflegegrad wird von einem **Gutachter** durch eine **Punktebewertung** ermittelt. Dabei werden für die **einzelnen Kriterien** der sechs Bereiche je nach Bedeutung unterschiedlich hohe Punkte vergeben. Die Bereiche gehen mit unterschiedlicher Gewichtung (siehe Prozentanteile in Klammern) in die Gesamtbeurteilung ein.

Beispiel:

Modul 1: Einzelpunkte im Bereich der Mobilität

Ziffer	Kriterien	Selbstständig	Überwiegend selbstständig	Überwiegend unselbstständig	Unselbstständig
1.1	Positionswechsel im Bett	0	1	2	3
1.2	Halten einer stabilen Sitzposition	0	1	2	3
1.3	Umsetzen	0	1	2	3
1.4	Fortbewegen innerhalb des Wohnbereichs	0	1	2	3
1.5	Treppensteigen	0	1	2	3

Aufgrund der erreichten **gewichteten Gesamtpunktzahlen** erfolgt die Einordnung eines Pflegebedürftigen in einen der **fünf Pflegegrade.**

Pflegegrade (PG)	Definitionen
PG 1	Geringe Beeinträchtigung der Selbstständigkeit oder der Fähigkeiten.
PG 2	Erhebliche Beeinträchtigungen der Selbstständigkeit oder der Fähigkeiten.
PG 3	Schwere Beeinträchtigungen der Selbstständigkeit oder der Fähigkeiten.
PG 4	Schwerste Beeinträchtigungen der Selbstständigkeit oder der Fähigkeiten.
PG 5	Schwerste Beeinträchtigungen der Selbstständigkeit oder der Fähigkeiten mit besonderen Anforderungen an die pflegerische Versorgung.

(4) Leistungen der Pflegeversicherung

Leistungen erbringt die Pflegeversicherung in Form von Dienst-, Sach- und Geldleistungen für den Bedarf an Grundpflege und hauswirtschaftlicher Versorgung sowie bestimmte Kostenerstattungen.

Art und Umfang der Leistungen richten sich nach dem **Pflegegrad** und danach, ob **häusliche, teilstationäre** oder **vollstationäre Pflege** in Anspruch genommen wird.

Es gilt der Grundsatz **„ambulant vor stationär"**.

Anspruchsberechtigten benennen die Pflegekassen zur Beratung **Pflegeberater oder Pflegestützpunkte.** Die **Beratung** kann auf Wunsch eines Anspruchsberechtigten auch die Angehörigen oder andere Personen einbeziehen. Sie kann in der häuslichen Umgebung oder in der Pflegeeinrichtung, in der der Berechtigte wohnt, erfolgen.

■ Häusliche (ambulante) Pflege, teilstationäre Pflege und Kurzzeitpflege

Pflegebedürftige der Pflegegrade 2 bis 5 haben bei häuslicher Pflege Anspruch auf körperbezogene Pflegemaßnahmen und pflegerische Betreuungsmaßnahmen sowie auf Hilfen bei der Haushaltsführung als **Sachleistung (häusliche Pflegehilfe).** Diese Leistungen werden meist durch ambulante Dienstleister erbracht.

Alternativ können diese Pflegebedürftigen auch ein **Pflegegeld** beantragen. Sie müssen in diesem Falle nachweisen, dass sie Pflege- und Betreuungsmaßnahmen sowie die Hilfe bei der Haushaltsführung **selbst sicherstellen.**

Die folgenden Leistungen werden für die **häusliche Pflege** erbracht:

Pflegegrade / Hauptleistungen	PG 1	PG 2	PG 3	PG 4	PG 5
Sachleistung ■ **Pflegeeinsätze durch ambulante Dienste** (bis EUR mtl.)	–	689,00	1 298,00	1 612,00	1 995,00
Geldleistung ■ **Pflegegeld** (bis EUR mtl.)	–	316,00	545,00	728,00	901,00
Entlastungsbetrag (bis EUR mtl.)	125,00 Dieses Geld kann u. a. zur Erstattung von Kosten eingesetzt werden, die im Zusammenhang mit der Inanspruchnahme von Leistungen der Tages- und Nachtpflege sowie der Kurzzeitpflege entstehen.				
Sonstige Leistungen ■ **Häusliche Pflegevertretung**	–	Bei Urlaub oder sonstiger Verhinderung der Pflegeperson bis zu **sechs Wochen** im Gesamtwert von bis zu 1 612,00 EUR pro Kalenderjahr für andere Personen als solche, die mit dem Pflegebedürftigen bis zum zweiten Grade verwandt oder verschwägert sind oder die mit ihm in häuslicher Gemeinschaft leben.			

<table>
<tr><th>Haupt-leistungen \ Pflegegrade</th><th>PG 1</th><th>PG 2</th><th>PG 3</th><th>PG 4</th><th>PG 5</th></tr>
<tr><td rowspan="2">■ Tages- und Nacht-pflege</td><td rowspan="2">–</td><td colspan="4">Wenn sich häusliche Pflege nicht ausreichend sicherstellen lässt, ist teilstationäre Pflege in Einrichtungen der Tages- und Nachtpflege möglich. Der Anspruch auf teilstationäre Pflege umfasst je Kalendermonat einen Gesamtwert bis zu EUR</td></tr>
<tr><td>689,00</td><td>1 298,00</td><td>1 612,00</td><td>1 995,00</td></tr>
<tr><td>■ Kurzzeltpflege</td><td>–</td><td colspan="4">In Fällen, in denen weder häusliche Pflege noch teilstationäre Pflege möglich ist, kann der Pflegebedürftige für längstens acht Wochen pro Kalenderjahr in eine vollstationäre Kurzzeitpflegeeinrichtung aufgenommen werden.
Die Pflegekasse übernimmt die pflegebedingten Aufwendungen einschließlich der Aufwendungen für Betreuung sowie die Aufwendungen für Leistungen der medizinischen Behandlungspflege bis zu dem Gesamtbetrag von 1 612,00 EUR im Kalenderjahr.</td></tr>
<tr><td>■ Pflegehilfsmittel</td><td colspan="5">Pflegehilfsmittel, z. B. Pflegebetten, Rollstühle, Gehwagen, Hebegeräte, soweit diese nicht von der Krankenversicherung oder anderen Leistungsträgern zu finanzieren sind. Eigenleistungen sind ggf. erforderlich.</td></tr>
<tr><td>■ Pflegekurse</td><td colspan="5">Die Pflegekassen haben für Angehörige und sonstige an einer ehrenamtlichen Pflegetätigkeit interessierte Personen unentgeltlich Schulungskurse anzubieten um soziales Engagement im Bereich der Pflege zu fördern und zu stärken, Pflege und Betreuung zu erleichtern und zu verbessern sowie pflegebedingte körperliche und seelische Belastungen zu mindern und ihrer Entstehung vorzubeugen.</td></tr>
</table>

■ Stationäre Pflege

Für **Pflegebedürftige der Pflegegrade 2 bis 5** in **vollstationären Einrichtungen** übernimmt die Pflegekasse die pflegebedingten Aufwendungen einschließlich der Aufwendungen für Betreuung und die Aufwendungen für Leistungen der medizinischen Behandlungspflege. Dafür erhält sie pauschale Entgelte.

Wählen **Pflegebedürftige des Pflegegrades 1** vollstationäre Pflege, erhalten sie für die Aufwendungen einen **Zuschuss** in Höhe von 125,00 EUR monatlich.

Pflegegrade	**PG 1**	**PG 2**	**PG 3**	**PG 4**	**PG 5**
Pauschale Entgelte (je Monat in EUR)	125,00	770,00	1 262,00	1 775,00	2 005,00

Die **Kosten für Unterkunft und Verpflegung** (die sogenannten „Hotelkosten") trägt der Pflegebedürftige selbst.

Die **Pflegekassen** beauftragen den Medizinischen Dienst der Krankenversicherung oder andere unabhängige Gutachter mit der Prüfung, ob die Voraussetzungen der Pflegebedürftigkeit erfüllt sind und welcher Pflegegrad vorliegt.

(5) Soziale Sicherung der häuslichen Pflegepersonen

Zur **Verbesserung der sozialen Sicherung der Pflegepersonen,** die einen Pflegebedürftigen mit mindestens Pflegegrad 2 pflegen, **entrichten die Pflegekassen** und die privaten Versicherungsunternehmen, bei denen eine private Pflege-Pflichtversicherung durchgeführt wird, **Beiträge** an den zuständigen **Träger der gesetzlichen Rentenversicherung,** wenn die Pflegeperson regelmäßig nicht mehr als 30 Stunden wöchentlich erwerbstätig ist.

Während der pflegerischen Tätigkeit sind **Pflegepersonen,** die einen Pflegebedürftigen mit mindestens Pflegegrad 2 pflegen, in den **Versicherungsschutz der gesetzlichen Unfallversicherung einbezogen.**

Pflegepersonen sind Personen, die **nicht erwerbsmäßig** einen Pflegebedürftigen in seiner **häuslichen Umgebung pflegen.** Leistungen zur sozialen Sicherung erhält eine Pflegeperson nur dann, wenn sie eine oder mehrere pflegebedürftige Personen wenigstens zehn Stunden wöchentlich, verteilt auf regelmäßig mindestens zwei Tage in der Woche pflegt.

(6) Träger der Pflegeversicherung

Träger der Pflegeversicherung sind die **Pflegekassen,** die bei den Krankenkassen errichtet werden. Die Selbstverwaltungsorgane der Krankenkassen nehmen auch die Selbstverwaltungsaufgaben der Pflegekassen wahr.

2.3.4 Die Arbeitsförderung/Arbeitslosenversicherung

2.3.4.1 Ziele und Leistungen der Arbeitsförderung

Dieser Zweig der Sozialversicherung befasste sich **früher ausschließlich** mit der **Arbeitslosenversicherung. Heute** steht die **Arbeitsförderung** (Sozialgesetzbuch III) im Vordergrund.

> Die **Arbeitsförderung** hat zum **Ziel**, dass ein **hoher Beschäftigungsgrad** erreicht und die **Beschäftigungsstruktur** ständig verbessert wird. Das Entstehen der **Arbeitslosigkeit** soll **vermieden** oder deren Dauer **verkürzt** werden.

Durch Leistungen der Arbeitsförderung sollen insbesondere

- der **Ausgleich von Angebot und Nachfrage am Ausbildungs- und Arbeitsmarkt** unterstützt,
- die **zügige Besetzung offener Stellen** ermöglicht,
- die **individuelle Beschäftigungsfähigkeit** gefördert,
- **unterwertiger Beschäftigung** entgegengewirkt und
- die **regionale Beschäftigungs- und Infrastruktur** weiterentwickelt werden.

Die **Durchführung der Arbeitsförderung** wurde im SGB III geregelt und der Bundesagentur für Arbeit übertragen.

Organisatorischer Aufbau	Aufgaben
Bundesagentur für Arbeit Sie ist eine Körperschaft des öffentlichen Rechts mit Selbstverwaltung. Sie ist **Zentrale** auf der obersten Verwaltungsebene mit Sitz in Nürnberg. Sie hat	■ Durchführung der Aufgaben nach dem SGB III. ■ Weitere Aufgaben können ihr mit Zustimmung des Bundesrates durch die Bundesregierung übertragen werden. ■ Durchführung befristeter Arbeitsmarktprogramme.
Regionaldirektionen als mittlere Verwaltungsebene und	■ Sie tragen Verantwortung für den Erfolg der regionalen Arbeitsmarktpolitik. ■ Sie stimmen Leistungen der Arbeitsförderung mit der Arbeitsmarkt-, Struktur- und Wirtschaftspolitik der Landesregierungen ab. ■ Mit Zustimmung der Zentrale können sie die Durchführung befristeter Arbeitsmarktprogramme der Länder übernehmen.
Agenturen für Arbeit als örtliche Verwaltungsebene.	■ Sie haben insbesondere Dienstleistungen für Arbeitgeber und Arbeitnehmer zu erbringen. ■ Maßnahmen zur Vermeidung und Überwindung der Arbeitslosigkeit sind durchzuführen. ■ Zu diesem Zweck können Verwaltungsvereinbarungen mit Kreisen und Gemeinden abgeschlossen werden.

Eine besondere **Verantwortung für die Vermeidung von Arbeitslosigkeit** haben

Arbeitgeber

Dazu gehört u. a.

- die Mitverantwortung zur Erhaltung der beruflichen Leistungsfähigkeit der Arbeitnehmer,
- die mögliche Vermeidung von Leistungen der Arbeitsförderung sowie von Entlassungen und
- Arbeitnehmer vor der Beendigung des Arbeitsverhältnisses über die Notwendigkeit eigener Aktivitäten bei der Suche nach einer anderen Beschäftigung sowie
- über die Verpflichtung zur Meldung bei der Agentur für Arbeit zu informieren, sie hierzu freizustellen und die Teilnahme an erforderlichen Qualifizierungsmaßnahmen zu ermöglichen,
- die Agenturen für Arbeit **frühzeitig** über betriebliche Veränderungen, die Auswirkungen auf die Beschäftigung haben können, zu unterrichten.

und Arbeitnehmer

Diese haben **insbesondere** die Pflicht, ihre berufliche Leistungsfähigkeit den sich ändernden Anforderungen anzupassen **und** zur Vermeidung oder zur Beendigung von Arbeitslosigkeit

- ein **zumutbares** Beschäftigungsverhältnis anzunehmen bzw. fortzusetzen,
- **eigenverantwortlich** und **frühzeitig** nach Beschäftigung zu suchen,
- an einer beruflichen **Eingliederungsmaßnahme** teilzunehmen.

Leistungen der Arbeitsförderung können Arbeitnehmer, Arbeitgeber und Träger von Arbeitsförderungsmaßnahmen erhalten. Dabei gelten die **Grundsätze,** dass

- die **Vermittlung** in Ausbildung und Arbeit **und**
- die **aktive Arbeitsförderung**

in jedem Fall **Vorrang** vor Leistungen zum Ersatz des Arbeitsentgelts bei Arbeitslosigkeit haben.

Die Leistungen der Arbeitsförderung

bestehen aus

Leistungen der Arbeitsförderung

Hier werden den Beratungs- und Vermittlungsfachkräften der Agenturen für Arbeit und der Jobcenter **arbeitsmarktpolitische Instrumente** zur Verfügung gestellt, die diese **vorrangig,** flexibel und auf den individuellen Handlungsbedarf ausgerichtet, eigenverantwortlich und einzelfallorientiert einsetzen können.

sowie der Zahlung von

Arbeitslosengeld und Insolvenzgeld

Hier erbringt die Agentur für Arbeit mit ihren Organen **nachrangig** gegenüber den Berechtigten **Entgeltersatzleistungen.**

2.3.4.2 Arbeitsmarktpolitische Instrumente der aktiven Arbeitsförderung

Die nachfolgende Tabelle zeigt die wesentlichen **arbeitsmarktpolitischen Instrumente** der aktiven Arbeitsförderung und eine **Auswahl der zugehörigen Leistungen.**

Der Einsatz bestimmter Instrumente ist meist in das Ermessen der Beratungs- und Vermittlungsfachkräfte gestellt.

Arbeitsmarktpolitische Instrumente	Leistungen
Beratung und Vermittlung	■ **Beratung** Die Agentur für Arbeit **hat jungen Menschen und Erwachsenen,** die am Arbeitsleben teilnehmen oder teilnehmen wollen, **Berufsberatung** anzubieten. Auf Wunsch der Arbeitsuchenden können **Eignungsfeststellungen** durchgeführt werden. Die **Arbeitsmarktberatung** der Agentur für Arbeit soll die Arbeitgeber bei der Besetzung von Ausbildungs- und Arbeitsstellen unterstützen.  ■ **Vermittlung** Die Agentur für Arbeit hat Ausbildungsuchenden, Arbeitsuchenden und Arbeitgebern **Ausbildungsvermittlung** und **Arbeitsvermittlung** (Vermittlung) anzubieten. Dabei sind auch **Selbstinformationseinrichtungen** einzusetzen. Diese sind an die technischen Entwicklungen anzupassen.

Arbeitsmarktpolitische Instrumente	Leistungen
	Die Agentur für Arbeit hat die für die Vermittlung **erforderlichen** beruflichen und persönlichen Merkmale, **beruflichen Fähigkeiten** und die **Eignung festzustellen** (Potenzialanalyse). Die Bundesagentur für Arbeit übt die Beratung und Vermittlung **unentgeltlich** aus. ■ **Frühzeitige Arbeitsuche** **Personen, deren Arbeits- oder Ausbildungsverhältnis endet,** sind **verpflichtet,** sich **spätestens drei Monate vor** dessen **Beendigung persönlich** bei der Agentur für Arbeit arbeitsuchend **zu melden. Liegen** zwischen der Kenntnis des Beendigungszeitpunktes und der Beendigung des Arbeits- oder Ausbildungsverhältnisses **weniger** als drei Monate, hat die Meldung **innerhalb von drei Tagen nach Kenntnis** des Beendigungszeitpunktes zu erfolgen. Die Pflicht zur Meldung besteht unabhängig davon, ob der Fortbestand des Arbeits- oder Ausbildungsverhältnisses gerichtlich geltend gemacht oder vom Arbeitgeber in Aussicht gestellt wird. Falls sich die Person nicht oder nicht fristgerecht meldet, wird eine **Sperrfrist** von einer Woche verhängt, d. h., dass die Leistungen der Arbeitsagentur erst eine Woche später beginnen.
Aktivierung und berufliche Eingliederung	■ **Förderung aus dem Vermittlungsbudget** Ausbildungsuchende, von Arbeitslosigkeit bedrohte Arbeitsuchende und Arbeitslose können aus dem **Vermittlungsbudget** der **Agentur für Arbeit** bei der Anbahnung oder Aufnahme einer versicherungspflichtigen Beschäftigung gefördert werden, wenn dies für die **berufliche Eingliederung** notwendig ist (§ 44 Abs. 1 SGB III). ■ **Maßnahmen** Es werden Maßnahmen gefördert, welche u. a. das Heranführen an den Ausbildungs- und Arbeitsmarkt, die Beseitigung von Vermittlungshemmnissen, das Heranführen an eine selbstständige Tätigkeit sowie die Stabilisierung einer Beschäftigungsaufnahme unterstützen sollen. Berechtigte können **Aktivierungs- und Vermittlungsgutscheine** erhalten, mit denen sie eine inhaltlich und zeitlich bestimmte Maßnahme bei einem geeigneten Träger belegen können.
Berufswahl und Berufsausbildung	■ **Übergang von der Schule in die Berufsausbildung** – **Berufsorientierungsmaßnahmen** Schülerinnen und Schüler allgemeinbildender Schulen können durch vertiefte Berufsorientierung und Berufswahlvorbereitung gefördert werden. – **Berufseinstiegsbegleitung** Junge Menschen, die voraussichtlich Schwierigkeiten haben werden, den Abschluss der allgemeinbildenden Schule zu erreichen oder den Übergang in eine Berufsausbildung zu bewältigen, können beim Übergang von der allgemeinbildenden Schule in eine Berufsausbildung unterstützt werden, wenn sich Dritte mit mindestens 50 % an der Förderung beteiligen.

Arbeitsmarktpolitische Instrumente	Leistungen
	– **Berufsvorbereitung** Junge Menschen **mit erfüllter Vollzeitschulpflicht oder** wenn die Aufnahme einer Berufsausbildung **wegen in ihrer Person liegender Gründe** nicht möglich ist, können zur **Vorbereitung** auf eine **Berufsausbildung berufsvorbereitende Maßnahmen** bzw. **Eingliederungsmaßnahmen** erhalten. Sie haben einen **Anspruch** auf die Vorbereitung zum nachträglichen Erwerb des Hauptschulabschlusses oder eines gleichwertigen Schulabschlusses. ■ **Berufsausbildungsbeihilfe** Unter bestimmten Voraussetzungen können förderungsfähige Personen Zuschüsse für eine zur Förderung geeignete **Berufsausbildungsbeihilfe** erhalten (§§ 56–72 SGB III). ■ **Berufsausbildung** Behinderte und schwerbehinderte sowie förderungsfähige junge Menschen können unter bestimmten Bedingungen Zuschüsse erhalten, die an die Arbeitgeber bzw. die Träger von Maßnahmen gezahlt werden (§§ 73–80 SGB III).
Berufliche Weiterbildung	Arbeitnehmer können bei beruflicher Weiterbildung durch Übernahme der Weiterbildungskosten gefördert werden, wenn ■ die Weiterbildung notwendig ist, um sie bei Arbeitslosigkeit beruflich einzugliedern, eine drohende Arbeitslosigkeit abzuwenden oder weil wegen eines fehlenden Berufsabschlusses die Notwendigkeit der Weiterbildung anerkannt ist, ■ vor der Teilnahme eine Beratung durch die Agentur für Arbeit erfolgt ist und ■ die Maßnahme und der Träger der Maßnahme für die Förderung zugelassen sind. Unter bestimmten Voraussetzungen können auch ältere (45. Lebensjahr vollendet) Arbeitnehmerinnen und Arbeitnehmer durch die volle oder teilweise Übernahme der Weiterbildungskosten gefördert werden.
Aufnahme einer Erwerbstätigkeit	■ **Sozialversicherungspflichtige Beschäftigung** **Arbeitgeber** können **zur Eingliederung** von Arbeitnehmerinnen und Arbeitnehmern, deren **Vermittlung wegen in ihrer Person liegender Gründe erschwert ist,** einen **Zuschuss zum Arbeitsentgelt** erhalten **(Eingliederungszuschuss).** ■ **Selbstständige Tätigkeit** **Arbeitnehmerinnen und Arbeitnehmer,** die durch Aufnahme einer **selbstständigen, hauptberuflichen Tätigkeit** die Arbeitslosigkeit beenden, **können** zur Sicherung des Lebensunterhalts und zur sozialen Sicherung in der Zeit **nach** der **Existenzgründung** einen **Gründungszuschuss erhalten.**
Verbleib in Beschäftigung	Es soll erreicht werden, dass bei erheblichem Arbeitsausfall, bei Betriebsänderungen, wie z. B. Einschränkung, Stilllegung oder Verlegung des ganzen Betriebs oder wesentlicher Betriebsteile, sowie im Anschluss an die Beendigung der Berufsausbildung Arbeitnehmerinnen und Arbeitnehmer in Beschäftigung bleiben.

Arbeitsmarkt-politische Instrumente	Leistungen
	Dazu werden folgende Instrumente eingesetzt: ■ **Kurzarbeitergeld** **Anspruch auf Kurzarbeitergeld** haben Arbeitnehmer, wenn – ein erheblicher Arbeitsausfall mit Entgeltausfall vorliegt, – die betrieblichen Voraussetzungen erfüllt sind, – die persönlichen Voraussetzungen erfüllt sind und – der Arbeitsausfall der Agentur für Arbeit angezeigt worden ist. Ein **Arbeitsausfall ist erheblich,** wenn er auf **wirtschaftlichen Gründen** oder einem **unabweisbaren Ereignis** beruht, **vorübergehend** und **nicht vermeidbar** ist **und** im jeweiligen Kalendermonat mindestens ein Drittel der im Betrieb beschäftigten Arbeitnehmer von einem **Entgeltausfall** von jeweils mehr als 10 % ihres monatlichen Bruttoentgelts betroffen ist. Das Kurzarbeitergeld wird auf der Grundlage des **Differenzbetrags** zwischen dem pauschalierten Nettoentgelt aus dem Sollentgelt und dem pauschalierten Nettoentgelt aus dem Istentgelt ermittelt. Es beträgt 67 % bzw. 60 % der Nettoentgeltdifferenz im Anspruchszeitraum. ■ **Saison-Kurzarbeitergeld** Unter bestimmten Voraussetzungen können Arbeitnehmer im **Baugewerbe oder** einem **anderen Wirtschaftszweig,** der von saisonbedingtem Arbeitsausfall betroffen ist, wie z. B. Gerüstbauer, Dachdecker, Beschäftigte im Garten- und Landschaftsbau, in der **Schlechtwetterzeit** (1. Dezember bis 31. März) bei erheblichem Arbeitsausfall **Saison-Kurzarbeitergeld** beanspruchen. **Ergänzend** haben diese **Arbeitnehmer,** wenn ihre Arbeitsverhältnisse während der Schlechtwetterzeit **nicht gekündigt** werden können, Anspruch auf **Wintergeld** als **Zuschuss-Wintergeld** und **Mehraufwands-Wintergeld.** ■ **Transferleistungen** Für Maßnahmen zur Eingliederung betroffener Arbeitnehmerinnen und Arbeitnehmer wird unter bestimmten Voraussetzungen ein **Zuschuss** zu den erforderlichen Maßnahmekosten gezahlt. Um Entlassungen zu vermeiden, haben Arbeitnehmerinnen und Arbeitnehmer **Anspruch auf Kurzarbeitergeld** zur Förderung der Eingliederung bei betrieblichen Restrukturierungen **(Transferkurzarbeitergeld).**
Teilhabe behinderter Menschen am Arbeitsleben	Behinderten Menschen können Leistungen zur Förderung der Teilhabe am Arbeitsleben erbracht werden, die wegen Art oder Schwere der Behinderung erforderlich sind, um ihre Erwerbsfähigkeit zu erhalten, zu verbessern, wiederherzustellen und ihre Teilhabe am Arbeitsleben zu sichern.

2.3.4.3 Arbeitslosengeld und Insolvenzgeld

Nachrangig erbringt die Bundesagentur für Arbeit mit ihren Organen **Entgeltersatzleistungen.** Deren wichtigste **Leistungsarten** sind

- das Arbeitslosengeld I,
- das Teilarbeitslosengeld sowie
- das Insolvenzgeld.

(1) Arbeitslosengeld I

Anspruch auf Arbeitslosengeld haben Arbeitnehmer **bis** zur Vollendung des Jahres ihrer Regelaltersgrenze (65. bis 67. Lebensjahr), 1. bei **Arbeitslosigkeit** oder 2. bei **beruflicher Weiterbildung.**

Anspruchsvoraussetzung bei Arbeitslosigkeit ist, dass die Arbeitnehmer

- arbeitslos sind,
- sich bei der Agentur für Arbeit arbeitslos gemeldet haben und
- die Anwartschaftszeit erfüllt haben.

Arbeitslos sind Arbeitnehmer, die

- nicht in einem Beschäftigungsverhältnis stehen **(Beschäftigungslosigkeit),**
- sich bemühen, ihre Beschäftigungslosigkeit zu beenden **(Eigenbemühungen)** und
- den Vermittlungsbemühungen der Agentur für Arbeit zur Verfügung stehen **(Verfügbarkeit).**

Die **Ausübung einer Beschäftigung,** selbstständigen Tätigkeit oder Tätigkeit als mithelfender Familienangehöriger schließt die Beschäftigungsarbeitslosigkeit nicht aus, wenn die Arbeitszeit **weniger** als 15 Stunden wöchentlich umfasst.

Im Rahmen der Eigenbemühungen hat der Arbeitslose **alle** Möglichkeiten zur beruflichen Eingliederung zu nutzen.

Einem Arbeitslosen sind **alle** seiner Arbeitsfähigkeit entsprechenden Beschäftigungen **zumutbar,** soweit allgemeine oder personenbezogene Gründe nicht entgegenstehen. Letztes liegt zum Beispiel dann vor, wenn das erzielbare Arbeitsentgelt **erheblich** niedriger als das der Bemessung des Arbeitslosengeldes zugrunde liegende Arbeitsentgelt ist. Gleiches gilt für **unverhältnismäßig** lange Pendelzeiten.

Der Arbeitslose hat sich **persönlich** bei der zuständigen Agentur für Arbeit **arbeitslos zu melden.**

Die Meldung muss spätestens **drei Monate vor Beendigung** des Arbeitsverhältnisses erfolgen, es sei denn, der Arbeitnehmer erhält erst später von der Beendigung des Arbeitsverhältnisses Kenntnis. Eine Meldung ist auch zulässig, wenn die Arbeitslosigkeit innerhalb der nächsten **drei Monate** zu **erwarten** ist.

Die **Anwartschaftszeit** hat erfüllt, wer **innerhalb von 30 Monaten** (Rahmenfrist) **mindestens zwölf Monate** in einem **Versicherungspflichtverhältnis** gestanden hat.

Die **Dauer des Anspruchs auf Arbeitslosengeld** beträgt

nach Versicherungsverhältnissen mit einer Dauer von insgesamt mindestens ... Monaten	und nach Vollendung des ... Lebensjahres	... Monate
12		6
16		8
20		10
24		12
30[1]	50.	15
36[1]	55.	18
48[1]	58.	24

Eine **Minderung der Anspruchsdauer** tritt unter bestimmten Bedingungen ein, wie durch **Sperrzeiten** bei Arbeitsablehnung, **unzureichende** Eigenbemühungen, Ablehnung oder Abbruch einer betrieblichen Eingliederungsmaßnahme, Meldeversäumnis oder wegen Arbeitsaufgabe.

Die **Höhe des Arbeitslosengeldes** beträgt bei Arbeitslosen mit mindestens einem Kind **67 % (erhöhter Leistungssatz),** für die übrigen Arbeitslosen **60 % (allgemeiner Leistungssatz)** des pauschalierten Nettoentgelts, das der Arbeitslose im **Bemessungszeitraum** erzielt hat (Bemessungsentgelt). Der Bemessungszeitraum umfasst die beim Ausscheiden des Arbeitslosen aus dem jeweiligen Beschäftigungsverhältnis abgerechneten Entgeltabrechnungszeiträume der versicherungspflichtigen Beschäftigungen im Bemessungsrahmen. Der **Bemessungsrahmen** umfasst ein Jahr. Er endet mit dem letzten Tag des letzten Versicherungspflichtverhältnisses vor der Entstehung des Anspruchs. **Bemessungsentgelt** ist das durchschnittlich auf den **Tag** entfallende beitragspflichtige Arbeitsentgelt, das der Arbeitslose im Bemessungszeitraum erzielt hat. **Leistungsentgelt** ist das um pauschalierte Abzüge verminderte Bemessungsentgelt.

(2) Teilarbeitslosengeld

Anspruch auf Teilarbeitslosengeld hat ein Arbeitnehmer, der

- teilarbeitslos ist,
- sich teilarbeitslos gemeldet hat und
- die Anwartschaftszeit für Teilarbeitslosengeld erfüllt hat.

Teilarbeitslos ist, wer eine versicherungspflichtige Beschäftigung verloren hat, die er **neben** einer **weiteren** versicherungspflichtigen Beschäftigung ausgeübt hat, **und** eine versicherungspflichtige Beschäftigung sucht.

Für das Teilarbeitslosengeld gelten im Wesentlichen die Bestimmungen für das Arbeitslosengeld bei Arbeitslosigkeit.

1 Bei den **verlängerten** Bezugszeiträumen von Arbeitslosengeld I für **Ältere** müssen die geforderten Beitragszahlungszeiträume innerhalb der letzten **fünf** Jahre vor Eintritt der Arbeitslosigkeit erfolgt sein. Die älteren Arbeitslosen bekommen einen **Eingliederungsgutschein,** entweder verbunden mit einem konkreten Arbeitsangebot oder mit dem Auftrag, sich um dessen Einlösung zu bemühen. Gelingt ihnen dies nicht, wird für sie die Verlängerung der Zahlung des Arbeitslosengeldes I durchgeführt.

(3) Insolvenzgeld

Arbeitnehmer haben **Anspruch** auf Insolvenzgeld, wenn sie bei

- **Eröffnung des Insolvenzverfahrens** über das Vermögen ihres Arbeitgebers,
- **Abweisung des Antrags** auf Eröffnung des Insolvenzverfahrens mangels Masse oder
- **vollständiger Beendigung der Betriebstätigkeit,** wenn ein Antrag auf Eröffnung des Insolvenzverfahrens nicht gestellt oder ein Insolvenzverfahren offensichtlich mangels Masse nicht in Betracht kommt,

für die **vorausgehenden drei Monate** des Arbeitsverhältnisses noch Ansprüche auf Arbeitsentgelt haben.

Insolvenzgeld wird in **Höhe des Nettoarbeitsentgelts** geleistet. Das Insolvenzgeld ist bei der Agentur für Arbeit zu **beantragen.** Diese kann einen Vorschuss gewähren.

2.3.4.4 Die Finanzierung der Arbeitsförderung/Arbeitslosenversicherung

Die Finanzierung der Aufgaben der Bundesagentur für Arbeit geschieht durch

- Beiträge der Versicherungspflichtigen,
- Beiträge der Arbeitgeber,
- Umlagen (bei der produktiven Winterbauförderung und dem Insolvenzgeld),
- Bundesmittel, falls Beiträge und Umlagen nicht ausreichen.

Der Beitrag der Arbeitnehmer beträgt zurzeit (2019) 2,5 % des Arbeitsentgelts. Die Höchstgrenze des Beitrages ergibt sich aus der Beitragsbemessungsgrenze für die Rentenversicherung. Arbeitgeber und Arbeitnehmer tragen den Beitrag **je zur Hälfte.**

Als **Selbstverwaltungsorgane** werden der Verwaltungsrat und die Verwaltungsausschüsse bei den Agenturen für Arbeit gebildet. Der **Vorstand** leitet die Bundesagentur und führt deren Geschäfte.

Die Organe setzen sich aus Vertretern der Arbeitnehmer, der Arbeitgeber und der öffentlichen Körperschaften zusammen. Die Mitglieder werden auf die Dauer von sechs Jahren aufgrund von Vorschlagslisten der Gewerkschaften, der Arbeitgeber und der öffentlichen Körperschaften berufen.

2.3.4.5 Grundsicherung für Arbeitsuchende

Für die Zeit nach der Zahlung von Arbeitslosengeld greifen die Vorschriften des Vierten Gesetzes für moderne Dienstleistungen am Arbeitsmarkt, das unter der Bezeichnung **Hartz-IV-Gesetz** bekannt wurde. Die Regelungen wurden im Sozialgesetzbuch II (SGB II) erfasst.

Grund-gedanke	Grundgedanke des Hartz-IV-Gesetzes ist die **Grundsicherung für Arbeitsuchende** unter Beachtung der Grundsätze des **Forderns und Förderns**. ■ Die Grundsicherung soll die **Eigenverantwortung** von **erwerbsfähigen Leistungsberechtigten** und Personen, die mit ihnen in einer **Bedarfsgemeinschaft** leben, stärken und dazu beitragen, dass sie ihren **Lebensunterhalt** unabhängig von der Grundsicherung aus eigenen Mitteln und Kräften **bestreiten können.** ■ Sie soll erwerbsfähige Leistungsberechtigte bei der **Aufnahme oder Beibehaltung** einer Erwerbstätigkeit unterstützen **und** den **Lebensunterhalt sichern,** soweit sie ihn nicht auf andere Weise bestreiten können. ■ Sie umfasst Leistungen zur Beendigung oder Verringerung der Hilfebedürftigkeit insbesondere durch Eingliederung in Arbeit und zur Sicherung des Lebensunterhalts.
Grundsatz des Forderns	**Erwerbsfähige Leistungsberechtigte** müssen ■ alle Möglichkeiten zur Beendigung oder Verringerung ihrer Hilfebedürftigkeit **ausschöpfen,** ■ **aktiv** an allen Maßnahmen zu ihrer Eingliederung in Arbeit **mitwirken,** ■ eine ihnen angebotene **zumutbare Arbeitsgelegenheit übernehmen,** ■ in **eigener Verantwortung** alle Möglichkeiten nutzen, ihren **Lebensunterhalt aus eigenen Mitteln und Kräften zu bestreiten,** ■ ihre **Arbeitskraft** zur Beschaffung des Lebensunterhalts für sich und die mit ihnen in einer Bedarfsgemeinschaft lebenden Personen **einsetzen.**
Grundsatz des Förderns	Die **Träger der Leistungen** ■ **unterstützen** erwerbsfähige Leistungsberechtigte **umfassend mit dem Ziel der Eingliederung in Arbeit,** ■ **erbringen** unter Beachtung der Grundsätze von Wirtschaftlichkeit und Sparsamkeit **alle im Einzelfall** für die **Eingliederung in Arbeit erforderlichen Leistungen.** Die **Agentur für Arbeit** ■ soll einen **persönlichen Ansprechpartner** für jeden erwerbsfähigen Leistungsberechtigten und die mit ihm in einer Bedarfsgemeinschaft Lebenden **benennen** und im Einvernehmen mit dem kommunalen Träger, ■ mit jedem erwerbsfähigen Leistungsberechtigten die für seine Eingliederung **erforderlichen Leistungen vereinbaren (Eingliederungsvereinbarung).**
Berechtigte	■ **Anspruchsberechtigt sind alle erwerbsfähigen Leistungsberechtigten** zwischen dem 15. Lebensjahr bis zum Erreichen der Altersgrenze (65. bis 67. Lebensjahr) sowie die mit ihnen in einer Bedarfsgemeinschaft lebenden Angehörigen, soweit sie ihren gewöhnlichen Aufenthalt in der Bundesrepublik Deutschland haben. ■ **Erwerbsfähig** ist, wer nicht wegen Krankheit oder Behinderung gegenwärtig oder auf absehbare Zeit außerstande ist, unter den üblichen Bedingungen des allgemeinen Arbeitsmarktes **mindestens drei Stunden täglich** erwerbstätig zu sein. Bei der Bestimmung der Erwerbsfähigkeit ist es unerheblich, ob eine Erwerbstätigkeit vorübergehend unzumutbar ist (z. B. wegen der Erziehung eines Kindes unter drei Jahren).

- **Hilfebedürftig** ist, wer seinen Lebensunterhalt, seine Eingliederung in Arbeit und den Lebensunterhalt der mit ihm in einer Bedarfsgemeinschaft lebenden Personen nicht oder nicht ausreichend aus eigenen Kräften und Mitteln sichern kann und die erforderliche Hilfe nicht von anderen erhält.
- Zur **Bedarfsgemeinschaft** gehören z. B. minderjährige unverheiratete Kinder, der Ehegatte oder Lebenspartner, wenn diese mit dem Hilfebedürftigen in einem Haushalt leben.

Leistungen

Die Leistungen im Rahmen der Grundsicherung für Arbeitsuchende bestehen aus:

- **Leistungen zur Eingliederung in Arbeit**

Erwerbsfähige Leistungsberechtigte erhalten zum Beispiel Unterstützung bei der **Umsetzung der Eingliederungsvereinbarungen,** die mit der Agentur für Arbeit geschlossen wurden.

Zur Verwirklichung der Ziele können **kommunale Eingliederungsleistungen**, wie die Betreuung minderjähriger oder behinderter Kinder oder die häusliche Pflege von Angehörigen, die Schuldner- oder Suchtberatung sowie die psychosoziale Betreuung, erbracht werden.

Zur **Überwindung von Hilfebedürftigkeit** kann diesem Kreis der Berechtigten bei Aufnahme einer sozialversicherungspflichtigen oder selbstständigen Erwerbstätigkeit ein **Einstiegsgeld,** maximal für 24 Monate, gezahlt werden.

Arbeitgeber können unter bestimmten Voraussetzungen zur Eingliederung von erwerbsfähigen Leistungsberechtigten mit Vermittlungshemmnissen in Arbeit als Ausgleich für die zu erwartenden Minderleistungen des Arbeitnehmers einen **Beschäftigungszuschuss** und einen **Zuschuss zu sonstigen Kosten** erhalten.

- **Leistungen zur Sicherung des Lebensunterhalts**

Zu den Leistungen zur Sicherung des Lebensunterhalts gehören

Arbeitslosengeld II	Sozialgeld	Leistungen für Bildung und Teilhabe
Wird an **erwerbsfähige Leistungsberechtigte** gezahlt.	Erhalten **nicht erwerbsfähige Leistungsberechtigte,** die mit einem erwerbsfähigen Leistungsberechtigten in einer Bedarfsgemeinschaft leben.	Sollen durch **Zahlungen neben dem Regelbedarf** Kindern, Jugendlichen und jungen Erwachsenen die Teilhabe am sozialen und kulturellen Leben ermöglichen. Bedarfe für Bildung stehen nur Schülerinnen und Schülern der allgemein- oder berufsbildenden Schulen, die das 25. Lebensjahr nicht vollendet haben und keine Ausbildungsvergütung erhalten, zu.
Die Leistungen umfassen den **Regelbedarf, Mehrbedarfe** und den **Bedarf an Unterkunft und Heizung**. Der **Regelbedarf** wird als **monatlicher Pauschalbetrag** gezahlt. Er umfasst insbesondere Ernährung, Kleidung, Körperpflege, Hausrat, Haushaltsenergie (außer Heizung) sowie persönliche Bedürfnisse des täglichen Lebens. **Mehrbedarfe** können z. B. von werdenden Müttern, beim Zusammenleben mit minderjährigen Kindern oder aus medizinischen Gründen geltend gemacht werden.		**Unterstützt wird** bei Schülerinnen und Schülern z. B. die Teilnahme an Schulausflügen und Klassenfahrten, der Besuch von Kindertageseinrichtungen, Mehraufwendungen für die gemeinschaftliche Mittagsverpflegung, Ausgaben für zusätzliche Lernförderung. **Außerdem** stehen monatlich insgesamt 10,00 EUR für Mitgliedsbeiträge in den Bereichen Sport, Spiel, Kultur und Geselligkeit, für Musikunterricht oder die Teilnahme an Freizeiten zur Verfügung.

Für die Bezieher von Arbeitslosengeld II und Sozialgeld gelten seit dem 1. Januar 2019 die folgenden Regelbedarfe:

Regelbedarfsstufe	Leistungsberechtigte	Monatlich EUR	Regelbedarfsstufe	Leistungsberechtigte	Monatlich EUR
1	Alleinstehend oder alleinerziehend oder mit minderjährigem(r) Partner oder Partnerin.	424,00	4	Jugendliche von 14 bis unter 18 Jahren.	322,00
2	Jeweils für zwei in einem gemeinsamen Haushalt zusammenlebende Partner.	382,00	5	Kinder von 6 bis unter 14 Jahren.	302,00
3	Kinder zwischen 18 und 24 Jahren, die bei ihren Eltern wohnen.	339,00	6	Kinder unter 6 Jahren.	245,00

Die Regelbedarfe werden jeweils zum 1. Januar eines Jahres angepasst, wobei sich die Anpassung an der **durchschnittlichen Lohn- und Preisentwicklung** orientiert.

Bedürftigkeitsprüfung

Zahlungen erfolgen erst nach einer Prüfung bei Bedürftigkeit des Antragstellers. **Vermögen** und sonstiges **Einkommen** werden unter Beachtung bestimmter Ausnahmen und Freibeträge angerechnet.

Anreize und Sanktionen

Um die Aufnahme bzw. den Erhalt von Erwerbstätigkeit zu fördern, wurde ein System geschaffen, das **Freibeträge bei Erwerbstätigkeit** vorsieht, **andererseits** aber Untätigkeit bei der Suche von Erwerbstätigkeit oder Verstößen gegen die Eingliederungsvereinbarung **Abzüge** von den Leistungen vorsieht.

Träger der Grundsicherung für Arbeitsuchende

Zusammenarbeit in gemeinsamen Einrichtungen (Jobcenter)

Agentur für Arbeit

Zuständigkeit

- Alle auf den Arbeitsmarkt bezogenen Eingliederungsleistungen (Beratung, Vermittlung, Förderung von Beschäftigung, Berufsausbildung und beruflicher Weiterbildung)
- Zahlung der monatlichen Regelleistung, des Mehrbedarfs, des befristeten Zuschlags nach dem Ende des Bezugs von Arbeitslosengeld
- Zuständig für Sozialversicherung der Arbeitslosengeld-II-Empfänger

Kommunale Träger

Zuständigkeit

- Leistungen für Unterkunft und Heizung
- Leistungen für Kinderbetreuung
- Schuldner- und Suchtberatung
- Psychosoziale Betreuung
- Erstausstattung für Wohnung, Kleidung sowie für mehrtägige Klassenfahrten

Mit Zustimmung der obersten Landesbehörde können bis zu 69 kommunale Träger auch die Aufgaben der Agentur für Arbeit übernehmen (Experimentierklausel)

Für die **Zusammenarbeit von Agenturen für Arbeit** und **kommunalen Trägern** ist – aus Gründen der Verwaltungsvereinfachung für die Träger wie für die betrof-

	fenen Leistungsbezieher, aber auch im Interesse der Leistungserbringung aus einer Hand zwischen Argenturen für Arbeit und kommunalen Trägern – die gemeinsame **Errichtung von Arbeitsgemeinschaften** in den Jobcentern vorgesehen.
Finanzierung	■ Der **Bund** trägt die Aufwendungen der Grundsicherung für Arbeitsuchende, soweit die Leistungen von der Bundesagentur erbracht werden. ■ Die **Bundesagentur** leistet an den Bund einen Eingliederungsbeitrag in Höhe der Hälfte der jährlichen, vom Bund zu tragenden Aufwendungen und Leistungen zur Eingliederung in Arbeit und der zugehörigen Verwaltungskosten.

2.3.5 Die Rentenversicherung

2.3.5.1 Überblick über die Altersvorsorgesysteme

Die gesetzliche Rentenversicherung ist Teil der Altersvorsorge, die insgesamt aus den **drei großen Säulen** besteht.

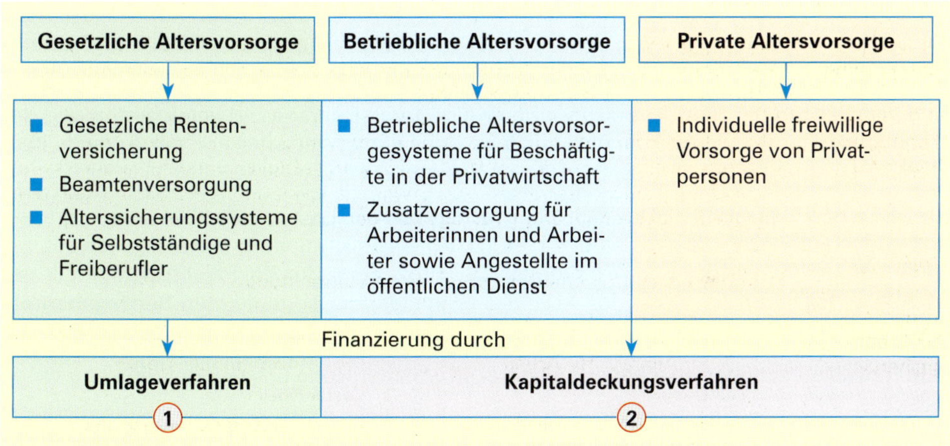

Erläuterungen:

Die Altersvorsorgesysteme unterscheiden sich durch die **Finanzierung** der Alterssicherung.

(1) Die gesetzliche Altersvorsorge nutzt das **Umlageverfahren.** Dieses Verfahren zahlt die Renten aus den **aktuellen Beitragszahlungen** der Versicherten **und Zuschüssen aus dem Bundeshaushalt.** In diesem Zusammenhang spricht man vom **Generationenvertrag,** weil die heutige Generation der Beitragszahler durch ihre Beiträge die Renten für die vorangehende Generation der Versicherten in der Erwartung übernimmt, dass die ihr folgende Generation ebenfalls für sie die Rentenleistungen erbringen wird.

(2) Beim **Kapitaldeckungsverfahren,** das der privaten und auch überwiegend der betrieblichen Altersvorsorge zugrunde liegt, wird mit den Sparleistungen ein **Vermögensbestand gebildet,** der als **Deckungskapital oder Kapitalstock** bezeichnet wird. Während der Sparphase wird das Vermögen möglichst ertragreich in Aktien, Immobilien oder andere langfristige Wertpapiere investiert. Die Versicherten erhalten einen **Rechtsanspruch auf** die Zahlung einer **Rente** im Alter, die aus den Erträgen bzw. dem Erlös aus dem Verkauf des Deckungskapitals finanziert wird.

2.3.5.2 Die gesetzliche Rentenversicherung

Die gesetzliche **Rentenversicherung** ist eine Versicherung zum Schutze des Einzelnen und seiner Familie, die bei Erwerbsminderung, Alter und Tod Renten zahlt.

(1) Versicherte Person

Jedermann (Arbeiter,[1] Angestellte,[1] Selbstständige und auch Hausfrauen) kann der Rentenversicherung beitreten. Man unterscheidet Pflichtversicherte und freiwillig Versicherte.

Pflichtversicherter wird man als Arbeiter oder Angestellter ohne Rücksicht auf seinen eigenen Willen oder den Willen des Arbeitgebers.

Selbstständige (z. B. Ärzte, Apotheker, Rechtsanwälte, Einzelhändler) können auch pflichtversichert sein. Ihnen ist es aber überlassen, ob sie pflichtversichert sein wollen. Wenn sie es wollen, müssen sie einen Aufnahmeantrag stellen.

Jedermann kann der Rentenversicherung **freiwillig** beitreten.

(2) Finanzierung der Rentenversicherung

Die **Finanzierung** der Rentenversicherung erfolgt durch Beiträge der Versicherten und der Arbeitgeber. Der Bund leistet zu den Ausgaben der Rentenversicherung der Angestellten, die nicht Leistungen der Alterssicherung sind, einen Zuschuss.

Die **Höhe des Beitrages** richtet sich bei **Pflichtversicherten** nach dem Arbeitsverdienst: 18,6 % des Arbeitsverdienstes sind zurzeit (2019) als Pflichtbeitrag zu zahlen, jeweils zur Hälfte vom Arbeitnehmer und Arbeitgeber. Der Prozentsatz für die Pflichtbeiträge gilt nur bis zu einer bestimmten Höhe des Arbeitsverdienstes, der sogenannten **Beitragsbemessungsgrenze**.

Dem freiwillig Versicherten steht es völlig frei, in welcher Höhe er seine Beiträge entrichten will.

Das Vermögen der gesetzlichen Rentenversicherung hat sich in den letzten Jahren sukzessive verringert. So reichen die vorhandenen Barmittel und Geldeinlagen heutzutage nicht einmal mehr aus, um die Rentenzahlungen für einen Monat sicherzustellen. Die gesetzliche Rentenversicherung lebt salopp formuliert „von der Hand in den Mund".

Nicht zuletzt vor diesem Hintergrund wurde neben dem **allgemeinen Bundeszuschuss** ein zusätzlicher Zuschuss durch die Einführung der **Ökosteuer** zur Finanzierung der Rentenversicherung eingeführt.

Merkmale des Finanzierungssystems sind: das **Umlageverfahren** und der **Generationenvertrag.**

Welche Finanzierungsprobleme dieses Verfahren mit sich bringt, verdeutlicht unter anderem nachfolgende Abbildung.

---

1 Die Unterscheidung zwischen Arbeiterrentenversicherung und Angestelltenversicherung ist seit dem 1. Januar 2005 aufgehoben. Jetzt gilt ein einheitlicher Arbeitnehmerbegriff. Unter dem Namen **„Deutsche Rentenversicherung"** sind alle Rentenversicherungsträger zur allgemeinen Rentenversicherung zusammengeschlossen.

Deutschland ist eine schnell alternde Gesellschaft. Kommen heute auf je 100 Bundesbürger im Alter zwischen 20 und 67 Jahren 29 Menschen im Rentenalter (67 Jahre und älter), so werden es im Jahr 2030 bereits 44 Ältere sein. Und die Lebenserwartung nimmt weiterhin zu. Dies und die niedrige Geburtenrate führen dazu, dass im Jahr 2060 dann 100 erwerbsfähigen Menschen (20 bis 67 Jahre) 59 Ältere gegenüberstehen werden. Die Bevölkerung altert nicht nur, ihre Zahl sinkt auch insgesamt. Diese Entwicklungen können zwar durch Zuwanderung etwas gedämpft, aber nicht aufgehalten werden. Das stellt die Sozialsysteme, insbesondere das Renten-, Kranken- und Pflegeversicherungssystem, in den nächsten Jahrzehnten vor große Herausforderungen. Das Statistische Bundesamt hat für seine Bevölkerungsprognosen verschiedene Varianten zugrunde gelegt. Die Variante in unserem Schaubild geht von Geburtenziffern ähnlich den heutigen aus; außerdem wird eine Zuwanderung von 100 000 Menschen pro Jahr angenommen.

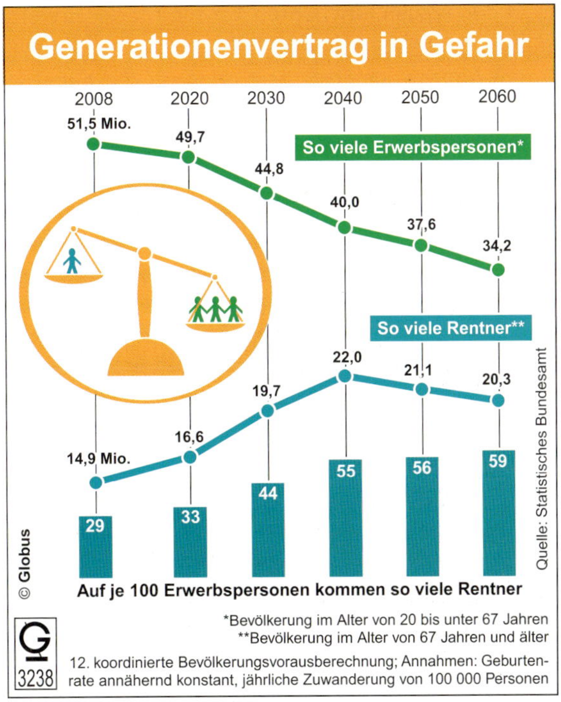

(3) Leistungen der Rentenversicherung

Leistungen der Rentenversicherung umfassen zunächst Maßnahmen zur medizinischen und berufsfördernden Rehabilitation. Damit soll die Gesundheit wiederhergestellt werden. Die berufsfördernde Rehabilitation hat zum Ziel, den Betreuten möglichst auf Dauer beruflich wieder einzugliedern. Ergänzende Leistungen umfassen im Wesentlichen die Zahlung von Geld während der Rehabilitationsmaßnahmen. Es gilt der **Grundsatz: Rehabilitation geht vor Rente.**

Renten werden geleistet wegen **verminderter Erwerbsfähigkeit,** wegen **Alters oder** wegen **Todes.**

Rentenansprüche beziehen sich auf die **Regelaltersgrenze.** Diese wird von 2012 an beginnend mit dem Jahrgang 1947 bis zum Jahr 2029 stufenweise von 65 auf 67 Jahre angehoben. Für alle nach 1963 Geborenen gilt die **Regelaltersgrenze 67 Jahre.**

Renten wegen verminderter Erwerbsfähigkeit

Versicherte haben bis zum Erreichen der Regelaltersgrenze Anspruch auf **Rente wegen teilweiser Erwerbsminderung,** wenn sie

1. teilweise erwerbsgemindert sind,

2. in den letzten fünf Jahren vor Eintritt der Erwerbsminderung drei Jahre Pflichtbeiträge für eine versicherte Beschäftigung oder Tätigkeit haben **und**
3. vor Eintritt der Erwerbsminderung die **allgemeine Wartezeit** von fünf Jahren erfüllt haben.

> **Teilweise erwerbsgemindert** sind Versicherte, die wegen Krankheit oder Behinderung auf nicht absehbare Zeit außerstande sind, unter den üblichen Bedingungen des allgemeinen Arbeitsmarktes **mindestens sechs Stunden täglich** erwerbstätig zu sein.

Versicherte haben bis zum Erreichen der Regelaltersgrenze Anspruch auf **Rente wegen voller Erwerbsminderung,** wenn sie

1. voll erwerbsgemindert sind,
2. in den letzten fünf Jahren vor Eintritt der Erwerbsminderung drei Jahre Pflichtbeiträge für eine versicherte Beschäftigung oder Tätigkeit haben und
3. vor Eintritt der Erwerbsminderung die allgemeine Wartezeit erfüllt haben.

> **Voll erwerbsgemindert** sind Versicherte, die wegen Krankheit oder Behinderung auf nicht absehbare Zeit **außerstande** sind, unter den üblichen Bedingungen des allgemeinen Arbeitsmarktes **mindestens drei Stunden täglich** erwerbstätig zu sein.

Renten wegen Alters

> Die **Regelaltersrente** wird gezahlt, wenn Versicherte die **Regelaltersgrenze** erreicht und die allgemeine **Wartezeit** von **fünf** Jahren erfüllt haben.

Versicherte haben Anspruch auf Altersrente für **langjährig Versicherte,** wenn sie

1. das 67. Lebensjahr vollendet und
2. die Wartezeit von 35 Jahren erfüllt haben.

Die vorzeitige Inanspruchnahme dieser Altersrente ist nach Vollendung des 63. Lebensjahres möglich. In diesem Falle ist ein Rentenabschlag von bis zu 14,4 % hinzunehmen.

Um einen Missbrauch von Zeiten der Arbeitslosigkeit zu verhindern, wird ein sogenannter **„rollierender Stichtag"** eingeführt. Wenn man bis zu zwei Jahre vor dem möglichen Renteneintritt mit 63 (später 65) arbeitslos wird, werden diese Zeiten nicht mehr eingerechnet. Einzige Ausnahme: der Betrieb geht in die Insolvenz oder das Geschäft wird aufgegeben.

Hinweis:

Seit 1. Juli 2014 können langjährig Rentenversicherte, die **45 Beitragsjahre** in die Rentenversicherung eingezahlt haben, schon mit 63 Jahren ohne Abschläge in Rente gehen. Dieses abschlagsfreie Renteneintrittsalter steigt jedoch ab dem Geburtsjahrgang 1953 bis zum Geburtsjahr 1964 um 2 Monate pro Jahr auf maximal 65 Jahre an. Neben Pflichtbeitragszeiten aus Beschäftigung werden für diese langjährig Rentenversicherten auch Zeiten der Arbeitslosigkeit angerechnet, in denen Lohnersatzleistungen bezogen wurden. Das sind z. B. Arbeitslosengeld I, Schlechtwettergeld oder Kurzarbeitergeld.

Renten wegen Todes

Rente wegen Todes wird geleistet als kleine oder große **Witwen- oder Witwerrente,** Erziehungsrente oder **Waisenrente.**

Grundsätzlich fallen Leistungen an, wenn der Verstorbene die allgemeine Wartezeit von 5 Jahren erfüllt und der verbliebene Ehepartner nicht wieder geheiratet hat. Dabei kann die große oder kleine Witwen(r)rente anfallen. Die Ehe muss in der Regel mindestens ein Jahr gedauert haben.

Die **große Witwen(r)rente** wird nur gezahlt, wenn die oder der Hinterbliebene

1. ein eigenes Kind oder ein Kind des versicherten Ehegatten, das das 18. Lebensjahr noch nicht vollendet hat, erzieht,
2. das 47. Lebensjahr vollendet hat oder
3. erwerbsgemindert ist.

Die **kleine Witwen(r)rente** wird gezahlt, wenn der Versicherte die allgemeine Wartezeit erfüllt hat. Die Leistungen werden für maximal 2 Jahre erbracht, danach muss die/der Hinterbliebene für sich selbst sorgen.

(4) Feststellung des Rentenanspruchs

Bei der **Feststellung des Anspruchs auf Rente** sind verschiedene **Zeiten** zu berücksichtigen.

Wartezeiten	Darunter wird die für die jeweilige Rente erforderliche Mindestversicherungszeit verstanden.
Beitragszeiten	Sind Zeiten, in denen Beiträge gezahlt worden sind.
Anrechnungszeiten	Sind Zeiten, in denen der Versicherte aus bestimmten Gründen, z.B. wegen Krankheit, arbeitsunfähig war, wegen Schwangerschaft oder Mutterschaft nicht versichert war.
Berücksichtigungszeiten	Sind Zeiten der Erziehung eines Kindes bis zur Vollendung des 10. Lebensjahres, die nicht bereits als Beitragszeiten berücksichtigt worden sind.
Ersatzzeiten	Sind Zeiten, in denen der Versicherte ohne eigenes Verschulden keine Beiträge gezahlt hat, z.B. Wehrdienstzeit, Zeiten der Vertreibung oder Flucht infolge des Zweiten Weltkrieges.

(Tabelle zu Wartezeiten:)

Wartezeit (in Jahren)	Anwendungen
5 **(allgemeine Wartezeit)**	1. Regelaltersrente, 2. Rente wegen verminderter Erwerbsfähigkeit und 3. Rente wegen Todes.
20	Volle Erwerbsminderungsrente
25	1. Altersrente für langjährig unter Tage beschäftigte Bergleute und 2. Rente für Bergleute vom 50. Lebensjahr an.
35	1. Altersrente für langjährig Versicherte und 2. Altersrente für schwerbehinderte Menschen.
45	Anspruch auf Altersrente für besonders langjährig Versicherte.

Der **Monatsbetrag der Rente** ergibt sich, wenn

- die unter Berücksichtigung des **Zugangsfaktors** ermittelten **persönlichen Entgeltpunkte,**
- der **Rentenartfaktor** und
- der **aktuelle Rentenwert**

mit ihrem Wert bei Rentenbeginn **miteinander vervielfältigt** werden. Diese Rechnung wird als **Rentenformel** bezeichnet.

Wie die Höhe der Monatsrente berechnet wird, verdeutlicht nachfolgende Übersicht.

Rentenberechnung

Entgeltpunkte

Ein Entgeltpunkt ist der **Verhältniswert,** in dem sein Arbeitsverdienst zu den durchschnittlichen Arbeitsverdiensten aller Arbeitnehmer dieses Jahres steht.

Die Summe der Entgeltpunkte für die einzelnen Versicherungsjahre ergibt die **Entgeltpunkte für Beitragszeiten.**

X

Zugangsfaktor

Dieser richtet sich nach dem Alter bei **Rentenbeginn.**

Rente mit 65. Lebensjahr
= Faktor 1

Wird die Rente bereits vor dem 65. Lebensjahr in Anspruch genommen, dann ist der Faktor kleiner als 1; bei späterem Rentenbeginn entsprechend größer als 1.

=

Persönliche Entgeltpunkte

X

Rentenartfaktor

Dies ist ein nach dem jeweiligen Sicherungsziel (Rentenart) festgelegter Faktor.

Beispiele:

- Renten wegen Alters 1,0
- Renten wegen teilweiser Erwerbsminderung 0,5

X

Aktueller Rentenwert

Es ist der **Monatsbetrag** der Rente für **einen** Entgeltpunkt. Er beträgt **32,03 EUR** im **Westen** und **30,69 EUR** im **Osten** (Rentenwerte bis 1. Juli 2018).

Der aktuelle Rentenwert **verändert** sich jährlich zum 1. Juli, wobei

- die **durchschnittliche Bruttolohnentwicklung,**
- die Veränderung des **Beitragssatzes** zur Rentenversicherung und
- ein **Nachhaltigkeitsfaktor**

berücksichtigt werden.

Der **Nachhaltigkeitsfaktor** dient dazu, den Rentneranteil im Verhältnis zu den Beitragszahlern zu berücksichtigen.

Durch die Berücksichtigung dieser Faktoren wird die Rentenzahlung an die wirtschaftliche und demografische Entwicklung angepasst.

(5) Träger der gesetzlichen Rentenversicherung

Träger der gesetzlichen Rentenversicherung ist die **Deutsche Rentenversicherung** (vgl. nebenstehende Übersicht).

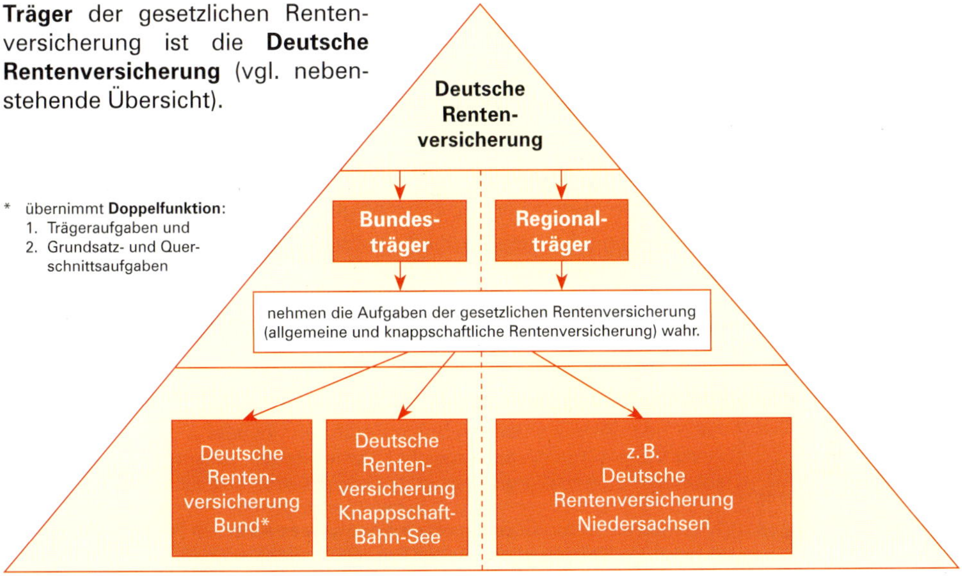

* übernimmt **Doppelfunktion**:
1. Trägeraufgaben und
2. Grundsatz- und Querschnittsaufgaben

2.3.5.3 Betriebliche Altersvorsorge

Arbeitnehmer haben einen **individuellen Rechtsanspruch** gegen ihren Arbeitgeber auf **Umwandlung von Lohn oder Gehalt** in betriebliche Formen der Altersversorgung (Direktversicherung, Pensionsfonds oder Pensionskassen). Dieser Anspruch ist auf **4 %** der Beitragsbemessungsgrenze zur Rentenversicherung begrenzt.

Für die betriebliche Altersvorsorge stehen **fünf Formen** zur Verfügung, die der Staat zum Teil durch ein System aus **Zulagen** und **Steuervergünstigungen** fördert.

2.3.5.4 Private Altersvorsorge durch „Riester-Rente"

Da das Rentenniveau der gesetzlichen Rentenversicherung sinken wird, ergibt sich ein Bedarf für zusätzliche private Vorsorge. Ähnliches gilt für die zukünftige Beamtenversorgung. Unter bestimmten Voraussetzungen wird die private Vorsorge in Form der sogenannten „Riester-Rente" staatlich gefördert.

Begünstigter Personenkreis	**Zu den Pflichtversicherten gehören im Einzelnen:** ■ Beamte, Richter und Soldaten ■ Arbeitnehmer und Auszubildende ■ Landwirte und mitarbeitende Familienangehörige ■ Bezieher von Arbeitslosengeld I und Arbeitslosengeld II ■ bestimmte Gruppen von Selbstständigen – z. B. Handwerker, Lehrer, Hebammen, Künstler und Selbstständige mit einem Auftraggeber ■ Kindererziehende während der Kindererziehungszeiten ■ nicht gewerbsmäßig tätige Pflegepersonen

- geringfügig Beschäftigte („Minijobs"), die auf die Versicherungsfreiheit verzichtet haben
- **Personen,** die eine **Rente** wegen voller Erwerbsminderung, Erwerbsunfähigkeit oder eine **Versorgung** wegen Dienstunfähigkeit beziehen, wenn sie **unmittelbar vor** dem Bezug der Rente pflichtversichert oder vor dem Bezug der Versorgung Empfänger von Besoldung oder Amtsbezügen waren.

Nicht gefördert werden:

- nicht pflichtversicherte Selbstständige
- geringfügig Beschäftigte, die ihren Pauschalbeitrag zur Rentenversicherung nicht aufstocken
- freiwillig Versicherte
- Pflichtversicherte in einer berufsständischen Versorgungseinrichtung – z. B. Ärzte, Apotheker, Rechtsanwälte, Notare und Architekten.

Produkte

Private Altersvorsorgeverträge werden staatlich gefördert, wenn sie die nach dem Altersvorsorgeverträge-Zertifizierungsgesetz geforderten Voraussetzungen für die sogenannte „Riester-Rente" oder dem Erwerb von selbst genutztem Wohneigentum **(„Wohn-Riester")** erfüllen.

Anforderungen

1. Zwischen dem Anbieter und einer natürlichen Person **(Vertragspartner)** wird ein **Vertrag in deutscher Sprach**e geschlossen.
2. Der Vertrag muss für den Vertragspartner **eine lebenslange** und **unabhängig vom Geschlecht berechnete Altersvorsorge** vorsehen, die **nicht vor** Vollendung des 60. Lebensjahres **oder** einer vor Vollendung des 60. Lebensjahres beginnenden Leistung aus einem gesetzlichen Alterssicherungssystem des Vertragspartners **gezahlt werden darf.**
3. Der Anbieter muss zusagen, dass zu Beginn der Auszahlung **mindestens die eingezahlten Altersvorsorgebeiträge** für die Auszahlungsphase zur Verfügung stehen.
4. Die **monatlich gleichbleibenden oder steigenden Leistungen** für den Vertragspartner müssen entweder
   - in einer **lebenslangen Leibrente oder Ratenzahlungen** im Rahmen eines **Auszahlungsplans** mit einer anschließenden Teilkapitalverrentung ab spätestens dem 85. Lebensjahr **oder**
   - in einer **Verminderung** des monatlichen **lebenslangen Nutzungsentgelts** für eine vom Vertragspartner selbst genutzte Genossenschaftswohnung **oder** einer **zeitlich befristeten Verminderung** mit einer anschließenden Teilkapitalverrentung ab spätestens dem 85. Lebensjahr bestehen.
5. Bei Erwerb weiterer Geschäftsanteile an einer eingetragenen Genossenschaft für eine vom Vertragspartner **selbst genutzte Genossenschaftswohnung** ist vorzusehen, dass
   a) im Falle des Ausschlusses, des Ausscheidens des Mitglieds oder der Auflösung der Genossenschaft die Möglichkeit eingeräumt wird, dass mindestens die eingezahlten Altersvorsorgebeiträge und die gutgeschriebenen Erträge auf einen vom ehemaligen Mitglied zu bestimmenden Altersvorsorgevertrag übertragen werden, und
   b) die auf die weiteren Geschäftsanteile entfallenden Erträge nicht ausgezahlt, sondern für den Erwerb weiterer Geschäftsanteile verwendet werden.

6. Die **Abschluss- und Vertriebskosten** müssen gleichmäßig mindestens auf die ersten fünf Vertragsjahre verteilt werden, soweit sie nicht als Prozentsatz von den Altersvorsorgebeiträgen abgezogen werden.
7. Der Vertragspartner muss **bis zum Beginn der Auszahlungsphase** die Möglichkeit haben, den Vertrag

- **ruhen** zu lassen bzw.
- zu **kündigen,** um das gebildete Kapital entweder auf einen anderen eigenen Altersvorsorgevertrag zu **übertragen** oder dieses zum **Erwerb einer selbst genutzten Wohnung** zu verwenden.

Als Altersvorsorgeverträge können auch **Darlehensverträge, Bausparverträge** und kombinierte **Bausparverträge mit Vorausdarlehen** zertifiziert werden, wenn diese zur Schaffung von selbst genutztem Wohneigentum verwendet werden. Um sicherzustellen, dass die selbst genutzte Wohnimmobilie der Altersvorsorge dient, ist das Darlehen bis zur Vollendung des 68. Lebensjahres des Vertragspartners zu tilgen.

Staatliche Förderung

Der Staat fördert **Beiträge und Tilgungsleistungen,** die der Zulageberechtigte zugunsten eines auf seinen Namen lautenden zertifizierten Altersvorsorgevertrags leistet. Die Förderung setzt sich aus einer **Grundzulage** für den einzelnen Arbeitnehmer **und** einer **Kinderzulage** zusammen.

Grundzulage

Wer 4 % seines sozialversicherungspflichtigen Einkommens des Vorjahres für die zusätzliche Altersvorsorge aufwendet, erhält die **maximale Grundzulage.** Diese beträgt für **Alleinstehende** seit 2018 175,00 EUR.

Bei **Ehepaaren** erhalten beide Ehepartner **je eine Grundzulage,** wenn sie jeweils einen eigenen Vertrag zur zusätzlichen Altersvorsorge abschließen. Dies gilt **auch, wenn nur ein Ehepartner** zum **geförderten Personenkreis gehört.**

Für Zulageberechtigte, die zu Beginn des Kalenderjahrs das 21. Lebensjahr noch nicht vollendet haben, erhöht sich die Grundzulage um einmalig 100 EUR.

Mindesteigenbeitrag

Die Zulage wird gekürzt, wenn der Zulageberechtigte nicht den Mindesteigenbeitrag leistet. Der Sonderausgabenhöchstbetrag abzüglich der staatlichen Förderungen darf jedoch nicht überschritten werden.

Zeitraum	Mindesteigenbeitrag*	Höchstbeträge**
seit 2008	4	2100 EUR

* In v. H. des sozialversicherungspflichtigen Einkommens des Vorjahres.

** Abzüglich der staatlichen Förderung (Zulagen + Kindergeld).

Sockelbetrag

Der Sockelbetrag ist der **mindestens im Jahr zu leistende Betrag**. Er ist anzusetzen, wenn der errechnete Mindesteigenbeitrag niedriger liegt.

Als **Sockelbetrag** sind seit dem Jahr 2005 jährlich **60,00 EUR** zu leisten.

Kinderzulage

Die Kinderzulage beträgt **für jedes Kind,** für das dem Zulageberechtigten Kindergeld ausgezahlt wird:

Zeitraum	Höchstsatz der jährlichen Kinderzulage
seit 2008	185 EUR 300 EUR (für nach 2007 geborene Kinder)

Eigenvorsorge

Eigenvorsorge = Eigenbeitrag + Grundzulage + Kinderzulage

Beispiel:

Single		**Ehepaar,** ein Kind (nach 2007 geb.), zwei Rentenversichereungspflichtige, zwei zertifizierte Sparpläne	
Sozialversicherungspflichtiges Einkommen des Vorjahres 30 000 EUR		**Sozialversicherungspflichtiges Einkommen des Vorjahres 75 000 EUR**	
Jahr	**2019**	**Jahr**	**2019**
Eigenvorsorge	1 200	**Eigenvorsorge**	3 000
– Grundzulage	175	– Grundzulage	350
– Kinderzulage	–	– Kinderzulage	300
= **Eigenbeitrag**	**1 025**	= **Eigenbeitrag**	**2 350**

Zusätzliche Steuerersparnis

Die **Berechtigten** können Altersvorsorgebeiträge zuzüglich der ihnen zustehenden Zulage bis zu den Höchstbeträgen als **Sonderausgaben** abziehen. Dadurch können zusätzliche Ersparnisse eintreten. Wenn der Steuervorteil die Höhe der Zulage übersteigt, wird die Differenz vom Finanzamt **zusätzlich zur Zulage** ausgezahlt.

Welche Vorteile es mit sich bringt, bereits in **jungen Jahren** mit der privaten Altersvorsorge zu beginnen, zeigen folgende Übersichten.

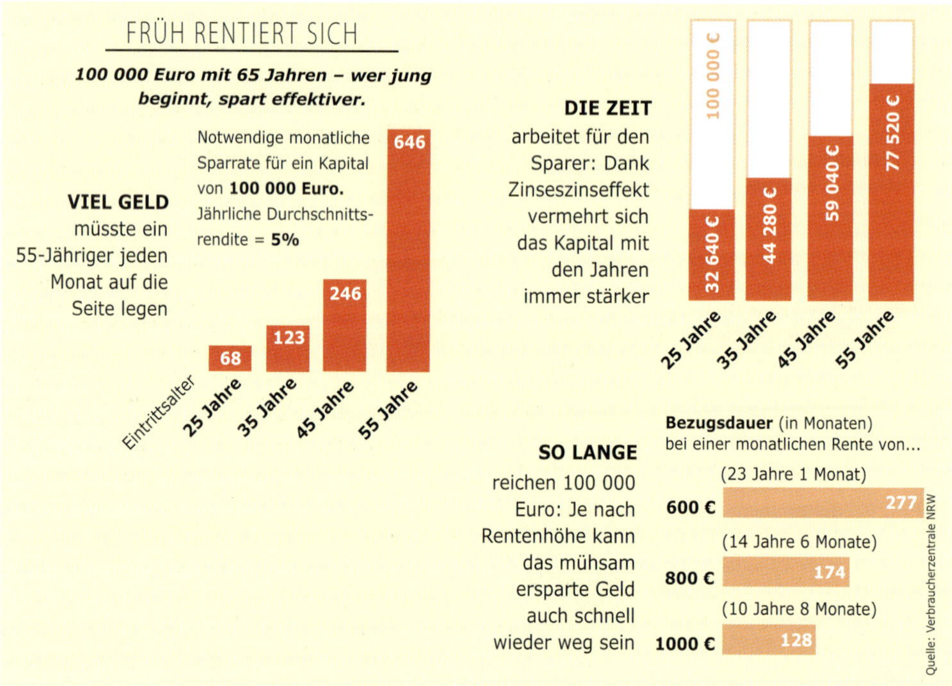

Quelle: FOCUS Nr. 32, August 2003.

Wie gering die Kenntnis um das Erfordernis einer privaten Altersvorsorge ist, verdeutlicht nachfolgender Zeitungsartikel.

Viel Sorge und wenig Wissen über die Altersvorsorge

Studie zeigt wachsende Ahnungslosigkeit/ „Deutliche Fehleinschätzung" vor allem bei Berufsanfängern

AP **Berlin.** Das finanzielle Auskommen im Alter macht den Deutschen zunehmend Sorgen, aber sie sparen nicht genug und wissen zu wenig Bescheid. Die Kenntnisse über die Altersvorsorge waren in einer neuen Studie von Allensbach und Postbank sogar noch geringer als vor einem Jahr. Vor allem jungen Leuten ist nicht bewusst, dass sie frühzeitig anfangen müssen, zumindest kleinere Beträge zurückzulegen, wie aus den jetzt in Berlin vorgestellten Ergebnissen hervorgeht.

Wunschziel: 2 100 € im Monat

Gerade bei Berufstätigen unter 30 Jahren herrsche erheblicher Informationsbedarf und eine „deutliche Fehleinschätzung der Situation", sagte Postbank-Privatkundenvorstand Wolfgang Klein. Die Unkenntnis und Verunsicherung in der Bevölkerung sei nach wie vor sehr groß. So halten 41 % der Berufstätigen ihre heutige private Altersvorsorge für nicht ausreichend. 64 % erwarten, im Alter weniger Geld zu haben als bisher. Um gut über die Runden zu kommen, wünschen sie sich dann im Schnitt rund 2 100 €. Wie viel sie aber für ein auskömmliches Alter monatlich zurücklegen müssen, kann fast die Hälfte nicht sagen.

Unter dem Durchschnitt

Diejenigen, die eine Vorstellung haben, nennen im Durchschnitt 226 € im Monat. Tatsächlich investieren jene zwei Drittel, die mit Geld aus einer privaten Altersvorsorge rechnen, durchschnittlich 204 € monatlich. Deutlich darunter liegen allerdings die Ostdeutschen mit 130 € und die Berufstätigen unter 30 Jahren mit 122 €.

Klein appellierte an die Arbeitgeber, jedem Berufsanfänger gleich beim Start eine betriebliche Altersvorsorge anzubieten, wie es im Ausland teilweise längst üblich sei. Natürlich hätten junge Menschen weniger Geld zur Verfügung, doch auch geringere Beträge machten bei frühem Einstieg etwas aus. Ob 100 € im Monat für später ausreichten, könne niemand sagen, räumte er ein: „Aber eines kann man garantieren: Legen Sie sie nicht zurück, wird's nicht reichen."

Umso gefährlicher sei daher, dass der Informationsstand deutlich geringer geworden sei. „Die Deutschen wissen heute weniger als vor einem Jahr", beklagte Klein. Dass Auszahlungen aus neu abgeschlossenen Lebensversicherungen seit 2005 nicht mehr steuerfrei sind, ist nur noch einem Drittel klar; ein Jahr zuvor war es noch die Hälfte. Jeder zweite hat keine Ahnung, dass die gesetzliche Rente schon heute zum Teil und bis 2040 zur Gänze steuerpflichtig ist. Auch positive Neuerungen wie gesenkte Steuern auf private Vorsorgemaßnahmen würden kaum wahrgenommen, erklärte Klein.

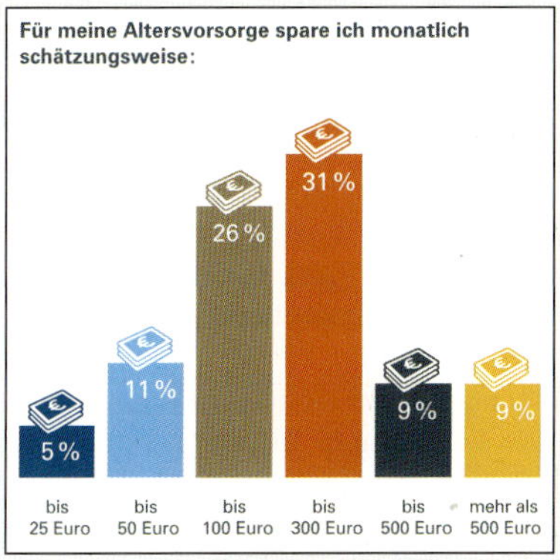

Als Gewinner machten die Meinungsforscher die Riester-Rente aus, deren Popularität sich mit 25 % fast verdoppelt hat. Die gesetzliche Rente betrachten die meisten immer noch als ideale Form der Altersvorsorge, aber auch Immobilien oder private Rentenversicherungen stehen hoch im Kurs.

Nicht auf Erbschaften setzen

Auf Erbschaften als Altersvorsorge setzen immerhin 12 %, viermal so viel wie bei den heutigen Ruheständlern mit 3 %. Ob diese Rechnung der künftigen Rentner aufgehe, werde sich zeigen, meinte Klein. Durch die immer höhere Lebenserwartung dürften finanzielle Rücklagen für den Eigenbedarf gebraucht werden und die Erbschaften in einigen Jahrzehnten geringer ausfallen.

Den Lebensstandard halten

Dazu passt, dass die große Mehrheit nicht vorhat, im Alter Reichtümer für die nächste Generation zu horten: Rund 70 % der Berufstätigen und 65 % aller Deutschen findet es „weniger beziehungsweise gar nicht wichtig, Angehörigen eine nennenswerte Erbschaft zu hinterlassen". Mit Abstand am wichtigsten ist es schlicht, den Lebensstandard zu halten: Dafür wollen 90 % der heute Berufstätigen später ihre privaten Zusatzeinkünfte verwenden. An zweiter Stelle stehen Reisen mit 46 %. Familienangehörige zu unterstützen, das Eigenheim zu modernisieren oder ein Auto zu kaufen, folgen mit je 20 % erst weit dahinter.

Quelle: Siegener Zeitung vom 18.02.2006.

Bildquelle: Verantwortungsbarometer Deutschland 2018: Eine Studie von Kantar EMNID für Fidelity International [Zugriff: 09.10.2018].

2.3.6 Gesetzliche Unfallversicherung

(1) Versicherungspflicht

Versicherungspflicht besteht z. B. für alle Arbeitnehmer einschließlich Auszubildende, unabhängig von der Höhe ihres Einkommens, für die meisten Unternehmer (Arbeitgeber), Arbeitslose, Kinder während des Besuchs von Kindergärten, Schüler und Personen während der Rehabilitation.

(2) Leistungen

Die Leistungen der Unfallversicherung bestehen vor allem in der **Unfallverhütung** (die Berufsgenossenschaften erlassen Unfallverhütungsvorschriften) und in den finanziellen Leistungen bei **Unfallfolgen.**

Leistungen (Auswahl)	Erläuterungen
Unfallverhütung	Die Unfallverhütungsvorschriften verpflichten den Unternehmer (Arbeitgeber), die Arbeitsplätze so einzurichten und zu erhalten, dass die Arbeitskräfte im Rahmen des Möglichen gegen Unfälle und Berufskrankheiten geschützt sind.
Finanzielle Leistungen bei Unfallfolgen	■ **Heilbehandlung.** Hierzu gehören vor allem die Kosten für ärztliche und zahnärztliche Behandlung, Arznei- und Verbandmittel, sonstige Hilfsmittel, stationäre Behandlung in Krankenhäusern oder Spezialkliniken. ■ **Leistungen zur Teilhabe am Arbeitsleben.** Diese umfassen z. B. Leistungen zur Erhaltung und Erlangung eines Arbeitsplatzes einschließlich der Leistungen zur Förderung der Arbeitsaufnahme, zur beruflichen Anpassung, Fortbildung, Ausbildung und Umschulung. ■ **Leistungen zur Teilnahme am Leben in der Gemeinschaft und ergänzende Leistungen.** Hierzu gehören z. B. die Kraftfahrzeughilfe, Wohnungshilfe, Haushaltshilfe, Reisekosten, Beratung sowie sozialpädagogische und psychosoziale Betreuung. ■ **Rentenzahlungen.** Renten an Versicherte bei Minderung ihrer Erwerbsfähigkeit infolge eines Versicherungsfalls um mindestens 20 %, an Hinterbliebene als Witwen- und Witwerrente und als Waisenrente für Kinder von verstorbenen Versicherten. ■ **Verletztengeld.** Es wird bei einem Unfall oder einer Berufskrankheit bezahlt und hat den Zweck, einen eintretenden Einkommensausfall auszugleichen. Es wird ab der 7. Woche bezahlt, wenn der Arbeitgeber keinen Lohn mehr bezahlt. Es beträgt 80 % des Regelentgelts.

Kompetenztraining

1. Die gesetzliche Rentenversicherung der Bundesrepublik Deutschland ist nach dem sogenannten Umlageverfahren finanziert.

Aufgaben:

1.1 Erläutern Sie, was man unter dem Umlageverfahren – auch Generationenvertrag genannt – versteht!

1.2 Die Finanzierung der deutschen Rentenversicherung ist in den letzten Jahrzehnten sukzessive in eine Krise geraten. Steigende Beitragssätze oder gar die Erschließung von Zusatzeinnahmen über die „Ökosteuer" zeugen von einer desolaten finanziellen Situation. Erläutern Sie fünf Ursachen für die finanzielle Krise des Generationenvertrages!

1.3 **Maßnahmenplan**

Beschreiben Sie fünf mögliche Maßnahmen, die zur Entspannung der finanziellen Notlage der deutschen Rentenversicherung beitragen und das System zukunftsträchtiger werden lassen könnten!

2. Bestimmen Sie, welcher Zweig der Sozialversicherung in den folgenden Situationen zuständig ist!

DOWNLOAD

Situation	Zweig der Sozialversicherung
2.1 Ein Auszubildender fällt im Ausbildungsbetrieb und bricht sich einen Arm.	
2.2 Durch eine nicht beruflich bedingte schwere Krankheit wird ein Arbeitnehmer völlig arbeitsunfähig.	
2.3 Nach dem Schulabschluss sucht Inge einen Ausbildungsplatz.	
2.4 Durch Rationalisierungsmaßnahmen wird ein Angestellter arbeitslos.	
2.5 Durch die Krankheit eines Arbeitnehmers werden 5 000,00 EUR Krankenhauskosten verursacht.	
2.6 Ein Bäcker bekommt Asthma. Diese Erkrankung wird auf den Umgang mit Mehl zurückgeführt.	
2.7 Nach einem Schlaganfall kann der Erkrankte nicht mehr arbeiten.	
2.8 Aufgrund technologischer Veränderungen ist ein Arbeitnehmer in seinem bisherigen Beruf nicht mehr einsetzbar. Für einen am Arbeitsmarkt gefragten Beruf fehlen ihm die notwendigen Kenntnisse.	
2.9 Hanne, 41 Jahre, war Bankkauffrau und ist jetzt Hausfrau. Sie pflegt ihre schwerstpflegebedürftige Mutter.	
2.10 Wolfgang, 55 Jahre, ledig, kann nach einem Schlaganfall die Hausarbeit nicht mehr selbst erledigen.	

3. In einem Unternehmen in München sind u.a. folgende Mitarbeiter abhängig beschäftigt bzw. wurden ab dem Jahr 2019 neu eingestellt:

Aufgaben:

3.1 Prüfen Sie, welche dieser Beschäftigten die Voraussetzung für einen Wechsel in eine private Kranken- und Pflegeversicherung erfüllen!

3.2 Bestimmen Sie, wer die Beiträge zur gesetzlichen Krankenversicherung zu zahlen hat!

3.3 Erläutern Sie, wer berechtigt ist, sich in der gesetzlichen Krankenversicherung freiwillig zu versichern!

3.4 Skizzieren Sie, welches Wahlrecht für die Krankenversicherung ein Arbeitnehmer grundsätzlich hat!

3.5 Erläutern Sie, was man unter „Selbstverwaltung" der Krankenkasse versteht!

3.6 Franz Kaiser entschließt sich, bei der AOK versichert zu werden. Diese erhebt neben dem allgemeinen Beitragssatz von 14,6 % einen Zusatzbeitrag von 1,1 %. Ermitteln Sie, wie hoch der monatliche Krankenversicherungsbeitrag für Franz Kaiser ist!

3.7 Berechnen Sie, wie hoch der von Franz Kaiser zu zahlende Anteil des unter 3.6 ausgerechneten Krankenversicherungsbeitrags ist!

	Jahresarbeitsentgelt in EUR	
	2019	**2020 (voraussichtlich)**
Karl Müller	30 700,00	31 300,00
Monika Ast	18 200,00	19 100,00
Franz Kaiser	72 600,00	74 800,00
Iris May	41 200,00	49 600,00
Carmen Scholl	Neueinstellung	72 800,00

4. Frau Schussel fällt im Büro von der Leiter, als sie vom obersten Regal einen Aktenordner herunterholen will. Sie verletzt sich so schwer, dass sie stationär behandelt werden muss.

Aufgaben:

4.1 Nennen Sie die Versicherung, die dafür zuständig ist!

4.2 Nennen Sie die Leistungen, die von dieser Versicherung zu erbringen sind!

5. Ilse Fröhlich arbeitet als Abteilungsleiterin für den Bereich Einkauf bei der Maschinenfabrik Frost AG. Nach Geschäftsschluss geht sie in ein Kino. Auf dem Nachhauseweg fällt sie bei Glatteis hin und bricht sich ein Bein. Deshalb will sie die Leistungen der gesetzlichen Unfallversicherung in Anspruch nehmen. Diese lehnt ab. Ilse Fröhlich erhebt Widerspruch, der ebenfalls abschlägig beschieden wird. Sie möchte im Anschluss daran beim Sozialgericht klagen.

Prüfen Sie, ob Ilse Fröhlich Erfolg haben wird!

6. Bei einem Arbeitsunfall wird ein Arbeiter schwer verletzt, es muss ihm ein Auge entfernt werden. Seine bisherige Tätigkeit kann er nun nicht mehr ausüben. Die Erwerbsfähigkeit ist auf Dauer um 40 % gemindert.

Aufgaben:

6.1 Nennen Sie die zuständige Sozialversicherung!

6.2 Prüfen Sie, welche Leistungen der Arbeiter aus der Sozialversicherung beanspruchen kann!

6.3 Der Arbeiter entschließt sich, einen Kiosk zu betreiben. Beurteilen Sie, ob es möglich wäre, einen Teil der Beschaffungskosten aus Mitteln der Unfallversicherung zu finanzieren!

6.4 Nennen Sie den Träger dieser Sozialversicherung!

6.5 Erläutern Sie, wer die Beiträge zu dieser Sozialversicherung zahlt!

6.6 Beschreiben Sie, welches das vorrangige Ziel dieses Zweiges der Sozialversicherung ist!

7. Doris Körner arbeitet als Angestellte bei der Kreditbank AG in Tübingen. Sie ist am 14.03.1960 geboren. Jetzt will sie sich informieren, wann sie in den Ruhestand gehen kann und wie viel Rente sie erhalten wird.

Aufgaben:

7.1 Stellen Sie fest, wo Doris Körner die entsprechenden Informationen erhalten könnte!

7.2 Erläutern Sie, wie Doris Körner ihre Zahlungen an die Rentenversicherung nachweist!

7.3 Bestimmen Sie, welche Art von Rente die Angestellte beanspruchen könnte, falls sie jetzt berufsunfähig würde!

7.4 Skizzieren Sie, welche Möglichkeiten der Altersvorsorge sie nutzen könnte!

7.5 Doris Körner hat ein Jahreseinkommen von 98400,00 EUR. Berechnen Sie, wie hoch ihr monatlicher Beitrag zur Rentenversicherung ist!

8. Die Eheleute Karin (32 Jahre alt) und Marcel Krause (33 Jahre alt) sind beide berufstätig. Sie arbeitet seit 10 Jahren als Angestellte bei einem Kreditinstitut, er als Ingenieur seit 5 Jahren bei der Heller GmbH.

Aufgaben:

8.1 Karin Krause ärgert sich über die hohen Abzüge für die Sozialversicherung. Insbesondere die Arbeitslosenbeiträge hält sie für überflüssig, weil das Arbeitslosengeld nur zeitlich begrenzt gezahlt wird und bei längerer Arbeitslosigkeit sogar nur ihr Mann für sie aufkommen muss. Erläutern Sie Karin, welche Ziele dieser Zweig der Sozialversicherung grundsätzlich verfolgt!

8.2 Stellen Sie dar, mit welchen Leistungen die Arbeitsförderung diese Ziele zu erreichen versucht!

8.3 Karin möchte sich weiterbilden. Sie weiß aber nicht so genau, ob sie dies im bisherigen Beruf tun soll. Manchmal verspürt sie das Gefühl, etwas ganz anderes machen zu müssen.

Begründen Sie, ob Karin in diesem Falle auch die Arbeitsförderung in Anspruch nehmen könnte!

8.4 Das Kreditinstitut, bei dem Karin beschäftigt ist, fusioniert mit einem anderen Kreditinstitut. Karin erhält eine betriebsbedingte Kündigung.

Karin sieht das als gute Gelegenheit an, einmal eine Arbeitspause zu machen und ihre Schwester in Panama mehrere Monate zu besuchen. Von ihrem Arbeitslosengeld könne sie ja ein Jahr lang gut leben.

Beurteilen Sie dieses Vorhaben unter Beachtung der Voraussetzungen für die Zahlung von Arbeitslosengeld I!

8.5 Die Heller GmbH, ein Zulieferer der Automobilindustrie, muss wegen Überschuldung Insolvenz anmelden. Marcel Krause hat an die Heller GmbH noch Entgeltansprüche für die letzten vier Monate.

Prüfen Sie, ob und gegebenenfalls in welchem Umfang er diese Entgeltansprüche gegenüber der Agentur für Arbeit geltend machen kann!

8.6 Marcel wird voraussichtlich arbeitslos. Da er spezielle Kenntnisse über Oberflächenveredelung hat, will er sich selbstständig machen bevor er arbeitslos wird.

Entscheiden Sie, welche Förderung er im Rahmen der Arbeitsförderung beanspruchen könnte!

8.7 Die Eheleute stöhnen über die Höhe der Beiträge für soziale Sicherungssysteme. Sie sagen, dass andere diese Belastungen geschickt umgehen.

Beschreiben Sie, welche „Ausweichreaktionen“ nach Ihrer Ansicht möglich wären!

9. Frau Anna Schulze, 85 Jahre alt, bewohnt noch immer ihre eigene Wohnung. In letzter Zeit wird aber die Beschaffung der Lebensmittel und das Zubereiten der Mahlzeiten für sie immer schwieriger, da sie zunehmend von der Gicht geplagt wird. Kinder hat sie nicht. In ein Altenheim will sie nicht umziehen.

Skizzieren Sie, welche Möglichkeit die gesetzliche Pflegeversicherung für Frau Schulze bietet!

10. Lisa, Tochter des Studienrats Dr. Fritz Lehmann, beginnt ihre Ausbildung zur Industriekauffrau bei der Schenk GmbH. Von der Personalabteilung wird sie aufgefordert, innerhalb der nächsten acht Tage mitzuteilen, bei welcher Krankenkasse sie versichert ist.

Aufgaben:

10.1 Lisa ist seit ihrer Geburt privat bei der Inter Versicherungsverein aG versichert. Dort sind auch ihre Eltern privat versichert. Begründen Sie, welche Möglichkeiten Lisa bei Beginn ihrer Ausbildung bei der Wahl ihrer Krankenversicherung hat!

10.2 Lisa hat sich für eine Ersatzkasse entschieden. Nach einem halben Jahr erkrankt Lisa erstmals. Sie muss sich in hausärztliche Behandlung begeben. Erläutern Sie, womit Lisa dem Arzt nachweist, dass sie krankenversichert ist!

10.3 Der Arzt verschreibt Lisa zwei Medikamente. Das Medikament A kostet 3,75 EUR, das Medikament B 22,15 EUR.

Ermitteln Sie, wie viel Euro Lisa in der Apotheke insgesamt bezahlen muss!

10.4 Lisa hört im Radio, dass Gesundheitspolitiker die gesetzlich Krankenversicherten zu einer verstärkten Nutzung des „Hausarztsystems" aufrufen. Klären Sie, was damit bezweckt wird!

11. Patrick Schreiner, 42 Jahre alt, alleinstehend, wohnhaft in Hessen, hat keinen Anspruch mehr auf Arbeitslosengeld I. Er hatte nach seiner Ausbildung zum Bürokaufmann als kaufmännischer Angestellter gearbeitet. Er ist voll erwerbsfähig.

Er wohnt in seiner Eigentumswohnung mit einer Wohnfläche von 103 m^2. Er besitzt einen Pkw der Oberklasse, der bereits bezahlt ist. Wegen der notwendigen Renovierung seiner Eigentumswohnung hat er einen Bausparvertrag über 20 000,00 EUR abgeschlossen, der mit 9 000,00 EUR angespart ist. Weiteres Vermögen besitzt er nicht.

Aufgaben:

11.1 Herr Schreiner geht davon aus, dass er die pauschalierte Regelleistung für das Arbeitslosengeld II erhält und damit „über die Runden" kommen wird.

11.1.1 Prüfen Sie, wie hoch die pauschalierte Regelleistung für Herrn Schreiner grundsätzlich wäre!

11.1.2 Beurteilen Sie die Sicht des Herrn Schreiner unter Berücksichtigung der Bedürftigkeitsprüfung!

Vermögensanrechnung/Private Altersvorsorge:
Vom Vermögen sind abzusetzen:

Je volljährigesm Leistungsberechtigten und seines Partners	**Mindestbetrag**	**Höchstbetrag** (geboren)		
		vor dem 01.01.1958	nach dem 31.12.1957 und vor dem 01.01.1964	nach dem 31.12.1963
Grundfreibetrag von 150,00 EUR je vollendetem Lebensjahr	3100,00 EUR	9750,00 EUR	9900,00 EUR	10050,00 EUR
Grundfreibetrag je hilfebedürftigem minderjährigem Kind 310,00 EUR	–	–	–	–
Nach Bundesrecht als Altersvorsorge gefördertes Vermögen (**Riester-Anlageformen**), das nicht vorzeitig verwendet wird	–	–	–	–
Geldwerte Ansprüche, die **unwiderruflich** der **Altersvorsorge dienen** (750,00 EUR je vollendetem Lebensjahr)	–	48750,00 EUR	49500,00 EUR	50250,00 EUR

- Hinzu kommt ein **Freibetrag für notwendige Anschaffungen** in Höhe von 750,00 EUR für jeden in der Bedarfsgemeinschaft lebenden Leistungsberechtigten.
- Auch ist u.a. Vermögen nicht zu berücksichtigen, solange es nachweislich zur baldigen **Beschaffung oder Erhaltung eines Hausgrundstückes** von angemessener Größe bestimmt ist, soweit dieses zu Wohnzwecken behinderter oder pflegebedürftiger Menschen dient oder dienen soll.
- Ein **selbst genutztes Hausgrundstück** von angemessener Größe oder eine entsprechende Eigentumswohnung werden nicht als Vermögen berücksichtigt.
- Das Gesetz sieht **weitere Vermögenswerte** vor, die nicht berücksichtigt werden, wie z.B. ein angemessenes Kraftfahrzeug.

11.2 Herr Schreiner beabsichtigt, einen Studenten als Untermieter in seine Wohnung aufzunehmen. Prüfen Sie, ob dadurch eine Bedarfsgemeinschaft entsteht!

11.3 Nach der Verwertung seiner nicht freien Vermögensteile nimmt Herr Schreiner eine Arbeit auf. Er erhält ein Bruttoarbeitsentgelt von 650,00 EUR.

Erwerbsfähige Leistungsberechtigte, die **erwerbstätig sind,** können nach § 11b SGB II für bestimmte Vorsorgeleistungen und für Ausgaben, die mit der Erzielung des Einkommens erforderlich sind, monatlich 100 EUR absetzen, wenn sie nicht höhere Beträge dafür nachweisen. **Zusätzlich** können sie monatlich einen **weiteren Freibetrag** absetzen. Dieser beläuft sich 1. für den Teil des monatlichen Einkommens, das 100 EUR übersteigt und nicht mehr als 1000 EUR beträgt, auf 20 vom Hundert und 2. für den Teil des monatlichen Einkommens, das 1000 EUR übersteigt und nicht mehr als 1200 EUR beträgt, auf 10 vom Hundert (§ 11b SGB II).

Das bereinigte Netto-Erwerbseinkommen errechnet sich aus Bruttoeinkommen abzüglich Lohnsteuer, Sozialversicherung, geförderte Altersvorsorge-Aufwendungen (nur Riester, Mindesteigenbeitrag), Werbungskosten.

11.3.1 Ermitteln Sie, welcher zusätzliche Freibetrag nach § 11b SGB II ihm nicht auf sein Arbeitslosengeld II angerechnet wird!

11.3.2 Erläutern Sie, aus welchem Grund der Gesetzgeber diese Regelung geschaffen hat!

11.4 Benennen Sie die Träger der Grundsicherung für Arbeitsuchende!

11.5 Erläutern Sie, wer die Kosten für die Grundsicherung für Arbeitsuchende trägt!

12. Stellungnahme

Wie nachfolgender Text verdeutlicht, gibt es einige Gründe, die einen Eingriff des Staates in den Bereich der Altersvorsorge rechtfertigen.

Obligatorische Versicherung

Im Gegensatz zur freiwilligen Alterssicherung ist die obligatorische Altersvorsorge dadurch gekennzeichnet, dass es nicht in dem Ermessen des einzelnen Bürgers liegt, ob und in welchem Umfang er für sein Alter vorsorgen will, sondern es wird vielmehr eine Voll- oder Mindestsicherung durch das Gesetz vorgeschrieben. Da der Zwang zur Altersvorsorge einen **massiven Einschnitt** in das Recht auf **freie Einkommensverwendung** bedeutet, stellt sich die Frage nach den **Gründen,** die eine solche Einschränkung der Konsumentensouveränität überhaupt rechtfertigen:

Als einer der wichtigsten Gründe dafür, dass die Absicherung für das Alter nicht ausschließlich der Initiative des Einzelnen überlassen werden kann, wird häufig das von E. von Böhm-Bawak sogenannte **Gesetz der „Minderschätzung künftiger Bedürfnisse"** angeführt. Aufgrund dieses Gesetzes ist nicht damit zu rechnen, dass die wirtschaftliche Vorsorge für bestimmte Lebenssituationen allgemein und zuverlässig erfolgt, wenn sie der freien Entscheidung des Individuums überlassen bleibt. Die Minderschätzung des zukünftigen Bedarfs ist auf mehrere Faktoren zurückzuführen, wie beispielsweise das Fehlen von entsprechenden Informationen für eine sachgerechte Entscheidung über eine ausreichende Altersvorsorge oder die Unterschätzung der für spätere Perioden bestehenden Zukunftsbedürfnisse. Es kann zu erheblichen Versorgungslücken kommen, wenn keine Versicherungspflicht eingeführt wird, die den Einzelnen zu einer entsprechenden Vorsorge zwingt. Die aus dem Gesetz der Minderschätzung zukünftiger Bedürfnisse abgeleitete Notwendigkeit einer obligatorischen Alterssicherung findet weithin Konsens, zumindest was die grundsätzliche Versicherungspflicht betrifft, da durch die staatliche Korrektur der individuellen Präferenzen die Gesellschaft vor vermeidbaren Belastungen durch sogenanntes „Trittbrettfahrerverhalten" geschützt werden kann, indem der Staat eine bessere Verteilung des Lebenseinkommens vorschreibt.

Ein weiterer Grund für die staatliche Beschränkung der individuellen Freiheit auf dem Gebiet der Altersvorsorge wird darin gesehen, dass nicht für alle Risikoarten, die den Wohlstand belasten können, auf dem Markt auch tatsächlich eine private Versicherung zustande kommt. Die Notwendigkeit einer obligatorischen Versicherung gründet sich hier nicht ausschließlich auf nachfrageseitiges Marktversagen wie im vorausgegangenen Abschnitt, sondern auf **angebotsseitige** Schwächen. Negative Fälle können beispielsweise dort auftreten, wo eine einseitige **Selektion schlechter Risiken** auftritt. Im Rahmen dieser Selektion durch die privaten Versicherungsanbieter könnten entweder bestimmte Risikogruppen ganz von der Absicherung ausgeschlossen oder Versicherungen für besonders Gefährdete nur zu unverhältnismäßig hohen Preisen angeboten werden, die eine Vorsorge für das Alter unmöglich machen. Auch in diesem Fall wäre eine ausreichende Altersversorgung für jeden Marktteilnehmer nicht gewährleistet.

Schließlich werden die Haushalte als Argument angeführt, deren **Einkommenssituation** objektiv keine ausreichende Vorsorge erlaubt, die aber darum nicht minder der Sicherung bedürfen. Zwar ist die Anzahl der davon Betroffenen in Wohlstandsgesellschaften in der Regel nicht besonders hoch, gleichwohl kann das Problem auch dort nicht völlig beseitigt werden. Die zur Lösung dieser Problematik erforderlichen Umverteilungsvorgänge bedingen eine obligatorische Versicherung, nicht zuletzt vor dem Hintergrund, dass ansonsten Besserverdienende ohne diesen staatlichen Zwang versuchen würden, sich wegen der durch Umverteilung zu erwartenden Nachteile aus der Versichertengemeinschaft auszuklammern.

Aufgaben:

12.1 Diskutieren Sie mögliche Gründe, die für bzw. gegen ein Eingreifen des Staates in die Altersvorsorge sprechen! Berücksichtigen Sie bei Ihrer Argumentation die Vereinbarkeit mit der zugrunde liegenden Wirtschaftsordnung der Bundesrepublik Deutschland! Verfassen Sie hierzu eine Stellungnahme mit abschließendem Fazit!

12.2 Beurteilen Sie, wie bei einer rein privaten Rentenversicherung das angebotsseitige Marktversagen in Form der Selektion schlechter Risiken vermieden werden könnte!

13. Erläutern Sie den Unterschied zwischen Umlage- und Kapitaldeckungsverfahren!

14. Übersichtsmatrix

Hans Vorsorglich, verheiratet, einen Sohn, macht sich viele Gedanken darüber, wie er für sich, seine Ehefrau und seinen Sohn für das Alter vorsorgen kann. Dazu hat er sich mit den drei großen Säulen der Altersvorsorge beschäftigt. Es drückt ihn aber die Frage, was im Falle seines Todes bei diesen Vorsorgeformen für seine Ehefrau und seinen Sohn übrig bleibt.

Erstellen Sie ihm in Form einer Übersichtsmatrix einen Überblick für die Situation des Erbfalls!

15. Unterrichtsvorschlag Referat:

Informieren Sie sich über aktuelle Veränderungen bei der Krankenversicherung sowie über derzeit diskutierte weitere Reformvorschläge zu diesem Sozialversicherungszweig und fertigen Sie hierüber ein Referat an!

16. In Deutschland haben sich die Haushaltsgrößen und der Bevölkerungsaufbau in den letzten Jahrzehnten erheblich verändert bzw. werden sich weiter verändern.

Aufgaben:

16.1 Erläutern Sie, welche Veränderungen zur Begründung einer gesetzlichen Pflegeversicherung geführt haben!

16.2 Beurteilen Sie, welche Probleme sich für die Finanzierung der gesetzlichen Pflegeversicherung in den kommenden Jahrzehnten ergeben!

3 Die Einkommens- und Vermögensverteilung in Deutschland

Insgesamt betont das Leitbild der sozialen Marktwirtschaft die Freiheitsrechte des Individuums und bejaht – wirksamen Wettbewerb vorausgesetzt – eine **an der Marktleistung orientierte Einkommensverteilung.**

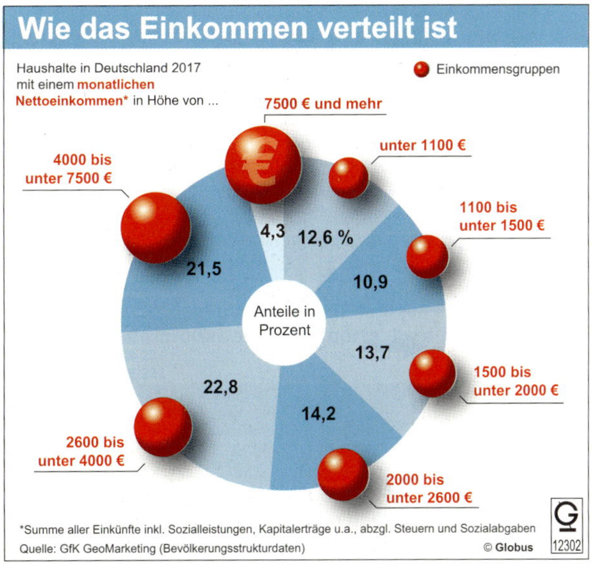

Da die Leistungsfähigkeit einer Marktwirtschaft ganz entscheidend von der **Wirksamkeit des Wettbewerbs** abhängig ist, forderten die geistigen Väter der sozialen Marktwirtschaft eine Rahmensetzung im Sinne einer Ordnungspolitik, die die Entfaltung eines wirksamen Wettbewerbs ermöglicht und so vor Verfälschungen und Beschränkungen schützt. Eine solch konsequente Wirtschaftsordnungspolitik entlastet die Sozialpolitik in erheblichem Umfang. Denn auch Müller-Armack als einer der geistigen Väter dieses Leitbildes verstand unter „sozial" **weniger einen Sozialstaat,** der durch Umverteilung den „Wohlstand für alle" garantiert. Vielmehr forderte er ein Wirtschaftssystem, das bei Nutzung des insgesamt vorhandenen Produktionspotenzials eine effiziente und bedarfsgerechte Versorgung der Gesellschaft mit Gütern ermöglicht und eine **leistungsgerechte** Einkommensverteilung gewährleistet.

3.1 Gerechte Einkommens- und Vermögensverteilung

Die Verteilung von Einkommen und Vermögen wird allgemein als **Verteilungspolitik** bezeichnet, die ihrerseits der Wirtschaftspolitik zuzuordnen ist.

Einkommen so ungleich wie vor 100 Jahren?

Verflixte Kluft zwischen Arm und Reich

[...] Als im Dezember der „Bericht zur weltweiten Ungleichheit" erschienen ist, wurde in Agenturmeldungen und Medien das Fazit gezogen: Die soziale Kluft in Deutschland ist so groß wie zuletzt vor etwa 100 Jahren. Der Beleg aus der Studie: Die oberen zehn Prozent der Haushalte verfügen über ca. 40 Prozent der Einkommen, die untere Hälfte zusammen nur über 17 Prozent. Das sei ähnlich wie 1913.

Wichtige Faktoren ausgeblendet

Der Präsident des ifo-Instituts für Wirtschaftsforschung in München, Clemens Fuest, wollte das so nicht stehen lassen [...]. Diese These beruhe auf „selektiver Wahrnehmung" und blende wichtige Faktoren aus. So werde zum Beispiel das Bruttoeinkommen zugrunde gelegt, aber es komme auf das Nettoeinkommen an. Denn das Steuersystem verteile heutzutage deutlich mehr als zu Zeiten des Kaiserreiches. „Schaut man nach Deutschland und konzentriert sich auf die letzten zehn Jahre", schreibt Fuest in dem Artikel, „dann stellt sich heraus, dass die Einkommensungleichheit sich nicht verändert hat." Auch dass absolute Armut global abgenommen habe, werde nicht in Betracht gezogen.

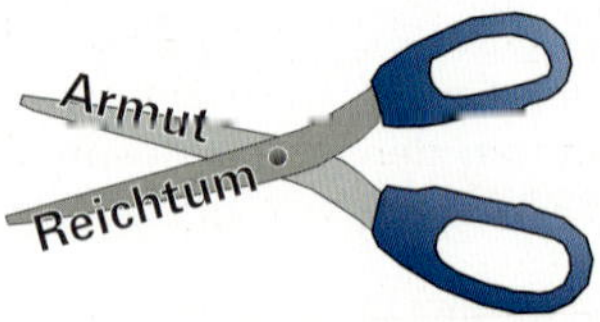

Drei verschiedene Arten von Armut

Den Begriff der absoluten Armut benutzt die Weltbank und meint damit Menschen, die 1,90 US-Dollar und weniger am Tag zur Verfügung haben. Prognosen zufolge betrifft das weltweit etwa 700 Millionen Menschen, also etwa jeden Zehnten. Die absolute Armut hat sich laut Weltbank seit den 1990er Jahren deutlich verringert. Neben der absoluten spricht man allgemein auch noch von der relativen und gefühlten Armut. Relative Armut findet sich meist in Wohlstandsgesellschaften, in denen kaum absolute Armut existiert. Als relativ arm gelten Menschen, die weniger als die Hälfte des Durchschnittseinkommens eines Landes verdienen. In Deutschland sind das als Single weniger als etwa 1.000 Euro. Die dritte Art, die gefühlte Armut, lässt sich nicht durch das Einkommen definieren. Gefühlt arm ist vielmehr jemand, der aus der Gesellschaft ausgegrenzt wird oder Angst hat, in relative Armut abzurutschen.

Komplexe Berechnungen

Soziale Ungleichheit an der Verteilung der Bruttoeinkommen zu messen, greift also zu kurz. Aber auch die Verteilung der Einkommen könne wiederum „nicht mit einer einzigen Maßzahl vollständig beschrieben werden". Darauf verweist die Bundesregierung in ihrem Armuts- und Reichtumsbericht von 2017 und nennt drei wesentliche Kennzahlen, die sie in ihrer Erhebung einbezieht. Hinter diesen Werten stecken wissenschaftliche Berechnungen, die zum Teil recht komplex sind:

- Gegenüberstellung dessen, wie viel vom gesamten Einkommen auf die obere und wie viel auf die untere Hälfte der Verdiener entfällt. In Deutschland bestehe seit 2005 ein stabiles Verhältnis von 70:30.

– Berechnung des sogenannten **Gini-Koeffizienten,** der auf einer Skala von 0 bis 1 die Ungleichheit einer Verteilung beschreibt. Je näher an 1, umso ungleicher die Verteilung. In Deutschland liege der Wert bei rund 0,3.

– Palma-Ratio: Dieser Wert setzt das, was die obersten zehn Prozent verdienen in Beziehung zu der Summe dessen, was die untersten 40 Prozent verdienen. In Deutschland bewegt sich der Wert zwischen 1,0 und 1,1. Das heißt: Die oberen zehn Prozent verfügen über genauso viel Einkommen wie die unteren 40 Prozent zusammen. Auf die oberen zehn Prozent entfällt - wenn der Wert genau 1,0 ist - das vierfache Pro-Kopf-Einkommen. Die Palma-Ratio beruht auf der Beobachtung, dass die obersten zehn und die unteren 40 Prozent zusammengefasst immer über die Hälfte des Einkommens verfügen.

Wenn man nur einen dieser Werte herausgreift, wird also ein verzerrtes und unvollständiges Bild entstehen. Die Bundesregierung kommt mit ihren Berechnungen zu dem Ergebnis, dass die Verteilung der Einkommen in Deutschland in den vergangenen Jahren relativ konstant geblieben ist, in den Jahren zuvor - zwischen 1999 und 2005 - aber deutlich auseinandergegangen ist. Von 1994 bis 1998 ist die Ungleichheit demnach gesunken. [...]

Quelle: www.br.de/nachrichten/faktencheck/einkommen-so-ungleich-wie-vor-100-jahren-verflixte-kluft-zwischen-arm-und-reich-100.html [Zugriff am 27.09.2018].

(1) Aufgabe des Staates

Die **Ziele der Einkommens- und Vermögensverteilung** sind **eng** miteinander **verknüpft** und werden häufig als **Einheit** betrachtet, da Einkommen und Vermögen in einer Wechselwirkung zueinander stehen.

Beispiel:

Vermögen kann nur gebildet werden, indem Teile des Einkommens gespart werden, wohingegen andererseits aus dem gebildeten Vermögen selbst (z.B. Sparguthaben, Immobilien) wiederum Einkommen (z.B. Zins, Miete) fließen.

Ein wesentlicher Schritt zur sozialen Sicherung einer Person innerhalb einer Volkswirtschaft besteht zweifelsohne zunächst einmal darin, ihr die Erzielung eines zur **Existenzsicherung** ausreichenden Einkommens zu ermöglichen. Gelingt dies allerdings nicht – da beispielsweise der Marktprozess bei der Einkommensverteilung „versagt" und es zu einer unerwünschten Verteilung der Produktionsergebnisse (Distribution) kommt oder die Person nicht selbst aus eigenen Kräften für ihren Lebensunterhalt sorgen kann – ist in einer sozialen Marktwirtschaft der **Staat** gefragt. Seine Aufgabe im Rahmen der Verteilungspolitik besteht nunmehr darin, über eine **Umverteilung** (Redistribution) die Marktergebnisse zu korrigieren.

(2) Begriff der „gerechten" Verteilung

Die konkrete Ausgestaltung dieses staatlichen Eingreifens im Rahmen der Verteilungspolitik ist allerdings eng mit der Frage nach einer **„gerechten"** Verteilung verknüpft. Eine Antwort darauf, welche Einkommens- und Vermögensverteilung als gerecht anzusehen ist, lässt sich **objektiv** nicht geben. Schließlich ist Gerechtigkeit ein **Empfinden** und als solche nicht **absolut** messbar. Eine gerechte Einkommens- und Vermögensverteilung wäre demzufolge allenfalls dann realisiert, wenn **alle** Wirtschaftssubjekte einer Gesellschaft ihre relative Einkommens- und Vermögensposition als gerecht ansehen. Eine derartige Zieldefinition dürfte allerdings in der Realität nicht zu erreichen sein.

Vor diesem Hintergrund werden andere Bezugsgrößen einer „gerechten" Verteilung herangezogen. Zu den grundsätzlichen **Bezugsgrößen einer gerechten Verteilung** werden Bedarf und Leistung angesehen, woraus sich folgende **Verteilungsprinzipien** ableiten lassen:

Leistungsprinzip	Es besagt, dass jeder das Einkommen (und somit auch Vermögen) erhalten soll, das dem Wert des von ihm erbrachten Beitrages innerhalb des Produktionsprozesses entspricht.
Bedarfsprinzip	Bei diesem Prinzip wird die Stellung der Wirtschaftssubjekte als Konsumenten betont. Ausgangspunkt bildet die Überlegung, dass die Wirtschaftssubjekte zu ihrer physischen und kulturellen Existenz einer ausreichenden Menge an Güter bedürfen. Die Umsetzung dieses Verteilungsprinzips erfordert zweifelsohne die größte Umverteilung staatlicherseits. Allerdings gibt es bis heute noch keinen Konsens über eine einheitliche Verteilungsnorm nach dem Bedarfsprinzip.

(3) Ziel der Verteilungspolitik

Wenn also das wirtschaftspolitische Ziel einer „gerechten" Einkommens- und Vermögensverteilung inhaltlich **nicht verbindlich festgelegt** werden kann, so besteht doch heute weitgehend Einigkeit darüber, dass die personalen Einkommensunterschiede, wie sie sich als Ergebnis des Marktprozesses bilden, durch Umverteilung verringert werden sollen.

Das **Ziel der Verteilungspolitik** besteht primär darin, zu einer **gleichmäßigeren Verteilung** von Einkommen und Vermögen innerhalb einer Gesellschaft beizutragen.

Welches Verständnis bezüglich der **sozialen Gerechtigkeit** innerhalb der Bevölkerung vorherrscht, verdeutlicht nebenstehendes Umfrageergebnis.

Im Rahmen der Einkommensverteilung innerhalb einer Volkswirtschaft lassen sich grundsätzlich **zwei Kategorien** unterscheiden:

- **Primäre Einkommensverteilung**: Sie ergibt sich als unmittelbares Ergebnis aus dem Produktionsprozess. Die primäre Einkommensverteilung hängt allgemein von der Knappheit der zur Verfügung gestellten Produktionsfaktoren und beim Arbeitseinkommen speziell von den Vereinbarungen der Tarifparteien ab. Letztlich versteht man hierunter die Verteilung des Einkommens auf die Wirtschaftssubjekte entsprechend ihrer Beteiligung am Produktionsprozess.
- **Sekundäre Einkommensverteilung**: Als sekundäre Einkommensverteilung bezeichnet man das Ergebnis, das sich nach dem Eingreifen des Staates in die Verteilung der am Markt erzielten Einkommen ergibt.

Quelle: iw-dienst Nr. 39, 26. September 2013.

(4) Funktionen des Vermögens

Neben dem Einkommen hat auch das **Vermögen** zahlreiche **Funktionen** für die einzelne Person zu erfüllen. Kapitalerträge führen zu weiteren Einkommen **(Einkommensfunktion)**. Durch die Eigennutzung von Sachvermögen, wie z.B. Wohneigentum oder Kraftfahrzeuge, wird die **Nutzungsfunktion** erfüllt. Bei Ausfällen von Einkommen kann der Konsum durch den Vermögensverbrauch abgesichert werden **(Sicherungsfunktion)**. Größere Vermögen verleihen wirtschaftliche oder politische Macht **(Machtfunktion)** und dienen außerdem dem Erreichen oder Bewahren eines hohen gesellschaftlichen Status **(soziale Statuserhaltungsfunktion)** sowie der Finanzierung und Ausbildung von Kindern **(Sozialisationsfunktion)**. Auch die eigene Alterssicherung sowie Sicherung des gesellschaftlichen Status in der Folgegeneration wird durch größere Vermögen gewährleistet **(Vererbungsfunktion)**.

(5) Ursachen unterschiedlicher Einkommensverteilung

Gleichgültig, ob man die Einkommensverteilung unter funktionalen oder personellen Gesichtspunkten betrachtet: Sie ist im marktwirtschaftlichen System abhängig

- von der **Leistungsfähigkeit** der wirtschaftenden Personen,
- von den sozialen Gruppen, die **Eigentümer von Grund und Boden** bzw. des **Kapitals** (der Produktionsmittel) sind (den Eigentümern fließt – falls der Staat nicht eingreift – das Besitzeinkommen zu),
- vom Umfang der **Marktmacht** der einzelnen sozialen Gruppen, und zwar auf zweierlei Weise.
  - Wird die Wirtschaft im Wesentlichen von starken Oligopolen und Monopolen beherrscht, können diese ihre Preise höher ansetzen als dies bei polypolistischer Konkurrenz möglich wäre. Infolgedessen steigen die Gewinne (die Unternehmenseinkommen) zulasten des Arbeitnehmerentgelts.[1]
  - Zum Zweiten ist die Höhe des Arbeitnehmerentgelts abhängig von der Marktstellung der Arbeitnehmer einerseits und der Arbeitgeber andererseits auf dem Arbeitsmarkt. Sind die Arbeitnehmer nicht organisiert, werden regelmäßig die Arbeitsentgelte niedriger sein als in Wirtschaftsordnungen, in denen den Arbeitgeberverbänden mächtige Gewerkschaften gegenüberstehen.

Besteht das wirtschafts- und sozialpolitische Ziel, die Einkommen bisher einkommensschwacher Gruppen zu erhöhen, müssen auch die Eigentumsverhältnisse geändert werden. Nach sozialistischem Standpunkt hat dies durch Verstaatlichung der Produktionsmittel (einschließlich des Grund und Bodens) zu geschehen. Nach gemäßigten Reformvorstellungen können Besteuerung und Beteiligung der Arbeitnehmer am Produktivvermögen (z.B. durch Belegschaftsaktien, Volksaktien) langfristig zu einer Umschichtung der Eigentumsverhältnisse und damit der Einkommensverteilung führen.

3.2 Maßnahmen der Einkommens- und Vermögensverteilung

Die Maßnahmen zur Einkommens- und Vermögensverteilung lassen sich in Abhängigkeit ihres Verteilungsansatzes grundsätzlich in **drei Kategorien** einteilen:

- Einflussnahme auf die **funktionale** Einkommensverteilung (Ursachenpolitik): Beeinflussung der Lohnsätze (Primärverteilung).
- Einflussnahme auf die **personelle** Einkommenspolitik (Neutralisierungspolitik): Maßnahmen des Staates zur Einkommensumverteilung (Sekundärverteilung).
- **Vermögenspolitik.**

3.2.1 Primärverteilung

Die Gestaltung der Primärverteilung ist in der Bundesrepublik Deutschland **Aufgabe der Tarifparteien.** Die Tarifauseinandersetzungen und somit die **Verteilung des Ergebnisses des Produktionsprozesses** werden über die Verbände der Arbeitgeber auf der einen Seite und den Gewerkschaften als Arbeitnehmervertreter auf der anderen Seite ausgehandelt.

1 Betrachtet man das Volkseinkommen als „Kuchen", der zwischen Arbeitnehmern und Unternehmen aufgeteilt wird, nimmt der Anteil der einen Gruppe ab, wenn es der anderen Gruppe gelingt, ein größeres Stück als zuvor aus dem Kuchen herauszuschneiden.

Aus diesen Verteilungskämpfen **hält sich der Staat hierzulande weitestgehend heraus;** schließlich sind die Tarifpartner gemäß Artikel 9 des Grundgesetzes **(Tarifautonomie) von staatlichen Weisungen unabhängig.** Allerdings hat der Staat mit Einführung eines **allgemeinverbindlichen Mindestlohns direkt** Einfluss auf die Lohnfindung am unteren Ende der Entgeltskala gewonnen.

Im Rahmen der Primärverteilung geht es im Grunde um die Verteilung des **Volkseinkommens,** wobei sich **zwei** Verteilungskategorien unterscheiden lassen:[1]

- Die **Lohnquote** ist der Anteil der Einkommen aus unselbstständiger Tätigkeit am Volkseinkommen.
- Die **Gewinnquote** ist der Anteil der Einkommen aus **Unternehmertätigkeit und Vermögen** am Volkseinkommen.

Das Ergebnis der Tarifverhandlung, also das in der Lohnquote ausgedrückte Verteilungsergebnis des Volkseinkommens, wird im Tarifvertrag niedergelegt.

3.2.2 Sekundärverteilung

(1) Personelle Einkommensverteilung als Ausgangspunkt der Sekundärverteilung

Untersucht man die **primäre** Einkommensverteilung auf verschiedene **soziale Gruppen** (Personengruppen), spricht man von **personeller Einkommensverteilung.**

Unter personellen Gesichtspunkten kann man die Einkommensverteilung z. B. bei folgenden Personengruppen (sozialen Gruppen) untersuchen: Arbeiter, Angestellte, Beamte, Soldaten, Selbstständige und Rentner.

Die personelle Einkommensverteilung lässt sich gut mithilfe der **Lorenz-Kurve** – Lorenz war ein amerikanischer Statistiker – veranschaulichen.

Beispiel:

Angenommen, in einer Gesellschaft mit 360000 Haushalten ergeben sich folgende Einkommensschichten:

Anzahl der Haushalte	Haushalte in %	kumuliert in %	Einkommen bis … GE[2]	Gesamteinkommen in Mio. GE	Einkommen in %	kumuliert in %
80000	22,2	22,2	1500	120	12,5	12,5
70000	19,4	41,6	2000	140	14,6	27,1
60000	16,7	58,3	2500	150	15,6	42,7
50000	13,9	72,2	3000	150	15,6	58,3
40000	11,1	83,3	3500	140	14,6	72,9
30000	8,3	91,6	4000	120	12,5	85,4

1 Zur Berechnung der Lohn- und Gewinnquote siehe Kapitel 8 „Wirtschaftswachstum und Konjunkturpolitik", S. 259f.

2 GE: Geldeinheiten (z. B. EUR, US-$, £).

Anzahl der Haushalte	Haushalte in %	kumuliert in %	Einkommen bis ... GE	Gesamteinkommen in Mio. GE	Einkommen in %	kumuliert in %
20 000	5,6	97,2	4 500	90	9,4	94,8
10 000	2,8	100,0	5 000	50	5,2	100,0
360 000	100,0	–	–	960	100,0	–

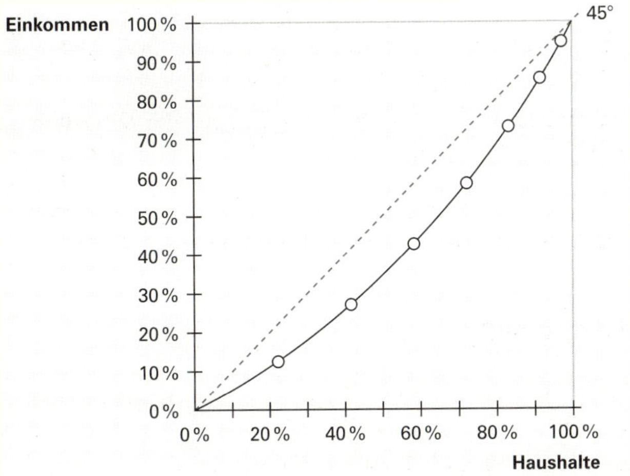

Ergibt sich bei dieser Berechnung eine „45°-Linie", so bedeutet das, dass die Einkommen völlig gleich verteilt sind. In diesem Beispiel ist die personelle Einkommensverteilung ungleich (z. B. verdienen 2,8 % der Haushalte 5,2 % des Volkseinkommens; oder 8,3 % der Haushalte beziehen 12,5 % des Volkseinkommens).

(2) Instrumente der staatlichen Umverteilung (Redistribution)

Im Gegensatz zur Primärverteilung stehen dem Staat im Rahmen der **Sekundärverteilung** vielfältige Gestaltungsmöglichkeiten zur Verfügung, wodurch die Ergebnisse der Primärverteilung korrigiert werden können.

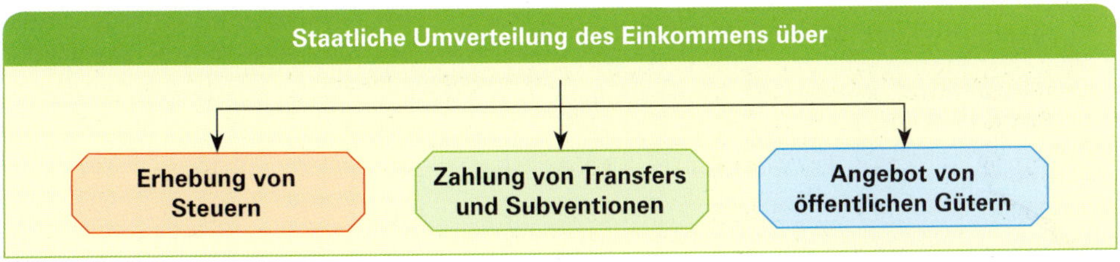

(3) Erhebung von Steuern

Zu den wichtigsten Instrumenten staatlicher Umverteilung in der Bundesrepublik Deutschland zählen die Steuern. Das die damit angestrebte **soziale Gerechtigkeit** je nach Betroffenheit des Einzelnen als mehr oder weniger gerecht empfunden wird und somit rein subjektiver Natur ist, verdeutlicht nachfolgende Geschichte.

Eine Steuerfabel

Es waren einmal 10 Männer, die jeden Tag miteinander zum Essen gingen und die Rechnung für alle zusammen betrug jeden Tag genau 100,00 Euro. Die Gäste zahlten ihre Rechnung wie wir unsere Steuern und das sah ungefähr so aus:

Vier Gäste (die Ärmsten) zahlten nichts. Der Fünfte zahlte 1,00 Euro. Der Sechste 3,00 Euro. Der Siebte 7,00 Euro. Der Achte 12,00 Euro. Der Neunte 18,00 Euro. Der Zehnte (der Reichste) zahlte 59,00 Euro.

Das ging eine ganze Zeitlang gut. Jeden Tag kamen sie zum Essen und alle waren zufrieden. – Bis der Wirt Unruhe in das Arrangement brachte, indem er vorschlug, den Preis für das Essen um 20,00 Euro zu reduzieren. „Weil Sie alle so gute Gäste sind!" Wie nett von ihm. Jetzt kostete das Essen für die 10 nur noch 80,00 Euro, aber die Gruppe wollte unbedingt beibehalten, so zu bezahlen, wie wir besteuert werden. Dabei änderte sich für die ersten vier nichts, sie aßen weiterhin kostenlos. Wie sah es aber mit den restlichen sechs aus? Wie konnten sie die 20,00 Euro Ersparnis so aufteilen, dass jeder etwas davon hatte? Die sechs stellten schnell fest, dass 20,00 Euro geteilt durch sechs Zahler 3,33 Euro ergibt. Aber wenn sie das von den einzelnen Teilen abziehen würden, bekämen der fünfte und der sechste Gast noch Geld dafür, dass sie überhaupt zum Essen gehen. Also schlug der Wirt den Gästen vor, dass jeder ungefähr prozentual so viel weniger zahlen sollte wie er insgesamt beisteuere. Er setzte sich also hin und begann das für seine Gäste auszurechnen. Heraus kam Folgendes:

Der fünfte Gast, ebenso wie die ersten vier, zahlte ab sofort nichts mehr (100 % Ersparnis). Der Sechste zahlte 2,00 Euro statt 3,00 Euro (33 % Ersparnis). Der Siebte zahlte 5,00 statt 7,00 Euro (28 % Ersparnis). Der Achte zahlte 9,00 statt 12,00 Euro (25 % Ersparnis). Der Neunte zahlte 14,00 statt 18,00 Euro (22 % Ersparnis). Und der Zehnte (der Reichste) zahlte 50,00 statt 59,00 Euro (15 % Ersparnis).

Jeder der sechs kam günstiger weg als vorher und die ersten vier aßen immer noch kostenlos. Aber als sie vor der Wirtschaft noch mal nachrechneten, war das alles doch nicht so ideal wie sie dachten. „Ich hab' nur 1,00 Euro von den 20,00 Euro bekommen!", sagte der sechste Gast und zeigt auf den zehnten Gast, den Reichen. „Aber er kriegt 9 Euro!" „Stimmt!" rief der Fünfte. „Ich hab' nur 1,00 Euro gespart und er spart neunmal so viel wie ich." „Wie wahr!" rief der Siebte. „Warum kriegt er 9,00 Euro zurück und ich nur 2,00? Alles kriegen mal wieder die Reichen!" „Moment mal," riefen da die ersten vier aus einem Munde. „Wir haben überhaupt nichts bekommen. Das System beutet die Ärmsten aus!" Und wie aus heiterem Himmel gingen die neun gemeinsam auf den Zehnten los und verprügelten ihn.

Am nächsten Abend tauchte der zehnte Gast nicht zum Essen auf. Also setzten die übrigen 9 sich zusammen und aßen ohne ihn. Aber als es an der Zeit war, die Rechnung zu bezahlen, stellten sie etwas Außerordentliches fest: Alle zusammen hatten nicht genügend Geld, um auch nur die Hälfte der Rechnung bezahlen zu können! Und wenn sie nicht verhungert sind, wundern sie sich noch heute.

Quelle: Autor unbekannt.

Ziele der Besteuerung

Mit der Erhebung von Steuern verfolgt der Staat verschiedene Ziele – wie nachfolgender Text verdeutlicht.

Gesamtwirtschaftliche Steuerwirkungen

Die Frage nach dem Ziel der Besteuerung wurde bis zur Mitte des vorherigen Jahrhunderts allein mit der Bedarfsdeckungsfunktion (fiskalische Zielsetzung) beantwortet:

Der Staat braucht Steuereinnahmen zur Deckung der Kosten, die ihm bei der Aufgabenerfüllung entstehen. Erst gegen Ende des letzten Jahrhunderts gewannen sozialpolitische Zielsetzungen im Sinne einer Umverteilung (Redistribution) von Einkommen und Vermögen zunehmend an Gewicht, wie sie im Prinzip der Besteuerung nach der Leistungsfähigkeit Ausdruck fanden.

Erst seit den dreißiger Jahren dieses Jahrhunderts wird im Anschluss an die Lehren von John M. Keynes (1883–1946) den konjunktur- und stabilitätspolitischen Aspekten der Besteuerung wachsende Beachtung beigemessen.

Mit dem Schlagwort „Steuern sind Wirtschaftslenkungsmittel“ bezeichnet man die Tatsache, dass Steuern

1. das wichtigste Instrument des Staates zur gezielten Beeinflussung und Steuerung des wirtschaftlichen Verhaltens des Einzelnen und
2. der bedeutendste Bestandteil des Katalogs der staatlichen Maßnahmen zur Wirtschaftslenkung

sind.

Diese enorme Bedeutung der Besteuerung als staatliches Finanzierungs- und Gestaltungsinstrument ist Ausfluss des Sozialstaatsprinzips, weil erst die Verfügungsmacht über die Steuererhebung den Staat in die Lage versetzt,

a) soziale Verantwortung zu übernehmen,
b) eine notwendige Umverteilung vorzunehmen,
c) erforderliche Maßnahmen der Daseinsvorsorge zu treffen.

In der modernen Interpretation des Bundesministeriums der Finanzen bewegt sich die wirtschaftspolitische Ausrichtung der Besteuerung in optimaler Ausgewogenheit zwischen Marktwirtschaft und Wohlfahrtsstaat. Damit ergibt sich ein sehr breiter Zielkatalog, dessen Einzelziele sich aus dem Schaubild ergeben.

Nach dieser Systematik lassen sich drei Hauptrichtungen

1. fiskalische,
2. verteilungs- und sozialpolitische,
3. wirtschafts- und finanzpolitische Ziele der Besteuerung

einteilen.

Quelle: Bundeszentrale für politische Bildung, Informationen zur politischen Bildung, Steuern und Finanzen, Nr. 241.

Bei den Steuern als verteilungspolitisches Instrument kommt vor allem der Einkommensteuer eine herausragende Bedeutung zu.

Der Einkommensteuer unterliegen:

- Einkünfte aus Land- und Forstwirtschaft,
- Einkünfte aus Gewerbebetrieb,
- Einkünfte aus selbstständiger Arbeit,
- Einkünfte aus nichtselbstständiger Arbeit,
- Einkünfte aus Kapitalvermögen,
- Einkünfte aus Vermietung und Verpachtung sowie
- sonstige Einkünfte,

die der Steuerpflichtige erzielt.

Grundsätze der Besteuerung

Zu den Forderungen an ein Steuersystem gehört, dass es „gerecht" sein soll. Was im Einzelnen jeweils als „gerecht" angesehen wird, ändert sich im Laufe der gesellschaftlichen Entwicklung. Das jeweils als „gerecht" Angesehene wurde häufig in **Grundsätzen der Besteuerung** formuliert.

Grundsätze	Erläuterungen
Grundsatz der Allgemeinheit	Es sind alle Personen, soweit sie über steuerliche Leistungsfähigkeit verfügen und einer der gesetzlich festgelegten Steuerverpflichtungsgründe auf sie zutrifft, ohne Rücksicht auf außerökonomische Merkmale zur Steuer heranzuziehen.
Grundsatz der Gleichmäßigkeit der Besteuerung	Personen, die sich in gleichen oder gleichartigen steuerlich bedeutsamen Verhältnissen befinden, sind in Bezug auf jede einzelne Steuer einer bestimmten Gebietskörperschaft gleich zu behandeln.
Grundsatz der Besteuerung nach der individuellen Leistungsfähigkeit	■ Maßstäbe für die Leistungsfähigkeit sind das Einkommen und das Vermögen. ■ Die Steuertraglast des Einzelnen ist so zu gestalten, dass diese, unter Berücksichtigung aller für die Steuerfähigkeit bedeutsamen persönlichen Verhältnisse (Einkommen und Vermögen), die **individuelle Leistungsfähigkeit** widerspiegelt und die durch die Besteuerung bewirkten Einbußen des Einzelnen an ökonomisch-finanzieller Dispositionsfreiheit in einem vertretbaren Rahmen bleiben.

Nach einem Beschluss des Bundesverfassungsgerichts sind bei der Einkommenbesteuerung Erwerbseinkünfte in Höhe des Existenzminimums steuerfrei. Dieser sogenannte **Grundfreibetrag** beträgt 2019 (2020) für Ledige 9 168,00 EUR (9 408,00 EUR) und für Verheiratete 18 336,00 EUR (18 816,00 EUR). Eine – wie hierzulande übliche – **progressive** Gestaltung des Einkommensteuertarifs trägt dem Leistungsfähigkeitsprinzip Rechnung, d.h., bei steigendem Einkommen steigt auch der individuelle Steuersatz, sodass jeder Steuerpflichtige entsprechend seinen wirtschaftlichen Fähigkeiten Steuern zahlt. Die Umverteilung wird dadurch realisiert, dass hohe Einkommen überproportional und niedrige Einkommen nur gering oder gar nicht **direkt** besteuert werden.

Belastbarkeit der Steuerzahler

Bei der Beurteilung der Grenzen der Belastbarkeit der Steuerzahler werden die **Steuerquote** und die **Abgabenquote** herangezogen.

Unter der volkswirtschaftlichen **Steuerquote** versteht man das **Verhältnis** aller **Steuern** zum **Bruttoinlandsprodukt.**

Die Steuerquote stellt die Belastung der Volkswirtschaft durch Steuern dar. Im Rahmen der Steuerquote sollte nicht unberücksichtigt bleiben, dass neben den **direkten** Steuern auf Einkommen auch **indirekte** Steuern gezahlt werden. Welche Steuern anfallen, wird vom Gesetzgeber festgelegt.

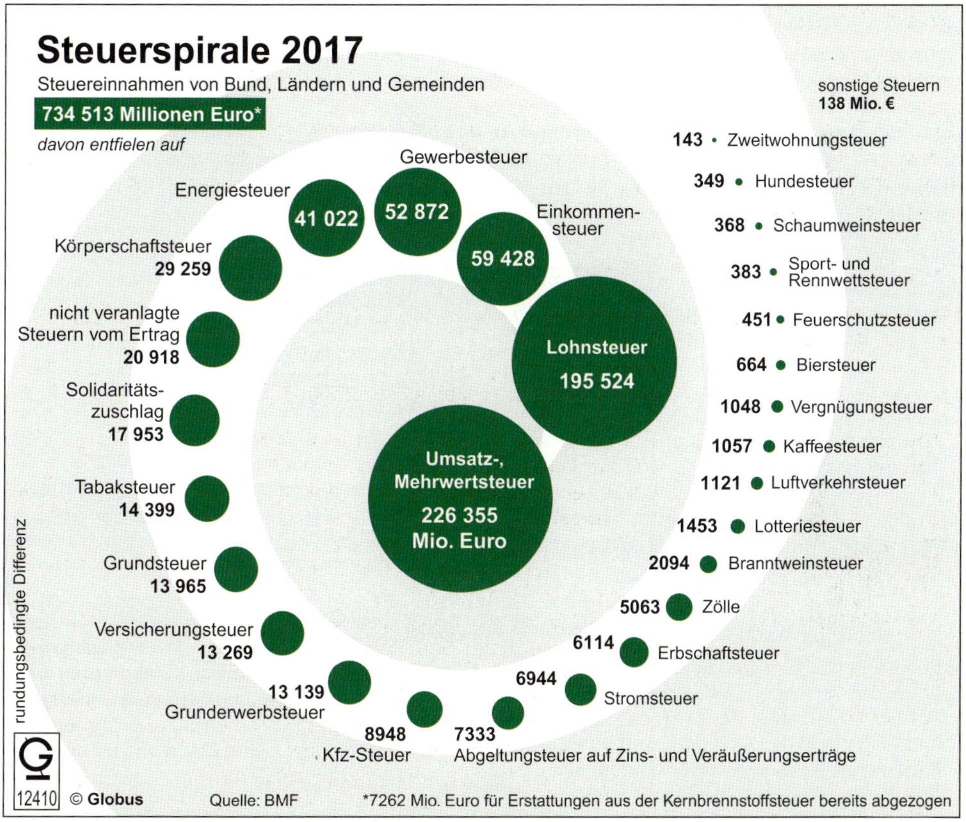

Die **Abgabenquote** hingegen setzt die Summe aller **Steuern** und **Sozialabgaben** ins Verhältnis zum **Bruttoinlandsprodukt.**

Eine objektiv messbare Grenze für eine noch zumutbare Belastung von Einkommen mit Steuern und Abgaben gibt es nicht. Allerdings gilt eine **Abgabenquote** von **50 %** als psychologisch bedeutsam.

Belgische Arbeitnehmer haben eine hohe Steuer- und Abgabenlast zu schultern. Insgesamt summiert sich dort die Belastung für einen ledigen Arbeitnehmer ohne Kinder und mit einem durchschnittlichen Einkommen auf 40,5 %. Davon entfallen 26,5 % auf die Einkommensteuer und 14 % auf die Sozialabgaben. Das geht aus Berechnungen der Organisation für wirtschaftliche Zusammenarbeit und Entwicklung (OECD) hervor. Auch in Deutschland wird der Faktor Arbeit stark belastet. Für Deutschland errechnete die OECD für einen Durchschnitts-Arbeitnehmer eine Belastung von 39,9 %. Sie setzt sich zusammen aus der Lohnsteuer in Höhe von 19,1 % des Bruttoeinkommens sowie den Beiträgen für die Sozialversicherung, die vom Arbeitnehmer zu tragen sind (20,8 %). In Deutschlands Nachbarland Schweiz ist die Steuer- und Abgabenlast dagegen deutlich niedriger und liegt bei 16,9 %.

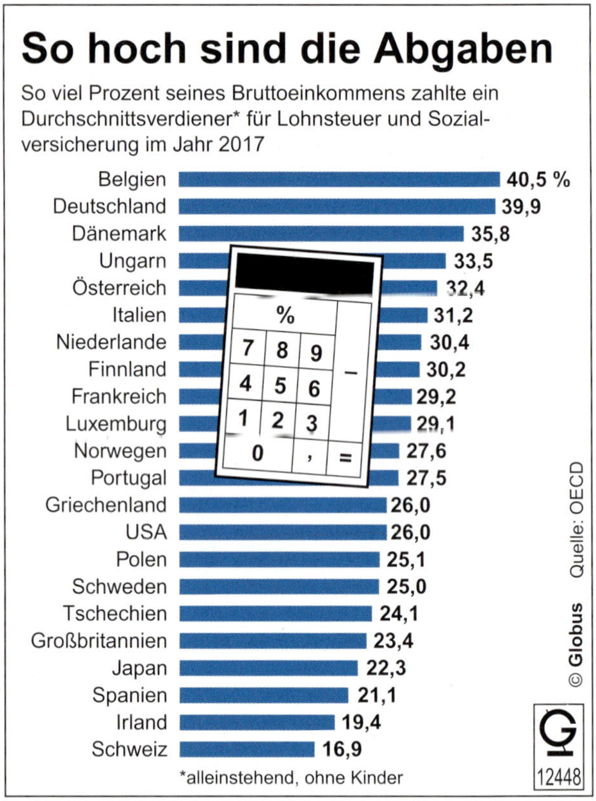

Welchen Zeitraum eines Jahres die Bundesbürger mittlerweile im Durchschnitt nur für die Steuern und Abgaben arbeiten müssen, verdeutlicht der Bund der Steuerzahler anhand des jährlich neu berechneten **„Steuerzahlergedenktages“**.

Von 1 Euro bleiben nur 45,7 Cent

Noch nie war die Einkommensbelastung in Deutschland höher/Unser 3-Punkte-Plan

Der Steuerzahlergedenktag 2018 ist am Mittwoch, den 18. Juli. Nach Berechnungen des Bundes der Steuerzahler (BdSt) arbeiten die Bürger und Betriebe ab 04:40 Uhr wieder für ihr eigenes Portemonnaie. Das gesamte Einkommen, das die Steuer- und Beitragszahler vor diesem Datum erwirtschaftet haben, wurde rein rechnerisch an den Staat abgeführt. Damit liegt die Volkswirtschaftliche Einkommensbelastungsquote im Jahr 2018 bei voraussichtlich 54,3 Prozent – diese Quote war noch nie höher! Von jedem verdienten Euro bleiben also nur 45,7 Cent zur freien Verfügung. [. . .]

Die große Koalition muss:

1. Den Einkommensteuertarif reformieren!

Der Einkommensteuertarif muss reformiert werden, damit vor allem die Mittelschicht in Deutschland spürbar entlastet wird. [. . .]

Für eine echte Entlastung schlägt der Bund der Steuerzahler vor, den Steuertarif abzuflachen, zugleich sollte der Spitzensteuersatz erst ab einem zu versteuernden Einkommen von 80.000 Euro greifen. Zudem fordern wir, den Einkommensteuertarif sprichwörtlich auf Räder zu stellen: Für diesen „Tarif auf Rädern“ müssen die Eckwerte – vom Grundfreibetrag bis zur Einkommensteuergrenze des Spitzensteuersatzes – jährlich an die allgemeine Lohn- und Preisentwicklung angepasst werden.

2. Den Soli komplett und für alle abschaffen!

Er ist weder zeitgemäß noch verfassungsfest: Nach mehr als einem Vierteljahrhundert hat der Solidaritätszuschlag ausgedient und gehört bis Ende 2019 abgeschafft, wenn die Finanzhilfen für den „Aufbau Ost" ohnehin auslaufen. [...]

3. Das Wohnen bezahlbar machen!

Der Staat ist der Kostentreiber Nummer 1 für Miete und Eigenheim, weil Steuern und Abgaben das Wohnen immer teurer machen. Beispiel Grunderwerbsteuer: Von 2010 bis 2018 explodierte das Aufkommen von 5,3 auf 13,8 Milliarden Euro – ein Anstieg um 163 Prozent! Um vor allem Familien den Kauf ihrer eigenen vier Wände zu erleichtern, sollte für Ersterwerber von selbstgenutztem Wohneigentum mindestens eine Freistellungsregelung eingeführt werden. [...]

Eine Reform der Grundsteuer ist erforderlich. „Wir schlagen ein einfaches Flächenmodell vor, das auf Grundstücksgröße und Wohnfläche basiert", so Holznagel [Präsident vom Bund der Steuerzahler].

Weil auch der Strompreis die Verbraucher übermäßig belastet, sollte die Stromsteuer auf das von der EU vorgegebene Mindestniveau reduziert werden. Denn der Stromsteuersatz liegt in Deutschland um das 20-fache über dem EU-Mindeststeuersatz für die nicht gewerbliche Verwendung von Strom.

Zum Hintergrund: Der Steuerzahlergedenktag

Der Steuerzahlergedenktag bezieht sich auf Steuern und Abgaben, die der Staat vereinnahmt, sowie auf sogenannte Quasi-Steuern wie den Rundfunkbeitrag, die EEG-Umlage sowie vier weitere Sonderumlagen auf Strom sowie die Konzessionsabgabe auf Strom, Gas und Wasser. Der Tag wird auf Grundlage der Volkswirtschaftlichen Einkommensbelastungsquote ermittelt. Dafür wird das gesamte Aufkommen aus Steuern, Quasi-Steuern und den Zwangsbeiträgen zur Sozialversicherung ins Verhältnis zum Volkseinkommen gesetzt. Diese Quote zeigt, wie sehr der Staat die Einkommen seiner Bürger und Betriebe belastet.

Quelle: Bund der Steuerzahler Deutschland e.V. vom 17.07.2018.

(4) Zahlung von Transfers und Subventionen

Neben der Besteuerung kann der Staat über **Transfer- und Subventionszahlungen** Einkommen und Vermögen umverteilen. Hierunter versteht man **Unterstützungszahlungen** der öffentlichen Hand an **private Haushalte** (Transfers) bzw. an **Unternehmen** (Subventionen).

Bei diesem Instrument staatlicher Umverteilung ist die Wirkung besonders groß, da den staatlichen Leistungen **keine speziellen Gegenleistungen** durch den Empfänger gegenüberstehen.

- Während von den **Transferzahlungen** eine direkte Verteilungswirkung auf die privaten Haushalte ausgeht,
- werden **Subventionen** zur Umverteilung eingesetzt, um die Güterpreise zu senken.

Beispiele:

- Kindergeld,
- Wohngeld,
- Arbeitslosengeld II.

Inwieweit die hierdurch beabsichtigte **indirekte** Verteilungswirkung – Steigerung der Realeinkommen der Haushalte – erreicht wird, hängt in starkem Maße davon ab, ob die Unternehmen die Subventionen über die Preise an die Haushalte weitergeben.

(5) Angebot von öffentlichen Gütern

Verteilungspolitisch kommt es jedoch nicht nur auf die unmittelbare Umverteilung von Zahlungsmitteln an, sondern auch auf das nach sozialen Gesichtspunkten erfolgende **öffentliche Güterangebot.** Im Rahmen dieses Instruments bietet der Staat verstärkt bestimmte Güter an, deren Nutzung entweder für alle **kostenlos** (z. B. Schulbildung) oder einkommensschwächeren Personenkreisen **billiger** zur Verfügung gestellt werden als anderen Personen (z. B. Kindergarten, öffentlich geförderte Wohnungen, öffentliche Museen).

Die **Staatsquote** gibt Auskunft über die gesamten Ausgaben des Staates im Verhältnis zum Bruttoinlandsprodukt. Diese Ausgaben enthalten auch Anteile, die nicht im Bruttoinlandsprodukt enthalten sind.

3.2.3 Vermögenspolitik

Im Rahmen der Vermögenspolitik kann der Staat entweder die **Umverteilung von Vermögensbeständen** verfolgen oder – wie in der Bundesrepublik Deutschland – vorrangig die **Vermögensbildung fördern.** Während die Umverteilung vorhandenen Vermögens – beispielsweise im Wege von Enteignungen – den radikalsten Weg darstellt und mit Blick auf Artikel 14 Grundgesetz nur in Ausnahmefällen gegen volle Entschädigung zulässig ist, scheint die Vermögensbildungspolitik vom Ansatz her besonders gut geeignet, eine gleichmäßigere Verteilung des Volkseinkommens auf die Haushalte zu realisieren.

Schließlich ist das heutige Ungleichgewicht bei der Verteilung von Einkommen vor allem darauf zurückzuführen, dass viele Haushalte praktisch nur ein Einkommen erzielen (Einkommen aus unselbstständiger Tätigkeit), während einem relativ geringen Bevölkerungsteil von Vermögenden aufgrund von Eigentumsrechten zusätzlich Zins-, Pacht-, Miet- und Gewinneinkünfte zufließen.

Im Rahmen einer **ursachenadäquaten** Wirtschaftspolitik könnte der Staat durch eine Vermögensbildungspolitik gezielt den Aufbau von Vermögen – und somit auch von zusätzlichen Einkommen – für **einkommensschwächere** Personenkreise fördern.

Als Beispiel für eine derartige Politik hierzulande lässt sich die **staatliche Sparförderung** nach dem **5. Vermögensbildungsgesetz** – Altersvorsorgezulage für „Riester-Verträge“ – und dem **Wohnungsbau-Prämiengesetz** anführen.

3.3 Aktuelle Entwicklungen im Bereich der Einkommens- und Vermögenspolitik

Die Einkommens- und Vermögenspolitik ist **immer** wieder Gegenstand der aktuellen politischen Diskussion. Dabei wird zumeist der **Schwerpunkt** auf die **Variation von Transferzahlungen** (z. B. Erhöhung von Kindergeld, Absenken von Arbeitslosengeld II oder Sozialgeld) oder die Durchführung von **Steuerreformen** gelegt.

Weitere Forderungen politischer Parteien betreffen die **Einführung** einer sogenannten **Reichensteuer** sowie die Beendigung der Aussetzung der Erhebung der **Vermögensteuer.**

Zum Jahresbeginn 2019 wird der steuerliche Grundfreibetrag angehoben. Er steigt von 9000 Euro (2018) auf 9168 Euro. Außerdem wurde der Tarifverlauf bei der Einkommensteuer leicht verändert, um die sogenannte „Kalte Progression" im Steuersystem zu mildern. Sie führt dazu, dass wegen des steigenden Steuersatzes von einer Lohnerhöhung nur wenig übrig bleibt. Deshalb wurden die übrigen Tarifeckwerte für 2019 um 1,84 % nach rechts verschoben. Der Eingangssteuersatz von 14 % beginnt 2019 ab einem zu versteuernden Einkommen von 9169 Euro. Der Spitzensteuersatz von 42 % greift künftig bei einem zu versteuernden Einkommen von 55961 Euro (vorher 54950 Euro). Seit 2007 gibt es noch einen zusätzlichen höheren Spitzensteuersatz von 45 %, der zuletzt bei Einkommen ab rund 261000 Euro pro Jahr angesetzt wurde („Reichensteuer"). Auch dieser Wert wird Anfang 2019 auf 265327 Euro angehoben – bei Verheirateten gilt der doppelte Betrag. Lohn- und Einkommensteuer gehören übrigens zu den ergiebigsten Steuern in Deutschland. Zusammen brachten sie dem Fiskus im Jahr 2017 fast 255 Milliarden Euro und damit etwa ein Drittel der gesamten Steuereinnahmen.

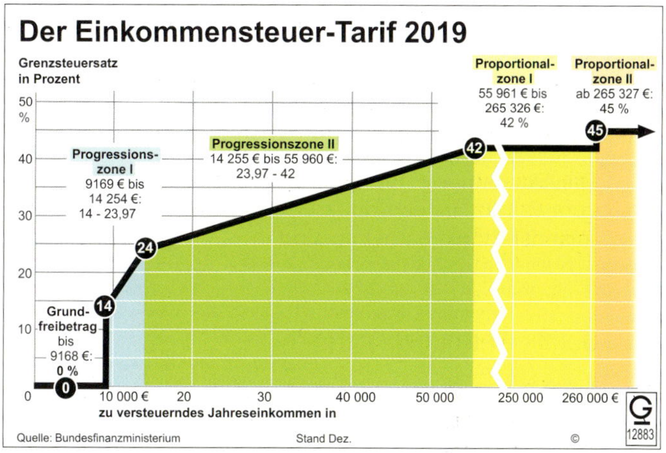

Dass das Steuersystem der Bundesrepublik Deutschland, welches gemäß einer Studie der OECD das weltweit komplizierteste System darstellt, einer **dringenden und umfänglichen Reform** im Sinne einer Vereinfachung bedarf, dokumentiert nachfolgender Artikel.

Wahnsinn ohne System

Mehrwertsteuer-Irrsinn: Warum Sie am Drive-In-Schalter weniger Steuern zahlen als drinnen

Der Ärger um die Mehrwertsteuer ist so alt wie das deutsche Umsatzsteuergesetz: Manche Produkte haben reduzierte Sätze, weil sie zur Grundversorgung gehören. Doch bei Eseln und Mulis oder im Fast-Food-Restaurant wird das System ad absurdum geführt.

Das Mehrwertsteuer-Recht ist eine äußerst komplexe Materie. Was wie besteuert wird, regelt Paragraf 12 des Umsatzsteuergesetzes sowie zwei Tabellenanhänge mit 54 Kategorien. Ergänzend hilft ein 140 Seiten starkes Ministeriumsschreiben den Finanzbeamten bei der Einordnung, ob sieben oder 19 Prozent Steuer fällig sind.

Dafür wird jedes Produkt, jede Dienstleistung einer Zolltarifnummer zugeordnet. Die Logik: Gibt's eine Nummer, gibt's sieben Prozent; lässt es sich nicht einordnen, entscheidet der Zoll per Antrag und nicht selten im Anschluss die Finanzgerichte.

Zahllose Gerichtsentscheidungen sind in den vergangenen Jahren ergangen zu Fragen wie:

- Ist Sojamilch Milch im Sinne des Gesetzes? Antwort: nein.
- Sind getrocknete Schweineohren als Hundesnacks begünstigt? Antwort: ja.

Sogar der Europäische Gerichtshof muss sich mit zwei Fragen der obersten Finanzrichter aus Deutschland beschäftigen: Sind Nachos und Popcorn im Kino eine sonstige Dienstleistung (19 Prozent) oder eine begünstigte Lieferung von Lebensmitteln (sieben Prozent)?

Und bei Fast Food gelten zwei Steuersätze – je nachdem, wo gegessen wird. Big Mäc, Whopper oder Pommes im Lokal kosten 19 Prozent, im Drive-in nur sieben. Einzig gleich ist der Verkaufspreis für den Kunden.

Katalog der Groteske

Coffee to go ist praktisch: Tausende Arbeitnehmer gehen auf dem Weg ins Büro kurz bei Starbucks & Co. vorbei und nehmen den Muntermachter mit an den Schreibtisch. Diese einfache Leistung hat's für den Coffee-Shop aber in sich. Bei Kaffee erhebt der Fiskus beide Steuersätze: Für Caffè Latte fallen in aller Regel sieben Prozent an, schwarzer Kaffee und Milchkaffee lösen 19 Prozent aus. Der Kunde merkt zwar beim Preis keinen Unterschied, der Gastronom spürt die unterschiedlichen Steuersätze sehr wohl.

Sieben Prozent Mehrwertsteuer fallen nur dann an, wenn es sich um „Milchmischgetränke" wie Caffè Latte oder Cappucchino handelt. Allerdings nimmt es § 12 Abs. 2 Nr. 1 UStG in Verbindung mit Anlage 2 Nr. 35 sehr genau. Der ermäßigte Steuersatz gilt nur dann wenn „…Milchmischgetränke mit einem Anteil an Milch oder Milcherzeugnissen […] von mindestens 75 Prozent des Fertigerzeugnisses …" zubereitet werden. Bietet ein Barrista eine eigene Kaffee-Creation mit lediglich 70 Prozent Milchanteil an, schlägt der Fiskus mit den vollen 19 Prozent Mehrwertsteuer zu.

Es gibt noch eine zweite Einschränkung des ermäßigten Mehrwertsteuer-Satzes bei Milchmischgetränken: Verzehrt der Kunde den Trank direkt im Lokal oder Café, löst das 19 Prozent MWSt. aus. Einfacher ist die Sache dagegen bei frisch zubereitetem Kaffee: Hier werden immer 19 Prozent fällig.

Der Fiskus sorgt für noch mehr Verwirrung: Brennholz ist staatlich gesponsert (sieben Prozent), Babynahrung, Fruchtsaft und Medikamente nicht (19 Prozent). Feinschmecker-Produkte wie Gänseleber, Froschschenkel, Wachteleier, Krebsfleisch, Riesengarnelen oder Schildkrötenfleisch gibt es mit sieben, Mineralwasser indes mit 19 Prozent.

Wer für den Fernsehabend Eis, Gummibärchen und Kartoffelchips einkauft, zahlt an der Kasse nur sieben Prozent Mehrwertsteuer. Sie zählen laut Steuerrecht ebenso zur Grundversorgung wie Fleisch, Wurst und Käse. Weitere Kostenproben des Katalogs der Unlogik:

Obst 7 – Obstsaft 19

Bei Obst und Gemüse hängt der Steuersatz nicht von der Herkunft oder der Nachfrage ab, sondern von der Verarbeitung: Die Trauben aus Chile, die Papaya aus Australien gibt's wie die fränkischen Kirschen oder Bodensee-Äpfel für sieben Prozent, solange sie frisch sind. Frisches Obst und Gemüse sind als Agrarprodukte subventioniert. Ebenso Püriertes, etwa dickflüssige Säfte („Smoothies") und Eingekochtes wie Marmelade. Pressen ist für den Steuersatz fatal: Apfel-, Kirsch- und Birnensaft lösen 19 Prozent Mehrwertsteuer aus. […]

Warum gibt es zwei Mehrwertsteuersätze?

Auch wenn die Kämmerer seit dem Mittelalter Steuern auf die Lieferung von Waren kennen, das Mehrwertsteuersystem, wie es heutzutage innerhalb der EU gilt, gibt es in Deutschland erst seit 1968. Seit mehr als 50 Jahren gibt es damit auch das Verwirrspiel mit regulärem und ermäßigtem Satz auf Produkte, nur war damals der Unterschied mit fünf und zehn Prozent nicht so gravierend wie heute. Mittlerweile liegen zwölf Prozentpunkte dazwischen, der Regelsteuersatz hat sich in den 50 Jahren seines Bestehens nahezu verdoppelt.

Existenzminimum schonen – das war einmal

Dabei war der Grundgedanke des Mehrwertsteuersystems durchaus lobenswert: Die Grundversorgung eines jeden sollte erschwinglich bleiben, das Existenzminimum für Geringverdiener gesichert. Daher schuf der Gesetzgeber für Grundnahrungsmittel und deren Vorprodukte einen geringeren Steuersatz, den ermäßigten Steuersatz. Sinn und Zweck war es „bestimmte Güter des lebensnotwendigen Bedarfs" zu verbilligen, heißt es im Regierungsentwurf aus dem Jahr 1963.

Aber auch Sport, Kultur und öffentlichen Nahverkehr zählten die Väter der Mehrwertsteuer zum Grundbedarf und schufen auch eine Steuersubvention. Man sollte Fußballfieber im Stadion fühlen können, in Konzerten mitgrölen, Opern lauschen, Romane verschlingen, Bus fahren und für die Woche einkaufen können – ohne dass der Staat durch die Mehrwertsteuer die Preise in die Höhe trieb.

Längst hat der Bundesrechnungshof festgestellt, dass das hehre Ziel seit 50 Jahren nicht erreicht wurde. Die Steuerermäßigung entlaste nicht den Verbraucher, sondern einzelne Branchen, urteilten die Prüfer. Heute zählen etliche Luxusartikel zum subventionierten Lebensbedarf, zahlreiche Grundnahrungsmittel dafür nicht mehr.

Was brächte eine Reform?

Die Mehrwertsteuererhöhung im Jahr 2007 bescherte dem Finanzminister enormen Geldsegen. 23 Milliarden Euro sprudelten zusätzlich in die Kassen. Ungefähr ähnlich viel brächte jetzt die komplette Streichung des ermäßigten Satzes. Dann müssten für Milch, Pferde, Konzertkarten und Arznei stets 19 Prozent berappt werden.

Quelle: FOCUS-Online vom 06.06.2017.

Kompetenztraining

17. Erläutern Sie die beiden Verteilungsprinzipien!

18. Grenzen Sie die Begriffe Lohnquote und Gewinnquote gegeneinander ab!

19. Erläutern Sie den Unterschied zwischen Steuer- und Abgabenquote!

20. Entscheiden Sie, ob folgende Forderungen dem Grundsatz der Allgemeinheit entsprechen!

20.1 Alle Besitzer von Personenkraftwagen mit einem Durchschnittsverbrauch von mehr als 14 l Treibstoff pro 100 km haben einen Zuschlag von 30 % zur Kraftfahrzeugsteuer zu bezahlen, damit die Schadstoffbelastung der Natur langfristig vermindert wird.

20.2 Um die Arbeitslosigkeit in der Bundesrepublik Deutschland zu vermindern, wird von allen Ausländern, die in der Bundesrepublik Deutschland beschäftigt sind, eine 30 %ige Ausländerabgabe zur Einkommensteuer erhoben.

21. Nennen Sie wesentliche Ursachen ungleicher personeller Einkommensverteilung!

22. Nachfolgende Grafik veranschaulicht die Einkommensteuerstruktur eines Landes.

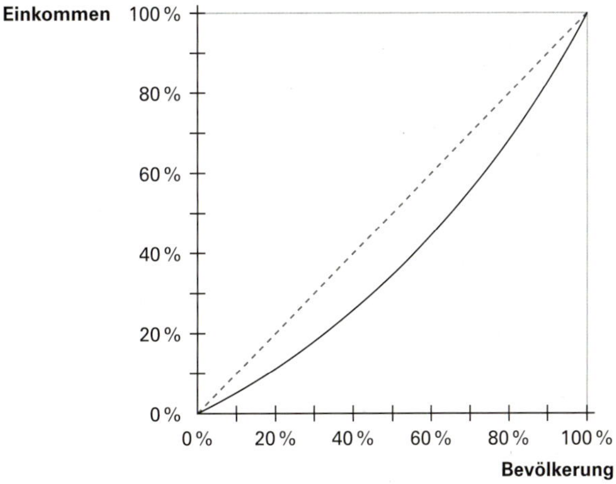

Aufgaben:

22.1 Erläutern Sie, um welches grafische Darstellungsverfahren es sich handelt und welcher Beziehungszusammenhang hier veranschaulicht wird!

22.2 Prüfen Sie, welche Aussagen die Grafik hinsichtlich der Einkommensverteilung in dem angesprochenen Land erlaubt!

22.3 Beurteilen Sie, wie die Verteilungskurve verlaufen würde, wenn eine extrem soziale Unausgewogenheit vorläge! Fertigen Sie eine Skizze an!

22.4 Entscheiden Sie, wie die Verteilungskurve verlaufen würde, wenn die Einkommen vollständig nivelliert wären!

23. Im Jahresgutachten des Sachverständigenrats 2011/2012 wird u. a. die prozentuale Verteilung des Gesamteinkommens nach Einkommensarten und Dezilen in West- und Ostdeutschland im Jahr 2009 dargestellt (siehe Abbildungen auf der folgenden Seite).

Aufgaben:

23.1 Erläutern Sie, welche Unterschiede Sie in der Einkommensstruktur im 1. Dezil zwischen West- und Ostdeutschland feststellen können!

23.2 Erklären Sie, welche Unterschiede in der Einkommensstruktur vom 2. bis zum 6. Einkommensdezil bestehen!

23.3 Beschreiben Sie, welche Bedeutung Kapitaleinkünfte in den ersten sieben Dezilen in West- und Ostdeutschland haben!

23.4 Beurteilen Sie, welchen Stellenwert Einkommen aus selbstständiger Erwerbstätigkeit in den ersten sieben Dezilen in West- und Ostdeutschland haben!

23.5 Arbeiten Sie heraus, welche Bedeutung Kapitaleinkünfte im 9. und 10. Dezil in West- und Ostdeutschland haben!

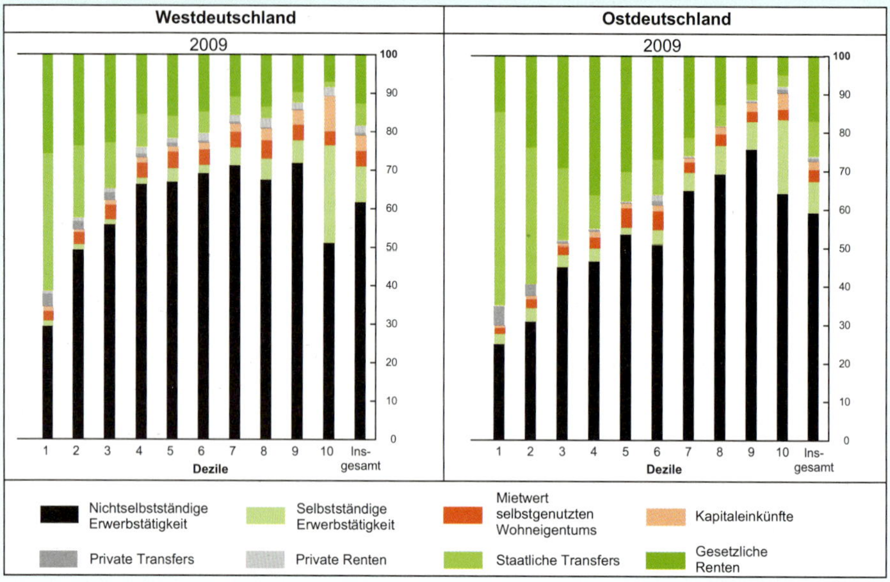

Quelle: SOEP, DIW

24. Bei einer Podiumsdiskussion diskutieren der Bundestagsabgeordnete Alois Roth, der Landtagsabgeordnete Hans Grün und der Bürgermeister Oskar Schwarz über Probleme der Finanzierung der öffentlichen Haushalte. Dabei ergab sich u. a. der folgende Gedankenaustausch:

Roth: *„Die zunehmenden Anforderungen an die Landesverteidigung und die vermehrten Ansprüche der Dritten Welt bedingen erhöhte Ausgaben im Bundeshaushalt.*

Zu ihrer Finanzierung soll von den ‚Besserverdienenden' eine Ergänzungsabgabe zur Einkommensteuer erhoben werden."

Grün: *„Eine erhöhte Ergänzungsabgabe ist abzulehnen, da die Leistungsbereitschaft dieser Einkommensbezieher dadurch geschwächt und infolgedessen der konjunkturelle Aufschwung beeinträchtigt wird. Vielmehr muss die Infrastruktur in ländlichen Gebieten wesentlich verbessert werden. Nur so lässt sich die dort anzutreffende überdurchschnittliche Arbeitslosigkeit beseitigen.*

Da für die erforderlichen Maßnahmen die verfügbaren Haushaltsmittel nicht ausreichen, ist die Erbschaftsteuer um 1 v. H. zu erhöhen."

Schwarz: *„Ich stimme dem Kollegen Grün zu. Die Infrastruktur unserer Kommunen muss verbessert werden. Dies geschieht aber am wirkungsvollsten, wenn den Gemeinden höhere eigene Einnahmen zur Verfügung gestellt werden. Bund und Länder sollen durch Einsparungen an anderen Stellen mit ihren bisherigen Einnahmen auskommen, um den Gemeinden eine Erhöhung der Grundsteuer zu ermöglichen. Auch die Wiedereinführung der Getränkesteuer und eine Steuer für Spielautomaten in Gaststätten sollte überlegt werden."*

Aufgaben:

24.1 Beschreiben Sie, vor welchem Problem alle drei Politiker stehen!

24.2 Begründen Sie, warum die Politiker jeweils andere Steuern zur Finanzierung heranziehen wollen!

24.3 Nennen Sie jeweils drei Steuerarten, die ausschließlich dem Bund, den Ländern oder den Gemeinden zufließen!

24.4 Nennen Sie Steuerarten, die Gemeinschaftsteuern sind!

24.5 Erläutern Sie, wie die Einnahmen aus den Gemeinschaftsteuern zwischen den Begünstigten aufgeteilt werden!

24.6 Begründen Sie, warum es sinnvoll ist, den einzelnen Gebietskörperschaften eigene Steuerquellen zuzuweisen!

25. Ordnen Sie die folgenden Steuerarten durch Ankreuzen den verschiedenen Empfängern zu!

Steuerempfänger / Steuerart	Bund	Länder	Gemeinden
Hundesteuer			
Umsatzsteuer			
Biersteuer			
Tabaksteuer			
Grundsteuer			
Körperschaftsteuer			
Einkommensteuer			
Grunderwerbsteuer			
Kraftfahrzeugsteuer			
Kirchensteuer			

DOWNLOAD

26. Unterrichtsvorschlag: Referat

Stellen Sie Ihren Mitschülern die zurzeit in der politischen Diskussion befindlichen Maßnahmen zur Einkommens- und Vermögensverteilung vor!

Führen Sie darüber hinaus eine Beurteilung der Wirkungen der einzelnen Vorschläge durch!

Diskutieren Sie anschließend in der Klasse, welcher Vorschlag nach Meinung Ihrer Mitschüler am geeignetsten erscheint!

27. Vernetzungsdiagramm

Gehen Sie davon aus, dass die Ausgaben der Sozialversicherung massiv steigen. Stellen Sie auf der Basis nachfolgender Vorlage eines Vernetzungsdiagramms mögliche Ursache-Wirkungs-Beziehungen dar, indem Sie die einzelnen Felder an den Pfeilen mit einem Plus- oder Minuszeichen versehen.

- **Pluszeichen:** gleichgerichtete (verstärkende) Wirkung. Es gilt: je mehr (höher) – desto mehr (höher); je weniger (niederiger) – desto weniger (niedriger).
- **Minuszeichen:** entgegengesetzte (abschwächende) Wirkung. Es gilt: je mehr (höher) – desto weniger (niedriger) bzw. je weniger (niedriger) – desto mehr (höher).

DOWNLOAD

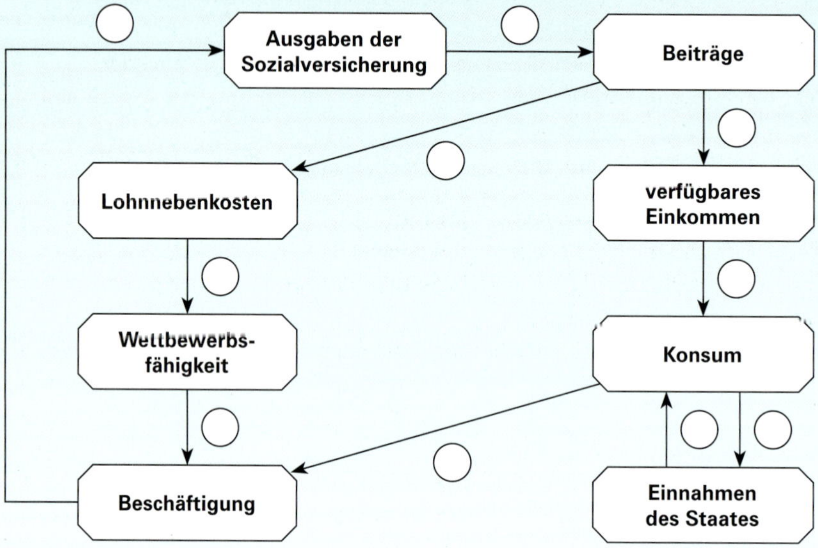

28. Forderungskatalog

Lesen sie zunächst nachfolgenden Artikel!

Soziale Ungleichheit – Eine Gesellschaft rückt auseinander

Gewisse Grundformen sozialer Ungleichheit finden sich in allen Gesellschaften: Mächtige können ihren Willen gegenüber Ohnmächtigen durchsetzen, Wohlhabende leben angenehmer als Arme, Angesehene werden verehrt, Verachtete gemieden. Freilich unterscheiden sich Art und Ausmaß sozialer Ungleichheiten in verschiedenen Gesellschaften beträchtlich.

In vielen hochentwickelten Gesellschaften wachsen die sozialen Ungleichheiten: Gering Qualifizierte haben es immer schwerer, eine Erwerbstätigkeit zu finden. Die Integration vieler Zuwanderer wird schwieriger. Arbeitslosen fehlt es an Geld, Selbstachtung und Anerkennung. Immer mehr Menschen gelten als arm. Die einst tonangebenden und politisch stabilisierenden Mittelschichten schrumpfen. Die Zahl der hoch Qualifizierten und der gut Verdienenden wächst.

Soziale Ungleichheiten betreffen auf der einen Seite die alltäglichen Lebenschancen und Erfahrungen der Einzelnen. Andererseits schaffen soziale Ungleichheiten aber auch gesellschaftliche Probleme und politische Auseinandersetzungen, die über die Lebenswelt der einzelnen Menschen hinaus reichen. Die gesellschaftliche und politische Bedeutung sozialer Ungleichheit lässt sich daher kaum überschätzen. Bezeichnenderweise waren es nicht zuletzt Probleme sozialer Ungleichheit, die bereits im 19. Jahrhundert dazu führten, dass die Soziologie als eigenständige Wissenschaftsdisziplin entstand.

Quelle: bpb.de/politik/grundfragen/deutsche-verhaeltnisse-eine-sozialkunde/138379/soziale-ungleichheit [Zugriff am 28.09.2018].

Entwickeln Sie auf der Basis dieses Artikels einen Forderungskatalog an Politiker, wie man in der Bundesrepublik Deutschland durch Veränderungen am Steuersystem die soziale Ungleichheit mildern könnte!

29. Entscheiden Sie, welche der nachfolgenden staatlichen Maßnahmen nicht primär der Verteilungspolitik zuzuordnen ist!

① Der Staat zahlt an Unternehmen eine Investitionszulage.
② Die Bundesregierung beschließt die Wiedereinführung einer Vermögensteuer.
③ Die Erbschaftsteuer wird erhöht.
④ Für kinderreiche Familien soll die Einkommensteuer spürbar gesenkt werden.
⑤ Der Sparerpauschbetrag wird gekürzt.

30. Prüfen Sie, welche der nachfolgenden steuerpolitischen Maßnahmen mehr dem Leistungs- als dem Bedarfsprinzip folgt!

① Der Eingangssteuersatz wird deutlich gesenkt.
② Die steuerfreien Grundfreibeträge werden angehoben.
③ Überstunden sollen künftig steuerlich begünstigt werden.
④ Der Kinderfreibetrag wird erhöht.
⑤ Der Katalog der steuerlich anrechenbaren außergewöhnlichen Belastungen wird ausgeweitet.

Handlungssituation 12

Jakob, Antonia und Luisa besuchen seit nunmehr fast drei Jahren ein Gymnasium in Hannover. Nachdem es am frühen Montagmorgen kurz vor Unterrichtsbeginn bereits eine kleinere verbale Auseinandersetzung zwischen Jakob und Antonia gegeben hatte, setzt sich diese im Anschluss an die ersten beiden Stunden auf dem Pausenhof fort.

Als die Angelegenheit etwas heftiger wird, geht Luisa, die mit beiden befreundet ist, auf Jakob und Antonia zu und fragt nach, warum sie sich streiten. Jakob ist es leid, dass Antonia sich ständig abfällig über ihn äußert. Antonia hat Jakob heute Morgen gesagt, er solle sich langsam mal etwas Vernünftiges zum Anziehen kaufen, zumindest jedoch mal öfter die Kleidung wechseln. Ihr sei aufgefallen, dass er die ganze Zeit auf dem Gymnasium fast immer die gleichen Schuhe und die gleiche Jacke trägt. Auch bei Hosen und Oberbekleidung hätte sich da in all der Zeit nicht viel getan. Für sie sei das umso merkwürdiger, da Jakob doch aus einer Familie kommt, der es finanziell ziemlich gut geht. Aber irgendwie passe seine Kleidung auch zu seinem übrigen merkwürdigen Kaufverhalten. So sei ihr nämlich schon über einen längeren Zeitraum aufgefallen, dass Jakob beispielsweise kein Obst aus Übersee essen und auch niemals mit dem Flugzeug verreisen würde.

Luisa versucht Antonia klar zu machen, dass das doch ganz allein Sache von Jakob sei. Außerdem könne man sich ja wohl dann auch über sie aufregen, da sie das krasse Gegenteil darstelle. Auf Nachfrage erläutert Luisa, dass es ja wohl wenig Jugendliche geben würde, die so häufig shoppen gehen wie Antonia. Man könnte fast den Eindruck bekommen, dass sie niemals etwas zweimal angezogen habe und der begehbare Kleiderschrank, von dem sie so gerne erzählt, wohl aus allen Nähten platzen müsste. Wahrscheinlich habe sie sogar haufenweise Klamotten eingekauft, die noch unbenutzt in irgendwelchen Plastiktüten vergeblich darauf warten, endlich einmal ausgepackt und angezogen zu werden. Die würden dann wohl bei der nächsten Aufräumaktion einfach im Altkleidersack landen und das sei ja auch nicht ganz normal.

Jetzt meldet sich Jakob zu Wort und möchte dem Streit ein Ende setzen. Er schildert, dass er und seine Familie sich schon seit einigen Jahren aus tiefster Überzeugung mit dem Thema Nachhaltigkeit beschäftigen. Dies sei ihnen insbesondere vor dem Hintergrund der Globalisierung und deren umweltbezogenen Folgen, aber noch viel mehr mit Blick auf den Schutz der Natur sehr wichtig.

Während Antonia ihn fragend anschaut, erklärt Jakob: „Wir alle treffen Tag für Tag Konsumentscheidungen, mit denen wir – bewusst oder unbewusst – Einfluss auf Unternehmen und ihre Wertschöpfungsketten nehmen. Somit verfügen wir in unserer Rolle als Konsument über eine große strategische Macht über den Verbrauch vieler natürlicher Ressourcen und Energie. Da die Nutzung dieser Ressourcen schon aktuell in vielen Bereichen die Aufnahmekapazität unseres Planeten deutlich übersteigt, sollten wir diese Macht als Konsumenten bei unseren Entscheidungen bewusster nutzen. Denn wenn wir unsere Lebensqualität halten und die Verantwortung sowohl für zukünftige Generationen als auch global wahrnehmen wollen, muss unser Konsum umwelt- und sozialverträglicher und somit nachhaltiger ausfallen. Diese Forderung ist schließlich ein zentraler Teil der Agenda 2030 der Vereinten Nationen und wurde durch die Bundesregierung in das Nationale Programm für nachhaltigen Konsum umgesetzt. Dieses Programm soll einen Beitrag leisten, unsere Konsummuster zu überdenken und unseren Lebensstil mit den planetaren Grenzen in Einklang zu bringen.

Im Rahmen dieses Programms zeigt die Bundesregierung viele Ansätze auf, wie wir sehr konkret in vielen Lebensbereichen unser Konsumverhalten mit Blick auf die gebotene Nachhaltigkeit verändern können."

Nachdem Antonia offensichtlich nur „Bahnhof" verstanden hat, verspricht ihr Jakob, dass er ihr hierzu eine Information – speziell was das Kaufverhalten von Bekleidung anbelangt – mitbringen wird. Am nächsten Morgen überreicht Jakob seiner Mitschülerin folgenden Ausschnitt aus dem Nationalen Programm der Bundesregierung für nachhaltigen Konsum.

4.5 Bekleidung

Relevanz des Bereichs Bekleidung für einen nachhaltigen Konsum

Infolge der Verlagerung der heimischen Textilindustrie ins Ausland wird inzwischen ein Großteil der in Deutschland konsumierten Kleidung importiert. Die Umweltwirkungen, bezogen auf das Produkt, seine Herstellung, Nutzung, Verwertung und Entsorgung, können dabei erheblich sein, zum Beispiel aufgrund des Einsatzes gefährlicher Chemikalien, des Verbrauchs von Energie, der Übernutzung von Wasser sowie der wachsenden Abfallmengen in der textilen Kette. [. . .]

Die starken globalen Verflechtungen machen die Kontrolle von Umweltauflagen und Arbeitsrechten komplex und schwierig.

Prozessstufen der Textilherstellung, die besonders starke Belastungen für die Umwelt hervorrufen, sind Anbau und Produktion der Rohfasern sowie die Textilveredlung.

Bei der Primärproduktion von Naturfasern werden Pflanzenschutz- und Düngemittel in großer Menge eingesetzt. Auch der hohe Verbrauch von Wasser (zum Beispiel 3.600 bis 26.900 Kubikmeter Wasser pro Tonne Baumwolle) und anderen Ressourcen belastet die Umwelt. Die Produktion von Chemiefasern verbraucht nichterneuerbare Ressourcen zum einen als Rohstoff und zum anderen für die Erzeugung von Prozesswärme. [. . .]

Entscheidend für die Umwelt ist auch die Menge an Textilien, die pro Person konsumiert wird. Jedes Bekleidungsstück, das gekauft wird und kurze Zeit später – schlimmstenfalls ungetragen – wieder aussortiert wird, belastet die Umwelt unnötig.

Soziale und ökologische Aspekte spielen für die Nachhaltigkeit der textilen Kette eine große Rolle. Sie beziehen sich beispielsweise auf den Pflanzenschutzmitteleinsatz beim Baumwollanbau und den damit verbundenen gesundheitlichen Risiken, die Konkurrenz um Ressourcen, vor allem beim Wasserverbrauch im Baumwollanbau, sowie die häufig prekären Arbeitsbedingungen in der Textilverarbeitung. [. . .]

Hemmnisse für nachhaltigere Konsumweisen im Bereich Bekleidung

Die Nachhaltigkeitsherausforderungen der textilen Kette sind bislang im Verbraucherbewusstsein wenig verankert. [. . .] Eine Vielzahl von Produktlabels, die die Verbraucherinnen und Verbraucher über die Nachhaltigkeitseigenschaften von Textilien und Bekleidung informieren sollen, greift dieses Informationsdefizit bereits auf. Die Menge der Kennzeichen und deren unterschiedliche Ansätze erschweren jedoch die Orientierung. Auch ist das Angebot an nachhaltig produzierter Bekleidung, welche sowohl ökologischen als auch sozialen Standards entspricht, gemessen am Gesamtangebot bislang gering. [. . .]

Bei der Entsorgung wird regelmäßig von der Altkleidersammlung und von Secondhand-Optionen Gebrauch gemacht oder sie erfolgt über den Hausmüll, allerdings weitgehend ohne Kenntnis der weiteren Verwendungs- oder Entsorgungswege. Ein Unterschied zwischen der Wiederverwendung von Kleidung und dem Textilrecycling ist kaum bewusst. [. . .] Ware, die in gutem Zustand ist, kann als Altkleidung weiterverwendet werden, während Kleidung, die nicht weitervermarktet werden kann, zu Putzlappen, Dämmmaterial, Recyclingfasern oder Ähnlichem weiterverarbeitet wird.

Politik für einen nachhaltigen Bekleidungskonsum

Nachhaltigkeit im Bekleidungskonsum in Deutschland bedeutet insbesondere, die absolute Konsummenge durch eine längere Nutzung von Kleidungsstücken zu verringern und zudem den Anteil von nachhaltig produzierten Textilien am gesamten Bekleidungsmarkt zu erhöhen. Beides reduziert die Ressourceninanspruchnahme, die Abfallmengen und die sozialen Probleme in diesem Sektor.

Schaffung eines Bewusstseins für nachhaltigen Bekleidungskonsum

Vor dem dargestellten Hintergrund ist es daher von besonderer Bedeutung, ein Bewusstsein für nachhaltigen Bekleidungskonsum bei Verbraucherinnen und Verbrauchern zu schaffen und die Ausweitung von nachhaltigen Produkt- beziehungsweise Verhaltensalternativen zu unterstützen.

Quelle: Nationales Programm für nachhaltigen Konsum – Gesellschaftlicher Wandel durch einen nachhaltigen Lebensstil, Bundesregierung, Berlin 2017.

Kompetenzorientierte Arbeitsaufträge:

1. Markieren Sie zunächst die Begriffe, deren Verständnis Ihnen Probleme bereitet. Recherchieren Sie – eventuell unter Zuhilfenahme des Internets – anschließend die Bedeutung dieser Begriffe!
2. Erläutern Sie, was man unter dem Prinzip der Nachhaltigkeit versteht! Gehen Sie dabei auch auf die von Jakob erwähnte Agenda 2030 ein (falls erforderlich mittels entsprechender Internetrecherche)!
3. Beschreiben Sie, inwiefern die von der Bundesregierung geforderte Nachhaltigkeit beim Konsum bisher Ihre persönlichen Kaufentscheidungen beeinflusst hat!
4. Erläutern Sie, in welchen Lebensbereichen des Konsums Sie künftig am ehesten bereit wären, Ihre Konsumentscheidungen auch an dem Gesichtspunkt der Nachhaltigkeit zu orientieren!
5. Beurteilen Sie die Wahrscheinlichkeit, dass die Konsumenten in Deutschland auf der Grundlage der Agenda 2030 in den nächsten Jahren ihr Konsumverhalten freiwillig sukzessive an der geforderten Nachhaltigkeit ausrichten! Gehen Sie hierbei auch auf die Bereiche ein, in denen für Sie eine derartige Verhaltensveränderung am ehesten vorstellbar erscheinen!
6. **Maßnahmenplan**

   Falls im Laufe der nächsten Jahre in Deutschland die im Rahmen der Agenda 2030 angestrebten Ziele absehbar nicht erreicht werden, müsste die Bundesregierung entsprechend handeln. Entwickeln Sie einen Maßnahmenplan, wie ein solches Eingreifen der Bundesregierung aussehen könnte und beurteilen Sie Ihre Vorschläge hinsichtlich einer möglichen Reaktion der Bevölkerung!
7. **Projektvorschlag mit regionalem Bezug**

   Bereiten Sie in Kleingruppen Referate vor, in denen über ganz praktische und relativ einfache Möglichkeiten informiert wird, wie man im Rahmen des täglichen Konsums das Prinzip der Nachhaltigkeit umsetzen kann!

   Je nach individueller Interessenlage der Gruppe, sind beispielsweise folgende Themenblöcke denkbar:

   - Ernährung,
   - Bekleidung,
   - Mobilität.
   - Wohnen und Haushalt,
   - Freizeit und Tourismus,

   Wenn Sie zudem Ihre eigenen Vorschläge für einen gewissen Zeitraum (z. B. zwei Wochen) selbst einmal ausprobieren, können Sie Ihren Mitschülerinnen und Mitschülern von Ihren persönlichen Erfahrungen mit der Umsetzung im Alltag berichten.

   Hinweis: Ziehen Sie zur einleitenden Vorbereitung Ihres Referats die im Internet verfügbare Broschüre „Nationales Programm für nachhaltigen Konsum – Gesellschaftlicher Wandel durch einen nachhaltigen Lebensstil, Bundesregierung, Berlin 2017" als Literaturquelle heran!

1 Ökonomie und Ökologie – keine Gegensätze

Wirtschaftswachstum für mehr Beschäftigung und verstärkte Anstrengungen für mehr **Umweltschutz** schließen einander nicht aus. Indes gibt es auch **keine automatische Harmonie** zwischen beiden Zielen, wie der aus der Vergangenheit überkommene hohe Schadensstand in vielen Bereichen der Umwelt zeigt. Gerade um die ökologischen Voraussetzungen für eine dauerhafte Wachstums- und Beschäftigungsdynamik zu erhalten, muss sich der Wachstumspfad **umweltverträglich** entwickeln.

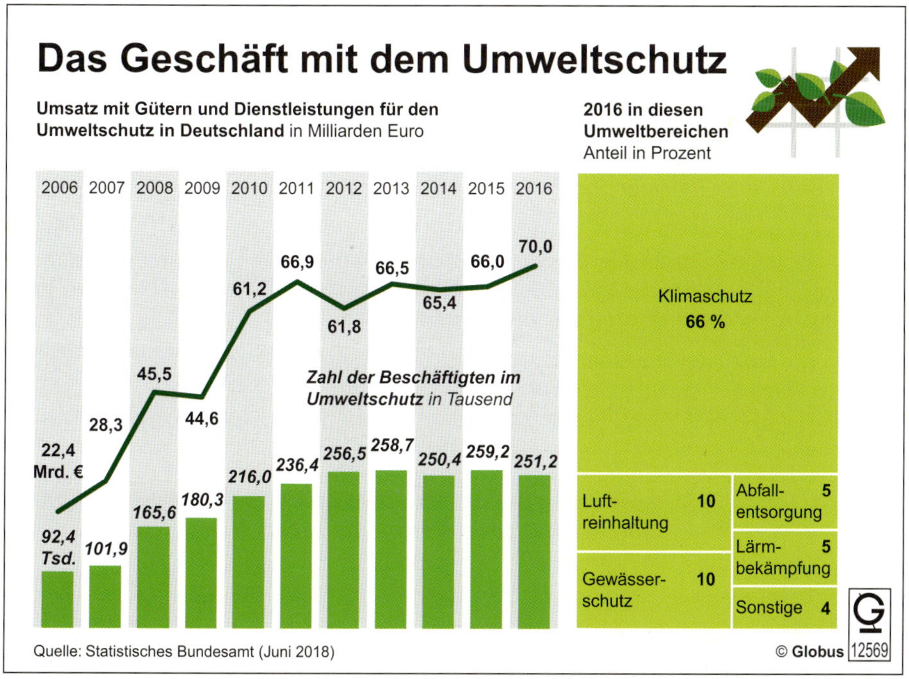

Dies muss **nicht** zu Einbußen im Niveau der wirtschaftlichen Aktivitäten führen; nur eine Mischung fällt stärker zugunsten von Umweltgütern wie frischer Luft, sauberem Wasser, gesunden Böden und einem stabilen Klima aus. Gleichzeitig muss jedoch mehr Umweltschutz möglichst **kostengünstig** erbracht werden. Es bedarf deshalb im Rahmen der Umweltpolitik für einzelne Umweltziele einer sorgfältigen Prüfung, mit welchem Instrument oder mit welcher Kombination von **Instrumenten** – z. B. Ordnungsrecht, Abgaben, Steuern oder Lizenzen – das **gewünschte Ziel mit dem geringsten Aufwand** erreicht wird (Minimalprinzip).

Die Verwirklichung wichtiger ökologischer Ziele ist oftmals im nationalen Alleingang – bedingt durch die an den Landesgrenzen endende Zuständigkeit – weder möglich noch Erfolg versprechend. Hierzu gehört z. B. der Klimaschutz.

Dabei steht außer Frage, dass die **Industrieländer** eine **besondere Verantwortung** für eine Reduzierung der weltweiten Umweltbelastungen haben, da sie für den Großteil der weltwirtschaftlichen Produktion verantwortlich sind. Würde man nämlich den Ressourcenverbrauch der Industrieländer auf die Entwicklungsländer übertragen, so würde dies zum **Kollaps der Öko-Systeme** der Welt führen.

Vor diesem Hintergrund stehen die Industrieländer in der Pflicht, ihre **ressourcenintensive** und **umweltbelastende Lebens- und Wirtschaftsweise** umzustrukturieren und mit den natürlichen Lebensgrundlagen in Einklang zu bringen. Nur eine derart **ökologische soziale Marktwirtschaft** in den Industrieländern kann gegenüber anderen Regionen der Welt ein ähnlich umweltverträgliches Wirtschaften einfordern.

2 Grundlagen der Umweltschutzpolitik

(1) Begriffe Emission und Immission

Bei der Produktion und dem Konsum von Gütern entstehen umweltbedeutsame **Emissionen,** d.h., es werden Belastungen unterschiedlicher Art (Schmutz, Lärm, Strahlen, Staub, Abgase usw.) an die sogenannten **Umweltmedien** Luft, Boden und Wasser abgegeben.

Inwieweit diese Emissionen allerdings zu **Immissionen** (negative Umwelteinwirkungen auf eine Stelle) führen und Schadenswirkungen bei Menschen, Tieren und Pflanzen hervorrufen, hängt von vielen Faktoren ab, wie beispielsweise:

- Stärke und Dauer der Emission,
- Verteilung der Emission (z.B. durch Wind),
- Selbstreinigungskraft der Natur (z.B. Zersetzung organischer Schadstoffe in Gewässern durch Bakterien).

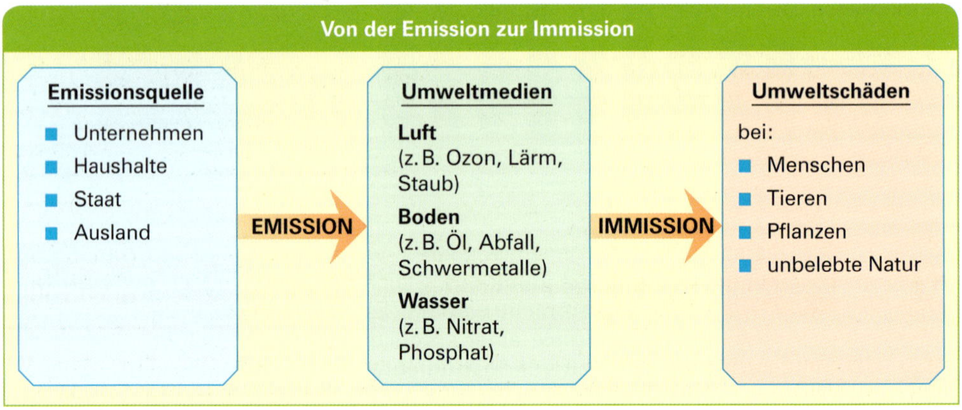

(2) Wirkung von Umweltbelastungen

Wie die Vergangenheit gezeigt hat, wurden – trotz der (teilweise) bekannten negativen Wirkungsketten von Umweltbelastungen – enorme Emissionsmengen an die Umwelt abgegeben, sodass auch mit Blick auf die nur **beschränkte Selbstreinigungskraft der Natur** die Umweltschäden (z.B. Waldsterben durch sauren Regen, Klimaveränderungen aufgrund der stratosphärischen Verringerung der Ozonschicht) und die damit verbundenen Negativwirkungen auf Mensch und Natur drastisch zunahmen.

Durch welche Umwelteinflüsse die Menschen gesundheitlich beeinträchtigt werden, zeigt nachfolgende Abbildung.

Nach dem Stand der Klimaforschung gilt es als sehr wahrscheinlich, dass der anthropogene, d. h. durch den Menschen verursachte Treibhauseffekt unsere Lebenswelt ganz erheblich schädigen wird. So muss damit gerechnet werden, dass, bedingt durch die Erderwärmung, der Meeresspiegel bis zum Jahr 2100 um 10 bis 90 cm ansteigt. Dies wird die Überflutung ganzer Inselstaaten und zahlreicher Küstenregionen zur Folge haben. Durch die Veränderung der Niederschläge und Verdunstungsverhältnisse wird es wahrscheinlich zu einer zunehmenden Austrocknung der Böden sowie zu einem spürbaren Rückgang der Nahrungsmittelproduktion kommen. Davon werden vor allem Entwickungsländer betroffen sein, die ohnehin schon größte Schwierigkeiten bei der Nahrungsmittelversorgung haben. Nicht zuletzt werden mit der Klimaerwärmung auch Tropenkrankheiten in neue Regionen vordringen können.

(3) Hauptursache für die Umweltbelastung

Die **wesentliche Ursache** für die Umweltbelastung liegt darin, dass im Umweltbereich **Wettbewerbsversagen fundamentaler Art** wegen der sogenannten **externen Effekte** vorliegt.

Externe Effekte sind **direkte Einwirkungen,** die von **ökonomischen** Aktivitäten (Produktion oder Konsum) von einer Wirtschaftseinheit auf die andere ausgehen, die **nicht** über das **Preissystem** erfasst werden und auch **nicht** in die **Rechnung** des Verursachers mit eingehen.

Derartige Effekte liegen immer dann vor, wenn durch die Produktion bzw. den Konsum von Wirtschaftseinheiten anderen Wirtschaftssubjekten **Vorteile** (externe Erträge) oder **Nachteile** (externe Kosten) entstehen.

Beispiele:

Externe Erträge: Erholungsgebiet nach Anlage eines Stausees zur Energieerzeugung, durch die Produktion von Honig wird der Obstanbau begünstigt.

Externe Kosten: Durch Produktionsprozesse der chemischen Industrie wird CO_2 ausgestoßen, ein Sägewerk verursacht erhebliche Lärmemissionen.

Als Folge dieser externen Effekte stimmen die **einzel- und volkswirtschaftlichen** Ertrags- bzw. Kostenrechnungen ökonomischer Aktivitäten **nicht überein.**

- So sind bei externen Erträgen die privaten Erträge des „Verursachers" geringer als die gesamtwirtschaftlichen (sozialen Erträge),
- wohingegen bei negativen Effekten der Verursacher gesamtwirtschaftlich relevante Kosten (soziale Kosten) bewirkt, die nicht in seiner privaten Kostenrechnung erscheinen.

Aufgabe der Politik wäre es nunmehr, diese externen Effekte möglichst zu **neutralisieren** und dem **Verursacher** entsprechend **zuzuschreiben.**

Von besonderer Bedeutung sind vor allem die negativen externen Effekte, auch **externe Kosten** genannt.

Der Hauptgrund für die Nichterfassung dieser externen Kosten ist darin zu sehen, dass die Nutzung des weitgehend **„freien Gutes"** Umwelt keinen Preis hat und das Marktsystem somit auch nicht die Knappheit dieses Gutes signalisiert. Vor diesem Hintergrund lenken die Marktsignale die Produzenten und Konsumenten in die falsche Richtung; der **marktwirtschaftliche Selbststeuerungsmechanismus versagt.** Als Folge dieser externen Effekte werden beispielsweise umweltbelastende Güter mit zu niedrigen Preisen kalkuliert und angeboten, als dies bei Belastung mit allen durch sie verursachten Kosten – also beispielsweise inklusive der für die Beseitigung der mit ihrer Produktion bzw. mit ihrem Konsum verbundenen Umweltschäden – der Fall wäre. Durch diese verzerrte Preisbildung tritt bei zu hoher Produktion von Umweltproblemgütern eine **Fehlsteuerung von Produktion und Verbrauch** auf, die mit entsprechenden Umweltschäden verbunden ist.

(4) Internalisierung von externen Effekten im Rahmen der Umweltpolitik

Da die natürliche Umwelt ein lebenswichtiges, aber auch knappes Gut ist, muss sie bewirtschaftet werden, ihre „Inanspruchnahme" also über den Preis am Markt Berücksichtigung finden. Die Aufgabe des Staates im Rahmen der Umweltpolitik besteht nunmehr darin, diesen „Defekt des Selbststeuerungsmechanismus" zu korrigieren; denn solange der Staat als **„Anwalt der Umwelt"** nicht eingreift, bleiben die externen Kosten unberücksichtigt. Ziel dieser Politik ist also die **Internalisierung der externen Effekte,** d. h., die Wirtschaftsrechnung muss **vervollständigt** werden, mit der Folge, dass die Marktsteuerung wieder funktioniert.

Die nachfolgende Abbildung dient im Sinne eines **Modells** der Veranschaulichung der wichtigsten Wirkungszusammenhänge für eine **effiziente Umweltschutzpolitik** zur Internalisierung der externen Effekte.

Modell einer effizienten Umweltschutzpolitik

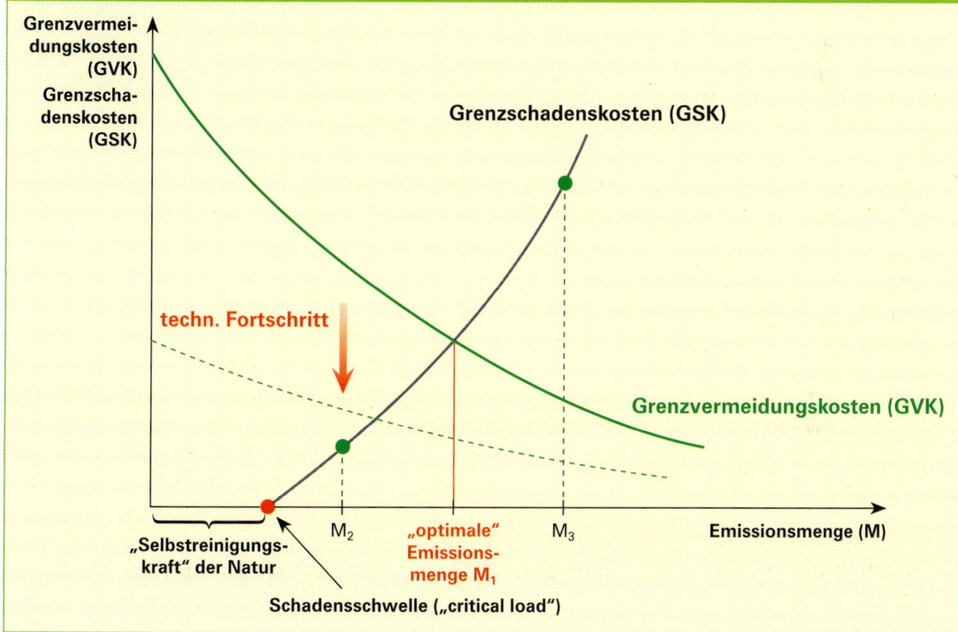

Erläuterungen:

- Wie die Abbildung verdeutlicht, ist eine gewisse Emissionsmenge durchaus unbedenklich, da sie von der **Natur** weitestgehend auf natürlichem Wege abgebaut werden kann und somit **keine nachhaltigen** Schäden entstehen.
- Eine Verhinderung von Umweltbelastung ist bei derart geringen Emissionen nicht erforderlich und würde den volkswirtschaftlichen Wohlstand **unnötig reduzieren.**
- Wird allerdings die sogenannte **„Schadensschwelle"** überschritten, kommt es zu ersten Umweltschäden und somit auch zu Belastungen der einzelnen Wirtschaftseinheiten. Mit jeder zusätzlichen Emissionseinheit steigt nun der hierdurch entstehende Schaden **überproportional** an, sodass die Entwicklung des **Grenzschadens** (Schaden, der durch die letzte Emissionseinheit entsteht) den in der Abbildung dargestellten Verlauf nimmt. Die überdurchschnittliche

Zunahme der Umweltschäden mit fortschreitender Ausweitung der Emission ist unter anderem darauf zurückzuführen, dass der Verzicht auf das immer knapper werdende Gut „saubere Umwelt" als **Opportunitätskosten** für umweltschädigende Produktion zunehmend schwerer fällt.

Die Vermeidung von Emission bei der Produktion ist mit Kosten verbunden. Durch den Einsatz von Vermeidungstechnologie stehen die hierfür benötigten Produktionsfaktoren nicht mehr für andere Produktionsprozesse zur Verfügung.

Unter den **Grenzvermeidungskosten** versteht man also die Kosten, die anfallen, um **eine** weitere Emissionseinheit durch den Einsatz entsprechender **Vermeidungstechnologie** zu verhindern.

Mit zunehmender Vermeidung wird es immer schwieriger, auch die letzten kleinen Emissionen einzustellen. Dies erfordert den Einsatz einer überdurchschnittlichen Menge an Produktionsfaktoren, sodass die Kosten mit abnehmender Emission überdurchschnittlich ansteigen. Auf **lange** Sicht betrachtet, dürften die Grenzvermeidungskosten mit zunehmendem **technischem Fortschritt** sinken; die Kurve der Grenzvermeidungskosten verlagert sich nach **unten.**

Aus **gesamtwirtschaftlicher Sicht** wäre die Emissionsmenge anzustreben, bei der die Grenzvermeidungskosten und die Grenzschadenskosten **gleich** hoch sind. Wird in einer Volkswirtschaft beispielsweise die Menge $\mathbf{M_2}$ (vgl. voranstehende Abbildung) emittiert, so sind die **Grenzvermeidungskosten größer** als die durch die Emission entstehenden **Grenzschadenskosten.** Zur Steigerung des Wohlstandes einer Volkswirtschaft wäre es im Sinne einer gesamtwirtschaftlichen **Wohlstandsmaximierung** durchaus geboten, die Emissionsmenge bis zur Menge M_1 auszuweiten, wodurch die volkswirtschaftlichen Gesamtkosten abnehmen.

Würde in einer Volkswirtschaft hingegen die Menge $\mathbf{M_3}$ emittiert, so wäre unter dem Aspekt der **Minimierung der volkswirtschaftlichen Gesamtkosten** von Emissionen eine Reduzierung der Umweltbelastung ratsam, da die **Grenzschadenskosten größer** sind als die **Grenzvermeidungskosten.** Eine Verringerung der Emissionsmenge M_3 bis hin zu dem Emissionsniveau M_1 ist also mit geringeren Gesamtkosten verbunden als die durch die zu hohe Emission anfallenden Schadenskosten.

Die Emissionsmenge M_1 gibt also die Emissionsmenge an, bei der die volkswirtschaftlichen Gesamtkosten von Emissionen **minimal** sind, sodass an dieser Stelle das **Wohlstandsoptimum** erreicht wird. An dieser Stelle sind die Grenzvermeidungskosten und Grenzschadenskosten **gleich hoch.** Jede andere Emissionsmenge würde zu einer **weniger günstigen** Kostenkonstellation führen.

Hinweis:

Das vorangestellte Modell kann lediglich **Orientierungshinweise** für eine effiziente Umweltschutzpolitik geben; konkrete Handlungsempfehlungen für die **praktische Politik** können nicht abgeleitet werden, da es mit zu vielen **Unsicherheiten** behaftet ist. Zu nennen ist in diesem Zusammenhang u. a., dass die konkreten Grenzschadenskosten in erster Linie von der Art der Umweltbelastung abhängig sind.

(5) Prinzipien der Umweltpolitik

Zur Orientierung für die Umweltpolitik sollten bestimmte **Prinzipien** beachtet werden:

Prinzipien	Erläuterungen	Beispiele
Verursacher-prinzip	Dem **Verursacherprinzip** folgend müssen also die Kosten für die Vermeidung oder Beseitigung der Umweltbelastung demjenigen zugerechnet werden, der für die Entstehung dieser Belastung verantwortlich ist. Durch diese Zurechnung der Kosten werden umweltbelastende Güter nicht mehr mit zu niedrigen Preisen kalkuliert und angeboten, wodurch eine Fehlsteuerung von Produktion und Konsum vermieden wird. Die Internalisierung externer Effekte ist jedoch sehr problematisch, da beispielsweise der „Verursacher" der Umweltbelastung nicht immer eindeutig identifiziert werden kann.	Das Verpackungsgesetz (VerpackG) sieht eine Entsorgungspflicht für Verpackungen vor. So sind Hersteller, Großhändler und Einzelhändler verpflichtet, ihre Verpackungen entweder erneut zu verwenden oder zu entsorgen (z. B. durch das Duale System). Dadurch ist es ihnen nicht möglich, die Entsorgungskosten zu „externalisieren", d. h. von der „Außenwelt" (der Gesellschaft) tragen zu lassen. Mit der gesetzlichen Entsorgungspflicht werden die Kosten „internalisiert", d. h., die Kosten erscheinen in den Kalkulationen der Unternehmen.
Gemeinlast-prinzip	Neben dem Verursacherprinzip spielt auch das **Gemeinlastprinzip** eine wichtige Rolle. Kann z. B. der Verursacher der Umweltbelastung nicht ausgemacht werden oder ist schnelles Handeln erforderlich, da Gefahren für Leib und Leben bestehen, so ist staatliches Handeln notwendig, d. h., die Gemeinschaft muss für die Beseitigung der Umweltschäden aufkommen.	Zum Einsatz kommt dieses Prinzip immer dann, wenn es gilt, Gefahren für die Allgemeinheit abzuwehren. Dies ist beispielsweise dann der Fall, wenn illegal im öffentlichen Raum abgestellte gefährliche Altlasten dringend entsorgt werden müssen und man den Verursacher nicht sofort ermitteln kann.
Vorsorge-prinzip	Das **Vorsorgeprinzip** sollte im Rahmen der Umweltpolitik eine tragende Rolle spielen. Der Kern dieses Prinzips besteht darin, dass es im Rahmen der Umweltpolitik nicht nur um die Beseitigung von Umweltschäden gehen darf, sondern dass vielmehr Umweltbelastungen im Vorfeld zu vermeiden sind.	Bereits in der Planungsphase privater und öffentlicher Maßnahmen (z. B. Bauplanungen) prüfen staatliche Behörden, ob bei den zu genehmigenden Projekten schädliche Immissionen (Einwirkungen auf Pflanzen, Tiere und Menschen) zu erwarten sind (Umweltverträglichkeitsprüfung).

3 Instrumente und Maßnahmen der Umweltpolitik

Umweltschutz ist letzten Endes gerichtet auf Art und Ausmaß des **Abbaus** natürlicher Ressourcen, der Umweltbelastung durch Produktions- und Konsumrückstände und der Regeneration der natürlichen Umwelt.

Hierzu stehen dem Staat als **Träger der Umweltpolitik** verschiedene Instrumente zur Verfügung, die sich zunächst danach unterscheiden lassen, ob der Staat

- die Beseitigung von Schadstoffen selbst vornimmt
- oder seinen Politikschwerpunkt eher darauf verlagert, Einfluss auf die privaten Wirtschaftseinheiten zu nehmen, um Verschmutzen von Umwelt möglichst zu vermeiden.

3.1 Staatliche Beseitigung von Schadstoffen

Bei der **direkten Staatsaktivität zur Beseitigung von Schadstoffen** lässt der Staat die Verschmutzung der Umwelt zunächst zu. Bei diesem umweltpolitischen Instrument beschränkt sich die Zielsetzung der Umweltpolitik also lediglich darauf, **entstandene Belastung** im Nachhinein zu **beseitigen.** Eine **ursachenadäquate** Umweltpolitik, die eine Umweltbelastung verhindert, findet **nicht** statt.

Beispiele:

- Schadstoffbeseitigung durch den Staat (kommunale Kläranlagen, Endlagerung von Atombrennstäben) oder
- Wiederaufbereitung verbrauchter Güter (Recycling).

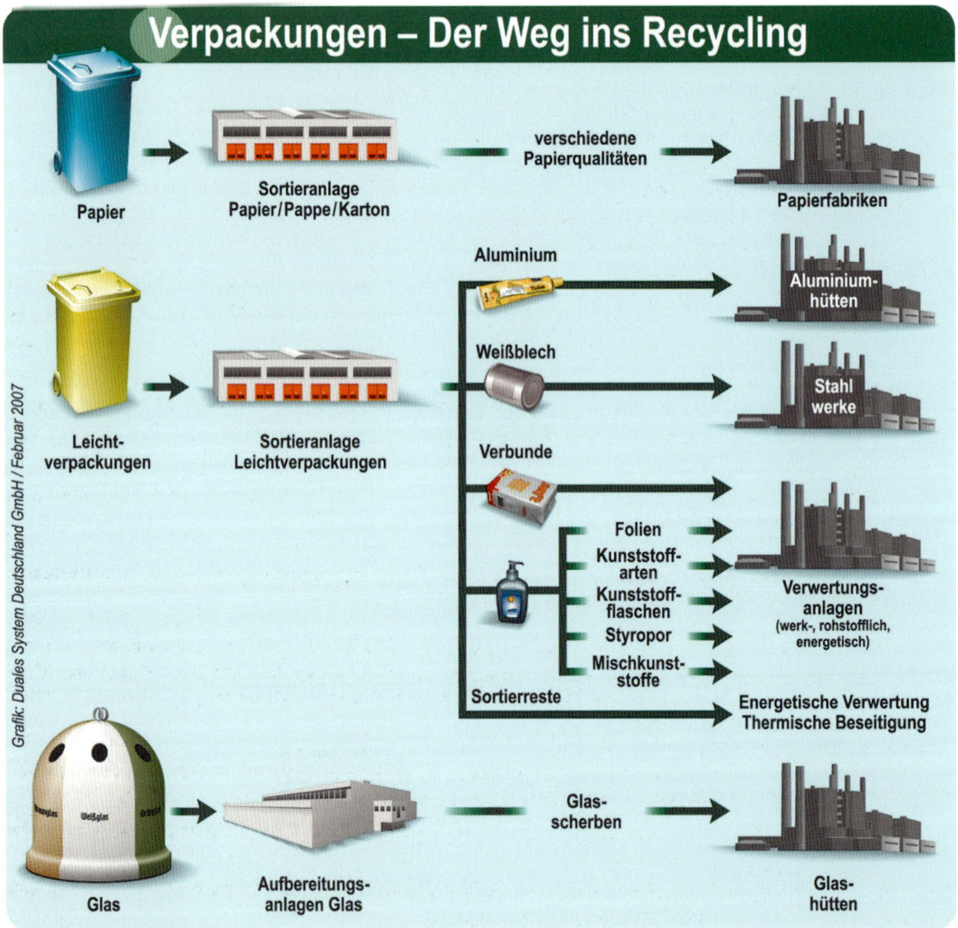

Quelle: http:/www.gruener-punkt.de

3.2 Einflussnahme des Staates auf private Wirtschaftseinheiten

Liegt der Schwerpunkt staatlicher Umweltpolitik hingegen auf der Einflussnahme des Staates auf private Wirtschaftssubjekte, so stehen ihm verschiedene Instrumente zur Verfügung, die sich nach der **Stärke** ihrer **Eingriffsintensität** unterscheiden lassen.

3.2.1 Aufklärung

Bei der Aufklärung handelt es sich um das umweltpolitische Instrument mit der **geringsten Eingriffsintensität.**

Information	Im Rahmen der **Information** zeigt der Staat den privaten Wirtschaftssubjekten lediglich Möglichkeiten auf, wie Umweltbelastungen vermieden werden können. Als Informationskanal stehen ihm unterschiedliche Wege zur Verfügung, z. B. Informationsbroschüren, Informationsveranstaltungen oder Fernsehsendungen.
Apelle	Die staatlichen **Appelle** gehen über die bloße Information hinaus. Hierdurch versucht der Staat über öffentliche Appelle (auch **„moral suasion"** genannt) gezielt das Verantwortungsbewusstsein der privaten Wirtschaftseinheiten anzusprechen und das Umweltbewusstsein zu stärken.

3.2.2 Anreize

Da bloße Aufklärung häufig bei den nach dem ökonomischen Prinzip handelnden Wirtschaftssubjekten wenig bewirkt, versucht der Staat, die Wirtschaftssubjekte durch **finanzielle** Anreize dazu zu veranlassen, Umweltschutz zu betreiben. Dies kann entweder in Form von staatlichen **Preisvorgaben** (Abgaben und Subventionen) oder staatlichen **Mengenvorgaben** (Umweltmärkte) erfolgen. Bei den **Abgaben und Steuern** gibt der Staat **Preise vor,** die **Emissionsmengen** ergeben sich dann als **Folge** dieser Preise im Zeitverlauf. Bei dem **Emissionshandel** legt der Staat die Emissionsmengen fest, für die sich dann ein Preis über den Markt bildet.

3.2.2.1 Abgaben und Subventionen

Bei den **Abgaben** – beispielsweise in Form von Steuern oder Sonderabgaben – soll derjenige **„bestraft"** werden, der die Umwelt belastet.

So müssen diejenigen Wirtschaftseinheiten eine finanzielle Entschädigung zahlen, die Emissionen an die Umwelt abgeben. Hierdurch soll für die Wirtschaftseinheiten ein Anreiz geschaffen werden, Emissionen zu vermeiden, um die ansonsten zu zahlenden Abgaben einzusparen.

Der Anreiz **wirkt allerdings nur** bei den Wirtschaftseinheiten, bei denen die **Kosten für die Vermeidung geringer** sind **als die zu zahlenden Abgaben.**

Durch die **Subventionen** wird zwar das gleiche Ziel wie durch die Abgaben angestrebt, der Ansatzpunkt hingegen ist ein anderer.

> Durch **Subventionen** soll derjenige **„belohnt"** werden, der keine (oder nur geringe) Schadstoffe bei der Produktion bzw. dem Konsum von Gütern emittiert.

Diesen finanziellen Anreiz in Form der Subvention werden jedoch in aller Regel nur diejenigen Wirtschaftseinheiten in Anspruch nehmen, bei denen die **Kosten für die Anschaffung** der „Vermeidungstechnologie" die in Aussicht gestellte **Subvention nicht überschreiten.**

Die vorgenannten Zusammenhänge veranschaulicht nachfolgende Abbildung.

Steuerung der Emissionsmenge durch Abgaben bzw. Subventionen[1]

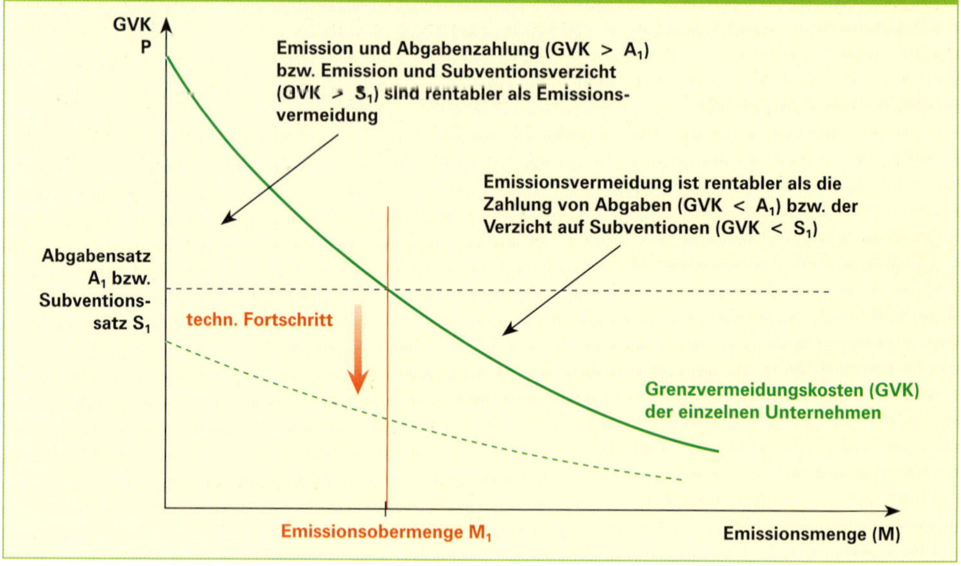

Als wesentlicher **Kritikpunkt** bei diesem Instrument der Umweltpolitik bleibt anzumerken, dass es vonseiten des Staates sehr schwierig sein dürfte, die Abgaben bzw. Subventionen **in der Höhe so festzulegen,** dass das angestrebte Umweltschutzziel auch tatsächlich erreicht wird. Werden die Abgaben bzw. Subventionen beispielsweise zu **niedrig** angesetzt, so wird das Umweltziel wegen der zu hohen Emissionsmenge verfehlt. Setzt man die finanziellen Anreize zu **hoch,** so wird der politisch angestrebte Umweltschutz zu teuer.

Zudem müssen die Abgaben und Subventionen fortlaufend sowohl an den **technischen Fortschritt** als auch an die **Inflation** angepasst werden.

3.2.2.2 Einrichtung von Umweltmärkten

Bei diesem Instrument der Umweltschutzpolitik setzt man konsequent auf die **marktwirtschaftlichen Selbststeuerungskräfte.**

1 Vgl. Bartling, H. und Luzius, F., Grundzüge der Volkswirtschaftslehre, 13., verbesserte und ergänzte Auflage, München 2000.

So darf die Umweltbelastung bei diesem Instrument nur gegen eine entsprechende „Berechtigung" in Form von **Umweltzertifikaten** vorgenommen werden.

Diese in begrenztem Umfang erhältlichen Nutzungsrechte könnten von einer **„Umweltbundesbank"** ausgegeben (entweder durch Gratisverteilung oder im Versteigerungsverfahren) und anschließend an einem Markt gehandelt werden, wobei zunächst für jeden „gehandelten Schadstoff" eine Emissionsmenge seitens des Staates festgelegt werden muss.

Durch den für die benötigten Emissionsberechtigungen von Schadstoffen nunmehr zu zahlenden Preis kann es bei entsprechend hohem Kurs dieser Zertifikate für viele Unternehmen unter Kostengesichtspunkten günstiger sein, die Produktion auf emissionsärmere Verfahren umzustellen oder die Emission gänzlich (z. B. Einbau von Filteranlagen) zu vermeiden (vgl. nachfolgende Abbildung). Sollte das Unternehmen bereits über Zertifikate verfügen, so könnten die dann nicht mehr benötigten Zertifikate am Markt verkauft werden.

Im **Gegensatz zu den Abgaben und Subventionen** muss der Staat bei diesem Instrument allerdings eine **Menge an Emissionen festlegen,** mit der dann in Form von Zertifikaten gehandelt werden kann. Der Preis für die Emission bildet sich dann als Folge der Mengenvorgabe im Zeitablauf am Markt.

Steuerung der Emissionsmenge durch die Einrichtung von Umweltmärkten (Zertifikatshandel)[1]

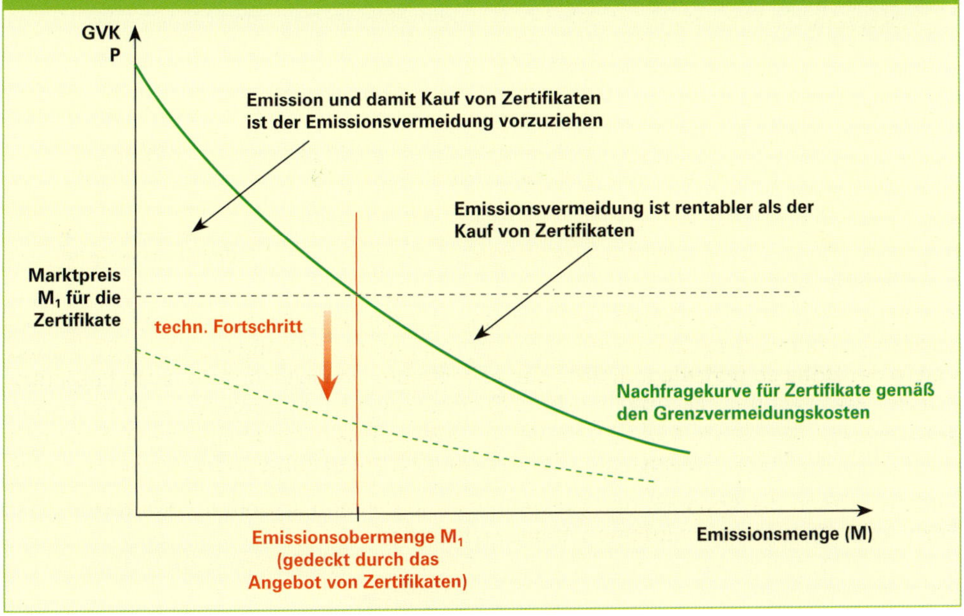

Dass allerdings auch dieses umweltpolitische Instrumentarium in der praktischen Umsetzung durchaus mit **Problemen** behaftet ist, verdeutlicht nachfolgender Artikel.

1 Vgl. Bartling, H. und Luzius, F., Grundzüge der Volkswirtschaftslehre, 13., verbesserte und ergänzte Auflage, München 2000.

EU-Umweltminister: Europa lässt den Emissionshandel scheitern

Die Umweltminister haben sich auf eine Reform des Emissionshandels geeinigt, doch ihr Beschluss kann das System nicht retten. Dabei gäbe es gute Möglichkeiten.

Das Emissionshandelssystem der Europäischen Union – abgekürzt EU ETS – war ein gutes und ambitioniertes Projekt einer explizit europäischen Klimapolitik. Erstmals versah es Treibhausgasemissionen in der ganzen EU mit einem einheitlichen Preis. Die Idee war, dadurch einen langfristigen Pfad zur Dekarbonisierung der europäischen Wirtschaft zu eröffnen. Doch davon ist kaum etwas übrig.

Statt den Ausstoß von Treibhausgasen zu mindern, zeigt der Emissionshandel nur noch an, dass es grundsätzlich zur Dekarbonisierung kommen muss – irgendwie und irgendwann, weit in der Zukunft. Die Emission von einer Tonne Kohlendioxid kostet derzeit etwa fünf Euro. Dieser Preis ist so niedrig, dass die Unternehmen sich dadurch so gut wie gar nicht veranlasst sehen, in klimafreundliche Technik zu investieren. Auch nach den Beschlüssen des Europäischen Parlaments und den heutigen Beratungen der EU-Umweltminister wird das ETS ein rein informationelles Instrument bleiben. Und das ist deutlich zu wenig.

Den Hintergrund für das aktuelle Niedrigpreisniveau bildet vor allem der massive Überschuss an Emissionsrechten, der sich über die Jahre aufgestaut hat. Knapp drei Milliarden Zertifikate sind derzeit mehr im System als für die jährlichen Emissionen der vom ETS erfassten Anlagen notwendig sind. [...]

Ohne deutliche Korrekturen am System kann so in überschaubarer Zeit keine Knappheit entstehen. Das heißt: Der Kohlendioxidpreis wird absehbar zu niedrig bleiben und damit praktisch nicht zu zusätzlichen Emissionsminderungen führen.

Quelle: http://www.zeit.de/wirtschaft/2017-02/eu-umweltminister-emissionshandel-barbara-hendricks-co2-ausstoss/komplettansicht [Zugriff am 28.09.2018].

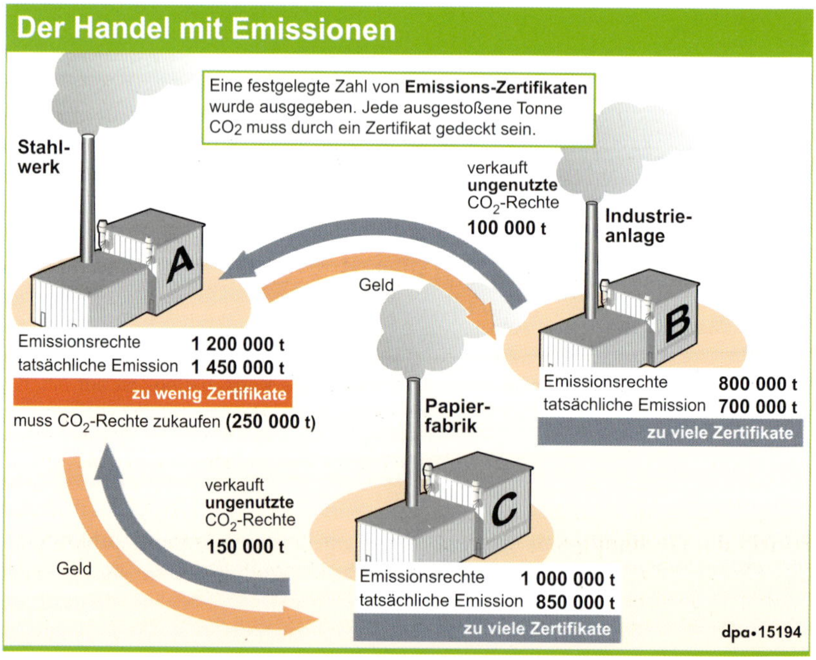

3.2.3 Zwang

Die **höchste Eingriffsintensität** besitzen die staatlichen Zwangsinstrumente, die entweder als Verbote oder Gebote formuliert sein können. Ihnen kommt heutzutage im Bereich des Umweltschutzes die **größte** Bedeutung zu, da ca. 90 % der Umweltpolitik in Deutschland auf Ordnungsrecht basiert.

Zwänge	Erläuterungen	Beispiele
Verbote	Bei den **Verboten** untersagt der Staat bestimmte Handlungen, wobei die Freiheitsgrade der Wirtschaftssubjekte im Vergleich zu den Geboten noch relativ hoch sind. Allgemein gilt: Alles, was nicht verboten ist, ist erlaubt, d. h., es besteht letztlich noch ein **Verhaltensspielraum.**	■ Verbot verschiedener Einwegprodukte aus Plastik wie z. B. Trinkhalme, Besteck, Teller, Wattestäbchen, Rührstäbchen für den Kaffee, Getränkeverpackungen aus erweitertem Polystyrol. ■ Verbot des Ausbringens von Herbiziden (Unkrautvernichtungsmitteln) auf befestigten oder versiegelten Flächen. ■ Regional vorhandene Verbote zum Ausbringen von Streusalz durch Privatpersonen auf deren Grundstücken bzw. entlang der Gehwege.
Gebote	Bei den **Geboten** sind die Wirtschaftssubjekte sehr eng gebunden. Der Staat erzwingt mit ihnen ein ganz bestimmtes Verhalten der Wirtschaftssubjekte.	■ Pflicht zum Einbau eines Katalysators für alle Autos mit Benzinmotor. ■ Stilllegung bzw. Nachrüstung mit Spezialfiltern von Kaminöfen, die älter als 30 Jahre sind.

4 Nachhaltiges Wirtschaften als zentrales Leitbild der Umweltschutzpolitik

4.1 Grundlagen des nachhaltigen Wirtschaftens

Bei dieser Art des Wirtschaftens geht es darum, dass die wirtschaftliche Entwicklung mit den ökologischen Erfordernissen in Einklang gebracht wird.

Beispiel:

Im Rahmen des Wirtschaftens ist auf einen besonders sparsamen Umgang mit den vorhandenen Ressourcen ebenso zu achten wie auf den Einsatz möglichst umweltschonender Produktionsverfahren.

Das **Prinzip der Nachhaltigkeit** erfordert, dass wir heute so leben und handeln, dass **künftige Generationen** überall eine **lebenswerte** Umwelt vorfinden und ihre Bedürfnisse befriedigen können.

Der Begriff der Nachhaltigkeit stammt ursprünglich aus der Forstwirtschaft und wurde erstmals Anfang des 18. Jahrhunderts von Hans Carl von Carlowitz verwendet. Die vom Bergbau ausgelöste Holzknappheit veranlasste ihn zur Erarbeitung eines **Nachhaltigkeitskonzepts**[1] zur Sicherung des Waldbestands als natürliche Ressource für die Holzwirtschaft, wonach immer nur so viel Holz geschlagen wird, wie durch Wiederaufforstung nachwachsen kann. Auf heutige Verhältnisse übertragen ist außerdem dafür zu sorgen, dass dem Wald nicht die **natürlichen Lebens- und Wachstumsvoraussetzungen** entzogen werden, z.B. durch Schadstoffe im Boden und in der Luft (saurer Regen, Waldsterben), durch Klimawandel (Treibhauseffekt) oder durch Schädigung der Erdatmosphäre (Ozonloch).[2]

Deutschland zählt weltweit zu den größten **Rohstoffkonsumenten** und ist dabei in hohem Maße von Importen abhängig. **Versorgungssicherheit,** der **Schutz der natürlichen Ressourcen,** eine **sparsame Nutzung** sowie die **Wiederverwertung** sind daher von hoher Bedeutung für die Wirtschaft hierzulande.

4.2 Umsetzung des Prinzips der Nachhaltigkeit

Ziel des Handelns nach dem Prinzip der Nachhaltigkeit sollte es sein, bei allen (wirtschaftlichen) Handlungen die Umweltbelastungen und den Ressourcenverbrauch möglichst auf ein Minimum zu reduzieren. Als **Beispiele** für einen **schonenden Umgang** mit dem Leistungsfaktor Natur (Umwelt) können angeführt werden:

- umweltfreundliche Produktionstechniken (Reduzierung des Ressourcenverbrauchs, Einbau von Filteranlagen),
- Produktion und Kauf umweltfreundlicher Produkte (Mehrwegflaschen bzw. -verpackungen, Produkte aus nachwachsenden Rohstoffen),
- Recycling von gebrauchten Rohstoffen. **Weltweit** werden rund **80 %** aller gefertigten Produkte nach **einmaliger Benutzung** weggeworfen. Vor dem Hintergrund der Knappheit der Ressourcen tritt in einer **funktionierenden Kreislaufwirtschaft** an die Stelle des Wegwerfens in immer stärkerem Maße das Recycling. Dabei fließen Rohstoffe aus nicht mehr benötigten Gütern als **Sekundärrohstoffe** wieder in die Produktion ein.

Im Rahmen des Handelns nach dem Prinzip der Nachhaltigkeit ist es durchaus möglich, dass die Umsetzung umweltbewusster Maßnahmen mit höheren Kosten einhergehen kann. Nicht zuletzt deshalb versucht der Staat in einigen Bereichen unter ökologischen Gesichtspunkten auf die Entscheidungen der Wirtschaftssubjekte Einfluss zu nehmen, z.B. über Aufklärungsbroschüren, Umweltschutzgesetze, Steuern (höhere Besteuerung

1 **Konzept**: Entwurf, Plan.

2 Vgl. http://www.learn-line.nrw.de/angebote/agenda21/info/nachhalt.htm#Mag3eck [Zugriff am 05.04.2017].

umweltschädlicher Güter) oder Subventionen (Zuschuss für Solaranlagen, verbilligte Kredite für energetische Sanierung von Wohnhäusern).

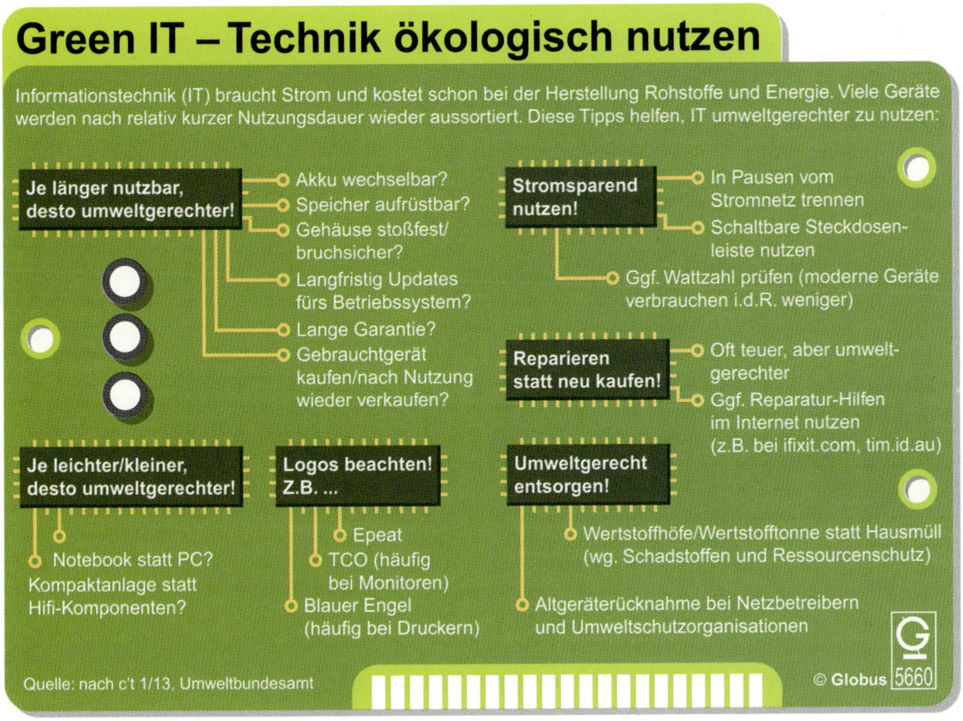

4.3 Agenda 2030

Die Agenda 2030 wurde im September 2015 auf einem Gipfel der **Vereinten Nationen** von allen Mitgliedstaaten verabschiedet und gilt für alle Staaten dieser Welt. Sie wurde mit **breiter Beteiligung der Zivilgesellschaft** in aller Welt entwickelt.

Die Agenda 2030 steht für ein neues globales Wohlstandsverständnis. Dies soll erreicht werden durch eine **Umgestaltung** von Volkswirtschaften hin zu nachhaltiger Entwicklung, beispielsweise durch verantwortungsvolle Konsum- und Produktionsmuster und saubere und erschwingliche Energie.

Das Kernstück der Agenda bildete ein ehrgeiziger **Katalog mit 17 Zielen für nachhaltige Entwicklung (Sustainable Development Goals),** welche erstmals

Dimensionen der Nachhaltigkeit

alle **drei Dimensionen** der **Nachhaltigkeit** – Soziales, Wirtschaft (Ökonomie) und Umwelt (Ökologie) – gleichermaßen berücksichtigen. Die 17 Ziele sind unteilbar und bedingen einander.

Diesen 17 Zielen sind **fünf Kernbotschaften** als **handlungsleitende Prinzipien** vorangestellt: **Mensch, Planet, Wohlstand, Frieden und Partnerschaft.** Im Englischen spricht man von den **„5 Ps“: People, Planet, Prosperity, Peace, Partnership.**

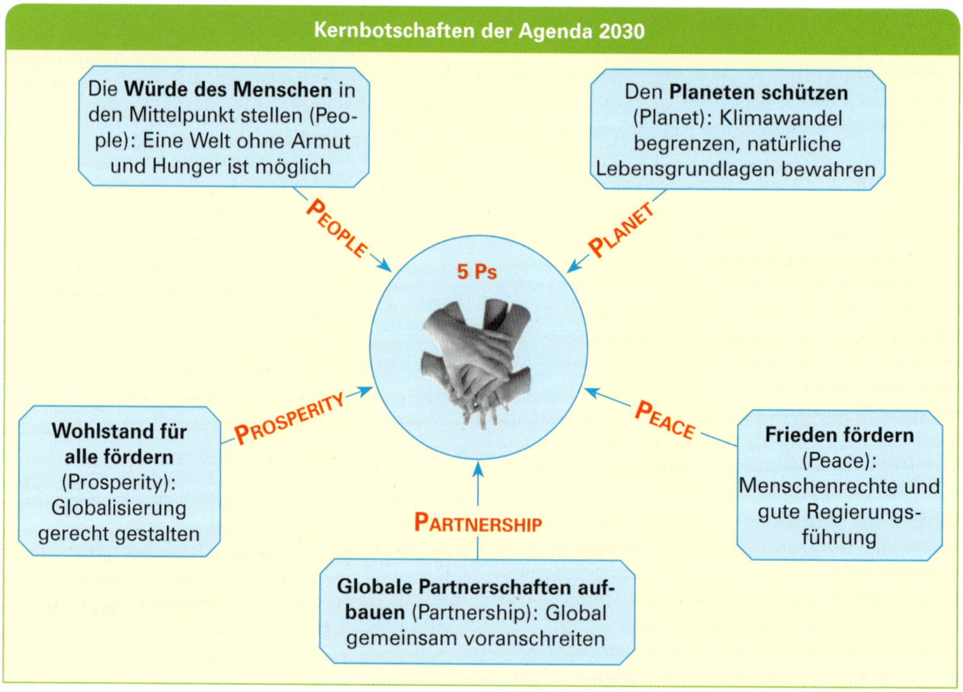

5 Perspektiven der Umweltpolitik

Zunächst lässt sich ganz allgemein feststellen, dass das **Umweltbewusstsein** der Bevölkerung und somit die **Akzeptanz für Umweltpolitik** in der jüngeren Vergangenheit **gestiegen** ist und zukünftig sicherlich auch weiter zunehmen dürfte. Denn schließlich halten immer größere Bevölkerungskreise die zunehmende Umweltverschmutzung aus heutiger Sicht für eines der gravierendsten **Zukunftsprobleme**.

Ein Ansatz für eine **ökologische Neuausrichtung** bildet das **Leitbild** der **Green Economy,** welche eine international wettbewerbsfähige, umwelt- und sozialverträgliche Wirtschaft anstrebt. Die Bundesregierung nimmt zur Umsetzung dieses Leitbildes eine umfassende **ökologische** und zugleich **kosteneffiziente** Modernisierung der **gesamten Wirtschaft** und ihrer Sektoren in den Blick, um damit die **Wettbewerbsfähigkeit** des **Standorts Deutschland** zu stärken. Letztlich soll die „Green Economy" als **Wachstumsmotor** dienen. Dazu wurde in einem Agendaprozess mit den großen Wirtschaftsverbänden, Gewerkschaften, Verbraucherorganisationen und NGOs (Nichtregierungsorganisationen) die Forschungsagenda Green Economy erarbeitet.

Green Economy: Gesellschaftlicher Wandel

Das Ziel der Green Economy ist eine nachhaltige Wirtschaft, die natürliche Ressourcen schont und die Umwelt weniger belastet. [...]

Die Green Economy verbindet Ökologie und Ökonomie: Wirtschaft muss international wettbewerbsfähig sein, genauso aber auch umwelt- und sozialverträglich. Die Green Economy steigert die gesellschaftliche Wohlfahrt, bekämpft Armut und strebt soziale Gerechtigkeit an. Vor dem Hintergrund anerkannter ökologischer Grenzen soll auf Basis eines umfassenden Verständnisses der Zusammenhänge in Wirtschaft, Finanzwesen und Politik ein umweltverträgliches qualitatives und somit nachhaltiges Wachstum ermöglicht werden. Ziel ist, veränderte, nachhaltige Produktions- und Konsumweisen zu entwickeln, um weltweit und insbesondere für kommende Generationen Wohlstand und eine hohe Lebensqualität zu sichern.

Der Weg zur Green Economy führt über einen Veränderungsprozess, der die gesamte Gesellschaft betrifft. Es geht um eine umfassende ökologische Modernisierung der gesamten Wirtschaft und ihrer Sektoren. Faktoren einer umweltverträglichen Wirtschaft sind Ressourcenverbrauch, Emissionsreduktion, Steigerung von Energie- und Rohstoffproduktivität sowie nachhaltige Gestaltung von Produkten, Versorgungssystemen und Infrastrukturen. Fragen nach Lebens- und Arbeitsbedingungen, Konsummustern, Produktlebenszyklen und Finanzierungsmodellen stehen damit in direktem Zusammenhang.

Green Economy ist eine gemeinsame Aufgabe

Im Jahr 2012 war Green Economy das zentrale Thema des UN-Nachhaltigkeitsgipfels Rio+20. Im Anschluss daran hat das Bundesforschungsministerium gemeinsam mit dem Bundesministerium für Umwelt, Naturschutz, Bau und Reaktorsicherheit eine Agenda zur Green Economy gestartet [...], die auf der Green Economy Konferenz am 18. November 2014 in Berlin der Öffentlichkeit vorgestellt wurde. Die Agenda umfasst folgende Handlungsfelder:

- Produktion und Ressourcen: Rohstoffe, Wasser und Land
- Nachhaltigkeit und Finanzdienstleistungen
- Nachhaltiger Konsum
- Nachhaltige Energieversorgung und -nutzung in der Wirtschaft
- Nachhaltige Mobilitätssysteme
- Infrastrukturen und intelligente Versorgungssysteme für die Zukunftsstadt.

[...] Darüber hinaus ist Nachhaltiges Wirtschaften ein Teil der neuen Hightech-Strategie der Bundesregierung, die die Lebensqualität in Deutschland sichert.

Quelle: Bundesministerium für Bildung und Forschung.

Der aktuelle Klimaschutz-Index zeigt: noch immer arbeiten die Staaten zu wenig daran, den Klimawandel einzudämmen. Auch nach der Einigung auf ein neues internationales Klimaabkommen 2015 in Paris hat bisher kein Land genug für den Schutz des Klimas getan. So lautet das Fazit der Forscher der Umwelt- und Entwicklungsorganisation Germanwatch. Wie in den vergangenen Jahren bleiben die Ränge eins bis drei mit der Klimaschutz-Note „sehr gut" deswegen unbesetzt. Besonders schlecht schneiden Saudi-Arabien und Iran aber auch westliche Staaten wie die USA und Australien ab. Den besten Platz (Rang vier) belegt Schweden. Als besonders gut stufen die Klimaschutz-Experten Schwedens Rückgang bei den Emissionen ein. Auch beim Einsatz Erneuerbarer Energien schneidet Schweden gut ab. Allerdings kritisieren die Forscher, dass es immer noch kein schwedisches Ziel für 2030 gibt, um die Erderwärmung deutlich unter zwei Grad zu halten. So haben es die Staaten 2015 in Paris vereinbart. Deutschland verbessert sich leicht und rückt von Platz 29 im vorherigen Jahr auf Platz 22 vor. Germanwatch kritisiert allerdings Deutschlands hohen Energieverbrauch pro Kopf, relativ hohe Treibhausgasemissionen und fehlende nationale Maßnahmen für das in Paris gemachte Versprechen. Neben den 56 Staaten wurden zum ersten Mal auch die Klimaschutzbemühungen der Europäischen Union als Staatengemeinschaft bewertet. Sie landet auf Platz 21 und schneidet in den Kategorien Treibhausgasemissionen, Erneuerbare Energien und Energieverbrauch mäßig ab.

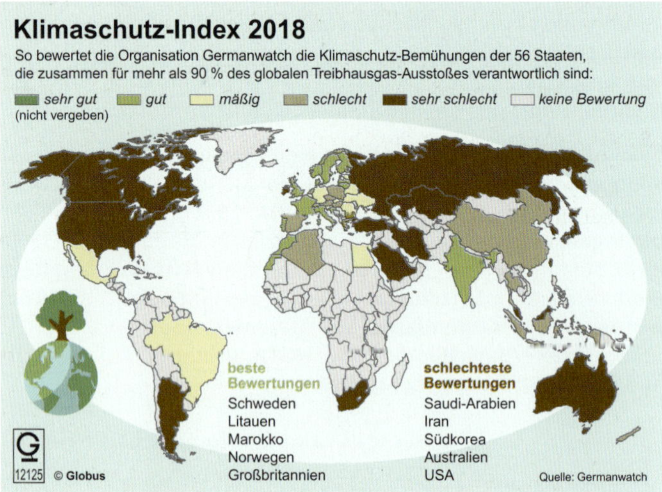

Kompetenztraining

1. Erklären Sie den Unterschied zwischen Emission und Immission!
2. Beschreiben Sie, worin die Hauptursache für die Umweltbelastung liegt!
3. Erläutern Sie die wichtigsten Prinzipien der Umweltpolitik!
4. Begründen Sie, warum die staatliche Beseitigung von Schadstoffen keine ursachenadäquate Umweltpolitik darstellt!
5. Dem Staat als Träger der Umweltpolitik stehen unterschiedliche Instrumente für die Umweltpolitik zur Verfügung.

   Aufgaben:

   5.1 Erläutern Sie, wie die Eingriffsintensität des Instruments der Umweltzertifikate einzustufen ist!

   5.2 Beschreiben Sie, worin der wesentliche Unterschied zwischen Abgaben und Steuern auf der einen und Umweltzertifikaten auf der anderen Seite besteht!

   5.3 Begründen Sie, warum die Einführung des Emissionshandels als „marktwirtschaftliches" Instrument bezeichnet wird!

5.4 Erklären Sie, welcher wesentliche Vorteil des Emissionshandels von den Ökonomen besonders betont wird!

5.5 Erläutern Sie, warum die Einführung von Umweltzertifikaten im nationalen Alleingang die Umweltprobleme auf Dauer nicht lösen kann!

6. Analysieren Sie nebenstehende Abbildung vor dem Hintergrund, welche unmittelbare Konsequenz sich aus dieser Grafik für die Industrieländer ergibt!

7. Maßnahmenplan

Betrachten Sie zunächst folgende Abbildung!

Aktiv passiv

Architekten und Planer liefern sich ein Rennen um besonders energiesparende Häuser

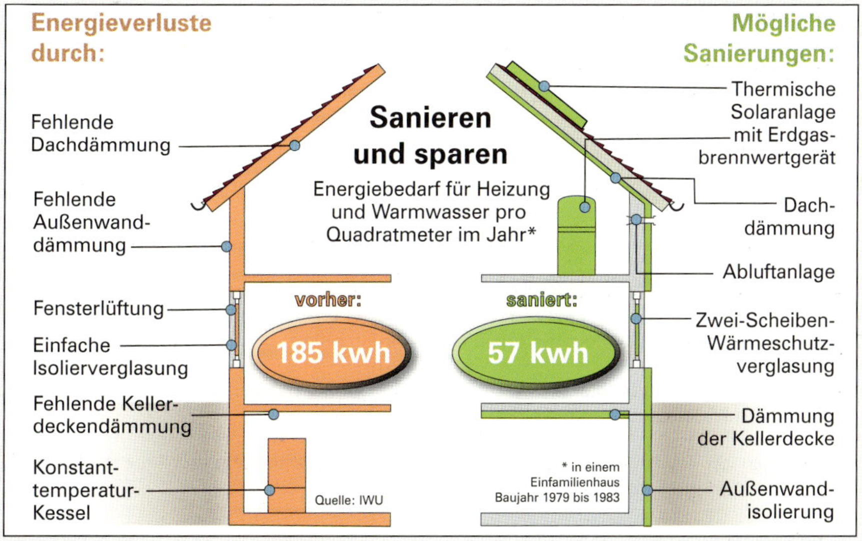

Quelle: DER SPIEGEL Nr. 7/2007.

Aufgabe:

Entwickeln Sie mögliche Vorschläge für Einsparungen beim Energieverbrauch zu Hause! Gehen Sie dabei weniger auf eventuelle bauliche Maßnahmen als vielmehr auf bloße Verhaltensänderungen ein!

8. Pro- und Kontra-Diskussion

In vielen Staaten wird nicht zuletzt aus Gründen des Umweltschutzes die Elektromobilität durch Subventionen, z. B. in Form von Kaufprämien, gefördert. Diskutieren Sie diese Förderung und ziehen Sie am Ende ein eigenes Fazit!

9. Erläutern Sie grafisch und verbal das Modell einer effizienten Umweltschutzpolitik zur Internalisierung der externen Effekte!

10. Beurteilen Sie aufgrund der nachfolgenden Sachdarstellungen, welches umweltpolitische Instrument angesprochen wird und tragen Sie die entsprechende Ziffer in das Lösungsfeld ein!

① Information
② Appell
③ Abgaben
④ Subvention
⑤ Umweltzertifikate
⑥ Verbot
⑦ Gebot

Sollte keine eindeutige Zuordnung möglich sein, tragen Sie eine ⑨ ein!

10.1	Bei diesem Instrument mit der höchsten Eingriffsintensität verbleibt den Wirtschaftssubjekten noch ein Verhaltensspielraum.	
10.2	Vor der Einführung dieses Instruments bedarf es der verbindlichen Festlegung einer Mengenvorgabe.	
10.3	Die Anschaffungskosten der Vermeidungstechnologie darf die in Aussicht gestellten Transferzahlungen nicht überschreiten.	
10.4	Der Staat versucht über dieses Instrument, das Verantwortungsbewusstsein der Wirtschaftssubjekte zu beeinflussen.	
10.5	Der Staat erhebt eine Ökosteuer, die auf den Verbrauch natürlicher Ressourcen berechnet wird.	
10.6	Der Staat setzt zunächst Preise als Vorgaben fest.	
10.7	Das Umweltbundesamt verteilt an Grundschulen Broschüren, wie Abfall vermieden werden kann.	
10.8	Der Staat führt eine Verordnung ein, die der Automobilindustrie die Rücknahme von Altfahrzeugen verbindlich vorschreibt.	
10.9	Durch den staatlichen Aufkauf werden Verschmutzungsrechte knapp, wodurch sich die Anschaffung von Vermeidungstechnologie für mehr Unternehmen lohnt.	

11. Im Rahmen der politischen Diskussion zur Umweltpolitik werden unterschiedliche Maßnahmen vorgeschlagen, wobei die jeweiligen Wirkungen dieser Instrumente im Mittelpunkt des Interesses stehen.

PrüfenSie, welche der nachfolgenden Standpunkte Sie für fragwürdig halten!

① Bloße Information oder Appelle reichen für eine Verringerung der Umweltbelastung nicht aus.

② Durch die Einführung von Subventionen sollen diejenigen Wirtschaftssubjekte belohnt werden, die Umweltbelastung vermeiden.

③ Zur Verhaltensänderung bei den Wirtschaftssubjekten bedarf es der Anreize.

④ Die EU-weite Einführung von Umweltzertifikaten verhindert die globale Umweltbelastung.

⑤ Der Preis beim Handel von Umweltzertifikaten bestimmt sich nach den Gesetzen von Angebot und Nachfrage.

12. Forderungskatalog

Im Rahmen eines Praktikums in einem mittelständischen Industriebetrieb sollen Sie folgende Aufgabenstellung lösen: Das Unternehmen möchte sich auf dem Gebiet der Nachhaltigkeit verstärkt engagieren.

Sie erhalten die Aufgabe, einen Forderungskatalog für die Unternehmensleitung zu formulieren, in dem ganz einfach umzusetzende praktische Aktivitäten aufgelistet werden, die einen Beitrag zu mehr Nachhaltigkeit leisten!

13. Angenommen, in einer Gemeinde befinden sich aufgelassene Industriegelände. Die Abrissarbeiten für ein ansiedlungswilliges Unternehmen betragen einschließlich der Grunderwerbskosten 250,00 EUR je m^2. Die Nachbargemeinde bietet Industriegrundstücke auf der „grünen Wiese" für 50,00 EUR je m^2 einschließlich Grunderwerbsteuer an.

Aufgaben:

13.1 Beurteilen Sie, wie hoch eine „Neuversiegelungsteuer" unter sonst gleichen Bedingungen mindestens sein müsste, um das Unternehmen zu veranlassen, das aufgelassene Industriegrundstück zu erwerben!

13.2 Entscheiden Sie, welcher Steuerart Sie die Neuversiegelungsteuer zurechnen! Begründen Sie Ihre Antwort!

13.3 Stufen Sie die genannte Neuversiegelungsteuer als marktkonforme oder als marktkonträre Maßnahme ein und begründen Sie Ihre Entscheidung!

14. Maßnahmenplan

Entwickeln Sie vier marktkonforme Umweltschutzmaßnahmen, die in Ihrer Stadt oder Kommune umgesetzt werden könnten! Beschreiben Sie diese Maßnahmen nebst den zu erwartenden positiven Wirkungen möglichst konkret und gehen Sie auch darauf ein, wie die Bevölkerung auf Ihre Vorschläge reagiert!

13 Internationale Wirtschaftsbeziehungen und Währungspolitik

Handlungssituation 13

Im Rahmen Ihrer Schullaufbahn an einem beruflichen Gymnasium Wirtschaft veranstaltet Ihre Schule einen „Tag der Ausbildung", der Ihnen vor allem für die Zeit im Anschluss an die Schullaufbahn Orientierung geben soll. Im Rahmen dieser Veranstaltung finden unterschiedliche Workshops statt, die sich ebenso mit Bewerbertrainings wie auch mit der Vorstellung verschiedener Ausbildungsberufe im kaufmännischen Bereich beschäftigen.

Sie haben sich ganz gezielt für einen Workshop entschieden, in dem einige Unternehmen aus Ihrer Region den Ausbildungsberuf des Industriekaufmanns vorstellen. Zu Beginn des Workshops präsentieren die Vertreter dieser Unternehmen zunächst einige interessante Details dieses Berufsbildes, die auch das besondere Anforderungsprofil an die Bewerber verdeutlichen. Im Fokus der einleitenden Ausführungen steht dabei insbesondere die Exportabhängigkeit der örtlichen Industriebetriebe. So wird Ihnen erläutert, dass nicht nur der wesentliche Anteil der zu verarbeitenden Rohstoffe aus dem Ausland importiert wird, sondern mittlerweile auch mehr als 40 % aller Industrieprodukte ins Ausland exportiert werden. Die Vertreter der Industriebetriebe weisen darauf hin, dass in Ihrer Region fast jeder zweite Arbeitsplatz direkt oder indirekt vom Exporterfolg der örtlichen Industrie abhängig ist. Anders formuliert: Sollte der Export dieser Industriegüter einbrechen, würde das für den regionalen Arbeitsmarkt enorm negative Auswirkungen haben.

Unabhängig von der Branche, erklären die Referenten, ist es für sie als Arbeitgeber wichtig, dass ihre künftigen Mitarbeiter vor dem geschilderten Hintergrund gute englische Sprachkenntnisse für entsprechende schriftliche oder mündliche Verhandlungen mitbringen sollten. Ferner gehöre sowohl für die Beschaffungs- wie für die Absatzseite das sichere Kalkulieren mit unterschiedlichen Währungen wie selbstverständlich zum Anforderungsprofil potenzieller Bewerber. Doch gerade was diese beiden Kompetenzfelder anbelangt, müsse man leider in der jüngeren Vergangenheit immer wieder feststellen, dass dort erheblicher Aufholbedarf in der Ausbildung zum Vorschein kommt, da die Auszubildenden nicht selten an den täglichen beruflichen Anforderungen scheitern. Dies sei sowohl für die Ausbildungsbetriebe als auch für die Auszubildenden ziemlich frustrierend.

Vertreter Ausbildungsbetrieb:
„Frau Hansen, wie Sie sich sicher erinnern, haben wir unsere Bank beauftragt, zulasten unseres Euro-Kontos an unseren Lieferer in Ohio den fälligen Betrag in Höhe von 49 750,00 US-Dollar zu überweisen. Der Kurs (EUR/USD) betrug 1,2850 Geld – 1,2970 Brief. Nun hat die Bank unser Konto mit 38 715,95 EUR belastet. Überprüfen Sie doch bitte schnell mal, ob das der richtige Betrag ist!"

Frau Hansen:
„Ähm, ja, sehr gern, überhaupt gar kein Problem …"

Im Anschluss an das einführende Referat werden Ihnen von den Vertretern der Ausbildungsbetriebe für den weiteren Verlauf des Workshops verschiedene Arbeitsaufträge erteilt.

Kompetenzorientierte Arbeitsaufträge:

1. Sowohl der Import als auch der Export ist für die deutsche Industrie von herausragender Bedeutung. Recherchieren Sie die für die deutsche Volkswirtschaft wichtigsten Ein- und Ausfuhrgüter!

2. **Arbeitsvorschlag mit regionalem Bezug**
   Bereiten Sie in einer kleineren Arbeitsgruppe ein Referat vor, das sich mit der Bedeutung des Außenhandels konkret für Ihre Region auseinandersetzt! Ein wichtiger Ansprechpartner für dieses Referat sollte u.a. die örtliche Industrie- und Handelskammer sein. Dort erfahren Sie nicht nur die Exportquote der ansässigen Industrie, sondern auch die wichtigsten Exportgüter und die bedeutsamsten Abnehmerländer. Für die Vorbereitung des Referats wäre es darüber hinaus aber auch hilfreich, sich konkret in einem oder mehreren Unternehmen über die Rolle des Außenhandels zu informieren.
3. **Pro- und Kontra-Diskussion**
   Diskutieren Sie mögliche Chancen und Risiken des internationalen Handels und ziehen Sie abschließend ein persönliches Fazit!
4. Beschreiben Sie, inwiefern unterschiedliche Wechselkurse von Währungen für den Import bzw. Export von Bedeutung sind!
5. Erläutern Sie die Chancen und Risiken, die sich aus Wechselkursschwankungen ergeben!
6. Definieren Sie unterschiedliche Wechselkursmechanismen!

1 Prinzip des komparativen Kostenvorteils

Der **freie** Außenhandel und die damit einhergehende **internationale Arbeitsteilung** geht auf die Erkenntnis zurück, dass jedes Land diejenigen **Erzeugnisse** im Tauschweg **grenzüberschreitend anbieten** wird, die es mit den **vergleichsweise** (relativ) **niedrigsten Kosten** erzeugt.

Diese Erkenntnis wurde von David Ricardo (Vertreter der klassischen Nationalökonomie, 1772–1823) in dem **Gesetz der komparativen Kostenvorteile** formuliert.

Nach dem **Gesetz der komparativen Kostenvorteile** gewinnt im Außenhandel auch die Volkswirtschaft desjenigen Landes, die den anderen Ländern kostenmäßig **absolut** unterlegen ist, wenn sich die anderen Länder auf die Produktion der Güter verlegen, bei der der **vergleichsweise** (komparative) Kostenunterschied am größten ist.

Vor allem das **Streben der einzelnen Volkswirtschaften nach Gewinnen** sorgt nach Ansicht Ricardos dafür, dass sich jede Nation auf die Aktivitäten spezialisieren wird, die sie im Vergleich zu den anderen Nationen besonders effektiv ausführen kann. Ein Beleg für diese These wird allgemein in der „Explosion des Handelsvolumens" nach Reduzierung von Handelsbarrieren auf der ganzen Welt gesehen.

2 Vor- und Nachteile des Außenhandels

Über das Für und Wider des Außenhandels wird nach wie vor diskutiert, da außenwirtschaftliche Beziehungen sowohl Vor- als auch Nachteile mit sich bringen.

Einen Überblick über die **Vor- und Nachteile,** die im Zusammenhang mit dem **Außenhandel** häufig angeführt werden, vermittelt nachfolgende Übersicht:

Vorteile	Nachteile
■ Durch den Außenhandel erhöht sich die Produktvielfalt. ■ Verbesserung der Güterversorgung. ■ Steigerung der Wettbewerbsintensität. ■ Nutzung absoluter Kostenvorteile ermöglicht eine Güterversorgung zu niedrigeren Preisen. ■ Schaffung von Arbeitsplätzen in Sektoren des komparativen Kostenvorteils. ■ Außenhandel liefert einen wichtigen Beitrag zur Völkerverständigung.	■ Spezialisierung bewirkt den Aufbau wirtschaftlicher Monostrukturen innerhalb einer Volkswirtschaft. ■ Entstehung von wirtschaftlichen und politischen Abhängigkeiten zu Liefer- und Abnehmerstaaten. ■ Verlust von Arbeitsplätzen in den Bereichen „komparativer Kostennachteile".

Der große Umfang internationaler Handelsbeziehungen und die zunehmende **„Globalisierung der Weltmärkte"** zeigt jedoch, dass die **Vorteile** des Außenhandels offensichtlich **überwiegen.**

Wie stark die **Verflechtungen der Bundesrepublik Deutschland mit dem internationalen Handel** mittlerweile sind und welche Güter dabei eine besondere Rolle spielen, veranschaulichen nachfolgende Übersichten.

Deutschlands Außenhandel hat 2017 neue Rekordmarken erreicht: Mit Ausfuhren im Wert von 1 279,4 Mrd. Euro lagen die deutschen Exporte um 6,3 % über dem Vorjahresergebnis. Die Importe stiegen um 8,3 % auf 1034,6 Mrd. Euro. Im Ergebnis erreichte der Überschuss im Außenhandel einen Wert von 244,9 Mrd. Euro. Im Jahr zuvor betrug der Überschuss 248,9 Mrd. Euro. Besonders positiv im Vergleich zum Vorjahr entwickelte sich der Export in die Partnerländer der Eurozone, dort gab es ein Plus von 7,0 %. Bei den Importen gab es mit 9,5 % das größte Plus mit den EU-Partnern, die nicht der Eurozone angehören. – Die hohen deutschen Handelsüberschüsse werden allerdings nicht nur positiv gesehen. Denn ihnen stehen logischerweise Defizite anderer Länder gegenüber. So beträgt der Leistungsbilanzüberschuss Deutschlands etwa 8,0 % der deutschen Wirtschaftsleistung. Beim Leistungsbilanzüberschuss werden neben dem Handelsplus auch Zahlungen zwischen Deutschland und dem Ausland wie Reiseausgaben oder Vermögenseinkommen berücksichtigt. Die EU-Kommission sieht es als Gefahr für die Stabilität an, wenn dieser Wert dauerhaft mehr als 6,0 % beträgt.

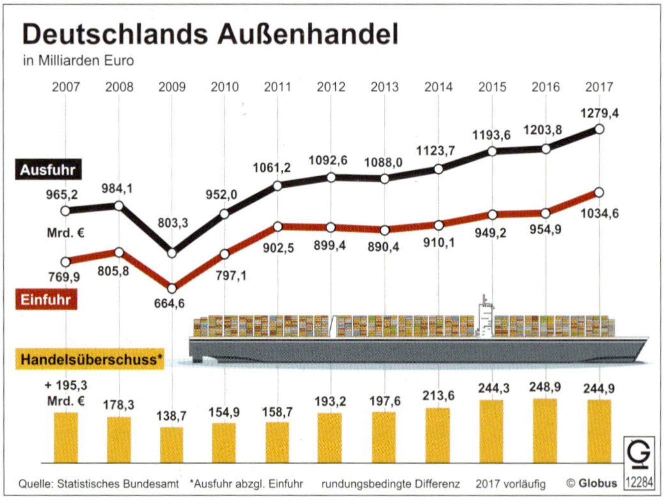

Deutsche Produkte waren auch 2017 weltweit gefragt. Die deutschen Exporte erreichten einen Wert von 1279 Mrd. Euro. Die Einfuhren betrugen 1035 Mrd. Euro. Größter Kunde im Jahr 2017 waren wie schon im Vorjahr die USA. Deutsche Unternehmen profitierten von der guten Konjunkturlage in den USA und konnten Waren im Wert von 111,5 Mrd. Euro in die Vereinigten Staaten liefern. Besonders enge Handelsbeziehungen hat Deutschland zu seinen Partnern in der Europäischen Union (EU). Die wichtigsten Kunden innerhalb der Union waren die Franzosen (105,2 Mrd. Euro), die Niederländer (85,9) und die Briten (84,4). Insgesamt gingen 59 % aller Ausfuhren in die 27 EU-Partnerländer. – Auf der Einfuhrseite war China der wichtigste Partner, von dort kamen Waren im Wert von 100,5 Mrd. Euro nach Deutschland. Die Niederlande und Frankreich folgten auf den Plätzen zwei und drei. Berechnet man das sogenannte Handelsvolumen – die Summe von Exporten und Importen –, so ist China wie schon im Vorjahr Deutschlands wichtigster Handelspartner: Das Handelsvolumen erreichte einen Wert von 186,6 Mrd. Euro. Auf Platz zwei liegen die Niederlande mit 177,3 Mrd. Euro, gefolgt von den USA mit 172,6 Mrd. Euro.

Die weltweiten Exporte erreichten im vergangenen Jahr einen Wert von 17,7 Bio. Dollar; das waren fast 11 % mehr als im Jahr 2016. Mit Ausfuhren in Höhe von 2 263 Mrd. Dollar konnte China den Titel „Export-Weltmeister" verteidigen – ein Titel, den die aufstrebende Wirtschaftsmacht seit 2009 trägt. Damals verwiesen die chinesischen Exporteure den Exportweltmeister Deutschland auf den zweiten Platz. In der aktuellen Statistik für 2017 folgen die USA mit Exporten in Höhe von 1 547 Mrd. Dollar; Deutschland exportierte Waren für 1 448 Mrd. Dollar und sicherte sich so den dritten Platz. Zusammen vereint dieses „Spitzentrio des Welthandels" fast ein Drittel der weltweiten Ausfuhren auf sich (30 % aller Exporte).

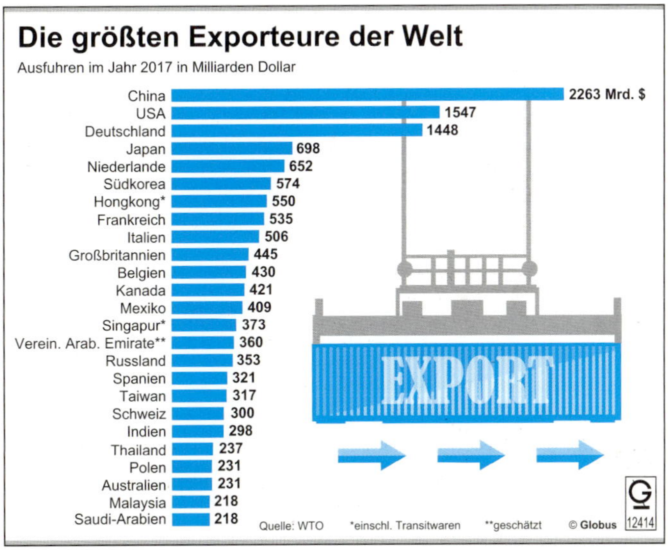

3 Überwachung des internationalen Handels

Die bedeutendste Organisation zur Überwachung der „Spielregeln" im internationalen Handel ist die **Welthandelsorganisation.**

Wirtschaftsbündnisse weltweit

Die wichtigsten Freihandelsabkommen unter dem Dach der Welthandelsorganisation WTO

APEC
Asiatisch-Pazifisches Wirtschaftsforum
Australien, Brunei, Chile, China, Hongkong, Indonesien, Japan, Kanada, Malaysia, Mexiko, Neuseeland, Papua-Neuguinea, Peru, Philippinen, Russland, Singapur, Südkorea, Taiwan, Thailand, USA, Vietnam

ASEAN
Südostasiatische Staatengemeinschaft
Brunei, Indonesien, Kambodscha, Laos, Malaysia, Myanmar, Philippinen, Singapur, Thailand, Vietnam

CAN
Andengemeinschaft
Bolivien, Ecuador, Kolumbien, Peru

CEFTA
Mitteleuropäisches Freihandelsabkommen
Albanien, Bosnien u. Herzegowina, Mazedonien, Moldawien, Montenegro, Serbien

COMESA
Gemeinsamer Markt für das östliche und südliche Afrika
Ägypten, Äthiopien, Burundi, Dem. Rep. Kongo, Dschibuti, Eritrea, Kenia, Komoren, Libyen, Madagaskar, Malawi, Mauritius, Ruanda, Sambia, Seychellen, Simbabwe, Sudan, Swasiland, Uganda

ECOWAS
Westafrikanische Wirtschaftsgemeinschaft
Benin, Burkina-Faso, Elfenbeinküste, Gambia, Ghana, Guinea, Guinea-Bissau, Kap Verde, Liberia, Mali, Niger, Nigeria, Senegal, Sierra Leone, Togo

EFTA
Europäische Freihandelszone
Island, Liechtenstein, Norwegen, Schweiz

EU
Europäische Union
Belgien, Bulgarien, Dänemark, Deutschland, Estland, Finnland, Frankreich, Griechenland, Großbritannien, Irland, Italien, Kroatien, Lettland, Litauen, Luxemburg, Malta, Niederlande, Österreich, Polen, Portugal, Rumänien, Schweden, Slowakei, Slowenien, Spanien, Tschechien, Ungarn, Zypern

NAFTA
Nordamerikanische Freihandelszone
Kanada, Mexiko, USA

MERCOSUR
Gemeinsamer Markt Südamerikas
Argentinien, Brasilien, Paraguay, Uruguay, Venezuela

SADC
Entwicklungsgemeinschaft des südlichen Afrika
Angola, Botswana, Dem. Rep. Kongo, Lesotho, Madagaskar, Malawi, Mauritius, Mosambik, Namibia, Sambia, Seychellen, Simbabwe, Südafrika, Swasiland, Tansania

SACU
Zollunion des südlichen Afrika
Botswana, Lesotho, Namibia, Südafrika, Swasiland

Auswahl Stand November 2015
Quelle: Europäische Kommission, Bundesministerium für wirtschaftliche Zusammenarbeit und Entwicklung, WTO, Internetseiten der einzelnen Wirtschaftsbündnisse

Gemeinsamen Handel betreiben, Zölle abbauen sowie den Binnenmarkt stärken – die Gründe, ein Wirtschaftsbündnis zu gründen, sind vielfältig. 277 regionale Handelsabkommen gibt es aktuell unter dem Dach der Welthandelsorganisation. Die Weltkarte zeigt die bekanntesten und größten Wirtschaftsbündnisse.

Die **Welthandelsorganisation** (Englisch: World Trade Organization: WTO) ist die internationale Organisation, die sich mit der Regelung der weltweiten Handels- und Wirtschaftsbeziehungen beschäftigt. Sie wurde 1995 gegründet und ist die Nachfolgeorganisation des GATT mit erweiterter Zielsetzung. Sie ist eine eigenständige Organisation im System der Vereinten Nationen. Zurzeit hat sie **164 Mitgliedstaaten.**

➡ Aufgaben der WTO

Das Allgemeine Zoll- und Handelsabkommen GATT (Englisch: General Agreement of Tariffs and Trade) war nach dem 2. Weltkrieg gegründet worden, um die **Zölle** zwischen den Handelspartnern zu **senken.** Der Handel sollte zum Nutzen aller Teilnehmer erleichtert werden. In insgesamt acht Verhandlungsrunden wurden die Zölle insbesondere für Industrieprodukte gesenkt.

Die Aufgaben der WTO als Nachfolgeorganisation sind erweitert auf den **Abbau von Handelshemmnissen aller Art,** um so den internationalen Handel zu fördern. Die WTO umfasst nun auch Dienstleistungen, geistiges Eigentum und landwirtschaftliche Produkte. Die **Liberalisierung des Welthandels** bedeutet jedoch nicht, dass es generell keine Handelsschranken mehr geben darf. So dürfen **Maßnahmen zum Schutz vor Krankheiten und Seuchen** ergriffen werden.

➡ Grundsätze der Welthandelsbeziehungen

Die Mitglieder der WTO haben sich auf mehrere Grundsätze verständigt, die im Welthandel gelten sollen. Diese galten teilweise bereits im GATT. Der **Grundsatz der Meistbegünstigung** legt fest, dass ein WTO-Mitglied **alle** Partner im Handel gleich behandeln muss. Wer einem anderen Land bestimmte Vorteile einräumt, muss dies grundsätzlich gegenüber allen Ländern tun.

Das **Inländerprinzip** schreibt vor, dass ausländische Waren und Dienstleistungen nicht anders behandelt werden dürfen als solche aus dem Inland. Um die Transparenz im Handel zu erhöhen, müssen die WTO-Länder ihre nationalen Vorschriften über den Handel bei der WTO melden. Damit soll sichergestellt werden, dass kein Handelspartner von Änderungen überrascht wird.

Das **Prinzip der Gegenseitigkeit** besagt, dass in den Verhandlungen die jeweiligen Zugeständnisse der Partner ausgewogen sein sollen. Nur die Entwicklungsländer können davon ausgenommen werden.

➡ Die Organisation der WTO

Das wichtigste Organ der WTO ist die **Konferenz der Wirtschafts- und Handelsminister.** Ein Allgemeiner Rat führt die laufenden Geschäfte.

Die Ministerkonferenz tagt mindestens alle zwei Jahre. Sie legt die Themen fest, über die die Mitglieder verhandeln wollen.

Die laufende Doha-Runde, benannt nach der Hauptstadt Katars, ist bisher erfolglos geblieben. Die Gegensätze zwischen der EU und den USA einerseits und den Entwicklungs- und Schwellenländern andererseits konnten bisher nicht überbrückt werden. Hauptstreitpunkt ist die Agrarpolitik.

➡ Die Streitschlichtung der WTO

Auch wenn sich die Mitglieder der WTO zu den genannten Prinzipien bekennen, so werden sie nicht immer eingehalten. Handelskonflikte gehören daher seit der Gründung des GATT 1947 zur politischen Normalität des Welthandels.

Eine wichtige Neuerung in der WTO war die Verbesserung des bereits im GATT bestehenden **Streitschlichtungsverfahrens.** Dieses wird vom Allgemeinen Rat wahrgenommen, der zu diesem Zweck Schiedsgerichte bildet.

In einem mehrstufigen Verfahren können Länder andere Partner des WTO-Abkommens quasi verklagen. Kommt das Schiedsgericht zum Ergebnis, dass die Klage zu Recht erhoben wurde, können Gegenmaßnahmen in Form von Strafzöllen erhoben werden. Immer wieder wird die WTO als Schiedsrichterin angerufen, um die Konflikte zwischen den Partnern zu schlichten. Das Streitschlichtungsverfahren hat sich als erfolgreiches Instrument für einen fairen Welthandel herausgestellt.

➡ WTO und Europäische Union

Die Mitgliedstaaten der Europäischen Union führen eine gemeinsame Außenhandelspolitik. Sie sprechen deshalb in der WTO „mit einer Stimme". Die Europäische Kommission vertritt bei den WTO-Treffen die europäischen Handelsinteressen. Die EU ist ein eigenständiges WTO-Mitglied – ebenso wie jeder ihrer Mitgliedstaaten.

Quelle: www.bundesregierung.de

4 Wechselkurse

Zur finanziellen Abwicklung des Außenhandels sind Zahlungsmittel in **ausländischen Währungen** erforderlich.

Diese Zahlungsmittel nennt man **Devisen.** Sie kommen in Form von Bankguthaben, Wechseln oder Schecks in ausländischer Währung vor. Daneben gibt es Banknoten und Münzen in ausländischer Währung, die als **Sorten** bezeichnet werden.

- Der **Wert der Devisen** (Kurswert) ergibt sich bei **freien** Märkten aus dem Verhältnis von Angebot und Nachfrage. Er drückt sich im **Wechselkurs** aus.
- Der Wechselkurs spiegelt das **Austauschverhältnis** zwischen zwei Währungen wider und bestimmt somit den **„Außenwert des Geldes"**.

Gegenstand des Devisenhandels sind nur Bankguthaben. Der Devisenhandel findet im **Freiverkehr** unter Banken statt. Er umfasst den **Devisen-Kassamarkt** (Spotmarkt) und den **Devisen-Terminmarkt.**

Je nach **Art der Kursnotierung** lassen sich **zwei Devisenkurse** unterscheiden:

- die **Preisnotierung,**
- die **Mengennotierung.**

Preisnotierung	Mengennotierung
Feste Bezugseinheit: Auslandwährung **Variable Bezugsgröße:** Inlandswährung	**Feste Bezugseinheit:** Inlandwährung **Variable Bezugsgröße:** Auslandswährung
Bei der **Preisnotierung** ist der Wechselkurs der **Preis** in **inländischer** Währung, den man für 1, 100 oder 1000 ausländische Währungseinheiten **zahlen** muss.	Bei der **Mengennotierung** bezeichnet der Wechselkurs die Menge **ausländischer** Währungseinheiten, die man für eine Einheit inländische Währung **erhält.**
Die Preisnotierung **war** vor Einführung des Euro zum 1. Januar 1999 die gängige Kursnotierung in Deutschland.	Seit dem **1. Januar 1999** gilt im Euroland für die Kursnotiz in Euro die (bisher in angelsächsischen Ländern übliche) Mengennotierung.
Beispiel: 1 USD ≅ 1,1093 EUR	**Beispiel:** 1 EUR ≅ 1,2575 USD

5 Wechselkurssysteme

Das **Wechselkurssystem** bestimmt, wie sich das **Austauschverhältnis der Währungen** untereinander – also der Wechselkurs – bildet.

Grundsätzlich lassen sich **drei Wechselkurssysteme** unterscheiden:

- das System **freier** Wechselkurse,
- das System **relativ fester** Wechselkurse sowie
- das System **fester** Wechselkurse.

5.1 System der freien (flexiblen) Wechselkurse

Bei dem **System der freien (flexiblen) Wechselkurse** bilden sich die Wechselkurse durch Angebot und Nachfrage frei am Markt **(„Floating“).**

Änderungen von Devisenangebot und Nachfrage werden z. B. hervorgerufen durch:

- Ex- und Importgeschäfte von Waren und Dienstleistungen (inklusive Auslandsreiseverkehr),
- grenzüberschreitende Kapitalanlagen und Investitionen,
- Devisenspekulationen oder
- unentgeltliche Übertragungen.

Wie sich der Wechselkurs durch Verschiebungen von Devisenangebot und -nachfrage ändert, soll anhand der nachfolgenden Beispiele verdeutlicht werden.

(1) Zunahme der Devisennachfrage

Beispiel:

Angenommen, die Nachfrage nach Euro steigt durch einen den Import **übersteigenden** Export von Gütern aus Deutschland in die USA (**aktive** Außenhandelsbilanz). Als Folge dieser Situation fragen die amerikanischen Importeure verstärkt Euro nach, um die auf **Euro** lautenden Rechnungen begleichen zu können (vorausgesetzt die Exporteure sind in der starken Position, die Rechnung zum Ausschluss von Währungsrisiken in Euro zu fakturieren).

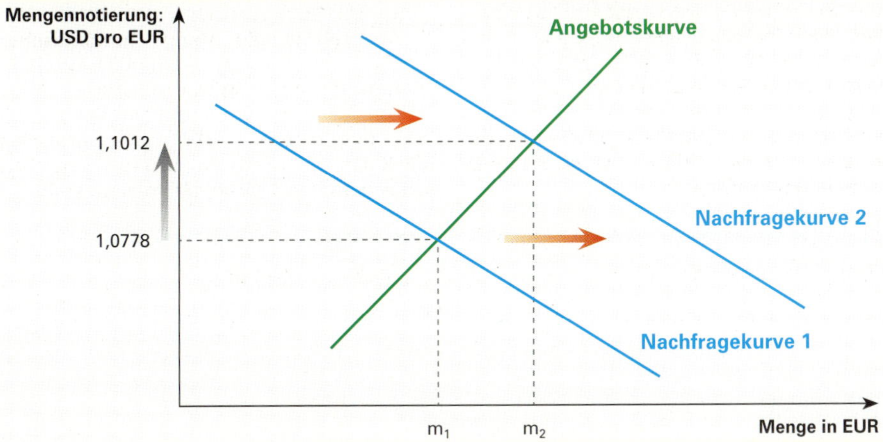

Erläuterungen:

- Wie aus der Abbildung ersichtlich, führt die **Zunahme der Devisennachfrage** nach Euro und die damit verbundene **Rechtsverschiebung** der **Nachfragekurve** (von N_1 nach N_2) zu einem **Kursanstieg** des Euro (der Währung des **exportierenden** Landes) im Vergleich zum USD.
- Der **Wert des Euro** ist im Vergleich zum Wert des US-Dollar **angestiegen.** Erhielt man vor der Ausweitung der Nachfrage nach Euro noch 1,0778 USD, so hat sich durch die Nachfrageverschiebung das Austauschverhältnis zugunsten des Euro auf 1,1012 USD **erhöht.** Die **ausländischen Importeure** müssen also für die gleiche Gütermenge **mehr Dollar** ausgeben, wodurch sich der Import für sie verteuert.

- Der Prozess der **Erhöhung des Preises der einheimischen Währung** (hier: EUR) gegenüber ausländischen Währungseinheiten (hier: USD) wird als **Aufwertung** bezeichnet.
- Die **Aufwertung der inländischen Währung** gegenüber der ausländischen Währung **bedeutet** gleichzeitig eine **Abwertung der ausländischen Währung** gegenüber der inländischen Währung.

Die wichtigsten **Folgen der Aufwertung:**

Für das „aufwertende" Land („Euroland")	Für das „abwertende" Land (USA)
■ **Verteuerung** der **Exportgüter** und damit Rückgang des Exports. ■ **Verbilligung** der **Importgüter** und somit Importanstieg.	■ **Verteuerung** der **Importgüter** und damit Rückgang des Imports. ■ **Verbilligung** der **Exportgüter** und somit Exportanstieg.
Beispiel: Ein deutscher Importeur kauft eine Maschine in den USA zum Preis von 500 000,00 USD. Vor der **Euro-Aufwertung** musste er hierfür 500 000 USD : 1,0778 USD/EUR = 463 907,96 EUR zahlen; nach der Euro-Aufwertung kostet ihn die gleiche Maschine nur noch 500 000 USD : 1,1012 USD/EUR = 454 050,13 EUR.	**Beispiel:** Ein amerikanischer Importeur kauft eine Maschine aus Deutschland zum Preis von 250 000,00 EUR. Vor der **US-Dollar-Abwertung** musste er hierfür 250 000,00 EUR · 1,0778 USD/EUR = 269 450,00 USD zahlen; nach der US-Dollar-Abwertung kostet ihn die gleiche Maschine 250 000,00 EUR · 1,1012 USD/EUR = 275 300,00 USD.
Konsequenzen: Export geht zurück, Import steigt, Tendenz zum Gleichgewicht zwischen Ex- und Import (Außenhandelsbilanzüberschuss sinkt).	**Konsequenzen:** Import geht zurück, Export steigt, Tendenz zum Gleichgewicht zwischen Ex- und Import (Außenhandelsbilanzdefizit sinkt).

(2) Zunahme des Devisenangebots

Beispiel:

Im **umgekehrten Fall,** wenn also deutsche Unternehmen mehr Güter aus den USA importieren als in die USA exportieren, der Import den Export also **übersteigt** (**passive** Außenhandelsbilanz), bieten die inländischen Unternehmen als Folge dieser Entwicklung in großem Maße Euro an, um US-Dollar zur Begleichung der in Dollar fakturierten Rechnungen zu erwerben.

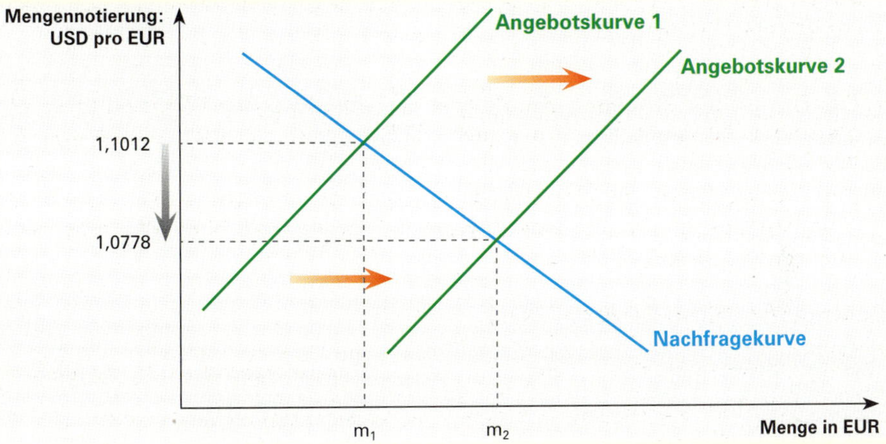

Erläuterungen:

- Wie aus der Abbildung ersichtlich, führt diese **Zunahme des Angebots** an Euro zu einer **Rechtsverschiebung** der **Angebotskurve** (von A_1 nach A_2) und somit zu einem **Kursrückgang** des Euro (der Währung des importierenden Landes) im Vergleich zum US-Dollar.
- Der **Wert des Euro** ist im Vergleich zum US-Dollar **gefallen.** Erhielt man vor der Ausweitung der Angebots an Euro noch 1,1012 USD, so hat sich durch die Angebotsverschiebung das Austauschverhältnis zulasten des Euro auf 1,0778 USD **verschlechtert.** Die **inländischen Importeure** müssen also für die gleiche Gütermenge mehr Euro ausgeben, wodurch sich der Import für sie verteuert.

- Der Prozess der **Herabsetzung des Preises der einheimischen Währung** (hier: Euro) gegenüber ausländischen Währungseinheiten (hier: US-Dollar) wird auch als **Abwertung** bezeichnet.
- Die **Abwertung der inländischen Währung** gegenüber der ausländischen Währung **bedeutet** gleichzeitig eine **Aufwertung der ausländischen Währung** gegenüber der inländischen Währung.

Die wichtigsten **Folgen der Abwertung**:

Für das „abwertende“ Land („Euroland“)	Für das „aufwertende“ Land (USA)
■ **Verbilligung** der **Exportgüter** und damit Anstieg des Exports. ■ **Verteuerung** der **Importgüter** und somit Importrückgang.	■ **Verbilligung** der **Importgüter** und damit Anstieg des Imports. ■ **Verteuerung** der **Exportgüter** und somit Exportrückgang.
Beispiel: Ein deutscher Importeur kauft eine Maschine in den USA zum Preis von 500 000,00 USD. Vor der **Euro-Abwertung** musste er hierfür 500 000 USD : 1,1012 USD/EUR = 454 050,13 EUR zahlen; nach der Euro-Abwertung kostet ihn die gleiche Maschine 500 000 USD : 1,0770 USD/EUR = 463 907,96 EUR.	**Beispiel:** Ein amerikanischer Importeur kauft eine Maschine aus Deutschland zum Preis von 250 000,00 EUR. Vor der **US-Dollar-Aufwertung** musste er hierfür 250 000 EUR · 1,1012 USD/EUR = 275 300,00 USD zahlen; nach der US-Dollar-Aufwertung kostet ihn die gleiche Maschine nur noch 250 000 EUR · 1,0778 USD/EUR = 269 450,00 USD.
Konsequenzen: Export steigt, Import geht zurück, Tendenz zum Gleichgewicht zwischen Ex- und Import (Außenhandelsbilanzdefizit sinkt).	**Konsequenzen:** Export geht zurück, Import steigt, Tendenz zum Gleichgewicht zwischen Ex- und Import (Außenhandelsbilanzüberschuss sinkt).

(3) Bedeutung des Systems flexibler Wechselkurse

Die **freie Bildung der Wechselkurse** durch Angebot und Nachfrage bringt – abgesehen von den Unsicherheiten bei der Kalkulation von Außenhandelsgeschäften – viele **Vorteile** mit sich. Zu nennen sind hier vor allem:

- **Hemmung** der **Übertragung von Inflationstendenzen** vom Ausland in das Inland und umgekehrt,
- **automatischer Ausgleich** von **Zahlungsbilanzungleichgewichten** (Wechselkursmechanismus),
- **Unabhängigkeit** nationaler Wirtschaftspolitiken.

Die Theorie vom Trilemma des Wechselkurses

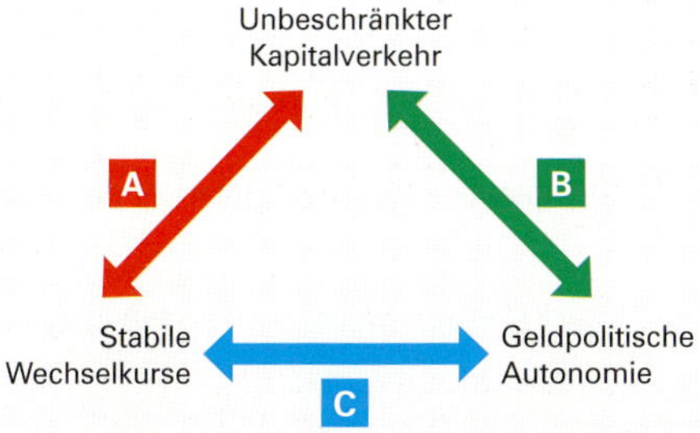

Der kanadische Ökonom Robert Mundell hat Anfang der 1960er Jahre herausgefunden, dass drei geldpoliltische Ziele, die Notenbanken gemeinhin anstreben, grundsätzlich miteinander unvereinbar sind: Stabile Wechselkurse, unbeschränkter Kapitalverkehr und geldpolitische Autonomie (also im Falle einer Krise die Zinsen senken und im Falle einer Überhitzung die Zinsen anheben zu können) lassen sich nicht gleichzeitig verwirklichen.

Mundell stellte fest, dass nur maximal zwei der drei Ziele zu erreichen sind. Entweder die Kombination aus unbeschränktem Kapitalverkehr und festen Wechselkursen, so wie sie der Goldstandard vor 1914 bot. Die Notenbanken verfügten damals nicht über geldpolitische Unabhängigkeit, sondern passten bei unbeschränktem Kapitalverkehr ihre Zinspolitik so an, dass der Wechselkurs stabil blieb.

Die zweite Variante verkörperte das System von Bretton Woods. Hier waren die Wechselkurse stabil und die Geldpolitik konnte bei konjunkturellen Schwankungen eingreifen. Dies ging aber zu Lasten des unbeschränkten Kapitalverkehrs.

Die drite Variante bildet das heutige System ab: Die meisten Notenbanken sind geldpolitisch handlungsfähig und heben und senken Zinsen je nach konjunktureller Entwicklung. Der Kapitalverkehr ist unbeschränkt. Nicht erreicht wird das Ziel stabiler Wechselkurse.

Aus der Theorie Mundells, die in der Volkswirtschaftslehre Akzeptanz gefunden hat, resultiert eine einfache politische Schlussfolgerung. Wenn man die geldpolitische Autonomie der Notenbanken, also ihre Fähigkeit, auf Schwankungen der Wirtschaftslage mit der eigenen Geldpolitik zu reagieren, als unverzichtbar betrachtet, muss man entweder den Kapitalverkehr beschränken oder (mitunter stark) schwankende Wechselkurse in Kauf nehmen.

Quelle: Informationen zur politischen Bildung, Internationale Finanz- und Wirtschaftsbeziehungen, Nr. 334/2017.
Bildquelle: Economist.com

Welche Folgen die Aufwertung bzw. Abwertung von Währungen auf die Verbraucherpreise haben, verdeutlicht nachfolgende Abbildung.

Folgen von Wechselkursveränderungen auf die Verbraucherpreise
(Schematische und stark vereinfachte Darstellung)

	↑ Aufwertung	↓ Abwertung
Importe:	↓ günstiger	↑ teurer
Exporte:	↑ teurer	↓ günstiger
Güternachfrage im Inland: (Annahme gleichbleibendes Angebot)	↓ sinkt	↑ steigt
Preise (Preisniveau)	↓ sinken	↑ steigen

Quelle: Deutsche Bundesbank, Geld und Geldpolitik, Frankfurt 2010.

5.2 Zusammenhänge von Binnenwert und Außenwert des Euro

Inflatorische bzw. deflatorische Tendenzen innerhalb einer Volkswirtschaft können auch durch **Veränderungen des Außenwertes** der Binnenwährung ausgelöst werden.

Diesen Zusammenhang verdeutlichen nachfolgende Erläuterungen am Beispiel des Euro:

Situation 1: Außenwert des Euro sinkt	■ Von einem gesunkenen Außenwert des Euro beispielsweise gegenüber dem US-Dollar können durchaus positive Impulse für die deutsche Exportwirtschaft ausgehen, da die Produkte der heimischen Unternehmen nunmehr für den Dollarraum günstiger sind und folgerichtig dort verstärkt nachgefragt werden. ■ Im Gegenzug kann diese Entwicklung aber auch **inflationäre Tendenzen** im Inland auslösen. So steigert ein relativ niedriger Außenwert des Euro nicht nur die Exportnachfrage, sondern **verteuert** auch zugleich die ausländischen Konkurrenzprodukte im Eurogebiet. Importgüter aus dem US-Dollarraum werden also im Euroraum teurer. ■ Dies wird voraussichtlich auf mittlere Sicht die Preise und Zinsen im Euroraum in die Höhe treiben. **Fazit:** Die Exporterfolge aufgrund des **gesunkenen Außenwertes des Euro** können mit einem **schwächeren Binnenwert** des Euro infolge einer **steigenden Inflationsrate** einhergehen.
Situation 2: Außenwert des Euro steigt	■ Von einem gestiegenen Außenwert des Euro beispielsweise gegenüber dem US-Dollar können negative Impulse für die deutsche Exportwirtschaft ausgehen, da die Produkte der heimischen Unternehmen nunmehr für den Dollarraum teurer sind und folgerichtig dort weniger stark nachgefragt werden. ■ Im Gegenzug kann diese Entwicklung zu **deflatorischen Tendenzen** im Inland führen. So verrringert ein relativ hoher Außenwert des Euro nicht nur die Exportnachfrage, sondern **verbilligt** zugleich auch die ausländischen Konkurrenzprodukte im Eurogebiet. Importgüter aus dem US-Dollarraum werden also im Euroraum günstiger. ■ Dies wird voraussichtlich auf mittlere Sicht zu einem Absinken der Preise und Zinsen im Euroraum führen. **Fazit:** Die Exportschwächen aufgrund des **gestiegenen Außenwertes des Euro** können zu einem **stärkeren Binnenwert** des Euro infolge einer **Deflation** führen.

Wie stark zudem auch **Zinsänderungen** eines Währungsraumes nicht nur die Renditen inländischer Geldanlagen sondern auch die **Wechselkurse beeinflussen,** verdeutlicht der Umstand, dass sich derartige Zinsänderungen auch auf die Vorteilhaftigkeit von Anlagen in unterschiedlichen Währungsräumen auswirken.

Beispiel:

So wird eine Zinssenkung im Inland Finanzinvestoren aus dem Ausland dazu veranlassen, Gelder aus dem heimischen Währungsraum in andere Währungsgebiete zu verlagern. Derartige Kapitalbewegungen führen in der Tendenz zu einer Aufwertung der ausländischen und somit zu einer Abwertung der inländischen Währung.

5.3 System relativ fester Wechselkurse

Ein **System relativ fester Wechselkurse** ist dadurch gekennzeichnet, dass die am Wechselkurssystem beteiligten Regierungen zunächst feste **Paritäten** (Leitkurse) zwischen ihren Währungen vereinbaren. Diese Paritäten sollen die tatsächlichen Wertverhältnisse der Währungen untereinander im Zeitpunkt der Vereinbarung widerspiegeln.

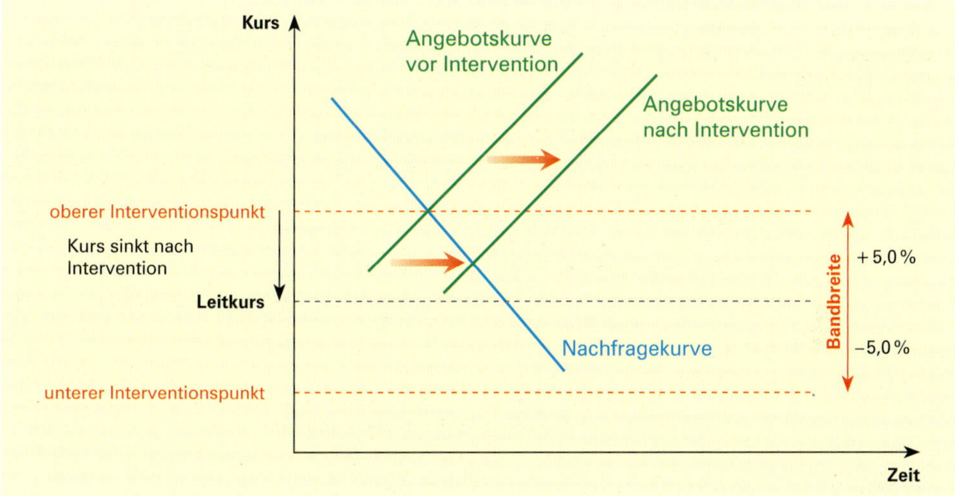

Am Devisenmarkt lässt man anschließend bestimmte Wertschwankungen (z. B. von + 5,0 % bis – 5,0 %) um den Paritätskurs (Leitkurs) zu. Droht z. B. durch die Angebots- und Nachfragesituation am Devisenmarkt die obere oder untere Kursgrenze über- bzw. unterschritten zu werden, so ist die **jeweilige Zentralbank** verpflichtet, die betroffene Währung anzubieten bzw. nachzufragen (vgl. Abbildung). Es besteht eine **Interventionspflicht**. Die **Differenz** zwischen dem **oberen** und dem **unteren** Interventionspunkt wird als **Bandbreite** bezeichnet.

> Das **System relativ stabiler Wechselkurse** lässt bestimmte **Schwankungsbreiten** der Kurse zu. **Innerhalb** dieser Schwankungsbreiten (Bandbreiten) vollzieht sich die Kursbildung nach den Grundsätzen eines **freien** Marktes.

Das System (relativ) fester Wechselkurse gehört zu der Grundidee des **früheren** Europäischen Währungssystems (EWS), dessen wichtigstes Ziel die Schaffung einer **„Zone währungspolitischer Stabilität"** war. Derzeit gelten diese Bandbreiten beispielsweise noch für den **künftigen** Teilnehmer des Eurosystems, den **freiwilligen Teilnehmer** Dänemark am **Wechselkursmechanismus II (WKM II)**.

Der Beitritt zum WKM II bedeutet jedoch keineswegs die **automatische** Aufnahme in den Kreis der Euro-Länder zwei Jahre später. Vielmehr müssen auch diese Staaten vor Aufnahme in die **Währungsunion** bestimmte, im **Maastrichter Vertrag** vereinbarte Bedingungen, die sogenannten **Konvergenzkriterien (Maastricht-Kriterien)**, einhalten.

Hierzu zählen:

- **Preisstabilität:** Der Verbraucherpreisindex darf den Durchschnitt der drei preisstabilsten Länder um nicht **mehr als 1,5 %** übersteigen.
- **Kapitalmarktzins:** Die durchschnittliche Rendite langfristiger Staatsanleihen darf **höchstens 2,0 %** über dem Durchschnitt der entsprechenden Zinsen in den drei Ländern mit der niedrigsten Inflationsrate liegen.
- **Staatsverschuldung:** Die Gesamtverschuldung der öffentlichen Haushalte darf nicht **mehr als 60 %** des Bruttoinlandsprodukts betragen.
- **Haushaltsdisziplin:** Die jährliche Neuverschuldung der öffentlichen Haushalte darf **höchstens 3,0 %** des Bruttoinlandsprodukts betragen.

Allerdings haben sich die EU-Finanzminister im März 2005 darauf geeinigt, dass **Verstöße** gegen die **Neuverschuldungsgrenze** künftig **nicht** mehr so rigoros geahndet werden wie bisher. So folgt auf das Überschreiten dieser Grenze nicht mehr **automatisch** ein **Strafverfahren.** Bedingung ist, dass das Staatsdefizit nur für eine **kurze** Dauer **knapp über 3,0 %** liegt, wobei eine **konkrete** Zahl **nicht** beschlossen wurde. Zudem werden **bestimmte** Ausgabenpositionen im Haushalt **nicht** in die Berechnung des Defizits einbezogen (z. B. Ausgaben für Investitionen und Forschung, Kosten humanitärer Hilfe oder für Militäreinsätze, Kosten zur Herstellung der europäischen Einheit, zu denen auch die Kosten der deutschen Wiedervereinigung zählen).

Wenn in einem System relativ fester Wechselkurse eine Währung eine **längere** Zeit am oberen oder am unteren Interventionspunkt gehandelt wird, so ist dies ein Anzeichen für ein **Ungleichgewicht** in dem Austauschverhältnis der Währung. Dieses Ungleichgewicht muss von der Regierung bzw. den Regierungen der beteiligten Länder durch eine **Änderung der Paritäten** (Leitkurse) mittels Auf- bzw. Abwertung beseitigt werden.

5.4 System fester Wechselkurse

Bei dem **System fester Wechselkurse** erfolgt die Verrechnung von Lieferungen und Leistungen über die von den **Regierungen festgelegten** Verrechnungseinheiten.

Da der Wechselkurs nicht den Marktverhältnissen entspricht, sind die ausländischen Exporteure zumeist nicht bereit, Güter und Dienstleistungen gegen diese Währung zu verkaufen. Dieser Umstand zwingt die Länder mit festen Wechselkursen dazu, die knappen Devisen zu bewirtschaften **(Devisenbewirtschaftung).** Die für den Import in Ländern mit derartigem Wechselkurssystem (z. B. in einigen Staaten Schwarzafrikas) benötigten Devisen werden meist auf Antrag zugeteilt.

Kompetenztraining

1. Als ein wesentlicher Vorteil des Außenhandels wird die Nutzung komparativer Kostenvorteile angeführt. Diesem Gesetz zufolge gewinnt im Außenhandel auch die Volkswirtschaft desjenigen Landes, die den anderen Ländern kostenmäßig absolut unterlegen ist, wenn sich die anderen Länder auf die Produktion der Güter verlegen, bei der der vergleichsweise (komparative) Kostenunterschied am größten ist.

   Erläutern Sie, welcher Hauptgrund nach der Auffassung Ricardos mit dazu beiträgt, dass sich die einzelnen Volkswirtschaften auf die Aktivitäten spezialisieren, die sie im Vergleich zu anderen Nationen besonders effektiv erfüllen!

2. Nennen Sie jeweils drei mögliche Vor- und Nachteile des Außenhandels!

3. Eine der wichtigsten Organisationen zur Überwachung der Einhaltung internationaler Handelsregeln ist die WTO.

   Aufgaben:

   3.1 Nennen Sie die wichtigsten Ziele dieser Organisation!

   3.2 Erläutern Sie in diesem Zusammenhang das Meistbegünstigungsprinzip!

4. Skizzieren Sie den Unterschied zwischen der Preis- und der Mengennotierung!

5. Zeigen Sie vier mögliche Gründe auf, die dazu beitragen können, dass sich frei am Markt bildende Wechselkurse ändern!

6. Stellen Sie grafisch dar, wie sich der frei am Markt bildende Wechselkurs eines Landes ändert, wenn der Export den Import übersteigt!

7. Unterscheiden Sie die Begriffe Binnenwert und Außenwert des Geldes!

8. Auf dem Devisenmarkt hat sich der Euro gegenüber dem US-Dollar wie folgt entwickelt:

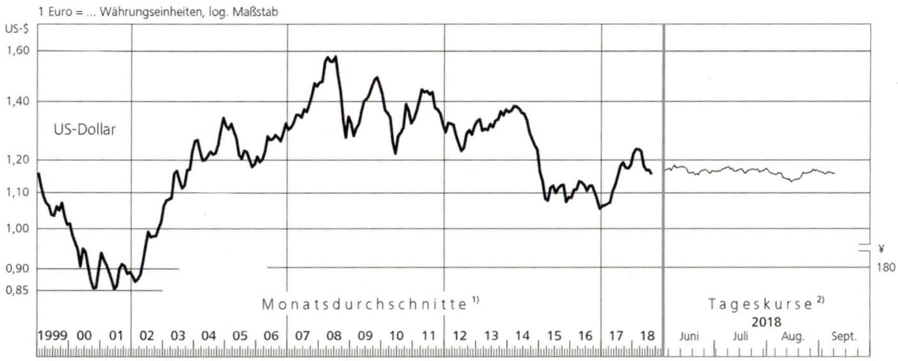

1 Letzter Monatsdurchschnitt: August 2018. 2 Letzter Stand: 10. September 2018.

Quelle: Deutsche Bundesbank, Devisenkursstatistik, September 2018, S. 17.

Aufgaben:

8.1 Erklären Sie den Begriff „Floating"!

8.2 Nennen Sie drei Gründe für einen steigenden Eurokurs!

8.3 Flexible Wechselkurse führen bei Ungleichgewichten von Export und Import mittelfristig zu einem Gleichgewicht dieser beiden Größen. Nehmen Sie an, der Export von Deutschland in die USA (Fakturierung in EUR) sei größer als der Import (Fakturierung in USD).

Erläutern Sie die mittelfristige Wirkung bei flexiblen Wechselkursen aus dem Blickwinkel Deutschlands auf

8.3.1 Euronachfrage,
8.3.2 Dollarangebot,
8.3.3 Eurokurs,
8.3.4 Dollarkurs,
8.3.5 Exporte und
8.3.6 Importe!

8.4 Erläutern Sie ein Argument für und gegen das System flexibler Wechselkurse!

8.5 **Kausalkette**

In der folgenden Grafik werden die Beziehungen zwischen Preisniveau, Import und Export bei flexiblen Wechselkursen dargestellt. Skizzieren Sie die voraussichtliche Wirkung mittels Pfeilen. Benutzen Sie hierzu Pfeile, die anzeigen: steigt, sinkt oder bleibt unverändert!

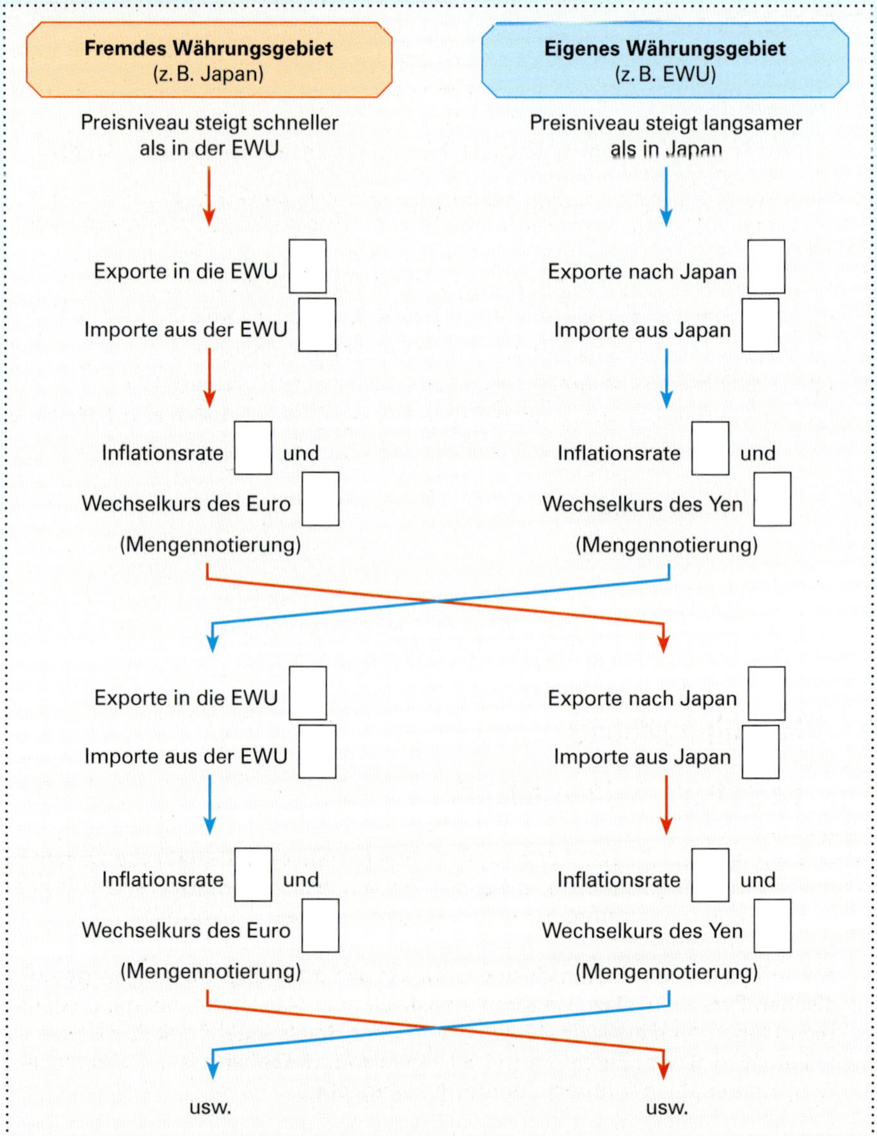

8.6 Angenommen, auf dem Devisenmarkt steigt der Wechselkurs für 1,00 EUR von 1,3100 USD auf 1,5585 USD. Ein in Deutschland gefertigter Sportwagen kostet in der Bundesrepublik Deutschland 59900,00 EUR. Ermitteln Sie, zu welchem US-Dollarpreis dieser Pkw vor und nach der Wechselkursänderung in den USA angeboten werden kann, wenn sich die Gewinnspanne des Anbieters nicht ändern soll! Transportkosten, Zölle etc. bleiben bei der Betrachtung außen vor.

9. Ein Bekannter äußert sich besorgt über die im Vergleich zum US-Dollar starke Abwertung des Euro. Entscheiden Sie, welche Auskunft Sie ihm geben!

① Die Abwertung des Euro bedeutet gleichzeitig auch eine Abwertung des US-Dollar.

② Durch die Abwertung des Euro verbessern sich die Exportchancen deutscher Unternehmen.

③ Durch die Abwertung des Euro wird der Urlaub in den USA für deutsche Touristen billiger.

④ Die Abwertung ist gleichzusetzen mit einer Erhöhung des Preises der einheimischen Währung.

⑤ Als Folge der Abwertung steigt der Import, wohingegen der Export zurückgeht.

10. Nachdem sich der Wechselkurs des Euro im Verhältnis zum US-Dollar erholt hat, fragt Sie ein Bekannter nach den möglichen Konsequenzen. Entscheiden Sie, welche Auskunft Sie ihm geben!

① Die „Stärkung" des Euro ist gleichzusetzen mit einer Abwertung.

② Die Exportchancen amerikanischer Unternehmen verbessern sich.

③ Die Exportchancen deutscher Unternehmen verbessern sich.

④ Durch die Erholung des Euro verringert sich der Import aus Amerika.

⑤ Die Stärkung des Euro bleibt ohne Auswirkungen auf den Außenhandel mit den USA.

6 Die Zahlungsbilanz

6.1 Begriff der Zahlungsbilanz

Die **Zahlungsbilanz** eines Landes ist die **systematische, statistische Zusammenfassung** der wirtschaftlichen Transaktionen[1] zwischen Inländern (Gebietsansässigen) und Ausländern (Gebietsfremden) in einer bestimmten Berichtsperiode.

Zu den **Inländern (Gebietsansässigen)** zählen alle im Inland ansässigen natürlichen und juristischen Personen. Dazu gehören statistisch auch Ausländer, die mindestens ein Jahr im Inland leben, und zwar unabhängig von ihrer Staatsangehörigkeit. Ebenso Unternehmen in ausländischem Eigentum mit Sitz im Inland. Umgekehrt ist ein Deutscher Gebietsfremder, wenn er länger als ein Jahr im Ausland lebt.

1 (lat.) trans = über, agere = führen; Übertragungen.

Die Zahlungsbilanz ist **keine Bilanz** im Sinne einer **zeitpunktbezogenen Vermögensaufstellung,** sondern eine **Stromrechnung.** Da in ihr **keine Bestände,** sondern nur Stromgrößen (Veränderungen) erfasst werden, hat sie **den Charakter** einer **Bewegungsbilanz.**[1]

Wesentliche **Aufgabe der Zahlungsbilanz** ist die Bereitstellung der Datenbasis für

- die **Geld- und Währungspolitik** und die übrige Wirtschaftspolitik,
- die Erstellung der **Zahlungsbilanzen der Europäischen Währungsunion** und der **Europäischen Union,** sowie für
- wesentliche Bestandteile der **Volkswirtschaftlichen Gesamtrechnungen (VGR).**

In der Regel kann es sich auf die Dauer kein Land leisten, dass sich die inländischen Wirtschaftseinheiten zunehmend gegenüber dem Ausland verschulden. Um die Vorteile der internationalen Arbeitsteilung zu nutzen, müssen sich die Außenwirtschaftsbeziehungen langfristig **gleichgewichtig** entwickeln. In diesem Sinne ist das im Stabilitäts- und Wachstumsgesetz angeführte gesamtwirtschaftliche **Ziel des außenwirtschaftlichen Gleichgewichts** zu verstehen.

6.2 Gliederung der Zahlungsbilanz

Die Zahlungsbilanz gliedert sich in folgende Teilbilanzen:

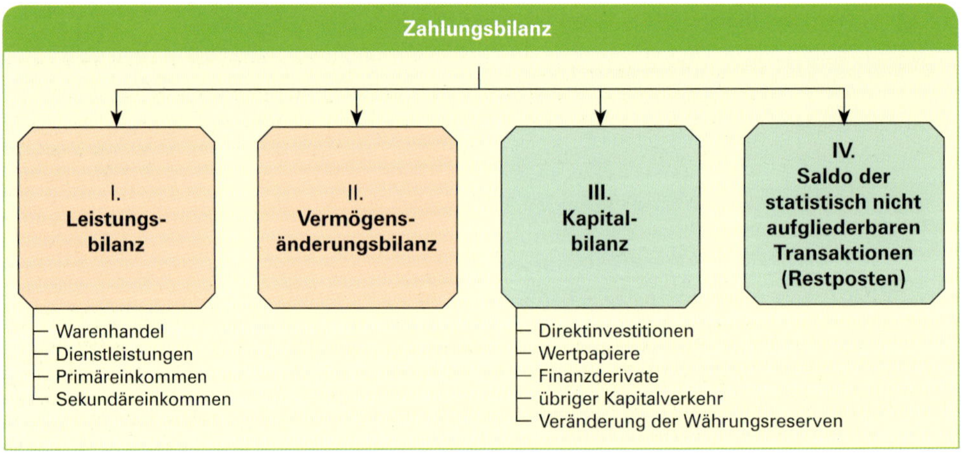

1 Informationen über Bestandsgrößen, z. B. über die Höhe der Auslandsforderungen oder Auslandsverbindlichkeiten, werden von der Deutschen Bundesbank im **Auslandsvermögensstatus** zur Verfügung gestellt.

Teilbilanzen	Erläuterungen
I. Leistungsbilanz	In der Leistungsbilanz werden der **Warenhandel** (Einfuhr und Ausfuhr), sowie die Einnahmen und Ausgaben für **Dienstleistungen, Primäreinkommen** und **Sekundäreinkommen** nachgewiesen.

- **Warenhandel** (fob/fob)

Im Gegensatz zur Außenhandelsstatistik, in welcher der physische Grenzübertritt von Waren erfasst wird, gilt für die **Zahlungsbilanz** das **Prinzip des Eigentumsübergangs.**

Wegen dieser unterschiedlichen Erfassung ist es erforderlich, dass der **Außenhandel** durch Zusetzungen bzw. Absetzungen **zu ergänzen ist.**

Ausfuhr (fob)[1]		Einfuhrf (cif)[2]	
Zusetzungen	Absetzungen	Zusetzungen	Absetzungen
z. B.: ■ Warenverkäufe deutscher Kreuzfahrtschiffe oder Flugzeuge im Ausland. ■ Ausfuhr aus Lager. ■ Von Inländern aus Reisen im Ausland gekaufte Bücher oder Zeitschriften. ■ Von Gebietsfremden im Inland gekaufte Waren, die im Inland verbleiben.	z. B.: ■ Rücksendungen exportierter Waren. ■ Nachträgliche Preisnachlässe auf exportierte Waren. ■ Ausfuhr zur bzw. nach Lohnveredelung.	z. B.: ■ Einfuhr auf Lager abzüglich Einfuhr aus Lager. ■ Preiszuschläge. ■ Drogen/Schmuggel.	z. B.: ■ cif-Kosten der Einfuhr. ■ Einfuhr zur bzw. nach Lohnveredelung. ■ Rücksendungen.

Diese **Ergänzungen zum Außenhandel** werden in einer gesonderten Statistik nachgewiesen.

Der Außenhandel zuzüglich der Ergänzungen zum Außenhandel wird als **Allgemeiner Warenhandel** bezeichnet.

Zusammen mit der **Nettoausfuhr von Waren im Transithandel**[3] und der Ein- und Ausfuhr von Nichtwährungsgold ergibt sich der **Warenhandel.**

Übersteigen die **Exporte** die **Importe,** spricht man von einer **aktiven Handelsbilanz**. Sind dagegen die **Importe größer** als die **Exporte,** liegt eine **passive Handelsbilanz** vor.

1 **fob** (free on board): „Frei an Bord" bedeutet, dass der Verkäufer die Ware an Bord des vom Käufer benannten Schiffs im benannten Verschiffungshafen liefert oder die bereits so gelieferte Ware verschafft. Die Gefahr des Verlustes oder der Beschädigung der Ware geht über, wenn die Ware an Bord des Schiffs ist. Der Käufer trägt ab diesem Zeitpunkt alle Kosten.

2 **cif** (cost, insurance, freight): „Kosten, Versicherung und Fracht" bedeutet, dass der Verkäufer die Ware an Bord des Schiffs liefert oder die bereits so gelieferte Ware verschafft. Die Gefahr des Verlustes oder der Beschädigung der Ware geht über, wenn die Ware an Bord des Schiffs ist. Der Verkäufer hat den Beförderungsvertrag abzuschließen sowie die Kosten und Fracht zu tragen, die für die Beförderung der Ware zum benannten Bestimmungshafen erforderlich sind. Der Verkäufer schließt auch einen Versicherungsvertrag gegen die vom Käufer getragene Gefahr des Verlustes oder der Beschädigung der Ware während des Transports ab.

3 Beim Transithandel erwirbt ein Inländer Waren im Ausland, die er an einen anderen Gebietsfremden weiterverkauft, ohne die Waren zuvor ins Inland zu bringen.

- **Dienstleistungen** (fob/fob)

Es werden die **Einnahmen und Ausgaben für die Exporte und Importe** verschiedenartiger **immaterieller Güter** erfasst.

Bedeutende Dienstleistungen sind

- **Transportleistungen** (einschließlich der Fracht- und Versicherungskosten des Außenhandels),
- **Leistungen im Reiseverkehr** (Ausgaben von Inländern im Ausland sind Dienstleistungsimporte),
- **Finanzdienstleistungen** (Provisionen von Gebühren für grenzüberschreitende Finanzgeschäfte, einschließlich unterstellter Bankdienstleistungen. Damit werden die häufig in der Zinsmarge enthaltenen Anteile für Betriebsleistungen erfasst.),
- die **Nutzung von geistigem Eigentum** (z. B. Patente, Urheberrechte),
- **Telekommunikations-, EDV- und Informationsleistungen** sowie
- **sonstige unternehmensbezogene Dienstleistungen,** z. B. für Forschung und Entwicklung, freiberufliche Dienstleistungen und Managementberatung.

> - Die Dienstleistungsbilanz ist **aktiv,** wenn die Exporte die Importe übersteigen; im umgekehrten Fall handelt es sich um eine **passive** Dienstleistungsbilanz.
> - Der **Saldo** aus dem Warenhandel und den Dienstleistungen wird als **Außenbeitrag** (zum BIP) bezeichnet.

- **Primäreinkommen**

Die Primäreinkommen bestehen aus den Einnahmen und Ausgaben von

- Arbeitnehmerentgelten,
- Vermögenseinkommen (z. B. Gewinne, Dividenden, Zinsen) und
- sonstigen Primäreinkommen (z. B. Pacht, Produktions- und Importabgaben an die EU, Subventionen von der EU).

- **Sekundäreinkommen**

Als Sekundäreinkommen werden **laufende Übertragungen** in Form von Geld- oder Sachleistungen (ohne Vermögensübertragungen) bezeichnet, denen keine unmittelbaren Gegenleistungen gegenüberstehen. Hierunter fallen beispielsweise **Beiträge des Staates** an internationale Organisationen, laufende Steuern auf Einkommen, Vermögen sowie Sozialleistungen. Im **privaten Sektor** werden Übertragungen zwischen inländischen und ausländischen privaten Haushalten erfasst, wie z. B. Zahlungen ausländischer Arbeitnehmer in ihre Heimatländer, die zur Unterstützung der Familienangehörigen dienen (Heimatüberweisungen).

Im Gegensatz zu den **„sichtbaren"** Transaktionen im **Warenhandel** werden die **Dienstleistungen, sowie die Primär- und Sekundäreinkommen** als **„unsichtbare"** Leistungstransaktionen bezeichnet.

> Der **Saldo der Leistungsbilanz** gilt allgemein als Maßstab für das **außenwirtschaftliche Gleichgewicht.** Theoretisch ist dieses Ziel erreicht, wenn dieser Saldo gleich null ist.

II. Vermögensänderungsbilanz

Erfasst werden u. a. Vermögensübertragungen, die als **„einmalig"** betrachtet werden können (z. B. Schuldenerlasse, Erbschaften, Schenkungen, Erbschaft- und Schenkungsteuer, Vermögensmitnahmen von Aus- bzw. Einwanderern). Es wird auch der Kauf- bzw. Verkauf von (immateriellen) **nicht produzierten Sachvermögen** erfasst, wie z. B. Markenrechte und Emissionszertifikate.

III. Kapitalbilanz

Die **Kapitalbilanz** einschließlich der **Veränderungen der Währungsreserven der Bundesbank** enthält alle Transaktionen, bei denen sich grenzüberschreitende Finanzdispositionen (z. B. Guthaben, Wertpapiere oder Beteiligungen) verändern.

- **Inländische Kapitalanlagen im Ausland** (Kapitalausfuhr) führen zu Forderungen an das Ausland.
- **Kapitalanlagen von Ausländern im Inland** (Kapitaleinfuhr) führen zu Verbindlichkeiten gegenüber dem Ausland.

Das **Vorzeichen einer Transaktion** richtet sich nach den **zugrunde liegenden Veränderungen der Bestände.**

- **Zunahmen** bei Forderungen und **Abnahmen** bei Verbindlichkeiten erhalten ein **Plus,**
- **Abnahmen** bei Forderungen und **Zunahmen** bei Verbindlichkeiten erhalten ein **Minus.**

> Ist der **Saldo der Kapitalbilanz** positiv (+), liegt ein **Netto-Kapitalexport** vor. Das Netto-Auslandsvermögen hat zugenommen. Ein negativer Saldo (–) zeigt folglich einen **Netto-Kapitalimport** an.

Die Kapitalbilanz gliedert sich in:

- **Direktinvestitionen** (z. B. Beteiligungen, Direktinvestitionskredite),
- **Wertpapieranlagen** (z. B. Aktien, Investmentfondsanteile, Schuldverschreibungen),
- **Finanzderivate und Mitarbeiteraktienoptionen** (Optionen und Finanztermingeschäfte),
- **übriger Kapitalverkehr** (z. B. Finanzkredite, Bargeld und Einlagen, Handelskredite und Anzahlungen),
- **Währungsreserven**

  Die Währungsreserven der Deutschen Bundesbank in der EWU bestehen aus Gold und Goldforderungen, der Reserveposition im Internationalen Währungsfonds und Sonderziehungsrechten, Devisenreserven und Forderungen innerhalb des Eurosystems. Auslandsverbindlichkeiten vermindern die Währungsreserven.

  Es werden **keine Bewertungsänderungen,** sondern ausschließlich Transaktionen erfasst.

  Goldtransaktionen der Bundesbank sind nur mit anderen Zentralbanken (oder Währungsbehörden) zahlungsbilanzrelevant. Goldtransaktionen mit anderen Geschäftspartnern sind als Warengeschäfte zu behandeln. Hier wird das Gold „demonetisiert", d. h. von Währung (Geld) zur Ware.

IV. Saldo der statistisch nicht aufgliederbaren Transaktionen

Dieser **Restposten** ist erforderlich, um die Zahlungsbilanz statistisch auszugleichen. Die Ursachen für diesen Ausgleich liegen z. B. darin, dass eine vollständige und periodengerechte Erfassung aller Transaktionen (mit Ausnahme der Währungsreserven und der Sonstigen Aktiva und Passiva der Bundesbank) nicht möglich ist.

So werden z.B. sogenannte „Koffergeschäfte“, Transaktionen mit Bargeld, Überweisungen unterhalb der Meldegrenze nicht statistisch erfasst.

Grundsätzlich muss die **Summe der Salden** der **Leistungsbilanz** und der **Vermögensänderungsbilanz ebenso groß sein wie** der **Saldo der Kapitalbilanz.**

$$I + II = III$$

Da aber eine periodengerechte Zuordnung und vollständige Erfassung aller relevanten Transaktionen nicht möglich ist, muss ein Ausgleich über den Posten IV herbeigeführt werden. Der statistische **Restposten** errechnet sich aus der **Differenz zwischen dem Saldo der Kapitalbilanz und den Salden der Leistungs- sowie der Vermögensänderungsbilanz.**

$$III - (I + II) = IV$$

Die Summe aus I + II stellt den Finanzierungssaldo dar. III zeigt die Veränderung des Netto-Auslandsvermögens. Die Summe der Salden der Teilbilanzen I, II und IV abzüglich der Teilbilanz III ergibt den Wert null (0).

$$I + II + IV - III = 0$$

Die Zahlungsbilanz erfasst die wirtschaftlichen Vorgänge zwischen dem Inland und dem Ausland. Dazu zählen beispielsweise der Handel mit Waren oder Dienstleistungen, aber auch Kapitalexporte und -importe. Der Überschuss in Deutschlands Handelsbilanz ist im vergangenen Jahr leicht gesunken: Er erreichte 265,6 Mrd. Euro und war damit gut 2 Mrd. Euro geringer als im Vorjahr. Der Überschuss in der Leistungsbilanz ging im selben Zeitraum um 6 Mrd. Euro zurück – von knapp 268,8 auf 262,7 Mrd. Euro. Die Kapitalbilanz schloss mit einem Plus von 275,7 Mrd. Euro. – Die Handelsbilanz erfasst den Warenaustausch zwischen Deutschland und dem Ausland (also Ausfuhren und Einfuhren von Gütern); in der Leistungsbilanz werden zusätzlich die Dienstleistungen (z.B. Einnahmen und Ausgaben im grenzüberschreitenden Reiseverkehr) verbucht. Außerdem werden auch die laufenden Zahlungsvorgänge mit dem Ausland berücksichtigt (beispielsweise Deutschlands Beiträge für internationale Organisationen oder die Überweisungen an die EU-Kasse nach Brüssel). Die Kapitalbilanz erfasst den Export bzw. Import von Kapital aus bzw. nach Deutschland. Dazu gehören beispielsweise Wertpapierkäufe von Ausländern in Deutschland oder Investitionen von deutschen Unternehmen bei ausländischen Unternehmen (sogenannte Direktinvestitionen).

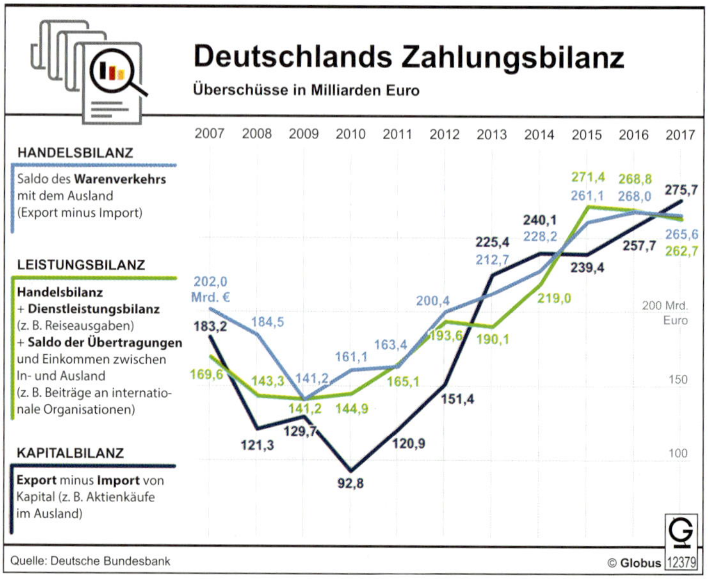

<table>
<tr><th colspan="13">Die Teilbilanzen der Zahlungsbilanz im Überblick</th></tr>
<tr><th colspan="4">Leistungsbilanz</th><th rowspan="3">Vermögensänderungsbilanz</th><th colspan="7">Kapitalbilanz</th><th rowspan="3">Saldo der statistisch nicht aufgliederbaren Transaktionen</th></tr>
<tr><th rowspan="2">Warenhandel (fob/fob)</th><th rowspan="2">Dienstleistungen (fob/fob)</th><th rowspan="2">Primäreinkommen</th><th rowspan="2">Sekundäreinkommen</th><th rowspan="2">Direktinvestitionen</th><th rowspan="2">Wertpapieranlagen und Finanzderivate</th><th colspan="4">Übriger Kapitalverkehr</th><th rowspan="2">Währungsreserven</th></tr>
<tr><th>Monetäre Finanzinstitute (ohne Bundesbank)</th><th>Unternehmen und Privatpersonen</th><th>Staat</th><th>Bundesbank</th></tr>
<tr><td>Ausfuhr +
Einfuhr –</td><td>Einnahmen +
Ausgaben –</td><td>Einnahmen +
Ausgaben –</td><td>Einnahmen +
Ausgaben –</td><td>Einnahmen +
Ausgaben –</td><td colspan="7">Zunahme der Forderungen und Abnahme der Verbindlichkeiten gegenüber dem Ausland +
Abnahme der Forderungen und Zunahme der Verbindlichkeiten gegenüber dem Ausland –</td><td>+ oder –</td></tr>
<tr><td>■ Warenexporte
■ Warenimporte
■ Ergänzungen zum Außenhandel</td><td>■ Reiseverkehr
■ Transporte
■ Finanzdienstleistungen
■ Lizenzen
■ Lohnveredelung</td><td>■ Arbeitnehmerentgelt
■ Zinsen
■ Dividenden
■ Mieten
■ Pachten
■ Produktions- und Importabgaben</td><td>■ Beiträge an internationale Organisationen
■ private Renten- und Unterstützungszahlungen
■ Heimatüberweisungen</td><td>■ Schuldenerlasse
■ Erbschaften
■ Schenkungen
■ Vermögensmitnahmen von Aus- und Einwanderern
■ nicht produziertes Sachvermögen (z. B. Markenrechte, Emissionszertifikate)</td><td colspan="7">■ Zunahme bzw. Abnahme inländischer Kapitalanlagen im Ausland
■ Zunahme bzw. Abnahme der ausländischen Kapitalanlagen im Inland</td><td>■ Restposten
■ Koffergeschäfte
■ Überweisungen unterhalb der Meldegrenze</td></tr>
<tr><td colspan="2">Außenbeitrag zum BIP</td><td colspan="11"></td></tr>
<tr><td colspan="3">Außenbeitrag zum BNE</td><td colspan="10"></td></tr>
</table>

Wie die einzelnen Teilbilanzen zusammenhängen, soll beispielhaft anhand einiger in einem vereinfachten Schema vorgenommenen **Buchungen von Transaktionen** verdeutlicht werden:

Beispiel:

In der Bundesrepublik Deutschland fallen folgende Transaktionen mit dem Ausland an:

1	Export von Handelswaren gegen langfristigen Kredit; Gegenwert 50 Mio. EUR.
2	Inländer überweisen für Hotelbuchungen an ausländische Hoteliers 14 Mio. EUR.
3	Die Deutsche Bundesbank kauft US-Schuldverschreibungen im Gegenwert von 4 Mio. EUR bei der amerikanischen Zentralbank (FED).
4	Ausländische Arbeitskräfte überweisen den Gegenwert von 2 Mio. EUR auf ihre in ihren Heimatländern bestehenden Bankkonten.
5	Ein deutsches Unternehmen erwirbt eine Beteiligung an einem kanadischen Unternehmen. Die Zahlung erfolgt in CAD, der Gegenwert in Höhe von 5 Mio. EUR wird von dem beauftragten KI bei der Korrespondenzbank in Montreal angeschafft.
6	Warenimporte gegen langfristigen Kredit im Gegenwert von 15 Mio. EUR.
7	Warenexport gegen Barzahlung nach Russland. Die Rubel im Gegenwert von 3 Mio. EUR werden von der Hausbank des deutschen Exporteurs aufgekauft und dessen Konto gutgeschrieben.
8	Ausländische Zentralbanken wechseln 2 Mio. EUR-Banknoten bei der Deutschen Bundesbank in Landeswährungen um.
9	Importe von Handelswaren, Ziel 2 Monate, 5 Mio. EUR.
10	Der Bundesfinanzminister nimmt für den Bundeshaushalt in China ein langfristiges Darlehen auf. Die Gutschrift des Darlehensbetrags erfolgt auf dem Konto bei der Deutschen Bundesbank. Gegenwert 7 Mio. EUR.
11	Das Bundesfinanzministerium überweist Beiträge in Fremdwährung an die UN. Der Gegenwert von 2 Mio. EUR wird vom Konto bei der Bundesbank abgebucht.
12	Die Deutsche Bundesbank verkauft US-Dollar an die FED. EUR-Gegenwert 10 Mio.
13	Zinszahlungen für von deutschen Unternehmen im Ausland aufgenommene Darlehen im Gegenwert von 3 Mio. EUR. Überweisung von Fremdwährungskonten bei deutschen Hausbanken.
14	Deutsche Anleger kaufen ausländische Aktien (von Gebietsfremden) über inländische Kreditinstitute im Wert von 1 Mio. EUR.
15	Transportleistungen deutscher Spediteure für Ausländer. Diese überweisen sofort die Kosten auf EUR-Girokonten der Spediteure. EUR-Gegenwert 8 Mio.
16	An ausländische Erben werden deren Erbanteile im Gegenwert von 4 Mio. EUR überwiesen. Gutschrift auf Konten bei ausländischen Korrespondenzbanken deutscher Kreditinstitute.
17	Die Deutsche Bundesbank kauft Gold von der FED im Wert von 6 Mio. EUR.

Zahlungsbilanz der Bundesrepublik Deutschland (in Mio. EUR)

Pos.	Leistungsbilanz				Vermögensänderungsbilanz	Kapitalbilanz							Saldo der statistisch nicht aufgliederbaren Transaktionen
								Übriger Kapitalverkehr					
	Warenhandel	Dienstleistungen	Primäreinkommen	Sekundäreinkommen		Direktinvestitionen	Wertpapiertransaktionen und Finanzderivate	Monetäre Finanzinstitute (ohne Bundesbank)	Unternehmen und Privatpersonen	Staat	Bundesbank	Währungsreserven	
	Ausfuhr + Einfuhr –	Einn. + Ausg. –	Einn. + Ausg. –	Einn. + Ausg. –	Einn. + Ausg. –	Zunahme der Forderungen und Abnahme der Verbindlichkeiten gegenüber dem Ausland + Abnahme der Forderungen und Zunahme der Verbindlichkeiten gegenüb er dem Ausland –							
1	50,0								50,0				
2		–14,0						–14,0					
3												+/–4,0	
4				–2,0				–2,0					
5						5,0		–5,0					
6	–15,0								–15,0				
7	3,0							3,0					
8												–2,0	
9	–5,0								–5,0				
10										+/–7,0			
11				–2,0						–2,0			
12											+/–10,0		
13			–3,0					–3,0					
14							1,0	–1,0					
15		8,0						8,0					
16					–4,0			–4,0					
17												+/–6,0	
Salden Teilbilanzen	**33,0**	**–6,0**	**–3,0**	**–4,0**	**–4,0**	**5,0**	**1,0**	**–18,0**	**30,0**	**–2,0**	**0,0**	**–2,0**	**–2,0**

Zahlungsbilanz

	I. Saldo der Leistungsbilanz	**20,0**
+	**II. Saldo der Vermögensänderungsbilanz**	**– 4,0**
+	**III. Saldo der Kapitalbilanz**	**14,0**
+	**IV. Saldo der statistisch nicht aufgliederbaren Transaktionen**	**– 2,0**
=	**III – (I + II + IV)**	**0,0**

Anmerkung: Bei den Geschäftsfällen 3, 10, 12 und 17 finden Buchung und Gegenbuchung jeweils in demselben Sektor der Zahlungsbilanz statt.

Kompetenztraining

11. Nachfolgende Tabelle zeigt die Zahlungsbilanz für die Bundesrepublik Deutschland:

Aufgaben:

11.1 Nennen und beschreiben Sie die Teilbilanzen, aus denen sich die Leistungsbilanz zusammensetzt!

11.2 Erläutern Sie, welches die Teilbilanzen der Zahlungsbilanz sind!

11.3 Prüfen Sie, ob im dargestellten Zeitraum in der Europäischen Währungsunion außenwirtschaftliches Gleichgewicht herrscht!

Mio €

Position	2015	2016	2017
A. Leistungsbilanz	+ 308 770	+ 346 639	+ 355 088
1. Warenhandel			
Ausfuhr	2 135 337	2 136 518	2 264 294
Einfuhr	1 784 550	1 766 321	1 933 542
Saldo	+ 350 785	+ 370 199	+ 330 755
2. Dienstleistungen			
Einnahmen	800 971	808 509	856 681
Ausgaben	748 527	764 271	755 459
Saldo	+ 52 443	+ 44 238	+ 101 224
3. Primäreinkommen			
Einnahmen	665 060	650 888	680 489
Ausgaben	621 692	581 073	615 835
Saldo	+ 43 368	+ 69 814	+ 64 654
4. Sekundäreinkommen			
Einnahmen	114 843	108 095	111 780
Ausgaben	252 670	245 709	253 321
Saldo	– 137 827	– 137 612	– 141 543
B. Vermögensänderungsbilanz	+ 16 566	+ 3 132	– 26 207
C. Kapitalbilanz (Zunahme: +)	+ 267 248	+ 344 767	+ 395 402
1. Direktinvestitionen	+ 142 673	+ 177 293	+ 84 563
Anlagen außerhalb des Euro-Währungsgebiets	+1 080 356	+ 521 802	+ 248 487
Ausländische Anlagen im Euro-Währungsgebiet	+ 937 683	+ 344 509	+ 163 924
2. Wertpapieranlagen	+ 199 249	+ 478 497	+ 283 022
Anlagen außerhalb des Euro-Währungsgebiets	+ 401 926	+ 387 046	+ 635 971
Aktien und Investmentfondsanteile	+ 15 478	+ 19 987	+ 173 845
Langfristige Schuldverschreibungen	+ 378 796	+ 359 327	+ 396 387
Kurzfristige Schuldverschreibungen	+ 7 654	+ 7 733	+ 65 740
Ausländische Anlagen im Euro-Währungsgebiet	+ 202 678	– 91 447	+ 352 949
Aktien und Investmentfondsanteile	+ 208 634	+ 104 219	+ 487 080
Langfristige Schuldverschreibungen	+ 33 199	– 242 180	– 142 811
Kurzfristige Schuldverschreibungen	– 39 158	+ 46 513	+ 8 679
3. Finanzderivate und Mitarbeiteraktienoptionen	+ 81 917	+ 18 431	+ 17 098
4. Übriger Kapitalverkehr	– 167 256	– 344 931	+ 12 120
Eurosystem	– 26 457	– 152 798	– 175 529
Staat	+ 20 154	+ 12 380	+ 18 760
Monetäre Finanzinstitute (Ohne Eurosystem)	– 120 160	– 123 767	+ 137 116
Unternehmen und Privatpersonen	– 40 793	– 80 745	+ 31 772
5. Währungsreserven des Eurowährungssystems	+ 10 664	+ 15 480	– 1 400
D. Saldo der statistisch nicht aufgliederbaren Transaktionen	– 58 089	– 5 003	+ 66 522

* Quelle: EZB, gemäß den internationalen Standards des Balance of Payments Manual in der 6. Auflage des Internationalen Währungsfonds.

Quelle: Monatsbericht der Deutschen Bundesbank, Dez. 2018, S. 75*.

12. Die Zusammensetzung von Dienstleistungen und Primäreinkommen ist aus folgender Tabelle im Einzelnen ersichtlich:

4. Dienstleistungen sowie Primäreinkommen der Bundesrepublik Deutschland (Salden)

Mio €

Zeit	Dienstleistungen 1)								Primäreinkommen		
		darunter:									
	Insgesamt	Transportdienstleistungen	Reiseverkehr 2)	Finanzdienstleistungen	Gebühren für die Nutzung von geistigem Eigentum	Telekommunikations-, EDV- und Informationsdienstleistungen	Sonstige unternehmensbezogene Dienstleistungen	Regierungsleistungen 3)	Arbeitnehmerentgelt	Vermögenseinkommen	Sonstiges Primäreinkommen 4)
2013	– 41 376	– 9 881	– 37 713	+ 8 056	+ 3 656	– 870	– 5 518	+ 3 073	+ 541	+ 60 681	+ 1 223
2014	– 24 485	– 6 902	– 37 653	+ 7 007	+ 3 549	+ 2 666	– 700	+ 2 971	+ 1 184	+ 54 473	+ 891
2015	– 16 910	– 5 258	– 36 595	+ 9 587	+ 4 830	+ 4 064	– 2 488	+ 3 160	+ 1 521	+ 66 048	– 347
2016	– 19 948	– 6 185	– 38 247	+ 9 856	+ 6 203	+ 3 224	– 3 004	+ 3 094	+ 750	+ 60 943	– 1 054
2017	– 20 874	– 4 047	– 43 588	+ 10 683	+ 6 494	+ 3 252	– 1 683	+ 2 092	– 36	+ 68 622	– 1 229
2016 4.Vj.	– 1 889	– 1 888	– 7 385	+ 3 241	+ 2 366	+ 1 236	– 1 605	+ 596	+ 307	+ 21 418	+ 3 015
2017 1.Vj.	– 2 921	– 1 257	– 6 332	+ 2 207	+ 1 029	+ 377	– 855	+ 551	+ 589	+ 21 868	– 1 162
2.Vj.	– 4 785	– 407	– 10 675	+ 2 655	+ 1 538	+ 893	– 608	+ 625	– 203	+ 5 303	– 2 042
3.Vj.	– 11 794	– 1 134	– 17 166	+ 2 746	+ 1 433	+ 512	+ 53	+ 545	– 620	+ 19 690	– 1 148
4.Vj.	– 1 374	– 1 249	– 9 415	+ 3 076	+ 2 494	+ 1 470	– 274	+ 370	+ 197	+ 21 761	+ 3 123
2018 1.Vj.	– 630	– 787	– 6 238	+ 2 684	+ 1 059	+ 867	– 314	+ 655	+ 559	+ 21 896	– 835
2.Vj.	– 3 608	– 46	– 10 459	+ 2 219	+ 1 657	+ 1 515	– 703	+ 738	– 248	+ 6 112	– 2 092
2017 Sept.	– 2 359	– 447	– 4 753	+ 661	+ 268	+ 548	+ 853	+ 129	– 199	+ 7 170	– 366
Okt.	– 3 846	– 453	– 5 790	+ 775	+ 1 240	– 5	– 266	+ 231	+ 52	+ 6 979	– 504
Nov.	– 508	– 400	– 2 372	+ 1 353	+ 586	+ 162	– 369	+ 174	+ 57	+ 7 151	– 340
Dez.	+ 2 980	– 396	– 1 253	+ 948	+ 668	+ 1 312	+ 362	– 35	+ 88	+ 7 632	+ 3 968
2018 Jan.	– 550	– 301	– 1 649	+ 842	+ 161	– 365	– 49	+ 191	+ 188	+ 7 806	– 393
Febr.	+ 710	– 249	– 1 577	+ 693	+ 762	+ 675	– 162	+ 218	+ 208	+ 5 446	– 235
März	– 791	– 237	– 3 012	+ 1 149	+ 136	+ 557	– 103	+ 246	+ 162	+ 8 645	– 207
April	– 576	– 46	– 2 230	+ 796	+ 456	+ 194	– 515	+ 247	– 79	+ 4 532	– 439
Mai	– 1 003	+ 46	– 3 775	+ 709	+ 780	+ 474	– 152	+ 243	– 80	– 5 905	– 1 307
Juni	– 2 029	– 46	– 4 455	+ 713	+ 421	+ 847	– 35	+ 248	– 89	+ 7 485	– 345
Juli p)	– 4 228	– 14	– 5 541	+ 785	+ 195	+ 67	– 575	+ 233	– 254	+ 7 094	– 352

1 Einschl. Fracht- und Versicherungskosten des Außenhandels. **2** Seit 2001 werden auf der Ausgabenseite die Stichprobenergebnisse einer Haushaltsbefragung genutzt. **3** Einnahmen und Ausgaben öffentlicher Stellen für Dienstleistungen, soweit sie nicht unter anderen Positionen ausgewiesen sind; einschl. den Einnahmen von ausländischen militärischen Dienststellen. **4** Enthält u.a. Pacht, Produktions- und Importabgaben an die EU sowie Subventionen von der EU.

Quelle: Monatsbericht der Deutschen Bundesbank, September 2018, S. 78*.

Aufgaben:

12.1 Prüfen Sie, welcher Posten der Dienstleistungsbilanz die höchsten Ausgaben erfordert!

12.2 Beurteilen Sie die Tatsache, dass die Position Gebühren für die Nutzung von geistigem Eigentum durchgängig positiv ist!

12.3 Erläutern Sie mögliche Gründe, die dazu beitragen, dass die Vermögenseinkommen stark schwanken können!

13. Betrachten Sie die Bilanz der Sekundäreinkommen bzw. die Vermögensänderungsbilanz!

5. Sekundäreinkommen der Bundesrepublik Deutschland (Salden)

6. Vermögensänderungsbilanz der Bundesrepublik Deutschland (Salden)

Mio €

Zeit	5. Insgesamt	Staat: Insgesamt	Staat, darunter: Übertragungen im Rahmen von internationaler Zusammenarbeit 1)	Staat, darunter: Laufende Steuern auf Einkommen, Vermögen u.a.	Alle Sektoren ohne Staat 2): Insgesamt	Alle Sektoren ohne Staat, darunter: Persönliche Übertragungen 3)	darunter: Heimatüberweisungen	6. Insgesamt	Nicht produzierte Sachvermögen	Vermögensübertragungen
2013	– 43 639	– 28 923	– 4 733	+ 6 174	14 715	– 3 250	– 3 229	– 563	+ 1 105	– 1 668
2014	– 41 283	– 28 146	– 6 419	+ 8 105	– 13 137	– 3 477	– 3 451	+ 2 936	+ 2 841	+ 95
2015	– 40 044	– 23 965	– 6 805	+ 10 638	– 16 079	– 3 540	– 3 523	+ 534	+ 2 366	– 1 832
2016	– 39 879	– 24 870	– 11 523	+ 10 994	– 15 009	– 4 214	– 4 196	+ 3 468	+ 3 372	+ 96
2017	– 54 120	– 23 688	– 11 496	+ 10 584	– 30 432	– 4 632	– 4 613	– 254	+ 3 021	– 3 275
2016 4.Vj.	– 12 579	– 8 362	– 3 186	+ 1 325	– 4 217	– 1 055	– 1 049	+ 2 356	+ 791	+ 1 565
2017 1.Vj.	– 16 781	– 7 604	– 2 995	+ 1 796	– 9 176	– 1 158	– 1 153	+ 616	+ 734	– 118
2.Vj.	– 11 841	– 1 706	– 1 500	+ 6 239	– 10 135	– 1 159	– 1 153	– 727	+ 384	– 1 111
3.Vj.	– 11 035	– 5 432	– 1 557	+ 1 755	– 5 603	– 1 157	– 1 153	+ 904	+ 1 531	– 627
4.Vj.	– 14 463	– 8 946	– 5 444	+ 794	– 5 517	– 1 159	– 1 153	– 1 047	+ 372	– 1 419
2018 1.Vj.	– 14 483	– 9 356	– 2 233	+ 1 655	– 5 127	– 1 291	– 1 286	+ 214	– 431	+ 645
2.Vj.	– 5 373	– 529	– 1 260	+ 6 154	– 4 844	– 1 287	– 1 286	+ 85	+ 99	– 14
2017 Sept.	– 3 139	– 1 430	– 229	+ 799	– 1 709	– 386	– 384	+ 204	+ 494	– 290
Okt.	– 4 224	– 2 939	– 1 036	+ 108	– 1 285	– 387	– 384	– 206	– 6	– 200
Nov.	– 5 260	– 2 807	– 1 685	+ 70	– 2 453	– 386	– 384	– 536	+ 78	– 614
Dez.	– 4 979	– 3 201	– 2 723	+ 615	– 1 778	– 386	– 384	– 305	+ 300	– 605
2018 Jan.	– 5 052	– 3 518	– 1 332	+ 230	– 1 534	– 430	– 429	+ 489	+ 118	+ 371
Febr.	– 5 390	– 3 679	– 558	+ 814	– 1 712	– 429	– 429	+ 19	– 269	+ 288
März	– 4 041	– 2 160	– 343	+ 612	– 1 881	– 432	– 429	– 294	– 281	– 14
April	– 2 636	– 994	– 314	+ 1 479	– 1 643	– 429	– 429	+ 357	+ 505	– 148
Mai	+ 102	+ 1 640	– 281	+ 3 635	– 1 538	– 429	– 429	+ 50	– 108	+ 158
Juni	– 2 839	– 1 176	– 665	+ 1 040	– 1 663	– 429	– 429	– 321	– 297	– 24
Juli p)	– 4 665	– 2 842	– 860	+ 147	– 1 823	– 430	– 429	– 323	– 35	– 288

1 Ohne Vermögensübertragungen, soweit erkennbar. Enthält unentgeltliche Leistungen im Rahmen internationaler Kooperationen und sonstiger laufender Übertragungen. **2** Enthält Prämien und Leistungen von Versicherungen (ohne Lebensversicherungen). **3** Übertragungen zwischen inländischen und ausländischen Haushalten.

Quelle: Monatsbericht der Deutschen Bundesbank, September 2018, S. 78*.

Aufgaben:

13.1 Prüfen Sie, welcher Posten zu den größten Einnahmen innerhalb dieser Bilanz führt!

13.2 Erläutern Sie, wodurch sich die Bilanz der Sekundäreinkommen grundsätzlich von den anderen Teilbilanzen der Zahlungsbilanz unterscheidet!

13.3 Beurteilen Sie die Bedeutung der Vermögensänderungsbilanz!

14. Die Attraktivität des Standortes Deutschland für Unternehmen lässt sich auch an der Kapitalbilanz ablesen.

Arbeiten Sie aus den abgebildeten Ergebnissen der Kapitalbilanz und dem Kommentar der Deutschen Bundesbank heraus, welche Aussagen sich über die Attraktivität des Standortes Deutschland ablesen lassen!

7. Kapitalbilanz der Bundesrepublik Deutschland (Salden)

Mio €

Position	2015	2016	2017
I. Inländische Nettokapitalanlagen im Ausland (Zunahme: +)	+ 270 235	+ 397 043	+ 363 024
1. Direktinvestitionen	+ 116 141	+ 82 985	+ 111 797
Beteiligungskapital	+ 75 292	+ 70 623	+ 71 205
darunter: Reinvestierte Gewinne 1)	+ 16 804	+ 10 867	+ 23 779
Direktinvestitionskredite	+ 40 849	+ 12 362	+ 40 592
2. Wertpapieranlagen	+ 124 062	+ 98 236	+ 105 157
Aktien 2)	+ 19 692	+ 17 254	+ 14 042
Investmentsfondanteile 3)	+ 35 750	+ 36 142	+ 47 747
Langfristige Schuldverschreibungen 4)	+ 74 342	+ 51 037	+ 47 101
Kurzfristige Schuldverschreibungen 5)	– 5 723	– 6 196	– 3 733
3. Finanzderivate und Mitarbeiteraktienoptionen 6)	+ 26 026	+ 32 535	+ 8 937
4. Übriger Kapitalverkehr 7)	+ 6 219	+ 181 602	+ 138 402
Monetäre Finanzinstitute 8)	– 90 288	+ 18 627	– 21 008
langfristig	– 2 804	+ 44 980	+ 19 619
kurzfristig	– 87 484	– 26 353	– 40 627
Unternehmen und Privatpersonen 9)	– 14 618	– 6 248	+ 7 927
langfristig	+ 19 127	+ 1 725	– 3 372
kurzfristig	– 33 744	– 7 974	+ 11 298
Staat	– 12 239	– 1 268	– 5 154
langfristig	– 7 591	– 7 595	– 3 730
kurzfristig	– 4 648	+ 6 327	– 1 424
Bundesbank	+ 123 364	+ 170 491	+ 156 637
5. Währungsreserven	– 2 213	+ 1 686	– 1 269
II. Ausländische Nettokapitalanlagen im Inland (Zunahme: +)	+ 30 817	+ 139 350	+ 83 057
1. Direktinvestitionen	+ 48 606	+ 51 816	+ 69 548
Beteiligungskapital	+ 10 567	+ 11 894	+ 24 077
darunter: Reinvestierte Gewinne 1)	– 1 524	+ 3 935	+ 9 216
Direktinvestitionskredite	+ 38 039	+ 39 921	+ 45 471
2. Wertpapieranlagen	– 68 808	– 108 471	– 95 045
Aktien 2)	+ 10 605	+ 342	– 1 126
Investmentsfondanteile 3)	+ 7 357	– 6 919	– 3 441
Langfristige Schuldverschreibungen 4)	– 96 048	– 97 281	– 70 559
Kurzfristige Schuldverschreibungen 5)	+ 9 278	– 4 613	– 19 919
3. Übriger Kapitalverkehr 7)	+ 51 019	+ 196 006	+ 108 554
Monetäre Finanzinstitute 8)	– 41 165	+ 86 742	+ 17 476
langfristig	– 19 535	+ 5 774	+ 7 541
kurzfristig	– 21 630	+ 80 968	+ 9 935
Unternehmen und Privatpersonen 9)	+ 18 920	+ 3 716	+ 17 557
langfristig	+ 23 006	+ 8 579	+ 3 339
kurzfristig	– 4 085	– 4 863	+ 14 218
Staat	– 11 105	– 5 309	– 6 313
langfristig	– 3 941	– 4 682	– 3 290
kurzfristig	– 7 164	– 626	– 3 023
Bundesbank	+ 84 369	+ 110 857	+ 79 834
III. Saldo der Kapitalbilanz (Zunahme an Nettoauslandsvermögen: + / Abnahme: -)	+ 239 418	+ 257 693	+ 279 967

1 Geschätzt auf der Grundlage der Angaben über den Stand der Direktinvestitionen im Ausland und in der Bundesrepublik Deutschland (siehe Statistische Sonderveröffentlichung 10). **2** Einschl. Genussscheine. **3** Einschl. reinvestierter Erträge. **4** Bis einschl. 2012 bereinigt um Stückzinsen. Langfristig: ursprüngliche Laufzeit von mehr als einem Jahr oder keine Laufzeitbegrenzung. **5** Kurzfristig: ursprüngliche Laufzeit bis zu einem Jahr. **6** Saldo der Transaktionen aus Optionen und Finanztermingeschäften. **7** Enthält insbesondere Finanz- und Handelskredite sowie Bargeld und Einlagen. **8** Ohne Bundesbank. **9** Enthält finanzielle Kapitalgesellschaften (ohne die Monetären Finanzinstitute) sowie nichtfinanzielle Kapitalgesellschaften, private Haushalte und private Organisationen ohne Erwerbszweck.

Quelle: Monatsbericht der Deutschen Bundesbank, September 2018, S. 79*.

15. Betrachten Sie nachfolgende Aufstellung zur Auslandsposition der Deutschen Bundesbank!

8. Auslandsposition der Deutschen Bundesbank

Mio €

Ende des Berichtszeitraums	Auslandsaktiva									Auslandspassiva 3) 4)	Netto-Auslandsposition (Spalte 1 abzüglich Spalte 10)
	insgesamt	Währungsreserven					Übrige Kapitalanlagen		Wertpapieranlagen 2)		
		insgesamt	Gold und Goldforderungen	Sonderziehungsrechte	Reserveposition im IWF	Bargeld, Einlagen und Wertpapieranlagen	insgesamt	darunter: Verrechnungskonten innerhalb des ESZB 1)			
	1	2	3	4	5	6	7	8	9	10	11
1999 Jan. 5)	95 316	93 940	29 312	1 598	6 863	56 167	1 376	–	–	9 628	85 688
1999	141 958	93 039	32 287	1 948	6 383	52 420	48 919	26 275	–	7 830	134 128
2000	100 762	93 815	32 676	1 894	5 868	53 377	6 947	– 6 851	–	8 287	92 475
2001	76 147	93 215	35 005	2 032	6 689	49 489	– 17 068	– 30 857	–	10 477	65 670
2002	103 948	85 002	36 208	1 888	6 384	40 522	18 780	4 995	166	66 278	37 670
2003	95 394	76 680	36 533	1 540	6 069	32 538	18 259	4 474	454	83 329	12 065
2004	93 110	71 335	35 495	1 512	5 036	29 292	21 110	7 851	665	95 014	– 1 904
2005	130 268	86 181	47 924	1 601	2 948	33 708	43 184	29 886	902	115 377	14 891
2006	104 389	84 765	53 114	1 525	1 486	28 640	18 696	5 399	[illegible]	[illegible]	30 308
2007	179 492	[illegible]	62 433	1 409	949	27 694	84 420	71 046	2 527	176 569	2 923
2008	230 775	99 185	68 194	1 576	1 709	27 705	129 020	115 650	2 570	237 893	– 7 118
2009	323 286	125 541	83 939	13 263	2 705	25 634	190 288	177 935	7 458	247 645	75 641
2010	524 695	162 100	115 403	14 104	4 636	27 957	337 921	325 553	24 674	273 241	251 454
2011	714 662	184 603	132 874	14 118	8 178	29 433	475 994	463 311	54 065	333 730	380 932
2012	921 002	188 630	137 513	13 583	8 760	28 774	668 672	655 670	63 700	424 999	496 003
2013	721 741	143 753	94 876	12 837	7 961	28 080	523 153	510 201	54 834	401 524	320 217
2014	678 804	158 745	107 475	14 261	6 364	30 646	473 274	460 846	46 784	396 314	282 490
2015	800 709	159 532	105 792	15 185	5 132	33 423	596 638	584 210	44 539	481 787	318 921
2016	990 450	175 765	119 253	14 938	6 581	34 993	767 128	754 263	47 557	592 731	397 719
2017	1 142 845	166 842	117 347	13 987	4 294	31 215	923 765	906 941	52 238	671 359	471 486

Quelle: Monatsbericht der Deutschen Bundesbank, September 2018, S. 80*.

Aufgaben:

15.1 Erläutern Sie, wie sich die Währungsreserven der Deutschen Bundesbank zusammen setzen!

15.2 Erklären Sie, wozu Währungsreserven erforderlich sind!

16. In der politischen Diskussion wird unter anderem gefordert, die Außenhandelsbeziehungen zu den Staaten Afrikas und Südamerikas auszubauen.

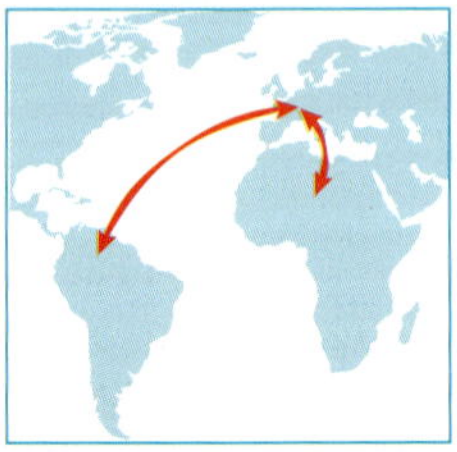

Aufgaben:

16.1 Recherchieren Sie im Internet, welche Bedeutung diese Länder zurzeit für die deutsche Außenwirtschaft haben!

16.2 Tragen Sie Ihre Ergebnisse in geeigneter Form vor!

17. Die Leistungsbilanz einer Volkswirtschaft hat sich im Jahr 2 gegenüber dem Jahr 1 wie nebenstehend entwickelt (Angaben in Mio. EUR):

Leistungsbilanz	Jahr 1	Jahr 2
1. Warenhandel	+ 110318	+ 123762
2. Dienstleistungen	– 56928	– 61796
3. Primäreinkommen	– 3022	– 16123
5. Sekundäreinkommen	– 52801	– 53250

Aufgaben:

17.1 Ermitteln Sie die Salden der Leistungsbilanz für die beiden Jahre!

17.2 Beurteilen Sie die Änderungen in der Leistungsbilanz des Jahres 2 gegenüber dem Jahr 1!

17.3 Erläutern Sie Möglichkeiten, wie Leistungsbilanzdefizite finanziert werden können!

18. Beurteilen Sie, welche der nachstehenden Transaktionen mit dem Ausland Auswirkungen auf die

① Außenhandelsbilanz,
② Dienstleistungsbilanz,
③ Primäreinkommen,
④ Sekundäreinkommen,
⑤ Vermögensänderungsbilanz oder
⑥ Kapitalbilanz haben!

Tragen Sie eine ⑨ ein, wenn eine Zuordnung nicht möglich ist!

18.1	Deutsche Urlauber übernachten im Schwarzwald.	
18.2	Deutsche Auswanderer nehmen ihr Vermögen mit nach Kanada.	
18.3	Ein türkischer Gastarbeiter verschenkt einen Teil seines Vermögens an eine türkische Stiftung zum Erhalt einer bedeutsamen Moschee in Istanbul.	
18.4	Deutsche Urlauber mieten einen Pkw in den USA.	
18.5	Deutsche Unternehmen kaufen für ihre Produktion Rohstoffe im Ausland.	
18.6	Ein für sechs Wochen in Usbekistan arbeitender Inländer erhält eine Gehaltszahlung von seinem dortigen Arbeitgeber.	
18.7	Deutsche Automobilhersteller exportieren für ca. 250 Mio. EUR Pkw nach Südafrika.	
18.8	Die Bundesregierung überweist den vereinbarten Beitrag an die NATO.	
18.9	Rückzahlung eines im Ausland aufgenommenen Kredits durch die Bundesregierung.	
18.10	Die Bundesrepublik Deutschland verzichtet im Rahmen der Entwicklungshilfe auf die Rückzahlung eines diesem Land gewährten Kredits.	

19. Entscheiden Sie, welcher der nachfolgenden Vorgänge von der Dienstleistungsbilanz erfasst wird!

① Ein in Deutschland arbeitender Ingenieur aus den USA überweist vierteljährlich ca. 6000,00 EUR in Landeswährung an seine in den USA lebende Familie.
② Inländer erwerben amerikanische Aktien.
③ Zehn japanische Touristen besichtigen an drei Tagen Schloss Neuschwanstein.
④ Ein deutsches Unternehmen importiert Handelswaren aus Taiwan.
⑤ Die Bundesrepublik überweist im Rahmen der Entwicklungshilfe ca. 5 Mio. EUR.

20. Prüfen Sie, welche der nachfolgenden Transaktionen zu einer Verringerung eines aktiven Leistungsbilanzsaldos führt!

① Handelswaren werden gegen Zahlungsziel exportiert.
② Ausländer überweisen an ihre in Deutschland wohnenden Gastarbeiterfamilien.
③ Ausländer erhalten von deutschen Unternehmen Gehaltszahlungen.
④ Inländer erhalten eine Schenkung aus dem Ausland.
⑤ Die Beteiligungen inländischer Investoren an ausländischen Unternehmen verringern sich.

21. Die Zahlungsbilanz eines Landes weist folgende Werte aus (Angaben in Mrd. GE):

Position	Jahr 1	Jahr 2
Warenhandel ■ Export ■ Import	 650 635	 780 685
Dienstleistungen ■ Einnahmen ■ Ausgaben	 90 165	 100 160
Primäreinkommen ■ Einnahmen ■ Ausgaben	 115 120	 123 118
Sekundäreinkommen ■ Einnahmen ■ Ausgaben	 32 45	 36 58
Saldo der Vermögensänderungsbilanz	– 2	+ 1
Saldo der Direktinvestitionen	–75	–86
Saldo der Wertpapiertransaktionen	+67	+95
Saldo des übrigen Kapitalverkehrs	+82	–18
Saldo der Währungsreserven	+28	+13

Lösen Sie anhand der Zahlungsbilanz folgende Teilaufgaben und tragen Sie die Lösungen in die entsprechenden Kästchen ein!

Aufgaben:

21.1 Berechnen Sie den Saldo der Leistungsbilanz für das Jahr 2! Mrd. GE ☐☐

21.2 Berechnen Sie den Saldo der Kapitalbilanz für das Jahr 2! Mrd. GE ☐

21.3 Beurteilen Sie, welche der fünf nachfolgenden Beschreibungen auf die vorliegende Zahlungsbilanz zutrifft! ☐

① Die Leistungsbilanz ist ebenso wie die Kapitalbilanz passiv.

② Sowohl die Leistungs- als auch die Kapitalbilanz weisen einen Überschuss auf.

③ Leistungs- und Kapitalbilanz weisen ein Defizit auf.

④ Das Ziel des außenwirtschaftlichen Gleichgewichts ist nicht erreicht.

⑤ Während die Leistungsbilanz einen Überschuss aufweist, ist die Kapitalbilanz passiv.

21.4 Entscheiden Sie, welche Erklärung auf den Passivsaldo der Bilanz der Sekundäreinkommen zutrifft! ☐

① Kapitalanlagen von Ausländern im Inland.

② Mehrausgaben von Inländern für Reisen ins Ausland.

③ Zahlungen an das Ausland für Kapitalanlagen im Inland.

④ Hohe Beitragszahlungen an internationale Organisationen.

⑤ Kreditrückzahlungen an das Ausland.

21.5 Prüfen Sie, welche der nachfolgenden Analysen zur Entwicklung der Direktinvestitionen korrekt ist!

① Ausländer haben in dem Beobachtungszeitraum im Inland Investitionen in Höhe von 161 Mrd. GE getätigt.

② Im Beobachtungszeitraum waren die Investitionen der Inländer im Inland erheblich höher als die Investitionen der Ausländer im Ausland.

③ In den Jahren 1 und 2 überstiegen die Investitionen der Ausländer im Inland die Investitionen der Inländer im Ausland.

④ Die Investitionen der Inländer im Ausland überstiegen die Investitionen der Ausländer im Inland.

⑤ Ausländer tätigten im Inland keine Investitionen.

21.6 Berechnen Sie den Saldo der statistisch nicht aufgliederbaren Transaktionen für das Jahr 2! Mrd. GE

6.3 Zahlungsbilanzungleichgewichte

6.3.1 Ursachen für Zahlungsbilanzungleichgewichte

Wie bereits erwähnt, ist eine Zahlungsbilanz wegen des Prinzips der doppelten Buchführung **formal immer ausgeglichen,** sodass man sich bei der Beurteilung des Zielerreichungsgrades auf die Analyse verschiedener Teilbilanzen stützt, zumeist der Leistungsbilanz oder der Devisenbilanz.

Generell erscheint es wirtschaftspolitisch sinnvoll, sich **nicht einseitig** an nur einer Teilbilanz zu orientieren, sondern den außenwirtschaftlichen Informationsgehalt der Zahlungsbilanz durch „kombinierte" Analysen mehrerer Aspekte zu erhöhen.

Um jedoch durch **„ursachenadäquate"** wirtschaftspolitische Maßnahmen die Umsetzung des Ziels des außenwirtschaftlichen Gleichgewichts innerhalb der Teilbilanzen anzustreben, muss man zunächst die Gründe für ein solches Ungleichgewicht analysieren.

Zu den wichtigsten **Ursachen für Störungen** des Zahlungsbilanzgleichgewichtes zählen:

- **Strukturunterschiede** bei der Ausstattung mit Produktionsfaktoren (z. B. Boden: Importabhängigkeit rohstoffarmer Länder, Kapital: Unterschiede bei der Produktionstechnologie, Arbeit: Unterschiede in Bezug auf berufliches Wissen und Können).
- Unterschiede im **Preisniveau** zwischen In- und Ausland führen in aller Regel zu einem Importüberschuss und somit zu einem Zahlungsbilanzdefizit (wenn das Preisniveau im Ausland niedriger ist als im Inland) bzw. zu einem Exportüberschuss und somit zu einem Zahlungsbilanzüberschuss (wenn das Preisniveau im Ausland höher ist als im Inland).
- Unterschiede beim **Zinsniveau** zwischen In- und Ausland führen zu entsprechenden Kapitalwanderungsbewegungen: Ein im Vergleich zum Ausland höheres Zinsniveau im Inland zieht ausländisches Kapital an, wohingegen ein im Vergleich zum Ausland niedrigeres Zinsniveau im Inland dazu beiträgt, dass inländisches Kapital verstärkt ins Ausland fließt.
- **Politische Entscheidungen** (z. B. Ex- oder Importverbote, Handelsbeschränkungen für die Ein- oder Ausfuhr von Waren oder Dienstleistungen, steuerpolitische Maßnahmen [z. B. Umsatzsteuerbefreiung von Exporten], unentgeltliche Leistungen an das Ausland sind höher als die unentgeltlichen Leistungen des Auslandes an das Inland und umgekehrt).

Sechs Gründe für den deutschen Exportüberschuss

Kritiker beschweren sich häufig über die hohen deutschen Exportüberschüsse. Doch der Handel wird nicht nur von der nationalen Wirtschaftspolitik gelenkt.

Auch der Euro-Wechselkurs, Rohstoffpreise und andere Faktoren beeinflussen, wie viel Deutschland importiert und wie viel es exportiert.

Die Überschüsse in der deutschen Leistungsbilanz werden größer und größer. Nicht alle freuen sich darüber. Vor allem im Ausland wird beklagt, dass die deutsche Wirtschaft aus dem Lot geraten sei: Die deutschen Überschüsse sind die Defizite der anderen, der USA, Großbritanniens und Frankreichs. Die Bundesregierung müsse einsehen, dass die wirtschaftliche Stärke des Landes „in der jetzigen Ausprägung nicht tragbar ist", sagte der französische Präsidentschaftskandidat Emmanuel Macron erst vor wenigen Tagen.

So ein Überschuss bedeutet, dass Deutschland Jahr für Jahr mehr Autos, Maschinen und andere Dinge und Dienstleistungen ins Ausland verkauft, als es selbst von dort bezieht. Der Saldo aus Exporten und Importen belief sich im vergangenen Jahr auf 7,7 Prozent der Wirtschaftsleistung. Zu viel, findet Christine Lagarde, die Chefin des Internationalen Währungsfonds: „Vier Prozent mögen vielleicht gerechtfertigt sein, knapp acht Prozent sind es nicht." Hinter der Kritik steckt der Vorwurf, dass Deutschland dem Rest der Welt schade und dass das gewaltige Handelsplus womöglich nicht auf faire Weise entstanden sei, sondern beispielsweise durch Währungsmanipulation. Was also sind die wichtigsten Gründe für den hohen Außenbeitrag Deutschlands?

Ein Überblick.

Wettbewerbsfähigkeit

„Die deutsche Wirtschaftspolitik hat in den vergangenen Jahr-

zehnten viel dafür getan, dass die Überschüsse hoch sind", sagt André Wolf, Ökonom beim Hamburgischen Weltwirtschaftsinstitut (HWWI). „Lohnzurückhaltung und Arbeitsmarktreformen haben die preisliche Wettbewerbsfähigkeit der Unternehmen gestärkt." [...] Harte Standortfaktoren wie die Qualifikation der Arbeitskräfte, die Qualität der Infrastruktur und die Innovationskraft der Unternehmen spielen in diesem Zusammenhang eine bedeutende Rolle.

Euro-Wechselkurs

Aber auch die Geldpolitik der Europäischen Zentralbank (EZB) leistet einen entscheidenden Beitrag zum deutschen Leistungsbilanzüberschuss. Gemessen an der Exportstärke Deutschlands ist der Euro im Vergleich zu anderen wichtigen Währungen wie dem US-Dollar zu schwach. Deutsche Waren sind für Ausländer also relativ billig zu haben, das belebt das Geschäft der Exporteure. [...]

Weltkonjunktur

Für geraume Zeit war die schwache Weltkonjunktur ein Bremsklotz für deutsche Exporteure. Sie litten darunter, dass große Schwellenländer wie China und Brasilien nicht so viele Waren „made in Germany" nachfragten wie erhofft. Doch diese Phase ist vorbei. [...]

Rohstoffpreise

Der starke Verfall der Rohstoffpreise seit Mitte 2014 hat zusätzlich geholfen, dass der deutsche Leistungsbilanzüberschuss im vergangenen Jahr einen neuen Rekordstand erreichte. Allein die fallenden Ölpreise trugen im Jahr 2016 etwa zwei Prozentpunkte zum Überschuss der Leistungsbilanz bei, rechnet der Sachverständigenrat (SVR) in seinem jüngsten Jahresgutachten vor. Denn es musste weniger Geld für Importe ausgegeben werden. Da Deutschland selbst kaum Bodenschätze besitzt, ist die Industrienation auf den Import von Rohstoffen angewiesen.

Löhne

Die relativ schwach steigenden Löhne in Deutschland haben dazu geführt, dass in den vergangenen Jahren der Anteil der Haushaltseinkommen am verfügbaren Einkommen der Gesamtwirtschaft kontinuierlich gesunken ist. Dies hat sich in einer merklich gefallenen Konsumquote niedergeschlagen, die mit 53,4 Prozent um 3,5 Prozentpunkte unter dem Niveau der Jahre 1991 bis 2009 liegt, konstatieren die Wissenschaftler des SVR. Hierin liegt eine weitere Ursache für den steigenden deutschen Leistungsbilanzüberschuss, denn ein schwacher Konsum bedeutet auch schwache Importe. Ein stärkeres Wachstum des privaten Verbrauchs in Deutschland könnte umgekehrt also einen Beitrag zum Abbau des deutschen Leistungsbilanzüberschusses leisten.

Investitionen

„Der Leistungsbilanzüberschuss spiegelt auch die schwache Investitionstätigkeit in Deutschland wider", sagt Carsten Hefeker, Professor für Volkswirtschaftslehre an der Uni Siegen. Viele Unternehmen ziehen es vor, im Ausland zu investieren, weil sie dort näher an ihren Kunden sind und oftmals günstigere Lohnkosten vorfinden als in Deutschland.

Quelle: Süddeutsche Zeitung vom 19.04.2017.

6.3.2 Folgen von Zahlungsbilanzungleichgewichten

Ungleichgewichte – beispielsweise bei der Leistungsbilanz – bleiben dauerhaft betrachtet nicht ohne Folgen für eine Volkswirtschaft.

Wie kritisch beispielsweise ein permanenter Überschuss der Außenhandelsbilanz zu sehen ist, verdeutlicht nachfolgende Einschätzung:

Für die Bundesrepublik Deutschland waren zwischen Mitte der sechziger und Anfang der neunziger Jahre die Handels- und mit Ausnahme der Jahre 1979 bis 1981 auch die gesamte Leistungsbilanz positiv, und viele sehen darin einen Beweis deutscher Tüchtigkeit. Jedoch fragt es sich, ob derartige Leistungsbilanzüberschüsse ökonomisch überhaupt anzustreben sind. Sicherlich ist ein Überschuss der Handelsbilanz für die Bundesrepublik insoweit positiv zu bewerten, als dadurch die Defizite der Dienstleistungsbilanz und auch der Übertragungsbilanz ausgeglichen werden. Darüber hinaus freilich sind permanente Überschüsse der Handelsbilanz wenig sinnvoll. Sie bedeuten vielmehr auf Dauer einen Verkauf realer Güter an das Ausland, deren monetäre Entgelte gegebenenfalls als teils unverzinsliche Währungsreserven bei der Bundesbank festliegen und aus politischen Gründen nicht jederzeit vollständig in Güterimporte überführt werden können. Statt von einem Verkauf ließe sich ökonomisch dann teilweise von einem „Verschenken" inländischer Güter sprechen. Entsprechend lautet das außenwirtschaftspolitische Ziel auch nicht Maximierung der Leistungsbilanzüberschüsse, sondern es geht um den langfristigen Ausgleich der Leistungsbilanz, der allerdings kurzfristige Ungleichgewichte nicht ausschließt. Mitte der neunziger Jahre weist die deutsche Handelsbilanz – teilweise vereinigungsbedingte – Defizite auf, und auch die Devisenbilanz ist zum Teil negativ, sodass die Währungsreserven der Deutschen Bundesbank leicht zurückgegangen sind.

Quelle: H. Bartling und F. Luzius, Grundzüge der Volkswirtschaftslehre, 12., verbesserte und ergänzte Auflage, München 1998.

Die Folgen, die sich aus Zahlungsbilanzungleichgewichten ergeben können, zeigt nachfolgende Übersicht:

Zahlungsbilanzüberschuss	Zahlungsbilanzdefizit
■ **Inländischer Geldumlauf steigt** wegen der Devisenankäufe durch die Zentralbank (Währungsreserven der Zentralbank steigen an). ■ **Zinsniveau** im Inland **fällt** (bedingt durch steigende Geldmenge). ■ **Beschäftigung nimmt** – insbesondere bei exportbedingtem Leistungsbilanzüberschuss – **zu,** was allerdings eine starke Abhängigkeit der inländischen Beschäftigung vom Ausland zur Folge hat. ■ Bei Vollbeschäftigung kommt es zu **Preissteigerungen** („importierte Inflation"). ■ **Anstieg außenpolitischen Drucks,** wenn die Exporte aus konjunkturellen Gründen bei den ausländischen Handelspartnern unerwünscht sind (Gefahr protektionistischer Maßnahmen des Auslands wächst).	■ **Inländischer Geldumlauf verringert** sich aufgrund der für den Import erforderlichen Devisenverkäufe der Zentralbank an die Wirtschaftssubjekte (Währungsreserven der Zentralbank nehmen ab). ■ **Zinsniveau** im Inland **steigt** (bedingt durch sinkende Geldmenge). ■ Ein durch hohe Importe bedingtes Zahlungsbilanzdefizit führt zu einem **Rückgang** der **Beschäftigung.** ■ Rückgang der Preissteigerungsraten; dies führt zu **deflatorischen** Tendenzen auf vollkommenen Märkten. ■ Zunehmende **Verschuldung** gegenüber dem Ausland und damit einhergehend eventueller Verlust der Kreditwürdigkeit eines Landes.

Die Zahlungsbilanzungleichgewichte zeigen sich auch in den Verrechnungssalden des **Target-2-Systems.** Darüber wickeln die Zentralbanken der 18 Euroländer den grenzüberschreitenden Zahlungsverkehr ab. Tendenziell müsste dieses System dazu führen, dass sich die Salden der Zentralbanken jeweils ausgleichen, weil Leistungsbilanzdefiziten und -überschüssen jeweils private Geldflüsse entgegenstehen.

Beispiel:

Ein portugiesisches Unternehmen kauft von einem deutschen Maschinenbauunternehmen eine Werkzeugmaschine, die es mit einem Bankdarlehen finanzieren will. Um das Darlehen bereitstellen zu können, will sich die Bank in Portugal z. B. über Schuldverschreibungen refinanzieren.

Falls diese aber keine Käufer für diese Schuldverschreibungen findet, greift sie zur Refinanzierung über die portugiesische Zentralbank. Dieser gibt sie portugiesische Staatsanleihen als Pfand für ein Darlehen. Diese Zentralbank führt ihrerseits die Zahlung über Target aus und nimmt einen entsprechenden Kredit der Bundesbank in Anspruch.

Auf diesem Wege wird die Bundesbank indirekt Gläubigerin der Euroländer, deren Kreditinstitute sich auf diesem Wege Kredite beschaffen.

Können nun die Schuldner der Staatsanleihen diese nicht mehr oder nur teilweise tilgen, kommt es zu Verlusten bei der EZB, die letztlich anteilig von den Steuerzahlern der Euroländer zu tragen sind. Auf Deutschland entfällt ein Anteil von rund 27 %.

6.3.3 Maßnahmen zur Behebung von Zahlungsbilanzungleichgewichten

Wegen der negativen Folgen von Zahlungsbilanzungleichgewichten auf die anderen gesamtwirtschaftlichen Ziele, kommt den wirtschaftspolitischen Maßnahmen zur Behebung dieser Ungleichgewichte große Bedeutung zu.

Dabei lassen sich grundsätzlich zwei Kategorien von Maßnahmen unterscheiden:

- **währungspolitische** Maßnahmen (in Abhängigkeit vom System der Wechselkurse),
- **sonstige** Maßnahmen.

(1) Währungspolitische Maßnahmen

Zahlungsbilanzüberschüsse bzw. -defizite führen aufgrund eines erhöhten Devisenangebots bzw. einer erhöhten Devisennachfrage zu Wechselkursschwankungen.

Bei **flexiblen** Wechselkursen kann es theoretisch aufgrund der Kursschwankungen zu einem **automatischen Ausgleich** der Zahlungsbilanz kommen. So führt beispielsweise bei einem Zahlungsbilanzüberschuss (Zahlungsbilanzdefizit) das damit einhergehende steigende (sinkende) Devisenangebot tendenziell zu einem sinkenden (steigenden) Devisenkurs. Hierdurch verteuern (verbilligen) sich die Exporte, wohingegen die Importe billiger (teurer) werden. Als Folge dieses **„Wechselkursmechanismus"** tendiert die Zahlungsbilanz zum Ausgleich, da durch die „Aufwertung" der inländischen Währung die Exporte (Importe) nunmehr zurückgehen, wohingegen die Importe (Exporte) zunehmen.

Bei **(relativ) festen** Wechselkursen können allerdings die Regierung bzw. Zentralbank des betroffenen Landes z. B. in Form einer **Aufwertung oder Abwertung** intervenieren. Im Falle eines Zahlungsbilanzüberschusses (Zahlungsbilanzdefizits) könnte etwa eine Aufwertung

(Abwertung) der inländischen Währung vorgenommen werden. Dies hätte eine Verteuerung (Verbilligung) – und damit einhergehend ein Absinken (Ausweiten) – der Exporte zur Folge, wohingegen sich Importe verbilligen (verteuern) und somit gefördert (gebremst) würden. Durch diese währungspolitische Maßnahme könnte der Leistungsbilanzüberschuss bzw. das Leistungsbilanzdefizit abgebaut werden.

(2) Sonstige wirtschaftspolitische Maßnahmen

Sonstige wirtschaftspolitische Maßnahmen zur Beseitigung von Zahlungsbilanzungleichgewichten (Übersicht):

Zahlungsbilanzüberschuss	Zahlungsbilanzdefizit
Bei einem Zahlungsbilanzüberschuss besteht die Aufgabe der Wirtschaftspolitik darin, die **Exporte** zu **drosseln** und gleichzeitig die **Importe** zu **erhöhen.**	Bei einem Zahlungsbilanzdefizit besteht die Aufgabe der Wirtschaftspolitik darin, die **Exporte** zu **erhöhen** und gleichzeitig die **Importe** zu **drosseln.**
1. **Expansive** Wirtschaftspolitik (Erhöhung der inländischen Nachfrage): Einleitung **nachfragesteigernder Maßnahmen** im Inland zur Senkung des Exportes bzw. Steigerung des Importes (z.B. durch Ausweitung der Staatsnachfrage mittels Erhöhung der Staatsausgaben oder Steuersenkungen zur Stärkung der privaten Nachfrage).	1. **Kontraktive** Wirtschaftspolitik (Dämpfung der inländischen Nachfrage): Exportchancen steigen bzw. Importe gehen zurück, wenn das **inländische Preisniveau sinkt** (z.B. Drosselung der Staatsnachfrage durch Verringerung der Staatsausgaben oder Erhöhung der Steuern zur Abschöpfung von Kaufkraft und damit Schwächung der privaten Inlandsnachfrage).
2. **Preispolitische Maßnahmen** durch Zoll- oder Subventionspolitik zur Behebung eventuell bestehender Unterschiede im Preisniveau zwischen In- und Ausland: ■ **Zollpolitik:** Durch Variation der bei Grenzüberschreitung einer Ware erhobenen Abgabe (**Zoll**) kann der Export gedrosselt bzw. der Import erhöht werden. Grundsätzlich stehen zwei Möglichkeiten zur Verfügung: – Senkung der Importzölle zur Verbilligung der Importe – Anhebung der Exportzölle. ■ **Subventionspolitik:** Zur Drosselung des Exports könnten beispielsweise bisher gezahlte „Exportsubventionen" abgebaut oder eingestellt werden. Zudem könnte zur Belebung des Imports und zum Ausgleich bestehender Preisniveauunterschiede zwischen In- und Ausland z.B. eine Subvention für die Einfuhr ausländischer Güter gezahlt werden.	2. **Preispolitische Maßnahmen** durch Zoll- oder Subventionspolitik zur Behebung eventuell bestehender Unterschiede im Preisniveau zwischen In- und Ausland: ■ **Zollpolitik:** Durch Variation des Zolls kann der Export erhöht bzw. der Import gebremst werden. Zur Beseitigung des Handelsbilanzdefizits bieten sich deshalb an: – Anhebung der Importzölle zur Verteuerung der Importwaren. Dieses Instrument kann zudem zur Bekämpfung von Gefahren eingesetzt werden, die von stark subventionierten ausländischen Unternehmen, die mit (vom Staat subventionierten) **Dumpingpreisen** auf den inländischen Markt drängen, ausgehen. – Senkung bzw. Abschaffung eventuell vorhandener Exportzölle. ■ **Subventionspolitik:** z.B. Zahlung einer Exportsubvention zur Belebung des Exports (Möglichkeit subventionierter Dumpingpreise).

Zahlungsbilanzüberschuss	Zahlungsbilanzdefizit
3. **Mengenpolitische Maßnahmen** im Sinne einer Kontingentierungs- bzw. Verbotspolitik: ■ Festlegung von **Exportkontingenten** zur mengen- oder wertmäßigen Begrenzung des Exports; ■ **Exportverbote:** Sie übertreffen die Kontingentierung hinsichtlich ihrer Wirkung und unterbinden den Handel völlig. Zumeist werden sie für bestimmte Warengruppen oder für bestimmte Abnehmerstaaten ausgesprochen (z. B. Verhängung eines Handelsembargos: auf staatliche Anweisung müssen Exporteure ihre Lieferungen an ein bestimmtes Land einstellen).	3. **Mengenpolitische Maßnahmen** im Sinne einer Kontingentierungs- bzw. Verbotspolitik: ■ Festlegung von **Importkontingenten** zur mengen- oder wertmäßigen Begrenzung des Imports; ■ **Importverbote,** z. B. Boykott ausländischer Erzeugnisse oder als Folge eines Handelsembargos.
4. **Sonstige administrative** Maßnahmen, z. B.: ■ staatliche Bevorzugung ausländischer Produkte zur Belebung der Importtätigkeit; ■ Einstellung staatlicher Ausfuhrgarantien und -bürgschaften: Durch diese Maßnahme erhöhen sich die Risiken für Exporteure, was zu einem Exportrückgang führen kann.	4. **Sonstige administrative** Maßnahmen, z. B.: ■ Festlegung von technischen Normen, Gesundheits-, Umweltschutz- oder Sicherheitsstandards zur „Diskriminierung" ausländischer Produkte; ■ staatliche Bevorzugung inländischer Produkte (z. B. Polizei oder Bundeswehr fragen im Inland hergestellte Fahrzeuge nach) zur Drosselung des Imports; ■ staatliche Ausfuhrgarantien und -bürgschaften zur Reduzierung der Risiken für Exporteure.

Sollte ein **Zahlungsbilanzdefizit** ursächlich auf **Strukturunterschiede** bei der Ausstattung mit Produktionsfaktoren zurückzuführen sein, könnte dieses Ungleichgewicht durch eine **gezielte staatliche Förderung** zum Abbau dieser Strukturunterschiede – zumindest durch Verbesserung der Qualität bei den Produktionsfaktoren Arbeit und Kapital – auf lange Sicht behoben werden. Hierzu zählen beispielsweise die staatliche Förderung qualifizierter Aus- und Weiterbildungsmaßnahmen für den Produktionsfaktor Arbeit oder staatliche Maßnahmen zur Förderung des technischen Fortschritts beim Realkapital.

Aber auch in Bezug auf den Produktionsfaktor Boden ließen sich durch wirtschaftspolitische Maßnahmen eventuell bestehende Strukturunterschiede langfristig betrachtet zumindest reduzieren. So könnte etwa eine gezielte staatliche Förderung von Forschung und Entwicklung – beispielsweise im Bereich alternativer Energien (z. B. Windenergie, Biogasanlagen, Erdwärmenutzung, Kraftstoffe aus regenerierbaren Rohstoffen) – dazu beitragen, die aufgrund von „Rohstoffarmut" bestehende Importabhängigkeit eines Landes (z. B. Abhängigkeit von Erdöl exportierenden Ländern) zu verringern.

Kompetenztraining

22. Lesen Sie nachfolgenden Auszug aus einem Zeitungsartikel!

Exporteinbußen – Deutscher Außenhandel verliert an Fahrt

Der deutsche Außenhandel schwächelt. Im Februar sanken die Exporte um 3,2 Prozent. Vor allem innerhalb der EU sinkt der Absatz. [...]

„Es ist der schwächste Start in ein neues Jahr seit 2009", betonte Ökonom Carsten Brzeski von der ING Diba. [...]

Der DIHK verwies auf zunehmende Protektionismustendenzen. „Während eine gute Weltkonjunktur und eine starke Euro-Zone die zunehmenden Handelsbarrieren der vergangenen Jahre noch überdeckt haben, drückt der allgegenwärtige Protektionismus wie jüngst im Handelsstreit zwischen USA und China auf die Stimmung", sagte Treier. „Die Einführung von neuen Zöllen ist aber eine ökonomische Sackgasse, die die exportstarke deutsche Wirtschaft hart treffen könnte." [...]

Aber auch die Aufwertung des Euro bremst die deutsche Wirtschaft, denn dies macht ihre Waren in anderen Währungsgebieten teurer. Der Euro kostet derzeit mit knapp 1,23 Dollar rund 16 Prozent mehr als ein Jahr zuvor. „Der starke Euro könnte bei den Exporten ein bisschen gedämpft haben", sagte Ökonom Lothar Hesser von HSBC Trinkaus.

Quelle: www.wiwo.de/politik/konjunktur/exporteinbussen-deutscher-aussenhandel-verliert-an-fahrt/21153888.html [Zugriff am 26.10.2018].

Aufgaben:

22.1 Prüfen Sie, welche Teilbilanz der Zahlungsbilanz von der in dem Zeitungsartikel beschriebenen Situation besonders betroffen ist!

22.2 Nennen und beschreiben Sie die Gründe für den „schwächelnden" Export!

22.3 Beschreiben Sie zwei mögliche Folgen der geschilderten Entwicklung!

23. Die Bundesrepublik Deutschland ist derzeit auf Platz drei der größten Exporteure der Welt. Im öffentlichen Bewusstsein wird dabei jedoch zumeist übersehen, dass Deutschland auch eine sehr starke Importnation ist (siehe nebenstehende Abbildung).

Entwicklung des deutschen Außenhandels
in Mrd. EUR

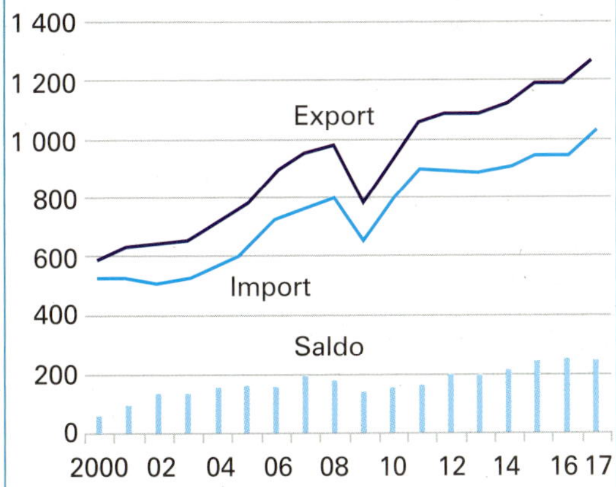

2017 = vorläufiges Ergebnis
© Statistisches Bundesamt (Destatis), 2018

Aufgaben:

23.1 Recherchieren Sie wichtige Einfuhrgüter Deutschlands und aus welchen Ländern die Importwaren in erster Linie kommen! Nutzen Sie als Informationsquelle z. B. die Internetseite des Statistischen Bundesamtes!

23.2 Erläutern Sie mögliche Gründe für den hohen Import der Bundesrepublik Deutschland!

23.3 Beschreiben Sie ganz allgemein verschiedene andere Ursachen für ein Zahlungsbilanzungleichgewicht!

24. Entscheiden Sie, welche der nachfolgenden Maßnahmen zur Beseitigung eines Zahlungsbilanzdefizits geeignet ist!

① Der Staat versucht durch expansive Wirtschaftspolitik die Inlandsnachfrage zu beleben.

② Exportsubventionen werden aufgrund der desolaten Haushaltslage ersatzlos gestrichen.

③ Die Bestimmungen zur Einfuhr von Lebensmitteln werden gelockert.

④ Der Staat fragt im Gegensatz zu bisherigen Gewohnheiten verstärkt Rüstungsgüter inländischer Produzenten nach.

⑤ Der Staat verhängt ein Exportembargo gegen ein Land im Nahen Osten.

25. Entscheiden Sie, welche der nachfolgenden Maßnahmen zur Beseitigung eines Zahlungsbilanzüberschusses geeignet ist!

① Senkung der Importzölle.

② Zahlung von Exportsubventionen, um inländische Unternehmen vor zunehmenden Dumpingpreisen am Weltmarkt zu schützen.

③ Die inländische Zentralbank erhöht die Zinsen, daraufhin geht die Inlandsnachfrage spürbar zurück.

④ Zur Aufbesserung der Staatsfinanzen werden die Importzölle angehoben.

⑤ Die Steuer- und Finanzpolitik werden kontraktiv ausgerichtet.

26. Vernetzungsdiagramm

Gehen Sie davon aus, dass die Exporte aus dem Euro- in den Dollarraum sehr stark ansteigen. Stellen Sie auf der Basis nachfolgender Vorlage eines Vernetzungsdiagramms mögliche Ursache-Wirkungs-Beziehungen dar, indem Sie die einzelnen Felder an den Pfeilen mit einem Plus- oder Minuszeichen versehen.

- **Pluszeichen**: gleichgerichtete (verstärkende) Wirkung. Wirkung. Es gilt: je mehr (höher) – desto mehr (höher); je weniger (niedriger) – desto weniger (niedriger).
- **Minuszeichen**: entgegengesetzte (abschwächende) Wirkung. Es gilt: je mehr (höher) – desto weniger (niedriger) bzw. je weniger (niedriger) – desto mehr (höher).

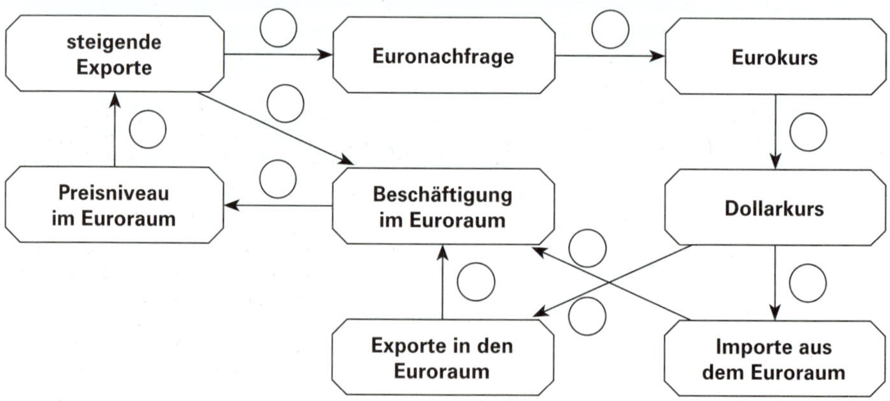

14 Wirtschaftspolitik in der EU: Harmonisierung des Wettbewerbs und der Außenwirtschaftspolitik

Handlungssituation 14

Annika, Xenia und Simon besuchen nun seit drei Jahren das berufliche Gymnasium für Wirtschaft und Verwaltung in Hannover. Im Unterricht geht es gerade um die Europäische Union.

Zum Glück ist gerade Pause und Annika verlässt genervt den Klassenraum. *„Boah, was ist das denn wieder für ein langweiliges Thema. Was haben wir schon mit der EU zu tun?"*

Simon kann sie verstehen und antwortet: *„Du hast recht, was geht uns das schon an, außer dass wir den Euro haben und im Urlaub in Italien kein Geld mehr umtauschen müssen."*

In diesem Moment stößt ihre Freundin Xenia dazu, die die letzten Gesprächsbrocken mitbekommen hat: *„Also ich war in den letzten Ferien in Spanien und da ist mir aufgefallen, dass ich mit meinem Smartphone im Internet surfen konnte, ohne dass das extra was gekostet hat. – Meint ihr, das hat auch was mit der EU zu tun?"*

Um noch mehr darüber zu erfahren, was die EU mit unserem Lebensalltag zu tun hat, lesen Sie zunächst einmal folgenden Text!

Europa im Alltag

[...] Europa, genauer gesagt: die Europäische Union, [...] bestimmt unser Leben in vielen Bereichen.

Das geht schon beim Geld los: Der Euro ist eine Gemeinschaftswährung, die zwar noch nicht alle Staaten übernommen haben, aber doch mehr als die Hälfte. Beim Urlaub in Italien, Spanien oder auf Malta können wir mit unserem gemeinsamen Geld bezahlen. Auch in der ganzen Welt wird der Euro als starke Weltwährung gerne genommen.

Auch ist Reisen in der EU leichter geworden. Vor noch gar nicht allzu langer Zeit gab es Passkontrollen und Staus an der Grenze, und der Zoll hat genau geguckt, was wir aus Italien oder Spanien mitgebracht haben.

Das Fliegen ist viel billiger geworden; auch das hat mit der EU zu tun, die die nationalen Monopole aufgehoben hat. Das heißt, es gibt nicht mehr eine nationale Fluggesellschaft pro Land, die alleine die Routen befliegen und hohe Preise kassieren darf, sondern jede Fluggesellschaft innerhalb der EU kann hinfliegen, wohin sie will. So kann man heute von Deutschland nach Frankreich einen Flug mit einer irischen Fluggesellschaft buchen – zum Beispiel.

Dass Fliegen in der EU sicher ist, hat auch wiederum damit zu tun, dass die Europäische Union für alle Mitgliedstaaten gemeinsame Sicherheitsstandards festgelegt hat und Schrottmaschinen nicht in unseren Luftraum lässt.

Viele dieser Regelungen sind dem Binnenmarkt geschuldet. Wenn man einen einheitlichen Markt haben will, in dem jeder einkaufen und produzieren kann, wie und wo er will, muss es gemeinsame Regeln geben.

Auch die Polizeibehörden der EU arbeiten eng zusammen, und eine eigene Institution, Europol, koordiniert die Daten. Das sind keine Supercops, die mit gezogener Pistole durch Europa rasen, sondern nationale Polizeibeamte, die Informationen über Kriminelle und Kriminalität zusammentragen und den Polizeibehörden in der ganzen EU zur Verfügung stellen. Dabei geht es immer um schwere Kriminalität, um Menschenhändler und Drogenschmuggler, Geldfälscher und Sexualverbrecher, Autoschieber und Internetbetrüger. Um Falschparker kümmert sich Europol nicht.

Umweltverschmutzung macht nicht an Grenzschildern halt. Europäischer Umweltschutz garantiert durch gemeinsame Standards, dass sich nicht ein Land in der EU gegenüber den anderen wirtschaftliche Vorteile verschaffen kann, indem es keine Umweltauflagen erfüllt und dadurch billigere Waren produzieren kann. Die Pflicht zur Fairness im europäischen Binnenmarkt sichert auch Arbeitsplätze bei uns, weil sie unlautere Konkurrenz verhindert.

Viele Menschen lehnen genmanipulierte Lebensmittel ab. Aber wie soll man sehen, ob die Cornflakes aus genverändertem Mais hergestellt sind? Die EU hat allen Lebensmittelherstellern die Kennzeichnung zur Pflicht gemacht. Wo Genmanipulation drin ist, muss es auch drauf stehen.

Die Beispiele zeigen: Europa – das sind wir alle. Und: Europa betrifft uns alle.

Quelle: Bundeszentrale für politische Bildung, Europa. Das Wissensmagazin für Jugendliche, S. 9.

Kompetenzorientierte Arbeitsaufträge:

1. Markieren Sie zunächst die Begriffe, deren Verständnis Ihnen Probleme bereitet. Recherchieren Sie – eventuell unter Zuhilfenahme des Internets – anschließend die Bedeutung dieser Begriffe!
2. Nennen und erläutern Sie die in dem Artikel aufgeführten Bereiche, auf die sich die Regelungen der Europäischen Union im Lebensalltag auswirken!
3. In der nachfolgenden Umfrage (Was hat die EU mit unserem Leben zu tun?) wird deutlich, wie sich das Thema EU ganz konkret auf das Leben auswirkt. Lesen Sie sich die einzelnen Aspekte durch und kreuzen Sie dann Ihre ganz persönliche Sichtweise bzw. Betroffenheit an! Werten Sie anschließend das Ergebnis Ihrer Einschätzung in Form eines kurzen Fazits aus und diskutieren Sie die Ergebnisse im Klassenverband!
4. **Unterrichtsvorschlag: Referat**

   Sammeln Sie aktuelle Meldungen zum Thema EU und stellen Sie die wichtigsten Informationen in Form eines Referates der Klasse vor!

DOWNLOAD

Was hat die EU mit unserem Leben zu tun?

Unser Leben	Was hat die EU damit zu tun?	Das halte ich für … sehr wichtig	wichtig	unwichtig
Deutschland ist „Exportmeister“, d. h., es exportiert mehr als jedes andere europäische Land. Weltweit ist Deutschland die Nummer zwei. Dadurch werden bei uns viele Arbeitsplätze gesichert.	63 Prozent der deutschen Exporte gehen in die anderen EU-Staaten, ohne durch Zollschranken behindert zu werden: ein Ergebnis des gemeinsamen Binnenmarkts.	☐	☐	☐
Telefonieren ist in den letzten Jahren deutlich billiger geworden.	Die EU hat den Telekommunikationsmarkt liberalisiert, d. h., die nationalen Monopole wurden aufgebrochen und Konkurrenz zugelassen. Wo die Konkurrenz nicht ausreichend funktioniert, greift die EU direkt ein. So sind Auslandstelefonate mit dem Handy auf Betreiben des Europäischen Parlaments und der EU-Kommussion billiger geworden.	☐	☐	☐

Was hat die EU mit unserem Leben zu tun?				
Unser Leben	**Was hat die EU damit zu tun?**	**Das halte ich für …** **sehr wichtig**	**wichtig**	**un-wichtig**
Fliegen ist in den letzten Jahren sehr viel preisgünstiger geworden, sodass sich jetzt auch Jugendliche und Familien mit Kindern Flüge eher leisten können.	Die EU hat auch hier die nationalen Monopole abgeschafft und Konkurrenz zugelassen. Jetzt kann man auch von Deutschland aus mit einer britischen Airline nach Spanien fliegen. Außerdem wurden die Rechte der Passagiere gestärkt. Wer wegen Überbuchung stehen bleibt oder wegen großer Verspätung seinen Termin verpasst, wird entschädigt.	☐	☐	☐
Die **Gewährleistungszeit** für Konsumgüter wie z. B. elektronische Geräte beträgt jetzt zwei Jahre. Also: Wenn das Handy nach einem Jahr kaputtgeht, wird es kostenlos repariert oder ausgetauscht.	Durch EU-Regelungen wurden einheitliche Fristen geschaffen. In Deutschland betrug die Garantiezeit vorher in der Regel nur ein halbes Jahr. Außerdem: Die Garantie gilt europaweit. Es ist also egal, ob der Kunde den Gegenstand in Deutschland, in Frankreich oder in Litauen gekauft hat.	☐	☐	☐
Umweltverschmutzung kennt keine Grenzen. Atmen müssen wir alle. Daher ist die Reinheit der Luft von besonderer Bedeutung. In den letzten Jahren ist unsere Atemluft besser geworden.	Die EU hat europaweit verbindliche Standards für die Qualität der Atemluft eingeführt, die die Mitgliedstaaten durch konkrete Maßnahmen umsetzen müssen.	☐	☐	☐
Wasser ist zum Waschen da. Aber nicht nur: Vor allem trinken wir es auch. Da ist die Qualität entscheidend. Wer in der EU lebt, kann den Wasserhahn bedenkenlos aufdrehen und sein Glas darunterhalten.	Seit zehn Jahren gibt es EU-Standards für Trinkwasser, an die sich alle Mitgliedstaaten halten müssen.	☐	☐	☐
Reisen in Europa ist heute sehr einfach. Zwischen den meisten europäischen Staaten gibt es keine Grenzkontrollen mehr.	Die EU hat durch das Schengener Übereinkommen die Grenzkontrollen zwischen den Staaten überflüssig gemacht. Das Reisen vom Nordkap bis nach Sizilien ohne eine einzige Grenzkontrolle, das ist die EU in der Praxis. Nur Großbritannien und Irland bilden eine Ausnahme. Auch Bulgarien, Rumänien und Zypern gehören dem Verbund noch nicht an.	☐	☐	☐
Deutsche können in vielen Staaten Europas genauso arbeiten wie zu Hause. Jede(r) kann sich überlegen, **wo es ihm oder ihr am besten gefällt oder wo er/sie Arbeit findet.**	Die EU hat innerhalb ihres Binnenmarktes die Freizügigkeit geschaffen. Arbeiten in Brüssel oder Rom, in London oder Warschau ist für einen Berliner genauso möglich wie eine Tätigkeit in München oder Köln.	☐	☐	☐

Quelle: Bundeszentrale für politische Bildung, Europa. Das Wissensmagazin für Jugendliche, S. 6f.

1 Stellenwert der Europäischen Union (EU)

(1) Begriff der Europäischen Union

Die Europäische Union ist **kein Staat;** sie ist vielmehr eine **übernationale** (supranationale) **Organisation der Mitgliedstaaten,** die einen Teil ihrer nationalen Hoheitsrechte auf diese Organisation übertragen haben.

Die Europäische Union unterscheidet sich von anderen internationalen Organisationen dadurch, dass sie in bestimmten Bereichen, z. B. in der Außenhandelspolitik, als **unabhängige** Rechtspersönlichkeit unmittelbar auf die Mitgliedstaaten einwirken kann.

Für diese Bereiche enthalten die zwischen den Mitgliedstaaten abgeschlossenen Verträge (primäres Gemeinschaftsrecht) jeweils eine konkrete Ermächtigungsnorm.

Die Europäische Union

	Beitrittsjahr	Einwohner 2016[1] in Mio.	BIP[1,2] 2016 pro Kopf in Tausend Euro
Belgien	★1958	11,4 Mio.	34,2 Tsd. €
Deutschland	★1958	82,8	35,7
Frankreich	★1958	67,0	30,3
Italien	★1958	60,6	27,9
Luxemburg	★1958	0,6	77,4
Niederlande	★1958	17,1	37,5
Dänemark	★1973	5,7	36,4
Großbritannien	★1973	65,8	31,2
Irland	★1973	4,8	53,2
Griechenland	★1981	10,8	19,5
Portugal	★1986	10,3	22,4
Spanien	★1986	46,5	26,5
Finnland	★1995	5,5	31,7
Österreich	★1995	8,8	36,7
Schweden	★1995	10,0	35,9
Estland	★2004	1,3	21,5
Lettland	★2004	2,0	19,0
Litauen	★2004	2,8	21,9
Malta	★2004	0,4	27,6
Polen	★2004	38,0	20,1
Slowakei	★2004	5,4	22,4
Slowenien	★2004	2,1	24,1
Tschechien	★2004	10,6	25,7
Ungarn	★2004	9,8	19,5
Zypern	★2004	0,9	23,6
Bulgarien	★2007	7,1	13,9
Rumänien	★2007	19,6	17,2
Kroatien	★2013	4,2	17,3

Gründungsmitglieder

11892 © Globus [1]zum Teil vorläufig oder geschätzt, [2]kaufkraftbereinigt Quelle: Eurostat

(2) Ziele der Europäischen Union (EU)

Die Europäische Union steht für **gemeinsame Grundwerte,** auf denen die europäischen Gesellschaften aufbauen. Sie sind die Leitlinien ihres Handelns – so etwa das Streben nach

- Achtung der Menschenwürde,
- Demokratie,
- Chancengleichheit,
- freiem Handel,
- fairem Wettbewerb,
- Solidarität und
- Sicherheit.

An diesen Idealen und ihrer Umsetzung misst die EU ihre Erfolge, sie machen den Hauptteil europäischer Politik aus.[1]

Welche **Vorteile** die EU-Bürger mit den angestrebten Zielen im Einzelnen verbinden, verdeutlicht nebenstehende Übersicht.

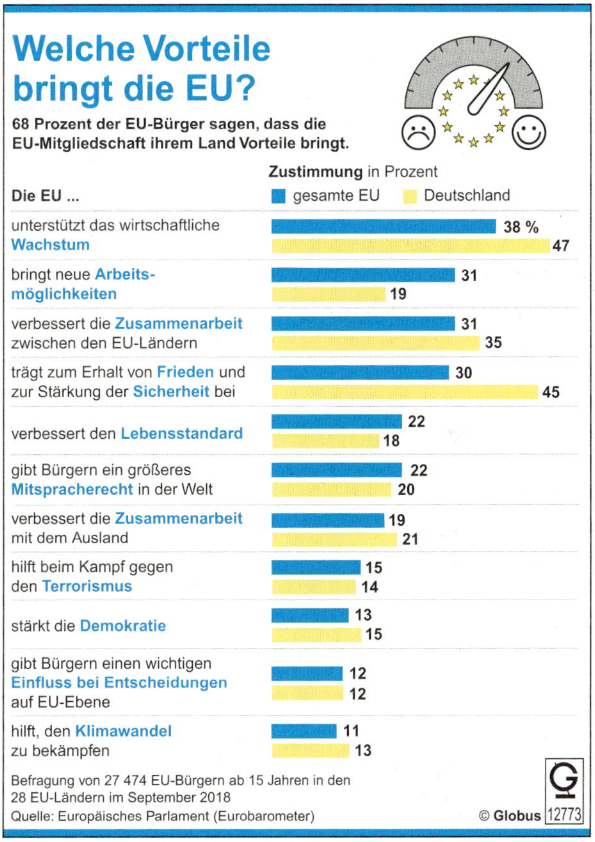

(3) Schaffung eines gemeinsamen Binnenmarktes

Die Schaffung eines gemeinsamen Binnenmarktes **ohne nationale Grenzen** innerhalb der Staatengemeinschaft gehört zu den Kernzielen der europäischen Integration. Gleichwohl spielen nationale Grenzen innerhalb der Europäischen Union immer noch eine größere Rolle als etwa die Grenzen zwischen den Bundesstaaten in den Vereinigten Staaten von Amerika.

Das vermutlich **wichtigste Argument** für einen grenzenlosen Binnenmarkt ist **politischer** Natur.

> Eine **enge wirtschaftliche Verflechtung** von Ländern schafft durch die entstehende wechselseitige Abhängigkeit **politische Stabilität** und sichert so den **Frieden**.

1 Quelle: http://ec.europa.eu//deutschland

Neben diesem Aspekt sind es dann aber vor allem **wirtschaftliche** Gesichtspunkte, die für einen Binnenmarkt sprechen:

- Der freie Austausch von Gütern und Dienstleistungen steigert den **Wohlstand** aller Menschen innerhalb der Europäischen Union durch eine bessere **Arbeitsteilung** und eine **höhere Produktvielfalt.** Der Freihandel mit innovativen Gütern fördert auch die schnelle Verbreitung von moderner Technologie.
- Der im Vergleich zu einem abgeschotteten nationalen Markt stärkere **Wettbewerbsdruck** führt zu einem größeren Angebot von Gütern und Dienstleistungen mit einem guten Preis-Leistungs-Verhältnis. Dieser Wettbewerbsdruck und die damit einhergehenden Spezialisierungseffekte tragen mit dazu bei, dass die Unternehmen der Mitgliedstaaten auch auf den Weltmärkten erfolgreich sein können.
- Der Binnenmarkt kann somit das **Wirtschaftswachstum** steigern und damit auch den Arbeitnehmerinnen und Arbeitnehmern höhere Beschäftigungschancen und bessere Einkommensperspektiven ermöglichen. Unterentwickelten Regionen und Staaten bietet sich die Chance verbesserter Exportmöglichkeiten, und sie können in der wirtschaftlichen Entwicklung zu den wohlhabenderen Gebieten aufschließen.
- Durch all diese Effekte kann der europäische Wirtschaftsraum **besser** mit den anderen großen Wirtschaftsblöcken dieser Welt – wie Asien und Nordamerika – **konkurrieren.**

(4) Die vier Grundfreiheiten

Der **Vertrag über die Arbeitsweise der Europäischen Union** (AEUV) sieht **vier Grundfreiheiten** vor:

Warenverkehrs-freiheit	Der freie Warenaustausch innerhalb der Staaten der EU wird im Rahmen der Warenverkehrsfreiheit gewährleistet. Ziel ist es dabei, über die Öffnung der nationalen Märkte (Abschaffung der Zölle und mengenmäßigen Beschränkungen bei der Ein- und Ausfuhr von Waren sowie aller sonstigen Maßnahmen gleicher Wirkung zwischen den Mitgliedstaaten) das Produktangebot auf allen Märkten zu verbessern und zu erweitern sowie knappe Güter sogar zu verbilligen.
Personenverkehrs-freiheit	Im Rahmen der Personenverkehrsfreiheit genießen alle EU-Bürger das Recht, sich in jedem Land der EU aufzuhalten, einen Beruf auszuüben und dort zu verbleiben. So haben Arbeitnehmer und Selbstständige das Recht, in jedem Mitgliedsland zu leben und zu arbeiten. Kein Unionsbürger darf aufgrund seiner Staatsangehörigkeit benachteiligt werden (Diskriminierungsverbot).
Dienstleistungs-verkehrsfreiheit	Dienstleistungsverkehrsfreiheit bedeutet die Liberalisierung der Erbringung von Dienstleistungen; dazu zählen z. B. Versicherungsabschlüsse, Beratungstätigkeiten und andere Serviceleistungen.
Kapitalverkehrs-freiheit	Die Kapitalflüsse zwischen den Mitgliedstaaten unterliegen keinerlei Restriktion im Rahmen der Kapitalverkehrsfreiheit. Durch die Europäische Wirtschafts- und Währungsunion wurde der Geld-, Kapital- und Zahlungsverkehr in der EU vollständig liberalisiert sowie die Fiskal- und Geldpolitik verstärkt koordiniert.

(5) Maßnahmen zur Sicherung des Binnenmarktes

Die vorgenannten Grundfreiheiten des Binnenmarktes werden ergänzt durch **weitere wichtige Bestimmungen,** die unter anderem den Wettbewerb zum Wohle der Verbraucherinnen und Verbraucher sichern und Diskriminierungen von Unternehmen aufgrund ihrer nationalen Herkunft unterbinden sollen. Hierzu zählen im Einzelnen die **Wettbewerbskontrolle,** das **Subventionsverbot,** die **öffentliche Auftragsvergabe** sowie die **Wirtschafts- und Währungsunion.**

Wettbewerbs-kontrolle	Die Verwirklichung des Binnenmarktes erfordert eine Bindung aller Beteiligten an **gleiche Regeln für den Wettbewerb.** So sind Kartelle und Preisabsprachen zwischen Unternehmen untersagt und ziehen hohe Geldstrafen nach sich. Fusionen werden nicht genehmigt, wenn durch den Zusammenschluss eine **marktbeherrschende** Stellung im Binnenmarkt droht. Zudem wurden in der Vergangenheit wichtige frühere staatliche Monopole durch diese Binnenmarktprinzipien aufgelöst, wie z.B. die Monopole der deutschen Bundespost oder Bundesbahn.
Subventionsverbot	Staatliche Beihilfen, die den Wettbewerb verzerren, sind generell verboten. Über Ausnahmen entscheidet die Europäische Kommission.
Öffentliche Auftragsvergabe	Bei der Vergabe öffentlicher Aufträge sollen auch Unternehmen anderer EU-Staaten eine faire Chance auf den Zuschlag haben. Aus diesem Grunde besteht ab bestimmten Schwellenwerten des Auftragsvolumens die **Pflicht zur europaweiten Ausschreibung öffentlicher Aufträge.**
Wirtschafts- und Währungsunion	Die **europäische Gemeinschaftswährung beseitigt Hindernisse** durch verschiedene nationale Währungen, die zuvor das grenzüberschreitende Wirtschaften im Binnenmarkt belastet hatten. Mit dem Euro ist zumindest in den Teilnehmerländern ein hohes Maß an **Preistransparenz** eingekehrt.

(6) Der Haushalt der EU

Damit die Europäische Union ihre vielfältigen Aufgaben wahrnehmen kann, benötigt sie einen eigenen Haushalt. Auch wenn alle Mitgliedstaaten an der Finanzierung dieses Haushaltes entsprechend ihrer **Wirtschaftskraft** beteiligt werden, sind die Leistungen aus dem Haushalt der EU für einige Länder wichtige Finanzierungsquellen ihrer öffentlichen Investitionen.

Bei den EU-Finanzen **unterscheidet** man zwischen dem **mehrjährigen Finanzrahmen (MFR)** und dem **jährlichen EU-Haushalt.** !

Mehrjähriger Finanzrahmen (MFR)

Mit dem mehrjährigen Finanzrahmen legen die Mitgliedstaaten und das Europäische Parlament für einen **mindestens fünfjährigen** Zeitraum Ausgabenobergrenzen für verschiedene Politikbereiche fest.

Hinsichtlich der Ausgabenobergrenzen werden zwei Arten von Ausgaben unterschieden:

Mittel für Verpflichtungen	Mittel für Zahlungen
Die im Haushaltsplan **veranschlagten Mittel** für Verpflichtungen geben an, bis zu welcher Höhe die EU im jeweiligen Jahr Ausgaben beschließen kann.	Mittel für **Zahlungen** sind die Mittel, die im Haushaltsplan des jeweiligen Jahres für tatsächliche Ausgaben zur Verfügung stehen.

Da sich einerseits die Zahlungen der EU über mehr als ein Haushaltsjahr erstrecken können und andererseits die Mittel für geplante Projekte nicht immer komplett abgerufen werden, liegen die **veranschlagten Mittel** für die Verpflichtungen regelmäßig **über** den **Mitteln für Zahlungen.** Diese Obergrenze bei den Verpflichtungen sorgt für viel **Haushaltsdisziplin** und ein hohes Maß an **Planungssicherheit.**

Im Grunde ist der mehrjährige Finanzrahmen ein Instrument einer **politischen Schwerpunktsetzung** für Investitionen und gilt somit als Kompass für den **künftigen Kurs der EU.**

Jährlicher EU-Haushalt

Der **jährliche EU-Haushalt** dient der **konkreten** Planung der Ausgaben und Einnahmen der EU im **jeweiligen Haushaltsjahr.** Auf der **Grundlage** des **mehrjährigen Finanzrahmens** erstellt die **Europäische Kommission** einen **Entwurf** für einen Haushaltsplan, zu dem der **Rat der EU** dann eine Stellungnahme abgibt. Anschließend entscheidet das **Europäische Parlament,** ob es sich der Stellungnahme des EU-Rates anschließt. Sollte der Haushalt einmal von dem Europäischen Parlament abgelehnt werden, muss die **EU-Kommission** einen **neuen Vorschlag** erarbeiten.

2 Institutionen der EU

2.1 Überblick

Mit seinen 28 Mitgliedstaaten[1] und ca. 510 Millionen Menschen entwickelte sich die Europäische Union zum mittlerweile **weltweit größten Wirtschaftsraum.** Die Europäische Union wuchs in mehreren Etappen, parallel dazu weiteten sich ihre Zuständigkeiten aus. Heute ist sie auf **fast allen Politikfeldern** aktiv. Eines ihrer **zentralen politischen Ziele** hat die Europäische Union erreicht: die **dauerhafte und friedliche Integration Europas.** Unter dem Eindruck des Zweiten Weltkrieges sahen ihre Gründer in einer **engen wirtschaftlichen Verflechtung** der Staaten, die **wachsende gegenseitige Abhängigkeiten** schafft, den aussichtsreichsten Weg für ein Leben in Frieden und Wohlstand.

1 Die britische Premierministerin Theresa May reichte im März 2017 den Antrag zum **Austritt des Vereinigten Königsreichs aus der EU** in Brüssel ein **(„Brexit").** In einem Referendum hatten im Juni 2016 knapp 52 % der Bürger in Großbritannien für den Austritt aus der EU gestimmt.

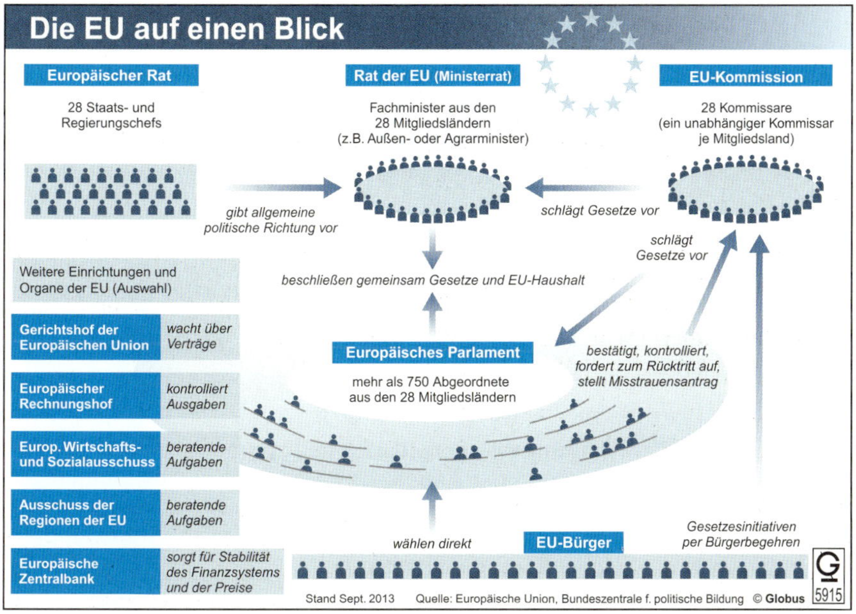

2.2 Europäischer Rat

Der **Europäische Rat** fungiert als „politischer Impulsgeber" und gilt somit als **Motor der europäischen Integration.**

Der Europäische Rat setzt sich aus **den jeweiligen Staats- und Regierungschefs** der einzelnen Mitgliedstaaten, dem **Präsidenten des Europäischen Rates** und dem **Präsidenten der Kommission** zusammen. Der hauptamtliche Präsident des Europäischen Rates wird mit **qualifizierter** Mehrheit vom Europäischen Rat für zweieinhalb Jahre bei einmaliger Wiederwahlmöglichkeit gewählt.

Die **Hauptaufgabe** des Präsidenten besteht darin, die Vorbereitung und **Kontinuität** der Arbeiten des Europäischen Rates zu gewährleisten und auf einen **Konsens** hinzuarbeiten. Das Amt des Präsidenten des Europäischen Rates ist mit keinem anderen nationalen Mandat vereinbar. Zudem soll er **nicht** in die **Tagespolitik** eingreifen und kann öffentlich letztlich nur die Positionen vertreten, auf die sich die Staats- und Regierungschefs zuvor geeinigt haben.

Zu den **Kernaufgaben des Europäischen Rates** gehört die Festlegung der „allgemeinen politischen Zielvorstellungen und Prioritäten" der Europäischen Union, ohne dass der Rat selbst gesetzgeberisch tätig wird. Seine Aufgaben umfassen vielmehr **grundlegende Entscheidungen** wie etwa neue EU-Erweiterungen oder die Übertragung weiterer Kompetenzen an die EU. Des Weiteren schlägt der Europäische Rat den Kommissionspräsidenten, den Hohen Vertreter für Außen- und Sicherheitspolitik und die übrigen Kommissionsmitglieder vor. Die Entscheidungen trifft der Rat grundsätzlich „im Konsens", also **einstimmig;** nur bei Personalentscheidungen gilt die qualifizierte Mehrheit.

2.3 Rat der Europäischen Union

Der **Rat der Europäischen Union (kurz: Ministerrat) vertritt die Regierungen der Mitgliedstaaten.** Er teilt seine Aufgaben in den Bereichen Gesetzgebung und Haushalt mit dem Europäischen Parlament und spielt bei der gemeinsamen Außen- und Sicherheitspolitik und der Koordinierung der Wirtschaftspolitik eine zentrale Rolle.

Der Rat der Europäischen Union besteht aus den **Ministern der einzelnen Mitgliedstaaten,** die für das jeweils aktuelle Thema, für das der Rat zusammentritt, zuständig sind. Die Präsidentschaft wechselt **halbjährlich** zwischen den Mitgliedstaaten. Eine Ausnahme bildet der „Rat für Auswärtige Angelegenheiten". Für diesen Außenministerrat wird als fester Vorsitzender der auf fünf Jahre gewählte **„Hohe Vertreter der EU für Außen- und Sicherheitspolitik"** bestimmt, der zugleich auch das Amt des Außenkommissars und des Vizepräsidenten der Europäischen Kommission innehat.

Der Ministerrat **tagt öffentlich** und trifft Entscheidungen zumeist mit qualifizierter Mehrheit, in Ausnahmefällen (z. B. Fragen der Außen- und Sicherheitspolitik, Steuerfragen) ist ein einstimmiger Beschluss erforderlich. Seit **2014** wird die qualifizierte Mehrheit durch die **doppelte Mehrheit** ersetzt, nach der 55 % der Mitgliedstaaten zustimmen müssen, die mindestens 65 % der EU-Bevölkerung repräsentieren.

2.4 Europäische Kommission

Die **Europäische Kommission** nimmt in der Europäischen Union in etwa die Funktionen einer **Regierung** wahr. Sie ist ein **supranationales** Organ, das nicht die Interessen eines bestimmten Mitgliedstaates, sondern die Interessen der Europäischen Union vertritt.

Die Europäische Kommission setzt sich aus jeweils **einem Mitglied pro Mitgliedsland** zusammen, darunter auch der Präsident.

Der **EU-Kommissionspräsident** wird durch die **Staats- und Regierungschefs** unter Berücksichtigung der Wahlergebnisse zum Europaparlament nominiert und anschließend durch das **EU-Parlament** bestätigt.

Der Präsident der EU-Kommission übernimmt die **politische Führung** der EU-Kommission, vertritt die EU nach außen und verteilt die Aufgaben innerhalb der Kommission. Seine Amtszeit beträgt **fünf Jahre.**

Jeder Mitgliedstaat ist mit einem Kommissionsmitglied vertreten.

	Aufgabenbereiche der Europäischen Kommission
„Hüterin der Verträge"	Sie überwacht zum einen die Einhaltung und Durchführung der Europäischen Vertragswerke, weshalb sie auch die „Hüterin der Verträge" genannt wird.
„Herrin des Verfahrens"	Die Kommission wird als die „Herrin des Verfahrens" bezeichnet, weil nur sie allein Vorschläge für einzelne Rechtsakte der Europäischen Union machen kann. Sie besitzt damit gegenüber dem Rat und dem Parlament ein sogenanntes **Initiativmonopol.** Die Vorschläge der Kommission müssen das **europäische Interesse** in den Vordergrund stellen und den **Grundsätzen der Subsidiarität** (sofern keine ausschließliche Zuständigkeit der Gemeinschaft besteht) und der **Verhältnismäßigkeit** entsprechen.
Exekutivfunktion	Die Kommission ist für die **Ausführung von Gemeinschaftsrecht** zuständig (Exekutivfunktion).
Interessenvertretung auf internationaler Ebene	Die Kommission übernimmt die **Vertretung** der **Interessen** der Europäischen Union in **internationalen Organisationen.**

2.5 Europäisches Parlament

- Das **Europäische Parlament** ist weltweit die **einzige direkt gewählte multinationale** parlamentarische Versammlung sowie seit 1979 das einzige Organ der Europäischen Union, das aus **direkten** Wahlen hervorgeht.
- Der offizielle **Sitz** des Europäischen Parlaments befindet sich in **Straßburg.**

Die Wahlen für das Europäische Parlament finden alle **fünf** Jahre statt. Die Zahl der Mitglieder hat mit den verschiedenen Erweiterungen der EU zugenommen. Das Parlament zählt über **750 Abgeordnete** zuzüglich des Präsidenten aus 28 Mitgliedstaaten, die sich auf der Grundlage ihrer politischen Ausrichtung und nicht nach Staatsangehörigkeit in Fraktionen zusammenschließen.

Die Aufteilung der Sitze erfolgt nach dem **Grundsatz der „degressiven Proportionalität",** wonach die Abgeordneten der bevölkerungsreichsten Mitgliedstaaten mehr Bürger ihres Landes vertreten als die Abgeordneten der Länder mit weniger Einwohnern. Darüber hinaus ist für jeden Mitgliedstaat eine Mindestzahl von sechs und eine Höchstzahl von 96 Abgeordneten festgelegt.

Das Europäische Parlament wird **gemeinsam** mit dem Rat der Europäischen Union als **Gesetzgeber** tätig und übt gemeinsam mit ihm die **Haushaltsbefugnisse** aus. Das Parlament besitzt das letzte Wort über alle Ausgaben der EU, die letzte Entscheidung über die

Einnahmen der EU liegt aber beim Rat, sodass das Parlament nicht selbstständig den Gesamtetat erhöhen oder neue EU-Steuern einführen kann.

Die **Abstimmungen** des Parlaments erfolgen regelmäßig mit **absoluter** Mehrheit der **abgegebenen** Stimmen, in der zweiten Lesung bei Gesetzgebungsprozessen mit absoluter Mehrheit der **gewählten** Mitglieder, bei Ausnahmeentscheidungen (z. B. Misstrauensantrag gegen die Kommission) mit **Zweidrittelmehrheit.**

Seit 1979 sind die Befugnisse des Parlaments durch die europäischen Verträge Schritt für Schritt erweitert worden. Das Europäische Parlament ist wohl das am meisten unterschätzte Organ der EU. Es wird in der Öffentlichkeit immer noch als machtlos und mit wenig Kompetenzen ausgestattet angesehen. Dabei hat das Parlament weitreichende Befugnisse, die fast alle klassischen Funktionen eines Parlaments umfassen.

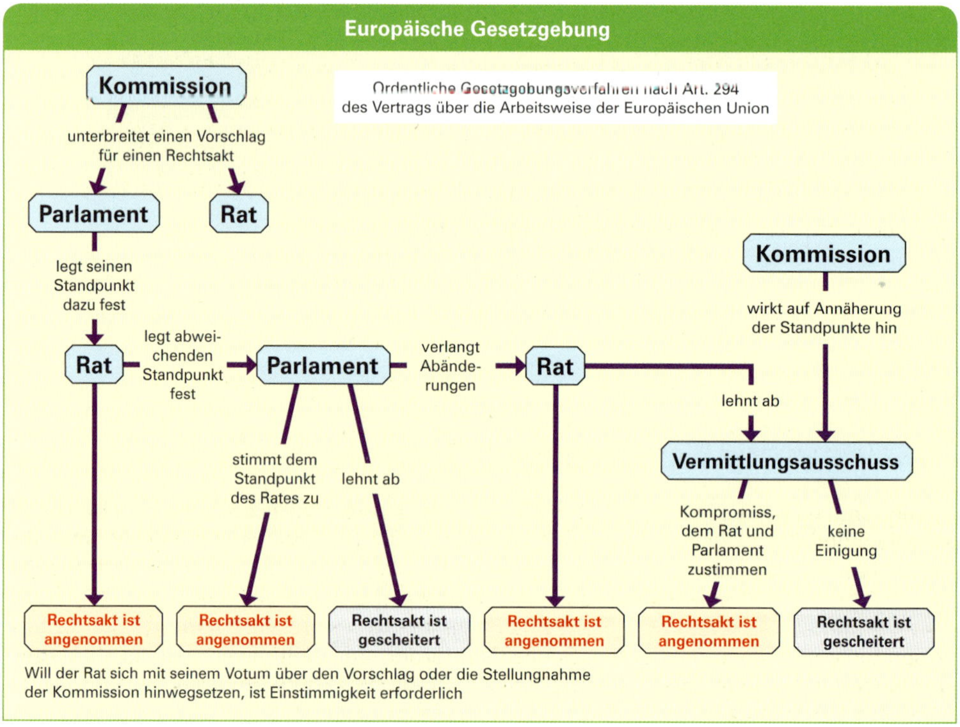

2.6 Europäischer Gerichtshof

- Der **Europäische Gerichtshof** (jedes Mitgliedsland stellt einen Richter) sichert die Wahrung des Rechts bei der Auslegung und Anwendung der Verträge.
- Der **Sitz** des Europäischen Gerichtshofs ist **Luxemburg.**

Beispiel:

Der Europäische Gerichtshof stellt fest, ob ein Mitgliedsland gegen eine vertragliche Verpflichtung verstoßen hat.

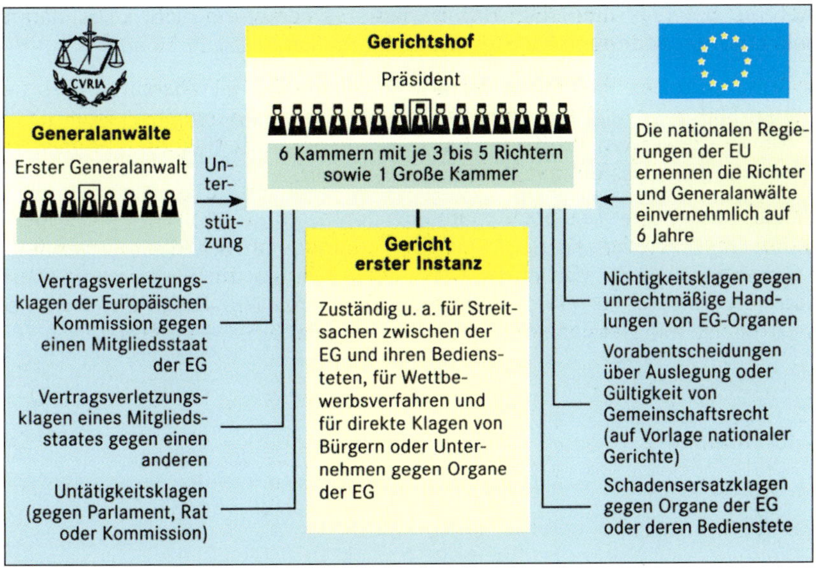

Quelle: Recht A-Z – Fachlexikon für Studium und Beruf, Bonn 2007.

3 Harmonisierte Wettbewerbspolitik

Ein **Binnenmarkt** hätte wenig Sinn, wenn der Wettbewerb zwischen Unternehmen aus verschiedenen Mitgliedstaaten durch Kartelle und sonstige wettbewerbsbeschränkende Absprachen eingeschränkt werden könnte. Solche Absprachen würden den Verbraucher daran hindern, die Vorteile leistungsstarker, wettbewerbsfähiger Märkte, die im Allgemeinen eine breitere Auswahl an Gütern und Dienstleistungen zu den **niedrigst** möglichen Preisen bieten, voll auszuschöpfen. Schließlich fördert der Wettbewerb das **Qualitätsbewusstsein** der Anbieter, ihre **Innovationsbereitschaft** und ihr **Verständnis** für die Bedürfnisse der Verbraucher.

Bereits bei der Gründung der EWG waren sich die Staats- und Regierungschefs darüber einig, dass sich die **allgemeinen Ziele** der Gemeinschaft am besten in einem Wirtschaftssystem mit **unverfälschtem Wettbewerb** verwirklichen lassen.

Die in Artikeln 85–95 des **Maastrichter** Vertrages, die inhaltlich den Artikeln 101–109 des **Vertrags über die Arbeitsweise der Europäischen Union (AEUV)** entsprechen, niedergelegten Wettbewerbsregeln sollen den Wettbewerb im gemeinsamen Markt vor Verfälschungen schützen. Das **Wettbewerbsrecht der EU geht innerstaatlichem Recht vor** und ist in den Mitgliedstaaten unmittelbar anwendbar.

Das Zusammenspiel zwischen der EU-Kommission einerseits und den nationalen Wettbewerbsbehörden andererseits verdeutlicht nachfolgender Auszug einer Bekanntmachung der Kommission:

Bekanntmachung der Kommission über die Zusammenarbeit zwischen der Kommission und den Wettbewerbsbehörden der Mitgliedstaaten

1. Im Bereich der Wettbewerbspolitik kommen der Gemeinschaft und den Mitgliedstaaten unterschiedliche Funktionen zu. Während die Gemeinschaft für die Durchführung der gemeinschaftlichen Wettbewerbsregeln zuständig ist, wenden die Mitgliedstaaten ihr nationales Recht an, sind aber auch in die Anwendung der Artikel 85 und 86 EG-Vertrag einbezogen.
2. Die Einbeziehung der Mitgliedstaaten in die gemeinschaftliche Wettbewerbspolitik ermöglicht es, die Entscheidungen möglichst bürgernah zu treffen. Die dezentrale Anwendung der gemeinschaftlichen Wettbewerbsregeln führt auch zu einer besseren Aufgabenteilung. Wenn in Anbetracht des Umfangs oder der Auswirkungen ein beabsichtigtes Vorgehen besser auf Gemeinschaftsebene verwirklicht werden kann, ist es Sache der Kommission, tätig zu werden. Im Übrigen ist es Sache der nationalen Behörden, einzugreifen.

Quelle: Die Europäische Kommission, Generaldirektion Wettbewerb.

Die Wettbewerbsvorschriften finden allerdings **nicht in allen** Wirtschaftsbereichen Anwendung. So sind die Vorschriften in den Sektoren Verkehr und Landwirtschaft nur eingeschränkt anwendbar.

Des Weiteren erfassen die gemeinsamen Wettbewerbsregeln nur solche Wettbewerbsbeschränkungen, die sich auf den Handel **zwischen Mitgliedstaaten** auswirken. Wettbewerbsbeschränkende Maßnahmen hingegen, die sich nur innerhalb eines Mitgliedstaates auswirken, unterliegen dem jeweiligen **nationalen** Kartellrecht.

Voraussetzung für die Anwendung des Gemeinschaftsrechts ist, dass von den betreffenden Maßnahmen zumindest eine **spürbare** Beeinträchtigung des Wettbewerbs innerhalb des gemeinsamen Marktes ausgehen muss. So fallen beispielsweise wettbewerbsbeschränkende Vereinbarungen von geringer Bedeutung nicht unter das Verbot des Art. 101 des Vertrags über die Arbeitsweise der Europäischen Union. Hierzu zählen Vereinbarungen zwischen Unternehmen, deren gemeinsamer Marktanteil die Schwelle von **5 % bei horizontalen** Vereinbarungen bzw. **10 % bei vertikalen** Vereinbarungen nicht überschreitet sowie Vereinbarungen **zwischen kleinen und mittleren** Unternehmen.

Grundsätzlich unterliegt das Handeln der Kommission der Rechtsaufsicht des Gerichtshofs und des Gerichts erster Instanz der Europäischen Gemeinschaften, die für Klagen gegen Institutionen der EU in Wettbewerbssachen und anderen Fällen zuständig sind.

Während die **Kommission** die **Wettbewerbspolitik in der täglichen Praxis anwendet,** erstellt das **Europäische Parlament** jedes Jahr einen **Bericht über die Tätigkeit der Kommission**. Darüber hinaus äußert sich das Parlament zu wichtigen Entwicklungen in der Wettbewerbspolitik.

In vielen Fällen werden wettbewerbsrechtliche Probleme dadurch gelöst, dass die betreffenden Länder oder Unternehmen ihre Wettbewerbspolitik freiwillig ändern. In anderen Fällen entscheidet die Kommission, ob das Verhalten der Beklagten rechtmäßig war oder nicht und ordnet eine Änderung der Wettbewerbspolitik an oder verhängt eine Geldbuße, die bis zu **10 % des Jahresumsatzes** der beklagten Unternehmen betragen kann.

4 Harmonisierung der Außenhandelspolitik

Neben der gemeinsamen Agrarpolitik und der Wettbewerbspolitik ist die Außenhandelspolitik der Politikbereich, der der Zuständigkeit der EU-Mitgliedstaaten **weitestgehend** entzogen und seit 1. Januar 1973 in die Kompetenz der damaligen EG überführt worden ist.

Seit Beginn der Zollunion hat die EU die **alleinige Entscheidungsbefugnis** in außenwirtschaftlichen Angelegenheiten (z. B. in Form von Verordnungen und Handelsverträgen).

Die außenpolitischen Entscheidungen werden allein von den zuständigen Organen der EU getroffen und sind **unmittelbar** für die Mitgliedstaaten **rechtswirksam. Nationale Alleingänge** der Mitgliedstaaten sind **nicht erlaubt.** Die EU-Mitgliedstaaten dürfen im Außenhandelsbereich nur dann tätig werden, wenn sie von der EU dazu ausdrücklich ermächtigt worden sind. Zudem können sie nach vorheriger Abstimmung mit der EU Kooperationsabkommen mit Drittländern abschließen.

Grundlage der Außenhandelspolitik der EU ist die **Zielsetzung**:

- einen Gemeinsamen Markt der Mitgliedstaaten mit **einheitlichen** (Außen-) **Zolltarifen** und einer **gemeinsamen Handelspolitik** gegenüber Drittländern zu schaffen,
- durch schrittweise **Beseitigung der Beschränkungen** im internationalen Handelsverkehr, zum Abbau der Zollschranken und zur harmonisierten Entwicklung des Welthandels beizutragen,
- die gemeinsamen außenwirtschaftlichen **Interessen gegenüber Drittländern** zu wahren.

Die gemeinsame Handelspolitik wird nach einheitlichen Grundsätzen durchgeführt, wobei **zwei Verfahrensweisen** zu unterscheiden sind: die autonome und die vertragliche Handelspolitik.

Autonome Handelspolitik	Sie besteht im Erlass von einseitigen Regelungen durch den Rat und findet **nur auf die Mitgliedstaaten** der EU bzw. der Unternehmen und Einzelpersonen Anwendung (z. B. Vereinheitlichung von Ein- und Ausfuhrbestimmungen).
Vertragliche Handelspolitik	Hierbei handelt es sich um **zwei- oder mehrseitige Abkommen** zwischen der **EU und ihren Handelspartnern** bzw. zwischen der EU und anderen internationalen Organisationen.

Während die EU mit vielen Staaten bzw. Staatengemeinschaften **Kooperationsabkommen** geschlossen hat, sind die Handelsbeziehungen der EU zu den verschiedenen Handelspartnern keineswegs einheitlich. So bestehen beispielsweise mit den beiden größten außereuropäischen Handelspartnern, den USA und Japan, keine umfassenden Außenhandelsverträge, zumal es mit diesen Staaten immer wieder zu Konflikten kommt.

Antidumpingpolitik: Wie die EU gegen unfaire Handelspraktiken vorgeht

Antidumpingvorschriften sind Handelsschutzmaßnahmen, mit denen die EU gegen unfaire Handelspraktiken vorgehen kann. Wir erläutern dieses Instrument, das eine Schlüsselrolle beim Schutz europäischer Arbeitsplätze und Unternehmen spielt.

Wann ergreift die EU Antidumpingmaßnahmen?

Die EU befürwortet den Freihandel, der Arbeitsplätze und Wohlstand schafft. Der Handel kann jedoch gestört werden, wenn Staaten Produkte ungerechtfertigt subventionieren oder im Übermaß herstellen und auf anderen Märkten zu reduzierten Preisen vertreiben.

Dies macht es für andere Unternehmen schwerer, im Wettbewerb Schritt zu halten, sodass es zur Schließung heimischer Betriebe und zu Entlassungen kommen kann. Um Unternehmen und Arbeitnehmer zu schützen, muss die EU gegebenenfalls auf Antidumping- oder Antisubventionsmaßnahmen zurückgreifen.

Wie kann die EU gegen gedumpte und subventionierte Produkte vorgehen?

Die EU kann Strafen gegen Nicht-EU-Staaten verhängen, wenn sich herausstellt, dass sie Produkte in Europa „gedumpt" haben. Die Strafen werden in Form von Antidumpingzöllen verhängt. Dabei muss sich die EU jedoch an die Regeln der Welthandelsorganisation (WTO) halten.

Welche Rolle spielt die WTO?

Die WTO ist eine aus 164 Mitgliedern bestehende internationale Organisation, die den Welthandel reguliert. Sie setzt den Rahmen für die Verhandlungen über Handelsabkommen fest und verfügt über Regeln für die Beilegung von Handelsstreitigkeiten. Die EU-Mitgliedstaaten werden im Allgemeinen von der Europäischen Kommission vertreten.

Bezüglich des Umgangs mit unlauteren Handelspraktiken haben sich die WTO-Mitglieder darauf geeinigt, die Verfahren der Organisation zu befolgen, die die Beilegung von Streitigkeiten erleichtern. Die Regeln beinhalten ein Verfahren, was unternommen werden kann, wenn andere Länder Produkte zu künstlich niedrigen Preisen auf einem anderen Markt vertreiben.

Wie funktioniert das Verfahren zur Einführung von Antidumpingzöllen?

Bevor die EU eine Untersuchung einleiten kann, müssen EU-Produzenten Beschwerde einlegen. Nach den Regeln der WTO muss die EU beweisen, dass ihre Industrie durch gedumpte oder subventionierte Produkte geschädigt wurde. [...]

Wie oft greift die EU auf Antidumpingmaßnahmen zurück?

Die EU verwendet Handelsschutzinstrumente nicht so oft wie andere: Nur 0,21 Prozent der EU-Importe sind betroffen. Aber der Schutz vor gedumpten und subventionierten Produkten hat sich für eine Reihe von EU-Industriezweigen als entscheidend erwiesen.

Welches Land ist besonders betroffen?

Die Antidumpingzölle der EU gelten vornehmlich China. Im Oktober 2016 wurden auf mehr als 50 verschiedene chinesische Produkte Zölle erhoben: hauptsächlich Aluminium, Fahrräder, Zement, Chemikalien, Keramik, Glas, Papier, Solarpanels und Stahl.

Wie will die EU die Regeln verbessern?

Die EU-Abgeordneten haben im November 2017 strengere Regeln zur Bekämpfung unfairer Billigimporte verabschiedet:

- Bei der Entscheidung über Antidumpingmaßnahmen werden auch die Auswirkungen von Sozial- und Umweltdumping berücksichtigt.
- Die Europäische Kommission soll die Lage in Exportländern überwachen. EU-Unternehmen können diese Berichte bei der Einreichung von Beschwerden verwenden.

Die EU-Abgeordneten haben im Mai 2018 zusätzliche Bestimmungen verabschiedet, die höhere Zölle auf gedumpte oder subventionierte Einfuhren ermöglichen. [...]

Quelle: www.europaparlament.de vom 08.06.2018.

5 Koordination der Wirtschafts- und Fiskalpolitik in den Euroländern

5.1 Ausgangssituation

Ausgehend von der Immobilienkrise in den Vereinigten Staaten kam es 2008 zum Zusammenbruch der amerikanischen Großbank Lehman Brothers. Dadurch kamen weltweit zahlreiche große Banken und Versicherungen in Zahlungsschwierigkeiten und mussten von den Staaten durch Fremd- und Eigenkapitalspritzen gerettet werden. Die **Finanzkrise** führte zu einer **Wirtschaftskrise,** diese wiederum zu einer **Staatsschuldenkrise.** Durch diese wurden einige Schwachstellen der Europäischen Wirtschafts- und Währungsunion sichtbar.

Schwachstellen dieser Union waren insbesondere

- eine **übermäßige Verschuldung** einiger Mitgliedstaaten der Eurozone,
- eine **unzureichende wirtschaftspolitische Koordination und Überwachung** zum Erkennen von Ungleichgewichten,
- **unzureichende Regeln** für Finanzprodukte und ein
- **fehlender Mechanismus,** der die Stabilität der Euroländer wahrt und einem Mitgliedstaat Schutz und Nothilfe anbieten kann.

Zur **Finanzierung ihres Staatshaushaltes** haben viele Länder zur Beschaffung von Finanzierungsmitteln **Staatsanleihen** ausgeben und auf dem Kapitalmarkt an interessierte Anleger verkauft. Jede Anleihe lautet über einen festen Gesamtbetrag, der in Teilbeträge unterteilt ist. Anleihen haben als festverzinsliche Wertpapiere eine bestimmte Verzinsung (Nominalverzinsung), eine bestimmte Laufzeit sowie eine vertraglich fixierte Tilgung (z. B. endfällige Tilgung, Tilgung in Raten, vorzeitige Tilgung durch Kündigung).

Die **Rendite** einer Staatsanleihe ist abhängig vom Zinssatz, dem Ausgabe- und dem Rückzahlungskurs. Die **Zinsen** wiederum hängen von dem Risiko und somit von der **Bonität des Schuldners** ab.

Allgemein gilt: Je **höher** das **Rückzahlungsrisiko** der Staatsanleihe, desto **höher** ist der **Zinssatz,** den die Anleger verlangen.

Dies hat zur Folge, dass **Länder mit hohen Schulden** und **geringer Wirtschaftskraft höhere Zinsen** zahlen müssen, als Industrieländer mit geringeren Staatsschulden und einem höheren Bruttoinlandsprodukt. Letztlich führen **steigende Staatsschulden** zu **steigenden Zinsbelastungen** und somit zu einer weiter ansteigenden Staatsverschuldung.

Welche Probleme die Verschuldung der Mitgliedstaaten über Staatsanleihen in der Folge mit sich bringen, verdeutlicht nachfolgender Zeitungsartikel.

Was tun mit den Anleihen?

[...] Im Zuge der großen Finanz- und Wirtschaftskrise ab 2008 griffen die Staaten zu außerordentlichen Maßnahmen. Sie warfen Anleihen auf den Markt, nahmen darüber hunderte von Milliarden neuer Schulden auf und pumpten sie in die Wirtschaft, retteten Banken und stützten Unternehmen. Parallel dazu [...] drückten [die Zentralbanken) die Zinsen, um Kredite zu verbilligen. Das sollte die Konjunktur anfeuern und ermöglichte hoch verschuldete Staaten, Unternehmen und Haushalten, ihre Kredite zu bedienen.

Um das Zinsniveau zu senken, kauften die Zentralbanken auch Staatsanleihen und andere Wertpapiere [...]. Gemeinsam gaben die US-Notenbank (Fed), die Europäische Zentralbank und die *Bank of Japan* rund neun Billionen Dollar aus – ein gigantischer politischer Kredit, [...] der Aktien und Anleihekurse in die Höhe trieb und die Zinsen drückte.

[...] Die bange Frage lautet nun: Wie wollen die Notenbanker die erworbenen Wertpapiere wieder loswerden? Was geschieht, wenn sie Massen an Anleihen auf den Markt werfen? Kommt es dann zu einem drastischen Zinsanstieg, zu Kursverfall an den Märkten?

Die Sorge ist begründet. Die Börsenrekorde verdanken sich zum Großteil den niedrigen Zinsen, die Aktien als Geldanlge attraktiv machen. [...] Und ob die Wirtschaft steigende Zinsen verkraftet, ist nicht ausgemacht.

Quelle: Stephan Kaufmann, „Die Billionenbombe", in: Frankfurter Rundschau vom 29.04.2017.

5.2 Lösungsansätze im Überblick

Um die erkannten Schwachstellen zu beseitigen, brachten die Staats- und Regierungschefs des Euroraums (Europäischer Rat) 2011 ein **Reformpaket zur Stabilisierung der Wirtschafts- und Währungsunion** auf den Weg, das aus folgenden Kernelementen besteht:

Kernelemente der finanz- und wirtschaftspolitischen Zusammenarbeit in der EU			
Ziel	**Krisenvermeidung**		
	Fiskalpakt (Kapitel 5.2.1)	**Koordinierung der Wirtschaftspolitik (Kapitel 5.2.2)**	**Finanzmarktreform (Kapitel 5.2.3)**
Maßnahmen	■ nationale Haushaltsregel (Schuldengrenze) ■ „Reformpartnerschaft" ■ Sanktionen	■ Europa 2020 ■ Verfahren zur Vermeidung und Korrektur makroökonomischer Ungleichgewichte ■ Europäisches Semester	■ neue EU-Finanzmarktaufsicht ■ koordinierte Stresstests ■ neue Eigenkapitalregeln
Ziel	**Notfallhilfe (z. B. mittels ESM, Kapitel 5.2.4)**		

Die von den Ländern des Eurosystems vorgesehenen Reformen zur weiteren Integration innerhalb der EU können zurzeit nicht durch eine Änderung des EU-Vertrags verwirklicht werden, da nicht alle EU-Länder diesen zustimmen. Daher soll die Umsetzung zunächst im Rahmen eines **zwischenstaatlichen Vertrags** erfolgen, mit der Option zur späteren Überführung in den Rechtsrahmen der EU.

5.2.1 Fiskalpakt

(1) Nationale Haushaltsregel (Schuldengrenze)

Die Euroländer haben sich verpflichtet, eine **nationale Haushaltsregel** für einen **ausgeglichenen Haushalt** einzuführen. Diese soll nach dem Vorbild der grundgesetzlich verankerten deutschen **„Schuldenbremse"** ausgestaltet sein.

Ein **Staatshaushalt gilt dann als ausgeglichen,** wenn das jährliche strukturelle Defizit generell **0,5 %** des nominellen BIP **nicht übersteigt.**

Mitgliedstaaten, die diese Regel noch nicht einhalten, müssen darlegen, wie sie die angestrebten Referenzwerte mittelfristig erreichen wollen.

Diese präventiv wirkende **Haushaltsregel** ist auf **Verfassungs- oder vergleichbarer Ebene** in die **nationalen Rechtsordnungen** aufzunehmen. Es sollen Möglichkeiten gefunden werden, dass deren Einhaltung vor dem Europäischen Gerichtshof **einklagbar** ist. Offen ist noch, wer eine solche Klage veranlassen kann.

(2) „Reformpartnerschaft" und Austeritätspolitik

Mitgliedstaaten, die sich derzeit in einem **Defizitverfahren** befinden, sollen sich zu detaillierten Konsolidierungs- und Anpassungsmaßnahmen verpflichten. Die Umsetzung dieser Verpflichtungen wird durch die Kommission und den Rat überwacht.

Im Zuge der Schuldenkrise vieler Euroländer wurde von diesen Staaten eine stringente **Austeritätspolitik**[1] gefordert. Dabei soll durch die Konzentration auf das **absolut Notwendige** der Staatshaushalt von Defiziten befreit werden. Durch **konsequentes Sparen** versuchen die Staaten einen **ausgeglichenen** Haushalt zu erreichen. Unklar bleibt, ob diese Austeritätspolitik die Krise in Europa verschärft oder der einzige Weg hinaus ist.

Unter Experten wird daher kontrovers diskutiert, ob Austeritätspolitik tatsächlich dazu geeignet ist, vor allem in Krisenzeiten einen stabilen Haushalt und politische Handlungsfähigkeit herzustellen. Die eine Seite argumentiert, dass durch geringere Kreditnachfrage die Bonität eines Staates zunehme. Damit würden auf mittlere Sicht Zinsen niedriger und der Schuldendienst eines Staates schrumpfe. Die andere Seite führt ins Feld, dass staatliches Sparen dazu führe, dass das Wirtschaftswachstum zurückgehe. Damit würden auch immer mehr private Haushalte sparen und wenig Geld ausgeben – ein Kreislauf werde in Gang gesetzt, welcher der Wirtschaft mittelfristig nicht guttue. Die Probleme könnten sich auf diese Weise eher verschärfen.

(3) Sanktionen

Die Mitgliedstaaten der Europäischen Wirtschafts- und Währungsunion haben zur Sicherung der finanzpolitischen Stabilität den **Stabilitäts- und Wachstumspakt** geschlossen. Dieser sieht vor, dass das jährliche Haushaltsdefizit eines Mitgliedstaates maximal 3 % des BIP und die Schuldenstandquote des Staates maximal 60 % des BIP betragen darf. Falls ein Mitgliedstaat diese Vorgaben nicht einhält, kann die EU-Kommission ein **Defizitverfahren** einleiten und ggf. Sanktionen verhängen. Zunächst müssen die Staaten einen Schuldenabbauplan vorlegen. Halten sie diesen nicht ein, können Geldstrafen von 0,2 bis zu 0,5 % des BIP des betroffenen Landes verhängt werden.

Zukünftig sollen schon dann, wenn die EU-Kommission eine **Überschreitung des 3 %-Grenzwertes** feststellt, **automatisch Sanktionszahlungen** ausgelöst werden, die nur mit einer qualifizierten Mehrheit abgelehnt werden können. Das betroffene Land hat bei dieser Entscheidung kein Stimmrecht.

Außerdem soll vertraglich die **Schuldenstandregel** dahingehend verschärft werden, dass die Mitgliedstaaten die **Differenz zwischen ihrem tatsächlichen Schuldenstand und dem Grenzwert von 60 % jährlich um ein Zwanzigstel abbauen** müssen.

5.2.2 Koordinierung der Wirtschaftspolitik

Als Konsequenz aus der Wirtschaftskrise 2007 hat der Europäische Rat eine Wachstumsstrategie entworfen, um die EU in den kommenden Jahren in eine intelligente, nachhaltige und integrative Wirtschaft zu verwandeln, die durch ein hohes Beschäftigungs- und Produktivitätsniveau sowie einen ausgeprägten sozialen Zusammenhalt gekennzeichnet ist.

---

1 **Austerität** ist in der Finanzpolitik ein recht junger Begriff. Das Wort selbst leitet sich aus dem Lateinischen ab und heißt dort so viel wie „Herbheit" oder „Strenge".

(1) Europa 2020

Der **Europäische Rat** hat unter der Bezeichnung Europa 2020 eine Wachstumsstrategie entworfen, um zukünftigen Krisensituationen besser begegnen zu können. Die **Kommission** hat Kernziele vorgeschlagen, um die strategischen Ziele zu erreichen.

Hauptziele der Strategie 2020	EU-Kernziele
1. **Intelligentes Wachstum**: Entwicklung einer auf Wissen und Innovation gestützten Wirtschaft. 2. **Nachhaltiges Wachstum**: Förderung einer ressourcenschonenden, ökologischeren und wettbewerbsfähigeren Wirtschaft. 3. **Integratives Wachstum**: Förderung einer Wirtschaft mit hoher Beschäftigung und ausgeprägtem sozialen und territorialen Zusammenhalt.	■ **Mehr Beschäftigung** Erhöhung der Beschäftigungsquote der 20- bis 64-Jährigen von derzeit 69 % auf mindestens 75 %. ■ **Mehr Innovation** Angestrebt wird eine Investitionsquote in Forschung und Entwicklung in Höhe von 3 % des BIP. ■ **Mehr Klimaschutz und Energiewende** Verringerung der Treibhausemissionen um mindestens 20 % gegenüber 1990. Erhöhung des Anteils erneuerbarer Energien am Energieendverbrauch auf 20 % sowie Steigerung der Energieeffizienz um 20 %. ■ **Mehr Bildung** Verringerung der Schulabbrecherquote von derzeit 15 % auf 10 % sowie Erhöhung des Anteils der 30- bis 34-Jährigen mit Hochschulabschluss von 31 % auf mindestens 40 %. ■ **Bekämpfung der Armut** Verringerung der Zahl der unter den nationalen Armutsgrenzen lebenden Europäer um 25 %.

(2) Verfahren zur Vermeidung und Korrektur makroökonomischer Ungleichgewichte

Zur Vermeidung von Ungleichgewichten in den Volkswirtschaften der Mitgliedstaaten der EU bzw. des Eurosystems wurde ein **Frühwarnsystem** eingeführt.

Erstmalig wurden auch die Indikatoren definiert, an denen externe und interne makroökonomische Ungleichgewichte gemessen werden.

Indikatoren zum Erkennen externer Ungleichgewichte	■ **Leistungsbilanzsaldo:** + 6 %/– 4 % (3-Jahres-Durchschnitt; in Relation zum BIP) ■ **Nettoforderungsposition gegenüber dem Ausland:** –35 % gegenüber BIP ■ **Exportmarktanteile:** – 6 % (5-Jahres-Veränderung) ■ **Nominale Lohnstückkosten:** + 9 % für Eurostaaten/+ 12 % für Nicht-Eurostaaten (3-Jahres-Durchschnitt) ■ **Realer effektiver Wechselkurs:** +/– 5 % für Eurostaaten; +/– 11 % für Nicht-Eurostaaten (3-Jahres-Veränderung)

Indikatoren zum Erkennen interner Ungleichgewichte	- **Schuldenstand des Privatsektors:** 160 % des BIP - **Schuldenstand des Staatssektors:** 60 % des BIP - **Kreditvergabe an Privatsektor:** 15 % des BIP - **Hauspreisindex:** +6 % gegenüber Verbraucherpreisanstieg - **Arbeitslosenquote:** 10 % (3-Jahres-Durchschnitt)

(3) Europäisches Semester

Um eine **bessere Abstimmung** der **haushalts- und wirtschaftspolitischen Maßnahmen** innerhalb der EU zu erreichen, hat der Europäische Rat die Einführung des sogenannten Europäischen Semesters beschlossen. Das Europäische Semester steht in enger Verbindung mit der „Europa-2020-Strategie", die die Wettbewerbsfähigkeit der EU-Staaten steigern soll. Im Kern handelt es sich um ein Verfahren, das künftige **Haushaltsnotlagen** in EU-Staaten durch **Vorabkontrolle** und **Maßnahmen zur Sicherung** der Eurostabilitätsregeln, wie sie im (verschärften) Stabilitäts- und Wachstumspakt verankert sind, gewährleisten soll.

Das Europäische Semester dient der **Überwachung, Koordinierung** und **Abstimmung** der **Haushalts-, Wirtschafts- und Reformpolitik** in den EU-Staaten und greift damit in die **ureigenen Staatsaufgaben** der EU-Länder ein: Es macht aus der **ursprünglich** an rein **nationalen** Zielen ausgerichteten Haushaltspolitik eine **gesamteuropäische** Aufgabe.

Das Verfahren folgt einem festen Ablauf der **Übermittlung und Kontrolle** von **Wirtschafts- und Haushaltsdaten** der EU-Mitgliedstaaten an die **EU-Kommission.** Jedes Jahr im Januar beginnt ein **sechs Monate** dauernder Prozess („Semester") der engen wirtschafts- und haushaltspolitischen Überwachung.

Die **wesentliche Neuerung** dieses Verfahrens im Vergleich zu früheren Jahren in der EU liegt im Zeitpunkt. So erlaubte die **frühere Praxis** ein Eingreifen der EU-Behörden erst im **Nachhinein,** wenn die nationalen Haushaltspläne bereits von den Parlamenten in den EU-Mitgliedstaaten verabschiedet waren. Das neue Verfahren hingegen gestattet nunmehr ein **frühzeitiges** und **präventives** Eingreifen schon im Vorfeld und soll bei wirtschafts- und haushaltspolitischen Ungleichgewichten **steuernd** eingreifen. Im Kern sieht das Europäische Semester einen **eng aufeinander abgestimmten Zyklus** von **Berichten, Empfehlungen** und **Maßnahmen** vor.

5.2.3 Finanzmarktreformen

(1) Neue EU-Finanzmarktaufsicht

Da in der Finanzmarktkrise Schwächen bei der Überwachung der Stabilität des gesamten Finanzsystems sichtbar wurden, hat die EU ein neues Finanzaufsichtssystem erhalten. Dadurch soll die **Widerstandsfähigkeit des Finanzsystems** in Krisenzeiten erhöht werden.

(2) Koordinierte Stresstests

Um bei Turbulenzen auf den Finanzmärkten das Insolvenzrisiko von Finanzinstituten (Banken und Versicherungen) zu mindern, veranlasst die Europäische Bankenaufsichtsbehörde Stresstests. Bei diesen werden bestimmte Szenarien, z. B. über mögliche Ausfälle von Gläubigern oder Kurseinbrüche an den Wertpapiermärkten, vorgegeben. Dann wird geprüft, welche Konsequenzen sich aus diesen Marktveränderungen für das einzelne Finanzinstitut ergeben.

(3) Neue Eigenkapitalregeln

Die Banken mussten ab 2018 deutlich **mehr Eigenkapital** vorhalten **und** einen **zusätzlichen Kapitalpuffer** anlegen, um etwaige Verluste selbst auffangen zu können. Die neuen Eigenkapitalanforderungen nach **Basel III** sahen ein **höheres Kernkapital** (Grundkapital, Rücklagen) vor.

5.2.4 Europäischer Stabilitätsmechanismus

(1) Begriff

Der im Jahr 2012 gegründete Europäische Stabilitätsmechanismus (ESM) dient in erster Linie der **Stabilisierung des Euro-Währungsgebiets.** Im Rahmen des ESM werden Finanzmittel mobilisiert, um diese dann Mitgliedstaaten der Eurozone zur Verfügung zu stellen, falls sie in eine **finanzielle Schieflage** gekommen sind. Mittlerweile sind 19 EU-Mitgliedstaaten auch Mitglied des ESM.

(2) Instrumente des ESM

Dem ESM stehen verschiedene Instrumente für die **Gewährung von Stabilitätshilfen** zur Verfügung, die unter Einhaltung **strikter Auflagen** vergeben werden können. Nachfolgend werden einige ausgewählte Instrumente erläutert.

Instrumente	Erläuterungen
Vorsorgliche Finanzhilfen	Verfügen die hilfesuchenden Mitgliedstaaten des Euroraums grundsätzlich über gesunde Fundamentaldaten, so können sie bei kurzfristigen Finanzierungsschwierigkeiten Unterstützung des ESM durch Bereitstellung einer Kreditlinie erhalten. Ziel ist es, das Vertrauen der Märkte zu stärken und das Entstehen einer tatsächlichen Krise sowie deren Übergreifen auf andere Länder des Euroraums zu verhindern.
Darlehen	Die einzelnen ESM-Mitglieder können Darlehen zur Überbrückung von Finanzierungsschwierigkeiten erhalten. Das betreffende Land muss sich jedoch im Gegenzug verpflichten, umfangreiche Reformen zur Erreichung einer gesunden wirtschaftlichen und finanziellen Situation durchzuführen.

Instrumente	Erläuterungen
Primärmarktkäufe	In Ausnahmefällen kann sich der ESM am Ankauf von Anleihen eines ESM-Mitglieds auf dem Primärmarkt (Emissionsmarkt für Wertpapiere) beteiligen, um das entsprechende Land auf dem Primärmarkt zu halten oder es – beispielsweise am Ende eines Anpassungsprogramms – wieder an den Primärmarkt heranzuführen.
Sekundärmarkt-interventionen	Bei Auftreten von außergewöhnlichen Umständen auf dem Finanzmarkt oder bei Gefahren für die Finanzstabilität können in Ausnahmefällen und nach vorheriger Freigabe durch die EZB durch den ESM Staatsanleihen auf dem Sekundärmarkt (Umlaufmarkt) aufgekauft werden. Ziel dieser Maßnahme ist, die Funktion der Anleihemärkte zu unterstützen und eine ausreichende Liquidität im Anleihemarkt zu gewährleisten.

(3) Finanzielle Ausstattung des ESM

Aktuell (Stand 2019) verfügt der ESM über ca. **705 Mrd. EUR Stammkapital.** Die Summe teilt sich auf in rund 80,5 Mrd. EUR **einzuzahlendes** und 624,3 Mrd. EUR **abrufbares** Kapital.

Die **Finanzierungsanteile** der einzelnen Mitgliedstaaten des ESM ergeben sich aus dem **Anteil am Kapital der Europäischen Zentralbank,** kurz EZB. Nach dem EZB-Schlüssel beträgt der deutsche Finanzierungsanteil 27,0 %. Das entspricht ca. 21,7 Mrd. EUR eingezahltem Kapital und ca. 168,3 Mrd. EUR abrufbarem Kapital.

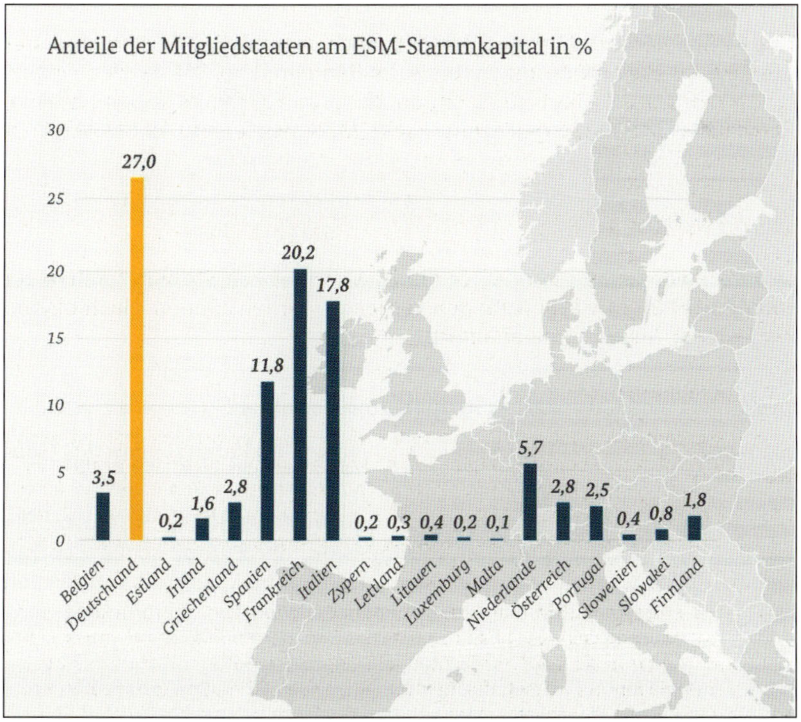

Quelle: Bundesministerium der Finanzen, EFSF ESM, Überblick über die europäischen Finanzhilfen, S. 13 (30.06.2018).

(4) Funktionsweise des ESM

Die Organe des ESM bilden der Gouverneursrat und das Direktorium.

- Der **Gouverneursrat** setzt sich aus den **Finanzministern des Euro-Währungsgebiets** zusammen. Sie treffen die **wesentlichen Entscheidungen.**
- In das **Direktorium** entsendet jedes Mitgliedsland ebenfalls **einen Vertreter.** Das Direktorium ist für den **laufenden Geschäftsbetrieb** zuständig.

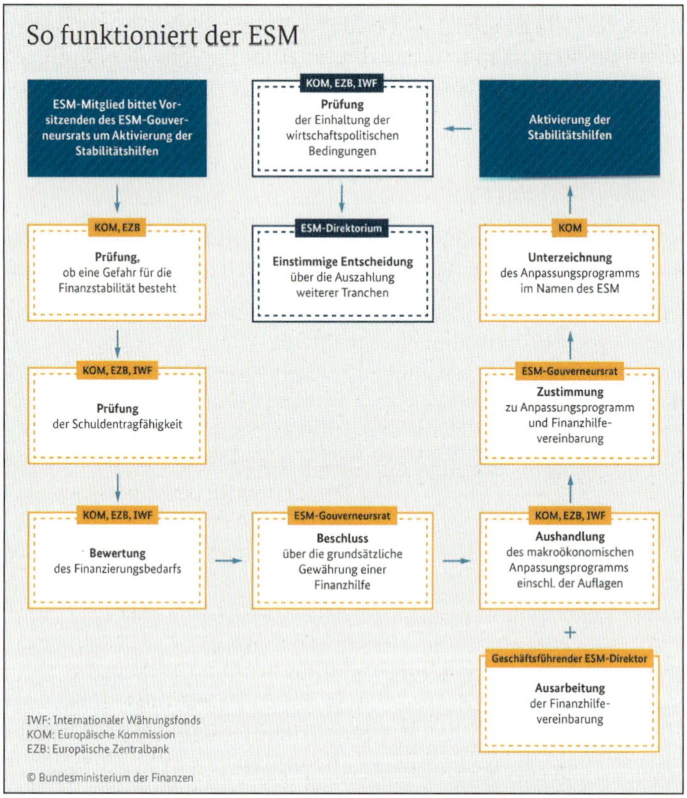

Der ESM funktioniert nach einem im Vertrag **festgelegten Verfahren**:

1. Ein ESM-Mitgliedstaat stellt einen **Antrag** auf Finanzhilfe an den **Vorsitzenden** des **Gouverneursrats.**
2. Nach Eingang eines solchen Ersuchens erfolgt eine **Bewertung** durch die **Troika.** Sie setzt sich zusammen aus der **Europäischen Kommission,** der **Europäischen Zentralbank** und gegebenenfalls dem **Internationalen Währungsfonds.** Geprüft werden folgende Aspekte:
   - liegt eine Gefahr für die Finanzstabilität des Euro-Währungsgebiets insgesamt vor,
   - ist die Tragbarkeit der Staatsverschuldung des betreffenden ESM-Mitglieds gegeben,
   - wie hoch ist der tatsächliche Finanzierungsbedarf des ESM-Mitglieds und in welcher Form ist gegebenenfalls der Privatsektor zu beteiligen.

3. Der **Gouverneursrat** des ESM **beschließt** auf **Grundlage dieser Bewertung,** ob grundsätzlich Finanzhilfe gewährt werden kann.
4. Wird ein Beschluss zur grundsätzlichen Gewährung einer Finanzhilfe gefasst, so beauftragt der Gouverneursrat die **Europäische Kommission,** mit dem betreffenden Land eine **Absichtserklärung** auszuhandeln, in der die **wirtschaftspolitischen Bedingungen** der Finanzhilfe festgelegt werden.
5. Diese Absichtserklärung ist anschließend durch den **Gouverneursrat** zu billigen, der sodann eine **abschließende Entscheidung** über die Gewährung der Finanzhilfe trifft.
6. Die **Troika überwacht** die **Einhaltung** der an die Finanzhilfe geknüpften wirtschafts- und finanzpolitischen Bedingungen und berichtet hierüber an das Direktorium der ESM. Die fortlaufende Auszahlung der Finanzhilfen ist an die Einhaltung der Auflagen geknüpft.

(5) Internationaler Währungsfonds (IWF)

Wie die vorangestellten Ausführungen verdeutlichen, arbeitet der ESM sehr **eng mit dem Internationalen Währungsfonds (IWF) zusammen.**

Internationaler Währungsfonds (IWF)

Der Internationale Währungsfonds (englisch: International Monetary Fund, IMF) ist eine Sonderorganisation der Vereinten Nationen. Er ist als Sonderorganisation der Vereinten Nationen eine Schwesterorganisation der Weltbank-Gruppe und hat seinen Sitz in Washington D. C.

[...]

Der IWF vergibt unter bestimmten Auflagen befristete Kredite an Mitgliedstaaten, die unter Zahlungsbilanzproblemen leiden. Bedingungen für die Gewährung von Krediten sind zum Beispiel: Kürzung der Staatsausgaben, niedrige Inflation, Steigerung des Exports sowie die Liberalisierung des Bankenwesens. Die den Staaten auferlegten Bedingungen in Form von Strukturanpassungsprogrammen können zum Beispiel Privatisierung von öffentlichen Einrichtungen wie Sparkassen, Elektrizitäts- und Wasserversorgung, Telekommunikation usw. sowie Entlassung von bestimmten Gruppen von Mitarbeitern vorsehen. Darüber hinaus unterstützt der IWF Entwicklungsländer in Afrika, Asien und Südamerika bei der Erarbeitung von Wachstums- und Wohlstandskonzepten und fördert diese durch direkte Geldhilfen der gebenden Mitgliedsländer. Ebenso wie die Kreditvergabe ist auch die Entwicklungszusammenarbeit oft an Bedingungen der Good Governance (Korruptionsabbau, Demokratie) und der Liberalisierung gekoppelt.

Zu den Zielen gehören unter anderem:

- Förderung der internationalen Zusammenarbeit in der Währungspolitik,
- Stabilisierung von internationalen Finanzmärkten,
- Förderung nachhaltiger Entwicklungshilfeprojekte,
- Ausweitung des Welthandels,
- Vergabe kurzfristiger Kredite zum Ausgleich von Zahlungsbilanzdefiziten.

Kernaufgabe des IWF ist es, die makroökonomische Stabilität in seinen Mitgliedstaaten und in der Weltwirtschaft insgesamt zu fördern. Er untersucht unter diesem Blickwinkel regelmäßig die Wirtschafts- und Finanzpolitik der Mitgliedstaaten und zeigt dabei gegebenenfalls Risiken auf. Bei Zahlungsbilanzkrisen kann der IWF finanzielle Hilfe in Form von Krediten leisten. Er vereinbart dabei mit dem betreffenden Mitgliedstaat zugleich wirtschafts- und finanzpolitische Maßnahmen, die eine dauerhafte Rückkehr zu einer stabilen Lage unterstützen sollen.

Quelle: Bundesministerium für Finanzen.

Kompetenztraining

1. Erläutern Sie den Hauptunterschied zwischen der EU und anderen internationalen Organisationen!

2. Benennen Sie, über welche Organe die EU verfügt!

3. Erläutern Sie, warum ein gemeinsamer Binnenmarkt ohne einheitliche Wettbewerbspolitik wenig sinnvoll erscheint!

4. Beschreiben Sie die Zielsetzungen der Außenhandelspolitik der EU!

5. Erläutern Sie, welche beiden grundsätzlichen Verfahrensweisen der gemeinsamen Handelspolitik sich unterscheiden lassen!

6. Im Zusammenhang mit der Staatsschuldenkrise in einigen Mitgliedstaaten des Euroraums wird in der öffentlichen Diskussion u. a. die Forderung erhoben, Deutschland solle seine „Funktion als Zahlmeister Europas" aufgeben. Allein gehe es Deutschland dann besser.

   Das folgende Schaubild gibt eine langfristige Projektion der Entwicklung der Volkswirtschaften der wichtigsten Handelsnationen bis 2050 wieder. Für Deutschland allein wird für das Jahr 2050 ein Bruttoinlandsprodukt von 5 Billionen US-Dollar prognostiziert.

Weltwirtschaft im Umbruch: Die globalen Kräfteverhältnisse bis 2050

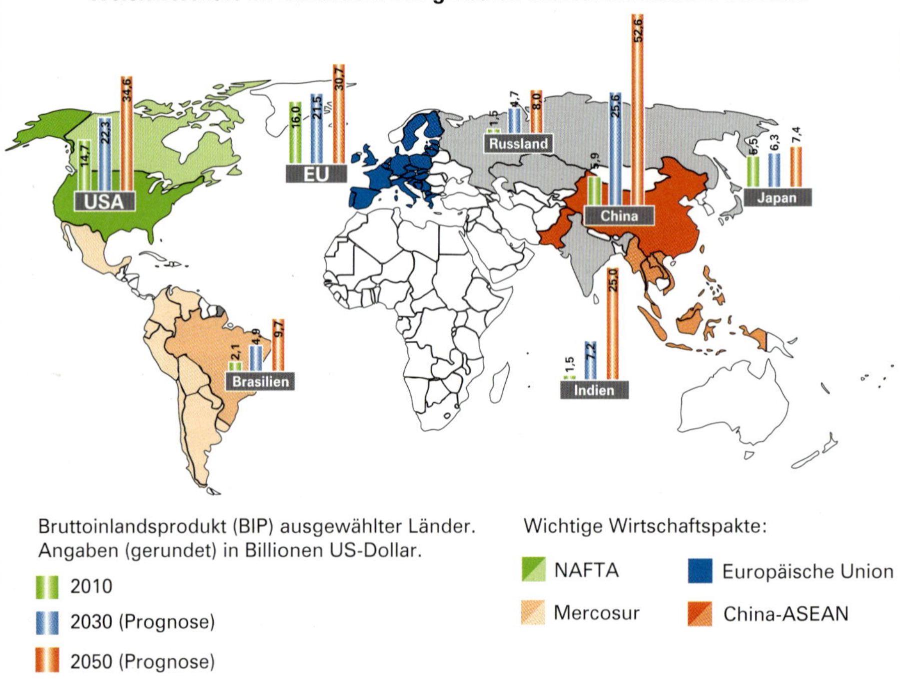

Datenquelle: GS, Internationaler Währungsfonds, Stand Dezember 2011

Quelle: In Anlehnung an Deutsche Bank, Perspektiven 02/2012, S. 5.

Aufgaben:

6.1 Beurteilen Sie die voraussichtliche Entwicklung der EU in der Weltwirtschaft!

6.2 **Zeitungsartikel**

Diskutieren Sie, welche Rolle Deutschland voraussichtlich langfristig im internationalen Wettbewerb spielen könnte, wenn es nicht mehr Mitglied der EU wäre! Verfassen Sie zu den möglichen Folgen einen Zeitungsartikel für eine Schülerzeitung!

6.3 In der Wirtschaftswoche vom 6. Februar 2012 ist u.a. über die Entwicklung der Märkte für erneuerbare Energien zu lesen:

> „Die Lage deutscher Hersteller ist durch den Angriff der Chinesen ernst genug. Jetzt schleichen sich auch Inder an, um ein Stück des Milliardenkuchens zu ergattern. [...]
>
> Während die Chinesen mit ihren gigantischen Fabriken viele deutsche Solarzellenhersteller in Existenznöte bringen, haben die Angreifer vom Subkontinent offenbar vor allem Hochtechnologie made in Germany im Blick."

Beurteilen Sie, welche Konsequenzen für die deutsche Wirtschaft die globale Entwicklung der Kräfteverhältnisse der Weltwirtschaft haben könnte!

6.4 Diskutieren Sie die denkbaren Auswirkungen dieser Veränderungen auf ihre persönliche zukünftige Lebenssituation!

6.5 Erläutern Sie, welche Folgerungen Sie aus dieser Entwicklung für Ihre berufliche Aus- bzw. Weiterbildung ziehen!

7. Vergleicht man die Politik der Europäischen Union mit einem Baum (siehe nachfolgende Abbildung), so hängen an den einzelnen Politikfeldern (Ästen) viele einzelne Politikbereiche (Blätter).

Nebenstehend sind einige Politikbereiche genannt, in denen die Mitgliedstaaten im Rahmen der EU zusammenarbeiten.

Aufgabe:

Ordnen Sie die verschiedenen Politikbereiche so zu, dass sie jeweils am richtigen Ast hängen!

Tragen Sie zur Lösung die Ziffern der einzelnen Politikbereiche in die entsprechenden Felder ein!

1	Reisefreiheit (Schengen)
2	gemeinsame Umweltstandards
3	gemeinsame Währung
4	erneuerbare Energien
5	gemeinsame Außenpolitik
6	gemeinsame Sicherheits- und Verteidigungspolitik
7	gemeinsame Asylpolitik
8	Entwicklung des ländlichen Raums
9	Binnenmarkt
10	Klimaschutz
11	Lebensmittelkennzeichnung
12	verbindliche Lebensmittelstandards
13	Senkung der Mobiltelefon-Auslandstarife
14	gemeinsame Kriminalitätsbekämpfung
15	Strukturpolitik zur Unterstützung der Regionen
16	verbindliche Sozialmindeststandards
17	Zusammenarbeit in Zivil- und Strafrechtsverfahren

DOWNLOAD

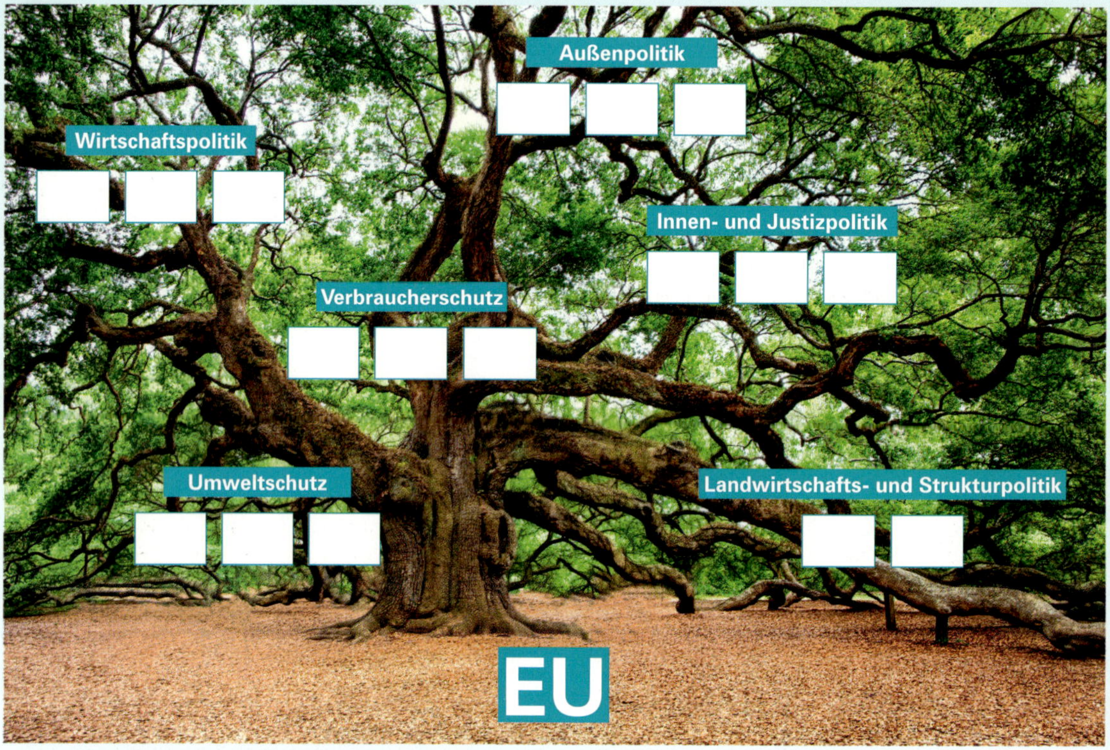

Quelle: In Anlehnung an: Bundeszentrale für politische Bildung, Europa. Das Wissensmagazin für Jugendliche, S. 29.

8. 8.1 Erläutern Sie die vier wichtigsten Grundfreiheiten des europäischen Binnenmarktes. Gehen Sie anschließend auch auf wichtige Bestimmungen ein, die den Wettbewerb zum Wohle der Verbraucherinnen und Verbraucher sichern sowie Diskriminierungen von Unternehmen aufgrund ihrer nationalen Herkunft unterbinden sollen!

8.2 Skizzieren Sie die wichtigsten Argumente für einen gemeinsamen europäischen Binnenmarkt!

8.3 Dem Dienstleistungssektor kommt mit einem Anteil von rund 72 % an allen Beschäftigten in der EU inzwischen eine überragende wachstums- und beschäftigungspolitische Rolle zu. Vor diesem Hintergrund hat die Europäische Kommission im Jahr 2004 den Entwurf einer Richtlinie zur weiteren Liberalisierung des grenzüberschreitenden Dienstleistungsgeschäfts im Binnenmarkt vorgelegt. Mit der Richtlinie sollen die immer noch weit verbreiteten bürokratischen Hürden für den Binnenmarkt im Bereich der Dienstleistungen verringert werden und auf diese Weise ein Beitrag für mehr Wettbewerb, Beschäftigung und Wachstum erbracht werden. Der Verabschiedung der Dienstleistungsrichtlinie gingen heftige politische Auseinandersetzungen voraus.

Erläutern Sie mögliche Vor- und Nachteile einer solchen Dienstleistungsrichtlinie!

9. Prüfen Sie, welche der nachfolgenden Maßnahmen nicht in den Kompetenzbereich der EU-Kommission fällt!

① Unternehmen mehrerer Mitgliedstaaten setzen Verkaufspreise fest.

② Für eine wettbewerbsbehindernde Verhaltensweise wird eine Freistellung beantragt.

③ Mehrere Unternehmen wollen fusionieren, es handelt sich um einen Zusammenschluss mit gemeinschaftsweiter Bedeutung.

④ Ein Mitgliedstaat klagt gegen eine wettbewerbspolitische Entscheidung.

⑤ Einige europäische Telefonanbieter vereinbaren eine Aufteilung des Marktes.

10. Die EU hat mit der Einführung des Europäischen Semesters ein Instrument geschaffen, um einen verbindlichen Fahrplan für die wirtschafts-, beschäftigungs- und finanzpolitische Überwachung in Europa durchzuführen.

Recherchieren Sie im Internet nach dem aktuellen Europäischen Semester und tragen Sie die Ergebnisse Ihrer Recherche vor!

11. Der EU-Binnenmarkt ist der größte gemeinsame Markt der Welt. Lesen Sie nachfolgend einige Beispiele zu den Freiheiten des europäischen Binnenmarktes und was diese konkret für Sie bedeuten! Prüfen Sie jeweils, auf welchen Bereich das Beispiel zutrifft und kreisen Sie den entsprechenden Buchstaben ein! Die markierten Buchstaben ergeben von oben nach unten gelesen das Lösungswort.

DOWNLOAD

	Freier Personenverkehr	Freier Warenverkehr	Freier Dienstleistungsverkehr	Freier Kapitalverkehr
Ich kann in Dänemark ein Auto kaufen und es zollfrei mitbringen.	E	F	A	V
Ich kann innerhalb der EU fahren, wohin ich will.	R	U	L	E
Ich kann mein Geld in einer französischen Bank deponieren.	B	R	R	E
Ich kann in Großbritannien studieren.	I	A	O	S
Meine Eltern können unser Badezimmer von einem polnischen Fliesenleger renovieren lassen.	P	A	H	T
Meine Eltern können mir Geld an meinen Studienort in Estland schicken.	R	A	G	E
Ich kann mir im Internet Waren aus Schweden bestellen.	E	I	O	E
Ich kann als Architekt in Deutschland wohnen und in Belgien Häuser bauen lassen.	R	R	T	S

Quelle: In Anlehnung an Bundeszentrale für politische Bildung, Europa. Das Wissensmagazin für Jugendliche, S. 26.

12. Zeitungsartikel

Verfassen Sie einen Artikel für eine Schülerzeitung, in dem Sie zusammenfassend die Bedeutung der Europäischen Union für den Lebensalltag junger Menschen darstellen!

15 Globalisierung und aktuelle Problemfelder der weltwirtschaftlichen Entwicklung

Handlungssituation 15

Katharina, Christine, Marvin und Thorsten sind seit über einem Jahr Schüler an einem beruflichen Gymnasium Wirtschaft und haben sich seither öfter am Wochenende getroffen, um gemeinsam etwas zu unternehmen. An einem Freitag in der zweiten Pause stehen alle vier auf dem Schulhof zusammen und überlegen, dass es mal wieder an der Zeit sei, sich für einen Abend zu verabreden. Marvin schlägt vor, sich am Samstag so gegen 20:00 Uhr in der Stadt zu treffen und erst einmal ins Kino zu gehen. Danach könne man ja ganz entspannt noch etwas Trinken und den Abend gemütlich ausklingen lassen. Während Christine und Thorsten den Vorschlag für eine gute Idee halten, winkt Katharina ab und sagt, dass sie leider schon etwas anderes für diesen Abend geplant habe und an einem Treffen von Globalisierungsgegnern teilnehmen möchte.

Christine scheint daraufhin ziemlich genervt und wirft Katharina vor, sich in letzter Zeit total merkwürdig zu verhalten. Erst habe sie ihr Smartphone eines weltweit führenden Herstellers verkauft, weil sie nicht länger ein Gerät benutzen möchte, zu dessen Herstellung angeblich Menschen in anderen Ländern ausgebeutet und die Umwelt dort verschmutzt würden. Dann hätte sie sich neulich in der Pizzeria total aufgeregt, nur weil Marvin sich eine Thunfischpizza bestellt hatte. Kurze Zeit später beim Shoppen in der Stadt, wäre sie nur durch ständiges Rumzicken aufgefallen, obwohl sie doch selbst jahrelang in diesen Läden ihre Klamotten gekauft hätte. Aber nein, unser „Gutmensch“ Katharina geht ja jetzt in „Dritte-Welt-Läden“ und trägt Baumwollklamotten aus angeblich fairem und nachhaltigem Anbau, provoziert Christine weiter. Und nun werde sie auch noch am Wochenende zur Spaßbremse, weil ihr neuerdings sinnloses Gerede bei Jasmintee und Kerzenschein mit diskussionsfreudigen „Weltverbesserern“ wichtiger sei als ihre ehemals besten Freunde.

Katharina fühlt sich angegriffen, reagiert aber erstaunlich sachlich. Sie sagt, dass sie die ganze Aufregung und diese Vorwürfe durchaus verstehen könne und ihren Freunden wohl eine Erklärung schuldig sei. Dann schildert sie, dass sie vor ca. zwei Monaten mit ihrer älteren Schwester auf einer Veranstaltung von einer Organisation mit Namen Attac gewesen sei. Dort habe sie an jenem Abend einen Dokumentarfilm mit dem Titel „Eine unbequeme Wahrheit“ gesehen, der sie total nachdenklich gemacht hätte. Im Wesentlichen drehe sich dieser Film mit dem ehemaligen US-Vizepräsidenten Al Gore um die globale Erderwärmung und die daraus resultierenden Folgen. Nach intensiver Beschäftigung mit diesem Thema und einigen weiteren Informationsveranstaltungen über die Folgen der Globalisierung habe sie halt für sich beschlossen, ihr persönliches Konsumverhalten möglichst konsequent zu verändern, um die Welt vielleicht doch ein ganz klein wenig besser zu machen. Es tue ihr total leid, wenn ihr manchmal so eine „oberlehrerhafte“

Bemerkung wie in der Pizzeria rausrutschen würde, aber sie sei halt in bestimmten Situationen ziemlich traurig und auch wütend über das ihrer Meinung nach gedankenlose Verhalten vieler Mitmenschen. Zudem hätte sie damals vor dem Besuch der Pizzeria zufällig einen Bericht zur Überfischung der Weltmeere und der Bedrohung der Delfine wegen der Schleppnetzfischerei gelesen.

Jetzt mischt sich Thorsten in das Gespräch ein und sagt, dass er es ziemlich beeindruckend findet, dass Katharina für sich eine solch konsequente Verhaltensänderung an den Tag legt. Allerdings habe er kürzlich erst gehört, dass es Menschen gibt, die komplett gegen den internationalen Handel sind und fordern, diesen sogar abzuschaffen. In einer solchen Welt, sagt Thorsten, könne er sich aber überhaupt nicht vorstellen zu leben, da dann doch hierzulande so gut wie alles stillstehen würde. Außerdem bliebe ja von all dem, woran man sich so tagtäglich erfreut, so gut wie nichts mehr übrig.

Kompetenzorientierte Arbeitsaufträge:

1. Notieren Sie zunächst zehn Güter Ihres täglichen Bedarfs, die importiert sind! Im Anschluss daran notieren Sie zehn Güter, von denen Sie mit absoluter Gewissheit sagen können, dass diese nicht importiert werden, auch nicht die Rohstoffe zu deren Fertigung! Erläutern Sie, welche der beiden Aufgaben für Sie einfacher zu lösen war!
2. Anknüpfend an Thorstens Anmerkungen zum Ende der vorangestellten Handlungssituation notieren Sie zehn Importgüter, auf die Sie trotz negativer Auswirkungen auf Mensch und Umwelt keineswegs bereit wären zu verzichten!
3. Erläutern Sie, was Thorsten damit gemeint haben könnte, dass ohne den Außenhandel hierzulande „alles stillstehen würde"!
4. Setzen Sie sich exemplarisch mit den Effekten der Globalisierung im Spannungsfeld von Ökonomie, Ökologie und Ethik auseinander! Erläutern Sie drei dieser Effekte!
5. Analysieren Sie mögliche Ursachen und Wirkungen von Ungleichgewichten im Außenhandel!
6. **Maßnahmenplan**

   Die Globalisierung bringt viele Herausforderungen mit sich, die es zukünftig zu lösen gilt. Sammeln Sie zunächst im Klassenverband derartige Herausforderungen und entwickeln Sie anschließend modellhaft mögliche Maßnahmen zur aktiven Bewältigung dieser realen Herausforderungen!

1 Die Globalisierung – von der europäischen zur Weltwirtschaft

1.1 Entwicklung der Globalisierung

Globalisierung im wirtschaftlichen Sinne bedeutet die zunehmende **erdweite Verflechtung von Volkswirtschaften.**

Bis 1990 sprach man in diesem Zusammenhang noch von der **Internationalisierung** der Märkte. Erst danach setzte sich der viel umfassendere Begriff „Globalisierung"[1] durch.

1 Vgl. zu diesem Kapitel auch: Informationen zur politischen Bildung Nr. 280, 3. Quartal 2003 (Themenheft Globalisierung).

Europa in der globalisierten Welt

Es ist offensichtlich, dass die Volkswirtschaften der europäischen Staaten vor großen Herausforderungen stehen. Die entstehen zum einen durch die Globalisierung, d. h. die Ausweitung der Marktwirtschaft auf große Teile der Welt. Güter, Kapital, Ideen und Informationen wechseln sehr schnell über die Grenzen, sie sind überall verfügbar – und schaffen eine weltweite Konkurrenz.

Das hat für uns unmittelbare Konsequenzen: Für ein Unternehmen in Frankreich ist nicht mehr allein entscheidend, was die Mitbewerber im eigenen Land oder jenseits des Rheins in Deutschland anbieten. Es muss sich auch daran orientieren, was zu welchem Preis in China, in den USA oder in Indien hergestellt wird, und es muss mit diesem Preis mithalten können – entweder indem es seine Produkte genauso billig anbietet oder indem es Waren herstellt, die zwar teurer, dafür aber auch besser sind.

Auf der anderen Seite verändern sich unsere Lebensbedingungen aus Gründen, die mit der Globalisierung nichts zu tun haben. Die Bürger werden älter und die Gesellschaften überaltern. Das Erstgenannte ist sehr schön, denn es bedeutet, dass wir länger leben. Aber es heißt auch: Die Aufwendungen für das Gesundheitswesen werden höher, und die Renten müssen länger gezahlt werden.

[...]

Quelle: Bundeszentrale für politische Bildung, Europa. Das Wissensmagazin für Jugendliche, S. 43.

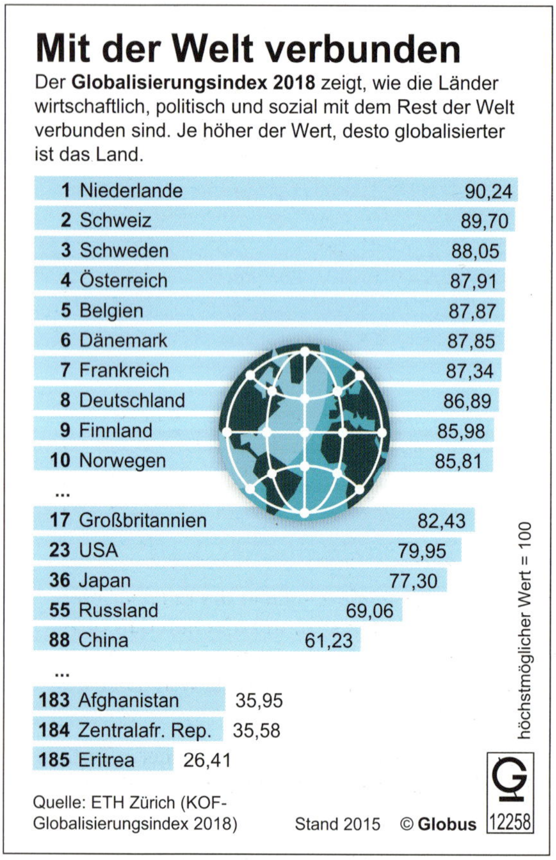

Die Globalisierung ist keine „Erfindung der Neuzeit", sondern ein über viele Jahrhunderte **andauernder Prozess.** Allenfalls die Geschwindigkeit, in der dieser Prozess abläuft, hat sich stark verändert, sodass es nicht verwundert, wenn aktuell der Begriff der **„Turbo-Globalisierung"** verwandt wird.

Jedes Jahr veröffentlicht die Eidgenössische Technische Hochschule Zürich, kurz ETH Zürich, den Globalisierungsindex. Dieser misst die wirtschaftliche, politische und soziale Dimension der Globalisierung. Der Index beobachtet über einen langen Zeitraum – 1970 wurde der Index zum ersten Mal veröffentlicht – die Veränderung in der Globalisierung einzelner Länder. Anhand von 42 Indikatoren haben die Forscher den Stand der Globalisierung von 187 Ländern gemessen, wobei die Skala von Null (gering globalisiert) bis 100 (sehr stark globalisiert) reicht. Zu den Indikatoren zählen beispielsweise die Höhe der Direktinvestitionen im Ausland, die Touristenströme und die Zahl internationaler Organisationen, denen ein Land angehört. Das am stärksten globalisierte Land der Welt ist weiterhin die Niederlande, gefolgt von der Schweiz und Schweden. Die großen Volkswirtschaften sind aufgrund ihrer Marktgröße stärker nach innen gewandt und deshalb eher weiter hinten im Index platziert. Die USA, die größte Volkswirtschaft der Welt, belegt Platz 32, China liegt auf Platz 72, Japan auf Platz 44 und Deutschland ist auf Platz 8.

1.2 Bedeutung der Globalisierung

Die zunehmend **liberalisierte** und **digitalisierte** Weltwirtschaft mit ihren **offenen nationalen Märkten** erlaubt **Handelsverflechtungen der Volkswirtschaften** in einem bisher nicht gekannten Ausmaß.

Wie stark die **Verflechtungen des internationalen Handels** mittlerweile sind, veranschaulicht nachfolgende Übersicht.

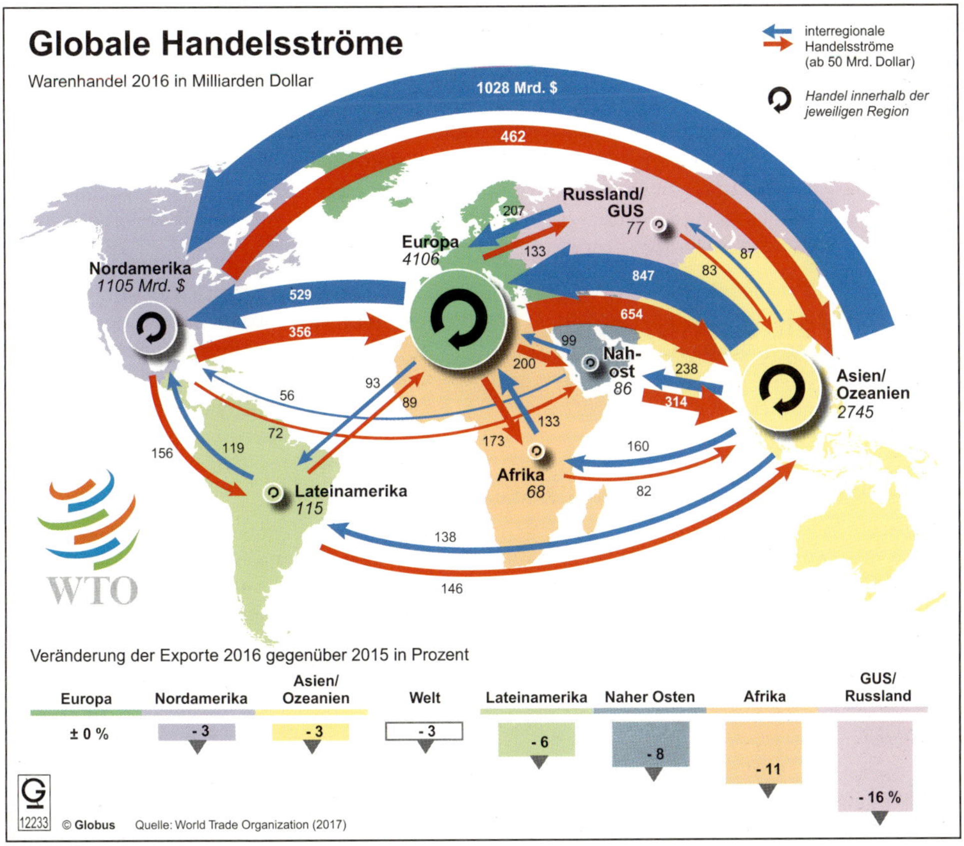

Der Welthandel wird von den **reichen Industrieländern dominiert** – allein die Europäische Union hat einen Anteil von mehr als einem Drittel. Die Handelsströme zwischen den großen Regionen der Erde spiegeln dies wider. Aus Asien kommen die Waren vor allem aus China, Japan und den sogenannten „Tigerstaaten". Afrikanische und südamerikanische Länder haben zusammen nur einen geringen Anteil an den Weltexporten.

Die ärmeren Länder kämpfen deshalb seit Jahren für größere Exportchancen. Trotz WTO-Mitgliedschaft gibt es noch zu **viele Handelshemmnisse** für Entwicklungs- und Schwellenländer.

Die Öffnung der Grenzen veranlasst die Unternehmen, die sich ergebenden **Standortvorteile** in den verschiedenen Ländern der Erde durch Handelsbeziehungen, Informationsaustausch, Unternehmenszusammenschlüsse und sonstige Aktivitäten aller Art zunutze zu machen.

Beispiel:

Ein Automobilkonzern, der Forschungs- und Entwicklungsstandorte in Deutschland, den USA und Japan besitzt, kann die Entwicklungszeit für einen neuen Motor auf ein Drittel verkürzen, da aufgrund der Zeitverschiebung ohne Schichtarbeit rund um die Uhr geforscht und getestet werden kann. Bevor der deutsche Kollege Feierabend macht, stellt er sein Arbeitsergebnis seinem amerikanischen Kollegen via Internet zur Verfügung, dieser wiederum dem japanischen Kollegen usw.

Besonders intensiv sind die internationalen Handelsverflechtungen der Volkswirtschaften mit starker Exportorientierung. In letzter Zeit wird der Warenexport und -import zunehmend durch den Handel mit Dienstleistungen erweitert. Die modernen Kommunikationstechniken – vor allem das Internet – erleichtern den weltweiten Handel mit Dienstleistungen (z. B. Beratung, Know-how-Transfer).

Globalisierung umfasst jedoch weit mehr als die zunehmende Integration der Weltwirtschaft und sollte nicht auf wirtschaftliche Prozesse verkürzt werden. Insbesondere die Umweltprobleme (z. B. Treibhauseffekt, Ozonloch) erfordern eine weltweite Zusammenarbeit.

2 Beschleuniger der Globalisierung

Bei der Globalisierung handelt es sich **nicht** um ein plötzlich auftretendes Phänomen, sondern um einen **Prozess,** der schrittweise verlaufen ist und auf mehreren, unterschiedlich starken **Triebkräften** beruht, die diesen Entwicklungsverlauf **beschleunigten.**

(1) Wohlstandsgewinne

Eine der wohl wichtigsten Antriebsfedern der Globalisierung ist das **wirtschaftliche Interesse** der beteiligten Volkswirtschaften. Bereits im 19. Jahrhundert entwickelte sich die theoretische Einsicht und sehr bald auch praktische Erfahrung, dass Staaten, die sich wirtschaftlich nicht abschotten, sondern in einen offenen Austausch mit anderen Volkswirtschaften treten, davon profitieren und **Wohlstandsgewinne** für ihre Bürgerinnen und Bürger erzielen.

Die **OECD** (Organization for Economic Cooperation and Development – Organisation für wirtschaftliche Zusammenarbeit und Entwicklung), ein Zusammenschluss der großen Industriestaaten, bezeichnet Globalisierung folglich als einen „Prozess, durch den **Märkte und Produktion** in verschiedenen Ländern immer mehr voneinander **abhängig** werden – dank der Dynamik des Handels mit Gütern und Dienstleistungen und durch die Bewegung von Kapital und Technologie". Einen besonderen Schub löste in diesem Zusammenhang der Zusammenbruch des Ostblocks aus, als an die Stelle der Konkurrenz zweier Gesellschaftsvorstellungen ein weltweiter Kampf um wirtschaftliche Marktanteile trat.

(2) Liberalisierung

Begünstigt wurde die zunehmende internationale Verflechtung durch staatliche Entscheidungen. So konnten vor allem wirtschaftlich starke Staaten sukzessive durchsetzen, dass **Schutzwälle** um Volkswirtschaften schrittweise abgetragen wurden und werden **(außenwirtschaftliche Liberalisierung).** Bei vielen Produkten haben nationale Zölle und mengenmäßige Importbeschränkungen ihre Schutzfunktion für die jeweils heimische Produktion längst eingebüßt. War die Konkurrenz eines Unternehmens anfangs vorwiegend innerhalb staatlicher Grenzen zu suchen, so ist sie nun überall auf der Welt anzutreffen. Die Liberalisierung nach außen ging einher mit dem Abbau staatlicher Vorschriften im Inneren (Deregulierung).

(3) Grenzüberschreitender Kapitalverkehr

Doch nicht nur Güter und Dienstleistungen werden weltweit gehandelt, ohne dass sie große Hürden zu überwinden hätten. Auch der Fluss des Geldes ist von nahezu allen staatlichen Fesseln befreit worden, sodass in der heutigen Zeit vom **internationalen Kapitalmarkt** gesprochen werden kann. Kapital findet sich überall dort ein, wo es entweder als Investition in ein Unternehmen oder auf den Finanzmärkten anderer Staaten eine gute Rendite verspricht. Eine Folge ist, dass über 90 % der Gelder, die täglich um die Welt zirkulieren, nichts mehr mit der Bezahlung von Gütern und Dienstleistungen zu tun hat. Vielmehr ist Geld selbst zur Ware geworden. Dabei fließen mitunter riesige Geldströme in Länder, in denen sie vorübergehend einen hohen Gewinn versprechen, um bei wechselnder Lage ebenso schnell wieder abgezogen zu werden – ungeachtet der **finanzpolitischen Zerrüttungen**, die dann entstehen können.

Die internationalen Direktinvestitionen erreichten im vergangenen Jahr einen Wert von 1430 Mrd. Dollar. Das geht aus dem aktuellen Weltinvestitionsbericht der UN-Konferenz für Handel und Entwicklung (United Nations Conference on Trade and Development Unctad) hervor. Beliebtestes Investitionsland waren die USA, wohin 275 Mrd. Dollar flossen, gefolgt von China (136) und Hongkong (104). 712 Mrd. Direktinvestitionen gingen in die Industrieländer, 671 Mrd. Dollar in Schwellen- und Entwicklungsländer. Besonders attraktiv erschienen den Investoren die asiatischen Entwicklungsländer. Dort gab es Zuflüsse in Höhe von 476 Mrd. Dollar. Größter Investor waren die USA mit 342 Mrd. Dollar, gefolgt von Japan (160 Mrd. Dollar) und China (125 Mrd. Dollar).

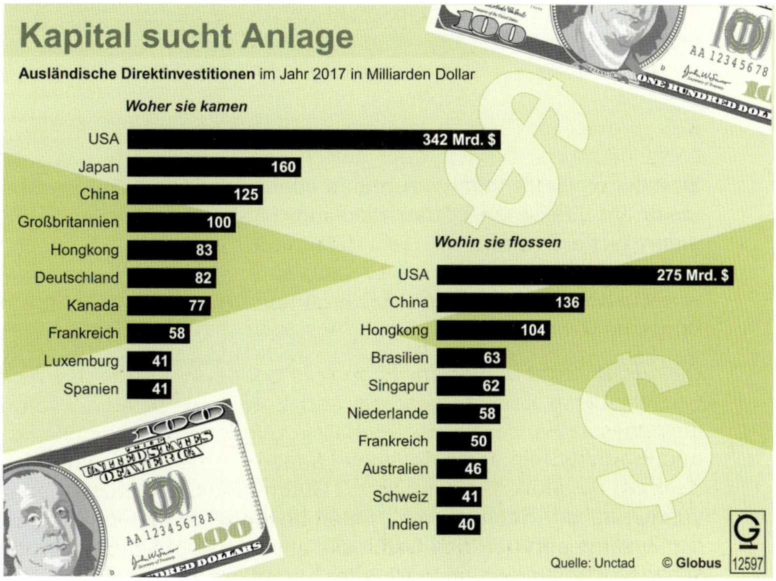

(4) „Digitale Revolution"

Nachdrücklich beschleunigt wurde der Prozess der Marktöffnung für Waren, Dienstleistungen und Geld durch die **„digitale Revolution"**, also durch Innovationen im Bereich der Mikroelektronik, der Telekommunikation sowie durch Methoden zur Gewinnung, Übertragung und Speicherung von Informationen.

Diese Entwicklungen ermöglichten, die Welt mit einem dichten **Kommunikationsnetz** zu überspannen, das nahezu jeden Punkt dieser Erde in oft nur Bruchteilen von Sekunden erreichbar werden lässt. Die schnelle Übertragung der Daten über das Internet schafft neben der entstehenden Konkurrenz nicht nur einen großen **Weltfinanzmarkt** mit gegenseitiger Abhängigkeit. Vielmehr entsteht dadurch auch die Notwendigkeit einer stabilen Datenübertragungsinfrastruktur und ständiger Innovationen in diesem Bereich.

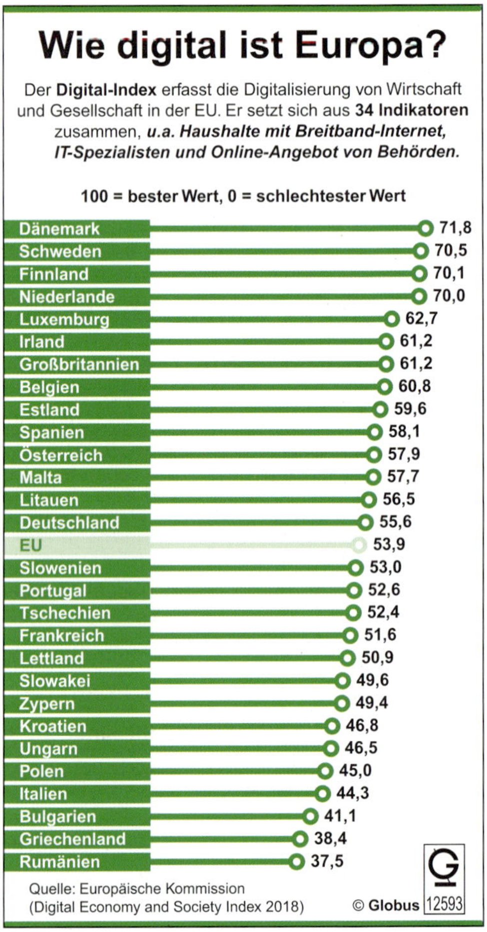

Für Unternehmen eröffnet das digitale Zeitalter neue Chancen. Ein Unternehmen kann sich durch die weltweite Vernetzung **neue Zielgruppen** erschließen, die Unternehmenskommunikation intensivieren, den Bekanntheitsgrad seiner Marke und das Image verstärken und in einem kontinuierlichen Dialog mit seiner Zielgruppe bleiben. Die Welt als großer Markt- und Handelsplatz ohne unnötige Beschränkungen und Schranken ist insofern für die Industriestaaten und ihre Produkte wichtig, als dass sie jene über die eigenen und benachbarten Grenzen hinweg verkaufen bzw. produzieren lassen können. Da Entwicklungsländer oftmals über eine große Bevölkerungszahl verfügen, macht alleine schon die Masse an potenziellen Kunden einen großen Anreiz für die Industrienationen aus, ihre Ware dort zu platzieren und alle notwendigen Maßnahmen zu treffen, einen weltweiten und reibungslosen Warenaustausch zu ermöglichen.

(5) Verbesserte Verkehrstechnologie

Aber nicht nur Straßen und Routen für Daten bilden ein wichtige Grundlage eines funktionierenden grenzüberschreitenden Handels, sondern auch der **Ausbau der Verkehrsinfrastruktur** für den Gütertransport ist ein zentraler Punkt, um globalisierten Handel und ein Zusammenwachsen über die Kontinente hinweg überhaupt erst für alle Beteiligten zu ermöglichen.

!

Als weitere Beschleuniger der Globalisierung gelten **sinkende Transportkosten** und die zunehmende **Vereinheitlichung technischer Normen.**

Eine ganz besondere Rolle kommt in diesem Zusammenhang der **Containerschifffahrt** zu. Während der Verkehr gewerblicher Güter **innerhalb** eines Landes in erster Linie noch über die **Straße** und im geringeren Maße über die **Schiene** erfolgt, verläuft der **internationale** Verkehr in erster Linie über die Wasserstraßen mittels **Containerschiffen.** Ohne den Container wäre unsere heutige globalisierte Welt nicht denkbar, denn weit über **90 %** des Welthandels laufen derzeit über Wasserstraßen, wobei sich das Handelsvolumen seit dem Jahr 1960 um den Faktor 20 vergrößert hat. Zu verdanken ist dies in erster Linie der **erhöhten Transportkapazität** der Containerschiffe, was dazu führt, dass der Containertransport per Schiff unschlagbar **kostengünstig** ist. Niedrige Stücktransportkosten gerade bei Massenware machen das Transportmodell noch attraktiver.

3 Problemfeld Arbeitsmarkt: Auswirkungen der Globalisierung auf den Arbeitsmarkt

Globalisierung ist zwar in erster Linie ein ökonomisches Phänomen, ihre Auswirkungen gehen jedoch weit darüber hinaus.[1] Viele Menschen in den Industriestaaten sehen sie als eine **Gefährdung** ihrer **sozialen Sicherheit** und ihrer **Zukunftschancen** an. Der Abbau zwischenstaatlicher Hindernisse erleichtert es besonders großen, kapitalkräftigen Unternehmen, die ihre Produktionskosten verringern wollen, sich in Ländern mit niedrigeren Lohnkosten, minimalen umweltpolitischen Auflagen sowie schwachen sozialen Sicherungssystemen niederzulassen. Für einfache Tätigkeiten wird in manchen Ländern so wenig bezahlt, dass die dort hergestellten Produkte ungeachtet der Transportkosten immer noch billiger sind als solche, die in Deutschland fabriziert wurden.

Dieser sogenannte **Arbeitsplatzexport** kann z. B. folgende Gründe haben:

- Die **soziale und politische Stabilität** des Auslands wird höher eingeschätzt als die inländische.
- Die **Umweltvorschriften (Umweltstandards)** sind im Ausland weniger streng als im Inland.
- Das Ausland fördert Gewerbeansiedlungen durch **Steuererleichterungen** und/oder **Subventionen.** Das Problem ist, dass der Staat den Unternehmen, die mit der Auslagerung von Produktionsstätten drohen, seinerseits Steuererleichterungen gewährt und/oder Subventionen zahlt. Die Folge ist, dass die Steuereinnahmen sinken.
- Im Ausland ist die **„Regulierungsdichte"** (z. B. Bauvorschriften, Zulassungsverfahren, Behördenwege) geringer als im Inland.
- Die **Arbeitskosten** sind im Ausland niedriger als im Inland. Für die Konkurrenzfähigkeit ist allerdings nicht allein die absolute Höhe der Arbeitskosten maßgebend. Vielmehr muss die Arbeitsproduktivität berücksichtigt werden. Diese drückt aus, welche Gütermenge eine Arbeitskraft je Zeiteinheit (z. B. je Arbeitsstunde) erzeugt.

1 Vgl. hierzu und im Folgenden Informationen zur politischen Bildung (Heft 280).

Beim Vergleich der Wettbewerbsfähigkeit von Ländern spielen die Lohnstückkosten eine wichtige Rolle: Sie geben Auskunft darüber, wie sich die Arbeitskosten (Lohn und Lohnnebenkosten) je Arbeitsstunde zur Bruttowertschöpfung (also dem, was in einer Arbeitsstunde produziert wird) verhalten. Bei einem internationalen Vergleich landet Deutschland im oberen Bereich. Nur wenige große Industrieländer wie Großbritannien, Norwegen oder Italien haben im verarbeitenden Gewerbe höhere Lohnstückkosten. Das geht aus Berechnungen des Instituts der deutschen Wirtschaft hervor. Industrieunternehmen aus Ländern wie beispielsweise Österreich oder den Niederlanden, aber auch aus Japan und den USA haben beim Blick auf die durchschnittlichen Lohnstückkosten einen Vorteil. Dennoch sind deutsche Produkte auf dem Weltmarkt sehr gefragt; die Exporterfolge sicherten Deutschland hinter China und den USA den dritten Rang unter den größten Exportnationen im Jahr 2016. Dabei können deutsche Anbieter vor allem durch die Qualität ihrer Produkte überzeugen.

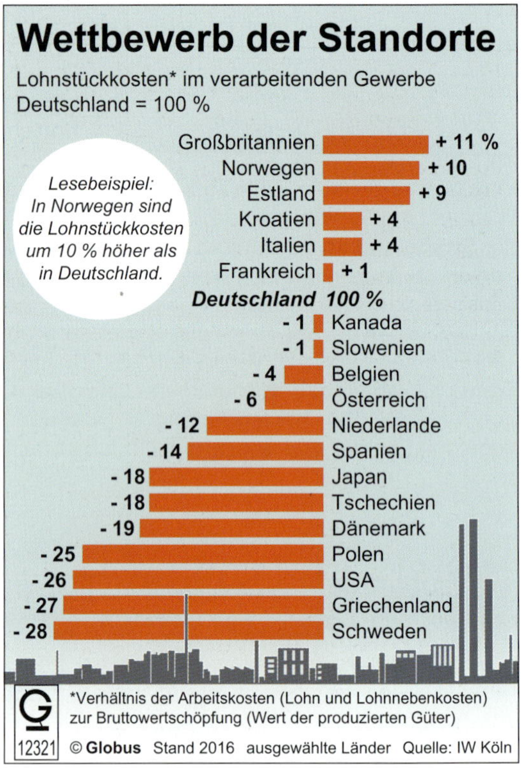

Gefährdet sind vor allem solche **Arbeitsplätze,** für die schon geringe Qualifikationen ausreichen. Folglich müssen die Menschen ein immer **höheres Ausbildungsniveau** und innovative Fähigkeiten aufweisen, um mit der Arbeitnehmerschaft anderer Industriestaaten konkurrenzfähig zu bleiben. Überdurchschnittliche Qualifikationen werden entsprechend bezahlt und weltweit nachgefragt. Speziell im Bereich der Informations- und Kommunikationstechnologien ist ein neuer Arbeitsmarkt entstanden, der allerdings hohe Anforderungen an die Ausbildung stellt. Damit vergrößert sich unter globalen Wettbewerbsbedingungen die ohnehin bestehende Spanne zwischen Spitzenverdienern und Lohnempfängern am unteren Ende der Einkommensskala.

Wer seine Fähigkeiten mithilfe des Internets anbieten kann, muss seinen Standort nicht unbedingt wechseln. Er kann von zu Hause aus sein Wissen dort einbringen, wo es sich am besten bezahlt macht. Er setzt sich allerdings mithilfe der neuen Kommunikationsmöglichkeiten einem internationalen Wettbewerb aus und wird damit ebenso in die **weltweite Arbeitsteilung** einbezogen wie große Unternehmen. Aussagen, dass das Industriezeitalter Arbeit für die Massen gebracht habe, wohingegen das Informationszeitalter nur noch Arbeit für eine kleine Elite biete, beziehen sich auf diese Entwicklung.

Der Standort Deutschland hat gemäß einer aktuellen Studie zur **Wettbewerbsfähigkeit im internationalen Vergleich** leicht an Boden verloren.

Studie über Wettbewerbsfähigkeit – Standort Deutschland fällt aus Top Ten

Der Wirtschaftsstandort Deutschland verliert an Relevanz, zumindest wenn es nach einer Schweizer Studie geht. In einem Ranking der wettbewerbsfähigsten Staaten lässt die Bundesrepublik Federn. Das liege auch an Deutschlands Selbstzufriedenheit.

Der Standort Deutschland gehört einer Studie zufolge nicht mehr zu den zehn wettbewerbsfähigsten der Welt. In der Rangliste der Schweizer Business School IMD rutschte er vom zehnten auf den zwölften Platz ab. „Dafür sorgten vor allem eine schlechtere Bewertung der Regierung und der Wirtschaftsleistung", sagte IMD-Direktor Arturo Bris zu der Studie, die auf einer Befragung von weltweit mehr als 5 400 Managern und der Auswertung von 342 Kriterien fußt.

2014 fand sich die Bundesrepublik noch auf dem sechsten Platz wieder. „Die größte Gefahr für Deutschland ist Selbstzufriedenheit", sagte Bris. „Wenn es die ablegt, kommt es wieder unter die Top Ten." Spitzenreiter der 61 untersuchten Länder ist diesmal Hongkong – vor allem wegen der niedrigen, einfachen Besteuerung und kaum vorhandenen Behinderungen beim Kapitalverkehr. Platz zwei belegt die Schweiz, deren Fokus auf qualitativ hochwertige Produkte und Dienstleistungen sich hier auszahlt.

Auf dem dritten Rang liegen die USA, die in den vergangenen drei Jahren den Spitzenplatz belegten. „Die USA verfügen immer noch über die beste wirtschaftliche Leistung der Welt", sagte Bris. Dahinter folgen Singapur, Schweden, Dänemark, Irland, die Niederlande, Norwegen und Kanada. „Die besten 20 Länder haben gemein, dass ihr Fokus auf eine wirtschaftsfreundliche Regierung sowie eine gute Infrastruktur ausgerichtet ist", so Bris.

Die Führungskräfte schätzen die Effizienz der öffentlichen Verwaltung in der Bundesrepublik etwas schlechter ein als in den Vorjahren. Vergleichsweise schwach schneidet Deutschland in der Steuerpolitik ab, wo es nur den 52. Platz belegt. Pluspunkte sammelt der Standort dagegen mit seinen qualifizierten Arbeitnehmern, einer verlässlichen Infrastruktur sowie politischen Stabilität.

Quelle: http://www.n-tv.de/wirtschaft/Standort-Deutschland-faellt-aus-Top-Ten-article17815941.html [Zugriff am 09. 10. 2018].

4 Problemfeld Umwelt: Notwendigkeit internationaler Vereinbarungen zur Bewältigung der weltweiten Umweltproblematik

Gerade in Zeiten zunehmender Globalisierung hat **internationale Umweltpolitik** einen hohen Stellenwert. Denn viele **Umweltprobleme überschreiten Staatsgrenzen** und können nur in internationaler Zusammenarbeit bewältigt werden.

Internationale Umweltpolitik umfasst eine Vielzahl von Themen:

- Klimaschutz,
- nachhaltige Energiepolitik,
- Erhalt der biologischen Vielfalt,
- Schutz von Wäldern, Meeren und Böden,
- Kampf gegen Wüstenbildung,
- eine nachhaltige Abfallwirtschaft und
- der Schutz vor gefährlichen Stoffen.

Bei fast allen Themen sind **übergreifende Strategien** nötig. Sie führen dazu, dass auch andere Politikbereiche, wie etwa Zusammenarbeit mit Entwicklungsländern, den Umweltschutz berücksichtigen.

Zu den wohl größten globalen Herausforderungen des 21. Jahrhunderts zählt der **internationale Klimaschutz.** Die Notwendigkeit zeigt sich u. a. daran, dass die **globale Durchschnittstemperatur** auf der Erdoberfläche aufgrund der zunehmenden Konzentration von **Kohlendioxid** (CO_2) und anderen **Treibhausgasen** in der Atmosphäre kontinuierlich ansteigt, mit bereits heute nachweisbaren Folgen.

Die Auswertung von Wetterdaten zeigt, dass jedes der letzten drei Jahrzehnte an der Erdoberfläche wärmer war als alle vorangehenden seit 1850. Ein ungebremster Ausstoß der Treibhausgase könnte das Klimasystem derart verändern, wie dies in den vergangenen 100000 Jahren nicht vorgekommen ist. Vermehrte **Extremwetterereignisse, veränderte Niederschläge,** ein **steigender Meeresspiegel,** die **Versauerung der Ozeane** und Schnee und Eis wären die Folge.

In Deutschland nehmen extreme Wetterereignisse zu. In der Auswertung der am meisten betroffenen Staaten für das Jahr 2016 rückte Deutschland vom 64. Platz auf den 42. vor. Extremwetter wie Stürme und Überschwemmungen verursachten in Deutschland Schäden in Höhe von fast vier Milliarden Dollar, 15 Menschen starben. Im Langzeitindex seit 1997 ist Deutschland neben Frankreich und Portugal eines der am stärksten betroffenen Industrieländer. Über die vergangenen 20 Jahre betrachtet sind Honduras, Haiti und Myanmar am härtesten getroffen. Es gebe zwei Kategorien von Ländern, sagen die Autoren des Berichts: „Einmal die Länder, die einmalig von sehr heftigen Ereignissen getroffen werden, so wie Honduras 1998 durch Hurrikan Mitch." Das Land wurde um 20 Jahre in der Entwicklung zurückgeworfen. Zum anderen gebe es die Länder, die regelmäßig von Extremwetterereignissen betroffen sind. Ihnen fehle dann die Zeit sich zu regenerieren, und das nächste Ereignis treffe sie dann umso heftiger. Das Fazit der Autoren: „Die Extreme werden extremer." Seit 1997 starben mehr als eine halbe Million Menschen durch rund 11000 Extremwetterereignisse.

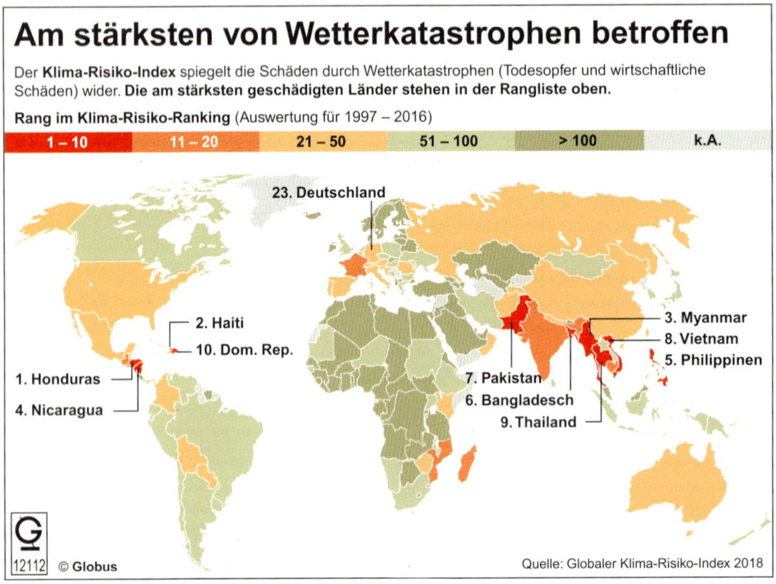

Ziel Deutschlands und der EU ist es, ein **umfassendes Klimaschutzabkommen** für die Zeit **ab 2020** zu erreichen, das den globalen Temperaturanstieg auf **unter zwei Grad Celsius** gegenüber vorindustrieller Zeit begrenzt. Die Bundesregierung ist unter anderem durch die Ausrichtung des **Petersberger Klimadialogs im Jahr 2017** eine treibende Kraft im internationalen Klimaschutzprozess. Der Petersberger Klimadialog überbrückt die Zeit zwischen den Klimagipfeln und bringt jährlich Umweltminister aus Industrie-, Schwellen- und Entwicklungsländern zu offenen Diskussionen zusammen, um die internationalen Klimaverhandlungen weiter voranzubringen.

Deutschland geht national mit seiner **Energiewende** voran und hat sich ehrgeizige Emissionsreduktionsziele gesetzt: Die klimaschädlichen Emissionen sollen gegenüber dem Basisjahr 1990 bis 2020 um 40 %, bis 2030 um 55 %, bis 2040 um 70 % und schließlich bis 2050 um 80 bis 95 % sinken. Umgesetzt werden soll dies durch das langfristig angelegte Energiekonzept.

Welche **Ziele und Rahmendbedingungen** dabei einzuhalten sind, verdeutlicht nachfolgende Übersicht.

Ziele und Rahmenbedingungen der Energiewende	
Versorgungssicherheit	Die Energienachfrage in Deutschland jederzeit effizient decken.
Kernenergieausstieg	Die letzten Kernkraftwerke mit dem Ablauf des jahres 2022 abschalten.
Bezahlbarkeit Wettbewerbsfähigkeit	Bezahlbarkeit von Energie erhalten und die Wettbewerbsfähigkeit Deutschlands sichern.
Umweltverträglichkeit	Die Energieversorgung umwelt-, klima- und naturverträglich gestalten.
Netzausbau	Netzte bedarfsgerecht ausbauen und modernisieren.
Sektorkopplung Digitalisierung	Die Potenziale einer effizienten Sektorkopplung und der Digitalisierung für das Gelingen der Energiewende nutzen.
Forschung Innovation	Zukunftsweisende Innovationen für den Umabu der Energieversorgung vorantreiben.
Investitionen Wachstum Beschäftigung	Arbeitsplätze in Deutschland erhalten und ausbauen und Grundlagen für dauerhaften Wohlstand und Lebensqualität schaffen.

Quelle: Bundesministerium für Wirtschaft und Energie, Sechster Monotoring-Bericht zur Energiewende, Die Energie der Zukunft, 2018.

Die neue Erzeugungslandschaft mit Strom aus wachsenden Anteilen von erneuerbaren Energien schafft jedoch gleichzeitig **neue Herausforderungen** für das **Netz.** So muss der Strom teilweise über weite Strecken von den Stromerzeugern zu den Verbraucherinnen und Verbrauchern gelangen. Schließlich wird der erneuerbare Strom aus Windenergie vorrangig im Norden und Osten sowie auf See erzeugt, wo der Wind besonders stark weht. Die größten Stromverbraucher – allen voran große Industriebetriebe – befinden sich aber im Süden und Westen Deutschlands. Damit die Stromversorgung also für alle **sicher** und **bezahlbar** bleibt, müssen in den kommenden Jahren mehrere tausend Kilometer neue **Stromtrassen** gebaut werden. Nur so kann künftig Strom aus erneuerbaren Energien tatsächlich in jede Steckdose in Deutschland gelangen, denn das Stromnetz ist schließlich das Rückgrat einer gelungenen Energiewende.

Die besondere Verantwortung Deutschlands basiert nicht zuletzt auf dem Umstand, dass unser Land weltweit zu den größten **Rohstoffkonsumenten** zählt und dabei in hohem Maße von Importen abhängig ist. **Versorgungssicherheit,** der **Schutz der natürlichen Ressourcen,** eine **sparsame Nutzung** sowie die **Wiederverwertung** sind daher von hoher Bedeutung für die Wirtschaft hierzulande.

Hinzu kommt – wie die vorangestellten Ausführungen gezeigt haben – dass die meisten Ressourcenverbräuche bzw. Umweltbelastungen globale Auswirkungen haben. Somit sind **alle ökonomischen Akteure weltweit** sowohl als **Verursacher** wie auch als Betroffene der ökologischen Folgeschäden eingebunden. Vor diesem Hintergrund ist es dringend geboten, dass zur Bewältigung der weltweiten Umweltproblematik **internationale Vereinbarungen** notwendig sind.

Der ökologische Fußabdruck der Länder

Der **ökologische Fußabdruck** misst den Verbrauch aller Ressourcen (u. a. Energie, Ernährung, Abfall), die ein Mensch für den Alltag benötigt. Er berechnet, wie viel Fläche dafür benötigt wird. Angegeben wird der Fußabdruck in globalem Hektar pro Kopf (gha).

< 1,75 gha | 1,75 - 3,49 gha | 3,50 - 5,24 gha | 5,25 - 7,0 gha | > 7,0 gha | keine Angaben

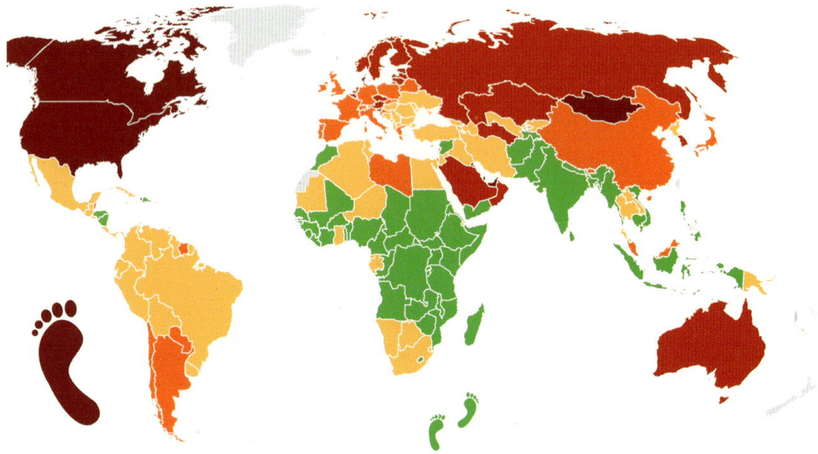

Die größten Fußabdrücke

Katar	**15,7 gha**
Luxemburg	**12,3**
Ver. Arab. Emirate	**9,8**
Mongolei	**9,5**
Bahrain	**8,7**
USA	**8,4**
Kanada	**8,0**
Kuwait	**7,6**
Dänemark	**7,1**

Die kleinsten Fußabdrücke

Eritrea	**0,5 gha**
Osttimor	**0,6**
Burundi	**0,6**
Haiti	**0,7**
Dem. Rep. Kongo	**0,8**
Afghanistan	**0,8**
Ruanda	**0,8**

*Rein rechnerisch stehen jedem Menschen 1,7 globale Hektar zur Verfügung. Das entspricht der **Biokapazität** der Erde.*

zum Vergleich Deutschland:
5,0

Quelle: Global Footprint Network (Living Planet Report 2018, Daten: Stand 2014)

Wie stark der Mensch die Erde beansprucht, spiegelt der ökologische Fußabdruck wider. Anfang der 1990er-Jahre erfunden, dient dieses Werkzeug als eine Art Buchhaltungssystem für unsere natürlichen Ressourcen. Berechnet wird er in globalen Hektar (gha) – je kleiner der Wert, desto besser. Besonders die Industrieländer erreichen extrem hohe Werte. Angeführt wird der Ländervergleich laut Living Planet Report 2018 von Katar, es folgen Luxemburg, die Vereinigten Arabischen Emirate und die Mongolei. Ihre Fußabdrücke sind viel größer als ihre eigene biologische Kapazität. Auch die USA und Kanada sowie viele europäische Länder können ihren Ressourcenbedarf nicht im eigenen Land decken. Sie müssen Lebensmittel, Waren und andere Leistungen importieren. Ein Beispiel ist Soja: Für den Anbau von Sojapflanzen, die unter anderem in deutschen Ställen als Energiefutter landen, wird in Südamerika großflächig Regenwald gerodet. Auf der anderen Seite gibt es Länder, die mit viel weniger auskommen (müssen). Dazu zählen beispielsweise Eritrea und Osttimor. Rein rechnerisch steht jedem Menschen auf der Welt nur eine Fläche von 1,7 gha zur Verfügung. Auch der Fußabdruck eines Menschen in Deutschland ist fast drei Mal so groß, wie er eigentlich sein sollte.

5 Problemfeld Ungleichheit: Notwendigkeit internationaler Vereinbarungen zum Abbau von sozialen Ungleichheiten

Eines der größten Probleme der Globalisierung ist die **wachsende Ungleichheit,** wobei die nicht allein eine **moralische** Frage ist, sondern auch eine **wirtschaftliche.** Wenn normale Bürger nicht über genügend Einkommen verfügen, um die von Unternehmen hergestellten Produkte zu kaufen, wie sollen diese Unternehmen dann wachsen?

Diese Einsicht stimmt mit den Erkenntnissen des Internationalen Währungsfonds (IWF) überein, wonach Länder mit geringerer sozialer Ungleichheit ökonomisch besser dastehen.

Zwar hat die Globalisierung einerseits dazu geführt, dass die Unterschiede **zwischen** einzelnen Ländern sinken. So haben etwa in den letzten Jahren Staaten wie Korea, Indien, Indonesien, China oder die Türkei zu den alten Industrieländern spürbar aufgeholt. Als Folge entsteht in Asien, aber auch in Teilen Lateinamerikas eine **neue Mittelschicht,** der Anteil der Armen ist in diesen Ländern drastisch gesunken. Allerdings gibt es global betrachtet immer noch sehr viele Regionen, die gänzlich von diesem wachsenden Wohlstand abgeschnitten sind, was zu erheblich **ungleichen Lebensbedingungen** führt.

Millionen von Kindern kommen jährlich auf die Welt. Je nachdem, wo sie geboren werden, sind ihre Lebensbedingungen sehr unterschiedlich. In Ländern mit niedrigem oder mittlerem Einkommen sind die Bedingungen zum Teil erheblich schlechter als in Ländern mit hohem Einkommen. Während beispielsweise für die Menschen in reichen Ländern sauberes Wasser eine Selbstverständlichkeit ist, haben in Afrika südlich der Sahara nur 68 % der Bevölkerung Zugang zu sauberem Trinkwasser. Zugang zu sanitären Einrichtungen haben dort sogar nur 30 %. Wie schlecht die Bedingungen für Kinder in ärmeren Ländern sind, zeigen die Sterblichkeitsraten. In afrikanischen Ländern südlich der Sahara liegt die Sterblichkeit der unter 5-Jährigen bei 83 je 1 000 Kinder, in Südasien bei 53. In reicheren Ländern liegt sie gerade einmal bei sechs je 1 000 Kinder. Blickt man ein paar Jahre zurück, sind große Fortschritte zu beobachten. In einem älteren Bericht der Weltbank aus dem Jahr 2011 beträgt die Kindersterblichkeit in Afrika südlich der Sahara noch 130 je 1 000 Kinder. Auch in allen anderen Regionen starben noch deutlich mehr Kleinkinder.

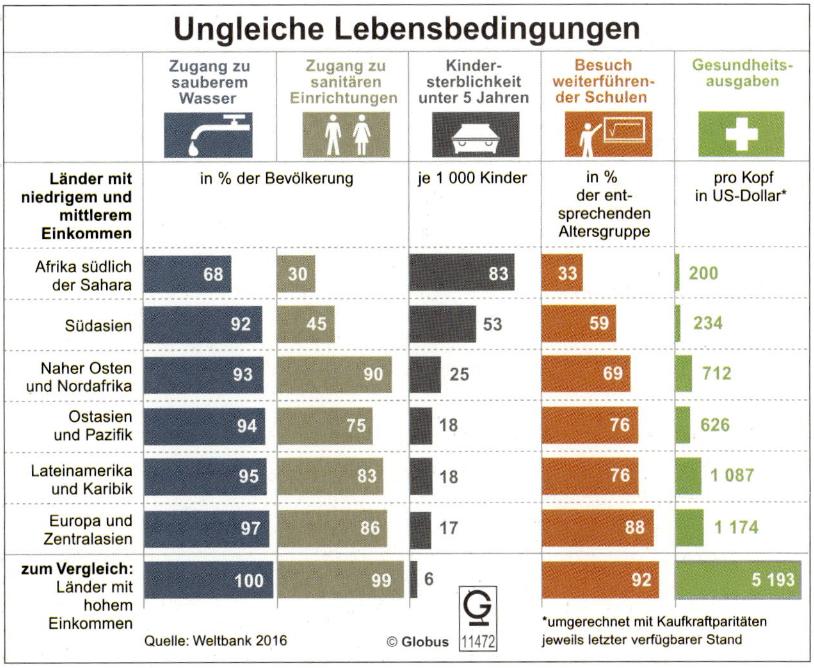

Andererseits hat sich aber gleichzeitig in den Ländern selbst die Kluft zwischen Reichen und Armen weit geöffnet.

Beispiel:

So stehen etwa in Indien die Wohnungen der neuen Vermögenden oft direkt neben den Slums der Zurückgebliebenen, die Wanderarbeiter in China haben nichts vom neuen Luxus in Schanghai oder Peking. In den Vereinigten Staaten entfernt sich eine Schicht von Superreichen immer weiter von einer Mittelschicht, die ihre wirtschaftliche Grundlage verliert. In New York kaufen Milliardäre aus der ganzen Welt Luxuswohnungen zu obszönen Preisen, während Wohnen für Normalbürger unbezahlbar wird.

Dieser zunehmende Reichtum in vielen Ländern dieser Welt steht in einem krassen Missverhältnis zu der Tatsache, dass weltweit noch immer Millionen Menschen an Hunger leiden.

Nicht zuletzt dieser Umstand führt zu **steigenden Wanderungs- und Migrationsbewegungen.**

Immer mehr Menschen verlassen ihre Heimat und verlegen ihren Lebensmittelpunkt an einen anderen Ort. Manche tun es freiwillig, viele Andere fliehen vor Gewalt, Unterdrückung, Krieg oder Hungersnöten aus ihren Ländern. Im Jahr 2017 lebten 258 Mio. Menschen als Migranten fern ihrer Heimat. Damit waren es 2017 insgesamt 85 Mio. Menschen bzw. 49 % mehr als im Jahr 2000. Das geht aus dem internationalen Migrationsreport 2017 der Vereinten Nationen hervor, der alle zwei Jahre erscheint. Allein Asien und Europa beherbergen fast zwei Drittel der internationalen Migranten weltweit. 80 Mio. Menschen haben in asiatischen Ländern eine neue Heimat gefunden, 78 Mio. in Europa. Die größte Wanderungsbewegung zwischen den Regionen gab es von Lateinamerika in Richtung Norden: 26,4 Mio. Menschen wanderten aus Süd- und Mittelamerika in die USA oder nach Kanada aus. Die größte Binnenwanderung zählten die Statistiker in Asien. Mehr als 63 Mio. Asiaten suchten sich innerhalb Asiens eine neue Heimat.

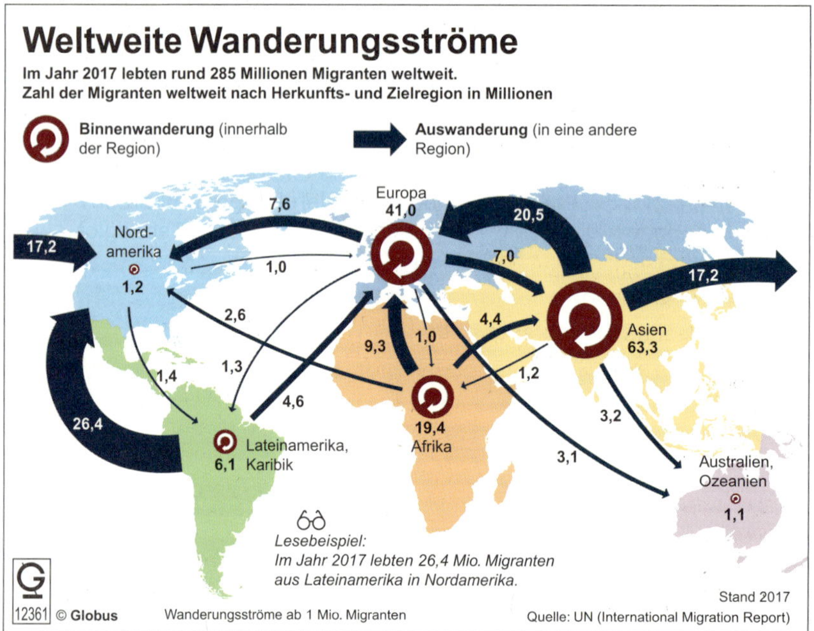

Insgesamt muss das Bestreben der **Länder mit wachsendem Wohlstand** darin bestehen, dass der durch die Globalisierung gestiegene Wohlstand **anders verteilt** wird, denn – wie nachfolgender Artikel untermauert – ist nur **geteilter Wohlstand nachhaltig.**

Nur geteilter Wohlstand kann nachhaltig sein

Im vergangenen Vierteljahrhundert wurden die Spielregeln der Marktwirtschaft in vielen Ländern derart umgeschrieben, dass die Marktmacht stärker und die Ungleichheit größer wurde. Mehr als alles andere machen viele Unternehmen ihre Gewinne jetzt mit Spekulationsgeschäften, wobei sie einen großen Teil des gesellschaftlichen Reichtums abschöpfen, indem sie ihre Monopolstellung ausnutzen oder Vergünstigungen von Regierungen erhalten. Wenn Profite aus solchen Spekulationsgeschäften stammen, verringert sich der gesellschaftliche Reichtum.

Auf der Welt gibt es zahlreiche Unternehmen, die von aufgeklärten Führungskräften geführt werden, die die genannten Ideen längst verstanden haben. Sie haben erkannt, dass es in ihrem Eigeninteresse liegt, den Wohlstand zu teilen. Statt Lobbyarbeit für Richtlinien zu leisten, die Spekulationsgewinne begünstigen – sprich, Unternehmensgewinne zulasten anderer –, haben sie verstanden, dass nur geteilter Wohlstand nachhaltig sein kann und dass in jenen Ländern, die von stetig wachsender Ungleichheit geplagt sind, die Regeln im Sinne langfristiger Investitionen, schnelleren Wachstums und geteilten Wohlstands umgeschrieben werden müssen.

Quelle: http://www.faz.net/aktuell/wirtschaft/weltwirtschaftsforum/joseph-e-stiglitz-wachsende-ungleichheit-eines-der-groessten-risiken-fuer-weltwirtschaft-14660246-p2.html [Zugriff am 09.10.2018].

Mit Blick auf die weltweiten ökonomischen Verflechtungen Deutschlands kommt unserem Land eine große Verantwortung in dieser Angelegenheit zu. Vor diesem Hintergrund stellt die **Agenda 2030 für nachhaltige Entwicklung** somit ein anspruchsvolles Programm für globale Entwicklung dar. Sie betrifft **alle Politikfelder** und ist hierbei auch leitend für die **deutsche Entwicklungspolitik.** Nicht zuletzt deshalb hat das Bundesministerium für wirtschaftliche Zusammenarbeit und Entwicklung im Hinblick auf die Agenda 2030 **fünf Weichenstellungen** für die Zukunft formuliert:[1]

Weichenstellung 1:	Eine Welt ohne Armut und Hunger ist möglich.
Weichenstellung 2:	Der neue globale Imperativ: Klimawandel bekämpfen und die ökologischen Grenzen des Planeten einhalten.
Weichenstellung 3:	Entwicklungschancen fördern, Fluchtursachen mindern und Frieden sichern.
Weichenstellung 4:	Weltwirtschaft gerechter gestalten.
Weichenstellung 5:	Globale Partnerschaften für die Agenda 2030.

1 Quelle: Bundesministerium für wirtschaftliche Zusammenarbeit und Entwicklung, Entwicklungspolitik als Zukunfts- und Friedenpolitik, Berlin 2017.

6 Chancen und Risiken der Globalisierung

Kaum ein Thema wird hinsichtlich seiner Auswirkungen kontroverser diskutiert: Im Zeitalter der Globalisierung und der zusammenwachsenden Märkte eröffnen sich einerseits große Chancen; andererseits müssen aber auch die Risiken ernst genommen werden.

Der **kontrovers** diskutierte Prozess der Globalisierung löst in der Öffentlichkeit – je nach Sicht der Dinge – unterschiedliche Gefühle aus, welche die gesamte Spannbreite von Aufbruchstimmung bis hin zu Angstgefühlen umfasst. Während die Befürworter vor allem das durch den Abbau von zwischenstaatlichen Handelsbeschränkungen **effizientere Wirtschaften** betonen, sehen die Kritiker die **abnehmende staatliche Steuerungsfähigkeit** der einzelnen Staaten durch die wachsende internationale Verflechtung als besonders nachteilig an.

Indem Staaten den global handelnden Unternehmen und **internationalen Finanzströmen** den Weg ebnen, **verringern** sie ihre eigenen **Einflussmöglichkeiten** und schwächen ihre traditionellen wirtschafts- und finanzpolitischen Instrumente wie etwa Steuern und Zinsen.

Die zunehmende außenwirtschaftliche Liberalisierung und die damit einhergehende innerstaatliche Deregulierung kombiniert mit den Mechanismen eines globalen Marktes berühren die staatliche Souveränität. Dies führt dazu, dass viele Aufgaben, die vormals jede Regierung für sich lösen musste, nur noch im Verbund mit anderen Staaten wahrgenommen werden können.

Insbesondere die international agierenden Wirtschaftsunternehmen – auch **„Global Player"** genannt – rücken in den Fokus der Kritik, da sie heutzutage keiner wirksamen gesellschaftlichen Kontrolle mehr ausgesetzt sind und somit als Quelle für **politische und wirtschaftliche Instabilität** gelten, wie die **internationale Finanzmarktkrise** in der jüngeren Vergangenheit mit ihren negativen Auswirkungen auf die Realwirtschaft eindrucksvoll zeigte.

Zudem stören die zunehmenden **sozialen Ungleichheiten** in und zwischen den Staaten den **sozialen Frieden.** So erleichtert der Abbau zwischenstaatlicher Hindernisse den international agierenden Großunternehmen, die ihre Produktionskosten verringern wollen, sich in **Niedriglohnländern** mit **minimalen umweltpolitischen Auflagen** sowie **schwachen sozialen Sicherungssystemen** niederzulassen. Für einfache Tätigkeiten wird in manchen Ländern so wenig bezahlt, dass die dort hergestellten Produkte ungeachtet der **Transportkosten** immer noch billiger sind als solche, die in Deutschland hergestellt wurden. Diese Billigproduktion ist auch deshalb möglich, weil es in vielen Ländern immer noch an **Arbeitnehmerschutzgesetzen** oder an Regelungen fehlt, die **Kinderarbeit** verbieten bzw. – falls derartige Gesetze existieren – Verstöße nicht entsprechend geahndet werden. Die vorgenannten Missstände dürften auch ein Grund für den zunehmenden internationalen **Terrorismus** sein, dessen Möglichkeiten und Instrumente sich überdies durch die Globalisierung deutlich verbessert haben.

Gerade diese Nachteile der Globalisierung sind der Nährboden von **globalisierungskritischen** Gruppen und Bewegungen, die sich seit den neunziger Jahren des vorangegangenen Jahrhunderts auf internationalen Konferenzen mit globaler Thematik zunehmend Gehör verschaffen.

Beispiel:

Eines der prominentesten Beispiele für globalisierungskritische Gruppen ist die Organisation **Attac** (frz.: Association pour une taxation des transactions financières pour l'aide aux citoyens – Vereinigung zur Besteuerung von Finanztransaktionen im Interesse der Bürgerinnen und Bürger).

Die Globalisierung bietet eine Vielzahl von Risiken und Chancen, wobei die nachfolgende Tabelle einen Überblick über die wichtigsten Aspekte gibt.

Chancen	Risiken
■ Nutzung der Kostenvorteile anderer Volkswirtschaften. ■ Günstige Einkaufspreise durch weltweite Konkurrenz der Anbieter. ■ Risikostreuung durch weltweites Engagement der multinationalen Konzerne („Global Players"). ■ Verbesserung des Lebensstandards in den Entwicklungsländern durch Know-how-Transfer. ■ Verringerung der Kriegsgefahr wegen der gestiegenen wirtschaftlichen Abhängigkeiten. ■ Steigende Toleranz gegenüber anderen Kulturen und Mentalitäten durch den intensiven Austausch von Waren und Dienstleistungen.	■ Vergrößerung der Umweltprobleme durch eine verstärkte Wirtschaftstätigkeit und höheren Konsum. ■ Gefahr einer ruinösen Konkurrenz zwischen den einzelnen Volkswirtschaften. ■ Menschen können mit der Geschwindigkeit des Strukturwandels nicht mithalten. ■ Gefahr zunehmender Arbeitslosigkeit in Hochlohnländern. ■ Sinkende Sozialstandards in den bisherigen Industrieländern durch den zunehmenden Kostendruck. ■ Fremde Kultureinflüsse können zu Identitätsängsten führen (Gefahr des Terrorismus). ■ Weltweit operierende Konzerne untergraben die Macht der Nationalstaaten.

Ob letztlich die Chancen oder die Risiken überwiegen werden, hängt vor allem vom fairen Umgang miteinander (z. B. gleichberechtigter Zugang zum Kapitalmarkt für alle Volkswirtschaften) und von der Fähigkeit der Staatengemeinschaft ab, staatsübergreifende Institutionen (z. B. WTO, Weltbank, UNO) zu stärken und mit den erforderlichen Mitteln auszustatten.

Globalisierung

Jetzt wünschen sich auch die Deutschen mehr Abschottung

Mehr als die Hälfte der Deutschen fordert besseren Schutz der deutschen Wirtschaft vor ausländischen Wettbewerbern.

- 52 % glauben nicht, dass die Regierung genug tut, um Bürger vor negativen Folgen der Globalisierung zu schützen.
- Generell stehen die Deutschen der Globalisierung aber nicht mehrheitlich ablehnend gegenüber.

Als Verbraucher wünschen wir uns, eine große Auswahl an hochwertigen Produkten zu haben, die außerdem noch zu einem fairen Preis angeboten werden. Doch wenn ein Gros der gehandelten Waren aus dem Ausland kommt, wie es zum Beispiel bei Smartphones der Fall ist, verändert sich die mentale Kalkulation.

Viele Arbeitnehmer beschleicht insgeheim das Gefühl, dass der Erfolg der ausländischen Produzenten zulasten des eigenen Arbeitsplatzes gehen könnte.

[...]

Die Globalisierungsskepsis hat nun auch Deutschland erreicht, obwohl die Bundesrepublik nachweislich einer der großen Profiteure des internationalen Handels ist. In Europas größter Volkswirtschaft profitieren nicht nur die Verbraucher von einer großen Produktauswahl, auch Beschäftigte haben einen unmittelbaren Vorteil: Arbeitsplatzsicherheit.

Kein Schutz vor negativen Effekten

[...] Gleichwohl ist die Globalisierung einem beträchtlichen Teil der hiesigen Bevölkerung unheimlich geworden.

Viele Menschen wünschen sich mehr Schutz vor den Schattenseiten der offenen Grenzen. Das zumindest legt eine groß angelegte Umfrage des Meinungsforschungsinstituts YouGov im Auftrag der Bertelsmann Stiftung nahe. [...]

So forderten 57 % der Befragten mehr Schutz gegenüber ausländischen Konkurrenten. Die Sehnsucht, dass der Wind des Wettbewerbs nicht ganz so eisig weht, bedeutet allerdings nicht, dass sich die Deutschen mehrheitlich für protektionistische Maßnahmen aussprechen.

Aufschlussreiche Unterschiede

Der Wunsch nach mehr Schutz ist nicht gleichbedeutend mit nationalistischem Protektionismus à la Donald Trump. So zeigt sich denn, dass 70 % der Bundesbürger einen wachsenden Welthandel grundsätzlich positiv bewerten. „Handel ist gut, Schutz ist besser: Obwohl die Bürger Globalisierung und internationalen Handel grundsätzlich positiv sehen, wünschen sich die Menschen in vielen Industrie- und Schwellenländern, auch in Deutschland, ein besseres Sicherheitsnetz, um negative Folgeerscheinungen abzufedern", fasst Christian Bluth, Wirtschaftsexperte und Leiter der Umfrage bei der Bertelsmann Stiftung, zusammen. [...]

Warnung vor protektionistischen Irrwegen

[...] „Die Menschen wünschen sich eine Globalisierung mit Sicherheitsgurt", kommentiert Aart De Geus, Vorstandsvorsitzender der Bertelsmann Stiftung, die Ergebnisse der Umfrage.

Zugleich warnt er davor, dass Politik und Wirtschaft nicht mit protektionistischen Irrwegen auf die Ängste und das Schutzbedürfnis der Bürger reagieren sollten. „Globalisierung ist kein Schicksal, sondern ein Prozess, den wir gestalten können und müssen."

Der wohlstandszerstörende Effekt von Zollkriegen und internationalem Protektionismus ist wissenschaftlich vielfach dokumentiert. Historiker konnten darüber hinaus nachweisen, dass Schutzzölle häufig internationale Spannungen verschärfen bis hin zu kriegerischen Konflikten.

Gleichwohl sind Abwehrmaßnahmen gegen den freien Fluss von Waren und Dienstleistungen, aber auch gegen Migration spätestens seit der Wahl Donald Trumps zum US-Präsidenten das große Thema. Schon die Brexit-Entscheidung der Briten wird vielfach als Misstrauensvotum gegen die Globalisierung gewertet. Dabei war der freie Welthandel einst durch Briten und Amerikaner vorangetrieben worden.

Furcht vor schlechterer Qualität

„Das Bekenntnis zum Freihandel ist vielerorts einem Reflex der Abschottung gewichen, nicht nur in den USA", schreiben die Bertelsmann-Forscher. Doch die neue Rhetorik des Protektionismus verfängt nicht bei allen Konsumenten und längst nicht überall. So sehen mehr als zwei Drittel der Deutschen den zunehmenden Welthandel grundsätzlich positiv.

Gerade in den Bereichen Konsum und Wirtschaftswachstum überwiegen aus Sicht der Bundesbürger die Chancen die Risiken. Immerhin 46 % der Deutschen glauben sogar, die Globalisierung sei ein Garant für mehr Arbeitsplätze. Eher negative Auswirkungen sehen sie hingegen für die Qualitätsstandards: 49 % fürchten, die Globalisierung verschlechtere die Qualität der verwendeten Waren. [...]

Jobs nicht mehr so sicher wie früher

Die Bundesrepublik hingegen ist sehr gut mit dem internationalen Handel gefahren, vor allem seit 2009 macht sich das nicht nur in guten Unternehmenszahlen, sondern auch in stark steigender Beschäftigung bemerkbar. Zugleich empfinden viele Arbeitnehmer ihren Job nicht mehr als so sicher wie früher. Hinzu kommt die empfundene Konkurrenz durch Arbeitsmigranten. [...]

Es sei daher wichtig, internationale Offenheit durch einen effizienten und modernen Sozialstaat zu begleiten. Nur so könnte der gesellschaftliche Konsens für freien Handel gestärkt und die protektionistische Versuchung abgewehrt werden.

Quelle: DIE WELT vom 19.04.2018 [Zugriff am 07.11.2018].

Kompetenztraining

1. Stellungnahme

Trotz zunehmender Globalisierung versuchen Staatengemeinschaften oder Staaten durch protektionistische Maßnahmen sich gegenüber anderen Ländern abzuschotten. Lesen Sie hierzu nachfolgenden Zeitungsartikel!

… Sardinen und Welse

nach Christian Davis

Die Entwicklungsländer werden oft mit fadenscheinigen Argumenten daran gehindert, ihre Erzeugnisse auf den Märkten der Industrieländer zu verkaufen. Ein Beispiel hierfür liefert ein Streit zwischen Peru und der Europäischen Union. Dem südamerikanischen Land wurde von der EU untersagt, Sardinen in der EU als Sardinen zu verkaufen: Die Etikettierung solle sich unterscheiden. Nur in europäischen Gewässern gefangene Sardinen seien die echten. Die aus Peru sollten „Pilchards" genannt werden, was Peru ablehnte, weil diese Bezeichnung kein Verbraucher kennen würde. Die Etikettierung sollte Fischer aus der EU schützen.

Gegen diese Handelsbeschränkung wehrte sich Peru und verklagte die EU. Unterstützt wurde Peru vom „Beratungszentrum für WTO Recht", das subventionierten Rechtsbeistand lieferte. Peru hat diesen Prozess gewonnen und darf seit 2003 seine Fischereierzeugnisse als „pazifische Sardinen" in der EU verkaufen.

Anders erging es Vietnam, das erfolgreich Welse (catfish) in die USA exportierte und ebenfalls aufgefordert wurde, die Fische anders zu bezeichnen. Die Widerstände gegen die vietnamesischen Importe waren zum Teil bizarr. Die Vereinigung amerikanischer Welsfischer warnte, die vietnamesischen Fische stammten aus „Dritte-Welt-Gewässern". Der Kongress-Abgeordnete Marion Barry riet vom Verzehr ab, da die Fische durch das Entlaubungsgift „Agent Orange", von den USA im Vietnamkrieg flächendeckend angewendet, belastet sein könnten.

Die New York Times spottete am 5. September 2002, dieses Mal sei Vietnam in den USA einmarschiert, und zwar mit Welsen. Die vietnamesische Regierung willigte schließlich ein, die Fische zunächst als „Mekong Catfish", später als „basa" und „trah" zu vermarkten.

Allein damit war das Problem noch nicht gelöst. Trotz der gewünschten Etikettierung gingen die Importe in die USA nicht zurück. Daraufhin wurde Vietnam mit einem Anti-Dumping-Verfahren konfrontiert. Dort kann aber nur gegen gleichartige Waren („like-products") vorgegangen werden, eine Hürde, die das US-Handelsministerium umging, indem es nur noch von „bestimmten gefrorenen Fischfilets" aus Vietnam sprach. Die Südostasiaten sicherten sich in diesem Verfahren die Unterstützung einer teuren amerikanischen Anwaltskanzlei, verloren aber dennoch. Das Verfahren, vollständig außerhalb der WTO, endete in einer Niederlage für Vietnam.

Quelle: Informationen zur politischen Bildung, Internationale Finanz- und Wirtschaftsbeziehungen, Nr 334/2017.

Nehmen Sie zu derartigen Maßnahmen wohlhabender Staaten gegenüber relativ armen Ländern kritisch Stellung!

2. Lesen Sie zunächst die folgenden Textauszüge:

Textauszug 1:

Chancen und Risiken der Globalisierung

Chancen und Risiken der Globalisierung – wohl kein anderes Thema wird in der Öffentlichkeit so leidenschaftlich diskutiert. Während die meisten Bundesbürger aus Angst vor dem Verlust des eigenen Arbeitsplatzes der sich beschleunigenden Entwicklung eher skeptisch gegenüber stehen, sehen viele Arbeitgeber im Zusammenwachsen der Weltwirtschaft vor allem die Vorteile. Ob wirklich alle Unternehmen von der Globalisierung profitieren, lässt sich mithilfe eines Chance-Risiko-Rasters ermitteln.

Bei den Chancen ganz oben stehen niedrigere Lohnkosten durch die Verlagerung der Arbeitsplätze in Niedriglohnländer. Dies betrifft sowohl die Produktion, etwa Autofabriken in der Slowakei, als mittlerweile auch den Dienstleistungssektor – erwähnt sei nur der Klassiker, das Call-Center in Indien. Daneben können Unternehmen auch auf Steuervorteile hoffen. So werden die Unternehmens-Gewinne in Deutschland mit einem Satz von rund 40 Prozent belastet. Zum Vergleich: In China sind es rund 33 Prozent, in Polen 27 Prozent und in Estland sind es sogar 0 Prozent. Von einem anderen Pluspunkt der Globalisierung profitieren vor allem Bau- und Maschinenbauunternehmen: von den Investitionen in die Infrastruktur oder die Errichtung neuer Produktionsanlagen. Der vierte Vorteil ist der Wohlstandseffekt. Nimmt durch die Verlagerung von Arbeitsplätzen die Kaufkraft in den Niedriglohnländern zu, steigt auch die Nachfrage nach westlichen Konsumartikeln, etwa nach Autos oder Pflegemitteln.

Doch die Medaille hat zwei Seiten: Es gibt auch erhebliche Risiken, die der deutschen Wirtschaft durch die Konkurrenz der Niedriglohnländer erwachsen. Die Konkurrenten aus Osteuropa und Fernost haben aufgrund der erwähnten Steuer- und Lohnkostenvorteile eine niedrigere Kostenbasis und können dadurch auf dem Weltmarkt mit günstigeren Preisen auf Kundenjagd gehen. Und nicht nur das, die neuen Konkurrenten operieren aus einem florierenden Heimatmarkt als Wachstumsmarkt mit hohen Auslastungsquoten heraus. Die Globalisierung erfasst aber auch den deutschen Binnenmarkt. Hier zu Lande werden Stellen gestrichen, wodurch die Arbeitslosigkeit zumindest ansteigt. Die Angst vor dem Jobverlust führt zu einer Änderung des Kaufverhaltens. Der private Konsum sinkt.

Quelle: WELT Online vom 12.05.2012.

Textauszug 2:

Macht die Globalisierung die Reichen reicher und die Armen ärmer?

Ungleichheit: Der Vorwurf stimmt nur auf den ersten Blick. In den 70er-Jahren verdiente ein Amerikaner im Durchschnitt zwar 50-mal so viel wie jemand aus einem Land, das die Weltbank in die Rubrik „Länder mit niedrigem Einkommen" einstuft. Dazu zählen z. B. die meisten Länder Afrikas. Dieser Abstand hatte sich bis zum Jahr 2000 auf das 80-Fache vergrößert.

Chance: Trotzdem wäre es falsch, ärmere Länder nun pauschal als die Verlierer der Globalisierung abzustempeln. Im Gegenteil, gerade viele Menschen in Entwicklungsländern haben enorm profitiert. Ehedem bettelarme Länder wie Botswana und Thailand haben es durch internationalen Handel zu ungekannten Wohlstand gebracht.

Aufgabe: Nun sagt das noch nichts darüber aus, wie gerecht der gewonnene Wohlstand in den jeweiligen Ländern verteilt ist. Den schlecht bezahlten Wanderarbeitern Chinas nutzt es nichts, wenn die Wirtschaft mit etwa zehn Prozent wächst. Dies ist aber kein Fehler, den man der Globalisierung anlasten könnte – sondern der chinesischen Politik. Weltweit allerdings kommen auch die Allerärmsten voran. Der Anteil der weltweit Erwerbstätigen, die weniger als einen US-Dollar am Tag verdienen, lag 1990 bei 33 %. Gegenwärtig beträgt er etwa 15 %.

Quelle: WELT Online vom 26.01.2009.

Aufgaben:

2.1 Erläutern Sie den Globalisierungsbegriff mithilfe eines selbst gewählten Beispiels!

2.2 Nennen Sie zwei Gründe, worauf die Globalisierung zurückgeführt werden kann!

2.3 Die Schuld an der hohen Arbeitslosigkeit in einigen Industrieländern wird der Globalisierung zugeschoben. Erläutern Sie, welche Möglichkeiten Sie sehen, die Arbeitslosigkeit trotz Globalisierung zu verringern!

3. 3.1 Aus dem Umweltbericht der adidas-Salomon AG:[1]

Transportkilometer für die Beschaffung von Rohstoffen für die Serienfertigung der Fußballschuhe und für die Ballproduktion sowie die Verlagerung der Schaftproduktion und des Ballnähens:

Rohstoffeinkauf Fußballschuhe:	179.633 km
Rohstoffeinkauf Fußbälle:	22.075 km
Schaftproduktion:	69.163 km
Ballnähen:	164.416 km

Analysieren Sie die angegebenen Daten im Hinblick darauf, welche Konsequenzen in diesem Fall die Globalisierung für den Standort Deutschland hat!

3.2 Die Baumwolle wird in Kasachstan oder Indien geerntet und anschließend in die Türkei versandt.

In der Türkei wird die Baumwolle zu Garn gesponnen.

In Taiwan wird die Baumwolle mit chemischer Indigofarbe aus Deutschland gefärbt.

Aus dem gefärbten Garn werden in Polen die Stoffe gewebt.

Innenfutter und die kleinen Schildchen mit den Wasch- und Bügelhinweisen kommen aus Frankreich, Knöpfe und Nieten aus Italien.

Alle „Zutaten" werden auf die Philippinen geflogen und dort zusammengenäht.

In Griechenland erfolgt die Endverarbeitung mit Birusstein.

Die Jeans werden in Deutschland verkauft, getragen und schließlich in der Altkleidersammlung einer karitativen Organisation gegeben.

Quelle: www.globalisierung-online.de.

Aufgaben:

3.2.1 Ermitteln Sie, wie viele km für die Herstellung einer Jeans wohl zurückgelegt werden!

3.2.2 Diskutieren Sie in der Klasse über den Sinn dieser globalen Arbeitsteilung!

4. Die Wirtschaftsbeziehungen zwischen den Industrieländern und der sogenannten Dritten Welt werden nicht selten wie folgt beschrieben: „Der Reichtum der Industrienationen resultiert im Wesentlichen aus dem Handel dieser Länder mit den Volkswirtschaften der Dritten Welt."

Aufgaben:

4.1 Nehmen Sie zu dieser Behauptung in Bezug auf Deutschland kritisch Stellung!

4.2 Des Weiteren wird behauptet, dass Entwicklungshilfezahlungen einseitige Geschenke der Geber- an die Empfängerländer seien. Erläutern Sie anhand von vier Beispielen, dass derartige Zahlungen durchaus auch für die Geberländer positive Auswirkungen haben können!

1 Vgl. adidas-Salomon AG (Hrsg.): Umweltbericht 2001, S. 16.

5. Projektvorschlag

Zur Vertiefung des Themas Globalisierung, insbesondere zu den globalen Herausforderungen bzw. zur Entwicklung von Maßnahmen zur aktiven Gestaltung der realen Herausforderungen, könnte das nachfolgende Workshopangebot der Bundeszentrale für politische Bildung in Anspruch genommen werden.

Globalisierung lernen! Hier geht es zu unseren Workshopangeboten und Methodenbausteinen zum Thema „Ein neues Haus für die Globalisierung – Perspektiven für die Weltinnenpolitik von morgen".

bpb: Bundeszentrale für politische Bildung

URL: http://www.bpb.de/veranstaltungen/netzwerke/teamglobal/67086/wir-kommen-zu-euch

Pfad: Veranstaltungen | Netzwerke | teamGLOBAL | Über uns | Wir kommen zu Euch!

Quelle: Bundeszentrale für politische Bildung.

6. Lesen Sie nachfolgenden Textauszug aus dem Entwicklungsbericht der Bundesregierung!

Wir leben in einer dynamischen und spannenden Phase der Weltgeschichte. [...] Täglich wächst die Weltbevölkerung um 230 000 Menschen, 80 Millionen im Jahr. Die Gewichte verschieben sich, Europa stagniert, Asien wächst und die Bevölkerung Afrikas wird sich bis zum Jahr 2050 verdoppeln.

Wer in Deutschland 1950 geboren wurde, erlebte, wie sich die Weltbevölkerung verdreifachte, der CO_2-Ausstoß sich verfünffachte und der weltweite Handel um mehr als das Zweihundertfache anwuchs.

[...]

Wir müssen Entwicklungspolitik deshalb in ganz neuen Dimensionen denken. Nachhaltige Entwicklung ist Aufgabe aller Politikfelder – von der Wirtschafts- und Handelspolitik über die Umwelt- und Agrarpolitik bis zur Außen- und Sicherheitspolitik. Wir können die großen Herausforderungen nur durch ein neues Miteinander in der Weltgemeinschaft lösen. In New York hat sich die Staatengemeinschaft 2015 mit der Agenda 2030 auf neue Nachhaltigkeitsziele geeinigt und damit einen „Weltzukunftsvertrag" vereinbart. In Paris ist der Durchbruch zu einem zukunftsweisenden Klimaabkommen gelungen. [...] Notwendig ist jetzt die entschlossene Umsetzung dieser Vorgaben. Wir sind nämlich heute auch die erste Generation, der es möglich ist, eine Welt ohne Hunger zu schaffen. Eine Welt, die Arm und Reich zusammenführt und nicht weiter spaltet.

In Deutschland ist der Entwicklungspolitik ein neuer Stellenwert zugewachsen. Zusammen mit vielen Engagierten in der Zivilgesellschaft und unseren weiteren Partnern in der deutschen und internationalen Entwicklungspolitik konnten große Erfolge erzielt werden. Die Zahl der Menschen, die unter Armut und Hunger leiden, konnte in den vergangenen 15 Jahren um mehr als die Hälfte gesenkt werden. Circa 90 Prozent aller Kinder in Entwicklungsländern gehen heute zur Schule. Krankheiten wie HIV, Tuberkulose und Malaria konnten wirksam bekämpft werden. Polio ist nahezu besiegt.

Doch diesen Errungenschaften stehen auch heute noch enorme Herausforderungen gegenüber:

- 800 Millionen Menschen leiden an Hunger und Mangelernährung,

- 700 Millionen Menschen leben weiterhin in extremer Armut,
- der Klimawandel, Umweltzerstörung und Artenschwund schreiten weiter voran,
- die Zahl der Todesopfer durch Kriege und Konflikte war 2014 die höchste seit 20 Jahren,
- noch nie waren so viele Menschen weltweit auf der Flucht.

Deutschland stellt sich diesen globalen Herausforderungen. [. . .]

Quelle: Entwicklungspolitik als Zukunfts- und Friedenspolitik, 15. Entwicklungspolitischer Bericht der Bundesregierung, März 2017.

Aufgaben:

6.1 Markieren Sie zunächst die Begriffe, deren Verständnis Ihnen Probleme bereitet. Recherchieren Sie – eventuell unter Zuhilfenahme des Internets – anschließend die Bedeutung dieser Begriffe!

6.2 Recherchieren Sie, was man unter Entwicklungspolitik versteht!

6.3 Eine positive wirtschaftliche Entwicklung gilt als Motor dafür, dass sich auch die wirtschaftliche Situation der Bevölkerung in den Entwicklungsländern verbessert. Beurteilen Sie, welche Entwicklungen in der jüngeren Vergangenheit wohl am ehesten in diesem Bereich zu einer Verbesserung beigetragen haben könnten!

6.4 **Maßnahmenplan**

Nennen Sie vier konkrete Maßnahmen, die Sie als Bürger und Konsument bewirken können, um eine Verbesserung der wirtschaftlichen Situation in Entwicklungsländern herbeizuführen! Stellen Sie die Maßnahmen anschließend in Form eines Maßnahmenplans dar!

6.5 Experten schätzen, dass im Jahr 2050 ca. 10 Milliarden Menschen auf der Erde leben werden. Erläutern Sie, warum in Zukunft vor allem die Industriestaaten aufgefordert sind, nachhaltige Produktions- und Wohlstandsmuster zu entwickeln!

6.6 Als eine der weltweit führenden Exportnationen für hochwertige Fertigerzeugnisse und Importnation von Rohstoffen kommt unserem Land in Bezug auf eine nachhaltige Entwicklungspolitik eine besondere Verantwortung zu. Informieren Sie sich anhand aktueller Daten über den Außenhandel der Bundesrepublik Deutschland. Recherchieren Sie in diesem Zusammenhang vor allem, welche Folgen diese ökonomischen Aktivitäten für die Entwicklungs- und Schwellenländer mit sich bringen und bereiten Sie ein Kurzreferat vor!

6.7 **Projektvorschlag**

Alle zwei Jahre findet der Schulwettbewerb des Bundespräsidenten zu dem Thema „Alle für eine Welt – Eine Welt für alle" statt.

Sammeln Sie mittels Brainstorming mögliche Ideen für ein Projekt Ihrer Schule! Diskutieren Sie auf der Basis Ihrer Vorschläge anschließend, ob Ihre Schule gerade mit Blick auf die von Ihnen gewonnenen kreativen Ideen an dem Wettbewerb teilnehmen möchte! Um dieses arbeits- und zeitintensive Projekt umzusetzen, sollten möglichst mehrere Klassen eingebunden werden!

Selbstverständlich können Sie sich schon im Vorfeld Gedanken darüber machen, wie Sie ein mögliches Preisgeld einsetzen möchten, da dies Ihr Projekt eventuell sogar mit unterstützt.

Hinweis: Die Unterlagen zu diesem Wettbewerb, insbesondere die Teilnahmebedingungen kann man sich als Broschüre zusenden lassen oder über das Internet herunterladen (www.eineweltfueralle.de)!

Im Folgenden werden ausgewählte **Methoden** für einen **kompetenzorientierten** Unterricht sowie Hinweise zur Erstellung **abiturrelevanter Handlungsergebnisse** vorgestellt.

1 Methoden zur Ideenfindung

Beispiel:

Der Vorstand des international bekannten Mainzer Automobilherstellers „Car Concept AG" stellt anhand der vom Marktbereichsleiter „Kleinwagen" vorgelegten Statistik fest, dass der Absatz von Fahrzeugen dieser Art im letzten halben Jahr entgegen dem allgemeinen Trend deutlich zurückgegangen ist.

Eine nähere Untersuchung der Ursachen zeigt, dass es den Mitbewerbern mit neuen Modellversionen gelungen ist, Marktanteile im Bereich „Kleinwagen" – insbesondere bei der jüngeren Kundschaft – zulasten der „Car Concept AG" zurückzuerobern.

Der Vorstand fordert seine Mitarbeiter auf, Produktideen für neue Modelle zu entwickeln, um den Abwärtstrend zu stoppen und in sein Gegenteil umzukehren.

Um neue Problemlösungen zu finden, eignen sich Methoden zur **Förderung der Intuition**:

- Brainstorming,
- Brainwriting (635-Methode, Kartenabfrage).

1.1 Klassisches Brainstorming

Die wohl bekannteste Methode ist das von dem amerikanischen Werbeberater A.F. Osborne entwickelte Brainstorming.

Sie zielt darauf ab, in möglichst gelöster Atmosphäre eine Vielzahl von Problemlösungsvorschlägen zu erhalten.

Die Teilnehmerzahl kann zwischen 5 bis 15 betragen.

Vier Grundregeln sind zu beachten:

- Die Teilnehmer sollen **frei und ungehemmt** ihre Gedanken aussprechen. Auch völlig unsinnig und fantastisch erscheinende Ideen sind willkommen, da diese andere Teilnehmer inspirieren können.
- Die Ideen der anderen Teilnehmer sollen aufgegriffen und **weiterentwickelt** werden.
- Es darf während der Sitzung **keinerlei** Bewertung und Kritik an den vorgebrachten Ideen geübt werden.
- Es sollen **möglichst viele** Ideen vorgebracht werden. Allgemein gilt der Grundsatz: Quantität geht vor Qualität.

Hinweis:

Kritisiert wird an dieser Methode:

- dass die Teilnehmer nicht zuerst einmal für sich selbst Ideen sammeln und anschließend der Gruppe vortragen sowie
- das unmittelbare Kritikverbot.

Gruppen, die sofort kritisch die Kernaussagen diskutieren, sind nachweislich kreativer als Teams, die zunächst darauf verzichten.

1.2 Brainwriting

Beim Brainwriting sollen die Ideen im Gegensatz zum klassischen Brainstorming **schriftlich** fixiert werden, wobei unterschiedliche Techniken Anwendung finden können:

(1) 635-Methode

Bei dieser Methode bilden jeweils **sechs Personen** eine Arbeitsgruppe, wobei jeder Teilnehmer ein Arbeitsblatt mit insgesamt 18 „Feldern" erhält (vgl. untenstehende Abbildung). Jedes Gruppenmitglied trägt innerhalb eines vorab vereinbarten Zeitraumes **(ca. fünf Minuten)** in die oberste Reihe **drei als Schlagwort formulierte Ideen** ein und reicht das Blatt im Uhrzeigersinn an seinen Nebenmann weiter. Im Gegenzug erhält er von seinem anderen Nachbarn ein Blatt, das ebenfalls **drei** Ideen enthält.

Die Teilnehmer können die dort bereits gefundenen Ideen in Ruhe prüfen und weiterentwickeln. Auf dieses Blatt schreibt er nun wiederum drei Ideen, wobei er durchaus an die dort schon genannten Vorschläge gedanklich anknüpfen kann. Nach weiteren fünf Minuten gibt er dieses Blatt erneut im Uhrzeigersinn weiter. Insgesamt wiederholt sich der Vorgang der Weitergabe fünfmal, sodass nunmehr jeweils alle 18 Felder der insgesamt sechs Arbeitsblätter ausgefüllt sind.

Da jeder Teilnehmer für seine Vorschläge ca. fünf Minuten zur Verfügung hat, können in 30 Minuten bis zu 108 verschiedene Ideen zusammengetragen werden.

Beispiel:

Der Marktbereichsleiter „Kleinwagen" der Car Concept AG fordert sechs seiner Mitarbeiter auf, sich gemeinsam einen Namen für ein speziell für die junge Zielgruppe neu entwickeltes Modell eines Kleinwagens zu überlegen. Dabei schlägt er vor, die Namensideen mittels der 635-Methode zu sammeln.

Ein ausgefülltes Arbeitsblatt kann wie folgt aussehen:

Problem: Produktname Kleinwagenmodell für junge Erwachsene		
1. Swag	2. Rapper	3. Relax
1. Chilly	2. Rave	3. Swing
1. Cool	2. Club	3. Young
1. Spirit	2. Speedy	3. Hipp
1. Babo	2. Funky	3. Action
1. Crazy	2. Freestyle	3. Fun

(2) Die Kartenabfrage

Bei der **Kartenabfrage** werden – zumeist innerhalb von Kleingruppen – Ideen **stichwortartig** mit einem dicken Filzstift (Boardmarker) auf eine Karte (Metaplankarte) geschrieben.

Die Zeit für die Ideenfindung sollte ca. **10 bis 15 Minuten** betragen. Anschließend werden die Karten in der Kleingruppe thematisch zu **„Ideenklumpen"** zusammengefasst (geclustert) und mit Themenüberschriften versehen. Danach präsentieren die einzelnen Gruppen ihre Ideensammlung, indem sie die Karten an eine Pinnwand heften oder mittels Klebebandstreifen an der Tafel anbringen.

Beispiel:

Der Verkauf von Fahrzeugen an junge Erwachsene hat sich in der jüngeren Vergangenheit für die Automobilkonzerne zu einem äußerst interessanten Geschäftsfeld entwickelt, da junge Erwachsene – wie Untersuchungen in diesem Bereich verdeutlichen – auch bei Autos eine gewisse **Markentreue** entwickeln, die sich zu einer entsprechend langjährigen Kundenbindung ausbauen lässt. Ist der junge Erwachsene einmal von den Vorzügen einer bestimmten Fahrzeugmarke überzeugt, ist es durchaus möglich, dass er Fahrzeuge dieses Herstellers auch **künftig** beim Kauf bevorzugt.

Umso wichtiger erscheint es, mögliche **Kaufmotive** der jungen Erwachsenen beim Erwerb von Kraftfahrzeugen zu kennen. Vor diesem Hintergrund fordert der Marktbereichsleiter „Kleinwagen" seine Mitarbeiter auf, stichwortartig die für junge Kunden wahrscheinlich wesentlichen Aspekte bei der Auswahl eines Fahrzeuges zu notieren, um diese dann gezielt bei der Entwicklung eines neuen Modells berücksichtigen zu können.

Nach der Kartenabfrage liegen folgende Zahlen vor:

Ausstattungsvielfalt	**Spritverbrauch**	**Anschaffungspreis**	**Design**
Farbauswahl	**Sportlichkeit**	**Image**	**Zweckmäßigkeit**
Steuerermäßigung	**Versicherungskosten**	**Zuverlässigkeit**	**Qualität**
Zubehörauswahl	**Modellvielfalt**	**Sicherheit**	**Platzangebot**

Die Ergebnisse der Kartenabfrage könnten z. B. zu folgenden „Ideenklumpen" zusammengefasst werden:

Ausstattung	Kosten	Emotion
▪ Ausstattungsvielfalt	▪ Steuerermäßigung	▪ Sportlichkeit
▪ Farbauswahl	▪ Spritverbrauch	▪ Image
▪ Modellvielfalt	▪ Versicherungskosten	▪ Design
▪ Sicherheit	▪ Anschaffungspreis	▪ Zubehörauswahl
▪ Platzangebot	▪ Zuverlässigkeit	
▪ Zweckmäßigkeit	▪ Qualität	

Die Lerngruppe kann nunmehr auf der Basis des **visualisierten Metaplans** mit der Diskussion und Bewertung der strukturierten Ideen beginnen. Dabei können beispielsweise zum gleichen Thema vorgestellte Ergebnisse zu einem gemeinsamen **Metaplan** zusammengefasst werden. Im weiteren Verlauf lassen sich zu den einzelnen Ideenklumpen Arbeitsgruppen bilden, um Teilprobleme tiefer gehend zu behandeln.

Bei der Entscheidung, welche der Vorschläge tiefer gehend bearbeitet werden sollen, bietet sich eine Abstimmung mittels **Punktabfrage** an. Bei dieser Auswahltechnik erhält jeder Teilnehmer einen oder mehrere bunte **„Klebepunkte"**. Die Stimmabgabe erfolgt dadurch, dass die Teilnehmer die Klebepunkte ihren Interessen gemäß den auf dem Metaplan dargestellten Vorschlägen zuordnen. Die Rangordnung der zu bearbeitenden Schwerpunktthemen ergibt sich aus der Anzahl der Punkte, die die einzelnen Vorschläge erhalten haben.

2 Methoden zur Bearbeitung der Unterrichtsvorschläge

2.1 Projektaufgaben

Der Grundgedanke eines Projekts lässt sich am einfachsten mit der Formel seines geistigen Begründers John Dewey verdeutlichen: **„Learning by doing"**. Unter einem Projekt versteht man im Allgemeinen ein Arbeitsvorhaben, bei dem die Projektteilnehmer eine fest umrissene, **komplexe** und **praxisrelevante** Aufgabenstellung lösen.

Die Durchführung des Projekts erfolgt größtenteils in **Teamarbeit,** wobei sich die Gruppe die zur Bearbeitung erforderlichen Kenntnisse und Fertigkeiten möglichst selbstständig aneignet. Die erforderlichen Grundinformationen (z.B. Gesetzestexte) können allerdings mit der Aufgabenstellung ausgehändigt werden.

Zwar gibt es in der Realität vielfältige Formen der Projektarbeit, gleichwohl lassen sich einige gemeinsame Elemente für den **Ablauf eines Projekts** aufstellen.

- Am Anfang eines Projekts steht die sogenannte **Projektplanung.** In dieser Phase werden Ideen gesammelt, Ziele und Zeitvorgaben vereinbart, Projektgruppen gebildet und ein grobes Projektraster (Projektskizze) entwickelt (Inhalt: Projektablauf, Festlegung organisatorischer Hilfsmittel, interessenorientierte Aufgabenverteilung usw.).
- Im Rahmen der **Projektdurchführung** bearbeiten die Teilnehmer die von ihnen übernommenen thematischen Schwerpunkte, koordinieren ihre Ergebnisse untereinander und stellen das Endergebnis zusammen.
- Der Projektabschluss dient vor allem der **Präsentation** der von den einzelnen Gruppen erarbeiteten Projektergebnisse. Darüber hinaus sollte über die geleistete Arbeit, mögliche Verbesserungsvorschläge und auf den Ergebnissen eventuell aufbauende weitere Arbeitsschritte diskutiert werden.

2.2 Rollenspiel

Bei dem Rollenspiel wird auf der Grundlage einer mehr oder weniger präzise vorgegebenen **Situationsbeschreibung** versucht, die Realität nachzuspielen, wobei sich die Teilnehmer auf kreative und konstruktive Art und Weise in die von ihnen übernommene Rolle hineinversetzen und die Wirklichkeit aus ihrer rollenspezifischen Perspektive heraus nachvollziehen und gestalten. Im Spielverlauf versuchen die Teilnehmer, ihre jeweilige Interessenlage im Rahmen einer Diskussion zu artikulieren und – mehr oder weniger kompromissbereit – durchzusetzen. Je nachdem wie stark die vorgegebene Situation strukturiert und angeleitet ist, unterscheidet man zwischen **gelenktem** und **spontanem Rollenspiel.**

Beispiel:

Nach verfolgter Intention lassen sich Rollenspiele als reine **Simulationsspiele, Konfliktspiele** oder **Entscheidungsspiele** durchführen.

Die Einsatzmöglichkeiten des Rollenspiels sind sehr vielfältig.

Der Ablauf eines Rollenspiels lässt sich in drei Abschnitte unterteilen:

Spielvorbereitung	In dieser Phase wird die Handlungssituation vorgestellt, die Zielsetzung besprochen, die Rollenverteilung mittels mehr oder weniger präziser Rollenbeschreibung vorgenommen und eventuelle **Beobachtungsaufträge** an die „Zuschauer" vergeben. Um die Wirklichkeit so gut als möglich zu simulieren, bietet sich an, entsprechende Requisiten zu beschaffen. Zudem erleichtert der Einsatz einer Videokamera die Auswertung des Rollenspiels.
Spieldurchführung	Die Spieldurchführung ist von der Art des Rollenspiels abhängig. Beim **gebundenen Rollenspiel** sind die Situation und der Verlauf des Rollenspiels geplant (z.B. genaue Festlegung der Rollen und zum Teil auch der Rollentexte). Das **spontane Rollenspiel** gibt dagegen nur die Ausgangssituation vor. Das Rollenspiel ist nicht festgelegt.
Spielauswertung	Im Rahmen der Auswertung sollten sowohl die Beobachter als auch die Teilnehmer des Rollenspiels ihre Eindrücke und Erfahrungen schildern. Eine Bewertung der schauspielerischen Fähigkeiten steht im Rahmen der Auswertung **nicht** zur Diskussion.

Beispiel:

Rollenspielkarte:

Bei einem Getränkehersteller ist es innerhalb einer Projektgruppe zur Entwicklung neuer Getränke für die Zielgruppe der 16- bis 20-jährigen Käufer zu Streitigkeiten gekommen. Der Vorstandsvorsitzende des Getränkeunternehmens bittet einige jugendliche Teilnehmer der Entwicklungsgruppe zu einer Krisensitzung.

Einziger Tagesordnungspunkt ist die Beilegung des wesentlichsten Streitpunktes, der die jugendlichen Teilnehmer in zwei Lager spaltet. Während ein Teil der Gruppe auf die Entwicklung neuer alkoholischer Getränke für Jugendliche großen Wert legt, sieht ein anderer Teil eher einen Zukunftstrend hin zu gesunden, alkoholfreien Getränken, die zudem eine „energiespendende" Wirkung aufweisen. Mit zu dieser Konferenz eingeladen wurden zudem Personen, die von diesem Thema indirekt betroffen sind:

- ein Betreiber mehrerer Lokale und Diskotheken speziell für die jugendliche Zielgruppe sowie
- ein Redakteur einer großen deutschen Jugendzeitschrift, der sich mit den neuesten Trends bei Jugendlichen beschäftigt.

Im Rahmen der Krisensitzung sollen die unterschiedlichen Standpunkte der Teilnehmer in sachlicher Form ausgetauscht werden, um die grobe Richtung der Getränkeentwicklung entsprechend festzulegen.

2.3 Expertenbefragung

Wenn im Unterricht **Detailfragen** aufkommen, die im Schulbuch nicht in allen Einzelheiten behandelt werden können, bietet es sich an, diese themenspezifisch zu **sammeln** und zu einem logisch strukturierten **Fragenkatalog** zu bündeln.

Zur Klärung dieser Fragen kann dann im Rahmen einer Unterrichtsstunde ein **Experte** (z.B. Politiker, Mitarbeiter von Verbänden oder bestimmten Organisationen) eingeladen werden, der mit seinem fundierten praktischen und theoretischen Hintergrundwissen wichtige Informationen, Anregungen zur Orientierung und zur eigenen Urteilsbildung weitergeben kann.

Im Rahmen der Durchführung einer solchen Expertenbefragung sollten folgende **Regeln** Beachtung finden:

- Die Auswahl des Experten ist möglichst durch gemeinsame Überlegungen vorzunehmen, wobei das Kriterium der notwendigen **Sachkenntnis** im Vordergrund steht.
- Dem Experten sollte der Fragenkatalog bereits **im Vorfeld** offengelegt werden, um ihm eine optimale Vorbereitung zu ermöglichen.
- Die Teilnehmer der Expertenbefragung sollten **gut informiert** in die Expertenbefragung gehen und den Themenbereich nochmals durcharbeiten, um durch eventuell erforderliche Rückfragen das Gespräch ertragreich zu gestalten.
- Der Fragenkatalog sollte **systematisch** abgearbeitet werden. Hierzu bietet sich an, dass die Teilnehmer bereits vorab Zuständigkeiten für die einzelnen Fragen oder Themenbereiche festlegen.

Beispiel:

Laden Sie einen Experten der Marketingabteilung eines in der Nähe Ihrer Schule ansässigen Kreditinstituts ein, der Ihnen Informationen darüber geben kann, welche Marketingaktivitäten heutzutage erforderlich sind, um eine neue Produktvariante im Bereich der Geldanlage erfolgreich am Markt einzuführen!

3 Methoden zur Erstellung abiturrelevanter Handlungsergebnisse

Im nachfolgenden Kapitel werden exemplarisch ausgewählte Methoden erläutert, die im **Zentralabitur** für die **Erstellung von Handlungsergebnissen** notwendig sind. Dabei liegt das Augenmerk neben einer **Kurzbeschreibung** vor allem auf solchen **Hinweisen,** die für mögliche **Bewertungsansätze** der einzelnen Handlungsergebnisse für die Beteiligten von besonderer Bedeutung sein könnten.

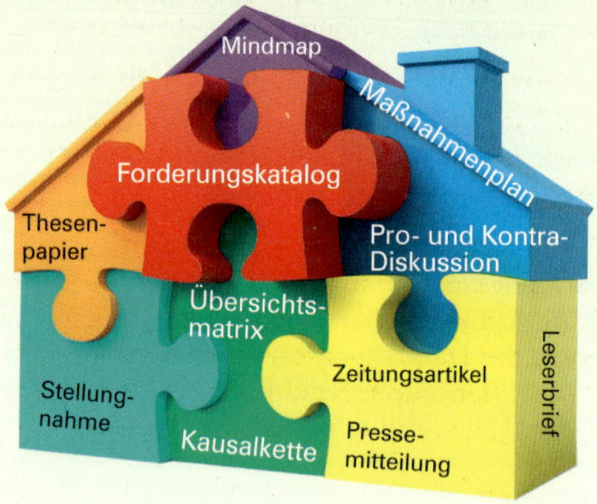

3.1 Mindmap

Diese bereits im Altertum eingesetzte Arbeitstechnik wurde in den 70er-Jahren von dem Engländer Buzon aufgegriffen und weiterentwickelt. Mindmapping – also das Anfertigen einer **„geistigen Landkarte"** bzw. das Aufzeichnen von „Gedankenbildern" – ist eine

- Technik, um **Gedanken, Ideen** oder **Sachverhalte** aufzuschreiben,
- Arbeitsmethode, die **sprachliches und bildhaftes Denken verbindet,** nutzt und fördert,
- Möglichkeit, um die Arbeit und Kommunikation in einer Gruppe zu **verbessern** und zu erleichtern.

Zunächst wird das zu bearbeitende Problem bzw. Thema **knapp** und **präzise** in die **Mitte** eines **Flipcharts** oder eines Abschnitts einer Tapetenrolle geschrieben und eingekreist. Danach werden themenbezogene Einfälle der Schülerinnen und Schüler entweder durch Zuruf oder innerhalb einer Partner- oder Gruppenarbeit um dieses Thema herumgeschrieben, wobei folgende **Regeln** zu beachten sind:

- Die Teilnehmer sollen **Schlüsselbegriffe formulieren,** wobei – möglichst durch unterschiedliche Farben hervorgehoben – Oberbegriffe bzw. Teilbereiche auf „Hauptästen" und Unterbegriffe auf „Nebenästen" zu notieren sind.
- Jedem „Ast" sollte nur **ein** Schlüsselwort zugeordnet werden.
- Es darf während der Ideensammlung **keinerlei Bewertung und Kritik** an den vorgebrachten Ideen geübt werden.
- Es sollen **möglichst viele** Ideen gesammelt werden. Quantität geht vor Qualität.

Beispiel:

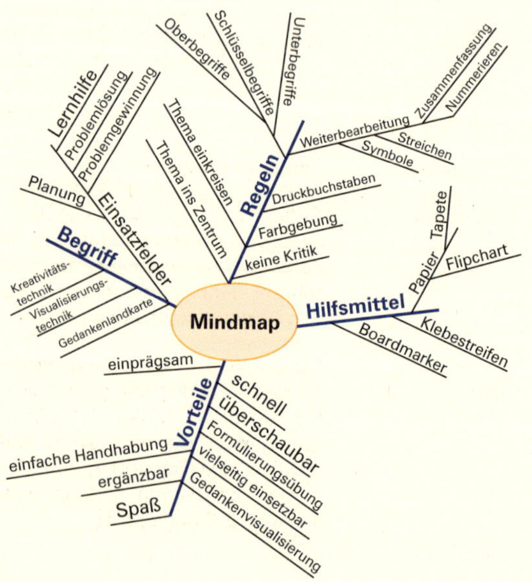

Erst im Anschluss an die Ideensammlung können unwichtige „Äste“ gestrichen, Verbindungen zwischen Ästen hergestellt, Äste – falls erforderlich – nummeriert oder farbige Symbole bzw. Zeichen eingesetzt werden.

Bei der Sortierung ist darauf zu achten, dass die **Haupt- und Nebenäste thematisch sinnvoll** und **hierarchisch** vom **Allgemeinen zum Speziellen** anzuordnen sind. Insgesamt sollte die **Übersichtlichkeit** gewährleistet und die Nachvollziehbarkeit der **Gedankenketten** erkennbar sein.

Diese schnell erlernbare Kreativitätstechnik zeichnet sich insbesondere durch ihre **vielseitigen Einsatzmöglichkeiten** aus, da sie sowohl in Planungs- als auch Problemlösungs- oder Problemsicherungsphasen genutzt werden kann. Zudem fördert diese einprägsame Form der Darstellung das **vernetzte Denken,** macht Zusammenhänge überschaubar und ist als **„Handlungsergebnis“** der Lerngruppe im Rahmen des behandelten Themas jederzeit gegenwärtig und ergänzungsfähig.

3.2 Übersichtsmatrix

Nicht selten sind Themenbereiche sehr **komplex** und die einzelnen Aspekte auf vielfältige Weise miteinander verflochten. Eine **tabellarisch** bzw. **listenartig strukturierte Darstellung** solcher Sachverhalte im Sinne einer **übersichtlichen Aufbereitung** kann somit ein wichtiges Hilfsmittel sein. So ermöglicht sie dem Betrachter einen umfassenden Überblick und erleichtert zudem eine eventuell anstehende Entscheidung.

Bei der Erstellung einer Übersichtsmatrix ist darauf zu achten, dass die Spalten und Zeilen **korrekt** und **präzise** mit sinnvoll aufeinander abgestimmten Kriterien bzw. Aspekten beschrieben sind, sodass die einzelnen **Matrixfelder** sich **sachlogisch** in den **Gesamtkontext** einsortieren.

Beispiel:

Die Mittel, die dem Menschen Nutzen stiften, heißen Güter. Es werden verschiedene Güterarten unterschieden.

Aufgabe: Stellen Sie Konsum- und Produktionsgüter in einer Übersichtsmatrix dar, indem Sie diese erläutern und mit jeweils vier Beispielen aus dem Alltagsleben unterlegen!

Güterarten	Erläuterungen	Beispiele
Konsumgüter	Güter, die der unmittelbaren Bedürfnisbefriedigung dienen, nennt man Konsumgüter (konsumieren: verzehren). Man spricht deshalb auch von **Gegenwartsgütern.**	■ Laptop, ■ Smartphone, ■ Motorroller, ■ eine Kiste Mineralwasser.
Produktionsgüter	Güter, die zur Herstellung (Produktion) von Wirtschaftsgütern benötigt werden, heißen Produktionsgüter. Weil die Produktionsgüter letztlich der Erzeugung von Konsumgütern dienen sollen, heißen sie auch **Zukunftsgüter.**	■ Rohstoffe, ■ Fabrikgebäude, ■ Maschinen, ■ maschinelle Anlagen.

3.3 Forderungskatalog

- Ein **Forderungskatalog** ist eine **zusammenfassende Aufzählung** (Verzeichnis) von **begründeten** und **realistischen** Forderungen, die eine **Anspruchsgruppe** gegenüber einem **Adressaten** formuliert.
- **Ziel** ist es, den Adressaten zum **Handeln,** konkret zur Umsetzung der an ihn adressierten Forderungen, zu bewegen.

Bei der Erstellung eines Forderungskatalogs sollte folgende **Vorgehensweise** beachtet werden:

Forderungskatalog!

Anlass: ...

1. **Forderung**
   (Erläuterung und Begründung)
2. **Forderung**
   (Erläuterung und Begründung)
3. **Forderung**
   (Erläuterung und Begründung)

...

- **Ausgangssituation** als Basis für das gewünschte Ziel **präzise darstellen.** Dabei sollte möglichst auf **verlässliche** und **seriöse** Quellen geachtet werden.
- **Allgemein gilt**: Auf **Fakten** beruhende Forderungen haben eine größere Chance, vom Adressaten akzeptiert zu werden.
- Der **Adressat** für den Forderungskatalog sollte **ebenso präzise benannt** werden wie der **Fordernde.**
- **Sammlung von Forderungen** (z. B. mittels Brainstorming), die sich aus der Analyse der Ausgangssituation ableiten lassen. Die Forderungen sollten anschließend **knapp und klar** formuliert werden. Dies führt nicht zuletzt auch dazu, dass sie den Adressaten auch **ansprechen** und ihn noch **konkreter** auffordern, zu handeln.
- Die Forderungen sollten in **sachlogischer Reihenfolge** sortiert werden. Zum besseren Verständnis sind die einzelnen Forderungen **kurz** zu **erläutern** und – dort wo erforderlich – zu **begründen.**
- Zur besseren Übersichtlichkeit sind die Forderungen zu **nummerieren** und entsprechende **Absätze** einzubauen.

Beispiel:

Ausgangssituation: Anlässlich der Bundestagswahl am 24. September 2017 fordert der Vorstand der Deutschen Gesellschaft für die Vereinten Nationen e. V. (DGVN), die deutsche UN-Politik entlang von zehn Prioritäten auszurichten.

Aufgabe: Die DGVN fordert **alle Parteien sowie alle Kandidatinnen und Kandidaten zum Deutschen Bundestag** auf, diese Empfehlungen aufzunehmen und zu den Leitlinien ihrer Regierungs-und Parlamentsarbeit zu machen.

Forderungskatalog

Anlass: Die Welt ist aus den Fugen geraten. In diesen turbulenten Zeiten müssen die Vereinten Nationen eine zentrale Rolle in der internationalen Politik spielen. Nur die Vereinten Nationen bieten den nötigen universellen Rahmen, um wachsenden weltpolitischen Problemen gemeinsam zu begegnen. Konflikte mit grenzüberschreitenden Auswirkungen, Menschenrechtsverletzungen, Klimawandel oder steigende soziale Ungleichheit innerhalb und zwischen Staaten können nicht im nationalen Alleingang oder von kleinen Staatenkoalitionen gelöst werden.

1. Mit den Vereinten Nationen die globalen Herausforderungen bewältigen.
2. Völkerrecht einhalten und normativen Rahmen stärken.
3. Konflikte nicht verwalten, sondern aktiv verhindern.
4. Personell und finanziell engagiert zu UN-Friedensmissionen beitragen.
5. Transformation für mehr Nachhaltigkeit: Agenda 2030 umsetzen.

6. Klimawandel aufhalten: Temperaturanstieg auf 1,5 °C begrenzen und Betroffene unterstützen.
7. Entwicklungszusammenarbeit an Agenda 2030 anpassen, multilaterale Zusammenarbeit ausbauen.
8. UN-Organisationen stetig und verlässlich im Bereich Flucht und Migration unterstützen.
9. Frauenrechte fördern und Gendergerechtigkeit verwirklichen.
10. Perspektiven für junge Menschen durch Bildung und Partizipation schaffen.

Hinweis: Aus Platzgründen wurde auf die Erläuterungen und Begründungen zu den einzelnen Forderungen verzichtet. Diese können in der Originalquelle eingesehen werden.

Quelle: http://www.dgvn.de/ueber-uns/forderungskatalog-2017 [Zugriff am 12. 10. 2018].

3.4 Maßnahmenplan

Der **Maßnahmenplan** gilt als **universelles Werkzeug,** um vorab definierte Ziele mithilfe von **konkreten Aktivitäten** zu erreichen.

Letztlich ist ein Maßnahmenplan eine **Art To-do-Liste,** die festlegt:

- welche **Aktivität,**
- in welcher **Reihenfolge,**
- mit welchem **Aufwand,**
- von **wem,**
- bis zu welchem **Zeitpunkt**

ausgeführt wird.

Mittels Maßnahmenplan lässt sich **zielorientiert** arbeiten bzw. der Ablauf eines Projekts detailliert planen. Ein klassischer Maßnahmenplan wird wegen der besseren Übersichtlichkeit als **einfache Tabelle** erstellt, die alle geplanten Aktivitäten **übersichtlich** und **strukturiert** darstellt.

Bei der Erstellung eines vollständigen Maßnahmenplans sollten folgende **Schritte** beachtet werden:

Fünf Schritte zum Maßnahmenplan	
1	Thema/Bezug zur Ausgangssituation herstellen
2	Zielsetzung (mit Zeithorizont) formulieren
3	(Realistische) Maßnahmen/Aktionen (mit Zeitvorgaben) formulieren und auf mögliche Probleme bzw. Hindernisse hinweisen
4	Zuständigkeiten sowie Reihenfolge der geplanten Maßnahmen festlegen
5	Erhoffte Wirkungen der geplanten Maßnahmen und Aktionen formulieren und Kontrollverantwortlichkeiten festlegen

Hinweis: Schritte 3 bis 5 können mittels einer Tabelle visualisiert werden (siehe nachfolgendes Beispiel).

Maßnahmen oder Ansätze für zukünftige Maßnahmen werden häufig in Workshops oder Team-Meetings zumeist mittels **Brainstorming** entwickelt. Von großer Bedeutung für den Erfolg eines Maßnahmenplans ist die **Verbindlichkeit der Beteiligten** in der Umsetzung und die **Zielstrebigkeit** der für die Umsetzung verantwortlichen Personen. Bleiben Verstöße gegen die vereinbarte Umsetzung ohne Folge oder werden Zeitüberschreitungen die Regel, verliert der Maßnahmenplan seine Verbindlichkeit und wird ein inhaltsleeres Dokument.

Beispiel:

Ausgangssituation: Mit dem Begriff „Industrie 4.0" wird die vierte Entwicklungsstufe der Industrialisierung beschrieben. Damit verbunden sind große Herausforderungen für die deutsche Volkswirtschaft, insbesondere für die künftige Arbeitswelt, die digitale Infrastruktur und das Bildungssystem. So setzen einerseits zunehmend automatisierte Produktionsprozesse in vielen Bereichen Arbeitskräfte frei, wohingegen diese Veränderungen gleichzeitig neue Qualifikationen von den Mitarbeitern von morgen verlangen.

Zielsetzung: Die deutsche Volkswirtschaft soll für die Aufgaben und Herausforderungen im Zuge der Digitalisierung der Arbeitswelt fit gemacht werden.

Aufgabe: Erstellen Sie einen Maßnahmenplan für die Bundesregierung, in dem Sie exemplarisch drei notwendige Maßnahmen zur Bewältigung dieser für den Wohlstand des Landes wichtigen Zukunftsaufgabe formulieren!

Maßnahmenplan

Maßnahme	Zeitvorgabe	Mögliche Probleme/ Hindernisse	Zuständigkeit	Erhoffte Wirkung
1. Die erforderlichen Kompetenzen für die Mitarbeiter in der Arbeitswelt der Zukunft müssen klar definiert werden.	Innerhalb der nächsten 12 Monate sollten die wichtigsten Kernkompetenzen berufsübergreifend formuliert werden.	Zum jetzigen Zeitpunkt lassen sich ohne tiefgreifende Studien solche Kompetenzen nicht klar definieren bzw. ändern sich diese im Zeitablauf.	Arbeitgeberverbände in Zusammenarbeit mit technischen Hochschulen.	Mittels eines Katalogs von Kompetenzen können die Lehrpläne für die Aus- und Weiterbildungsangebote entsprechend angepasst werden, um so die Arbeitskräfte für die Anforderungen der Zukunft fit zu machen.
2. In ganz Deutschland sollte die digitale Infrastruktur ausgebaut und auf den neuesten Stand gebracht werden, um somit schnelles Internet für alle als eine Art Grundrecht zu gewährleisten.	Innerhalb von fünf Jahren sollte ein Versorgungsgrad von ca. 90 % erreicht sein.	Der Ausbau der digitalen Infrastruktur kann mangels finanzieller oder personeller Ressourcen nicht im vorgesehenen Zeitraum realisiert werden.	Bundesministerium für Wirtschaft, Energie und Digitalisierung.	Alle Unternehmen, Institutionen, Bildungseinrichtungen und privaten Haushalte können an der digitalen Entwicklung und den damit einhergehenden Veränderungen teilhaben.
3. Die durch die Industrie 4.0 freigesetzten Mitarbeiter müssen über Weiterqualifizierung in den Arbeitsmarkt wieder integriert werden.	Fortlaufender Prozess. Die Zeitvorgabe bezieht sich hier vielmehr auf einen Zeitraum von maximal 12 Monaten, innerhalb dem ein freigesetzter Mitarbeiter im Durchschnitt wieder dem Arbeitsmarkt zugeführt wird.	Es treten vor allem bei älteren Arbeitnehmern und solchen mit sehr niedrigem Bildungsstand Hindernisse bei der Weiterqualifizierung auf. Nicht alle weiterqualifizierten Arbeitnehmer lassen sich im Anschluss nahtlos in Arbeit vermitteln.	Bundesministerium für Arbeit und Soziales in Zusammenarbeit mit der Bundesagentur für Arbeit.	Durch diese Maßnahme soll der mit der Industrie 4.0 einhergehende Anstieg der Arbeitslosigkeit im besten Fall vermieden werden.

3.5 Stellungnahme

Bei einer **Stellungnahme** handelt es sich um eine **Meinungsäußerung** zu einem bestimmten Sachverhalt bzw. Problem, die darauf abzielt, auf der Basis individueller **Wertmaßstäbe** zu einem begründeten eigenen **Werturteil** in Bezug auf die zugrunde liegende Fragestellung zu kommen.

Die Stellungnahme sollte **adressatenbezogen** sein und auf **bloße Behauptungen verzichten** sowie durch **Argumente** – dort wo möglich – mit **konkreten Fakten** (z. B. Zahlen, Studien) **unterlegt** werden.

Um dieses Ziel strukturiert anzusteuern, sollte eine Stellungnahme stets folgendem **sachlogischen Aufbau** folgen:

1 Einleitung

Hier wird zunächst das Thema bzw. die zentrale These des Autors für den Empfänger (Leser) kurz und möglichst präzise dargestellt.

2 Hauptteil

In diesem Teil der Stellungnahme findet die Auseinandersetzung mit einer vorgegebenen Meinung, der Klärung eines Sachverhalts oder eines strittigen Problems statt. Im Zuge dieser Kontroverse werden:

- die Zielkonflikte bzw. das Für und Wider benannt,
- die Wirkungen und Folgen des Sachverhaltes bzw. der Alternativen überprüft,
- die Chancen und Risiken in angemessener Anzahl differenziert dargestellt und
- eventuell neue Lösungsansätze entwickelt.

3 Schlussteil

Hier findet eine kritische Überprüfung der vorgegebenen Beweisführung statt. Dabei wird der eigene Standpunkt mit den maßgeblichen Abwägungen zusammenfassend dargelegt und begründet, wobei das stärkste Argument möglichst an den Schluss gestellt werden sollte. Das Fazit umfasst drei Elemente, und zwar:

- das abschließende Urteil (Entscheidung/Empfehlung),
- eine Untermauerung des Urteils (der Entscheidung/Empfehlung) und
- die Entkräftung der Gegenargumente.

3.6 Veröffentlichung

Die Veröffentlichung kann in verschiedenen Ausprägungen als **abiturrelevantes Handlungsergebnis** im Rahmen einer Aufgabenstellung gefordert sein.

Im Wesentlichen sollten die konkreten Anforderungen an derartige Veröffentlichungen **fächerübergreifend** im **Deutschunterricht** ausführlich besprochen werden. Vor diesem Hintergrund werden nachfolgend lediglich **einige Wesensmerkmale** der drei gängigen Formen einer Veröffentlichung in Anlehnung an die Hinweise zu den Handlungsprodukten für die Zentralabiturprüfung dargestellt.[1]

1 Vgl. hierzu und im Folgenden: Handlungsprodukte für die Zentralabiturprüfung in den Fächern Betriebswirtschaft mit Rechnungswesen-Controlling (BRC), Betriebs- und Volkswirtschaft (BVW) und Volkswirtschaft (VW) im Beruflichen Gymnasium. Online verfügbar: www.nibis.de/uploads/2bbs-vetter/220714_Handlungsprodukte_BRC_BVW_VW_ab2017.pdf [Zugriff: 12.10.2018].

(1) Zeitungsartikel

Der **Zeitungsartikel** ist eine logisch strukturierte Informationsvermittlung, die je nach Aufgabenstellung in sachlichem oder kommentierendem Sprachstil an einen vorgegebenen Adressatenkreis verfasst wird, um diesen zu einem konkreten Thema kurz, prägnant und präzise zu informieren und für die Thematik zu interessieren.

(2) Pressemitteilung

Die **Pressemitteilung** beantwortet als Sachtext in aller Kürze und sehr präzise die wichtigsten **W-Fragen** (Wer? Was? Wann? Wo? Wie? Warum?) für die als Zielgruppe ausgewählten Adressaten. Die Pressemitteilung ist ein wichtiges Instrument der Kommunikationspolitik für Unternehmen, Institutionen und Behörden. Allgemein gilt, dass die **Überschrift** sehr aussagekräftig sein sollte und die wichtigsten **Fakten an den Anfang** der Pressemitteilung gestellt werden. Zudem sollten die **Presse-Kontaktdaten des Unternehmens** angegeben werden, d.h. der Name des Unternehmens samt Anschrift, Anspechpartner mit Telefonnummer und E-Mail-Adresse sowie ggf. die Internetseite.

(3) Leserbrief

Der **Leserbrief** ist eine schriftliche Reaktion auf einen veröffentlichten Beitrag (z.B. Zeitung) und dient der kurzen, sachbezogenen Darstellung einer persönlichen Meinung. Er ermöglicht dem Absender somit, den eigenen Standpunkt einer breiten Öffentlichkeit vorzustellen bzw. seine eigene Position darzulegen. Der Leserbrief zeigt zumeist eine ablehnende oder zustimmende Reaktion auf einen Artikel (meist Zeitung oder Zeitschrift) und bezieht somit Stellung zum Inhalt des Beitrags. Allerdings ist es auch denkbar, dass der Absender ausschließlich den Stil des Artikels würdigt oder auch kritisiert und sich weniger auf den eigentlichen Inhalt bezieht. Möglich ist zudem ein Leserbrief als Reaktion zu einem veröffentlichten Leserbrief.

Bei der Erstellung eines Leserbriefes sollten folgende **Regeln** beachtet werden:

- Stellen Sie deutlich klar, auf welchen Teil des jeweiligen Artikels Sie sich beziehen und benennen Sie konkret, welchen Inhalt, welche Aussage bzw. welchen Fehler Sie beanstanden.
- Verweisen Sie außerdem darauf, welche Rolle Sie selbst einnehmen. Sind Sie ein Experte auf dem jeweiligen Gebiet oder sind Sie unter Umständen selbst von der Thematik betroffen?
- Formulieren Sie die eigenen Argumente logisch und sachlich korrekt und belegen Sie diese mit eindeutigen Beispielen bzw. Fakten. Dies erhöht die Chance, dass das Ganze abgedruckt wird und wirkt auch für Außenstehende nachvollziehbarer.

3.7 Thesenpapier

Eine **These** ist ein möglichst kurz und prägnant formulierter **Behauptungssatz,** der zumeist eine **eigene Meinung** wiedergibt und **begründet** bzw. **belegt** werden muss. Hieraus folgt, dass allgemein bekannte Tatsachen keine Thesen darstellen.

Im Wesentlichen dient ein Thesenpapier als Grundlage für eine Diskussion, indem es in die Thematik einführt bzw. zu Gegenäußerungen einlädt.

Bei der Erstellung eines Thesenpapiers sollten folgende **Schritte** beachtet werden:

1 Thema formulieren

Ein Thesenpapier sollte neben dem **Namen des Verfassers** auch das **Thema** bzw. die den Thesen zugrundeliegende **Fragestellung** an den Anfang stellen.

2 Thesen formulieren und sortieren

- Die dann folgenden Thesen bestehen aus **kurz** und **präzise** formulierten Aussagen und sollten nach Möglichkeit nur aus jeweils **einem Satz** bestehen und der besseren Übersichtlichkeit halber **durchnummeriert** werden.
- Die Thesen sollten allesamt den Kern der Frage bzw. der Problemstellung treffen und deren Argumente sowohl interessant als auch überzeugend sein.
- Schließlich sollten die Thesen in einer **logischen Reihenfolge** sortiert sein, um so die Zusammenhänge besser zu verdeutlichen.

3 Schlusskommentar

Am Ende des Thesenpapiers kann ein **Schlusskommentar** einfügt werden, der die Position des Verfassers und/oder ein Fazit aus den Thesen enthält.

Beispiel:

Ausgangssituation: Die Begriffe „Industrie 4.0“ und „Digitalisierung der Arbeitswelt“ lösen in der Bevölkerung, bei verschiedenen Experten und nicht zuletzt auch in einigen Kreisen der Politik große Zukunftsängste aus.

Aufgabe: Erstellen Sie ein Thesenpapier, dass in dieser Entwicklung mehr die Chancen als die Risiken für unsere Volkswirtschaft in den Vordergrund rückt!

Digitalisierung wirkt sich auf die Bundesrepublik Deutschland positiv aus

1. Die Digitalisierung schafft Arbeitsplätze, da neue Technologien neue Produkte und Dienstleistungen ermöglichen und somit auch neue Berufe.
2. Die mit der Digitalisierung einhergehende Automatisierung sichert Jobs, denn in traditionellen Branchen tragen Effizienzgewinne durch eine stärkere Automatisierung dazu bei, Produkte und Dienstleistungen billiger zu machen und die Nachfrage nach ihnen zu erhöhen.
3. Das Tempo des technologischen Wandels wird überschätzt, denn Innovationen brauchen viel Zeit, um breitflächig eingesetzt zu werden und wirken zu können.
4. Gerade in Deutschland ergänzen sich Demografie und Digitalisierung vorteilhaft, denn perspektivisch haben wir nicht zu viele, sondern zu wenige und gleichzeitig auch ältere Arbeitskräfte.
5. Die Digitalisierung steigert vor allem den Druck für gering qualifizierte Arbeitnehmer, da sie nicht die Gesamtzahl der geleisteten Arbeitsstunden, wohl aber die von niedriger qualifizierten Arbeitnehmern reduziert.
6. Die Bildungsfrage wird in der künftigen Arbeitswelt noch bedeutsamer, denn sie entscheidet letztlich darüber, ob der Einzelne mit den Entwicklungen mithalten kann.

3.8 Pro- und Kontra-Diskussion

Im Kern handelt es sich bei der Pro- und Kontra-Diskussion um eine **prägnante** und **präzise** begründete **Gegenüberstellung** möglicher Argumente mit abschließender Bewertung (Fazit).

Bei der Erstellung einer Pro- und Kontra-Diskussion sollte folgende **Vorgehensweise** beachtet werden:

- Pro- und Kontra-Argumente **sammeln und formulieren.** Die Argumente sollten nicht aus der Luft gegriffen sein, sondern in dem angeführten Kontext durchaus **realistisch** sein.
- Pro- und Kontra-Argumente **strukturiert** darstellen, z. B. mittels einer Tabelle.
- Ein **abschließendes Fazit** am Ende der Pro- und Kontra-Diskussion besteht aus **drei Elementen**:
  1. dem abschließenden **Urteil** (Entscheidung/Empfehlung),
  2. der **Untermauerung** des Urteils bzw. der Empfehlung mit entsprechend stichhaltigen Begründungen und
  3. der **Entkräftung** möglicher Gegenargumente.

Beispiel:

Ausgangssituation: Um den Sozialstaat und somit den Bundeshaushalt zu entlasten und die Systeme der sozialen Sicherung mit Blick auf den demografischen Wandel vor dem Kollaps zu bewahren, sollen die einzelnen Leistungen deutlich reduziert werden. Im Gegenzug sollen die hieraus resultierenden Steuer- und Abgabenentlastungen von jedem Einzelnen individuell für eine entsprechende private Absicherung von Lebensrisiken genutzt und somit vorhandene Versorgungslücken geschlossen werden.

Aufgabe: Diskutieren Sie, ob ein derartiger Umbau des Sozialstaats sinnvoll ist!

Argumente für den Abbau des Sozialstaats	Argumente gegen den Abbau des Sozialstaats
■ Mit Blick auf den demografischen Wandel muss der Sozialstaat von immer weniger Zahlern finanziert werden. ■ Die Ausgaben werden durch die zunehmende Überalterung der Bevölkerung explodieren. ■ Die hohen Sozialleistungen könnten einen Anreiz für Zuwanderung darstellen. ■ Der Einzelne hat viel mehr Freiheit über die Verwendung seiner Mittel selbst zu entscheiden. ■ …	■ Viele wären aufgrund ihres geringen Einkommens nicht in der Lage, die eigenen Lebensrisiken hinreichend abzusichern. ■ Ein Absinken der Sozialleistungen könnte in einigen Bevölkerungsgruppen zu einem starken Anstieg von Armut führen. ■ Ein höheres Armutsrisiko könnte den sozialen Frieden stören und zu Massenprotesten oder Unruhen führen. ■ Es besteht die Gefahr, dass der Einzelne die Absicherung der Lebensrisiken wegen Minderschätzung dieser Bedürfnisse nicht selbst vornimmt und somit in einigen Fällen ohne Absicherung dasteht. ■ …

Fazit: Individuelle Lösungen.

3.9 Wirkungs- und Kausalkette

Den Ausgangspunkt einer Wirkungskette bildet ein **ursächliches Ereignis** (Auslöser), welches eine **Abfolge** (Kette) von weiteren **möglichen Ereignissen** nach sich zieht. Nicht zuletzt deshalb spricht man in diesem Zusammenhang auch von einer „Kausalkette", wenn jede **Wirkung** selbst wieder **Ursache** eines sich hieran anschließenden Ereignisses wird.

Denkbar ist auch, dass die Wirkungskette in Form eines **Kreislaufs** verläuft. Zu einem solchen „Zyklusdiagramm" kommt es immer dann, wenn das letzte Ereignis der Wirkungskette wieder in dem ursprünglichen Auslöser endet.

Bei der Erstellung einer Wirkungskette (Kausalkette) sollte folgende **Darstellungsweise** beachtet werden:

- Um im Rahmen einer Aufgabenstellung ein sinnvolles Ergebnis zu gewährleisten, sollte neben der eigentlichen Ursache (Auslöser) ein möglicher **Richtungspunkt** als Ende der Kausalkette vorgegeben werden.
- Die einzelnen Wirkungen werden mit entsprechenden **Pfeilen** verbunden und dokumentieren den Übergang zur nächsten Folge (Ereignis) bzw. zur nächsten Handlung.
- Die Symbole können durch **erklärende Wörter** ergänzt werden (wenn, dann, daraus folgt, unter der Voraussetzung usw.).
- Bei der Darstellung einer Wirkungskette kann zudem unterschieden werden, ob es sich um eine **mögliche** oder **zwingende** Wirkung handelt.

Beispiel:

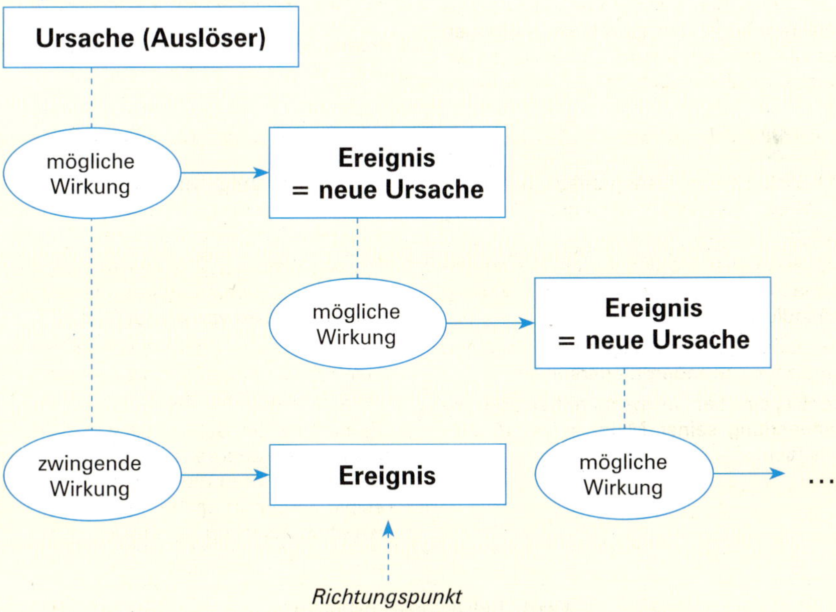

Quelle: In Anlehnung an: http://www.riepel.net/methoden/Wirkungskette.pdf [Zugriff am 15.10.2018].

Stichwortverzeichnis